Bernhard Nagel/Gerhild Freis/Georg Kleinsorge
SEBG, SCEBG, MgVG
Arbeitnehmerbeteiligung nach europäischem Recht
De Gruyter Kommentar

Bernhard Nagel/Gerhild Freis/Georg Kleinsorge

SEBG, SCEBG, MgVG

Arbeitnehmerbeteiligung nach europäischem Recht

Kommentar zum
SE-Beteiligungsgesetz – SEBG
SCE-Beteiligungsgesetz – SCEBG
Gesetz über die Mitbestimmung der Arbeitnehmer
bei einer grenzüberschreitenden Verschmelzung – MgVG

3. Auflage

von
Dr. Bernhard Nagel
Professor an der Universität Kassel a.D.
Gerhild Freis
Ministerialrätin im Bundesministerium für Arbeit und Soziales, Bonn
Georg Kleinsorge
Ministerialrat im Bundesministerium für Arbeit und Soziales, Bonn

DE GRUYTER

ISBN 978-3-11-048605-6
e-ISBN (PDF) 978-3-11-048779-4
e-ISBN (EPUB) 978-3-11-048636-0

Library of Congress Control Number: 2018935081

Bibliografische Information der Deutschen Nationalbibliothek
Die Deutsche Nationalbibliothek verzeichnet diese Publikation in der Deutschen Nationalbibliografie; detaillierte bibliografische Daten sind im Internet über http://dnb.dnb.de abrufbar.

Datenkonvertierung und Satz: jürgen ullrich typosatz, Nördlingen
Druck und Bindung: CPI books GmbH, Leck
♾ Gedruckt auf säurefreiem Papier
Printed in Germany

www.degruyter.com

Vorwort

Im Juni 2005 ist die erste Auflage dieses Buches mit dem Titel „Die Beteiligung der Arbeitnehmer in der Europäischen Gesellschaft-SE“ erschienen. Die zweite Auflage „Beteiligung der Arbeitnehmer in Unternehmen auf der Grundlage des europäischen Rechts“ folgte vier Jahre später mit einer um die Europäische Genossenschaft (SCE) und die grenzüberschreitende Verschmelzung erweiterten Kommentierung. Seither sind acht Jahre vergangen, in denen sich das Recht der Beteiligung der Arbeitnehmer weiterentwickelt hat.

Die nun vorliegende dritte Auflage mit dem Titel „SEBG, SCEBG, MgVG – Arbeitnehmerbeteiligung nach europäischem Recht“ greift diese Fortentwicklung auf. Dabei war in den vergangenen Jahren nicht der Unionsgesetzgeber Motor für eine Weiterentwicklung des europäischen Gesellschafts- und Mitbestimmungsrechts. Denn seit der Richtlinie über die grenzüberschreitende Verschmelzung aus dem Jahr 2005 sind in diesem Bereich keine weiteren Rechtsakte mehr verabschiedet worden, die das europäische Gesellschafts- und Mitbestimmungsrecht inhaltlich neugestaltet haben. Die Richtlinie (EU) 2017/1132 über bestimmte Aspekte des Gesellschaftsrechts vom 14.6.2017 enthält lediglich eine Kodifizierung bestehender Regelungen; das Statut der Europäischen Privatgesellschaft (SPE) ist endgültig gescheitert und die Verhandlungen über eine Richtlinie über Gesellschaften mit beschränkter Haftung mit einem Gesellschafter (SUP) sind seit längerer Zeit ins Stocken geraten. Ein aktueller Vorschlag der Europäischen Kommission zur grenzüberschreitenden Verlegung des Satzungssitzes einer Gesellschaft fehlt nach wie vor.

Neue Impulse für das Recht der Europäischen Gesellschaft, der Europäischen Genossenschaft und bei der grenzüberscheitenden Verschmelzung von Gesellschaften kamen vielmehr durch den EuGH und durch die Rechtsprechung nationaler Gerichte, die zur Klärung einiger bisher streitiger Rechtsfragen führte. So ist nunmehr höchstrichterlich entschieden, dass die drei Fallgestaltungen in Art. 16 der Verschmelzungsrichtlinie (vgl. Art. 133 RL (EU) 2017/1132) alternativ und nicht die erste Fallgestaltung kumulativ zu Nummer 1 oder Nummer 2 anzuwenden sind. Damit hat sich der EuGH für eine weite Anwendung der Verhandlungslösung bei grenzüberschreitenden Verschmelzungen entschieden.

Auch die nationale Gesetzgebung im Bereich des Aktien-, Gesellschafts- und Arbeitsrechts hat entscheidenden Einfluss auf die Weiterentwicklung der europäischen Rechtsformen und auf die Rechtslage bei grenzüberschreitenden Verschmelzungen genommen. Von erheblicher Tragweite sind die Neuregelungen durch das Gesetz für die gleichberechtigte Teilhabe von Frauen und Männern an Führungspositionen in der Privatwirtschaft und im öffentlichen Dienst (FüPoG) aus dem Jahr 2015. Durch die Einführung einer Geschlechterquote von 30 Prozent für börsennotierte und paritätisch mitbestimmte Unternehmen kann sich die Zusammensetzung des Aufsichts- oder Verwaltungsrats einer SE oder einer aus einer grenzüberschreitenden Verschmelzung hervorgegangenen Gesellschaft wesentlich verändern. Zudem hat die Verpflichtung für Vorstand und Aufsichtsrat, verbindliche Zielvorgaben zur Frauenförderung festzulegen, Auswirkungen auf die Personalentwicklung von Frauen in Führungspositionen der betroffenen Unternehmen, zu denen z.B. auch die SE und SCE gehören können. Das Gesetz zur Änderung des Arbeitnehmerüberlassungsgesetzes und anderer Gesetze vom 21.2.2017 stellt klar, dass Leiharbeitnehmer künftig bei mitbestimmungsrechtlichen Schwellenwerten zu berücksichtigen sind; davon sind – neben den nationalen Gesellschaften – auch die SE und die SCE betroffen.

Die umfangreiche Literatur, die in den vergangenen acht Jahren – insbesondere zum Recht der SE – erschienen ist, berücksichtigt die Kommentierung bis zum 1.8.2017. Dabei bleibt die bewährte Form des Kommentars unverändert. Neben der jeweiligen Entstehungsgeschichte der SE, SCE und der Richtlinie über die grenzüberschreitende Verschmelzung von Kapitalgesellschaften, die für das Verständnis dieser europäischen Rechtsakte nach wie vor von großer Bedeutung ist, liegt der Schwerpunkt der Erläuterungen auf den jeweiligen nationalen Umsetzungsgesetzen (SEBG, SCEBG und MgVG). Dabei nimmt die Darstellung der Rechtsfragen um die SE den größten Raum ein, weil diese Regelungen die wesentliche Grundlage darstellen für zahlreiche Bestimmungen, die das Recht der SCE und der grenzüberschreitenden Verschmelzung – wort- oder jedenfalls inhaltsgleich – übernimmt.

Die Kommentierung richtet sich in erster Linie an die Rechtspraxis, an Rechtsanwälte, Richter, Gewerkschafts- und Arbeitgeberverbände, lässt dabei die Interessen der Wissenschaft aber nicht unbeachtet. Sie will verlässliche Antworten geben auf die Fragen, die sich in Zusammenhang mit der richtigen Zusammensetzung des BVG und dem Verhandlungsverfahren zwischen BVG und den Unternehmensleitungen stellen. Der Kommentar will Ratgeber sein für Aufsichts- und Verwaltungsratsmitglieder einer SE oder SCE oder einer aus einer grenzüberschreitenden Verschmelzung hervorgegangenen Gesellschaft und für den Personenkreis, der in beratender Weise für deren Arbeit mitverantwortlich ist.

Kassel und Bonn im November 2017

Bernhard Nagel
Gerhild Freis
Georg Kleinsorge

Inhaltsverzeichnis

Kapitel 2
Wahlgremium

Kapitel 3
Verhandlungsverfahren

Teil 3
Beteiligung der Arbeitnehmer in der SE

Kapitel 1
Beteiligung der Arbeitnehmer kraft Vereinbarung

Kapitel 2
Beteiligung der Arbeitnehmer kraft Gesetzes

Abschnitt 1
SE-Betriebsrat kraft Gesetzes

Unterabschnitt 1
Bildung und Geschäftsführung

Unterabschnitt 2
Aufgaben

Unterabschnitt 3
Freistellung und Kosten

Zweiter Teil
Das Gesellschaftsrecht der Europäischen Genossenschaft (SCE)

Dritter Teil
Gesetz über die Beteiligung der Arbeitnehmer und Arbeitnehmerinnen in einer Europäischen Genossenschaft (SCEBG)

Teil 1
Allgemeine Vorschriften

Teil 2
Beteiligung der Arbeitnehmer in einer Europäischen Genossenschaft, die durch mindestens zwei juristische Personen oder durch Umwandlung gegründet wird

Kapitel 1
Bildung und Zusammensetzung des besonderen Verhandlungsgremiums

Kapitel 2
Wahlgremium

Kapitel 3
Verhandlungsverfahren

Teil 3
Beteiligung der Arbeitnehmer in einer Europäischen Genossenschaft, an deren Gründung natürliche Personen beteiligt sind

Teil 4
Grundsätze der Zusammenarbeit und Schutzbestimmungen

Teil 5
Straf- und Bußgeldvorschriften; Schlussbestimmung

Vierter Abschnitt
Grenzüberschreitende Verschmelzung von Kapitalgesellschaften

Erster Teil
Einführung

Zweiter Teil
Das Gesellschaftsrecht zur grenzüberschreitenden Verschmelzung

Teil 3
Mitbestimmung der Arbeitnehmer

Kapitel 1
Mitbestimmung kraft Vereinbarung

Kapitel 2
Mitbestimmung kraft Gesetzes

Kapitel 3
Verhältnis zum nationalen Recht

Teil 4
Schutzbestimmungen

Teil 5
Straf- und Bußgeldvorschriften

Fünfter Abschnitt
Anhang

Abkürzungsverzeichnis

aA	anderer Ansicht
a.a.O.	am angegebenen Ort
abgedr.	abgedruckt
ABl. EG	Amtsblatt der Europäischen Gemeinschaften
Abs.	Absatz
AG	Die Aktiengesellschaft, Zeitschrift
AktG	Aktiengesetz
allg.	Allgemein
AN	Arbeitnehmer
Anm.	Anmerkung
AP	Arbeitsgerichtliche Praxis
ArbGG	Arbeitsgerichtsgesetz
Art.	Artikel
AuR	Arbeit und Recht, Zeitschrift
AÜG	Gesetz zur Regelung der gewerbsmäßigen Arbeitnehmerüberlassung (Arbeitnehmerüberlassungsgesetz)
BaFin	Bundesanstalt für Finanzdienstleistungsaufsicht
BAG	Bundesarbeitsgericht
BArbBl	Bundesarbeitsblatt
BB	Betriebs-Berater, Zeitschrift
BGBl.	Bundesgesetzblatt
BGB	Bürgerliches Gesetzbuch
BGH	Bundesgerichtshof
BGHZ	Entscheidungen des Bundesgerichtshofs in Zivilsachen
BetrVG	Betriebsverfassungsgesetz
BMJ	Bundesministerium der Justiz
BMWA	Bundesministerium für Arbeit und Wirtschaft
BR	Betriebsrat; Der Betriebsrat, Zeitschrift; Bundesrat
BR-Drucks.	Drucksache des Deutschen Bundesrates
BT	Deutscher Bundestag
BT-Drucks.	Drucksache des Deutschen Bundestages
Buchst.	Buchstabe
BVG	besonderes Verhandlungsgremium
bzw.	beziehungsweise
ca.	circa
DB	Der Betrieb, Zeitschrift
ders.	Derselbe
DGB	Deutscher Gewerkschaftsbund
d.h.	das heißt
dies.	Dieselben
DrittelbG	Gesetz über die Drittelbeteiligung der Arbeitnehmer im Aufsichtsrat (Drittelbeteiligungsgesetz)
DKK	Däubler/Kittner/Klebe, Betriebsverfassungsgesetz, 9. Aufl. Köln 2004
DKKW	Däubler/Kittner/Klebe/Wedde, Betriebsverfassungsgesetz, 15. Aufl. Köln 2016
Drs.	Drucksache
E	Entwurf; Entscheidung (in der amtlichen Sammlung)
EBR	Europäische Betriebsräte
EBRG	Gesetz über Europäische Betriebsräte
EG	Europäische Gemeinschaft(en); Vertrag zur Gründung der Europäischen Gemeinschaft; Einführungsgesetz

EGB	Europäischer Gewerkschaftsbund
EGV	Vertrag zur Gründung der Europäischen Gemeinschaft
Einl.	Einleitung
ErfK	Erfurter Kommentar
EU	Europäische Union
EuroAS	Informationsdienst Europäisches Arbeits- und Sozialrecht, Zeitschrift
EuZW	Europäische Zeitschrift für Wirtschaftsrecht
EWG	Europäische Wirtschaftsgemeinschaft
EWIV	Europäische wirtschaftliche Interessenvereinigung
f, ff	folgend(e)
FGG	Gesetz über die Angelegenheiten der freiwilligen Gerichtsbarkeit
Fitting	Fitting/Engels/Schmidt/Trebinger/Linsenmaier, Betriebsverfassungsgesetz mit Wahlordnung, 24. Aufl. München 2008
Fn	Fußnote
FS	Festschrift
FüPoG	Gesetz für die gleichberechtigte Teilhabe von Frauen und Männern an Führungspositionen in der Privatwirtschaft und im öffentlichen Dienst
GBR	Gesellschaft bürgerlichen Rechts
GG	Grundgesetz
GmbH	Gesellschaft mit beschränkter Haftung
GmbHR	GmbH-Rundschau, Zeitschrift
HGB	Handelsgesetzbuch
Hrsg.	Herausgeber
i.d.R.	in der Regel
i.S.d.	im Sinne des
i.V.m.	in Verbindung mit
JZ	Juristenzeitung, Zeitschrift
KBR	Konzernbetriebsrat
Kom.-Dok.	Dokumente der Europäischen Kommission
KSchG	Kündigungsschutzgesetz
KStG	Körperschaftsteuergesetz
KWG	Kreditwesengesetz
LAG	Landesarbeitsgericht
Mio.	Million(en)
MitbestG	Gesetz über die Mitbestimmung der Arbeitnehmer (Mitbestimmungsgesetz)
MontanMitbestG	Gesetz über die Mitbestimmung der Arbeitnehmer in den Aufsichtsräten und Vorständen der Unternehmen des Bergbaus und der Eisen und Stahl erzeugenden Industrie (Montan-Mitbestimmungsgesetz)
MontanMitbest-ErgG	Gesetz zur Ergänzung des Gesetzes über die Mitbestimmung der Arbeitnehmer in den Aufsichtsräten und Vorständen der Unternehmen des Bergbaus und der Eisen und Stahl erzeugenden Industrie (Montan-Mitbestimmungsergänzungsgesetz)
m.w.N.	mit weiteren Nachweisen
NJW	Neue Juristische Wochenschrift, Zeitschrift
Nr.	Nummer
NZA	Neue Zeitschrift für Arbeitsrecht
NZG	Neue Zeitschrift für Gesellschaftsrecht
OWiG	Gesetz über Ordnungswidrigkeiten

Rats-Dok.	Dokumente des Rates der Kommission
RdA	Recht der Arbeit, Zeitschrift
RIW	Recht der internationalen Wirtschaft, Zeitschrift
RL	Richtlinie
Rn	Randnummer
S.	Seite; Satz
s.	siehe
SE	Societas Europaea – Europäische Gesellschaft
SEAG	Gesetz zur Ausführung der Verordnung (EG) Nr. 2157/2001 des Rates vom 8. Oktober 2001 über das Statut der Europäischen Gesellschaft (SE)
SEBG	Gesetz über die Beteiligung der Arbeitnehmer in einer Europäischen Gesellschaft
SEEG	Gesetz zur Einführung der Europäischen Gesellschaft
SEEG-E	Entwurf eines Gesetzes zur Einführung des Europäischen Gesellschaft
SE-VO	Verordnung (EG) Nr. 2157/2001 über das Statut der Europäischen Gesellschaft
SCE	Societas Cooperativa Europaea - Europäische Genossenschaft
SCEAG	Gesetz zur Ausführung der Verordnung (EG) Nr. 1435/2003 des Rates vom 22. Juli 2003 über das Statut der Europäischen Genossenschaft (SCE)
SCEBG	Gesetz über die Beteiligung der Arbeitnehmer in einer Europäischen Genossenschaft
SCE-VO	Verordnung (EG) Nr. 1435/2003 über das Statut der Europäischen Genossenschaft
sog.	so genannt(e)
SprAuG	Sprecherausschussgesetz
StGB	Strafgesetzbuch
ULA	Union leitender Angestellter
UMAG	Gesetz zur Unternehmensintegrität und Modernisierung des Anfechtungsrechts
UmwG	Umwandlungsgesetz
UN	Unternehmen
UNICE	Union Industriel and Employers' Confederations of Europe
Unterabs.	Unterabsatz
VAG	Versicherungsaufsichtsgesetz
vgl.	vergleiche
v.	vom; von
VO	Verordnung
WO	Wahlordnung
WpHG	Wertpapierhandelsgesetz
WWU	Wirtschafts- und Währungsunion
z.B.	Zum Beispiel
ZESAR	Zeitschrift für europäisches Sozial- und Arbeitsrecht
ZfA	Zeitschrift für Arbeitsrecht
ZGR	Zeitschrift für Unternehmens- und Gesellschaftsrecht
ZHR	Zeitschrift für das gesamte Handelsrecht und Wirtschaftsrecht
ZIP	Zeitschrift für Wirtschaftsrecht

Literaturverzeichnis

Anton	Europäische Rechtsformen – State oft the Art, Artikel-ID 407, 2009, www.odww.net/artikel.php?id=407
Altmeyer	Mitbestimmung im Aufsichtsrat: 2004 kommt die „Societas Europaea", Personalführung 2003, 60
Annus/Kühn/Rudolph/Rupp	EBRG Kommentar, München 2014
Bachmann	Der Verwaltungsrat der monistischen SE, ZGR 2008, 779
Bachner/Kunz	Gesetz über Europäische Betriebsräte (EBRG) – der Entwurf zur Umsetzung der Europäischen Richtlinie, AuR 1996, 81
Bachner/Nielebock	Ausgewählte Aspekte des Gesetzes über Europäische Betriebsräte (EBRG), AuR 1997, 129
Bauer	For whom the bell tolls ..., DB 2004, Heft 21 vom 21. 5. 2004, Gastkommentar
Baums/Cahn	Die Europäische Aktiengesellschaft, Umsetzungsfragen und Perspektiven, Berlin 2004
Bayer/Hoffmann	Frauenquote: Ja – Mitbestimmung: Nein – GmbH mit Frauenquote ohne Mitbestimmung? –, GmbHRundschau 2017, 441
Bayer/Schmidt	Der Regierungsentwurf zur Änderung des Umwandlungsgesetzes – eine kritische Stellungnahme, NZG 2006, 841
Bayer/Schmidt	BB-Gesetzgebungs- und Rechtsprechungsreport – Europäisches Unternehmensrecht 2012, BB 2013, 3
Bayer/Schmidt	BB-Gesetzgebungs- und Rechtsprechungsreport – Europäisches Unternehmensrecht 2013/2014 –, BB 2014, 1219
Bayer/Schmidt	BB-Gesetzgebungs- und Rechtsprechungsreport – Europäisches Unternehmensrecht 2014/2015 –, BB 2015, 1731
Bayer/Schmidt	BB-Gesetzgebungs- und Rechtsprechungsreport – Europäisches Unternehmensrecht 2015/2016 –, BB 2016, 1923
Bayer/Schmidt	BB-Gesetzgebungs- und Rechtsprechungsreport – Europäisches Unternehmensrecht 2016/2017 –, BB 2017, 2141
Bayer/J. Schmidt/Hoffmann	Verschmelzungen nach Inkrafttreten des 2. UmwÄndG, Konzern 2012, 225, 231
Beuthien	Genossenschaftsgesetz, 15. Aufl. München 2011
Beuthien	Ist die Genossenschaftsreform geglückt?, NZG 2008, 210
Beutler/Bieber/Pipkorn/Streil	Die Europäische Gemeinschaft – Rechtsordnung und Politik, 5. Aufl. Baden-Baden 2001
Blank	Perspektiven der Mitbestimmung in der EG, AuR 1993, 229
Blanke	Die Mitbestimmung in Tendenzunternehmen nach dem Gesetz über Europäische Betriebsräte, in FS für Wolfgang Däubler zum 60. Geburtstag, Recht und soziale Arbeitswelt, Frankfurt/M. 1999, S. 841
Blanke	Europäische Betriebsräte-Gesetz, Kommentar, Baden-Baden 2. Aufl. 2006
Blanke	Vorrats-SE ohne Arbeitnehmerbeteiligung, Düsseldorf 2005
Blanke	Europäische Beteiligungsvereinbarungen und Betriebsverfassung, AG 2006, 493
Blanke	Die Zulässigkeit der Erweiterung der Beteiligungsrechte des SE-Betriebsrats gegenüber der Auffangregelung im SEBG durch Vereinbarung, Rechtsgutachten im Auftrag der Hans-Böckler-Stiftung, Oldenburg i.O. 2006
Blanke	Europäische Aktiengesellschaft ohne Arbeitnehmerbeteiligung?, ZIP 2006, 789
Blomeyer	Auf dem Weg zur (E)europäischen Genossenschaft, BB 2000, 1741
Blumers/Kinzl	Änderungen der Fusionsrichtlinie: Warten auf den EuGH, BB 2005, 971
Boecken/Düwell/Diller/Hanau	Gesamtes Arbeitsrecht, Bd. 3, 1. Aufl. Baden-Baden 2016
Borsutzky	Unternehmensmitbestimmung bei grenzüberschreitender Sitzverlegung, Baden-Baden 2014
Brandes	Mitbestimmungsvermeidung mittels grenzüberschreitender Verschmelzungen, ZIP 2008, 2193
Brandt	Die Hauptversammlung der Europäischen Aktiengesellschaft, Frankfurt/M. 2004

Brandt	Ein Überblick über die Europäische Aktiengesellschaft, BB Special 3/2005, 1
Brandt/Scheifele	Die Europäische Aktiengesellschaft und das anwendbare Recht, DStR 2002, 647
Buchheim	Europäische Aktiengesellschaft und grenzüberschreitende Konzernverschmelzung, Wiesbaden 2001
Bungert/Gotsche	Die deutsche Rechtsprechung zur SE, ZIP 2013, 649
Bungert/ Leyendecker-Langner	Hauptversammlungen im Ausland, BB 2015, 268
Cannistra	Das Verhandlungsverfahren zur Regelung der Mitbestimmung der Arbeitnehmer bei Gründung einer Societas Europaea und bei Durchführung einer grenzüberschreitenden Verschmelzung, Hamburg 2014
Casper	Der Lückenschluss im Statut der Europäischen Aktiengesellschaft in: Habersack/ Hommelhoff/Hüffer/Schmidt (Hrsg.), FS für Peter Ulmer zum 70. Geburtstag, 2003, S. 51
Casper	Numerus Clausus und Mehrstaatlichkeit bei der SE-Gründung, AG 2007, 97
Casper/Schäfer	Die Vorrats-SE – Zulässigkeit und wirtschaftliche Neugründung, ZIP 2007, 653
Däubler/Kittner/ Klebe/Wedde (Hrsg.)	Betriebsverfassungsgesetz, 15. Aufl. Köln 2016
Davies	Struktur der Unternehmensführung in Großbritannien und Deutschland: Konvergenz oder fortbestehende Divergenz?, ZGR 2001, 268
Deck	Unmittelbare Geltung des MgVG ab dem Zeitpunkt der Eintragung einer grenzüberschreitenden Verschmelzung, NZG 2017, 968–976
Deilmann/Häferer	Kein Schutz des Status Quo bei der Gründung der dualistischen SE durch Umwandlung, NZA 2017, 607
Doelfs	Der Einfriertrick, Mitbestimmung 2014, Heft 7/8 S. 26
Düwell	Betriebsverfassungsgesetz, Baden-Baden 4. Aufl. 2014 (zit.: *Bearbeiter* in: Düwell, BetrVG, SE und grenzüberschreitende Verschmelzung, Rn)
Drinhausen/Keitnath	Mitbestimmung bei grenzüberschreitender Verschmelzung mitbestimmungsfreier Gesellschaften, AG 2010, 400
Drinhausen/Keinath	Die grenzüberschreitende Verschmelzung inländischer Gesellschaften nach Erlass der Richtlinie zur grenzüberschreitenden Verschmelzung von Kapitalgesellschaften, RIW 2006, 81
Dzida/Schramm	Arbeitsrechtliche Pflichtangaben bei innerstaatlichen und grenzüberschreitenden Verschmelzungen, NZG 2008, 521
Ebert	Das anwendbare Konzernrecht der Europäischen Aktiengesellschaft, BB 2003, 1854
Ege/Grzimek/ Schwarzfischer	Der Zementierungseffekt bei der Mitbestimmung bei Gründung einer SE und grenzüberschreitender Verschmelzung, DB 2011, 1205
Eidenmüller/Engert/ Hornuf	Die Societas Europaea: Empirische Bestandsaufnahme und Entwicklungslinien einer neuen Rechtsform, AG 2008, 721
El Mahi	Die Europäische Genossenschaft, DB, 2004, 967
Engels	Fortentwicklung des Betriebsverfassungsrechts außerhalb des Betriebsverfassungsgesetzes, Teil I, AuR 2009, 10; Teil II S. 65
Engels/Müller	Regierungsentwurf eines Gesetzes über Europäische Betriebsräte, DB 1996, 981
Feldhaus/Vanscheidt	„Strukturelle Änderungen" der Europäischen Aktiengesellschaft im Lichte von Unternehmenstransaktionen, BB 2008, 2246
Fitting/Engels/Schmidt/ Trebinger/Linsenmaier	Betriebsverfassungsgesetz mit Wahlordnung, Handkommentar, 28. Aufl. München 2016
Fromholzer/Simons	Die Festlegung von Zielgrößen für den Frauenanteil in Aufsichtsrat, Geschäftsleitung und Führungspositionen, AG 2015, 457, 465
Forst	Mitbestimmung à la Bruxelles – SE, SPE und grenzüberschreitende Verschmelzung, Zesar 2014, 383
Forst	Zur Größe des mitbestimmten Organs einer kraft Beteiligungsvereinbarung mitbestimmten SE, AG 2010, 350
Förster/Lange	Grenzüberschreitende Sitzverlegung der Europäischen Aktiengesellschaft aus ertragssteuerlicher Sicht, RIW 2002, 585

Förster/Lange	Steuerliche Aspekte der Gründung einer Europäischen Aktiengesellschaft, DB 2002, 288
Freier	Die Gründung einer SE als Vorratsgesellschaft, Baden-Baden 2016
Frodermann/Jannott	Zur Amtszeit des Verwaltungs- bzw. Aufsichtsrats der SE, ZIP 2005, 2251
Funke	Die neue Richtlinie über den europäischen Betriebsrat, DB 2009, 564
Gahleitner	Mitbestimmung in Europa – Der lange Weg zu einem SE-Betriebsrat, DRdA 2005, 550
Ganske	Das Recht der Europäischen wirtschaftlichen Interessenvereinigung, 1988
Gaul	Das neue Gesetz über die Europäischen Betriebsräte, NJW 1996, 3378
Gaul/Ludwig/Forst	Europäisches Mitbestimmungsrecht, München 2015
Geschwandtner	Genossenschaftsrecht, Baden-Baden 2007
Goslar	Anforderungen an satzungsmäßige Bestimmungen eines Hauptversammlungsortes im Ausland, DB 2015, 178
Götz	Ist die europäische Aktiengesellschaft eine überzeugende Option für die Praxis?, ZIP 2003,1067
Grobe	Die Geschlechterquote für Aufsichtsrat und Vorstand, AG 2015, 298
Grobys	Societas Europaea – Deutsche Mitbestimmung quo vadis?, NJW 2003, Heft 34, Editorial
Grobys	Das geplante Umsetzungsgesetz zur Beteiligung von Arbeitnehmern in der Europäischen Aktiengesellschaft, NZA 2004, 779
Grobys	SE-Betriebsrat und Mitbestimmung in der Europäischen Gesellschaft, NZA 2005, 84
Gruber/Weller	Societas Europaea: Mitbestimmung ohne Aufsichtsrat?, NZG 2003, 297
Güntzel	Die Richtlinie über die Arbeitnehmerbeteiligung in der Europäischen Aktiengesellschaft (SE) und ihre nationale Umsetzung in das deutsche Recht, Frankfurt a.M. 2005
Habersack	Das Konzernrecht in der deutschen SE, ZGR 2003, 724
Habersack	Schranken der Mitbestimmungsautonomie, AG 2006, 345
Habersack	Konzernrechtliche Aspekte der Mitbestimmung in der Societas Europaea, Der Konzern 2006, 345
Habersack	Grundsatzfragen der Mitbestimmung in SE und SCE sowie bei grenzüberschreitender Verschmelzung, ZHR 2007, 613
Habersack/Behme/Eidenmüller/Klöhn	Deutsche Mitbestimmung unter europäischem Reformzwang, Frankfurt a.M. 2016
Habersack/Drinhausen	SE-Recht, 2. Aufl. München 2016
Habersack	Reformbedarf im deutschen Mitbestimmungsrecht, ZIP 2009 Beilage Heft 48, 1
Hamann	Betriebsverfassungsrechtliche Auswirkungen der Reform der Arbeitnehmerüberlassung, NZA 2003, 526
Hanau/Steinmeyer/Wank	Handbuch des europäischen Sozialrechts, München 2002
Haider-Giangreco/Polte	Die SE als Rechtsform für den Mittelstand, BB 2014, 2947
Heckschen	Die Reform des Umwandlungsrechts, DNotZ 2007, 444
Heinze	Ein neuer Lösungsweg für die Europäische Aktiengesellschaft, AG 1997, 289
Heinze	Die Europäische Aktiengesellschaft, ZGR 2002, 66
Heinze/Seifert/Teichmann	Verhandlungssache – Arbeitnehmerbeteiligung in der SE, BB 2005, 2524
Hekimler/Wenz	Die Europäische Aktiengesellschaft (SE) – Grundkonzeption und Einsatzmöglichkeiten in der Unternehmenspraxis, AB – Türkiye & Endüstri Iliskileri, Istanbul 2004
Henssler	Unternehmerische Mitbestimmung in der Societas Europaea – Neue Denkanstöße für die „Corporate Governance"-Diskussion, in: Habersack/Hommelhoff/Hüffer/Schmidt (Hrsg.), FS für Peter Ulmer zum 70. Geburtstag, Berlin 2003, S. 193
Henssler	Bewegungsdruck in der deutschen Unternehmensmitbestimmung, RdA 2005, 330
Henssler	Konzernrechtliche Abhängigkeit im Mitbestimmungsrecht der Europäischen Aktiengesellschaft, in: Bitter et al. (Hrsg.), FS für K. Schmidt, 2009, S. 601–617
Henssler/Willemsen/Kalb	Arbeitsrechts Kommentar, 7. Aufl. Köln 2016
Herb	Gesetz für die gleichberechtigte Teilhabe an Führungspositionen – Umsetzung in der Praxis, DB 2015, 964
Herfs-Röttgen	Arbeitnehmerbeteiligung in der Europäischen Aktiengesellschaft, NZA 2001, 424

Herfs-Röttgen	Probleme der Arbeitnehmerbeteiligung in der Europäischen Aktiengesellschaft, NZA 2002, 358
Herrler	Ermöglichung grenzüberschreitender Verschmelzung, NZG 2006, 97
Herrler/Schneider	Grenzüberschreitende Verschmelzungen von Gesellschaften mit beschränkter Haftung zwischen Deutschland und Österreich, GmbHR 2011, 795
Heuschmid	Unternehmensmitbestimmung nach der Richtlinie zur grenzüberschreitenden Verschmelzung von Kapitalgesellschaften, AuR 2006, 184
Heuschmid/Schmidt	Die europäische Aktiengesellschaft auf dem Weg in die Karibik?, NZG 2007, 54
Hinrichs/Plitt	Die Wahl der Mitglieder des besonderen Verhandlungsgremiums in betriebsratslosen Gesellschaften bei der SE-Gründung/grenzüberschreitender Verschmelzung, NZA 2010, 204
Hirte	Die Europäische Aktiengesellschaft, NZG 2002, 1
Hirte	Das neue Genossenschaftsrecht, DStR 2007, 2215
Hoffmann-Becking	Organe: Strukturen und Verantwortlichkeiten, insbesondere im monistischen System, ZGR 2004, 355
Hohenstatt/Seibt	Geschlechter- und Frauenquote in der Privatwirtschaft, ZIP Praxishandbuch 12, 2015
Hommelhoff	Konzernrecht für den Europäischen Binnenmarkt, ZGR 1992, 121
Hommelhoff	Einige Bemerkungen zur Organisationsverfassung der Europäischen Aktiengesellschaft, AG 2001, 279
Hommelhoff	Zum Konzernrecht in der Europäischen Aktiengesellschaft, AG 2003, 179
Hommelhoff	Die Europäische Privatgesellschaft (SPE): Auswirkungen auf die nationale GmbH, GesRZ 2008,337
Hommelhoff/Krause/ Teichmann	Arbeitnehmer-Beteiligung in der Europäischen Privatgesellschaft (SPE) nach dem Verordnungsvorschlag: Zehn Empfehlungen zu seiner Fortschreibung, GmbHR 2008, 1193
Hommelhoff/Lächler	Förder- und Schutzrecht für den SE-Konzern, AG 2014, 257
Hommelhoff/Teichmann	Eine GmbH für Europa: Der Vorschlag der EU-Kommission zur Societas Privata Europaea (SPE), GmbHR 2008, 897
Horn	Die Europa-AG im Kontext des deutschen und europäischen Gesellschaftsrechts, DB 2005, 147
Hromadka	Rechtsfragen zum Eurobetriebsrat, DB 1995, 1125
Hüffer	Aktiengesetz, 11. Aufl. München 2014
Ihrig	Die geschäftsführenden Direktoren in der monistischen SE: Stellung, Aufgaben und Haftung, ZGR 2008, 809
Ihrig/Schlitt	Vereinbarungen über eine freiwillige Einführung oder Erweiterung der Mitbestimmung, NZG 1999, 333
Ihrig/Wagner	Diskussionsentwurf für ein SE-Ausführungsgesetz, BB 2004, 969
Ihrig/Wagner	Das Gesetz zur Einführung der Europäischen Gesellschaft (SEEG) auf der Zielgeraden, BB 2004, 1749
Jacobs	Privatautonome Unternehmensmitbestimmung in der SE, in: Bitter et al. (Hrsg.), FS für K. Schmidt, 2009, S. 795–815
Jaecks/Schönborn	Die Europäische Aktiengesellschaft, das Internationale und das deutsche Konzernrecht, RIW 2003, 254
Jaeger	Europäische Aktiengesellschaft – was ist das schon wieder?, Der Betriebsrat 1998, 5
Janott/Frodermann (Hrsg.)	Handbuch der Europäischen Aktiengesellschaft – Societas Europaea, 2005
Junker	Unternehmensmitbestimmung in Deutschland, ZfA 2005, 1
Junker	Europäische Aktiengesellschaft und deutsche Mitbestimmung, ZfA 2005, 211
Kämmerer/Veil	Paritätische Arbeitnehmermitbestimmung in der monistischen Societas Europaea – ein verfassungsrechtlicher Irrweg?, ZIP 2005, 369
Kallmeyer	Europa-AG: Strategische Optionen für deutsche Unternehmen, AG 2003, 197
Kallmeyer	Die Europäische Aktiengesellschaft – besser als ihr Ruf?, DB 2003, Heft 5, Gastkommentar
Kallmeyer	Das monistische System in der SE mit Sitz in Deutschland, ZIP 2003, 1531
Kallmeyer	Europa-AG: Strategische Optionen für deutsche Unternehmen, AG 2003, 199

Kallmeyer	Die Beteiligung der Arbeitnehmer in einer Europäischen Gesellschaft, ZIP 2004, 1442
Kallmeyer	Umwandlungsgesetz, 3. Aufl. Köln 2006
Keller/Werner	Arbeitnehmerbeteiligung in der Europäischen Aktiengesellschaft (SE) – Eine empirische Analyse der ersten Fälle, WSI Mitteilungen 2007, 604
Keßler	Die Genossenschaftsreform im Lichte des Regierungsentwurfs, BB 2006, 561
Keßler	Das neue Genossenschaftsrecht im Wettbewerb der Unternehmensformen – erleichterter Zugang auch für KMU?, BB 2006, 1693
Kiem	Die Regelung der grenzüberschreitenden Verschmelzung im deutschen Umwandlungsgesetz, WM 2006, 1091
Kisker	Unternehmerische Mitbestimmung in der Europäischen Gesellschaft, der Europäischen Genossenschaft und bei grenzüberschreitender Verschmelzung im Vergleich, RdA 2006, 206
Klebe/Kunz	Europäische Betriebsräte: Eine praktische und rechtliche Zwischenbilanz in FS für Wolfgang Däubler zum 60. Geburtstag, Recht und soziale Arbeitswelt, Frankfurt/M. 1999, S. 504
Klein	Die Europäische Aktiengesellschaft „à la française", RIW 2004, 435
Klein	Grenzüberschreitende Verschmelzung von Kapitalgesellschaften, RNotZ 2007, 565
Kleinsorge	Europäische Gesellschaft und Beteiligungsrechte der Arbeitnehmer, RdA 2002, 343
Kleinsorge/Neye	Europäische Aktiengesellschaft, BArbBl 2001, 5
Kloster	Societas Europaea und europäische Unternehmenszusammenschlüsse, EuZW 2003, 293
Kluge	Mitbestimmung gewinnt Konturen, Mitbestimmung 2006, 40
Kolvenbach	Scheitert die Europa AG an der Mitbestimmung?, NZA 1998, 1323
Köklü	Die Beteiligung der Arbeitnehmer und die Corporate Governance in der Europäischen Aktiengesellschaft mit Sitz in Deutschland, 2006
Kölner Kommentar zum Aktienrecht	Band 8/2 SEBG, 3. Auflage, 2010 (zit.: *Feuerborn* in: KKAktG § SEBG Rn)
Köstler	Die Europäische Aktiengesellschaft ist beschlossene Sache, Mitbestimmung 2001, 48
Köstler	Die Mitbestimmung in der SE, ZGR 2003, 800
Köstler	Die Beteiligung der Arbeitnehmer in der Europäischen Aktiengesellschaft nach den deutschen Umsetzungsgesetzen, DStR 2005, 745
Kossmann/Heinrich	Möglichkeiten der Umwandlung einer bestehenden SE, ZIP 2007, 164
Kraft/ Redenius-Hövermann	Zur Einführung einer gesetzlichen Geschlechterquote im Aufsichts- oder Verwaltungsrat einer SE, AG 2012, 28
Krause	Die Mitbestimmung der Arbeitnehmer in der Europäischen Gesellschaft (SE), BB 2005, 1224
Krause	Gesetzentwurf zum SE-Umsetzungsgesetz – das Problem der Mitbestimmung, BB 2004, 1
Krause	Zum Vorhaben einer Europäischen Privatgesellschaft, Recht der Wirtschaft und der Arbeit in Europa, Gedächtnisschrift für Blomeyer, 2004, 388
Krause	Die Mitbestimmung der Arbeitnehmer in der Europäischen Gesellschaft (SE), BB 2005, 1221
Krause/Janko	Grenzüberschreitende Verschmelzungen und Arbeitnehmermitbestimmung, BB 2007, 2194
Kraushaar	Europäische Aktiengesellschaft (SE) und Unternehmensmitbestimmung, BB 2003, 1614
Kraushaar	Mindestrepräsentation leitender Angestellter in der Europäischen Aktiengesellschaft, NZA 2004, 591
Kraushaar	Verhandelte Mitbestimmung und das Problem der Arbeitnehmerpluralität, AG 2008, 809
Kumpf	Multinationalität der SE-Mitbestimmungsordnung, Frankfurt a.M. 2014
Kuffner	Die Beteiligung der Arbeitnehmer in der Europäischen Aktiengesellschaft, Berlin 2003
Lambach	Das Gesetz über die Beteiligung der Arbeitnehmer in einer Europäischen Gesellschaft (SE-Beteiligungsgesetz – SEBG), RIW 2005, 161
Lange	Überlegungen zur Umwandlung einer deutschen in eine Europäische Aktiengesellschaft, EuZW 2003, 301
Le Friant	Die Tarifverhandlungen in grenzüberschreitenden Unternehmen, NZA 1994, 158
Lehne	Die Europäische Privatgesellschaft – eine schwere Geburt?, GmbHR 2008, R257

Leible/Hoffmann Cartesio – fortgeltende Sitztheorie, grenzüberschreitender Formwechsel und Verbot materiellrechtlicher Wegzugsbeschränkungen, BB 2009, 58

Lembke/Ludwig Das Recht der Unternehmensmitbestimmung, Frankfurt a.M. 2015

Linden Die Mitbestimmungsvereinbarung der dualistisch verfassten Societas Europaea (SE), Herdecke, 2012

Loritz Die Erforderlichkeit und Geeignetheit von Betriebsräte-Schulungs- und Bildungsveranstaltungen, NZA 1993, 2

Löw/Stolzenberg Arbeitnehmerbeteiligungsverfahren bei der SE-Gründung – Potentielle Fehler und praktische Folgen, NZA 2017, 1489

Luke Vorrats-SE ohne Arbeitnehmerbeteiligung?, NZA 2013, 941

Lunk/Hinrichs Die Mitbestimmung der Arbeitnehmer bei grenzüberschreitenden Verschmelzungen nach dem MgVG, NZA 2007, 773

Lutter Genügen die vorgeschlagenen Regelungen für eine „Europäische Aktiengesellschaft"?, AG 1990, 413

Lutter Auslegung angeglichenen Rechts, JZ 1992, 593

Lutter Europäische Aktiengesellschaft – Rechtsfigur mit Zukunft, BB 2002, 1

Lutter Perspektiven des Gesellschaftsrechts in Deutschland und Europa, BB 2004, 1

Lutter/Hommelhoff/Teichmann SE-Kommentar, 2. Aufl. Köln 2015

Lutter/Kollmorgen/Feldhaus Die Europäische Aktiengesellschaft – Satzungsgestaltung bei der „mittelständischen SE", BB 2005, 2473

Lutter/Kollmorgen/Feldhaus Muster-Geschäftsordnung für den Verwaltungsrat einer SE, BB 2007, 509

Mävers Die Mitbestimmung der Arbeitnehmer in der Europäischen Aktiengesellschaft, Baden-Baden 2002

Manz/Mayer/Schröder Europäische Aktiengesellschaft – SE, Baden-Baden 2005

Maul/Röhricht Die Europäische Privatgesellschaft – Überblick über eine neue supranationale Rechtsform, BB 2008, 1574

Maul/Teichmann/Wenz Der Richtlinienvorschlag zur grenzüberschreitenden Verschmelzung von Kapitalgesellschaften, BB 2003, 26

Mayer Auswirkung grenzüberschreitender Beherrschungsverträge auf Mitbestimmungstatbestände, AuR 2006, 303

Meißner Mitbestimmung kraft Gesetzes – die Größe des Aufsichtsrats einer Europäischen Aktiengesellschaft bei der Gründung durch Umwandlung, AuR 2012, 61

Memento Rechtshandbücher, Gesellschaftsrecht für die Praxis 2005, 6. Aufl. Freiburg 2004

Merkt Die monistische Unternehmensverfassung für die Europäische Aktiengesellschaft aus deutscher Sicht, ZGR 2003, 650

Mock Die Europäische Genossenschaft, GPR 2004, 213

Morgenroth/Salzmann Grenzüberschreitende Umwandlungen in der EU und unternehmerische Mitbestimmung, NZA-RR 2013, 449

Müller Europäische Betriebsräte-Gesetz, Köln 1997

Müller-Bonanni/Melot de Beauregard Mitbestimmung in der Socieatas Europaea, GmbHR 2005, 195

Müller-Bonanni/Müntefering Grenzüberschreitende Verschmelzung ohne Arbeitnehmerbeteiligung? NJW 2009, 2347–2353

Müller-Glöge/Preis/Schmidt Erfurter Kommentar zum Arbeitsrecht 17. Aufl. München 2017 (zit.: *Bearbeiter* in: ErfK § SEBG Rn)

Münchener Handbuch zum Arbeitsrecht Bd. 3 Kollektives Arbeitsrecht, 2. Aufl. München 2000

Münchener Handbuch des Gesellschaftsrechts Bd. 6 Internationales Gesellschaftsrecht, 4. Aufl. 2013 (zit.: *Bearbeiter* in: MHdBGesR § Rn)

Münchener Kommentar zum Aktiengesetz — Bd. 2, §§ 76–117 AktG, MitbestG, DrittelbG, 4. Aufl. München, 2014 (zit.: *Bearbeiter* in: MÜKOAktG § Rn)

Nagel — Zusammensetzung mitbestimmter Aufsichtsratsausschüsse und Unternehmensinteresse, DB 1982, 2677

Nagel — Der Lieferant on line – Unternehmensrechtliche Probleme der Just-in-Time-Produktion am Beispiel der Automobilindustrie, DB 1988, 2291

Nagel — Erosion der Mitbestimmung und EG-Kommissionsentwürfe zur Europa-AG, AuR 1990, 205

Nagel — Deutsches und europäisches Gesellschaftsrecht, München 2000

Nagel — Verschlechternde Regelungen und Vereinbarungen zur Mitbestimmung in der Europäischen Aktiengesellschaft, AuR 2001, 406

Nagel — Ist die Europäische Aktiengesellschaft (SE) attraktiv?, DB 2004, 1299

Nagel — Die Europäische Aktiengesellschaft (SE) und die Beteiligung der Arbeitnehmer, AuR 2004, 281

Nagel — Die europäische Aktiengesellschaft (SE) in Deutschland – der Regierungsentwurf zum SE-Einführungsgesetz, NZG 2004, 833

Nagel — Die Europäische Aktiengesellschaft (SE): Bestandsaufnahme und Perspektiven in Beschorner/Eger (Hrsg.) Das Ethische in der Ökonomie, FS zum 60. Geburtstag von Hans Nutzinger, Marburg 2005

Nagel — Die Richtlinie zur grenzüberschreitenden Verschmelzung, NZG 2006, 97

Nagel — Die Beteiligungsrechte der Arbeitnehmer bei der formwechselnden Umwandlung einer deutschen AG in eine Europäische Gesellschaft, Gutachten für die Hans-Böckler-Stiftung, 2007

Nagel — Die Mitbestimmung bei der formwechselnden Umwandlung einer deutschen AG in eine Europäische Gesellschaft, AuR 2007, 329

Nagel — Das Gesetz über die Mitbestimmung der Arbeitnehmer bei grenzüberschreitenden Verschmelzungen (MgVG), NZG 2007, 57

Nagel — Europäische Marktfreiheiten, Koalitionsfreiheit und Sozialstaatsprinzip, AuR 2009, 155

Nagel/Köklü — „Societas Europaea“ und Mitbestimmung, ZESAR 2004, 175

Neye — Kein neuer Stolperstein für die Europäische Aktiengesellschaft, ZGR 2002, 377

Neye — Die neue Richtlinie zur grenzüberschreitenden Verschmelzung von Kapitalgesellschaften, ZIP 2005, 1893.

Neye — Die Europäische Aktiengesellschaft, München 2005

Neye — Die geplante Umsetzung der Richtlinie zur grenzüberschreitenden Verschmelzung von Kapitalgesellschaften im Umwandlungsrecht, DB 2006, 488 ff.

Neye/Teichmann — Der Entwurf für das Ausführungsgesetz zur Europäischen Aktiengesellschaft, AG 2003, 169

Neye/Timm — Die geplante Umsetzung der Richtlinie zur grenzüberschreitenden Verschmelzung von Kapitalgesellschaften im Umwandlungsgesetz, DB 2006, 488

Neye/Timm — Mehr Mobilität für die GmbH in Europa – Das Recht der grenzüberschreitenden Verschmelzung, GmbHR 2007, 561.

Niklas — Beteiligung der Arbeitnehmer in der Europäischen Gesellschaft (SE) – Umsetzung in Deutschland, NZA 2004, 1200

Oechsler — Die Richtlinie 2005/56/EG über die Verschmelzung von Kapitalgesellschaften aus verschiedenen Mitgliedstaaten, NZG 2006, 161

Oetker — Beteiligung der Arbeitnehmer in der Europäischen Aktiengesellschaft (SE) im Überblick, ZESAR 2005, 3

Oetker — Die Beteiligung der Arbeitnehmer in der Europäischen Aktiengesellschaft (SE) unter besonderer Berücksichtigung der leitenden Angestellten, BB Special 1/2005, 2

Oetker — Unternehmensmitbestimmung in der SE kraft Vereinbarung, ZIP 2006, 1113

Oetker — Mitbestimmungssicherung bei Errichtung einer Europäischen Gesellschaft (SE) durch formwechselnde Umwandlung einer Aktiengesellschaft mit Sitz in Deutschland, in Waas (Hrsg.) FS für Rolf Birk zum 70. Geburtstag, Tübingen 2008, 557

Oetker — Die zwingende Geschlechterquote für den Aufsichtsrat – vom historischen Schritt zur Kultivierung einer juristischen terra incognita, ZHR 179 (2015), 707

Oetker	Arbeitnehmerüberlassung und Unternehmensmitbestimmung im entleihenden Unternehmen nach § 14 II 5 und 6 AÜG, NZA 2017, 29
Oetker	Aktuelle Entwicklungen im Recht der Unternehmensmitbestimmung, Jahrbuch des Arbeitsrechts Band 53, 2016, 47
Oplustil/Teichmann	The European Company – all over Europe, Berlin 2004
Paschos/Goslar	Die Aktienrechtsnovelle 2016 – Ein Überblick, NJW 2016, 359
Peters/Wüllrich	Gesellschaftsrechtliche Einigung Europas durch die Societas Privata Europaea (SPE), DB 2008, 2179
Peus	Die Praxis privatautonomer Mitbestimmungsvereinbarungen, AG 1982, 206
Pluskat	Die neuen Vorschläge für die Europäische Aktiengesellschaft, EuZW 2001, 524
Pluskat	Der neue Entwurf für eine europäische Verschmelzungsrichtlinie – Transnationale Fusionen in Europa damit in greifbare Nähe gerückt? EWS 2004, 1
Pöhlmann/Fandrich/ Bloehs	Genossenschaftsgesetz, 4. Aufl. München 2012
Raiser	Privatautonome Mitbestimmungsregelungen, BB 1977, 1461
Raiser/Veil/Jacobs	Mitbestimmungsgesetz und Drittelbeteiligungsgesetz, 6. Aufl. Berlin 2015
Raiser	DJT-Gutachten, Unternehmensmitbestimmung vor dem Hintergrund europarechtlicher Entwicklungen, Gutachten B zum 66. Deutschen Juristentag, 2006
Rehwinkel	Die gesetzliche Auffangregelung der Unternehmensmitbestimmung in der Europäischen Aktiengesellschaft, Zesar 2008, 74
Reichert	Die SE als Gestaltungsinstrument für grenzüberschreitende Umstrukturierungen, Der Konzern 2007, 821
Reichert	Wettbewerb der Gesellschaftsformen – SE oder KGaA zur Organisation großer Familiengesellschaften, ZIP 2014, 1957
Reichert/Brandes	Mitbestimmung der Arbeitnehmer in der SE: Gestaltungsfreiheit und Bestandsschutz, ZGR 2003, 767
Rieble	Schnelle Mitbestimmungssicherung gegen die SE, BB 2014, 2997
Richardi	Betriebsverfassungsgesetz, Kommentar, 15. Aufl. München 2016
Ringe	Mitbestimmungsrechtliche Folgen einer SE-Sitzverlegung, NZG 2006, 931
Röthig	Grundstein für ein Referenzmodell, Mitbestimmung 2006, 45
Rockstroh	Verwaltungsrat und geschäftsführende Direktoren in der monistisch strukturierten Societas Europaea, BB 2012, 1620
Rosenbohm	Verhandelte Mitbestimmung, Frankfurt 2013
Roth	Die unternehmerische Mitbestimmung in der monistischen SE, ZfA 2004, 431
Rubner	Grenzüberschreitende Verschmelzungen nach Umwandlungsgesetz, NJW Spezial 2007, 219
Saenger/Merkelbach	Die investierende Mitgliedschaft im deutschen Genossenschaftsrecht – eine interessante Beteiligungsmöglichkeit für Genossenschaften und Investoren?, BB 2006, 566
Sagan	Eine deutsche Geschlechterquote für die europäische Aktiengesellschaft, RdA 2015, 255
Schäfer	Das Gesellschaftsrecht (weiter) auf dem Weg nach Europa, am Beispiel der SE-Gründung, NZG 2004, 785
Schaffland/Korte	Das Genossenschaftsgesetz im Zeichen der Europäisierung und Internationalisierung – Zum Gesetzentwurf der Bundesregierung, NZG 2006, 253
Schanze	Die Pluralität der Mitbestimmungslösungen in Europa, AG 2017, 573
Scheibe	Die Mitbestimmung der Arbeitnehmer in der SE unter besondere Berücksichtigung des monistischen Systems, Frankfurt a.M. 2007
Schlösser	Europäische Aktiengesellschaft und deutsches Strafrecht, NZG 2008, 126
Schmidt	Das Grünbuch zur Schaffung einer Kapitalmarktunion – EU-Kapitalmarkt 4.0?, GPR 2015, 129
Schmidt K./Lutter	AktG 3. Aufl. 2015
Schneider	Der stellvertretende Vorsitzende des Aufsichtsorgans der dualistischen SE, AG 2008, 887
Schön	Der „Rechtsmissbrauch" im Europäischen Gesellschaftsrecht, in: Wank u.a. (Hrsg.), FS für Herbert Wiedemann zum 70. Geburtstag, München 2002, S. 1271
Schubert	Die Arbeitnehmerbeteiligung bei der Gründung einer SE durch Verschmelzung unter Beteiligung arbeitnehmerloser Aktiengesellschaften, RdA, 2012, 146

Schubert	Die Arbeitnehmerbeteiligung bei der Europäischen Gesellschaft ohne Arbeitnehmer, ZESAR 2006, 340
Schubert	Die Mitbestimmung der Arbeitnehmer bei grenzüberschreitender Verschmelzung, RdA 2007, 9
Schubert	Die Bestellung der Arbeitnehmervertreter im Aufsichts- und Verwaltungsorgan bei grenzüberschreitenden Verschmelzungen, ZIP 2009, 791
Schubert	Beteiligung von Arbeitnehmern in ausländischen Betrieben und Tochtergesellschaften an der Unternehmensmitbestimmung in deutschen Konzernen, AG 2017, 369
Schuberth/von der Höh	Zehn Jahre „deutsche" SE – Eine Bestandsaufnehme, AG 2014, 439
Schüren/Hamann	AÜG Kommentar, 4. Aufl. München 2010
Schulte-Wrede	Arbeitnehmerbeteiligung in Europa, Berlin 2014
Schulze	Die Europäische Genossenschaft (SCE) NZG 2004, 792
Schulze	Die Europäische Genossenschaft SCE, Baden-Baden 2004
Schwarz	Zum Statut der Europäischen Aktiengesellschaft, ZIP 2001, 1847
Schwarz	SE-VO, Kommentar, München 2006
Seibert	Frauenförderung durch Gesellschaftsrecht – Die Entstehung des Frauenfördergesetzes, NZG 2016, 16
Seibt	Größe und Zusammensetzung des Aufsichtsrats in der SE, ZIP 2010, 1058
Seibt	Privatautonome Mitbestimmungsvereinbarungen: Rechtliche Grundlagen und Praxishinweise, AG 2005, 413
Seibt	Arbeitnehmerlose Societas Europaea, ZIP 2005, 2248
Semler/Stengel	Umwandlungsgesetz, 3. Aufl. München 2006
Sick	Mit Expertise punkten, Mitbestimmung 2014, 22
Simon/Hinrichs	Unterrichtung der Arbeitnehmer und ihrer Vertretungen bei grenzüberschreitenden Verschmelzungen, NZA 2008, 391
Simon/Leuering	Grenzüberschreitende Verschmelzungen, NJW Spezial 2006, 75
Simon/Rubner	Die Umsetzung der Richtlinie über grenzüberschreitende Verschmelzungen ins deutsche Recht, Der Konzern 2006, 835
Stiegler	Entwicklungen im europäischen Gesellschaftsrecht im Jahr 2013, DB 2014, 525
Stöber	Die Gründung einer Holding-SE, AG 2013, 110
Stüber	*Die Frauenquote* ist da – Das Gesetz zur gleichberechtigten Teilhabe und die Folgen für die Praxis, DStR 2015, 947
Spielberger/ Röthlingshöfer	Praxisfolgen der Geschlechterquote, AuA 2015, 337
Spindler	Die Hauptversammlung der Europäischen Gesellschaft und Anfechtungsklagen – gegen ihre Beschlüsse, in: Lutter/Hommelhoff (Hrsg.), Die Europäische Gesellschaft – Prinzipielle Gestaltungsmöglichkeiten und Grundfragen aus der Praxis, Köln 2005, S. 223
Teichmann	Die Einführung der Europäischen Aktiengesellschaft, ZGR 2002, 383, 436
Teichmann	Austrittsrecht und Pflichtangebot bei Gründung einer Europäischen Aktiengesellschaft, AG 2004, 67
Teichmann	Gestaltungsfreiheit im monistischen Leitungssystem der Europäischen Aktiengesellschaft, BB 2004, 53
Teichmann	Mitbestimmung und grenzüberschreitende Verschmelzung, Der Konzern 2007, 89
Teichmann	Gestaltungsfreiheit in Mitbestimmungsvereinbarungen, AG 2008, 797
Teichmann	Die gesetzliche Geschlechterquote in der Privatwirtschaft, BB 2015, 898
Teichmann/Langes	Frauenquote in Deutschland und Europa, EWS 2013, 175
Teichmann/Rüb	Der Regierungsentwurf zur Geschlechterquote in Aufsichtsrat und Vorstand, BB 2015, 259
Teichmann	LG Nürnberg-Fürth: Zur ordnungsgemäßen Zusammensetzung des SE-Aufsichtsrats, BB 2010, 1114
Teichmann	Bestandsschutz für die Mitbestimmung bei Umwandlung in eine SE, ZIP 2014, 1049
Thannisch	Unternehmensmitbestimmung im Kontext wirtschaftsdemokratischer Überlegungen, Gegenblende 2011, Ausgabe 9
Theisen/Wenz (Hrsg.)	Die Europäische Aktiengesellschaft – Recht, Steuern und Betriebswirtschaft der Societas Europaea (SE), 2. Aufl., Stuttgart 2005
Thömmes	EC-Law Aspects of the Transfer of Seat of an SE, European Taxation 44 (2004), 28

Thüsing — SE-Betriebsrat kraft Vereinbarung, ZIP 2006, 1469

Ulmer/Habersack/Henssler — Mitbestimmungsrecht, 3. Aufl. München 2013

Van Hulle/Maul/Drinhausen — Handbuch zur Europäischen Gesellschaft (SE), München 2007

Vossius — Gründung und Umwandlung der deutschen Europäischen Gesellschaft (SE), ZIP 2005, 741

Waclawik — Der Referentenentwurf des Gesetzes zur Einführung der Europäischen (Aktien-) Gesellschaft, DB 2004, 1191

Wandt — Der Antrag auf gerichtliche Bestellung eines Aufsichtsratsmitglieds bei AG und SE, AG 2016, 877

Wasmann/Rothenburg — Praktische Tipps zum Umgang mit der Frauenquote, DB 2015, 291

Weiss — Arbeitnehmermitwirkung in Europa, NZA 2003, 181

Weiss/Wöhlert — Der Siegeszug des deutschen Mitbestimmungsrechts in Europa? NZG 2006, 121

Wenz — The European Company (Societas Europaea) – Legal Concept and Tax Issues, European Taxation 44 (2004), 4

Wiese/Kreutz/Oetker/Raabe/Weber/Franzen/Gutzeit — Gemeinschaftskommentar zum BetrVG, 10. Aufl., Neuwied 2014

Wiesner — Die Europa-AG und der Sündenbock, GmbHR 1999, R 301

Wiesner — Mitbestimmungsexport durch grenzüberschreitende Fusion, ZIP 2004, 243

Wiesner — Die grenzüberschreitende Verschmelzung und der neue Mitbestimmungskompromiss, DB 2004, 91

Widmann/Mayer — Umwandlungsrecht, Loseblatt, Stand. 159. Erg.-Lfg August 2016 (zit.: *Bearbeiter* in: Widmann/Mayer UmwR, Anhang 2)

Willemsen/Hohenstatt/Schweibert/Seibt — Umstrukturierung und Übertragung von Unternehmen 5. Aufl. 2016

Windbichler — Zur Trennung von Geschäftsführung und Kontrolle bei amerikanischen Großgesellschaften – eine „neue" Entwicklung und europäische Regelungen im Vergleich, ZGR 1985, 50

Winter — Grenzüberschreitende Verschmelzungen – ein Update, GmbHR 2008, 532

Winter/Marx/De Decker — Zielgrößen für den Frauenanteil in Führungspositionen bei mitbestimmten Unternehmen, DB 2015, 1331

Winter/Marx/De Decker — Mitbestimmungsrechtliche Aspekte der SE & Co. KG, NZA 2016, 334

Wisskirchen/Prinz — Das Gesetz über die Beteiligung der Arbeitnehmer in einer Europäischen Gesellschaft, DB 2004, 2638

Wißmann — Geschlechterquoten im mitbestimmten Aufsichtsrat – Visionen, Nöte und Schwächen des Gesetzgebers, FS für Armin Höland, 2015

Wißmann — Die Mitbestimmung der Arbeitnehmer in der Europäischen Aktiengesellschaft, RdA 1992, 320

Wißmann — Die Arbeitnehmerbeteiligung in der „deutschen" SE vor Gericht, in Annuß/Picker/Wißmann (Hrsg.), FS für Reinhard Richardi zum 70. Geburtstag, München 2007, 841

Wißmann/Kleinsorge/Schubert — Mitbestimmungsrecht, 5. Aufl. München 2017

Wollburg/Banerjea — Die Reichweite der Mitbestimmung in der europäischen Gesellschaft, ZIP 2005, 277

Zimmermann — Wir generieren einen Zusatznutzen, Mitbestimmung 2011, 16

Erster Abschnitt
Einleitung

Übersicht

I. Mitbestimmungstradition in Deutschland

1 Die **Beteiligung der Arbeitnehmer,** d.h. die Information und Konsultation sowie die Mitbestimmung, findet in Deutschland auf **zwei Ebenen** statt, der betrieblichen Ebene und der Unternehmensebene.

2 Die **Mitbestimmung auf betrieblicher Ebene** bezieht sich auf Fragen in betrieblichen Angelegenheiten, die Arbeitnehmer unmittelbar an ihrem Arbeitplatz betreffen. Die gesetzliche Grundlage bildet hierfür das Betriebsverfassungsgesetz von 1972, das 2001 reformiert worden ist. Das Betriebsverfassungsgesetz sieht vor, dass in Betrieben mit mindestens fünf wahlberechtigten Arbeitnehmern Betriebsräte gewählt werden können. Der Betriebsrat ist Repräsentant aller Arbeitnehmer des Betriebs. Er hat die Interessen der Arbeitnehmer im Betrieb zu vertreten und die Einhaltung von Gesetzen, Tarifverträgen und Unfallverhütungsvorschriften zu überwachen. Darüber hinaus hat der Betriebsrat spezielle Mitwirkungs- und Mitbestimmungsrechte insbesondere in sozialen, personellen und wirtschaftlichen Angelegenheiten. Arbeitgeber und Betriebsrat sind verpflichtet, vertrauensvoll und zum Wohle der Arbeitnehmer und des Betriebs zusammenzuarbeiten.

3 Die **Mitbestimmung auf Unternehmensebene** soll Arbeitnehmern die Teilhabe an wichtigen wirtschaftlichen Planungen und Entscheidungen sichern. Sie sichert die Interessen der Arbeitnehmer bei der Mitgestaltung der Unternehmenspolitik institutionell ab, indem sie den Arbeitnehmern in größeren Kapitalgesellschaften (ab mehr als 500 Arbeitnehmern) das Recht gibt, Vertreter in die Aufsichtsräte (bzw. die Verwaltungsräte monistisch verfasster europäischer Gesellschaften wie SE oder SCE) dieser Unternehmen zu wählen, um dort an den unternehmerischen Entscheidungsprozessen gleichberechtigt mitzuwirken. Gewählte Arbeitnehmervertreter in den Aufsichts-/Verwaltungsräten sind zum einen Arbeitnehmer des Unternehmens und zum anderen Gewerkschaftsvertreter. Mittel zur Einflussnahme der Arbeitnehmer sind in erster Linie die Beteiligung bei der Auswahl und Kontrolle der Unternehmensleitung und die unmittelbare Mitwirkung an wichtigen Unternehmensentscheidungen.

4 Durch die unterschiedlichen Zielrichtungen, die mit der Mitbestimmung auf den verschiedenen Ebenen verfolgt wird, ergänzen sich die beiden Systeme zu einem **historisch gewachsenen Partizipationsmodell.** Die Beteiligung der Arbeitnehmer ist ein substanzieller Bestandteil der deutschen Demokratiegeschichte und der gesellschaftspolitischen Kultur Deutschlands. Die durch die Mitbestimmung institutionalisierte Kooperation zwischen Unternehmern und Betriebsräten, Arbeitgeberverbänden und Gewerkschaften trägt wesentlich dazu bei, dass z.B. ökonomische Krisen wirksam abgefedert werden können.

5 Die folgenden Betrachtungen konzentrieren sich auf die Unternehmensmitbestimmung, die in Deutschland durch vier Mitbestimmungsgesetze (Montanmitbestimmungsgesetz, Mitbestimmungsergänzungsgesetz, Drittelbeteiligungsgesetz, Mitbestimmungsgesetz) geprägt wird. Diese gesetzlichen Regelungen enthalten **zwingendes Recht,** von dem nicht abgewichen werden darf.[1] Eine Erweiterung der Unternehmensmitbestimmung durch eine von den gesetzlichen Vor-

---

1 *Wißmann* in: Münchner Handbuch Arbeitsrecht § 278 Rn 8; *Gach* in: MÜKOAktG § 1 MitbestG Rn 39; *Habersack* in: MÜKOAktG § 96 AktG Rn 26.

https://doi.org/10.1515/9783110487794-001

gaben abweichende Mitbestimmungsvereinbarung ist unzulässig,[2] die Arbeitnehmer können auf ihr Recht auch nicht rechtswirksam verzichten.[3] Der Raum für Vereinbarungen im Bereich der Unternehmensmitbestimmung ist damit eng begrenzt.[4] In der Praxis werden Mitbestimmungsvereinbarungen aber durchaus aus unterschiedlichen Motiven eingesetzt, wie z.B. der Beibehaltung der gewohnten Mitbestimmung nach dem Herausfallen eines Unternehmens aus dem gesetzlich vorgesehen System.[5]

6 Für die Beurteilung der **Zulässigkeit einer Mitbestimmungsvereinbarung** sind verschiedene Faktoren zu berücksichtigen, wie z.B. der Regelungsinhalt unter Beachtung der gesetzlichen Satzungsstrenge, die Rechtsform der Gesellschaft und die Abschlusskompetenz der Gesellschaftsorgane. Der Versuch einer Typisierung[6] der in der Praxis bestehenden Vereinbarungen über die Beteiligung der Arbeitnehmer hat zu verschiedenen Gruppierungen von Mitbestimmungsvereinbarungen geführt:
- Vereinbarungen in Unternehmen, die nicht unter das Recht der Unternehmensmitbestimmung fallen, weil sie z.B. weniger als 500 Arbeitnehmer beschäftigen;
- Absprachen über zusätzliche Organe der Gesellschaft, die nicht vom Gesetz vorgegeben sind;
- Verständigungen über konzernorganisatorische Maßnahmen;
- Vereinfachung der Anwendung der gesetzlichen Vorgaben;
- Bereinigung zweifelhafter Rechts- und Sachfragen;
- Veränderungen des bestehenden Mitbestimmungsmodells.

II. Mitbestimmungstraditionen in Europa

7 Die deutsche Unternehmensmitbestimmung, die ab mehr als 500 Arbeitnehmern eine Drittelbeteiligung der Arbeitnehmervertreter im Aufsichtsrat bestimmter Unternehmen und ab mehr als 2000 Arbeitnehmern eine hälftige Besetzung des Aufsichtsrats vorsieht, ist **Teil einer europäischen Vielfalt an Mitbestimmungsmodellen.** Zwar verzichten einige Mitgliedstaaten auf gesetzliche Regelungen zur Mitbestimmung, allerdings lässt sich feststellen, dass die meisten Mitgliedstaaten die Mitbestimmung der Arbeitnehmer in unterschiedlichen Ausprägungen auf Unternehmensebene gesetzlich verankert haben. Die in den verschiedenen Ländern gefundenen Regelungen sind über lange Zeiträume gewachsen; die differenzierten Ausgestaltungen sind eine Folge unterschiedlicher nationaler Traditionen und Entwicklungen.

8 Diese Unterschiede zeigen sich bereits in der **Unternehmensverfassung,** dem Anknüpfungspunkt für die Unternehmensmitbestimmung. In einigen Ländern wie z.B. in Deutschland, Österreich oder den Niederlanden gilt das dualistische System, d.h. neben dem Vorstand als Leitungsorgan existiert mit dem Aufsichtsrat ein eigenständiges Aufsichtsorgan. In anderen Ländern wie z.B. Luxemburg, Schweden oder dem Vereinigten Königreich sind die Unternehmen monistisch strukturiert, d.h. es existiert nur ein Verwaltungsorgan, in dem Leitung und Aufsicht vereint sind. Wieder andere Mitgliedstaaten, wie Finnland oder Frankreich kennen beide Systeme.

9 Weitere Unterschiede ergeben sich bei den **Beteiligungsquoten** der Arbeitnehmervertreter im Aufsichts- oder Verwaltungsorgan. Diese reichen von einer festgelegten Zahl von Arbeitnehmervertretern (z.B. in Schweden oder Finnland) über einen prozentualen Anteil von einem Drit-

---

2 *Habersack* in: MÜKOAktG § 96 AktG Rn 28.
3 *Wißmann* in: Münchner Handbuch Arbeitsrecht § 278 Rn 8.
4 *Teichmann* AG 2008, 797, 799.
5 Zu den möglichen Motiven vgl. *Habersack* in: MÜKOAktG § 96 AktG Rn 27 ff; *Kraushaar* AG 2008, 809, 812.
6 Vgl. *Seibt* AG 2005, 413, 415; *Ihrig/Schlitt* NZG 1999, 333, 334; *Peus* AG 1982, 206 ff; *Raiser* BB 1977, 1461, 1465 ff.

tel (z.B. Dänemark oder Ungarn) bis hin zur numerisch hälftigen Besetzung des Organs mit Arbeitnehmervertretern (Deutschland).

Auch bei den für das Einsetzen der Mitbestimmung auf Unternehmensebene geltenden 10
Schwellenwerten bestehen große Unterschiede (25 bis 2000 Arbeitnehmer). Ist in einem Mitgliedstaat die Beteiligungsquote der Arbeitnehmervertreter im Aufsichtsorgan niedrig, so wird in der Regel eine vergleichsweise geringe Mindestanzahl von Arbeitnehmern für das Einsetzen der Mitbestimmung gefordert.

Ein **Vergleich oder gar eine Bewertung** der unterschiedlichen Mitbestimmungssysteme 11
der Mitgliedstaaten ist angesichts der Vielfalt und der differenzierten Zusammenhänge der unterschiedlichen Faktoren **kaum möglich.** Verfehlt ist vor allem ein alleiniger Vergleich nur der Beteiligungsquoten der Arbeitnehmervertreter im Aufsichtsrat ohne Berücksichtigung der im Übrigen bestehenden Eckdaten (wie z.B. Schwellenwerten, Einflussmöglichkeiten der Gewerkschaften, Tarifautonomie, oder Streikrecht). So steht z.B. in Deutschland der höchsten Beteiligungsquote im Aufsichtsrat (Parität) auch der höchste Schwellenwert in den Mitgliedstaaten (2000 Arbeitnehmer) gegenüber, während in anderen Mitgliedstaaten die Unternehmensmitbestimmung bereits für wesentlich kleinere Unternehmen gilt.

Vor diesem Hintergrund war das Ziel der Europäischen Union, zur Verwirklichung des ge- 12
meinsamen Binnenmarktes einheitliche europäische Rechtsformen mit sachgerechten Beteiligungsrechten der Arbeitnehmer zu schaffen, naturgemäß sehr schwer zu verwirklichen. Die **Europäische Union respektiert die unterschiedlichen Traditionen** in den Mitgliedstaaten, indem sie bei grenzüberschreitenden Vorgängen kein bestimmtes System der Beteiligung der Arbeitnehmer vorschreibt, sondern einer flexiblen Lösung durch **Verhandlungen den Vorrang** einräumt.

1994 ist mit der Richtlinie über die Einsetzung **Europäischer Betriebsräte** innerhalb der Eu- 13
ropäischen Union erstmals eine grenzüberschreitende Unterrichtung sowie ein die nationalen Grenzen überwindender Dialog der Arbeitnehmer mit den Entscheidungsträgern in gemeinschaftsweit tätigen Unternehmen ermöglicht worden. Mit dem Vorrang der Vereinbarungslösung konnte mitbestimmungspolitisch ein wichtiger Durchbruch für ein soziales Europa erreicht werden. Danach sind 2001 bzw. 2003 die Richtlinien über die Beteiligung der Arbeitnehmer in der **Europäischen Gesellschaft** und in der **Europäischen Genossenschaft** verabschiedet worden, die auch die Mitbestimmung in den Unternehmensorganen umfassen. Auch hier wird die Beteiligung der Arbeitnehmer in erster Linie im Vereinbarungswege geregelt. Bei einem Scheitern der Verhandlungen erfolgt im Wege einer Vorher-Nachher-Betrachtung eine weitgehende Sicherung der bestehenden Beteiligungsrechte. Neben der Europäischen Gesellschaft und der Europäischen Genossenschaft sieht auch die 2005 beschlossene Richtlinie über die grenzüberschreitende Verschmelzung von Kapitalgesellschaften **(10. gesellschaftliche Richtlinie – Verschmelzungsrichtlinie)** für die Ausgestaltung der Beteiligung der Arbeitnehmer die Verhandlungslösung vor.

2009 wurde die EU-Richtlinie 2009/38/EG über Europäische Betriebsräte neugefasst und damit die Rechstsstellung der Arbeitnehmer auf Information und Anhörung in grenzüberschreitenden Angelegenheiten gestärkt. Mit dem Ziel mehr Übersichtlichkeit herzustellen, wurden im Jahr 2017 mehrere gesellschaftsrechtliche Richtlinien kodifiziert. Die Verschmelzungsrichtlinie von 2005 wurde dabei wortgleich in die Richtlinie (EU) 2017/1132 über bestimmte Aspekte des Gesellschaftsrechts übernommen.

III. Mitbestimmungsdiskussion

Mit den jeweiligen Umsetzungsgesetzen zur SE-Richtlinie, zur SCE- Richtlinie und zur Ver- 14
schmelzungsrichtlinie hat die Vereinbarungslösung auch Eingang in das nationale deutsche Gesetzesrecht gefunden. Die Entwicklung auf europäischer Ebene und die Verankerung der Verhandlungslösung wurden von **der Rechtswissenschaft in Deutschland** intensiv begleitet. Un-

ter dem Stichwort der „Europatauglichkeit der deutschen Mitbestimmungssysteme“ wurde immer wieder die Frage nach der Möglichkeit einer Öffnung für Vereinbarungslösungen gestellt.

1. Gemeinsame Kommission der Bertelsmann-Stiftung/Hans-Böckler Stiftung

15 Im Oktober 1995 entschlossen sich die Bertelsmann Stiftung und die Hans-Böckler-Stiftung zu einem gemeinsamen Projekt unter dem Titel „Mitbestimmung und neue Unternehmenskulturen“. Der hierzu eingerichteten Kommission Mitbestimmung gehörten 35 sachverständige Persönlichkeiten aus der Unternehmenspraxis, den Verbänden und Gewerkschaften sowie aus Politik und Wissenschaft an. Erklärtes Ziel des Projektes war die Zusammenfassung und Auswertung der bisherigen Erfahrungen mit der Mitbestimmungspraxis sowie des Forschungswissens über die Mitbestimmung. In dem 1998 vorgelegten Bericht[7] kommt die Kommission zu dem Ergebnis, dass sich die Mitbestimmung in Deutschland im Grundsatz bewährt habe und dass die zukünftige Entwicklung der Mitbestimmung dem Leitbild einer kooperativen, dezentralisierten, beteiligungsorientierten und informationsintensiven Unternehmenskultur verpflichtet sein müsse. Die Kommission hält eine differenzierte und situationsgerechte Gestaltung der Mitbestimmung für notwendig, die die gewachsene Vielfalt der Mitbestimmung respektiert. Sie empfiehlt daher, die Mitbestimmung mehr als bisher für Verhandlungslösungen zu öffnen, ohne dabei die befriedende und Vertrauen schaffende Funktion der gesetzlichen Grundlage der Mitbestimmung zu gefährden. Besonders betont wird die Notwendigkeit eines an der Praxis orientierten mitbestimmungspolitischen Dialogs zwischen den Sozialpartnern. Sozialpartner und Bundesregierung werden aufgefordert, in der ausländischen Öffentlichkeit vorhandene Fehleinschätzungen der Mitbestimmung durch gemeinsame öffentlichkeitswirksame Aktionen zu korrigieren.

2. Berliner Netzwerk Corporate Governance

16 Das Berliner Netzwerk Corporate Governance veröffentlichte Ende 2003 zwölf Thesen zur „Modernisierung“ des Mitbestimmungsrechts. Im Vordergrund steht dabei ein Abbau der Mitbestimmungsrechte der Arbeitnehmer verbunden mit einem generellen Systemwechsel, da die Beteiligung der Arbeitnehmer im Aufsichtsrat „falsch platziert sei“. Die Mitglieder des Netzwerks schlagen vor, die Unternehmensmitbestimmung aus dem Aufsichtsrat herauszunehmen. Stattdessen soll die Beteiligung der Arbeitnehmer einem aus Arbeitnehmervertretern bestehenden Konsultationsrat übertragen werden, der gegenüber dem Vertretungsorgan und dem Aufsichtsrat lediglich mit Unterrichtungs- und Beratungsrechten ausgestattet sein soll. Die Mitbestimmungsrechte der Arbeitnehmer entfallen hiernach gänzlich.

3. Kommission Mitbestimmung von BDA und BDI 2004

17 Anfang 2004 setzten die Präsidien von BDA und BDI eine gemeinsame Kommission mit dem Auftrag ein, ein Konzept für eine erneuerte und moderne Mitbestimmung für die Bundesrepublik Deutschland zu erarbeiten. Die Kommission, der insgesamt 72 Mitglieder aus Unternehmen, Wissenschaft und Verbänden angehörten, legte im November 2004 den Bericht „Mitbestimmung modernisieren“ vor, der sich sowohl auf die Unternehmensmitbestimmung als auch auf die betriebliche Mitbestimmung bezog.[8]

7 Mitbestimmung und neue Unternehmenskulturen –Bilanz und Perspektiven- Bericht der Kommission Mitbestimmung, Gütersloh 1998. Die Empfehlungen sind im Internet abrufbar unter http://www. boeckler. de/pdf/the_kommission_mb. pdf.

8 Mitbestimmung Modernisieren – Bericht der Kommission Mitbestimmung – Berlin 2004. Im Internet abrufbar unter www. bda-online. de.

Darin spricht sich die Kommission für eine grundlegende Modernisierung des deutschen Mitbestimmungssystems aus, bejaht aber den Grundsatz der Mitbestimmung in Betrieb und Unternehmen als Partizipation und Mitverantwortung der Arbeitnehmer an der betrieblichen und unternehmerischen Entwicklung.

Die Kommission schlägt im Kern eine Abkehr der von zwingenden gesetzlichen Bestimmungen und eine Öffnung für Vereinbarungen vor. Art und Form der Mitbestimmung sollte im Grundsatz der Vereinbarung zwischen Anteilseigner- und Arbeitnehmervertretern überlassen bleiben. Zur Orientierung für die Verhandlungspartner wird als Regelbeispiel die hälftige Besetzung nach dem Mitbestimmungsgesetz 1976, die Drittelbeteiligung oder die Auslagerung der Mitbestimmung aus dem Aufsichts- oder Verwaltungsrat in einen Konsultationsrat vorgeschlagen. Für den Fall des Scheiterns der Verhandlungen soll unabhängig von der Unternehmensgröße die Drittelbeteiligung der Arbeitnehmer im Aufsichtsrat als Auffangregelung gelten bzw. bei einer monistischen Unternehmensverfassung ein Konsultationsrat eingerichtet werden. Damit erteilt die Kommission der im MitbestG festgeschriebenen „paritätischen" Mitbestimmung grundsätzlich eine Absage.

4. Bitburger Gespräche

Im Januar 2006 war die Mitbestimmung im Unternehmen auch Thema der jährlich von der Gesellschaft für Rechtspolitik in Kooperation mit dem Institut für Rechtspolitik an der Universität Trier veranstalteten Bitburger Gespräche. Die Gespräche dienen seit ihrer Einführung im Jahr 1972 der Förderung der öffentlichen Diskussion aktueller Themen der Rechtspolitik. Unter den Referenten befanden sich Vertreter aus Wissenschaft, Wirtschaft, Politik, Justiz und Verwaltung. Sie widmeten sich in Ihren Beiträgen der teils als problematisch angesehenen Verzahnung der Mitbestimmung auf Unternehmens- und Betriebsebene sowie dem Verhältnis insbesondere der betrieblichen Mitbestimmung zur Tarifautonomie. Kontrovers wurde über die Auswirkungen der europäischen und internationalen Entwicklung auf die deutsche Mitbestimmung diskutiert. Auch die umstrittene Frage, ob die Mitbestimmung als positiver oder negativer Standort- und Wirtschaftsfaktor zu bewerten sei, konnte unter Hinweise auf die unterschiedlichen Einschätzungen in diversen ökonomischen Studien und Gutachten nicht eindeutig beantwortet werden. Schließlich wurden die verfassungsrechtlichen Aspekte der Mitbestimmung beleuchtet, sowie die Zukunftsperspektiven der Mitbestimmung aus den jeweiligen Blickwinkeln der Gewerkschaften und der Arbeitgeber dargestellt. 18

5. Diskussionsveranstaltung zum 30-jährigen Bestehen des Mitbestimmungsgesetzes 2006

Die Hans-Böckler-Stiftung und der Deutsche Gewerkschaftsbund haben das 30-jährige Bestehen des Mitbestimmungsgesetzes 1976 mit einer groß angelegten Diskussionsveranstaltung in Berlin begangen. Unter dem Motto „Mehr Demokratie in der Wirtschaft" diskutierten die Teilnehmer über die Praxis der Mitbestimmung sowie über Herausforderungen und Zukunftsperspektiven. 19

Die Festrede[9] hielt Bundeskanzlerin *Merkel*. Sie würdigte die Mitbestimmung als einen nicht wegzudenkenden Teil der Sozialen Marktwirtschaft, die sich in Deutschland bewährt habe. Die Bundeskanzlerin plädierte angesichts diverser Kritikpunkte für weiter gehende Diskussionen vor dem Grundsatz einer positiven Haltung zur Mitbestimmung insgesamt. Dabei betonte die Bundeskanzlerin die positiven Chancen einer Öffnung für Verhandlungen und brachte ihre Erwar-

9 Abrufbar unter www.bundesregierung.de oder www.boeckler.de.

tung zum Ausdruck, dass die Mitbestimmungskommission Vorschläge erarbeitet, die auch Zustimmung finden.

Die Vertreter der Gewerkschaften betonten die Unverzichtbarkeit der Mitbestimmung, bekundeten aber auch ihre Bereitschaft, angesichts der europäischen und internationalen Herausforderungen an einer Weiterentwicklung der Mitbestimmung zur Sicherung der Arbeitnehmerrechte mitzuarbeiten. Dabei wurde u.a. für eine Ausweitung der paritätischen Mitbestimmung in Aufsichtsräten von Unternehmen ab 1000 Arbeitnehmern plädiert.

6. Kommission zur Modernisierung der deutschen Unternehmensmitbestimmung 2005/2006

20 Auftrag der 2005 von Bundeskanzler *Schröder* eingesetzten und später von Bundeskanzlerin *Merkel* bestätigten Kommission zur Modernisierung der deutschen Unternehmensmitbestimmung war es, ausgehend vom geltenden Recht, Vorschläge für eine moderne und europataugliche Weiterentwicklung der deutschen Unternehmensmitbestimmung zu unterbreiten.

Die Kommission konnte trotz intensiver Bemühungen nicht zu einvernehmlichen Ergebnissen gelangen. Daher gaben die drei wissenschaftlichen Mitglieder (*Biedenkopf, Streeck* und *Wißmann*) im Dezember 2006 gegenüber der Bundeskanzlerin auftragsgemäß ein eigenes Votum ab. Sie schlugen im Wesentlichen vor, im Grundsatz am bestehenden Recht festzuhalten und lediglich punktuelle Veränderungen vorzunehmen, um mehr Flexibilität zu erreichen. Das geltende Recht sollte besser an die Internationalisierung der Unternehmen angepasst werden.

Um diese Ziele zu erreichen, wurde u.a. vorgeschlagen, Vereinbarungen über bestimmte Ausgestaltungen zuzulassen, wie z.B. über die Größe des Aufsichtsrats und die Einbeziehung der Belegschaften ausländischer Betriebe und Konzernunternehmen in das Wahlverfahren.

7. Deutscher Juristentag 2006

21 Im September 2006 setzte auch die arbeitsrechtliche Abteilung des 66. Deutschen Juristentages die Unternehmensmitbestimmung auf die Tagesordnung. Das von *Raiser* erstattete Gutachten[10] mit dem Titel „Perspektiven und Maßnahmen im Bereich der Unternehmensmitbestimmung im Hinblick auf die deutsche und die europäische Entwicklung“ beurteilt die deutsche Mitbestimmung grundsätzlich positiv. Vorschläge zur behutsamen Fortentwicklung des bestehenden Systems sind in zahlreichen Empfehlungen enthalten. Neben den Vorteilen stellt das Gutachten als Schwäche des deutschen Systems die fehlende Flexibilität und Anpassungsfähigkeit an die unterschiedlichen Strukturen und Bedürfnisse der Unternehmen heraus.

Im Ergebnis plädiert *Raiser* für eine Öffnung des Mitbestimmungsrechts für Verhandlungslösungen unter Beibehaltung bestimmter gesetzlicher Regelungen als Auffangregelung und als Leitbild für mögliche Vereinbarungslösungen. Als Auffanglösung sollten aber in ihren jeweiligen Anwendungsbereichen das MitbestG und das DrittelbG vorgeschrieben werden; die Montan-Mitbestimmung sollte als gesetzliches Modell entfallen. Weiter schlägt er u.a. vor, Vereinbarungen zur aktiven und passiven Einbeziehung der Belegschaften ausländischer Betriebe und Unternehmen zu ermöglichen und Regelungen zu treffen, die „Scheinauslandsgesellschaften“ dem deutschen Mitbestimmungsrecht unterwerfen. Einen Konsens über diese Vorschläge konnten die Mitglieder des DJT nicht erzielen, vielmehr zeigten sich erneut tief greifende Unterschiede zwischen dem Arbeitnehmer- und Arbeitgeberlager. Eine Beschlussfassung über die Vorschläge unterblieb.

---

10 Verhandlungen des 66. deutschen Juristentags Stuttgart 2006, Band I: Gutachten, 2006, Teil B: Unternehmensmitbestimmung vor dem Hintergrund europarechtlicher Entwicklungen.

8. Arbeitskreis „Unternehmerische Mitbestimmung“ 2009

Mit der Flexibilisierung der deutschen Unternehmensmitbestimmung befasste sich 2009 ein aus sieben unabhängigen Hochschulprofessoren (*Bachmann, Baums, Habersack, Henssler, Lutter, Oetker und Ulmer*) zusammengesetzer Arbeitskreis. Zu den Themen gehörte neben der Einführung von Verhandlungslösungen, die Einbeziehung der im europäischen Ausland beschäftigten Arbeitnehmer deutscher Gesellschaften bei der Wahl der Arbeitnehmervertreter in den Aufsichtsrat sowie die Verkleinerung des Aufsichtsrats. Ausgehend von den Regelungen zur SE erarbeiteten die Hochschulprofessoren einen Entwurf zur Änderung des MitbestG von 1976.[11] **22**

9. Arbeitskreis „Aktien und Kapitalmarktrecht“ 2010

Ein weiterer Arbeiskreis, gegründet von den Professoren *Bachmann, Casper, Schäfer* und *Veil*, befasste sich 2010 mit der Reform des Rechts der Europäischen Gesellschaft. Der Fokus dieser Arbeitsgruppe lag auf der Beteiligung der Arbeitnehmer in der SE.[12] Die u.a. vorgeschlagene Erweiterung der Verhandlungsmöglichkeit im Rahmen der Mitbestimmungsvereinbarung hat allerdings auch Auswirkungen auf das nationale Recht der Unternehmensmitbestimmung in einer SE-Konzernstruktur. **23**

10. Verschiedene Initiativen zur Erhöhung des Frauenanteils in Führungspositionen

Mit dem Ziel den Frauenanteil in deutschen Aufsichtsräten und Vorständen zu erhöhen befassten sich seit 2010 gleich mehrere Initiativen. **24**

In den deutschen **Corporate Governance Kodex** wurde zur Unterstützung des gesellschaftspolitischen Anliegens der Frauenförderung die ausdrückliche Empfehlung aufgenommen, Frauen insbesondere in Vorständen und Aufsichtsräten angemessen zu berücksichtigen.[13]

Die Initiative für mehr Frauen in die Aufsichtsräte (FidAR e.V.) hat mit dem **Women-on-board-Index** den Frauenanteil in Aufsichtsräten und Vorständen der 160 im DAX, MDAX, SDAX und TecDAX notierten Unternehmen abgebildet.[14]

2011 haben sich die **DAX 30 Unternehmen** in einer gemeinsamen Erklärung selbst verpflichtet, ihre Maßnahmen zur Erhöhung des Frauenanteils in Führungspositionen zu intensivieren.[15]

In der **Berliner Erklärung** forderte ein überparteiliches Bündnis von Frauenverbänden und Parlamentarierinnen eine gesetzliche Frauenquote von mindestens 30 Prozent in Vorständen und Aufsichtsräten.[16]

Für den Medienbereich setzte sich der 2012 gegründete Verein Pro Quote Medien mit dem gleichen Ziel für alle Hierarchiestufen ein.[17]

11. Gesetzentwürfe zur Erhöhung des Frauenanteils in Führungspositionen

Die SPD-Fraktion brachte einen Gesetzentwurf zur Förderung der Chancengleichheit von Männern und Frauen in Wirtschaftsunternehmen in den Bundestag ein. Der Entwurf sah stufen- **25**

11 Veröffentlicht in ZIP 2009, 885.
12 Vorschläge veröffentlicht in ZIP 2010, 2221; ergänzend ZIP 2011, 1841.
13 Abrufbar unter www.dcgk.de.
14 www.fidar.de.
15 Abrufbar unter www.bmwgroup.com.
16 www.berlinererklaerung.de.
17 www.pro-quote.de.

weise ab 2013 für Neubesetzungen zunächst eine Quote von 20 Prozent für Vorstände sowie 30 Prozent für Aufsichtsräte bei mitbestimmten und börsennotierten Unternehmen vor. Ab 2015 sollte die Quote in den Vorständen und Aufsichtsräten dann mindestens 40 Prozent betragen. Nicht quotengerecht zu besetzende Plätze sollten frei bleiben. Mit entsprechenden Änderungen im SEAG und SEBG sollten die Vorgaben auch für die börsennotierte und mitbestimmte SE gelten.[18]

Ein gemeinsamer Gesetzentwurf von SPD und BÜNDNIS 90/DIE GRÜNEN zur Förderung gleichberechtigter Teilhabe von Frauen und Männern in Führungsgremien sah zunächst eine Geschlechterquote von 20 Prozent und schließlich 40 Prozent in der Endstufe vor. Auch hier wurde die börsennotierte und mitbestimmte SE durch Änderungen im SEAG und SEBG mit einbezogen.[19]

Vom Bundesrat beschlossen wurde der Gesetzententwurf zur Förderung gleichberechtigter Teilhabe von Frauen und Männern in Führungsgremien.[20]

Im Jahr 2014 schlug die Fraktion BÜNDNIS 90/DIE GRÜNEN mit dem Entwurf eines Gesetzes zur geschlechtergerechen Besetzung von Aufsichtsräten, Gremien und Führungsebenen (Führungskräftegesetz) erneut eine Quotenregelung für börsennotierte und mitbestimmte Unternehmen vor. Auf Kapitalseite sollte in zwei Stufen eine Mindestquote für beide Geschlechter in Höhe von 40 Prozent erreicht werden und auf Arbeitnehmerseite die bereits bestehenden Regelungen zur geschlechtergerechten Besetzung ausgeweitet und strenger gefasst werden.[21]

Vom Bundestag beschlossen wurde schließlich der von der Bundesregierung eingebrachte Entwurf für die gleichberechtigte Teilhabe von Frauen und Männern an Führungspositionen in der Privatwirtschaft und im öffentlichen Dienst. Dieser enthält eine verbindliche Frauenquote von mindestens 30 Prozent bei der Neubesetzung von Aufsichtsräten börsennotierter und paritätisch mitbestimmter Unternehmen die auch im SEAG nicht aber im SEBG verankert wurde.[22]

18 BT-Drs. 17/8878 vom 6.3.2012.
19 BT-Drs. 17/11139 vom 23.10.2012.
20 BT-Ds. 17/11270 vom 31.10.2012.
21 BT-Drs. 18/1878 vom 25.6.2014.
22 BT-Drs. 18/3784 vom 20.1.2015.

Zweiter Abschnitt
Die Europäische Gesellschaft

Erster Teil
Einführung

Übersicht

https://doi.org/10.1515/9783110487794-002

A. Entstehungsgeschichte der Europäischen Gesellschaft

I. Gesellschaftspolitische Zielvorgabe der EU

1 Aufgabe der Europäischen Union[1] ist es, einen gemeinsamen Binnenmarkt zu schaffen, der außer der Beseitigung der Handelshemmnisse für den freien Waren-, Dienstleistungs-, Personen-, und Kapitalverkehr zwischen den Mitgliedstaaten auch eine gemeinschaftsweite Reorganisation der Unternehmen zulässt. Dabei muss die juristische Einheit der europäischen Unternehmen ihrer wirtschaftlichen weitestgehend entsprechen.[2] Um dieses Ziel zu erreichen, ist die Schaffung und Nutzung wirksamer gesellschaftsrechtlicher Strukturen und Systeme voranzutreiben, die zur Förderung effizienter und wettbewerbsfähiger Unternehmen erforderlich sind.[3] Hierzu ist neben einer Harmonisierung des nationalen Unternehmensrechts der Mitgliedstaaten insbesondere auch die Schaffung Europäischer Rechtsformen notwendig, um europaweit tätigen Unternehmen eine attraktive Alternative zum jeweiligen nationalen Recht der Mitgliedstaaten zu bieten.

2 Parallel zu dieser gesellschaftsrechtlichen Weiterentwicklung muss auch die Beteiligung der Arbeitnehmer in den Gesellschaftsorganen fortentwickelt werden. Hieran hat die Europäische Kommission auch keinen Zweifel aufkommen lassen. Sie betont, dass gesellschaftsrechtliche Umstrukturierungen nicht mit sozialem Rückschritt gleichlautend sein dürfen. Vielmehr könnten Umstrukturierungen von Unternehmen ein Garant für den wirtschaftlichen und sozialen Fortschritt sein.[4] Das Europäische Parlament unterstützt diese Haltung.[5] Die Arbeitnehmerbeteiligung auf Unternehmensebene sei ein integrales Element europäischer Corporate Governance.[6] Ebenso deutlich formulierte der Europäische Wirtschafts- und Sozialausschuss (EWSA) seine Stellungnahme[7] zum Aktionsplan der Kommission aus dem Jahr 2013.[8] Auch bei künftigen gesellschaftsrechtlichen Vorhaben müsste die Einbeziehung der Arbeitnehmer gesichert und gefördert werden. Trotz dieser Bekenntnisse zu einem „sozialeren Europa", das den Schutz der Arbeitnehmerrechte sichert und fördert, konnten bei gesellschaftsrechtlichen Vorhaben seit 2005[9] keine weitern materiellrechtlichen Fortschritte mehr erzielt werden. Von Vorstellungen des EGB, der sich für eine Richtlinie mit einem übergreifenden Bezugsrahmen für die Beteiligungsrechte der Arbeitnehmer einsetzt, die für alle europäischen Gesellschaftsformen gilt[10], ist der europäische Gesetzgeber weit entfernt.

3 Das ursprüngliche Ziel, die wichtigsten in den Mitgliedstaaten bekannten Gesellschaftsformen eigenständig auf europäischer Ebene zur Verfügung zu stellen, konnte bis heute nicht ver-

1 Art. 3 des Vertrages über die Europäische Union, ABl. 2008/C115/01)

2 Vgl. Erwägungsgrund 6 der VO 2157/2001/EG über das Statut der Europäischen Gesellschaft, ABl. EG L 294 vom 10.11.2001, S. 1.

3 Mitteilung der Kommission an den Rat und das Europäische Parlament über die Modernisierung des Gesellschaftsrechts und Verbesserung der Corporate Governance in der Europäischen Union vom 21.5.2003, S. 10.

4 Vgl. Mitteilung der Kommission „Umstrukturierung und Beschäftigung" v. 31.3.2005; KOM (2005) 120.

5 Vgl. Entschließung des Europäischen Parlaments zu den jüngsten Entwicklungen und den Perspektiven des Gesellschaftsrechts vom 3.7.2006 (2006/2051 (INI)).

6 Vgl. Buchstabe F. der Entschließung des Europäischen Parlaments zu den jüngsten Entwicklungen und den Perspektiven des Gesellschaftsrechts vom 3.7.2006 (2006/2051 (INI)).

7 INT/678 v. 22.5.2013.

8 Europäisches Gesellschaftsrecht und Corporate Governance – ein moderner Rechtsrahmen für engagierte Aktionäre und besser überlebensfähige Unternehmen (COM (2012)) 740 final.

9 Am 19.9.2005 hat der Rat der Europäischen Union die Richtlinie 2005/56/EG über die Verschmelzung von Kapitalgesellschaften aus verschiedenen Mitgliedstaaten beschlossen; die Regelungen der Richtlinie, die inzwischen aufgehoben worden ist, sind in die Richtlinie (EU) 2017/1132 v. 14.6.2017 über bestimmte Aspekte des Gesellschaftsrechts eingestellt worden.

10 Entschließung des EGB-Exekutivausschusses von 22.10.2014.

wirklicht werden.[11] Einer der wesentlichen Streitpunkte war und ist die Frage, wie die Liberalisierung des Gesellschaftsrechts mit dem Erfordernis der Mitwirkung der Arbeitnehmer in den Gesellschaftsorganen in Einklang gebracht werden kann. Die unterschiedlichen Mitbestimmungstraditionen der Mitgliedstaaten[12] machten eine grundsätzliche Einigung über ein für alle Mitgliedstaaten vertretbares Mitbestimmungsmodell bis ins Jahr 2001 hinein unmöglich. Neben einigen Mitgliedstaaten (z.B. Vereinigtes Königreich, Italien oder Belgien), die aufgrund ihrer Rechtsgeschichte und ihrer gesellschaftlichen Strukturen keine gesetzliche Mitbestimmung der Arbeitnehmer in den Unternehmensorganen ihrer Kapitalgesellschaften kennen, haben sich in mehr als zwei Drittel der Mitgliedstaaten unterschiedliche Formen der Beteiligung der Arbeitnehmer an Entscheidungsprozessen im Aufsichts- oder Verwaltungsrat von Kapitalgesellschaften entwickelt. Weit verbreitet ist die Drittelbeteiligung der Arbeitnehmer (z.B. Österreich, Niederlande, Luxemburg, Dänemark, Ungarn oder Tschechien), die paritätische Mitbestimmung findet sich nur in Deutschland. Auch die Arbeitnehmerschwellen für das Einsetzen der Unternehmensmitbestimmung variieren; sie reichen von 25 oder 35 Arbeitnehmern in Schweden und Dänemark bis hin zu 2000 Arbeitnehmern in Deutschland für die paritätische Mitbestimmung.[13] Hinzu kommt, dass die in Europa bestehenden Ausformungen der Mitbestimmung durch die unterschiedlichen Beteiligungsquoten allein nur unzureichend beschrieben werden.[14] Neben diesem quantitativen Element kommt der qualitativen Seite der Mitwirkungsmöglichkeit der Arbeitnehmer im Aufsichts- oder Verwaltungsrat eine wesentliche Bedeutung zu, um die Vielfalt der in den Mitgliedstaaten bestehenden Formen der Mitbestimmung zu bewerten und die schwierigen und lange Zeit erfolglosen Vereinheitlichungsversuche zu verstehen.

Erst mit der Verabschiedung der Europäischen Gesellschaft (Societas Europaea – abgekürzt SE)[15] im Jahr 2001 endete eine lange Phase überwiegender Stagnation europäischer Rechtssetzung im Bereich des Gesellschafts- und Mitbestimmungsrechts. Bis dahin war es lediglich gelungen, die Europäische wirtschaftliche Interessenvereinigung (EWIR)[16] im Jahr 1985 zu verabschieden. 4

Der Zweck dieser Personenvereinigung beschränkt sich im Wesentlichen darauf, kleinen oder mittleren Unternehmen oder Freiberuflern die grenzüberschreitende Zusammenarbeit zu erleichtern.[17] Die EWIV kann ihren Sitz identitätswahrend innerhalb der Union verlegen; es kommt somit bei einer Sitzverlegung nicht zur Auflösung der Gesellschaft.[18] Ihre wirtschaftliche Bedeutung ist gering[19]; allerdings wird sie von der Praxis in ihrem begrenzten Anwendungsbereich als Kooperationsinstrument[20] durchaus genutzt. Europaweit existieren 2362 EWIV (Erhebung von „LIBERTAS", Stichtag 13.6.2015), darunter 294 in Deutschland (Erhebung durch Bayer/ 5

11 Vgl. *Habersack* ZHR 2007, 613 *f.*
12 Zur Mitbestimmung in den Mitgliedstaaten s. *Junker* ZfA 2005, 1, 16.
13 Vgl. aktuelle Übersicht und Anmerkungen zur Unternehmensmitbestimmung in den EU-Mitgliedstaaaten von *Kluge/Stollt* unter www. worker-participation. eu/about_wp/publications.
14 Bericht der Kommission zur Modernisierung der deutschen Unternehmensmitbestimmung 2006, S. 28 ff.
15 Die Terminologie ist seit Erlass der Verordnung und der Richtlinie nicht mehr einheitlich. Während in der Vergangenheit stets von der „Europäischen Aktiengesellschaft" gesprochen wurde, findet sich dieser Begriff in der Verordnung und in der Richtlinie nur noch jeweils in Art. 1 und in Erwägungsgrund 8 der VO. Im Übrigen wird in den Überschriften und in den Erwägungsgründen die Bezeichnung „Europäischen Gesellschaft", abgekürzt „SE", verwendet. Zur Terminologie *Schwarz* ZIP 2001, 1847, 1848; *Neye* ZGR 2002, 377.
16 VO (EWG) Nr. 2137/85 des Rates über die Schaffung einer Europäischen wirtschaftlichen Interessenvereinigung vom 25.7.1985 (ABl. L 199/1 – EWIV-VO).
17 Vgl. *Mävers* S. 78 ff; *Habersack/Verse* § 12 Rn 4.; *Anton* Artikel -ID 407, 2009, www.odww.net/artikel.php?id=407, der als bekanntes Beispiel den deutsch französischen Sender Arte nennt.
18 *Teichmann* in: MüIntGesR § 48 Rn 65; *Habersack/Verse* § 12 Rn 4; *Anton* Artikel -ID 407, 2009, www.odww.net/artikel.php?id=407.
19 Vgl. *Mävers* S. 80; *Bayer/Schmidt* BB 2010, 388.
20 *Bayer/Schmidt* BB 2015, 1731 mwN.

Schmidt; Stichtag 25.7.2017)[21]. Die EWIV entspricht etwa einer offenen Handelsgesellschaft deutschen Rechts und ist geschäfts- und handlungsfähig.[22] Die aus deutscher Sicht bedeutsame Frage der unternehmerischen Mitbestimmung der Arbeitnehmer beantwortet die EWIV-VO vornehmlich durch ihren eingeschränkten Anwendungsbereich. So darf die EWIV nicht mehr als 500 Arbeitnehmer beschäftigen (Art. 3 Abs. 2 Buchst. c EWIV-VO). Da die Unternehmensmitbestimmung in Deutschland grundsätzlich erst ab einer Unternehmensgröße von in der Regel mehr als 500 Arbeitnehmer einsetzt, tritt diese Rechtsform somit nicht in Konkurrenz zum nationalen Recht.[23] Auch die Verwendung der EWIV als Konzernobergesellschaft oder Holding sowie die Beteiligung an anderen EWIV sind ausgeschlossen (Art. 3 Abs. 2 Buchst. a, b und e EWIV-VO), so dass wegen dieser Verwendungsverbote faktisch keine Mitbestimmungsrelevanz besteht.

6 Eine Wende brachte der 8. Oktober 2001. Dieses Datum beschreibt einen Meilenstein in der Geschichte des europäischen Gesellschafts- und Arbeitsrechts. Mit der Verabschiedung der Rechtsgrundlagen für die SE hat eine scheinbar „unendliche Geschichte" doch noch ihren erfolgreichen Abschluss gefunden.

7 Die Verordnung 2157/2001/EG über das Statut der Europäischen Gesellschaft (nachfolgend abgekürzt „VO") und die am 10.11.2001 in Kraft getretene Richtlinie[24] 2001/86/EG zur Ergänzung des Statuts der Europäischen Gesellschaft hinsichtlich der Beteiligung der Arbeitnehmer sind das Ergebnis einer mehr als dreißigjährigen Diskussion der Mitgliedstaaten über die Schaffung dieser einheitlichen europäischen Gesellschaftsform. Dieser Erfolg wurde möglich, nachdem die Staats- und Regierungschefs auf dem Europäischen Rat von Nizza vom 7. bis 10. Dezember 2000 einen Kompromiss über die Frage der Mitbestimmung der Arbeitnehmer in der SE erzielt hatten. Von der Öffentlichkeit wenig beachtet[25] bezeichnet die Fachwelt diesen Durchbruch als „Sensation";[26] die Beilegung des „dreißigjährigen Kriegs um die Europäische Aktiengesellschaft" oder als „das Wunder von Nizza".[27] Durch den Konsens der Regierungschefs war die politische Einigung der Arbeits- und Sozialminister über die SE am 20.12.2000 unter dem Vorsitz der französischen Arbeitsministerin *Elisabeth Guigou* vorgezeichnet. Das „Projekt SE", das längste und sicherlich auch eines der schwierigsten und ambitioniertesten europäischen Vorhaben, ist 10 Monate später auch formal verabschiedet worden.

8 Mit der Lösung der Mitbestimmungsproblematik in der SE und der grundsätzlichen Übertragbarkeit des gefundenen Kompromisses auf andere Vorhaben konnte auch die Blockade weiterer gesellschaftsrechtlicher Projekte auf europäischer Ebene aufgehoben werden.[28] So haben die Mitgliedstaaten auf der Grundlage der Regelungen über die Beteiligung der Arbeitnehmer in der SE am 22.7.2003 die „Europäische Genossenschaft"[29] verabschiedet (vgl. Dritter Abschnitt Einleitung Rn 1). Am 19.9.2005 hat der Rat der Europäischen Union die Richtlinie 2005/56/EG über die Verschmelzung von Kapitalgesellschaften aus verschiedenen Mitgliedstaaten[30] beschlossen (vgl. Vierter Abschnitt Rn 2).

---

21 S. *Bayer/Schmidt* BB 2015, 1731 mwN sowie *Bayer/Schmidt* BB 2017, 2114 ff.
22 *Teichmann* in: MüIntGesR/§ 48 Rn 6; *Großfeld* WM 1992, 2121 (2127); *Blank* AuR 1993, 87.
23 *Ganske* S. 30.
24 ABl. EG L 294 v. 10.11.2001 S. 22.
25 Ebenso *Köstler* Mitbestimmung 2001, 48 mit einem Überblick über die aus Arbeitnehmersicht wesentlichen Regelungen der SE.
26 Vgl. *Herfs-Röttgen* NZA 2001, 424.
27 Vgl. *Hirte* NZG 2002, 1, 2.
28 Siehe auch *Kisker* RdA 2006, 206 ff.
29 VO 1435/2003/EG über das Statut der Europäischen Genossenschaft, ABl. EG L 207 v. 18.8.2003, S. 1 und RL 2003/72/EG zur Ergänzung des Statuts der Europäischen Genossenschaft hinsichtlich der Beteiligung der Arbeitnehmer, ABl. EG L 207 v. 18.8.2003, S. 25.
30 Vgl. Amtsblatt der EG Nr. L 310 v. 25.11.2005, S. 1 ff. Die Regelungen der Verschmelzungrichtlinie, die inzwischen aufgehoben worden ist, sind in die Richtlinie (EU) 2017/1132 v. 14.6.2017 über bestimmte Aspekte des Gesellschaftsrechts eingestellt worden, vgl. Art. 118 ff.

II. Diskussion über die SE von 1959 bis 1982

Die Idee einer europäischen Gesellschaftsform für grenzüberschreitende unternehmerische Tätigkeiten reicht zurück bis ins Jahr 1959. Damals hat der französische Notar *Thibièrge* seine Vorstellungen über die Schaffung einer SE entwickelt; der niederländische Professor *Sanders* machte die SE zum Thema seiner viel beachteten Antrittsvorlesung im Jahr 1960. Seither ist die Diskussion um diese Gesellschaftsform auch unter den Mitgliedstaaten nie abgerissen, sondern hat sich im Laufe der Jahre mehr oder weniger intensiv fortentwickelt.[31] 9

Bereits im Jahr 1966 erarbeitete eine von der Europäischen Kommission beauftragte Sachverständigengruppe unter Vorsitz von *Pieter Sanders* den Vorentwurf[32] einer SE. Auf dieser Grundlage erstellte die Kommission einen ersten förmlichen Verordnungsentwurf und legte ihn dem Ministerrat im Jahre 1970[33] vor. Zahlreiche Anregungen und Vorschläge – u.a. des Europäischen Parlaments – erforderten eine grundlegende Überarbeitung, die dann zur Vorlage einer geänderten Fassung im Jahre 1975[34] führte. Beide Verordnungsentwürfe verfolgten das Ziel eines eigenständigen europäischen Regelwerks, das ohne Verweisungen auf das jeweilige nationale Aktienrecht der Mitgliedstaaten anwendbar sein sollte. Daher enthielten die Vorschläge detaillierte und umfangreiche Regelungen u.a. über die Verwaltungsstruktur der SE, das Recht der Rechnungslegung und Besteuerung, das Konzernrechtsverhältnis und nicht zuletzt über die Arbeitnehmerbeteiligung einschließlich der Mitbestimmung in den Unternehmensorganen der SE. Diese schon damals umstrittene Frage beantwortete der Vorschlag von 1970 noch in Anlehnung an das deutsche Mitbestimmungsrecht nach § 76 BetrVG 1952[35], das eine Drittelbeteiligung der Arbeitnehmervertreter im Aufsichtsrat vorsah.[36] Demgegenüber enthielt der Entwurf aus dem Jahr 1975 eine Beteiligung der Arbeitnehmervertreter nach dem maßgeblich vom Europäischen Parlament[37] entwickelten sog. Drei-Bänke-Modell.[38] Hiernach sollten die Vertreter im Aufsichtsrat zu je einem Drittel aus Anteilseigner- und Arbeitnehmervertretern und aus unabhängigen Mitgliedern bestehen, die von der Anteilseigner- und Arbeitnehmerseite gemeinsam bestellt werden sollten. Zudem waren Regelungen über einen Europäischen Betriebsrat vorgesehen, die der deutschen Betriebsverfassung nachgebildet waren. Zur Verabschiedung dieses Entwurfs von 1975 kam es aufgrund erheblicher politischer Widerstände nicht. Kritisiert wurde neben der grundsätzlichen Konzeption einer zu großen Regelungsdichte[39] der Verordnung vor allem die Ausgestaltung der Beteiligung der Arbeitnehmer in der SE, die einigen Mitgliedstaaten zu weit, anderen nicht weit genug ging. Das „Projekt SE" wurde seit 1982 zunächst nicht weiter verfolgt. 10

---

31 Den „langen Weg der SE" beschreiben ausführlich *Lutter* BB 2002, 1; *ders.* AG 1990, 413; *Heinze* AG 1997, 289; *Pluskat* EuZW 2001, 524, 525; *Junker* ZfA 2005, 1, 16; *Annuß* in: Annuß/Kühn/Rudolph/Rupp SEBG Vorbem. Rn 4 ff; *Hommelhoff/Lächler* AG 2014, 257 ff; *Buchheim* S. 102; *Oetker* in: Lutter/Hommelhoff/Teichmann Vor § 1 SEBG Rn 1 ff; *Hennings* in: Manz/Mayer/Schröder Vorbem. SE-RL Rn 2 ff; *Sagan* in: Boecken/Düwell/Diller/Hanau § 1 SEBG Rn 1 ff; *Jacobs* in: MÜKOAktG Vorbem. Rn 2 ff.
32 Vgl. hierzu die Veröffentlichung der Europäischen Kommission in: Kollektion Studien, Reihe Wettbewerb, Nr. 6, Brüssel 1967.
33 Verordnungsvorschlag eines Statuts für Europäische Aktiengesellschaften v. 30.6.1970, ABl. EG v. 10.10.1970 Nr. C 124 S. 1.
34 Erster geänderter Vorschlag einer Verordnung über das Statut der Europäischen Aktiengesellschaft v. 30.4.1975, Kom-Dok. (75), 150 endg. abgedr. in BT-Drucks. 7/3713.
35 Aufgehoben durch Art. 6 des Zweiten Gesetzes zur Vereinfachung der Wahl der Arbeitnehmervertreter in den Aufsichtsrat v. 18.5.2004 (BGBl. I v. 27.5.2004, S. 974). An seine Stelle ist das Drittelbeteiligungsgesetz getreten (Artikel 1 des Zweiten Gesetzes zur Vereinfachung der Wahl der Arbeitnehmervertreter in den Aufsichtsrat v. 18.5.2004 (BGBl. I v. 27.5.2004, S. 974)).
36 Vgl. *Wißmann* RdA 1992, 320 f.
37 Vgl. Stellungnahme v. 11.7.1974, ABl. EG Nr. C 93 v. 7.8.1974, S. 17 ff.
38 Vgl. *Wißmann* RdA 1992, 320, 321; s. auch *Hohenstatt/Müller-Bonanni* in: Habersack/Drinhausen SEBG Vor §§ 1–3 Rn 3 ff.
39 Der Entwurf von 1975 enthielt ca. 400 Vorschriften.

III. Überlegungen der Kommission von 1988 bis 1995

11 Im Jahr 1988 griff die Kommission das Thema in dem Memorandum „Binnenmarkt und industrielle Zusammenarbeit – Statut für die Europäische Aktiengesellschaft“[40] wieder auf und erarbeitete 1989[41] einen neuen Vorschlag, der – in überarbeiteter Fassung – im Mai 1991 dem Ministerrat vorgelegt wurde.

12 Dieser Entwurf von 1991[42] unterschied sich in der Struktur, dem Umfang und der Konzeption erheblich von den Vorentwürfen. Das Vorhaben wurde in zwei Teile aufgespalten; einen Verordnungsentwurf, der die gesellschaftsrechtlichen Fragen regelte und einen den Verordnungsentwurf ergänzenden Richtlinienentwurf über die Beteiligung der Arbeitnehmer in der SE. Die ursprüngliche – nicht konsensfähige – Idee einer detaillierten, konzeptionell geschlossenen europäischen Regelung wurde aufgegeben.[43] Stattdessen enthielt der von ursprünglich ca. 400 Artikeln auf ca. 110 Vorschriften reduzierte Vorschlag zahlreiche Verweisungen auf das jeweilige nationale Recht, in dem die SE ihren Sitz nehmen würde. Die europarechtlichen Regelungen wurden auf ein Mindestmaß reduziert. Die Frage der Mitbestimmung der Arbeitnehmer wurde neu geregelt. Waren ursprünglich einheitlich geltende europäische Regelungen vorgesehen, stellte der Richtlinienentwurf den Mitgliedstaaten nunmehr vier Modelle zur Auswahl.[44] Letztendlich bedeutete die Wahlmöglichkeit zwischen dem niederländischen, französischen, schwedischen und deutschen Modell nichts anderes als einen Rückgriff auf die in Europa bestehenden Regelungen über die Arbeitnehmerbeteiligung in den jeweiligen nationalen Aktiengesellschaften dieser Mitgliedstaaten. Wegen der fehlenden Vergleichbarkeit und vor allem der nicht bestehenden Gleichwertigkeit der Mitbestimmungsmodelle stieß diese Regelung auf heftige Kritik sowohl der Mitbestimmungsgegner als auch der -befürworter. Folgerichtig blieb auch diesem Entwurf die politische Zustimmung versagt. Dies lag weniger an den Bestimmungen der Verordnung über die gesellschaftsrechtlichen Aspekte als vielmehr an der nach wie vor nicht konsensfähigen Lösung über die Mitbestimmung der Arbeitnehmer in einer künftigen SE. Das Projekt kam wieder zum Stillstand.

13 In einem erneuten Anlauf versuchte die Kommission im Jahr 1995, die Beteiligung der Arbeitnehmer in der SE auf der Grundlage der inzwischen verabschiedeten Europäische Betriebsräte Richtlinie 94/45/EG zu lösen.[45] Doch wurden die vorgeschlagenen Regelungen schon wegen des verfehlten Ansatzes insbesondere von den Mitgliedstaaten mit einer langen Mitbestimmungstradition als völlig unzureichend verworfen.[46]

IV. Der Davignon-Bericht[47] als Grundlage für den politischen Konsens

14 Um das Problem der Beteiligung – vor allem der Mitbestimmung – der Arbeitnehmer, zu lösen, setzte die Europäische Kommission im Jahr 1996 eine Expertengruppe ein, die auf der

40 Memorandum v. 15.7.1988, Kom-Dok. (88) 320 endg. abgedr. in Beilage 3/88 zum Bulletin der EG sowie in BR-Drucks. 392/88.
41 Zweiter geänderter Vorschlag einer Verordnung über das Statut der Europäischen Aktiengesellschaft v. 25.8.1989, ABl. EG Nr. C 263 v. 16.10.1989, S. 41, abgedr. in BT-Drucks. 11/5427 S. 74.
42 Dritter geänderter Vorschlag einer Verordnung über das Statut der Europäischen Aktiengesellschaft v. 16.5.1991, ABl. EG Nr. C 176 v. 8.7.1991, S. 1; abgedr. in BT-Drucks. 12/1004 S. 1; vgl. auch *Kuffner* S. 23; *Cannistra* S. 9 ff.
43 Siehe auch *Oetker* BB-Special 1/2005, 2 ff.
44 Vgl. hierzu ausführlich *Wißmann* RdA 1992, 323; *Blank* AuR 1993, 320, 229; *Nagel* AuR 1990, 205.
45 Mitteilung der Kommission zu Information und Konsultation der Arbeitnehmer v. 14.11.1995, Kom-Dok. 1995, 457 (endg.).
46 Vgl. *Pluskat* EuZW 2001, 524, 525.
47 Abschlussbericht abgedr. in BR-Drucks. 527/97 v. 6.8.1997; vgl. auch *Kuffner* S. 32 ff; s. auch *Hohenstatt/Müller-Bonanni* in: Habersack/Drinhausen SEBG Vor §§ 1–3 Rn 8 f; *Jacobs* in: MÜKOAktG Bd 7 Vorbem. Rn 5 f.

Grundlage einer sachlichen Analyse der unterschiedlichen Mitbestimmungssysteme in den einzelnen Mitgliedstaaten Vorschläge über die Ausgestaltung der Beteiligung der Arbeitnehmer in der SE erarbeiten sollte. Die Sachverständigengruppe[48] unter Vorsitz des ehemaligen Vizepräsidenten der Kommission, *Etienne Davignon*, kam im Wesentlichen zu folgenden Ergebnissen:[49]

- die Gründungsgesellschaften sollten aus mindestens zwei Mitgliedstaaten kommen;
- als Gründungsformen sollten nur die Fusion, die Bildung einer Holdinggesellschaft und die Gründung einer gemeinsamen Tochter in Betracht kommen;[50]
- aufgrund der erheblichen Unterschiede der nationalen Systeme der Information, Anhörung und Mitbestimmung der Arbeitnehmer sollte das Problem der Beteiligung der Arbeitnehmer in der SE am Besten durch Verhandlungen[51] zwischen Unternehmensseite und Arbeitnehmervertretern gelöst werden;
- eine Auffangregelung über die Information, Anhörung und Mitbestimmung der Arbeitnehmer sollte dann eingreifen, wenn die Verhandlungen nicht zu einem einvernehmlichen Ergebnis führen.

Wenn auch nicht sämtliche Vorschläge der Davignon-Gruppe im weiteren Verlauf der Diskussion übernommen wurden, war die erstmals vorgeschlagene Struktur „Vorrang für Verhandlung und bei Scheitern Eingreifen einer Auffangregelung" doch richtungweisend.[52] Auf der Grundlage des im Mai 1997 vorgelegten Abschlussberichts wurden die Verhandlungen auf Ratsebene unter luxemburgischer und britischer Präsidentschaft[53] intensiviert. **15**

Erstmals wurden Regelungen über die Umwandlung[54] einer nationalen Aktiengesellschaft in eine SE auch aus mitbestimmungsrechtlicher Sicht geprüft. Nach britischen Vorstellungen sollte der Anteil der Arbeitnehmervertreter im Aufsichts- oder Verwaltungsrat nicht schematisch und europaweit einheitlich bestimmt werden, sondern sich nach der Mitbestimmung der an der SE beteiligten Unternehmen richten. Der Anteil der Arbeitnehmervertreter im Aufsichts- oder Verwaltungsrat der zu gründenden SE sollte dem Anteil des an der Gründung beteiligten Unternehmens entsprechen, das vor der Gründung der SE – bei jeweils nationaler Betrachtung – die meisten Arbeitnehmervertreter in den Aufsichts- oder Verwaltungsrat wählt oder entsendet. **16**

Auf der Grundlage des britischen Vorschlags konnten unter österreichischer und deutscher Präsidentschaft die noch ausstehenden Fragen über die Zusammensetzung des besonderen Verhandlungsgremiums, die notwendigen Mehrheiten und Schwellenwerte für das Verhandlungsverfahren[55] und die Frage, ab welchen Schwellenwerten die Auffangregelung[56] automatisch zur **17**

48 Deutsche Vertreter in der Expertengruppe waren *Ernst Breit* (ehemaliger Vorsitzender des DGB und des EGB) und *Dr. Rolf Thüsing* (Mitglied der Hauptgeschäftsführung der BDA und Vizepräsident der UNICE).

49 Vgl. Abschlussbericht Nr. 94, abgedr. in BR-Drucks. 527/97 v. 6.8.1997.

50 Die Möglichkeit, eine SE durch Umwandlung einer nationalen Aktiengesellschaft zu gründen, wurde verworfen, da dies unter mitbestimmungsrechtlichen Aspekten als zu risikoreich angesehen wurde; vgl. Abschlussbericht Nr. 35, abgedr. in BR-Drucks. 527/97 v. 6.8.1997. Zur Bewertung des Davignon-Berichts ausführlich *Heinze* AG 1997, 289.

51 Der Grundsatz des Vorrangs für Verhandlungen und die Vorschläge für die Ausgestaltung des Verhandlungsverfahrens (vgl. Abschlussbericht Nr. 41 ff) sind der Europäische Betriebsräte Richtlinie 94/95/EG, ABl. EG Nr. L v. 30.9.1994, S. 64 nachgebildet.

52 Ebenso *Herfs-Röttgen* NZA 2001, 424, 425; *Weiss* NZA 2003, 181; in der Bewertung der Arbeiten der Sachverständigengruppe kritischer *Lutter* BB 2002, 1, 2.

53 Zu den Arbeiten der luxemburgischen und britischen Präsidentschaft ausführlich *Kolvenbach* NZA 1998, 1323; *Jaeger* Der Betriebsrat 1998, 5.

54 Vgl. Rats-Dok.7391/98 v. 1.4.1998; Abschlussbericht abgedr. in BR-Drucks. 527/97 v. 6.8.1997.

55 Vgl. hierzu die Ausführungen zu Dritter Teil § 15 Rn 9 ff.

56 Vgl. hierzu die Ausführungen zu Dritter Teil § 34 Rn 5 ff.

Anwendung kommen soll, für vierzehn Mitgliedstaaten zufriedenstellend gelöst werden. Dem Kompromiss unter vierzehn Mitgliedstaaten vom 25.5.1999 versagte lediglich Spanien die Zustimmung. Gründe für die ablehnende Haltung Spaniens waren die Schwellenwertproblematik bei der Auffangregelung und die sog. „Gibraltarfrage".[57] Die nachfolgende finnische[58] und portugiesische Präsidentschaft versuchten vergeblich, den spanischen Widerstand zu überwinden. Lediglich die Gibraltarfrage konnte zwischen Großbritannien und Spanien geklärt werden. Auch unter französischer Präsidentschaft (2. Hälfte 2000) zeichnete sich zunächst keine Einigung ab; erst die sog. Optionslösung[59] – ein Zugeständnis an Spanien –, auf das sich die Staats- und Regierungschefs auf dem Europäischen Rat in Nizza[60] verständigten, brachte den Durchbruch.

V. Mitwirkungsbefugnisse des Europäischen Parlaments

18 Mit der Verständigung über den materiellen Inhalt der Regelungen über die SE waren indessen nicht sämtliche Probleme ausgeräumt. Die Frage der richtigen Rechtsgrundlage und damit verbunden der Umfang der Mitwirkungsbefugnisse des Europäischen Parlaments war noch streitig.[61] Nach Art. 308 EGV – hierauf sind Verordnung und Richtlinie gestützt – steht dem Europäischen Parlament keine Mitentscheidungskompetenz.[62] sondern lediglich ein Anhörungsrecht zu. Das Europäische Parlament hielt diese Rechtsgrundlage für fehlerhaft und sich für mitentscheidungsbefugt. Im Anschluss an die Politische Einigung im Dezember 2000 wurde das Europäische Parlament im März 2001 zu den geänderten Vorschlägen[63] erneut konsultiert und stimmte ihnen, vorbehaltlich einiger – im wesentlichen technischer Änderungen[64] – am 4.11.2001 zu. Diese Zustimmung erfolgte nur, weil das Europäische Parlament die Verabschiedung der SE

---

57 Die „Gibraltarfrage" beschreibt ein Problem zwischen Spanien und Großbritannien über die Art und Weise der Gründungen/Sitzverlegungen einer SE auf/nach Gibraltar (britisches Protektorat). Die Verordnung (Fassung 1998) regelte in Art. 9 Abs. 4 nach spanischer Auffassung nicht zufriedenstellend, wieweit das Territorium eines Mitgliedstaates und die Verpflichtung zur Errichtung entsprechender Behörden zur Registrierung der SE reichen; vgl. hierzu *Kolvenbach* NZA 1998, 1323, 1327.

58 Einen kritischen „Zwischenbericht über den Stand der Verhandlungen zur SE" gibt *Wiesner* GmbHR 1999, R 301.

59 Vgl. hierzu die Ausführungen unter Rn 33; *Hirte* NZG 2002, 1 bewertet den „Nizza Kompromiss" als „... weitere Aufweichung in der Mitbestimmungsfrage"; diese Auffassung berücksichtigt nur unzureichend, dass die Gründung einer SE in dem Fall, in dem ein Mitgliedstaat von der Optionslösung Gebrauch macht, vom Zustandekommen einer Vereinbarung über die Beteiligung der Arbeitnehmer und damit von der Zustimmung der Arbeitnehmerseite abhängt.

60 *Hohenstatt/Müller-Bonanni* in: Habersack/Drinhausen SEBG Vor §§ 1–3 Rn 11.

61 Als Rechtsgrundlage für die ersten Verordnungsentwürfe war Artikel 235 EGV (entspricht dem späteren Artikel 352 AEUV) vorgesehen. Um das Erfordernis der Einstimmigkeit nach Artikel 235 EGV zu überwinden, stützte die Kommission seit der Aufteilung der beiden Rechtsakte im Jahr 1989 den in dem Verordnungsentwurf geregelten gesellschaftsrechtlichen Teil auf Artikel 100a EGV (entspricht dem späteren Artikel 95 EGV und dem jetzigen Artikel 114 AEUV) und den Richtlinienentwurf über die Arbeitnehmerbeteiligung auf Artikel 54 Abs. 3 Buchstabe g EGV (entspricht dem späteren Artikel 44 Abs. 2 Buchstabe g EGV und dem jetzigen Artikel 50 Abs. 2 Buchstabe g AEUV). Diese Umstellung auf die neuen Rechtsgrundlagen, die lediglich eine Mehrheitsentscheidung verlangen, ist heftig kritisiert, von den Mitgliedstaaten stets abgelehnt und letztendlich wieder rückgängig gemacht worden. Die Aufteilung in zwei Rechtsakte blieb indessen bestehen.

62 Für die Rechtsgrundlagen nach Artikel 95 und 44 Abs. 2 Buchstabe g EGV (Artikel 114 und 50 Abs. 2 Buchstabe g AEUV) ist das Mitentscheidungsverfahren nach Artikel 251 EGV (Artikel 294 AEUV) vorgesehen; vgl. hierzu *Neye* ZGR 2002, 377, 380; *Schwarz* ZIP 2001, 1847.

63 Fassung vom 1.2.2001, Rats-Dok. 14732/00.

64 Vgl. Bericht des Europäischen Parlaments über den Entwurf einer Verordnung des Rates über das Statut der Europäischen Gesellschaft vom 26.6.2001, A5-0243/2001; Berichterstatter *Hans-Peter Mayer*, sowie Bericht des Europäischen Parlaments über den Entwurf einer Richtlinie des Rates zur Ergänzung des Statuts der Europäischen Gesellschaft hinsichtlich der Beteiligung der Arbeitnehmer vom 21.6.2001, A5-0231/2001; Berichterstatter *Winfried Menrad.*

nicht an Kompetenzstreitigkeiten scheitern lassen wollte. Hierbei behielt sich das Parlament vor, die Frage der zutreffenden Rechtsgrundlage möglicherweise zu einem späteren Zeitpunkt durch eine Klage vor dem Europäischen Gerichtshof überprüfen lassen zu wollen.[65] Da der Rat die Änderungsanträge des Parlaments nicht berücksichtigte, wurden die Verordnung und die Richtlinie in ihrer jeweiligen Fassung vom 1.2.2001 vom Rat der Arbeits- und Sozialminister am 8.10.2001 angenommen. Nachdem das Europäische Parlament auf eine Klage vor dem Europäischen Gerichtshof verzichtet hatte,[66] waren die europarechtlichen Voraussetzungen geschaffen, auf deren Grundlage die Umsetzungsgesetze der Mitgliedstaaten zu erfolgen haben, damit ab dem 8.10.2004 Europäische Gesellschaften gegründet werden können.

B. Wesentlicher Inhalt von Verordnung und Richtlinie

I. Untrennbarer Zusammenhang zwischen Verordnung und Richtlinie

Die Aufteilung des „Projekts SE" im Jahr 1988 hatte mehr taktisch politische denn sachliche 19
Gründe. Damals wie heute ergänzen sich die Regelungen über den gesellschaftsrechtlichen Teil in der Verordnung und die arbeitsrechtlichen Bestimmungen der Richtlinie; beide Teile sind in der Weise voneinander abhängig, dass weder der eine noch der andere eigenständige rechtsgestaltende Wirkung entfalten kann.[67] Erwägungsgründe 19, 21 und 22 VO betonen, dass die Bestimmungen der Richtlinie „... somit eine untrennbare Ergänzung der vorliegenden Verordnung" darstellen[68] und zeitgleich mit der Verordnung, also ab dem 8.10.2004,[69] anwendbar sein müssen.

II. Grundzüge der Verordnung

Die Verordnung enthält die gesellschaftsrechtlichen Grundlagen der SE. Hierzu gehören 20
insbesondere Vorschriften über die Gründung, Organe, Struktur und Aufbau sowie die Sitzverle-

65 Zur Klagedrohung des Europäischen Parlaments vgl. ausführlich *Neye* ZRG 2002, 377.
66 Der Präsident des Europäischen Parlaments, *Pat Cox*, hat am 1.2.2002 trotz gegenteiligen Votums des Rechtsausschusses entschieden, keine Klage vor dem Europäischen Gerichtshof wegen der vom Rat gewählten Rechtsgrundlage nach Artikel 308 EGV (Artikel 352 AEUV) zu erheben. Er begründete seine politisch motivierte Entscheidung im Wesentlichen damit, dass es sich bei der SE um ein einzigartiges Projekt handele, das nach über dreißigjähriger Diskussion nicht mehr gefährdet werden dürfe; vgl. „Communiquè de Presse du President du Parlament Europèen, Brüssel, 1.2.2002; Financial Times v. 4.2.2002. Zur Haltung des Parlaments ausführlich *Neye* ZRG 2002, 377, 378, der zutreffend darauf hinweist, dass die rechtliche Problematik dieser Frage durch die Entscheidung des Parlamentspräsidenten nicht endgültig erledigt ist, sondern sich bei anderen gesellschaftsrechtlichen Vorhaben, wie z.B. im Rahmen der Diskussion um die Europäische Genossenschaft, erneut stellen wird (vgl. hierzu Dritter Abschnitt Erster Teil Einführung Rn 2).
67 BT-Drucks. 15/3405 v. 21.6.2004 S. 30.
68 Weitere Bestimmungen der Verordnung, die – mittelbar oder unmittelbar – arbeitsrechtliche Bedeutung haben, finden sich in: Art. 1 Abs. 4 (allg. Hinweis auf die Richtlinie); Art. 8 Abs. 2c und 3 (Angaben der Folgen der Verlegung einer SE für die Beteiligung der Arbeitnehmer); Art. 12 Abs. 2 (Eintragung einer SE nur, wenn eine Vereinbarung über die Beteiligung der Arbeitnehmer in der SE geschlossen oder entsprechend der Richtlinie nicht abgeschlossen worden ist); Art. 12 Abs. 3 (Optionslösung – vgl. auch Art. 7 Abs. 3 der Richtlinie); Art. 12 Abs. 4 (Verhältnis von Satzung und Vereinbarung über die Beteiligung der Arbeitnehmer); Art. 20 Buchstabe i, 23 Abs. 2, 26 Abs. 3 und 29 Abs. 4 bei der Gründung einer SE durch Verschmelzung; Art. 32 Abs. 2 und 34 bei der Gründung einer Holding-SE; Art. 37 Abs. 8 und 9 bei der Umwandlung einer nationalen Aktiengesellschaft in eine SE; Art. 40 Abs. 2 (Bestellung der Aufsichtsratsmitglieder unter Berücksichtigung der Vereinbarung über die Mitbestimmung der Arbeitnehmer); Art. 43 Abs. 2 und 3 (Bestellung der Mitglieder des Verwaltungsorgans unter Berücksichtigung der Vereinbarung über die Mitbestimmung der Arbeitnehmer); Art. 50 Abs. 2 und 3, 52 (Beschlussfähigkeit der Organe der SE); Art. 66 Abs. 3 (Umwandlung einer SE in eine Aktiengesellschaft).
69 Artikel 70 VO und Artikel 14 Abs. 1 der Richtlinie.

gung[70] einer SE. Die SE ist auf eine grenzüberschreitende wirtschaftliche Aktivität ausgerichtet. Voraussetzung ihrer Gründung ist daher immer ein grenzüberschreitendes Element.[71]

1. Gründungsformen

21 In Art. 2 VO werden vier Gründungsmöglichkeiten[72] einer SE unterschieden:

- Umwandlung einer Aktiengesellschaft mit Sitz und Hauptverwaltung in einem EU-Mitgliedstaat, wenn diese seit mindestens 2 Jahren eine dem Recht eines anderen EU-Mitgliedstaats unterliegende Tochtergesellschaft hat[73];
- Verschmelzung von mindestens zwei Aktiengesellschaften, die dem Recht verschiedener Mitgliedstaaten unterliegen.[74] Zu unterscheiden ist die Verschmelzung durch Aufnahme[75] in eine bestehende Gesellschaft von der Verschmelzung durch Gründung einer neuen Gesellschaft.[76]
- Bildung einer Holding (Holding-SE) durch Aktiengesellschaften oder Gesellschaften mit beschränkter Haftung aus verschiedenen Mitgliedstaaten.[77]
- Bildung einer Tochter (Tochter-SE) durch Gesellschaften nach Art. 48 Abs. 2 EGV, sonstigen juristischen Personen des öffentlichen und privaten Rechts oder durch eine SE selbst.[78]

2. Struktur und Organe der SE

22 Aufgrund der unterschiedlichen Traditionen in den Mitgliedstaaten stellt die Verordnung die dualistische (Vorstand und Aufsichtsrat) und monistische (Verwaltungsrat als Leitungs- und Kontrollorgan) Unternehmensverfassung zur Wahl.[79] Organe der Gesellschaft sind die Hauptversammlung sowie beim dualistischen System das Aufsichts- und das Leitungsorgan bzw. beim monistischen System das Verwaltungsorgan[80]. Für den Ablauf der Hauptversammlung[81] trifft die Verordnung in den Art. 52 bis 60 eigene europäische Regeln, im übrigen wird auf das jeweilige

---

70 Nach Art. 7 SE-VO müssen Satzungs- und Verwaltungssitz der SE zusammen in einem Mitgliedstaat der Union liegen. Typischerweise findet an einem dieser Sitze die Hauptversammlung der Gesellschaft statt. Zwar kann durch Satzungsbestimmung der Ort der Hauptversammlung auch ins Ausland verlegt werden, allerdings muss eine solche Bestimmung das Teilnahmeinteresse der Aktionäre berücksichtigen. Eine Bestimmung, die dem Einberufungsbefugten die Auswahl unter einer großen Zahl geographisch weit auseinanderliegender Orte überlässt, wird dieser Vorgabe nicht gerecht – BGH 21.10.2014 – II ZR 330/13 Rn 21, Juris; *Bungert/Leyendecker-Langer* BB 2015, 268 f; s. auch *Goslar* DB 2015, 178 f.

71 Kritik an dem Erfordernis der Mehrstaatlichkeit übt *Casper* AG 2007, 97 ff.

72 S. *Henssler* in: Ulmer/Habersack/Henssler Einl. SEBG Rn 28 ff; *Teichmann* in: MüIntGesR/§ 49 Rn 6 ff; *Habersack/Verse* § 13 Rn 20 ff; *Heckschen* in: Widmann//Mayer Anhang 14 Rn 58 ff.

73 S. hierzu *Henssler* in: Ulmer/Habersack/Henssler Einl. SEBG Rn 83 ff; *Heckschen* in: Widmann/Mayer Anhang 14 Rn 371 ff.

74 Art. 2 Abs. 1 VO i.V.m. Anhang I, Art. 17 bis 31 VO; ausführlich *Teichmann* ZGR 2002, 383, 415; *Buchheim* S. 179 ff; *Kuffner* S. 59; *Henssler* in: Ulmer/Habersack/Henssler Einl. SEBG Rn 83 ff; *Heckschen* in: Widmann//Mayer Anhang 14 Rn 136 ff.

75 Art. 17 Abs. 2 Buchst. a) VO.

76 Art. 17 Abs. 2 Buchst. b) VO.

77 Art. 2 Abs. 2 i.V.m. Anhang II, Art. 32 bis 34 VO; ausführlich *Teichmann* ZGR 2002, 383, 432; *Henssler* in: Ulmer/Habersack/Henssler Einl. SEBG Rn 48 ff; *Heckschen* in: Widmann/Mayer Anhang 14 Rn 270 ff; *Stöber* AG 2013, 110 ff.

78 Vgl. im Einzelnen *Teichmann* ZGR 2002, 383, 438; *Heckschen* in: Widmann/Mayer Anhang 14 Rn 337 ff, 399 ff.

79 Zum dualistischen und monistischen Modell s. *Altmeyer* Personalführung 2003, 60 ff; eine Mustergeschäftsordnung für den Verwaltungsrat entwerfen *Lutter/Kollmorgen/Feldhaus* BB 2007, 509 ff; *Henssler* in: Ulmer/Habersack/Henssler Einl. SEBG Rn 123 ff; *Teichmann* in: MüIntGesR/§ 49 Rn 67 ff; *Habersack/Verse* § 13 Rn 33 ff; *Teichmann* in: MHdBGesR § 49 Rn 54 ff.

80 Zur Aufgabenverteilung von Verwaltungsrat und geschäftsführenden Direktoren s. *Rockstroh* BB 2012, 1620 ff.

81 Vgl. *Schwarz* ZIP 2001, 1847, 1856.

nationale Recht am Sitz der SE verwiesen (Art. 52 VO). Die Verordnung enthält weiterhin die notwendigen Regelungen über Aufgaben und Struktur von Aufsichts-, Leitungs- und Verwaltungsorgan. Sie entsprechen weitgehend den aus dem nationalen Aktienrecht bekannten Regeln.

3. Sitzverlegung

Um den europäischen Charakter dieser Rechtsform zu unterstreichen, kann die SE ihren Sitz **23** innerhalb der Gemeinschaft in einen anderen Mitgliedstaat verlegen. Dazu enthält die Verordnung in Art. 8 die notwendigen Vorschriften.[82] Der Ablauf entspricht im Wesentlichen den Regeln, wie sie im deutschen Umwandlungsrecht für die Umwandlung einer Gesellschaft enthalten sind.

III. Grundzüge der Richtlinie

1. Regelungsziel und Regelungsgrundsätze

Die die Verordnung ergänzende Richtlinie regelt die Beteiligung der Arbeitnehmer in der SE. **24** Hierunter ist nach Art. 2 Buchstabe h der Richtlinie jedes Verfahren zu verstehen, durch das die Vertreter der Arbeitnehmer auf die Beschlussfassung innerhalb der SE Einfluss nehmen können.

Die bestehende Vielfalt der Mitbestimmungssysteme und -traditionen in den verschiedenen **25** Mitgliedstaaten hat dazu geführt, dass die ursprüngliche Idee eines einheitlichen europäischen Modells der Arbeitnehmerbeteiligung aufgegeben wurde.[83] Die Richtlinie entscheidet sich für eine prozedurale Lösung. Sie bietet daher nur einen europaweiten Rechtsrahmen, der den Mitgliedstaaten eine einheitliche Grundstruktur für die Ausgestaltung der Beteiligung der Arbeitnehmer in der SE vorgibt. Dabei wird berücksichtigt, dass die einzelnen in der Verordnung geregelten Gründungsmöglichkeiten einer SE unterschiedliche Auswirkungen auf die beteiligten Gesellschaften und damit auch auf dort bestehende Beteiligungsrechte und -verfahren der Arbeitnehmer haben.

Entscheidendes Grundprinzip und erklärtes Ziel der Richtlinie ist der Schutz erworbener **26** Rechte der Arbeitnehmer durch das „Vorher-Nachher-Prinzip“[84]. Der bei den Gründungsgesellschaften vorhandene Bestand an Beteiligungsrechten der Arbeitnehmer soll sich grundsätzlich auch in der SE wiederfinden. Diese Grundprinzipien sollen verhindern, dass der sog. „Delaware-Effekt“ eintritt, d.h. Aktiengesellschaften aus Ländern mit einem hohen Grad an Mitbestimmung die Rechtsform der SE dazu nutzen, den strengen Mitbestimmungsregelungen zu entgehen.[85] Dieser Grundsatz wird in der Praxis in einigen Fällen dazu genutzt, die Mitbestimmung zu umgehen oder auf einem niedrigeren Niveau einzufrieren. Damit wird das ursprüngliche Ziel der Mitbestimmungssicherung ins Gegenteil verkehrt.[86]

Es ist zu beachten, dass eine SE nicht den nationalen Vorschriften über die Mitbestimmung **27** in den Unternehmensorganen unterliegt (Art. 13 Abs. 2 der Richtlinie) und aufgrund ihres grenz-

---

82 Vgl. *Teichmann* ZGR 2002, 383, 455; *Buchheim* S. 165 ff.

83 Siehe Rn 8 ff.; zur Arbeitnehmerbeteiigung in den jeweiligen Mitgliedstaaten s. *Schulte-Wrede* S. 81 ff.

84 Zur Frage, ob sich dieser Schutz an dem in den beteiligten Unternehmen konkret ausgeübten Niveau der Mitbestimmung orientiert oder ob auf das gesetzlich vorgeschriebene Niveau abzustellen ist, auch wenn dies nicht in den beteiligten Unternehmen praktiziert wird, s. *Sick* in: Düwell (BetrVG) SE und grenzüberschreitende Verschmelzung Rn 14. Da ein gesetzeswidriger Zustand nicht perpetuiert werden sollte, sprechen die besseren Argumente für ein Abstellen auf das gesetzlich vorgesehene Mitbestimmungsniveau; weitergehend Nagel, der darüber hinaus den Schutz auch auf freiwillige Mitbestimmungsvereinbarungen ausdehnt, s. § 34 Rn 4 und § 23 MgVG Fn 2.

85 *Hennings* in: Manz/Mayer/Schröder Vorbem. SE-RL Rn 16.

86 S. auch Rn 96.

überschreitenden Charakters unterschiedliche Rechtslagen verschiedener Mitgliedstaaten, in denen die SE Arbeitnehmer beschäftigt, berücksichtigt werden müssen. Abzulehnen sind deshalb Forderungen von Gewerkschaftsseite, Neuverhandlungen über die Mitbestimmung in der SE auch in den Fällen vorzusehen, in denen eine – z.B. nicht mitbestimmte – SE durch ein Anwachsen der Arbeitnehmerzahl Schwellenwerte überschreiten würde, die für nationale Gesellschaften mitbestimmungsrelevant sind (z.B. 500 Arbeitnehmer für die Drittelbeteiligung der Arbeitnehmer im Aufsichtsrat).[87]

28 Die Richtlinie regelt das Gründungsverfahren ausführlich, wobei praxisnahe Verhandlungslösungen über die Beteiligung der Arbeitnehmer Vorrang vor gesetzlich vorgeschriebenen Regelungen haben.

29 Ist die Gründung einer SE geplant, leitet die Unternehmensseite die erforderlichen Schritte ein, um mit der Arbeitnehmerseite über die Ausgestaltung einer Beteiligung der Arbeitnehmer in der geplanten SE zu verhandeln. Hierzu gehört unter anderem die Information über die Identität der an der Gründung beteiligten Gesellschaften und die Zahl der dort jeweils beschäftigten Arbeitnehmer.

2. Verhandlungsverfahren

30 Auf Unternehmensseite werden die Verhandlungen von den Leitungs- oder Verwaltungsorganen der beteiligten Gesellschaften geführt. Auf Arbeitnehmerseite ist ein besonderes Verhandlungsgremium (BVG) zu errichten, für dessen Bildung die Richtlinie die Berücksichtigung regionaler mitgliedstaatenbezogener und proportionaler Aspekte in Bezug auf die Zahlen der beschäftigten Arbeitnehmer vorschreibt.[88] Wesentlich ist, dass alle Arbeitnehmer der an der SE-Gründung beteiligten Gesellschaften, betroffenen Tochtergesellschaften und betroffenen Betriebe im BVG vertreten sind.

31 Der Inhalt der Vereinbarung[89] über die Beteiligung der Arbeitnehmer in der SE ist den Parteien grundsätzlich freigestellt; die Richtlinie stellt lediglich einige Mindestvorgaben auf. In allen Fällen einer SE-Gründung ist ein Unterrichtungs- und Anhörungsverfahren auf grenzüberschreitender Ebene zu gewährleisten[90] (Erwägungsgrund 6, Art. 4 Abs. 2 Buchstaben b bis f der Richtlinie). Hierfür sieht die Richtlinie ein eigenständiges Vertretungsorgan der Arbeitnehmer vor, das weitgehend die gleichen Funktionen im Bereich der grenzüberschreitenden Unterrichtung und Anhörung wie der Europäische Betriebsrat erfüllt.

32 Ob die Verhandlungsparteien neben dem Unterrichtungs- und Anhörungsverfahren auch eine Vereinbarung über die Mitbestimmung der Arbeitnehmer in den Gesellschaftsorganen abschließen, ist ihnen grundsätzlich freigestellt. Das eröffnet die Möglichkeit, speziell auf die Situation der geplanten SE zugeschnittene Regelungen zu treffen und neben der Nutzung bewährter Mitbestimmungssysteme gegebenenfalls auch Mischformen oder neue Konzepte und Verfahren zu entwickeln.[91] Wird eine Vereinbarung über die Mitbestimmung der Arbeitnehmer in der SE getroffen, so muss ihr Inhalt präzisiert werden. Dies obliegt den Vertragsparteien; die Richtlinie legt nur einige wesentliche Verhandlungsthemen fest, die in jedem Fall Inhalt der Vereinbarung

---

87 Offensive Mitbestimmung des DGB (September 2015) S. 10, www.dgb.de/mitbestimmng.

88 Art. 3 Abs. 2 Buchstabe a der Richtlinie.

89 Einen Vorschlag für eine Mustervereinbarung entwickeln *Heinze/Seifert/Teichmann* BB 2005, 2524, 2525; ausf. zu rechtlichen Grundlagen von Mitbestimmungsvereinbarungen s. *Seibt* AG 2005, 413.

90 Auf ein Unterrichtungs- und Anhörungsverfahren kann durch Vereinbarung nicht verzichtet werden, s. ausf. *Thüsing* ZIP 2006, 1469, 1471; zur „Zulässigkeit der Erweiterung der Beteiligungsrechte des SE-Betriebsrats gegenüber der Auffangregelung im SEBG durch Vereinbarung" s. *Blanke* Rechtsgutachten 2006, S. 48ff.

91 Dies betont auch *Oetker* BB-Special 1/2005, 2ff; positiv zur Verhandlungsmöglichkeit – auch vor dem Hintergrund einer strengen Auffangregelung – *Heinze/Seifert/Teichmann* BB 2005, 2524 f.

sein müssen[92] wie z.B. die Zahl der Aufsichtsratsmitglieder[93] oder Verwaltungsratsmitglieder insgesamt und die Zahl der von den Arbeitnehmern zu wählenden oder bestellenden Mitglieder des Aufsichts- oder Verwaltungsrats der SE, das Verfahren ihrer Wahl, Bestellung, Empfehlung oder Ablehnung und die Festlegung ihrer Rechte.

Streitig[94] ist, ob über die Größe des Aufsichts- oder Verwaltungsrats eine Vereinbarung ge- **33**
troffen werden kann.[95]

Für die Gründung einer SE durch Umwandlung gilt ein strengerer Bestandsschutz der Betei- **34**
ligungsrechte der Arbeitnehmer als bei den übrigen Gründungsformen. Bei der Umwandlung in eine SE ändert sich die Belegschaftsstruktur im Unternehmen nicht; daher sind die Vereinbarungsmöglichkeiten der Vertragparteien eingeschränkt. Dementsprechend schützt Art. 4 Abs. 4 der SE-Richtlinie die bestehenden Rechte in einem umfassenden Sinn. Alle Komponenten der Arbeitnehmerbeteiligung in der durch Umwandlung gegründeten SE müssen zumindest das gleiche Ausmaß gewährleisten, das in der Gesellschaft besteht, die in eine SE umgewandelt werden soll. Zu diesen „Komponenten" gehören nach umstrittener Meinung[96] auch die Zusammensetzung und Größe des Aufsichts- oder Verwaltungsrats.

Um dem Grundgedanken des Schutzes erworbener Rechte gerecht zu werden, sieht die **35**
Richtlinie für den Fall, dass im Verhandlungswege eine Verringerung bestehender Mitbestimmungsrechte der Arbeitnehmer beschlossen werden soll, besondere Abstimmungsregelungen im Verhandlungsverfahren vor. Erforderlich ist – bei Erreichen bestimmter Schwellenwerte – eine qualifizierte Mehrheit von Zweidritteln der Mitglieder des BVG, die Zweidrittel der Arbeitnehmer vertreten und aus mindestens zwei Mitgliedstaaten kommen. Diese besondere qualifizierte Mehrheit für verschlechternde Regelungen gilt aber nur, wenn eine bestimmte Mindestzahl von Arbeitnehmern Mitbestimmungsrechte in die SE mitbringt. Erforderlich sind mindestens 25 Prozent im Gründungsfall Verschmelzung und mindestens 50 Prozent bei Gründung einer Holding-SE oder Tochter-SE.[97] Hingegen wird nicht gefordert, dass für mindestens 25 Prozent bzw. 50 Prozent eine Minderung der Mitbestimmungsrechte eintreten würde. Diese Schwellenwerte gelten nicht für den Gründungsfall der Umwandlung; hier ist eine Reduzierung der Mitbestimmung ausgeschlossen.

---

92 Anders *Linden* S. 134 ff, die diesen Katalog als optional ansieht.

93 Nach § 17 Abs. 1 S. 3 SEAG muss die Zahl der Mitglieder des Aufsichtsrats, die die Satzung festlegt, durch drei teilbar sein. Diese Regelung gilt nicht, wenn die Zahl der Aufsichtsratsmitglieder in einer Vereinbarung festgelegt wird; insoweit besteht Vereinbarungsfreiheit. Dies hat der Gesetzgeber nunmehr klargestallt und den Gleichlauf mit § 95 S. 5 AktG hergestellt – s. Art. 7 Abschlussprüfungsreformgesetz vom 10.5.2016, BGBl. I S. 1142 –; *Paschos/Goslar* NJW 2016, 359 ff.

94 Wie hier bejahend u.a. *Feldhaus/Vanscheidt* BB 2008, 2246 f; *Engels* AuR 2009, 65, 77; *Oetker* ZIP 2006, 1113 ff m.w.N.; *Teichmann* Der Konzern 2007, 89 ff; *HeinzeSeifert/Teichmann* BB 2005, 2524, 2525; *Güntzel* S. 223 ff m.w.N.; ablehnend u.a. *Habersack* ZHR 2007, 613, 634; *Henssler* in: Ulmer/Habersack/Henssler Einl. SEBG Rn 119 i.V.m. Rn 192; *Linden* S. 143 f.

95 Vgl. Zweiter Abschnitt Dritter Teil § 21 Rn 22.

96 Zustimmend *Güntzel* S. 224 m.w.N.; **aA** *Deilmann/Häferer* NZA 2017, 607, *Henssler* in: Ulmer/Habersack/Henssler, Einl. SEBG Rn 192 m.w.N., wonach die Bestimmung der Größe des AR der allgemeinen gesellschaftsrechtlichen Gestaltungsfreiheit unterfalle; ähnlich *Rehwinkel* ZESAR 2008, 74, 76; differenzierend *Nagel* AuR 2007, 329 ff, wonach die Größe des Aufsichtsrats der Verhandlungsfreiheit unterfällt, bei Eingreifen der Auffangregelung die Größe des Aufsichtsrats jedoch beibehalten werden muss; s. auch *Nagel* Die Beteiligungsrechte der Arbeitnehmer bei der formwechselnden Umwandlung einer deutschen AG in eine Europäische Gesellschaft (SE), Rechtsgutachten 2006 S. 15, 26; s. auch Zweiter Abschnitt Dritter Teil § 21 Rn 41.

97 Zur Berechnung der Schwellenwerte berücksichtigt § 15 SEBG nicht nur die Arbeitnehmer in den Gründungsgesellschaften, sondern auch die in den Tochtergesellschaften der beteiligten Gesellschaften, um der Mitbestimmung bei Konzernstrukturen Rechnung zu tragen. Dieselbe Problematik stellt sich im Rahmen des § 34 SEBG. Diese Einbeziehung der Arbeitnehmer der Tochtergesellschaften wird teilweise als europarechtswidrig kritisiert, vgl. z.B. *Habersack* ZHR 2007, 613, 640 m.w.N.; s. auch Zweiter Abschnitt Dritter Teil § 15 SEBG Rn 13.

3. Auffangregelung

36 Die Verhandlungen können bis zu sechs Monate, im Fall eines einvernehmlichen Beschlusses der Verhandlungsparteien auch bis zu einem Jahr dauern. Erfolgt während des Verhandlungszeitraums keine Einigung über die Beteiligung der Arbeitnehmer in der geplanten SE, sind die Verhandlungen gescheitert. In diesem Fall – oder sofern die Verhandlungspartner dies beschließen – kommt zur weitgehenden Sicherung der Beteiligungsrechte der Arbeitnehmer eine Auffangregelung zur Anwendung, die Unterrichtungs- und Anhörungsrechte der Arbeitnehmer enthalten muss und – je nach Fallkonstellation – Mitbestimmungsrechte der Arbeitnehmer enthalten kann.

a) Besonderes Vertretungsorgan der Arbeitnehmer

37 Im Rahmen der Auffangregelung verlangt die Richtlinie von jedem Mitgliedstaat die Einrichtung eines besonderen Vertretungsorgans der Arbeitnehmer der SE, das Ansprechpartner für die grenzüberschreitende Information und Konsultation ist. Die Regelungen der Richtlinie sind stark an die Bestimmungen über den Europäischen Betriebsrat angelehnt, gehen aber inhaltlich teilweise darüber hinaus. Vorzusehen sind Vorschriften über die Zusammensetzung und die innere Organisation des Vertretungsorgans sowie über Zuständigkeit und Befugnisse im Rahmen des Unterrichtungs- und Anhörungsverfahrens. Hierzu zählt das Recht auf regelmäßige Informationen u.a. über die Struktur der SE, ihre wirtschaftliche und finanzielle Situation, die voraussichtliche Entwicklung der Geschäfts-, Produktions-, Absatz- und Beschäftigungslage und deren voraussichtliche Entwicklung oder über Massenentlassungen.[98] Über diese regelmäßige Information hinaus hat das besondere Vertretungsorgan auch bei außergewöhnlichen Umständen, die erhebliche Auswirkungen auf die Interessen der Arbeitnehmer haben, ein Unterrichtungs- und Anhörungsrecht.[99]

b) Arbeitnehmervertreter im Aufsichts- oder Verwaltungsrat

38 Ob den Arbeitnehmern der SE Mitbestimmungsrechte im Aufsichts- oder Verwaltungsrat zustehen, hängt von der Mitbestimmungsstruktur in den Gründungsunternehmen ab. Hinsichtlich der Mitbestimmung soll – abhängig vom Anteil der Arbeitnehmer der SE, denen vor der SE-Gründung Mitbestimmungsrechte zustanden – die weitestgehende Mitbestimmung entweder unmittelbar oder erst nach entsprechendem Beschluss des BVG zur Anwendung kommen.[100] Die Auffangregelung findet unmittelbar Anwendung, wenn die vorgesehenen Schwellenwerte (25 Prozent beim Gründungsfall der Verschmelzung und 50 Prozent bei Gründung einer Holding-SE oder Tochter-SE) erreicht werden; bei einem Unterschreiten der Prozentsätze ist für die Anwendung der Auffangregelung ein Beschluss[101] des BVG notwendig, der mit der absoluten Mehr-

98 Vgl. Anhang Teil 2 Buchstabe b der Richtlinie. Weitere Regelungsbereiche in der Richtlinie sind die Befugnisse zur Hinzuziehung von Sachverständigen (Buchstabe f), der Anspruch der Mitglieder des Vertretungsorgans auf bezahlte Freistellung für Fortbildungsmaßnahmen (Buchstabe g) und die finanzielle Ausgestaltung des Unterrichtungs- und Anhörungsverfahrens (Buchstabe h).

99 Zu den außergewöhnlichen Umständen nach Teil 2 Buchstabe c) der Richtlinie zählen insbesondere Verlegungen, Verlagerungen, Betriebs- oder Unternehmensschließungen und Massenentlassungen.

100 Diese Sicherung der Mitbestimmung bezeichnet u.a. *Habersack* ZHR 2007, 625 m.w.N. als „Konstruktionsfehler" der Verhandlungs- und Auffangregelung; anders *Heinze/Seifert/Teichmann* BB 2005, 2524 f; s. auch § 35 SEBG Rn 2.

101 Dieses einseitige Bestimmungsrecht des BVG kritisiert *Lambach* RIW 2005, 161, 165 als Verstoß gegen das Prinzip der Gleichberechtigung der Verhandlungspartner. Es bleibt unklar, woraus dieses Prinzip abzuleiten ist; zudem übersieht diese Auffassung, dass es sich um Rechte der Arbeitnehmer handelt, über die sie selbst zu entscheiden haben.

heit seiner Mitglieder gefasst werden kann. Die weitestgehende Mitbestimmung bemisst sich nicht nach qualitativen Aspekten, sondern nach dem höchsten Anteil[102] an Arbeitnehmervertretern, der in den Organen der an der SE-Gründung beteiligten Gesellschaften vor der SE-Gründung bestanden hat. Für die Gründungsform der Umwandlung gelten besondere Regelungen. In einer durch Umwandlung gegründeten SE finden „alle Komponenten der Arbeitnehmerbeteiligung"[103] weiterhin Anwendung.[104]

Kommt die Auffangregelung[105] über die Mitbestimmung zur Anwendung, stellt sich die weitere Frage, wie die jeweiligen Arbeitnehmervertreter aus den einzelnen Mitgliedstaaten[106] in den Aufsichts- oder Verwaltungsrat der SE gelangen. Hierzu sieht die Richtlinie im Anhang Teil 3 folgendes Verfahren vor: **39**

- Zunächst ist der höchste Anteil der Arbeitnehmervertreter in den Organen der beteiligten Gesellschaften, wie er vor der Eintragung der SE in diesen Gesellschaften war, zu ermitteln, denn danach bemisst sich auch die Anzahl der Arbeitnehmervertreter im Aufsichts- oder Verwaltungsorgan der SE.
- Steht die Anzahl der Arbeitnehmervertreter fest, ist darüber zu entscheiden, aus welchen Mitgliedstaaten wie viele Arbeitnehmervertreter in das Verwaltungs- oder Aufsichtsorgan der SE kommen sollen. Für diese Verteilung der Sitze der Arbeitnehmervertreter im Verwaltungs- oder Aufsichtsorgan der SE auf die einzelnen Mitgliedstaaten ist das Arbeitnehmer-Vertretungsorgan der SE zuständig.
- Entscheidungskriterium des Arbeitnehmer-Vertretungsorgans der SE für die Verteilung der Sitze auf die einzelnen Mitgliedstaaten ist der jeweilige Anteil der in den einzelnen Mitgliedstaaten beschäftigten Arbeitnehmer der SE in dem jeweiligen Mitgliedstaat. Es gilt also allein der Grundsatz der Proportionalität. Ein regionaler Aspekt wie bei der Bildung des BVG, d.h. die Berücksichtigung eines jeden Mitgliedstaats, in dem wenigstens ein Arbeitnehmer beschäftigt ist, ist nicht vorgesehen (vgl. Art. 3 Abs. 2 Buchstabe a der Richtlinie).
- Ergibt sich nach der Verteilung aufgrund dieses proportionalen Kriteriums, dass Arbeitnehmer aus einem oder mehreren Mitgliedstaaten bei dieser anteilmäßigen Verteilung unberücksichtigt bleiben[107] und deshalb keinen Sitz im Aufsichts- oder Verwaltungsorgan der SE erhalten, so hat das Arbeitnehmer- Vertretungsorgan der SE das Recht, einem dieser – zunächst unberücksichtigten – Mitgliedstaaten einen Sitz im Verwaltungs- oder Aufsichtsorgan der SE zuzusprechen. Dieser Sitz soll vorzugsweise dem Mitgliedstaat zukommen, in dem die SE ihren Sitz hat.

---

102 Zutreffend weist *Kallmeyer* AG 2003, 197, 199 darauf hin, dass sich der Bestandsschutz der Mitbestimmung nicht auf die absolute Zahl der Arbeitnehmervertreter bezieht, sondern nur auf den jeweiligen Anteil. Eine durch Satzung erfolgte Verkleinerung des Aufsichts- oder Verwaltungsrats ist unter Berücksichtigung des gleichen Anteils an Arbeitnehmervertretern zulässig; ebenso *Teichmann* BB 2004, 53, 56, *Löw/Stolzenberg* NZA 2016, 1495 mwN.

103 Zur Streitfrage, ob im Fall einer SE-Gründung durch Umwandlung das Tatbestandsmerkmal „alle Komponenten der Mitbestimmung" und die Umsetzung in den §§ 34, 35 SEBG nur der Anteil der Arbeitnehmervertreter im Aufsichtsrat oder auch deren konkrete Anzahl und die innere Struktur der Arbeitnehmerbank (leitende Angestellte, Gewerkachaftsvertreter, sonstige Arbeitnehmervertreter) sichern, s. ausf. *Teichmann* ZIP 2014, 1049 ff.; *Sick* in: *Düwell (BetrVG)* Rn 12; *Meißner* AuR 2012, 61 ff; *Wißmann* in: MünchArbR § 287 Rn 13; *Güntzel* S. 230 ff (auch Größe wird umfasst) sowie *Oetker* in: FS Birk, 2008, 562 ff; *Oetker* in: *Lutter/Hommelhoff/Teichmann* § 35 SEBG Rn 7 ff; *Hohenstatt/Dzida* in: Henssler/Willemsen/Kalb SEBG Rn 48; *Rieble* BB 2006, 2021; *Forst* Zesar 2014, 383 ff. (nur Anteil wird gesichert); s. auch Zweiter Abschnitt Dritter Teil § 21 Rn 41.

104 Das Merkmal „alle Komponenten der Mitbestimmung" erfasst auch den Bestandsschutz von Gewerkschaftsvertretern im Gründungsfall der Umwandlung in eine SE, s. Gutachten *Teichmann* ZIP 2014, 1049 ff.

105 S. *Forst* in: Gaul/Ludwig/Forst § 2 Rn 478 ff.

106 Zur Wahl oder Bestellung der Mitglieder des Aufsichts- oder Verwaltungsrats s. *Kumpf* S. 101 ff.

107 Kritik an dieser Regelungstechnik übt *Kumpf* S. 57 f; ihr Vorschlag nach einem einheitlichen europarechtlichen Verfahren ist hingegen unrealistisch, da er die Schwierigkeiten der Konsensfindung auf EU-Ebene unberücksichtigt lässt.

– Steht nach dieser Verteilung der Sitze auf die Mitgliedstaaten durch das Arbeitnehmer-Vertretungsorgan der SE fest, welcher Mitgliedstaat wie viele Sitze im Verwaltungs- oder Aufsichtsorgan der SE erhält, so entscheiden die Mitgliedstaaten selbst aufgrund ihrer Regelung im nationalen Umsetzungsgesetz, welche Arbeitnehmervertreter (unternehmensangehörige Arbeitnehmer oder Gewerkschaftsvertreter) die diesem Mitgliedstaat zugewiesenen Sitze erhalten sollen. Die konkreten Verteilungsmodalitäten sind in dem jeweiligen nationalen Umsetzungsgesetz zu regeln. Fehlt es an einer solchen speziellen nationalen Regelung in einem Mitgliedstaat, so steht das Entscheidungsrecht auch insoweit dem Arbeitnehmer-Vertretungsorgan der SE zu.

4. Optionslösung für den Gründungsfall der Verschmelzung

40 Art. 7 Abs. 3 der Richtlinie i.V.m. Art. 12 Abs. 3 VO enthält die von den Regierungschefs auf dem Europäischen Rat in Nizza vereinbarte sog. Optionslösung, die zur Zustimmung Spaniens zu dem „Vorhaben SE“ führte. Die Optionslösung eröffnet den Mitgliedstaaten die Möglichkeit, die Auffangregelung über die Mitbestimmung – beschränkt auf den Gründungsfall der Verschmelzung – nicht in nationales Recht umzusetzen.[108] Die Ausübung dieser Option hat zur Folge, dass eine SE in diesem Mitgliedstaat nur dann eingetragen werden kann, wenn eine Vereinbarung über die Beteiligung der Arbeitnehmer in der SE getroffen wird, oder aber in allen an der Gründung beteiligten Gesellschaften keine Mitbestimmungsrechte der Arbeitnehmer bestanden.[109] Scheitern die Verhandlungen, kommt es nicht zu Gründung der SE. Ein Mitbestimmungsverlust gegen den Willen der Arbeitnehmer ist daher ausgeschlossen.[110]

5. Verschwiegenheit, Geheimhaltung und Schutz der Arbeitnehmervertreter

41 Nach Art. 8 der Richtlinie haben die Mitgliedstaaten Vorschriften zu erlassen, die den Mitgliedern des BVG, des Vertretungsorgans, den sie unterstützenden Sachverständigen sowie den Arbeitnehmervertretern im Rahmen eines Verfahrens zur Unterrichtung und Anhörung untersagen, vertrauliche Informationen an Dritte weiterzugeben. Eine solche Verschwiegenheitspflicht trifft auch die Mitglieder im Verwaltungs- und Aufsichtsorgan, wenn es sich um Informationen handelt, deren Bekanntwerden bei Zugrundelegung objektiver Kriterien den Geschäftsbetrieb der SE oder ihrer Tochtergesellschaften und Betriebe erheblich beeinträchtigen oder ihnen schaden würde.

42 Den Mitgliedstaaten ist nach Art. 10 der Richtlinie aufgegeben, den Mitgliedern des BVG, des Vertretungsorgans, den Arbeitnehmervertretern im Verwaltungs- oder Aufsichtsorgan und denjenigen, die bei einem Verfahren zur Unterrichtung und Anhörung mitwirken, bei der Wahrnehmung ihrer Aufgaben den gleichen Schutz und die gleichartige Sicherheit zu gewährleisten (z.B. Kündigungsschutz, Benachteiligungsverbot), wie den Arbeitnehmervertretern nach innerstaatlichem Recht zukommen.

6. Verfahrensmissbrauch

43 Die Gründung einer SE darf nicht dazu missbraucht werden, dass Arbeitnehmern Beteiligungsrechte entzogen oder vorenthalten werden. Art. 11 der Richtlinie verpflichtet die Mitgliedstaaten zu entsprechenden Maßnahmen, um einen solchen Missbrauch zu verhindern.

108 Neben Griechenland hat kein anderer Mitgliedstaat – auch nicht Spanien – von der Optionslösung Gebrauch gemacht.
109 Vgl. Art. 7 Abs. 3 der Richtlinie i.V.m. Art. 12 Abs. 3 VO.
110 Vgl. *Nagel* DB 2004, 1299, 1303.

7. Strukturelle Änderungen einer gegründeten SE

Das Grundprinzip der Sicherung erworbener Rechte, das sich vor allem in den Vorgaben über Abstimmungsmodalitäten und Schwellenwerten niederschlägt, gilt auch über die Gründungsphase der SE hinaus. Im Falle struktureller Änderungen einer bereits gegründeten SE soll nach Erwägungsgrund 18 der Richtlinie das Vorher-Nachher-Prinzip sowohl für die SE als auch für die von den strukturellen Änderungen betroffenen Gesellschaften gelten. Der Erwägungsgrund enthält keine näheren Ausführungen, was unter einer strukturellen Änderung zu verstehen ist.[111] Spezielle Vorschriften im Richtlinientext über den Erwägungsgrund hinaus fehlen. **44**

8. Verhältnis zum nationalen Recht

Nach den Vorgaben der Richtlinie bleiben die nationalen gesetzlichen Bestimmungen über die Beteiligung der Arbeitnehmer im Übrigen unberührt. Für Betriebe einer SE in Deutschland gilt damit z.B. das Betriebsverfassungsgesetz weiter. Für Unternehmen in Deutschland, die an der Gründung einer SE beteiligt sind, aber ihre rechtliche Selbständigkeit behalten (z.B. bei Gründung einer Holding-SE oder Tochter-SE), gilt auch die nationale Unternehmensmitbestimmung weiter. **45**

Unternehmens- und Arbeitnehmerseite[112] können sich darauf verständigen, entweder gar keine Verhandlungen über ein Unterrichtungs- und Anhörungsverfahren aufzunehmen oder bereits aufgenommene Verhandlungen abzubrechen und (nur) die – jeweils nationalen – Vorschriften für die Unterrichtung und Anhörung zur Anwendung kommen zu lassen, die in den Mitgliedstaaten gelten, in denen die SE Arbeitnehmer beschäftigt. Auch dann ist nach Art. 13 Abs. 1 der Richtlinie gleichwohl die Unterrichtung und Anhörung der Arbeitnehmer in grenzüberschreitenden Angelegenheiten gewährleistet. Denn (nur) in diesen Fällen ist die Europäische Betriebsräte Richtlinie 94/45/EG[113] und deren nationales Umsetzungsgesetz anzuwenden. Mit diesen Regelungen schafft die Richtlinie einen gemeinschaftsweiten Mindeststandard an Arbeitnehmerbeteiligung. **46**

C. Gesetzgebungsverfahren des Entwurfs eines Gesetzes zur Einführung der Europäischen Gesellschaft

I. Regierungsentwurf

Für die nationalen Ausführungsbestimmungen der Verordnung und die Umsetzung der Richtlinie zur SE waren innerhalb der Bundesregierung das Bundesministerium der Justiz (BMJ) einerseits und das Bundesministerium für Wirtschaft und Arbeit (BMWA) andererseits zuständig. Einen Diskussionsentwurf über die gesellschaftsrechtlichen Regelungen machte das BMJ bereits im Februar 2003 öffentlich.[114] Der auch die arbeitsrechtlichen Bestimmungen zur Umsetzung der Richtlinie enthaltende Referentenentwurf (siehe Art. 2 SEEG) wurde am 22.4.2004 vorgelegt[115]. **47**

---

111 S. auch Rn 100 sowie *Hohenstatt/Müller-Bonanni* in: Habersack/Drinhausen SEBG Vor §§ 1–3 Rn 53. Das österreichische Umsetzungsgesetz präzisiert den Begriff der strukturellen Änderung in § 228 Abs. 2 ArbVG durch Regelbeispiele.

112 Vgl. Art. 3 Abs. 6 der Richtlinie.

113 Neben der RL 94/45/EG ist auch die Ausdehnung dieser Richtlinie auf das Vereinigte Königreich durch die RL 97/74/EG – ABl. EG L 10 v. 16.1.1998, S. 22 anzuwenden.

114 Vgl. *Neye* S. 2.

115 Zur Gesetzgebungshistorie s. *Hohenstatt/Müller-Bonanni* in: Habersack/Drinhausen SEBG Vor §§ 1–3 Rn 55 ff; *Jacobs* in: MÜKOAktG Vorbem. Rn 31 ff.

48 Die Anhörung der Verbände zu Art. 2 SEEG fand am 5. Mai 2004 im BMWA statt. Dabei wiederholten die Bundesvereinigung der Deutschen Arbeitgeberverbände, der Bundesverband der Deutschen Industrie, der Deutsche Industrie und Handelskammertag sowie die Deutschen Versicherer im Wesentlichen ihre grundsätzliche Kritik an der Ausgestaltung der Mitbestimmung in der SE, die sie bereits während der Verhandlungen der Richtlinie auf europäischer Ebene vorgetragen hatten.[116] Der Deutsche Gewerkschaftsbund[117] und der Deutsche Führungskräfteverband (ULA)[118] äußerten sich positiv zu dem Referentenentwurf.

49 Am 26. Mai 2004 beschloss das Bundeskabinett den Regierungsentwurf zur Einführung der Europäischen Gesellschaft (SEEG), der gegenüber dem Referentenentwurf nur marginale Änderungen insbesondere klarstellender Art enthält.[119]

II. Stellungnahme des Bundesrats (Erster Durchgang)

50 Der Gesetzentwurf des SEEG ist dem Bundesrat am 28.5.2004 als besonders eilbedürftig zugeleitet worden.[120] Im Juni 2004 befassten sich der Rechtsausschuss, der Ausschuss für Frauen und Jugend, die Ausschüsse für Arbeit und Sozialpolitik und Familie und Senioren sowie der Wirtschaftsausschuss des Bundesrats mit dem Entwurf. Die Stellungnahme des Bundesrats[121] am 9. Juli 2004 enthält zahlreiche Prüfbitten und Änderungsempfehlungen zum gesellschaftsrechtlichen Ausführungsgesetz. In seiner Einlassung zum arbeitsrechtlichen Umsetzungsgesetz bewertete der Bundesrat den Vorrang für die Verhandlungslösung bei der Ausgestaltung der Beteiligung der Arbeitnehmer positiv, fordert aber die Bundesregierung auf, von der in Art. 7 Abs. 3 der Richtlinie geregelten Optionslösung Gebrauch zu machen.[122] Weiterhin empfahl er eine Überprüfung der Ausgestaltung der Beteiligungsrechte der Arbeitnehmer im monistischen System mit dem Ziel der Verringerung der Mitbestimmung der Arbeitnehmer[123], ohne jedoch konkrete eigene Vorschläge zu unterbreiten.

51 Beide Anregungen wies die Bundesregierung in ihrer am 18.8.2004 vom Kabinett beschlossenen Gegenäußerung[124] zurück. Die Ausübung der Optionslösung mache – entgegen der Auffassung des Bundesrates – deutsche Unternehmen als Fusionspartner keinesfalls attraktiver. Auch sei eine andere Ausgestaltung der Beteiligung der Arbeitnehmer im Verwaltungsrat europarechtlich nicht zulässig. Die Richtlinie unterscheide insoweit nicht zwischen dem dualistischen (Vorstand und Aufsichtsrat) und dem monistischen System (Verwaltungsrat) sondern fordere vielmehr, dass allen Mitglieder im Aufsichts- oder Verwaltungsrat der SE die gleichen

116 Vgl. ihre Stellungnahme zum Referentenentwurf des Bundesministeriums der Justiz und des Bundesministeriums für Wirtschaft und Arbeit eines Gesetzes zur Einführung der Europäischen Gesellschaft (SEEG) vom 3.5.2004.

117 Vgl. Stellungnahme des DGB zum Entwurf eines Gesetzes zur Einführung der Europäischen Gesellschaft (SEEG) vom 10.5.2004.

118 Vgl. Stellungnahme der ULA zum Entwurf eines Gesetzes zur Einführung der Europäischen Gesellschaft (SEEG-E) vom 30.4.2004 sowie *Kraushaar* NZA 2004, 591.

119 Vgl. *Neye* S. 2ff.

120 Vgl. BT-Drucks 15/3405 v. 21.6.2004 S. 3.

121 BR-Drucks. 438/04 v. 9.7.2004.

122 Vgl. Rn 33.

123 Zur Kritik an der Übertragung der Mitbestimmung im dualistischen System auf den Verwaltungsrat im monistischen System s. *Roth* ZfA 2004, 431, 443ff; *Teichmann* BB 2004, 53, 56; *Horn* DB 2005, 147, 152; *Junker* ZfA 2005, 1, 16ff; *Gruber/Weller* NZG 2003, 297, 299; *Bauer* DB 2004, Heft 21 v. 21.5.2004 Gastkommentar; *Kämmerer/Veil* ZIP 2005, 369ff; *Müller-Bonanni/Melot de Beauregard* GmbHR 2005, 195, 197; *Reichert/Brandes* ZGR 2003, 767, 791; *Wisskirchen/Prinz* DB 2004, 2638, 3641; anders *Niklas* NZA 2004, 1204, der zu Recht darauf hinweist, dass die Richtlinie keine Sondervorschriften für das monistische System vorsieht und eine andere Umsetzung deshalb europarechtswidrig wäre; ebenso *Köstler* ZGR 2003, 800, 801ff.

124 Vgl. BT-Drucks. 15/3656 v. 24.8.2004, S. 8.

Rechte und Pflichten[125] eingeräumt werden. Zu den gesellschaftsrechtlichen Empfehlungen des Bundesrates erfolgte eine differenzierte Einlassung der Bundesregierung.[126]

III. Verfahren im Deutschen Bundestag

1. Erste Lesung

Am 2.7.2004 fand die erste Lesung des Entwurfs des SEEG im Deutschen Bundestag statt.[127] 52
Der Gesetzentwurf wurde an den Rechtsausschuss, den Ausschuss für Wirtschaft und Arbeit, den Finanzausschuss und den Ausschuss für die Angelegenheiten der Europäischen Union zur weiteren Beratung überwiesen. In seiner 56. Sitzung hat der federführende Rechtsausschuss am 29.9.2004 beschlossen, eine öffentliche Anhörung zu dem Gesetzentwurf durchzuführen.

2. Öffentliche Anhörung im Deutschen Bundestag

In der öffentlichen Anhörung konzentrierte sich die Diskussion der acht Sachverständigen[128] 53
im Wesentlichen auf die Frage der sachgerechten Ausgestaltung der Beteiligungsrechte der Arbeitnehmer bei der in Deutschland erstmals einzuführenden monistischen Unternehmensverfassung. Problematisch sei insbesondere die Fallgestaltung, in der eine deutsche Gesellschaft mit paritätisch besetztem Aufsichtsrat an der Gründung einer monistisch geführten SE teilnehme und sich die Mitbestimmung der Arbeitnehmer in der SE nach der Auffangregelung und damit nach dem höchsten Niveau, der paritätischen Besetzung, richte. Hier wurden unterschiedliche Rechtsauffassungen der Experten deutlich. Eine Meinung sieht die Gleichbehandlung von dualistischer und monistischer Unternehmensverfassung in der SE als verfassungskonform und europarechtlich geboten an,[129] weil die Richtlinie keine unterschiedlichen Regelungen für beide Systeme vorsehe und zulasse. Nach anderer Auffassung seien die Regelungen im SEEG insoweit verfassungsrechtlich bedenklich.[130] Als Begründung wird angeführt, dass die Übertragung der Grundsätze der paritätischen Mitbestimmung der Arbeitnehmer im Aufsichtsrat auf den Verwaltungsrat einer monistischen SE einen – unzulässigen – Machtzuwachs der Arbeitnehmervertreter in der monistisch geführten SE bedeute. Diese zusätzliche Einflussnahme bestehe darin, dass die Arbeitnehmervertreter über die Überwachungsaufgabe – wie im Aufsichtsrat – hinaus auch in die unternehmerische Entscheidungsfindung im Verwaltungsrat einzubinden seien.

3. Behandlung in den Ausschüssen des Deutschen Bundestages

Die Diskussion in der öffentlichen Anhörung beschäftigte auch die Ausschussberatung im 54
Deutschen Bundestag und blieb nicht ohne Auswirkung auf die Gesetzesfassung des SEAG.[131]

---

125 Vgl. Anhang Teil 3 Buchstabe b der Richtlinie.
126 Vgl. BT-Drucks. 15/3656 v. 24.8.2004, S. 8 ff.
127 Vgl. Plenarprotokoll 15/119 S. 10911 (D).
128 Folgende Sachverständige nahmen an der Anhörung teil: *Dr. Bernhard Beck*, Mitglied des Vorstands der EnWB AG; *Klaus Bräunig*, Bundesverband der Deutschen Industrie; *Lionel Fulton*, Sekretary of Laubour Research Department, London; *Dietmar Hexel*, Deutscher Gewerkschaftsbund; *Dr. Jürgen Möllering*, Deutscher Industrie- und Handelskammertag; *Prof. Dr. Bernhard Nagel*, Universität Kassel; *Dr. Christoph Seibt*, Rechtsanwalt bei Freshfields Bruckhaus Deringer; *Prof. Dr. Rüdiger Veil*, Bucerius Law School Hamburg.
129 Vgl. *Nagel* Öffentliche Anhörung des BT-Rechtsausschusses v. 18.10.2004, Protokoll Nr. 58, S. 18 ff; *Hexel* Öffentliche Anhörung des BT-Rechtsausschusses v. 18.10.2004, Protokoll Nr. 58, S. 23.
130 Vgl. *Veil* Öffentliche Anhörung des BT-Rechtsausschusses v. 18.10.2004, Protokoll Nr. 58, S. 11, 15 f; *Seibt* Öffentliche Anhörung des BT-Rechtsausschusses v. 18.10.2004, Protokoll Nr. 58, S. 9, 17.
131 Vgl. § 35 Abs. 3 SEAG; s. auch *Neye* S. 3 f.

55 Allerdings beschränkten sich die Änderungsvorschläge der Fraktionen auf die Fallgestaltung, in der in einer monistischen SE die geschäftsführenden Direktoren zugleich Mitglieder des Verwaltungsrats sind und der Verwaltungsrat nach der Auffangregelung des § 35 SEBG paritätisch zu besetzen ist. In jeweils getrennten Änderungsanträgen der Fraktion der CDU/CSU[132] und der FDP[133] forderte die Opposition in dem oben beschriebenen Fall, diese geschäftsführenden Direktoren bei der Bestimmung der Anzahl der Verwaltungsratsmitglieder nicht mitzuzählen.[134] Dies hätte zur Folge, dass z.B. bei einem Verwaltungsrat mit 16 Mitgliedern zunächst die zwei geschäftsführenden Direktoren abgezogen werden und die „paritätische" Besetzung auf der Grundlage von nur noch 14 Mitgliedern stattfindet, so dass die Anteilseigner- und Arbeitnehmerseite jeweils sieben Mitglieder erhält.[135]

56 Die Regierungskoalition wies diese Änderungsanträge in den jeweiligen Ausschüssen zwar zurück. Sie sah ihrerseits die Fragestellung aber durchaus als regelungsbedürftig an, sofern es um Beschlüsse des Verwaltungsrats geht, die Weisungen an die geschäftsführenden Direktoren beinhalten oder diese in sonstiger Weise persönlich und unmittelbar betreffen. In solchen Fällen der unmittelbaren Betroffenheit ist nach allgemeinen deutschen Rechtsgrundsätzen (z.B. § 34 BGB analog oder das Verbot des Richtens in eigener Sache) die jeweilige Person von der sie betreffenden Beschlussfassung ausgeschlossen. Vor diesem Hintergrund wurde § 35 Abs. 3 SEAG in den Gesetzentwurf neu eingeführt. Hiernach erhält der Vorsitzende des Verwaltungsrats eine zusätzliche Stimme bei der Beschlussfassung, wenn ein geschäftsführender Direktor, der zugleich Mitglied des Verwaltungsrats ist, aus rechtlichen Gründen gehindert ist, an der Beschlussfassung im Verwaltungsrat teilzunehmen. Indem dem Vorsitzenden des Verwaltungsrats diese zusätzliche Stimme zufällt, bleibt die Stimmengewichtung im Verwaltungsrat gewahrt.

57 Die weiteren von der Regierungskoalition vorgenommenen Änderungen des SEEG[136] sind im Wesentlichen redaktioneller und klarstellender Art oder beruhen auf Wünschen des Bundesrats.[137] Dies gilt insbesondere auch für die umfangreichere Ausformulierung der Strafbestimmung in § 53 SEAG.

58 Gegen die Stimmen der Opposition beschloss der Rechtsausschuss nach abschließender Beratung in seiner 61. Sitzung am 27.10.2004, die Annahme des Gesetzentwurfs zu empfehlen.[138]

4. Zweite und dritte Lesung

59 Der Deutsche Bundestag befasste sich mit dem Gesetzentwurf in seiner 136. Sitzung am 29.10.2004 in zweiter und dritter Lesung.[139] In der zweiten Beratung stellte die Fraktion der CDU/CSU den bereits aus den Ausschussberatungen bekannten Änderungsantrag zum Gesetzentwurf der Bundesregierung erneut.[140] Nach einer kontrovers geführten Aussprache[141] wurde

132 Änderungsantrag Ausschussdrucks. Ausschuss für Wirtschaft und Arbeit Nr. 15(9)1471 v. 26.10.2004.
133 Änderungsantrag Ausschussdrucks. Rechtsausschuss Nr. 15(6)143 v. 26.10.2004.
134 Hierzu wurden Änderungen der §§ 23 Abs. 2, 40 Abs. 1 und 46 Abs. 2 SEAG sowie § 35 Abs. 3 neu SEBG vorgeschlagen.
135 So das Fallbeispiel von *Seibt* Öffentliche Anhörung des BT-Rechtsausschusses v. 18.10.2004, Protokoll Nr. 58, S. 9.
136 Änderungsantrag Ausschussdrucks. Ausschuss für Wirtschaft und Arbeit Nr. 15(9)1472 v. 26.10.2004.
137 BR-Drucks. 438/04 v. 9.7.2004.
138 BT-Drucks. 15/4053 v. 27.10.2004.
139 Plenarprotokoll 15/136 v. 29.10.2004, S. 12497 C. 12508 A.
140 Vgl. Rn 48.
141 Vgl. insbesondere die Reden von *Olaf Scholz*, *Dr. Norbert Röttgen*, *Fritz Kuhn*, *Rainer Funke* und *Klaus Brandner*; Plenarprotokoll 15/136 v. 29.10.2004, S. 12497 C. ff.

der Änderungsantrag mit der Mehrheit der Stimmen der Koalition abgelehnt und der Gesetzentwurf in dritter Lesung gegen die Stimmen der CDU/CSU und der FDP angenommen.[142]

IV. Stellungnahme des Bundesrats (Zweiter Durchgang)

Mit dem vom Deutschen Bundestag verabschiedeten Gesetzentwurf[143] befassten sich der 60
Rechtsausschuss sowie der Wirtschaftsausschuss des Bundesrates. Während der federführende Rechtsausschuss keine Bedenken gegen den Gesetzentwurf äußerte, empfahl der Wirtschaftsausschuss dem Bundesrat, zu dem Gesetz gemäß Art. 77 Abs. 2 GG die Einberufung des Vermittlungsausschusses mit dem Ziel der grundlegenden Überarbeitung des Gesetzes zu verlangen. Der Wirtschaftsausschuss begründete sein Votum ausschließlich mit der bereits im ersten Durchgang vorgetragenen Kritik an den Regelungen über die Mitbestimmung der Arbeitnehmer in der SE.[144] Ohne auf die Argumentation in der Gegenäußerung der Bundesregierung[145] einzugehen, wiederholte der Wirtschaftsausschuss seine Forderung, von der in Art. 7 Abs. 3 der Richtlinie geregelten Optionslösung Gebrauch zu machen. Zudem empfahl er in sehr pauschaler Weise eine Überprüfung der Ausgestaltung der Beteiligungsrechte der Arbeitnehmer im monistischen System mit dem Ziel der Verringerung der Mitbestimmung der Arbeitnehmer.[146] Der Bundesrat votierte in seiner 806. Sitzung am 26.11.2004[147] gegen das Votum des federführenden Rechtsausschusses und rief den Vermittlungsausschuss an.[148]

V. Vermittlungsverfahren; Einspruch des Bundesrates und Zurückweisung des Einspruchs durch den Deutschen Bundestag

Erwartungsgemäß beendete der Vermittlungsausschuss des Deutschen Bundestages und 61
des Bundesrates in seiner 47. Sitzung das Vermittlungsverfahren am 15.12.2004 ohne Einigungsvorschlag.[149] Auf Antrag des Landes Hessen[150] legte der Bundesrat daraufhin in seiner 807. Sitzung am 17.12.2004 gemäß Art. 77 Abs. 3 des Grundgesetzes Einspruch gegen das am 29.10.2004 vom Deutschen Bundestag verabschiedete Gesetz ein. Diesen Einspruch wies der Deutsche Bundestag am gleichen Tag in seiner 149. Sitzung zurück.[151] In namentlicher Abstimmung stimmten 304 Abgeordnete für den Antrag der Koalition auf Zurückweisung; 235 Abgeordnete stimmten dagegen.[152]

VI. Inkrafttreten

Am 28.12.2004 ist das Gesetz zur Einführung der Europäischen Gesellschaft (SEEG) verkün- 62
det[153] worden und nach Art. 9 am 29.12.2004 in Kraft getreten.

---

142 Vgl. Plenarprotokoll 15/136 v. 29.10.2004, S. 12508; s. auch *Hohenstatt/Müller-Bonanni* in: Habersack/Drinhausen SEBG Vor §§ 1–3 Rn 56 f.
143 Vgl. BR-Drucks. 850/04 v. 5.11.2004.
144 Vgl. Rn 43.
145 Vgl. BT-Drucks. 15/3656 v. 24.8.2004, S. 8 ff.
146 BR-Drucks. 850/1/04 v. 12.11.2004.
147 BR-Drucks. 850/04 (Beschluss) v. 26.11.2004.
148 BR-Drucks. 850/04 (Beschluss) v. 26.11.2004 sowie BT-Drucks. 15/4379 v. 30.11.2004; BR-Plenarprotokoll 806 v. 26.11.2004 S. 602.
149 BR-Drucks. 989/04 v. 15.12.2004.
150 BR-Drucks. 989/1/04 v. 16.12.2004.
151 BT-Drucks. 15/4557 v. 17.12.2004.
152 Plenarprotokoll 15/149 v. 17.12.2004, S. 14036; BR zu Drucks. 989/04 (Beschluss) (neu) v. 17.12.2004.
153 BGBl. I v. 28.12.2004 S. 3675 ff.

D. Wesentlicher Inhalt des SE-Einführungsgesetzes (SEEG)

63 Das SEEG enthält die maßgeblichen Umsetzungsbestimmungen, damit Europäische Gesellschaften in Deutschland gegründet werden können.[154] Es handelt sich um ein Artikelgesetz mit folgendem Inhalt:

Artikel 1: Gesetz zur Ausführung der Verordnung (EG) Nr. 2157/2001 des Rates vom 8. Oktober 2001 über das Statut der Europäischen Gesellschaft (SE) – (SE-Ausführungsgesetz – SEAG)
Artikel 2: Gesetz über die Beteiligung der Arbeitnehmer in einer Europäischen Gesellschaft – (SE-Beteiligungsgesetz – SEBG)
Artikel 3: Änderung des Gerichtsverfassungsgesetzes
Artikel 4: Änderung des Gesetzes über die Angelegenheiten der freiwilligen Gerichtsbarkeit
Artikel 5: Änderung des Spruchverfahrensgesetzes
Artikel 6: Änderung des Arbeitsgerichtsgesetzes
Artikel 7: Änderung der Handelsregisterverordnung
Artikel 8: Rückkehr zum einheitlichen Verordnungsrang
Artikel 9: Inkrafttreten

I. Wesentlicher Inhalt des SE-Ausführungsgesetzes (SEAG)

64 Obwohl eine Verordnung der EU gemäß Artikel 288 AEUV unmittelbar in jedem Mitgliedstaat gilt und daher grundsätzlich keiner Umsetzung bedarf, weist die SE-Verordnung abweichend vom Normalfall einige Besonderheiten auf. Sie enthält zahlreiche Regelungsaufträge und Wahlrechte für den nationalen Gesetzgeber. Das SEAG greift diese Ermächtigung auf.

65 § 1 SEAG ergänzt Art. 9 VO und verdeutlicht damit die Rechtsquellenhierarchie der SE. Primär gelten die Regelungen der Verordnung selbst, danach kommt die Satzung der Gesellschaft, wenn dies von der Verordnung ausdrücklich vorgesehen ist. Dann folgen ergänzend die jeweiligen Durchführungsvorschriften des Mitgliedstaats – hier das SEAG. Ergänzend und subsidiär gelten danach das jeweilige nationale Aktienrecht des Sitzstaats und schließlich die Satzungsbestimmungen unter den Geltungsvoraussetzungen, die das nationale Aktienrecht aufstellt. Im Ergebnis ergibt sich ein weitgehender Gleichlauf mit dem allgemeinen deutschen Aktienrecht. Dies bedeutet, dass eine SE mit Sitz in Deutschland in allen Fragen, die in der Verordnung und dem SEAG keine besonderen Regelung erfahren haben, ebenso behandelt wird wie eine deutsche Aktiengesellschaft.[155]

66 Regelungsschwerpunkte des SEAG liegen bei der Ausgestaltung des Schutzes von Minderheitsaktionären und Gläubigern sowie bei der Einführung des monistischen Systems.

1. Minderheitenschutz

67 Art. 24 Abs. 2 VO erlaubt besondere nationale Vorschriften zum Schutz von Minderheitsaktionären. Hierzu zählen insbesondere die Regelung zur Verbesserung des Umtauschverhältnisses nach § 6 SEAG und das Abfindungsangebot im Verschmelzungsplan nach § 7 SEAG.

68 Da die durch die Verschmelzung entstehende SE ihren Sitz im Ausland haben kann, erlischt in diesem Fall die deutschem Recht unterliegende Gründungsgesellschaft. Deshalb müssen Gläubiger ihre Interessen bereits vor Vollzug der Verschmelzung geltend machen können. Ihnen sind entsprechende Sicherheiten zu leisten, soweit ihre Forderungen nicht befriedigt worden

---

154 Zur Umsetzung der SE in anderen Mitgliedstaaten s. *Oetker* in: Lutter/Hommelhoff/Teichmann Vor § 1 SEBG Rn 16 ff.

155 Vgl. BT-Drucks. 15/3405 v. 21.6.2004, S. 31.

sind. Die gleiche Interessenlage besteht, wenn eine SE ihren Sitz ins Ausland verlegt. Auch hier haben die Gläubiger einen Anspruch auf entsprechende Sicherheitsleistungen. § 8 SEAG über den Gläubigerschutz bei Gründung einer SE und § 13 SEAG über den Gläubigerschutz bei Sitzverlegungen entsprechen einander.

2. Monistische Unternehmensverfassung

Art. 43 Abs. 4 VO ist die Ermächtigungsgrundlage für den nationalen Gesetzgeber zur Ein- **69**
führung und Ausgestaltung des monistischen Systems.[156] Im Unterschied zum dualistischen System mit Vorstand und Aufsichtsrat kennt die monistische Unternehmensverfassung[157] nur den Verwaltungsrat (Art. 38 VO sowie § 20 SEAG).

Der Verwaltungsrat[158] leitet die Gesellschaft, bestimmt die Grundlinien ihrer Tätigkeit und **70**
überwacht deren Umsetzung (§ 22 Abs. 1 SEAG). Die Letztverantwortung für die Unternehmenspolitik liegt damit allein bei ihm. Dies gilt ungeachtet seiner Pflicht nach § 40 SEAG, einen oder mehrere geschäftsführende Direktoren zu bestellen, die die Geschäfte der Gesellschaft führen. Die Leitungsverantwortung des Verwaltungsrats zeigt sich z.B. darin, dass die geschäftsführenden Direktoren jederzeit wieder abberufen werden können (§ 40 Abs. 5 SEAG). Die Verantwortung des Verwaltungsrats für die Gesamtleitung der Gesellschaft äußert sich auch in dem Verhältnis zur Hauptversammlung. So muss er nach § 22 Abs. 2 SEAG die Hauptversammlung einberufen, wenn das Wohl der Gesellschaft es erfordert, insbesondere bei einem Verlust in der Höhe der Hälfte des Grundkapitals (§ 22 Abs. 4 SEAG).

Art. 43 Abs. 2 Satz 2 VO ermächtigt die Mitgliedstaaten dazu, eine Mindestzahl und erforder- **71**
lichenfalls eine Höchstzahl der Mitglieder des Verwaltungsrats festzulegen. Nach § 23 Abs. 1 SEAG soll der Verwaltungsrat im Regelfall drei Mitglieder umfassen. Diese Zahl von drei erscheint schon bei mittlerer Größe der Gesellschaft als angemessen.[159] Zudem reduziert diese Bestimmung den Regelungsaufwand der Satzung, denn im gesetzlichen Regelfall muss dort nichts festgelegt werden; Abweichungen durch die Satzung bleiben stets möglich. Unterliegt eine SE nicht den Vorschriften über die Mitbestimmung der Arbeitnehmer im Unternehmen, besteht der Verwaltungsrat lediglich aus Vertretern der Aktionäre. Handelt es sich hingegen um eine mitbestimmte SE nach der Richtlinie, muss der Verwaltungsrat nach Art. 43 Abs. 2 Satz 3 VO aus mindestens drei Mitgliedern bestehen. Regelmäßig wird bei mitbestimmten Gesellschaften die zahlenmäßigen Zusammensetzung des Verwaltungsrats höher sein; da insoweit die Vereinbarung nach § 21 SEBG oder die gesetzliche Auffangregelung in den §§ 34 bis 38 SEBG maßgeblich ist[160].

§ 27 SEAG beschreibt die persönlichen Voraussetzungen der Verwaltungsratsmitglieder. **72**
Abs. 1 greift die in § 100 Abs. 2 AktG für Aufsichtsratsmitglieder genannten Einschränkungen auf.[161] Diese sollen für den Verwaltungsrat, der nur aus natürlichen Personen bestehen kann, ebenso gelten, da die Mitglieder gegenüber den geschäftsführenden Direktoren[162] eine vergleichbare Aufsichtsfunktion haben wie im dualistischen System der Aufsichtsrat gegenüber dem Vorstand.[163] Persönliche Voraussetzungen der Arbeitnehmervertreter im Verwaltungsrat

---

156 Ausführlich zur Mitbestimmung der Arbeitnehmer im monistischen System *Scheibe* S. 121 ff.
157 Zu Gestaltungsmöglichkeiten der Satzung einer monistisch verfassten SE s. *Lutter/Kollmorgen/Feldhaus* BB 2005, 2473.
158 Grundsätzlich zum monistischen System *Neye/Teichmann* AG 2003, 169, 176 ff; *Ihrig/Wagner* BB 2004, 1749, 1756; *Reichert/Brandes* ZGR 2003, 767, 790; *Teichmann* BB 2004, 53 ff; *Horn* DB 2005, 147, 150 ff; *Bachmann* ZGR 2008, 779 ff.
159 Vgl. BT-Drucks 15/3405, S. 37.
160 Ebenso *Henssler* in: Ulmer/Habersack/Henssler Einl. SEBG Rn 134 f.
161 Vgl. BT-Drucks 15/3405, S. 37.
162 Stellung, Aufgaben und Haftung der geschäftsführenden Direktoren beschreibt *Ihrig* ZGR 2008, 809 ff.
163 Vgl. BT-Drucks 15/3405, S. 37 f.

können sich auch aus einer Vereinbarung gemäß § 21 SEBG oder den einschlägigen Bestimmungen des SE-Beteiligungsgesetzes ergeben.

73 Die Bestellung der Mitglieder des Verwaltungsrats, auch die der Arbeitnehmervertreter, erfolgt durch die Hauptversammlung (Art. 43 Abs. 3 VO). Dabei ist die Hauptversammlung an das Vorschlagsrecht des Wahlgremiums[164] der Arbeitnehmerseite gebunden.

74 Die Wahl von Verwaltungsratsmitgliedern kann entsprechend § 251 Abs. 1 Satz 1 AktG wegen Verletzung des Gesetzes oder der Satzung angefochten werden. Die Anfechtung der Wahl von Arbeitnehmervertretern aufgrund von gesetzeswidrigen Wahlvorschlägen entsprechend § 251 Abs. 1 Satz 2 AktG richtet sich nach dem Recht desjenigen Mitgliedstaates, nach dessen Recht der betroffene Arbeitnehmervertreter in das Aufsichtsorgan entsandt wurde. Für Arbeitnehmervertreter aus dem Inland gilt § 37 Abs. 2 SEBG.

3. Größe des Aufsichtsrats

75 Ebenso wie der Verwaltungsrat in der monistischen SE besteht auch das Aufsichtsorgan grundsätzlich aus drei Mitgliedern. Nach § 17 Abs. 1 S. 3 SEAG muss eine höhere – in der Satzung bestimmte – Mitgliederzahl nur dann durch drei teilbar sein, wenn dies für die Beteiligung der Arbeitnehmer auf Grund des SEBG erforderlich ist. Dieses Erfordernis der Teilbarkeit durch drei gilt dann nicht, wenn die Satzung (§ 17 Abs. 1 S. 2 SEAG) oder die Vereinbarung über die Mitbestimmung eine andere Anzahl an Aufsichtsratsmitgliedern festlegt. Eine vereinbarte Aufsichtsratsgröße von 10 Mitgliedern ist danach rechtlich zulässig.[165] Ebenso wie § 95 S. 5 AktG den Mitbestimmungsgesetzen Vorrang einräumt, gilt dieser Vorrang auch für die Vereinbarung oder die Auffangregelung nach dem SEBG. Die insoweit notwendige Rechtsklarheit und den Gleichlauf des SEAG mit dem AktG hat der Gesetzgeber mit der Änderung des § 17 Abs. 1 SEAG durch Art. 7 Abschlussprüfungsreformgesetz v. 10.5.2016[166] hergestellt.[167]

II. Wesentlicher Inhalt des SE-Beteiligungsgesetzes (SEBG)

76 Das SEBG orientiert sich an der Systematik und dem Aufbau der Richtlinie und hat dementsprechend folgenden Inhalt:

In Teil 1 des Gesetzes sind allgemeine Vorschriften zu Zielsetzung, Begriffsbestimmungen und Geltungsbereich enthalten. Teil 2 behandelt das besondere Verhandlungsgremium der Arbeitnehmer (BVG), insbesondere seine Bildung und Zusammensetzung einschließlich der Regelungen zum Wahlgremium sowie zum Verhandlungsverfahren. Teil 3 regelt die Beteiligung der Arbeitnehmer in der SE einschließlich der notwendigen Inhalte einer Vereinbarung und der gesetzlichen Vorgaben (SE-Betriebsrat kraft Gesetzes und Mitbestimmung kraft Gesetzes) für den Fall, dass keine Vereinbarung zustande kommt. In Teil 4 werden die Grundsätze der Zusammenarbeit und notwendige Schutzbestimmungen aufgeführt. Teil 5 enthält Straf- und Bußgeldvorschriften sowie eine Schlussbestimmung.

77 Bei der Umsetzung war zu unterscheiden zwischen solchen Regelungen, die in jedem Mitgliedstaat notwendig identisch umzusetzen sind (z.B. Vorrang für Verhandlungslösungen, Abstimmungsverfahren im BVG, Auffangregelung) und Regelungen, die dem nationalen Umsetzungsgesetz Gestaltungsspielraum einräumen. Diesen Gestaltungsspielraum hat der deutsche Gesetzgeber insbesondere bei der Bestimmung der nationalen Mitglieder im BVG, im SE-

164 Siehe Zweiter Abschnitt Dritter Teil § 36 Rn 9 f.

165 So bereits LG Nürnberg-Fürth 8.2.2010 – 1 HKO 8471/09, ZIP 2010, 372 mit zustimmender Anmerkung von *Teichmann* BB 2010, 1114; ebenso *Seibt* ZIP 2010, 1058; **aA** *Forst* AG 2010, 350 ff.

166 BGBl. I S. 1142.

167 S. auch BR-Drucks. v. 18.12.2015 – 635/15, S. 18, 67; *Paschos/Goslar* NJW 2016, 359 ff.

Betriebsrat oder im Aufsichts- oder Verwaltungsrat der SE genutzt. Hier liegt ein Schwerpunkt des SEBG.[168]

1. Wahlgremium zur Bestimmung der inländischen Arbeitnehmervertreter

a) Inländische Mitglieder im BVG

Steht aufgrund der vorgegebenen Berechnungsmethode des § 5 Abs. 1 bis 3 SEBG fest, wie 78 viele Mitglieder aus dem Inland im BVG vertreten sind, müssen diese Mitglieder konkret benannt werden. Bei der Bestimmung der inländischen Arbeitnehmervertreter für das BVG verzichtet das SEBG weitgehend auf einen Rückgriff auf bestehende nationale Verfahrensvorschriften wie z.B. die Urwahl und Delegiertenwahl nach dem Mitbestimmungsgesetz von 1976. Für die SE ist ein neuer, einfacher Weg über die Bildung eines Wahlgremiums beschritten worden. Um einerseits eine möglichst breite Legitimation zu erreichen und andererseits den bürokratischen und zeitlichen Aufwand für die beteiligten und betroffenen Unternehmen und Betrieben gering zu halten, wird bei der Bildung dieses Wahlgremiums auf vorhandene Arbeitnehmervertretungsstrukturen zurückgegriffen.

In diesem Wahlgremium sind nach § 7 Abs. 2 SEBG alle an der Gründung der SE beteiligten 79 Gesellschaften, betroffenen Tochtergesellschaften und betroffenen Betriebe, die in Deutschland Arbeitnehmer beschäftigen, vertreten. Diese Vertretung erfolgt durch die jeweiligen dortigen Betriebsräte. Damit werden die in Deutschland bestehenden Betriebsratsstrukturen genutzt, um die auf Deutschland entfallenden Mitglieder in das BVG zu wählen. Das Wahlgremium setzt sich somit – je nach Fallgestaltung – zusammen z.B. aus Konzernbetriebsratsmitgliedern und/oder Gesamtbetriebsratsmitgliedern und/oder Betriebsratsmitgliedern. Sofern es in einigen an der Gründung der SE beteiligten inländischen Gesellschaften, betroffenen Tochtergesellschaften und betroffenen Betrieben keinen Betriebsrat gibt, werden die Mitglieder des Wahlgremiums von den dortigen Arbeitnehmern in Urwahl gewählt. Damit dieses Wahlgremium nicht zu groß wird, beschränkt § 8 Abs. 6 SEBG die Anzahl auf 40 Mitglieder. Das so zusammengesetzte Wahlgremium wählt die auf das Inland entfallenden Mitglieder des BVG nach folgenden Maßgaben:

- Die Mitglieder des BVG sollen aus möglichst allen an der Gründung der SE beteiligten Gesellschaften kommen; d.h. zwei Mitglieder des BVG aus einer beteiligten Gesellschaft kann es nur geben, wenn zuvor alle anderen aus Deutschland kommenden beteiligten Gesellschaften mit einem Mitglied im BVG vertreten sind.
- Ist die Anzahl der auf Deutschland entfallenden Mitglieder des BVG geringer als die Anzahl der an der Gründung der SE beteiligten Gesellschaften, die Arbeitnehmer in Deutschland beschäftigen, so sind die beteiligten Gesellschaften mit den meisten Arbeitnehmern zunächst zu berücksichtigen.[169]
- Zudem erfolgt eine angemessene Aufteilung nach unternehmensangehörigen nichtleitenden und leitenden Arbeitnehmervertretern sowie Gewerkschaftsvertretern, wenn auf Deutschland mehrere Mitglieder für das BVG zu wählen sind. Gehören dem BVG mehr als zwei Mitglieder aus dem Inland an, ist jedes dritte Mitglied ein Vertreter einer Gewerkschaft, die in einem an der Gründung der SE beteiligten Unternehmen vertreten ist. Sind mehr als sechs Mitglieder aus dem Inland im BVG vertreten, ist mindestens jedes siebte Mitglied ein leitender Angestellter.[170] Mit dieser Festlegung orientiert sich der Gesetzgeber an den Strukturen des Mitbestimmungsgesetzes von 1976.

---

168 Vgl. die §§ 6 bis 10, 23 und 36 SEBG.
169 Vgl. § 7 Abs. 3 SEBG i.V.m. Art. 3 Abs. 2 Buchstabe a ii Unterabs. 4 der Richtlinie.
170 Vgl. § 6 Abs. 3 und 4 SEBG.

- Frauen und Männer sollen entsprechend ihrem zahlenmäßigen Verhältnis im Unternehmen gewählt werden.[171]

80 Bei der Abstimmung über die auf Deutschland entfallenden Mitglieder des BVG haben die einzelnen Mitglieder des Wahlgremiums so viele Stimmen, wie sie Arbeitnehmer aus ihrer beteiligten Gesellschaft, betroffenen Tochtergesellschaft oder ihrem betroffenen Betrieb vertreten.[172] Dies bedeutet, dass es keine ausschließliche pro-Kopf-Abstimmung der Mitglieder des Wahlgremiums gibt, sondern die Größenordnungen der Gesellschaften berücksichtigt werden. Bei mehreren Vertretern im Wahlgremium aus einer beteiligten Gesellschaft wird eine gleichmäßige Aufteilung der Stimmen auf die jeweiligen Vertreter vorgenommen.

81 Die Bildung eines solchen Wahlgremiums, das sich aus den bestehenden Arbeitnehmervertretungen der beteiligten Unternehmen zusammensetzt, wird auch von anderen Mitgliedstaaten wie Österreich und den Niederlanden vorgesehen. Auch Frankreich hat sich im Grundsatz für eine solche Lösung ausgesprochen.

b) Inländische Mitglieder im SE-Betriebsrat und im Aufsichts- oder Verwaltungsrat der SE

82 Das Wahlgremium hat nach den §§ 23 Abs. 1 und 36 Abs. 3 SEBG auch die Aufgabe, die aus dem Inland kommenden Mitglieder des SE-Betriebsrats und des Aufsichts- oder Verwaltungsrats der SE zu wählen. Bei diesen Wahlen setzt sich das Wahlgremium aus den Betriebsräten der SE, ihrer Tochtergesellschaften und Betriebe zusammen. Bei der Wahl der Mitglieder des Aufsichts- oder Verwaltungsrats der SE ist die Aufteilung der Sitze nach unternehmensangehörigen nichtleitenden und leitenden Arbeitnehmervertretern sowie Gewerkschaftsvertretern ebenso zu beachten wie die oben dargestellten Abstimmungsgrundsätze. Die Arbeitnehmervertreter im Aufsichts- oder Verwaltungsrat haben nach § 38 Abs. 1 SEBG die gleichen Rechte und Pflichten wie die Mitglieder, die die Anteilseigner vertreten. Dies entspricht den Prinzipien des deutschen Mitbestimmungsrechts.

c) Anfechtung und Abberufung

83 § 37 SEBG überträgt die aus dem Aktiengesetz als auch die Mitbestimmungsgesetze bekannten Grundsätze über die Anfechtung[173] der Wahl sowie die Abberufung von Aufsichtsratsmitgliedern auf die SE.

84 Zur Abberufung berechtigt sind diejenigen, die das betreffende Mitglied gewählt haben. Die Vorschriften über das Wahlverfahren gelten entsprechend mit der Maßgabe, dass eine Abberufung der qualifizierten Mehrheit von drei Vierteln der abgegebenen Stimmen bedarf. Nach einem erfolgreich durchgeführten Verfahren ist die Abberufung dann formal von der Hauptversammlung zu vollziehen (vgl. BT-Drucks. 15/3405 v. 21.6.2004, S. 559).

85 Wie im Mitbestimmungsgesetz von 1976 setzt die Anfechtung der Wahl eines Mitglieds im Aufsichts- oder Verwaltungsorgan einen Verstoß gegen wesentliche Wahlvorschriften voraus. Anfechtungsberechtigt sind neben denjenigen, die das betreffende Mitglied gewählt oder vorgeschlagen haben, auch der SE-Betriebsrat und die Leitung der SE. Diese Regelung über die Anfechtungsberechtigung in § 37 Abs. 2 S. 2 i.V.m. Abs. 1 S. 2 Nr. 3 und 4 SEBG greift zu kurz. Hierauf weist *Wißmann* zutreffend hin. Das Anfechtungsrecht müsse nicht nur den Gewerkschaften

171 S. § 6 Abs. 2 SEBG.
172 Vgl. § 10 Abs. 2 und 3 SEBG.
173 *Forst* in: Gaul/Ludwig/Forst § 2 Rn 519 f.

und Sprecherausschüssen zustehen, die das jeweilige Mitglied des Aufsichts- oder Verwaltungsrats vorgeschlagen haben, sondern jeder vorschlagsberechtigten Gewerkschaft und jedem vorschlagsberechtigten Sprecherausschuss.[174]

d) Regelungen über die Vertraulichkeit von Betriebs- und Geschäftsgeheimnissen

Die Beteiligung von Arbeitnehmervertretern bei der Gründung der SE sowie bei den Verfahren der Unterrichtung und Anhörung macht Regelungen zur Geheimhaltung vertraulicher Informationen erforderlich, die von den beteiligten Unternehmen erteilt werden. Für die Arbeitnehmervertreter im Aufsichtsrat gelten die gesellschaftsrechtlichen Vorschriften. Voraussetzung der Schweigepflicht ist, dass objektiv ein Betriebs- oder Geschäftsgeheimnis vorliegt und dieses von der Leitung als geheimhaltungsbedürftig bezeichnet worden ist. **86**

Da das berechtigte Interesse der Leitungen an Vertraulichkeit nicht den zur Aufgabenerfüllung notwendigen Informationsaustausch zwischen verschiedenen Arbeitnehmervertretern behindern darf, gilt die Verschwiegenheitspflicht nicht innerhalb des Gremiums und im Verhältnis zu anderen Arbeitnehmervertretern, die nach der gesetzlichen Regelung oder einer geschlossenen Vereinbarung zu unterrichten sind. In diesen Fällen muss die Bezeichnung als geheimhaltungsbedürftig aber entsprechend weitergegeben werden. **87**

Unter welchen Voraussetzungen die Offenbarung oder Verwertung eines Betriebs- oder Geschäftsgeheimnisses straf- oder bußgeldbewehrt ist, regeln die §§ 45 und 46 SEBG. **88**

2. Regelungen bei strukturellen Änderungen einer SE

Nach Erwägungsgrund 18 der Richtlinie soll die Sicherung erworbener Rechte der Arbeitnehmer auch im Fall struktureller Änderungen[175] einer SE erfolgen. Eine konkretisierende Regelung über strukturelle Änderungen einer SE findet sich im Richtlinientext indessen nicht. Insoweit unterscheidet sich die SE-Richtlinie von der SCE-Richtlinie.[176] Ergänzend zu Erwägungsgrund 21 der SCE-Richtlinie[177] enthält Artikel 4 Abs. 2 Buchstabe h) SCE-Richtlinie eine ausdrückliche Regelung, wonach der Fall struktureller Änderungen in der Vereinbarung über die Beteiligung der Arbeitnehmer in der SCE geregelt werden soll. Insoweit ist bei der SCE eine Fortentwicklung des europäischen Rechts im Vergleich zur SE festzustellen. Die Mitgliedstaaten behandeln Fälle struktureller Änderungen einer SE in ihren Umsetzungsgesetzen unterschiedlich. Vielfach fehlt eine entsprechende Regelung gänzlich; demgegenüber enthält das österreichische Recht in § 228 Abs. 2 ArbVG eine Bestimmung mit nicht abschließenden Regelbeispielen typischer Fälle struktureller Änderungen. Ohne eine gesetzliche Definition[178] oder typische Fallgestaltungen struktureller Änderungen aufzuzeigen, behandelt das SEBG diese Thematik in §§ 18 Abs. 3 und 21 Abs. 4 SEBG. Hiernach gibt es einen Anspruch der Arbeitnehmer auf Neuverhand- **89**

---

174 *Wißmann* in: FS Richardi, 2007, 841, 854 f.

175 Ausführlich zur Frage struktureller Änderungen *Wollburg/Banerjea* ZIP 2005, 277, die den Begriff der strukturellen Änderung zu Unrecht restriktiv auslegen; ebenso *Kienast* in: Gaul/Ludwig/Forst § 2 Rn 630 ff; ähnlich *Habersack* ZHR 2007, 613, 640 ff; vgl. auch *Brandt* BB Special 3/2005, 1, 6; demgegenüber legt *Scheibe* S. 150, 159 zu Recht eine weitergehendes Verständnis des Begriffs zu Grunde; *Freier* S. 206 ff, 303 ff; s. auch *Kleinsorge* in: Baums/Cahn S. 140, 149; *Feldhaus/Vanscheidt* BB 2008, 2246 ff; *Henssler* in: Ulmer/Habersack/Henssler Einl. SEBG Rn 207 ff; s. Zweiter Abschnitt Dritter Teil § 18 SEBG Rn 8 ff.

176 Vgl. im Einzelnen Zweiter Abschnitt Dritter Teil § 18 Rn 8 ff; Dritter Abschnitt Erster Teil Rn 27.

177 Dieser Erwägungsgrund entspricht Erwägungsgrund 18 der SE-Richtlinie.

178 Dies wird kritisiert von *Kallmeyer* ZIP 2004, 1442 ff; zum Begriff der strukturellen Änderungen s. auch *Oetker* in: Lutter/Hommelhoff/Teichmann vor § 1 SEBG Rn 27, § 18 SEBG Rn 2 ff sowie Zweiter Abschnitt Dritter Teil Teil 2 § 18 SEBG Rn 8 ff.

lungen,[179] wenn strukturelle Änderungen geplant sind, die bestehende Beteiligungsrechte von Arbeitnehmern mindern können. Das kann z.B. der Fall sein, wenn eine SE, in der bisher keine Mitbestimmung galt, ein mitbestimmtes Unternehmen mit einer größeren Zahl von Arbeitnehmern aufnimmt. Gleiches gilt, wenn eine arbeitnehmerlose Vorrats-SE[180] nach Gründung ihren Geschäftsbetrieb aufnimmt und Arbeitnehmer einstellt. Wenn die Leitung der SE in diesen Fällen keine Neuverhandlungen einleitet, kann das auch der SE-Betriebsrat veranlassen. Da einerseits die Neubildung des BVG organisatorischen Aufwand erfordern würde und andererseits der SE-Betriebsrat als Vertretungsorgan der Arbeitnehmer bereits vorhanden ist, eröffnet das Gesetz auch die Möglichkeit, dass der SE-Betriebsrat diese Verhandlungen führt. Neu in die SE hinzukommende Arbeitnehmer müssen dann aber zwingend durch eigene Vertreter in den Verhandlungen repräsentiert sein. Diese Lösung setzt Einvernehmen aller Beteiligten voraus. Nach § 21 Abs. 4 SEBG sollen bereits im Gründungsstadium im Rahmen der Vereinbarung mögliche verfahrensrechtliche Regelungen für den Fall struktureller Änderungen getroffen werden. Schon bei Gründung der SE sollen sich die Verhandlungspartner über diese Fallgestaltungen Gedanken machen[181] und dabei die zukünftig neu in der SE beschäftigten Arbeitnehmer berücksichtigen.

III. Arbeitsgerichtliches Verfahren

90 Artikel 12 Abs. 2 der Richtlinie erfordert, dass jeder Mitgliedstaat geeignete Gerichtsverfahren vorsieht, damit die sich aus der Richtlinie ergebenden Verpflichtungen durchgesetzt werden können. Im Einklang mit dem deutschen Verfahrensrecht wird daher entsprechend der bereits vorhandenen Zuständigkeitsregelungen nach § 2a Abs. 1 Arbeitsgerichtsgesetz (ArbGG) für die Betriebsverfassung (Nr. 1), die Mitbestimmungsgesetze (Nr. 3) und den Europäischen Betriebsrat (Nr. 3 Buchstabe b) nunmehr auch im Grundsatz für alle Streitigkeiten aus dem SEBG eine Zuständigkeit der Arbeitsgerichte im Beschlussverfahren begründet (§ 2a Abs. 1 Nummer 3e ArbGG).[182] Dies gilt auch für die Streitigkeiten über die Wahl der Arbeitnehmervertreter in das Aufsichts- oder Verwaltungsorgan.

91 Da aber in der SE auch die Arbeitnehmervertreter von der Hauptversammlung zu bestellen sind, bleiben darüberhinausgehende Zuständigkeiten der ordentlichen Gerichtsbarkeit über Beschlüsse der Hauptversammlung sowie des Abberufungsgrundes nach § 103 des Aktiengesetzes unberührt.

92 Für die Straf- und Ordnungswidrigkeitenverfahren der §§ 45 und 46 SEBG gelten die allgemeinen Zuständigkeitsregeln; die Arbeitsgerichte sind nicht zuständig.[183]

93 Die nur für das arbeitsgerichtliche Verfahren geltenden Sonderregelungen über die Parteifähigkeit in § 10 ArbGG wurden um die im SEBG vorgesehenen Gremien erweitert, damit diese sich an einem arbeitsgerichtlichen Verfahren beteiligen können. Entsprechendes gilt für die verfahrensrechtlichen Bestimmungen nach § 83 ArbGG.

94 Eine Einbeziehung der SE war auch bei den Regelungen über die örtliche Zuständigkeit des Arbeitsgerichtes nach § 82 ArbGG erforderlich. Die Neuregelung zur SE in § 82 Abs. 3 ArbGG sieht eine allgemeine Zuständigkeit für alle Streitigkeiten aus dem SE-Beteiligungsgesetz am Sitz der

---

179 Zustimmend *Köstler* ZGR 2003, 801, 808; ablehnend *Kallmeyer* ZIP 2004, 1444.

180 Zu sog. Subtypen einer SE vgl. *Keller/Werner* WSI Mitteilungen 2007, 604 f; *Casper/Schäfer* ZIP 2007, 653 ff; *Henssler* in: Ulmer/Habersack/Henssler Einl. SEBG Rn 170; vgl. auch Zweiter Abschnitt Zweiter Teil Rn 16.

181 Vgl. insoweit auch Art. 4 Abs. 2 Buchstabe h der RL 2003/72/EG des Rates v. 22.7.2003 zur Ergänzung des Statuts der Europäischen Genossenschaft hinsichtlich der Beteiligung der Arbeitnehmer (ABl. EG L 207 v. 18.8.2003), der eine entsprechende Regelung enthält.

182 Vgl. BT-Drucks. 15/3405 v. 21.6.2004, S. 58.

183 Vgl. BT-Drucks 15/3405 v. 21.6.2004, S. 58.

Gesellschaft vor. Die Formulierung „Angelegenheiten“ ist dabei weit zu verstehen.[184] Sie umfasst auch Streitigkeiten im Zusammenhang mit dem Wahlgremium bei der Bildung des BVG oder des SE-Betriebsrats. Die Zuständigkeit gilt auch für Angelegenheiten der Arbeitnehmervertreter im Aufsichtsrat einer SE. Nach § 82 Abs. 3 Satz 2 ArbGG wird auch im Gründungsstadium bei Streitigkeiten um das BVG bereits auf den zukünftigen Sitz der Gesellschaft abgestellt. Dieser muss nach Art. 20 Abs. 1 Satz 2 Buchstabe a, Art. 32 Abs. 2 Satz 3 VO im Verschmelzungs- oder Gründungsplan festgelegt sein.

E. Bedeutung der SE in der Praxis

Nach anfänglicher Zurückhaltung findet die Rechtsform der SE inzwischen vermehrt Zuspruch.[185] So haben sich die Zahlen der SE-Gründungen nach einer Studie von *Eidenmüller* in den Jahren 2005 bis 2008 stets verdoppelt: Im Jahr 2005 seien es 21, 2006 bereits 40 und 2007 schon 85 SE-Gründungen gewesen; für 2008 erwartete die Untersuchung über 100 SE-Neugründungen[186]. Bei einer Analyse der Unternehmensgröße der gegründeten SE wird deutlich, dass diese europäische Rechtsform nicht nur von Großunternehmen, sondern auch von mittelständischen Unternehmen genutzt wird.[187] **95**

Als Hauptgründe für die Gründung einer SE[188] werden genannt: die Internationalisierung des Aufsichts- oder Verwaltungsorgans[189], die gesellschafts- und mitbestimmungsrechtlichen Gestaltungsmöglichkeiten einer SE[190] und die Herstellung einer europäischen Corporate Identity[191]. Nach *Hohenstatt/Dzida*[192] seien zudem vermehrt SE-Gründungen durch Umwandlung in Deutschland zu beobachten, bei denen das Einfrieren der Unternehmensmitbestimmung wenn nicht Zweck, so doch willkommene Nebenwirkung sein dürfte[193]; auch die Möglichkeit des „Einfrierens“ der bestehenden Mitbestimmung als Ziel der Umwandlung der nationalen Gesellschaft in eine SE wird betont.[194] Nach unveröffentlichten Untersuchungen der Hans-Böckler-Stiftung sollen von den ca. 150 operativ tätigen SE, die bis 2010 in Deutschland registriert waren, ca. 27 so nahe an den Schwellen zur Unternehmensmitbestimmung gewesen sein, dass sie den Effekt des **96**

184 Vgl. BT-Drucks 15/3405 v. 21.6.2004, S. 59.
185 Vgl. Handelsblatt v. 29.5.2007 S. 18; *Eidenmüller/Engert/Hornuf* AG 2008, 721; FAZ v. 12.1.2009 S. 13; *Hinrichs/Plitt* NZA 2010, 204; zur SE in der Praxis allg. s. auch *Hohenstatt/Müller-Bonanni* in: Habersack/Drinhausen SEBG Vor §§ 1–3 Rn 77 ff; *Jacobs* in: MÜKOAktG Vorbem. Rn 41.
186 Die Studie aus dem Jahr 2008 ist unter http://ssRncom/abstract=1316430 abrufbar.
187 *Schuberth/von der Höh* AG 2014, 439, 444; *Haider-Giangreco/Polte* BB 2014, 2947 ff; *Eidenmüller/Engert/Hornuf* AG 2008, 721 (761); Handelsblatt v. 27.1.2010; zur SE im Konzernverbund s. *Hommelhoff/Lächler* AG 2014, 257 ff; zur Attraktivität der SE für Familienunternehmen *Reichert* ZIP 2014, 1957 ff.; *Winter/Marx/De Decker* NZA 2016, 334 ff.
188 Zu den unterschiedlichen Motiven für die Wahl der Rechtsform der SE s. *Eidenmüller/Engert/Hornuf* AG 2009, 845 ff; *Lembke/Ludwig* S. 106 f; *Schuberth/von der Höh* AG 2014, 439 ff.
189 *Sick* in: Düwell (BetrVG) SE und grenzüberschreitende Verschmelzung Rn 3 iVm Rn 27; nach *Habersack* ZHR 2007, 613 (619) ist die Internationalisierung der Arbeitnehmerbank zentrales Motiv der SE-Gründung bei BASF und Fresenius gewesen; s. auch *Hohenstatt/Dzida* in: Henssler/Willemsen/Kalb SEBG Rn 2.
190 Eine erste Bewertung der bis Mai 2006 gegründeten SE unternimmt Kluge Mitbestimmung 2006, 40 ff insbesondere aus mitbestimmungsrechtlicher Sicht; s. auch *Schuberth/von der Höh*, die eine Bestandsaufnahme nach 10 Jahren deutscher SE vornehmen, AG 2014, 439 ff; *Bungert/Gotsche* ZIP 2013, 649 f; auf den Aspekt der Verkleinerung des Aufsichtsrats verweist *Middendorf* in: Lutter/Hommelhoff/Teichmann „Die SE in der Arbeitsrechtlichen Praxis“ Rn 6, 82.
191 *Hohenstatt/Dzida* in: Henssler/Willemsen/Kalb SEBG Rn 2.
192 *Hohenstatt/Dzida* in: Henssler/Willemsen/Kalb SEBG Rn 2, 48.
193 Ebenso *Ege/Grzimek/Schwarzfischer* DB 2011, 1205 ff.; *Doelfs* Mitbestimmung 2014, Heft 7/8 S. 26 f; *Habersack* ZIP Beilage Heft 48, 1 ff; zutreffend weist *Roock* in: Gaul/Ludwig/Forst § 2 Rn 17 auf die Kehrseite des „Einfriereffekts“ hin, denn ein Absinken der Arbeitnehmerzahl führt konsequenterweise nicht zur Verringerung eines konservierten Mitbestimmungsniveaus; ebenso *Hohenstatt/Dzida* in: Henssler/Willemsen/Kalb SEBG Rn 33.
194 *Seibt* in: Willemsen/Hohenstatt/Schweibert/Seibt S. 720 f; *Morgenroth/Salzmann* NZA-RR 2013, 449 ff; Rieble BB 2014, 2997 f; *Ege/Grzimek/Schwarzfischer* DB 2011, 1205 ff.

„Einfrierens"genutzt haben könnten.[195] Fallstudien von *Rosenbohm*[196] aus dem Jahr 2013 lassen den Schluss zu, dass die Konservierung des bestehenden Mitbestimmungsniveaus oder die Vermeidung der Mitbestimmung der Arbeitnehmer im Aufsichtsrat „in manchen Fällen" ein Motiv für den Rechtsformwechsel gewesen ist. Auffällig häufig zeige sich eine solche Vermeidungsstrategie in Unternehmen, in denen die Aktienmehrheit in Händen einer oder mehrere Familien oder eines starken Einzelaktionärs liegt.[197] Unbewiesen ist hingegen die Ansicht[198], eine SE werde nur deshalb gegründet, um die deutsche Mitbestimmung zu umgehen und durch eine entsprechende Verkleinerung des AR die Gewerkschaftsvertreter aus dem AR zu drängen.[199] So kommen die Fallstudien von *Rosenbohm* zu dem Ergebnis, dass die Mitbestimmungsrechte der Arbeitnehmer durch eine SE-Gründung nicht generell unterminiert werden; eine Rücknahme von Beteiligungsrechten sei nicht feststellbar.[200] Einen umfassenden Überblick über bereits gegründete oder im Gründungsstadium befindliche Gesellschaften bietet die Internetseite www.worker-participation.eu, die stets aktualisiert wird.

97 Die skeptischen Prognosen[201], die der SE – insbesondere der mitbestimmten SE – keine Zukunft voraussagten, haben sich nicht bestätigt.[202] Bemerkenswert ist, dass die meisten (echten) SE-Gründungen in Ländern mit starken Mitbestimmungstraditionen stattgefunden haben.[203] Dies zeigt, dass Mitbestimmungsrechte der Arbeitnehmer einer effizienten Unternehmensumorganisation nicht im Wege stehen.[204] Auch die deutsche paritätische Unternehmensmitbestimmung erweist sich dabei nicht als Gründungshindernis.[205]

98 Bis zum 1.7.2017 gab es in Europa 2827 SE, 462 waren normale, dh operativ tätige SE mit mindestens fünf Arbeitnehmern. Im ersten Halbjahr 2017 hat es 157 SE-Neugründungen gegeben. Im europäischen Vergleich ist Deutschland mit Abstand das Land mit den meisten – operativ tätigen – SE-Gründungen. Nach Mitgliedstaaten aufgeteilt hatten von diesen 462 SE 243 ihren Sitz in Deutschland. Von den 243 SE hatten 156 eine dualistische und 87 eine monistische Unternehmensstruktur. Die paritätische Mitbestimmung im Aufsichtsrat haben 21 der 156 SE mit dualistischen System, 36 sind drittelbeteiligt.[206] Bayern und NRW sind dabei die beliebtesten SE-Standorte.[207] Die bekanntesten SE mit Sitz in Deutschland sind die Allianz SE[208], die Porsche Automobil Holding SE[209], die BASF-SE, die ADAC SE, BP EuropaSE, E.ON-SE, Dekra SE, die ProSie-

---

195 *Thannisch* Gegenblende 2011, Ausgabe 9; s. auch *Middendorf* in: Lutter/Hommelhoff/Teichmann „Die SE in der Arbeitsrechtlichen Praxis" Rn 7.

196 *Rosenbohm* S. 309; die „Einfriermöglichkeit" beurteilen *Löw/Stolzenberg* NZA 2016, 1490 positiv.

197 *Rosenbohm* S. 309.

198 Vgl. Handelsblatt v. 20.5.2007 S. 19.

199 S. *Keller/Werner* WSI Mitteilungen 2009, 416 ff.

200 *Rosenbohm* S. 308.

201 Vgl. z.B. „Europa-AG droht Misserfolg zu werden", FAZ v. 5.8.2005 S. 11; *Fleischer* ZHR 174, 390 (2010) bezeichnet die SE als „gesellschaftsrechtlichen Torso".

202 S. *Sick* in: Düwell (BetrVG) SE und grenzüberschreitende Verschmelzung Rn 27 ff.; *Rosenbohm* S. 308.

203 Vgl. Übersicht und Anmerkungen zur Unternehmensmitbestimmung in den EU-Mitgliedstaaten von *Kluge/Stollt* unter www.worker-participation.eu/about_wp/publications.

204 So bereits Ausschuss für Arbeit und Soziales, BT-Ausschussdrucks. 16 (11) 437 v. 3.11.2006 sowie BT-Drucks. 16/3320, S. 6.

205 Anders *Lutter* in BB 2004 S. 1, wonach von der Gründung einer SE große deutsche Unternehmen weitgehend ausgeschlossen würden, weil ihnen die Mitbestimmung wie eine Bleikugel an den Füßen hänge; ähnlich *Herfs-Röttgen* NZA 2001, 424 (429), die von einem „beträchtlichen Wettbewerbsnachteil" deutscher Unternehmen insbesondere im Fusionsfall spricht; kritisch auch *Vossius* ZIP 2005, 741 (742)

206 Siehe www.boeckler.de.

207 *Schuberth/von der Höh* AG, 2014, 439, 443; so bereits *Bayer/Hoffmann/Schmidt* AG Report 22/2009 R 480 ff, die auch einen Überblick über die Grundkapitalausstattung und die Organisationsverfassung der „deutschen SE" geben; *Keller/Werner* WSI Mitteilungen 2009, 416 ff mit einem umfassenden Überblick über SE-Gründungen.

208 Positive Effekte beschreibt *Zimmermann* Mitbestimmung 2011, 16 ff; s. auch *Middendorf* in: Lutter/Hommelhoff/Teichmann „Die SE in der Arbeitsrechtlichen Praxis" Rn 3.

209 S. hierzu *Middendorf* in: Lutter/Hommelhoff/Teichmann „Die SE in der Arbeitsrechtlichen Praxis" Rn 4.

benSat.1 SE, die MAN-Diesel SE und die SAP SE[210], die als Komplementärin der neuen SAP Deutschland&Co KG fungiert. In allen Gründungsfällen ist die Verhandlungsmöglichkeit über die Mitbestimmung von den Beteiligten akzeptiert und genutzt worden. Mit der Springer SE hat erstmals ein großes Tendenzunternehmen diese europäische Rechtsform angenommen.

F. Revision der SE-Richtlinie

Nach Art. 15 der SE-Richtlinie hatte die Kommission spätestens bis zum 8.10.2007 im Benehmen mit den Mitgliedstaaten und den Sozialpartnern auf EU-Ebene die Anwendung dieser Richtlinie zu überpüfen, um dem Rat gegebenenfalls erforderliche Änderungen vorzuschlagen.[211] Zur Vorbereitung dieses Revisionsverfahrens hat die Kommission einen Länderbericht anfertigen lassen, der die Umsetzung der Richtlinie in jedem einzelnen Mitgliedstaat begutachtet.[212] Zudem ist ein Fragebogen an die Mitgliedstaaten versandt worden, der sich im Wesentlichen mit folgenden Themen befasste: **99**
- Definition der Mitbestimmung in Art. 2 Buchst. k der Richtlinie
- Regelung über strukturelle Änderung einer gegründeten SE
- Mitbestimmung der Arbeitnehmer bei Konzernstrukturen einer SE
- Missbrauchsregelung
- Festlegung des Gremiums, das im Rahmen der Auffangregelung die Arbeitnehmervertreter in den Organen der SE benennt
- Beurteilung der SE in der Praxis
- Flexibilität der Richtlinie

Aus deutscher Sicht sind insbesondere die Mitbestimmung der Arbeitnehmer im Rahmen von Konzernkonstellationen – hier bietet sich eine stärkere Berücksichtigung auch der betroffenen Tochtergesellschaften und Betriebe an – und eine Regelung in der Richtlinie über strukturelle Änderungen einer gegründeten SE von Bedeutung. Sachgerecht wäre eine Definition des Begriffs der „strukturellen Änderung einer SE" auf EU-Ebene oder jedenfalls einige typische Regelbeispiele nach österreichischem Vorbild.[213] **100**

Möglicherweise ließen sich in diesem Zusammenhang auch Fragen beantworten, die sich mit dem Phänomen der sog Vorrats-SE stellen. Eine Vorrats-SE wird nach ihrer Gründung am Markt weder wirtschaftlich aktiv tätig noch beschäftigt sie Arbeitnehmer; sie ist zunächst nur im Unternehmensregister eingetragen. Obwohl diese Form der SE bei den Verhandlungen zur SE-VO und SE-Richtlinie keine Rolle spielte, erfreut sie sich in der Praxis zunehmender Beliebtheit. Untersuchungen von *Schuberth/von der Höh*[214] zeigen, dass ca. 44 Prozent der SE-Gründer die Möglichkeit der Vorrats-SE nutzten. **101**

Die Zulässigkeit der Vorrats-SE wird heute von der ganz hM nicht mehr in Zweifel gezogen.[215] Jedenfalls dann, wenn die arbeitnehmerlose Vorrats-SE ihren Betrieb aufnimmt und dazu

210 Zur Mitbestimmungsvereinbarung bei SAP s. *Sick*, Mitbestimmung 2014, 22ff.
211 Zu allg. Reformüberlegungen s. *Hohenstatt/Müller-Bonanni* in: Habersack/Drinhausen SEBG Vor §§ 1–3 Rn 69ff; *Jacobs* in: MÜKOAktG Vorbem. Rn 46ff; *Oetker* in: Lutter/Hommelhoff/Teichmann vor § 1 SEBG Rn 24ff, insbesondere zu den Reformüberlegungen des Arbeitskreises „Aktien- und Kapitalmarktrecht" in Rn 25.
212 Studies on the implementation of Labour Law Directives in the enlarged European Union – Directive 2001/86/EC supplementing the European Company with regard to the involvement of employees2007, by *Fernando Valdés Dal-Ré*.
213 S. zur Konkretisierung des Begriffs *Hohenstatt/Müller-Bonanni in:* Habersack/Drinhausen § 21 SEBG Rn 29; weitere Regelungsbedürftige Sachverhalte im Rahmen eines Revisionsvefahrens benennt *Meißner* AuR 2011, 4ff.
214 *Schuberth/von der Höh* AG 2014, 439, 441.
215 Ausf. *Freier* S. 127ff; *Middendorf* in: Lutter/Hommelhoff/Teichmann „Die SE in der Arbeitsrechtlichen Praxis" Rn 100; *Annuß* in: Annuß/Kühn/Rudolph/Rupp SEBG Vorbem. Rn 17; *Bungert/Gotsche* ZIP 2013, 649 f mwN; zur

Arbeitnehmer einstellt, muss nach hM ein Verhandlungsverfahren über die Beteiligung der Arbeitnehmer in der SE beginnen, um die Mitbestimmung der Arbeitnehmer zu sichern.[216]

102 In ihrer Mitteilung[217] fasste die Kommission die wesentlichen Ergebnisse der Länderberichte zusammen und stellte fest, dass nur in 13 Mitgliedstaaten SE eingetragen sind und lediglich in zwei Mitgliedstaaten, in Deutschland und der Tschechischen Republik, mehr als 10 SE-Gründungen erfolgt sind. Vor diesem Hintergrund kam die Kommission zu dem Schluss, dass es für eine Revision der SE-Richtlinie noch an ausreichenden praktischen Erfahrungen der Mitgliedstaaten fehlte und eine Überprüfung deshalb verfrüht sei. Obgleich dieser Befund inzwischen seine Überzeugungskraft verloren haben dürfte, ist eine Revision bisher nicht durchgeführt worden.[218] Es blieb – wie die Kommission in ihrem Aktionsplan 2012 angekündigt[219] – bei einer Informationskampagne zur Stärkung der Kenntnisse und der Förderung der Bewusstseinsbildung über die SE.[220]

Eintragungsfähigkeit einer Vorrats-SE, wenn deren Gründung durch arbeitnehmerlose Gründungsgesellschaften oder Gründungsgesellschaften mit Arbeitnehmer erfolgt s. *Cannistra* S. 74 ff; ausführlich mit differenzierender Betrachtung *Schubert* RdA, 2012, 146 ff; *Gaul/Ludwig* in: Gaul/Ludwig/Forst § 1 Rn 242 f; *Sagan* in: Boecken/Düwell/Diller/Hanau § 3 SEBG Rn 9; s. auch *Nagel*. Zweiter Abschnitt, Zweiter Teil Gesellschaftsrecht SE Rn 17.

216 Ebenso OLG Düsseldorf 30.3.2009 – 3Wx 248/08, ZIP 2009, 98 m. Anm. *Forst* RdA 2010, 55; *Casper/Schäfer* ZIP 2007, 653 (659 f); *Sick* in: Düwell (BetrVG) SE und grenzüberschreitende Verschmelzung Rn 7 iVm Rn 44; *Luke* NZA 2013, 941, 943; *Teichmann* in: MHdBGesR § 49 Rn 13.; **aA** *Cannistra* S. 80 ff, wonach Verhandlungen nur unter den Voraussetzungen der strukturellen Änderung nach § 18 Abs. 3 SEBG nachgeholt werden müssen, das „organische Wachsen" der SE erfülle diese Voraussetzungen nicht; s. auch *Middendorf* in: Lutter/Hommelhoff/Teichmann „Die SE in der Arbeitsrechtlichen Praxis" Rn 84.

217 Mitteilung der Kommission zur Überprüfung der Richtlinie 2001/86/EG des Rates vom 8.10.2001 zur Ergänzung des Statuts der Europäischen Gesellschaft hinsichtlich der Beteiligung der Arbeitnehmer v. 3.10.2008, 13789/08 SOC 559.

218 Zu den Forderungen der Sozialpartner an ein Revisionsverfahren s. *Tornau* Mitbestimmung Heft 10/2011 S. 11, 15.

219 Aktionsplan: Europäisches Gesellschaftsrecht und Corporate Governance – ein moderner Rechtsrahmen für engagierte Aktionäre und besser überlebensfähige Unternehmen – COM 2012 740.

220 *Bayer/Schmidt* BB 2014, 1219 f.

Zweiter Teil
Das Gesellschaftsrecht der SE

Übersicht

A. Allgemeines

I. Aktiengesellschaft

1 Die Europäische Gesellschaft (SE) ist nach der SE-Verordnung eine Handelsgesellschaft mit eigener Rechtspersönlichkeit (Art. 1 Abs. 3 SE-VO) und einem in Aktien zerlegten Grundkapital in Höhe von mindestens 120.000 Euro (Art. 1 Abs. 1 und Abs. 2 Satz 1 sowie Art. 4 Abs. 1 und Abs. 2 SE-VO). Für bestimmte Tätigkeiten können nach Art. 4 SE-VO nationale Vorschriften ein höheres Kapital vorsehen. Für Mitgliedstaaten, in denen nicht der Euro Währung ist, gilt die Ausnahmevorschrift des Art. 67 SE-VO. Demnach lautet das Kapital auf Landeswährung, kann aber daneben auch in Euro ausgedrückt werden. Die SE verfügt über eine eigene Rechtspersönlichkeit (Art. 1 Abs. 3 SE-VO). Wie bei den nationalen Aktiengesellschaften steht den Gläubigern der SE als Haftungsmasse nur das Vermögen der SE zur Verfügung. Der Aktionär haftet nur in Höhe der Aktie (Art. 1 Abs. 2 Satz 2 SE-VO). Seine persönliche Haftung ist ausgeschlossen.

II. Satzung und Sitz

2 Die Satzung der SE muss die zur Gründung einer deutschen Aktiengesellschaft erforderlichen Angaben sowie weitere SE-spezifische Angaben enthalten. Nach Art. 7 SE-VO muss der Sitz der SE in dem Mitgliedstaat liegen, in dem sich die Hauptverwaltung der SE befindet. Nach dem Brexit muss eine Nachfolgeregelung fur das Vereinigte Königreich (UK) gefunden werden, andernfalls scheidet es als Sitzstaat aus, weil die SE-VO in UK nicht mehr gelten würde (vgl. zum Brexit auch unten § 3 SEBG Rn 4). In Deutschland war als Sitz der SE ursprünglich nach § 2 SEAG der Ort zu bestimmen, an dem die Verwaltung geführt wird. Diese Gleichsetzung von Satzungssitz und Verwaltungssitz ist nach Art. 7 Satz 2 SE-VO zulässig. Diese Vorschrift wurde aber durch das Gesetz zur Modernisierung des GmbH-Rechts und zur Bekämpfung von Missbräuchen vom 23.10.2008[1] (MoMiG) aufgehoben. Sitz und Hauptverwaltung können jetzt in Deutschland auseinanderfallen.

3 In der Satzung entscheidet sich die SE für das dualistische oder das monistische System der Leitung und Kontrolle, d.h. für die Trennung von Leitung und Kontrolle in der Vorstands-/Aufsichtsratsverfassung oder für die Integration in der Verwaltungsratsverfassung. In der Satzung müssen ferner die Amtsperiode der Organmitglieder (Art. 46 SE-VO) und ihre Zahl (Art. 39 Abs. 4 SE-VO i.V.m. § 16 SEAG für den Vorstand, Art. 14 Abs. 3 SE-VO i.V.m. § 17 SEAG für den Aufsichtsrat und Art. 43 Abs. 2 SE-VO i.V.m. § 23 SEAG für den Verwaltungsrat) genannt werden. Wenn beim Scheitern der Verhandlungen um die Mitbestimmung der Arbeitnehmer Auffangregelungen eingreifen, kann es nach § 34 SEBG zu anderen Zahlen für die Organmitglieder kommen. Die Zahl der Organmitglieder bestimmt sich nach der Beteiligungsvereinbarung gemäß § 21 SEBG;[2] die Satzung ist gegebenenfalls anzupassen (Art. 12 Abs. 4 SE-VO). Die Gegenauffassung übersieht, dass der Vorrang der Beteiligungsvereinbarung sich z.B. auch auf die Sitzzahl im Aufsichtsrat beziehen muss, weil diese mitbestimmungsrelevant ist. In der Praxis sind Abweichungen von Beteiligungsvereinbarung und Satzung mit der Folge der notwendigen Satzungsänderung selten, weil die Leitungen dem nicht zustimmen.

Nach Art. 48 Abs. 1 SE-VO sind in der Satzung die Arten von Geschäften aufzuführen, für die im dualistischen System das Aufsichtsorgan dem Leitungsorgan seine Zustimmung erteilen

---

1 BGBl. I S. 2026, verkündet am 28.10.2008.

2 Wie hier LG Nürnberg-Fürth, NZG 2010, 547 m. Anm. *Austmann*; *Oetker* ZIP 2006, 1113, *ders.* in: Lutter/Hommelhoff/Teichmann § 21 Rn 63ff; **aA** *Habersack* AG 2006, 345 und *Hohenstatt/Müller-Bonanni* in: Habersack/Drinhausen § 21 Rn 21 m.w.N.; inzwischen stellt § 17 Abs. 1 Satz 3 SEAG dies klar.

muss und im monistischen System ein ausdrücklicher Beschluss des Verwaltungsorgans erforderlich ist.

Da die Verordnung unmittelbar geltendes Recht in allen Mitgliedstaaten der EU ist, müssen ihre Bestimmungen nicht nochmals im SEAG wiederholt werden. Es wird auch vorausgesetzt, dass die SE wie eine nach dem Recht des Gesellschaftssitzes gegründete Aktiengesellschaft zu behandeln ist (vgl. Art. 10 SE-VO). Dieser Gleichbehandlungsgrundsatz ist eine der Grundnormen des SE-Gesellschaftsrechts. 4

Die Firma der SE muss den Zusatz „SE“ enthalten. Andere Gesellschaftsformen dürfen diesen Zusatz nicht führen. Gesellschaften oder sonstige juristische Personen in den Mitgliedstaaten, deren Firma vor Inkrafttreten der SE-VO den Zusatz SE enthalten hat, brauchen ihren Namen jedoch nicht zu ändern (vgl. Art. 11 Abs. 3 SE-VO). Ansonsten gilt in Deutschland das Firmenrecht des HGB und des Aktiengesetzes. 5

III. Rechtsquellenhierarchie

Die Rechtsquellenhierarchie, die auf die SE anzuwenden ist, ist in Art. 9 SE-VO geregelt. 6
Primär gilt die Verordnung selbst. Ihre Vorschriften gehen den Normen des nationalen Aktienrechts vor. Insoweit gilt der Anwendungsvorrang des europäischen Unionsrechts. Er gilt auch insoweit, als die SE-VO eine Regelung durch die Satzung der SE bzw. durch die Beteiligungsvereinbarung gebietet. Soweit die SE-VO keine Regelung trifft, kommt auf der zweiten Ebene das jeweilige nationale Aktienrecht in verordnungskonformer Auslegung[3] zur Anwendung. Dies gilt nicht nur dann, wenn die SE-VO eine entsprechende Verweisung enthält, sondern schon dann, wenn die Geltung des nationalen Rechts nicht nach Wortlaut, Sinn und Zweck der SE-VO ausgeschlossen sein soll (Regelungsoffenheit der SE-VO).[4] Nationales Recht ist auch das SE-Ausführungsgesetz (SEAG). Dieses Gesetz erfüllt nicht nur Regelungsaufträge der SE-VO, sondern nutzt auch Spielräume, die dem nationalen Gesetzgeber nach Verabschiedung der SE-VO verbleiben. Soweit das SEAG die Regelungsaufträge der SE-VO ausfüllt oder verbleibende Spielräume ausfüllt, ist es dem allgemeinen deutschen Gesellschaftsrecht gegenüber als Konkretisierung vorrangigen Unionsrechts bzw. als lex specialis vorrangig. Die Verordnung oder die Richtlinie kann auf weitere Normen des Aktienrechts oder des Umwandlungsrechts bzw. allgemein des Gesellschaftsrechts verweisen. Es handelt sich um eine dynamische Verweisung, d.h. um eine Verweisung auf den jeweiligen Stand des nationalen Rechts.[5] Diese Normen gelten auch insoweit, als die unionsrechtlichen Normen und Vorgaben keine Regelungen enthalten. Ob und inwieweit die SE-VO Lücken und Auslegungsmöglichkeiten offen lässt, ist jeweils nach den unionsrechtlichen Auslegungsgrundsätzen zu klären (vgl. unten Rn 9). Auf die SE anwendbar sind die Vorschriften des SEBG zur Beteiligung der Arbeitnehmer,[6] zum Teil mit Verweisungen auf andere Regelungen. Schließlich gelten, wenn und soweit die SE-VO oder das nationale Gesellschaftsrecht dispositives Recht sind oder Lücken lassen, die weiteren Satzungsbestimmungen der SE unter den Voraussetzungen, welche die SE-VO oder nachrangig das nationale Aktienrecht aufstellen. Von der SE-VO und vom Gesetz abeichende Satzungsregelungen sind nur zulässig, wenn und soweit sie ausdrücklich zugelassen sind (Satzungsstrenge der SE-VO). Für die vom nachrangig geltenden, dispositiven deutschen Aktienrecht abweichenden Satzungsregelungen

---

3 Vgl. schon *Schwarz* SE-VO Einl. Rn 155 m.w.N.

4 So schon *Schwarz* SE-VO, Einl. Rn 105.

5 Vgl. *Brandt/Scheifele* DStR 2002, 547, 553; *Schwarz* SE-VO, Art. 9 Rn 38, *Casper* in: FS Ulmer, S. 51, 68; *Schäfer* in: MÜKOAktG Art. 9 SE-VO Rn 18; *Hommelhoff-Teichmann* in: Lutter/Hommelhoff/Teichmann Art. 9 SE-VO Rn 55; *Casper* in: Spindler/Stilz Art. 9 Rn 14; *Schürnbrand* in Habersack/Drinhausen Art. 9 Rn 42.

6 Zur Vereinbarung über die Beteiligung der Arbeitnehmer in der SE vgl. § 21 SEBG.

gilt der Grundsatz der Satzungsstrenge des § 23 Abs. 5 AktG.[7] Die Beteiligungsvereinbarung nach § 21 SEBG genießt gegenüber der Satzung Vorrang, da Art. 12 Abs. 4 SE-VO dies ausdrücklich anordnet.[8] Die Satzung muss im Konfliktfall nachträglich an die Beteiligungsvereinbarung angepasst werden (vgl. § 21 SEBG Rn 22).

IV. Eintragung

7 Ihre Rechtsfähigkeit erlangt die SE durch Eintragung in das jeweilige Register des Mitgliedstaates (Art. 16 Abs. 1, Art. 12 SE-VO). Die SE wird nach § 3 SEBG gemäß den für Aktiengesellschaften geltenden Vorschriften in das Handelsregister eingetragen. Voraussetzung für die Eintragung der SE ist, dass mit dem Besonderen Verhandlungsgremium (BVG) eine Vereinbarung über die Beteiligung der Arbeitnehmer geschlossen wurde oder die Beteiligung der Arbeitnehmer wegen Nichtaufnahme bzw. Abbruchs (§ 16 SEBG) oder Scheiterns der Verhandlungen (§§ 22ff SEBG) mit dem BVG kraft Gesetzes geregelt ist (Art. 12 Abs. 2 SE-VO), denn Richtlinie und Verordnung stehen nach Art. 12 Abs. 3 SE-VO in einem untrennbaren Zusammenhang. Voraussetzung für die Eintragung ist demnach, dass die Leitungen der Gründergesellschaften mit dem BVG eine Vereinbarung über die Beteiligung der Arbeitnehmer abgeschlossen haben bzw. das besondere Verhandlungsgremium mit qualifizierter Mehrheit beschlossen hat, keine Verhandlungen aufzunehmen oder diese abzubrechen (§ 16 SEBG). Bei einem Scheitern der Verhandlungen wird die Beteiligung der Arbeitnehmer nach §§ 22ff SEBG kraft Gesetzes abgesichert; die SE kann dann ebenfalls eingetragen werden.

8 Ist der Beschluss nach § 16 SEBG unwirksam oder sichert eine Beteiligungsvereinbarung die Beteiligungsrechte nicht im gesetzlich vorgeschriebenen Umfang, so ist die SE nichtig und deshalb nicht einzutragen. Nach § 38 Abs. 3 AktG überprüft das Registergericht auch die Satzung auf ihre Rechtmäßigkeit. Steht diese im Widerspruch zur Beteiligungsvereinbarung nach § 21 SEBG, ist sie nach Art. 12 Abs. 4 SE-VO vor der Eintragung der SE anzupassen. Eine zu Unrecht erfolgte Eintragung kann nach § 395 Abs. 1 des Gesetzes über das Verfahren in Familiensachen und in den Angelegenheiten der freiwilligen Gerichtsbarkeit (FamFG) von Amts wegen oder auf Antrag der berufsständischen Organisation gelöscht werden.[9] Aus Art. 12 Abs. 3 SE-VO folgt, dass der Registerrichter verpflichtet ist, die Eintragung zu löschen; ein Ermessensspielraum steht ihm nur insofern zu, als er durch Zwischenverfügung die Heilung des Eintragungsmangels, d.h. den Abschluss der Vereinbarung, verlangen kann. Hat die SE ihren Geschäftsbetrieb aufgenommen, kann nach § 275 Abs. 1 AktG Nichtigkeitsklage erhoben werden, wenn der Mangel (fehlende Beteiligung der Arbeitnehmer nach Art. 12 SE-VO) nicht nach § 275 Abs. 2 AktG innerhalb von drei Monaten beseitigt worden ist (zur arbeitnehmerlosen SE vgl. unten B III).

V. Auslegungsgrundsätze

9 Bei der Auslegung sowohl der SE-VO als auch der Satzung, gelten die Grundsätze des europäischen Unionsrechts, da es sich bei der SE um eine supranationale Rechtsform handelt. Besonderes Gewicht kommt hierbei dem Effektivitätsgrundsatz (*effet utile*) zu, demzufolge die Auslegung zu wählen ist, mit der die Norm ihren praktischen Nutzen am ehesten verwirklichen

---

7 Vgl. schon *Schwarz* SE-VO, Einl. Rn 160; differenzierend *Hommelhoff/Teichmann* in: Lutter/Hommelhoff/Teichmann Art. 9 Rn 41.
8 Vgl. oben Fn 2.
9 Vgl. zum alten § 142 FGG *Blanke* „Vorrats-SE“, S. 75; **aA** zu § 142 FGG (alt) *Oetker* BB-Spezial 1/2005 S. 2ff, 5: nach dem Zweck von Art. 12 Abs. 2 und 3 SE-VO sei die Löschung auf Ausnahmefälle zu beschränken.

wird.[10] Dieser Ansatz wird mit Recht von der herrschenden Meinung auf die SE so übertragen, dass bei der Auslegung die Funktionsfähigkeit dieser neuen Rechtsform gesichert wird.[11] Soweit allerdings ergänzend die Vorschriften des nationalen Aktienrechts gelten, sind auch die nationalen Auslegungsgrundsätze zu beachten.[12]

B. Gründung

Zwingende Voraussetzung dafür, dass eine SE errichtet werden kann, ist immer die Mehrstaatlichkeit. Dies bedeutet, dass die Gründungsgesellschaften eine institutionelle Verbindung zu zwei oder mehr Mitgliedstaaten aufweisen müssen.[13] Ein späterer Wegfall der Mehrstaatlichkeit schadet nicht.[14] Natürlichen Personen ist es nicht möglich, eine SE zu errichten. 10

I. Gründungsformen

Es gibt vier originäre Gründungsarten. Zum einen kann eine SE nach Art. 2 Abs. 1 und Art. 17–31 SE-VO in Verbindung mit Anhang 1 zur SE-VO durch Verschmelzung von Aktiengesellschaften gegründet werden. 11

Zweitens kann eine Holding-SE nach Art. 2 Abs. 2 und Art. 32–34 SE-VO in Verbindung mit Anhang 1 und 2 zur SE-VO gegründet werden. Mehrere Aktiengesellschaften oder Gesellschaften mit beschränkter Haftung gründen eine gemeinsame Konzernobergesellschaft (Holding) in der Rechtsform der SE. 12

Drittens kann eine Tochter-SE nach Art. 2 Abs. 3, Art. 35 und 36 SE-VO gegründet werden. Mehrere Obergesellschaften gründen eine gemeinsame Konzernuntergesellschaft (Tochter) in der Rechtsform der SE. 13

Schließlich kann eine SE durch formwechselnde Umwandlung einer Aktiengesellschaft nationalen Rechts in eine SE gegründet werden (Art. 2 Abs. 4 SE-VO). 14

Zu diesen vier originären Gründungsformen tritt als fünfte, „abgeleitete" die Ausgründung einer Tochter-SE durch eine Mutter-SE (vgl. Art. 3 Abs. 2 SE-VO). 15

II. Vor-SE

Bevor die SE bei Verschmelzung durch Neugründung, Holding- oder Tochtergründung im Register des jeweiligen Mitgliedstaats der EU eingetragen wird, existiert sie als juristische Person nicht, wohl aber als SE-Vorgesellschaft (Vor-SE). Es handelt sich um eine bereits rechts- und prozessfähige Gesamthandsgemeinschaft, für die das Aktienrecht bereits insoweit anwendbar ist, als dies im Einzelfall gerechtfertigt erscheint.[15] Für die im Namen der SE vor ihrer Eintragung vorgenommenen Rechtshandlungen haften die handelnden Personen, Gesellschaften oder anderen juristischen Personen, wenn die SE die Verpflichtungen nicht übernimmt, vorbehaltlich 16

10 Allgemein schon *Lutter* JZ 1992, 593 (598); *Schwarz* SE-VO Art. 6 Rn 118, 121 zur Satzung; *Schmidt* in: Lutter/Hommelhoff/Teichmann Art. 6 SE-VO Rn 25 zur Satzung; vgl. auch *Diekmann* in: Habersack/Drinhausen Art. 6 SE-VO Rn 29.

11 Vgl. schon *Teichmann* ZGR 2002, 383, 405; *Casper* FS Ulmer, S. 51, 55; *Schwarz* SE-VO Art. 9 Rn 15; *Spindler* in: Lutter/Hommelhoff/Teichmann Art. 52 SE-VO Rn 22 f zur „ungeschriebenen Zuständigkeit der Hauptversammlung"; abgeschwächt *Hommelhoff/Teichmann* in: Lutter/Hommelhoff/Teichmann Art. 9 SE-VO Rn 37.

12 Vgl. *Horn* DB 2005, 147 m.w.N.

13 Zu den Subtypen der SE vgl. *Keller/Werner* WSI-Mitteilungen 2007, 604 ff.

14 Vgl. *Lutter* in: Lutter/Hommelhoff/Teichmann Art. 1 SE-VO Rn 6.

15 Vgl. BGHZ 80, 129, 139; 86, 122, 126; 105, 300; *Schäfer* NZG 2004, 785–791; *ders.* in: MÜKOAktG Art. 16 SE-VO Rn 5; *Bayer* in: Lutter/Hommelhoff/Teichmann Art. 16 SE-VO Rn 6 ff m.w.N.

anderer Vereinbarungen unbegrenzt und gesamtschuldnerisch (vgl. Art. 16 Abs. 2 SE-VO). Bei allen zur Gründung notwendigen Geschäften werden die entstandenen Verpflichtungen mit der Eintragung der SE übernommen. Soweit Geschäfte nicht zur Gründung notwendig sind, müssen die mit ihnen verbundenen Verpflichtungen individuell übernommen werden. Es kann zu einer Verlustdeckungs- und Unterbilanzhaftung der Aktionäre kommen, die nach der Rechtsprechung[16] als unbeschränkte pro-rata-Innenhaftung gegenüber der Gesellschaft ausgestaltet ist.[17]

III. Arbeitnehmerlose SE

17 SE-Gründungen, die „auf Vorrat", d.h. ohne Beteiligung eines besonderen Verhandlungsgremiums (BVG) erfolgen, sind problematisch, weil es in der zu gründenden SE noch keine Arbeitnehmer gibt. Hierbei wird die Vorgabe von Art. 12 Abs. 2 SE-VO unterlaufen, wonach die Eintragung einer SE ohne Beteiligungsvereinbarung nicht zulässig ist. Haben die Gründungsgesellschaften selbst Arbeitnehmer, ist die Beteiligung des BVG nach der weit überwiegenden Entscheidungspraxis der Gerichte stets notwendig.[18] Umstritten ist jedoch, ob die Beteiligung des BVG ermöglicht werden kann, wenn auch die Gründergesellschaften ursprünglich arbeitnehmerlos sind.[19] Man kann, wenn auch in der Praxis mit großen Schwierigkeiten, nach der in der Praxis ausschließlich und in der Literatur überwiegend vertretenen Auffassung[20] die Arbeitnehmerbeteiligung durch das BVG nachholen, indem man §§ 4 ff. SEBG direkt anwendet[21] oder die Beschäftigung von Arbeitnehmern in direkter oder analoger Anwendung von § 18 Abs. 3 SEBG als strukturelle Änderung[22] behandelt. Die in Art. 12 Abs. 2 SE-VO verlangte Beteiligungsvereinbarung als notwendige Gründungsvoraussetzung wird im Wege einer „teleologischen Reduktion" auf einen späteren Zeitpunkt vertagt. Es wird unterstellt, dass der europäische Verordnungs- und Richtliniengeber in einem solchen Fall der sofortigen Gründung den Vorzug vor einer Beteiligung der Arbeitnehmer geben will.

Bei strikter Auslegung ist die Beteiligung der Arbeitnehmer nach Art. 12 Abs. 2 SE-VO stets eine notwendige Gründungsvoraussetzung der SE[23] und im Falle von ursprünglich arbeitnehmerlosen Gründergesellschaften, die später Arbeitnehmer aufnehmen, keine spätere, strukturelle Änderung, die ein – nachträglich korrigierendes – Beteiligungsverfahren erforderlich machen

16 BGHZ 134, 333 (GmbH), BAG ZIP 2005, 350 ff und OLG Köln NZG 2002, 1066 ff (für die AG) sowie *Jannott* in: Jannott/Frodermann, Handbuch § 3 Rn 311 ff und *Schröder* in: Manz/Mayer/Schröder Art. 16 SE-VO Rn 67 und *Diekmann* in: Habersack/Drinhausen Art. 16 SE-VO Rn 37.

17 Für unbeschränkte Außenhaftung *Schmidt* Großkommentar AktG § 41 Rn 86; *Bayer* in: Lutter/Hommelhoff/Teichmann Art. 16 SE-VO Rn 11 und *Pentz* MÜKOAktG § 41 Rn 86.

18 AG Hamburg, 28.6.2005, Az. 66 AR 76/05, ZIP 2005, 2017; LG Hamburg, 30.9.2005, Az. 417 T 15/05, ZIP 2005, 2018 und RIW 2006, 68 m. abl. Anm *Reinhard*; AG Düsseldorf, ZIP 2006, 287; Vgl. OLG Düsseldorf, 30.3.2009 – I-3 Ws 248/08, ZIP 2009, 918, 920 f = AG 2009, 629; zustimmend *Blanke* „Vorrats-SE" S. 54 und ZIP 2006, 789; *Casper/Schäfer* ZIP 2007, 653; *Frodermann/Jannott* ZIP 2005, 2251; *Kienast* in: Jannott/Frodermann, Handbuch, § 13 Rn 211; *Noack* EWiR 2005, 905; *Seibt* ZIP 2005, 2248; *Oetker* in: Lutter/Hommelhoff/Teichmann § 1 SEBG Rn 14–21.

19 Für die Notwendigkeit der Beteiligung *Blanke* (vgl. oben Fn 9); dagegen AG Düsseldorf, 16.1.2006, Az. HRB 52618, ZIP 2006, 287; AG München, 29.3.2006, Az. HRB 159649, ZIP 2006, 1300 m. Anm. *Startz*; OLG Düsseldorf v. 30.3.2009, I-3-Wx 248/08, ZIP 2009, 918; *Henssler* RdA 2005, 330, 334; *Reichert* Der Konzern 2007, 821, 829 f und *Seibt* in: Lutter/Hommelhoff Art. 12 SE-VO Rn 27; vgl. auch Zweiter Abschnitt, Zweiter Teil, Teil 2 § 4 Rn 1; unklar *Bayer* in: Lutter/Hommelhoff Art. 2 SE-VO Rn 30.

20 Vgl. OLG Düsseldorf, 30.3.2009 – I-3 Ws 248/08, ZIP 2009, 918, 920f. = AG 2009, 629.

21 So *Oetker* in: Lutter/Hommelhoff/Teichmann § 1 SEBG Rn 14–21.

22 Vgl. *Habersack* in: Habersack/Drinhausen, SE-Recht, Art. 2 SE-VO Rn 30 und *Schürnbrand* in: Habersack/Drinhausen, SE-Recht, Art. 12 SE-VO Rn 26; ebenso *Annuß* in: Annuß/Kühn/Rudolph/Rupp. SEBG Vorbem. Rn 17; abweichend *Cannistra* S. 80 ff, der § 18 Abs. 3 SEBG jeweils gesondert prüfen will und zu Unrecht „organisches Wachsen" nicht als strukturelle Änderung anerkennen will.

23 So im Ergebnis *Blanke* ZIP 2006, 789 und die Vorauflage.

würde.[24] Wenn man dem vorrangigen Gebot von Art. 12 Abs. 2 SE-VO Folge leistet, ist auch die deutsche Rechtsprechung zur Vorratsgründung bzw. zur wirtschaftlichen Neugründung nicht anwendbar. Die von arbeitnehmerlosen Gesellschaften gegründete arbeitnehmerlose SE bleibt vielmehr solange Vorgesellschaft (vgl. dazu oben II Rn 16), bis das Beteiligungsverfahren mit dem BVG abgeschlossen ist.[25] Da die arbeitnehmerlose Vorgesellschaft rechtlich selbständig ist, Vermögen bilden und bereits eine wirtschaftliche Tätigkeit aufnehmen kann, dürften sich bei dieser Lösung die wirtschaftlichen Probleme für die Gründer in Grenzen halten. Zur Möglichkeit von Zwischenverfügungen, zur Löschung bei unrichtiger Eintragung und zur Nichtigkeitsklage vgl. A IV Rn 8.

Die Praxis hat sich von der strikten Auffassung gelöst. Wenn man der herrschenden Auffassung folgt, wird durch das Nachholen der Beteiligungsvereinbarung jedenfalls im Ergebnis die Art. 12 Abs. 2 SE-VO widersprechende Folge vermieden, dass eine SE Arbeitnehmer beschäftigt, aber keine Beteiligungsvereinbarung abschließt. Noch nicht geklärt ist dann aber, welche Arbeitnehmerzahl notwendig ist, damit ein Besonderes Verhandlungsgremium gebildet werden kann. Es müssen ja nicht nur die auf die betroffenen Länder entfallenden Vertreter im BVG, sondern auch ihre Ersatzmitglieder gewählt werden. Je nach Gründungsituation ist demnach eine bestimmte Mindestzahl von Arbeitnehmern erforderlich, damit das BVG gewählt werden kann. Dass die Beteiligungsvereinbarung nicht mit wenigen, handverlesenen Arbeitnehmern ausgehandelt werden kann, ergibt sich auch aus dem Rechtsgedanken des § 43 SEBG (Missbrauchsverbot).

Ein zusätzliches Problem ergibt sich nach der herrschenden Auffassung, wenn die SE selbst arbeitnehmerlos ist und bleibt, aber in ihren Tochtergesellschaften Arbeitnehmer beschäftigt werden. Dieses Problem kann entstehen, wenn die als sog. Vorrats-SE gegründete, arbeitnehmerlose SE Tochtergesellschaften erwirbt oder z.B. als Komplementärin in eine KG eintritt, welche Arbeitnehmer entweder selbst oder in ihren Tochtergesellschaften beschäftigt. Hier nimmt die herrschende Auffassung nach dem Schutzgedanken des Art. 12 Abs. 2 SE-VO an, dass ebenfalls eine strukturelle Änderung vorliegt oder §§ 4 ff SEBG direkt angewendet wird und eine Beteiligungsvereinbarung auszuhandeln ist.

Nach § 5 Abs. 1 Satz 1 SEBG ist das Besondere Verhandlungsgremium für alle Arbeitnehmer der beteiligten Gesellschaften, betroffenen Tochtergesellschaften und betroffenen Betriebe zu bilden.[26]

Das Wahlverfahren ist im SEBG nicht geregelt. Es geht ja nicht um die Neugründung einer SE, sondern um das Nachholen einer Beteiligungsvereinbarung in einer bereits gegründeten SE. Nach der herrschenden Auffassung sind die Vorschriften der § 4 ff. SEBG sinngemäß anzuwenden. Dies bedeutet im Normalfall des schlichten Fortbestands einer SE die Heranziehung der Vorschriften, die bei einer formwechselnden Umwandlung gelten würden. Beim Eintritt einer arbeitnehmerlosen SE als Komplementärin in eine KG bedeutet es, dass die von der KG abhängigen Gesellschaften so behandelt werden, wie wenn sie gemeinsam eine SE gründen würden, was zur sinngemäßen Anwendung von § 7 SEBG führt.

IV. Verschmelzung

1. Allgemeines

Bei der Gründung einer SE durch Verschmelzung entspricht das Verfahren im Wesentlichen 18
dem Verfahren, das für eine Verschmelzung nationaler Gesellschaften nach dem Umwand-

24 Zur direkten oder analogen Anwendung von Art. 18 Abs. 3 SE-VO vgl. *Köstler* in: Theisen/Wenz S. 331, 374; *Schäfer* in: MÜKOAktG Art. 16 Rn 14; *Noack* EwiR 2005, 905; *Reinhard* RIW 2006, 68 ff.

25 Vgl. *Blanke* „Vorrats-SE", Hauptgutachten S. 13–40, abweichend *Hirte* NZG 2002, 4.

26 Vgl. auch *Oetker* in: Lutter/Hommelhoff/Teichmann § 1 SEBG Rn 14–21.

lungsgesetz gilt. Voraussetzung ist, dass Aktiengesellschaften verschmolzen werden, von denen mindestens zwei ihren Sitz in unterschiedlichen Mitgliedstaaten haben (vgl. Art. 2 Abs. 1 SE-VO). Nach Art. 17 Abs. 2 SE-VO erfolgt die Verschmelzung durch Aufnahme oder durch Gründung einer neuen Gesellschaft. Im Falle einer Verschmelzung durch Aufnahme nimmt die aufnehmende Gesellschaft die Form einer SE an. Im Falle einer Verschmelzung durch Gründung einer neuen Gesellschaft wird jeweils die neue Gesellschaft eine SE. Die übertragenden Gesellschaften gehen unter. Die Lücken des in der SE-VO geregelten Verschmelzungsverfahrens werden nach Art. 18 SE-VO durch das Verschmelzungsrecht des jeweiligen Mitgliedstaates geschlossen, dessen Recht für die SE gilt.

2. Verschmelzungsplan

19 Zunächst wird von den sich verschmelzenden Gesellschaften ein gemeinsamer Verschmelzungsplan aufgestellt (Art. 20 SE-VO). Er muss nach Art. 20 Abs. 1 SE-VO folgenden Inhalt aufweisen:

- Die Firma und den Sitz der sich verschmelzenden Gesellschaften sowie die für die SE vorgesehene Firma und ihren geplanten Sitz;
- das Umtauschverhältnis der Aktien und ggf. die Höhe der Ausgleichsleistung;
- die Einzelheiten in Bezug auf die Übertragung der Aktien der SE;
- den Zeitpunkt, von dem an diese Aktien das Recht auf Beteiligung am Gewinn gewähren, sowie alle Besonderheiten in Bezug auf dieses Recht;
- den Zeitpunkt, ab dem die Handlungen der sich verschmelzenden Gesellschaften unter dem Gesichtspunkt der Rechnungslegung als für Rechnung der SE vorgenommen gelten;
- die Rechte, welche die SE den mit Sonderrechten ausgestatteten Aktionären der Gründungsgesellschaften und den Inhabern anderer Wertpapiere als Aktien gewährt, oder die für diese Personen vorgeschlagenen Maßnahmen;
- die Gewährung besonderer Vorteile an Sachverständige oder Organmitglieder;
- die Satzung der SE;
- Angaben zu dem Verfahren, nach dem die Vereinbarung über die Beteiligung der Arbeitnehmer gemäß der SE-Richtlinie geschlossen wird. Erfasst ist auch die Angabe einer etwaigen Auffangregelung.[27]

20 Nicht in der SE-VO, sondern in § 7 SEAG geregelt ist die Barabfindung für den Fall, dass die zukünftige SE ihren Sitz im Ausland haben soll und Aktionäre gegen die Verschmelzung Widerspruch erklären.

21 Die SE-Verordnung regelt nicht die Form des Verschmelzungsplans. Nach § 6 UmwG in Verbindung mit Art. 18 der SE-VO ist notarielle Beurkundung erforderlich.[28] Dem Verschmelzungsplan können weitere Informationen hinzugefügt werden (Art. 20 SE-VO). Nach § 8 UmwG ist ferner ein Verschmelzungsbericht erforderlich. Dieses Erfordernis steht nach Art. 18 SE-VO in Einklang mit Sinn und Zweck der Verordnung und der Richtlinie. Der Verschmelzungsbericht ist in Deutschland den zuständigen Wahlgremien (Betriebsräten, Gesamtbetriebsräten oder Konzernbetriebsräten) zuzuleiten. Bei einer Verschmelzung auf den Alleingesellschafter und bei Zustimmung aller Aktionäre ist der Verschmelzungsbericht verzichtbar.[29]

---

27 Vgl. *Bayer* in: Lutter/Hommelhoff/Teichmann Art. 20 SE-VO Rn 26 und *Marsch-Barner* in Habersack/Drinhausen Art. 20 SE-VO Rn 34.

28 Vgl. *Maul/Teichmann/Wenz* BB 2003, 26, 37; *Schwarz* SE-VO Art. 20 Rn 50; *Bayer* in: Lutter/Hommelhoff/Teichmann Art. 20 SE-VO Rn 7 und *Marsch-Barner* in: Habersack/Drinhausen Art. 20 SE-VO Rn 5 m.w.N.

29 Vgl. *Marsch-Barner* in: Habersack/Drinhausen Art. 20 Rn 47f.

Wenn Satzungsbestimmungen nach der SE-VO nicht zwingend sind, herrscht in diesen Punkten Gestaltungsfreiheit. Soweit die SE-VO keine Regelungen enthält, richtet sich die Zulässigkeit nach nationalem Aktienrecht (vgl. oben III, Rechtsquellenhierarchie, Rn 6). 22

Die Satzung muss notariell beurkundet werden. In der Praxis geschieht dies in der Regel dadurch, dass sie Teil des Verschmelzungsplans ist, meist als Anlage.[30] 23

Der Verschmelzungsplan ist durch unabhängige Sachverständige (Verschmelzungsprüfer) zu prüfen. Für jede der sich verschmelzenden Gesellschaften ist ein Sachverständigenbericht notwendig; die Bestellung der Prüfer richtet sich nach nationalem Recht (vgl. Art. 18 SE-VO in Verbindung mit § 10 UmwG). Möglich ist es auch, einen gemeinsamen oder mehrere gemeinsame Prüfer zu bestellen. Dies ist zulässig, wenn ein gemeinsamer Antrag der Gründergesellschaften bei einem Gericht oder einer Verwaltungsbehörde des Mitgliedstaats gestellt wird, dessen Recht eine der sich verschmelzenden Gesellschaften oder die neue Gesellschaft unterliegt. Sie erstellen dann einen gemeinsamen schriftlichen Bericht (Art. 22 SE-VO). Erfolgt eine solche gemeinsame Prüfung, dann haben die Sachverständigen das Recht, von jeder der sich verschmelzenden Gesellschaften alle Auskünfte zu verlangen, die zur Erfüllung ihrer Aufgaben notwendig sind. 24

3. Bekanntmachung

Für jede der sich verschmelzenden Gesellschaften sind im Amtsblatt des jeweiligen Mitgliedstaates nach Art. 21 SE-VO folgende Angaben bekannt zu machen: 25
- Rechtsform, Firma und Sitz der sich verschmelzenden Gesellschaften;
- das Register, bei dem die Verschmelzungsunterlagen für jede der sich verschmelzenden Gesellschaften hinterlegt worden sind, sowie die Nummer der Eintragung in das Register;
- ein Hinweis auf die Modalitäten für die Ausübung der Rechte der Minderheitsaktionäre sowie die Anschrift, unter der erschöpfende Auskünfte über diese Modalitäten kostenlos eingeholt werden können;
- die Firma der SE und ihr Sitz.

4. Hauptversammlung

Die Hauptversammlung der sich verschmelzenden Gesellschaften muss nach Kenntnisnahme des Sachverständigenberichts dem Verschmelzungsplan zustimmen (Art. 23 Abs. 1 SE-VO). Für die Einberufung der Hauptversammlung gelten die nationalen Vorschriften. In Deutschland muss der Vorstand die Hauptversammlung innerhalb der gesetzlichen Fristen einberufen. Als Informationsmaterialien für die Aktionäre auszulegen sind der Verschmelzungsplan, die Jahresabschlüsse und Lageberichte der an der Verschmelzung beteiligten Gesellschaften für die letzten drei Geschäftsjahre, eine Zwischenbilanz, wenn das letzte Geschäftsjahr mehr als 6 Monate vor Aufstellung des Verschmelzungsplans abgelaufen ist, der Verschmelzungsbericht und der Prüfungsbericht bzw. die Verschmelzungsberichte und die Prüfungsberichte.[31] Welche Unterlagen dies sind, richtet sich gemäß Art. 18 SE-VO nach den nationalen Vorschriften der beteiligten Gesellschaften.[32] Nach Art. 18 SE-VO i.V.m. § 5 Abs. 3 UmwG muss die deutsche Gesellschaft ihrem zuständigen Betriebsrat den Verschmelzungsplan spätestens einen Monat vor der Hauptversammlung zuleiten. 26

Für die Durchführung der Hauptversammlung gelten die nationalen Vorschriften mit der Maßgabe, dass jede der sich verschmelzenden Gesellschaften dem Verschmelzungsplan zu- 27

30 Vgl. *Marsch-Barner* in: Habersack/Drinhausen Art. 20 Rn 27.
31 *Bayer* in: Lutter/Hommelhoff/Teichmann Art. 23 SE-VO Rn 7.
32 Vgl. *Marsch-Barner* in: Habersack/Drinhausen Art. 23 SE-VO Rn 6.

stimmen muss. Die Wirksamkeit des Zustimmungsbeschlusses richtet sich nach den Mehrheitserfordernissen des nationalen Rechts. Also bedarf es bei der AG in der Regel nach § 65 Abs. 1 UmwG einer Dreiviertelmehrheit des bei der Beschlussfassung vertretenen Grundkapitals in der Hauptversammlung und bei einer GmbH nach § 50 Abs. 1 UmwG eine Dreiviertelmehrheit der abgegebenen Stimmen. Die jeweilige Satzung kann eine größere Mehrheit und weitere Erfordernisse bestimmen.

5. Rechtmäßigkeitsprüfung

28 Die Prüfung der Rechtmäßigkeit der Verschmelzung wird in dem Staat der sich verschmelzenden Gesellschaft und im Sitzstaat der künftigen SE durchgeführt. Zuerst wird im Staat der sich verschmelzenden Gesellschaft die Rechtmäßigkeit der Verschmelzung in Bezug auf die Verfahrensabschnitte nach den nationalen Regelungen des Mitgliedstaates kontrolliert, dessen innerstaatlichem Recht die jeweilige, sich verschmelzende Gesellschaft unterliegt (Art. 25 Abs. 1 SE-VO). Von der zuständigen Stelle, d.h. in Deutschland vom Gericht des Handelsregisters (vgl. § 4 SEAG), ist eine Bescheinigung auszustellen, aus der hervorgeht, dass die der Verschmelzung vorausgehenden Rechtshandlungen durchgeführt und die Formalitäten beachtet wurden (vgl. Art. 25 Abs. 2 SE-VO). Die Bescheinigung dient der Vorlage bei der Behörde, die den übernehmenden Rechtsträger eintragen soll.

29 Im Sitzstaat der künftigen SE wird die Rechtmäßigkeit der Durchführung der Verschmelzung und der Gründung der neuen Gesellschaft durch die jeweils national zuständige Stelle (in Deutschland nach § 4 SEAG das Handelsregister) überprüft (vgl. Art. 26 SE-VO). Es ist zu fragen, ob die Gesellschaften dem Verschmelzungsplan zugestimmt haben und ob das Verfahren über eine Vereinbarung über die Beteiligung der Arbeitnehmer ordnungsgemäß abgeschlossen wurde. Damit die Verschmelzung eingetragen werden kann, muss eine solche Vereinbarung getroffen worden sein oder das Verfahren auf eine andere in der SE-Richtlinie vorgesehene Weise beendet worden sein (vgl. Art. 12 Abs. 2 bis 4 SE-VO). Die an der Verschmelzung beteiligten Gesellschaften müssen die nationale Bescheinigung innerhalb von sechs Monaten seit ihrer Ausstellung und eine Ausfertigung des beschlossenen Verschmelzungsplans vorlegen (Art. 26 Abs. 2 SE-VO).

30 Der Zeitpunkt, ab dem die Eintragung wirksam wird, richtet sich nach dem Recht des Staates, dem die aus der Verschmelzung hervorgegangene Gesellschaft unterliegt. In Deutschland ist nach Art. 28 SE-VO in Verbindung mit § 20 UmwG die Eintragung im Handelsregister maßgeblich. Nach Art. 13 SE-VO und § 3 SEAG ist die SE nach den für Aktiengesellschaften geltenden Regeln in das Handelsregister einzutragen. Nach § 5 SEAG hat das Registergericht die Angaben nach Art. 21 SE-VO bekannt zu machen. Nach Art. 14 Abs. 1 SE-VO erfolgt die Bekanntmachung im Amtsblatt der EU.

6. Minderheiten- und Gläubigerschutz

31 Der Schutz der Minderheitsaktionäre wird in Deutschland dadurch gewährleistet, dass sie das Umtauschverhältnis im Wege eines Spruchstellenverfahrens überprüfen lassen können, wenn es ihnen als nicht angemessen erscheint (vgl. § 6 SEAG in Verbindung mit Art. 24 SE-VO). Sie erhalten gegebenenfalls eine bare Zuzahlung. Diese Zuzahlung erhalten auch Aktionäre einer übertragenden Gesellschaft in einem anderen EU-Mitgliedstaat, wenn dieser ein vergleichbares Verfahren vorsieht und deutsche Gerichte für die Durchführung eines solchen Verfahrens international zuständig sind.

32 Zudem enthält das deutsche SEAG, wenn die zukünftige SE ihren Sitz im Ausland nimmt, ein Austrittsrecht der Aktionäre, die gegen die Verschmelzung Widerspruch erklärt haben (§ 7 SEAG i.V.m. Art. 24 SE-VO). Den Aktionären muss nach § 7 Abs. 1 Satz 1 SEAG der Erwerb ihrer

Aktien gegen eine Barabfindung angeboten werden. Sie können eine angemessene Barabfindung nach § 7 Abs. 4 Satz 1 SEAG einklagen. Dieser Schutz gilt nach § 7 Abs. 7 Satz 3 SEAG auch für Aktionäre in anderen Mitgliedstaaten, in denen ein vergleichbares Verfahren gilt, wenn deutsche Gerichte für die Durchführung eines solchen Verfahrens international zuständig sind.

Die Gläubiger werden zusätzlich dadurch geschützt, dass ihnen Sicherheit geleistet wird. 33
Sie müssen glaubhaft machen, dass ihre Forderung gerade durch die Verlagerung der Gesellschaft ins Ausland gefährdet wird (§ 8 SEAG i.V.m. Art. 24 SE-VO). Der Anspruch muss innerhalb von zwei Monaten nach Offenlegung des Verschmelzungsplans geltend gemacht werden.

7. Mitbestimmung

Die Sicherung der Mitbestimmung (Unternehmensmitbestimmung) bei der Gründung einer 34
SE durch Verschmelzung knüpft an der Zahl der betroffenen Arbeitnehmer an (vgl. unten zu § 34 SEBG). Die Schwelle beträgt bei der Verschmelzung 25% (§ 34 Abs. 1 Nr. 2 Buchstabe a SEBG). Die Mitbestimmung wird auch gesichert, wenn das Besondere Verhandlungsgremium (BVG) einen entsprechenden Beschluss fasst (§ 34 Abs. 1 Nr. 2 Buchstabe b SEBG).

V. Holding

1. Allgemeines

Bei der Gründung einer Holding-SE bringen die Gesellschafter der Gründergesellschaften 35
ihre Anteile an diesen Gründungsgesellschaften in die geplante SE ein und erhalten statt ihrer Anteile Aktien der SE. Da von jeder der Gründungsgesellschaften mehr als 50% der durch Aktien verliehenen ständigen Stimmrechte eingebracht werden müssen, kontrolliert die SE im Ergebnis die nach nationalem Recht fortbestehenden Gründergesellschaften.

Gründergesellschaften können Aktiengesellschaften und Gesellschaften mit beschränkter 36
Haftung sein. Voraussetzung ist, dass mindestens zwei von ihnen entweder dem Recht verschiedener Mitgliedstaaten unterliegen oder seit mindestens zwei Jahren eine dem Recht eines anderen Mitgliedstaates unterliegende Tochtergesellschaft oder eine Zweigniederlassung in einem anderen Mitgliedstaat haben (vgl. Art. 2 Abs. 2 SE-VO). Das Erfordernis der Zwischenstaatlichkeit als Gründungsvoraussetzung wird hier sehr abgeschwächt.

2. Gründungsplan

Zuerst wird ein gleichlautender Gründungsplan durch die Gründergesellschaften erstellt 37
(Art. 32 SE-VO). Für die Aufstellung dieses Plans sind die Leitungs- bzw. Verwaltungsorgane der Gründergesellschaften zuständig. Der Gründungsplan hat einen Gründungsbericht zu enthalten, der aus rechtlicher und wirtschaftlicher Sicht erläutert und begründet wird. Er muss ferner darlegen, welche Auswirkungen der Übergang zur Rechtsform der SE für die Aktionäre bzw. Gesellschafter und die Arbeitnehmer der Gründergesellschaften hat.

Nach Art. 32 Abs. 2 SE-VO muss der Gründungsplan enthalten: 38

- Firma und Sitz der Gründergesellschaften sowie die für die SE vorgesehene Firma und ihren Sitz;
- das Umtauschverhältnis der Aktien sowie ggfs. die Höhe der Ausgleichsleistung;
- die Einzelheiten der Übertragung der Aktien;
- die Rechte oder Maßnahmen, welche die SE den mit Sonderrechten ausgestatteten Aktionären der Gründungsgesellschaften und den Inhabern von anderen Wertpapieren als Aktien gewährt oder die für diese Personen vorgeschlagenen Maßnahmen;
- die Gewährung besonderer Vorteile an Sachverständige oder Organmitglieder;

- die Satzung der SE;
- Angaben zu dem Verfahren, nach dem die Vereinbarung über die Beteiligung der Arbeitnehmer getroffen wird;
- den für die SE-Gründung erforderliche Mindestprozentsatz der von den Aktionären bzw. Gesellschaftern der Gründungsgesellschaften einzubringenden Aktien oder Geschäftsanteile;
- den Prozentsatz, der mehr als 50% der durch die Aktien verliehenen ständigen Stimmrechte betragen muss.

39 Für den Fall, dass die zukünftige Holding-SE ihren Sitz im Ausland hat oder ihrerseits nach § 17 AktG abhängig sein soll und Aktionäre gegen die Verschmelzung Widerspruch erklären, muss der Gründungsplan das Angebot der Übernahme seiner Aktien gegen eine Barabfindung (§ 9 SEAG) enthalten.

40 Dem Gründungsplan können weitere Punkte hinzugefügt werden. So können z.B. die Modalitäten und der Zeitpunkt eines Aktientauschs geregelt werden.

41 Die Satzung, welche Bestandteil des Gründungsplans ist, muss nach Art. 18 SE-VO i.V.m. § 6 UmwG notariell beurkundet werden.[33] Dies gilt auch für die nach dem Verschmelzungsrecht erforderlichen Mindestangaben (vgl. Art. 32 Abs. 2 Satz 3 SE-VO). Wird der Bericht des Leitungs- oder Verwaltungsorgans als selbständiges Dokument erstellt, dann reicht hierfür die schriftliche Form.

42 Der Gründungsplan muss durch unabhängige Sachverständige geprüft werden. Diese haben den Aktionären bzw. Gesellschaftern über das Ergebnis der Prüfung schriftlich zu berichten (vgl. Art. 32 Abs. 4 SE-VO). Die Sachverständigen müssen vom Gericht oder von einer Verwaltungsbehörde des Mitgliedstaats, dessen Recht die einzelnen Gesellschaften nach den nationalen Vorschriften (vgl. hierzu die Verschmelzungsrichtlinie 78/855/EWG) unterliegen, bestellt oder zugelassen sein. Möglich ist es aber auch, einen gemeinsamen oder mehrere gemeinsame Prüfer zu bestellen.

43 Der Bericht muss – soweit erforderlich – auf besondere Bewertungsschwierigkeiten hinweisen; er muss ferner erklären, ob das Umtauschverhältnis der Aktien oder Anteile angemessen ist, sowie angeben, nach welchen Methoden es bestimmt wurde und ob diese Methoden im vorliegenden Fall angemessen sind.

44 Der Gründungsplan muss mindestens einen Monat vor der Hauptversammlung oder Gesellschafterversammlung, welche über die Gründung zu beschließen hat, offen gelegt werden (Art. 32 Abs. 3 SE-VO). Für Gründungsgesellschaften mit Sitz in Deutschland ist der Gründungsplan einschließlich des Holdingsberichts beim Handelsregister zu hinterlegen. Durch öffentliche Bekanntmachung im Bundesanzeiger sowie in einem weiteren Gesellschaftsblatt ist auf die Bekanntmachung hinzuweisen. Zur Information der Arbeitnehmervertretungen vgl. § 4 Abs. 2 und 3 SEBG.

3. Hauptversammlung

45 Die Hauptversammlung oder Gesellschafterversammlung in den jeweiligen Gründergesellschaften hat dem Gründungsplan nach Kenntnisnahme des Sachverständigenberichts zuzustimmen. Die Zustimmung (vgl. § 10 SEAG) bedarf bei der AG einer Mehrheit von drei Vierteln des bei der Beschlussfassung vertretenen Grundkapitals, bei der GmbH einer Mehrheit von drei Vierteln der abgegebenen Stimmen.[34] Eine Beurkundung der Zustimmungsbeschlüsse sehen weder das SE-Recht noch das nationale Recht vor.[35] Wie bei der Verschmelzung steht den Anteilseignern das Letztentscheidungsrecht über die Einführung und Ausgestaltung der SE zu. Ih-

---

33 *Bayer* in: Lutter/Hommelhoff/Teichmann Art. 32 Rn 22; *Schwarz* SE-VO Art. 32 Rn 37.
34 Für die GmbH problematisiert bei *Bayer* in: Lutter/Hommelhoff/Teichmann Art. 32 Rn 69.
35 Wie hier *Neun* in: Theisen/Wenz S. 57, 158; **aA** die h.M., v.a. *Bayer* in: Lutter/Hommelhoff Art. 32 Rn 70, Fn 201 m.w.N. und *Scholz* in: Habersack/Drinhausen Art. 32 Rn 95.

nen obliegt es, der Vereinbarung über die Arbeitnehmerbeteiligung abschließend zuzustimmen. Lehnen sie die Vereinbarung ab, kann die SE nicht eingetragen werden.

4. Einbringung der Anteile

Die eigentliche Gründung der Holding-SE erfolgt durch die Einbringung von Anteilen an den Gründergesellschaften. Die Gesellschafter der Gründergesellschaften haben eine Frist von drei Monaten, die mit der endgültigen Festlegung des Gründungsplans beginnt, um gegenüber den Gründergesellschaften zu erklären, ob sie beabsichtigen, ihre Aktien oder Geschäftsanteile bei der Gründung der SE einzubringen (Art. 33 Abs. 1 SE-VO). Diese Erklärung kann bereits in dem Zustimmungsbeschluss der Hauptversammlung oder Gesellschafterversammlung zum Gründungsplan liegen. Bei einem Vorbehalt über die Vereinbarung über die Beteiligung der Arbeitnehmer kann dies auch ein späterer Zustimmungsbeschluss sein.[36] 46

Neben den Bestimmungen der SE-VO werden die nationalen Vorschriften zur Gründung einer AG angewendet. Wenn die Holding-SE ihren Sitz in Deutschland hat, müssen die §§ 32ff AktG eingehalten werden; es handelt sich um eine Sachgründung (Einbringung von Gesellschaftsanteilen). 47

Die Holding-SE ist gegründet, wenn innerhalb einer Dreimonatsfrist die Anteile der Gründungsgesellschaften, in dem nach dem Gründungsplan vorgesehenen Umfang eingebracht wurden und alle übrigen Bedingungen erfüllt sind (vgl. Art. 33 Abs. 2 SE-VO). 48

Ist dies der Fall, wird die Gründung in das Register eingetragen und bekannt gemacht (vgl. Art. 33 Abs. 3 Unterabs. 2 SE-VO). Bei der Anmeldung der SE-Holding zum Handelsregister müssen die Vertretungsorgane erklären, dass nicht oder nicht fristgerecht Klage gegen die Wirksamkeit der Zustimmungsbeschlüsse erhoben wurde bzw. dass sie rechtskräftig abgewiesen oder zurückgewiesen wurde (§ 10 Abs. 2 SEAG). 49

Haben sich die Aktionäre oder Gesellschafter innerhalb der Dreimonatsfrist nicht geäußert, ob sie ihre Anteile einbringen wollen, erhalten sie eine weitere Frist zur Einbringung von einem Monat (Art. 33 Abs. 3 Unterabs. 2 SE-VO). Für die Eintragung der SE mit Sitz in Deutschland ins Handelsregister gelten die Vorschriften des Aktiengesetzes (vgl. dazu Art. 12 und 13 SE-VO). 50

5. Minderheitenschutz

Die Aktionäre können das Umtauschverhältnis im Wege eines Spruchverfahrens überprüfen lassen, wenn es ihnen nicht angemessen erscheint (§ 11 SEAG). Wenn die zukünftige SE ihren Sitz im Ausland hat oder von einer ausländischen Gesellschaft abhängig sein soll, steht den Aktionären, welche ihren Widerspruch gegen die Gründung erklärt haben, ein Austrittsrecht zu (§ 9 SEAG). 51

6. Mitbestimmung

Die Sicherung der Mitbestimmung (Unternehmensmitbestimmung) bei der Gründung einer Holding-SE betritt insofern Neuland, als es die spezifische Holding-Gründung im nationalen deutschen Aktienrecht nicht gibt. Die Sicherung knüpft nach § 34 SEBG entweder an der Zahl der betroffenen Arbeitnehmer der Gründergesellschaften an, in denen bisher Mitbestimmung gegolten hat, und zwar an einer Schwelle von 50% (vgl. § 34 Abs. 1 Nr. 3 Buchstabe a SEBG) oder an einem entsprechenden Beschluss des BVG nach § 34 Abs. 1 Nr. 3 Buchstabe b SEBG. Sie kann nicht dadurch unterlaufen werden, dass alternative Formen der Holding-Gründung gewählt werden (vgl. § 43 SEBG Rn 6). 52

---

36 Vgl. schon *Teichmann* ZGR 2002, 436.

VI. Tochter

53 Eine SE kann nach Art. 35 und Art. 2 Abs. 3 der SE-VO auch durch die Gründung einer gemeinsamen Tochter zweier oder mehrerer nationaler Gesellschaften aus unterschiedlichen Mitgliedstaaten entstehen. Hierbei sind alle Gesellschaften mit Erwerbszweck erfasst, die in Art. 48 Abs. 2 des EG-Vertrages aufgelistet sind, d.h., die nationalen Gründergesellschaften können auch andere Gesellschaften als Aktiengesellschaften oder Gesellschaften mit beschränkter Haftung sein, etwa sonstige juristische Personen, Personengesellschaften, Genossenschaften oder Vereine. Voraussetzung ist, dass mindestens zwei Gründergesellschaften dem Recht verschiedener Mitgliedstaaten unterliegen oder seit mindestens zwei Jahren eine dem Recht eines anderen Mitgliedstaats unterliegende Tochtergesellschaft oder eine Zweigniederlassung in einem anderen Mitgliedstaat haben (Art. 2 Abs. 3 SE-VO). Das Erfordernis der Zwischenstaatlichkeit als Gründungsvoraussetzung wird hier sehr abgeschwächt. Die Gründung der Tochtergesellschaft als solche richtet sich nach den Regelungen des nationalen Rechts, welche sich auf die Beteiligung der Mütter an der Tochtergründung beziehen (Art. 36 SE-VO). Auch insoweit gilt die Rechtsquellenhierarchie des Art. 9 SE-VO. Die Schwelle bei der Mitbestimmungssicherung beträgt 50% wie bei der Holding-SE (vgl. § 34 Abs. 1 Nr. 3 SEBG). Die Mitbestimmung bei der jeweiligen Muttergesellschaft wird dann auf die Tochtergesellschaft übertragen.

VII. Umwandlung

1. Allgemeines

54 Eine SE kann auch in der Weise gegründet werden, dass eine nationale Aktiengesellschaft, die eine Tochtergesellschaft in einem Mitgliedstaat besitzt, in eine SE umgewandelt wird. Es handelt sich hier um einen Formwechsel, wie ihn auch das deutsche Umwandlungsrecht kennt. Es muss ein Umwandlungsplan aufgestellt werden (Art. 37 Abs. 4 SE-VO). Das Leitungsorgan muss einen Bericht erstatten, in dem die rechtlichen und wirtschaftlichen Aspekte der Umwandlung erläutert und begründet sowie die Auswirkungen, die der Übergang zur Rechtsform der SE für die Aktionäre und die Arbeitnehmer hat, erläutert werden (Art. 37 Abs. 4 SE-VO). Der Hauptversammlung muss einen Beschluss fassen, in dem sie dem Umwandlungsplan zustimmt und die Satzung der SE genehmigt (Art. 37 Abs. 7 SE-VO).

Schließlich bedarf es zur Wirksamkeit der Gründung einer Registereintragung im Sitzstaat. Eine solche formwechselnde Umwandlung hat weder die Auflösung der Gesellschaft noch die Gründung einer neuen juristischen Person zur Folge (Art. 37 Abs. 2 SE-VO). Im Rahmen der Umwandlung darf der Sitz der Gesellschaft nicht in einen anderen Mitgliedstaat verlegt werden (Art. 37 Abs. 3 SE-VO). Die formwechselnde Umwandlung ist nur zulässig, wenn die umzuwandelnde Gesellschaft seit mindestens zwei Jahren eine dem Recht eines anderen Mitgliedstaats unterliegende Tochtergesellschaft besitzt.

2. Umwandlungsplan und Umwandlungsbericht

55 Voraussetzung für die formwechselnde Umwandlung ist die Aufstellung eines notariell zu beurkundenden Umwandlungsplans.[37] Dessen Inhalt ergibt sich daraus, dass die Rechtsform geändert wird und die Satzung sowie andere Regelungen zwingend geändert werden müssen.

---

37 Vgl. *Schwarz* SE-VO Art. 37 Rn 29; *Schmidt* in: Lutter/Hommelhoff Art. 37 Rn 21 m.w.N.; **aA** *Bücker* in: Habersack/Drinhausen Art. 37 Rn 30 m.w.N.

Soweit angemessen sind die Regelungen zum Verschmelzungsplan entsprechend anzuwenden.

In einem Umwandlungsbericht sind die rechtlichen und wirtschaftlichen Aspekte der Umwandlung zu erläutern und zu begründen; ferner ist darzulegen, welche Auswirkungen der Übergang zur Rechtsform der SE für die Aktionäre und für die Arbeitnehmer hat (Art. 37 Abs. 4 SE-VO). Die Pflicht zur Aufstellung des Umwandlungsberichts trifft das Leitungs- oder Verwaltungsorgan der umzuwandelnden Gesellschaft. 56

Während die Satzungsänderung der notariellen Beurkundung bedarf, reicht für den Umwandlungsbericht Schriftform aus.[38] 57

Der Umwandlungsplan ist mindestens einen Monat vor der Hauptversammlung, welche über die Umwandlung zu beschließen hat, offen zu legen (Art. 37 Abs. 5 SE-VO). Er ist dem zuständigen Betriebsrat zuzuleiten.[39] Er ist ferner durch einen oder mehrere unabhängige Sachverständige zu prüfen (Art. 37 Abs. 6 SE-VO). Die Sachverständigen müssen vom Gericht oder von einer Verwaltungsbehörde des Mitgliedstaats, dessen Recht die einzelnen Gesellschaften gemäß den nach Maßgabe der Verschmelzungsrichtlinie erlassenen nationalen Vorschriften unterliegen, bestellt oder zugelassen sein. Sein Inhalt muss bescheinigen, dass die Gesellschaft über Nettovermögenswerte mindestens in Höhe ihres Kapitals zuzüglich der kraft Gesetzes oder der Satzung nicht ausschüttungsfähigen Rücklagen verfügt.[40] 58

3. Wirksamwerden

Die Hauptversammlung der umzuwandelnden Gesellschaft muss dem Umwandlungsplan zustimmen. Sie muss die Satzung der neuen SE genehmigen. Der Beschluss bedarf einer Mehrheit von drei Vierteln des bei der Beschlussfassung vertretenen Grundkapitals.[41] Der Zustimmungsbeschluss ist notariell zu beurkunden (Art. 15 SE-VO i.V.m. § 13 Abs. 3 UmwG). Die SE ist nach den für Aktiengesellschaften geltenden Regeln in das Handelsregister einzutragen (Art. 13 SE-VO). 59

Die zum Zeitpunkt der Eintragung aufgrund einzelstaatlicher Rechtsvorschriften und Gepflogenheiten sowie aufgrund individueller Arbeitsverträge oder Arbeitsverhältnisse bestehenden Rechte und Pflichten der umzuwandelnden Gesellschaft hinsichtlich der Beschäftigungsbedingungen gehen mit der Eintragung auf die SE über (Art. 37 Abs. 9 SE-VO). Die Identität der formwechselnden Gesellschaft bleibt erhalten. 60

4. Mitbestimmung

Bei der formwechselnden Umwandlung bleibt die vor der Umwandlung bestehende Regelung zur Mitbestimmung (Unternehmensmitbestimmung) nach § 35 Abs. 1 SEBG stets in vollem Umfang erhalten, wenn die Mitbestimmung kraft Gesetzes nach §§ 34 ff SEBG eingreift. Dies bedeutet, dass im „ersten“ Aufsichtsrat bzw. Verwaltungsrat der im Wege der Umwandlung errichteten SE bereits Arbeitnehmervertreter mit Sitz und Stimme vertreten sind. Eine sehr weit reichende Beteiligungs- und Mitbestimmungssicherung gilt auch für die Beteiligungsvereinbarung nach Art. 21 Abs. 6 SEBG (vgl. unten). 61

---

38 Der Umwandlungsbericht ist kein Teil des Umwandlungsplans; wie hier *Bücker* in: Habersack/Drinhausen Art. 37 Rn 37; **aA** *Paefgen* in KK-AktG Art. 37 Rn 49; *Casper* in: Spindler/Stilz Art. 37 Rn 11; *Schäfer* in: MÜKOAktG Art. 37 Rn 15.

39 Vgl. *Schmidt* in: Lutter/Hommelhoff/Teichmann Art. 37 Rn 22; *Scheifele*, Gründung der SE S. 411; *Casper* in: Spindler/Stilz Art. 37 Rn 12; *Drinhausen* in Van Hulle/Maul/Drinhausen Abschn. 4 § 5 Rn 21; *Jannot/Frodermann* Kap. 3 Rn 239; *Schäfer* in: MÜKO AktG Art. 37 SE-VO Rn 20; **aA** *Bücker* in: Habersack/Drinhausen Art. 37 Rn 34.

40 Vgl. RL 77/91/EWG, ABl. EG L 26/1 v. 31.1.1977.

41 Vgl. § 65 Abs. 1 des deutschen Umwandlungsgesetzes im Zusammenhang mit Art. 7 der RL 78/855/EWG.

VIII. Ausgründung

62 Als sekundäre Gründungsform tritt neben die vier originären (Verschmelzung, Holding, Tochtergesellschaft und Umwandlung) die Ausgründung einer Tochter-SE durch eine Mutter-SE (vgl. Art. 3 Abs. 2 SE-VO). Bestimmungen des Sitz-Mitgliedstaats der Tochter-SE, wonach eine Aktiengesellschaft mehr als einen Aktionär haben muss, gelten nicht für die Tochter-SE. Die einzelstaatlichen Bestimmungen, die aufgrund der zwölften Richtlinie[42] (Ein-Personen-Gesellschaften) auf dem Gebiet des Gesellschaftsrechts angenommen wurden, gelten sinngemäß für die SE.

C. Unternehmensorgane

I. Das dualistische System der Leitung und Kontrolle

63 Die SE kann sich in ihrer Satzung zwischen zwei Systemen der Leitung und Kontrolle entscheiden: Dem dualistischen System mit einer Trennung von Leitungs- und Aufsichtsorgan entsprechend dem deutschen System von Vorstand und Aufsichtsrat und dem monistischen System, das ein einheitliches Verwaltungsorgan nach dem Modell der angelsächsischen Staaten (Board-Modell) enthält. Ein Wechsel zum jeweils anderen System durch Satzungsänderung ist möglich. In der dualistischen Verfassung der Leitung und Kontrolle sind die Grundregelungen der SE-VO und ergänzend die Regelungen des Aktiengesetzes (vgl. Art. 9 SE-VO) zu beachten. Nach Art. 39 Abs. 2 SE-VO bestellt das Aufsichtsorgan (nachfolgend Aufsichtsrat genannt) die Mitglieder des Leitungsorgans (nachfolgend Vorstand genannt). Die Zahl der Mitglieder oder die Regeln für ihre Festlegung bestimmt die Satzung (Art. 39 Abs. 4 SE-VO). Bei einem Grundkapital von mehr als drei Mio. Euro ist eine Mindestzahl von zwei Mitgliedern vorgesehen. Die Satzung kann aber auch vorsehen, dass nur eine einzige Person die SE leitet (§ 16 SEAG). Wenn zur Mitbestimmung keine Verhandlungslösung erreicht wird und kraft Gesetzes Mitbestimmung eingeführt wird, müssen nach § 38 Abs. 2 SEBG mindestens zwei Vorstandsmitglieder vorgesehen werden, von denen eines für den Bereich Arbeit und Soziales zuständig ist. Die Mitglieder des Vorstandes dürfen für höchstens sechs Jahre bestellt werden; eine Wiederbestellung ist unbegrenzt möglich, soweit die Satzung keine Einschränkungen vorsieht (vgl. Art. 46 SE-VO).

64 In Deutschland können nur natürliche Personen für eine Position im Leitungsorgan bestellt werden (vgl. Art. 47 Abs. 1 SE-VO i.V.m. § 76 Abs. 3 AktG). Man kann nicht gleichzeitig dem Vorstand und dem Aufsichtsrat angehören. Für höchstens ein Jahr kann ein Mitglied des Aufsichtsrats aber einen offenen Posten im Vorstand besetzen (vgl. § 15 SEAG). Für diese Zeit ruht das Aufsichtsratsamt (Art. 39 Abs. 3 SE-VO). Ausgeschlossen sind Personen, die keinem Leitungs- oder Aufsichtsorgan einer deutschen AG angehören dürfen oder von einem Gericht innerhalb der EU von dieser Funktion bei einer AG eines Mitgliedstaats ausgeschlossen wurden (Art. 47 Abs. 2 SE-VO).

65 Der Vorstand führt die Geschäfte der SE in eigener Verantwortung (Art. 39 Abs. 1 SE-VO). Für die Regelung der weiteren Aufgaben gilt über § 9 SE-VO das nationale Aktienrecht, in Deutschland das Aktiengesetz. Für die Beschlussfähigkeit muss mindestens die Hälfte der Mitglieder anwesend oder wirksam vertreten sein. Die Beschlüsse werden mit der Mehrheit der anwesenden Mitglieder gefasst, wenn die Satzung nichts Abweichendes vorsieht. Die Stimme des Vorsitzenden gibt bei Stimmengleichheit den Ausschlag, soweit die Satzung nichts anderes vorsieht (Art. 50 Abs. 2 S. 1 SE-VO).

---

42 Zwölfte Richtlinie (89/667/EWG des Rates v. 21.12.1989, ABl. EG L 395/40 v. 30.12.1989) betreffend Gesellschaften mit beschränkter Haftung mit einem einzigen Gesellschafter.

Nach Art. 49 SE-VO sind die Mitglieder des Vorstandes auch nach ihrem Ausscheiden aus dem Amt an eine Verschwiegenheitspflicht gebunden. Dies gilt auch für die Aufsichtsratsmitglieder. Die Sorgfaltspflicht und Haftung gegenüber der SE richtet sich nach nationalem Aktienrecht. Art. 51 SE-VO verweist insoweit auf §§ 93, 116 AktG. 66

Die Mitglieder des Vorstandes werden durch den Aufsichtsrat abberufen (Art. 39 Abs. 2 SE-VO). Eine vorzeitige Abberufung aus wichtigem Grund ist möglich. Die Tatsache, dass ein Mitglied für einen bestimmten Zeitraum bestellt ist, steht der vorzeitigen Abberufung nicht entgegen.[43] Art. 39 Abs. 2 SE-VO enthält keine abschließende Regelung der Materie, ist demnach also hinsichtlich der Abberufungsvoraussetzungen regelungsoffen, so dass nach der Verweisung in Art. 9 Abs. 1c ii SE-VO (Rechtsquellenhierarchie) das nationale Aktienrecht und damit in Deutschland § 84 Abs. 3 AktG (auch: Vertrauensentzug durch die Hauptversammlung) maßgeblich ist. 67

Der Zeitraum der Bestellung ergibt sich wie beim Vorstand aus der Satzung; er darf höchstens sechs Jahre betragen. Soweit nicht von einem Entsendungsrecht Gebrauch gemacht wird, werden die Mitglieder des Aufsichtsrats von der Hauptversammlung bestellt (§ 28 Abs. 2 SEAG). Die Mitglieder des ersten Aufsichtsrats können durch die Satzung bestellt werden (Art. 40 Abs. 2 SE-VO). Der Aufsichtsrat soll aus mindestens drei Mitgliedern bestehen. Die Satzung kann eine höhere, durch drei teilbare Anzahl festsetzen, wobei dieselben Höchstzahlen wie bei der deutschen AG gelten (vgl. § 17 SEAG). Eine Bestellung von Ersatzmitgliedern ist möglich (§ 28 Abs. 3 SEAG). Soweit für die Bestellung des Aufsichtsratsmitglieds die Mitbestimmung kraft Beteiligungsvereinbarung oder kraft Gesetzes nach dem SEBG gilt, ändern sich die Zahl der Sitze und die Höchstzahl bzw. die vorgeschriebene Zahl. Das Erfordernis der Teilbarkeit durch drei passt nicht auf die Fälle, in denen der Aufsichtsrat paritätisch besetzt werden muss (z.B. bei einer Umwandlung, es wird seit 2016 (vgl. Art. 7 Nr. 2 ARuG. BGBl. 2016 I S. 1142) explizit aufgegeben, nachdem die Rechtsprechung (vgl. LG Nürnberg/Fürth ZIP 2010, 373 = BB 2010, 1113) und die h.M. in der Literatur (vgl. Seibt in Habersack/Drinhausen Art. 40 SE-VO Rn 66 m.w.N.) im Wege der teleologischen Reduktion des ursprünglichen § 17 Abs. 1 SEAG Abhilfe geschaffen hatten. 68

Der Aufsichtsrat überwacht die Geschäftsführung des Vorstands (Art. 40 Abs. 1 SE-VO). Dazu kann der Aufsichtsrat die erforderlichen Informationen vom Vorstand verlangen (Art. 41 Abs. 3 SE-VO). Auch ein einziges Aufsichtsratsmitglied kann eine Auskunftserteilung an den Aufsichtsrat verlangen (§ 18 SEAG). In der Satzung müssen die Geschäfte des Vorstandes festgelegt werden, für welche der Aufsichtsrat seine Zustimmung erteilen muss (Art. 48 SE-VO). Darüber hinaus kann bei einer SE mit Sitz in Deutschland auch der Aufsichtsrat selbst bestimmte Arten von Geschäften von seiner Zustimmung abhängig machen (§ 19 SEAG). Dies entspricht den Vorgaben von Art. 48 Abs. 1 Satz 2 SE-VO, wonach den Mitgliedstaaten eine solche Regelung ermöglicht wird. Die Regelung weicht von der geltenden Fassung des § 111 Abs. 4 Satz 2 AktG ab, wonach die Satzung oder alternativ dazu der Aufsichtsrat selbst bestimmt, dass bestimmte Arten von Geschäften nur mit seiner Zustimmung vorgenommen werden dürfen. 69

Der Aufsichtsrat wählt aus seiner Mitte einen Vorsitzenden (Art. 42 SE-VO). Die Wahl von stellvertretenden Aufsichtsratsvorsitzenden ist möglich, aber durch die SE-VO nicht zwingend vorgegeben. Wird die Hälfte der Mitglieder des Aufsichtsrats von den Arbeitnehmern bestellt, so darf nur ein von der Hauptversammlung der Aktionäre bestelltes Mitglied zum Vorsitzenden gewählt werden (Art. 42 SE-VO). Die Stimme des Vorsitzenden gibt bei Stimmengleichheit den Ausschlag (Art. 50 SE-VO). Diese Vorschrift ist durch die Satzung nicht abdingbar, wenn 70

43 **AA** *Hirte* NZG 2002, 1; wie hier *Drygala* in: Lutter/Hommelhoff/Teichmann Art. 39 Rn 37 m.w.N.; *Seibt* in: Habersack/Drinhausen Art. 39 SE-VO Rn 25.

die Hälfte der Aufsichtsratsmitglieder aus Arbeitnehmervertretern besteht (Art. 50 Abs. 2 SE-VO). Die Anteilseignerseite kann sich, wenn sie geschlossen abstimmt, also im Konfliktfall, stets durchsetzen. Was die Beschlussfähigkeit, die Beschlussfassung, die Haftung und die Verschwiegenheitspflicht anbelangt, ist auf die Ausführungen zum Vorstand zu verweisen. Eine Abberufung der auf die Anteilseignerseite entfallenden Aufsichtsratsmitglieder kann durch die Hauptversammlung erfolgen. Für die Arbeitnehmervertreter gelten besondere Regelungen. Für die Vergütung der Aufsichtsratsmitglieder gelten die Vorschriften des nationalen Rechts.

II. Das monistische System der Leitung und Kontrolle

1. Verwaltungsrat

a) Allgemeines

71 Nach der SE-VO kann neben dem dualistischen System (Vorstand und Aufsichtsrat) das monistische System der Leitung und Kontrolle gewählt werden.[44] Deutschland hat sich im SEAG dafür entschieden, bei der Umsetzung der Vorgaben der SE-VO die Leitungs- und Aufsichtsfunktionen beim Verwaltungsrat zu vereinigen, während für die aktuellen Aufgaben der Geschäftsführung und Vertretung sog. geschäftsführende Direktoren zuständig sein sollen (vgl. § 40 SEAG). Das angelsächsische Vorbild ist allerdings dadurch gekennzeichnet, dass der Verwaltungsrat (board) autonom darüber entscheidet, ob er das operative Geschäft auf geschäftsführende Direktoren überträgt oder nicht.[45] Demgegenüber ermöglicht die SE-VO auch sog. Mischsysteme, in denen der Verwaltungsrat gesetzlich verpflichtet ist, das operative Geschäft ganz oder zum Teil auf derartige Direktoren auszulagern.[46] Die nach den Vorgaben der Verordnung zulässige Lösung des deutschen Gesetzgebers erleichtert die Beteiligung der Arbeitnehmer. Im Schrifttum[47] wird z.T. kritisiert, dass durch die Einführung von geschäftsführenden Direktoren im SEAG entgegen den Vorgaben der SE-VO ein „verdeckt dualistisches System" eingeführt worden sei. Hierbei wird verkannt, dass selbst in dem Fall, in dem alle geschäftsführenden Direktoren nicht dem Verwaltungsrat angehören, dieser das letzte Wort hat, indem er seine Weisungsrechte ausübt. Im Übrigen können die geschäftsführenden Direktoren, wenn die Satzung[48] nichts Abweichendes regelt, vom Verwaltungsrat nach § 40 Abs. 5 SEAG jederzeit abberufen werden.[49] Der Verwaltungsrat hat gegenüber den geschäftsführenden Direktoren stets das letzte Wort.

72 Nach Art. 39 Abs. 2 Satz 2 SE-VO können die Mitgliedstaaten die Rückkehr vom einmal gewählten System der Leitung und Kontrolle zum jeweils anderen nicht verbieten. Auch dies muss durch Satzungsänderung möglich sein (vgl. Art. 38 Buchstabe b, 52 und 59 SE-VO). Juristische Personen können nicht Mitglied des Verwaltungsrats sein; dies wäre nur möglich, wenn es auch im nationalen deutschen Aktienrecht eine entsprechende Vorschrift gäbe; in Deutschland ist dies nicht der Fall (vgl. insoweit Art. 47 Abs. 1 SE-VO).

---

44 Vgl. zum monistischen System *Bachmann* ZGR 2008, 779 ff.

45 Zur faktischen Annährung des monistischen an das dualistische System der Leitung und Kontrolle vgl. *Henssler* FS Ulmer, 2003, S. 208 f; *Davies* ZGR 2001, 268, 282 ff und *Windbichler* ZGR 1985, 50 ff.

46 Vgl. zu derartigen Mischsystemen in Frankreich und Skandinavien *Teichmann* in: Lutter/Hommelhoff/Teichmann Art. 43 Rn 21 (Frankreich) und 29 (Skandinavien).

47 Vgl. z.B. *Hoffmann-Becking* ZGR 2004, 355 ff, 369 ff m.w.N.

48 Vgl. zur Satzung im monistischen System *Lutter/Kollmorgen/Feldhaus* BB 2005, 2473; vgl. auch *Horn* DB 2005, 147, 150 ff.

49 Wie hier *Horn* DB 2005, 147, 151.

Der Verwaltungsrat leitet die Gesellschaft, bestimmt die Grundlinien ihrer Tätigkeit und überwacht deren Umsetzung (§ 22 SEAG). Nach § 48 Abs. 1 Satz 1 SE-VO muss die Satzung der SE die Arten von Geschäften aufführen, für die ein ausdrücklicher Beschluss des Verwaltungsrats notwendig ist. Die Mitgliedstaaten können nach Art. 48 Abs. 2 SE-VO für die in ihrem Hoheitsgebiet eingetragene SE festlegen, welche Arten von Geschäften auf jeden Fall in die Satzung aufzunehmen sind. Im SEAG ist dies nicht geschehen. 73

Dass bei einem Scheitern der Verhandlungen um eine Mitbestimmungsvereinbarung infolge der auf Grund der Vorgaben der SE-Richtlinie geschaffenen Auffangregelungen von §§ 34ff SEBG unter Umständen eine fast paritätische Mitbestimmung im Verwaltungsrat eingreifen kann, ist verfassungsrechtlich unbedenklich.[50] In keinem Fall kann die Anteilseignerseite im Verwaltungsrat, wenn sie geschlossen abstimmt, von den Arbeitnehmervertretern überstimmt werden. Ob dieser Mindestschutz mit der Eigentumsgarantie vereinbar ist, muss nach den Vorgaben des europäischen Unionsrechts, nicht nach nationalem Recht der Mitgliedstaaten entschieden werden. Es gibt hierzu bereits eine umfangreiche Rechtsprechung des EuGH.[51] Nach dieser ist das Eigentum der Gesellschafter oder der neu zu gründenden Gesellschaft nicht verletzt. Die von Deutschland insoweit korrekt umgesetzten Vorgaben der SE-Richtlinie werden nach der Rechtsprechung des Bundesverfassungsgerichts nicht auf Grundrechtsverstöße überprüft, solange die Gemeinschaft die Grundrechte schützt.[52] Es ist auch nicht zulässig, die Arbeitnehmervertreter im Verwaltungsrat mit minderen Rechten auszustatten, um angebliche Grundrechtsverstöße zu vermeiden. Eine derartige Diskriminierung lässt die Richtlinie nicht zu.[53] 74

b) Mitgliedschaft

Die Verwaltungsratsmitglieder werden von der Hauptversammlung bestellt. Die ersten Mitglieder des Verwaltungsrats können in der Satzung festgelegt werden (Art. 43 Abs. 3 SE-VO). Soweit die Zahl der Verwaltungsratsmitglieder nicht ausreicht, um die Beschlussfähigkeit zu erreichen, wird die zur Herstellung der Beschlussfähigkeit nötige Zahl von Mitgliedern nach § 30 SEAG gerichtlich bestellt. 75

Nach § 23 Abs. 1 Satz 1 SEAG besteht der Verwaltungsrat aus drei Mitgliedern. Die Satzung kann etwas anderes bestimmen. Bei Gesellschaften mit einem Grundkapital von mehr als drei Mio. Euro muss der Verwaltungsrat aus mindestens drei Personen bestehen (§ 23 Abs. 1 Satz 2 SEAG). Die Höchstzahl der Verwaltungsratsmitglieder beträgt bei Gesellschaften mit einem Grundkapital bis zu 1,5 Mio. Euro neun, von mehr als 1,5 Mio. Euro fünfzehn und von mehr als 10 Mio. Euro einundzwanzig. Andere Mitgliederzahlen des Verwaltungsrats können sich aus der Beteiligungsvereinbarung oder daraus ergeben, dass beim Scheitern der Verhandlungen über die Beteiligung der Arbeitnehmer nach §§ 34ff SEBG als Auffangregelung eine Mitbestimmung kraft Gesetzes eingreift. Da die Auffangregelung auf den höchsten Anteil verweist, betragen die Mitgliederzahlen der Aufsichtsräte oder Verwaltungsräte je nach der Zahl der Arbeitnehmer im Unternehmen bzw. Konzern 12, 16 oder 20, wenn dort bisher das Mitbestimmungsgesetz Anwendung findet (vgl. § 7 MitbestG). 76

Der Bestellungszeitraum für Mitglieder des Verwaltungsrats darf nach Art. 46 Abs. 1 SE-VO sechs Jahre nicht überschreiten. Nach § 27 Abs. 1 S. 1 SEAG darf in einer SE mit Sitz in Deutschland nicht Mitglied des Verwaltungsrats sein, wer 77

50 **AA** *Veil* in der Anhörung des Rechtsausschusses des Bundestags vom 18.10.2004 und *Kämmerer/Veil* ZIP 2005, 369 ff. Vgl. auch oben Einführung Rn 46 und unten § 35 SEBG Rn 7, jeweils m.w.N.

51 Vgl. EuGH Slg. 1979, 3727, Rs. 44/79 – Heuer –; Slg. 1986, 2897, Rs. 234/85 – Keller –; Slg. 1989, 2859, Rs. 46/87 und 227/88 – Hoechst –; Slg. 1995, I-4921, Rs. C-315/93 – Bosman.

52 Vgl. BVerfGE 73, 339 und NJW 2000, 3124.

53 Vgl. zur Verfassungsmäßigkeit und zur Rechtsprechung des EuGH *Schwarz* SE-VO Art. 43 Rn 81 ff und 95 m.w.N.; *Oetker* in: Lutter/Hommelhoff/Teichmann § 35 SEBG Rn 13 f. m.w.N.; **aA** *Hohenstatt/Müller-Bonanni* in: Habersack/Drinhausen § 35 SEBG Rn 12 m.w.N.

- bereits in zehn Handelsgesellschaften, die gesetzlich einen Aufsichtsrat oder einen Verwaltungsrat zu bilden haben, Mitglied des Aufsichtsrats oder Verwaltungsrats ist,
- gesetzlicher Vertreter eines von der Gesellschaft abhängigen Unternehmens ist oder
- gesetzlicher Vertreter einer anderen Kapitalgesellschaft ist, deren Aufsichtsrat oder Verwaltungsrat ein Vorstandsmitglied oder ein geschäftsführender Direktor der Gesellschaft angehört.

In Sonderfällen sind Ausnahmen und Erweiterungen zu dieser Regelung vorgesehen (§ 27 Abs. 2 Satz 2 SEAG).

78 Nach Art. 47 Abs. 2 SE-VO sind ferner solche Personen von einer Mitgliedschaft im Verwaltungsrat ausgeschlossen, die nach dem nationalen Recht des Sitzstaats keinem Vorstand oder Aufsichts- oder Verwaltungsorgan angehören dürfen oder von einem Gericht innerhalb der EU von dieser Funktion bei einer AG eines Mitgliedstaates ausgeschlossen wurden.

c) Kompetenzen

79 Während der Verwaltungsrat nach § 22 Abs. 1 SEAG die Gesellschaft leitet, die Grundlinien ihrer Tätigkeit bestimmt und deren Umsetzung überwacht, ist die laufende Geschäftsführung und Vertretung sog. geschäftsführenden Direktoren übertragen, welche vom Verwaltungsrat bestellt werden. Die Satzung kann vorsehen, dass der Verwaltungsrat zu außergewöhnlichen Geschäften seine Zustimmung erteilen muss. Er kann dies auch selbst vorsehen oder im Einzelfall Weisungen für die Geschäftsführung geben (§ 44 Abs. 2 SEAG). Die Vertretungsmacht der geschäftsführenden Direktoren im Außenverhältnis kann aber nicht beschränkt werden (§ 44 Abs. 1 SE-VO).

80 Nach § 22 Abs. 2 SEAG muss der Verwaltungsrat die Hauptversammlung einberufen, wenn es das Wohl der Gesellschaft erfordert. Er hat ferner dafür zu sorgen, dass die erforderlichen Handelsbücher geführt werden. Er hat geeignete Maßnahmen zu treffen, insbesondere ein Überwachungssystem einzurichten, damit den Fortbestand der Gesellschaft gefährdende Entwicklungen früh erkannt werden (§ 22 Abs. 3 SEAG). Schließlich hat er dem Abschlussprüfer den Prüfungsauftrag für den Jahres- und Konzernabschluss nach § 290 HGB zu erteilen (§ 22 Abs. 4 SEAG). Wenn sich bei der Aufstellung der Jahresbilanz oder einer Zwischenbilanz ein Verlust der Hälfte des Grundkapitals ergibt oder wenn ein solcher Verlust bei pflichtgemäßem Ermessen anzunehmen ist, hat der Verwaltungsrat unverzüglich die Hauptversammlung einzuberufen und dies anzuzeigen (§ 22 Abs. 5 Satz 1 SEAG).

81 Bei Zahlungsunfähigkeit oder Überschuldung der Gesellschaft muss der Verwaltungsrat nach § 15a Abs. 1 InsO und § 22 Abs. 5 Satz 2 SEAG den Insolvenzantrag stellen und sicherstellen, dass nur noch Zahlungen geleistet werden, die mit der Sorgfalt eines ordentlichen und gewissenhaften Geschäftsleiters vereinbar sind. § 92a Abs. 2 AktG gilt entsprechend.

82 Der Verwaltungsrat kann die Bücher und Schriften der Gesellschaft sowie die Vermögensgegenstände einsehen und überprüfen (§ 22 Abs. 4 SEAG). Er kann damit auch einzelne Mitglieder oder für bestimmte Aufgaben besondere Sachverständige beauftragen. Nach § 47 Abs. 1 SEAG muss der Verwaltungsrat den Jahresabschluss, den Lagebericht und den Vorschlag für die Verwendung des Bilanzgewinns prüfen. Jedes Verwaltungsratsmitglied hat das Recht, von den Vorlagen und Prüfungsberichten Kenntnis zu nehmen (§ 47 Abs. 2 SEAG).

d) Geschäftsführung und Bildung von Ausschüssen

83 Der Verwaltungsrat wählt aus seiner Mitte einen Vorsitzenden. Wird die Hälfte der Mitglieder des Verwaltungsrats von den Arbeitnehmern bestellt, dann darf nach Art. 45 SE-VO nur ein von der Hauptversammlung der Aktionäre bestelltes Mitglied zum Vorsitzenden gewählt werden.

84 Nach näherer Festlegung der Satzung wählt der Verwaltungsrat auch mindestens einen stellvertretenden Vorsitzenden. Der Verwaltungsrat kann sich eine Geschäftsordnung geben. Die Satzung kann Einzelfragen zur Geschäftsordnung bindend regeln (§ 34 Abs. 2 SEAG). Der Verwaltungsrat tritt in den durch die Satzung bestimmten Abständen, mindestens jedoch alle drei Monate, zusammen, um über den Gang der Geschäfte der SE und deren voraussichtliche Entwicklung zu beraten (Art. 44 SE-VO).

85 Jedes Verwaltungsratsmitglied kann unter Angabe des Zwecks und der Gründe verlangen, dass der Vorsitzende des Verwaltungsrats unverzüglich den Verwaltungsrat einberuft (§ 37 Abs. 1 SEAG). Die Sitzung muss binnen zwei Wochen nach der Einberufung stattfinden. Wird dem Verlangen nicht entsprochen, so kann das Verwaltungsratsmitglied den Verwaltungsrat unter Mitteilung des Sachverhalts und der Angabe einer Tagesordnung selbst einberufen (§ 37 Abs. 2 SEAG).

86 Über die Sitzungen des Verwaltungsrats ist eine Niederschrift anzufertigen, die der Vorsitzende unterzeichnen muss. Hierin sind Ort und Tag der Sitzung, die Teilnehmer, die Gegenstände der Tagesordnung, der wesentliche Verhandlungsinhalt und die Beschlüsse des Verwaltungsrats anzugeben. Ein Verstoß gegen diese Vorschriften macht den Beschluss allerdings nicht unwirksam (§ 34 Abs. 3 SEAG). Jedem Mitglied des Verwaltungsrats ist eine Abschrift der Sitzungsniederschrift auszuhändigen, wenn der Verwaltungsrat nicht nur aus einer Person besteht (§ 34 Abs. 3 SEAG).

87 Der Verwaltungsrat kann aus seiner Mitte Ausschüsse einsetzen (§ 34 Abs. 4 SEAG), um seine Verhandlungen und Beschlüsse vorzubereiten oder die Ausführung der Beschlüsse zu überwachen. Eine Reihe von Aufgaben kann nach § 34 Abs. 4 Satz 2 SEAG nicht auf Ausschüsse zur Beschlussfassung anstelle des Verwaltungsrats übertragen werden. Hierzu zählen z.B. die Wahl des Vorsitzenden und des Stellvertreters bzw. der Stellvertreter, die Bestellung der geschäftsführenden Direktoren, die Führung der Handelsbücher und die Einrichtung eines Überwachungssystems, die Prüfung des Jahresabschlusses, des Lageberichts und des Gewinnverwendungsvorschlags, die Wahl des Verwaltungsratsvorsitzenden und eines bzw. mehrerer Stellvertreter. Dem Verwaltungsrat ist nach § 34 Abs. 4 Satz 3 SEAG regelmäßig über die Arbeit der Ausschüsse zu berichten.

88 Abwesende Verwaltungsratsmitglieder können nach § 35 Abs. 1 SEAG dadurch an der Beschlussfassung des Verwaltungsrats und seiner Ausschüsse teilnehmen, dass sie schriftliche Stimmabgaben überreichen lassen, z.B. durch andere Mitglieder. Die Stimmen können auch durch Personen, die nicht dem Verwaltungsrat angehören, überbracht werden, wenn diese nach § 109 Abs. 3 AktG zur Teilnahme an der Sitzung berechtigt sind. Schriftliche, fernmündliche oder andere vergleichbare Formen der Beschlussfassung des Verwaltungsrats und seiner Ausschüsse sind vorbehaltlich einer näheren Regelung durch die Satzung oder eine Geschäftsordnung des Verwaltungsrats nur zulässig, wenn kein Mitglied diesem Verfahren widerspricht (§ 35 Abs. 2 SEAG). Insoweit entsprechen die Regeln über die Beschlussfassung denen, welche auch für das dualistische System der Leitung und Kontrolle gelten.

89 Personen, die dem Verwaltungsrat nicht angehören, sollen an seinen Sitzungen nicht teilnehmen (§ 36 Abs. 1 SEAG). Sachverständige und Auskunftspersonen können aber zur Beratung über einzelne Gegenstände hinzugezogen werden. Mitglieder des Verwaltungsrats, die dem Ausschuss nicht angehören, können nach § 36 Abs. 2 SEAG an den Ausschusssitzungen teilnehmen, wenn der Vorsitzende des Verwaltungsrats nichts anderes bestimmt. Die Satzung kann zulassen, dass an den Sitzungen des Verwaltungsrats und seiner Ausschüsse Personen, die dem Verwaltungsrat nicht angehören, an Stelle von verhinderten Mitgliedern teilnehmen können, wenn diese sie in Textform ermächtigt haben (§ 36 Abs. 3 SEAG). Abweichende gesetzliche Bestimmungen bleiben unberührt (§ 36 Abs. 4 SEAG).

Für die Vergütung der Verwaltungsratsmitglieder gilt nach § 38 Abs. 1 SEAG § 113 AktG entsprechend; für die Gewährung von Krediten an Verwaltungsratsmitglieder und für sonstige Verträge mit ihnen gelten die §§ 114 und 115 AktG entsprechend.

e) Abberufung der Mitglieder

90 Mitglieder des Verwaltungsrats, die von der Hauptversammlung ohne Bindung an einen Wahlvorschlag gewählt wurden (Anteilseignervertreter), können von ihr vor Ablauf der Amtszeit abberufen werden (§ 29 Abs. 1 SEAG). Der Beschluss bedarf einer Mehrheit, die mindestens drei Viertel der abgegebenen Stimmen umfasst. Die Satzung kann eine andere Mehrheit – auch eine geringere – und weitere Erfordernisse bestimmen. Ein Mitglied, das aufgrund der Satzung in den Verwaltungsrat entsandt ist, kann von dem Entsendungsberechtigten jederzeit abberufen und durch ein anderes ersetzt werden (§ 29 Abs. 2 SEAG). Die Abberufung von Arbeitnehmervertretern regelt § 37 SEBG.

91 Das Gericht hat auf Antrag des Verwaltungsrats ein Mitglied abzuberufen, wenn in dessen Person ein wichtiger Grund vorliegt (§ 29 Abs. 3 SEAG). Ein wichtiger Grund ist gegeben, wenn unter Würdigung des Einzelfalls eine Fortsetzung des Amtsverhältnisses bis zum regulären Ablauf der Amtszeit unter Abwägung der gegenseitigen Interessen für die SE nicht zumutbar ist.[54] Der Verwaltungsrat beschließt über die Antragstellung mit einfacher Mehrheit. Ist das Mitglied aufgrund der Satzung in den Verwaltungsrat entsandt worden, so können auch Aktionäre, deren Anteile zusammen den zehnten Teil des Grundkapitals oder den anteiligen Betrag von einer Mio. Euro erreichen, den Antrag stellen. Gegen die Entscheidung ist die sofortige Beschwerde zulässig (§ 29 Abs. 3 SEAG).

2. Geschäftsführende Direktoren

a) Bestellung

92 Nach § 40 Abs. 1 SEAG bestellt der Verwaltungsrat einen oder mehrere geschäftsführende Direktoren. Mitglieder des Verwaltungsrats können zu geschäftsführenden Direktoren bestellt werden, sofern die Mehrheit des Verwaltungsrats weiterhin aus nicht geschäftsführenden Mitgliedern besteht. Werden Dritte zu geschäftsführenden Direktoren bestellt, dann gilt für sie § 76 Abs. 3 AktG entsprechend. Demnach können nur natürliche, unbeschränkt geschäftsfähige Personen als geschäftsführende Direktoren tätig sein. Es gelten ferner die übrigen Bestellungsvoraussetzungen für Vorstandsmitglieder einer deutschen Aktiengesellschaft nach § 76 Abs. 3 AktG. Die Satzung kann Regelungen über die Bestellung eines oder mehrerer geschäftsführender Direktoren treffen.

93 Soweit bei Scheitern der Verhandlungen über die Beteiligung der Arbeitnehmer die Mitbestimmung kraft Gesetzes greift, gelten die Auffangregelungen der §§ 34 ff SEBG und hierbei insbesondere auch § 38 Abs. 2 SEBG, wonach es mindestens zwei geschäftsführende Direktoren geben muss, von denen einer für den Bereich Arbeit und Soziales zuständig ist. Die Bestellung der geschäftsführenden Direktoren ist zur Eintragung in das Handelsregister anzumelden (vgl. § 49 Abs. 2 SEAG).

94 Wenn ein geschäftführender Direktor fehlt, hat das Gericht in dringenden Fällen auf Antrag eines Beteiligten ein Mitglied zu bestellen. Nach § 45 SEAG gelten die aktienrechtlichen Bestimmungen für den Vorstand entsprechend.

b) Kompetenzen

95 Die geschäftsführenden Direktoren führen die Geschäfte der Gesellschaft (§ 40 Abs. 2 SEAG). Hierzu zählen alle Bereiche der Unternehmensleitung, soweit sie mit der laufenden

54 *Schwarz* SE-VO Anh. Art. 43 Rn 154; *Teichmann* in: Lutter/Hommelhoff/Teichmann § 29 SEAG Rn 13; *Verse* in: Habersack/Drinhausen § 29 SEAG Rn 13.

Geschäftsführung verbunden sind. Allerdings bleibt die Letztverantwortung für die Unternehmenspolitik beim Verwaltungsrat. Insofern haben sog. interne geschäftsführende Direktoren, welche zugleich dem Verwaltungsrat angehören, eine stärkere Stellung als externe geschäftsführende Direktoren. Die Situation ist mit der in der deutschen Gesellschaft mit beschränkter Haftung vergleichbar. Die geschäftsführenden Direktoren vertreten ebenso wie die GmbH-Geschäftsführer die Gesellschaft nach außen. Im Innenverhältnis sind sie aber an die Weisungen des Verwaltungsrats (SE) bzw. der Gesellschafterversammlung (GmbH) gebunden (vgl. § 44 Abs. 2 SEAG).

Nach § 41 Abs. 1 SEAG vertreten die geschäftsführenden Direktoren die Gesellschaft gerichtlich und außergerichtlich. Ihre Vertretungsmacht kann nicht beschränkt werden (vgl. § 44 Abs. 1 SEAG). Es gilt der Grundsatz der Gesamtvertretung. Die Satzung kann aber etwas anderes bestimmen, d.h. Einzelvertretungsmacht oder Vertretung durch mehrere geschäftsführende Direktoren bzw. einen geschäftsführenden Direktor mit einem Prokuristen (§ 41 Abs. 2 und 3 SEAG). Zur Gesamtvertretung befugte geschäftsführende Direktoren können Einzelne von ihnen zur Vornahme bestimmter Geschäfte oder bestimmter Arten von Geschäften ermächtigen. Dies gilt entsprechend, wenn ein einzelner geschäftsführender Direktor in Gemeinschaft mit einem Prokuristen zur Vertretung der Gesellschaft befugt ist (§ 41 Abs. 4 SEAG). Den geschäftsführenden Direktoren gegenüber vertritt der Verwaltungsrat die Gesellschaft gerichtlich und außergerichtlich (§ 41 Abs. 5 SEAG). Hat eine Gesellschaft keine geschäftsführenden Direktoren (Führungslosigkeit), wird sie bei der Entgegennahme von Willenserklärungen oder Schriftstücken durch den Verwaltungsrat vertreten (§ 41 Abs. 1 Satz 2 und Abs. 2 Satz 3 SEAG). 96

Auf Geschäftsbriefen müssen die geschäftsführenden Direktoren die Rechtsform, den Sitz der Gesellschaft, das Register des Sitzes der Gesellschaft, die Nummer, unter der die Gesellschaft in das Handelsregister eingetragen ist, sowie alle geschäftsführenden Direktoren und den Vorsitzenden des Verwaltungsrats mit dem Familiennamen und einem ausgeschriebenen Vornamen angeben (§ 43 SEAG).[55] Jede Änderung des Verwaltungsrats sowie Bestellung, Abberufung und Änderungen der Vertretungsmacht müssen unverzüglich in den Gesellschaftsblättern bekannt gemacht werden; die Bekanntmachung ist zum Handelsregister einzureichen; Gleiches gilt für die Wahl zum Verwaltungsratsvorsitzenden, zum Stellvertreter sowie für jede personelle Änderung auf diesen beiden Positionen (§ 46 Abs. 1 SEAG). 97

Nach § 40 Abs. 2 SEAG haben die geschäftsführenden Direktoren die Anmeldungen und Einreichungen zum Handelsregister vorzunehmen, welche dem Vorstand nach dem Aktiengesetz obliegen. Sie berichten ferner dem Verwaltungsrat unverzüglich, wenn sich bei der Aufstellung der Jahresbilanz oder einer Zwischenbilanz ein Verlust in Höhe der Hälfte des Grundkapitals ergeben hat oder wenn sie dies bei pflichtgemäßem Ermessen annehmen müssen, bzw. wenn die Gesellschaft zahlungsunfähig oder überschuldet ist (vgl. § 40 Abs. 3 SEAG). Nach § 40 Abs. 6 SEAG berichten die geschäftsführenden Direktoren dem Verwaltungsrat ebenso wie ein Vorstand der AG dem Aufsichtsrat (vgl. § 90 AktG). Die Satzung oder die Geschäftsordnung kann etwas anderes vorsehen. 98

Mitglieder des Verwaltungsrats, die zugleich geschäftsführende Direktoren sind, können in besonderen Fällen, z.B., wenn über ihre Abberufung abgestimmt wird, aus rechtlichen Gründen einem Stimmverbot unterliegen. Für diesen Fall ordnet § 35 Abs. 3 SEAG an, dass der Verwaltungsratsvorsitzende eine zusätzliche Stimme hat. Die Anteilseignerseite kann also, wenn sie geschlossen abstimmt, auch in diesem Fall nicht überstimmt werden. Die Vorschrift wurde erst im Verlauf des Gesetzgebungsverfahrens in den Regierungsentwurf eingefügt.[56] 99

55 Durch das MoMiG von 2008 wurde § 42 SEAG (Zeichnung durch geschäftsführende Direktoren) gestrichen.
56 Vgl. die Beschlussempfehlung des Rechtsausschusses, BT-Drucks. 15/4053.

100 Die geschäftsführenden Direktoren haben den Jahresabschluss und den Lagebericht unverzüglich nach der Aufstellung vorzulegen; sie müssen einen Vorschlag für die Verwendung des Bilanzgewinns machen. Die Vorlage geht an den Verwaltungsrat (§ 47 Abs. 1 SEAG).

c) Abberufung

101 Die geschäftsführenden Direktoren können jederzeit durch Beschluss des Verwaltungsrats abberufen werden. Die Satzung kann etwas anderes vorsehen. Nach der Abberufung gelten für die Ansprüche aus dem Anstellungsvertrag im Innenverhältnis die allgemeinen Regeln (§ 40 Abs. 5 SEAG).

III. Hauptversammlung

1. Kompetenzen

102 Die Hauptversammlung der SE beschließt in den Angelegenheiten, welche ihr die SE-VO, das SEAG, das SEBG oder hilfsweise das Recht des jeweiligen Sitzstaates, in Deutschland das Aktiengesetz, zuweisen (Art. 52 SE-VO). Schließlich kann nach Art. 52 SE-VO auch eine Zuständigkeit durch Satzung übertragen werden, welche mit diesen Rechtsvorschriften, im Aktiengesetz mit Art. 23 Abs. 5 (Unionsrechtliche oder nationale Satzungsstrenge), in Einklang steht.[57] Die Zuständigkeit der Hauptversammlung entspricht demnach im Wesentlichen der einer Hauptversammlung in der deutschen Aktiengesellschaft. Unmittelbar aus der SE-VO ergeben sich folgende Zuständigkeiten:

- Satzungsänderungen (Art. 59 Abs. 1 SE-VO)
- Bestellung der Mitglieder des Aufsichtsrats bzw. Verwaltungsrats mit Ausnahmen (Art. 40 Abs. 2 Satz 1 SE-VO und Art. 43 Abs. 3 Satz 1 SE-VO)
- Sitzverlegung (Art. 8 Abs. 6 SE-VO)
- Umwandlung einer SE in eine AG (Art. 66 Abs. 6 SE-VO) und
- Bestätigung einer neuen Mitbestimmungsvereinbarung in den Unternehmensorganen einer bereits bestehenden SE.[58]

103 Gleich schwer wie eine Satzungsänderung und eine Sitzverlegung wiegen nach der Rechtsprechung des BGH grundlegende Strukturänderungen der Gesellschaft im Sinne der Holzmüller-Entscheidung[59] und das sogenannte Delisting, d.h. die Entscheidung einer Gesellschaft, die Notierung an der Börse aufzugeben. In diesen Fällen ist eine analoge Anwendung der Rechtsgrundsätze aus Art. 59 Abs. 1 und Art. 8 Abs. 6 SE-VO gerechtfertigt. In beiden Fällen geht es vor allem um den Schutz von Aktionärsminderheiten, deren Vermögens- und Mitgliedschaftsrechte beeinträchtigt werden können. Beim Delisting droht das Steuerungsinstrument des Kapitalmarkts auszufallen, durch das Minderheitsaktionäre indirekt geschützt werden. Bei grundlegenden Strukturänderungen im Sinne der Holzmüller-Entscheidung sind sowohl die Vermö-

---

57 Vgl. *Brandt* S. 121 f; *Schwarz* SE-VO Art. 52 Rn 33 und *Spindler* in: Lutter/Hommelhoff/Teichmann Art. 52 SE-VO Rn 45.

58 Vgl. *Schwarz* SE-VO Art. 52 Rn 15, Art. 12 Rn 37; *Spindler* in: Lutter/Hommelhoff/Teichmann Art. 52 Rn 22; *Bücker* in: Habersack/Drinhausen Art. 52 Rn 18.

59 Vgl. BGHZ 83, 122, 137 – Holzmüller und BGH NJW 2004, 1860 ff – Gelatine; im Falle Holzmüller hatte der Vorstand einen Betrieb, der den wertvollsten Teil des Gesellschaftsvermögens ausmachte, auf eine eigens hierzu errichtete Tochtergesellschaft übertragen.

gens-, als auch die Mitgliedschaftsrechte der Aktionäre gefährdet. In beiden Fällen ist daher die Zustimmung der Hauptversammlung erforderlich.[60]

Nach nationalem deutschem Recht ergeben sich folgende Zuständigkeiten der Hauptversammlung: 104

- Verwendung des Bilanzgewinns,
- Entlastung des Vorstandes, des Aufsichtsrats (§ 120 AktG) oder des Verwaltungsrats und der geschäftsführenden Direktoren,
- Bestellung des Abschlussprüfers,
- Durchführung von Maßnahmen zur Kapitalbeschaffung und Kapitalabsetzung, Bestellung von Sonderprüfern und Auflösung der Gesellschaft (119 AktG),
- Verzicht und Vergleich auf Ersatzansprüche (§§ 50, 93 Abs. 4 und 116 AktG),
- Zustimmung zu Nachgründungsverträgen (§ 52 Abs. 5 AktG),
- Ermächtigung zum Erwerb bzw. zur Einziehung eigener Aktien (§ 71 Nr. 7 und 8 AktG),
- Weisungsbeschlüsse an das Verwaltungsorgan in Bezug auf die Vorbereitung für die Hauptversammlung (§ 83 Abs. 1 AktG),
- Vertrauensentzug in Bezug auf den Vorstand (§ 84 Abs. 3 AktG),
- Abberufung von Aufsichtsrats- bzw. Verwaltungsratsmitgliedern (§ 103 Abs. 1 AktG bzw. § 29 SEAG),
- Festsetzung der Vergütung des Aufsichtsrats bzw. des Verwaltungsrats (§ 113 Abs. 1 AktG und § 38 SEAG),
- Geltendmachung von Ersatzansprüchen gegenüber Gründern und Verwaltungsratsmitgliedern (§ 147 AktG),
- Widerruf der Wahl zum Abschlussprüfer (§ 318 HGB),
- Feststellung des Jahresabschlusses (§ 173 AktG und § 47 Absatz 6 SEAG),
- Übertragung des gesamten Vermögens (§ 179a AktG),
- Bewertung von Erträgen nach höheren Bewertungen im Zusammenhang mit einer Sonderprüfung (§ 261 Abs. 2 AktG) und
- Wahl zwischen dem dualistischen und dem monistischen System der Leitung und Kontrolle (Art. 38 b, 59 Abs. 1 SE-VO).

Nicht ausdrücklich, aber sinngemäß ergibt sich aus der Wortwahl in Art. 63 SE-VO eine Zuständigkeit der Hauptversammlung bei der Liquidation der Gesellschaft nach den Grundsätzen des Aktiengesetzes. 105

Auch die Vorlage einer Geschäftsführungsmaßnahme an die Hauptversammlung auf Verlangen des Vorstandes nach § 119 Abs. 2 AktG ist über die Regelungsverweisung des Art. 52 SE-VO nach deutschem Aktienrecht möglich.[61] Nicht unproblematisch ist hingegen ein Letztentscheidungsrecht der Hauptversammlung in Fällen, in denen der Aufsichtsrat eine geplante Maßnahme des Vorstandes blockiert. Aus Art. Art. 48 und 57 SE-VO könnte man das Argument ableiten, dass die SE-VO das Verhältnis der Unternehmensorgane untereinander abschließend regeln will.[62] Hätte das in § 111 Abs. 4 AktG vorgesehene Letztentscheidungsrecht der Hauptversammlung zwingend oder im Wege der Satzungsgestaltung eingeführt werden sollen, dann hätte ein 106

60 Vgl. *Bücker* in: Habersack/Drinhausen, Art. 52 Rn 42 m.w.N.; **aA** *Spindler* in: Lutter/Hommelhoff/Teichmann Art. 52 Rn 47 m.w.N. und *Kubis* in: MÜKOAktG Art. 52 SE-VO Rn 22.

61 Vgl. *Schwarz* SE-VO Art. 52 Rn 24 f; *Kubis* in: MÜKOAktG Art. 52 SE-VO Rn 20; *Spindler* in: Lutter/Hommelhoff/Teichmann Art. 52 Rn 27; **aA** *Brandt* S. 114 ff.

62 Vgl. *Spindler* in: Lutter/Hommelhoff/Teichmann Art. 52 SE-VO Rn 37 m.w.N.; **aA** *Bücker* in: Habersack/Drinhausen Art. 52 Rn 31 m.w.N.

entsprechendes Recht des Vorstandes gegenüber dem Aufsichtsrat in der SE-VO verankert werden müssen.[63]

107 Nach der Satzung der SE können der Hauptversammlung u.a. folgende Zuständigkeiten übertragen werden:

- Festlegung der Amtsperiode der Organmitglieder (Art. 46 SE-VO),
- Einschränkung der Wiederwahl von Organmitgliedern (Art. 46 SE-VO),
- Festlegung der Zahl der Organmitglieder bzw. die Regelungen für ihre Festlegung (§§ 16, 17 und 23 SEAG),
- Festlegung von zustimmungsbedürftigen Geschäften (Art. 48 Abs. 1 SE-VO),
- Festsetzung besonderer Eignungsvoraussetzungen für Aktionärsvertreter nach Art. 47 Abs. 3 SE-VO),
- Festlegung der Sitzungshäufigkeit und Sitzungsfolge des Verwaltungsrats (Art. 44 Abs. 1 SE-VO),
- Festlegung des erforderlichen Prozentsatzes am gezeichneten Kapital für die Möglichkeit von Aktionären, die Einberufung der Hauptversammlung und die Aufstellung ihrer Tagesordnung zu beantragen (Art. 55 Abs. 1 SE-VO) und
- Festlegung des Verfahrens, der Fristen und des Prozentsatzes am gezeichneten Kapital, in Bezug auf die Möglichkeit der Aktionäre, die Ergänzung der Tagesordnung zu beantragen (Art. 56 Satz 2 und 3 SE-VO).

108 Ferner ergeben sich Zustimmungskompetenzen der Hauptversammlung im Zusammenhang mit dem Recht der verbundenen Unternehmen, d.h. einer Konzernierung der Gesellschaft (vgl. E. Konzernrecht).

109 Nach Art. 54 Abs. 1 SE-VO muss die Hauptversammlung mindestens einmal im Kalenderjahr zusammentreten. In Art. 53 SE-VO wird für die Organisation der Hauptversammlung im Übrigen auf die Regelungen des nationalen Aktienrechts, in Deutschland des Aktiengesetzes, verwiesen.

2. Einberufung und Ablauf

110 Nach Art. 54 Abs. 2 SE-VO kann die Hauptversammlung jederzeit vom Vorstand, Aufsichtsrat oder Verwaltungsrat einberufen werden. Eine Einberufungspflicht kann sich dann ergeben, wenn es das Wohl der Gesellschaft erfordert oder ein Verlust der Hälfte des Grundkapitals eingetreten ist oder droht (vgl. § 22 SEAG, § 121 Abs. 1 AktG, § 92 AktG und § 111 Abs. 3 AktG). Auf Verlangen einer Minderheit ist die Hauptversammlung einzuberufen, wenn deren Anteil 5% des Grundkapitals beträgt (vgl. Art. 55 SE-VO und § 50 Abs. 1 SEAG). Der Minderheitsantrag muss die Punkte der Tagesordnung enthalten, die verlangt wird (Art. 55 Abs. 2 SE-VO). Eine besondere Begründung für den Antrag ist nicht erforderlich. Verweigert das Leitungsorgan die Einberufung der Hauptversammlung, so kann diese gerichtlich erzwungen werden (Art. 55 Abs. 3 SE-VO). Aktionäre, deren Anteil 5% des Grundkapitals oder den anteiligen Betrag von 500.000 Euro erreicht, können eine Ergänzung der Tagesordnung beantragen (Art. 56 SE-VO und § 50 Abs. 2 SEAG).

111 Der Ablauf der Hauptversammlung und ihre Leitung richten sich nach nationalem Recht (vgl. Art. 53 SE-VO). Für die Beschlussfähigkeit, die Auslage von Unterlagen, die Übertragung der Hauptversammlung in Ton und Bild, die Hinterlegung von Aktien, das Teilnahmerecht der Aktionäre, das Auskunftsrecht der Aktionäre, das Stimmrecht in der Hauptversammlung und die Stimmrechtsvertretungen bzw. Stimmrechtsverbote so wie die Anwendung des Gleichbehand-

63 Vgl. jedoch noch die Vorauflage und *Schwarz* SE-VO Art. 52 Rn 17–20, 26 sowie *Baatz/Weydner* in: Jannott/Frodermann, Handbuch, S. 209 Rn 25.

lungsgrundsatzes gelten für eine SE mit Sitz in Deutschland die einschlägigen Vorschriften des deutschen Aktiengesetzes.

3. Beschlüsse

Zur Beschlussfassung in der Hauptversammlung ist nach Art. 57 SE-VO die Mehrheit der abgegebenen gültigen Stimmen erforderlich, sofern die SE-VO oder ggf. das im Sitzstaat der SE für Aktiengesellschaften maßgebliche Recht nicht eine größere Mehrheit vorschreibt. Für eine SE mit Sitz in Deutschland ist fraglich, ob nur die in der SE-VO z.B. bei der Satzungsänderung geforderte Zweidrittelmehrheit oder darüber hinaus auch die im deutschen Aktienrecht vielfach verlangte Kapitalmehrheit von drei Vierteln für Satzungsänderungen erforderlich ist. Art. 59 Abs. 1 SE-VO bestimmt, dass eine Mehrheit von zwei Dritteln der abgegebenen Stimmen zur Satzungsänderung allein nicht ausreicht, wenn das nationale Aktienrecht eine größere Mehrheit verlangt, wozu auch das Erfordernis der Kapitalmehrheit von drei Vierteln gehört, die europarechtskonform als Dreiviertelstimmenmehrheit auszulegen ist.[64] Nach Art. 59 Abs. 2 SE-VO kann jeder Mitgliedstaat bestimmen, dass die einfache Mehrheit der Stimmen im Sinne von Art. 59 Abs. 1 SE-VO ausreicht, sofern mindestens die Hälfte des gezeichneten Kapitals vertreten ist. Von dieser Möglichkeit macht § 51 Satz 1 SEAG Gebrauch. Die Satzung der SE kann vorsehen, dass die einfache Mehrheit i.S.v. Art. 59 Abs. 1 SE-VO genügt. Dies gilt allerdings nicht für die Änderung des Gegenstandes des Unternehmens, für einen Beschluss gemäß Art. 8 Abs. 6 SE-VO (Sitzverlegung) sowie für Fälle, für die eine höhere Kapitalmehrheit gesetzlich zwingend vorgeschrieben ist (§ 51 Satz 2 SEAG). Die Herabsetzung des Mehrheitserfordernisses ist zulässig in den Fällen des Delisting und der grundlegenden strukturellen Änderungen im Sinne der Holzmüller-Rechtsprechung, da § 51 Satz 2 SEAG nur auf gesetzlich zwingend vorgeschriebene höhere Kapitalmehrheiten Bezug nimmt.[65] 112

Wenn es in der SE unterschiedliche Aktiengattungen gibt, ist nach Art. 60 Abs. 1 SE-VO neben dem Beschluss der Hauptversammlung noch eine gesonderte Abstimmung durch jede Gruppe von Aktionären erforderlich, deren spezifische Rechte durch den Beschluss berührt werden. Bedarf der Beschluss der Hauptversammlung der Mehrheit der Stimmen gemäß Art. 59 Abs. 1 oder 2 SE-VO, so ist zu dieser Mehrheit auch die gesonderte Abstimmung jeder Gruppe von Aktionären erforderlich, deren spezifischen Rechte durch den Beschluss berührt werden (Art. 60 Abs. 2 SE-VO). 113

4. Streitigkeiten

Klagen gegen Beschlüsse der Hauptversammlung sind in der SE-VO nicht geregelt. Es gilt das nationale Aktienrecht. Für eine SE mit Sitz in Deutschland gelten §§ 241 ff AktG über Nichtigkeit und Anfechtbarkeit von HV-Beschlüssen.[66] Nach § 241 Nr. 3 AktG ist ein Beschluss der Hauptversammlung nichtig, wenn er nicht mit dem Wesen der SE vereinbar ist, d.h., wenn er z.B. die Vorschriften zur Organisationsstruktur der SE grob verletzt. 114

64 Für Dreiviertelstimmenmehrheit *Spindler* in: Lutter/Hommelhoff/Teichmann Art. 57 SE-VO Rn 13, *Schwarz* SE-VO Art. 59 Rn 15 und *Kubis* in: MÜKOAktG Art. 59 SE-VO Rn 6; *Eberspächer* in: Spindler/Stilz AktG Art. 59 SE-VO Rn 4a; für Dreiviertelkapitalmehrheit *Bayer* in: Lutter/Hommelhoff/Teichmann Art. 59 Rn 16; *Bücker* in: Habersack/Drinhausen Art. 59 SE-VO Rn 16 und *Seibt* in: Schmidt/Lutter AktG, § 179 Rn 39.

65 Teilweise **aA** *Spindler* S. 52 f, der auch in diesen Fällen die höheren Kapitalmehrheiten verlangt und nach Art. 57 SE-VO eine Abweichung vom Grundsatz der einfachen Stimmenmehrheit in der HV nur auf Grund von zwingendem Recht der Mitgliedstaaten zulassen will.

66 Vgl. *Hirte* NZG 2002, 1, 8; *Schwarz* SE-VO Art. 57 Rn 23; *Spindler* in: Lutter/Hommelhoff/Teichmann Art. 57 Rn 16; *Bücker* in: Habersack/Drinhausen Art. 57 SE-VO Rn 31.

IV. Rechte und Pflichten der Aktionäre

115 Das europäische Unionsrecht überlässt die Regelung der Rechte und Pflichten der Aktionäre dem nationalen Recht der Mitgliedstaaten. Gemäß dem deutschen Recht ist die Aktie, welche das Eigentum des Aktionärs verbrieft, nach § 823 Abs. 1 BGB als sog. absolutes Recht geschützt. Handlungen des Vorstandes bzw. der geschäftsführenden Direktoren, welche nur allgemein den Wert des Gesellschaftsvermögens vermindern, verletzen aber nicht das Eigentum aus § 823 Abs. 1 BGB, sondern stellen bloße Vermögensschäden dar, die nach § 823 BGB nicht ersetzt werden. Die Vorschriften über die Pflichtverletzungen von Vorstand und Aufsichtsrat (vgl. V. „Haftung" Rn 123 ff) sind keine Schutzgesetze nach § 823 Abs. 1 BGB. Auch insoweit scheiden absolute Rechte der Aktionäre aus der Aktie aus.

116 Die Aktie vermittelt den Aktionären Mitentscheidungsrechte im Rahmen der Hauptversammlung, insbesondere das Stimmrecht. Gegen Beschlüsse der Hauptversammlung gibt es die Möglichkeit der Nichtigkeitsklage oder der Anfechtungsklage nach §§ 243 ff AktG. Jeder Aktionär kann ebenso wie jedes Vorstands- oder Aufsichtsratsmitglied die Gesellschaft für nichtig erklären lassen, wenn die Satzung keine Bestimmungen über die Höhe des Grundkapitals oder über den Gegenstand des Unternehmens enthält oder wenn die Bestimmungen der Satzung über den Gegenstand des Unternehmens nichtig sind (§ 275 Abs. 1 AktG).

117 Ansprüche des Aktionärs auf Schadensersatz gegen die Gesellschaft (vgl. §§ 309 Abs. 4 und 310 Abs. 1 AktG) oder gegen einzelne Aktionäre (§§ 317 Abs. 1 und 318 Abs. 1 AktG) sind in der Praxis immer noch relativ selten. Aktionäre, die 1% des Grundkapitals oder einen anteiligen Betrag von 100.000 Euro halten, können beim LG die Zulassung einer Klage auf Leistung von Schadensersatz an die Gesellschaft verlangen. Für die Zulassung der Klage gilt § 148 Abs. 1 AktG. Ein Urteil wirkt für und gegen die SE und die übrigen Aktionäre (§ 148 Abs. 4 und 5 AktG).

118 Nach § 131 AktG kann der Aktionär in der Hauptversammlung vom Vorstand Auskunft über Angelegenheiten der Gesellschaft verlangen, soweit dies zur sachgemäßen Beurteilung des Gegenstands der Tagesordnung erforderlich ist (Auskunftsrecht des Aktionärs). Die Auskunftspflicht umfasst auch die Beziehungen zu verbundenen Unternehmen. Unter bestimmten Voraussetzungen gibt es ein Auskunftsverweigerungsrecht.

119 Nach § 53a AktG sind Aktionäre unter gleichen Voraussetzungen gleich zu behandeln. Mit dieser Vorschrift wurde die Vorgabe von Art. 42 der EG-Kapitalschutzrichtlinie in nationales Recht umgesetzt. Allerdings ist es möglich, in der Satzung unterschiedliche Gattungen von Aktien vorzusehen und einzelnen Aktionären oder Dritten satzungsmäßige Sonderrechte zuzuweisen (vgl. § 26 Abs. 1 AktG). Hierzu zählt auch das Recht, ein Mitglied in den Aufsichtsrat zu entsenden (§ 101 Abs. 2 AktG), das auch in der SE wirksam ist.

120 Nach § 29 AktG ist die Gesellschaft erst dann errichtet, wenn die Gründer alle Aktien übernommen haben. Die Gesellschaft erhält einen Rechtsanspruch darauf, dass alle zum Kapital gehörenden Bar- oder Sachleistungen eingezahlt oder eingebracht werden. Nach § 36 Abs. 2 AktG darf die Gesellschaft erst dann im Handelsregister eingetragen werden, wenn auf jede Aktie der eingeforderte Betrag ordnungsgemäß einbezahlt ist und er endgültig zur freien Verfügung des Vorstands steht, soweit er nicht bereits zur Bezahlung der bei Gründung angefallenen Steuern und Gebühren verwendet wurde.

121 In der deutschen höchstrichterlichen Rechtsprechung ist eine Treuepflicht der Aktionäre anerkannt, wonach z.B. die Gesellschaft nicht zugunsten eines Mehrheitsaktionärs ausgeplündert werden darf. Bekannt geworden ist die Girmes-Entscheidung des BGH,[67] wonach die Ablehnung eines Sanierungsvorschlags durch die Minderheitsaktionäre unter bestimmten Vor-

67 BGHZ 129, 136.

aussetzungen rechtswidrig ist. Dem ist entgegenzuhalten, dass eine Ausübung von Mitgliedschaftsrechten in der Hauptversammlung das Unternehmensinteresse nicht verletzen kann und deswegen auch keine Verletzung der Treuepflicht darstellt.[68]

Zu den Vermögensrechten des Aktionärs zählen der Anspruch auf den Gewinnanteil (Dividende) nach § 58 Abs. 4 AktG, die Möglichkeit, die Aktie zu veräußern und die Gewinnverwendung. Rechte und Pflichten des Aktionärs sind ferner berührt, wenn es um die Zuführung von Eigenkapital (Kapitalerhöhung oder Kapitalherabsetzung) und Fremdkapital geht. Auch hier gilt nationales Aktienrecht. 122

V. Haftung

Für den der SE durch eine Verletzung der den Vorstands-, Aufsichtsrats- und Verwaltungsratsmitgliedern bei der Ausführung ihres Amtes obliegenden gesetzlichen, satzungsmäßigen oder sonstigen Pflichten entstandenen Schaden (Innenhaftung) haften diese nach Art. 51 SE-VO nach dem nationalen Recht des Sitzstaats. Für die Vorstandsmitglieder einer deutschen AG gilt, dass sie gegenüber der Gesellschaft die Sorgfalt eines ordentlichen und gewissenhaften Geschäftsleiters anzuwenden haben (§ 93 Abs. 1 Satz 1 AktG). Über vertrauliche Angaben und Geheimnisse der Gesellschaft, namentlich Betriebs- oder Geschäftsgeheimnisse, die ihnen durch ihre Tätigkeit bekannt geworden sind, haben sie Stillschweigen zu bewahren (§ 93 Abs. 1 Satz 2 AktG). Wenn sie ihre Pflichten verletzen, haften sie der Gesellschaft als Gesamtschuldner. Ist streitig, ob sie die Sorgfalt eines ordentlichen und gewissenhaften Geschäftsleiters angewandt haben, so trifft sie die Beweislast. Die Haftungsnorm (sog. Innenhaftung) des § 93 AktG gilt nach § 116 AktG auch für die Aufsichtsratsmitglieder. Entsprechend haften über die Verweisung in Art. 51 SE-VO auch die Vorstands- und Aufsichtsratsmitglieder in der dualistischen Unternehmensverfassung der SE bzw. die Verwaltungsratsmitglieder und die geschäftsführenden Direktoren in der monistischen Unternehmensverfassung (vgl. §§ 39 und 40 Abs. 8 SEAG). 123

Ein weiterer, von der jüngeren Rechtsprechung[69] entwickelter Haftungsfall betrifft den sog. existenzvernichtenden Eingriff. Er führt zur Innenhaftung des schädigenden Gesellschafters gegenüber der Gesellschaft wegen vorsätzlicher, sittenwidriger Schädigung nach § 826 BGB. Schutzobjekt ist das Gesellschaftsvermögen. Die Haftung setzt planmäßige Entziehung existenziell wichtiger Vermögenswerte und in der Regel Insolvenz voraus. 124

Nach allgemeinen Grundsätzen bemisst sich die sog. Außenhaftung der Mitglieder des Vorstands, des Aufsichtsrats, des Verwaltungsrats und der geschäftsführenden Direktoren. Es ist im Einzelfall zu fragen, ob eine unerlaubte, schuldhaft begangene Handlung, z.B. nach § 823 Abs. 1 BGB, gegenüber einem Dritten vorliegt, oder ob aus dem Gesichtspunkt der Haftung für Verschulden bei Vertragsverhandlungen (§ 311 Abs. 2 BGB) eine Haftung entstanden sein kann. 125

Für unerlaubte Handlungen ihres Vorstandes haftet die Gesellschaft – auch die SE – nach § 31 BGB ebenso, wie der Verein für die unerlaubte Handlung seiner Vorstandsmitglieder haftet. Diese sog. Organhaftung aus § 31 BGB gilt auch, wenn geschäftsführende Direktoren einer SE mit monistischer Verfassung in Ausübung der ihnen zustehenden Verrichtungen unerlaubte Handlungen begehen. Sie vertreten die Gesellschaft nach außen und führen ihre Geschäfte. Dasselbe muss auch für vergleichbare Tatbestände gelten, die durch Aufsichtsrats- oder Verwaltungsratsmitglieder verwirklicht werden, soweit diese hierbei vorgeben, für die Gesellschaft zu handeln. Werden unerlaubte Handlungen durch faktisches Handeln (z.B. Herbeiführung von Unfällen) begangen, ist auf die Geschäftsführungsbefugnis abzustellen, ansonsten auf die Vertretungsmacht. Die Haftung der Gesellschaft nach § 31 BGB greift auch dann ein, wenn nicht der 126

68 Vgl. *Nagel* Deutsches und europäisches Gesellschaftsrecht, S. 144.

69 Vgl. BGH v. 16.7.2007, Az. II ZR 34, NJW 2007, 2689 – Trihotel – und BGH v. 9.2.2009 – Sanitary –, DB 2009, 891, mit einer Ausweitung auf die Gesellschaft in Liquidation.

Vorstand bzw. die geschäftsführenden Direktoren, sondern ein anderer verfassungsmäßig hierzu berufener Vertreter eine unerlaubte Handlung begangen hat.

D. Sitzverlegung

127 Die SE kann ihren Sitz jederzeit in einen anderen Mitgliedstaat der EU[70] verlegen, ohne dass dies zu ihrer Auflösung oder zur Gründung einer neuen juristischen Person führen müsste. Dies bestimmt Art. 8 Abs. 1 SE-VO. Ein ökonomischer Vorteil dieser identitätswahrenden Sitzverlegung liegt darin, dass die stillen Reserven nicht aufgedeckt werden müssen. Nach Art. 8 Abs. 5 SE-VO können die Mitgliedstaaten in Bezug auf die in ihrem Hoheitsgebiet eingetragene SE Vorschriften erlassen, um einen angemessenen Schutz der Minderheitsaktionäre, die sich gegen die Verlegung ausgesprochen haben, zu gewährleisten. Von dieser Möglichkeit hat Deutschland Gebrauch gemacht. Die sitzverlegende SE muss im sog. Verlegungsplan (Art. 8 Abs. 2 SE-VO) bestimmte Mindestanforderungen erfüllen und einen Verlegungsbericht vorlegen, der u.a. die Auswirkungen auf Aktionäre, Arbeitnehmer und Gläubiger darlegt (Art. 8 Abs. 3 SE-VO). Sie muss jedem Aktionär, der gegen den Verlegungsbeschluss Widerspruch zur Niederschrift erklärt hat, den Erwerb seiner Aktien gegen eine angemessene Barabfindung anbieten (§ 12 Abs. 1 Satz 1 SEAG). Die Einzelheiten des Andienungsverfahrens richten sich nach den Vorschriften über die Verschmelzung (vgl. §§ 12 Abs. 2 und 7 Abs. 2 bis 7 SEAG). Die Aktionäre können die Angemessenheit ihrer Abfindung im Wege eines Spruchverfahrens überprüfen lassen. Sie werden ebenso geschützt, wie wenn es zu einer Verschmelzung gekommen wäre.

128 Den Gläubigern einer SE, die ihren Sitz verlegt hat, ist, sofern sie binnen zwei Monaten nach dem Tag, an dem der Verlegungsplan offen gelegt wurde, ihren Anspruch nach Grund und Höhe schriftlich angemeldet haben, Sicherheit zu leisten, soweit sie nicht Befriedigung erlangen können (§ 13 Abs. 1 Satz 1 SEAG). Sie müssen glaubhaft machen, dass durch die Sitzverlegung die Erfüllung ihrer Forderung gefährdet wird (§ 13 Abs. 1 Satz 2 SEAG). Erfasst sind nur die Forderungen, welche vor der Offenlegung des Verlegungsplans oder bis zu fünfzehn Tage danach entstanden sind (vgl. § 13 Abs. 2 SEAG). Die sitzverlegende SE gilt in Bezug auf alle Forderungen, die vor dem Zeitpunkt der Verlegung entstanden sind, weiterhin als SE mit Sitz in dem Wegzugstaat, auch wenn sie erst nach der Verlegung verklagt wird (Art. 8 Abs. 16 SE-VO).

129 Nach der Sitzverlegung gilt als gegenüber der SE-VO nachrangiges Recht das Aktienrecht des neuen Sitzstaates. Sinn von Art. 8 SE-VO ist, dass die SE nicht das Aktienrecht des ehemaligen Sitzstaats in den neuen Sitzstaat „exportiert“, wohl aber die Beteiligungsrechte der Arbeitnehmer, entweder in Form einer Beteiligungsvereinbarung oder der Auffangregelung kraft Gesetzes des ursprünglichen Sitzstaats der SE. Die Beteiligungsvereinbarung geht mit der Sitzverlegung über.[71]

130 Zur Frage, in wieweit eine Sitzverlegung eine nachfolgende Strukturänderung sein kann, für die nach der Soll-Vorschrift des § 18 Abs. 3 SEBG eine Pflicht zur Neuverhandlung der Beteiligungsvereinbarung gilt, vgl. unten Rn 15 zu § 18 SEBG.

E. Konzernrecht

131 Die SE-VO ist in Bezug auf das Konzernrecht regelungsoffen. Nach Art. 10 SE-VO entscheidet der nationale Gesetzgeber im Gleichlauf mit dem Recht der nationalen Aktiengesellschaft, wie er die Konzernsachverhalte regelt. Aus den Verweisungen in Art. 9 Abs. 1c ii und 10 SE-VO ergibt

70 Zur Unzulässigkeit der Sitzverlegung in einen Drittstaat vgl. *Heuschmid/Schmidt* NZG 2007, 54 ff.

71 *Ringe* NZG 2006, 931–935, verkennt, dass bei der Sitzverlegung der SE auch eine etwaige Mitbestimmung, die kraft Gesetzes eingeführt wurde, weitergilt. In § 41 Abs. 4 SCEBG ist der Grundsatz der unmittelbaren Weitergeltung für die Europäische Genossenschaft später explizit verankert worden (vgl. die Kommentierung dort).

sich, dass für Konzernsachverhalte in Deutschland die Regelungen des Aktiengesetzes, gelten.[72] Dies gilt für den Begriff des verbundenen Unternehmens (§§ 15ff AktG), für Unternehmensverträge (§§ 291ff AktG) einschließlich der Beherrschungs- und Gewinnabführungsverträge sowie für die Eingliederung und den faktischen Konzern (§§ 308ff AktG). Bei einer Verwaltungsratsstruktur wird die Funktion des Vorstandes in den §§ 308 bis 327 AktG i.d.R. durch die geschäftsführenden Direktoren erfüllt.[73] Was die Definition des herrschenden Unternehmens und der Tochtergesellschaft anbelangt, gelten für die Beteiligung der Arbeitnehmer die speziellen Vorschriften von § 2 Abs. 3 SEBG. Für grenzüberschreitende Sachverhalte gilt im Grundsatz das Personalstatut der abhängigen Gesellschaft, denn aus der Beteiligung des herrschenden Unternehmens rührt die Konzernverbindung her.[74] Der Schutz und die Förderung der Konzernverbindung auf der Ebene des herrschenden Unternehmens richten sich nach dessen Statut.

Unternehmensverträge bedürfen jeweils der Zustimmung der Hauptversammlung. Für diese gelten besondere Mehrheitserfordernisse, die von dem Grundsatz der einfachen Stimmenmehrheit in der SE-VO (vgl. Art. 57 SE-VO) abweichen (vgl. Rn 112). 132

Unter bestimmten Voraussetzungen haftet die Konzernobergesellschaft, auch die SE, für Verbindlichkeiten der Untergesellschaft. Dies gilt z.B., wenn die Gesellschaften mit einem Beherrschungsvertrag verbunden sind, nach § 302 Aktiengesetz (Verlustausgleichspflicht). Im faktischen Konzern (Abhängigkeit nach § 17 AktG) ist zeitlich gestreckt ein sog. Nachteilsausgleich zu gewähren (vgl. § 311 AktG).[75] Dieser Schutz der abhängigen Gesellschaft gilt, wenn diese ihren Sitz in Deutschland hat, unabhängig davon, ob sich der Sitz der herrschenden Gesellschaft in Deutschland oder im Ausland befindet. 133

F. Nachfolgende Strukturänderungen

Wenn strukturelle Änderungen der SE geplant sind, die geeignet sind, Beteiligungsrechte der Arbeitnehmer zu mindern, muss nach § 18 Abs. 3 SEBG auf Veranlassung der Leitung der SE oder des SE-Betriebsrats über die Beteiligungsrechte der Arbeitnehmer der SE verhandelt werden. Wird in diesen Verhandlungen keine Einigung erzielt, sind die §§ 22 bis 33 SEBG über den SE-Betriebsrat kraft Gesetzes und die §§ 34 bis 38 SEBG über die Mitbestimmung kraft Gesetzes anzuwenden. 134

Die Pflicht zur Neuverhandlung gilt nach dem Schutzzweck von § 18 Abs. 3 SEBG z.B. dann, wenn eine SE, deren Gründungsgesellschaften keine Mitbestimmung auf Unternehmensebene hatten und für die auch selbst keine Unternehmensmitbestimmung vereinbart wurde, nachträglich eine mitbestimmte Gesellschaft mit u.U. großer Arbeitnehmerzahl aufnimmt. Die Mitbestimmungssicherung in einem solchen Fall gilt nur unter den Voraussetzungen, unter denen die Mitbestimmungssicherung allgemein greift (vgl. § 18 Rn 20). 135

Besteht ein enger zeitlicher Zusammenhang zwischen der Gründung der SE und der nachfolgenden Strukturänderung, so kann ein Verfahrensmissbrauch nach § 43 SEBG und Art. 11 der SE-Richtlinie (vgl. § 43 SEBG Rn 6) vorliegen. 136

---

72 Vgl. schon *Habersack* ZGR 2003, 724ff; *Schwarz* SE-VO Einl Rn 163–228 m.w.N.; ausführlich *Hommelhoff/Lächler* in: Lutter/Hommelhoff/Teichmann, SE-Konzernrecht Rn 5ff („Verdrängungsermächtigung").

73 Vgl. *Schwarz* SE-VO Einl Rn 208; ausführlich *Hommelhoff/Lächler* in: Lutter/Hommelhoff/Teichmann, SE-Konzernrecht Rn 11.

74 Zum grenzüberschreitenden SE-Konzern schon *Schwarz* SE-VO Einl. Rn 178–182, jetzt ausführlich *Hommelhoff/Lächler* in: Lutter/Hommelhoff/Teichmann, SE-Konzernrecht Rn 29ff.

75 Zum Nachteilsausgleich vgl. m.w.N. *Hommelhoff/Lächler* in: Lutter/Hommelhoff/Teichmann, SE-Konzernrecht Rn 13. Nach der früheren Rechtsprechung des BGH (ZIP 2001, 1874 – Bremer Vulkan) haftete die Konzernobergesellschaft im Wege der Außenhaftung, wenn sie gegenüber der Untergesellschaft einen existenzvernichtenden Eingriff vorgenommen hatte. Die neuere Rechtsprechung löst das Problem über eine Innenhaftung nach § 826 BGB wegen vorsätzlicher sittenwidriger Schädigung, vgl. oben Fn 124.

G. „Renationalisierung" der SE

137 Die VO nimmt in Art. 66 die Möglichkeit auf, eine identitätswahrende Rückumwandlung der SE in eine nationale Aktiengesellschaft des Sitzstaates vorzunehmen. Die Gesellschaft muss dem Recht des Sitzstaats unterliegen (Abs. 1), in dem sich auch die Hauptverwaltung befindet (Art. 7 SE-VO). Voraussetzung ist, dass der Umwandlungsbeschluss erst zwei Jahre nach Eintragung der SE oder nach Genehmigung der ersten beiden Jahresabschlüsse gefasst wird. Die Sicherung der Arbeitnehmer durch die Sperrfrist von zwei Jahren ist erforderlich, um eine Flucht aus der Mitbestimmung zu verhindern bzw. zu erschweren.[76] Das Verfahren entspricht im Wesentlichen dem bei einer Umwandlung nach Art. 37 SE-VO. Durch eine entsprechende Vereinbarung über die Beteiligung der Arbeitnehmer (vgl. unten zu § 21 SEBG) kann verhindert werden, dass im Wege einer solchen Rückumwandlung Beteiligungsrechte beseitigt werden.

138 Bei einer formwechselnden Umwandlung in eine andere Gesellschaftsform als die der Aktiengesellschaft ist Art. 66 SE-VO und damit auch die zweijährige Sperrfrist analog anzuwenden, soweit das Recht des Sitzstaats eine solche Umwandlung überhaupt zulässt.[77]

139 Eine Renationalisierung kann im Einzelfall auch einen Missbrauch nach § 43 SEBG darstellen (vgl. § 43 SEBG Rn 6).

H. Auflösung und Insolvenz

140 Für die Auflösung, Liquidation, Zahlungsunfähigkeit und Zahlungseinstellung der SE gelten nach Art. 63 SE-VO die Rechtsvorschriften, welche für eine nach dem Recht des Sitzstaats gegründete AG gelten würden. Es handelt sich um eine auf das Gesellschaftsrecht beschränkte Spezialverweisung, welche die Generalverweisung von Art. 9 Abs. 1 Buchstabe c der SE-VO verdrängt und vor allem die Auflösungsgründe erfasst.[78] Für eine SE mit Sitz in Deutschland gilt das deutsche Insolvenzrecht.[79] Ausgenommen von der Verweisung sind die Regelungen, welche die SE-VO selbst trifft. In Art. 7, 64 Abs. 2 regelt sie, dass eine SE aufgelöst werden muss, wenn sie ihren Sitz nicht in einem EU- bzw. EWR-Mitgliedstaat hat. In Art. 65 regelt sie die Offenlegung der Löschung und verweist hierbei auf Art. 13 SE-VO.

I. Gesetzliche Änderungen des SEAG

I. Allgemeines

141 Seit Inkrafttreten des SEAG im Dezember 2004 hat es mehrfache Änderungen gegeben, die im Wesentlichen lediglich redaktioneller Art waren. Diese erfolgten ganz überwiegend im Rahmen allgemeiner gesellschaftsrechtlicher Neuregelungen, die auch gesetzliche Anpassungen des SEAG nach sich zogen.[80] Von erheblicher Tragweite sind hingegen die Änderungen durch das

---

76 Vgl. *Schwarz* SE-VO, Art. 66 Rn 31, ausführlich *Schmidt* in: Lutter/Hommelhoff/Teichmann Art. 66 Rn 4 ff m.w.N.

77 Vgl. *Bayer* in: Lutter/Hommelhoff/Teichmann Art. 3 Rn 2, Schmidt in: Lutter/Hommelhoff/Teichmann Art. 66 Rn 7f. und *Drinhausen* in: Habersack/Drinhausen Art. 66 Rn 7, 35.

78 Vgl. *Ehricke* in: Lutter/Hommelhoff/Teichmann Art. 63 SE-VO Rn 12, 15 und 27 ff (allgemeine und SE-spezifische Vorschriften zu den Auflösungsgründen) m.w.N.

79 Vgl. *Ehricke* in: Lutter/Hommelhoff/Teichmann Art. 63 SE-VO Rn 45 ff, Modifikationen für die monistische SE in Rn 50 ff.

80 Siehe Gesetz zur Unternehmensintegrität und Modernisierung des Anfechtungsrechts (UMAG) v. 22.9.2005, BGBl. I 2005, 2802; Gesetz über elektronische Handelsregister und Genossenschaftsregister sowie das Unternehmensregister (EHUG) v. 10.11.2006, BGBl. I 2006, 2553; MoMiG v. 23.10.2008, BGBl. I 2026; FGG-Reformgesetz v. 17.12.2008, BGBl. I 2586; Bilanzrechtsmodernisierungsgesetz (BilMoG) v. 25.5.2009, BGBl. I 2009,

Gesetz für die gleichberechtigte Teilhabe von Frauen und Männern an Führungspositionen in der Privatwirtschaft und im öffentlichen Dienst (FüPoG[81]) aus dem Jahr 2015, weil sie die Zusammensetzung des Aufsichtsrats/Verwaltungsrats einer SE – je nach Fallkonstellation – wesentlich verändern können.

II. Geschlechterquote im Aufsichts- oder Verwaltungsrat einer SE

1. Allgemeines

Am 1. Mai 2015 ist das FüPoG in Kraft getreten. Zur Förderung des Anteils weiblicher Füh- 142
rungskräfte führt dieses Gesetz neben der fixen Mindestquote von 30 Prozent für den Aufsichtsrat börsennotierter **und** voll mitbestimmungspflichtiger Unternehmen (fixe Geschlechterquote) als ergänzende Maßnahme die gesetzlichen Verpflichtungen für Aufsichtsrat und Vorstand von mitbestimmten **oder** börsennotierten Unternehmen ein, Zielgrößen zur Erhöhung des Frauenanteils festzulegen (verbindliche Zielvorgabe).

2. Fixe Geschlechterquote

a) Unionsrechtliche Probleme

Es war lange umstritten, ob die fixe Geschlechterquote nur die paritätisch mitbestimmungs- 143
pflichtigen nationalen Unternehmen, die unter das Mitbestimmungsgesetz, das Mitbestimmungsergänzungsgesetz oder das Montanmitbestimmungsgesetz fallen oder auch die europäische Rechtsform der SE erfassen sollte. Mehrere Gesetzentwürfe[82] unterschiedlicher Parteien aus dem Jahr 2012 sprachen sich für eine zwingende Einbeziehung der SE in den Geltungsbereich einer gesetzlichen Quotenregelung aus. Ohne die Besonderheiten der SE als europäische Rechtsform zu berücksichtigen[83], verfolgten diese Gesetzentwürfe allein das Ziel, die SE mit der nationalen AG gleichzustellen, um eine Flucht aus der paritätisch mitbestimmten AG in die paritätisch mitbestimmten SE zu verhindern.

Im Unterschied zu diesen Gesetzentwürfen sah der Referentenentwurf des FüPoG[84] hinsicht- 144
lich der Einbeziehung der SE in den Geltungsbereich der fixen Geschlechterquote keine zwingende, sondern nur eine Soll-Vorschrift für die Geschlechterquote im Aufsichts- oder Verwaltungsrat der SE vor. Er enthielt in den §§ 17, 24 SEAG und in § 21 SEBG Regelungen, nach denen in einer paritätisch mitbestimmten und börsennotierten SE unter den Anteilseignervertretern

1102; Gesetz zur Umsetzung der Aktionärsrichtlinie (ARUG) v. 30.7.2009, BGBl. I 2009, 2479; Abschlussprüfungsreformgesetz (AReG) v. 10.5.2016, BGBl. I 2016, 1142.

81 Gesetz für die gleichberechtigte Teilhabe von Frauen und Männern an Führungspositionen in der Privatwirtschaft und im öffentlichen Dienst – FüPoG – v. 24.4.2015, BGBl. I 2015, 642.

82 Der Entwurf eines Gesetzes zur Förderung der Chancengleichheit von Männern und Frauen in Wirtschaftsunternehmen (BT-Drucks. 17/8878 v. 6.3.2012) der SPD sah eine Mindestquote von 40 Prozent für Frauen und Männern in Aufsichtsräten und Vorständen vor; diese Vorgaben sollten aufgrund entsprechender Änderungen im SEAG und im SEBG auch für eine börsennotierte und mitbestimmte SE gelten. Der Gesetzentwurf von Bündnis90/Die Grünen (Entwurf eines Gesetzes zur Förderung gleichberechtigter Teilhabe von Frauen und Männern in Führungspositionen, BT-Drucks. 17/11139) vom 23.10.2012 favorisierte eine gestufte Mindestquotenregelung für die Besetzung von Frauen und Männern im Aufsichtsrat von zunächst 20 Prozent und in der Endstufe 40 Prozent. Diese Regelung erfasste auch die börsennotierte und mitbestimmte SE. Entsprechende Regelungen – auch zur SE – enthielt der Gesetzentwurf des Bundesrates vom 31.10.2012 (Entwurf eines Gesetzes zur Förderung gleichberechtigter Teilhabe von Frauen und Männern in Führungspositionen, BR-Drucks. 17/11270).

83 Kritisch *Kraft/Redenius-Hövermann* AG 2012, 28 ff.

84 Gemeinsamer Referentenentwurf des Bundesministeriums für Familie, Senioren, Frauen und Jugend und des Bundesministeriums der Justiz und für Verbraucherschutz vom 9.9.2014.

und Arbeitnehmervertretern im Aufsichtsrat oder Verwaltungsrat Frauen und Männer jeweils mit einem Anteil von mindestens 30 Prozent vertreten sein sollten. Bei Eingreifen der Auffangregelung sollte dieser 30-Prozent-Anteil für Arbeitnehmervertreter aufgrund einer Änderung des § 36 SEBG beschränkt werden auf die Arbeitnehmervertreter im Aufsichtsrat, die auf das Inland entfallen. Durch diese Soll-Vorschrift für die Geschlechterquote im Aufsichtsrat oder Verwaltungsrat der SE sollte den beachtlichen rechtlichen Bedenken begegnet werden, die gegen eine zwingende Mindestquotenregelung für die SE sprechen.[85]

145 Diese Bedenken betreffen insbesondere die Zuständigkeit und Regelungsbefugnis des nationalen Gesetzgebers und die Freiheit der Verhandlungsparteien, selbst über die Mitbestimmung in der SE und die Zusammensetzung der Aufsichtsorgane zu entscheiden. Für die SE gibt es keine Mitbestimmung im Aufsichts- oder Verwaltungsrat, die anhand objektiver Merkmale des Unternehmens normativ festgelegt wäre. Vielmehr ist für die Ausgestaltung der Mitbestimmung der Arbeitnehmer in den Unternehmensorganen der SE vorrangig die Verhandlungslösung maßgeblich.[86] Scheitern die Verhandlungen, greift eine gesetzliche Auffangregelung zur weitest gehenden Absicherung bestehender Beteiligungsrechte der Arbeitnehmer. Die Verhandlungen können neben einer paritätisch mitbestimmten auch zu einer weniger stark mitbestimmten oder zu einer mitbestimmungsfreien SE führen. Die für die Geschlechterquote notwendige Voraussetzung der paritätischen Besetzung des Aufsichts- oder Verwaltungsrats ist nur bei einem solchen Verhandlungsergebnis und – in der Praxis – damit nur in wenigen Fällen sichergestellt.[87]

146 Für die Verhandlungen über die Mitbestimmung hat der europäische Gesetzgeber lediglich einen eng begrenzten, zwingend einzuhaltenden Rahmen vorgegeben (z.B. Geltungsbereich, Laufzeit, Regelungen zur Information und Konsultation). Die weitere inhaltliche Ausgestaltung der Mitbestimmungsvereinbarung bleibt den Verhandlungspartnern überlassen.[88] Diese weite Verhandlungsautonomie wird allein den Verhandlungsparteien, nicht aber den Mitgliedstaaten eingeräumt. Die Verhandlungspartner sind hinsichtlich der inhaltlichen Themen und Ausgestaltung frei; sie können in der Vereinbarung z.B. auch einen Geschlechterproporz für den Aufsichts- oder Verwaltungsrat regeln. Eine entsprechende Regelungsautonomie der einzelnen Mitgliedstaaten ist an dieser Stelle gerade nicht vorgesehen. Befugnisse der Mitgliedstaaten, eigenständige Regelungen für die SE zu erlassen, werden in der SE-Richtlinie ausdrücklich benannt. Hierzu zählen z.B. in Art. 3 Abs. 2 Buchstabe b SE-Richtlinie die Festlegung des Verfahrens für die Bestimmung der Mitglieder des besonderen Verhandlungsgremiums und die Einbeziehung von Gewerkschaftsvertretern oder in Art. 8 Abs. 3 die Sonderregelungen für Tendenzunternehmen. Das Fehlen einer solchen „Mitgliedstaatenoption" bezüglich der Festlegung des Verhandlungsinhaltes zur Zusammensetzung der Arbeitnehmerbank im Aufsichts- oder Verwaltungsrat der SE oder zur inhaltlichen Ausgestaltung der Mitbestimmung zeigt, dass es den Mitgliedstaaten nicht gestattet sein soll, insoweit die Vertragsautonomie der Parteien durch zwingende rechtliche Vorgaben einzugrenzen.

147 Sofern die Mitbestimmung in der SE im Wege der Auffangregelung bestimmt wird, bestehen ebenfalls rechtliche Bedenken gegen eine Quotenvorgabe. Die für Arbeitnehmervertreter vorgesehenen Aufsichtsrats- bzw. Verwaltungsratssitze werden aufgrund europäischer Vorgaben (Anhang zur SE-RL Teil 3 Buchtstabe b Unterabsatz 3) auf die beteiligten Mitgliedstaaten verteilt. Jeder Mitgliedstaat entscheidet dann im Rahmen der europäischen Rahmenvorgaben eigenständig über die Besetzung der ihm zustehenden Sitze im Aufsichts- oder Verwaltungsrat. Eine ge-

85 Kritisch z.B. *Sagan* RdA 2015, 255, 257.
86 S. ausführlich § 21 Rn 20 ff.
87 Zum Zeitpunkt des Inkrafttretens des FüPoG am 1.1.2016 fielen 5 SE unter den Geltungsbereich der fixen Geschlechterquote.
88 S. § 21 Rn 22 ff.

setzlich verbindliche Mindestrepräsentanz beider Geschlechter von 30 Prozent für das Aufsichts- oder Verwaltungsorgan könnte der deutsche Gesetzgeber daher nur für die aus dem Inland kommenden Mitglieder im Aufsichtsrat oder Verwaltungsrat der SE vorschreiben, da die Gesetzgebungskompetenz des deutschen Gesetzgebers nicht über die nationalen Grenzen hinaus reicht.

Für die SE lässt sich eine Geschlechterquote sinnvollerweise nur für alle Mitgliedstaaten gemeinsam auf Unionsebene durch eine entsprechende Änderung von Verordnung und Richtlinie regeln.[89] Die EU-Kommission am 14.11.2012 einen Vorschlag für eine Richtlinie zur Gewährung einer ausgewogeneren Vertretung von Frauen und Männern in Führungspositionen vorgelegt, der seither unter den Mitgliedstaaten kontrovers diskutiert wird.[90] **148**

b) Regelung zur Geschlechterquote im SEAG

aa) Allgemeines

Trotz dieser unionsrechtlichen Bedenken entschieden sich die Regierungsfraktionen unmittelbar vor der entscheidenden Kabinettsitzung am 11.12.2014 dafür, diese Soll-Vorschrift durch eine zwingende Regelung zu ersetzen. Dabei ging der Gesetzgeber im weiteren Verfahren davon aus, dass eigenständige Bestimmungen zur Quotenregelung für den Aufsichtsrat und für den Verwaltungsrat im SEAG erforderlich seien. Angesichts der Besonderheiten der SE als originäre europäische Rechtsform sei es nicht möglich, die Einbeziehung der SE in den Anwendungsbereich der fixen Quote durch eine bloße Verweisung oder Übernahme der Regelungen für die AG in § 96 Absatz 2 AktG zu realisieren.[91] **149**

Diese eigenständigen Bestimmungen für die SE finden sich in § 17 Abs. 2 und § 24 Abs. 3 SEAG. Dabei unterscheidet der Gesetzgeber nicht zwischen einer SE mit dualistischer und monistischer Leitungsstruktur.[92] Eine Regelung im SEBG ist unterblieben; damit wird die Verhandlungsautonomie des BVG auf Arbeitnehmerseite und der Unternehmensseite respektiert. **150**

Dennoch geht der Gesetzgeber davon aus, dass in den Verhandlungen über die Mitbestimmung in der SE das Thema der geschlechtergerechten Verteilung der Aufsichtsrats- oder Verwaltungsratssitze behandelt wird. Die Verhandlungspartner sollen ihren Gestaltungsspielraum nutzen, um gemeinsam mit der Anteilseignerbank eine der Quotenregelung entsprechende geschlechtergerechte Besetzung des paritätisch mitbestimmten Aufsichts- oder Verwaltungsorgans der börsennotierten SE zu erreichen.[93] **151**

Fraglich ist, ob die Regelungskompetenz der Verhandlungspartner über die Mitbestimmung so weit geht, dass die Verhandlungspartner die 30-Prozentquote modifizieren oder gar ganz ausschließen können.[94] Zwar könnte der grundsätzlich weite Verhandlungsspielraum, den die Richtlinie den Vertragspartnern – gerade auch bei der Größe des Aufsichtsgremiums – einräumt, eine solche Ansicht stützen; gewichtiger sind indessen die Argumente, die gegen eine solche Auffassung sprechen. Würde der europäische Gesetzgeber die „Richtlinie zur Gewährung einer **152**

89 S. auch *Sagan* RdA 2015, 255, 25; *Oetker* in: Lutter/Hommelhoff/Teichmann vor § 1 Rn 30.
90 Zur Frauenquote in Deutschland und Europa s. *Teichmann/Langes* EWS 2013, 175 ff.; *Hohenstatt/Krawinkel* in: Hohenstatt/Seibt Rn 48 ff.
91 S. BR-Drucks. v. 29.12.2014 636/14 S. 162 und Beschlussempfehlung und Bericht des Ausschusses für Familie, Senioren, Frauen und Jugend, BT-Drucks. 18/4227 v. 4.3.2015 S. 22 f.
92 Die Regelung zur Quotenregelung für den Verwaltungsrat kritisieren *Hohenstatt/Wendler* in: Hohenstatt/Seibt Rn 351 ff.
93 BR-Drucks. v. 29.12.2014 636/14 S. 162; ähnlich *Oetker* Jahrbuch des Arbeitsrechts (2016) Band 53 S. 70 f.
94 Bejahend *Drygala* in: Lutter/Hommelhoff/Teichmann Art. 40 SE-VO Rn 1, da es sich bei der Quotenregelung um eine Bestimmung mit Mitbestimmungsbezug handele und deshalb von der Regelungskompetenz der Verhandlungspartner umfasst sei.

ausgewogenen Vertretung von Frauen und Männern unter den nicht geschäftsführenden Direktoren/Aufsichtsratsmitgliedern börsennotierter Gesellschaften und über damit zusammenhängende Maßnahmen“[95] verabschieden und so konzipieren, dass auch die SE in den Geltungsbereich einbezogen würde, würde die darin vorgesehene Quotenregelung uneingeschränkt auch für die SE gelten ohne die Möglichkeit, sich der Quote durch eine Vereinbarung wieder entziehen zu können. Nichts anderes darf aber dann gelten, wenn der deutsche Gesetzgeber[96] – mangels unionsrechtlicher Regelung – eine solche Regelung für die SE mit Sitz in Deutschland vorsieht.[97] Ziel der Einbeziehung der SE in den Geltungsbereich des FüPoG war es, die Flucht aus der AG in die SE zu verhindern, um der Geschlechterquote zu entgehen. Vor diesem Hintergrund wäre es unverständlich, gerade diese Fluchtmöglichkeit durch eine Vereinbarung bei der SE wiederum zu eröffnen. Zudem liegt die Verantwortung für die Einhaltung der Geschlechterquote bei der Hauptversammlung.[98] In diesen Verantwortungsbereich kann die Mitbestimmungsvereinbarung nicht hineinregieren; damit wären die Grenzen der Verhandlungsautonomie überschritten.

153 In nahezu allen Fällen wird über die Ausgestaltung der Mitbestimmung der Arbeitnehmer in der SE eine Vereinbarung getroffen. Vor diesem Hintergrund bestand für den Gesetzgeber keine Veranlassung, eine entsprechende Quotenregelung für den Fall vorzusehen, dass die Verhandlungen ausnahmsweise scheitern mit der Folge, dass die Auffangregelung eingreift.[99] Eine auf die inländischen Arbeitnehmervertreter im Aufsichtsrat oder Verwaltungsrat der SE begrenzte geschlechtergerechte quotierte Besetzung besteht nicht.

154 Allerdings ist weiterhin die Regelung in § 36 Abs. 3 Satz 2 iVm § 6 Abs. 2 S. 2 SEBG zu beachten, wonach im Rahmen der gesetzlichen Auffangreglung die inländischen Aufsichtsratmitglieder auf Arbeitnehmerseite entsprechend ihrem zahlenmäßigen Verhältnis im Unternehmen gewählt werden sollen. Diese Regelung wurde durch das FüPoG weder aufgehoben noch verändert.[100] Zwar ist das Verhältnis dieser Soll-Vorschrift und der zwingenden Quotenregelung nicht leicht miteinander in Einklang zu bringen. Allerdings zeigt das Beibehalten dieser Regelung doch, dass der Gesetzgeber davon ausgeht, dass auch die Arbeitnehmerseite ihren Beitrag zur Erhöhung des Frauenanteils im Aufsichtsrat und damit zur Erfüllung der Geschlechterquote leisten soll.[101] Ein Aufheben dieser Regelung im Rahmen dieses Gesetzgebungsvorhabens hätte demgegenüber als falsches Signal – gegen eine Förderung des Frauenanteils in Führungspositionen – verstanden werden können.

bb) Hauptversammlung für die Einhaltung der 30 Prozentquote verantwortlich

155 § 17 Absatz 2 SEAG für die dualistisch und § 24 Absatz 3 SEAG für die monistisch[102] strukturierte SE enthalten in Satz 1 jeweils die Verpflichtung zur Einhaltung der Mindestquote von

---

95 S. Entwurf der Kommission vom 14.11.2012 (Rs 14127/15 vom 15.11.2015).

96 Die Regelungskompetenz des nationalen Gesetzgebers bejahen grunds. *Teichmann/Rüb* BB 2015, 259; *Grobe* AG 2015, 298.

97 Dabei bleiben die grundsätzlichen Probleme einer nationalen Geschlechterquote an diese Stelle unberücksichtigt; nach *Oetker* in: Lutter/Hommelhoff/Teichmann vor § 1 Rn 30 reichen die bisherigen Überlegungen des Kommissionsvorschlags zur Einbeziehung der SE in den Geltungsbereich der Richtlinie nicht aus, vielmehr sei eine Änderung der SE-VO erforderlich, die bisher noch nicht angestrebt werde.

98 S. Rn 155 ff.

99 Kritisch *Oetker* ZHR 2015, 707 ff.; *Seibt* in: Habersack/Drinhausen SE-VO Art. 40 Rn 44b.

100 Eine ähnliche Bestimmung enthält § 4 DrittelbG.

101 Anders *Sagan* RdA 2015, 255, 257, der von einem gesetzgeberischen Versehen ausgeht und diese Regelung und die Bestimmungen zur Geschlechterquote von 30 Prozent für nicht vereinbar hält.

102 *Teichmann/Rüb* BB 2015, 259, 265 sowie BB 2015 898, 905 halten die Regelungen für die monistische SE für unionsrechtlich bedenklich.

30 Prozent für eine börsennotierte und paritätisch mitgestimmte[103] SE.[104] Für die Frage der (paritätischen) Mitbestimmung ist es unbeachtlich, ob die Mitbestimmung in einer Vereinbarung festgelegt worden ist oder über die Auffangregelung gilt.[105] Diese Bestimmungen im SEAG entsprechen inhaltlich der Regelung in § 96 Abs. 2 S. 1 AktG. Die Unterscheidung zwischen Gesamt- und Getrennterfüllung nach § 96 Abs. 2 S. 2 und 3 AktG hat der Gesetzgeber bewusst nicht ins SEAG übernommen.[106] Für die SE kommt nur eine Gesamterfüllung[107] der Quote in Betracht, weil die Mitbestimmung und damit auch die Besetzung des Aufsichtsrat und des Verwaltungsrats auf der Arbeitnehmerbank regelmäßig im Vereinbarungsweg zwischen der Arbeitnehmerseite und der Leitung der Gesellschaft ausgehandelt wird. Ein Widerspruch gegen die Gesamterfüllung, wie er für die mitbestimmte AG nach § 96 Abs. 2 S. 3 AktG möglich ist, passt in diesem Rahmen nicht, weil die Vereinbarung nur einvernehmlich ausgehandelt und umgesetzt werden kann. Ein einseitiger Widerspruch mit der Folge, dass die Quote im Wege der Getrennterfüllung sicherzustellen ist, wäre damit nicht vereinbar. Deshalb stellt der Gesetzgeber ausdrücklich klar, dass für die SE nur die Gesamterfüllung gilt.[108]

Nach dem in Deutschland unmittelbar anwendbaren Artikel 40 Absatz 2 Satz 1 SE- **156**
Verordnung werden die Mitglieder des Aufsichtsorgans einer SE von der Hauptversammlung bestellt. Von diesem europarechtlich normierten Regelfall ist der Gesetzgeber ausgegangen. Die Verantwortung für die Erfüllung der Geschlechterquote in der SE liegt damit bei der Hauptversammlung. Sie hat, ausgehend von dem bestehenden Geschlechteranteil auf der Arbeitnehmerseite, sicherzustellen, dass insgesamt mindestens 30 Prozent des unterrepräsentierten Geschlechts – und damit Frauen – im Aufsichtsrat oder Verwaltungsrat der SE vertreten sind.[109] Diese Regelungen sind in ihrer Grundstruktur vergleichbar mit der Sicherung der Geschlechter-

103 Die Frage, ob der für die Quotenregelung geforderte Mitbestimmungsstatus tatsächlich vorliegen muss (so *Drygala* in Lutter/Hommelhoff/Teichmann Art. 39 SE-VO Rn 11) oder nur die gesetzlichen Anwendungsvoraussetzungen erfüllt sein müssen (s. zur Problemstellung insgesamt *Wißmann* in: Wißmann/Kleinsorge/Schubert § 6 MitbestG Rn 63), stellt sich bei der SE nicht in gleichem Maße wie bei nationalen Mitbestimmungsgesetzen. Bei der SE wird die Mitbestimmung regelmäßig im Verhandlungsverfahren festgelegt; auf das Erreichen von Anwendungsschwellen kommt es dabei nicht an. Daher wird insoweit Streit mit der Folge eines Statusverfahrens über die Anwendung eines bestimmten Mitbestimmungsregimes in der Praxis kaum vorkommen; zu dieser Problematik im Bereich der nationalen Mitbestimmungsgesetze s. *Bayer/Hoffmann* GmbHRundschau 2017, 441 ff.

104 Zu den Merkmalen der Börsennotierung nach § 3 Abs. 2 AktG und der paritätischen Mitbestimmung s. *Hohenstatt/Kaak* in: Hohenstatt/Seibt Rn 68 ff. und 72 ff. Unter die 30 Prozentquote fallen (Stand 1.5.2016) folgende SE: Allianz, BASF, E.ON, MAN, Porsche Holding und SGL Carbon.

105 Ebenso *Drygala* in: Lutter/Hommelhoff/Teichmann Art. 39 SE-VO Rn 12.

106 S. auch *Wißmann* in: FS Höland S. 600, 607; Oetker Jahrbuch des Arbeitsrechts (2016) Band 53, S. 70 f; *Jacobs* in MÜKOAktG Vorbem. Rn 51; **aA** *Seibt* in: Habersack/Drinhausen SE-VO Art. 40 Rn 44b, der auch für die SE ein Widerspruchsrecht gegen die Gesamterfüllung bejaht, allerdings der Praxis empfiehlt, ein solches Widerspruchsrecht und damit die Getrennterfüllung in der Mitbestimmungsvereinbarung zu regeln. Fraglich ist indessen, ob eine solche Vereinbarung, die auch die Rechtslage hinsichtlich der Anteilseignerbank regeln würde, zulässig ist; s. hierzu *Hohenstatt/Müller-Bonanni* in: Habersack/Drinhausen SEBG § 21 Rn 28a. Vom Regelungsumfang der Richtlinie wäre ein solcher Inhalt nicht gedeckt. Zutreffend daher *Oetker* (ZHR 2015, 742), der die Regelungskompetenz in der Mitbestimmungsvereinbarung auf die Arbeitnehmerbank beschränkt. Rechtlich zulässig ist es daher, wenn die Verhandlungspartner selbst bei der Ausgestaltung der Mitbestimmung vereinbaren, dass die Arbeitnehmerbank eine bestimmte Frauenquote einhalten muss. Indirekt wird damit dann auch die Mindestquote für die Anteilseignerbank geregelt; im Ergebnis ebenso *Teichmann/Rüb* BB 2015, 898, 905.

107 *Wißmann* in: Widmann/Mayer/Anhang 2 Mitbestimmungsrecht Rn 93.1.

108 BT-Drucks. 18/4227 v. 4.3.2015, S. 22 f; ebenso *Oetker* ZHR 2015, 707 ff.; *Grobe* AG 2015, 289, 298; *Spielberger/Röthlingshöfer* AuA 2015, 337 f. Einen völligen Gleichlauf der SE mit der nationalen AG betonen *Teichmann/Rüb* BB 2015, 898, 904 und *Hohenstatt/Seibt*/Rn 339 ff. und bejahen vor diesem Hintergrund auch die Möglichkeit der Getrennterfüllung der Geschlechterquote durch beide Aufsichtsratsbänke; *Hohenstatt/Wendler* empfehlen allerdings, den eindeutigen Willen des Gesetzgebers gegen eine Getrennterfüllung zu respektieren.

109 S. *auch Wißmann* in: FS Höland S. 600, 607; Oetker ZHR 2015, 707 ff., der danach differenziert, ob die Mitbestimmung vereinbart worden ist oder die Auffangregelung eingreift.

quote im Montan-Mitbestimmungsgesetz. Auch dort liegt die Verantwortung für die Einhaltung der Geschlechterquote bei der Hauptversammlung.[110] Vorgaben für die Arbeitnehmerseite gibt es bei der Gesamterfüllung auch dort nicht.

157 Soweit Mitbestimmungsvereinbarungen einiger deutscher SE vorsehen, dass die Arbeitnehmervertreter im Aufsichtsrat von einem anderen Gremium, z B vom SE-Betriebsrat, bestellt werden, kann der Gesetzgeber insoweit nicht regelnd eingreifen.[111] Dies entbindet die Hauptversammlung jedoch nicht von ihrer Verpflichtung zur Einhaltung der Geschlechterquote.[112]

cc) Rückgriff auf das AktG

158 Das SEAG enthält lediglich die wesentliche, aber nicht abschließende Grundnorm zur Quotenregelung von 30 Prozent. Bestimmungen zu Rundungsreglungen oder zur Nichtigkeitsfolge für den Fall, dass die Hauptversammlung bei der Wahl oder Entsendung ihrer Mitglieder die Geschlechterquote von 30 Prozent nicht erreicht, sind nicht im SEAG geregelt. Diese Lückenhaftigkeit der Neuregelung wiegt in der Praxis allerdings weniger schwer als vielfach befürchtet wird.[113] Über die Generalverweisung in Artikel 9 Absatz 1 Buchstabe c Ziffer ii der SE-Verordnung werden diese „Regelungslücken" geschlossen[114], da insoweit § 96 Absatz 2 Satz 4, 6 und 7 AktG für die SE anwendbar ist.[115] Einer zusätzlichen Verweisung in § 17 Absatz 2 oder § 24 Absatz 3 SEAG auf diese Regelungen bedarf es nicht.[116]

159 Zur Berechnung der Mindestquote von 30 Prozent war in Vorentwürfen – systemgerecht – zunächst eine Aufrundung auf volle Personenzahlen in allen Fällen vorgesehen, um dem Merkmal „mindestens" gerecht zu werden.[117] Diese Rundungsregelung hat der Gesetzgeber dahingehend verändert, dass nunmehr auf volle Personenzahlen auf- bzw. abzurunden ist (§ 96 Abs. 2 S. 4 AktG). Dies hat zur Folge, dass bei vorzunehmender Abrundung nicht in allen Fällen die Mindestquote von 30 Prozent erreicht wird.

160 Die Bestellung der Aufsichtsratsmitglieder durch die Hauptversammlung kann nur rechtswirksam erfolgen, wenn die Geschlechterquote eingehalten wird. An die Nichtbeachtung der fixen Quote bei dieser Bestellung knüpft deshalb die Nichtigkeitsfolge nach § 96 Abs. 2 S. 6 AktG sowie die Möglichkeit an, über § 104 AktG die geschlechtergerechte Zusammensetzung des Aufsichts- oder Verwaltungsrats der SE herzustellen.[118] Obwohl in § 104 Abs. 5 AktG nur nationale Mitbestimmungsgesetze ausdrücklich aufgeführt sind, gilt die Regelung für die dualistisch strukturierte SE über Art. 9 Abs. 1 lit. c Nr. ii SE-VO ebenfalls. Für die monistisch strukturierte SE ist insoweit § 30 SEAG zu beachten, der die entsprechende Klarstellung wie in § 104 Abs. 5 AktG zwar nicht enthält, durch eine entsprechende Auslegung der §§ 30 Abs. 2, 24 Abs. 3 SEAG ist das

110 *Oetker* ZHR 2015, 707 ff.
111 Vgl. BT-Drucks. 18/4227 v. 4.3.2015, S. 23.
112 **AA** *Sagan* (RdA 2015, 255, 260), wonach die §§ 17 Abs. 2, 24 Abs. 3 SEAG richtlinienkonform darauf zu beschränken seien, dass allein auf der Anteilseignerseite die Geschlechterquote von 30 Prozent einzuhalten sei. Insoweit wird übersehen, dass dem nationalen Gesetzgeber die Regelungskompetenz für eine zwingende Quotenregelung für die Arbeitnehmerbank fehlt, eben deshalb hat er sich für die Gesamterfüllung entschieden und die Verantwortung für die Einhaltung der Quote der Hauptversammlung übertragen.
113 Zutreffend *Hohenstatt/Wendler* in: Hohenstatt/Seibt Rn 328; *Wißmann* in: Widmann/Mayer/Anhang 2 Mitbestimmungsrecht Rn 93.1.
114 Ebenso *Seibt* in: Habersack/Drinhausen SE-VO Art. 40 Rn 44c.
115 Anders *Wasmann/Rothenburg* DB 2015, 291 ff., wonach mangels ausdrücklicher Verweisung auf § 96 Abs. 2 S. 6 AktG ein Verstoß gegen die gesetzliche Mindestquote in der SE nicht zur Nichtigkeit, sondern nur zur Anfechtbarkeit des Hauptversammlungsbeschlusses über die Wahl der Aufsichtsrats- und Verwaltungsratsmitglieder führt.
116 Vgl. die Begründung zu § 17 Absatz 2 SEAG sowie BT-Drucks. 18/4227 v. 4.3.2015 S. 22 f.
117 *Seibert* NZG 2016, 16 ff.
118 S. grundsätzlich *Wandt* AG 2016, 877 ff.

gewünschte und sachlich zutreffende Ergebnis unter Berücksichtigung des Geschlechterverhältnisses aber ebenso zu erreichen.

Die Verpflichtung zur Einhaltung der Geschlechterquote besteht ab dem 1.1.2016. Sofern ab diesem Zeitpunkt die SE die Geschlechterquote von mindestens 30 Prozent noch nicht erfüllt, sind einzelne oder mehrere neu zu besetzende Sitze im Aufsichtsrats- oder Verwaltungsrat der SE mit Personen des unterrepräsentierten Geschlechts zu besetzen, um dessen Anteil sukzessive zu steigern. Bestehende Mandate können bis zu ihrem regulären Ende wahrgenommen werden; insoweit geht der Bestandsschutz vor. Diese klarstellenden Regelungen in § 17 Abs. 2 S. 2 bis 4 und in § 24 Absatz 3 S. 2 bis 4 SEAG entsprechen der Parallelvorschrift des § 25 Absatz 2 EGAktG. 161

Für die SE sind die Berichtspflichten über die Geschlechterquote in § 289a Abs. 2 Nr. 5 HGB zu beachten. Hiernach muss die SE nicht nur über die Einhaltung der Quote informieren, sondern auch Angaben zu den Gründen machen, warum die Mindestquote von 30 Prozent nicht erreicht worden ist. Der Sinn dieser Berichtspflicht ist zu hinterfragen, weil der Gesetzgeber die nicht quotengerechte Zusammensetzung des Aufsichts- oder Verwaltungsrats nicht akzeptiert, sondern anordnet, dass die gesetzeskonforme Besetzung über das Instrument der gerichtlichen Ersatzbestellung nach § 104 AktG hergestellt wird. 162

Bei einem Verstoß gegen die ordnungsgemäße Besetzung des Aufsichts- oder Verwaltungsrats mit Frauen und Männern sind die allgemeinen Haftungsbestimmungen im AktG heranzuziehen. Vorstand und Aufsichtsrat sind zur Überwachung und Einhaltung der rechtlichen Vorschriften und internen Regelungen in der Gesellschaft verpflichtet. Der Vorstand ist ebenso wie der Aufsichtsrat gehalten, die Nichtigkeit der Bestellung geltend zu machen. Zudem muss der Vorstand auf die baldige ordnungsgemäße Zusammensetzung des Aufsichtsrats hinwirken. Er ist grundsätzlich bei eintretender Beschlussunfähigkeit des Aufsichtsrats gemäß § 104 Absatz 1 Satz 2 AktG verpflichtet, unverzüglich den Antrag auf gerichtliche Ergänzung nach § 104 Absatz 1 Satz 1 AktG zu stellen. Das Unterlassen der vorbenannten Pflichten des Vorstands und Aufsichtsrats kann eine Schadensersatzpflicht nach § 93 Abs. 2 Satz 1 AktG, § 116 AktG nach sich ziehen.[119] Für die monistisch strukturierte SE sind ergänzend die §§ 25, 30, 39 SEAG zu beachten. 163

3. Verbindliche Zielvorgabe für die SE

a) Allgemeines

Zur Förderung des Anteils weiblicher Führungskräfte führt das FüPoG neben der fixen Mindestquote von 30 Prozent als ergänzende Maßnahme die gesetzliche Verpflichtung für Aufsichtsrat und Vorstände von mitbestimmten oder börsennotierten Unternehmen ein, Zielgrößen zur Erhöhung des Frauenanteils festzulegen. 164

Zwar bestehen für diese Verpflichtung keine ausdrücklichen Regelungen im SEAG, allerdings gelten über die Generalverweisung in Artikel 9 Abs. 1 Buchst. c Ziffer ii der SE-Verordnung für die dualistisch strukturierte SE die Regelungen in § 76 Abs. 4 und in § 111 Absatz 5 AktG entsprechend.[120] Für eine monistisch strukturierte SE sieht § 22 Abs. 6 SEAG eine sinngemäße Anwendung dieser aktienrechtlichen Regelungen vor.[121] Eine SE trifft die Verpflichtung zur Festlegung von Zielgrößen dann, wenn sie börsennotiert oder – in welcher Form auch immer – mitbestimmt ist; gleiches gilt, wenn die SE beide Voraussetzungen erfüllt. Diese Zielgrößen betref- 165

119 *Fromholzer/Simons* AG 2015, 457, 465 ff.
120 *Wißmann in:* Widmann/Mayer Anhang 2 Mitbestimmungsrecht Rn 93.2.
121 Zu § 22 Abs. 6 SEAG als „generelle" Auffangnorm s. *Teichmann/Rüb* BB 2015, 898, 905 f; *Grobe* AG 2015, 289, 299.

fen den Aufsichtsrat, den Vorstand und die oberen Managementebenen der SE. Hierbei handelt es sich nicht um eine Geschlechter-, sondern um eine Frauenquote.

166 Das Verhältnis der Bestimmungen über die verbindliche Zielvorgabe zu den bisherigen Regelungen in § 36 Abs. 3 Satz 2 i.V.m. § 6 Abs. 2 S. 2 SEBG zum Geschlechterverhältnis im Aufsichts- und Verwaltungsrat der SE ist nicht eindeutig.[122] Zwar verfolgen beide Regelungen dasselbe Ziel, den Anteil von Frauen in Führungspositionen zu erhöhen[123]; inhaltlich unterscheiden sie sich jedoch erheblich. Während § 36 Abs. 3 Satz 2 iVm § 6 Abs. 2 S. 2 SEBG eine Geschlechterquote entsprechend dem jeweiligen Anteil von Frauen und Männern im Unternehmen regelt und sich nur auf die Arbeitnehmerbank bezieht, sind bei der verbindlichen Zielvorgabe allein Frauen die Begünstigten; zudem erstreckt sich die Zielvorgabe nicht allein auf die Arbeitnehmerbank, sondern auf den Gesamtaufsichtsrat.

167 Vor diesem Hintergrund ist es durchaus möglich, dass die Festlegung der verbindlichen Zielvorgabe die Regelung des § 36 Abs. 3 Satz 2 iVm § 6 Abs. 2 S. 2 SEBG für die Arbeitnehmerbank mitberücksichtigt und im Übrigen eine andere (Teil-)Zielgröße für die Anteilseignerbank festlegt, um daraus die von Gesetz geforderte festzulegende Zielgröße für den Gesamtaufsichtsrat zu bilden.[124] Diese Vorgehensweise ist indessen nicht zwingend, da die für die Festlegung der verbindlichen Zielvorgabe maßgeblichen Akteure – hier der Aufsichtsrat – einen weiten Gestaltungsspielraum haben.

168 Umstritten ist, ob die Höhe der festzulegenden Zielgröße auch bei „Null“ liegen kann und damit eine Erhöhung des Frauenanteils nicht angestrebt wird.[125] Berücksichtigt man bei dieser Diskussion die Regelung in § 36 Abs. 3 Satz 2 iVm § 6 Abs. 2 S. 2 SEBG und den Sinn und Zweck dieser Bestimmung, den Frauenanteil im Aufsichtsrat zu erhöhen, so ist eine „Nulllösung“ jedenfalls in den Fällen kaum zu begründen, in denen der Aufsichtsrat nicht einmal den erforderlichen Frauenanteil auf der Arbeitnehmerbank erreicht, der nach dem Geschlechterverhältnis im Unternehmen erforderlich wäre.

b) Aufsichtsrat

169 Der Aufsichtsrat ist verpflichtet, Zielgrößen für den Frauenanteil im Vorstand und im Aufsichtsrat selbst festzulegen.[126] Die Verpflichtung zur Festlegung von Zielgrößen für den neuen Aufsichtsrat trifft den bisherigen Aufsichtsrat, obwohl ihm die Kompetenz fehlt, für die Verwirklichung dieser Zielgrößen zu sorgen. Die Hauptversammlung wählt die Aufsichtsratsmitglieder der SE; zudem ist zu beachten, dass die Aufsichtsratsmitglieder der Arbeitnehmer auf der Grundlage einer Vereinbarung oder im Wege der Auffangregelung durch die unterschiedlichen Mitgliedstaaten in eigener Verantwortung bestimmt werden. Dennoch hat der Gesetzgeber diese Pflicht dem Aufsichtsrat übertragen. § 111 Abs. 5 S. 5 AktG bestimmt, dass für einen Aufsichtsrat dann keine Zielgrößen festzulegen sind, wenn bereits die Geschlechterquote von mindestens 30 Prozent nach § 17 Abs. 2 und § 24 Abs. 3 SEAG einzuhalten ist.

---

122 Vgl. auch die Ausführungen unter 2. b) aa).

123 BT-Drucks. 15/2542 S. 2; BR-Drucks. 636/14 S. 46.

124 Die Möglichkeit, unterschiedliche Zielquoten für die jeweiligen Aufsichtsratsbänke festzulegen, bejahen *Fromholzer/Simons* AG 2015, 457 ff.; *Herb* DB 2015, 964.

125 Dafür, weil der Gesetzeswortlaut dies nicht verbiete *Wasmann/Rothenburg* DB 2015, 291; *Stüber* DStR 2015, 947 ff.; dagegen, weil dies mit dem Sinn und Zweck des Gesetzes unvereinbar sei *Teichmann/Rüb* BB 2015, 898 ff; differenzierend *Seibt* in: Hohenstatt/Seibt Rn 291, der bei mitgliederschwachen AR eine Nulllösung akzeptiert.

126 Ausf. *Oetker* Jahrbuch des Arbeitsrechts (2016) Band 53 S. 71 ff.

c) Vorstand

Der Vorstand hat die Pflicht, Zielgrößen in Bezug auf den Frauenanteil in den beiden – konkret vorhandenen – Führungsebenen unterhalb des Vorstands festzulegen. Führungsebenen sind organisatorische Einheiten, die zueinander gleichberechtigt, aber einer gemeinsamen Führung untergeordnet sind. Handelt es sich in einer SE um eine ausgeprägte Hierarchie, sind nur die beiden Ebenen angesprochen, die dem Vorstand unmittelbar unterstehen. Ist eine flache Hierarchie derart gestaltet, dass nur eine Leitungsebene unterhalb des Vorstands besteht, bezieht sich die Verpflichtung auch nur auf diese.[127] **170**

d) Verwaltungsrat der monistisch strukturierten SE

Alle Pflichten zur Festlegung von Zielgrößen, die sich bei der dualistisch strukturierten SE der Aufsichtsrat und der Vorstand teilen, obliegen in einer monistischen SE dem Verwaltungsrat.[128] Unterhalb des Verwaltungsrats sind die geschäftsführenden Direktoren die erste Hierarchieebene, für die der Gesetzgeber eine Zielgröße für den Frauenanteil verlangt.[129] **171**

e) Festlegung von Zielgrößen und deren Veröffentlichung

Der Status quo des Frauenanteils im Unternehmen ist Ausgangspunkt für die Pflicht zur Festlegung von Zielgrößen für den Frauenanteil. Liegt der Frauenanteil in einer Führungsebene bei Festlegung der Zielgrößen unter 30 Prozent, so dürfen nach § 76 Abs. 4 S. 2 AktG die jeweils festzusetzenden Zielgrößen nicht hinter dem Status quo zurückbleiben. Liegt der Frauenanteil dagegen bei mehr als 30 Prozent, darf die festzulegende Zielgröße für die entsprechende Führungsebene den erreichten Wert wieder unterschreiten. Fällt der tatsächliche Frauenanteil dann jedoch unter 30 Prozent, gilt nunmehr das Verschlechterungsverbot, so dass die demnächst festzulegenden Zielgrößen nicht mehr hinter diesen Status quo zurückfallen dürfen.[130] Die Festlegung von Zielgrößen ist gesetzlich zwingend vorgeschrieben, in der Höhe aber durch die Unternehmen selbst bestimmbar. Langfristiges Ziel des Gesetzgebers ist die paritätische Besetzung der Leitungsebenen und -organe der Gesellschaft mit Frauen und Männern. **172**

In Fällen der Nichterreichung der festgesetzten Zielgrößen hat der Vorstand nachvollziehbar darzulegen, was er unternommen hat und weshalb die Ziele nicht erreicht worden sind. Die Nichteinhaltung der selbst gesetzten Zielgrößen durch das Unternehmen ist nicht sanktionsbewährt. Der Gesetzgeber geht davon aus, dass die vorgesehenen Berichts- und Veröffentlichungspflichten für einen ausreichenden Druck der Öffentlichkeit sorgen werden, damit sich die Unternehmen ambitionierte Ziele zur Frauenförderung setzen und diese auch erreichen.[131] Nach § 25 EGAktG hatten die Festlegungen bis spätestens 30.9.2015 zu erfolgen und die erstmals festzulegende Frist darf nicht länger als bis zum 30.6.2017 dauern. Die folgenden Fristen dürfen nicht länger als jeweils fünf Jahre sein. Die Festlegung von Zielgrößen wird durch die Berichts- und Veröffentlichungspflichten des Unternehmens transparent gemacht. Diese neuen Pflichten sind für die AG und damit auch für die börsennotierte SE in § 289a Abs. 2 Nr. 4 HGB (Erklärung zur Unternehmensführung) geregelt. Alle anderen SE sind verpflichtet, die Angaben zu Zielgrößen **173**

---

127 BR-Drucks. v. 29.12.2014 636/14 S. 142 f.

128 Zur Kritik an der Gleichstellung von Aufsichtsrat und Verwaltungsrat s. *Teichmann/Rüb* BB 2015, 898, 905 f.

129 So auch *Fromholzer/Simons* AG 2015, 457, 45.

130 BR-Drucks. v. 29.12.2014 636/14 S. 162; s. auch *Seibt* in: Habersack/Drinhausen SE-VO Art. 40 Rn 44 f.

131 BR-Drucks. v. 29.12.2014 636/14 S. 52; skeptisch *Wißmann* in: FS Höland S. 600, 613, der den jeweiligen Regelung lediglich Appellcharakter zuweist; zweifelnd auch *Winter/Marx/De Decker* DB 2015, 1331 ff.

und Zielerreichung in einem gesonderten Abschnitt des Lageberichts zu veröffentlichen (§ 289a Abs. 4 HGB).[132]

J. Literaturhinweise zum Gesellschaftsrecht (Auswahl)

174 *Achilles/Ensthaler/Schmidt* Kommentar zum GmbH-Gesetz 2005; *Bartone/Klapdor* Die Europäische Aktiengesellschaft, 2. Aufl. 2007; *Baums/Cahn* (Hrsg.), Die Europäische Aktiengesellschaft, Umsetzungsfragen und Perspektiven, 2004, Nachtr. 2005; *Binder* Die Europäische Aktiengesellschaft, 2007; *Binder/Jünemann* Die Europäische Aktiengesellschaft, 2007; *Blanke* „Vorrats-SE" ohne Arbeitnehmerbeteiligung, Düsseldorf 2005; *ders.* Europäische Aktiengesellschaft ohne Arbeitnehmerbeteiligung? ZIP 2006; *Brandt* Die Hauptversammlung der Europäischen Aktiengesellschaft, 2004; *Bürgers/Körber* Aktiengesetz, Heidelberger Kommentar, 3. Aufl. 2014; *Casper* Die Vorrats-SE – Zulässigkeit und wirtschaftliche Neugründung, ZIP 2007, 653–662; *Emmerich/Habersack* Aktien- und GmbH-Konzernrecht, 7. Aufl. 2013; *Fleischer* (Hrsg.) Handbuch des Vorstandsrechts, 2006; *Funke* Die Arbeitnehmerbeteiligung im Rahmen der Gründung einer SE, NZA 2009, 412ff; *Gaul/Ludwig/Forst* Europäisches Mitbestimmungsrecht 2015; Großkommentar zum Aktiengesetz, herausgeg. v. *Hirte, Mülbert und M. Roth*, 5. Aufl. 2014ff; *Götze/Winzer/Arnold* Unternehmerische Mitbestimmung – Gestaltungsoptionen und Vermeidungsstrategien, ZIP 2009, 245–254; *Habersack/Drinhausen* SE-Recht 2. Aufl. 2016; *Habersack/Verse* Europäisches Gesellschaftsrecht, 4. Aufl. 2011; *Heidel* (Hrsg.), Aktienrecht und Kapitalmarktrecht, 4. Aufl. 2014; *Henn/Frodermann/Jannott* Handbuch des Aktienrechts, 8. Aufl. 2009; *Henssler/Willemsen/Kalb* Arbeitsrecht Kommentar, 7. Aufl. 2016; *Heuschmid/Schmidt* Die Europäische Aktiengesellschaft auf dem Weg in die Karibik? NZG 2007, 54–56; *Heybrock* Praxiskommentar zum GmbH-Recht, 2008; *Hirte* Die Europäische Aktiengesellschaft, NZG 2002, 1ff; *Hommelhoff* Einige Bemerkungen zur Organisationsverfassung der Europäischen Aktiengesellschaft, Die AG 2001, 279; *ders.* Zum Konzernrecht in der Europäischen Aktiengesellschaft, AG 2003, 179; *Horn* Die Europa-AG im Kontext des deutschen und europäischen Gesellschaftsrechts, DB 2005, 147; *Hüffer* Aktiengesetz, 12. Aufl. 2016, bearb. von *Koch*; *Jannott/Frodermann* (Hrsg.), Handbuch der Europäischen Aktiengesellschaft – Societas Europaea, 2. Aufl. 2014; *Kallmeyer* UmwG, 5. Aufl. 2013; *Kalss/Hügel* (Hrsg.) Europäische Aktiengesellschaft, SE-Kommentar 2004; *Kloster* Societas Europaea und europäische Unternehmenszusammenschlüsse, EuZW 2003, 293ff; *Korts* Die Europäische Aktiengesellschaft, Frankfurt 2008; *Kossmann/Heinrich* Möglichkeiten der Umwandlung einer bestehenden SE, ZIP 2007, 164–168; *Lutter/Hommelhoff* (Hrsg.), Die Europäische Gesellschaft, 2005; *dies.* (Hrsg.), GmbH-Gesetz, 18. Aufl. 2012; *Lutter/Hommelhoff/Teichmann* (Hrsg.), SE-Kommentar, 2. Aufl. Köln 2015; *Lutter/Krieger/Verse* Rechte und Pflichten des Aufsichtsrats, 6. Aufl. 2014; *Manz/Mayer/Schröder* (Hrsg.), Europäische Aktiengesellschaft SE, Kommentar, 2. Aufl. 2010; *dies.* Die Aktiengesellschaft, 5. Aufl. 2007; *Marsch-Barner/Schäfer* Handbuch börsennotierte AG, 2005; *Mauch* Das monistische Leitungssystem in der Europäischen Aktiengesellschaft, Baden-Baden 2008; *Merdzo* Die Umwandlung in eine Europäische Aktiengesellschaft, Saarbrücken 2008; *Michalski* Kommentar zum GmbH-Gesetz, 2. Aufl. 2010; Münchener Handbuch des Gesellschaftsrechts Band 4, Aktiengesellschaft, herausgeg. von *Hoffmann-Becking*, 3. Aufl. 2007; *Münchener Kommentar* zum Aktiengesetz, herausgeg. von *Goette und Habersack*, 4. Aufl. 2014ff, z.T. noch Voraufl. 2008ff; Münchener Kommentar zum GmbHG, herausgeg. Von *Fleischer/Goette* 2. Aufl. 2014ff.; *Nagel* Deutsches und europäisches Gesellschaftsrecht, München 2000; *ders.* Die europäische Aktiengesellschaft (SE) in Deutschland – der Regierungsentwurf zum SE-Einführungsgesetz, NZG 2004, 833ff; *Raiser/Veil* Recht der Kapitalgesellschaften, 5. Aufl. 2010; *Raiser* Die Europäische Aktiengesellschaft und die nationalen Aktiengesetze, FS Semler, 2003, 277; *Ringe* Die Sitzverlegung der Europäischen Aktiengesellschaft, Tübingen 2006; *Roth/Altmeppen* GmbHG, 8. Aufl. 2015; *J. Schmidt* „Deutsche" vs. „britische" Societas Europaea (SE) 2006; *Schmidt, K./Lutter* Aktiengesetz, 3. Aufl. 2015; *Schwarz* SE-VO, Kommentar, München 2006; *Spindler/Stilz* Kommentar zum Aktiengesetz, 2. Aufl. 2010; Straube/Aicher Handbuch zur Europäischen Aktiengesellschaft 2006; *Teichmann* Die Einführung der Europäischen Aktiengesellschaft, ZGR 2002, 383ff und 439ff; *Thamm* Die Organisationsautonomie der monistischen Societas Europaea bezüglich ihrer geschäftsführenden Direktoren, NZG 2008, 132–134; *Theisen/Wenz* (Hrsg.), Die Europäische Aktiengesellschaft – Recht, Steuern und Betriebswirtschaft der Societas Europaea (SE), 2. Aufl. 2005; *Theisen* Information und Berichterstattung des Aufsichtsrats, 4. Aufl. 2007; *Thiede* Gründung einer Europäischen Aktiengesellschaft (SE) in Deutschland, Saarbrücken 2008; *Thümmel* Die Europäische Aktiengesellschaft (SE), 2005; *Ulmer* (Hrsg.)GmbHG, Großkommentar, 2. Aufl. 2013ff; *Van Hulle/Maul/Drinhausen* Handbuch zur Europäischen Gesellschaft (SE), 2007; *Zöllner* Kölner Kommentar zum Aktiengesetz, 3. Aufl. 2004ff.

132 *Seibt* in: Habersack/Drinhausen SE-VO Art. 40 Rn 44h.

Dritter Teil
Gesetz über die Beteiligung der Arbeitnehmer in einer Europäischen Gesellschaft – SE-Beteiligungsgesetz (SEBG)

Teil 1
Allgemeine Vorschriften

§ 1
Zielsetzung des Gesetzes

(1) [1]Das Gesetz regelt die Beteiligung der Arbeitnehmer in einer Europäischen Gesellschaft (SE), die Gegenstand der Verordnung (EG) Nr. 2157/2001 des Rates vom 8. Oktober 2001 über das Statut der Europäischen Gesellschaft (ABl. EG Nr. L 294 S. 1) ist. [2]Ziel des Gesetzes ist, in einer SE die erworbenen Rechte der Arbeitnehmer (Arbeitnehmerinnen und Arbeitnehmer) auf Beteiligung an Unternehmensentscheidungen zu sichern. [3]Maßgeblich für die Ausgestaltung der Beteiligungsrechte der Arbeitnehmer in der SE sind die bestehenden Beteiligungsrechte in den Gesellschaften, die die SE gründen.

(2) [1]Zur Sicherung des Rechts auf grenzüberschreitende Unterrichtung, Anhörung, Mitbestimmung und sonstige Beteiligung der Arbeitnehmer wird eine Vereinbarung über die Beteiligung der Arbeitnehmer in der SE getroffen. [2]Kommt es nicht zu einer Vereinbarung, wird eine Beteiligung der Arbeitnehmer in der SE kraft Gesetzes sichergestellt.

(3) Die Vorschriften dieses Gesetzes sowie die nach Absatz 2 zu treffende Vereinbarung sind so auszulegen, dass die Ziele der Europäischen Gemeinschaft, die Beteiligung der Arbeitnehmer in der SE sicherzustellen, gefördert werden.

(4) Die Grundsätze der Absätze 1 bis 3 gelten auch für strukturelle Änderungen einer gegründeten SE sowie für deren Auswirkungen auf die betroffenen Gesellschaften und ihre Arbeitnehmer.

Übersicht

I. Regelungszweck (Abs. 1 Satz 1)

Zweck des SE-Beteiligungsgesetzes (SEBG) ist, die Beteiligung der Arbeitnehmer in einer Europäischen Gesellschaft (SE) zu regeln. Dies geschieht in Umsetzung der Richtlinie 2001/86/EG des Rates vom 8.10.2001 zur Ergänzung des Statuts der Europäischen Gesellschaft hinsichtlich der Beteiligung der Arbeitnehmer, ABl. EG Nr. L 294, 22–32. Zur Gründung einer arbeitnehmerlosen SE bzw. Vorrats-SE und zur sekundären Gründung einer SE durch eine SE vgl. GesR-SE Rn 17 und 62. **1**

II. Ziel des Gesetzes (Abs. 1 Satz 2)

Ziel des Gesetzes ist es, in einer SE die erworbenen Rechte der Arbeitnehmer auf Beteiligung an den Unternehmensentscheidungen zu sichern. Hierbei sind nach dem sog. Vorher-Nachher-Prinzip der Richtlinie die bestehenden Beteiligungsrechte in den Gesellschaften maßgeblich, welche die SE gründen. Dieses Ziel wird in Erwägungsgrund 18 der Richtlinie formuliert (vgl. **2**

Rn 12). Unter welchen Voraussetzungen Mitbestimmungsrechte der Arbeitnehmer in den Gründungsgesellschaften der SE weitergelten, wird in den Teilen 2 und 3 des SEBG geregelt (vgl. §§ 4–39 SEBG).

III. Vereinbarung als prozedurale, gesetzgeberische Lösung (Abs. 2 Satz 1)

3 Zur Sicherung des Rechts auf grenzüberschreitende Unterrichtung, Anhörung, Mitbestimmung und sonstige Beteiligung der Arbeitnehmer wird eine Vereinbarung über die Beteiligung der Arbeitnehmer in der SE getroffen (Abs. 2). Diese Vereinbarung kommt zwischen den Leitungen der SE-Gründungsgesellschaften und einer Arbeitnehmervertretung zustande, die sich aus den Arbeitnehmern der betroffenen Gesellschaften zusammensetzt und „besonderes Verhandlungsgremium" (BVG) genannt wird. Zusammensetzung, Bestellung und Kompetenzen des BVG werden in Teil 2 des SEBG geregelt. Diese prozedurale, gesetzgeberische Lösung des Mitbestimmungs- und Mitwirkungsproblems geht auf die Vorschläge der sog. Davignon-Kommission aus dem Jahre 1997 zurück (vgl. Einführung SE Rn 14). Sie wird im 8. Erwägungsgrund der Richtlinie wie folgt ausformuliert: „Die konkreten Verfahren der grenzüberschreitenden Unterrichtung und Anhörung der Arbeitnehmer sowie gegebenenfalls der Mitbestimmung, die für die einzelnen SE gelten, sollten vorrangig durch eine Vereinbarung zwischen den betroffenen Parteien oder – in Ermangelung einer derartigen Vereinbarung – durch die Anwendung einer Reihe von subsidiären Regeln festgelegt werden."

IV. Gesetzliche Auffanglösung bei Scheitern der Vereinbarung (Abs. 2 Satz 2)

4 Kommt es nicht zu einer Vereinbarung, so wird wie im 8. Erwägungsgrund der Richtlinie angekündigt nach § 1 Abs. 2 Satz 2 SEBG grundsätzlich eine Beteiligung der Arbeitnehmer in der SE kraft Gesetzes sichergestellt. Diese Auffangregelung ist in Teil 3 des SEBG (vgl. §§ 21–39) enthalten. Dort ist die Bildung eines SE-Betriebsrats kraft Gesetzes vorgesehen (§§ 22ff). Außerdem enthält Teil 3 Regelungen zur Mitbestimmung kraft Gesetzes (§§ 34ff SEBG). § 39 SEBG enthält Sonderregelungen für Tendenzunternehmen.

V. Auslegungsgrundsätze (Abs. 3)

5 Nach § 1 Abs. 3 sind die Vorschriften des SEBG sowie die zwischen den Leitungen der SE-Gründungsgesellschaften und dem BVG der Arbeitnehmer zu treffenden Vereinbarungen so auszulegen, dass die Ziele der Europäischen Union, die Beteiligung der Arbeitnehmer in der SE sicherzustellen, gefördert werden. Ein Beispiel für die Anwendung dieses Grundsatzes ist in § 34 der Schutz sowohl der praktizierten, aber gesetzlich nicht vorgesehenen, als auch der gesetzlich vorgesehenen, aber nicht praktizierten Mitbestimmung (vgl. dort Rn 4). Weitere Beispiele sind der richtliniengemäße Bestandsschutz aller Komponenten der Mitbestimmung, auch der Zahl der Arbeitnehmervertreter im Aufsichtsrat bzw. Verwaltungsrat, in § 35 SEBG (vgl. dort Rn 2). Schließlich ist auch der Schutz der Arbeitnehmerseite bei strukturellen Änderungen beteiligungsfreundlich auszulegen (vgl. unten Abs. 4 Rn 12). Weil das europäische Unionsrecht Anwendungsvorrang gegenüber den nationalen Rechtsordnungen der Mitgliedstaaten genießt, sind sowohl die Vorschriften des SEBG als auch die gemäß dem Gesetz getroffenen Vereinbarungen über die Beteiligung der Arbeitnehmer in der SE im Zweifel so auszulegen, dass die von der SE-Richtlinie angestrebte Sicherung der Beteiligung der Rechte der Arbeitnehmer erreicht wird (effet utile, vgl. GesR-SE Rn 9).[1]

---

1 Z.T. abweichend *A. Sagan* in Boecken/Düwell/Diller/Hanau § 1 SEBG Rn 29.

Die Auslegung von Beteiligungsvereinbarungen folgt den für das SEBG geltenden Auslegungsgrundsätzen. Der EuGH erwartet von den Gerichten der Mitgliedstaaten, dass sie den Grundsatz der unionsfreundlichen Auslegung beachten und bestehendes nationales Recht richtlinienkonform auslegen.[2] 6

Durch den unionsrechtlichen Schlüsselbegriff „*effet utile*" (nützliche Wirksamkeit) ist es der europäischen Kommission und dem Europäischen Gerichtshof gelungen, sowohl die Rechtssetzungskompetenzen der Union als auch den Grundsatz der unionsfreundlichen, d.h. teleologischen Auslegung zum Vorteil sowohl der Vertragszwecke als auch des Sinns und Zwecks des Unionsrechts durchzusetzen. Würde man das primäre und sekundäre Unionsrecht stets eng auslegen, dann könnten Situationen, die bei der Verabschiedung der entsprechenden Verordnung oder bei der Formulierung des Vertragstexts nicht vorhergesehen wurden oder werden konnten, nicht angemessen bewältigt werden. Der Europäische Gerichtshof hat daher von Anfang an einer teleologischen Auslegung des Vertragstextes und der Verordnungsnormen den Vorzug gegeben. Die Normen müssen mit dem Ziel ihrer nützlichen Wirksamkeit (*effet utile*) ausgelegt werden.[3] Ohne den Kunstgriff des *effet utile* würde die Durchsetzung des Vorrangs des Unionsrechts ganz oder zum Teil leer laufen, da wegen einer zu restriktiven Interpretation der vorrangigen Normen ein großer Teil der konkurrierenden Normen aus den Mitgliedstaaten nicht erfasst würde. Auch die unmittelbare Wirkung von Richtlinien in Ausnahmefällen wie Ratti wurde vom EuGH[4] mit dem *effet utile* der Richtlinie begründet. Wenn sie Bestimmungen mit ohne weitere Umsetzung klaren Verpflichtungen enthalte, könne deren Wirkung nicht von der rechtzeitigen Umsetzung in das nationale Recht eines Mitgliedstaats abhängen. 7

Die nationale Ausführungsgesetzgebung zu einer Richtlinie ist vor dem Hintergrund dieser Entwicklung *im Lichte der Richtlinie* und ihrer Zielsetzung *auszulegen*.[5] Diese Pflicht trifft alle Träger der öffentlichen Gewalt in den Mitgliedstaaten. Ist der Inhalt einer Vorschrift klar (*acte clair*), können die nationalen Gerichte diese Interpretation selbst vornehmen, bei Zweifeln über den Inhalt der Richtlinie hat der Europäische Gerichtshof zu entscheiden. Unterinstanzliche nationale Gerichte können, letztinstanzliche Gerichte müssen ihm eine Zweifelsfrage nach Art. 267 AEUV zur Vorabentscheidung vorlegen. Insofern spielt sich in der Praxis ein faktischer Geltungsvorrang des Unionsrechts und damit eine richtlinienkonforme Auslegung des nationalen Rechts ein, wie wenn Europa ein Bundesstaat und nicht lediglich ein „Staatenverbund" wäre. Der Interpretationsvorgang ist derselbe wie die grundgesetzkonforme Auslegung von deutschem Gesetzesrecht. Das Bundesverfassungsgericht[6] legt allerdings eine „Sperre" vor die unionsrechtskonforme Auslegung des Grundgesetzes und insbesondere der Grundrechte, indem es sich einen Eingriff vorbehält, wenn die EG „ausbrechende Rechtsakte" erlässt, die nicht durch die Kompetenzzuweisungen der Mitgliedstaaten gedeckt sind, oder wenn sie nicht mehr „effektiv" die Grundrechte schützt (vgl. § 35 SEBG Rn 7). In allen anderen Fällen setzt sich der faktische Vorrang des Unionsrechts bei der Auslegung der Umsetzungsgesetze durch. Das Unionsrecht mutiert vom Außenrecht, das dem innerstaatlichen Recht im Konfliktfall vorgeht (Anwendungsvorrang), zum faktisch höherrangigen Recht, in welches das deutsche Recht von „innen her" eingebunden ist.[7] 8

2 Vgl. *Feuerborn* in: KK-AktG § 1 SEBG Rn 17.
3 Vgl. schon EuGH Slg. 1960, 1629, Rs. 20/59.
4 Vgl. EuGH Slg. 1979, 1629, Rs. 148/78 – Ratti.
5 Vgl. z.B. EuGH Slg. 1994, I-3347, – Dori.
6 Vgl. zum Schutz der Grundrechte schon BVerfGE 73, 339 (Solange II) und zu den ausbrechenden Rechtsakten BVerfGE 89, 155 (Maastricht).
7 Dazu kritisch *Nagel* AuR 2009, 155–160; ein „kompetenzwidriger Versuch des deutschen Gesetzgebers, die Ziele der Europäischen Gemeinschaft zu interpretieren", ist hier nicht erkennbar; so aber *Henssler* in: Ulmer/Habersack/Henssler § 1 SEBG Rn 4 m.w.N.

9 Eine richtlinienkonforme Auslegung ist nicht nur die praktische Folge des Anwendungsvorrangs des europäischen Unionsrechts gegenüber nationalen Gesetzen, sondern auch eine Vorgabe für die (objektive) Auslegung von Satzungsnormen der SE, die aufgrund von Verweisungen der Verordnung notwendig werden (vgl. GesR-SE Rn 6).

10 Bei der Rechtsauslegung und der Durchsetzung des Unionsrechts gegenüber dem nationalen Recht ist ein Einfluss des Subsidiaritätsgrundsatzes, der in Art. 5 des EG-Vertrages verankert wurde, nicht erkennbar.

11 Zur Behebung von Zweifeln und Ausfüllung von Lücken einer *Beteiligungsvereinbarung* gelten neben dem Gebot der richtlinienkonformen Auslegung auch allgemeine Grundsätze. Wegen des organisationsrechtlichen Charakters der Beteiligungsvereinbarung ist demnach vom Gebot der am Wortlaut orientierten objektiven Auslegung auszugehen (vgl. § 21 SEBG Rn 4 und 48). Der Parteiwille ist, soweit im Rahmen der objektiven Auslegung möglich, zu beachten.[8]

VI. Bestandsschutz bei strukturellen Änderungen (Abs. 4)

12 Strukturelle Änderungen einer gegründeten SE sind im SEBG insoweit erfasst, als die Grundsätze der Absätze 1–3 auch für strukturelle Änderungen dieser gegründeten SE sowie für deren Auswirkungen auf die betroffenen Gesellschaften und ihre Arbeitnehmer gelten. Dieser Bestandsschutz geht auf Erwägungsgrund 18 zurück, wonach die Sicherung erworbener Rechte der Arbeitnehmer über ihre Beteiligung an Unternehmensentscheidungen fundamentaler Grundsatz und erklärtes Ziel dieser Richtlinie ist. Die vor der Gründung der SE bestehenden Rechte der Arbeitnehmer sollten nach dem sog. Vorher-Nachher-Prinzip der Richtlinie Ausgangspunkt auch für die Gestaltung ihrer Beteiligungsrechte in der SE sein und dies nicht nur im Falle der Neugründung einer SE, sondern auch bei strukturellen Veränderungen einer bereits gegründeten SE (§ 18 Abs. 3 SEBG). Dies sollte für die von den strukturellen Änderungsprozessen betroffenen Gesellschaften gelten. Sinn ergibt der Erwägungsgrund erst dann, wenn nicht nur die unmittelbar an der Gründung beteiligten Gesellschaften erfasst sind, sondern alle, die im Konzernverbund stehen und von der Regelung der Arbeitnehmerbeteiligung (einschließlich der Mitbestimmung) erfasst werden (vgl. § 18 SEBG Rn 9ff). Über den Bestandsschutz hinaus geht die herrschende Meinung, wenn sie unter Berufung auf § 18 Abs. 3 das Beteiligungsverfahren bei sog. Vorratsgesellschaften nachholt, die ursprünglich arbeitnehmerlos waren (vgl. oben GesR SE Rn 17ff).

§ 2
Begriffsbestimmungen

(1) [1]Der Begriff des Arbeitnehmers richtet sich nach den Rechtsvorschriften und Gepflogenheiten der jeweiligen Mitgliedstaaten. [2]Arbeitnehmer eines inländischen Unternehmens oder Betriebs sind Arbeiter und Angestellte einschließlich der zu ihrer Berufsausbildung Beschäftigten und der in § 5 Abs. 3 Satz 2 des Betriebsverfassungsgesetzes genannten leitenden Angestellten, unabhängig davon, ob sie im Betrieb, im Außendienst oder mit Telearbeit beschäftigt werden. [3]Als Arbeitnehmer gelten auch die in Heimarbeit Beschäftigten, die in der Hauptsache für das Unternehmen oder den Betrieb arbeiten.

8 Wie hier *Hohenstatt/Müller-Bonanni* in: Habersack/Drinhausen § 1 SEBG Rn 11 und § 21 Rn 11 m.w.N. und wohl auch *Oetker* in: Lutter/Hommelhoff/Teichmann § 1 SEBG Rn 31–34; wohl **aA** *Annuß* in: Annuß/Kühn/Rudolph/Rupp EBRG 1 SEBG Rn 4 m.w.N., der den eindeutig verankerten Parteiwillen in den Vordergrund stellt, ohne auf das Erfordernis der objektiven Auslegung hinzuweisen.

(2) Beteiligte Gesellschaften sind die Gesellschaften, die unmittelbar an der Gründung einer SE beteiligt sind.

(3) [1]Tochtergesellschaften sind rechtlich selbstständige Unternehmen, auf die eine andere Gesellschaft einen beherrschenden Einfluss im Sinne von Artikel 3 Abs. 2 bis 7 der Richtlinie 94/45/EG des Rates vom 22. September 1994 über die Einsetzung eines Europäischen Betriebsrats oder die Schaffung eines Verfahrens zur Unterrichtung und Anhörung der Arbeitnehmer in gemeinschaftsweit operierenden Unternehmen und Unternehmensgruppen (ABl. EG Nr. L 254 S. 64) ausüben kann. [2]§ 6 Abs. 2 bis 4 des Europäische Betriebsräte-Gesetzes vom 28. Oktober 1996 (BGBl. I S. 1548, 2022) ist anzuwenden.

(4) Betroffene Tochtergesellschaften oder betroffene Betriebe sind Tochtergesellschaften oder Betriebe einer beteiligten Gesellschaft, die zu Tochtergesellschaften oder Betrieben der SE werden sollen.

(5) [1]Leitung bezeichnet das Organ der unmittelbar an der Gründung der SE beteiligten Gesellschaften oder der SE selbst, das die Geschäfte der Gesellschaft führt und zu ihrer Vertretung berechtigt ist. [2]Bei den beteiligten Gesellschaften ist dies das Leitungs- oder Verwaltungsorgan, bei der SE das Leitungsorgan oder die geschäftsführenden Direktoren.

(6) Arbeitnehmervertretung bezeichnet jede Vertretung der Arbeitnehmer nach dem Betriebsverfassungsgesetz (Betriebsrat, Gesamtbetriebsrat, Konzernbetriebsrat oder eine nach § 3 Abs. 1 Nr. 1 bis 3 des Betriebsverfassungsgesetzes gebildete Vertretung).

(7) SE-Betriebsrat bezeichnet das Vertretungsorgan der Arbeitnehmer der SE, das durch eine Vereinbarung nach § 21 oder kraft Gesetzes nach den §§ 22 bis 33 eingesetzt wird, um die Rechte auf Unterrichtung und Anhörung der Arbeitnehmer der SE, ihrer Tochtergesellschaften und Betriebe in der Europäischen Gemeinschaft und, wenn vereinbart, Mitbestimmungsrechte und sonstige Beteiligungsrechte in Bezug auf die SE wahrzunehmen.

(8) Beteiligung der Arbeitnehmer bezeichnet jedes Verfahren – einschließlich der Unterrichtung, Anhörung und Mitbestimmung –, durch das die Vertreter der Arbeitnehmer auf die Beschlussfassung in der Gesellschaft Einfluss nehmen können.

(9) [1]Beteiligungsrechte sind Rechte, die den Arbeitnehmern und ihren Vertretern im Bereich der Unterrichtung, Anhörung, Mitbestimmung und der sonstigen Beteiligung zustehen. [2]Hierzu kann auch die Wahrnehmung dieser Rechte in den Konzernunternehmen der SE gehören.

(10) [1]Unterrichtung bezeichnet die Unterrichtung des SE-Betriebsrats oder anderer Arbeitnehmervertreter durch die Leitung der SE über Angelegenheiten, welche die SE selbst oder eine ihrer Tochtergesellschaften oder einen ihrer Betriebe in einem anderen Mitgliedstaat betreffen oder die über die Befugnisse der zuständigen Organe auf der Ebene des einzelnen Mitgliedstaats hinausgehen. [2]Zeitpunkt, Form und Inhalt der Unterrichtung sind so zu wählen, dass es den Arbeitnehmervertretern möglich ist, zu erwartende Auswirkungen eingehend zu prüfen und gegebenenfalls eine Anhörung mit der Leitung der SE vorzubereiten.

(11) [1]Anhörung bezeichnet die Einrichtung eines Dialogs und eines Meinungsaustauschs zwischen dem SE-Betriebsrat oder anderer Arbeitnehmervertreter und der Leitung der SE oder einer anderen zuständigen mit eigenen Entscheidungsbefugnissen ausgestatteten Leitungsebene. [2]Zeitpunkt, Form und Inhalt der Anhörung müssen dem SE-Betriebsrat auf der Grundlage der erfolgten Unterrichtung eine Stellungnahme zu den geplanten Maßnahmen der Leitung der SE ermöglichen, die im Rahmen des Entscheidungsprozesses innerhalb der SE berücksichtigt werden kann.

(12) Mitbestimmung bedeutet die Einflussnahme der Arbeitnehmer auf die Angelegenheiten einer Gesellschaft durch

1. die Wahrnehmung des Rechts, einen Teil der Mitglieder des Aufsichts- oder Verwaltungsorgans der Gesellschaft zu wählen oder zu bestellen, oder
2. die Wahrnehmung des Rechts, die Bestellung eines Teils oder aller Mitglieder des Aufsichts- oder Verwaltungsorgans der Gesellschaft zu empfehlen oder abzulehnen.

Übersicht

I. Allgemeines und Arbeitnehmerbegriff

1 Die Begriffsbestimmungen in § 2 entsprechen im Wesentlichen denen in Art. 2 der Richtlinie. Der Begriff des Arbeitnehmers wird in der Richtlinie nicht definiert. Er richtet sich nach den Rechtsvorschriften und Gepflogenheiten des jeweiligen Mitgliedstaates. Die deutsche Regelung bezieht sich auf alle in Deutschland beschäftigten Arbeitnehmer, also auf alle Arbeitnehmer eines inländischen Unternehmens oder Betriebes. Es sind dies die Arbeiter und Angestellten einschließlich der zu ihrer Berufsausbildung Beschäftigten (auch Volontäre, Praktikanten) und die in § 5 Abs. 3 Satz 2 BetrVG genannten leitenden Angestellten. Aus dem Sinnzusammenhang und der Verweisung auf § 5 Abs. 3 S. 2 in Bezug auf die leitenden Angestellten ergibt sich, dass der betriebsverfassungsrechtliche Arbeitnehmerbegriff des § 5 Abs. 1 BetrVG gemeint ist.[1] Insofern gilt dasselbe wie nach dem EBRG mit der Ausnahme, dass dort die leitenden Angestellten nicht erfasst sind. Es spielt, wenn man insoweit die Parallele zum EBRG zieht, keine Rolle, ob die Arbeitnehmer im Betrieb selbst, im Außendienst oder in Heimarbeit (auch Telearbeit) beschäftigt werden. Ins Ausland entsandte Arbeitnehmer sind erfasst, wenn sie den Weisungen des inländischen Arbeitgebers unterworfen sind bzw. von im Inland getroffenen Planungsentscheidungen betroffen werden.[2] Arbeitnehmer sind auch Teilzeitbeschäftigte. Zur Berechnung der Arbeitnehmerzahlen gilt § 5 Abs. 1 BetrVG, wonach Teilzeitkräfte voll, d.h. nach Köpfen, einzubeziehen sind.[3] Dasselbe gilt für Personen mit ruhendem Arbeitsverhältnis und für befristet Beschäftigte.[4]

2 Nach dem Gesetz zur Änderung des Arbeitnehmerüberlassungsgesetzes und anderer Gesetze (AÜG-ÄndG), das am 1.4.2017 in Kraft trat, sind Leiharbeitnehmer bei den Schwellenwerten der Unternehmensmitbestimmung zu berücksichtigen. Erfasst sind vom neu gefassten § 14 Abs. 2 Satz 5 und 6 AÜG auch das SEBG, das SCEBG und das MgVG. Soweit die Anwendung der

1 Vgl. *Feuerborn* in: KK-AktG § 2 SEBG Rn 4 und *Schüren-Hamann* § 14 AÜG Rn 22 ff.
2 Vgl. *Hohenstatt/Müller-Bonanni* in: Habersack/Drinhausen § 2 Rn 7 und *Oetker* in: Lutter/Hommelhoff/Teichmann § 2 Rn 7, beide m.w.N.; abweichend zum Sachnormcharakter des SEBG *Jacobs* in: MÜKOAktG § 2 Rn 4.
3 Vgl. *Hanau* in: Hanau/Steinmeyer/Wank § 19 Rn 55; *Jacobs* in MÜKOAktG/§ 2 SEBG Rn 4 m.w.N.
4 Vgl. *Gaul* NJW 1996, 3378, 3379 und *Wienke* EuroAS 1996, 123.

Gesetze eine bestimmte Anzahl oder einen bestimmten Anteil von Arbeitnehmern erfordert, sind Leiharbeitnehmer nach Satz 6 im Entleiherunternehmen nur zu berücksichtigen, wenn die Einsatzdauer sechs Monate übersteigt. Im SEBG sind Leiharbeitnehmer z.B. bei den Schwellenwerten im Rahmen von §§ 5 Abs. 1 Satz 2, 8 Abs. 7 Satz 5, 15 Abs. 3, 16 Abs. 1 Satz 2, 18 Abs. 1 Satz 1, 34 Abs. 1 Nr. 2 und 37 Abs. 1 Satz 2 SEBG sowie bei den Arbeitnehmerzahlen nach §§ 6 Abs. 2 Satz 1, 8 Abs. 7 Satz 1, 15 Abs. 1 Satz 1, 23 Abs. 1 Satz 2 und 36 Abs. 1 Satz 2 zu berücksichtigen. Hierbei spielt die 6-Monats-Grenze keine Rolle, denn es handelt sich hier nicht um die Schwellen der Anwendung des Gesetzes i.S. von Satz 6. Das SEBG kennt keine Anwendungsschwellen. Die genannten Schwellenwerte sind vielmehr Voraussetzungen für die Anwendung der jeweiligen konkreten Einzelnormen.[5] Im Übrigen arbeitet das SEBG mit Stichtagsregelungen, auf welche die 6-Monats-Grenze von Satz 6 nicht passt.

Leiharbeitnehmer haben entsprechend § 7 Satz 2 BetrVG das aktive Wahlrecht, wenn sie 3
länger als drei Monate im Betrieb eingesetzt werden.[6] Der Ausschluss ihres passiven Wahlrechts, der aus dem Wortlaut von § 14 Abs. 2 Satz 1 AÜG folgen würde, hat sich nach richtiger Auffassung durch die Novellierung von § 7 BetrVG erledigt, aus der auch ihr passives Wahlrecht nach § 8 BetrVG folgt, wenn sie dem Betrieb sechs Monate angehören. Dies gebietet der Gleichbehandlungsgrundsatz des Art. 3 Abs. 1 GG unterschiedslos für gewerbsmäßig überlassene und andere Arbeitnehmer.[7] Ein sachlicher Grund für die Ungleichbehandlung ist nicht ersichtlich. Die abweichende Rechtsprechung des BAG[8] steht m.E. nicht entgegen; sie befasst sich ursprünglich mit dem Rechtszustand vor der Novelle des AÜG vom 23.12.2002. Nach der zeitlichen und sachlichen Freigabe der gewerblichen Leiharbeit, die der Gesetzgeber mit einem Diskriminierungsverbot koppelt, ist § 14 Abs. 2 Satz 1 AÜG insoweit unbeachtlich. Zu beachten ist allerdings die 6-Monats-Grenze in § 8 Abs. 1 BetrVG, die jetzt auch bei der Neuregelung in § 14 Abs. 2 Satz 6 AÜG aufgegriffen wurde (siehe oben Rn 2).

II. Beteiligte Gesellschaften (Abs. 2)

Beteiligte Gesellschaften sind nach § 2 Abs. 2 SEBG die Gesellschaften, die unmittelbar an 4
der Gründung einer SE beteiligt sind. Bei der Holding-Gründung sind dies die Gesellschaften, welche die Gründung der SE anstreben. Die Vorschrift ist identisch mit der in Art. 2 Buchstabe b der Richtlinie. Nicht erfasst von dieser Definition sind mittelbar beteiligte Gesellschaften, die von den Gründungsgesellschaften abhängig sind. Diese Gesellschaften werden in der Regel „betroffene Gesellschaften" sein.

III. Tochtergesellschaften (Abs. 3)

1. Möglichkeit des beherrschenden Einflusses der Muttergesellschaft

Tochtergesellschaften sind nach § 2 Abs. 3 SEBG rechtlich selbständige Unternehmen, auf 5
die eine andere Gesellschaft (Muttergesellschaft) einen beherrschenden Einfluss ausüben kann. Die Definition ähnelt der, welche das deutsche Aktienkonzernrecht für abhängige Unternehmen

---

5 **AA** Bungert/Rogier DB 2016, 3022, 3027, die davon ausgehen, dass die Schwellenwerte von Satz 6 auch auf das SEBG Anwendung finden.

6 Anders die h.M., die insofern nicht auf den betriebsverfassungsrechtlichen Arbeitnehmerbegriff abstellen will; vgl. statt aller *Oetker* in: Lutter/Hommelhoff/Teichmann § 2 SEBG Rn 10 und *Hohenstatt/Müller-Bonanni* in: Habersack/Drinhausen § 2 SEBG Rn 5 m.w.N.

7 Vgl. dazu *Hamann* NZA 2003, 526, 529; *Schüren/Hamann* § 14 AÜG Rn 60 m.w.N. und *Trümner* in: Däubler/Kittner/Klebe/Wedde § 5 BetrVG Rn 91 m.w.N.; anders noch BAG 17.2.2010, 832, NZA 2010, 832 und 18.8.2012, NZA 2013, 107.

8 Vgl. sogar zur nicht gewerbsmäßigen Arbeitnehmerüberlassung BAG 28.9.1988, DB 1989, 434; 18.1.1989, DB 1989, 1419 f = AP BetrVG 1972 § 9 Nr. 1.

gibt, ist aber nicht identisch. Nach der Definition in § 17 Abs. 1 AktG sind abhängige Unternehmen rechtlich selbständige Unternehmen, auf die ein anderes Unternehmen (herrschendes Unternehmen) unmittelbar oder mittelbar einen beherrschenden Einfluss ausüben kann. Diese Definition wurde jedoch vom europäischen Recht nicht übernommen. Stattdessen gilt die Definition in Art. 3 Abs. 2–7 der Richtlinie 94/45/EG über die Europäischen Betriebsräte, die auch im Europäische Betriebsräte-Gesetz (EBRG) vom 28.10.1996[9] ausformuliert ist.[10] Insofern ist nach Abs. 3 Satz 2 § 6 Abs. 2 bis 4 EBRG anzuwenden.

6 Es genügt nach § 6 Abs. 1 EBRG die Möglichkeit eines beherrschenden Einflusses („können").[11] Es ist nicht erforderlich, dass die Beherrschungsmöglichkeit gesellschaftsrechtlich bedingt oder zumindest vermittelt sein muss, wie dies der BGH für die Beherrschungsmöglichkeit nach § 17 Abs. 1 AktG verlangt.[12] Deshalb sind auch folgende Beherrschungstatbestände erfasst:

- Zulieferverträge mit der Möglichkeit der Einflussnahme auf Entwicklung und Produktionsabläufe,[13]
- Franchiseverträge mit umfassender, auch unternehmerischer Abhängigkeit,
- Darlehensverträge mit Genehmigungsvorbehalten für die Geschäftsführung des Darlehensnehmers.[14]

Der herrschende Einfluss kann durch Vermittlung eines anderen Unternehmens ausgeübt werden. Sog. Enkelunternehmen und darüber hinaus abhängige Unternehmen gehören zur Unternehmensgruppe.[15] Gemeinschaftsunternehmen, an denen zwei Mütter mit jeweils 50% beteiligt sind, werden als Tochtergesellschaften beider Mütter behandelt, da beide gemeinsam den beherrschenden Einfluss ausüben können, gegebenenfalls durch Konsortial- oder Stimmbindungsverträge spezifiziert. Dies folgt aus dem Schutzzweck der Richtlinie und der in Bezug genommenen EBR-Richtlinie, die sich in Erwägungsgrund 9 explizit auf joint ventures bezieht, um das Ziel und den Bezugspunkt der Unterrichtung und Anhörung zu beschreiben.[16]

7 An der Gründung einer SE können nur solche Gesellschaften beteiligt sein, die rechtlich selbständige Unternehmen sind. Demgegenüber kann nach dem EBRG sowohl das herrschende Unternehmen wie das abhängige Unternehmen jede Rechtsform haben. Auch Tochtergesellschaften i.S. von Abs. 3 müssen rechtlich selbständige Unternehmen sein. Die rechtliche Selbständigkeit wird heute freilich nicht nur für OHG und KG (vgl. §§ 124 Abs. 1, 161 Abs. 2 HGB), sondern sogar für die BGB-Gesellschaft bejaht.[17] Das herrschende Unternehmen muss keinen eigenen Geschäftsbetrieb unterhalten.[18]

---

9 BGBl. I S. 1548, 2022, jetzt i.d.F. v. 7.12.2011. BGBl. I S. 2650.

10 Art. 3 Abs. 2 bis 7 der RL 94/45/EG des Rates v. 22.9.1994 über die Einsetzung eines Europäischen Betriebsrates oder die Schaffung eines Verfahrens zur Unterrichtung und Anhörung der Arbeitnehmer in gemeinschaftsweit operierenden Unternehmen und Unternehmensgruppen, ABl. EG Nr. l 254, S. 64.

11 Zur europarechtlichen Unbedenklichkeit der Vorschrift vg. *Oetker* in: Lutter/Hommelhoff/Teichmann § 2 Rn 18 mit den Nachweisen der Gegenmeinung, v.a. *Hohenstatt/Müller-Bonanni* in: Habersack/Drinhausen § 2 Rn 12f.

12 Vgl. BGH NJW 1984, 1893; für gesellschaftsrechtliche Vermittlung *Henssler* in: Ulmer/Habersack/Henssler § 2 Rn 4; *Hohenstatt/Müller-Bonanni* in: Habersack/Drinhausen § 2 Rn 12 ff; *Jacobi* in: MÜKOAktG § 2 SEBG Rn 11 und *A. Sagan* in: Boecken/Düwell/Diller/Hanau § 2 SEBG Rn 8.

13 Vgl. *Nagel* DB 1988, 2292.

14 Vgl. *Bachner* in: Däubler/Kittner/Klebe/Wedde § 6 EBRG Rn 4; **aA** *Henssler* in FS K. Schmidt S. 608 f.

15 Vgl. schon *Bachner/Nielebock* AuR 1997, 129, 130.

16 Wie hier *Klebe/Kunz* FS Däubler, 1999, S. 823, 830 und *Blanke* EBRG § 9 Rn 13, **aA** *Müller* EBRG, 1997, § 6 Rn 13 und *Fitting* Rn 20 Übersicht EBRG.

17 Vgl. BGHZ 146, 341 ff. und Feuerborn in: KK-AktG § 2 SEBG Rn 16.

18 Vgl. *Hromadka* DB 1995, 1126.

2. Vermutung des beherrschenden Einflusses (§ 6 Abs. 2 EBRG)

§ 2 Abs. 3 Satz 2 SEBG verweist auf die Geltung von § 6 Abs. 2 bis 4 EBRG. Nach § 6 Abs. 2 EBRG wird ein beherrschender Einfluss vermutet, wenn ein Unternehmen in Bezug auf ein anderes Unternehmen unmittelbar oder mittelbar 8
1. mehr als die Hälfte der Mitglieder des Verwaltungs-, Leitungs- oder Aufsichtsorgans des anderen Unternehmens bestellen kann oder
2. über die Mehrheit der mit den Anteilen am anderen Unternehmen verbundenen Stimmrechte verfügt oder
3. die Mehrheit des gezeichneten Kapitals dieses Unternehmens besitzt.

Erfüllen mehrere Unternehmen eines der in Satz 1 Nr. 1 bis 3 genannten Kriterien, bestimmt 9 sich das herrschende Unternehmen nach Maßgabe der dort bestimmten Rangfolge. Dies bedeutet, dass Nr. 1 den Vorrang vor Nr. 2 und 3, Nr. 2 den Vorrang vor Nr. 3 hat.[19] Die Vermutung ist widerlegbar.[20]

Nr. 1 und Nr. 2 gehen über § 17 Abs. 2 AktG hinaus und haben eine eigenständige Bedeutung. 10 Die Vermutung kann für die Beherrschung sowohl durch ein inländisches als auch durch ein ausländisches Unternehmen sprechen.

3. Berechnung der Stimmrechte (§ 6 Abs. 3 EBRG)

Nach § 6 Abs. 3 EBRG müssen bei der Anwendung des Abs. 2 den Stimm- und Ernennungsrech- 11 ten eines Unternehmens die Rechte aller von ihm abhängigen Unternehmen sowie aller natürlichen oder juristischen Personen, die zwar im eigenen Namen, aber für Rechnung des Unternehmens oder eines von ihm abhängigen Unternehmens handeln, hinzugerechnet werden. Daraus folgt allgemein, dass Umgehungsstrategien unterbunden werden sollen, mit deren Hilfe der wahre Einfluss des herrschenden Unternehmens auf die Tochtergesellschaft verdeckt werden soll.

4. Investment- und Beteiligungsgesellschaften (§ 6 Abs. 4 EBRG)

Nach § 6 Abs. 4 EBRG gelten Investment- und Beteiligungsgesellschaften im Sinne des Art. 3 12 Abs. 5 Buchstabe a oder c der Verordnung (EWG) Nr. 4064/89 des Rates vom 21.12.1989 über die Kontrolle von Unternehmenszusammenschlüssen[21] nicht als herrschende Unternehmen gegenüber einem anderen Unternehmen, an dem sie Anteile halten, an dessen Leitung sie jedoch nicht beteiligt sind. Diese Vorschrift aus der alten Fusionskontrollverordnung von 1989 wird ebenfalls in die SE-Richtlinie übernommen. Voraussetzung ist jedoch, dass diese Unternehmen sich nicht an der Leitung des Unternehmens beteiligen, an dem sie Anteile halten.[22] Die Vorschrift bezweckt, die nicht unternehmerisch in der Tochtergesellschaft tätigen Investment- und Beteiligungsgesellschaften nicht als herrschende Unternehmen zu behandeln und als bloße Kapitalanleger aus der konzernrechtlichen Betrachtung herauszunehmen.

IV. Betroffene Tochtergesellschaften und Betriebe (Abs. 4)

Betroffene Tochtergesellschaften oder betroffene Betriebe sind nach § 2 Abs. 4 SEBG Toch- 13 tergesellschaften oder Betriebe einer beteiligten Gesellschaft, die zu Tochtergesellschaften oder

19 Vgl. *Engels/Müller* DB 1996, 981 f.
20 Vgl. *Jacobs* in: MÜKOAktG § 2 SEBG Rn 11.
21 ABl. EG Nr. L 395, S. 1.
22 Vgl. *Blanke* EBRG § 6 Rn 15; *Jacobs* in: MÜKOAktG § 2 Rn 12.

Betrieben der SE werden sollen. Das Gesetz nimmt hier eine Formulierung von Art. 2 Buchstabe d der Richtlinie auf. Daneben kann es im Konzernverbund auch solche Tochtergesellschaften und Betriebe geben, die nicht von der Gründung der SE betroffen sein sollen, deren Status daher unverändert bleiben soll. Bei Gründung einer Holding-SE werden die betroffenen Tochtergesellschaften der Gründungsgesellschaften zu Enkelgesellschaften der SE. Sie werden nach der Gründung der Holding-SE in der Regel mittelbar durch diese beherrscht; nur diese Fallkonstellation wird vom Regelungsinhalt des Gesetzes erfasst, nicht der Fall, dass der beherrschende Einfluss ausschließlich von der Gründungsgesellschaft ausgeübt wird.[23]

V. Leitung (Abs. 5)

14 Leitung bezeichnet nach § 2 Abs. 5 SEBG das Organ der unmittelbar an der Gründung der SE beteiligten Gesellschaften oder der SE selbst, das die Geschäfte der Gesellschaft führt und zu ihrer Vertretung berechtigt ist. Bei den beteiligten Gesellschaften ist dies das Leitungs- oder Verwaltungsorgan – in der deutschen Aktiengesellschaft der Vorstand, in der GmbH die Geschäftsführer –, bei der SE das Leitungsorgan, das in der dualen Verfassung dem Vorstand bzw. den Geschäftsführern entspricht oder in der monistischen Verfassung den geschäftsführenden Direktoren.[24] Diese Definition des SEBG ist nicht auf eine Vorgabe der Richtlinie zurückzuführen. Sie erscheint zweckmäßig, um die Organe der Gründungsgesellschaften, die mit dem BVG der Arbeitnehmerseite verhandeln, begrifflich zusammenzufassen.

VI. Arbeitnehmervertretung (Abs. 6)

15 Arbeitnehmervertretung bezeichnet nach § 2 Abs. 6 SEBG jede Vertretung der Arbeitnehmer nach dem Betriebsverfassungsgesetz. Erfasst sind Betriebsrat, Gesamtbetriebsrat, Konzernbetriebsrat oder eine nach § 3 Abs. 1 Nr. 1 bis 3 BetrVG gebildete Vertretung. Nicht erfasst sind die Arbeitnehmervertreter im Aufsichtsrat oder Verwaltungsrat und die in anderen Mitgliedstaaten bestehenden Gremien zur Vertretung der Arbeitnehmer. Die Richtlinie verweist in Art. 2 Buchstabe e für die Abgrenzung der Arbeitnehmervertreter auf die Rechtsvorschriften und Gepflogenheiten der Mitgliedstaaten. Da der Arbeitnehmerbegriff des SEBG auch die leitenden Angestellten umfasst (Abs. 1), ist an sich auch an den Sprecherausschuss als Arbeitnehmervertretung zu denken. Da der Sprecherausschuss aber in der abschließenden Aufzählung des Abs. 6 nicht erwähnt ist, fällt er nicht unter den Begriff „Arbeitnehmervertretung".[25] Das SEBG weist dem Sprecherausschuss allerdings bestimmte Rechte und Aufgaben zu (vgl. z.B. § 8 Abs. 1 SEBG).

VII. Abweichende tarifvertragliche Regelungen zur Arbeitnehmervertretung

16 Nach § 3 Abs. 1 Nr. 1 bis 3 BetrVG können durch Tarifvertrag abweichende Regelungen zur Arbeitnehmervertretung bestimmt werden:

- Erstens für Unternehmen mit mehreren Betrieben
  a) die Bildung eines unternehmenseinheitlichen Betriebsrats oder
  b) die Zusammenfassung von Betrieben, wenn dies die Bildung von Betriebsräten erleichtert oder einer sachgerechten Wahrnehmung der Interessen der Arbeitnehmer dient;

---

23 Vgl. dazu ausführlich *Oetker in*: Lutter/Hommelhoff/Teichmann § 2 SEBG Rn 21 m.w.N.

24 Weitergehend (der gesamte Verwaltungsrat einschließlich der nicht geschäftsführungsbefugten Mitglieder als Leitung) *Jacobs* in: MÜKOAktG § 2 Rn 17; wie hier *Oetker in*: Lutter/Hommelhoff/Teichmann § 2 SEBG Rn 24 m.w.N.

25 Dafür aber im Wege der richtlinienkonformen Auslegung *Oetker* in: Lutter/Hommelhoff § 2 SEBG Rn 18; wie hier *Kleinmann/Kujath* in: Manz/Mayer/Schröder § 2 SEBG Rn 7; *Hohenstatt/Müller-Bonanni* in: Habersack/Drinhausen § 2 Rn 32; Jacobs in: MÜKOAktG § 2 Rn 18 und *Annuß* in: Annuß/Kühn/Rudolph/Rupp. § 2 SEBG Rn 12.

- zweitens für Unternehmen und Konzerne, soweit sie nach produkt- oder projektbezogenen Geschäftsbereichen (Sparten) organisiert sind und die Leitung der Sparte auch Entscheidungen in beteiligungspflichtigen Angelegenheiten trifft, die Bildung von Betriebsräten in den Sparten (Spartenbetriebsräte), wenn dies der sachgerechten Wahrnehmung der Aufgaben des Betriebsrats dient;
- drittens andere Arbeitnehmervertretungsstrukturen, soweit dies insbesondere aufgrund der Betriebs-, Unternehmens- oder Konzernorganisation oder aufgrund anderer Formen der Zusammenarbeit von Unternehmen einer wirksamen und zweckmäßigen Interessenvertretung der Arbeitnehmer dient.

Diese abweichenden Strukturen der Arbeitnehmervertretung sind vom Begriff der Arbeitnehmervertretung in § 2 Abs. 6 mit umfasst. Auf Grund eines Redaktionsversehens sind vom Gesetzgeber die durch Tarifvertrag eingerichteten Vertretungen für im Flugbetrieb beschäftigte Arbeitnehmer nach § 117 Abs. 2 BetrVG nicht aufgenommen; sie sind vom Begriff „Arbeitnehmervertretung“ erfasst.[26] Nicht erfasst sind abweichende Regelungen nach § 3 Abs. 1 Nr. 4 BetrVG (Arbeitsgemeinschaften) und § 3 Abs. 1 Nr. 5 BetrVG (zusätzliche betriebsverfassungsrechtliche Vertretungen). 17

VIII. SE-Betriebsrat (Abs. 7)

SE-Betriebsrat bezeichnet nach § 2 Abs. 7 SEBG das Vertretungsorgan der Arbeitnehmer der SE, das durch eine Vereinbarung nach § 21 SEBG oder kraft Gesetzes nach den §§ 22–33 SEBG eingesetzt wird, um die Rechte auf Unterrichtung und Anhörung der Arbeitnehmer der SE, ihrer Tochtergesellschaften und Betriebe und, wenn vereinbart, Mitbestimmungsrechte und sonstige Beteiligungsrechte in Bezug auf die SE wahrzunehmen. Die Bezeichnung „SE-Betriebsrat“ entspricht der Bezeichnung „Vertretungsorgan“ zur Vertretung der Arbeitnehmer in Art. 2 Buchstabe f der Richtlinie. Unbeachtlich ist eine in der Beteiligungsvereinbarung ggfs. abweichende Bezeichnung dieses Vertretungsorgans, das im SEBG einheitlich als SE-Betriebsrat bezeichnet wird. Neben dem SE-Betriebsrat bleiben die Vertretungen nach dem Betriebsverfassungsgesetz (Betriebsrat, Gesamtbetriebsrat, Konzernbetriebsrat, Spartenbetriebsrat und andere vereinbarte Formen nach § 3 BetrVG) unverändert bestehen. Insoweit ist auch begrifflich zu trennen. Auf die Ausführungen zu § 47 SEBG ist zu verweisen. 18

IX. Beteiligung der Arbeitnehmer (Abs. 8)

Beteiligung der Arbeitnehmer bezeichnet nach § 2 Abs. 8 SEBG jedes Verfahren – einschließlich der Unterrichtung, Anhörung und Mitbestimmung –, durch das die Vertreter der Arbeitnehmer auf die Beschlussfassung in der Gesellschaft Einfluss nehmen können. Die Formulierung folgt Art. 2 Buchstabe h der Richtlinie. „Beteiligung“ bildet den Oberbegriff zu allen Verfahren der Arbeitnehmerbeteiligung in der SE. Es werden sowohl die Beteiligungsarten erfasst, die im deutschen Rechtssystem als betriebliche Mitbestimmung (Betriebsverfassungsgesetz) bezeichnet werden, als auch die Verfahren der Unternehmensmitbestimmung, d.h. der Beteiligung der Arbeitnehmer in den Unternehmensorganen. Hinzu kommen die in einigen Mitgliedstaaten üblichen, tarifvertraglich vereinbarten Mitbestimmungsregelungen in der SE. Darüber hinaus können zwischen den Leitungen und dem BVG andere (sonstige) Beteiligungsverfahren zwischen Unternehmens- und Arbeitnehmerseite ausgehandelt werden. 19

26 Vgl. *Oetker* in: Lutter/Hommelhoff/Teichmann § 2 SEBG Rn 27.

X. Beteiligungsrechte der Arbeitnehmer (Abs. 9)

20 Beteiligungsrechte sind nach § 2 Abs. 9 SEBG Rechte, die den Arbeitnehmern und ihren Vertretern im Bereich der Unterrichtung, Anhörung, Mitbestimmung und der sonstigen Beteiligung zustehen. Hierzu kann auch die Wahrnehmung dieser Rechte in den Konzernunternehmen der SE gehören. Während der von der Richtlinie vorgegebene Begriff der Beteiligung stärker auf das vorgesehene Verfahren zur Einflussnahme in dem Unternehmen abstellt, werden unter Beteiligungsrechten im SEBG die konkreten Rechte der Arbeitnehmer oder ihrer Vertreter verstanden. Im Konzernverbund können sich Wahlrechte der Arbeitnehmer auch für andere Gesellschaften (Obergesellschaften) ergeben, wie dies z.B. in § 5 MitbestG geregelt ist.[27]

XI. Unterrichtung (Abs. 10)

21 Unterrichtung bezeichnet nach § 2 Abs. 10 SEBG die Unterrichtung des SE-Betriebsrats oder anderer Arbeitnehmervertreter durch die Leitung der SE über Angelegenheiten, welche die SE selbst oder einer ihrer Tochtergesellschaften oder einen ihrer Betriebe in einem anderen Mitgliedstaat betreffen oder die über die Befugnisse der zuständigen Organe auf der Ebene des einzelnen Mitgliedstaates hinausgehen, also einen „europäischen" Bezug haben. Der Begriff „Unterrichtung" in § 2 Abs. 10 SEBG ist identisch mit dem in Art. 2 Buchstabe i der Richtlinie. Zeitpunkt, Form und Inhalt der Unterrichtung sind so zu wählen, dass es den Arbeitnehmervertretern möglich ist, zu erwartende Auswirkungen von Entscheidungen der Leitung eingehend zu prüfen und gegebenenfalls eine Anhörung mit der Leitung der SE vorzubereiten. Insoweit ist die SE-Richtlinie klarer als die ursprüngliche EBR-Richtlinie, in der das Recht der eingehenden Prüfung durch die betroffene Arbeitnehmervertretung nicht explizit verankert ist. Die Novellierung der EBR-Richtlinie von 2009 führt zu einer Annäherung an das SE-Recht (vgl. jetzt §§ 29, 30 EBRG).[28]

22 Die Gegenstände der Unterrichtung in der SE werden durch ihren grenzüberschreitenden Bezug gekennzeichnet. Dasselbe gilt auch, soweit in einer Vereinbarung nach § 21 Abs. 2 SEBG die Aufgaben des SE-Betriebsrats auf andere Arbeitnehmervertreter übertragen werden. Satz 2 macht deutlich, dass eine ordnungsgemäße Unterrichtung die Grundlagen für eine Anhörung nach Abs. 11 darstellt. Sie muss insbesondere so rechtzeitig erfolgen, dass dem SE-Betriebsrat eine eingehende Prüfung der Angelegenheit möglich ist. Die Unterrichtungsrechte der Arbeitnehmerseite sind nach deutschem Rechtsverständnis im Bereich der betrieblichen Mitbestimmung anzusiedeln. Davon zu trennen sind die Informationsansprüche der Arbeitnehmervertreter im Aufsichts- oder Leitungsorgan. Sie ergeben sich aus den gesellschaftsrechtlichen Vorschriften im SE-Ausführungsgesetz (vgl. Zweiter Teil) und aus dem Aktiengesetz.

XII. Anhörung (Abs. 11)

23 Anhörung bezeichnet nach § 2 Abs. 11 SEBG die Einrichtung eines Dialogs und eines Meinungsaustauschs zwischen dem SE-Betriebsrat oder anderen Arbeitnehmervertretern und der Leitung der SE oder einer anderen zuständigen, mit eigenen Entscheidungsbefugnissen ausgestatteten Leitungsebene, weicht also von dem täglichen Sprachgebrauch ab, wonach Anhörung eine einseitige Angelegenheit dessen ist, der anhört. Zeitpunkt, Form und Inhalt der Anhörung i.S. von Abs. 11 müssen dem SE-Betriebsrat auf der Grundlage der erfolgten Unterrichtung eine

---

27 Vgl. *Hohenstatt/Müller-Bonanni* in: Habersack/Drinhausen § 2 Rn 35.

28 Vgl. *Funke* Die neue Richtlinie über den europäischen Betriebsrat, DB 2009, 564–568; *Oetker* in: Lutter/Hommelhoff/Teichmann § 2 Rn 36f. m.w.N.

Stellungnahme zu den geplanten Maßnahmen der Leitung der SE ermöglichen, die im Rahmen des Entscheidungsprozesses innerhalb der SE berücksichtigt werden kann. Die Formulierung folgt dem Begriff Anhörung in Art. 2 Buchstabe j der Richtlinie. Der Begriff der Anhörung erfordert über den Rahmen des Betriebsverfassungsgesetzes (vgl. z.B. § 102 BetrVG) hinaus, dass sich das Anhörungsverfahren nicht auf das Entgegennehmen der Information und eine Stellungnahme beschränkt, sondern einen Dialog zwischen Unternehmens- und Arbeitnehmerseite ermöglicht. Dieser Dialog muss stattfinden. Der Verlauf muss zeitlich so ausgestaltet werden, dass eine während des Dialogs oder im Anschluss daran abgegebene Stellungnahme des SE-Betriebsrats im Rahmen des Entscheidungsprozesses tatsächlich berücksichtigt werden kann. Als Gesprächspartner kommt im Rahmen der Organisationsstrukturen der SE auf der einen Seite der SE-Betriebsrat und auf der anderen die Leitung oder eine andere zuständige, mit eigenen Entscheidungsbefugnissen ausgestattete Leitungsebene in Betracht. Die Anhörung i.S.v. Abs. 11 kommt im Ergebnis der Beratung nach dem Betriebsverfassungsgesetz nahe.[29]

Der Begriff der Anhörung wurde gegenüber in Art. 2 Abs. 1 Buchstabe f der EBR-Richtlinie präzisiert, wonach der Ausdruck „Anhörung" den Meinungsaustausch und die Errichtung eines Dialogs zwischen den Arbeitnehmervertretern und der zentralen Leitung oder einer anderen, angemessenen Leitungsebene bezeichnet. Schon in der Kommentarliteratur zu dieser Formulierung, die in § 1 Abs. 4 EBRG übernommen wurde, wird darauf hingewiesen, dass die Übersetzung „Anhörung" nicht die Interaktion wiedergibt, die stattfindet, wenn ein Meinungsaustausch stattfindet und ein Dialog errichtet wird. Bedenken und Einwände dürfen demnach nicht kommentarlos zur Kenntnis genommen werden, vielmehr müssen in einem kommunikativen Prozess Gründe und Gegengründe abgewogen werden.[30] § 2 Abs. 11 SEBG greift diese Überlegungen auf und wertet den Gedanken des Dialogs weiter auf. 24

XIII. Mitbestimmung (Abs. 12)

Mitbestimmung bedeutet nach § 2 Abs. 12 SEBG die Einflussnahme der Arbeitnehmer auf die Angelegenheiten einer Gesellschaft durch die Wahrnehmung des Rechts, einen Teil der Mitglieder des Aufsichts- oder Verwaltungsorgans der Gesellschaft zu wählen oder zu bestellen, oder die Bestellung eines Teils oder aller Mitglieder des Aufsichts- oder Verwaltungsorgans der Gesellschaft zu empfehlen oder abzulehnen; dies entspricht im deutschen juristischen Sprachgebrauch der Unternehmensmitbestimmung. 25

Die Vorschrift folgt fast wörtlich Art. 2 Buchstabe k der Richtlinie. Es geht um die Einflussnahme der Arbeitnehmer auf die Angelegenheiten einer Gesellschaft innerhalb der zur Aufsicht oder Vertretung befugten Unternehmensorgane. Nr. 1 erfasst Rechtsordnungen, in denen die Arbeitnehmer selbst einen Teil der Mitglieder des Gesellschaftsorgans wählen oder bestellen, wie das auch in Deutschland der Fall ist. Nr. 2 bezeichnet solche Modelle, in denen die Arbeitnehmer lediglich einen Vorschlags- oder Ablehnungsrecht haben. Der aus der Richtlinie übernommene Begriff des „Bestellens" bezeichnet hier nicht den Beschluss der Hauptversammlung nach § 36 Abs. 4 SEBG.[31] Insofern stellen Richtlinie und Gesetz auf den materiellrechtlichen Bestellungsakt, d.h. den Bestellungsrecht der Arbeitnehmer nach § 2 Abs. 12 SEBG, und nicht auf die formalrechtliche Bestellung durch die Hauptversammlung (Bestätigungsakt) nach § 36 Abs. 4 SEBG ab. Der Richtlinie folgend verzichtet der Gesetzgeber auf eine Rangordnung der Mitbestimmungsformen, die in Nr. 1 und 2 genannt sind. Bei der Abfassung der Richtlinie konnte 26

29 Vgl. schon zum EBRG *Fitting* Rn 4 Übersicht EBRG; zum SEBG *Oetker* in: Lutter/Hommelhoff/Teichmann § 2 Rn 37 m.w.N.
30 Vgl. *Blanke* EBRG § 1 Rn 22; *Müller* EBRG § 1 Rn 13 ff; *Oetker* DB-Beilage 10/1996 S. 8 und *Däubler* in: Däubler/Kittner/Klebe/Wedde § 1 EBRG Rn 11.
31 Vgl. *Kleinmann/Kujath* in: Manz/Mayer/Schröder § 2 SEBG Rn 13.

keine Einigung über eine solche Rangordnung erzielt werden (vgl. die Ausführungen zu § 15 SEBG). „Mitbestimmung" kann auch eine Mischung zwischen den Formen nach Nr. 1 und Nr. 2 sein.

§ 3
Geltungsbereich

(1) [1]Dieses Gesetz gilt für eine SE mit Sitz im Inland. [2]Es gilt unabhängig vom Sitz der SE auch für Arbeitnehmer der SE, die im Inland beschäftigt sind sowie für beteiligte Gesellschaften, betroffene Tochtergesellschaften und betroffene Betriebe mit Sitz im Inland.

(2) Mitgliedstaaten im Sinne dieses Gesetzes sind die Mitgliedstaaten der Europäischen Union und die anderen Vertragsstaaten des Abkommens über den Europäischen Wirtschaftsraum.

I. Vorbemerkung

1 Zwar schafft die SE-Verordnung eine Rechtsform, die supranational für alle Mitgliedstaaten der Europäischen Union gilt. Die Anwendbarkeit des nationalen Durchführungsgesetzes ist dennoch auf das Gebiet des jeweiligen Mitgliedstaates begrenzt. Dies bedeutet, dass das SEBG nur für Deutschland gilt, genauer gesagt, für eine SE, die mit Sitz in Deutschland gegründet wird oder ihren Sitz nach Deutschland verlegt hat[1]. Soweit dieses Gesetz gilt, umfasst es allerdings auch die am Sitz der SE zu erfüllenden Mitwirkungspflichten von beteiligten Gesellschaften, die ihren Sitz im Ausland haben, ebenso wie die Mitwirkungspflichten inländischer beteiligter Gesellschaften. Schließlich ist das Gesetz auch für Gesellschaften und Betriebe im Inland anwendbar, wenn sich der Sitz der SE in einem anderen Mitgliedstaat befindet. Die Mitglieder des BVG, die auf deutsche Betriebe und Unternehmen der zu gründenden SE entfallen, werden nach dem Wahlverfahren des SEBG ermittelt.

II. Erfasste Staaten

2 Mitgliedstaaten der Europäischen Union sind gegenwärtig Belgien, Dänemark, Deutschland, Frankreich, Finnland, Griechenland, Irland, Italien, Kroatien, Luxemburg, die Niederlande, Österreich, Portugal, Spanien, Schweden, Polen, Tschechien, die Slowakei, Ungarn, Slowenien, Estland, Lettland, Litauen, Zypern (griechischer Teil), Malta, Rumänien und Bulgarien sowie (noch) das Vereinigte Königreich (Großbritannien und Nordirland).

3 Die Regelung in Absatz 2 stellt in Rechnung, dass über die Mitgliedstaaten der Europäischen Union hinaus weitere Staaten in die Rechtsform der SE einbezogen sind. Es handelt sich um die Staaten, die ebenfalls dem europäischen Wirtschaftsraum angehören. Gegenwärtig handelt es sich hierbei um Island, Norwegen und Liechtenstein.

III. Brexit

4 Am 29. März 2017 teilte die britische Premierministerin der EU mit, dass das Vereinigte Königreich (UK) austreten wolle. Hierdurch wurde die Prozedur nach Art. 50 EUV in Gang gesetzt, wonach die Europäischen Verträge ab dem Tag des Inkrafttretens des Austrittsabkommens oder

1 Vgl. *Oetker* in: Lutter/Hommelhoff/Teichmann § 3 Rn 3 ff.

bei dessen Scheitern zwei Jahre nach der Austrittsmitteilung nicht mehr auf UK anwendbar sind. Der Europäische Rat der verbleibenden 27 Mitglieder kann im Einvernehmen mit UK einstimmig beschließen, diese Frist zu verlängern. Derzeit ist UK weiterhin Mitglied der EU. Nachfolgeregelungen müssen auch für das sekundäre Unionsrecht, darunter die SE-VO und die SE-Richtlinie, getroffen werden. Hierbei handelt es sich um eine Materie, für die ausschließlich die EU zuständig ist („EU only"), während zur Regelung der zukünftigen Wirtschaftsbeziehungen Verträge in Form von „gemischten Abkommen" erforderlich sind, welche sowohl der Zustimmung auf der Ebene der EU als auch der Ratifikation auf der Ebene der verbleibenden 27 Mitgliedstaaten bedürfen. Für die „EU only"-Materie ist nach Zustimmung des Europäischen Parlaments eine qualifizierte Mehrheit im Rat (mindestens 72% der verbleibenden Mitglieder mit 65% der verbleibenden Bevölkerung) erforderlich (Art. 50 Abs. 2 EUV). Danach gelten die europäischen Verträge für UK nicht mehr. Was aus der SE-VO und der SE-Richtlinie wird, ist offen. Falls es zu keiner Einigung kommen sollte, würden sie für UK ersatzlos wegfallen. Wenn in den entsprechenden Beteiligungsvereinbarungen keine abweichenden Regelungen getroffen sind oder getroffen werden, entfallen die Mandate der Vertreter von UK in den SE-Betriebsräten oder sonstigen Arbeitnehmervertretungen und je nach den jeweiligen Beteiligungsvereinbarungen der SE sofort oder nach Auslaufen der Amtszeit auch in den Aufsichts- oder Verwaltungsräten (vgl. § 36 Rn 2). Noch wird aber zwischen der Rest-EU und UK um Nachfolge- und Übergangsregelungen verhandelt.

Teil 2
Besonderes Verhandlungsgremium

Kapitel 1
Bildung und Zusammensetzung

§ 4
Information der Leitungen

(1) [1]Das besondere Verhandlungsgremium ist auf Grund einer schriftlichen Aufforderung der Leitungen zu bilden. [2]Es hat die Aufgabe, mit den Leitungen eine schriftliche Vereinbarung über die Beteiligung der Arbeitnehmer in der SE abzuschließen.

(2) [1]Wenn die Leitungen die Gründung einer SE planen, informieren sie die Arbeitnehmervertretungen und Sprecherausschüsse in den beteiligten Gesellschaften, betroffenen Tochtergesellschaften und betroffenen Betrieben über das Gründungsvorhaben. [2]Besteht keine Arbeitnehmervertretung, erfolgt die Information gegenüber den Arbeitnehmern. [3]Die Information erfolgt unaufgefordert und unverzüglich nach Offenlegung des Verschmelzungsplans, des Gründungsplans für eine Holdinggesellschaft, des Umwandlungsplans oder nach Abschluss der Vereinbarung eines Plans zur Gründung einer Tochtergesellschaft.

(3) Die Information erstreckt sich insbesondere auf

1. **die Identität und Struktur der beteiligten Gesellschaften, betroffenen Tochtergesellschaften und betroffenen Betriebe und deren Verteilung auf die Mitgliedstaaten;**
2. **die in diesen Gesellschaften und Betrieben bestehenden Arbeitnehmervertretungen;**
3. **die Zahl der in diesen Gesellschaften und Betrieben jeweils beschäftigten Arbeitnehmer sowie die daraus zu errechnende Gesamtzahl der in einem Mitgliedstaat beschäftigten Arbeitnehmer;**
4. **die Zahl der Arbeitnehmer, denen Mitbestimmungsrechte in den Organen dieser Gesellschaften zustehen.**

(4) Maßgeblicher Zeitpunkt für die Ermittlung der Zahl der Arbeitnehmer ist der Zeitpunkt der Information nach Absatz 2.

Übersicht

I. Allgemeines

1 Die Ausgestaltung der Beteiligungsverfahren und die Festlegung der Beteiligungsrechte der Arbeitnehmer in einer SE soll vorrangig im Wege der Vereinbarung zwischen der Unternehmensseite und der Arbeitnehmerseite erfolgen (vgl. Art. 3 Abs. 3 und Erwägungsgrund 6 der Richtlinie). Verhandlungspartner einer solchen Vereinbarung ist auf Arbeitnehmerseite das BVG. Es ist international zusammengesetzt; seine Mitglieder vertreten alle in den Mitgliedstaaten beschäftigten Arbeitnehmer der an der Gründung der SE beteiligten Gesellschaften, betroffenen Tochtergesellschaften und betroffenen Betriebe. Teil 2 des SEBG enthält die für Bildung, Zusammensetzung und Befugnisse des BVG maßgeblichen – insbesondere organisationsrechtlichen – Vorschriften und setzt damit Art. 3 der Richtlinie um.

Der europäische Gesetzgeber ging bei den Regelungen über die Beteiligung der Arbeitnehmer von dem „Normalfall“ aus, dass in den Gründungsgesellschaften der SE und der SE selbst Arbeitnehmer beschäftigt werden und deshalb ein Verhandlungsverfahren durchgeführt werden kann.[1] Dennoch ist die Gründung einer arbeitnehmerlosen SE nicht unzulässig. Art. 12 Abs. 2 VO steht nach h.M. der Gründung einer solchen SE nicht entgegen.[2] Die Durchführung eines Beteiligungsverfahrens entfällt nur dann, wenn sowohl die Gründungsgesellschaften als auch die künftige SE arbeitnehmerlos sind.[3] Beschäftigt die SE – entgegen der ursprünglichen Planung – zu einem späteren Zeitpunkt Arbeitnehmer, ist das Verhandlungsverfahren durchzuführen, da möglicherweise eine strukturelle Änderung vorliegt und § 18 Abs. 3 SEBG analog anzuwenden ist. Folgt man der Auffassung, dass § 18 Abs. 3 SEBG diesen Fall nicht analog erfasst, kommt jedenfalls eine entsprechende Anwendung der §§ 22ff SEBG in Betracht.[4] Eine vergleichbare Fallgestaltung ist die Gründung einer arbeitnehmerlosen Vorrats-SE, in der nach Veräußerung Arbeitnehmer beschäftigt werden. Das Beteiligungsverfahren ist bei der Gründung vorzunehmen, wenn in den Gründungsgesellschaften Arbeitnehmer tätig sind; es ist bei der Veräußerung der Vorrats-SE zu wiederholen, wenn bei dem Erwerber eine weitergehende Mitbestimmung besteht als in den Gründungsunternehmen.[5] 2

II. Regelungszweck

Die Vorschrift regelt die Voraussetzungen für die Einleitung des Verfahrens für Verhandlungen über die Beteiligung der Arbeitnehmer bei Gründung einer SE und bezieht sich damit auf Art. 3 Abs. 1 der Richtlinie. Verhandlungspartner sind auf Unternehmensseite die Leitungen der an der Gründung der SE beteiligten Gesellschaften; auf Arbeitnehmerseite ist es das BVG, das zu diesem Zweck[6] zu bilden ist. 3

Das BVG ist kein Dauerorgan, sondern ein „ad-hoc-Gremium“ ohne eigene Rechtspersönlichkeit, ihm kommt lediglich eine aufgabenbezogene Rechtsfähigkeit zu[7]; dabei ist das BVG nicht an Weisungen gebunden.[8] Die Bildung erfolgt aufgrund einer schriftlichen Aufforderung der Leitungen[9]. Damit sind alle Leitungen der Gründungsgesellschaften in den jeweiligen Mitgliedstaaten gemeint. Auf ein Initiativrecht der Arbeitnehmer zur Bildung des BVG wie in § 9 Abs. 1 EBRG verzichtet das Gesetz, weil die Bildung des BVG und die Aufnahme von Verhandlungen als zwingende Voraussetzungen einer SE-Gründung in erster Linie im Interesse der Leitungen der Gründungsgesellschaften liegen dürfte. 4

1 Vgl. Art. 12 Abs. 2 VO sowie die Regelungen der Richtlinie über das Verhandlungsverfahren.
2 Siehe *Vossius* ZIP 2005, 741; *Seibt* ZIP 2005, 2248, 2249 f m.w.N.; anders *Blanke* ZIP 2006, 789 ff, wonach eine gänzlich beteiligungslose SE ein juristisches „Unding“ sei und nicht ins Handelsregister eingetragen werden könne.
3 Ausf. zur Problematik der Arbeitnehmerbeteiligung einer SE ohne Arbeitnehmer *Schubert* ZESAR 2006, 340 ff; nach LG Hamburg, Beschluss v. 30.9.2005, 417 T 15/05, AuR 2006, 132 muss das BVG auch dann einberufen werden, wenn eine arbeitnehmerlose SE gegründet werden soll, die Gründungsgesellschaften aber eigene Arbeitnehmer haben; ebenso die Vorinstanz ArbG Hamburg, Beschluss v. 28.6.2005, 66 AR 76/05, ZIP 2005, 2017 f; zur Bewertung der Entscheidungen s. *Seibt* ZIP 2005, 2248; *Frodermann/Jannott* ZIP 2005, 2251.
4 *Schubert* ZESAR 2006, 340, 344.
5 Vgl. zur Vorrats-SE ausf. *Schubert* ZESAR 2006, 340, 344 ff.
6 Aus dieser Zweckbindung ergibt sich auch die Dauer der Amtszeit des BVG. Wird eine Vereinbarung abgeschlossen oder liegen die Voraussetzungen der §§ 16 oder 20 SEBG vor, so endet die Amtszeit des BVG, s. LAG Berlin-Brandenburg, Beschl. v. 10.2.2017 – 6 TaBV 1585/16, AG 2017, 757. Ein neues BVG wird gebildet, wenn die Verhandlungen nach § 18 Abs. 1 S. 1 SEBG wiederaufgenommen werden oder eine strukturelle Änderung zu Neuverhandlungen führt (§ 18 Abs. 3 S. 2 SEBG), s. hierzu *Oetker* in: Lutter/Hommelhoff/Teichmann § 4 SEBG Rn 8.
7 *Jacobs* in: MÜKOAktG § 4 SEBG Rn 2; *Rudolph* in: Annuß/Kühn/Rudolph/Rupp SEBG § 4 SEBG Rn 4; *Hohenstatt/Dzida* in: Henssler/Willemsen/Kalb SEBG Rn 8; *Feuerborn* in: KK-AktG § 4 SEBG Rn 5.
8 *Feuerborn* in: KK-AktG § 4 SEBG Rn 6; *Oetker* in: Lutter/Hommelhoff/Teichmann § 4 SEBG Rn 7; *Jacobs* in: MÜKOAktG § 4 SEBG Rn 2.
9 Zum Erfordernis der Schriftlichkeit s. Rn 15.

5 Demgegenüber werden an der Bildung eines Europäischen Betriebsrats vorrangig die Arbeitnehmer interessiert sein.[10] Die Interessenlagen der Leitungen und der Arbeitnehmer sind bei einer SE-Gründung und der Gründung eines Europäischen Betriebsrats folglich unterschiedlich. Zu beachten ist, dass die Informationspflicht der Leitung nach § 4 Abs. 3 SEBG vor Gründung einer SE nicht die nach sonstigem nationalen Recht bestehenden Informationspflichten der Arbeitnehmervertretungen aufgrund andere Beteiligungsrechte (z.B. des Wirtschaftsausschusses nach § 106 Abs. 3 Nr. 10 BetrVG) ersetzt.[11]

6 Der gesellschaftsrechtliche Ablauf der Gründung einer SE und das Verhandlungsverfahren über die Beteiligung der Arbeitnehmer sind unmittelbar miteinander verbunden. Da die Durchführung eines ordnungsgemäßen Verhandlungsverfahrens vom Registergericht als Voraussetzung für eine Eintragung der SE zu prüfen ist (vgl. Art. 12 Abs. 2 VO), liegt ein zügiges und ordnungsgemäßes Verfahren im Interesse der Gründungsgesellschaften selbst.[12] Das Gesetz verzichtet daher darauf, für die notwendige Information durch die Leitungen Fristen oder weitere Formvorschriften festzulegen. Für die zu treffende Vereinbarung zwischen den Leitungen und dem BVG ist aus Gründen der Rechtssicherheit und Rechtsklarheit Schriftform vorgeschrieben; diese erleichtert auch den späteren Nachweis gegenüber dem Registergericht.

III. Unterrichtungspflicht der Leitungen

1. Inhalt

7 Die Leitungen haben die Arbeitnehmervertretungen oder – sofern solche nicht bestehen – die Arbeitnehmer selbst darüber zu informieren, dass sie die Gründung einer SE planen. Diese Information muss zumindest alle Fakten und Daten enthalten, die für die ordnungsgemäße Bildung des BVG erforderlich sind.[13] Weitergehende Informationen, die über diese Erforderlichkeit hinausgehen, aber die Bildung des BVG erleichtern und beschleunigen, sollten im Interesse der Leitungen und der Arbeitnehmervertretungen oder Arbeitnehmern ebenfalls mitgeteilt werden.[14] Dies sind z.B. Adressen und Ansprechpartner der Arbeitnehmervertretungen in anderen Mitgliedstaaten. Die in § 4 Abs. 3 SEBG vorgenommene Aufzählung ist nicht abschließend, sondern enthält wesentliche Angaben, die in jedem Fall mitzuteilen sind. Hierzu gehören[15]:

- die Identität und Struktur der beteiligten Gesellschaften, betroffenen Tochtergesellschaften und betroffenen Betriebe und deren Verteilung auf die Mitgliedstaaten;

---

10 Vgl. *Müller* EBRG § 9 Rn 1; *Le Friant* weist auch auf ein mögliches Interesse der zentralen Leitung an der Gründung eines EBR hin, NZA 1994, 158; s. auch *Engels* AuR 2009, 10, 20.

11 *Oetker* in: Lutter/Hommelhoff/Teichmann § 4 SEBG Rn 15.

12 BT-Drucks. 15/3405 v. 21.6.2004 S. 45; s. auch Rn 7; ebenso *Köstler* DStR 2005, 745; *Hennings* in: Manz/Mayer/Schröder Art. 3 SE-RL Rn 51. Weigern sich die Leitungen, sich gegenseitig die Informationen zu geben, die erforderlich sind, um das BVG zu bilden, muss die Gründung der SE unterbleiben, *Jacobs* in: MÜKOAktG § 4 SEBG Rn 18.

13 Im Ergebnis ebenso *Grobys* NZA 2005, 84, 86. Diese Informationspflicht ist nicht so weitgehend wie die in § 8 Abs. 2 EBRG. Sie bezieht sich nicht auf Auskünfte, die die Aufgabenerfüllung des BVG betreffen, sondern nur auf solche, die für die Gründung des BVG erforderlich sind. Vgl. aber die weitergehenden Informationspflichten in § 13 Abs. 2 SEBG; s. auch *Engels* AuR 2009, 10, 20. Die Prüfung der Rechtmäßigkeit der erteilten Information kann im Wege des einstweiligen Rechtsschutzes durch die Arbeitnehmerseite erfolgen; s. *Löw/Stolzenberg* NZA 2017, 1490.

14 Das „vitale Interesse“ der Unternehmensseite an einer zügigen und vollständigen Information betont *Junker* ZfA 2005, 211, 221. Vor diesem Hintergrund ist die Diskussion, ob die Arbeitnehmerseite selbst aktiv werden muss, wenn die Aufforderung unterbleibt, eher theoretischer Natur; für einen echten Auskunftsanspruch der Arbeitnehmerseite *Krause* BB 2005, 1223; *Henssler* in: Ulmer/Habersack/Henssler Einl. SEBG Rn 159; gegen einen solchen Anspruch der Arbeitnehmer *Güntzel* S. 389 ff.

15 S. auch *Rudolph* in: Annuß/Kühn/Rudolph/Rupp SEBG § 4 SEBG Rn 29 ff.

- die in diesen Gesellschaften und Betrieben bestehenden Arbeitnehmervertretungen;
- die Zahl der in diesen Gesellschaften und Betrieben jeweils beschäftigten Arbeitnehmer sowie die daraus zu errechnende Gesamtzahl der in einem Mitgliedstaat beschäftigten Arbeitnehmer und
- die Zahl der Arbeitnehmer, denen Mitbestimmungsrechte in den Organen dieser Gesellschaften zustehen.

Wichtig sind insbesondere alle Angaben über die Anzahl der Arbeitnehmer in den beteiligten Gesellschaften, betroffenen Tochtergesellschaften und betroffenen Betrieben und deren Verteilung auf die Mitgliedstaaten. Ohne zutreffende Informationen über diese Daten kann das BVG nicht ordnungsgemäß zusammengesetzt werden. Für die für das Abstimmungsverfahren innerhalb des BVG und die Anwendung der Auffangregelung festgelegten Schwellenwerte[16] ist das Zahlenverhältnis entscheidend zwischen den Arbeitnehmern, denen Mitbestimmungsrechte zustehen und den Arbeitnehmern ohne solche Rechte im Aufsichts- oder Verwaltungsrat der Gesellschaften. Hierauf stellt § 4 Abs. 3 Nr. 4 SEBG ab. Daher ist der jeweiligen Mitbestimmungsstatus der Arbeitnehmer ebenfalls mitzuteilen.[17] 8

Wer Arbeitnehmer ist, richtet sich nach den jeweiligen Vorschriften der Mitgliedstaaten. Bei der Angabe der inländischen Arbeitnehmer ist die Definition in § 2 Abs. 1 SEBG zu beachten. Arbeitnehmer mit befristeten Arbeitsverträgen oder in Teilzeitbeschäftigung sind ebenfalls zu berücksichtigen. Dabei zählen Teilzeitbeschäftigte wie Vollzeitbeschäftigte pro Kopf und nicht zeitanteilig.[18] Auch Leiharbeitnehmer sind seit der Neuregelung in § 14 Abs. 2 AÜG ab dem 1.4.2017 mit zu berücksichtigen.[19] 9

Veränderungen dieser Arbeitnehmerzahlen im Verlauf des Gründungsverfahrens können erhebliche Auswirkungen haben, wenn dadurch die in diesem Gesetz vorgesehene Zusammensetzung des BVG[20] oder die Schwellenwerte über- oder unterschritten werden. Die Vorschrift bestimmt deshalb, dass für die Bildung des BVG die Arbeitnehmerzahlen zum Zeitpunkt der ersten Information durch die Leitungen die Berechnungsgrundlage bilden. Diese mitgeteilten Zahlen bleiben auch für die Abstimmungen des BVG maßgeblich, solange nicht eine Situation wie nach § 5 Abs. 4 SEBG eintritt, für die das Gesetz eine neue Zusammensetzung des BVG fordert.[21] 10

Die Verpflichtung zur Erteilung der erforderlichen Informationen trifft auch die in anderen Mitgliedstaaten ansässigen Gesellschaften, die sich an der Gründung einer SE mit Sitz in Deutschland beteiligen, damit sich das BVG ordnungsgemäß zusammensetzen kann. Fehlt es der zur Unterrichtung verpflichteten Gesellschaft an notwendigen Informationen, ist sie verpflichtet, sich diese Daten zu beschaffen.[22] Andererseits sind die anderen Leitungen verpflichtet, diese Informationen auch zu erteilen.[23] Die Aufforderung ist in der entsprechenden Sprache des 11

16 Vgl. die Ausführungen zu § 15 und § 34 SEBG.

17 S. auch *Oetker* in: Lutter/Hommelhoff/Teichmann § 4 SEBG Rn 33; *Rudolph* in: Annuß/Kühn/Rudolph/Rupp SEBG § 4 SEBG Rn 32.

18 Vgl. § 2 Rn 2; ebenso *Müller* EBRG § 4 Rn 2 für Berechnungen im Rahmen des EBRG.

19 BGBl. I vom 28.2.2017 S. 258 ff; s. auch § 2 SEBG Rn 2.

20 Vgl. die Ausführungen zu § 5 SEBG.

21 *Krause* BB 2005, 1221, 1224 (insbesondere Fn 42 und 43) hält die Regelung des § 5 Abs. 4 SEBG für europarechtlich bedenklich, weist im Übrigen aber zutreffend darauf hin, dass auch andere Mitgliedstaaten wie z.B. Österreich oder Großbritannien vergleichbare Regelungen geschaffen haben; s. auch *Gahleitner* DRdA 2005, 550 553 zum österreichischen Recht.

22 Ebenso *Oetker* BB-Special 1/2005, 2, 6; *Feuerborn* in: KK-AktG § 4 SEBG Rn 24.

23 Zutreffend *Oetker* BB-Special 1/2005, 2, 6 mit Hinweis auf die Rechtsprechung zum EuGH zu Art. 4 der RL 94/45/EG.

jeweiligen Mitgliedstaats zu verfassen.[24] Wird die Information nicht oder nicht vollständig erteilt, stellt dies eine Ordnungswidrigkeit nach § 46 Abs. 1 Nr. 1 SEBG dar.[25]

2. Zeitpunkt

12 Durch die Mitteilung der Leitungen über die Planung einer SE sollen sich diejenigen, die in den jeweiligen Mitgliedstaaten an der Bildung des BVG beteiligt sind, möglichst frühzeitig auf das Verfahren einstellen können. Deshalb regelt § 4 Abs. 2 Satz 3 SEBG, dass die Leitungen die erforderlichen Informationen unaufgefordert und unverzüglich nach Offenlegung des Verschmelzungsplans, des Gründungsplans für eine Holdinggesellschaft, des Umwandlungsplans oder nach Abschluss der Vereinbarung eines Plans zur Gründung einer Tochtergesellschaft erteilen müssen. Unverzüglich bedeutet „ohne schuldhaftes Zögern" (§ 121 BGB), die Leitungen sollten somit nicht mit den gesellschaftsrechtlichen Gründungserfordernissen voranschreiten, ohne zuvor die Arbeitnehmerseite ordnungsgemäß unterrichtet zu haben, damit die zur Gründung des BVG notwendigen Maßnahmen ergriffen werden können. Zwar bleibt ein Verstoß gegen das Erfordernis der Unverzüglichkeit ohne weitere Sanktion, allerdings geht diese Verzögerung im Gründungsprozess zu Lasten der Unternehmensseite.[26]

13 Die Leitungen sind nicht verpflichtet, die Offenlegung des Verschmelzungsplans, des Gründungsplans für eine Holdinggesellschaft, des Umwandlungsplans oder nach Abschluss der Vereinbarung eines Plans zur Gründung einer Tochtergesellschaft abzuwarten, bevor sie der Arbeitnehmerseite die erforderlichen Informationen erteilen, sondern können sie auch schon früher in den Gründungsprozess einbinden.[27]

3. Adressat der Information

14 Die Arbeitnehmervertretungen und Sprecherausschüsse in den beteiligten Gesellschaften, betroffenen Tochtergesellschaften und betroffenen Betrieben sind von den Leitungen über die geplante Gründung einer SE zu informieren. Da der Begriff der „Arbeitnehmervertretung" nach § 2 Abs. 6 SEBG ausschließlich die nach dem Betriebsverfassungsgesetz bezeichneten Vertretungen der Arbeitnehmer umfasst, werden die Sprecherausschüsse an dieser Stelle gesondert aufgeführt.[28] Sinn und Zweck der Regelung ist die frühzeitige Information derjenigen, die an dem Verfahren zur Bestimmung der inländischen Mitglieder für das BVG beteiligt sind. Dies sind nach den §§ 6 Abs. 4, 8 Abs. 1 SEBG auch die Sprecherausschüsse. Nicht ausreichend ist es, nur die Arbeitnehmervertretung auf höchster Ebene, also z.B. den Konzernbetriebsrat oder den Gesamtsprecherausschuss zu informieren. Um eine umfassende und unverzügliche Information zu gewährleisten, bezieht sich die Informationspflicht bewusst auf alle Arbeitnehmervertretungen oder Sprecherausschüsse.[29]

15 Sofern in den jeweiligen beteiligten Gesellschaften, betroffenen Tochtergesellschaften und betroffenen Betrieben keine Arbeitnehmervertretung besteht, haben die Leitungen die Arbeitnehmer unmittelbar über die geplante Gründung der SE zu informieren. Fehlen Arbeitnehmervertretungsstrukturen, besteht diese Informationspflicht nach § 2 Abs. 1 SEBG neben den Arbei-

24 *Jacobs* in: MÜKOAktG § 4 SEBG Rn 5; *Oetker* in: Lutter/Hommelhoff/Teichmann § 4 SEBG Rn 11.
25 *Hohenstatt/Müller-Bonanni* in: Habersack/Drinhausen SEBG § 4 Rn 13; *Rudolph* in: Annuß/Kühn/Rudolph/Rupp SEBG § 4 SEBG Rn 34.
26 Umkehrschluss aus § 12 SEBG.
27 Ebenso *Oetker* in: Lutter/Hommelhoff/Teichmann § 4 SEBG Rn 26; *Jacobs* in: MÜKOAktG § 4 SEBG Rn 6.
28 Zutreffend *Niklas* NZA 2004, 1204; **aA** *Hohenstatt/Müller-Bonanni* in: Habersack/Drinhausen SEBG § 4 Rn 6.
29 Ebenso *Oetker* BB-Special 1/2005, 2, 6; *Engels* AuR 2009, 10, 20; *Löw/Stolzenberg* NZA 2017, 1491; **aA** *Feuerborn* in KK-AktG § 4 SEBG Rn 13.

tern, Angestellten und den zur Berufsausbildung Beschäftigten auch gegenüber den leitenden Angestellten, die unter den Arbeitnehmerbegriff des SEBG fallen. Zu informieren sind auch die in Heimarbeit Beschäftigten und die Leiharbeitnehmer.[30] Dabei muss nicht jedem einzelnen Arbeitnehmer ein detailliertes Aufforderungs- und Informationsschreiben per Post übersandt werden, sondern es genügt ein Aushang oder eine Information per Intranet.[31] Nicht ausdrücklich geregelt ist der Fall, dass es zwar zu informierende Arbeitnehmervertretungen gibt, aber keine Sprecherausschüsse in der Gesellschaft gebildet worden sind. Für diese Fallkonstellation schlägt *Oetker*[32] eine unmittelbare Information der leitenden Angestellten durch die Leitungen vor. Mit Blick auf das Vorschlagsrecht der leitenden Angestellten nach § 8 Abs. 1 Satz 7 SEBG ist dem zuzustimmen.

4. Rechtsfolgen

An die ordnungsgemäße Information durch die Leitungen knüpft das Gesetz in § 2 Abs. 4 und § 11 Abs. 1 und 2 SEBG wichtige Rechtsfolgen. So ist der Zeitpunkt der Information der zentrale Bezugspunkt für alle weiteren Fristen.[33] **16**

Die Wahl oder Bestellung der Mitglieder des BVG soll nach § 11 Abs. 1 Satz 1 SEBG innerhalb von 10 Wochen nach der Information durch die Leitungen erfolgen. Die Frist beginnt erst dann zu laufen, wenn allen Adressaten in den jeweiligen Mitgliedstaaten die erforderlichen Informationen zugegangen sind. Bleibt in einem Mitgliedstaat die Leitung untätig oder erteilt nicht alle notwendigen Informationen, hindert dies den Fristbeginn auch in allen anderen Mitgliedstaaten, selbst wenn dort die Leitungen ordnungsgemäß über die Planung der SE unterrichtet haben. Ein reibungsloses Gründungsverfahren der SE liegt im Interesse der Leitungen, so dass sie auch an einer ordnungsgemäßen und zügigen Information interessiert sein werden[34]. **17**

Das Verhandlungsverfahren zwischen den Leitungen und dem BVG kann nach § 20 SEBG bis zu einem Jahr andauern, sofern die Verhandlungspartner dies vereinbaren. Um nicht auf jede Veränderung der Arbeitnehmerzahlen reagieren zu müssen und dadurch den Verhandlungsablauf zu erschweren, bestimmt § 4 Abs. 4 SEBG, dass für die Bildung des BVG die Arbeitnehmerzahlen zum Zeitpunkt der ersten Information durch die Leitungen die Grundlage bilden. Diese mitgeteilten Zahlen bleiben für die Bildung und Berechnung der Schwellenwerte im Rahmen von Abstimmungen des BVG maßgeblich, solange nicht eine Situation eintritt, für die das Gesetz eine neue Zusammensetzung des BVG anordnet. **18**

IV. Streitigkeiten

§ 2a Abs. 1 Nr. 3e ArbGG begründet für nahezu alle Streitigkeiten[35] aus dem SEBG die Zuständigkeit der Arbeitsgerichte im Beschlussverfahren nach § 80 ff ArbGG. Hierzu zählen auch **19**

---

30 S. § 2 SEBG Rn 2.
31 *Löw/Stolzenberg* NZA 2017, 1491; *Rudolph* in: Annuß/Kühn/Rudolph/Rupp SEBG § 4 SEBG Rn 8; *Hohenstatt/Müller-Bonanni* in: Habersack/Drinhausen SEBG § 4 Rn 5; *Hohenstatt/Dzida* in: Henssler/Willemsen/Kalb SEBG Rn 12; *Feuerborn* in: KK-AktG § 4 SEBG Rn 14; *Jacobs* in: MÜKOAktG § 4 SEBG Rn 21.
32 *Oetker* BB-Special 1/2005, 2, 6; ebenso *Rudolph* in: Annuß/Kühn/Rudolph/Rupp SEBG § 4 SEBG Rn 20.
33 *Löw/Stolzenberg* NZA 2017, 1491 mwN.; *Grobys* NZA 2005, 86; *Jakobs* in: MÜKOAktG § 4 SEBG Rn 13.
34 Ebenso *Hohenstatt/Müller-Bonanni* in: Habersack/Drinhausen SEBG § 4 Rn 14; *Jacobs* in: MÜKOAktG § 4 SEBG Rn 12.
35 Für Straf- und Ordnungswidrigkeitsverfahren nach den §§ 45, 46 SEBG bleibt es bei der allgemeinen Zuständigkeitsregeln. Gleiches gilt für Rechtsfragen bei der Bestellung der Arbeitnehmervertreter durch die

Streitigkeiten, die im Gründungsstadium der SE entstehen, z.B. bei der Bildung des BVG oder im Zusammenhang mit dem Wahlgremium.[36] Folglich sind auch Meinungsverschiedenheiten über die ordnungsgemäße Information der Leitungen nach § 4 SEBG vor den Arbeitsgerichten zu klären.

20 Örtlich zuständig ist nach § 82 Abs. 3 ArbGG das Arbeitsgericht am zukünftigen Sitz der Gesellschaft.[37] Dieser muss nach Artikel 20 Abs. 1 Satz 2 Buchstabe a, Artikel 32 Abs. 2 Satz 3 VO im Verschmelzungs- oder Gründungsplan festgelegt sein.

§ 5
Zusammensetzung des besonderen Verhandlungsgremiums

(1) [1]Für die in jedem Mitgliedstaat beschäftigten Arbeitnehmer der beteiligten Gesellschaften, betroffenen Tochtergesellschaften und betroffenen Betriebe werden Mitglieder für das besondere Verhandlungsgremium gewählt oder bestellt. [2]Für jeden Anteil der in einem Mitgliedstaat beschäftigten Arbeitnehmer, der 10 Prozent der Gesamtzahl der in allen Mitgliedstaaten beschäftigten Arbeitnehmer der beteiligten Gesellschaften und der betroffenen Tochtergesellschaften oder betroffenen Betriebe oder einen Bruchteil davon beträgt, ist ein Mitglied aus diesem Mitgliedstaat in das besondere Verhandlungsgremium zu wählen oder zu bestellen.

(2) [1]Wird die SE durch Verschmelzung gegründet, sind so viele zusätzliche Mitglieder in das besondere Verhandlungsgremium zu wählen oder zu bestellen, wie erforderlich sind, um zu gewährleisten, dass jede beteiligte Gesellschaft, die eingetragen ist und Arbeitnehmer in dem betreffenden Mitgliedstaat beschäftigt und die als Folge der geplanten Eintragung der SE als eigene Rechtspersönlichkeit erlöschen wird, in dem besonderen Verhandlungsgremium durch mindestens ein Mitglied vertreten ist. [2]Dies darf nicht zu einer Doppelvertretung der betroffenen Arbeitnehmer führen.

(3) [1]Die Zahl der zusätzlichen Mitglieder darf 20 Prozent der sich aus Absatz 1 ergebenden Mitgliederzahl nicht überschreiten. [2]Kann danach nicht jede nach Absatz 2 besonders zu berücksichtigende Gesellschaft durch ein zusätzliches Mitglied im besonderen Verhandlungsgremium vertreten werden, so werden diese Gesellschaften in absteigender Reihenfolge der Zahl der bei ihnen beschäftigten Arbeitnehmer berücksichtigt. [3]Dabei ist zu gewährleisten, dass ein Mitgliedstaat nicht mehrere zusätzliche Sitze erhält, solange nicht alle anderen Mitgliedstaaten, aus denen die nach Absatz 2 besonders zu berücksichtigenden Gesellschaften stammen, einen Sitz erhalten haben.

(4) [1]Treten während der Tätigkeitsdauer des besonderen Verhandlungsgremiums solche Änderungen in der Struktur oder Arbeitnehmerzahl der beteiligten Gesellschaften, der betroffenen Tochtergesellschaften oder der betroffenen Betriebe ein, dass sich die konkrete Zusammensetzung des besonderen Verhandlungsgremiums ändern würde, so ist das besondere Verhandlungsgremium entsprechend neu zusammenzusetzen. [2]Über solche Änderungen haben die zuständigen Leitungen unverzüglich das besondere Verhandlungsgremium zu informieren. [3]§ 4 Abs. 2 bis 4 gilt entsprechend.

Hauptversammlung; insoweit bleibt es ebenso bei der Zuständigkeit der ordentlichen Gerichtsbarkeit wie bei Abberufungsverfahren nach § 103 AktG.

36 Vgl. BT-Drucks. 15/3405 v. 21.6.2004, S. 58; das BVG ist als „Stelle" i.S.v. § 10 ArbGG anzusehen und insoweit parteifähig im arbeitsgerichtlichen Beschlussverfahren.

37 BT-Drucks. 15/3405 v. 21.6.2004, S. 59.

Übersicht

I. Allgemeines

1 § 5 regelt das Verfahren über die personelle Zusammensetzung des BVG, das mit den Leitungen über eine Vereinbarung über die Beteiligung der Arbeitnehmer in einer SE mit Sitz in Deutschland verhandeln soll. Die Vorschrift setzt Art. 3 Abs. 2 Buchstabe a der Richtlinie um. Die Gesamtzahl der Mitglieder des BVG und deren Verteilung auf die Mitgliedstaaten werden abschließend geregelt. Dabei ist das von der Richtlinie vorgesehene Verfahren, das auf den Grundsätzen[1] der Repräsentativität und der Proportionalität beruht, von allen Mitgliedstaaten gleichermaßen einzuhalten.

2 Die Wahl oder Benennung der auf den einzelnen Mitgliedstaat entfallenden Mitglieder und deren Verteilung auf die beteiligten Gesellschaften erfolgt dann nach den jeweiligen nationalen Umsetzungsgesetzen; insoweit besteht für die Mitgliedstaaten Gestaltungsspielraum. Das BVG ist keine Dauereinrichtung[2] sondern wie im Rahmen des EBRG ein sog. Ad-hoc-Gremium. Dies ergibt sich aus seiner Zweckbestimmung. Die Amtszeit des BVG beginnt mit seiner konstituierenden Sitzung; sie endet, wenn eine Vereinbarung nach § 21 SEBG geschlossen worden ist, während der Verhandlungsperiode nicht erreicht werden konnte oder ein Beschluss nach § 16 SEBG gefasst worden ist.

3 Eine erneute Bildung des (i.d.R. anders zusammengesetzten) BVG ist im Fall des § 18 SEBG vorgesehen, der die Wiederaufnahme von Verhandlungen regelt.[3] Ein BVG ist auch dann zu bilden und Verhandlungen sind durchzuführen, wenn es sich um die Gründung einer SE durch Verschmelzung einer mitbestimmten inländischen AG mit einer im Ausland befindlichen arbeitnehmerlosen Gesellschaft handelt. In diesem Fall besteht das BVG nur aus den Arbeitnehmern der inländischen AG. Dies gilt auch dann, wenn zunächst grenzüberschreitende Angelegenheiten der SE nicht bestehen.[4]

4 Fraglich ist, ob bei Fehlen grenzüberschreitender Angelegenheiten ein SE-Betriebsrat dennoch vor Gründung der SE zu bilden ist[5] oder erst dann, wenn es nach Gründung der SE erstmal zu grenzüberschreitenden Angelegenheiten der Gesellschaft kommt.[6] Die überzeugenderen Argumente sprechen für die letztgenannte Fallgestaltung, da der Aufgabenkatalog des SE-

1 Die Grundsätze der Repräsentativität und der Proportionalität gelten nach § 10 EBRG auch für die Bildung des BVG im Rahmen der Errichtung eines Europäischen Betriebsrats; allerdings bestanden dort noch andere Berechnungsgrößen; die Revision der EBR-Richtlinie 2009/38/EG vom 6.5.2009 hat demgegenüber in Art. 5 eine Anpassung der Berechnungsgrößen an die Bestimmungen des SE-Rechts zum Inhalt, die Richtlinie muss bis zum 5.6.2011 in nationales Recht umgesetzt werden; vgl. ausf. *Engels* AuR 2009, 10, 17 f. Zu Größe und Zusammensetzung des BVG vgl. auch *Grobys* NZA 2005, 84, 86 f.

2 *Oetker* in: Lutter/Hommelhoff/Teichmann § 4 SEBG Rn 7 m.w.N.; *Hohenstatt/Dzida* in: Henssler/Willemsen/Kalb SEBG Rn 8.

3 *Oetker* in: Lutter/Hommelhoff/Teichmann § 1 SEBG Rn 13.

4 Zur Problematik der SE-Gründung unter Beteiligung arbeitnehmerloser Gesellschaften ausf. *Schubert* RdA 2012, 146 ff.

5 So *Luke* NZA 2013, 941 ff.

6 So *Schubert* RdA 2012, 146 ff.

Betriebsrats auf eine grenzüberschreitende Betätigung der SE ausgerichtet ist. Findet diese erstmals nach Gründung der SE statt, sind Neuverhandlungen nach § 18 Abs. 3 SEBG analog aufzunehmen, um einen SE-Betriebsrat einzurichten.

II. Grundsätze der Repräsentativität und der Proportionalität

5 Der Grundsatz der Repräsentativität stellt sicher, dass für jeden Mitgliedstaat, in dem Arbeitnehmer der beteiligten Gesellschaften, betroffenen Tochtergesellschaften und betroffenen Betriebe beschäftigt werden, mindestens ein Mitglied in das BVG gewählt oder entsandt wird. Ist dies aus Gründen, die die Leitungen zu vertreten haben, nicht der Fall, ist das BVG nicht ausreichend legitimiert. Dabei ist es zunächst unerheblich, wie viele Arbeitnehmer in dem jeweiligen Mitgliedstaat beschäftigt sind. Es ist ausreichend, dass nur ein Betrieb in einem Mitgliedstaat besteht, der von der SE-Gründung betroffen ist. Auch dann ist ein Arbeitnehmervertreter in das BVG zu wählen oder zu entsenden. Weder die SE- Richtlinie noch das SEBG sehen die Möglichkeit vor, dass mit einer (möglicherweise sehr kleinen) Belegschaft eines Mitgliedstaates vereinbart werden kann, sich nicht an der Bildung des BVG zu beteiligen.[7] Vielmehr findet sich der Grundsatz der Repräsentativität, der jedem Mitgliedstaat eine „Sitzgarantie" im BVG einräumt, in Art. 3 Abs. 2 Buchstabe a i der Richtlinie in der Formulierung „(...) oder in einem Bruchteil dieser Tranche Anspruch auf einen Sitz besteht." Die Umsetzung dieser Bestimmung in § 5 Abs. 1 Satz 2 SEBG erfolgt durch die Formulierung „(...). oder einen Bruchteil davon beträgt, ist ein Mitglied.(...)".[8] Eine Vereinbarung mit Arbeitnehmern oder Bestellgremien aus einzelnen Mitgliedstaaten, keine Mitglieder in das BVG zu wählen oder zu entsenden, ist unwirksam.[9]

6 Der Grundsatz der Repräsentativität geht in dem Grundsatz der Proportionalität[10] auf. Dieser regelt das Verhältnis der Anzahl der Arbeitnehmer aus den Mitgliedstaaten zueinander und deren Vertretung im BVG. Dafür ist zu ermitteln, wie die Gesamtarbeitnehmerzahl der beteiligten Gesellschaften und der betroffenen Tochtergesellschaften oder betroffenen Betriebe auf die einzelnen Mitgliedstaaten prozentual verteilt ist.

7 Für je angefangene 10 Prozent der Arbeitnehmer[11] aus jedem Mitgliedstaat ist ein Sitz im BVG zu besetzen. Daraus ergibt sich eine Mindestgröße[12] des BVG von zehn Mitgliedern (z.B. SE-Gründung von zwei Gesellschaften, die je 50% der Arbeitnehmer stellen). Bei einer Verteilung auf mehrere Mitgliedstaaten wird sich regelmäßig eine größere Mitgliederzahl ergeben.

Beispiel:[13]

Die Gesellschaften G1 bis G5 aus dem Mitgliedstaat A wollen mit G6 aus dem Mitgliedstaat C eine SE-Holding bilden. Die Gesellschaften G1, G2, und G3 haben jeweils Tochtergesellschaften

---

7 So aber *Hohenstatt/Müller-Bonanni* in: Habersack/Drinhausen SEBG § 5 Rn 3; *Jacobs* in: MÜKOAktG § 5 SEBG Rn 3; *Kumpf* S. 32; wie hier gegen eine Bagatellgrenze *Oetker* in: Lutter/Hommelhoff/Teichmann § 5 SEBG Rn 8; *Rudolph* in: Annuß/Kühn/Rudolph/Rupp SEBG § 5 SEBG Rn 5; wohl auch *Feuerborn* in: KK-AktG § 5 SEBG Rn 8.

8 Eine deutlichere Formulierung dieses Grundsatzes findet sich in Art. 3 Abs. 2 des Richtlinienentwurfs unter britischer Präsidentschaft v. 1.4.1998, Ratsdokument 7391/98 SOC 116 SE 13.

9 Ebenso m.w.N. *Rudolph* in: Annuß/Kühn/Rudolph/Rupp SEBG § 5 SEBG Rn 6.

10 Anders § 10 EBRG, wonach der Grundsatz der Repräsentativität im Vordergrund steht. Dieser wird durch den Grundsatz der Proportionalität lediglich – durch höchstens drei zusätzliche Sitze – modifiziert; vgl. *Blanke* § 10 EBRG Rn 5.

11 Arbeitnehmer in Teilzeit sind dabei nicht anteilig, sondern pro Kopf zu berücksichtigen; ebenso *Hohenstatt/Müller-Bonanni* in: Habersack/Drinhausen SEBG § 5 Rn 2; *Feuerborn* in: KK-AktG § 5 SEBG Rn 7.

12 Insoweit zutreffend *Oetker* BB Special 1/2005, 6; der im Übrigen davon ausgeht, dass das BVG „regelmäßig" aus 11 Mitgliedern besteht.

13 Weitere Beispiele zur Zusammensetzung des BVG bei *Scheibe* S. 34 ff; *Oetker* in: Lutter/Hommelhoff/Teichmann § 5 SEBG Rn 9 ff.

in den Mitgliedstaaten B und C, die Gesellschaften G4 und G5 haben jeweils eine Tochtergesellschaft in dem Mitgliedstaat B.

Mitgliedstaat A	Mitgliedstaat B	Mitgliedstaat C	Gesamt
G1: 17.000 AN	TG1: 50.000 AN	TG1: 12.500 AN	
G2: 7.000 AN	TG2: 20.000 AN	TG2: 10.000 AN	
G3: 4.000 AN	TG3: 10.000 AN	TG3: 5.000 AN	
G4: 2.000 AN	TG4: 5.000 AN	–	
G5: 1.500 AN	TG5: 3.500 AN	–	
G6: –	–	2.500 AN	
Summe: 31.500 AN	88.500 AN	30.000 AN	150.000 AN
Anteil: 21%	59%	20%	100%
Sitze im BVG: 3	6	2	11

Aufgrund der Verteilung der Arbeitnehmer auf die Gründungsgesellschaften G1 bis G6 und die Mitgliedstaaten A, B und C ergibt sich eine Gesamtgröße des BVG von 11 Mitgliedern.

Die höchste[14] Mitgliederzahl im BVG beträgt 39 Personen; allerdings ist diese Fallkonstella- 8
tion wohl nur theoretischer Art. Hiernach müssten an der Gründung der SE alle Mitgliedstaaten der EU (27) beteiligt sein einschließlich der drei Mitglieder des Europäischen Wirtschaftsraums (Norwegen, Island und Liechtenstein) und ein Mitgliedstaat über 90% der Arbeitnehmer stellen. Damit erhielte dieser Mitgliedstaat 10 Sitze und die übrigen 26 Mitgliedstaaten sowie die drei EWR Staaten erhielten je einen Sitz.

III. Zusätzliche Mitglieder im BVG im Gründungsfall der Verschmelzung

1. Grundsatz

Für den Fall der Gründung einer SE durch Verschmelzung sieht die Richtlinie in Art. 3 Abs. 2 9
Buchstabe a ii vor, dass jede beteiligte Gesellschaft, die Arbeitnehmer beschäftigt und als eigene Rechtspersönlichkeit durch die SE-Gründung erlöschen wird, durch mindestens ein Mitglied im BVG vertreten ist. Diese Richtlinienvorgabe regelt § 5 Abs. 2 und 3 SEBG. Wenn nach der Wahl oder Bestellung der nach § 5 Abs. 1 SEBG zu bestimmenden Mitglieder nicht alle beteiligten Gründungsgesellschaften durch mindestens ein Mitglied im BVG vertreten sind, ist dies durch die Wahl oder Bestellung zusätzlicher Mitglieder zu gewährleisten. § 5 Abs. 2 Satz 2 SEBG übernimmt die Regelung der Richtlinie, wonach die Berücksichtigung zusätzlicher Mitglieder im BVG nicht zu einer Doppelvertretung von Arbeitnehmern führen darf. Eine solche Doppelvertretung ist nach § 15 Abs. 2 Satz 2 SEBG für inländische Mitglieder des BVG ohnehin ausgeschlossen, da jedes inländische Mitglied gleich viele Arbeitnehmer vertritt. Damit wird sichergestellt, dass alle Arbeitnehmer – aber auch nur einmal – im BVG vertreten sind. Die Bestimmung über die Verhinderung einer Doppelvertretung in § 5 Abs. 2 Satz 2 SEBG hat insoweit nur deklaratorische Bedeutung, kann aber – je nach Wahl-, Bestellungs- und Abstimmungsregelungen – für andere Mitgliedstaaten wichtig sein.

14 Nicht berücksichtigt sind zusätzliche Sitze im Gründungsfall der Verschmelzung.

2. Begrenzung der zusätzlichen Mitglieder

10 Die Zahl der zusätzlichen Sitze im Fall der Verschmelzung ist von der Richtlinie auf 20% der nach § 5 Abs. 1 SEBG zu bestimmenden Mitglieder im BVG begrenzt. Kann aufgrund dieser Grenze nicht jede mit der SE-Gründung erlöschende Gesellschaft einen zusätzlichen Sitz erhalten, sieht die Richtlinie und in Umsetzung dieser Vorschrift § 5 Abs. 3 SEBG vor, dass die beteiligten Gesellschaften in der Reihenfolge ihrer Größe, bezogen auf die Zahl der beschäftigten Arbeitnehmer, zu berücksichtigen sind. Satz 3 bestimmt für die Verteilung weiter, dass ein Mitgliedstaat nicht mehrere zusätzliche Sitze erhält, wenn nicht zuvor alle anderen Mitgliedstaaten, die zusätzliche Sitze nach § 5 Abs. 2 SEBG beanspruchen können, einen zusätzlichen Sitz erhalten haben.

Beispiel:
Die Gesellschaften G1 bis G5 aus dem Mitgliedstaat A wollen mit G6 aus dem Mitgliedstaat C fusionieren und eine SE gründen. Die Gesellschaften G1, G2, und G3 haben jeweils Tochtergesellschaften in den Mitgliedstaaten B und C, die Gesellschaften G4 und G5 haben jeweils eine Tochtergesellschaft in dem Mitgliedstaat B.

Mitgliedstaat A	**Mitgliedstaat B**	**Mitgliedstaat C**	**Gesamt**
G1: 17.000 AN	TG1: 50.000 AN	TG1: 12.500 AN	
G2: 7.000 AN	TG2: 20.000 AN	TG2: 10.000 AN	
G3: 4.000 AN	TG3: 10.000 AN	TG3: 5.000 AN	
G4: 2.000 AN	TG4: 5.000 AN	–	
G5: 1.500 AN	TG5: 3.500 AN	–	
G6: –	–	2.500 AN	
Summe: 31.500 AN	88.500 AN	30.000 AN	150.000 AN
Anteil: 21%	59%	20%	100%
Sitze im BVG: 3	6	2	11
vertreten im BVG: G1, G2, G3	G1 bis G5 (G1 als größte Gesellschaft erhält 2 Sitze)	G6 als beteiligte Gesellschaft sowie TG1 als größte Gesellschaft	
nicht vertreten im BVG: G4 und G5		TG2 und TG 3	
zusätzliche Sitze für: G4 und G5			13

Aufgrund der Verteilung der Arbeitnehmer auf die Gründungsgesellschaften G1 bis G6 und die Mitgliedstaaten A, B und C ergibt sich zunächst eine Gesamtgröße des BVG von 11 Mitgliedern. Die Verteilung der Sitze im BVG auf die Mitgliedstaaten führt dazu, dass im Mitgliedstaat A die zu verteilenden drei Sitze auf die Gesellschaften G1, G2 und G3 fallen (unterstellt, das nationale Umsetzungsrecht sieht eine Priorität unter den inländischen beteiligten Gesellschaften nach deren Größe vor). Die Gesellschaften G4 und G5 bekommen zunächst keinen Sitz. In Mitgliedstaat B erhalten TG1 zwei Sitze, die übrigen Tochtergesellschaften je einen Sitz. In Mitgliedstaat C erhält zunächst die an der Fusion beteiligte Gesellschaft G6 einen Sitz, der zweite Sitz geht an die größte Tochtergesellschaft TG1. Da zwei beteiligte Gesellschaften (G4 und G5 im Mitgliedstaat A) keinen Sitz im BVG erhalten haben, sind zusätzliche Sitze zu verteilen. Aufgrund der 20%-Grenze sind zwei zusätzliche Sitze möglich (20% von 11 = 2,2); diese reichen aus, damit G4 und G5 jeweils einen Sitz im BVG erhalten. Damit ist die Vorgabe erfüllt, dass alle an der Fusion beteiligten Gesellschaften im BVG vertreten sind.

Variante des Beispiels:
Würden in Abwandlung dieses Falles nicht zwei, sondern z.B. 4 beteiligte Gesellschaften zunächst keinen Sitz erhalten, so würden die zwei zu vergebenden zusätzlichen Sitze auf die beiden größten beteiligten und noch nicht berücksichtigten Gesellschaften fallen. Kämen diese aus einem Mitgliedstaat, so würde die größere Gesellschaft aus diesem Mitgliedstaat einen zusätzlichen Sitz bekommen, die zweite Gesellschaft erhielte keinen zusätzlichen Sitz, sondern die nächstgrößere Gesellschaft aus einem anderen Mitgliedstaat. Hier ist bei der Verteilung der zusätzlichen Sitze der Grundsatz der Repräsentativität vorrangig.

IV. Änderung in der Zusammensetzung des BVG

1. Voraussetzung

Die Gründung einer SE kann sich über einen Zeitraum von mehr als einem Jahr hinziehen, da allein die Verhandlungen über die Beteiligung der Arbeitnehmer in der SE nach § 20 Abs. 2 SEBG bis zu einem Jahr dauern können. Während dieses Zeitraums kann sich in den an der Gründung der SE beteiligten Gesellschaften, betroffenen Tochtergesellschaften oder Betrieben der Personalbestand erheblich ändern, einzelne Betriebe oder Tochtergesellschaften können aus einem Konzernverbund ausscheiden oder neue hinzukommen. Auch beteiligte Gesellschaften können von der SE-Gründung Abstand nehmen oder neue Gesellschaften werden in den Gründungsplan aufgenommen. § 5 Abs. 4 SEBG berücksichtigt diese Fälle struktureller Änderungen.[15] 11

In dem Verhandlungsverfahren zwischen den Leitungen und dem BVG soll über die Beteiligung der Arbeitnehmer in der SE verhandelt werden. Für die Akzeptanz des Verhandlungsergebnisses ist die richtige Zusammensetzung beider Gremien entscheidend. Ebenso wenig wie z.B. die Leitungen ursprünglicher aber inzwischen ausgeschiedener beteiligter Gesellschaften an dem Verhandlungsverfahren teilnehmen dürfen, dürfen dies die Arbeitnehmervertreter im BVG, deren Gesellschaften von der SE-Gründung nicht mehr betroffen sind. 12

Für Abstimmungsverfahren innerhalb des BVG kommt es wegen der Schwellenwerte in § 15 SEBG maßgeblich darauf an, wie vielen Arbeitnehmern vor Gründung der SE Mitbestimmungsrechte zustanden. Diese bestehenden Rechte können unter den Voraussetzungen des § 15 Abs. 3 SEBG nur mit qualifizierter Mehrheit gemindert werden. Ändern sich während der laufenden 13

15 Die Regelung begegnet keinen europarechtlichen Bedenken s. *Hohenstatt/Müller-Bonanni* in: Habersack/Drinhausen SEBG § 5 Rn 5; *Kumpf* S. 35; *Oetker* in: Lutter/Hommelhoff/Teichmann § 5 SEBG Rn 17; *Feuerborn* in: KK-AktG § 5 SEBG Rn 20; *Rudolph* in: Annuß/Kühn/Rudolph/Rupp SEBG § 5 SEBG Rn 17; **aA** *Krause* BB 2005, 1224, der auf eine fehlende ausdrückliche Regelung im Richtlinientext verweist. Dies ist zwar zutreffend, jedoch manifestiert Erwägungsgrund 18 den Willen des europäischen Gesetzgebers (s. auch Erwägungsgrund 21 und Art. 4 Abs. 2 Buchst. h) der SCE-Richtlinie, wo dieser gesetzgeberische Wille noch deutlicher zum Ausdruck kommt).

Verhandlungen die Arbeitnehmerzahlen, so dass sich auch die konkrete Zusammensetzung des BVG ändern würde, ist die Zusammensetzung des BVG entsprechend anzupassen. Hierbei wird das BVG jedoch nicht neu konstituiert[16], die personelle Änderung hat keine Auswirkungen auf die Sechs-Monatsfrist[17] oder bisher erzielte Verhandlungsergebnisse.

14 Andererseits bleiben solche strukturellen Änderungen einer Gesellschaft während der Gründungsphase der SE unberücksichtigt, die nicht zu einer Änderung der Zusammensetzung der Mitglieder des BVG führen[18]. Dies ist z.B. der Fall, wenn sich zwar innerhalb der beteiligten Gesellschaften in einem Mitgliedstaat die Arbeitnehmerzahlen durch Personalabbau oder Einstellungen verschieben, diese Verschiebung an der Anzahl der Gesamtsitze des Mitgliedstaats im BVG nichts ändern würde. Eine solche Änderung bleibt ohne Folgen, um die Arbeit des BVG nicht zu häufig durch personelle Änderungen zu erschweren.

2. Informationspflicht der Leitungen

15 Nach § 5 Abs. 4 Satz 2 und 3 SEBG sind die Leitungen verpflichtet, das BVG unverzüglich und vollständig über die eingetretenen Änderungen zu informieren. Diese Informationspflicht der Leitungen liegt in ihrem eigenen Interesse, denn nur ein ordnungsgemäß zusammengesetztes BVG, das alle Arbeitnehmer repräsentiert, kann eine rechtswirksame Vereinbarung abschließen, die wiederum Voraussetzung für die Gründung der SE ist.[19]

V. Streitigkeiten

16 Für Streitigkeiten, die im Gründungsstadium der SE entstehen, ist nach § 2a Abs. 1 Nr. 3e ArbGG das Arbeitsgerichte im Beschlussverfahren nach § 80ff ArbGG zuständig. Hierzu zählen Streitigkeiten in Zusammenhang mit der Bildung und Zusammensetzung des BVG; z.B. über die Anzahl der Sitze, mit denen die Arbeitnehmer der jeweiligen Mitgliedstaaten in BVG vertreten sind. Dies gilt auch für die Meinungsverschiedenheiten über die ordnungsgemäße Information der Leitungen nach § 4 SEBG. Örtlich zuständig ist nach § 82 Abs. 3 ArbGG das Arbeitsgericht am zukünftigen Sitz der Gesellschaft.[20] Antragsbefugt sind nach § 10 ArbGG die in den einzelnen Mitgliedstaaten zuständigen Wahl- oder Bestellungsgremien oder die zu beteiligenden Arbeitnehmervertretungen, die an der Wahl oder Bestellung der Mitglieder des BVG mitwirken.[21]

§ 6
Persönliche Voraussetzungen der auf das Inland entfallenden Mitglieder des besonderen Verhandlungsgremiums

(1) Die persönlichen Voraussetzungen der Mitglieder des besonderen Verhandlungsgremiums richten sich nach den jeweiligen Bestimmungen der Mitgliedstaaten, in denen sie gewählt oder bestellt werden.

---

16 *Jacobs* in: MÜKOAktG § 5 SEBG Rn 7; *Rudolph* in: Annuß/Kühn/Rudolph/Rupp SEBG § 5 SEBG Rn 19.
17 *Hohenstatt/Dzida* in: Henssler/Willemsen/Kalb SEBG Rn 11; *Kumpf* S. 33; *Oetker* in: Lutter/Hommelhoff/Teichmann § 5 SEBG Rn 19; *Jacobs* in: MÜKOAktG § 5 SEBG Rn 7.
18 Ebenso *Kumpf* S. 35.
19 Zu den von *Krause* geäußerten europarechtlichen Bedenken dieser Regelung s. § 4 Rn 14.
20 BT-Drucks. 15/3405 v. 21.6.2004, S. 59.
21 Zur vergleichbaren Ausgangslage im Rahmen des EBRG s. *Müller* § 11 EBRG Rn 5.

(2) [1]Zu Mitgliedern des besonderen Verhandlungsgremiums wählbar sind im Inland Arbeitnehmer der Gesellschaften und Betriebe sowie Gewerkschaftsvertreter. [2]Frauen und Männer sollen entsprechend ihrem zahlenmäßigen Verhältnis gewählt werden. [3]Für jedes Mitglied ist ein Ersatzmitglied zu wählen.

(3) Gehören dem besonderen Verhandlungsgremium mehr als zwei Mitglieder aus dem Inland an, ist jedes dritte Mitglied ein Vertreter einer Gewerkschaft, die in einem an der Gründung der SE beteiligten Unternehmen vertreten ist.

(4) Gehören dem besonderen Verhandlungsgremium mehr als sechs Mitglieder aus dem Inland an, ist mindestens jedes siebte Mitglied ein leitender Angestellter.

Übersicht

I. Anwendungsbereich (Abs. 1)

Den Mitgliedstaaten ist es nach § 6 Abs. 1 SEBG freigestellt, die persönlichen Anforderungen 1
an ihre Mitglieder im BVG selbst zu bestimmen; insoweit besteht Gestaltungsspielraum. Das nationale Recht eines jeden Mitgliedstaats, in dem die SE ihren Sitz nimmt, hat die Wahl oder Bestellung der Mitglieder des BVG aus einem anderen Mitgliedstaat zu akzeptieren.[1] Dies bewirkt, dass sich die Vielgestaltigkeit der nationalen Rechtssysteme und die unterschiedlichen nationalen Traditionen bereits in der Zusammensetzung des BVG widerspiegeln. Es besteht daher ein Unterschied zu den Regelungen über die Berechnungsmethode zur Verteilung der Anzahl der Sitze auf die jeweiligen Mitgliedstaaten, da diese Bestimmungen von allen Mitgliedstaaten gleichermaßen einzuhalten sind.

II. Arbeitnehmer inländischer Gesellschaften im BVG (Abs. 2 und 4)

Die persönlichen Voraussetzungen der auf das Inland entfallenden Mitglieder des BVG sind 2
in § 6 Abs. 2 SEBG aufgeführt. Diese Regelung ist stets dann anzuwenden, wenn inländische Mitglieder im BVG vertreten sein müssen. Dies gilt unabhängig davon, ob die SE ihren Sitz in Deutschland oder einem anderen Mitgliedstaat nimmt.[2] Nach § 6 Abs. 2 SEBG sind die im Inland beschäftigten leitenden und nichtleitenden Arbeitnehmer der Gesellschaften und Betriebe sowie Gewerkschaftsvertreter zu Mitgliedern ins BVG wählbar. Bei dieser Regelung hat sich der Gesetzgeber an den Regelungen des Mitbestimmungsgesetzes von 1976 für die Wahl der Arbeitnehmervertreter in den Aufsichtsrat orientiert. Die Aufteilung nach unternehmensinternen Arbeitnehmervertretern und Gewerkschaftsvertretern im Aufsichtsrat gilt nicht nur für die Besetzung des Aufsichts- oder Verwaltungsrats der SE,[3] sondern bereits für die Besetzung des BVG mit inländischen Arbeitnehmervertretern. Für die Wählbarkeit der inländischen Mitglieder des

1 Das österreichische Umsetzungsgesetz sieht in § 217 Arbeitsverfassungsgesetz vor, dass nur Betriebsratsmitglieder als Mitglieder ins BVG entsandt werden können.
2 Zu der vergleichbaren Situation bei der Bestellung inländischer Arbeitnehmervertreter zur Bildung des BVG im Rahmen des EBR s. *Müller* § 11 EBRG Rn 1.
3 Vgl. die Ausführungen zu § 36.

BVG verlangt das SEGB – im Unterschied zum DrittelbG (§ 4 Abs. 3) und zum MitbestG (§ 7 Abs. 3) – keine bestimmte Beschäftigungsdauer im Unternehmen.[4]

1. Nichtleitende Arbeitnehmer als Mitglieder im BVG (Abs. 2)

3 Als inländische Mitglieder ins BVG wählbar sind zunächst die inländischen Arbeitnehmer der Gesellschaften und Betriebe. Unter „Gesellschaften" sind sowohl die beteiligten inländischen Gesellschaften als auch ihre inländischen betroffenen Tochtergesellschaften gemeint. Auch Arbeitnehmer aus inländischen Betrieben von Gesellschaften mit Sitz in anderen Mitgliedstaaten sind wählbar.

2. Leitende Angestellte als Mitglieder im BVG (Abs. 2 und 4)

4 Nach § 2 Abs. 2 i.V.m. § 2 Abs. 1 SEBG gehören auch die leitenden Angestellten zu den Arbeitnehmern im Sinne des SEBG. Insofern besteht ein deutlicher Unterschied zu den Regelungen über den Europäischen Betriebsrat, da leitende Angestellte den Arbeitnehmerbegriff nach § 4 EBRG nicht erfüllen.[5] Der Gesetzgeber hat sich ebenso wie in § 15 Abs. 1 MitbestG dafür entschieden, den leitenden Angestellten eine Sitzgarantie im BVG zu gewähren. Allerdings greift die Sitzgarantie nur dann ein, wenn dem BVG mehr als sechs Mitglieder aus dem Inland angehören. In diesem Fall ist mindestens jedes siebte Mitglied[6] ein leitender Angestellter. Für dieses Mitglied im BVG besteht ein Vorschlagsrecht der Sprecherausschüsse nach § 8 Abs. 1 SEBG.

Beispiel:
Ist an der Gründung einer SE eine inländische Gesellschaft beteiligt, die über 60% der Arbeitnehmer stellt, entfallen auf Deutschland wenigstens 7 Sitze im BVG. Damit ist wenigstens ein leitender Angestellter im BVG vertreten.

Theoretisch denkbar ist auch der Fall, dass 14 Sitze im BVG auf Deutschland entfallen mit der Folge, dass die leitenden Angestellten mindestens zwei Sitze im BVG erhalten. Dann müssten bei der SE-Gründung durch grenzüberschreitende Fusion über 90% der Arbeitnehmer aus dem Inland kommen und vier inländische beteiligte Gesellschaften je einen zusätzlichen Sitz im BVG nach § 5 Abs. 2 und 3 SEBG erhalten.

5 Die Sitzgarantie für jedes siebte inländische Mitglied im BVG auf Vorschlag der Sprecherausschüsse schließt nicht aus, dass auch unter den ersten sechs inländischen Mitgliedern ein oder mehrere leitende Angestellte von dem Wahlgremium gewählt werden. Insoweit besteht indessen kein Wahlvorschlagsrecht der Sprecherausschüsse.

6 Diese Sitzgarantie greift auch dann, wenn an der Gründung der SE aus dem Inland nur Gesellschaften beteiligt sind, die z.B. der Drittelbeteiligung unterliegen obwohl nach dem Drittelbeteiligungsgesetz eine Sonderstellung der leitenden Angestellten nicht vorgesehen ist. Über die

---

4 S. *Oetker* in: Lutter/Hommelhoff/Teichmann § 6 SEBG Rn 8; *Rudolph* in: Annuß/Kühn/Rudolph/Rupp SEBG § 6 SEBG Rn 2.

5 Vgl. *Müller* § 4 EBRG Rn 3; leitende Angestellte können nach § 11 Abs. 4 EBRG zu Mitgliedern bestellt werden, haben jedoch keine Sitzgarantie.

6 *Kraushaar* BB 2003, 1614, 1617, spricht sich dafür aus, dass in allen Fällen, in denen zwei oder mehr inländische Mitglieder im BVG vertreten sind, einer davon aus dem „Kreis der Sprecherausschüsse" kommen muss; *Krause* BB 2004, 1 hält die Berücksichtigung erst des siebten Sitzes für eine Schmälerung des Einflusses der leitenden Angestellten. Diese Auffassung übersieht, dass die Richtlinie selbst keinerlei Sonderrechte für leitende Angestellte vorsieht und die Sitzgarantie auch in den Fällen besteht, in denen eine inländische mitbestimmte Gesellschaft beteiligt ist, in der nach nationalem Recht den leitenden Angestellten keinerlei Sonderrechte zustehen wie z.B. nach dem Drittelbeteiligungsgesetz (s. auch Rn 6).

SE-Gründung wird den leitenden Angestellten – soweit im konkreten Fall die erforderlichen Sitze auf das Inland entfallen – eine stärkere Stellung eingeräumt als in der beteiligten nationalen Gesellschaft.[7]

III. Gewerkschaftsvertreter im BVG (Abs. 2 und 3)

Die Richtlinie stellt den Mitgliedstaaten in Art. 3 Abs. 2 Buchstabe b Unterabsatz 2 frei, auch Gewerkschaftsvertreter als Mitglieder für das BVG zuzulassen, selbst wenn diese nicht Arbeitnehmer einer beteiligten Gesellschaft, betroffenen Tochtergesellschaft oder eines betroffenen Betriebs sind[8]. Von dieser Möglichkeit macht § 6 Abs. 2 Satz 1 SEBG Gebrauch, der damit die bewährte[9] Tradition des Mitbestimmungsgesetzes von 1976 (vgl. § 7 Abs. 2 MitbestG) fortsetzt.[10] Die nähere Ausgestaltung über das Vorschlagsrecht enthält § 8 Abs. 1 SEBG. 7

IV. Berücksichtigung des Geschlechterverhältnisses (Abs. 2)

Ebenso wie § 11 Abs. 5 EBRG bestimmt § 6 Abs. 2 SEBG, dass Frauen und Männer entsprechend ihrem zahlenmäßigen Verhältnis im Unternehmen auch im BVG vertreten sein sollen. Hierdurch soll gewährleistet werden, dass das BVG hinsichtlich des Geschlechterverhältnisses ein Spiegelbild der Belegschaftsstruktur darstellt.[11] Allerdings ist gleichgültig, ob das angestrebte Geschlechterverhältnis durch die unternehmensangehörigen oder nur zusammen mit den Gewerkschaftsvertretern im BVG erreicht wird[12]. Ein Verstoß gegen diese Sollvorschrift[13] zieht keine weiteren Rechtsfolgen nach sich. Durch die Verweisung in § 36 Abs. 3 SEBG auf diese Regelung wird gewährleistet, dass das Geschlechterverhältnis auch bei der Besetzung der inländischen Aufsichts- und Verwaltungsratsmitglieder Berücksichtigung finden soll. 8

V. Ersatzmitglieder (Abs. 2)

Nach § 6 Abs. 2 Satz 3 SEBG ist für jedes inländische Mitglied im BVG ein Ersatzmitglied zu wählen. Hierbei handelt es sich im Unterschied zu § 10 Abs. 3 EBRG, wonach Ersatzmitglieder lediglich bestellt werden können, um eine Mussvorschrift. Damit wird sichergestellt, dass auch bei vorübergehender Verhinderung oder bei Ausscheiden eines inländischen Mitglieds des BVG die Arbeit des Gremiums kontinuierlich fortgeführt werden kann. Die Verhinderung muss objektiv[14] vorliegen. Eine Vertretung scheidet folglich aus, wenn das gewählte Mitglied des BVG 9

7 *Feuerborn* in: KK-AktG § 5 SEBG Rn 4; vgl. auch *Oetker* BB-Special 1/2005, 2, 6, der zutreffend darauf hinweist, dass eine Berücksichtigung der unterschiedlichen Stellung der leitenden Angestellten in den jeweiligen nationalen Mitbestimmungsgesetzen auch bei einer SE-Gründung die Rechtslage noch weiter verkompliziert hätte.
8 Im Ergebnis ebenso *Jacobs* in: MÜKOAktG § 6 SEBG Rn 4; *Rudolph* in: Annuß/Kühn/Rudolph/Rupp SEBG § 6 SEBG Rn 3.
9 Kritik an der Berücksichtigung von Gewerkschaftsvertretern äußern *Kallmeyer* ZIP 2004, 1442 f; *Krause* BB 2004, 1; *Wisskirchen/Prinz* DB 2004, 2638 f; zustimmend dagegen *Güntzel* S. 398 ff; *Köstler* ZGR 2003, 800, 801 ff; grundsätzliche Ausführungen zur Sitzgarantie von Gewerkschaftsvertretern bei *Raiser*, DJT-Gutachten 2006, 2. Teil II. 7.
10 BT-Drucks. 15/3405, S. 46; vgl. auch die Berücksichtigung von Gewerkschaftsvertretern in den §§ 4 und 6 MontanMitbestG sowie in § 6 MontanmitbestErgG; kritisch gegenüber dieser Bestimmung *Hohenstatt/Müller-Bonanni* in: Habersack/Drinhausen SEBG § 6 Rn 4.
11 Zu der vergleichbaren Situation bei der Bestellung inländischer Arbeitnehmervertreter zur Bildung des BVG im Rahmen des EBR s. *Blanke* EBRG § 11 Rn 19; ähnliche Regelungen finden sich in § 4 1. WO MitbestG, § 3 Abs. 3 2. und 3. WO MitbestG; § 4 Abs. 4 DrittelbG.
12 Ebenso *Oetker* in: Lutter/Hommelhoff/Teichmann § 6 SEBG Rn 12.
13 Der DGB, Stellungnahme des DGB zum SEEG – Referentenentwurf – Stand 10.5.2004 spricht sich insoweit für eine Mussvorschrift aus.
14 *Jacobs* in: MÜKOAktG § 6 SEBG Rn 2.

bewusst seine Aufgaben nicht wahrnimmt.[15] Der organisatorische, zeit- und kostenmäßige Aufwand einer ansonsten notwendigen Nachwahl wird vermieden. Für die Wahl der Ersatzmitglieder ist das Wahlgremium nach § 8 Abs. 7 SEBG zuständig, soweit die Wahl nicht ausnahmsweise in Urwahl stattfindet. In diesem Fall wählen die Arbeitnehmer mit dem Mitglied des BVG auch das Ersatzmitglied. Verfahrensvorschriften enthält das Gesetz nicht. Daher sollte das Ersatzmitglied zusammen mit dem „normalen" Mitglied des BVG gewählt werden.[16]

VI. Streitigkeiten

10 Für Streitigkeiten, die im Gründungsstadium der SE entstehen, ist nach § 2a Abs. 1 Nr. 3e ArbGG das Arbeitsgericht im Beschlussverfahren nach § 80 ff ArbGG zuständig. Hierzu zählen auch Streitigkeiten über die Anzahl der Sitze und deren Verteilung auf Gewerkschaftsvertreter, leitende und nichtleitende Arbeitnehmer. Örtlich zuständig ist nach § 82 Abs. 3 ArbGG das Arbeitsgericht am zukünftigen Sitz der Gesellschaft.[17]

§ 7
Verteilung der auf das Inland entfallenden Sitze des besonderen Verhandlungsgremiums

(1) Die Wahl oder Bestellung der Mitglieder des besonderen Verhandlungsgremiums nach § 5 erfolgt nach den jeweiligen Bestimmungen der Mitgliedstaaten.

(2) Bei der Wahl der auf das Inland entfallenden Mitglieder des besonderen Verhandlungsgremiums sollen alle an der Gründung der SE beteiligten Gesellschaften mit Sitz im Inland, die Arbeitnehmer im Inland beschäftigen, durch mindestens ein Mitglied im besonderen Verhandlungsgremium vertreten sein.

(3) Ist die Anzahl der auf das Inland entfallenden Mitglieder des besonderen Verhandlungsgremiums geringer als die Anzahl der an der Gründung der SE beteiligten Gesellschaften mit Sitz im Inland, die Arbeitnehmer im Inland beschäftigen, so erhalten die Gesellschaften in absteigender Reihenfolge der Zahl der Arbeitnehmer jeweils einen Sitz.

(4) Ist die Anzahl der auf das Inland entfallenden Mitglieder des besonderen Verhandlungsgremiums höher als die Anzahl der an der Gründung der SE beteiligten Gesellschaften mit Sitz im Inland, die Arbeitnehmer im Inland beschäftigen, so sind die nach erfolgter Verteilung nach Absatz 2 verbleibenden Sitze nach dem d'Hondtschen Höchstzahlenverfahren auf die beteiligten Gesellschaften zu verteilen.

(5) Sind keine Gesellschaften mit Sitz im Inland an der Gründung der SE beteiligt, sondern von ihr nur Betriebe ausländischer Gesellschaften betroffen, gelten die Absätze 2 bis 4 entsprechend.

Übersicht

15 *Jacobs* in: MÜKOAktG § 6 SEBG Rn 2.
16 Vgl. eine entsprechende Regelung in § 7 DrittelbG.
17 BT-Drucks. 15/3405 v. 21.6.2004, S. 59.

I. Anwendungsbereich

§ 7 Abs. 1 SEBG enthält die europäische Regelung, wonach jeder Mitgliedstaat das Verfahren zur Wahl oder Bestellung seiner Mitglieder in das BVG selbst regelt. Für inländische Arbeitnehmervertreter legen die §§ 7, 8 und 9 SEBG die Grundsätze über das Verfahren zur Wahl der Mitglieder des BVG fest. Dabei verzichtet der Gesetzgeber bewusst auf ausführliche Regelungen oder gar eine vollständige Wahlordnung, sondern belässt es bei wesentlichen Verfahrensgrundsätzen, um den Gestaltungsspielraum für einfache und praxisgerechte Lösungen nicht unnötig einzuengen. 1

II. Verteilung der Mitglieder des BVG auf inländische Gesellschaften

1. Grundsatz

§ 7 Abs. 2 SEBG enthält den Grundsatz, dass möglichst jede der beteiligten inländischen Gesellschaften, die Arbeitnehmer im Inland beschäftigen, durch mindestens einen Sitz im BVG vertreten sein soll.[1] Damit ist zunächst eine Privilegierung[2] der Gesellschaften verbunden, die unmittelbar an der Gründung der SE beteiligt[3] sind gegenüber sonstigen nur „betroffenen" Gesellschaften und Betrieben.[4] Dies bedeutet jedoch nicht, dass z.B. betroffene inländische Tochtergesellschaften ausländischer beteiligter Gesellschaften keinen Sitz im BVG erhalten können. Entfallen auf das Inland mehr Sitze als inländische Gesellschaften an der SE-Gründung unmittelbar beteiligt sind, so können – bevor ein beteiligtes Unternehmen einen zweiten Sitz erhält – auch betroffene inländische Tochtergesellschaften oder betroffene Betriebe mit einem Sitz im BVG vertreten sein.[5] 2

Die Gewerkschaftsvertreter und die Vertreter der leitenden Angestellten, die nach § 7 Abs. 3 und 4 SEBG Mitglieder im BVG sind, sind keiner beteiligten inländischen Gesellschaft zuzurechnen. Sind im BVG nicht genügend Sitze für alle inländischen beteiligten Gesellschaften und Gewerkschaftsvertreter sowie Vertreter der leitenden Angestellten vorhanden, haben die Gewerkschaftsvertreter sowie Vertreter der leitenden Angestellten aufgrund ihrer Sitzgarantie nach § 7 Abs. 3 und 4 SEBG Vorrang.[6] Diese Sitze sind bei der Berechnung daher zunächst in Abzug zu bringen und die verbleibenden auf das Inland entfallenden Sitze unter 3

1 *Grobys* NZA 2005, 84, 86 hält die Regelung nach § 7 Abs. 1 SEBG für problematisch, wenn innerhalb eines Mitgliedstaats mehrere kleine Gründungsgesellschaften beteiligt sind, während in anderen Mitgliedstaaten Gesellschaften mit großer Belegschaft an der Gründung des SE mitwirken. Für diesen Fall enthalte § 7 Abs. 3 und 4 SEBG ein besonderes „Clearing-Verfahren" für die Sitzverteilung. Dies ist unzutreffend, da § 7 Abs. 3 und 4 SEGB nur die Verteilung der auf das Inland entfallenden Mitglieder des BVG betrifft und keinen grenzüberschreitenden Bezug aufweist.
2 Für den Gründungsfall der Verschmelzung ist die „Privilegierung" der beteiligten Gesellschaften in Art. 3 Abs. 2 Buchstabe b der Richtlinie ausdrücklich geregelt.
3 Vgl. die Definition in § 2 Abs. 2 SEBG.
4 Vgl. die Definition in § 2 Abs. 4 SEBG.
5 Siehe Rn 4, 6 und 8.
6 Vgl. BT-Drucks. 15/3405 v. 21.6.2004 S. 46; **aA** *Jacobs* in: MÜKOAktG § 5 SEBG Rn 4; *Scheibe* S. 43 wonach die betrieblichen Arbeitnehmervertreter Vorrang genießen.

Beachtung der Regelungen der §§ 5 Abs. 2, § 7 Abs. 2 bis 4 SEBG auf die beteiligten Gesellschaften aufzuteilen.[7]

2. Verfahren bei weniger Sitzen im BVG als inländische Gesellschaften an der SE-Gründung beteiligt sind (Abs. 3)

4 Sofern aufgrund der Verteilung der Sitze im BVG auf die Mitgliedstaaten nach § 5 SEBG nicht alle beteiligten inländischen Gesellschaften wenigstens einen Sitz im BVG erhalten können, muss unter den beteiligten inländischen Gesellschaften eine entsprechende Verteilung vorgenommen werden. Verteilungsmaßstab ist nach § 7 Abs. 2 SEBG die Größe der jeweiligen beteiligten Gesellschaften, gemessen an ihrer Arbeitnehmerzahl. Für die Bestimmung der Größe der Arbeitnehmerzahl sind die Informationen der inländischen Leitungen nach § 4 SEBG maßgeblich. Die auf das Inland entfallenden Sitze im BVG werden auf die jeweils größten Gesellschaften verteilt; dabei ist die vorrangige Besetzung jedes dritten und siebten Sitzes mit Gewerkschaftsvertretern und leitenden Angestellten zu beachten.

3. Verfahren bei mehr Sitzen im BVG als inländische Gesellschaften an der SE-Gründung beteiligt sind (Abs. 4)

5 Ist umgekehrt die Zahl der zu besetzenden inländischen Sitze im BVG größer als die Anzahl der inländischen an der SE-Gründung beteiligten Gesellschaften, erhält zunächst jede beteiligte Gesellschaft einen Sitz. Damit ist die Vorgabe des § 7 Abs. 2 SEBG erfüllt.

6 Nach § 7 Abs. 4 SEBG sind die übrigen Sitze, die auf das Inland entfallen, nach der Größe der Arbeitnehmerzahl nach dem d'Hondtschen Höchstzahlverfahren zu verteilen. Die vorrangige Besetzung jedes dritten und siebten Sitzes mit Gewerkschaftsvertretern und leitenden Angestellten ist zu beachten. Die Verteilungsregelung nach d'Hondt ist jedenfalls dann einzuhalten, wenn aus dem Inland nur beteiligte Gesellschaften, nicht aber betroffene Tochtergesellschaften oder Betriebe an der Gründung der SE teilnehmen oder wenn das Wahlgremium beschließt, nur beteiligte Gesellschaften bei der Sitzvergabe zu berücksichtigen. Fraglich ist, ob die Formulierung in § 7 Abs. 4 SEBG mit dem Hinweis auf diesen Verteilungsschlüssel die Möglichkeit für das Wahlgremium, auch Arbeitnehmervertreter aus betroffenen Tochtergesellschaften oder Betrieben als Mitglied ins BVG zu wählen, gänzlich ausschließen will. Der Wortlaut scheint dafür zu sprechen, andererseits vermag dieses Ergebnis nicht zu überzeugen.[8] Sofern eine ausreichende Anzahl von Sitzen zur Verfügung steht, sollten auch Arbeitnehmervertreter (größerer) betroffener Tochtergesellschaften oder Betriebe ins BVG gewählt werden können, bevor eine möglicherweise kleinere beteiligte Gesellschaft einen zweiten Sitz erhält.[9] Dies setzt allerdings Einvernehmen im Wahlgremium voraus, ein Anspruch auf Berücksichtigung betroffener Gesellschaften oder Betriebe besteht nicht.

---

7 Ebenso *Oetker* in: Lutter/Hommelhoff/Teichmann § 7 SEBG Rn 5 m.w.N.; *Hennings* in: Manz/Mayer/Schröder Art. 3 SE-RL Rn 63; *Hohenstatt/Müller-Bonanni* in: Habersack/Drinhausen SEBG § 7 Rn 2; **aA** wegen europarechtlicher Bedenken *Henssler* in: Ulmer/Habersack/Henssler § 7 SEBG Rn 2; *Sagan* in: Boecken/Düwell/Diller/Hanau § 7 SEBG Rn 3 *Rudolph* in: Annuß/Kühn/Rudolph/Rupp SEBG § 5 SEBG Rn 14.

8 Ebenso *Scheibe* S. 65.

9 Im Ergebnis ebenso *Scheibe* S. 68; *Rudolph* in: Annuß/Kühn/Rudolph/Rupp SEBG § 7 SEBG Rn 7; *Jacobs* in: MÜKOAktG § 7 SEBG Rn 2; **aA** *Feuerborn* in: KK-AktG § 5 SEBG Rn 9 f, der die Grenzen der Auslegung als überschritten ansieht; **aA** grundsätzlich auch *Oetker* in: Lutter/Hommelhoff/Teichmann § 7 SEBG Rn 4, der die Verteilungsmodalitäten des § 7 Abs. 4 SEBG für zwingend hält; lediglich im Fall einer beteiligten arbeitnehmerlosen Holdinggesellschaft sei zu erwägen, auf die bei den inländischen Tochtergesellschaften beschäftigten Arbeitnehmer abzustellen, um dem ansonsten bestehenden Repräsentationsdefizit im BVG entgegenzuwirken (§ 7 SEBG Rn 9).

7 Für eine solche Auslegung spricht Folgendes: Die Regelung in § 7 SEBG erfasst ausdrücklich nur die Fallgestaltungen, in denen ausschließlich inländische beteiligte Gesellschaften an der SE-Gründung mitwirken oder von der Gründung ausschließlich inländische Betriebe betroffen sind. Fallkonstellationen, in denen ausschließlich inländische Gesellschaften von der SE-Gründung betroffen sind oder Mischtatbestände,[10] bei denen inländische Gesellschaften und Betriebe beteiligt und betroffen sind, werden nicht geregelt. Insoweit bedarf es daher einer ergänzenden Auslegung, die dem Wahlgremium einen weitgehenden Gestaltungsspielraum einräumen sollte, zumal die Verfahrensregelungen in der Richtlinie ebenso wie im Umsetzungsgesetz ohnehin nur in Grundsätzen geregelt sind.

Beispiele:
Aus dem Inland sind die Gesellschaften A und B mit 2.500 und 2.000 Arbeitnehmern an der Gründung der SE beteiligt und die inländischen Tochtergesellschaften C und D mit 7.000 und 700 Arbeitnehmern von der SE-Gründung betroffen. Deutschland soll insgesamt vier Sitze im BVG erhalten. In diesem Fall erhalten die beteiligten Gesellschaften A und B je einen Sitz; der dritte Sitz ist einem Gewerkschaftsvertreter vorbehalten und der vierte Sitz entfiele wiederum auf die beteiligte Gesellschaft A. Andererseits kann das Wahlgremium diesen Sitz auch einem Vertreter der betroffenen Tochtergesellschaft C mit 700 Arbeitnehmern zusprechen.

4. Verfahren bei ausschließlich inländischen betroffenen Betrieben (Abs. 5)

8 § 7 Abs. 5 SEBG regelt den eher seltenen Fall, dass an der Gründung der SE keine Gesellschaft mit Sitz in Deutschland beteiligt ist, sondern nur inländische Betriebe[11] von Gesellschaften aus anderen Mitgliedstaaten von der SE-Gründung betroffen sind. Nach § 5 Abs. 1 SEBG müssen alle in Deutschland beschäftigten Arbeitnehmer im BVG vertreten sein. In diesem Fall können die Sitze nur von den Arbeitnehmern besetzt werden, die in den deutschen Niederlassungen der Gesellschaften aus anderen Mitgliedstaaten beschäftigt sind. Für die Verteilung ordnet § 7 Abs. 5 SEBG an, dass die Grundsätze der Absätze 2 bis 4 hier entsprechend gelten. Auch die Sitzgarantien der Gewerkschaftsvertreter und leitenden Angestellten sind zu beachten.

5. Verfahren bei ausschließlich inländischen betroffenen Gesellschaften

9 Das SEBG regelt die Fallgestaltung, dass keine inländische Gesellschaft an der SE-Gründung beteiligt ist, sondern ausschließlich inländische Gesellschaften von der SE-Gründung betroffenen sind, nicht ausdrücklich. Hier sind deshalb die Regelungen ergänzend heranzuziehen, die im Fall der ausschließlichen Mitwirkung betroffener Betriebe nach § 7 Abs. 5 SEBG gelten.[12]

III. Streitigkeiten

10 Für Streitigkeiten, die im Gründungsstadium der SE entstehen, ist nach § 2a Abs. 1 Nr. 3e ArbGG das Arbeitsgericht im Beschlussverfahren nach § 80ff ArbGG zuständig. Hierzu zählen auch Streitigkeiten über die Verteilung der Sitze auf die beteiligten (und betroffenen) Gesellschaften sowie auf Gewerkschaftsvertreter, leitende und nichtleitende Arbeitnehmer. Örtlich zuständig ist nach § 82 Abs. 3 ArbGG das Arbeitsgericht am zukünftigen Sitz der Gesellschaft.[13]

---

10 Vgl. dagegen § 8 SEBG, der alle Fallgestaltungen einschließlich der Mischtatbestände in Abs. 5 regelt.
11 Die Verordnung spricht in Art. 2 und 3 von Zweigniederlassungen.
12 Ebenso *Rudolph* in: Annuß/Kühn/Rudolph/Rupp SEBG § 7 SEBG Rn 8.
13 BT-Drucks. 15/3405 v. 21.6.2004, S. 59.

Kapitel 2
Wahlgremium

§ 8
Zusammensetzung des Wahlgremiums; Urwahl

(1) [1]Die nach diesem Gesetz oder dem Gesetz eines anderen Mitgliedstaats auf die im Inland beschäftigten Arbeitnehmer der an der Gründung der SE beteiligten Gesellschaften, betroffenen Tochtergesellschaften und betroffenen Betriebe entfallenden Mitglieder des besonderen Verhandlungsgremiums werden von einem Wahlgremium in geheimer und unmittelbarer Wahl gewählt. [2]Im Fall des § 6 Abs. 3, ist jedes dritte Mitglied auf Vorschlag einer Gewerkschaft zu wählen, die in einem an der Gründung der SE beteiligten Unternehmen vertreten ist. [3]Wird nur ein Wahlvorschlag gemacht, muss dieser mindestens doppelt so viele Bewerber enthalten wie Vertreter von Gewerkschaften zu wählen sind. [4]Jeder Wahlvorschlag einer Gewerkschaft muss von einem Vertreter der Gewerkschaft unterzeichnet sein. [5]Im Fall des § 6 Abs. 4 ist jedes siebte Mitglied auf Vorschlag der Sprecherausschüsse zu wählen; Satz 3 gilt entsprechend. [6]Besteht in einem beteiligten Unternehmen oder in einer beteiligten Unternehmensgruppe kein Sprecherausschuss, können die leitenden Angestellten Wahlvorschläge machen; ein Wahlvorschlag muss von einem Zwanzigstel oder 50 der wahlberechtigten leitenden Angestellten unterzeichnet sein.

(2) [1]Ist aus dem Inland nur eine Unternehmensgruppe an der SE-Gründung beteiligt, besteht das Wahlgremium aus den Mitgliedern des Konzernbetriebsrats oder, sofern ein solcher nicht besteht, aus den Mitgliedern der Gesamtbetriebsräte, oder, sofern ein solcher in einem Unternehmen nicht besteht, aus den Mitgliedern des Betriebsrats. [2]Betriebsratslose Betriebe und Unternehmen einer Unternehmensgruppe werden vom Konzernbetriebsrat, Gesamtbetriebsrat oder Betriebsrat mit vertreten.

(3) [1]Ist aus dem Inland nur ein Unternehmen an der Gründung einer SE beteiligt, besteht das Wahlgremium aus den Mitgliedern des Gesamtbetriebsrats, oder, sofern ein solcher nicht besteht, aus den Mitgliedern des Betriebsrats. [2]Betriebsratslose Betriebe eines Unternehmens werden vom Gesamtbetriebsrat oder Betriebsrat mit vertreten.

(4) Ist aus dem Inland nur ein Betrieb von der Gründung einer SE betroffen, besteht das Wahlgremium aus den Mitgliedern des Betriebsrats.

(5) [1]Sind an der Gründung der SE eine oder mehrere Unternehmensgruppen oder nicht verbundene Unternehmen beteiligt oder sind von der Gründung unternehmensunabhängige Betriebe betroffen, setzt sich das Wahlgremium aus den jeweiligen Arbeitnehmervertretungen auf Konzernebene, Unternehmensebene oder Betriebsebene zusammen. [2]Die Absätze 2 bis 4 gelten entsprechend. [3]Ist in den Fällen des Satzes 1 eine entsprechende Arbeitnehmervertretung nicht vorhanden, werden diese Mitglieder des Wahlgremiums von den Arbeitnehmern in Urwahl gewählt. [4]Die Wahl wird von einem Wahlvorstand eingeleitet und durchgeführt, der in einer Versammlung der Arbeitnehmer gewählt wird, zu der die inländische Konzernleitung, Unternehmensleitung oder Betriebsleitung einlädt. [5]Es sind so viele Mitglieder des Wahlgremiums zu wählen, wie eine bestehende Arbeitnehmervertretung in den Fällen der Absätze 2 bis 4 an gesetzlichen Mitgliedern hätte; für das Wahlverfahren gilt Absatz 7 Satz 3 bis 5 entsprechend.

(6) [1]Das Wahlgremium besteht aus höchstens 40 Mitgliedern. [2]Würde diese Höchstzahl überschritten, ist die Anzahl der Mitglieder in dem Wahlgremium entsprechend ihrem zahlenmäßigen Verhältnis nach dem d'Hondtschen Höchstzahlverfahren zu verringern.

(7) [1]Besteht in den Fällen der Absätze 2 bis 5 keine Arbeitnehmervertretung, wählen die Arbeitnehmer die Mitglieder des besonderen Verhandlungsgremiums in geheimer und unmittelbarer Wahl. [2]Die Wahl wird von einem Wahlvorstand eingeleitet und durchgeführt, der in einer Versammlung der Arbeitnehmer gewählt wird, zu der die inländische Konzernleitung, Unternehmensleitung oder Betriebsleitung einlädt. [3]Die Wahl der Mitglieder des besonderen Verhandlungsgremiums erfolgt nach den Grundsätzen der Verhältniswahl. [4]Sie erfolgt nach den Grundsätzen der Mehrheitswahl, wenn nur ein Wahlvorschlag eingereicht wird. [5]Jeder Wahlvorschlag der Arbeitnehmer muss von mindestens einem Zwanzigstel der wahlberechtigten Arbeitnehmer, mindestens jedoch von drei Wahlberechtigten, höchstens aber von 50 Wahlberechtigten unterzeichnet sein; in Betrieben mit in der Regel bis zu 20 wahlberechtigten Arbeitnehmern genügt die Unterzeichnung durch zwei Wahlberechtigte. [6]§ 8 Abs. 1 Satz 2 bis 6 gilt entsprechend.

Übersicht

I. Allgemeines

§ 8 SEBG regelt, wie die inländischen Mitglieder des BVG ermittelt werden und setzt damit Art. 3 Abs. 2 Buchstabe b der Richtlinie um. Das Wahlverfahren nach § 8 SEBG gilt unabhängig davon, ob sich der Sitz der zünftigen SE in Deutschland oder einem anderen Mitgliedstaat befindet[1]. Die auf andere Mitgliedstaaten entfallenden Mitglieder des BVG werden nach dem dort jeweils bestehenden Umsetzungsrecht bestimmt.[2] Um Aufwand und Kosten gering zu halten, verzichtet das SEBG grundsätzlich auf die im Bereich der Unternehmensmitbestimmung üblichen 1

1 Ebenso *Oetker* in: Lutter/Hommelhoff/Teichmann § 8 SEBG Rn 1.
2 Zur vergleichbaren Rechtslage beim EBRG s. *Müller* § 11 EBRG Rn 1.

Wahlarten[3] der Urwahl oder Delegiertenwahl, sondern greift als Wahlkörper stattdessen auf die in den Unternehmen bestehenden Arbeitnehmervertretungen zurück. Damit wird im Grundsatz die Konzeption nach § 11 EBRG übernommen.[4] Aus den in den inländischen Gründungsgesellschaften, betroffenen Tochtergesellschaft oder betroffenen Betrieben vorhandenen Betriebsratsstrukturen wird ein Wahlgremium gebildet, das die inländischen Mitglieder des BVG wählt. Abgesehen von den besonderen Wahlvorschlagsrechten der Gewerkschaften und der leitenden Angestellten kann jedes Mitglied des BVG Wahlvorschläge unterbreiten. Besondere Formvorschriften für den Wahlvorschlag bestehen nicht, eine Unterstützung durch andere Mitglieder des BVG ist ebenfalls nicht erforderlich.[5] Besteht ausnahmsweise keine Arbeitnehmervertretung nach dem Betriebsverfassungsgesetz, wählen nach § 8 Abs. 7 SEBG die Arbeitnehmer die inländischen Mitglieder des BVG durch Urwahl.

II. Wahl der inländischen Mitglieder des BVG durch das Wahlgremium

1. Wahlgrundsätze (Abs. 1)

2 Die nach § 8 SEBG zu wählenden Mitglieder im BVG vertreten alle inländischen Arbeitnehmer, die bei einer der inländischen Gründungsgesellschaften, betroffenen Tochtergesellschaft oder betroffenen Betrieben beschäftigt sind. Für die Wahl der Mitglieder des BVG durch das Wahlgremium verzichtet das Gesetz auf detaillierte Vorgaben und beschränkt sich auf die Beschreibung von Grundsätzen. § 10 Abs. 1 SEBG bestimmt eine Mindestanzahl der anwesenden Mitglieder des Wahlgremiums und den Abstimmungsschlüssel entsprechend der von den Betriebsräten jeweils vertretenen Arbeitnehmerzahl. Dabei wird bewusst von dem Grundsatz der Gleichheit einer Wahl abgewichen, denn die jeweiligen Betriebsräte sollen jeweils die Arbeitnehmer, die sie repräsentieren, im Wahlgremium vertreten. Damit hat nicht jedes Mitglied im Wahlgremium die gleiche Stimmenzahl. Allerdings sind die Grundsätze der geheimen und der unmittelbaren Wahl von den Mitgliedern des Wahlgremiums einzuhalten.[6]

3 Nach dem Grundsatz der geheimen Wahl muss der Wahlvorgang so gestaltet sein, dass unbekannt bleibt, wie jemand wählen will, wählt oder gewählt hat. Nur wenn ein Wähler unbeobachtet von anderen Wählern oder Dritten – und zwar auch ohne die Möglichkeit einer solchen Beobachtung – sowie unbeeinflusst seine Entscheidung treffen kann, ist er in der Lage, sich auch frei zu entscheiden. Damit ist eine Wahl durch Handzeichen ausgeschlossen. Zur Gewährleistung dieses Wahlgrundsatzes darf die Wahlentscheidung auch nicht nachträglich rekonstruierbar sein. Da sich die Anzahl der Stimmen, die jeder Wähler vergeben kann, nach der Anzahl der zu wählenden Arbeitnehmervertreter richtet, muss eine angemessene Stückelung der Stimmen vorgenommen werden, um nicht auf diesem Wege auf den einzelnen Wähler rückschließen zu können.

4 Der Grundsatz der unmittelbaren Wahl bedeutet, dass allein durch die Stimmabgabe und damit ohne Zwischenschalten eines fremden Willens oder einer zusätzlichen Instanz – wie z.B. bei einer Delegiertenwahl – gewählt wird.[7] Eine Vertretung in der Stimmabgabe ist somit nicht zulässig.

---

3 Vgl. § 5 DrittelbG und § 9 Abs. 2 MitbestG sowie § 7 Abs. 2 MontanMitbestErgG (Urwahl), sowie § 9 Abs. 1 MitbestG und § 7 Abs. 1 MontanMitbestErgG (Delegiertenwahl); anders § 6 Abs. 1 MontanMitbestG, der – wenn auch in anderer Form – auf die Betriebsratsstrukturen abstellt.

4 Vgl. *Engels* AuR 2009, 10, 21.

5 *Oetker* in: Lutter/Hommelhoff/Teichmann § 8 SEBG Rn 6 m.w.N.

6 Vgl. zum Grundsatz der geheimen und gleichen Wahl *Fitting* BetrVG § 14 Rn 9 ff; auch das österreichische Recht geht diesen Weg, näher *Oetker* in: Lutter/Hommelhoff/Teichmann § 8 SEBG Rn 7.

7 Ebenso *Rudolph* in: Annuß/Kühn/Rudolph/Rupp SEBG § 8 SEBG Rn 4.

2. Gewerkschaftsvertreter im BVG (Abs. 1)

a) Vorschlagsberechtigung

Nach § 6 Abs. 3 SEBG ist jeder dritte inländische Sitz im BVG einem Gewerkschaftsvertreter vorbehalten.[8] Das Vorschlagsrecht für diese Sitze liegt nicht beim Wahlgremium, sondern in Anlehnung an Regelungen aus dem Mitbestimmungsgesetz von 1976[9] kann jede Gewerkschaft Wahlvorschläge[10] machen, die in einem an der Gründung der SE „beteiligten Unternehmen" vertreten ist. 5

Welche Gewerkschaften in einem beteiligten Unternehmen vertreten sind, entzieht sich in manchen Fällen der Kenntnis des Arbeitgebers. Insoweit enthält das Gesetz auch keine Erkundigungspflicht des Arbeitgebers gegenüber den Arbeitnehmern, ob sie einer Gewerkschaft und wenn ja welcher sie angehören.[11] Zwar besteht auch keine gesetzliche Pflicht der Arbeitnehmer, ihre Gewerkschaften von der geplanten SE-Gründung zu informieren. Allerdings ist dies der sicherste Weg, damit die betroffenen Gewerkschaften Wahlvorschläge machen können und das BVG – ordnungsgemäß – ggfl. mit einem Gewerkschaftsvertreter – gebildet werden kann.[12] Hieran sollte auch der Arbeitgeber ein gesteigertes Interesse haben. 6

Hinsichtlich der Zuordnung der wahlvorschlagsberechtigten Gewerkschaften hat der Gesetzgeber nicht den in § 2 Abs. 2 SEBG definierten Begriff „beteiligte Gesellschaft" gewählt, sondern spricht von den an der Gründung der SE „beteiligten Unternehmen". Ob diese unterschiedliche Begrifflichkeit gewählt wurde, um die Vorschlagsberechtigten nicht durch den engen Begriff der „beteiligte Gesellschaft" einzugrenzen, kann letztendlich dahinstehen. Denn es ist in jedem Fall sachgerecht, auch den Gewerkschaften in den betroffenen inländischen Tochtergesellschaften und Betrieben ein Wahlvorschlagsrecht zu gewähren.[13] Dies schafft eine breitere Legitimationsbasis, als wenn z.B. nur auf eine an der SE-Gründung beteiligte Konzernmutter mit (gegebenenfalls) wenigen Arbeitnehmern – und möglicherweise nur einer Gewerkschaft – abgestellt würde, während es zahlreiche weitere betroffen Tochtergesellschaften oder Betriebe mit anderen Gewerkschaftsvertretungen gibt, denen kein Wahlvorschlagsrecht gewährt wird. Zudem sind Fallkonstellationen denkbar, in denen es beteiligte inländische Gesellschaften ohne Gewerkschaftsvertretung oder gar keine beteiligte inländische Gesellschaft, wohl aber von der SE-Gründung betroffene Gesellschaften und/oder betroffene Betriebe im Inland gibt. Auch hier ist jeder dritte Sitz im BVG einem Gewerkschaftsvertreter garantiert. Da in diesen Fällen den Ge- 7

8 Nach *Krause* BB 2005, 1221, 1225 ist die „Sitzgarantie eines Gewerkschaftsvertreters", wodurch möglicherweise ein unternehmensangehöriger Arbeitnehmervertreter verdrängt wird, europarechtlich bedenklich; ebenso *Scheibe* S. 43; *Rudolph* in: Annuß/Kühn/Rudolph/Rupp SEBG § 6 SEBG Rn 5; nach *Henssler* in: Ulmer/Habersack/Henssler Einl. SEBG Rn 175 führt die Sitzgarantie für Gewerkschaftsvertreter zu einem europarechtswidrigen Eingriff des aktiven Wahlrechts der Mitglieder des Wahlgremiums; gegen europarechtliche Bedenken der Regelung ausf. mit überzeugenden Argumenten *Güntzel* S. 398 ff; im Ergebnis ebenso *Oetker* in: Lutter/Hommelhoff/Teichmann § 7 SEBG Rn 5.

9 Vgl. § 16 Abs. 2 MitbestG.

10 Es besteht lediglich ein Wahlvorschlagsrecht, kein Entsenderecht der Gewerkschaften, s. *Jacobs* in: MÜKOAktG § 8 SEBG Rn 4.

11 Ebenso *Hohenstatt/Müller-Bonanni* in: Habersack/Drinhausen SEBG § 6 Rn 6 mwN; *Jacobs* in: MÜKOAktG § 6 SEBG Rn 5.

12 Das LAG Berlin-Brandenburg, Beschluss v. 10.2.2017 – 6 TaBV 1585/16, AG 2017, 757 ff, hielt den Antrag der Vereinten Dienstleistungsgewerkschaft ver.di auf Feststellung der Unwirksamkeit der Mitbestimmungsvereinbarung bei der Zalando SE für unzulässig. Diese Vereinbarung war – entgegen der gesetzlichen Vorschriften zur Zusammensetzung des BVG – ohne die Beteiligung von ver.di abgeschlossen worden. Es fehle an einem rechtlichen Interesse an der Feststellung der Unwirksamkeit. Eine Gewerkschaft könne ihr Recht auf Beteiligung an dem BVG nur durch Antrag auf Erlass einer einstweiligen Verfügung durchsetzen.

13 Ebenso *Rudolph* in: Annuß/Kühn/Rudolph/Rupp SEBG § 8 SEBG Rn 7.

werkschaften in den betroffenen Gesellschaften und Betrieben das Wahlvorschlagsrecht ohnehin zustehen muss, ist es sachgerecht, es ihnen auch dann nicht zu verwehren, wenn an der SE-Gründung auch eine inländische Gesellschaft unmittelbar mitwirkt oder mehrere inländische Gesellschaften beteiligt sind.

b) Wahlvorschlag

8 An die Wahlvorschläge der Gewerkschaften für das Mitglied im BVG ist das Wahlgremium gebunden. Hieraus ist der Gewerkschaftsvertreter im BVG zu wählen. Der schriftlich einzureichende Wahlvorschlag muss so rechtzeitig beim Wahlgremium eingehen, dass in der wahlentscheidenden Sitzung der Gewerkschaftsvertreter gewählt werden kann. Lässt der Wahlvorstand einen gültigen Wahlvorschlag unberücksichtigt, stellt dies ebenso einen Anfechtungsgrund dar wie die Berücksichtigung eines ungültigen Wahlvorschlags.[14] § 8 Abs. 1 Satz 3 SEBG bestimmt, dass stets dann, wenn nur ein Wahlvorschlag gemacht wird, dieser mindestens doppelt so viele Bewerber enthalten muss wie Vertreter von Gewerkschaften zu wählen sind.[15] Diese Auswahlmöglichkeit ist erforderlich, damit das Wahlgremium sein Wahlrecht auch tatsächlich ausüben kann. Fehlt es an der erforderlichen Anzahl von Bewerbern auf der Wahlvorschlagsliste, ist diese ungültig und von Wahlgremium nicht zu beachten.[16] In formeller Hinsicht schreibt das Gesetz vor, dass jeder Wahlvorschlag einer Gewerkschaft von einem Vertreter der Gewerkschaft unterzeichnet sein muss.[17] Hierbei handelt es sich um eine zwingende Formvorschrift. Liegt kein gewerkschaftlicher Wahlvorschlag vor, was selten der Fall sein dürfte, oder ist dieser ungültig, ist es sachgerecht, stattdessen einen anderen unternehmensangehörigen Arbeitnehmervertreter ins BVG zu wählen. Nur so lässt sich der zutreffend errechnete Länderproporz sicherstellen.[18]

3. Leitende Angestellte im BVG (Abs. 1)

a) Vorschlagsberechtigung

9 Nach § 6 Abs. 4 SEBG ist jeder siebte auf das Inland entfallende Sitz im BVG einem leitenden Angestellten vorbehalten.[19] Das Wahlvorschlagsrecht für die den leitenden Angestellten garantierten Sitze steht den Sprecherausschüssen zu. Damit wird erstmalig ein Wahlvorschlagsrecht der Sprecherausschüsse gesetzlich anerkannt.[20] Ziel ist es, durch möglichst einfache und praxisnahe Regelung zur Beschleunigung des Verfahrens beizutragen, zumal die Wahl der Mitglieder des BVG innerhalb einer Frist von 10 Wochen abgeschlossen sein soll.[21] Fraglich ist, ob mit dem Merkmal „Sprecherausschüssen" nur der jeweilige Sprecherausschuss auf höchster Ebene oder jeder einzelne Sprecherausschuss gemeint ist. Der Wortlaut ist insoweit nicht eindeutig. Ist an der Gründung einer SE aus dem Inland nur eine Unternehmensgruppe beteiligt, so sprechen Praktikabilitätsgründe dafür, dem Sprecherausschuss auf höchster Ebene (z.B. dem Gesamt-

14 *Löw/Stolzenberg* NZA 2017, 1491.
15 § 16 Abs. 2 MitbestG enthält eine identische Regelung.
16 *Oetker* in: Lutter/Hommelhoff/Teichmann § 8 SEBG Rn 8 ff.
17 Vgl. die entsprechende Regelung in § 28 3. WO MitbestG.
18 Im Ergebnis ebenso *Oetker* in: Lutter/Hommelhoff/Teichmann § 6 SEBG Rn 19, **aA** *Jakobs* in: MÜKOAktG § 6 SEBG Rn 4.
19 Auch die Sitzgarantie der leitenden Angestellten ist europarechtlich unbedenklich vgl. *Güntzel* S. 401 ff; zweifelnd *Rudolph* in: Annuß/Kühn/Rudolph/Rupp SEBG § 6 SEBG Rn 8.
20 Nach § 15 Abs. 2 MitbestG steht das Vorschlagsrecht für den leitenden Angestellten im Aufsichtsrat ausschließlich den leitenden Angestellten selbst, nicht aber deren Vertretung zu.
21 Vgl. § 11 Abs. 1 SEBG.

sprecherausschuss) allein das Wahlvorschlagsrecht zuzubilligen[22]. Sind daneben noch konzernunabhängige Unternehmen an der SE-Gründung beteiligt, haben auch deren Sprecherausschüsse – jeweils auf höchster Ebene – das Wahlvorschlagsrecht. Diese Auslegung entspricht den Vorgaben für die Zusammensetzung des Wahlgremiums, das sich auch jeweils aus den Arbeitnehmervertretungen auf höchster Ebene zusammensetzt und die Mitglieder des BVG wählt.

Zu der Frage, ob nur den Sprecherausschüsse der beteiligten Gesellschaften oder auch den der betroffenen Tochtergesellschaften oder Betriebe das Wahlvorschlagsrecht zusteht, gelten die Ausführungen zur Vorschlagsberechtigung der Gewerkschaft[23] entsprechend. Auch hier ist eine weite Auslegung geboten. Demnach haben die Sprecherausschüsse der betroffenen Tochtergesellschaften und Betriebe ebenfalls ein Wahlvorschlagsrecht; anders ist es nur dann, wenn diese Sprecherausschüsse – im Rahmen eines Unternehmensverbundes – von Sprecherausschüssen auf höherer Ebene mitvertreten werden. **10**

Die leitenden Angestellten können selbst Wahlvorschläge machen, wenn in einer beteiligten Gesellschaft, einer betroffenen Tochtergesellschaft oder einem betroffenen Betrieb kein Sprecherausschuss besteht. Ein solcher Wahlvorschlag muss von einem Zwanzigstel oder 50 der wahlberechtigten leitenden Angestellten unterzeichnet sein. Dieses Quorum entspricht der Regelung in § 15 Abs. 2 MitbestG. **11**

b) Wahlvorschlag

An die Wahlvorschläge der Sprecherausschüsse (bzw. der leitenden Angestellten selbst, sofern kein Sprecherausschuss besteht) für das Mitglied der leitenden Angestellten im BVG ist das Wahlgremium gebunden. Hieraus ist der Vertreter der leitenden Angestellten im BVG zu wählen. Der schriftlich einzureichende Wahlvorschlag muss so rechtzeitig beim Wahlgremium eingehen, dass in der wahlentscheidenden Sitzung das Mitglied der leitenden Angestellten im BVG gewählt werden kann. Liegt das Wahlvorschlagsrecht bei den leitenden Angestellten selbst, weil es keinen Sprecherausschuss gibt, überprüft das Wahlgremium, ob die jeweiligen Kandidaten in dem Wahlvorschlag die erforderlichen Stützunterschriften von einem Zwanzigstel oder 50 der wahlberechtigten leitenden Angestellten erhalten haben. Gibt es nur 20 oder weniger leitende Angestellte, genügt für einen Wahlvorschlag eine Unterschrift. **12**

§ 8 Abs. 1 Satz 5 i.V.m. Satz 3 SEBG bestimmt, dass stets dann, wenn nur ein Wahlvorschlag von den Sprecherausschüssen oder den leitenden Angestellten selbst gemacht wird, dieser mindestens doppelt so viele Bewerber enthalten muss wie leitende Angestellte zu wählen sind.[24] Diese Vorschrift entspricht § 15 Abs. 3 MitbestG. **13**

III. Mitglieder des Wahlgremiums

1. Inländischer Konzern an der SE-Gründung beteiligt (Abs. 2)

Die auf das Inland entfallenden Mitglieder des BVG – auch die Vertreter der Gewerkschaften und leitenden Angestellten – werden von einem Wahlgremium gewählt. Das Wahlgremium setzt sich aus den Arbeitnehmervertretungen[25], die auf der jeweils höchsten Ebene tatsächlich vorhanden sind, zusammen. Bei der Beteiligung nur eines inländischen Konzerns an der SE- **14**

22 Ebenso *Rudolph* in: Annuß/Kühn/Rudolph/Rupp SEBG § 8 SEBG Rn 13; s. auch *Jacobs* in: MÜKOAktG § 8 SEBG Rn 6.
23 Vgl. Rn 5.
24 Ebenso *Rudolph* in: Annuß/Kühn/Rudolph/Rupp SEBG § 8 SEBG Rn 13.
25 Zum Begriff vgl. Zweiter Abschnitt Dritter Teil § 2 Rn 16; Sprecherausschüssen fällt bei der Bildung des Wahlgremiums keine besondere Rolle zu, s. *Oetker* in: Lutter/Hommelhoff/Teichmann § 8 SEBG Rn 15.

Gründung ist folglich der Konzernbetriebsrat zuständig. Dieser vertritt alle Arbeitnehmer des Konzerns. Ist ein Konzernbetriebsrat in dem an der SE-Gründung beteiligten inländischen Konzerns nicht gebildet, fällt die Zuständigkeit für die Wahl an die Gesamtbetriebsräte. Besteht in keinem Unternehmen des Konzerns ein Gesamtbetriebsrat, bildet der Betriebsrat (oder einzelne Betriebsräte unterschiedlicher Konzernunternehmen) das Wahlgremium. Dies bedeutet, dass in dem – sicherlich nur theoretischen – Fall, in dem es in einem Konzern mit zahlreichen Tochterunternehmen nur einen Betriebsrat gibt, dieser allein das Wahlgremium bildet. Der Betriebsrat vertritt dann alle Arbeitnehmer des Konzerns und wählt die inländischen Mitglieder des BVG.

15 Betriebsratslose Betriebe, betriebsratslose Unternehmen eines Konzerns sowie betriebsratslose Betriebe eines einzelnen Unternehmens werden vom Konzernbetriebsrat, Gesamtbetriebsrat oder Betriebsrat mit vertreten.[26] Denn das Wahlgremium soll alle Arbeitnehmer des Konzerns vertreten, auch solche, die selber keine Arbeitnehmervertretung gewählt haben.

16 Soweit in Unternehmen und Betrieben von der Gestaltungsmöglichkeit nach § 3 BetrVG Gebrauch gemacht worden ist, von den „üblichen" Betriebsratsstrukturen (Konzernbetriebsrat, Gesamtbetriebsrat oder Betriebsrat) abzuweichen und durch Vereinbarung neue betriebsverfassungsrechtliche Organisations- und Repräsentationseinheiten zu bilden, treten diese an die Stelle des Konzernbetriebsrats, Gesamtbetriebsrats oder Betriebsrats. Sie übernehmen die entsprechenden Aufgaben im Wahlgremium. Die Berücksichtigung auch dieser Arbeitnehmervertretungsgremien ergibt sich aus der Definition des Begriffs „Arbeitnehmervertretung" nach § 2 Abs. 6 SEBG.

17 Besteht in dem gesamten Konzern keine Arbeitnehmervertretung, wählen die Arbeitnehmer des Konzerns die auf das Inland entfallenden Mitglieder des BVG – nicht die des Wahlgremiums – direkt in Urwahl.[27]

2. Inländische Gesellschaft an der SE-Gründung beteiligt (Abs. 3)

18 Ist an der Gründung der SE nur eine einzige Gesellschaft aus dem Inland beteiligt (oder von der SE-Gründung betroffen), ist die Zusammensetzung des Wahlgremiums einfacher. Da der Gesamtbetriebsrat gesetzlich zu bilden ist, wenn mehrere Betriebsräte vorhanden sind, kommt entweder nur der Gesamtbetriebsrat oder, wenn nur ein Betriebsrat besteht, dieser Betriebsrat für die Bildung des BVG in Betracht. Entsprechendes gilt für neue, nach § 3 BetrVG gebildete Arbeitnehmervertretungen. Betriebsratslose Betriebe eines Unternehmens werden im Wahlgremium wiederum mit vertreten – entweder vom Gesamtbetriebsrat, wenn dieser das Wahlgremium bildet, oder vom Betriebsrat[28].

19 Besteht in dem gesamten Unternehmen keine Arbeitnehmervertretung, wählen die Arbeitnehmer des Unternehmens die auf das Inland entfallenden Mitglieder des BVG – nicht die des Wahlgremiums – direkt in Urwahl.

3. Inländischer Betrieb von der SE-Gründung betroffen (Abs. 4)

20 § 8 Abs. 4 SEBG regelt die Fallkonstellation, dass im Inland keine Gesellschaft an der SE-Gründung beteiligt oder von ihr betroffen ist, sondern nur ein im Inland ansässiger Betrieb (Niederlassung) eines Unternehmens, das seinen Sitz in einem anderen Mitgliedstaat hat. In diesem

---

26 Ebenso *Rudolph* in: Annuß/Kühn/Rudolph/Rupp SEBG § 8 SEBG Rn 17 f; kritisch *Jacobs* in: MÜKOAktG § 8 SEBG Rn 7, der diese Regelung als europarechtswidrig ansieht, weil Arbeitnehmer, die unabhängig von ihrem Willen keinen Betriebsrat bilden können, nicht an der Wahl unmittelbar teilnehmen.

27 Vgl. § 8 Abs. 7 SEBG.

28 Ebenso *Jacobs* in: MÜKOAktG § 8 SEBG Rn 8.

Fall kann nicht auf eine Arbeitnehmervertretung auf Unternehmensebene abgestellt werden. Hier bilden die Mitglieder des Betriebsrats oder einer nach § 3 BetrVG gebildete Arbeitnehmervertretung das Wahlgremium.

Ist in dem Betrieb kein Betriebsrat gewählt, greift § 8 Abs. 7 SEBG ein; die Arbeitnehmer wählen die auf das Inland entfallenden Mitglieder des BVG – nicht die des Wahlgremiums – direkt. 21

4. Beteiligung mehrerer inländischer Gesellschaften und Betriebe an der SE-Gründung (Abs. 5)

a) Grundsatz

§ 8 Abs. 5 SEBG regelt Mischtatbestände, die sich aus einer Kombination der zuvor beschriebenen Fallgestaltungen ergeben können. In solchen Mischfällen sind verschiedenste Konstellationen denkbar. Erfasst werden z.B. folgende Fälle: 22

An der SE Gründung beteiligt bzw. von ihr betroffen sind:

a) mehrere Konzerne,
b) (ein Konzern oder) mehrere Konzerne und (ein oder) mehrere konzernunabhängige Unternehmen,
c) (ein Konzern oder) mehrere Konzerne und (ein oder) mehrere konzernunabhängige Betriebe,[29]
d) (ein Konzern oder) mehrere Konzerne und (ein oder) mehrere konzernunabhängige Unternehmen und (ein oder) mehrere konzernunabhängige Betriebe,
e) mehrere konzernunabhängige Unternehmen,
f) (ein oder) mehrere konzernunabhängige Unternehmen und (ein oder) mehrere konzernunabhängige Betriebe,
g) mehrere konzernunabhängige Betriebe.

Das Wahlgremium besteht aus den jeweiligen tatsächlich vorhandenen Arbeitnehmervertretungen auf jeweils höchster Ebene. Unterstellt, es sind die entsprechenden Arbeitnehmervertretungen gewählt, setzt sich das Wahlgremium zusammen im Fall:

a) aus den Konzernbetriebsräten,
b) aus den Konzernbetriebsräten und den Gesamtbetriebsräten,
c) aus den Konzernbetriebsräten und Betriebsräten,
d) aus den Konzernbetriebsräten, den Gesamtbetriebsräten und Betriebsräten,
e) aus den Gesamtbetriebsräten,
f) aus den Gesamtbetriebsräten und Betriebsräten,
g) aus den Betriebsräten.

Soweit in einem Konzern oder konzernunabhängigen Unternehmen auf oberster Ebene eine Arbeitnehmervertretung nicht besteht, wohl aber auf der nachfolgenden Ebene (Gesamtbetriebsrat, Betriebsrat), wirkt diese Arbeitnehmervertretung an der Zusammensetzung des Wahlgremiums mit. Dies regelt die Verweisung in § 8 Abs. 5 Satz 2 SEBG. 23

29 Soweit im Folgenden von „konzernunabhängigen Betrieben" gesprochen wird, handelt es sich um inländische Betriebe (Niederlassungen) solcher Gesellschaften mit Sitz im Ausland, die an der SE-Gründung beteiligt oder von ihr betroffenen sind.

Beispiel für die Zusammensetzung eines Wahlgremiums:

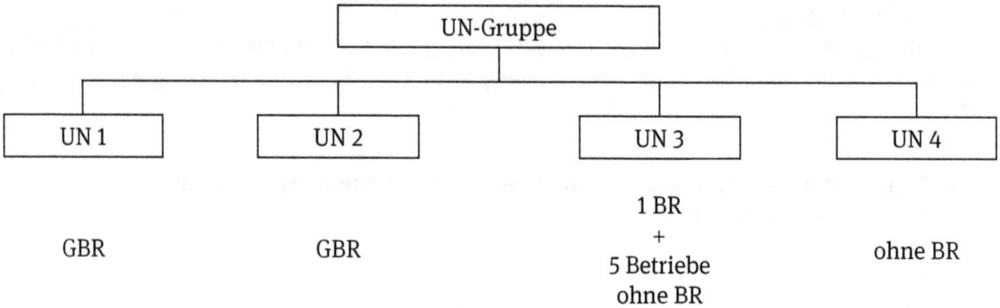

An der SE-Gründung ist eine aus vier Unternehmen bestehenden Unternehmensgruppe beteiligt.

1. Besteht ein KBR – Wahlgremium besteht aus Mitgliedern des KBR
2. Besteht kein KBR – Wahlgremium besteht aus:
   GBR-Mitglieder – UN 1
   + GBR-Mitglieder – UN 2
   + BR-Mitglieder – UN 3 (die 5 Betriebe ohne Betriebsrat in UN 3 werden von dem BR mit vertreten)

Hinweis: UN 4 ist nicht mit einem eigenen Mitglied im BVG vertreten – es erfolgt keine Urwahl; AN werden aber nach § 10 Abs. 2 SEBG mit vertreten.

b) Wahl der Mitglieder des Wahlgremiums durch die Arbeitnehmer in Urwahl

24 Das Wahlgremium setzt sich – je nach Einzelfall – nicht nur aus Mitgliedern der Arbeitnehmervertretungen zusammen, sondern auch unmittelbar von den Arbeitnehmern in Urwahl gewählte Vertreter können nach § 8 Abs. 5 Satz 3 SEBG Mitglied im Wahlgremium werden. Dies setzt voraus, dass bei der Gründung einer SE ein wie unter 4. a) beschriebener Mischtatbestand im Inland vorliegt, eine Arbeitnehmervertretung in einer oder mehreren – nicht aber in allen[30] – der beteiligten Gesellschaften, betroffenen Tochtergesellschaften oder Betriebe nicht vorhanden ist und eine Vertretung dieser Arbeitnehmer durch eine andere Arbeitnehmervertretung im Rahmen des Unternehmensverbundes nicht erfolgt. Liegen diese Voraussetzungen vor, werden insoweit diese Mitglieder des Wahlgremiums von den Arbeitnehmern in Urwahl gewählt.

Beispiel:
Bei der Gründung einer SE sind aus dem Inland beteiligt:

Eine Konzernmutter A, zwei konzernunabhängige Unternehmen B und C und drei konzernunabhängige Betriebe D, E und F von drei Gründungsgesellschaften mit Sitz in einem anderen Mitgliedstaat.

Besteht nur in dem Unternehmen C und den Betrieben E und F keine Arbeitnehmervertretungen, setzt sich das Wahlgremium wie folgt zusammen: Konzernbetriebsrat A, Gesamtbetriebsrat B, Betriebsrat D, in Urwahl von den Arbeitnehmern des Unternehmens C gewählte Mitglieder sowie in Urwahl von den Arbeitnehmern des Betriebs E und des Betriebs F gewählte Mitglieder des Wahlgremiums.

30 Fehlt es insgesamt an einer Arbeitnehmervertretung, greift § 8 Abs. 7 SEBG ein mit der Folge, dass die Mitglieder des BVG in Urwahl von den Arbeitnehmern gewählt werden.

aa) Einladung zur Versammlung der Arbeitnehmer

25 Die verfahrensrechtliche Ausgestaltung der Urwahl umschreibt das Gesetz nur in groben Zügen.

Zunächst ist es Aufgabe der zuständigen Leitung, zu einer Betriebs- oder Unternehmensversammlung einzuladen. Die für die Einladung zuständige Leitung ist entweder die Konzernleitung, Unternehmensleitung oder Betriebsleitung. Ein Initiativrecht der Arbeitnehmer, zu dieser Versammlung einzuladen, besteht anders als nach § 17 Abs. 3 BetrVG nicht.[31] Dies ist auch nicht notwendig, da es im Interesse der Leitungen liegt, schnellstmöglich alle erforderlichen Schritte einzuleiten, damit das Wahlgremium ordnungsgemäß zusammengesetzt werden kann, um die inländischen Mitglieder im BVG zu wählen. Die Einladung zur Arbeitnehmerversammlung muss rechtzeitig und auf eine Art und Weise erfolgen, dass alle Arbeitnehmer von ihr Kenntnis nehmen können[32]. Dies kann durch Aushang an geeigneten Stellen im Betrieb oder durch im Betrieb vorhandene Informations- und Kommunikationstechnik erfolgen.

bb) Wahl des Wahlvorstands

26 In dieser Versammlung der Arbeitnehmer wird ein Wahlvorstand gewählt, der für die Durchführung der Wahl verantwortlich ist. Ein Versammlungsleiter führt diese Wahl durch. Teilnahme-, vorschlags- und stimmberechtigt sind alle Arbeitnehmer des Betriebs- oder Unternehmens i.S.d. § 2 Abs. 1 SEBG. Jeder Arbeitnehmer kann als Mitglied des Wahlvorstandes gewählt werden. Für die Wahl des Wahlvorstands sieht das Gesetz keine bestimmten Regelungen vor. Deshalb ist eine förmliche, insbesondere eine geheime Wahl nicht erforderlich. Es ist folglich möglich, dass mündlich Wahlvorschläge gemacht werden, über die dann schriftlich oder durch Handzeichen abgestimmt wird. Jedes Mitglied des Wahlvorstands wird von der Mehrheit der anwesenden Arbeitnehmer gewählt. Die gewählten Wahlvorstandsmitglieder können dann aus ihrer Mitte einen Vorsitzenden wählen.[33]

27 Aus wie vielen Mitgliedern sich der Wahlvorstand zusammensetzen soll, ist nicht gesetzlich festgelegt. Die Anzahl sollte sich an Umfang und Schwierigkeit der durchzuführenden Wahl richten. Der Wahlvorstand sollte aus wenigstens drei Mitgliedern bestehen, eine höhere Anzahl kann gewählt werden, wenn dies zur ordnungsgemäßen Durchführung der Wahl erforderlich ist. Handelt es sich um einen kleineren Betrieb z.B. mit bis zu 50 Arbeitnehmern und müssen nur ein oder zwei Mitglieder – nach den Grundsätzen der Mehrheitswahl – ins Wahlgremium gewählt werden, kann ein Wahlvorstand mit drei Mitgliedern ausreichend sein.[34] Anders verhält es sich, wenn z.B. in einem größeren Unternehmen zahlreiche Wahlvorschläge gemacht werden – gegebenenfalls in unterschiedlichen Wahlvorschlagslisten und z.B. 20 oder mehr Mitglieder des Wahlgremiums gewählt werden müssen.

cc) Verfahren zur Wahl der Mitglieder des Wahlgremiums

28 Ist der Wahlvorstand gewählt, obliegt ihm die Durchführung der Wahl der Mitglieder des Wahlgremiums. Hierbei hat er einen weitgehenden Gestaltungsspielraum; da sich die gesetzlichen Vorgaben auf wenige Grundsätze beschränken. Folgende wesentlichen Aufgaben und zu treffende Entscheidungen wird es regelmäßig geben:

---

31 Ebenso *Rudolph* in: Annuß/Kühn/Rudolph/Rupp SEBG § 8 SEBG Rn 22.

32 Ebenso *Oetker* in: Lutter/Hommelhoff/Teichmann § 8 SEBG Rn 19; *Jacobs* in: MÜKOAktG § 8 SEBG Rn 10.

33 Dieses Verfahren ist einfacher und weniger zeitaufwendig als eine Wahl des Wahlvorstandsvorsitzenden durch alle Arbeitnehmer.

34 Es kann eine Orientierung an den Regelungen zum vereinfachten Wahlverfahren nach § 14a BetrVG erfolgen.

29 – Aufstellen der Wählerliste
Wahlberechtigt sind alle Arbeitnehmer, wobei der Arbeitnehmerbegriff nach § 2 Abs. 1 SEBG zu Grunde zu legen ist.

30 – Entscheidung darüber, ob die Wahl der Mitglieder des Wahlgremiums unmittelbar im Anschluss an die Wahl des Wahlvorstands in derselben Versammlung erfolgen kann.
Diese Entscheidung hängt von den Umständen des Einzelfalls ab. Es ist gesetzlich nicht ausgeschlossen, dass die Mitglieder des Wahlgremiums in derselben Arbeitnehmerversammlung gewählt werden können. Hierzu ist allerdings erforderlich, dass es sich um eine einfach durchzuführende Wahl handelt. Dies kann insbesondere dann der Fall sein, wenn z.B. in einem kleinen Betrieb oder Unternehmen nur eine sehr geringe Anzahl wahlberechtigter Arbeitnehmer vorhanden sind und nur ein Wahlvorschlag eingereicht wird, so dass die Wahl in Mehrheitswahl erfolgt. Orientierungshilfe können die Regelungen zur Wahl des Betriebsrats im einstufigen Verfahren nach § 14 Abs. 3 BetrVG sein. Allerdings wird dieses „einstufige Verfahren" wohl nur ausnahmsweise durchgeführt werden können. Regelmäßig wird die Wahl der Mitglieder des Wahlgremiums in einer zweiten Arbeitnehmerversammlung erfolgen.

31 – Durchführung der Wahl nach den Grundsätzen der Verhältniswahl oder der Mehrheitswahl
§ 8 Abs. 5 Satz 4 SEBG bestimmt, dass die Grundsätze und Verfahrensregelungen nach § 8 Abs. 7 Satz 3 bis 5 SEBG auch für die Wahl der Mitglieder des Wahlgremiums einzuhalten sind. Dies bedeutet, dass die Wahl der Mitglieder des Wahlgremiums nach den Grundsätzen der Verhältniswahl erfolgt, wenn mehrere Wahlvorschläge gemacht werden. Wird nur ein Wahlvorschlag eingereicht, erfolgt sie nach den Grundsätzen der Mehrheitswahl. Wahlvorschlagsberechtigt sind die Arbeitnehmer.

32 – Prüfung der Wahlvorschläge
Die Anforderungen an die Stützunterschriften für einen Wahlvorschlag sind abgestuft; hierdurch werden die unterschiedlichen Betriebs- und Unternehmensgrößen berücksichtigt. Jeder Wahlvorschlag der Arbeitnehmer muss von mindestens einem Zwanzigstel der wahlberechtigten Arbeitnehmer, mindestens jedoch von drei Wahlberechtigten, höchstens aber von 50 Wahlberechtigten unterzeichnet sein. In kleineren Betrieben mit in der Regel bis zu 20 wahlberechtigten Arbeitnehmern genügt die Unterzeichnung durch zwei Wahlberechtigte.

33 – (Gegebenenfalls) Festsetzung einer zweiten Arbeitnehmerversammlung zur Durchführung der Wahl
Ist in der ersten Arbeitnehmerversammlung der Wahlvorstand gewählt und soll die Wahl der Mitglieder des Wahlgremiums in einer zweiten Versammlung erfolgen, hat der Wahlvorstand hierzu einzuladen, die Arbeitnehmer aufzufordern, Wahlvorschläge zu machen, die Zahl der zu wählenden Mitglieder im Wahlgremium zu berechnen und die Wahl an dem vorgegebenen Termin durchzuführen.

Beispiel für die Zusammensetzung eines Wahlgremiums:

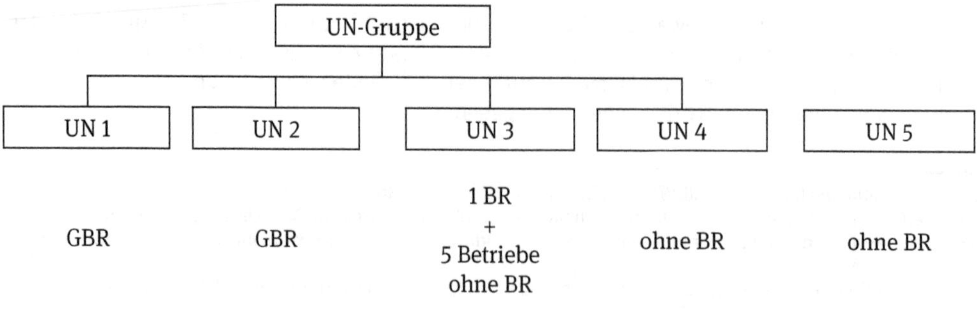

An der SE-Gründung ist eine aus vier Unternehmen bestehenden Unternehmensgruppe A und ein nicht zur Unternehmensgruppe A gehörendes Unternehmen 5 ohne Betriebsrat beteiligt.

1. Besteht KBR – Wahlgremium besteht aus:
   KBR-Mitgliedern
   + Urwahl-Mitglieder – UN5
2. Besteht kein KBR – Wahlgremium besteht aus:
   GBR-Mitglieder – UN 1
   + GBR-Mitglieder – UN 2
   + BR-Mitglieder – UN 3 (die 5 Betriebe ohne Betriebsrat im UN3 werden von BR mit vertreten)
   + Urwahl-Mitglieder – UN5

Hinweis: UN 4 ist nicht mit einem eigenen Mitglied im Wahlgremium vertreten – es erfolgt keine Urwahl; AN werden aber nach § 10 Abs. 2 SEBG mit vertreten.

dd) Anzahl der zu wählenden Mitglieder

Der Wahlvorstand[35] hat die Anzahl der in Urwahl zu wählenden Mitglieder des Wahlgremiums festzulegen. Für diese Festlegung ist nach § 8 Abs. 5 Satz 5 SEBG fiktiv zu ermitteln, wie viele Mitglieder eine nach dem Betriebsverfassungsgesetz gewählte Arbeitnehmervertretung in dem Betrieb oder Unternehmen hätte. Dabei ist zu unterscheiden, ob auf einen Betriebsrat, Gesamtbetriebsrat oder Konzernbetriebsrat abzustellen wäre. Maßgeblich sind die Bestimmungen der §§ 9, 47 und 55 BetrVG. 34

Beispiele:
Sind in einem Betrieb die Mitglieder des Wahlgremiums in Urwahl zu wählen, so beträgt deren Anzahl nach § 8 Abs. 5 Satz 5 SEBG i.V.m. § 9 BetrVG bei einer Betriebsgröße von:

51 bis zu 100 Arbeitnehmern:	5 Mitglieder
201 bis zu 400 Arbeitnehmern:	9 Mitglieder
7001 bis zu 1000 Arbeitnehmern:	13 Mitglieder
3001 bis zu 3500 Arbeitnehmern:	23 Mitglieder.

Ist aufgrund fiktiver Betrachtungsweise ein Gesamtbetriebsrat zu bilden, wäre dessen Größe der entscheidende Vergleichsmaßstab. Nach § 47 Abs. 2 BetrVG entsendet jeder Betriebsrat mit bis zu drei Mitgliedern eines seiner Mitglieder in den Gesamtbetriebsrat; jeder Betriebsrat mit mehr als drei Mitgliedern entsendet zwei seiner Mitglieder. Soweit hiernach die Anzahl von 40 Mitgliedern überschritten würde, ist die nach § 47 Abs. 5 BetrVG bestehende Begrenzungsmöglichkeit der Anzahl der Gesamtbetriebsratsmitglieder zu beachten. 35

Gleiches gilt, wenn – bei fiktiver Betrachtung – ein Konzernbetriebsrat gebildet würde. Im Unterschied zum Gesamtbetriebsrat ist die Bildung eines Konzernbetriebsrats fakultativ. § 8 Abs. 5 SEBG geht somit davon aus, dass – bei Vorliegen der konzernrechtlichen Voraussetzungen – zwei oder mehr Gesamtbetriebsräte gebildet worden wären, aus deren Mitgliedern sich dann der Konzernbetriebsrat zusammensetzt. Nach § 55 Abs. 1 BetrVG entsendet jeder Gesamtbetriebsrat zwei seiner Mitglieder in den Konzernbetriebsrat. Auch hier gilt die Reduzie- 36

35 Ebenso *Oetker* in: Lutter/Hommelhoff/Teichmann § 8 SEBG Rn 21.

rungsmöglichkeit der Anzahl der Mitglieder im Konzernbetriebsrat nach den §§ 55 Abs. 4 i.V.m. § 47 Abs. 5 BetrVG.

IV. Größe des Wahlgremiums (Abs. 6)

37 Um die Arbeitsfähigkeit des Wahlgremiums zu gewährleisten, wird nach § 8 Abs. 6 SEBG seine Größe auf höchstens 40 Mitglieder[36] begrenzt. Würde sich bei Anwendung des § 8 Abs. 2 bis 5 SEBG eine höhere Anzahl ergeben,[37] ist die Zahl der Mitglieder des Wahlgremiums auf 40 zu reduzieren. Es ist nach dem d'Hondtschen Höchstzahlverfahren zu ermitteln, welche Arbeitnehmervertretungen wie viele überzählige Sitze abgeben müssen. Bei klassischer Verteilung nach d'Hondt geht es um eine Zuteilung von Sitzen: Dabei erhält derjenige mit den meisten Stimmen zuerst einen Sitz zugeteilt. Hier geht es jedoch um eine Reduzierung, so dass bei der Anwendung des d'Hondtschen Verfahrens der zahlenmäßig größten Arbeitnehmervertretung zuerst ein Sitz abgezogen wird.

38 Können hiernach nicht alle Mitglieder einer Arbeitnehmervertretung auch Mitglieder des Wahlgremiums werden, muss innerhalb dieser Arbeitnehmervertretung eine entsprechende Auswahl vorgenommen werden. Dabei ist darauf zu achten, dass die Interessengewichtung des Gremiums gewahrt bleibt. Es wäre nicht zulässig, alle Mitglieder einer (gewerkschaftlichen) Minderheit innerhalb der Arbeitnehmervertretung von der Mitgliedschaft im Wahlgremium auszuschließen. Dies ergibt sich aus dem Rechtsgedanken des § 38 Abs. 2 Satz 6 BetrVG.[38] Gleiches gilt in dem Fall, in dem eine Arbeitnehmervertretung von vornherein beschließt, nicht mit allen Mitgliedern, sondern nur mit einer bestimmten Auswahl im Wahlgremium vertreten zu sein.

39 Infolge der Reduzierung auf 40 Mitglieder bleibt die Vertretung aller inländischen Arbeitnehmer durch die Mitglieder des Wahlgremiums gewährleistet.[39] Denn die Verringerung der Anzahl der Mitglieder kann nicht dazu führen, dass die Arbeitnehmervertretung einer der beteiligten Gesellschaften oder betroffenen Tochtergesellschaften oder Betriebe gänzlich unberücksichtigt bleibt.

40 Nach § 9 Abs. 1 SEBG ist es Aufgabe des Vorsitzenden der Arbeitnehmervertretung auf Konzernebene oder, sofern eine solche nicht besteht, auf Unternehmensebene oder, sofern eine solche nicht besteht, auf Betriebsebene, die Anzahl der Mitglieder aus den jeweiligen Arbeitnehmervertretungen festzulegen und entsprechend zu reduzieren, sofern die Höchstzahl von 40 Mitgliedern im Wahlgremium überschritten würde. Diese Verpflichtungen trifft den Vorsitzenden der Arbeitnehmervertretung, die die meisten Arbeitnehmer vertritt, wenn auf einer Ebene mehrere Arbeitnehmervertretungen bestehen.

Beispiel: Reduzierung der Mitglieder des Wahlgremiums auf 40 Personen

Das Wahlgremium setzt sich zusammen aus den Mitgliedern von drei unabhängigen an der SE-Gründung beteiligten Unternehmen sowie von zwei von der SE-Gründung betroffenen Betrieben.

---

36 Eine entsprechende Begrenzung – wenn auch nicht zwingend auf 40 Mitglieder – sieht § 47 Abs. 5 BetrVG vor.

37 Nicht auf die abstrakt-rechnerische, sondern die tatsächliche Mitgliederzahl stellt § 47 Abs. 5 BetrVG ab.

38 Anders *Engels* AuR 2009, 10, 22 f, der die Anwendung des Rechtsgedankens des § 38 Abs. 2 Satz 6 BetrVG für nicht geboten erachtet.

39 Vgl. § 10 Abs. 1 und 3 SEBG.

	UN 1	UN 2	UN 3	Betrieb 1	Betrieb 2
AN	4.500	3.500	1.200	300	80
	6 BR	3 BR	15 BR	9 BR	4 BR
	12 GBR	6 GBR			

□ 46 Mitglieder (12+6+15+9+4)
Reduzierung um 6 Mitglieder nach d'Hondt:

	12	**6**	**15**	**9**	**4**
: 1	12(2)	6(5)	15(1)	9(3)	4
: 2	6(6)	3	7,5(4)	4,5	2
: 3	4	2	5	3	1,3
	(4.500)	(3.600)	(1.200)	(300)	(80)
	12	6	15	9	4
	□	□	□	□	□
	10	5	13	8	4
Diff.	2	1	2	1	0

V. Wahl der Mitglieder des BVG durch die Arbeitnehmer in Urwahl (Abs. 7)

1. Voraussetzung

§ 8 Abs. 7 SEBG regelt den wohl eher seltenen Fall, dass in keiner der an der SE-Gründung beteiligten inländischen Gesellschaften oder von der Gründung betroffenen Tochtergesellschaften oder Betriebe eine Arbeitnehmervertretung gewählt worden ist. Nur für diesen Fall ist vorgesehen, dass die Arbeitnehmer unmittelbar und in geheimer Wahl selber die Mitglieder des BVG wählen[40]. 41

Die Regelung erfasst alle oben beschriebenen Fallgestaltungen, d.h. sowohl die Fälle, in denen jeweils nur ein Konzern oder eine Gesellschaft oder ein Betrieb an der SE-Gründung beteiligt oder von ihr betroffen ist (§ 8 Abs. 2 bis 4 SEBG) sowie sämtliche Mischtatbestände des § 8 Abs. 5 SEBG. 42

Das SEBG beschränkt sich wiederum darauf, nur einige wesentliche Wahlgrundsätze aufzustellen; im Übrigen bleibt den Wahlvorständen ein weiter Gestaltungsspielraum bei der Durchführung der Wahl. Dieser Verzicht auf detaillierte Wahlverfahrensregelungen[41] ist aufgrund der unterschiedlichen Fallvarianten im Ergebnis sachgerecht, obgleich dadurch zahlreiche Fragen nicht durch den Gesetzgeber beantwortet werden, sondern praxisnaher Lösungen im konkreten Fall bedürfen[42]. 43

40 Die wahlberechtigten Arbeitnehmer wählen die Mitglieder des BVG, die Einschaltung von Delegierten ist ausgeschlossen, s. *Jacobs* in: MÜKOAktG § 8 SEBG Rn 12; s. auch *Rudolph* in: Annuß/Kühn/Rudolph/Rupp SEBG § 8 SEBG Rn 4.
41 Allein die Wahl der Arbeitnehmervertreter in den Aufsichtsrat eines Konzerns ist in 108 Vorschriften der 3. WO MitbestG geregelt. Je nach Fallgestaltung können an der Wahl der Mitglieder des BVG mehrere Konzerne, konzernunabhängige Gesellschaften und Betriebe aus dem Inland teilnehmen, deshalb wäre der Regelungsaufwand aller Detailfragen unangemessen groß gewesen.
42 S. hierzu *Hinrichs/Plitt* NZA 2010, 204 ff.

2. Wahl der Mitglieder des BVG durch die Arbeitnehmer eines betriebsratslosen Betriebs, Unternehmens oder Konzerns (§ 8 Abs. 7 i.V.m. Abs. 2 bis 4 SEBG)

a) Einladung zur Versammlung der Arbeitnehmer

44 Es ist Aufgabe der zuständigen Leitung, zu einer Arbeitnehmerversammlung im Betrieb, Unternehmen oder Konzern einzuladen. Diese Einladung zur Arbeitnehmerversammlung muss rechtzeitig und auf eine Art und Weise erfolgen, dass alle Arbeitnehmer von ihr Kenntnis nehmen können[43]. Dies kann durch Aushang an geeigneten Stellen in den jeweiligen Betrieben oder durch in den Betrieben vorhandene Informations- und Kommunikationstechnik erfolgen[44]. Es ist von der zuständigen Leitung zu prüfen, ob alle Arbeitnehmer der betreffenden Einheit (Betrieb oder Unternehmen oder Konzern) in einer Arbeitnehmerversammlung zusammenkommen können. In der Praxis werden üblicherweise zwei Versammlungen der Arbeitnehmer erforderlich sein; eine zur Wahl des Wahlvorstandes und eine zur Wahl der Mitglieder des BVG.

45 Sind mehrere Betriebe eines Unternehmens oder mehrere Unternehmen eines Konzerns im Inland auf unterschiedliche Standorte verteilt, werden mehrere Arbeitnehmerversammlungen jeweils an den entsprechenden Standorten stattfinden.

b) Wahl des Wahlvorstands

46 In dieser Versammlung der Arbeitnehmer wird zunächst ein Versammlungsleiter bestimmt, der die Wahl eines Wahlvorstands durchführt. Für diese Wahl gelten die oben gemachten Ausführungen unter 4. b) bb) entsprechend. Gleiches gilt für die Festlegung der Anzahl der Mitglieder des Wahlvorstands. Die Anzahl richtet sich nach Umfang und Komplexität der durchzuführenden Wahl.

47 Sind z.B. bei einem an der SE-Gründung beteiligten Konzern mehrere Wahlvorstände an unterschiedlichen Standorten gewählt worden, erscheint es sinnvoll, einen übergeordneten Wahlvorstand (Hauptwahlvorstand[45]) einzurichten, der die Wahl der Mitglieder des BVG für diesen beteiligten Konzern weiter organisiert und koordiniert. Dieser Hauptwahlvorstand kann sich z.B. aus den jeweiligen Vorsitzenden der einzelnen Betriebswahlvorstände zusammensetzen. Organisatorisch könnte er in dem Betrieb mit den meisten Arbeitnehmern[46] angebunden werden und von dort aus die Wahl leiten.

c) Verfahren zur Wahl der Mitglieder des BVG

48 Der Wahlvorstand hat die Durchführung der Wahl der Mitglieder des BVG zu organisieren. Hierbei stellen sich regelmäßig folgende Aufgaben:

- Berechnung der Anzahl der inländischen Mitglieder des BVG
  Aufgrund der Informationen durch die jeweiligen Leitungen nach § 4 SEBG ist zu ermitteln, wie viele Arbeitnehmervertreter aus dem Inland ins BVG gewählt werden können (§ 5 SEBG).

---

43 S. hierzu *Hinrichs/Plitt* NZA 2010, 206.

44 S. hierzu *Hinrichs/Plitt NZA* 2010, 207.

45 Das Abstellen auf bekannte Strukturen und Verfahren wie bei der Wahl der Arbeitnehmervertreter in den Aufsichtsrat nach dem MitbestG ist ein möglicher Weg, um den Gestaltungsspielraum, den der Gesetzgeber einräumt, auszufüllen. Zwingend ist dieses Vorgehen indessen nicht, andere Verfahren sind ebenso zulässig, soweit die gesetzlichen Vorgaben eingehalten werden.

46 Hier bietet sich eine Parallele zu der Regelung in § 9 SEBG an, wonach den Vorsitzenden der Arbeitnehmervertretung, die die meisten Arbeitnehmer vertritt, organisatorischen Pflichten zur Einberufung des Wahlgremiums treffen.

- Verteilung der Anzahl der auf das Inland entfallenden Sitze des BVG 49
  Bei der Verteilung der auf das Inland entfallenden Sitze im BVG sind die Vorgaben des § 7 SEBG zu beachten. Das bedeutet Vorrang der Berücksichtigung der inländischen beteiligten Gesellschaft[47] vor betroffenen Gesellschaften und Betrieben; Sitzgarantie jeden dritten Sitzes für einen Gewerkschaftsvertreter und jeden siebten Sitzes für einen leitenden Angestellten.
- Aufstellen der Wählerliste 50
  Wahlberechtigt sind alle inländischen Arbeitnehmer, wobei der Arbeitnehmerbegriff des § 2 Abs. 1 SEBG zu Grunde zu legen ist.
- Entscheidung darüber, ob die Wahl der Mitglieder des BVG unmittelbar im Anschluss an die 51
  Wahl des Wahlvorstands in derselben Versammlung erfolgen kann.
  Diese Entscheidung hängt von den Umständen des Einzelfalls ab. Es gelten grundsätzlich die oben gemachten Ausführungen unter 4. b) cc) entsprechend. Allerdings ist die Wahl der Mitglieder des BVG schon wegen der Sitzgarantien des Gewerkschaftsvertreters und des leitenden Angestellten und der entsprechenden Wahlvorschlagsrechte komplizierter als die Wahl der Mitglieder des Wahlgremiums. Deshalb wird im Regelfall die Wahl der Mitglieder des BVG erst in einer zweiten Arbeitnehmerversammlung erfolgen können.
- Prüfung der Wahlvorschläge 52
  Die Anforderungen an die Stützunterschriften der Arbeitnehmer für einen Wahlvorschlag sind abgestuft; hierdurch werden die unterschiedlichen Betriebs- und Unternehmensgrößen berücksichtigt. Jeder Wahlvorschlag der Arbeitnehmer muss von mindestens einem Zwanzigstel der wahlberechtigten Arbeitnehmer, mindestens jedoch von drei Wahlberechtigten, höchstens aber von 50 Wahlberechtigten unterzeichnet sein. In kleineren Betrieben mit in der Regel bis zu 20 wahlberechtigten Arbeitnehmern genügt die Unterzeichnung durch zwei Wahlberechtigte.

Die Prüfung der Wahlvorschläge bezieht sich auch auf jeden dritten und siebten Sitz. Für 53
jeden dritten inländischen Sitz im BVG haben die Gewerkschaften ein Vorschlagsrecht, die in einem an der Gründung der SE beteiligten Unternehmen (oder einer betroffenen Tochtergesellschaft oder Betrieb)[48] vertreten ist. Wird nur ein Wahlvorschlag gemacht, muss dieser mindestens doppelt so viele Bewerber enthalten wie Vertreter von Gewerkschaften zu wählen sind. Zudem muss jeder Wahlvorschlag einer Gewerkschaft von einem Vertreter der Gewerkschaft unterzeichnet sein.

Jedes siebte inländische Mitglied im BVG ist auf Vorschlag der Sprecherausschüsse zu wäh- 54
len. Besteht in einem beteiligten Unternehmen oder in einer beteiligten Unternehmensgruppe kein Sprecherausschuss, können die leitenden Angestellten Wahlvorschläge machen; ein Wahlvorschlag muss von einem Zwanzigstel oder 50 der wahlberechtigten leitenden Angestellten unterzeichnet sein.

- Durchführung der Wahl nach den Grundsätzen der Verhältniswahl oder der Mehrheitswahl 55
  in einer zweiten Arbeitnehmerversammlung
  Wird – wie regelmäßig – die Wahl der Mitglieder des BVG in einer zweiten Arbeitnehmerversammlung durchgeführt, hat der Wahlvorstand hierzu einzuladen. Die Wahl der Mitglieder des BVG erfolgt nach den Grundsätzen der Verhältniswahl, wenn mehrere Wahlvorschläge gemacht werden. Wird nur ein Wahlvorschlag eingereicht, erfolgt sie nach den Grundsätzen der Mehrheitswahl.

47 Vgl. die Ausführungen zu § 7 Rn 2, 6 f.
48 Siehe Rn 5, 8.

56 Diese Aufgabenvielfalt zeigt, dass die Bildung eines übergeordneten Wahlvorstands (Hauptwahlvorstand) die Durchführung z.B. einer Urwahl im Konzern mit zahlreichen Tochtergesellschaften und Betrieben an unterschiedlichen Standorten im Inland erheblich erleichtern kann. Dies gilt insbesondere für das Aufstellen der inländischen Wählerliste im Rahmen eines Konzerns, die Berechnung der Anzahl der inländischen Mitglieder des BVG und deren Verteilung unter Berücksichtigung der Sitzgarantien für Gewerkschaftsvertreter und leitende Angestellte, das Prüfen der Wahlvorschläge sowie die Feststellung des Gesamtwahlergebnisses nach der Wahl in den einzelnen Betrieben und Unternehmen.

3. Wahl der Mitglieder des BVG in Mischfällen unter Beteiligung der Arbeitnehmer betriebsratsloser Betriebe und/oder Unternehmen und/oder Konzerne (§ 8 Abs. 7 i.V.m. Abs. 5 SEBG)

57 Die Durchführung einer Urwahl der Arbeitnehmer im Fall des § 8 Abs. 7 SEBG i.V.m. den Mischkonstellationen des § 8 Abs. 5 SEBG gestaltet sich schwieriger als in den vorgenannten Fällen innerhalb der jeweiligen Einheit Betrieb, Unternehmen oder Konzern. Sind an der SE-Gründung ein oder mehrere Konzerne, konzernunabhängige Unternehmen und/oder Betriebe beteiligt oder von ihr betroffen, muss eine Koordination dieser Gesellschaften und Betriebe sichergestellt werden, um die inländischen Mitglieder des BVG wählen zu können. Denn es sind auf der Grundlage der Gesamtzahl der inländischen Mitglieder im BVG die vorgegebenen Sitzgarantien der Gewerkschaftsvertreter und der leitenden Angestellten sowie die Aufteilung unter den beteiligten und betroffenen Gesellschaften und Betrieben zu berücksichtigen. Eine vorherige Zuordnung der Sitze der inländischen Mitglieder im BVG auf die beteiligten und betroffenen Gesellschaften und Betriebe sowie eine in diesen Einheiten isolierte Wahl scheidet aus, da diese Zuordnung aufgrund der (regelmäßig geringeren) Anzahl der inländischen Sitze kaum möglich sein wird. Zudem müssen die Mitglieder im BVG von allen inländischen Arbeitnehmern gewählt werden. Eine vorherige Zuordnung und eigenständige Wahl in den beteiligten und betroffenen Gesellschaften und Betrieben würde diesem Erfordernis nicht gerecht, da durch die Zuordnung der Sitze auf unterschiedliche große beteiligte und betroffene Gesellschaften und Betriebe die Mitglieder im BVG mit unterschiedlichen Stimmenzahlen – entsprechend der Größe der jeweiligen Einheiten – gewählt würden. Zudem müsste durch entsprechende Zuordnungen sichergestellt werden, dass die Stimmen der Arbeitnehmer aus solchen betroffenen Einheiten, die keinen eigenen Vertreter ins BVG wählen, bei der Wahl berücksichtigt werden. Schließlich wäre die Wahl des Vertreters der Gewerkschaften und der leitenden Angestellten bei ansonsten isolierter Wahl in den jeweiligen Einheiten kaum möglich.

Um diese Schwierigkeiten zu vermeiden, bietet sich folgender Weg an.

58 Die zuständigen Leitungen in den betroffenen Betrieben und betroffenen und beteiligten Gesellschaften und Konzernen laden jeweils zu einer Arbeitnehmerversammlung ein, in der ein Wahlvorstand gewählt wird oder – je nach Unternehmensstruktur – mehrere Wahlvorstände gewählt werden, die gegebenenfalls einen übergeordneten Wahlvorstand für die betreffende Einheit bilden.[49] Aus diesen übergeordneten Wahlvorständen und den übrigen Wahlvorständen der jeweiligen Einheiten wird dann ein Hauptwahlvorstand gebildet. Dieser organisiert die Wahl der inländischen Mitglieder im BVG für das gesamte Inland und führt die Wahl zusammen mit den jeweiligen Wahlvorständen auf Betriebs- oder Unternehmensebene durch. Die unter 4. c) gemachten Ausführungen zum Wahlverfahren gelten hier entsprechend.

59 Zu den Aufgaben des für das gesamte Inland zuständigen Hauptwahlvorstandes gehört insbesondere

49 Zum Wahlverfahren vgl. die Ausführungen unter Rn 26, 46.

- das Aufstellen der Wählerliste, die alle inländischen Arbeitnehmer der jeweiligen betroffenen Betriebe und betroffene und beteiligten Gesellschaften und Konzernen umfassen muss;
- das Prüfen der aus den jeweiligen Einheiten eingegangenen Wahlvorschläge der Arbeitnehmer, der Gewerkschaften und der leitenden Angestellten;
- das Zusammenstellen der Wahlvorschlagslisten, aus denen alle inländischen Arbeitnehmer ihre Mitglieder ins BVG wählen;
- die Feststellung des Gesamtwahlergebnisses, nachdem die Wahl in den einzelnen Betrieben und Unternehmen erfolgt ist;
- die Verteilung der inländischen Sitze im BVG auf die gewählten Kandidaten entsprechend der Vorgabe der §§ 6 und 7 SEBG.

VI. Streitigkeiten

Streitigkeiten, die im Gründungsstadium der SE entstehen, z.B. bei der Bildung des BVG **60**
oder im Zusammenhang mit dem Wahlgremium, sind nach § 2a Abs. 1 Nr. 3e ArbGG vor den Arbeitsgerichten im Beschlussverfahren nach § 80 ff ArbGG zu entscheiden. Örtlich zuständig ist nach § 82 Abs. 3 ArbGG das Arbeitsgericht am zukünftigen Sitz der Gesellschaft.[50]

Für den Fall einer Anfechtung der Wahl sieht das SEBG keine speziellen Regelungen vor. Ähnlich wie beim EBRG, in dem eine solche Regelung ebenfalls fehlt, erscheint es sinnvoll, § 19 Abs. 2 BetrVG analog anzuwenden und eine Anfechtungsfrist von zwei Wochen vorzusehen.[51] Diese Frist erscheint erforderlich, aber auch ausreichend, um den berechtigten Interessen der Beteiligten zu entsprechen, die ein fehlerhaftes Ergebnis rügen. Demgegenüber lehnt *Wißmann*[52] eine Analogie zum BetrVG und damit zu Normen außerhalb des SEBG ab und befürwortet stattdessen eine Analogie zu § 37 Abs. 2 SEBG (Anfechtung der Wahl von Aufsichts- oder Verwaltungsratsmitgliedern). Folgt man dieser Auffassung, erhöht sich die sonst im Betriebsverfassungs- und Mitbestimmungsrecht übliche Zweiwochenfrist auf insgesamt vier Wochen.[53] Inhaltlich ist die Anfechtung beschränkt auf Gegenstände des SEBG. Die Wahl oder Bestellung der Mitglieder des BVG, die Arbeitnehmer aus anderen Mitgliedstaaten vertreten, erfolgt nach den Vorschriften dieser Mitgliedstaaten.[54]

§ 9
Einberufung des Wahlgremiums

(1) Auf der Grundlage der von den Leitungen erhaltenen Informationen hat der Vorsitzende der Arbeitnehmervertretung auf Konzernebene oder, sofern eine solche nicht besteht, auf Unternehmensebene oder, sofern eine solche nicht besteht, auf Betriebsebene

1. Ort, Tag und Zeit der Versammlung des Wahlgremiums festzulegen;
2. die Anzahl der Mitglieder aus den jeweiligen Arbeitnehmervertretungen nach § 8 Abs. 6 festzulegen;
3. zur Versammlung des Wahlgremiums einzuladen.

---

50 BT-Drucks. 15/3405 v. 21.6.2004, S. 59.
51 Vgl. *Blanke* EBRG § 11 Rn 22; *Müller* § 11 EBRG Rn 13.
52 *Wißmann* in: FS Richardi, 2007, 846 f; ebenso *Oetker* in: Lutter/Hommelhoff/Teichmann § 10 SEBG Rn 13 m.w.N. sowie *Jacobs* in: MÜKOAktG § 8 SEBG Rn 17.
53 Vgl. § 37 Abs. 2 S. 3 SEBG.
54 *Wißmann* in: FS Richardi, 2007, 846, 847.

(2) Bestehen auf einer Ebene mehrere Arbeitnehmervertretungen, treffen die Verpflichtungen nach Absatz 1 den Vorsitzenden der Arbeitnehmervertretung, die die meisten Arbeitnehmer vertritt.

Übersicht

I. Allgemeines

1 Nach § 4 Abs. 1 Satz 1 SEBG ist das BVG aufgrund einer schriftlichen Aufforderung der entsprechenden Leitungen zu bilden[1]. Ist diese Aufforderung – je nach Fallkonstellation – durch die Betriebs-, Unternehmens- oder Konzernleitung erfolgt und haben die Arbeitnehmervertretungen alle zur Bildung des BVG erforderlichen Informationen nach § 4 Abs. 2 und 3 SEBG erhalten, ist das weitere Verfahren von den Gremien der Arbeitnehmer selbst zu organisieren.

II. Vorbereitung der Versammlung des Wahlgremiums

1. Aufgaben des Vorsitzenden der zuständigen Arbeitnehmervertretung

2 Die Organisationspflicht zur Einberufung des für die Wahl des BVG zuständigen Wahlgremiums trägt der Vorsitzende der Arbeitnehmervertretung, die auf der höchsten Ebene im Konzern oder in der Gesellschaft oder im Betrieb tatsächlich vorhandenen ist. Von mehreren gleichrangigen Arbeitnehmervertretungen ist der Vorsitzende derjenigen Arbeitnehmervertretung zuständig, die die meisten Arbeitnehmer[2] vertritt.

Beispiele:

a) Ist aus dem Inland nur ein Konzern an der SE-Gründung beteiligt, ist der Vorsitzende des Konzernbetriebsrats für die ordnungsgemäße Einberufung des Wahlgremiums verantwortlich; besteht kein Konzernbetriebsrat, trifft die Verpflichtung den Vorsitzenden des Gesamtbetriebsrats, der die meisten Arbeitnehmer vertritt. Ist kein Gesamtbetriebsrat gebildet, ist der Betriebsratsvorsitzende des größten Betriebs für die ordnungsgemäße Einberufung des Wahlgremiums zuständig.
b) Ist aus dem Inland nur eine Gesellschaft an der SE-Gründung beteiligt oder von ihr betroffen, ist der Vorsitzende des Gesamtbetriebsrats oder – falls ein solcher nicht besteht – der Betriebsratsvorsitzende für die ordnungsgemäße Einberufung des Wahlgremiums verantwortlich.
c) Sind ein Konzern A, drei konzernunabhängige Gesellschaften B, C und D sowie zwei Betriebe E und F an der SE-Gründung beteiligt oder von ihr betroffen und besteht in dem Konzern kein Konzernbetriebsrat, ist der Vorsitzende des größten Gesamtbetriebsrats, der in dem Konzern A oder den Gesellschaften B, C und D besteht, für die ordnungsgemäße Einberufung des Wahlgremiums verantwortlich. Besteht in keinem Unternehmen ein Gesamtbe-

1 Maßgeblich für den Beginn der Sechs-Wochenfrist nach § 20 Abs. 1 SEBG ist der Tag, zu dem die Leitungen zur konstituierenden Sitzung des BVG eingeladen haben; s. *Hohenstatt/Dzida* in: Henssler/Willemsen/Kalb SEBG Rn 25.
2 Dabei sind Teilzeitbeschäftigte nach Köpfen mitzuzählen, s. *Jacobs* in: MÜKOAktG § 9 SEBG Rn 2.

triebsrat, trifft die Verpflichtung den Vorsitzenden des Betriebsrats, der die meisten Arbeitnehmer vertritt, gleichgültig ob dieser im Konzern A oder den Gesellschaften B, C und D oder in dem Betriebe E oder F besteht.

2. Berechnung der Mitgliederzahl des Wahlgremiums

Bevor der für die Einberufung des Wahlgremiums zuständige Vorsitzende der Arbeitnehmervertretung zu der Versammlung einladen kann, hat er zu prüfen, ob nach § 8 Abs. 6 SEBG eine Reduzierung der Mitglieder des Wahlgremiums vorgenommen werden muss. Dies ist dann der Fall, wenn die Anzahl der Arbeitnehmervertreter, aus denen sich das Wahlgremium zusammensetzt, 40 Mitglieder übersteigt. Der Vorsitzende hat deshalb zunächst die nach § 8 Abs. 5 Satz 3 SEBG von den Arbeitnehmern unmittelbar gewählten Mitglieder des Wahlgremiums und die für die Bildung des Wahlgremiums maßgeblichen Mitglieder der Arbeitnehmervertretungen zusammenzuzählen. Ist hiernach eine Reduzierung auf 40 Mitglieder erforderlich, hat er diese nach dem d'Hondtschen Höchstzahlenverfahren vorzunehmen.[3] 3

3. Einladung der Mitglieder des Wahlgremiums

Steht fest, wie viele Betriebsratsmitglieder aus den jeweiligen Arbeitnehmervertretungen und (gegebenenfalls) wie viele von den Arbeitnehmern in Urwahl gewählte Mitglieder das Wahlgremium bilden, kann der Vorsitzende der Arbeitnehmervertretung zur Versammlung des Wahlgremiums einladen. Besondere Formvorschriften für die Einladung bestehen nicht. 4

Der Vorsitzende hat den Ort, Tag und den zeitlichen Beginn der Versammlung festzulegen. 5

Bei der Terminierung ist zu beachten, dass nach § 4 Abs. 2 und 3 SEBG die Wahl der Mitglieder des BVG innerhalb von 10 Wochen nach der Information der Leitungen über die beabsichtigte SE-Gründung erfolgen soll. Ein schuldhaftes Hinauszögern der Versammlung des Wahlgremiums und damit verbunden ein Überschreiten der Zehnwochenfrist hat nach § 11 Abs. 2 SEBG zur Folge, dass die Verhandlungen des BVG mit den Leitungen ohne diese Mitglieder beginnen.[4] 6

Der Versammlungsort sollte so gewählt werden, dass die Reisekosten der Mitglieder des Wahlgremiums möglichst gering bleiben. Gleiches gilt für die durch die Teilnahme an der Versammlung ausfallende Arbeitszeit. Dies gebietet schon der Grundsatz der vertrauensvollen Zusammenarbeit, den das SEBG ausdrücklich nur in § 13 Abs. 1 Satz 2 SEBG für das Verhältnis von BVG und Leitungen aufstellt, der aber auch auf das Wahlgremium übertragbar ist.[5] 7

III. Streitigkeiten

Streitigkeiten, die im Gründungsstadium der SE entstehen, z.B. bei der Bildung des BVG oder im Zusammenhang mit dem Wahlgremium, bei der Beschlussfassung des Wahlgremiums oder bei seiner Zusammensetzung sind nach § 2a Abs. 1 Nr. 3e ArbGG vor den Arbeitsgerichten im Beschlussverfahren nach §§ 80 ff ArbGG zu entscheiden. Meinungsverschiedenheiten können im Rahmen des § 9 SEBG insbes. bei der Festlegung der Anzahl der Mitglieder des Wahlgremiums und der Frage der Freistellung der Mitglieder des Wahlgremiums für die Versammlung auftreten. Örtlich zuständig ist nach § 82 Abs. 3 ArbGG das Arbeitsgericht am zukünftigen Sitz der Gesellschaft. 8

3 Vgl. § 8 SEBG Rn 35 ff.
4 Vgl. die Ausführungen zu Zweiter Abschnitt Dritter Teil § 11 SEBG Rn 7.
5 Vgl. die Ausführungen zu Zweiter Abschnitt Dritter Teil § 13 SEBG Rn 5.

§ 10
Wahl der Mitglieder des besonderen Verhandlungsgremiums

(1) [1]Bei der Wahl müssen mindestens zwei Drittel der Mitglieder des Wahlgremiums, die mindestens zwei Drittel der Arbeitnehmer vertreten, anwesend sein. [2]Die Mitglieder des Wahlgremiums haben jeweils so viele Stimmen, wie sie Arbeitnehmer vertreten. [3]Die Wahl erfolgt mit einfacher Mehrheit der abgegebenen Stimmen.

(2) [1]Im Wahlgremium vertreten die Arbeitnehmervertretungen und die in Urwahl gewählten Mitglieder jeweils alle Arbeitnehmer der organisatorischen Einheit, für die sie nach § 8 Abs. 2 bis 5 zuständig sind. [2]Nicht nach Satz 1 vertretene Arbeitnehmer werden den Arbeitnehmervertretungen innerhalb der jeweiligen Unternehmensgruppe zu gleichen Teilen zugerechnet.

(3) [1]Sind für eine Arbeitnehmervertretung mehrere Mitglieder im Wahlgremium vertreten, werden die entsprechend der von ihnen vertretenen Arbeitnehmer bestehenden Stimmenanteile gleichmäßig aufgeteilt. [2]Dies gilt auch für die nach § 8 Abs. 5 Satz 3 gewählten Mitglieder des Wahlgremiums.

Übersicht

I. Allgemeines

1 § 10 SEBG regelt die Modalitäten für die Wahl der Mitglieder des BVG durch das Wahlgremium und setzt damit Art. 3 Abs. 2 Buchstabe b der Richtlinie um. Die Mitglieder des Wahlgremiums, also die zuständigen Betriebsratsmitglieder und ggf. die in Urwahl gewählten Mitglieder des Wahlgremiums, haben die Aufgabe, die inländischen Mitglieder des BVG zu wählen. Bei dieser Wahl sind die in § 10 SEBG aufgeführten Verfahrens- und Abstimmungsregelungen einzuhalten.

II. Wahl der Mitglieder des BVG

1. Beschlussfähigkeit des Wahlgremiums (Abs. 1)

2 Eine ordnungsgemäße Wahl setzt die Beschlussfähigkeit des Wahlgremiums voraus. Hierfür sieht § 10 Abs. 1 SEBG eine doppelte Schwelle vor. Mindestens zwei Drittel der Mitglieder des Wahlgremiums müssen in der Versammlung anwesend sein und mindestens zwei Drittel der Arbeitnehmer vertreten, die in den an der SE-Gründung beteiligten inländischen Gesellschaften oder betroffenen Gesellschaften oder Betrieben beschäftigt sind. Werden diese Anforderungen nicht erfüllt, ist die Wahl unwirksam.[1]

1 *Hohenstatt/Müller-Bonanni* in: Habersack/Drinhausen SEBG § 10 Rn 2; Ebenso *Oetker* in: Lutter/Hommelhoff/Teichmann § 10 SEBG Rn 4.

2. Stimmenverteilung auf die Mitglieder des Wahlgremiums

a) Grundsatz (Abs. 1)

Bei der Prüfung der Beschlussfähigkeit und bei den späteren Abstimmungen vertritt jede Arbeitnehmervertretung sowie die (gegebenenfalls) in Urwahl gewählten Mitglieder des Wahlgremiums alle Arbeitnehmer (§ 2 Abs. 1 SEBG) der organisatorischen Einheit, die ihnen nach § 8 Abs. 2 bis 5 SEBG zur Vertretung zugewiesen sind. Das gilt beispielsweise auch, wenn in einem Konzern nur ein Betriebsrat vorhanden ist. In diesem Fall vertritt dieser Betriebsrat alle Arbeitnehmer des gesamten Konzerns. 3

b) Zuordnung von Arbeitnehmern innerhalb einer Unternehmensgruppe (Abs. 2 und 3)

Sind innerhalb einer Unternehmensgruppe einzelne Unternehmen oder Betriebe nicht von der Zuweisungsregelung des § 8 Abs. 2 bis 5 erfasst und ist für sie keine Arbeitnehmervertretung gewählt, so werden die Stimmen dieser Arbeitnehmer gleichmäßig auf die bestehenden Arbeitnehmervertretungen der Unternehmensgruppe verteilt. Eine solche Zurechnung ist aber nur innerhalb eines Unternehmensverbundes gerechtfertigt. Liegt kein solcher Verbund vor, wählen die Arbeitnehmer, die keine Arbeitnehmervertretung gewählt haben, ihre Vertreter ins Wahlgremium nach § 8 Abs. 5 Satz 3 SEBG unmittelbar. 4

Die nach § 10 Abs. 2 SEBG auf eine Arbeitnehmervertretung fallende Gesamtzahl von Stimmen wird auf die einzelnen Mitglieder „nach Köpfen" gleichmäßig verteilt. So ist gewährleistet, dass jedes Mitglied der Arbeitnehmervertretung dasselbe Stimmengewicht hat und seine Stimmen unabhängig von anderen Mitgliedern derselben Arbeitnehmervertretung abgeben kann. Dieselbe Verteilung gilt auch, wenn mehrere Mitglieder des Wahlgremiums nach § 8 Abs. 5 Satz 3 SEBG von den Arbeitnehmern unmittelbar gewählt worden sind. Auch diese Mitglieder vertreten stimmenmäßig jeweils dieselbe Anzahl an Arbeitnehmern.[2] 5

Beispiel für die Stimmenverteilung auf die Mitglieder des Wahlgremiums:

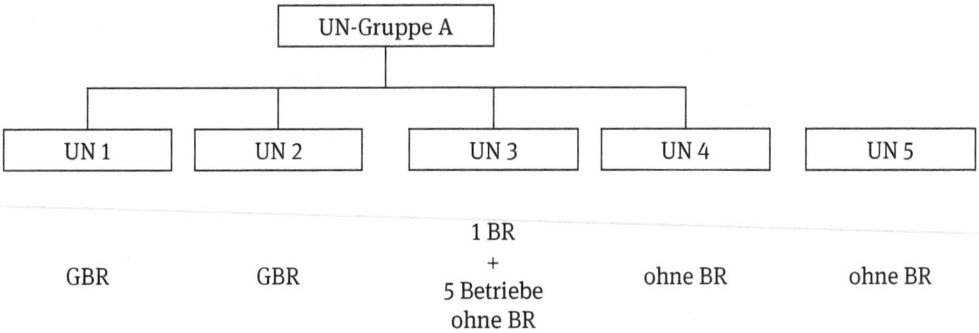

An der SE-Gründung sind aus dem Inland die aus 4 Unternehmen bestehende Unternehmensgruppe A und das Unternehmen 5 beteiligt.

2 S. auch *Rudolph* in: Annuß/Kühn/Rudolph/Rupp SEBG § 10 SEBG Rn 4.

1. Besteht KBR – Wahlgremium besteht aus:
   KBR-Mitgliedern
   + Urwahl-Mitglieder – UN5
   Stimmenverteilung:
   Die Mitglieder im Wahlgremium aus dem KBR vertreten alle Arbeitnehmer der UN-Gruppe A, d.h. alle Arbeitnehmer der UN 1 bis 4.
   Die Mitglieder im Wahlgremium, die von den Arbeitnehmern des UN 5 in Urwahl gewählt worden sind, vertreten alle Arbeitnehmer des UN 5.
2. Besteht kein KBR – Wahlgremium besteht aus:
   GBR-Mitglieder – UN 1
   + GBR-Mitglieder – UN 2
   + BR-Mitglieder – UN 3 (die 5 Betriebe ohne Betriebsrat im UN3 werden nach § 8 Abs. 3 Satz 2 SEBG von BR mit vertreten)
   + Urwahl-Mitglieder – UN5

Hinweis: UN 4 ist nicht durch eigene Mitglieder im Wahlgremium vertreten – es erfolgt keine Urwahl; AN werden aber nach § 10 Abs. 2 SEBG mitvertreten.

Stimmenverteilung:

Die Mitglieder im Wahlgremium aus dem GBR 1 vertreten alle Arbeitnehmer des UN 1 sowie ein Drittel der Arbeitnehmer des UN 4. Dies ergibt sich aus § 10 Abs. 2 Satz 2 SEBG.

Die Mitglieder im Wahlgremium aus dem GBR 2 vertreten alle Arbeitnehmer des UN 2 sowie ein Drittel der Arbeitnehmer des UN 4. Dies ergibt sich aus § 10 Abs. 2 Satz 2 SEBG.

Die Mitglieder im Wahlgremium aus dem BR 1 vertreten alle Arbeitnehmer des UN 3 sowie ein Drittel der Arbeitnehmer des UN 4. Dies ergibt sich aus § 10 Abs. 2 Satz 2 SEBG.

Die Mitglieder im Wahlgremium, die von den Arbeitnehmern des UN 5 in Urwahl gewählt worden sind, vertreten alle Arbeitnehmer des UN 5.

3. Abstimmung über die Wahlvorschläge

a) Beachtung der Vorgaben der §§ 6 und 7 SEBG

6 Steht fest, wie viele Stimmen jedes Mitglied des Wahlgremiums hat, kann die Wahl der inländischen Mitglieder des BVG erfolgen. Wahlvorschläge werden von den Mitgliedern des Wahlgremiums gemacht. Eine bestimmte Form[3] schreibt das Gesetz nicht vor; es sind folglich keine „Stützunterschriften" für einen bestimmten Wahlvorschlag erforderlich[4]; Wahlvorschläge können schriftlich oder mündlich gemacht werden, sie können sowohl Mitglieder des Wahlgremiums selbst als auch andere passiv wahlberechtigte Arbeitnehmer enthalten.

7 Allerdings sind bei den Wahlvorschlägen und der späteren Wahl die Vorgaben der §§ 6 und 7 SEBG zu beachten. Hiernach bestehen Sitzgarantien für Gewerkschaftsvertreter (jeder dritte Sitz) und für leitende Angestellte (jeder siebte Sitz). Daneben ist die privilegierte Sitzvergabe an solche Gesellschaften vorgesehen, die an der Gründung der SE beteiligt sind; reicht die Anzahl der inländischen Sitze nicht aus, um jeder beteiligten Gesellschaft einen Sitz im BVG zuzusprechen, erhalten die größten inländischen beteiligten Gesellschaften zuerst einen Sitz.

---

3 Zum Erfordernis der Unterzeichnung durch einen hierzu Bevollmächtigten bei dem Wahlvorschlag der Gewerkschaftsvertreter s. § 8 SEBG Rn 6.

4 S. auch § 8 Rn 1; *Rudolph* in: Annuß/Kühn/Rudolph/Rupp SEBG § 10 SEBG Rn 6.

b) Form der Wahl

Für das Wahlverfahren bestimmt § 8 Abs. 1 SEBG, dass die inländischen Mitglieder im BVG in geheimer und unmittelbarer Wahl gewählt werden. Die Wahl der Mitglieder des BVG erfolgt nach § 10 Abs. 1 Satz 3 SEBG mit einfacher Mehrheit der abgegebenen Stimmen. Bei der Wahl gibt jedes Mitglied so viele Stimmen ab, wie es Arbeitnehmer nach § 10 Abs. 2 und 3 SEBG vertritt. Es besteht keine gesetzliche Verpflichtung, wonach alle Stimmen von einer Arbeitnehmervertretung einheitlich abgegeben werden müssten.[5] **8**

4. Anfechtung der Wahl

Über die Anfechtung der Wahl der BVG-Mitglieder enthält das SEBG keine speziellen Bestimmungen. Ähnlich wie beim EBRG, in dem eine solche Regelung ebenfalls fehlt, erscheint es sinnvoll, § 19 Abs. 2 BetrVG analog anzuwenden und eine Anfechtungsfrist von zwei Wochen vorzusehen.[6] Diese Frist erscheint erforderlich, aber auch ausreichend, um den berechtigten Interessen der Beteiligten zu entsprechen, die ein fehlerhaftes Ergebnis rügen. **9**

---

5 Ebenso *Hohenstatt/Müller-Bonanni* in: Habersack/Drinhausen SEBG § 10 Rn 2; *Jacobs* in: MÜKOAktG § 10 SEBG Rn 2.

6 Vgl. *Feuerborn* in: KK-AktG § 10 SEBG Rn 711; s. auch *Blanke* EBRG § 11 Rn 22; *Müller* § 11 EBRG Rn 13; **aA** *Oetker* in: Lutter/Hommelhoff/Teichmann § 10 SEBG Rn 13 sowie *Güntzel* S. 408 ff. mwN, die die analoge Anwendung des § 37 Abs. 2 SEBG befürworten; zum Meinungsstand s. § 8 Rn 58; *Oetker* in: Lutter/Hommelhoff/Teichmann § 10 SEBG Rn 12 f.

Kapitel 3
Verhandlungsverfahren

§ 11
Information über die Mitglieder des besonderen Verhandlungsgremiums

(1) [1]Die Wahl oder Bestellung der Mitglieder des besonderen Verhandlungsgremiums soll innerhalb von zehn Wochen nach der in § 4 Abs. 2 und 3 vorgeschriebenen Information erfolgen. [2]Den Leitungen sind unverzüglich die Namen der Mitglieder des besonderen Verhandlungsgremiums, ihre Anschriften sowie die jeweilige Betriebszugehörigkeit mitzuteilen. [3]Die Leitungen haben die örtlichen Betriebs- und Unternehmensleitungen, die dort bestehenden Arbeitnehmervertretungen und Sprecherausschüsse sowie die in inländischen Betrieben vertretenen Gewerkschaften über diese Angaben zu informieren.

(2) [1]Das Verhandlungsverfahren nach den §§ 12 bis 17 findet auch dann statt, wenn die in Absatz 1 Satz 1 genannte Frist aus Gründen, die die Arbeitnehmer zu vertreten haben, überschritten wird. [2]Nach Ablauf der Frist gewählte oder bestellte Mitglieder können sich jederzeit an dem Verhandlungsverfahren beteiligen.

Übersicht

I. Allgemeines

1 Die Vorschrift sieht eine Frist für die Bestellung der Mitglieder des BVG vor und regelt den Fluss der Informationen über die Mitglieder des BVG. Parallele Vorschriften finden sich in § 11 SCEBG für die Europäische Genossenschaft und in § 13 MgVG für den Fall einer grenzüberschreitenden Verschmelzung von Kapitalgesellschaften aus verschiedenen Mitgliedstaaten.

II. Frist

2 Es liegt im berechtigten Interesse der Leitungen[1] der an der SE-Gründung beteiligten Unternehmen, dass das Gründungsverfahren möglichst zügig und reibungslos abläuft. Unnötige Verzögerungen oder möglicherweise aus taktischen Gründen auch von Seiten der Arbeitnehmer oder ihren Vertretungen erfolgende Verzögerungen sollen das Gründungsverfahren nicht beeinträchtigen. Diesem Interesse trägt § 11 SEBG durch die Einführung einer 10-Wochen-Frist für die Wahl oder Bestellung der Mitglieder des BVG Rechnung.[2]

3 Die Zeitspanne von 10 Wochen ist einerseits ausreichend, um den in den verschiedenen Mitgliedstaaten bestehenden unterschiedlichen Systemen der Wahl oder Bestellung der Mitglieder des BVG gerecht zu werden;[3] andererseits wird das Gründungsverfahren nicht unnötig zeitlich hinausgezögert und bleibt damit für die Leitungen der an der Gründung beteiligten Unternehmen zeitlich überschaubar und planbar.[4] Probleme mit der Einhaltung der vorgeschriebenen Frist sind nicht bekannt.[5]

---

1 Vgl. die Ausführungen zu § 4 Abs. 2 und 3 SEBG.
2 Die Richtlinie schreibt keine derartige Frist vor.
3 **AA** *Jacobs* in: MÜKOAktG § 11 SEBG Rn 3, der die Frist als knapp bezeichnet.
4 Auch das schwedische Umsetzungsrecht sieht eine 10-Wochen-Frist vor.
5 *Hohenstatt/Müller-Bonanni* in: Habersack/Drinhausen § 11 SEBG Rn 2.

Die Frist beginnt mit der Information an die Arbeitnehmervertretungen und Sprecherausschüsse durch die Leitungen der an der Gründung beteiligten Unternehmen über die geplante Gründung. Adressaten und Inhalt der notwendigen Information ergeben sich aus § 4 Abs. 2 und 3 SEBG. Werden die für die ordnungsgemäße Bildung des BVG erforderlichen Informationen von den Leitungen nicht an alle Adressaten oder nicht vollständig erteilt, beginnt die Frist für die Wahl oder Bestellung der Mitglieder des BVG nicht zu laufen.[6] Es liegt daher im eigenen Interesse der Leitungen der an der Gründung der SE beteiligten Unternehmen, umfassend zu informieren. Die Folgen einer Überschreitung der 10-Wochen-Frist regelt § 11 Abs. 2 SEBG. 4

III. Informationspflichten

Da die Leitungen der an der Gründung beteiligten Unternehmen nach § 12 Abs. 1 SEBG verpflichtet sind, zur konstituierenden Sitzung des BVG einzuladen, benötigen sie die Kenntnis über die in den einzelnen Mitgliedstaaten gewählten Mitglieder des BVG. Sobald die Mitglieder feststehen, sind den Leitungen daher unverzüglich deren Namen, die Anschriften sowie die jeweilige Betriebszugehörigkeit mitzuteilen. Soweit nach den Vorschriften der Mitgliedstaaten auch Ersatzmitglieder zu wählen sind,[7] sollten auch diese mit Namen, Anschrift und Betriebszugehörigkeit in die Mitteilung aufgenommen werden.[8] Eine besondere Formvorschrift für die Mitteilung enthält das Gesetz nicht. Die Mitteilung hat aber unverzüglich zu erfolgen.[9] Eine Kenntniserlangung auf anderem Wege als durch die Mitteilung ist unschädlich.[10] 5

Damit mögliche Ansprechpartner allen Beteiligten bekannt sind, haben die Leitungen der an der Gründung beteiligten Unternehmen die örtlichen Betriebs- und Unternehmensleitungen, die dort bestehenden Arbeitnehmervertretungen und Sprecherausschüsse sowie die in inländischen Betrieben vertretenen Gewerkschaften über diese Angaben zu informieren.[11] Auch hier macht das Gesetz keine Formvorschriften. Durch die Kenntnis der personellen Zusammensetzung wird die Grundlage für einen reibungslosen Kommunikationsablauf gewährleistet. 6

IV. Fristversäumung (Abs. 2)

Die in § 11 Abs. 1 Satz 1 SEBG vorgesehene Frist von 10 Wochen für die Wahl oder Bestellung der Mitglieder des BVG soll verhindern, dass das Gründungsverfahren von Seiten der Arbeitnehmer hinausgezögert wird. Deshalb findet das Verhandlungsverfahren auch dann statt, wenn die Frist für die Wahl oder Bestellung einzelner oder aller Mitglieder des BVG aus Gründen, die die Arbeitnehmer zu vertreten haben, überschritten wird. Dass das BVG dann nicht vollständig besetzt ist, ist in diesen Fällen unschädlich. Arbeitnehmer, die (noch) nicht von einem Mitglied im BVG vertreten werden, sind bei Abstimmungen nicht zu berücksichtigen, sie gelten als nicht vertreten.[12] Damit liegt es auch im Interesse der Arbeitnehmer, die Wahl oder Bestellung der Mit- 7

6 Ebenso *Jacobs* in: MÜKOAktG § 11 SEBG Rn 3; anders *Oetker* in: Lutter/Hommelhoff/Teichmann § 11 SEBG Rn 6.
7 Nach Art. 3 Abs. 2 Buchstabe b der Richtlinie legen die Mitgliedstaaten das Verfahren für die Wahl oder Bestellung der Mitglieder des BVG fest, die in ihrem Hoheitsgebiet zu wählen oder zu bestellen sind. § 6 Abs. 2 Satz 2 SEBG schreibt die Wahl von Ersatzmitgliedern vor.
8 Ebenso *Oetker* in: Lutter/Hommelhoff/Teichmann § 11 SEBG Rn 11; *Hohenstatt*/*Müller-Bonanni* in: Habersack/Drinhausen § 11 SEBG Rn 4.
9 Vgl. § 121 BGB.
10 Zur unterbliebenen Mitteilung vgl. *Oetker* in: Lutter/Hommelhoff/Teichmann § 11 SEBG Rn 12.
11 Kritisch zur Verpflichtung der Leitungen: *Evers* in: Manz/Mayer/Schröder § 11 SEBG Rn 7.
12 Vgl. § 15 Abs. 1 Satz 2 SEBG.

glieder des BVG innerhalb der vorgegebenen Frist abzuschließen. Verspätet gewählte oder bestellte Mitglieder sind nicht endgültig ausgeschlossen, sie können sich jederzeit an dem Verhandlungsverfahren beteiligen.[13] Ein verspätet hinzu kommendes Mitglied muss aber das Stadium der Verhandlungen akzeptieren, das es vorfindet. Eine Verlängerung der Verhandlungsfrist des § 20 SEBG erfolgt nicht.[14]

8 Wird die Frist aus Gründen überschritten, die die Arbeitnehmer nicht zu vertreten haben,[15] findet das Verhandlungsverfahren dagegen nicht ohne ihre Vertreter statt. Die Leitungen müssen diese Verzögerung hinnehmen.[16]

V. Streitigkeiten

9 Streitigkeiten über die Informationspflichten oder die Einhaltung der Frist können nach § 2a Abs. 1 Nr. 3e ArbGG im arbeitsgerichtlichen Beschlussverfahren geklärt werden. Örtlich zuständig ist nach § 82 Abs. 3 ArbGG das Arbeitsgericht, an dem die SE ihren Sitz nehmen wird.

§ 12
Sitzungen, Geschäftsordnung

(1) [1]Die Leitungen laden unverzüglich nach Benennung der Mitglieder oder im Fall des § 11 nach Ablauf der in § 11 Abs. 1 Satz 1 genannten Frist zur konstituierenden Sitzung des besonderen Verhandlungsgremiums ein und informieren die örtlichen Betriebs- und Unternehmensleitungen. [2]Das besondere Verhandlungsgremium wählt aus seiner Mitte einen Vorsitzenden und mindestens zwei Stellvertreter. [3]Es kann sich eine schriftliche Geschäftsordnung geben.

(2) Der Vorsitzende kann weitere Sitzungen einberufen.

Übersicht

I. Allgemeines

1 Die Vorschrift regelt die konstituierende Sitzung und weitere Sitzungen des BVG und enthält die rechtliche Grundlage für eine Geschäftsordnung des BVG. Die Regelung des § 12 SEBG diente als Vorbild für die Europäische Genossenschaft (§ 12 SCEBG) und die grenzüberschreitende Verschmelzung von Kapitalgesellschaften (§ 14 MgVG).

13 *Jacobs* in: MÜKOAktG § 11 SEBG Rn 5.
14 Ebenso: *Oetker* in: Lutter/Hommelhoff/Teichmann § 11 SEBG Rn 9; kritisch: *Kallmeyer* ZIP 2004, 1442, 1443.
15 *Jacobs* in: MÜKOAktG § 11 SEBG Rn 4 nennt hier z.B. Naturkatastrophen oder Arbeitskämpfe.
16 Ebenso: *Jacobs* in: MÜKOAktG § 11 SEBG Rn 4; *Hohenstatt/Müller-Bonanni* in: Habersack/Drinhausen § 11 SEBG Rn 3.

II. Konstituierende Sitzung

§ 12 Abs. 1 Satz 1 SEBG verpflichtet die Leitungen der an der SE-Gründung beteiligten Unternehmen, zur konstituierenden Sitzung des BVG einzuladen.[1] Diese Aufgabe obliegt den Leitungen, da die Mitglieder des BVG aus verschiedenen Mitgliedstaaten zusammen kommen und die Informationen über die Mitglieder bei den Leitungen zusammenlaufen.[2] Es empfiehlt sich, die gewählten oder bestellten Mitglieder des BVG schriftlich einzuladen, da an den Termin, zu dem eingeladen wird, rechtliche Folgen geknüpft sind.[3] Erst mit der konstituierenden Sitzung ist das BVG wirksam gebildet. 2

Die Einladung zur konstituierenden Sitzung des BVG hat unverzüglich, d.h. ohne schuldhaftes Zögern[4] möglichst zeitnah nach der Mitteilung der Mitglieder nach § 11 Abs. 1 SEBG zu erfolgen. Der Gesetzgeber hat darauf verzichtet, eine Frist zur Einberufung der konstituierenden Sitzung einzuführen, da es im eigenen Interesse der Leitungen liegt, das Verfahren zügig voranzutreiben.[5] Ein besonderes Formerfordernis für die Einladung besteht nicht, aus praktischen Erwägungen wird sie jedoch i.d.R. schriftlich erfolgen.[6] 3

Haben die Leitungen die Mitteilung über die Mitglieder des BVG nicht innerhalb der in § 11 Abs. 1 Satz 1 SEBG genannten Frist von 10 Wochen erhalten, so sind die Leitungen gehalten, unverzüglich nach Ablauf der 10-Wochen-Frist zur konstituierenden Sitzung des BVG einzuladen. In diesen Fällen ist von den Leitungen zu prüfen, ob ein Verschulden der Arbeitnehmerseite vorliegt;[7] dies würde eine Einberufung der konstituierenden Sitzung auch ohne die Kenntnis über alle Mitglieder des BVG rechtfertigen. Liegt dagegen kein Verschulden der Arbeitnehmerseite für die noch nicht erfolgte Wahl oder Bestellung der Mitglieder des BVG vor, ist ein späterer Termin für die konstituierende Sitzung festzusetzen, zu dem dann alle Mitglieder des BVG eingeladen werden können. 4

Terminsetzung und Ort der konstituierenden Sitzung sind zuvor mit den Mitgliedern des BVG abzustimmen. Dies gebietet neben rein praktischen Erwägungen auch der Grundsatz der vertrauensvollen Zusammenarbeit.[8] 5

Dem Termin der konstituierenden Sitzung kommt entscheidende Bedeutung zu, wenn die Dauer der Verhandlungen in Rede steht. Nach § 20 SEBG können die Verhandlungen bis zu sechs Monaten und bei einvernehmlichem Beschluss der Verhandlungsparteien bis zu einem Jahr dauern. Die Verhandlungen beginnen mit der Einsetzung des BVG, die als der Tag definiert wird, zu dem die Leitungen zur konstituierenden Sitzung des BVG einladen. Ist bei Ablauf der Frist keine Vereinbarung über die Beteiligung der Arbeitnehmer zustande gekommen, erfolgt die Beteiligung kraft Gesetzes.[9] Erfolgt keine Einladung zur konstituierenden Sitzung, so beginnt die Frist des § 20 SEBG nicht zu laufen. 6

Ein Recht der Leitungen, an den Sitzungen des BVG teilzunehmen, besteht nicht.[10] 7

---

1 Entsprechendes sieht § 13 Abs. 1 Satz 1 EBRG für das BVG zur Errichtung eines Europäischen Betriebsrats vor.
2 Zum Verfahren vgl. die Ausführungen zu § 11 SEBG.
3 Vgl. die Ausführungen zu § 20 SEBG.
4 Vgl. § 121 BGB.
5 Ebenso *Oetker* in: Lutter/Hommelhoff/Teichmann § 12 SEBG Rn 6.
6 Vgl. Rn 6; ebenso *Scheibe* S. 81; ausführlich *Oetker* in: Lutter/Hommelhoff/Teichmann § 12 SEBG Rn 9; *Hohenstatt/Müller-Bonanni* in: Habersack/Drinhausen § 12 SEBG Rn 2; *Jacobs* in: MÜKOAktG § 11 SEBG Rn 2.
7 Vgl. hierzu die Ausführungen zu § 11 Abs. 2 SEBG; kritisch zur Beweisbarkeit in der Praxis *Jacobs* in: MÜKOAktG § 11 SEBG Rn 4.
8 Vgl. hierzu die Ausführungen zu § 13 SEBG, im Ergebnis ebenso *Hohenstatt/Müller-Bonanni* in: Habersack/Drinhausen § 12 SEBG Rn 2.
9 Vgl. hierzu die Ausführungen zu den §§ 22 bis 33 und §§ 34 bis 38.
10 So auch *Oetker* BB-Special 1/2005, 2, 9; *ders.* in: Lutter/Hommelhoff/Teichmann § 12 SEBG Rn 19; *Jacobs* in: MÜKOAktG § 12 SEBG Rn 4.

III. Information der örtlichen Betriebs- und Unternehmensleitung

8 Stehen Zeitpunkt und Ort der konstituierenden Sitzung fest, haben die Leitungen auch die örtlichen Betriebs- und Unternehmensleitungen von der Einladung zur konstituierenden Sitzung zu informieren. Damit besteht vor Ort Kenntnis darüber, wann die Mitglieder des BVG zur Teilnahme an der Sitzung freizustellen sind.[11] Die Form der Information ist gesetzlich nicht vorgeschrieben.

IV. Vorsitzender, Stellvertreter, Geschäftsordnung

9 Für die interne Organisation des BVG sind nur die Wahl eines Vorsitzenden und mindestens zweier Stellvertreter zwingend vorgeschrieben.[12] Vorsitzender und Stellvertreter müssen Mitglieder des BVG sein, da sie aus der Mitte des BVG zu wählen sind.[13] Weitere Vorgaben macht der Gesetzgeber nicht. Die Richtlinie macht keinerlei Vorgaben zur Wahl oder Bestellung von Vorsitzenden, Stellvertretern oder zum Beschluss von Geschäftsordnungen. Der deutsche Gesetzgeber hat sich hier zum Teil an die Regelungen beim Europäischen Betriebsräte-Gesetz angelehnt.

10 Die Wahl des Vorsitzenden und seiner Stellvertreter hat in der konstituierenden Sitzung zu erfolgen.[14] Aufgrund der zwingenden Formulierung handelt es sich um eine gesetzliche Pflichtaufgabe des BVG. Allerdings fehlen Regelungen über die Rechtsfolgen, wenn diese Pflichtaufgabe nicht erfüllt wird.[15] Auch das Verfahren der Wahl selbst wird nicht geregelt.[16] Üblich dürfte eine schriftliche und geheime Stimmabgabe sein. Da aber keine ausdrücklichen Vorschriften bestehen, ist davon auszugehen, dass auch eine mündliche Stimmabgabe ausreicht, sofern das Abstimmungsergebnis zweifelsfrei festgestellt werden kann.[17] Auch die Aufstellung von Gegenkandidaten ist mangels ausdrücklicher Regelung nicht zwingend erforderlich. Die Beschlussfassung im BVG regelt § 15 SEBG.

11 Der Vorsitzende hat zusammen mit einem weiteren Mitglied des BVG die Niederschrift des BVG nach § 17 SEBG zu unterzeichnen. Zudem hat er nach § 12 Abs. 2 SEBG das Recht, sonstige Sitzungen des BVG einzuberufen. Weitere, die Stellung des Vorsitzenden konkretisierende Regelungen, wie z.B. das Recht, das BVG nach außen zu vertreten, enthält das SEBG nicht. Derartige Regelungen oder auch die Bildung von Ausschüssen können aber in einer Geschäftsordnung erfolgen.[18] Empfehlenswert ist insbesondere eine Regelung zur Verhandlungssprache.[19]

12 Ob eine Geschäftsordnung aufgestellt wird, ist dem BVG freigestellt. Je größer das Gremium, desto eher wird der Beschluss einer Geschäftsordnung sinnvoll sein. Wird eine Geschäftsordnung beschlossen – ein solcher Beschluss bedarf der Mehrheit der Mitglieder des BVG, in der zugleich die Mehrheit der Arbeitnehmer enthalten sein muss[20] –, so bedarf diese aus Gründen der Rechtssicherheit der Schriftform.

---

11 So auch *Oetker* in: Lutter/Hommelhoff/Teichmann § 12 SEBG Rn 13; *Jacobs* in: MÜKOAktG § 11 SEBG Rn 3.
12 § 13 Abs. 1 Satz 2 EBRG schreibt nur die Wahl eines Vorsitzenden vor.
13 *Jacobs* in: MÜKOAktG § 11 SEBG Rn 5.
14 Die Beschlussfassung im BVG regelt § 15 SEBG.
15 Auch beim EBRG fehlen entsprechende Sanktionsregelungen, während das BetrVG in § 23 die Verletzung gesetzlicher Pflichten behandelt.
16 Zur Beschlussfassung im BVG vgl. Art. 3 Abs. 4 und § 15 SEBG.
17 So *Fitting* BetrVG, § 26 BetrVG Rn 9 für die Wahl des Vorsitzenden des Betriebsrats und seiner Stellvertreter; *Jacobs* in: MÜKOAktG § 11 SEBG Rn 5.
18 Ähnlich auch *Oetker* in: Lutter/Hommelhoff/Teichmann § 12 SEBG Rn 16, der die Vertretungsbefugnis des Vorsitzenden aus dem allgemeinen Grundsatz im EBRG analog auch für den Vorsitzenden des BVG herleitet.
19 *Jacobs* in: MÜKOAktG § 11 SEBG Rn 5; *Hohenstatt/Müller-Bonanni* in: Habersack/Drinhausen § 12 SEBG Rn 4.
20 Vgl. Art. 3 Abs. 4 Satz 1 der Richtlinie und § 15 Abs. 2 SEBG.

V. Weitere Sitzungen (Abs. 2)

13 Dem Vorsitzenden des BVG wird das Recht eingeräumt, weitere Sitzungen des BVG einzuberufen.[21] Dieses Recht ist erforderlich, da insbesondere die Koordinierung der mitbestimmungsrechtlichen Fragen aus den verschiedenen Mitgliedstaaten und die Festlegung der daraus resultierenden Verhandlungsstrategie schwierig sein kann. Es ist daher nicht ausgeschlossen, dass mehrere Arbeitssitzungen des BVG zur Vorbereitung der Verhandlungen mit den Leitungen erforderlich werden können.[22] Diese weiteren Sitzungen müssen zeitlich nicht notwendig unmittelbar vor den Verhandlungen mit den Leitungen erfolgen, dies hätte einer expliziten gesetzlichen Regelung bedurft.[23] Wegen der notwendigen Organisation und der damit verbundenen Kosten bietet sich allerdings eine enge Anlehnung an die Verhandlungssitzungen an. Hinsichtlich der Kosten gilt § 19 SEBG. Die an der Gründung der SE beteiligten Gesellschaften tragen nur die durch die Bildung und Tätigkeit des BVG entstehenden erforderlichen Kosten.[24] Um unnötige Sitzungen zu vermeiden ist eine möglichst weitreichende Abstimmung mit den Leitungen empfehlenswert. Hierfür spricht auch der Grundsatz der vertrauensvollen Zusammenarbeit,[25] eines Einvernehmens mit der Leitung bedarf es aber nicht.[26] Hinsichtlich des Schutzes der Mitglieder des BVG gilt § 42 SEBG.

VI. Streitigkeiten

14 Streitigkeiten über die Information der örtlichen Betriebs- und Unternehmensleitungen sind ebenso wie Streitigkeiten über die Wahl des Vorsitzenden des BVG und seiner Stellvertreter nach § 2a Abs. 1 Nr. 3e ArbGG im arbeitsgerichtlichen Beschlussverfahren auszutragen. Hierbei wird zu berücksichtigen sein, dass nur Verstöße gegen wesentliche Wahlvorschriften, wie z.B. eine rechtswidrige Wahlbeeinflussung, eine gerichtliche Wahlanfechtung begründen werden. Auch Streitigkeiten, die das Recht des Vorsitzenden des BVG zur Einberufung weiterer Sitzungen betreffen, sind im Beschlussverfahren vor dem Arbeitsgericht zu klären. Örtlich zuständig ist nach § 82 Abs. 3 ArbGG das Arbeitsgericht in dem Ort, an dem die SE ihren Sitz nehmen soll.

§ 13
Zusammenarbeit zwischen besonderem Verhandlungsgremium und Leitungen

(1) [1]Das besondere Verhandlungsgremium schließt mit den Leitungen eine schriftliche Vereinbarung über die Beteiligung der Arbeitnehmer in der SE ab. [2]Zur Erfüllung dieser Aufgabe arbeiten sie vertrauensvoll zusammen.

(2) [1]Die Leitungen haben dem besonderen Verhandlungsgremium rechtzeitig alle erforderlichen Auskünfte zu erteilen und die erforderlichen Unterlagen zur Verfügung zu stellen. [2]Das besondere Verhandlungsgremium ist insbesondere über das Gründungsvorhaben und den Verlauf des Verfahrens bis zur Eintragung der SE zu unterrichten. [3]Zeitpunkt, Häufigkeit und Ort der Verhandlungen werden zwischen den Leitungen und dem besonderen Verhandlungsgremium einvernehmlich festgelegt.

21 So auch *Oetker* in: Lutter/Hommelhoff/Teichmann § 12 SEBG Rn 21 sieht eine Verpflichtung zur pflichtgemäßen Ausübung des Ermessens.
22 § 13 Abs. 2 EBRG sieht nur das Recht auf eine die Verhandlungen vorbereitende Sitzung vor.
23 Im Ergebnis auch *Oetker* in: Lutter/Hommelhoff/Teichmann § 12 SEBG Rn 22. Unter Hinweis auf den Grundsatz der Verhältnismäßigkeit strikter *Hohenstatt/Müller-Bonanni* in: Habersack/Drinhausen § 12 SEBG Rn 5.
24 Zum Umfang der Kostentragungspflicht vgl. die Ausführungen zu § 19 SEBG.
25 Vgl. die Ausführungen zu § 13 SEBG.
26 *Oetker* in: Lutter/Hommelhoff/Teichmann § 12 SEBG Rn 20, der dies auch aus § 24 Abs. 2 Satz 2 SEBG folgert.

Übersicht

I. Allgemeines

1 Die Vorschrift setzt Art. 3 Abs. 3 der SE-Richtlinie um. Sie enthält die zentrale Aufgabe des BVG und legt neben dem Auskunftsanspruch des BVG die allgemeinen Grundsätze der Zusammenarbeit zwischen dem BVG und den Leitungen fest. Eine wortgleiche Regelung findet sich in § 13 SCEBG, die Art. 3 Abs. 3 der SCE-Richtlinie umsetzt. Da auch die Kodifizierungsrichtlinie (EU) 2017/1132 in Art. 133 Abs. 3 Buchstabe a) (vormals Verschmelzungsrichtlinie Art. 16 Abs. 3 Buchstabe a)) auf Artikel 3 Abs. 3 der SE-Richtlinie verweist, ist auch die Umsetzung in § 15 MgVG inhaltsgleich mit § 13 SEBG.

II. Aufgabe des BVG (Abs. 1)

1. Verhandlungspartner

2 Die Ausgestaltung der Beteiligung der Arbeitnehmer[1] einer SE soll primär im Verhandlungsweg festgelegt werden. Das BVG ist der gesetzlich vorgesehene Verhandlungspartner auf Arbeitnehmerseite. Kein anderes Organ ist hierzu legitimiert. Das BVG muss daher die von der SE-Gründung betroffenen Arbeitnehmer repräsentieren.[2] Für den Verhandlungspartner auf Seite der Leitungen der an der Gründung der SE beteiligten Gesellschaften macht der Gesetzgeber keine Vorgaben. Die Leitungen sind daher in der Entscheidung frei, wer die Verhandlungen führt.[3]

2. Anforderungen an die Vereinbarung

3 Die zu treffende Vereinbarung bedarf der Schriftform. Anders als im EBRG,[4] in dem eine schriftliche Fixierung der getroffenen Vereinbarung nicht vorgesehen ist, ist nach Art. 3 Abs. 3 der Richtlinie die Schriftform für die bei der SE-Gründung zu treffende Vereinbarung über die Beteiligung der Arbeitnehmer zwingend. Dies ist angesichts der Freiheit der Verhandlungen[5] im Interesse der Rechtssicherheit sinnvoll. Die Schriftform vereinfacht zudem den Nachweis des Abschlusses einer Vereinbarung gegenüber dem eintragenden Registergericht.

4 Der Gesetzgeber hat darauf verzichtet, eine Vorgabe hinsichtlich der Sprache zu treffen, in der die Vereinbarung festzulegen ist. Denkbar wäre hier z.B. gewesen, die Sprache des Sitzstaates der SE vorzuschreiben. Dies wäre jedoch dann nicht sinnvoll gewesen, wenn die Sprache des

---

1 Der Begriff der Beteiligung ist weit zu verstehen und lässt Raum für neue Strukturen, vgl. hierzu die Ausführungen zu § 2 Abs. 8 SEBG. Zum Inhalt der Vereinbarung vgl. die Ausführungen zu § 21 SEBG.

2 Vgl. die Ausführungen zu § 4 SEBG.

3 *Hohenstatt/Müller-Bonanni* in: Habersack/Drinhausen § 13 SEBG Rn 2; *Jacobs* in: MÜKOAktG § 13 SEBG Rn 2.

4 § 8 EBRG.

5 Grundsätzlich besteht nach der Richtlinie Vertragsfreiheit, d.h. die Parteien sind frei, den Inhalt der Vereinbarung selbst festzulegen. Eine Modifizierung der Vertragsfreiheit erfolgt aber in Art. 4 Abs. 2 Buchstabe a bis h der Richtlinie. Vgl. hierzu die Ausführungen zu § 21 SEBG.

Sitzstaates eine andere ist als die aller an der Gründung der SE beteiligten Gesellschaften oder wenn sich eine andere Sprache als Arbeitssprache in allen beteiligten Gesellschaften herausgebildet hat. Angesichts der vielen möglichen Gründungskombinationen und des ebenfalls in § 13 SEBG festgelegten Grundsatzes der vertrauensvollen Zusammenarbeit erscheint es unnötig, hinsichtlich der Sprache verbindliche Vorgaben zu machen. Da die Durchführung eines ordnungsgemäßen Verhandlungsverfahrens die Voraussetzung für die Eintragung einer SE im Handelsregister ist[6] und insofern eine Prüfung durch das Gericht zu erfolgen hat, ist jedenfalls eine Übersetzung in die Sprache des Sitzstaates angezeigt.

3. Grundsatz der vertrauensvollen Zusammenarbeit

Art. 4 Abs. 1 der Richtlinie schreibt vor, dass das BVG und das jeweils zuständige Organ der beteiligten Gesellschaften mit dem Willen zur Verständigung zu verhandeln haben, um zu einer Vereinbarung über die Beteiligung der Arbeitnehmer innerhalb der SE zu gelangen. Dem entspricht auch der in § 2 Abs. 1 BetrVG verankerte Grundsatz der vertrauensvollen Zusammenarbeit, der in § 13 Abs. 1 Satz 2 SEBG auf das Zusammenwirken von BVG und Leitungen übertragen wird.[7] Hier wird der zentrale Grundgedanke der Kooperation deutlich, der hinter der Beteiligung der Arbeitnehmer steht. Beide Seiten sollen strittige Fragen mit dem ernstlichen Willen zur Einigung behandeln. Mittel des Arbeitskampfes scheiden damit – wie auch beim EBRG – aus.[8] Die Vereinbarung über die Beteiligung der Arbeitnehmer in der SE hat nicht den Rechtscharakter eines Tarifvertrages, der Streikmöglichkeiten eröffnen würde. Es ist vielmehr von einem Vertrag sui generis auszugehen, der die mit einem Tarifvertrag verbundenen Problemfelder nicht berührt.[9] 5

Aus dem Grundsatz der vertrauensvollen Zusammenarbeit lässt sich jedoch kein Anspruch auf einen bestimmten Verhandlungsverlauf oder ein Verhandlungsergebnis herleiten. Werden Verhandlungen von einem der Verhandlungspartner nicht ernsthaft geführt oder gar verweigert, wird die Beteiligung der Arbeitnehmer kraft Gesetzes geregelt.[10] 6

III. Auskunftsanspruch des BVG (Abs. 2)

1. Inhalt

§ 13 Abs. 2 SEBG regelt die wesentlichen Strukturen des Verhandlungsverfahrens. An zentraler Stelle steht die Verpflichtung der Leitungen zur Information des BVG. Die Leitungen haben alle erforderlichen Auskünfte zu erteilen und erforderliche Unterlagen zur Verfügung zu stellen. Diese Pflicht trifft die Leitungen direkt und unabhängig von einer Anforderung durch das BVG.[11] 7

Nach Art. 3 Abs. 3 Unterabs. 2 der Richtlinie umfasst diese Pflicht der Leitungen Informationen über das Vorhaben der Gründung einer SE und den Verlauf des Verfahrens bis zur Eintragung. Erforderlich ist alles, was zur sachgerechten Erfüllung der Aufgaben des BVG notwendig 8

6 Vgl. § 3 SEAG und Art. 12 Abs. 2 VO.
7 Ebenso Niklas NZA 2004, 1202.
8 Ebenso zum EBRG *Müller* EBRG § 8 EBRG Rn 3; *Blanke* EBRG § 8 EBRG Rn 10; *Oetker* in: Lutter/Hommelhoff/Teichmann § 13 SEBG Rn 7; *Jacobs* in: MÜKOAktG § 13 SEBG Rn 3.
9 So auch *Herfs-Röttgen* NZA 2002, 358, 363 f; *Jacobs* in: MÜKOAktG § 13 SEBG Rn 3.
10 Vgl. Kapitel 2 SEBG, *Oetker* in: Lutter/Hommelhoff/Teichmann § 13 SEBG Rn 7.
11 Ebenso wohl *Krause* BB 2005, 1221, 1225; *Hohenstatt/Müller-Bonanni* in: Habersack/Drinhausen § 13 SEBG Rn 4; die Qualifizierung als Auskunftsanspruch ablehnend *Jacobs* in: MÜKOAktG § 13 SEBG Rn 4; *Oetker* in: Lutter/Hommelhoff/Teichmann § 13 SEBG Rn 13, fordert ein ausdrückliches Verlangen seitens des BVG.

ist.[12] Dabei ist zu beachten, dass das BVG ein gleichberechtigter Partner in den Verhandlungen und hinsichtlich der Ausgestaltung der Vereinbarung im Rahmen der gesetzlichen Gestaltungsmöglichkeiten autonom ist.[13] Es geht in den Verhandlungen nicht nur um die Größe der jeweiligen Gremien[14] oder um den jeweiligen Anteil der Vertreter der Arbeitnehmer, sondern vor allem auch um die Art und Weise der Beteiligung. Es können und sollten konkrete Rechte und Pflichten vereinbart, Sitzungshäufigkeiten und -orte festgelegt oder auch bestimmte Verfahren geregelt werden.

9 Neben Informationen über Struktur und Arbeitnehmerzahl der beteiligten Gesellschaften und der geplanten SE, der Verteilung der Arbeitnehmer auf die Mitgliedstaaten und bestehenden Beteiligungsrechten sind daher z.B. Auskünfte über die geplante Unternehmensverfassung (dualistisches oder monistisches System), die Machtverteilung (Hierarchien und Entscheidungskompetenzen) und den Informationsfluss wichtig. Nur auf der Grundlage einer umfassenden Information kann das BVG als ebenbürtiger Verhandlungspartner auftreten und eine Erfolg versprechende Verhandlungslinie sowie ein erreichbares Verhandlungsziel verfolgen. Der Informationsanspruch des BVG ist daher umfassend und im Streitfall weit auszulegen. Erforderliche Unterlagen sind auszuhändigen.[15] Die bloße Ermöglichung der Einsichtnahme genügt nicht, da eine Überprüfung der Inhalte dann erschwert wäre. Das angestrebte Ziel einer Verständigung mit den Leitungen erfordert umfassende Kenntnisse des BVG, die unter Umständen nur durch intensive Prüfung oder die Inanspruchnahme von Sachverständigen erlangt werden können.

10 Hinsichtlich der Sprache der Auskünfte und Unterlagen gilt der Grundsatz der vertrauensvollen Zusammenarbeit. Jedem Mitglied des BVG muss es möglich sein, den Inhalt der Auskünfte oder Unterlagen zu verstehen. Gegebenenfalls ist eine Übersetzung in die Sprache der jeweiligen Mitglieder oder in die in den beteiligten Unternehmen übliche Arbeitssprache vorzunehmen. Sonst würde der Auskunftsanspruch des BVG leer laufen.[16]

11 Ob einzelne Informationen oder Unterlagen erforderlich sind, wird anhand des konkreten Einzelfalls zu beurteilen sein. Es besteht insofern kein alleiniges Entscheidungsrecht der Leitungen. Gegebenenfalls kommen auch vertrauliche Informationen in Betracht. § 41 SEBG stellt klar, dass Informationspflichten der Leitungen nur bestehen, soweit bei Zugrundelegung objektiver Kriterien dadurch nicht Betriebs- oder Geschäftsgeheimnisse der an der Gründung beteiligten Gesellschaften oder deren jeweiliger Tochtergesellschaften und Betriebe gefährdet werden.[17] Um Streitigkeiten zu vermeiden, ist hier die Kooperation beider Verhandlungspartner gefragt.

2. Zeitpunkt

12 Die Auskünfte müssen rechtzeitig erteilt und die Unterlagen rechtzeitig vorgelegt werden. Dies soll sicherstellen, dass dem BVG ausreichend Zeit zur Verfügung steht, um sich auf die Verhandlungen vorzubereiten und seine Aufgabe wahrzunehmen. Angesichts der zeitlichen Be-

12 Die Informationspflicht des § 13 SEBG geht weiter als die des § 4 SEBG, da es hier nicht mehr nur um das Gründungsstadium geht.
13 Hinsichtlich des Inhalts der Vereinbarung vgl. die Ausführungen zu § 21 SEBG.
14 Vgl. die Ausführungen zu § 21 SEBG Rn 22.
15 Ebenso *Oetker* in: Lutter/Hommelhoff/Teichmann § 13 SEBG Rn 13; *Henssler* in: Ulmer/Habersack/Henssler SEBG Einl. Rn 184; wohl auch *Jacobs* in: MÜKOAktG § 13 SEBG Rn 4; *Hohenstatt/Müller-Bonanni* in: Habersack/Drinhausen § 13 SEBG Rn 4.
16 Ebenso *Jacobs* in: MÜKOAktG § 13 SEBG Rn 4.
17 Zur Sicherung vertraulicher Informationen vgl. die Ausführungen zu § 41 SEBG, der detaillierte Regelungen zur Verschwiegenheit vorsieht.

schränkung der Verhandlungen[18] und der mit der grenzüberschreitenden Gründung der SE möglicherweise verbundenen Kommunikationsschwierigkeiten aufgrund unterschiedlicher Sprachen im BVG und den Leitungen, ist es für alle Beteiligten von Vorteil, die Informationen sobald wie möglich, d.h. unmittelbar nach Gründung des BVG zu erteilen.

3. Einvernehmliche Festlegung der Verhandlungsmodalitäten

Der Gedanke kooperativer und vertrauensvoller Zusammenarbeit zwischen BVG und den **13** Leitungen der an der SE-Gründung beteiligten Unternehmen wird noch einmal ausdrücklich betont für die Festlegung von Zeitpunkt, Häufigkeit und Ort der Verhandlungen. Diese Festlegung hat einvernehmlich zu erfolgen. Eine Einschränkung der Souveränität des BVG[19] kann darin nicht gesehen werden. Die länderübergreifende Beteiligung, der Umfang der im Rahmen der Ausgestaltung der Beteiligung der Arbeitnehmer zu klärenden Fragen und die mögliche Dauer der Verhandlungen von bis zu einem Jahr machen eine Abstimmung von Zeitpunkt, Häufigkeit und Ort der Verhandlungen unverzichtbar. Dies gilt umso mehr, als die Kosten der Tätigkeit des BVG von den beteiligten Gesellschaften zu tragen sind.[20] Zudem kann der Vorsitzende des BVG nach der konstituierenden Sitzung, zu der die Leitungen einladen, weitere die Verhandlungen vorbereitende Sitzungen des BVG einberufen, ohne dass die Leitungen ein Mitspracherecht hätten.[21]

IV. Streitigkeiten

Streitigkeiten, die die Zusammenarbeit des BVG mit den Leitungen der an der SE-Gründung **14** beteiligten Gesellschaften betreffen, sind nach § 2a Abs. 1 Nr. 3e ArbGG im arbeitsgerichtlichen Beschlussverfahren zu entscheiden. Dies gilt auch für die Frage, ob bestimmte Auskünfte als erforderlich im Sinne des Gesetzes anzusehen sind. Bei den Streitigkeiten wird vor allem der Grundsatz der vertrauensvollen Zusammenarbeit zu beachten sein. Das Arbeitsgericht an dem Ort, an dem die SE ihren Sitz nehmen soll, ist für die Entscheidung der Streitigkeiten örtlich zuständig.

§ 14
Sachverständige und Vertreter von geeigneten außenstehenden Organisationen

(1) [1]Das besondere Verhandlungsgremium kann bei den Verhandlungen Sachverständige seiner Wahl, zu denen auch Vertreter von einschlägigen Gewerkschaftsorganisationen auf Gemeinschaftsebene zählen können, hinzuziehen, um sich von ihnen bei seiner Arbeit unterstützen zu lassen. [2]Diese Sachverständigen können, wenn das besondere Verhandlungsgremium es wünscht, an den Verhandlungen in beratender Funktion teilnehmen.

(2) Das besondere Verhandlungsgremium kann beschließen, die Vertreter von geeigneten außenstehenden Organisationen vom Beginn der Verhandlungen zu unterrichten.

---

18 Die Verhandlungen können bis zu sechs Monate dauern und bei einem einvernehmlichen Beschluss bis zu insgesamt einem Jahr ab Einsetzung des BVG fortgesetzt werden; vgl. § 20 SEBG und Art. 5 der Richtlinie.
19 So *Bachner/Kunz* AuR 1996, 81, 84 und *Gaul* NJW 1996, 3378, 3380 für das BVG im EBRG.
20 Vgl. hierzu die Ausführungen zu § 19 SEBG.
21 Vgl. die Ausführungen zu § 12 SEBG. Ebenso *Hohenstatt/Müller-Bonanni* in: Habersack/Drinhausen § 13 SEBG Rn 5.

Übersicht

I. Allgemeines

1 Die Vorschrift setzt Art. 3 Abs. 5 der Richtlinie um. Geregelt wird die Unterstützung des BVG durch Sachverständige und die Unterrichtung außenstehender Organisationen durch das BVG. Die Regelung des Art. 3 Abs. 5 der SE-Richtlinie entspricht wörtlich derjenigen in Art. 3 Abs. 5 der SCE-Richtlinie, sie ist zudem in der Verweisungskette des Art. 133 Abs. 3 Buchstabe a) der Kodifizierungsrichtlinie (EU) 2017/1132 (vormals Art. 16 Abs. 3 Buchstabe a) der Verschmelzungsrichtlinie) enthalten. Dementsprechend stimmen auch die jeweiligen Umsetzungsregelungen in § 14 SCEBG und § 16 MgVG mit der Vorschrift des § 14 SEBG überein.

II. Unterstützung durch Sachverständige (Abs. 1)

1. Sachverständige

2 Die Richtlinie sieht ausdrücklich vor, dass das BVG sich durch Sachverständige seiner Wahl unterstützen lassen kann.[1] Dieses Recht wird in § 14 Abs. 1 SEBG übernommen. Ziel der Regelung ist es, dem BVG die Wahrnehmung seiner Aufgaben zu erleichtern.

3 Welche Personen Sachverständige sein können, wird vom Gesetz nicht umfassend geregelt. Es wird aber ausdrücklich klargestellt, dass jedenfalls Vertreter der einschlägigen Gewerkschaftsorganisationen auf Gemeinschaftsebene zum Kreis der Sachverständigen gehören können.

4 Was unter einschlägigen Gewerkschaftsorganisationen zu verstehen ist, ist nicht definiert. Zu denken ist hier zunächst an die Gewerkschaftsorganisationen, die bereits an der Ausgestaltung der Beteiligung der Arbeitnehmer in einer SE mitgewirkt haben. Da die SE eine Gesellschaftsform ist, die erst seit Oktober 2004 gegründet werden kann, wird sich dieser spezielle Sachverstand erst mit der Zeit herausbilden.

5 Die Vertreter von einschlägigen Gewerkschaftsorganisationen auf Gemeinschaftsebene werden in Einklang mit den Vorgaben der Richtlinie ausdrücklich genannt, weil sie besonders geeignet erscheinen, grenzüberschreitende Vereinbarungen zu fördern und getroffene Vereinbarungen auf ihre Stimmigkeit und Geeignetheit hinsichtlich der länderübergreifenden Tätigkeit der SE zu überprüfen.

6 Die ausdrückliche Nennung von Gewerkschaftsvertretern auf Gemeinschaftsebene soll aber nicht dazu führen, dass nationale Gewerkschaftsvertreter als Sachverständige ausscheiden. Dies hat der Gesetzgeber in der Begründung deutlich gemacht.[2] Auch außerhalb der Gewerkschaften stehende Personen kommen als Sachverständige in Betracht.[3] In der Praxis werden oft Rechtsanwälte als Sachverständige hinzugezogen.[4] Eine Beschränkung der Zahl der Sachverständigen erfolgt nicht.[5]

1 So auch § 13 Abs. 4 EBRG.
2 Vgl. BT-Drucks. 15/3405 S. 49; **aA** wohl *Oetker* BB-Special 1/2005, 2, 8.
3 Ebenso *Güntzel* S. 414; **aA** wohl *Oetker* in: Lutter/Hommelhoff/Teichmann § 14 SEBG Rn 8.
4 *Jacobs* in: MÜKOAktG § 14 SEBG Rn 5; *Hohenstatt/Müller-Bonanni* in: Habersack/Drinhausen § 14 SEBG Rn 2.
5 Vgl. auch die Ausführungen zu § 19 SEBG.

Der Gesetzgeber hat keinerlei Einschränkungen hinsichtlich des Zeitpunktes der Hinzuziehung von Sachverständigen vorgenommen. Daraus folgt, dass das BVG zu jedem Zeitpunkt der Verhandlungen d.h. auch direkt zu Beginn der Verhandlungen Sachverständige hinzuziehen kann. Eines vorherigen Einverständnisses der Leitungen bedarf es nicht.[6] 7

Die Leitungen müssen auch nicht die vom BVG als Sachverständigen ausgewählte Person genehmigen. Das Recht der Wahl des Sachverständigen liegt beim BVG.[7] Sachverständig sind dabei alle Personen, die dem BVG die Kenntnisse und Informationen vermitteln, die ihm selber fehlen.[8] 8

Das Gesetz sieht keine Einschränkung dahingehend vor, dass die Hinzuziehung von Sachverständigen durch das BVG zur ordnungsgemäßen Erfüllung der Aufgaben erforderlich sein müsste.[9] Ein derartiges Erforderlichkeitskriterium wird von der Richtlinie nicht vorgesehen[10] und würde auch die Gefahr von Streitigkeiten über die Beantwortung der Frage, was im Einzelfall letztlich erforderlich ist und was nicht, erhöhen. Angesichts der schwierigen und viele Fachgebiete umfassenden Aufgabe des BVG[11] sollte die Freiheit der Entscheidung über die Hinzuziehung von Sachverständigen nicht unnötig eingeschränkt werden. Dies gilt umso mehr, als es selbstverständlich sein sollte, dass das BVG nicht unnötig Sachverständige heranzieht und dadurch vermeidbare Kosten verursacht. Dies ergibt sich bereits aus dem in § 13 Abs. 1 SEBG verankerten Grundsatz der vertrauensvollen Zusammenarbeit. Das Erforderlichkeitskriterium gewinnt bei der Kostenübernahme entscheidende Bedeutung. Nach § 19 SEBG tragen die beteiligten Gesellschaften und nach ihrer Gründung die SE als Gesamtschuldner die durch die Tätigkeit des BVG entstehenden erforderlichen Kosten. Dabei wird die Kostentragungspflicht für die Hinzuziehung von Sachverständigen zwar nicht auf einen Sachverständigen begrenzt, jedoch gilt auch hier die Einschränkung des Erforderlichkeitskriteriums.[12] 9

Die vom BVG gewählten Sachverständigen dürfen an den Verhandlungen mit beratender Funktion teilnehmen, wenn das BVG dies wünscht.[13] Dadurch soll die Kohärenz und Stimmigkeit auf Gemeinschaftsebene gefördert werden.[14] Eventuellen Bedenken hinsichtlich der Geheimhaltung und der Pflicht zur Vertraulichkeit wird durch § 41 SEBG Rechnung getragen. 10

2. Kosten

Für die Kosten der Sachverständigen gilt § 19 SEBG. Der Gesetzgeber hat bewusst keine Beschränkung der Kostenübernahme auf nur einen Sachverständigen vorgenommen.[15] Dies ist angesichts der komplexen Aufgabe des BVG[16] auch sachgerecht. Nur ein Sachverständiger wird in der Regel nicht alle notwendigen Kenntnisse vermitteln können, so dass für die verschiedenen 11

6 Zustimmend *Oetker* in: Lutter/Hommelhoff/Teichmann § 14 SEBG Rn 10.
7 Ebenso *Evers* in: Manz/Meyer/Schröder, § 14 SEBG Rn 2ff.
8 Zur Definition von Sachverständigen vgl. BAG 19.4.1989, AP BetrVG 1972 § 80 Nr. 35; so auch *Oetker* in: Lutter/Hommelhoff/Teichmann § 14 SEBG Rn 8.
9 So aber für das BVG im EBRG § 13 Abs. 4 EBRG; **aA** *Oetker* in: Lutter/Hommelhoff/Teichmann § 14 SEBG Rn 7.
10 *Oetker* ZESAR 2005, 3, 7 leitet aus der Befugnis zur Hinzuziehung bereits den Vorbehalt der Erforderlichkeit ab.
11 Neben umfassenden rechtlichen, insbesondere gesellschaftsrechtlichen und arbeitsrechtlichen Kenntnissen sind vor allem auch wirtschaftswissenschaftliche und gegebenenfalls spezieller branchenspezifischer Sachverstand notwendig.
12 Vgl. die Ausführungen zu § 19 SEBG.
13 Zu einschränkend *Oetker* in: Lutter/Hommelhoff/Teichmann § 14 SEBG Rn 12, der nur Vertretern einschlägiger Gewerkschaftsorganisationen auf Gemeinschaftsebene eine beratende Funktion zubilligen will.
14 Vgl. Art. 3 Abs. 5 Satz 2 der Richtlinie.
15 In § 16 Abs. 1 Satz 2 EBRG ist die Kostentragungspflicht auf einen Sachverständigen beschränkt.
16 Vgl. die Ausführungen zu § 13 SEBG.

Fachgebiete auch die Hinzuziehung verschiedener Sachverständiger erforderlich sein kann. Das bei der Kostenübernahme eingeführte Kriterium der Erforderlichkeit wird den verschiedenen Interessenlage gerecht, da es flexibel auf den Einzelfall angewendet werden kann.

III. Unterrichtung außenstehender Organisationen (Abs. 2)

12 Nach § 14 Abs. 2 SEBG kann das BVG beschließen, Vertreter geeigneter außenstehender Organisationen über die Aufnahme der Verhandlungen zu informieren. Dies kann unabhängig davon erfolgen, ob Sachverständige dieser Organisation herangezogen werden sollen oder nicht. Bei außenstehenden Organisationen ist vor allen an Gewerkschaften zu denken,[17] es kommen aber auch andere Organisationen wie z.B. Wirtschaftsberatungsgesellschaften in Betracht. Von der Geeignetheit einer Organisation ist auszugehen, wenn diese das BVG bei seiner Aufgabe unterstützen kann.[18]

13 Die Information über die Aufnahme der Verhandlungen führt nicht automatisch dazu, dass auch eine Teilnahme von Vertretern der jeweiligen Organisationen an den Verhandlungen möglich ist.[19] Hierzu bedürfte es einer gesonderten Regelung. Es kann angesichts der zu behandelnden zum Teil sensiblen Themen nicht von einer Öffentlichkeit der Verhandlungen ausgegangen werden, auch ein Unterrichtungsanspruch außenstehender Organisationen besteht nicht.[20]

IV. Streitigkeiten

14 Streitigkeiten in Zusammenhang mit der Hinzuziehung von Sachverständigen und der Unterrichtung außenstehender Organisationen sind nach § 2a Abs. 1 Nr. 3e ArbGG im arbeitsgerichtlichen Beschlussverfahren zu klären. Örtlich zuständig ist nach § 82 Abs. 3 ArbGG das Arbeitsgericht in dem Ort, an dem die SE ihren Sitz nehmen soll.

§ 15
Beschlussfassung im besonderen Verhandlungsgremium

(1) [1]Die Mitglieder des besonderen Verhandlungsgremiums, die in einem Mitgliedstaat gewählt oder bestellt werden, vertreten alle in dem jeweiligen Mitgliedstaat beschäftigten Arbeitnehmer. [2]Solange aus einem Mitgliedstaat keine Mitglieder in das besondere Verhandlungsgremium gewählt oder bestellt sind (§ 11 Abs. 2), gelten die betroffenen Arbeitnehmer als nicht vertreten.

(2) [1]Das besondere Verhandlungsgremium beschließt vorbehaltlich des Absatzes 3 und § 16 Abs. 1 mit der Mehrheit seiner Mitglieder, in der zugleich die Mehrheit der vertretenen Arbeitnehmer enthalten sein muss. [2]Jedes auf das Inland entfallende Mitglied vertritt gleich viele Arbeitnehmer.

(3) [1]Hätten die Verhandlungen eine Minderung der Mitbestimmungsrechte zur Folge, so ist für einen Beschluss zur Billigung einer solchen Vereinbarung eine Mehrheit von zwei Dritteln der Mitglieder des besonderen Verhandlungsgremiums erforderlich, die mindestens zwei Drittel der Arbeitnehmer in mindestens zwei Mitgliedstaaten vertreten. [2]Dies gilt

17 So auch *Oetker* in: Lutter/Hommelhoff/Teichmann § 14 SEBG Rn 16.
18 *Jacobs* in: MÜKOAktG § 14 SEBG Rn 7; *Hohenstatt/Müller-Bonanni* in: Habersack/Drinhausen § 14 SEBG Rn 3.
19 *Hohenstatt/Dzida* in: Henssler/Willemsen/Kalb SEBG Rn 25.
20 *Oetker* in: Lutter/Hommelhoff/Teichmann § 14 SEBG Rn 16 f.

1. im Falle einer SE, die durch Verschmelzung gegründet werden soll, sofern sich die Mitbestimmung auf mindestens 25 Prozent der Gesamtzahl der Arbeitnehmer der beteiligten Gesellschaften und der betroffenen Tochtergesellschaften erstreckt oder
2. im Falle einer SE, die als Holding-Gesellschaft oder als Tochtergesellschaft gegründet werden soll, sofern sich die Mitbestimmung auf mindestens 50 Prozent der Gesamtzahl der Arbeitnehmer der beteiligten Gesellschaften und der betroffenen Tochtergesellschaften erstreckt.

(4) Minderung der Mitbestimmungsrechte bedeutet, dass
1. der Anteil der Arbeitnehmervertreter im Aufsichts- oder Verwaltungsorgan der SE geringer ist als der höchste in den beteiligten Gesellschaften bestehende Anteil oder
2. das Recht, Mitglieder des Aufsichts- oder Verwaltungsorgans der Gesellschaft zu wählen, zu bestellen, zu empfehlen oder abzulehnen, beseitigt oder eingeschränkt wird.

(5) Wird eine SE durch Umwandlung gegründet, kann ein Beschluss nach Absatz 3 nicht gefasst werden.

Übersicht

I. Allgemeines

Die Regelung betrifft die Beschlussfassung im BVG und setzt Art. 3 Abs. 4 und Art 4 Abs. 4 der SE-Richtlinie in nationales Recht um. Der Vorschrift kommt wesentliche Bedeutung zu, da sie einerseits die Proportionalität der Arbeitnehmerzahlen in den verschiedenen Mitgliedstaaten ausdrückt und zugleich den Schutz bestehender Beteiligungsrechte vor Verschlechterung gewährleisten muss. Die Vorschrift gilt nicht nur für den Beschluss über das Verhandlungsergebnis, sondern für alle Beschlüsse im laufenden Verhandlungsverfahren. § 15 SEBG findet Entsprechung in § 15 SCEBG, der Art. 3 Abs. 4 der SCE-Richtlinie umsetzt und in § 17 MgVG, der Art. 133 Abs. 3 Buchstabe a) der Kodifizierungsrichtlinie (EU) 2017/1132 (vormals Art. 16 Abs. 3 Buchstabe a) der Verschmelzungsrichtlinie) umsetzt. 1

II. Vertretung der Arbeitnehmer (Abs. 1)

§ 15 Abs. 1 Satz 1 SEBG drückt den Grundsatz aus, dass alle in einem Mitgliedstaat beschäftigten Arbeitnehmer durch ihre gewählten oder bestellten Mitglieder des BVG repräsentiert werden. Die Vorschrift steht in engem Zusammenhang mit § 5 SEBG, der bereits für die Zusammensetzung des BVG die Grundsätze der Repräsentativität und Proportionalität berücksichtigt. 2

Die Betrachtungsweise, die der Vertretungsregelung zugrunde liegt, ist klar auf die Mitgliedstaaten bezogen. Es kommt dagegen nicht darauf an, bei welcher Gesellschaft die Mitglieder des BVG als Arbeitnehmer beschäftigt sind. 3

§ 15 Abs. 1 Satz 2 SEBG stellt klar, dass bei Abstimmungen Arbeitnehmer aus Mitgliedstaaten, die – noch – kein Mitglied in das BVG gewählt oder entsandt haben, zahlenmäßig nicht mit zu berücksichtigen sind. Diese Regelung steht in Einklang mit § 11 Abs. 2 SEBG, wonach das Verhandlungsverfahren nach Ablauf von 10 Wochen auch dann beginnt, wenn noch nicht alle 4

Mitglieder des BVG gewählt oder bestellt sind.[1] Die Arbeitnehmer aus den Mitgliedstaaten, die keinen Vertreter im BVG haben, gelten als nicht vertreten.

III. Beschlussfassung/Absolute Mehrheit (Abs. 2)

5 Entsprechend der Vorgabe des Art. 3 Abs. 4 der Richtlinie ist für eine Beschlussfassung im BVG nach § 15 Abs. 2 SEBG grundsätzlich eine doppelte Mehrheit erforderlich: die absolute Mehrheit der Mitglieder des BVG, die die absolute Mehrheit der Arbeitnehmer vertritt. Die einfache Mehrheit der anwesenden Mitglieder reicht demnach nicht aus.[2] Dies bedeutet, dass die Abwesenheit bei der Beschlussfassung als ablehnende Stimme wirkt. Auch Stimmenthaltungen sind als Nein-Stimmen zu werten.[3] Wird keine Stimmenmehrheit erzielt, ist der Beschluss nicht gefasst und der der Abstimmung zugrundeliegende Antrag mithin abgelehnt. Dies gilt auch bei Stimmengleichheit.[4]

6 Diese doppelte Mehrheit ist z.B. erforderlich für den Beschluss über die Geschäftsordnung, für die Wahl des Vorsitzenden des BVG und seiner Stellvertreter oder für die Hinzuziehung eines Sachverständigen. Abweichend davon sind qualifizierte Mehrheiten erforderlich bei Beschlüssen nach § 13 Abs. 3 SEBG (Minderung der Mitbestimmungsrechte) und nach § 16 Abs. 1 SEBG (Nichtaufnahme oder Abbruch der Verhandlungen).

7 Jedes Mitglied des BVG hat eine Stimme, dies ist von der Richtlinie zwingend vorgegeben. Bei der Frage, wie viele Arbeitnehmer ein Mitglied des BVG jeweils vertritt, kann aber jeder Mitgliedstaat eigene Regelungen vorsehen. Der deutsche Gesetzgeber hat die Zahl aller in Deutschland beschäftigten Arbeitnehmer gleichmäßig auf die für sie gewählten Mitglieder im BVG verteilt. Dies gilt nicht nur für die Gründung einer SE mit Sitz in Deutschland, sondern auch für die Gründung einer SE mit Sitz in einem anderen Mitgliedstaat. Diese Regelung ist vor dem Hintergrund sachgerecht, dass nach § 6 Abs. 2 SEBG auch Gewerkschaftsvertreter Mitlieder des BVG sein können. Nach § 6 Abs. 3 SEBG ist dies sogar zwingend, wenn mehr als zwei Mitglieder aus Deutschland im BVG vertreten sind. Diese Gewerkschaftsvertreter sollen im BVG mitentscheiden können, sind aber keiner der beteiligten Gesellschaften direkt zugeordnet. Die gleichmäßige Verteilung der Zahl aller in Deutschland beschäftigten Arbeitnehmer auf die für Deutschland gewählten Mitglieder des BVG löst dieses Problem. Gleiches gilt für die leitenden Angestellten als Mitglieder des BVG. Nach § 6 Abs. 4 SEBG ist, wenn dem BVG mehr als sechs Mitglieder aus dem Inland angehören, mindestens jedes siebte Mitglied ein leitender Angestellter. Diese BVG-Mitglieder vertreten nicht nur die leitenden Angestellten. Die Zahl der in Deutschland beschäftigten Arbeitnehmer wird gleichmäßig auf alle für das Inland gewählten Mitglieder des BVG verteilt.

IV. Beschlussfassung/Qualifizierte Mehrheit (Abs. 3)

8 Um dem Schutz erworbener Mitbestimmungsrechte gerecht zu werden, ist für Abstimmungen innerhalb des BVG ein gestuftes Abstimmungsverfahren vorgesehen.

9 Abweichend von den grundsätzlichen Mehrheitserfordernissen nach § 15 Abs. 2 SEBG ist eine qualifizierte Mehrheit für den Beschluss über eine Vereinbarung zur Mitbestimmung erforderlich, wenn durch diese Vereinbarung eine Minderung bestehender Mitbestimmungsrechte

---

1 Dies gilt dann nicht, wenn die Arbeitnehmer die Fristüberschreitung nicht zu vertreten haben.
2 So auch 13 Abs. 3 EBRG.
3 Ebenso *Oetker* in: Lutter/Hommelhoff/Teichmann § 15 SEBG Rn 13; *Jacobs* in: MÜKOAktG § 15 SEBG Rn 3; *Hohenstatt/Müller-Bonanni* in: Habersack/Drinhausen § 15 SEBG Rn 3.
4 *Jacobs* in: MÜKOAktG § 15 SEBG Rn 3; *Hohenstatt/Müller-Bonanni* in: Habersack/Drinhausen § 15 SEBG Rn 3.

eintreten würde. Wann eine Minderung der Mitbestimmungsrechte vorliegt, regelt § 15 Abs. 4 SEBG.

Die qualifizierte Mehrheit für mitbestimmungsmindernde Vereinbarungen erfordert die Stimmen von zwei Dritteln der Mitglieder des BVG, die mindestens zwei Drittel der Arbeitnehmer in mindestens zwei Mitgliedstaaten vertreten. Die einfache Mehrheit der anwesenden Mitglieder reicht nicht aus. 10

Die qualifizierte Mehrheit ist indessen nur dann erforderlich, wenn einer bestimmten Mindestzahl von Arbeitnehmern der an der SE-Gründung beteiligten Gesellschaften und der betroffenen Tochtergesellschaften Mitbestimmungsrechte zustehen.[5] Im Fall einer SE, die durch Verschmelzung gegründet wird, sind dies nach § 15 Abs. 3 Nr. 1 SEBG mindestens 25 Prozent; im Fall der Gründung einer Holding-SE oder Tochter-SE nach § 15 Abs. 3 Nr. 2 SEBG mindestens 50 Prozent.[6] Werden diese von der Gründungsform abhängigen Schwellenwerte nicht erreicht, kann eine Minderung der Mitbestimmungsrechte mit der absoluten Mehrheit nach § 15 Abs. 2 SEBG beschlossen werden. 11

Beispiel:

3 Unternehmen aus 3 Mitgliedstaaten gründen eine SE. In dem Unternehmen aus Mitgliedstaat A sind 50.000 Arbeitnehmer beschäftigt, in den Unternehmen in Mitgliedstaat B und C jeweils 25.000 Arbeitnehmer. Mitbestimmung haben nur die Arbeitnehmer in dem Unternehmen aus Mitgliedstaat B.

Soll in dem Beispiel eine Minderung der bestehenden Mitbestimmungsrechte beschlossen werden, ist im Fall der SE-Gründung durch Verschmelzung eine qualifizierte Mehrheit im BVG erforderlich (zwei Drittel der Mitglieder des BVG, die mindestens zwei Drittel der Arbeitnehmer in mindestens zwei Mitgliedstaaten vertreten), während bei einer SE-Gründung durch Bildung einer Holding-SE oder Tochter-SE die doppelte Mehrheit (absolute Mehrheit der Mitglieder die die absolute Mehrheit der Arbeitnehmer vertritt) zum Beschluss der Billigung einer Minderung der Mitbestimmungsrechte ausreicht. Bei einer SE Gründung durch Umwandlung ist ein Beschluss zur Minderung der Mitbestimmungsrechte ausgeschlossen.

Die Schwellenwerte von 25 Prozent bei der SE-Gründung durch Verschmelzung und 50 Prozent bei der SE-Gründung durch Bildung einer Holding-SE oder Tochter-SE sind Ergebnis eines langen und schwierigen politischen Kompromisses. Die unterschiedlichen Schwellenwerte für die unterschiedlichen Gründungstatbestände erklären sich aus der Gefahr der Einschränkung oder des Verlustes bestehender Mitbestimmungssysteme und -praktiken. Diese Gefahr[7] ist bei den Gründungsformen der Umwandlung oder der Verschmelzung größer als bei der Gründung im Wege der Errichtung der Holdinggesellschaft oder einer gemeinsamen Tochtergesellschaft, da die Mitbestimmung in den Ausgangsunternehmen in den zuletzt genannten Fällen bestehen bleibt. Deshalb ist der im politischen Kompromiss erzielte Schwellenwert im Fall der Verschmelzung mit 25 Prozent deutlich niedriger als im Fall der Holding- oder Tochtergesellschaft mit 50 Prozent. Bei der Gründungsform der Umwandlung spielen diese Schwellenwerte keine Rolle.[8] 12

Die genannten Prozentschwellen beziehen sich auf die Gesamtzahl der Arbeitnehmer der beteiligten Gründungsgesellschaften und ihrer Tochtergesellschaften. Durch die Einbeziehung 13

5 Nicht gefordert wird dagegen, dass für 25 Prozent bzw. 50 Prozent eine Minderung der Mitbestimmungsrechte eintreten würde.

6 Der Gründungsfall der Umwandlung wird in § 15 Abs. 5 SEBG gesondert geregelt.

7 Vgl. Erwägungsgrund 10 der Richtlinie.

8 Vgl. § 15 Abs. 5 SEBG, wonach ein Beschluss über die Minderung der Mitbestimmung nicht gefasst werden kann. Das bestehende Mitbestimmungsniveau des Ausgangsunternehmens muss auch in der SE gelten.

der Tochtergesellschaften weicht § 15 SEBG von dem Wortlaut der Richtlinie in Art. 3 Abs. 4 ab, die nur die Arbeitnehmer der beteiligten Gesellschaften als Grundlage nennt. Beteiligte Gesellschaften sind nach der Definition des Art. 2 b) der Richtlinie nur die Gesellschaften, die unmittelbar an der Gründung einer SE beteiligt sind.

14 Diese Abweichung lässt sich jedoch aus dem deutschen Mitbestimmungsrecht, dem Sinn der Richtlinie und dem Grundsatz des Schutzes erworbener Rechte erklären. Nach deutschem Mitbestimmungsrecht sind bei den Aufsichtsratswahlen der Konzernobergesellschaft auch die Arbeitnehmer der Tochtergesellschaften wahlberechtigt.[9] Die Arbeitnehmer der Tochtergesellschaften gelten insofern als solche der Konzernmutter. Dies ist sachgerecht,[10] da Entscheidungen der Konzernobergesellschaft in der Regel auch unmittelbar für die Tochtergesellschaften von Bedeutung sind. Diese nicht selten bestehenden Konzernstrukturen werden von der Richtlinie nicht ausreichend berücksichtigt. Bei wörtlicher Umsetzung des Art. 3 Abs. 4 der Richtlinie würden im Falle der Gründung einer SE die nach deutschem Recht im Konzern bestehenden Wahlrechte in den Tochtergesellschaften nicht berücksichtigt. Dies würde zu unbefriedigenden Ergebnissen führen, da insbesondere bei Holdingstrukturen die überwiegende Zahl der Arbeitnehmer in Tochtergesellschaften tätig ist. Stellt man sich eine Fallgestaltung vor, in der die Konzernobergesellschaft nicht genug Arbeitnehmer beschäftigt, um selbst mitbestimmt zu sein, aber in den Tochtergesellschaften viele Arbeitnehmer beschäftigt sind, die ein System der Mitbestimmung kennen, wird deutlich, dass es nicht sachgerecht wäre, allein auf die Arbeitnehmerzahl der Konzernobergesellschaft abzustellen.

Beispiel:
Geplant ist die Gründung einer SE als Holding mehrerer Aktiengesellschaften. Aus Deutschland ist eine Konzernmutter beteiligt, die selbst nur 200 Arbeitnehmer, in ihren drei Töchtern (Konzernunternehmen) aber je 4.000 Arbeitnehmer beschäftigt. Die Entscheidungen über die drei Töchter werden weiterhin bei der Konzernmutter getroffen.

15 Nach § 5 MitbestG gelten die Arbeitnehmer der Konzernunternehmen als Arbeitnehmer des herrschenden Unternehmens und damit als Arbeitnehmer der Konzernmutter. Die bestehenden Wahlrechte der Arbeitnehmer der Tochtergesellschaften können in der zukünftigen SE nur dann gewahrt werden, wenn für die Bemessung der Prozentschwellen auch die Arbeitnehmerzahlen der Tochtergesellschaften berücksichtigt werden.

16 Dies entspricht auch dem Sinn der Richtlinie,[11] wonach der Grundsatz gilt, dass bestehende Mitbestimmungsrechte grundsätzlich nicht verloren gehen sollen.[12] Eine Berücksichtigung der durch die Tochtergesellschaften vermittelten Mitbestimmung ist daher erforderlich.

V. Minderung der Mitbestimmungsrechte (Abs. 4)

17 Die in den Mitgliedstaaten bestehenden Systeme der Mitbestimmung in Unternehmensorganen sind sowohl bezüglich der Verfahren als auch bezüglich der Größe und der Kompetenzen der Organe unterschiedlich ausgestaltet. Die Richtlinie legt der Definition der Mitbestimmung daher eine formale Betrachtungsweise zugrunde und verzichtet folgerichtig auch für die Beur-

---

9 Vgl. § 5 MitbestG und § 2 DrittelbG.

10 Ebenso *Hohenstatt/Müller-Bonanni* in: Habersack/Drinhausen § 15 SEBG Rn 7; *Jacobs* in: MÜKOAktG § 15 SEBG Rn 4; **aA** *Grobys* NZA 2005, 84, 89; *Güntzel* S. 420 ff; *Habersack* ZHR 2007, 613, 639. Kallmeyer ZIP 2004, 1443; UHH Hennssler Einl SEBG Rn 190.

11 Ebenso *Jacobs* in: MÜKOAktG § 15 SEBG Rn 4; Zweifel an der Richtlinienkonformität äußern *Krause* BB 2004, 1; *Grobys* NZA 2004, 779, 781; *Evers* in: Manz/Meyer/Schröder § 15 SEBG Rn 12.

12 Erwägungsgrund 18 der Richtlinie erklärt die Sicherung erworbener Rechte der Arbeitnehmer zum fundamentalen Grundsatz und erklärten Ziel der Richtlinie.

teilung, ob eine Minderung von Mitbestimmungsrechten vorliegt, auf einen qualitativen Vergleich.

Mitbestimmung bedeutet danach die Einflussnahme des Organs zur Vertretung der Arbeit- 18
nehmer auf die Angelegenheiten einer Gesellschaft durch die Wahrnehmung des Rechts, einen Teil der Mitglieder des Aufsichts- oder Verwaltungsorgans der Gesellschaft wählen oder bestellen zu können oder die Wahrnehmung des Rechts die Bestellung eines Teils der oder aller Mitglieder des Aufsichts- oder des Verwaltungsorgans der Gesellschaft zu empfehlen und/oder abzulehnen.[13] Der europäische Gesetzgeber stellt also lediglich auf den Anteil der Arbeitnehmervertreter im Aufsichts- oder Verwaltungsorgan einer Gesellschaft ab. Eine inhaltliche Umschreibung von materiellen Mitbestimmungsrechten sieht die Richtlinie nicht vor; hierüber konnte kein politischer Konsens erzielt werden.[14]

Dementsprechend formal wird auch die Minderung der Mitbestimmung in Art. 3 Abs. 4 der 19
Richtlinie definiert: Ein Anteil der Arbeitnehmersitze im Aufsichts- oder Verwaltungsrat der SE, der geringer ist als der höchste Anteil im Aufsichts- oder Verwaltungsrat in den beteiligten Gesellschaften.

§ 15 Abs. 4 SEBG greift die Definition der Mitbestimmung in Art. 2 Buchstabe k der Richtlinie 20
auf. Er umfasst sowohl das Recht zur Wahl oder Bestellung der Aufsichtsrats- oder Verwaltungsratsmitglieder als auch das Recht, einen Teil dieser Mitglieder zu empfehlen oder abzulehnen.

Die den Arbeitnehmern aufgrund dieser unterschiedlichen Mitbestimmungsmodelle zuste- 21
henden Rechte dürfen nicht eingeschränkt werden. Das bedeutet, dass insbesondere bei einer Verkleinerung des Organs nicht die absolute Zahl von Arbeitnehmervertretern geschützt ist, solange nur das prozentuale Verhältnis zwischen Arbeitnehmervertretern und Vertretern der Anteilseigner gleich bleibt.[15]

Beispiel:
An der Gründung der SE ist ein deutsches, nach dem Mitbestimmungsgesetz von 1976 mitbestimmtes Unternehmen beteiligt. Die 25.000 Arbeitnehmer dieses Unternehmens haben vor der SE Gründung nach dem Mitbestimmungsgesetz von 1976 das Recht gehabt, die Hälfte der Arbeitnehmervertreter in den Aufsichtsrat – im konkreten Fall 10 Arbeitnehmervertreter – zu wählen. Der Aufsichtsrat der SE soll – kraft Satzung – aber insgesamt nicht mehr als 12 Mitglieder haben.

Der Schutz vor einer Minderung der Mitbestimmung bedeutet, dass weiterhin die Hälfte der 22
Mitglieder des Aufsichtsrats, d.h. sechs Mitglieder (nicht aber 10 Mitglieder), Vertreter der Arbeitnehmer sein können.

Österreich hat bei der Umsetzung von Art. 3 Abs. 4 der Richtlinie nicht nur die Verringerung 23
des Anteils, sondern auch die Verringerung der Qualität der Mitbestimmung unter den Begriff „Minderung der Mitbestimmung" gefasst.[16] Zur Begründung wird angeführt, dies sei erforderlich, da die Bewertung des Mitbestimmungssystems rein nach der Zahl der Köpfe der Arbeitnehmervertreter nicht in jedem Fall eine befriedigende Lösung darstellt. Damit geht Österreich über den Wortlaut der Richtlinie hinaus.

---

13 Art. 2 Buchstabe k) der Richtlinie.
14 Vgl. die Ausführungen zu § 2 Abs. 12 SEBG.
15 Ebenso *Oetker* in: Lutter/Hommelhoff/Teichmann § 15 SEBG Rn 20; *Jacobs* in: MÜKOAktG § 15 SEBG Rn 22; *Hohenstatt/Müller-Bonanni* in: Habersack/Drinhausen § 15 SEBG Rn 5.
im Ergebnis auch *Müller-Bonanni/Melot de Beauregard* GmbHR 2005, 195, 197.
16 § 221 Abs. 4 Arbeitsverfassungsgesetz Österreich.

VI. Beschlussfassung bei Umwandlung (Abs. 5)

24 § 15 Abs. 5 SEBG verdeutlicht die Sonderstellung des Gründungsfalls der Umwandlung. Für den Fall der SE-Gründung durch Umwandlung schließt die Richtlinie einen Beschluss zur Minderung von Mitbestimmungsrechten aus. In diesem Gründungsfall muss die Mitbestimmung, die vor der Gründung der SE bestanden hat, mindestens erhalten bleiben; Verbesserungen sind allerdings möglich.[17]

25 Die Gefahr der Einschränkung oder des Verlustes bestehender Mitbestimmungssysteme und -praktiken ist bei der Gründungsform der Umwandlung am größten, so dass zur Sicherung erworbener Mitbestimmungsrechte keine Schwellenwerte vorgesehen werden, sondern direkt ein entsprechender Minderungsbeschluss des BVG untersagt wird.

VII. Streitigkeiten

26 Streitigkeiten in Zusammenhang mit der Beschlussfassung des BVG sind nach § 2a Abs. 1 Nr. 3e ArbGG im arbeitsgerichtlichen Beschlussverfahren zu klären. Örtlich zuständig ist nach § 82 Abs. 3 ArbGG das Arbeitsgericht in dem Ort, an dem die SE ihren Sitz nehmen soll.

§ 16
Nichtaufnahme oder Abbruch der Verhandlungen

(1) [1]Das besondere Verhandlungsgremium kann beschließen, keine Verhandlungen aufzunehmen oder bereits aufgenommene Verhandlungen abzubrechen. [2]Für diesen Beschluss ist eine Mehrheit von zwei Dritteln der Mitglieder erforderlich, die mindestens zwei Drittel der Arbeitnehmer in mindestens zwei Mitgliedstaaten vertreten. [3]Die Vorschriften für die Unterrichtung und Anhörung der Arbeitnehmer, die in den Mitgliedstaaten gelten, in denen die SE Arbeitnehmer beschäftigt, finden Anwendung.

(2) [1]Ein Beschluss nach Absatz 1 beendet das Verfahren zum Abschluss der Vereinbarung nach § 21. [2]Ist ein solcher Beschluss gefasst worden, finden die Regelungen der §§ 22 bis 33 über den SE-Betriebsrat kraft Gesetzes und der §§ 34 bis 38 über die Mitbestimmung kraft Gesetzes keine Anwendung.

(3) Wird eine SE durch Umwandlung gegründet, kann ein Beschluss nach Absatz 1 nicht gefasst werden, wenn den Arbeitnehmern der umzuwandelnden Gesellschaft Mitbestimmungsrechte zustehen.

Übersicht

I. Allgemeines

1 Die Vorschrift setzt Art. 3 Abs. 6 Unterabs. 1 bis 3 der SE- Richtlinie um. Sie regelt den Fall, dass das BVG beschließt, die Verhandlungen gar nicht erst aufzunehmen oder begonnene Verhandlungen abzubrechen. Da die Verhandlungen in der Regel auch im Interesse der Arbeitnehmer liegen, werden entsprechende Beschlüsse des BVG in der Praxis selten vorkommen. Die

17 So auch *Oetker* in: Lutter/Hommelhoff/Teichmann § 15 SEBG Rn 26f.; *Jacobs* in: MÜKOAktG § 15 SEBG Rn 8; *Hohenstatt*/*Müller-Bonanni* in: Habersack/Drinhausen § 15 SEBG Rn 18.

Richtlinie verlangt zwar, dass zunächst das Verhandlungsverfahren über die Beteiligung der Arbeitnehmer eingeleitet wird. Das BVG kann aber nicht verpflichtet werden, sich tatsächlich auf Verhandlungen einzulassen.

Den Leitungen der an der SE-Gründung beteiligten Gesellschaften steht ein derartiges Recht nicht zu. Erst nach Beginn der Verhandlungen können sie ein Scheitern herbeiführen mit der Folge, dass die §§ 22 bis 33 SEBG über den SE-Betriebsrat kraft Gesetzes und die §§ 34 bis 38 SEBG über die Mitbestimmung kraft Gesetzes eingreifen. 2

Eine parallele Regelung ist in Art. 3 Abs. 6 in der SCE-Richtlinie und der entsprechenden Umsetzungsvorschrift in § 16 SCEBG für die Europäische Genossenschaft erfolgt. Art. 133 Abs. 4 Buchstabe b) der Kodifizierungsrichtlinie (EU) 2017/1132 (vormals Art. 16 Abs. 4 Buchstabe b) der Verschmelzungsrichtlinie) enthält eine etwas modifizierte Regelung, die zwar die gleichen Mehrheiten für den Beschluss vorsieht, die Verhandlungen nicht aufzunehmen oder bereits eröffnete Verhandlungen abzubrechen, in der Rechtsfolge aber auf die nationalen Mitbestimmungsregelungen des Sitzstaates verweist. Diese Abweichung bei der Rechtsfolge erklärt sich daraus, dass bei der grenzüberschreitenden Verschmelzung nach Art. 118 ff. der Kodifizierungsrichtlinie (EU) 2017/1132 (vormals Verschmelzungsrichtlinie) eine nationale und keine europäische Gesellschaft entsteht. Die Kodifizierungsrichtlinie (EU) 2017/1132 erlaubt in Art. 133 Abs. 4 Buchstabe a) (vormals Art. 16 Abs. 4 Buchstabe a) der Verschmelzungsrichtlinie) darüber hinaus, dass die Leitungen der an der Verschmelzung beteiligten Gesellschaften entscheiden, dass die Auffangregelung ohne vorhergehende Verhandlungen unmittelbar ab dem Zeitpunkt der Eintragung Anwendung findet.[1]

II. Beschluss mit qualifizierter Mehrheit

Das BVG kann sowohl die Nichtaufnahme als auch den Abbruch der Verhandlungen beschließen. Hierzu ist abweichend von der für Beschlüsse des BVG in § 15 Abs. 2 SEBG geregelten grundsätzlichen doppelten Mehrheit dieselbe qualifizierte Mehrheit erforderlich wie in § 15 Abs. 3 SEBG: Eine Mehrheit von zwei Dritteln der Mitglieder des BVG, die mindestens zwei Drittel der Arbeitnehmer in mindestens zwei Mitgliedstaaten vertreten. Die einfache Mehrheit der anwesenden Mitglieder reicht für einen rechtswirksamen Beschluss hier ebenso wie im Fall des § 15 Abs. 3 SEBG nicht aus. 3

Die Abwesenheit bei der Beschlussfassung wirkt als ablehnende Stimme. Auch Stimmenthaltungen sind als Ablehnung zu werten.[2] Ein wirksamer Nichtaufnahme- oder Abbruchbeschluss ist dann nicht gefasst, wenn die erforderliche Stimmenmehrheit nicht erzielt wird, dies ist auch bei Stimmengleichheit der Fall. 4

Das Erfordernis der qualifizierten Mehrheit zeigt die Bedeutung, die einem derartigen Beschluss zugemessen wird. Angesichts der Folgen eines solchen Beschlusses[3] ist es notwendig und sinnvoll, eine qualifizierte Mehrheit vorzuschreiben. 5

Ein Beschluss über die Nichtaufnahme oder den Abbruch der Verhandlungen ist aus Gründen der Rechtssicherheit nach § 17 Nr. 2 SEBG in einer Niederschrift aufzunehmen, die vom Vorsitzenden und einem weiteren Mitglied des BVG zu unterzeichnen und den Leitungen zu übermitteln ist. Diese können mit der Vorlage der übermittelten Abschrift beim Registergericht den Nachweis nach Art. 12 SE-VO führen und so die Voraussetzung für die Eintragung der SE schaffen. 6

Sollen die Verhandlungen wieder aufgenommen werden, gilt § 18 SEBG, der dies vorbehaltlich einer anders lautenden Vereinbarung der Verhandlungsparteien frühestens zwei Jahre nach 7

1 Umgesetzt in § 23 Abs. 1 Nr. 3 MgVG.
2 Ebenso *Oetker* in: Lutter/Hommelhoff/Teichmann § 16 SEBG Rn 10.
3 Vgl. die Ausführungen zu Rn 8 ff.

dem Beschluss unter bestimmten Bedingungen zulässt. Nicht nur vor diesem Hintergrund empfiehlt sich die Aufnahme des Datums des Beschlusses in die Niederschrift nach § 17 SEBG.

III. Rechtsfolgen

8 Ein Beschluss des BVG über die Nichtaufnahme oder den Abbruch der Verhandlungen hat nach § 16 Abs. 1 Satz 3 SEBG zur Folge, dass die Vorschriften über die Unterrichtung und Anhörung der Arbeitnehmer Anwendung finden, die in den Mitgliedstaaten gelten, in denen die SE Arbeitnehmer beschäftigt.[4] Es kommen also die nationalen Regelungen, insbesondere die Regelungen des EBRG zur Anwendung, soweit die Voraussetzungen für die Gründung eines EBR vorliegen.[5] Zu diesem Ergebnis führt auch die Anwendung des § 47 Abs. 1 Nr. 2 SEBG, insofern hat die Regelung in § 16 Abs. 1 Satz 3 rein deklaratorischen Charakter.

9 Mit einem Beschluss nach § 16 Abs. 1 SEBG wird das Verfahren zum Abschluss einer Vereinbarung nach § 21 SEBG beendet. Die Verhandlungen sind damit nicht gescheitert. Dies bedeutet, dass die Auffangregelung keine Anwendung findet und damit weder ein SE-Betriebsrat kraft Gesetzes[6] noch eine Mitbestimmung kraft Gesetzes[7] eingeführt wird. Es kommt folglich zu einer auf Unternehmensebene mitbestimmungsfreien SE,[8] hinsichtlich der Informations- und Konsultationsrechte kann das EBRG zum Tragen kommen.[9] Das Fehlen einer Vereinbarung steht in diesem Fall der Eintragung der SE ins Handelsregister nicht entgegen.[10]

10 Der Beschluss beendet zudem die Amtszeit des BVG.[11] Allein diese Folge macht deutlich, dass ein Beschluss über die Nichtaufnahme oder den Abbruch der Verhandlungen in der Praxis selten vorkommen dürfte.[12]

IV. Umwandlung

11 Ebenso wie in § 15 Abs. 5 SEBG wird auch in § 16 Abs. 3 SEBG die Sonderstellung des Gründungsfalls der Umwandlung deutlich. Im Gründungsfall der Umwandlung ist eine Beschlussfassung über die Nichtaufnahme oder den Abbruch von Verhandlungen ausgeschlossen, wenn in der umzuwandelnden Gesellschaft Mitbestimmungsrechte der Arbeitnehmer bestehen. Dies ist zum Schutz der erworbenen Beteiligungsrechte der Arbeitnehmer erforderlich.

V. Streitigkeiten

12 Für die Streitigkeiten in Zusammenhang mit der Beschlussfassung des BVG steht wie auch bei § 15 SEBG nach § 2a Abs. 1 Nr. 3e ArbGG das arbeitsgerichtliche Beschlussverfahren offen. Örtlich zuständig ist nach § 82 Abs. 3 ArbGG das Arbeitsgericht in dem Ort, an dem die SE ihren Sitz nehmen soll.

---

4 Für Deutschland sind dies insbesondere das BetrVG und das SprAuG, vgl. auch § 47 SEBG.
5 §§ 1 bis 3 EBRG.
6 Vgl. hierzu die Ausführungen zu den §§ 22 bis 33 SEBG.
7 Vgl. hierzu die Ausführungen zu den §§ 34 bis 38 SEBG.
8 Einen Ausnahmefall bildet der Gründungsfall der Umwandlung, bei dem ein Beschluss über die Nichtaufnahme oder den Abbruch der Verhandlungen unzulässig ist; vgl. § 16 Abs. 3 SEBG.
9 Vgl. § 47 Abs. 1 Nr. 2 SEBG.
10 Vgl. Art. 12 Abs. 2 VO.
11 Ebenso *Oetker* in: Lutter/Hommelhoff/Teichmann § 16 SEBG Rn 19.
12 So auch *Grobys* NZA 2005, 84, 87.

§ 17
Niederschrift

[1]In eine Niederschrift, die vom Vorsitzenden und einem weiteren Mitglied des besonderen Verhandlungsgremiums zu unterzeichnen ist, ist aufzunehmen
1. **ein Beschluss über den Abschluss einer Vereinbarung nach § 13 Abs. 1,**
2. **ein Beschluss über die Nichtaufnahme oder den Abbruch der Verhandlungen nach § 16 Abs. 1 und**
3. **die jeweiligen Mehrheiten, mit denen die Beschlüsse gefasst worden sind.**

[2]Eine Abschrift der Niederschrift ist den Leitungen zu übermitteln.

Übersicht

I. Allgemeines

1 Die Vorschrift schreibt für bestimmte Fälle eine Niederschrift vor und regelt, welche Formalitäten hierbei zu beachten sind. Sie stimmt mit § 17 SCEBG für die Europäische Genossenschaft und § 19 MgVG für die grenzüberschreitende Verschmelzung von Kapitalgesellschaften überein.

II. Niederschrifterfordernis

2 Wegen der weitreichenden Rechtsfolgen wird für Beschlüsse nach § 13 SEBG (Vereinbarung über die Beteiligung der Arbeitnehmer) und nach § 16 SEBG (Nichtaufnahme oder Abbruch der Verhandlungen) zwingend eine Niederschrift vorgeschrieben. Neben dem Inhalt der gefassten Beschlüsse sind auch die Mehrheiten, mit denen die Beschlüsse gefasst worden sind, schriftlich festzuhalten. Es empfiehlt sich auch, das Datum der Beschlüsse zu vermerken,[1] da mit dem Beschluss möglicherweise Fristen in Lauf gesetzt werden. So ist nach § 18 Abs. 1 SEBG vorbehaltlich anderer Vereinbarungen frühestens zwei Jahre nach einem Beschluss nach § 16 Abs. 1 SEBG die Neuaufnahme von Verhandlungen möglich; Vereinbarungen nach § 13 Abs. 1 SEBG sollen nach § 21 Abs. 1 Nr. 6 SEBG den Zeitpunkt des Inkrafttretens und die Laufzeit der Vereinbarung enthalten.

III. Formalitäten

3 Niederschriften sind vom Vorsitzenden und einem weiteren Mitglied des BVG zu unterzeichnen.[2] Hierdurch soll die korrekte Wiedergabe der Beschlüsse weitgehend sichergestellt werden.[3] So können Rechtsstreitigkeiten bereits im Vorfeld vermieden werden. Die fehlende Niederschrift führt nicht zur Unwirksamkeit des Beschlusses.[4]

4 Nach § 17 Satz 2 SEBG ist eine Abschrift der Niederschrift den Leitungen zu übermitteln. So wird der Informationsfluss zwischen BVG und Leitungen sichergestellt. Die Abschrift der Nieder-

1 Ebenso *Jacobs* in: MÜKOAktG § 17 SEBG Rn 1; *Hohenstatt/Müller-Bonanni* in: Habersack/Drinhausen § 17 SEBG Rn 1.
Weitergehend *Oetker* in: Lutter/Hommelhoff/Teichmann § 17 SEBG Rn 7, der den Sitzungstag als verpflichtenden Inhalt ansieht.
2 Ebenso § 15 Abs. 1 Satz 2 EBRG.
3 Ebenso *Oetker* in: Lutter/Hommelhoff/Teichmann § 17 SEBG Rn 8.
4 Ebenso *Oetker* in: Lutter/Hommelhoff/Teichmann § 17 SEBG Rn 9; *Hohenstatt/Müller-Bonanni* in: Habersack/Drinhausen § 13 SEBG Rn 4; **aA** *Jacobs* in: MÜKOAktG § 17 SEBG Rn 1.

schrift kann der Leitung dazu dienen, beim Registergericht die Eintragungsvoraussetzungen nach Art. 12 Abs. 2 SE-VO nachzuweisen.[5] Eine Pflicht zur Übermittlung an andere Stellen besteht nicht.[6]

IV. Streitigkeiten

5 Mit der Vorschrift des § 17 SEBG sollen Streitigkeiten vermieden werden. Sollte es dennoch zu Meinungsverschiedenheiten z.B. über den Inhalt der Niederschriften kommen, steht auch hier nach § 2a Abs. 1 Nr. 3e ArbGG das arbeitsgerichtliche Beschlussverfahren zur Verfügung. Örtlich zuständig ist nach § 82 Abs. 3 ArbGG das Arbeitsgericht in dem Ort, an dem die SE ihren Sitz nehmen soll.

§ 18
Wiederaufnahme der Verhandlungen

(1) [1]Frühestens zwei Jahre nach dem Beschluss nach § 16 Abs. 1 wird auf schriftlichen Antrag von mindestens 10 Prozent der Arbeitnehmer der SE, ihrer Tochtergesellschaften und Betriebe oder von deren Vertretern ein besonderes Verhandlungsgremium erneut gebildet, mit der Maßgabe, dass an die Stelle der beteiligten Gesellschaften, betroffenen Tochtergesellschaften und betroffenen Betriebe die SE, ihre Tochtergesellschaften und Betriebe treten. [2]Die Parteien können eine frühere Wiederaufnahme der Verhandlungen vereinbaren.

(2) Wenn das besondere Verhandlungsgremium die Wiederaufnahme der Verhandlungen mit der Leitung der SE nach Absatz 1 beschließt, in diesen Verhandlungen jedoch keine Einigung erzielt wird, finden die §§ 22 bis 33 über den SE-Betriebsrat kraft Gesetzes und die §§ 34 bis 38 über die Mitbestimmung kraft Gesetzes keine Anwendung.

(3) [1]Sind strukturelle Änderungen der SE geplant, die geeignet sind, Beteiligungsrechte der Arbeitnehmer zu mindern, finden auf Veranlassung der Leitung der SE oder des SE-Betriebsrats Verhandlungen über die Beteiligungsrechte der Arbeitnehmer der SE statt. [2]Anstelle des neu zu bildenden besonderen Verhandlungsgremiums können die Verhandlungen mit der Leitung der SE einvernehmlich von dem SE-Betriebsrat gemeinsam mit Vertretern der von der geplanten strukturellen Änderung betroffenen Arbeitnehmer, die bisher nicht von dem SE-Betriebsrat vertreten werden, geführt werden. [3]Wird in diesen Verhandlungen keine Einigung erzielt, sind die §§ 22 bis 33 über den SE-Betriebsrat kraft Gesetzes und die §§ 34 bis 38 über die Mitbestimmung kraft Gesetzes anzuwenden.

(4) In den Fällen der Absätze 1 und 3 gelten die Vorschriften des Teils 2 mit der Maßgabe, dass an die Stelle der Leitungen die Leitung der SE tritt.

Übersicht

5 *Oetker* in: Lutter/Hommelhoff/Teichmann § 17 SEBG Rn 10.
6 Ebenso *Oetker* in: Lutter/Hommelhoff/Teichmann § 17 SEBG Rn 11.

I. Allgemeines

Die Vorschrift fasst zwei unterschiedliche Fallkonstellationen zusammen, in denen erneute Verhandlungen über die Beteiligung der Arbeitnehmer zu führen sind. Die erste Fallkonstruktion setzt Art. 3 Abs. 6 Unterabsatz 4 der Richtlinie in nationales Recht um. Auch in der SCE-Richtlinie findet sich in Art. 3 Abs. 6 Unterabs. 4 eine wortgleiche Regelung, die mit § 18 SCEBG in nationales deutsches Recht umgesetzt worden ist. Die zweite Fallkonstruktion betrifft strukturelle Änderungen einer SE und stützt sich auf Erwägungsgrund 18 der Richtlinie. Die Parallele in der SCE-Richtlinie findet sich in Erwägungsgrund 21, der über den Inhalt des Erwägungsgrundes 18 der SE-Richtlinie noch hinausgeht.[1] 1

II. Erneute Bildung des BVG aufgrund eines Beschlusses nach § 16 Abs. 1 SEBG

1. Zeitrahmen und Formerfordernis

Hat das BVG nach § 16 Abs. 1 SEBG beschlossen, keine Verhandlungen über die Ausgestaltung der Beteiligung der Arbeitnehmer in der SE aufzunehmen oder die Verhandlungen abzubrechen, besteht frühestens zwei Jahre nach dem Beschluss ein gesetzlicher Anspruch auf die erneute Bildung des BVG und die Aufnahme von Verhandlungen. Für die Fristberechnung gelten nach § 186 BGB die §§ 187 ff BGB.[2] Eine frühere Wiederaufnahme der Verhandlungen ist nur dann möglich, wenn BVG und Leitungen dies vereinbaren.[3] Auch diese strenge Folge verdeutlicht, dass Beschlüsse nach § 16 Abs. 1 SEBG eher Ausnahmecharakter haben dürften. 2

Um zu einer Wiederaufnahme der Verhandlungen zu gelangen, ist die Initiative der Arbeitnehmer der SE oder ihrer Vertreter[4] erforderlich. Das Gesetz verlangt einen schriftlichen Antrag von mindestens 10 Prozent der Arbeitnehmer der SE, ihrer Tochtergesellschaften und Betriebe oder von deren Vertretern.[5] So wird sichergestellt, dass das Begehren eine gewisse Unterstützung erfährt und nicht von vornherein wegen mangelnder Erfolgsaussichten zum Scheitern verurteilt ist. 3

1 Bei der grenzüberschreitenden Sitzverlegung einer SCE soll weiterhin mindestens das gleiche Maß an Beteiligungsrechten der Arbeitnehmer gelten. Wird der Schwellenwert hinsichtlich der Beteiligung der Arbeitnehmer nach der Eintragung einer SCE erreicht oder überschritten, so sollten diese Rechte in der gleichen Weise gelten, wie sie gegolten hätten, wenn dieser Schwellenwert schon vor der Eintragung erreicht oder überschritten worden wäre.

2 *Jacobs* in: MÜKOAktG § 18 SEBG Rn 2; *Hohenstatt/Müller-Bonanni* in: Habersack/Drinhausen § 18 SEBG Rn 2.

3 Dies schließt Vorbereitungshandlungen vor Fristablauf nicht aus.

4 Hierzu näher *Oetker* in: Lutter/Hommelhoff/Teichmann § 18 SEBG Rn 11.

5 *Hohenstatt/Müller-Bonanni* in: Habersack/Drinhausen § 18 SEBG Rn 2 hält die Wortlaut hinsichtlich der Vertreter für unpräzise und fordert, dass diese insgesamt mindestens 10 Prozent der Gesamtbelegschaft repräsentieren müssen.

2. Bildung des BVG

4 Werden diese Voraussetzungen erfüllt, wird nicht etwa das ursprüngliche BVG, das den Beschluss zum Abbruch oder zur Nichtaufnahme der Verhandlungen getroffen hat, reaktiviert, sondern es ist ein neues BVG zu bilden. Die Amtszeit eines BVG endet mit dem Beschluss nach § 16 Abs. 1 SEBG. Dies ist sachgerecht, da sich innerhalb von zwei Jahren Änderungen in der Unternehmensstruktur, der Arbeitnehmerzahl und ihrer Verteilung auf die Mitgliedstaaten ergeben können. Das BVG soll die Arbeitnehmer bei den Verhandlungen über die Beteiligung der Arbeitnehmer in der SE repräsentieren und ist daher nach dem aktuellen Stand der Arbeitnehmerzahlen in den verschiedenen Mitgliedstaaten neu zu bilden.

5 Anders als noch im Gründungsstadium ist im Fall der Wiederaufnahme der Verhandlungen eine SE bereits eingetragen und als eigenständiges Unternehmen etabliert. Ehemalige Gründungsunternehmen sind zumindest in den Gründungsfällen der Umwandlung und der Verschmelzung erloschen, so dass sich das BVG nunmehr aus den Arbeitnehmern der SE, ihrer Tochtergesellschaften und Betriebe zusammensetzt. Für die Bildung des BVG gelten im Übrigen die Vorschriften des Teils 2 des SEBG.

3. Durchführung der Verhandlungen

a) Erfolgreiche Verhandlungen

6 Entscheidet das neue BVG, die Verhandlungen mit der Leitung der SE aufzunehmen und führen diese Verhandlungen zu einem Ergebnis, erfolgt die Beteiligung der Arbeitnehmer in der SE entsprechend dem erzielten Verhandlungsergebnis.

b) Scheitern der Verhandlungen

7 Entscheidet das neue BVG, die Verhandlungen mit der Leitung der SE aufzunehmen und scheitern diese Verhandlungen, kommen nicht etwa die gesetzlichen Auffangregelungen zur Anwendung, sondern es bleibt bei der bestehenden Rechtslage.[6]

III. Strukturelle Änderungen

8 Auch bei strukturellen Änderungen einer SE sind neue Verhandlungen über die Beteiligung der Arbeitnehmer in der SE zu führen.[7]

1. Begriff der strukturellen Änderung

9 Weder Richtlinie noch SEBG enthalten eine Definition des Begriffs der strukturellen Änderungen.[8] Die Gesetzesbegründung nennt das Beispiel der Aufnahme einer mitbestimmten Gesellschaft in die nicht mitbestimmte SE.[9]

---

6 *Jacobs* in: MÜKOAktG § 18 SEBG Rn 5.

7 Prominentes Beispiel für Neuverhandlungen aufgrund struktureller Änderung ist die Allianz SE, die 2014 einen neue Beteiligungsvereinbarung abgeschlossen hat, vgl. hierzu *Tornau* Mitbestimmung 7+8/2014, S. 20f.

8 Kritisch hierzu *Kallmeyer* ZIP 2004, 1442, 1444. Zu ähnlichen Terminologien vgl. *Hohenstatt/Müller-Bonanni* in: Habersack/Drinhausen § 18 SEBG Rn 8.

9 BT-Drucks. 15/3405 S. 50.

Eine Definition fällt auch anderen Mitgliedstaaten[10] schwer. So hat Österreich bei der Umsetzung in nationales Recht in § 228 Abs. 2 Arbeitsverfassungsgesetz ebenfalls keine Definition, aber eine Reihe von Regelbeispielen aufgenommen. Danach gelten als wesentliche Änderung der Struktur der SE insbesondere 10

- die Verlegung des Sitzes der SE,
- der Wechsel des Verwaltungssystems der SE,
- die Stilllegung, Einschränkung oder Verlegung von Unternehmen oder Betrieben der SE,
- der Zusammenschluss von Betrieben oder Unternehmen der SE,
- der Erwerb wesentlicher Beteiligungen an anderen Unternehmen durch die SE, sofern diese erheblichen Einfluss auf die Gesamtstruktur der SE haben, sowie
- erhebliche Änderungen der Zahl der in der SE und ihren Tochtergesellschaften Beschäftigten.

Es ist zweifelhaft, ob alle von Österreich als Regelbeispiele aufgelisteten Vorgänge unter den Begriff der strukturellen Änderung fallen.[11] So muss eine bloße Sitzverlegung nicht automatisch Einfluss auf die Struktur der Gesellschaft haben[12], während dies bei Fusionen, Abspaltungen, Veräußerungen von Betrieben, Betriebsteilen oder Tochterunternehmen nahe liegt. Teilweise wird angenommen, unter strukturellen Änderungen seien nur solche zu verstehen, die einer Gründung hinsichtlich ihrer Bedeutung gleichkommen,[13] oder einen korporativen Akt von erheblichem Gewicht darstellen.[14] Beides erscheint angesichts des hinter der Regelung stehenden Zwecks zu eng.[15] Auch § 1 Absatz 3 SEBG verweist für die Auslegung von Vorschriften des Gesetzes auf die Förderung der Ziele der Europäischen Gemeinschaft, die Beteiligung der Arbeitnehmer in der SE sicherzustellen. Um eine effektive Sicherung erworbener Beteiligungsrechte der Arbeitnehmer erzielen zu können, darf nicht ausschließlich auf die gesellschaftsrechtliche Natur einer Änderung abgestellt werden.[16] Auch eine nach erfolgter SE-Gründung ansteigende Arbeitnehmerzahl der SE kann eine strukturelle Änderung i.S.d. Richtlinienvorgaben sein[17], insbesondere wenn die Neueinstellungen erstmalig zu einer grenzüberschreitenden Angelegenheit führen.[18] § 18 Abs. 2 SEBG wird zu Recht auch auf Fälle angewendet in denen eine sogenannte Vorrats-SE[19] Unternehmen erwirbt, ihren Betrieb aufnimmt und dabei Arbeitnehmer beschäftigt.[20] Ebenso kann ein Wechsel des Verwaltungssystems eine strukturelle Änderung darstellen.[21] 11

---

10 Näher *Löw/Stolzenberg* BB 2017, 245; *Cannistra* S. 236 ff.

11 Ähnlich *Oetker* in: Lutter/Hommelhoff/Teichmann § 18 SEBG Rn 20, der in den österreichischen Beispielen nur eine Orientierung sieht; nähere Untersuchung anhand von Einzelfällen bei *Wollburg/Banerjea* ZIP 2005, 277, 278 ff.

12 Ebenso Wißmann in: Münchener Handbuch ArbR § 287 Rn 18.; **aA** aber differenzerend *Löw/Stolzenberg* BB 5/2017, 247.

13 *Feldhaus/Vanscheidt* BB 2008, 2246, 2247; *Jacobs* in: MÜKOAktG § 18 SEBG Rn 12; *Löw/Stolzenberg* BB 2017, 245.

14 *Wollburg/Banerjea* ZIP 2005, 277 (279); Hohenstadtt/Dzida in: Henssler/Willemsen/Kalb SEBG Rn 32; Cannistra S. 238.

15 Für eine restriktive Auslegung dagegen *Jacobs* in: MÜKOAktG § 18 SEBG Rn 12; *Hohenstatt/Müller-Bonanni* in: Habersack/Drinhausen § 18 SEBG Rn 12; ausführlich zum Meinungsstand *Nagel* in: FS Platzer unter 2 b) und d).

16 *Oetker* in: Lutter/Hommelhoff/Teichmann § 18 SEBG Rn 21; mit ausführlicher Argumentation unter Hinweis auf den „effet utile“ *Nagel* in: FS Platzer S. 220 ff; im Ergebnis ebenso und mit eigenem Definitionsvorschlag *Güntzel* S. 292.

17 *Sick* in Düwell BetrVG S 1805; *Hohenstatt/Müller-Bonanni* in: Habersack/Drinhausen § 18 SEBG Rn 8; nur im absoluten Ausnahmefall zustimmend *Löw/Stolzenberg* BB 2017, 246; **aA** *Hoops* S. 60.

18 *Schubert* RdA 2012, 153.

19 Vgl. hierzu auch die Ausführungen im zweiten Abschnitt zweiter Teil F Rn 101.

20 Für eine analoge Anwendung OLG Düsseldorf v 30.03.2009 I-3 Wx 248/08, ZIP 2009, 918; *Jacobs* in: MÜKOAktG § 18 SEBG Rn 17; Forst NZG 2009, 687, 690f; derselbe RdA 2010, 59.

21 *Jacobs* in: MÜKOAktG § 18 SEBG Rn 16; *Hoops* S. 61.

Angesichts der unterschiedlichen Auslegungen des Begriffs der strukturellen Änderungen in der Literatur[22] wäre eine Definition oder auch eine Auflistung von Regelbeispielen im Zuge einer Revision der Richtlinie zu begrüßen.[23]

2. Vorgaben von Verordnung und Richtlinie

12 Die Verordnung und die Richtlinie regeln in erster Linie die Gründungsvoraussetzungen einer SE. Inwieweit sich strukturelle Änderungen auf die Beteiligung der Arbeitnehmer in einer bereits gegründeten SE auswirken, wird nicht ausdrücklich geregelt.

13 Nur Erwägungsgrund 18 der Richtlinie spricht diese Problematik an. Hiernach soll das Ziel der Richtlinie, die Rechte der Arbeitnehmer im Wege einer Vorher-Nachher-Betrachtung[24] zu sichern, nicht nur bei Neugründungen, sondern auch bei strukturellen Änderungen einer bereits gegründeten SE gelten.

3. Bedeutung für die Beteiligung der Arbeitnehmer

14 Geplante strukturelle Änderungen lösen das Recht zur Aufnahme neuer Verhandlung immer dann aus, wenn die Änderungen geeignet sind, die Beteiligungsrechte der Arbeitnehmer zu mindern. Sind strukturelle Änderungen einer SE geplant, kann dies weitreichende Folgen für die Beteiligung der Arbeitnehmer in der SE haben. So ist z.B. das Erreichen bestimmter Schwellenwerte für die Mitbestimmungsrechte der Arbeitnehmer in der SE von entscheidender Bedeutung.[25]

15 Es dürften insbesondere die Fälle problematisch sein, in denen es deshalb keine Mitbestimmung in der SE gibt, weil bei Gründung der SE die maßgeblichen Schwellenwerte nicht erreicht worden sind, nach Gründung der SE aber durch eine strukturelle Änderung wie z.B. durch Fusion mit (weiteren) mitbestimmten Unternehmen diese Schwellenwerte überschritten werden. Das sogenannte „Einfrieren“ des zum Zeitpunkt der SE-Gründung bestehenden Mitbestimmungsniveaus birgt die Gefahr, dass die SE-Gründung gezielt zur Umgehung der Arbeitnehmerrechte eingesetzt wird.[26] Dass eine solche Umgehung der Beteiligungsrechte der Arbeitnehmer von der Richtlinie nicht gewollt ist, zeigen die Überlegungen der EU-Kommission zu einer Revision der Richtlinie.[27] Insoweit kommt auch ein Rechtsmissbrauch nach § 43 in Betracht.[28]

Die Frage der Eignung zur Minderung der Beteiligungsrechte der Arbeitnehmer ist im Zweifel weit auszulegen.[29] Auch wenn eine Minderung der Beteiligungsrechte mit der strukturellen Änderung nicht bezweckt wird, den Arbeitnehmern faktisch aber Rechte verloren gehen, liegt eine Minderung vor. Dabei ist es unerheblich, ob die Rechte der Arbeitnehmer aufgrund einer Vereinbarung oder aufgrund der gesetzlichen Auffangregelung galten.[30] Keinen Schutz erfahren

---

22 Ausführlicher Überblick bei *Hoops* S. 56 ff; *Cannistra* S. 239 ff.
23 Ebenso *Cannistra* S. 237.
24 Vgl. hierzu auch die Ausführungen in Teil 1 B. III.
25 Vgl. die Ausführungen zu den §§ 15 und 34 SEBG.
26 Vor diesem Hintergrund wird die Regelung des § 18 Abs. 3 auch als „Achillisferse“ bezeichnet; *Jacobs* in: MÜKOAktG § 18 SEBG Rn 7; *Hohenstatt/Müller-Bonanni* in: Habersack/Drinhausen § 18 SEBG Rn 4; zur Bedeutung in der Praxis s. auch die Ausführungen unter Zweiter Abschnitt zweiter Teil E. Rn 96.
27 Mitteilung der Kommission zur Überprüfung der Richtlinie 2001/86/EG S. 7f.; zur Revision s. auch die Ausführungen unter Zweiter Abschnitt zweiter Teil F.
28 Vgl. auch die Ausführungen zu § 43 Rn 7; **aA** *Sagan* Missbrauch der Europäischen Aktiengesellschaft in: Bieder/Hartmann S. 203.
29 So auch *Jacobs* in: MÜKOAktG § 18 SEBG Rn 14; *Hohenstatt/Müller-Bonanni* in: Habersack/Drinhausen § 18 SEBG Rn 1; *Sick* in: Düwell BetrVG S 1806; **aA** *Löw/Stolzenberg* BB 2017, S 245.
30 *Jacobs* in: MÜKOAktG § 18 SEBG Rn 14.

aber Beteiligungsrechte in der aufzunehmenden Gesellschaft, die lediglich aufgrund einer Konzernzurechnung nach nationalem Recht bestehen, da die SE selbst keine derartige Konzernzurechnung kennt.[31]

Die vorzunehmende Betrachtung beschränkt sich nicht auf die Mitbestimmungsrechte, sondern umfasst alle unter die Definition des § 2 Abs. 9 SEBG fallenden Rechte.[32]

4. Neuverhandlungen

Um dem Ziel der Sicherung erworbener Rechte der Arbeitnehmer zu entsprechen, sieht § 18 Abs. 3 SEBG vor, dass bei der Planung struktureller Änderungen, die geeignet sind, Beteiligungsrechte der Arbeitnehmer der SE zu mindern, neue Verhandlungen zwischen der Arbeitnehmerseite und der Unternehmensleitung der SE vorgenommen werden. Es ist demnach bei strukturellen Änderungen einer SE ebenso zu verfahren wie bei der Gründung einer SE.[33] 16

a) Veranlassung neuer Verhandlungen

Die Neuverhandlungen sollen – entsprechend dem Verfahren bei Gründung einer SE – auf Veranlassung der Leitung der SE erfolgen. Wenn die Leitung der SE keine Neuverhandlungen einleitet, kann dies auch vom SE-Betriebsrat veranlasst werden. Wird weder die Leitung der SE noch der SE-Betriebsrat tätig, so bleibt es bei der bisherigen Beteiligung der Arbeitnehmer.[34] 17

b) Verhandlungspartner auf Arbeitnehmerseite

Da die SE und mit ihr regelmäßig auch der SE-Betriebsrat als Vertretungsorgan der Arbeitnehmer bereits besteht, eröffnet der Gesetzgeber die Möglichkeit, kein neues BVG zu bilden, sondern an seiner Stelle den SE-Betriebsrat mit der Leitung der SE über die Beteiligung der Arbeitnehmer verhandeln zu lassen. So kann der organisatorische Aufwand für die Neuverhandlungen gering gehalten werden. Neu in die SE hinzukommende Arbeitnehmer müssen dann aber zwingend durch eigene Vertreter in den Verhandlungen repräsentiert sein. Diese Lösung setzt das Einvernehmen aller Beteiligten voraus.[35] Dies sind neben der Leitung der SE und dem SE-Betriebsrat auch die Leitung der hinzukommenden Gesellschaft und die dortigen Arbeitnehmervertreter. Kann kein Einvernehmen erzielt werden, ist ein neues BVG zu bilden. 18

c) Verhandlungspartner auf Gesellschaftsseite

So wie auf Arbeitnehmerseite die gegenüber dem Gründungsstadium veränderte Situation durch die Bestimmung des SE-Betriebsrats als Verhandlungspartner berücksichtigt wurde, ist dies auch auf Unternehmensseite erforderlich. Die erneuten Verhandlungen werden, da die SE bereits besteht, von der Leitung der SE geführt.[36] Die Leitungen der ursprünglichen Gründungsgesellschaften sind nicht mehr beteiligt, zumal sie teilweise (im Gründungsfall der Umwandlung oder Verschmelzung) auch gar nicht mehr bestehen. 19

---

31 *Hohenstatt/Müller-Bonanni* in: Habersack/Drinhausen § 18 SEBG Rn 15 mwN.
32 *Oetker* in: Lutter/Hommelhoff/Teichmann § 18 SEBG Rn 31; *Jacobs* in: MÜKOAktG § 18 SEBG Rn 15.
33 Mögliche strukturelle Änderungen werden auch in § 21 Abs. 1 Nr. 6 SEBG berücksichtigt.
34 *Oetker* in: Lutter/Hommelhoff/Teichmann § 18 SEBG Rn 38; *Jacobs* in: MÜKOAktG § 18 SEBG Rn 21; *Hohenstatt/Müller-Bonanni* in: Habersack/Drinhausen § 18 SEBG Rn 16.
35 Ebenso *Oetker* in: Lutter/Hommelhoff/Teichmann § 18 SEBG Rn 40; *Jacobs* in: MÜKOAktG § 18 SEBG Rn 22; *Hohenstatt/Müller-Bonanni* in: Habersack/Drinhausen § 18 SEBG Rn 17.
36 Ebenso *Jacobs* in: MÜKOAktG § 18 SEBG Rn 1.

d) Scheitern der Verhandlungen

20 Scheitern die Verhandlungen, gilt wie im Gründungsverfahren die Auffangregelung der §§ 22 bis 33 SEBG über den Betriebsrat kraft Gesetzes und der §§ 34 bis 38 SEBG über die Mitbestimmung kraft Gesetzes.[37]

e) Keine neuen Verhandlungen

21 Keine Neuverhandlungen sind angezeigt, wenn nachträglich ein nationales Gesetz geändert wird, das für eine Vereinbarung über die Beteiligung der Arbeitnehmer oder für eine Beteiligung der Arbeitnehmer kraft Gesetzes maßgeblich war.

Beispiel:
Für eine als Holding gegründete SE ist aufgrund der Beteiligung einer deutschen Tochtergesellschaft, die nach dem Drittelbeteiligungsgesetz zum Zeitpunkt der SE-Gründung der Drittelbeteiligung unterlag, ein Aufsichtsrat eingeführt worden, der sich zu einem Drittel aus Vertretern der Arbeitnehmer zusammensetzt. Würde der deutsche Gesetzgeber nun nach erfolgter SE-Gründung das Drittelbeteiligungsgesetz ändern und für die diesem Gesetz unterfallenden Unternehmen die paritätische Mitbestimmung einführen, würde dies nicht zu neuen Verhandlungen über die Beteiligung der Arbeitnehmer in der bereits gegründeten SE führen.

5. Berücksichtigung struktureller Änderungen bereits in der Vereinbarung nach § 21 SEBG

22 Mögliche strukturelle Änderungen werden auch in § 21 Abs. 1 Nr. 6 SEBG berücksichtigt. Mit der Aufnahme des Themas in den Katalog der im Rahmen der Vereinbarung zwingend zu behandelnden Themen[38] soll erreicht werden, dass sich die Verhandlungspartner schon bei Gründung des SE über diese Fallgestaltungen Gedanken machen.

23 Problematisch ist z.B. folgender Fall: Nach Gründung einer SE, deren Mitbestimmungsregelungen aufgrund der Auffangregelung bestehen, werden z.B. durch Veräußerung von Unternehmensteilen die für die Mitbestimmung maßgeblichen Schwellenwerte nunmehr unterschritten. Einige Arbeitnehmer, die schon vor Gründung der SE Mitbestimmungsrechte hatten und seinerzeit für das Überschreiten der Schwellenwerte mitursächlich waren, sind aus der SE ausgeschieden.

24 Hier könnte an ein Verfahren in Anlehnung an Art. 7 Abs. 2 der Richtlinie gedacht werden. Demnach würde auf der Grundlage eines entsprechenden Beschlusses des BVG die in der SE bisher bestehende Mitbestimmung weitergelten. Dieses Ergebnis erscheint deshalb sachgerecht, weil alle Arbeitnehmer der SE mit ihrer Gründung Mitbestimmungsrechte erworben haben, die schützenswert sind und weiter fortbestehen sollten, sofern die Arbeitnehmer dies wünschen. Entscheidet sich das BVG gegen die Fortgeltung der bestehenden Mitbestimmung in der SE, sollte das BVG Verhandlungen mit der Unternehmensseite über die Ausgestaltung der Mitbestimmung aufnehmen.[39]

---

37 Ein Scheitern der Verhandlungen ist in der Praxis allerdings nicht die Regel. Gescheitert sind die Verhandlungen in bei den Rheinischen Kunststoffwerken im Jahr 2008 und bei der Yachtwerft Abeking & Rasmussen im Jahr 2016.

38 Umsetzung des Art. 4 Abs. 2 der Richtlinie.

39 Anders *Müller-Bonanni/Melot de Beauregard* GmbHR 2005, 195, 198, die es für empfehlenswert halten, in der Vereinbarung mit dem BVG Schwellenwerte für eine Anpassung des Mitbestimmungsniveaus an die Beschäftigtenzahlen zu vereinbaren.

IV. Streitigkeiten

Für Streitigkeiten in Zusammenhang mit der Wiederaufnahme der Verhandlungen steht nach § 2a Abs. 1 Nr. 3e ArbGG das arbeitsgerichtliche Beschlussverfahren offen. Örtlich zuständig ist nach § 82 Abs. 3 ArbGG das Arbeitsgericht in dem Ort, an dem die SE ihren Sitz hat. 25

§ 19
Kosten des besonderen Verhandlungsgremiums

[1]Die durch die Bildung und Tätigkeit des besonderen Verhandlungsgremiums entstehenden erforderlichen Kosten tragen die beteiligten Gesellschaften und nach ihrer Gründung die SE als Gesamtschuldner. [2]Insbesondere sind für die Sitzungen in erforderlichem Umfang Räume, sachliche Mittel, Dolmetscher und Büropersonal zur Verfügung zu stellen sowie die erforderlichen Reise- und Aufenthaltskosten der Mitglieder des besonderen Verhandlungsgremiums zu tragen.

Übersicht

I. Allgemeines

Die Vorschrift setzt Art. 3 Abs. 7 der Richtlinie in nationales Recht um und legt den Leitungen der an der SE-Gründung beteiligten Gesellschaften und – nach erfolgter SE-Gründung – der Leitung der SE die Kosten auf, die im Zusammenhang mit der Tätigkeit des BVG entstehen. Die parallele Vorschrift für die Europäische Genossenschaft findet sich in Art. 3 Abs. 7 SCE-Richtlinie, der mit § 19 SCEBG in nationales Recht umgesetzt worden ist. § 19 SEBG findet zudem Entsprechung in § 20 MgVG, der Art. 133 Abs. 3 Buchstabe a) der Kodifizierungsrichtlinie (EU) 2017/1132 (vormals Art. 16 Abs. 3 Buchstabe a) der Verschmelzungsrichtlinie) umsetzt. 1

II. Kostentragungspflichtiger

§ 19 SEBG verpflichtet die Leitungen der an der Gründung der SE beteiligten Gesellschaften, die durch die Bildung und Tätigkeit des BVG entstehenden Kosten zu tragen. Dies ist sachgerecht, da dem BVG keine eigenen Finanzmittel zur Verfügung stehen, die für die Kostentragung eingesetzt werden könnten. 2

Nach erfolgter Gründung der SE tritt die Leitung der SE, die vor der SE-Gründung noch nicht bestanden hat, als Kostenschuldner hinzu. Die Leitungen der an der Gründung der SE beteiligten Gesellschaften und die Leitung der SE haften dann als Gesamtschuldner nach §§ 421ff BGB.[1] So wird sichergestellt, dass die Erstattung der Kosten nur einmal gefordert wird. Auch kann, wenn die SE ihren Sitz nicht im Inland hat, ein Streit um entstandene Kosten im Inland ausgetragen werden. Nicht geregelt ist die Verteilung der Kosten im Innenverhältnis. Eine Verteilung entsprechend der Arbeitnehmerzahlen erscheint dabei sinnvoller als eine gleichmäßige Verteilung.[2] 3

---

1 So auch *Oetker* in: Lutter/Hommelhoff/Teichmann § 19 SEBG Rn 13.

2 Ebenso *Jacobs* in: MÜKOAktG § 19 SEBG Rn 1; *Hohenstatt/Müller-Bonanni* in: Habersack/Drinhausen § 19 SEBG Rn 2; **aA** *Oetker* in: Lutter/Hommelhoff/Teichmann § 19 SEBG Rn 14, der sich für eine Kostentragung ausschließlich durch die SE ausspricht.

III. Umfang der Kostentragungspflicht

4 Die Kostentragungspflicht umfasst die sachlichen und die persönlichen Kosten, die in Zusammenhang mit der Tätigkeit des BVG und insbesondere mit den Verhandlungen stehen. Sie besteht aber nur insoweit, als die entstandenen Kosten auch erforderlich waren. Das Kriterium der Erforderlichkeit sorgt dafür, dass das BVG nicht nur deshalb und damit unnötig Kosten verursacht, weil es diese nicht selber tragen muss. Als erforderlich sind die Kosten anzusehen, die zur sachgerechten Durchführung der Aufgaben notwendig und verhältnismäßig sind. Das BVG und seine Mitglieder haben insofern einen verständigen Maßstab anzulegen. Das bedeutet, dass nicht allein die subjektive Sicht des BVG und seiner Mitglieder entscheidend ist, sondern dass eine gewissenhafte Abwägung aller Umstände zu erfolgen hat.[3] Der Begriff der Erforderlichkeit ist ein unbestimmter Rechtsbegriff, bei dessen Ausfüllung auch dem BVG und seinen Mitgliedern ein gewisser Spielraum einzuräumen ist.[4]

5 Zu den Kosten des BVG gehören zunächst die Kosten, die bei der Errichtung des BVG anfallen, d.h. die Kosten des Wahlgremiums.[5] Ist das BVG gebildet worden, werden für die Geschäftsführung und allgemeine Organisationsmaßnahmen, z.B. für die Vorbereitungen und ordnungsgemäße Durchführung der Sitzungen, Kosten anfallen.

6 Die Leitungen haben für die Sitzungen des BVG[6] und auch für die Verhandlungssitzungen mit den Leitungen in erforderlichem Umfang Räume, sachliche Mittel wie Telefon, Fax und notwendige Literatur, Dolmetscher und Büropersonal zur Verfügung zu stellen. Gerade der Beteiligung von Dolmetschern oder auch der Anschaffung von Unterlagen wie z.B. Gesetzestexten in so vielen Sprachen wie es erforderlich ist, um allen Mitgliedern des BVG das notwendige Verständnis zu ermöglichen, wird angesichts der grenzüberschreitenden Tätigkeiten und der europäischen Besetzung des BVG besondere Bedeutung zu kommen. Wenn die Beteiligung von Dolmetschern zum Verständnis der notwendigen Informationen erforderlich ist, sind die anfallenden Kosten von den Leitungen zu tragen.

7 Dem BVG steht nach § 12 Abs. 1 Satz 3 SEBG die Möglichkeit offen, sich eine schriftliche Geschäftsordnung zu geben, in der auch die Einrichtung von Ausschüssen geregelt werden kann. Diese Möglichkeit darf nicht dadurch unterlaufen werden, dass die zur Arbeit der Ausschüsse notwendigen Gegebenheiten nicht geschaffen bzw. die Kosten hierfür nicht übernommen werden. Deshalb ist seitens der Leitungen dafür zu sorgen, dass die notwendigen Räume, Mittel etc. zur Verfügung stehen, auch wenn nur Teile des BVG wie z.B. Ausschüsse tagen.

8 Neben der Büroausstattung zählen insbesondere auch Reise- und Aufenthaltskosten des BVG sowie die Kosten für die Inanspruchnahme von Sachverständigen zu den erstattungsfähigen Kosten des BVG.

9 Der Gesetzgeber hat darauf verzichtet, die Kostentragungspflicht auf die Übernahme der Kosten für nur einen Sachverständigen zu begrenzen. Die Richtlinie hätte eine solche Einschränkung zugelassen.[7] Das EBRG, an das sich die SE-Gesetzgebung in weiten Teilen anlehnt, macht von dieser Möglichkeit Gebrauch.[8] Allerdings ist diese Beschränkung nicht ohne Kritik geblieben. Die Bestimmung wird vielmehr als in mehrfacher Hinsicht unklar und als sachlich unangemessen empfunden.[9] So wird bezweifelt, ob die Beschränkung der Kostentragungspflicht

3 Vgl. *Fitting* BetrVG § 40 BetrVG Rn 9 zur Kostentragungspflicht des Arbeitgebers im BetrVG.
4 BAG 16.10.1986 AP Nr. 58 zu § 37 BetrVG 1972 zu erforderlichen Kosten der Betriebsratsarbeit.
5 Ebenso *Jacobs* in: MÜKOAktG § 19 SEBG Rn 2; *Hohenstatt/Müller-Bonanni* in: Habersack/Drinhausen § 19 SEBG Rn 3.
6 Vgl. § 12 Abs. 2 SEBG.
7 Art. 3 Abs. 7 Unterabs. 2 der Richtlinie.
8 Vgl. § 16 Abs. 1 Satz 2 EBRG.
9 *Blanke* EBRG § 16 EBRG Rn 8 ff; *Bachner/Nielebock* AuR 1997, 129, 131.

so zu verstehen ist, dass während des gesamten Tätigkeitszeitraums des BVG lediglich die Kosten eines Sachverständigen von der Leitung zu tragen ist. Die Regelung des § 16 EBRG wird unter Hinweis auf die komplexe Materie, die der EBR zu behandeln hat, vereinzelt so ausgelegt, dass die Einschränkung nicht zeitlich, sondern sachlich zu verstehen ist. Die zentrale Leitung trägt nach dieser Auffassung die Kosten für einen Sachverständigen pro Beratungs- bzw. Verhandlungsstand.[10]

Angesichts der umfangreichen Aufgaben und der vielfältigen Anforderungen und Fragestel- 10
lungen, mit denen sich das BVG befassen muss, erscheint es in der Tat nicht angebracht, die Kosten für die Inanspruchnahme von Sachverständigen einzugrenzen. Die allgemeine Eingrenzung über den anzulegenden Maßstab der Erforderlichkeit erscheint ausreichend, um keine unzumutbaren Kosten für die Leitungen entstehen zu lassen.

Auch Beratungskosten und Kosten für Rechtsstreitigkeiten (z.B. für die gerichtliche Gel- 11
tendmachung von Rechten des BVG) können im Rahmen der Tätigkeit des BVG anfallen. Sie sind, sofern sie erforderlich sind, ebenfalls von den Leitungen der an der Gründung der SE beteiligten Gesellschaften zu tragen.

Zu den Kosten der Mitglieder des BVG zählen vor allem Reise- Unterkunfts- und Verpfle- 12
gungskosten, die aufgrund der Teilnahme an Sitzungen des BVG oder den Verhandlungssitzungen mit den Leitungen entstehen. In Betracht kommen auch Kosten für Rechtsstreitigkeiten, z.B. Streitigkeiten über interne Abläufe wie Beschlussfassungen.

Ansprüche der Mitglieder des BVG auf Entgeltfortzahlung für die Dauer der Verhandlun- 13
gen ergeben sich nicht aus § 19 SEBG sondern aus § 42 SEBG (Schutz der Arbeitnehmervertreter).

IV. Streitigkeiten

Streitigkeiten über die Kostentragung entscheiden die Arbeitsgerichte nach § 2a Abs. 1 Nr. 3e 14
ArbGG im arbeitsgerichtlichen Beschlussverfahren. Örtlich zuständig ist nach § 82 Abs. 3 ArbGG das Arbeitsgericht in dem Ort, an dem die SE ihren Sitz haben wird bzw. nach ihrer Gründung hat.

§ 20
Dauer der Verhandlungen

(1) [1]Die Verhandlungen beginnen mit der Einsetzung des besonderen Verhandlungsgremiums und können bis zu sechs Monate dauern. [2]Einsetzung bezeichnet den Tag, zu dem die Leitungen zur konstituierenden Sitzung des besonderen Verhandlungsgremiums eingeladen haben.

(2) Die Parteien können einvernehmlich beschließen, die Verhandlungen über den in Absatz 1 genannten Zeitraum hinaus bis zu insgesamt einem Jahr ab der Einsetzung des besonderen Verhandlungsgremiums fortzusetzen.

Übersicht

10 *Blanke* EBRG § 16 EBRG Rn 7.

I. Allgemeines

1 Die Vorschrift regelt die maximale Dauer der Verhandlungen und setzt Art. 5 der SE-Richtlinie um. Die SCE-Richtlinie enthält eine wortgleiche Vorschrift in Artikel 5. Dementsprechend ist § 20 SCEBG wortgleich mit § 20 SEBG. Art. 133 Abs. 3 Buchstabe c) der Kodifizierungsrichtlinie (EU) 2017/1132 (vormals Art. 16 Abs. 3 Buchstabe c) der Verschmelzungsrichtlinie) verweist auf Art. 5 der SE-Richtlinie; dies hat zu einer mit § 20 SEBG identischen Umsetzung in § 21 MgVG geführt.

II. Beginn und Höchstdauer der Verhandlungen (Abs. 1)

2 Um den Vorgang der Gründung einer SE zeitlich planbar zu machen, sieht § 20 Abs. 1 SEBG – wie von der Richtlinie vorgegeben – einen Zeitraum von sechs Monaten für die Verhandlungen über die Beteiligung der Arbeitnehmer in der SE vor. Die Frist muss für die Verhandlungen nicht zwingend ausgeschöpft werden.

Da an den Ablauf der Frist rechtliche Folgen geknüpft[1] sind, bedarf der Beginn einer genauen Festlegung. Der Gesetzgeber hat sich für die Einsetzung des BVG als maßgeblichen Zeitpunkt entschieden und definiert, was unter Einsetzung des BVG zu verstehen ist. Danach bezeichnet Einsetzung den Tag, zu dem die Leitungen zur konstituierenden Sitzung eingeladen haben. Nach § 12 Abs. 1 SEBG haben die Leitungen unverzüglich nach Benennung der Mitglieder des BVG oder nach Ablauf der 10-Wochen-Frist des § 11 Abs. 1 SEBG zur konstituierenden Sitzung einzuladen. Bei Überschreitung der 10-Wochen-Frist des § 11 Abs. 1 SEBG durch die Arbeitnehmer ist von den Leitungen zu beachten, ob dies von den Arbeitnehmern zu vertreten ist.[2] Ist dies nicht der Fall, können die Leitungen noch nicht wirksam zur konstituierenden Sitzung des BVG einladen. Nur ein wirksam angesetzter Termin kann die Frist des § 20 SEBG in Gang setzen. Eine einmal wirksam erfolgte Terminsetzung setzt die Frist in Lauf. Dies gilt auch dann, wenn die konstituierende Sitzung aus einem anderen Grund tatsächlich zu einem späteren Termin als vorgesehen stattfinden sollte.[3]

III. Verlängerungsbeschluss (Abs. 2)

3 Die in § 20 Abs. 1 SEBG vorgeschriebene Höchstdauer der Verhandlungen soll den zügigen Ablauf des Gründungsverfahrens gewährleisten und die Gründung für die Beteiligten zeitlich planbar machen. Sind jedoch beide Verhandlungspartner mit einer Verlängerung der Höchstdauer einverstanden, weil sie kurz vor einer Einigung stehen, aber hierzu noch etwas mehr Zeit benötigen, ist kein Grund ersichtlich, warum den Parteien eine Verlängerung verwehrt werden sollte. Die Richtlinie gestattet daher in Art. 5 Abs. 2 die Verlängerung der Höchstdauer der Verhandlungen auf bis zu ein Jahr. Dies wird in § 20 Abs. 2 SEBG umgesetzt.[4]

4 Voraussetzung für die Verlängerung der Verhandlungshöchstdauer ist ein einvernehmlicher Beschluss beider Verhandlungsparteien. Auf Seiten des BVG setzt dieses Einverständnis einen Beschluss nach § 16 Abs. 2 SEBG mit absoluter Mehrheit voraus.[5]

---

1 Ist bis zum Ablauf der Frist keine Vereinbarung getroffen worden, gelten die Verhandlungen als gescheitert. Dies hat zur Folge, dass die Beteiligung der Arbeitnehmer kraft Gesetzes erfolgt. Vgl. hierzu die Ausführungen zu den §§ 22 bis 33 SEBG und §§ 34 bis 38 SEBG.

2 Vgl. hierzu die Ausführungen zu § 11 SEBG.

3 So auch *Oetker* in: Lutter/Hommelhoff/Teichmann § 20 SEBG Rn 6.

4 Anders § 21 Abs. 1 EBRG, wonach ein Maximum von drei Jahren für die Vereinbarung gilt.

5 Ebenso *Oetker* in: Lutter/Hommelhoff/Teichmann § 20 SEBG Rn 9.

IV. Folgen ergebnisloser Verhandlungen

Gelingt es den Verhandlungsparteien nicht, innerhalb der vorgesehenen Verhandlungsdauer eine Vereinbarung über die Beteiligung der Arbeitnehmer zu treffen und fasst das BVG keinen Beschluss nach § 16 SEBG, wird nach Ablauf der Frist die Beteiligung der Arbeitnehmer in der SE kraft Gesetzes geregelt. 5

Nach Kapitel 2 des SEBG ist ein SE-Betriebsrat kraft Gesetzes[6] und die Mitbestimmung der Arbeitnehmer im Aufsichts- oder Verwaltungsrat der SE kraft Gesetzes[7] einzurichten. 6

Die Verhandlungsdauer von 6 Monaten bzw. einem Jahr muss nicht notwendig ausgeschöpft werden. Sind sich beide Verhandlungspartner bereits nach kurzer Verhandlungsdauer einig, dass die Verhandlung auch bei Ausschöpfung der höchstzulässigen Verhandlungsdauer keinen Erfolg versprechen, wäre es nicht nachvollziehbar, warum der Ablauf der höchstzulässigen Verhandlungsdauer abgewartet werden sollte, bis die SE eingetragen werden kann. Dieser Fall kann auch als Einigung auf die Anwendung der Auffangregelung angesehen werden.[8] Diese Auffassung wird durch die Regelung des § 22 Abs. 1 Nr. 1 SEBG gestützt, der die Vereinbarung der Anwendung der Regelungen über die Beteiligung der Arbeitnehmer kraft Gesetzes durch die Parteien ausdrücklich nennt. Streng genommen liegt dann allerdings keine Beteiligung kraft Gesetzes, sondern eine Vereinbarung vor, die die Regeln über die Beteiligung der Arbeitnehmer kraft Gesetzes zum Inhalt hat. 7

V. Streitigkeiten

Streitigkeiten über die Dauer der Verhandlungen insbesondere über Fristbeginn und Ablauf und die damit zusammenhängenden Folgen können nach § 2a Abs. 1 Nr. 3e ArbGG im arbeitsgerichtlichen Beschlussverfahren geklärt werden. Örtlich zuständig ist nach § 82 Abs. 3 ArbGG das Arbeitsgericht in dem Ort, an dem die SE ihren Sitz haben wird. 8

Teil 3
Beteiligung der Arbeitnehmer in der SE

Kapitel 1
Beteiligung der Arbeitnehmer kraft Vereinbarung

§ 21
Inhalt der Vereinbarung

(1) In der schriftlichen Vereinbarung zwischen den Leitungen und dem besonderen Verhandlungsgremium wird, unbeschadet der Autonomie der Parteien im Übrigen und vorbehaltlich des Absatzes 6, festgelegt:

1. **der Geltungsbereich der Vereinbarung, einschließlich der außerhalb des Hoheitsgebietes der Mitgliedstaaten liegenden Unternehmen und Betriebe, sofern diese in den Geltungsbereich einbezogen werden;**
2. **die Zusammensetzung des SE-Betriebsrats, die Anzahl seiner Mitglieder und die Sitzverteilung, einschließlich der Auswirkungen wesentlicher Änderungen der Zahl der in der SE beschäftigten Arbeitnehmer;**

---

6 Vgl. die §§ 22 bis 33 SEBG.
7 Vgl. die §§ 34 bis 38 SEBG.
8 So auch *Grobys* NZA 2005, 84, 88.

3. die Befugnisse und das Verfahren zur Unterrichtung und Anhörung des SE-Betriebsrats;
4. die Häufigkeit der Sitzungen des SE-Betriebsrats;
5. die für den SE-Betriebsrat bereitzustellenden finanziellen und materiellen Mittel;
6. der Zeitpunkt des Inkrafttretens der Vereinbarung und ihre Laufzeit; ferner die Fälle, in denen die Vereinbarung neu ausgehandelt werden soll und das dabei anzuwendende Verfahren.

(2) [1]Wenn kein SE-Betriebsrat gebildet wird, haben die Parteien die Durchführungsmodalitäten des Verfahrens oder der Verfahren zur Unterrichtung und Anhörung festzulegen. [2]Absatz 1 gilt entsprechend.

(3) [1]Für den Fall, dass die Parteien eine Vereinbarung über die Mitbestimmung treffen, ist deren Inhalt festzulegen. [2]Insbesondere soll Folgendes vereinbart werden:
1. die Zahl der Mitglieder des Aufsichts- oder Verwaltungsorgans der SE, welche die Arbeitnehmer wählen oder bestellen können oder deren Bestellung sie empfehlen oder ablehnen können;
2. das Verfahren, nach dem die Arbeitnehmer diese Mitglieder wählen oder bestellen oder deren Bestellung empfehlen oder ablehnen können und
3. die Rechte dieser Mitglieder.

(4) [1]In der Vereinbarung soll festgelegt werden, dass auch vor strukturellen Änderungen der SE Verhandlungen über die Beteiligung der Arbeitnehmer in der SE aufgenommen werden. [2]Die Parteien können das dabei anzuwendende Verfahren regeln.

(5) Die Vereinbarung kann bestimmen, dass die Regelungen der §§ 22 bis 33 über den SE-Betriebsrat kraft Gesetzes und der §§ 34 bis 38 über die Mitbestimmung kraft Gesetzes ganz oder in Teilen gelten.

(6) [1]Unbeschadet des Verhältnisses dieses Gesetzes zu anderen Regelungen der Mitbestimmung der Arbeitnehmer im Unternehmen muss in der Vereinbarung im Fall einer durch Umwandlung gegründeten SE in Bezug auf alle Komponenten der Arbeitnehmerbeteiligung zumindest das gleiche Ausmaß gewährleistet werden, das in der Gesellschaft besteht, die in eine SE umgewandelt werden soll. [2]Dies gilt auch bei einem Wechsel der Gesellschaft von einer dualistischen zu einer monistischen Organisationsstruktur und umgekehrt.

Übersicht

I. Allgemeines

Die Vorschrift, die Art. 4 Abs. 2, 3 und 4, sowie Art. 7 Abs. 1 Unterabs. 2 Buchstabe a) der Richtlinie umsetzt, enthält den Grundsatz der Verhandlungsfreiheit und legt den Rahmen fest, der trotz Autonomie zu beachten ist. Dabei werden verschiedene Modalitäten (Gründungsformen und Inhalte) bis hin zu strukturellen Änderungen der SE berücksichtigt. 1

Bei der Europäischen Genossenschaft finden sich weitgehend inhaltsgleiche Regelungen in Art. 4 Abs. 1 bis 4 und Art. 7 Abs. 1 Unterabs. 2 Buchstabe a) der SCE-Richtlinie, wobei der Fall struktureller Änderungen ausdrücklich in Art. 4 Abs. 2 Buchstabe b) erwähnt wird. Dementsprechend ist eine inhaltsgleiche Umsetzung in § 21 SCEBG erfolgt. Die Kodifizierungsrichtlinie (EU) 2017/1132 verweist in Art. 133 Abs. 3 (vormals Art. 16 Abs. 3 der Verschmelzungsrichtlinie) nur auf die Art. 4 Abs. 2 Buchstaben a), g) und h) und Abs. 3 sowie auf Artikel 7 Abs. 1 der SE-Richtlinie, da Information und Konsultation nicht Gegenstand des Verschmelzungsrechts sind. Dementsprechend beschränkt sich die Umsetzungsnorm des § 22 MgVG auf die Mitbestimmung der Arbeitnehmer.

II. Verhandlungspartner, Form und Rechtsnatur der Vereinbarung (Abs. 1)

Die Vereinbarung über die Ausgestaltung der Mitbestimmung der Arbeitnehmer erfolgt zwischen den Leitungen[1] der an der SE-Gründung beteiligten Unternehmen und dem BVG.[2] 2

Die Vereinbarung muss schriftlich erfolgen.[3] Diese von der Richtlinie in Art. 4 Abs. 2 vorgegebene Schriftform dient der Rechtssicherheit und ermöglicht den Nachweis gegenüber dem die SE eintragenden Registergericht, welches das Vorliegen einer Vereinbarung über die Beteiligung der Arbeitnehmer zu prüfen hat. Nach Art. 12 Abs. 2 SE-VO kann eine SE erst eingetragen werden, wenn eine Vereinbarung über die Beteiligung der Arbeitnehmer geschlossen worden ist, ein Beschluss über die Nichtaufnahme oder den Abbruch der Verhandlungen gefasst ist[4] oder die Verhandlungsfrist[5] abgelaufen ist, ohne dass eine Vereinbarung zustande gekommen ist.[6] 3

Mit der Vereinbarung wird zwischen den Vertragsparteien ein Kollektivvertrag sui generis geschlossen, eine Einstufung als Tarifvertrag oder Betriebsvereinbarung scheidet aus, da sie sich nicht als Vertrag zwischen Tarifvertragsparteien i.S.d. TVG einordnen lässt und das BVG auch keine einem Betriebsrat vergleichbare Institution darstellt.[7] Da die Vereinbarung über die Vertragsparteien hinaus auch für Dritte Geltung haben soll, handelt es sich zudem um eine Vereinbarung mit normativer Wirkung.[8] 4

---

1 Vgl. die Ausführungen zu § 4 Abs. 2 und 3 SEBG; *Jacobs* in: MÜKOAktG § 21 SEBG Rn 7 äußert rechtspolitische Bedenken und hält einen zustimmenden Beschluss der Hauptversammlung für wünschenswert.

2 Zur Zusammensetzung vgl. die Ausführungen zu § 5 SEBG; zur Bildung vgl. die Ausführungen zu §§ 8 ff.

3 Hierzu näher *Oetker* in: Lutter/Hommelhoff/Teichmann § 21 SEBG Rn 19; *Forst* Die Beteiligungsvereinbarung nach § 21 SEBG, S. 170f; *Jacobs* in: MÜKOAktG § 21 SEBG Rn 5.

4 Vgl. Hierzu die Ausführungen zu § 16 SEBG.

5 Vgl. hierzu die Ausführungen zu § 20 SEBG.

6 Zur arbeitnehmerlosen SE vgl. die Ausführungen zu § 4 SEBG Rn 1 sowie Zweiter Abschnitt, Zweiter Teil Rn 16.

7 *Oetker* in: Lutter/Hommelhoff/Teichmann § 21 SEBG Rn 24; *Hohenstatt/Müller-Bonanni* in: Habersack/Drinhausen § 21 SEBG Rn 4; *Kraushaar* AG 2008, 809, 814; *ders.* BB 2003, 1614, 1619; *Evers/Hartmann* in: Manz/Meyer/Schröder§ 21 SEBG Rn 6f.; *Scheibe* S. 92 ff; ausführlich zum Vergleich mit EBR-Vereinbarungen *Blanke* AG 2006, 493, 496; ArbG Stuttgart v 24.10.2007 12 BVGa 4/07 Rn 67; trotz rechtspolitischer Bedenken im Ergebnis zustimmend *Jacobs* in: MÜKOAktG § 21 SEBG Rn 9 ff.

8 *Oetker* in: Lutter/Hommelhoff/Teichmann § 21 SEBG Rn 26; *Scheibe* S. 98; *Evers/Hartmann* in: Manz/Meyer/Schröder § 21 SEBG Rn 8; *Hohenstatt/Müller-Bonanni* in: Habersack/Drinhausen § 21 SEBG Rn 4; mit Bedenken aber im Ergebnis auch *Jacobs* in: MÜKOAktG § 21 SEBG Rn 8; **aA** Hoops S. 41 ff, die einen kollektivrechtlichen Organisationsvertrag mit schuldrechtlicher Wirkung zugunsten Dritter annimmt.

III. Grundsatz der Verhandlungsfreiheit (Abs. 1)

5 § 21 Abs. 1 SEBG betont den Grundsatz der Verhandlungsfreiheit. Die Verhandlungspartner sind frei, die Beteiligung der Arbeitnehmer in der SE einvernehmlich zu gestalten.[9] Diese Autonomie ist dem deutschen Recht aus dem Europäischen Betriebsräte-Gesetz bekannt.[10]

6 Der Grundsatz der Verhandlungsfreiheit ist der Kerngedanke der Ausgestaltung der Beteiligung der Arbeitnehmer in der SE. Die Idee der Verhandlungslösung hat 1997 nach langer Zeit erheblicher Widerstände zum Durchbruch der Verhandlungen über die Richtlinie geführt.[11]

7 Verhandlungsfreiheit bedeutet, dass nicht nur in den an der Gründung der SE beteiligten Unternehmen bestehende Modelle der Beteiligung der Arbeitnehmer, sondern auch Mischformen, gänzlich neue Systeme oder auch der Verzicht auf die Mitbestimmung in den Unternehmensorganen der SE beschlossen werden kann. Der Gestaltungsfreiheit sind insofern keine Grenzen gesetzt, insbesondere muss keine Orientierung an der Beteiligung der Arbeitnehmer kraft Gesetzes[12] erfolgen. Ziel der Verhandlungen und der ihnen durch das Gesetz eingeräumten Freiheit ist es, einen sinnvollen Ausgleich zwischen den verschiedenen Interessen- und Rechtslagen der an der SE-Gründung beteiligten Unternehmen aus verschiedenen Mitgliedstaaten zu schaffen. So soll der künftigen SE eine optimale, den Bedürfnissen und Strukturen angepasste Ausgestaltung ermöglicht werden.

8 Diese Verhandlungsfreiheit gilt für alle Gründungsformen[13] der SE mit Ausnahme der Umwandlung in eine SE.[14]

IV. Mindestinhalt der Vereinbarung

9 Neben dem Grundsatz der Verhandlungsfreiheit enthält § 21 SEBG wenige Mindestvorgaben, über die in der Vereinbarung eine Aussage getroffen werden muss.[15] Trifft die Vereinbarung keine Aussage über diese Mindestvorgaben, ist die Vereinbarung fehlerhaft mit der Folge, dass die SE nicht eingetragen werden kann.

1. Geltungsbereich

10 Die erste Vorgabe, die in der Vereinbarung mindestens enthalten sein muss, betrifft ihren Geltungsbereich. Nach § 21 Abs. 1 Nr. 1 SEBG ist der Geltungsbereich der Vereinbarung, einschließlich eventueller einbezogener außerhalb der Mitgliedstaaten der Europäischen Gemeinschaft liegender Unternehmen und Betriebe festzulegen. Zwar kann eine SE grundsätzlich nur von Unternehmen aus den Mitgliedstaaten der Europäischen Gemeinschaft errichtet werden,[16] jedoch können z.B. internationale Konzernstrukturen die Einbeziehung auch außerhalb der Mitgliedstaaten der Europäischen Gemeinschaft liegender Unternehmen und Betriebe erforderlich

---

9 Dies bezeichnen *Heinze/Seifert/Teichmann* als unschätzbaren Vorteil, BB 2005, 2524, 2525.
10 Vgl. § 17 EBRG.
11 Zur Entstehungsgeschichte vgl. Erster Teil A, IV.
12 Vgl. die §§ 22 bis 33 SEBG über den SE-Betriebsrat kraft Gesetzes und die §§ 34 bis 38 über die Mitbestimmung kraft Gesetzes.
13 Eine SE kann durch Verschmelzung, Gründung einer Tochter oder Holding und durch Umwandlung erfolgen. Vgl. hierzu die Ausführungen im Ersten Teil B. II.
14 Zur Umwandlung vgl. die Ausführungen zu § 21 Abs. 6 SEBG.
15 Auch der Wortlaut in Art. 4 Abs. 2 der Richtlinie lässt keinen Zweifel, dass es sich um gesetzliche Mindestvorgaben handelt; eine Übersicht über die wesentlichen Inhalte von Beteiligungsvereinbarung findet sich im Anhang der Kommentierung zu § 21 SEBG.
16 Vgl. hierzu die Ausführungen zu § 3 SEBG.

machen.[17] Das Gesetz schließt diese Möglichkeit nicht aus. Meist wird der Europäische Wirtschaftsraum vereinbart.[18]

2. Unterrichtung und Anhörung

In der Vereinbarung muss nach § 21 SEBG ein Verfahren zur Unterrichtung und Anhörung[19] der Arbeitnehmer der SE festlegt werden. Dies kann durch die Errichtung eines SE-Betriebsrates[20] erfolgen oder durch ein anderes von den Verhandlungsparteien vorgesehenes Verfahren, welches die Unterrichtung und Anhörung der Arbeitnehmer der SE gewährleistet.[21] Auf ein Verfahren zur Unterrichtung und Abhörung der Arbeitnehmer der SE kann nicht verzichtet werden.[22] Dies ergibt sich eindeutig aus Erwägungsgrund 6, der für alle Fälle der Gründung der SE ein Unterrichtungs- und Anhörungsverfahren auf grenzüberschreitender Ebene vorsieht. Lediglich bei einem Beschluss des BVG nach § 16 SEBG die Verhandlungen gar nicht erst aufzunehmen oder begonnene Verhandlungen abzubrechen, kommen die nationalen Regelungen über die Unterrichtung und Anhörung zur Anwendung.[23] 11

a) SE-Betriebsrat

Soll ein SE-Betriebsrat gegründet werden, muss die Vereinbarung seine Zusammensetzung, die Anzahl seiner Mitglieder und die Sitzverteilung samt Auswirkungen wesentlicher Änderungen der Zahl der in der SE beschäftigten Arbeitnehmer enthalten.[24] Daneben sind Aussagen über die Befugnisse, das Verfahren der Unterrichtung und Anhörung des SE-Betriebsrats,[25] die Häufigkeit der Sitzungen[26] und die bereitzustellenden finanziellen und materiellen Mittel[27] erforderlich. 12

Damit sind die für die Arbeit des SE-Betriebsrats wesentlichen Rahmenbedingungen umrissen. Es ist nicht erforderlich, dass die Ausgestaltung (insbesondere die Befugnisse des SE-Betriebsrats) derjenigen entspricht, die in den Regelungen über den SE-Betriebsrat kraft Gesetzes in den §§ 23 bis 33 SEBG erfolgt ist. Abweichungen sind in allen Varianten denkbar und möglich; dies entspricht dem Grundsatz der Verhandlungsfreiheit. 13

Der Katalog von Mindestinhalten über den SE-Betriebsrat[28] ergibt sich aus Art. 4 Abs. 2 Buchstaben b) bis e) der Richtlinie und wird vom Umsetzungsgesetz in § 21 SEBG nahezu wörtlich übernommen. Nicht in der Richtlinie steht lediglich die in § 21 Abs. 1 Nr. 2 SEBG erfolgte Berücksichtigung der Auswirkungen wesentlicher Änderungen der Zahl der in der SE beschäftigten Arbeitnehmer. 14

---

17 Ebenso *Oetker* in: Lutter/Hommelhoff/Teichmann § 21 SEBG Rn 31; einschränkend *Forst* Die Beteiligungsvereinbarung nach § 21 SEBG, S. 192f.; kritisch *Thüsing* ZIP 2006, 1469, 1473; zu den Folgen des Austritts eines Mitgliedstaates aus der EU siehe *Löw/Stolzenberg* BB 2017, 248.
18 Vgl. Anhang zu § 21 SEBG.
19 Vgl. die Definitionen von Unterrichtung und Anhörung in § 2 Abs. 10 und 11 SEBG.
20 Vgl. die Definition in § 2 Abs. 7 SEBG und die Ausführungen zu § 23 SEBG zum SE-Betriebsrat kraft Gesetzes.
21 § 21 Abs. 2 SEBG.
22 Ebenso *Oetker* in: Lutter/Hommelhoff/Teichmann § 21 SEBG Rn 46; *Jacobs* in: MÜKOAktG § 21 SEBG Rn 17; **aA** *Herfs-Röttgen* NZA 2002, 358, 361, die sich auf die Autonomie der Parteien beruft und einen Vergleich zur Möglichkeit des BVG zieht, einen Beschluss über die Nichtaufnahme oder den Abbruch der Verhandlungen zu fassen.
23 Vgl. die Ausführungen zu § 16 SEBG.
24 § 21 Abs. 1 Nr. 2 SEBG.
25 § 21 Abs. 1 Nr. 3 SEBG.
26 § 21 Abs. 1 Nr. 4 SEBG.
27 § 21 Abs. 1 Nr. 5 SEBG.
28 Vgl. hierzu die Definition in § 2 Abs. 7 SEBG.

b) Sonstiges Verfahren zur Unterrichtung und Anhörung (Abs. 2)

15 Die Verhandlungsparteien sind nicht gezwungen, einen SE-Betriebsrat zu errichten. Entsprechend dem Grundsatz der Verhandlungsfreiheit kann auch ein anderes Verfahren zur Durchführung der Unterrichtung und Anhörung vereinbart werden. So kann z.B. wie aus dem Europäischen Betriebsräte-Gesetz bekannt,[29] statt eines zentralen Gremiums eine dezentrale Struktur gewählt werden. In diesem Fall erfolgt die Unterrichtung und Anhörung nicht gegenüber einem extra zu diesem Zweck gegründeten Gremium, sondern gegenüber den in den einzelnen Unternehmen und Betrieben bestehenden Arbeitnehmervertretungen.[30] Auch Mischformen oder die Bildung von Ausschüssen sind denkbar.

16 Doch wie dieses Verfahren letztendlich auch aussehen mag, es muss dieselben Mindestinhalte (Befugnisse, Verfahren etc.) gewährleisten, wie sie auch für den SE-Betriebsrat vorgeschrieben sind.

3. Inkrafttreten und Laufzeit der Vereinbarung, Neuverhandlungen

17 Ebenfalls zum Mindestinhalt einer Vereinbarung nach § 21 SEBG gehört der Zeitpunkt des Inkrafttretens der Vereinbarung, ihre Laufzeit und die Auflistung der Fälle, in denen die Vereinbarung neu ausgehandelt werden soll, einschließlich des bei der Neuaushandlung anzuwendenden Verfahrens.[31] Diese Umsetzung entspricht Art. 4 Abs. 2 Buchstabe h) der Richtlinie.

18 Die Regelung dient der Rechtssicherheit nicht nur zum Zeitpunkt der Gründung, sondern auch im weiteren Verlauf der Tätigkeit der SE. Deutlich wird dies z.B. am Fall der Renationalisierung nach Art. 66 SE-VO.

Beispiel:
Eine deutsche und eine österreichische mitbestimmte Gesellschaft verschmelzen zu einer SE mit Sitz in Großbritannien. Die Mitbestimmung in der SE beruht auf einer vor der Verschmelzung getroffenen Vereinbarung. Die mitbestimmte SE wandelt sich in eine nationale Gesellschaft britischen Rechts um, die nach den nationalen britischen Vorschriften keiner Mitbestimmung unterliegt.

19 Hier kann im Einzelfall ein Missbrauch nach § 43 SEBG vorliegen, der aber regelmäßig schwer zu beweisen sein dürfte. Möglicherweise liegt auch nur ein legaler Rechtsformwechsel vor. Um derartige Rechtsunsicherheiten zu vermeiden, empfiehlt es sich, in der Vereinbarung über die Beteiligung der Arbeitnehmer in der SE festzulegen, dass bei einem solchen Vorgehen neue Verhandlungen über die Beteiligung zu erfolgen haben. Dieser Gedanke hat in Europa Eingang gefunden und findet sich dementsprechend in Art. 133 Abs. 7 der Kodifizierungsrichtlinie (EU) 2017/1132[32] (vormals Art. 16 Abs. 7. der Verschmelzungsrichtlinie). Danach ist eine aus einer grenzüberschreitenden Verschmelzung hervorgehende mitbestimmte Gesellschaft verpflichtet, Maßnahmen zu ergreifen, um sicherzustellen, dass die Mitbestimmungsrechte der Arbeitnehmer im Falle nachfolgender innerstaatlicher Verschmelzungen während drei Jahren nach Wirksamwerden der grenzüberschreitenden Verschmelzung durch entsprechende Anwendung der Vorschriften des Art. 133 geschützt werden.[33]

---

29 § 19 EBRG.
30 Vgl. *Müller* EBRG § 19 EBRG Rn 1; mit Hinweis auf die mangelnde Praktikabilität *Jacobs* in: MÜKOAktG § 21 SEBG Rn 16.
31 Näher hierzu *Jacobs* in: MÜKOAktG § 21 SEBG Rn 24 ff; *Forst* Die Beteiligungsvereinbarung nach § 21 SEBG, S. 196f.
32 RL (EU) 2017/1132 v. 14.6.2017, ABl. L 169 v. 30.6.2017, S. 46.
33 Vgl. die Ausführungen zu § 30 MgVG Rn 2ff.

4. Vereinbarung über Mitbestimmung der Arbeitnehmer (Abs. 3)

Eine Vereinbarung über die Mitbestimmung der Arbeitnehmer in der SE ist nicht zwingend erforderlich.[34] Selbst wenn eine Vereinbarung zur Unterrichtung und Anhörung getroffen wird, folgt daraus nicht, dass auch eine Vereinbarung bezüglich der (Unternehmens)-Mitbestimmung erfolgen muss. Die Verhandlungsparteien können für die (Unternehmens)-Mitbestimmung auch die Auffangregelung zur Anwendung kommen lassen. Insoweit handelt es sich um eine Vereinbarung mit dem Inhalt der Auffangregelung.[35] 20

Wenn aber eine Vereinbarung über die Mitbestimmung der Arbeitnehmer in den Gesellschaftsorganen der SE getroffen wird, so ist nach § 21 Abs. 3 SEBG ihr Inhalt festzulegen.[36] 21

Der Inhalt umfasst neben der Zahl der Mitglieder des Aufsichts- oder Verwaltungsrats der SE, die die Arbeitnehmer wählen oder bestellen können oder deren Bestellung sie empfehlen oder ablehnen können, auch das Verfahren ihrer Wahl, Bestellung, Empfehlung oder Ablehnung und insbesondere die Festlegung ihrer Rechte. Ob die Vereinbarungsautonomie auch das Recht umfasst, eine Vereinbarung über die Größe des Aufsichtsorgans zu treffen,[37] ist umstritten.[38] Nach zutreffender Meinung zählt auch die Größe des Aufsichtsrats zu den Verhandlungsgegenständen, da diese mit der Zahl[39] der Mitglieder des Aufsichts- oder Verwaltungsrats der SE, die die Arbeitnehmer wählen oder bestellen können oder deren Bestellung sie empfehlen oder ablehnen können, unmittelbar zusammenhängt.[40] Ein Beschluss der Hauptversammlung z.B. über die Verkleinerung des Aufsichtsrats, hindert die Verhandlungspartner nicht, im Verhandlungswege zu einem anderen Ergebnis zu gelangen. Auch Art. 40 Abs. 3 Satz 1 und Art. 43 Abs. 2 Unterabs. 1 der SE-VO haben keinen Einfluss auf die Verhandlungsautonomie.[41] Sollte die Satzung insoweit eine andere Regelung als die Vereinbarung vorsehen, ist sie gem. Art. 12 Abs. 4 SE-VO an die Vereinbarung anzupassen.[42] In der Praxis hat es sich jedoch als schwierig herausgestellt eine im Vorfeld der SE-Gründung erfolgte Reduzierung der Gremien im Verhandlungswege rückgängig zu machen.[43] 22

Weitere Vorgaben z.B. zur Häufigkeit der Sitzungen macht das Gesetz hier, im Gegensatz zu den Vorgaben für die Unterrichtung und Anhörung, nicht. Der Bereich, in dem eine Ausgestaltung durch die Vereinbarung zwar nicht zwingend vorgeschrieben, aber im Ergebnis sinnvoll ist, ist dementsprechend weit. In Betracht kommt vor allem eine Vereinbarung über den ersten Aufsichts- oder Verwaltungsrat der SE bei Neugründung. Nach den gesellschaftsrechtlichen Vorschriften wird der erste Aufsichts- oder Verwaltungsrat der SE ohne Arbeitnehmervertreter gebildet.[44] Dies führt zu einer zeitlichen Verzögerung der Mitbestimmung der Arbeitnehmer, die im 23

---

34 *Oetker* in: Lutter/Hommelhoff/Teichmann § 21 SEBG Rn 51; *Jacobs* in: MÜKOAktG § 21 SEBG Rn 18; *Oetker* ZIP 2006, 1113, 1114.

35 Vgl. die Ausführungen zu § 34 SEBG Rn 3.

36 **AA** *Jacobs* in: MÜKOAktG § 21 SEBG Rn 34, der sich gegen einen Mindestinhalt ausspricht.

37 So *Teichmann* Der Konzern 2007, 89, 95; *Feldhaus/Vanscheidt* BB 2008, 2246, 2248; Oetker ZIP 2006, 1113 ff; *Seibt* ZIP 2010, 1058; LG Nürnberg-Fürth 8.7.2010- 1 HK 8471/09, ZIP 2010, 372; **aA** *Kallmeyer* AG 2003, 197, 199; *Jacobs* in FS K. Schmidt, 795, 804 f; *Jacobs* in: MÜKOAktG § 21 SEBG Rn 36 mwN; *Habersack* AG 2006, 345 ff; *Linden* S. 144.

38 Vgl. Zweiter Abschnitt, Erster Teil Rn 27.

39 Richtlinie und Umsetzungsgesetz sprechen hier ausdrücklich von „Zahl der Mitglieder" und nicht von „Anteil".

40 Ebenso *Güntzel* S. 224; *Evers/Hartmann* in: Manz/Meyer/Schröder § 21 SEBG Rn 38; *Oetker* ZIP 2006, 1113, 1115.

41 *Heinze/Seifert/Teichmann* BB 2005, 2524, 2525; *Oetker* ZIP 2006, 1113, 1117 f; zweifelnd *Krause* BB 2005, 1221, 1226; **aA** *Habersack* ZHR 2007, 613, 632; *Jacobs* in: MÜKOAktG § 21 SEBG Rn 36.

42 *Güntzel* S. 225; *Keller/Werner* WSI Mitteilungen 2007, 604, 609; LG Nürnberg-Fürth NZG 2010, 547, *Seibt* ZIP 2010, 1067; **aA** *Hohenstatt/Müller-Bonanni* in: Habersack/Drinhausen § 21 SEBG Rn 2; *Deilmann/Häferer* NZA 2017, 609.

43 *Keller/Werner* WSI Mitteilungen 2007, 604, 610, die mangelnde Machtressourcen des BVG als Grund hierfür sehen.

44 § 30 AktG.

Weg der Vereinbarung vermieden werden kann. Auch internationale Konzernstrukturen lassen sich im Wege der Vereinbarung berücksichtigen, indem z.B. Arbeitnehmervertreter aus Drittstaaten einbezogen werden. Von besonderem Interesse kann auch die Vereinbarung eines Kataloges von Geschäften sein, die der Zustimmung der Arbeitnehmervertreter bedürfen.

24 Damit sind die wesentlichen Rahmenbedingungen der Mitbestimmung der Arbeitnehmer in der SE abgedeckt. Die Umsetzung in § 21 Abs. 3 entspricht den Vorgaben der Richtlinie in Art. 4 Abs. 2 Buchstabe g). In der Unternehmenspraxis[45] spielen folgende Themen zwischen der Unternehmensleitung und dem BVG in den Verhandlungen über die Ausgestaltung der Beteiligung der Arbeitnehmer in der SE immer wieder eine wichtige Rolle:

- Soll die von der Hauptversammlung vor Eintritt in die Verhandlungen beschlossene Verkleinerung des Aufsichtsrats Verhandlungsgegenstand sein und gegebenenfalls im Verhandlungswege wieder rückgängig gemacht werden?
- Soll ein Arbeitsdirektor – mit welchen Kompetenzen – eingeführt werden?
- Wie viele stellvertretende Aufsichts- bzw. Verwaltungsratsvorsitzenden soll es geben und wie soll ihre Wahl erfolgen?
- Welche Rechte sollen der Aufsichtsrat gegenüber dem Vorstand und der Hauptversammlung eingeräumt werden?
- Wie soll die Besetzung der Aufsichtsrats- bzw. Verwaltungsratsausschüsse erfolgen und mit welchen Rechten sollen die Ausschüsse ausgestattet werden?
- Soll eine Anpassung der Beteiligungsvereinbarung bei strukturellen Änderungen erfolgen?
- Wie wird die Sicherung der Arbeitnehmerrechte bei Sitzverlegungen ausgestaltet?

25 Die Autonomie der Verhandlungen umfasst auch die Festlegung des Verhältnisses der Arbeitnehmervertreter zu den Anteilseignervertretern im Aufsichtsrat.[46] Auch besteht die Möglichkeit eine Vereinbarung über einen bestimmten Geschlechteranteil im Aufsichts- oder Verwaltungsorgan zu treffen. Das SEBG selbst enthält zwar keine Regelung zur Geschlechterquote,[47] eine entsprechende Vereinbarung kann aber zur Gesamterfüllung einer Geschlechtervorgabe aus §§ 17 Absatz 2 und 24 Abs. 3 SEAG beitragen.[48] Der Gesetzgeber ging bei der Einführung der Geschlechterquote in der SE[49] davon aus, dass die Verhandlungspartner ihre Vereinbarungsautonomie zur Erreichung der Geschlechterquote in einer paritätisch mitbestimmten börsennotierten SE nutzen werden.[50] Dabei können die Verhandlungspartner auch vereinbaren, dass beide Bänke im Aufsichtsrat die Geschlechterquote getrennt zu erfüllen haben[51].

Darüber hinaus sind weitere Inhalte wie z.B. Neuverhandlungen bei Überschreiten bestimmter Arbeitnehmerzahlen möglich[52], wenn auch nicht immer zwingend. Nicht möglich dürfte dagegen eine Vereinbarung sein, die die Verschwiegenheitspflicht abweichend von der Regelung in § 41 SEBG ausgestaltet. Ein Verstoß gegen die Verschwiegenheitspflicht des § 41 Absatz 2 SEBG ist nach § 45 SEBG strafbewehrt, was eine Möglichkeit zur Änderung der Verpflichtung zur Verschwiegenheit ausschließt.

---

45 Zu typischen Regelungsbeispielen vgl. Rn 50 ff; *Rose/Köstler* S. 31 ff.
46 *Kiefner/Friebel* NZG 2010, 539.
47 Zu rechtlichen Bedenken gegen eine Quotenvorgabe für die SE vgl. *Kleinsorge* in: WKS EU-Recht, Rn 61 ff m.w.N.
48 *Jacobs* in: MÜKOAktG § 21 SEBG Rn 3.
49 Zur Entstehung vgl die Ausführungen unter GesR SE Rn 141 ff.
50 BR-Drucks. v. 29.12.2014 636/14 S. 162; näher *Kleinsorge* in: WKS MitbestR, EU-Recht, Rn 68 ff.
51 Zum Streit, ob der Gesetzgeber nur eine Gesamterfüllung der Geschlechterquote in der SE regeln wollte vgl. *Teichmann/Rüb* BB 2015, 898, 904.
52 *Löw/Stolzenberg* BB 2017, 249.

V. Strukturelle Änderungen (Abs. 4)[53]

Die als Soll-Vorschrift ausgestaltete Regelung des § 21 Abs. 4 SEBG greift den Fall struktureller Änderungen nach erfolgter Gründung einer SE auf. 26

Die Verhandlungsparteien werden aufgefordert, schon im Gründungsprozess mögliche strukturelle Änderungen zu berücksichtigen. Bereits in diesem frühen Stadium besteht die Möglichkeit, das Verfahren festzulegen, nach dem Neuverhandlungen ablaufen sollen, die nach § 18 Abs. 3 SEBG bei strukturellen Änderungen der SE stattzufinden haben.[54] 27

Die Regelung hat keine ausdrückliche Entsprechung in Art. 4 der Richtlinie, lässt sich aber aus Art. 4 Abs. 2 Buchstabe h) ableiten, so dass sich die Verhandlungsparteien Gedanken über derartige Fälle machen müssen. Vor allem Erwägungsgrund 18 befasst sich mit der Thematik von strukturellen Änderungen. Hiernach soll nicht nur bei Neugründungen, sondern auch bei strukturellen Änderungen einer bereits gegründeten SE die Sicherung erworbener Rechte der Arbeitnehmer im Wege einer Vorher-Nachher-Betrachtung[55] erfolgen. 28

Den zum fundamentalen Grundsatz der Richtlinie erklärten Schutz erworbener Rechte berücksichtigt die Vorschrift des § 18 Abs. 3 SEBG, indem sie neue Verhandlungen vorsieht, wenn strukturelle Änderungen der SE geeignet sind, Beteiligungsrechte der Arbeitnehmer der SE zu mindern. Dies ist insbesondere dann der Fall, wenn sich die Arbeitnehmerzahlen der SE verändern,[56] z.B. durch die Veräußerung oder den Hinzukauf von Unternehmensteilen. Das Überschreiten nationaler Schwellen für das Eingreifen der (Unternehmens-)Mitbestimmung führt aber nicht automatisch zum Erfordernis der Nachverhandlung. Erst wenn das Anwachsen der Arbeitnehmerzahl zu einer strukturellen Änderung der SE führt, sind erneute Verhandlungen angezeigt. § 18 Abs. 3 SEBG kann durch die Vereinbarung nicht abbedungen werden.[57] 29

Eine Einigung über den Ablauf des Verfahrens in derartigen Fällen trägt dazu bei, mögliche spätere Umstrukturierungen in Hinblick auf die Frage der Ausgestaltung der Beteiligung der Arbeitnehmer schneller und rechtssicherer durchzuführen. So kann beispielsweise in der Vereinbarung festgelegt werden, dass kein neues BVG gebildet werden muss, sondern der SE-Betriebsrat (gegebenenfalls ergänzt um hinzukommende Arbeitnehmer) als Verhandlungspartner der SE-Leitung fungieren soll. Damit könnte der organisatorische Aufwand auf dem Weg zu einer neuen, den veränderten Umständen angepassten Vereinbarung über die Ausgestaltung der Beteiligung der Arbeitnehmer in der SE verringert werden. 30

VI. Vereinbarung über Anwendbarkeit der Auffangregelung als Verhandlungsergebnis (Abs. 5)

Ein mögliches Verhandlungsergebnis kann auch die Anwendbarkeit der Regelungen über den SE-Betriebsrat kraft Gesetzes[58] oder die Mitbestimmung kraft Gesetzes[59] sein. Auch nur Teile dieser Regelungen können als Vereinbarungsinhalt beschlossen werden. In diesen Fällen kommt es nicht zur sogenannten Auffangregelung,[60] sondern es liegt eine Vereinbarung vor, deren Inhalt mit den gesetzlichen Vorschriften für den Fall gescheiterter Verhandlungen übereinstimmt. 31

53 Vgl. auch die Ausführungen zu § 18 Abs. 3 SEBG.
54 Die gesetzliche Regelung des § 18 Abs. 3 SEBG kann nicht abbedungen werden.
55 Vgl. hierzu auch die Ausführungen im Ersten Teil B. III.
56 Vgl. die Ausführungen zu § 18 Abs. 3 SEBG.
57 Ebenso *Jacobs* in: MÜKOAktG § 21 SEBG Rn 58; a.A *Hohenstatt/Müller-Bonanni* in: Habersack/Drinhausen § 21 SEBG Rn 29.
58 §§ 22 bis 33 SEBG.
59 §§ 34 bis 38 SEBG.
60 Vgl. hierzu im Ersten Teil B. III und die Ausführungen zu den §§ 22 bis 38 SEBG.

VII. Vereinbarung im Umwandlungsfall (Abs. 6)

32 Der Gründungsfall der Umwandlung einer nationalen Gesellschaft in eine SE bildet in Bezug auf die Möglichkeit der freien Ausgestaltung einer Vereinbarung einen Ausnahmefall. Bei der Umwandlung in eine SE ändert sich nichts an der Belegschaftsstruktur im Unternehmen. Es gibt daher auch keinen Grund, die bisherigen Beteiligungsrechte der Arbeitnehmer zu verändern.

33 Dementsprechend legt die Richtlinie in Art. 4 Abs. 4 einen strengen Bestandsschutz an: Alle Komponenten der Arbeitnehmerbeteiligung in der durch Umwandlung gegründeten SE müssen zumindest das gleiche Ausmaß gewährleisten, das in der Gesellschaft besteht, die in eine SE umgewandelt werden soll.

34 § 21 Abs. 6 SEBG setzt diese Vorgabe um. Die in § 21 Abs. 1 SEBG enthaltene Verhandlungsfreiheit ist für den Gründungsfall der Umwandlung in eine SE mithin eingeschränkt. Durch eine Vereinbarung wäre zwar eine Verbesserung der Beteiligungsrechte der Arbeitnehmer möglich, nicht aber eine Verschlechterung.[61] In der Gesetzesbegründung wird ausdrücklich klargestellt, dass nicht nur der zahlenmäßige Anteil der Arbeitnehmervertreter im Aufsichts- oder Verwaltungsorgan zu gewährleisten ist, sondern auch alle weiteren Komponenten der Arbeitnehmerbeteiligung, die vor der Umwandlung bestanden haben. Damit sind insbesondere konkret bestehende Mitbestimmungsrechte gemeint.

35 Dies ist besonders wichtig für einen Wechsel der Organisationsstruktur (dualistisch oder monistisch) der Gesellschaft.

36 Im dualistischen System besteht neben einem Leitungsorgan (Vorstand/Geschäftsführung), das für die Leitung der Gesellschaft, die Geschäftsführung und die Vertretung der Gesellschaft zuständig ist, ein spezielles Aufsichtsorgan (Aufsichtsrat). Der Aufsichtsrat hat als zentrale Aufgabe die Kontrolle und Überwachung des Leitungsorgans. Die Mitbestimmung der Arbeitnehmer erfolgt durch ihre Mitgliedschaft im Aufsichtsrat.[62]

37 Im monistischen System gibt es dagegen nur ein Verwaltungsorgan (Verwaltungsrat/Board), das sowohl für die Leitung der Gesellschaft als auch für die Kontrolle zuständig ist. Einige Rechtsordnungen unterscheiden dabei zwischen geschäftsführenden Mitgliedern und solchen, die im Wesentlichen für die Kontrolle zuständig sind. Die Arbeitnehmervertreter sind im monistischen System Mitglieder im Verwaltungsrat/Board.[63]

38 Die interne Organisation, die Aufgabenverteilung und die Rechtspositionen der Mitglieder sind sowohl beim monistischen als auch beim dualistischen System in den jeweiligen Mitgliedstaaten unterschiedlich ausgestaltet. Zudem haben die Gesellschaften einen großen eigenen Gestaltungsspielraum. Ein allgemeiner Vergleich der Qualität der Mitbestimmung der Arbeitnehmer in den einzelnen Systemen ist daher äußerst schwierig.

39 So stehen einem Aufsichtsrat eines deutschen Unternehmens Informations-, Kontroll- und auch Entscheidungsrechte zu. Im deutschen Aktienrecht umfasst die Kontrollaufgabe des Aufsichtsrats neben der Rechtmäßigkeit auch die Ordnungsgemäßheit, die Wirtschaftlichkeit und die Zweckmäßigkeit der Geschäftsführung. Das zentrale Entscheidungsrecht des Aufsichtsrats besteht in der Bestellung oder Abberufung der Vorstandsmitglieder. Der Aufsichtsrat hat zudem die Möglichkeit, bestimmte Geschäfte von seiner Zustimmung abhängig zu machen. Die Satzung kann einen Katalog zustimmungsbedürftiger Geschäfte enthalten. Dies sind in der Regel wichtige und zentrale Entscheidungen, wie z.B. Investitionsplanungen oder Kreditaufnahmen. Hierdurch besteht die Möglichkeit, auf die Führung der Geschäfte Einfluss zu nehmen.

40 Im monistischen System ist die Einbeziehung der Arbeitnehmervertreter in Entscheidungsprozesse in der Regel direkter. Durch die unmittelbare Mitgliedschaft in dem Organ, das auch die

---

61 Ebenso *Jacobs* in: MÜKOAktG § 21 SEBG Rn 55.

62 Vgl. hierzu die Ausführungen zum Zweiten Teil C. I.

63 Vgl. hierzu die Ausführungen zum Zweiten Teil C. II.

Geschäfte führt, sind die Arbeitnehmervertreter beim monistischen System im Vergleich zu denjenigen beim dualistischen System intensiver an den Entscheidungen beteiligt und schneller über wichtige Fragen informiert, was nicht zuletzt auch darin begründet ist, dass der Verwaltungsrat häufiger tagt als der Aufsichtsrat. Allerdings kann es auch sein, dass die Arbeitnehmervertreter trotz Mitgliedschaft im Verwaltungsrat in bestimmten Bereichen an wichtigen Entscheidungen nicht beteiligt sind.

Eine allgemein gültige Aussage über die Qualität der Mitbestimmung der Arbeitnehmer in Abhängigkeit von monistischem oder dualistischem System kann daher nicht getroffen werden.[64] **41**

Auch hinsichtlich der Frage, ob im Gründungsfall der Umwandlung nur der Anteil der Arbeitnehmervertreter im Aufsichts- oder Verwaltungsrat oder auch die konkrete Anzahl der Arbeitnehmervertreter gesichert ist, ist die Auslegung der sowohl in der Richtlinie als auch im Umsetzungsgesetz enthaltenen Formulierung des gleichen Ausmaßes in Bezug auf alle Komponenten der Arbeitnehmerbeteiligung entscheidend. **42**

Nach einer Auffassung sind unter „Komponenten der Arbeitnehmerbeteiligung" die in der Definition des Artikels 2 Buchstabe h) der Richtlinie genannten Formen Unterrichtung, Anhörung und Mitbestimmung zu verstehen. Folglich kann im Wege der Vereinbarung die bisherige Anzahl der Arbeitnehmervertreter im Aufsichts- oder Verwaltungsrat durch eine entsprechende Bestimmung in der Satzung reduziert werden, wenn nur der gleiche Anteil an Arbeitnehmervertretern gesichert ist.[65] Die konkrete Anzahl der Arbeitnehmervertreter ist damit auch im Umwandlungsfall nicht gesichert.[66] **43**

Diese enge Auslegung wird jedoch dem Wortlaut der Richtlinienvorgaben nicht gerecht.[67] Dass der Europäische Gesetzgeber mit „Komponenten der Arbeitnehmerbeteiligung" nicht die Unterrichtung, Anhörung und Mitbestimmung gemeint hat, zeigt der Vergleich mit der Wortwahl bei der Auffangregelung im Anhang der Richtlinie in Teil 3 Buchstabe a). Dort wird von „allen Komponenten der Mitbestimmung" gesprochen und damit deutlich gemacht, dass mit Komponenten nicht die Mitbestimmung selbst, sondern einzelne Bestandteile von ihr gemeint sind. Solche Bestandteile sind z.B. die Zusammensetzung des Aufsichtsrats mit internen und externen Arbeitnehmervertretern oder die Aufteilung der internen Arbeitnehmervertreter nach leitenden Angestellten und sonstigen Arbeitnehmervertretern oder auch die konkrete Anzahl der Arbeitnehmervertreter im Aufsichts- oder Verwaltungsrat. **44**

Dieser auf den Wortlaut gestützten Auslegung entspricht auch der Wille des europäischen Gesetzgebers, die Arbeitnehmerrechte im Umwandlungsfall stärker zu schützen als bei anderen Gründungsformen.[68] In Erwägungsgrund 10 der Richtlinie ist ausdrücklich angesprochen, dass die Gefahr von Mitbestimmungsverlusten im Fall der Umwandlung oder Verschmelzung stärker ist als bei anderen Gründungsformen. Dadurch, dass der Gesetzgeber der Umwandlung im Unterschied zu den Gründungsformen Verschmelzung und Gründung einer Holding oder Tochtergesellschaft eigene Regelungen in eigenen Absätzen mit einem sonst für die Richtlinie untypi- **45**

64 In Art. 133 Abs. 4 Buchstabe c) der RL (EU) 2017/1132 des Europäischen Parlamentes und des Rates über bestimmte Aspekte des Gesellschaftsrechts wird den Mitgliedstaaten mit monistischer Organisationsstruktur gestattet, den Anteil der Arbeitnehmervertreter im Verwaltungsorgan zu begrenzen – (vormals Art. 16 Abs. 4 Buchstabe c) der Verschmelzungsrichtlinie 2005/56/EG).

65 *Oetker* in: FS für Rolf Birk, S. 557, 569 ff; *Jacobs* in: MÜKOAktG § 21 SEBG Rn 54; *Hohenstatt/Müller-Bonanni* in: Habersack/Drinhausen § 21 SEBG Rn 32; *Evers/Hartmann* in: Manz/Meyer/Schröder § 21 SEBG Rn 43; *Deilmann/Häferer* NZA 2017, 613.

66 Differenzierend *Nagel* AuR 2007, 329, 330 f, wonach die Anzahl der Arbeitnehmervertreter Verhandlungsgegenstand bei einer Umwandlung sein kann, bei Eingreifen der Auffangregelung hingegen die konkrete Anzahl der Arbeitnehmervertreter nicht verändert werden darf.

67 Ebenso *Güntzel* S. 224, 230, 232; vgl. auch Zweiter Abschnitt, Erster Teil Rn 27.

68 Zur Historie vgl. *Güntzel* S. 253.

schen Wortlaut[69] zugesprochen hat, deutet auch eine systematische Auslegung darauf hin, dass diese Gründungsform anders, im Sinne der Sicherung der Mitbestimmungsrechte der Arbeitnehmer strenger zu behandeln ist als die übrigen Gründungsformen.[70]

VIII. Streitigkeiten

46 Streitigkeiten über Inhalt, Gültigkeit und Nichteinhaltung der Vereinbarung können nach § 2a Abs. 1 Nr. 3e ArbGG im arbeitsgerichtlichen Beschlussverfahren geklärt werden. Örtlich zuständig ist nach § 82 Abs. 3 ArbGG das Arbeitsgericht, an dem die SE ihren Sitz nehmen wird bzw. genommen hat.

47 Wird nach erfolgter Eintragung der SE die Ungültigkeit der Vereinbarung festgestellt, so ist unverzüglich eine neue Vereinbarung anzustreben.

48 Ist eine getroffene Vereinbarung lückenhaft, weil sie z.B. nicht den Mindestinhalten genügt, führt dies nicht automatisch zu ihrer Ungültigkeit. Angesichts der Folgen einer unwirksamen Vereinbarung sollte zunächst ermittelt werden, ob die Lücken nicht durch entsprechende Auslegung gefüllt werden können. Da es sich bei der Vereinbarung um einen Kollektivvertrag mit normativer Wirkung handelt,[71] liegt eine objektive Auslegung nahe.[72] Die gesetzliche Auffangregelung wird als Anhaltspunkt dienen können, wenn nicht ein ausdrücklich entgegenstehender Wille einer der Verhandlungspartner bekannt ist. Dies entspricht auch § 1 Abs. 3 SEBG wonach die Auslegung des SEBG so zu erfolgen hat, dass die Ziele der Europäischen Gemeinschaft, die Beteiligung der Arbeitnehmer in der SE sicherzustellen, gefördert werden.[73]

49 Streitigkeiten, die bei der Wahl der Mitglieder des BVG entstehen, sind nach § 2a Abs. 1 Nr. 3e ArbGG vor den Arbeitsgerichten im Beschlussverfahren nach § 80 ff ArbGG zu entscheiden. Örtlich zuständig ist nach § 82 Abs. 3 ArbGG das Arbeitsgericht am zukünftigen Sitz der Gesellschaft.

IX. Anhang – Typische Inhalte von Beteiligungsvereinbarungen

50 Am Beginn der Vereinbarung werden oft in einer Präambel oder Vorbemerkung die Ziele der SE-Gründung dargestellt und die Verhandlungspartner (Leitungen und Besonderes Verhandlungsgremium, BVG) benannt.

51 Was den Geltungsbereich der Vereinbarung angeht, wird meist der Europäische Wirtschaftsraum vereinbart, also die EU plus Norwegen, Island und Liechtenstein. Hinzu kommen zum Teil die Schweiz und andere Staaten, seltener auch Russland. Betriebe der SE oder ihrer Tochtergesellschaften, die außerhalb des Geltungsbereichs liegen werden zum Teil explizit von der Geltung ausgenommen.

52 Die Wahl der monistischen Verwaltungsratsstruktur oder der dualistischen Struktur mit Vorstand und Aufsichtsrat wird in der Satzung getroffen. Sie wird in der Vereinbarung meist deklaratorisch wiederholt.

---

69 Komponenten der Arbeitnehmerbeteiligung.

70 Zustimmend hinsichtlich des nach Wortlaut, Systematik und Entstehungsgeschichte besonderen Schutzniveaus jedoch im Ergebnis gegen die Sicherung der absoluten Zahl der Arbeitnehmervertreter *Teichmann* ZIP 2014, S. 1055.

71 Vgl. die Ausführungen zu § 21 SEBG Rn 4.

72 Ebenso *Oetker* in: Lutter/Hommelhoff/Teichmann § 21 SEBG Rn 92 ff; *Scheibe* S. 102.

73 Vgl. die Ausführungen zu § 1 SEBG Rn 5 ff.

1. Wahlverfahren zum SE-Betriebsrat

Ein wichtiger Punkt der Vereinbarung sind die Modalitäten der Wahl der Arbeitnehmervertreter in den SE-Betriebsrat. Eingangs wird meist festgestellt, dass nur Arbeitnehmer der SE und ihrer Tochtergesellschaften aktiv und passiv wahlberechtigt sind. Zum Teil wird ergänzt, dass sie vor der Wahl eine bestimmte Zahl von Monaten oder ein Jahr beschäftigt gewesen sein müssen. Maßgeblich ist meist der Beginn des Wahlverfahrens. 53

Die Einleitung der Wahl kann Sache des Vorstandes oder des SE-Betriebsrats bzw. des Geschäftsführenden Ausschusses sein. In jedem Fall hat der Vorstand die erforderlichen Informationen wie z.B. die jeweiligen Arbeitnehmerzahlen in den betroffenen Ländern zu einem vereinbarten Stichtag zur Verfügung zu stellen. 54

Das eigentliche Wahlverfahren ist meist umfangreich geregelt, auch wenn im Grundsatz auf die Auffangregelung des SEBG und damit auf das für das BVG geltende Wahlverfahren zurückgegriffen wird. Ein eigenes Wahlverfahren kann z.B. die Zusammenfassung von Ländern mit geringeren Arbeitnehmerzahlen in Regionen vorsehen, die jeweils vor dem Beginn der Wahl neu abgegrenzt werden müssen. Auch werden z.T. Schwellenwerte vereinbart, wonach nur Länder mit einer Mindestarbeitnehmerzahl für die Wahl berücksichtigt werden. Es kann auch schlicht vereinbart werden, dass eine fest bestimmte Zahl von Sitzen nach dem Grundsatz der Verhältniswahl aufgeteilt wird. Dann ist es – vor allem bei kleiner Sitzzahl – möglich, dass ein erheblicher Teil der betroffenen Länder nicht im SE-Betriebsrat vertreten ist. In großen Konzernen kann es zu einer Mitgliederzahl des SE-Betriebsrats von über 30 kommen, was zu einer Verlagerung von großen Teilen der Arbeit auf den Geschäftsführenden Ausschuss führen kann. Wenn der SE-Betriebsrat aus nur 3 oder 5 Mitgliedern besteht, kann sich die Bildung eines Geschäftsführenden Ausschusses erübrigen. 55

In jedem Fall ist es zweckmäßig, die Funktion von stellvertretenden Mitgliedern des SE-Betriebsrats und die Wahlmodalitäten festzulegen. Es kann persönliche Stellvertreter geben, die Stellvertreter können auch aus einer Liste von „Nachrückern" nach Bedarf abgerufen werden. Die Stellvertreter können je nach Sitzung nachrücken, wenn ein Mitglied des SE-Betriebsrats verhindert ist. Das Nachrücken kann auf den Fall begrenzt werden, dass ein Mitglied des SE-Betriebsrats ausscheidet. Man spricht dann besser von Ersatzmitgliedern. 56

2. Arbeitsweise des SE-Betriebsrats

Die Abstimmung im SE-Betriebsrat kann nach Köpfen erfolgen. Dann ist zu regeln, ob die Mehrheit der Mitglieder des SE-Betriebsrats erreicht werden muss oder ob es ausreicht, wenn die Zahl der Ja-Stimmen die der Nein-Stimmen übersteigt. Zu klären ist auch, wie Enthaltungen gewertet werden. Sie können, wenn es für die Mehrheitsbildung ausreichen soll, dass die Zahl der Ja-Stimmen die der Nein-Stimmen übersteigt, schlicht ignoriert werden. Sie können auch als Nein-Stimmen gewertet werden. 57

Es kann auch wie bei den Abstimmungen im BVG vereinbart werden, dass in der erforderlichen Mehrheit die Mehrheit der Köpfe und die der vertretenen Arbeitnehmer enthalten sein muss (doppelte Mehrheit). Hierbei kann die doppelte Mehrheit der Mitglieder und der von allen Mitgliedern vertretenen Arbeitnehmer oder die doppelte Mehrheit von Ja- gegenüber den Nein-Stimmen sowohl der Köpfe als auch der vertretenen Arbeitnehmer für erforderlich erklärt werden. 58

Für die Wahlanfechtung, die im SEBG nicht speziell geregelt ist, kann auf § 19 des Betriebsverfassungsgesetzes verwiesen werden. Voraussetzung für den Erfolg der Anfechtung ist dann, dass gegen wesentliche Vorschriften über das Wahlrecht, die Wählbarkeit oder das Wahlverfahren verstoßen wurde. Zum Teil wird die Anfechtungsfrist festgelegt, entweder § 19 Abs. 2 BetrVG folgend auf 2 Wochen oder der Regelung für die Wahl der Aufsichtsratsmitglieder in § 37 Abs. 2 SEBG entsprechend auf einen Monat. 59

60 Die Abberufung bzw. der Ausschluss von Mitgliedern des SE-Betriebsrats wird oft auf grobe Pflichtverletzung beschränkt. Dann werden auch besondere Mehrheiten im SE-Betriebsrat verlangt, etwa die Zweidrittelmehrheit der Köpfe oder die doppelte Zweidrittelmehrheit von Köpfen und vertretenen Arbeitnehmern. Der Ausschluss von Mitgliedern des SE-Betriebsrats durch das zuständige Arbeitsgericht kann auf Antrag des SE-Betriebsrats – wiederum häufig mit qualifizierter Mehrheit – oder des Vorstands oder beider beantragt werden.

61 Die meisten Vereinbarungen regeln den Sitzverlust, wenn ein Mitglied des SE-Betriebsrats aus der SE oder einer ihrer Tochtergesellschaften ausscheidet oder das Mandat niederlegt, was zum Nachrücken des Ersatzmitglieds führt. Der Neueintritt von Mitgliedern ist je nach Vereinbarung möglich, wenn sich die Verhältnisse der Arbeitnehmerzahlen während der Amtszeit des SE-Betriebsrats erheblich ändern. Meist bleiben dann die Sitze der bereits gewählten Mitglieder erhalten.

62 Was den Vorsitz im SE-Betriebsrat angeht, werden vielfach zwei Stellvertreter vorgesehen, zum Teil deshalb, um einen bestimmten Länderproporz zu ermöglichen. Dies kann auch dadurch abgesichert werden, dass die Zusammensetzung aus Vertretern unterschiedlicher Länder vorgeschrieben wird.

63 Meist werden zusätzliche Mitglieder des SE-Betriebsrats in den Geschäftsführenden Ausschuss gewählt. Auch hier kann bestimmt werden, dass diese aus unterschiedlichen Ländern kommen müssen.

64 Zur Abgrenzung der Befugnisse des SE-Betriebsrats und des Geschäftsführenden Ausschusses (GA) gibt es unterschiedliche Lösungsmöglichkeiten. Der GA kann auf die laufenden Geschäfte beschränkt sein, er kann darüber hinaus für dringliche Geschäfte zuständig sein, wie dies auch der Abgrenzung der Informationsrechte im SEBG entspricht. Die zusätzliche Zuständigkeit des GA kann vorläufig sein. Dann muss sich der SE-Betriebsrat zusätzlich mit der Angelegenheit befassen. Dem GA können auch besondere Initiativrechte zugesprochen werden.

65 Nach der Auffangregelung in § 28 SEBG tagt der SE-Betriebsrat mindestens einmal jährlich. Diese Zahl der sog. ordentlichen Sitzungen wird vielfach auf zwei ausgeweitet. Der GA tagt oft jeweils vor diesen Sitzungen und zusätzlich ein oder zweimal. Die Frage ist wegen der entstehenden Kosten oft in den Verhandlungen umstritten.

66 Zum Inhalt der dem SE-Betriebsrat zu erteilenden regelmäßigen und außerordentlichen Informationen sind Abweichungen von den Auffangvorschriften im SEBG häufig. Hinzu können Verfahrensregelungen zur Konsultation kommen, welche die rechtzeitige Information und etwaige Einspruchsmöglichkeiten und –fristen sicherstellen. Die Einrichtung einer Einigungsstelle nach dem Muster des BetrVG ist bisher nicht bekannt geworden. Zum Teil wird ein spezieller Katalog zu Informationsrechten im Zusammenhang mit Unternehmensübernahmen und Kapitalbeteiligungen vereinbart.

67 Initiativrechte des SE-Betriebsrats oder gemeinsame Initiativrechte von Vorstand und SE-Betriebsrat können vereinbart werden, etwa zur Weiterbildung oder zum Thema Stress am Arbeitsplatz.

68 Für die Weiterbildung der Mitglieder des SE-Betriebsrats sieht § 31 SEBG das Kriterium der Erforderlichkeit vor, auf das auch in den Vereinbarungen meist nicht verzichtet wird. Es geht um Schulungen für die Arbeit des SE-Betriebsrats und sonstige Fortbildungen. Zum Teil entscheidet der SE-Betriebsrat oder der GA selbst über die Erforderlichkeit. Für die Weiterbildung der Arbeitnehmer gilt, soweit sie geregelt wird, meist ebenfalls die Erforderlichkeit. Zu beiden Fragen kann auf eine umfangreiche Rechtsprechung des BAG zurückgegriffen werden.

69 Dass der SE-Betriebsrat oder der GA Sachverständige (auch Gewerkschaftsvertreter) hinzuziehen können, soweit dies zur ordnungsgemäßen Erfüllung ihrer Aufgaben erforderlich ist, folgt aus der Auffangregelung in § 32 SEBG. Auf sie wird vielfach verwiesen, zum Teil mit zahlenmäßigen Beschränkungen.

An den Sitzungen des SE-Betriebsrats nehmen in der Regel Dolmetscher teil, soweit in der Vereinbarung nicht Englisch oder Deutsch als Sitzungssprache für alle festgelegt werden. Letzteres ist möglich, wenn alle Teilnehmer aus deutschsprachigen Ländern kommen. Englisch als Sitzungssprache ohne Dolmetscher ist selten. Die SE-Materie ist kompliziert und mit juristischen Fachbegriffen aufgeladen, auf die sich bestimmte Dolmetscherteams spezialisiert haben. Umstritten und zum Teil in den Vereinbarungen nicht eindeutig geklärt ist die Frage, in wie viele Sprachen gedolmetscht werden muss. Es fragt sich dann, wer über das Kriterium der Erforderlichkeit entscheidet, auf das § 33 SEBG in der Frage der Kosten und des Sachaufwandes verweist. 70

Ebenso umstritten ist die Frage, welche Dokumente in welche Sprachen zu übersetzen sind und was das vielfach vereinbarte Erfordernis der rechtzeitigen Übersetzung im konkreten Fall bedeutet. Hierbei wird zum Teil übersehen, dass der SE-Betriebsrat auch durch eine Überschüttung mit Informationen in seiner Arbeit beeinträchtigt werden kann. Zum Teil werden deutsche Texte nur ins Englische übersetzt. Prozedurale Regelungen zu dieser Frage sind sinnvoll, aber schwierig. 71

Bei Abschluss der Vereinbarung meist umstrittener als in der praktischen Durchführung ist die Problematik „Kommunikation und Verschwiegenheitspflicht“. Eine abschließende, ausführliche Regelung trifft § 41 SEBG. Sie wird in den Vereinbarungen verschiedentlich modifiziert, zum Teil zu Lasten der Arbeitnehmerseite. Hierbei wird dann übersehen, dass § 41 SEBG zwingendes Recht ist. Zusätzlich wird in vielen Fällen die Information der nationalen Arbeitnehmervertreter durch den SE-Betriebsrat und ihre Modalitäten geregelt. 72

Gemäß § 42 SEBG bemisst sich der Kündigungsschutz der Mitglieder des SE-Betriebsrats nach den Gesetzen und Gepflogenheiten der Mitgliedstaaten, in denen sie beschäftigt sind. Der Versuch, die hierbei zu beachtenden Unterschiede einzuebnen und sich an dem Mitgliedstaat mit dem besten Kündigungsschutz auszurichten, wird in den Verhandlungen meist abgewehrt. Es kommt aber vielfach zu einem prozeduralen Schutz durch Konsultation. Demnach hat die jeweilige Leitung in dem betroffenen Mitgliedstaat den SE-Betriebsrat oder den Geschäftsführenden Ausschuss rechtzeitig vor der Kündigung zu informieren und ihm Gelegenheit zu einer Stellungnahme zu geben, wobei beide Seiten meist bestimmte Fristen zu beachten haben. 73

3. Mitbestimmung

Der Umfang der Mitbestimmung im Aufsichtsrat oder Verwaltungsrat ist, soweit Mitbestimmung vereinbart ist, überall explizit geregelt, ebenso die Art der Sitzverteilung. Die in § 37 Abs. 1 Satz 2 SEBG enthaltene Verteilung nach dem jeweiligen Anteil der in den einzelnen Mitgliedstaaten beschäftigten Arbeitnehmer wird regelmäßig übernommen, oft aber nicht die in Satz 3 enthaltene Zuweisung eines Sitzes auf einen bisher noch unberücksichtigten Mitgliedstaat. Stattdessen wird meist allein auf den in Satz 2 enthaltenen Anteil der in den einzelnen Mitgliedstaaten beschäftigten Arbeitnehmer Bezug genommen. 74

Wie die jeweiligen, auf die Mitgliedstaaten verteilten Arbeitnehmervertreter zu wählen sind, wird entweder speziell nach den Gegebenheiten der jeweiligen SE und ihrer Tochtergesellschaften geregelt oder den Auffangregelungen der betroffenen Mitgliedstaaten überlassen. Eine spezielle Regelung ist oft kompliziert. In einem Vorverfahren müssen die Kandidaten benannt, dann muss aus ihnen die Auswahl getroffen werden. Wahlorgan kann der SE-Betriebsrat oder ein Gremium im jeweiligen Mitgliedstaat sein, es kann auch Urwahl oder eine Delegiertenwahl nach dem Muster der deutschen Unternehmensmitbestimmung vereinbart werden. 75

Die Bestellung der Arbeitnehmervertreter im Aufsichtsrat oder Verwaltungsrat erfolgt vielfach nicht wie in § 36 Abs. 4 SEBG auf bindenden Vorschlag des Wahlorgans durch die Hauptversammlung. Es wird vielmehr in der Satzung die Bestellung bereits auf die Wahl vorverlegt und in der Vereinbarung hierauf Bezug genommen, oft mit dem Zusatz, dass die Amtszeit der Arbeitnehmervertreter erst zeitgleich mit der der Anteilseignervertreter beginnt. 76

77 Im Übrigen richtet sich die Amtszeit nach der Satzung, was in der Vereinbarung verschiedentlich referiert wird.

78 Für jeden Arbeitnehmervertreter wird ein Ersatzmitglied gewählt und bestellt, das bei seinem Ausscheiden nachrückt. Es handelt sich nach aktienrechtlichen Grundsätzen nicht um eine Stellvertretung im Falle der Verhinderung, sondern um ein Nachrücken bei Ausscheiden des gewählten Mitglieds, was verschiedentlich klargestellt wird.

79 Besonders wird oft die Wahl der ersten Arbeitnehmervertreter in den Aufsichtsrat oder Verwaltungsrat und ihrer Ersatzmitglieder geregelt. Für die Wahl ist dann, um eine möglichst frühzeitige Repräsentanz der Arbeitnehmerseite zu sichern, das Besondere Verhandlungsgremium zuständig.

80 Was die Abberufung der Arbeitnehmervertreter betrifft, wird meist die Regelung von § 37 SEBG übernommen oder auf sie verwiesen. Die in § 37 Abs. 1 Satz 2 vorgesehene Dreiviertelmehrheit wird zum Teil reduziert.

81 Die Wahlanfechtung nach § 3 Abs. 2 SEBG vor dem zuständigen Arbeitsgericht und die darin enthaltene Monatsfrist werden in der Regel übernommen, zum Teil mit einer Verschärfung der hierfür erforderlichen Mehrheit. Die daneben bestehenden aktienrechtlichen Anfechtungsmöglichkeiten vor den ordentlichen Gerichten werden in der Vereinbarung manchmal gesondert erwähnt.

82 Die gegenüber den Anteilseignervertretern gleichen Rechte und Pflichten der Arbeitnehmervertreter im Aufsichtsrat oder Verwaltungsrat sind in § 38 Abs. 1 SEBG zwar ausdrücklich geregelt, die Vereinbarungen nehmen aber explizit auf sie Bezug.

83 Der Kündigungsschutz der Arbeitnehmervertreter im Aufsichtsrat oder Verwaltungsrat bemisst sich gemäß § 42 SEBG nach den Gesetzen und Gepflogenheiten der Mitgliedstaaten, in denen sie beschäftigt sind. Ähnlich wie bei den Mitgliedern des SE-Betriebsrats ist vielfach in der Vereinbarung ein prozeduraler Kündigungsschutz verankert. Danach ist der SE-Betriebsrat oder der Geschäftsführende Ausschuss vor der Kündigung zu informieren. Er kann eine Stellungnahme abgeben, wobei für beides bestimmte Fristen vereinbart sind.

4. Weitere Regelungen

84 In der Regel wird die Vereinbarung auf unbestimmte Zeit abgeschlossen Es kann auch eine bestimmte Geltungsdauer vereinbart. Nach Ablauf einer bestimmten Zeit können die meisten Vereinbarungen von beiden Seiten gekündigt werden. Die Kündigungsfristen sind höchst unterschiedlich ausgestaltet. Auch eine Teilkündigung nur der Regelung über den SE-Betriebsrat oder über die Mitbestimmung wird oft ermöglicht. Meist enthält die Vereinbarung eine zeitlich begrenzte Nachwirkung, wenn es nicht zu einer Einigung über einen Neuabschluss kommt.

85 Für die Auslegung und die Lückenausfüllung wird in der Regel auf das SEBG und das nationale deutsche Recht Bezug genommen.

86 Gesondert erwähnt wird meist, dass die Vereinbarung gemäß § 47 SEBG die den Arbeitnehmern nach inländischen Rechtsvorschriften und Regelungen zustehenden Beteiligungsrechte mit Ausnahme der Mitbestimmung im Aufsichtsrat bzw. Verwaltungsrat nicht berührt.

87 Strukturelle Änderungen, die nach § 18 Abs. 3 SEBG eine Pflicht zu Verhandlungen über die Beteiligungsrechte der Arbeitnehmer begründen, werden in den Vereinbarungen zum Teil restriktiv interpretiert, zum Teil bleibt der unbestimmte Rechtsbegriff ohne nähere prozedurale oder inhaltliche Festlegungen stehen.

88 Fast immer wird für Änderungen der Vereinbarung oder für Verhandlungen bei strukturellen Änderungen der SE-Betriebsrat als Verhandlungspartner der Leitung bestimmt, da die Wahl eines Besonderen Verhandlungsgremiums vermieden werden soll.

89 Als Gerichtsstand wird meist der Sitz der SE vereinbart.

In einigen Vereinbarungen sind Schlichtungsregelungen enthalten. Sie können entweder beratende oder Entscheidungskompetenzen des Schlichters oder der Schlichtungskommission enthalten. Auf die personelle Zusammensetzung müssen sich beide Seiten einigen. Manchmal wählen die Schlichter selbst ihren (neutralen) Vorsitzenden. **90**

Übersetzungen des Textes der Vereinbarung in mehrere Sprachen oder alle Sprachen der Mitglieder des SE-Betriebsrats sind die Regel. **91**

In einer salvatorischen Klausel ist meist geregelt, dass die übrigen Teile der Vereinbarung gelten, wenn Teile unwirksam sein sollten. **92**

Wenn von den beiden Seiten die Geltung der Auffangregelung des SEBG vereinbart wird, stellen sich weitere Fragen, die die Auffangregelung nicht beantwortet, etwa die Kündigung, die eventuelle Nachwirkung, die ergänzende Geltung des nationalen Rechts, der Gerichtsstand, die Übersetzungen des Vertragstexts sowie eventuell eine Schlichtung und eine salvatorische Klausel. **93**

Kapitel 2
Beteiligung der Arbeitnehmer kraft Gesetzes

Abschnitt 1
SE-Betriebsrat kraft Gesetzes

Unterabschnitt 1
Bildung und Geschäftsführung

§ 22
Voraussetzung

(1) Die Regelungen der §§ 23 bis 33 über den SE-Betriebsrat kraft Gesetzes finden ab dem Zeitpunkt der Eintragung der SE Anwendung, wenn
1. die Parteien dies vereinbaren oder
2. bis zum Ende des in § 20 angegebenen Zeitraums keine Vereinbarung zustande gekommen ist und das besondere Verhandlungsgremium keinen Beschluss nach § 16 gefasst hat.

(2) Absatz 1 gilt entsprechend im Fall des § 18 Abs. 3.

Übersicht

I. Vorbemerkung

1 § 22 Abs. 1 SEBG bestimmt im ersten Unterabschnitt „Bildung und Geschäftsführung" des Abschnitts „SE-Betriebsrat kraft Gesetzes", unter welchen Voraussetzungen ein SE-Betriebrat kraft Gesetzes zu errichten ist. Der SE-Betriebsrat kraft Gesetzes ist die Ausnahme, der SE-Betriebsrat oder eine sonstige Institution kraft Vereinbarung ist die Regel. Die Parteien können die Verhandlungen dadurch vereinfachen, verkürzen und verbilligen, dass sie durch Vereinbarung einen SE-Betriebsrat bilden, der entsprechend den gesetzlichen Vorschriften gebildet werden soll. Dann handelt es sich zwar um einen SE-Betriebsrat kraft Vereinbarung, es wird aber die Anwendung der Regeln über den Betriebsrat kraft Gesetzes nach den Vorgaben der SE-Richtlinie vereinbart. Diesen Fall regelt § 22 Abs. 1 Nr. 1 SEBG. Typischer Fall für die Anwendung der Vorschriften über den SE-Betriebsrat kraft Gesetzes ist § 22 Abs. 1 Nr. 2, d.h. das Scheitern der Verhandlungen bis zum Ende des in § 20 SEBG angegebenen Zeitraums. Scheitern bedeutet, dass keine Vereinbarung über die Unterrichtung und Anhörung der Arbeitnehmer oder ihre sonstige Beteiligung zustande gekommen ist, welche die Mindestvoraussetzungen von § 21 SEBG erfüllen würde.

II. Beschluss nach § 16 Abs. 1

2 Ausnahmsweise kann ein SE-Betriebsrat kraft Gesetzes nicht gebildet werden, wenn das BVG nach § 16 Abs. 1 SEBG beschlossen hat, keine Verhandlungen aufzunehmen oder bereits aufgenommene Verhandlungen abzubrechen. Voraussetzungen für einen solchen Beschluss ist die doppelte Mehrheit im Sinne von § 16 Abs. 1 SEBG, d.h. eine Zweidrittelmehrheit der Mitglieder des BVG, die mindestens zwei Drittel der Arbeitnehmer in mindestens zwei Mitgliedstaaten vertreten. Ein derartiger Verhandlungsabbruch bedeutet den Verzicht auf die besonderen Beteiligungsrechte nach dem Recht der SE. Es berührt aber nicht die den Arbeitnehmern nach inländischen Rechtsvorschriften und Regelungen zustehenden Beteiligungsrechte und ermöglicht es

in dem Sonderfall des Verhandlungsablaufs nach § 16 SEBG, einen Europäischen Betriebsrat nach dem EBRG zu bilden (vgl. § 47 Abs. 1 Nr. 2 SEBG).

III. Strukturelle Änderungen nach § 18 Abs. 3

Die gesetzliche Auffangregelung, wonach ein SE-Betriebsrat kraft Gesetzes zu bilden ist, gilt auch für die Fälle der zwingenden Neuverhandlung bei strukturellen Veränderungen nach § 18 Abs. 3 SEBG. Dies regelt Abs. 3. Danach finden auf Veranlassung der Leitung der SE oder des SE-Betriebsrats Verhandlungen über die Beteiligungsrechte der Arbeitnehmer der SE statt, wenn strukturelle Änderungen der SE geplant sind, die geeignet sind, Beteiligungsrechte der Arbeitnehmer zu mindern. 3

An Stelle des neu zu bildenden BVG können die Verhandlungen mit der Leitung der SE einvernehmlich von dem SE-Betriebsrat gemeinsam mit Vertretern der von der geplanten strukturellen Änderung betroffenen Arbeitnehmer, die bisher nicht von dem SE-Betriebsrat vertreten werden, geführt werden (vgl. § 18 Abs. 3 Satz 2 SEBG). 4

An die Stelle der Leitungen der Gründungsgesellschaften tritt als Verhandlungspartner für die Arbeitnehmerseite die Leitung der SE (vgl. Rn 19 zu § 18 SEBG). 5

§ 23
Errichtung des SE-Betriebsrats

(1) [1]Zur Sicherung des Rechts auf Unterrichtung und Anhörung in der SE ist ein SE-Betriebsrat zu errichten. [2]Dieser setzt sich aus Arbeitnehmern der SE, ihrer Tochtergesellschaften und Betriebe zusammen. [3]Für die Errichtung des SE-Betriebsrats gelten § 5 Abs. 1, § 6 Abs. 1 und Abs. 2 Satz 2 und 3, die §§ 7 bis 10 und 11 Abs. 1 Satz 2 und 3 entsprechend mit der Maßgabe, dass an die Stelle der beteiligten Gesellschaften, betroffenen Tochtergesellschaften und betroffenen Betriebe die SE, ihre Tochtergesellschaften und Betriebe treten. [4]Im Fall des § 22 Abs. 1 Nr. 2 ist für die Feststellung der Zahl der beschäftigten Arbeitnehmer das Ende des in § 20 angegebenen Zeitraums maßgeblich. [5]Die Mitgliedschaft im SE-Betriebsrat beginnt mit der Wahl oder Bestellung. [6]Die Dauer der Mitgliedschaft der aus dem Inland kommenden Mitglieder beträgt vier Jahre, wenn sie nicht durch Abberufung oder aus anderen Gründen vorzeitig endet. [7]Für die Abberufung gelten die §§ 8 bis 10 entsprechend mit der Maßgabe, dass an die Stelle der beteiligten Gesellschaften, betroffenen Tochtergesellschaften und betroffenen Betriebe die SE, ihre Tochtergesellschaften und Betriebe treten.

(2) [1]Die Leitung der SE lädt unverzüglich nach Benennung der Mitglieder zur konstituierenden Sitzung des SE-Betriebsrats ein. [2]Der SE-Betriebsrat wählt aus seiner Mitte einen Vorsitzenden und dessen Stellvertreter.

(3) [1]Der Vorsitzende oder im Fall seiner Verhinderung der Stellvertreter vertritt den SE-Betriebsrat im Rahmen der von ihm gefassten Beschlüsse. [2]Zur Entgegennahme von Erklärungen, die dem SE-Betriebsrat gegenüber abzugeben sind, ist der Vorsitzende oder im Fall seiner Verhinderung der Stellvertreter berechtigt.

(4) [1]Der SE-Betriebsrat bildet aus seiner Mitte einen Ausschuss von drei Mitgliedern, dem neben dem Vorsitzenden zwei weitere zu wählende Mitglieder angehören. [2]Der Ausschuss führt die laufenden Geschäfte des SE-Betriebsrats (geschäftsführender Ausschuss).

Übersicht

I. Allgemeines

1 Abs. 1 erstreckt die Regelungen über die Bildung des BVG (vgl. §§ 8 ff) auf die Bildung des SE-Betriebsrats. Die Vorschriften gelten entsprechend mit der Maßgabe, dass jetzt die Arbeitnehmerzahlen in den Betrieben der SE, ihrer Tochtergesellschaften und der abhängigen Betriebe gelten. Modell für den SE-Betriebsrat ist der Europäische Betriebsrat nach dem EBRG. Dies gilt auch für die Abberufung von Mitgliedern des SE-Betriebsrats.[1]

2 Für die Gründung einer Holding-SE oder einer Tochter-SE bedeutet dies, dass auch die Arbeitnehmer in den neuen Gesellschaften, die Arbeitnehmer beschäftigen, im SE-Betriebsrat vertreten sein müssen. Deshalb ist bei der Bildung des SE-Betriebsrats nicht mehr auf die Gründungsgesellschaften abzustellen, sondern auf alle neuen Gesellschaften und Betriebe. Erfasst sind die Arbeitnehmer der SE selbst, ihre Tochtergesellschaften und Betriebe. Dies folgt aus Anhang Teil 1 Buchstabe a der Richtlinie (Zusammensetzung des Organs zur Vertretung der Arbeitnehmer). Dasl SEBG entspricht hier weitegehend dem EBRG.

II. SE-Betriebsrat als ständiges Organ

3 Nach der SE-Richtlinie ist der SE-Betriebsrat ein ständiges Organ. Die Dauer der Mitgliedschaft der aus dem Inland kommenden Mitglieder beträgt vier Jahre, wenn sie nicht durch Abberufung oder aus anderen Gründen vorzeitig endet. Auch für die Abberufung gelten die Vorschriften über das BVG entsprechend. An die Stelle der beteiligten Gesellschaften, betroffenen Tochtergesellschaften und betroffenen Betriebe treten wiederum die SE, ihre Tochtergesellschaften und Betriebe.

III. Konstituierung des SE-Betriebsrats (Abs. 2)

4 Zur Konstituierung des SE-Betriebsrats lädt die Leitung der SE in entsprechender Anwendung der Vorschriften über das BVG (§ 12 Abs. 1 SEBG) unverzüglich nach Benennung der Mitglieder zur konstituierenden Sitzung des SE-Betriebsrats ein (Abs. 2). Der SE Betriebsrat wählt sodann aus seiner Mitte einen Vorsitzenden und dessen Stellvertreter. Aus der Formulierung „der Stellvertreter" in Absatz 3 folgt, dass es sich nur um einen Stellvertreter handeln kann. Die Vorschrift folgt § 25 Abs. 1 EBRG.

IV. Vertretung nach außen (Abs. 3)

5 Die Vorschrift folgt § 25 Abs. 2 EBRG. Der Vorsitzende oder im Fall seiner Verhinderung der Stellvertreter vertreten den SE-Betriebsrat im Rahmen der von ihm gefassten Beschlüsse. Dies bedeutet aber nicht, dass der Vorsitzende bzw. sein Stellvertreter gesetzlicher Vertreter des SE-Betriebsrats ist. Er kann nicht ultra vires handeln. Seine Zuständigkeit bezieht sich nur auf die zustande gekommenen gültigen Beschlüsse. Es handelt sich wie beim Betriebsrat nach dem Betriebsverfassungsgesetz nicht um eine Vertretung im Willen, sondern in der Erklärung.[2]

6 Zur Entgegennahme von Erklärungen, die dem SE-Betriebsrat gegenüber abzugeben sind, sind nach § 23 Abs. 3 Satz 2 SEBG der Vorsitzende oder im Fall seiner Verhinderung der Stellvertreter berechtigt (vgl. § 25 Abs. 2 S. 2 EBRG).

---

1 *Hohenstatt/Müller-Bonanni* sprechen sich in Habersack/Drinhausen § 23 Rn 8 für eine entprechende Anwendung von § 48 Abs. 1 BetrVG (Ausschlussverfahren für die Mitglieder des Gesamtbetriebsrats) aus; dies erscheint de lege ferenda sinnvoll, ist aber nicht de lege lata möglich.

2 Vgl. die gleichlautende Formulierung in § 26 Abs. 2 BetrVG; vgl. dazu BAG AP BetrVG 1972 § 112 Nr. 11 v. 17.2.1981; BAG DB 2003, 1911; vgl. auch § 26 EBRG.

V. Geschäftsführender Ausschuss (Abs. 4)

Nach § 23 Abs. 4 SEBG bildet der SE-Betriebsrat aus seiner Mitte einen Ausschuss von drei Mitgliedern, dem neben dem Vorsitzenden zwei weitere zu wählende Mitglieder angehören (vgl. § 26 EBRG: für Europäische Betriebsräte neben dem Vorsitzenden bis zu vier Mitglieder). Unter den weiteren Mitgliedern muss sich nicht zwangsläufig der Stellvertreter befinden. Dieser Ausschuss führt die laufenden Geschäfte des SE-Betriebsrats. In § 23 Abs. 4 SEBG wird er „geschäftsführender Ausschuss" genannt. Eine andere Bezeichnung ist zulässig. Das Gesetz sieht die Bildung eines geschäftsführenden Ausschusses zwingend vor. Die Richtlinie lässt eine solche Übertragung der laufenden Geschäfte auf den geschäftsführenden Ausschuss zu (Anhang Teil 1 c). Diese Übertragung ist sinnvoll, da der kraft Gesetzes gebildete SE-Betriebsrat mindestens zehn, oft aber erheblich mehr Mitglieder hat (vgl. die Ausführungen in Rn 4 zu § 5). Der geschäftsführende Ausschuss darf nicht mehr als drei Mitglieder haben. Die Mitglieder stammen häufig aus vielen unterschiedlichen Mitgliedstaaten. Es ergibt sich ein erheblicher Koordinations- und Organisationsaufwand. 7

Durch die Bildung des geschäftsführenden Ausschusses wird die Organisation des SE-Betriebsrats erleichtert. Vorbild der Regelung ist der Betriebsausschuss in § 27 BetrVG. 8

§ 24
Sitzungen und Beschlüsse

(1) Der SE-Betriebsrat soll sich eine schriftliche Geschäftsordnung geben, die er mit der Mehrheit seiner Mitglieder beschließt.

(2) [1]Vor Sitzungen mit der Leitung der SE ist der SE-Betriebsrat oder der geschäftsführende Ausschuss – gegebenenfalls in der nach § 29 Abs. 3 erweiterten Zusammensetzung – berechtigt, in Abwesenheit der Vertreter der Leitung der SE zu tagen. [2]Mit Einverständnis der Leitung der SE kann der SE-Betriebsrat weitere Sitzungen durchführen. [3]Die Sitzungen des SE-Betriebsrats sind nicht öffentlich.

(3) [1]Der SE-Betriebsrat ist beschlussfähig, wenn mindestens die Hälfte seiner Mitglieder anwesend ist. [2]Die Beschlüsse des SE-Betriebsrats werden, soweit in diesem Gesetz nichts anderes bestimmt ist, mit der Mehrheit der anwesenden Mitglieder gefasst.

Übersicht

I. Geschäftsordnung (Abs. 1)

Entsprechend den Regelungen in § 36 BetrVG und § 28 S. 2 EBRG soll sich der SE-Betriebsrat eine schriftliche Geschäftsordnung geben. Dass er sich eine Geschäftsordnung gibt, schreibt Teil 1d des Anhangs zur Richtlinie vor. Dies soll in schriftlicher Form erfolgen, nicht lediglich durch Beschlussfassung. Darin geht es um die Ordnung der inneren Geschäftsführung, insbesondere um die Sitzungsordnung. Der SE-Betriebsrat beschließt sie mit der Mehrheit seiner Mitglieder. Eine Beschlussfassung mit der Mehrheit nur der anwesenden Mitglieder, die nicht der Mehrheit aller Mitglieder entspricht, führt nicht zu einer wirksamen Geschäftsordnung. 1

II. Tagung in Abwesenheit der Leitung (Abs. 2 Satz 1 und 2)

Nach § 24 Abs. 2 S. 1 SEBG sind der SE-Betriebsrat oder der geschäftsführende Ausschuss vor Sitzungen mit der Leitung der SE – gegebenenfalls in der nach § 29 Abs. 3 SEBG erweiterten Zu- 2 sammensetzung – berechtigt, in Abwesenheit der Leitung der SE zu tagen (vgl. dazu die Vorgabe in Anhang 2d der Richtlinie). Diese Vorschrift bezieht sich u.a. auf die französische Praxis, kein separates Organ als Interessenvertretung der Arbeitnehmer zu bilden, sondern der Unternehmensleitung in einem gemeinsamen Gremium den Vorsitz einzuräumen. In einem derartigen, „integrierten" SE-Betriebsrat ist es häufig schwer, die Interessen der Arbeitnehmerseite zu artikulieren. Hier soll die Regelung in § 24 Abs. 2 SEBG Abhilfe schaffen, die eine getrennte Sitzung der Arbeitnehmerbank ermöglicht. Mit Einverständnis der Leitung der SE kann der SE-Betriebsrat nach § 24 Abs. 2 Satz 2 SEBG weitere Sitzungen durchführen.

III. Nicht-Öffentlichkeit (Abs. 2 Satz 3)

3 Die Sitzungen des SE-Betriebsrats sind nicht öffentlich (Abs. 2 Satz 3). Dies entspricht den Regelungen im EBRG (§ 27 Abs. 1 Satz 5) und in § 30 S. 4 BetrVG.

IV. Beschlussfähigkeit

4 Nach § 24 Abs. 3 SEBG setzt eine wirksame Beschlussfassung die Anwesenheit von mindestens der Hälfte der Mitglieder voraus. Die Regelung entspricht nicht ganz der in § 33 Abs. 2 Satz 1 BetrVG, wonach mindestens die Hälfte der Mitglieder an der Beschlussfassung teilnehmen muss. Soweit das Gesetz nichts anderes bestimmt, fasst der SE-Betriebsrat seine Beschlüsse mit der Mehrheit der anwesenden Mitglieder. Es reicht also die Mehrheit der Hälfte der SE-Betriebsratsmitglieder, wenn nur diese Hälfte anwesend ist. Demgegenüber ist für die Verabschiedung der Geschäftsordnung nach Abs. 1 die Mehrheit der Mitglieder erforderlich.

V. Streitigkeiten

5 Streitigkeiten werden nach § 2a Abs. 1 Nr. 3e ArbGG vor den Arbeitsgerichten im Beschlussverfahren nach §§ 80 ff ArbGG ausgetragen.

§ 25
Prüfung der Zusammensetzung des SE-Betriebsrats

[1]Alle zwei Jahre, vom Tage der konstituierenden Sitzung des SE-Betriebsrats an gerechnet, hat die Leitung der SE zu prüfen, ob Änderungen der SE und ihrer Tochtergesellschaften und Betriebe, insbesondere bei den Arbeitnehmerzahlen in den einzelnen Mitgliedstaaten eingetreten sind. [2]Sie hat das Ergebnis dem SE-Betriebsrat mitzuteilen. [3]Ist danach eine andere Zusammensetzung des SE-Betriebsrats erforderlich, veranlasst dieser bei den in den jeweiligen Mitgliedstaaten zuständigen Stellen, dass die Mitglieder des SE-Betriebsrats in diesen Mitgliedstaaten neu gewählt oder bestellt werden. [4]Mit der neuen Wahl oder Bestellung endet die Mitgliedschaft der bisherigen Arbeitnehmervertreter aus diesen Mitgliedstaaten.

1 Die Leitung der SE hat zwingend alle zwei Jahre – vom Tage der konstituierenden Sitzung des SE-Betriebsrats an gerechnet – zu prüfen, ob Änderungen der SE und ihrer Tochtergesellschaften und Betriebe eingetreten sind, was insbesondere die Arbeitnehmerzahlen in den einzelnen Mitgliedstaaten betrifft. Hiervon kann die Zusammensetzung des SE-Betriebsrats abhängen. Die Leitung hat deshalb das Ergebnis dem SE-Betriebsrat mitzuteilen. Ist demnach eine andere Zusammensetzung des SE-Betriebsrats erforderlich, so veranlasst der SE-Betriebsrat selbst bei den in den jeweis betroffenen Mitgliedstaaten zuständigen Stellen, dass die Mitglieder

des SE-Betriebsrats in diesen Mitgliedstaaten neu gewählt oder bestellt werden (vgl. § 32 Abs. 2 EBRG).

Mit der neuen Wahl oder Bestellung endet die Mitgliedschaft der bisherigen Arbeitnehmervertreter aus diesen Mitgliedstaaten. Damit wird dem Erfordernis der Richtlinie Genüge getan, dass die Zusammensetzung des SE-Betriebsrats die tatsächlichen Zahlenverhältnisse und Strukturen in der Gesellschaft widerspiegelt. Die Vorschrift stellt sicher, dass der SE-Betriebsrat als permanentes Organ in gewissen Abständen an die tatsächliche Entwicklung – vor allem der Arbeitnehmerzahlen – angepasst wird (vgl. §§ 4 Abs. 3 und 5 Abs. 4 zur Information über die Zusammensetzung des BVG). 2

Streitigkeiten werden nach § 2a Abs. 1 Nr. 3e ArbGG vor den Arbeitsgerichten im Beschlussverfahren nach §§ 80 ff ArbGG ausgetragen. 3

§ 26
Beschluss zur Aufnahme von Neuverhandlungen

(1) Vier Jahre nach seiner Einsetzung hat der SE-Betriebsrat mit der Mehrheit seiner Mitglieder einen Beschluss darüber zu fassen, ob über eine Vereinbarung nach § 21 verhandelt werden oder die bisherige Regelung weiter gelten soll.

(2) [1]Wird der Beschluss gefasst, über eine Vereinbarung nach § 21 zu verhandeln, so gelten die §§ 13 bis 15, 17, 20 und 21 entsprechend mit der Maßgabe, dass an die Stelle des besonderen Verhandlungsgremiums der SE-Betriebsrat tritt. [2]Kommt keine Vereinbarung zustande, findet die bisherige Regelung weiter Anwendung.

Übersicht

I. Regelungszweck

Dass ein SE-Betriebsrat mangels vertraglicher Einigung kraft Gesetzes gebildet wird, soll die Ausnahme sein. Es soll möglichst wieder zur Verhandlungslösung zurückgekehrt werden. Deshalb sieht § 26 Abs. 4 SEBG entsprechend den Vorgaben der Richtlinie (Anhang Teil 1: g) vor, dass der SE-Betriebsrat vier Jahre nach seiner Einsetzung mit der Mehrheit seiner Mitglieder einen Beschluss darüber fassen muss, ob über eine Vereinbarung nach § 21 SEBG verhandelt werden oder die bisherige Auffangregelung (gesetzlicher SE-Betriebsrat) weiter gelten soll (vgl. § 33 EBRG). Er kann einen solchen Beschluss früher fassen, insbesondere auch im Zusammenhang mit der Prüfung seiner Zusammensetzung nach § 25 SEBG, und kann dann mit der Leitung, wenn diese einverstanden ist, über eine Beteiligungsvereinbarung verhandeln.[1] 1

II. Katalog des § 21 als Verhandlungsgegenstand (Abs. 1)

Gegenstand der erneuten Verhandlungen um eine Beteiligung der Arbeitnehmer in der SE ist mindestens der Katalog des § 21 SEBG. Dies bedeutet, dass auch eine Unternehmensmitbestimmung, die kraft Gesetzes einzuführen war, weil nach dem Vorher-Nachher-Konzept die bis- 2

1 *Feuerborn* in: KK-AktG § 26 SEBG Rn 3, 8; *Jacobs* in: MÜKOAktG Vor § 23 Rn 7; *Hohenstatt/Müller-Bonanni* in: Habersack/Drinhausen § 26 Rn 8; *Kühn* in: Annuß/Kühn/Rudolph/Rupp § 26 SEBG Rn 6; **aA** *Sagan* in: Boecken/Düwell/Diller/Hanau § 26 SEBG Rn 2.

herige Mitbestimmung geschützt werden sollte, nach § 21 Abs. 3 SEBG durch Vereinbarung verändert oder auch beendet werden kann.

III. Verfahren (Abs. 2 Satz 1)

3 Wird ein derartiger Beschluss gefasst, über eine Vereinbarung nach § 21 SEBG erneut zu verhandeln, dann gelten dieselben Verfahrensvorschriften wie bei der Gründung der SE. Um den Aufwand für die Neubildung eines BVG zu vermeiden, führt der SE-Betriebsrat selbst die Verhandlungen mit der Leitung der SE. Die Möglichkeit, durch Beschlussfassung auf die Auffangregelungen zu verzichten und nur die Regelungen über den Europäischen Betriebsrat zur Anwendung kommen zu lassen (vgl. § 16 SEBG), ist ausgeschlossen; auf § 16 wird in § 26 Abs. 2 SEBG nicht verwiesen.

IV. Scheitern der Vereinbarung (Abs. 2 Satz 2)

4 Kommt keine Vereinbarung zustande, findet entsprechend den Vorgaben von Anhang Teil 1 Buchstabe g der SE-Richtlinie die Regelung, die ursprünglich gemäß der Auffangregelung eingeführt worden war, weiter Anwendung (§ 26 Abs. 2 Satz 2 SEBG). Dies entspricht dem Grundgedanken der Richtlinie, die gesetzliche Arbeitnehmerbeteiligung als Auffangregelung zur Unterstützung der Verhandlungsbereitschaft der Leitung vorzuschreiben. Auch nach dem Scheitern der erneuten Verhandlungen können Leitung und SE-Betriebsrat jederzeit einvernehmlich neue Verhandlungen aufnehmen. Nach § 26 SEBG besteht lediglich nach vier Jahren die Pflicht des SE-Betriebsrats, einen Beschluss über die Aufnahme von Verhandlungen zu fassen.

V. Streitigkeiten

5 Streitigkeiten werden nach § 2a Abs. 1 Nr. 3e ArbGG vor den Arbeitsgerichten im Beschlussverfahren nach §§ 80 ff ArbGG ausgetragen.

Unterabschnitt 2
Aufgaben

§ 27
Zuständigkeiten des SE-Betriebsrats

Der SE-Betriebsrat ist zuständig für die Angelegenheiten, die die SE selbst, eine ihrer Tochtergesellschaften oder einen ihrer Betriebe in einem anderen Mitgliedstaat betreffen oder die über die Befugnisse der zuständigen Organe auf der Ebene des einzelnen Mitgliedstaates hinausgehen.

Übersicht

I. Allgemeines

1 Die Zuständigkeitsnorm des § 27 SEBG im zweiten Unterabschnitt „Aufgaben" entspricht fast wörtlich den Vorgaben in Anhang Teil 2 Buchstabe a der Richtlinie. Der SE-Betriebsrat ist nur zuständig für die Angelegenheiten, welche über die Ebene des einzelnen Mitgliedstaats hinausgehen. Daneben bleiben die Zuständigkeiten des Betriebsrats nach dem Betriebsverfas-

sungsgesetz bestehen (vgl. § 47 SEBG). Das grenzüberschreitende Element bzw. die Überschreitung der Befugnisse ist notwendige Voraussetzung dafür, dass die Richtlinie zur Beteiligung der Arbeitnehmer in der SE Anwendung findet. Es ist gegeben, wenn die SE nur in einem Mitgliedstaat Arbeitnehmer beschäftigt, aber grenzüberschreitend tätig ist.[1]

II. Erstreckung auf Tochtergesellschaften

§ 27 SEBG stellt ebenso wie die Richtlinie klar, dass sich die Zuständigkeit des SE-Betriebs- 2
rats unter der Voraussetzung der Grenzüberschreitung nicht auf die SE selbst beschränkt, sondern auch auf die Tochtergesellschaften oder eine ihrer Betriebe in einem anderen Mitgliedstaat erstreckt.[2]

Der Begriff „Tochtergesellschaft" ist in § 2 Abs. 3 SEBG definiert. § 6 EBRG ist entsprechend 3
anzuwenden (vgl. Rn 6–13 zu § 2). Es genügt die Möglichkeit des beherrschenden Einflusses der Mutter- über die Tochtergesellschaft.

§ 28
Jährliche Unterrichtung und Anhörung

(1) [1]Die Leitung der SE hat den SE-Betriebsrat mindestens einmal im Kalenderjahr in einer gemeinsamen Sitzung über die Entwicklung der Geschäftslage und die Perspektiven der SE unter rechtzeitiger Vorlage der erforderlichen Unterlagen zu unterrichten und ihn anzuhören. [2]Zu den erforderlichen Unterlagen gehören insbesondere
1. die Geschäftsberichte,
2. die Tagesordnung aller Sitzungen des Leitungsorgans und des Aufsichts- oder Verwaltungsorgans,
3. die Kopien aller Unterlagen, die der Hauptversammlung der Aktionäre vorgelegt werden.

(2) Zu der Entwicklung der Geschäftslage und den Perspektiven im Sinne von Absatz 1 gehören insbesondere
1. die Struktur der SE sowie die wirtschaftliche und finanzielle Lage;
2. die voraussichtliche Entwicklung der Geschäfts-, Produktions- und Absatzlage;
3. die Beschäftigungslage und ihre voraussichtliche Entwicklung;
4. Investitionen (Investitionsprogramme);
5. grundlegende Änderungen der Organisation;
6. die Einführung neuer Arbeits- und Fertigungsverfahren;
7. die Verlegung von Unternehmen, Betrieben oder wesentlichen Betriebsteilen sowie Verlagerungen der Produktion;
8. Zusammenschlüsse oder Spaltungen von Unternehmen oder Betrieben;
9. die Einschränkung oder Stilllegung von Unternehmen, Betrieben oder wesentlichen Betriebsteilen;
10. Massenentlassungen.

(3) Die Leitung der SE informiert die Leitungen über Ort und Tag der Sitzung.

---

1 Vgl. *Hohenstatt/Müller-Bonanni* in: Habersack/Drinhausen § 27 Rn 3 m.w.N.; **aA** *Sagan* in: Boecken/Düwell/Diller/Hanau § 27 SEBG Rn 2 (kumulative Betroffenheit) mit Hinweis auf die englische und die spanische Fassung der Richtlinie; wie hier neben der deutschen die französische und italienische Fassung der Richtlinie.
2 Vgl. *Feuerborn* in: KK-AktG § 27 Rn 5.

Übersicht

I. Allgemeines

1 Die Vorschrift setzt die Vorgaben aus der Auffangregelung Teil 2 Buchstabe b der Richtlinie um (vgl. auch § 29 Abs. 2 EBRG und das Vorbild der „wirtschaftlichen Angelegenheiten" des § 106 Abs. 3 BetrVG). Sie regelt die Beteiligungsrechte des SE-Betriebsrats. Mindestens einmal jährlich muss die Leitung der SE den SE-Betriebsrat in einer gemeinsamen Sitzung über die Entwicklung der Geschäftslage und die Perspektiven der SE unter rechtzeitiger Vorlage der erforderlichen Unterlagen unterrichten und ihn anhören. Zur Unterrichtung gehört die Vorlage schriftlicher Unterlagen. Die Vorlage hat so rechtzeitig zu erfolgen, dass der SE-Betriebsrat sich auf die gemeinsame Sitzung sachgerecht vorbereiten kann. Der angemessene zeitliche Abstand ist insbesondere auch deshalb erforderlich, weil dem SE-Betriebsrat die Möglichkeit gegeben werden muss, vor Beginn der Sitzung mit der Leitung der SE eine getrennte Sitzung nur für die Arbeitnehmerbank abzuhalten (vgl. § 24 Abs. 2 SEBG).

II. Erforderliche Unterlagen (Abs. 1 Satz 2)

2 Zu den erforderlichen Unterlagen gehören insbesondere die Geschäftsberichte (Nr. 1), die Tagesordnung aller Sitzungen des Leitungsorgans und des Aufsichts- oder Verwaltungsorgans (Nr. 2) sowie die Kopien aller Unterlagen, die der Hauptversammlung der Aktionäre vorgelegt werden (Nr. 3).

III. Rechtzeitigkeit der Vorlage (Abs. 1 Satz 2)

3 Die Information muss rechtzeitig gegeben werden, d.h. dem SE-Betriebsrat muss genügend Zeit verbleiben, die zu erwartenden Auswirkungen eingehend zu prüfen, eventuell eine Anhörung mit der SE vorzubereiten und eine Stellungnahme abzugeben, die noch in die Entscheidung der SE einfließen kann.[1] Dies entspricht der Definition in § 2 Abs. 11 SEBG, wonach der Verlauf der Unterrichtung und Anhörung zeitlich so ausgestaltet werden muss, dass der SE-Betriebsrat die zu erwartenden Auswirkungen eingehend prüfen und gegebenenfalls eine Anhörung mit der SE vorbereiten sowie im Rahmen des Entscheidungsprozesses Stellung nehmen kann und dass diese Stellungnahme auch tatsächlich berücksichtigt werden kann.

IV. Entwicklung der Geschäftslage (Abs. 1 und 2)

4 Informiert wird über die Geschäftslage und die Perspektiven. Zu der Entwicklung der Geschäftslage nach Abs. 2 und den Perspektiven im Sinne von Abs. 1 gehören insbesondere die Struktur der SE sowie die wirtschaftliche und finanzielle Lage (Nr. 1), die voraussichtliche Entwicklung der Geschäfts-, Produktions- und Absatzlage (Nr. 2), die Beschäftigungslage und die voraussichtliche Entwicklung (Nr. 3), Investitionen bzw. Investitionsprogramme (Nr. 4), grundlegende Änderungen der Organisation (Nr. 5), die Einführung neuer Arbeits- und Fertigungsverfah-

1 Vgl. zum EBR schon *Hromadka* DB 1995, 1125 ff, 1130; jetzt zu § 29 EBRG *Kühn* in: Annuß et al § 29 EBRG Rn 5–31; zum SEBG vgl. *Feuerborn* in: KK-AktG § 29 Rn 7.

ren (Nr. 6), die Verlegung von Unternehmen, Betrieben oder wesentlichen Betriebsteilen sowie Verlagerungen der Produktion (Nr. 7), Zusammenschlüsse oder Spaltungen von Unternehmen oder Betrieben (Nr. 8), die Einschränkung oder Stilllegung von Unternehmen, Betrieben oder wesentlichen Betriebsteilen (Nr. 9), Massenentlassungen (Nr. 10, vgl. RL 98/59 EG v. 20.7.1998 und § 17 Abs. 1 KSchG). Die Formulierung entspricht im Wesentlichen der von § 29 Abs. 2 EBRG.

V. Funktion der Kataloge in Abs. 1 und 2

Die Kataloge in Abs. 1 und 2 konkretisieren die Begriffe der erforderlichen Unterlagen (Abs. 1), der Geschäftslage und der Perspektiven (Abs. 2). Diese Konkretisierungen sind dem Anhang Teil 2 Buchstabe b) der Richtlinie entnommen. Die Kataloge in Abs. 1 und 2 geben Beispiele („insbesondere"), normieren aber keine abschließenden Regelungen oder Ausschlussgründe. 5

VI. Information durch die Leitung

Da die Mitglieder des SE-Betriebsrats aus den verschiedenen Mitgliedstaaten zur gemeinsamen Sitzung anreisen müssen, informiert die Leitung der SE rechtzeitig die örtlichen Leitungen über den vorgesehenen Termin. 6

Dies gilt entsprechend für den geschäftsführenden Ausschuss bzw. gegebenenfalls den geschäftsführenden Ausschuss in der nach § 29 Abs. 3 SEBG erweiterten Zusammensetzung, wenn er zu informieren ist. 7

VII. Sanktionen

Die Sanktionen für den Fall, dass die jährliche Unterrichtung und Anhörung nicht durchgeführt wird, regelt § 46 Abs. 1 Nr. 2 SEBG (Ordnungswidrigkeit). 8

VIII. Streitigkeiten

Für Streitigkeiten ist nach § 2a Abs. 1 Nr. 3e ArbGG das Arbeitsgericht im Beschlussverfahren nach §§ 80 ff ArbGG zuständig. Hierbei geht es vor allem um die Rechtzeitigkeit und Vollständigkeit der Information sowie um die Frage, ob der SE-Betriebsrat die zu erwartenden Auswirkungen eingehend prüfen konnte. 9

§ 29
Unterrichtung und Anhörung über außergewöhnliche Umstände

(1) [1]Über außergewöhnliche Umstände, die erhebliche Auswirkungen auf die Interessen der Arbeitnehmer haben, hat die Leitung der SE den SE-Betriebsrat rechtzeitig unter Vorlage der erforderlichen Unterlagen zu unterrichten. [2]Als außergewöhnliche Umstände gelten insbesondere

1. die Verlegung oder Verlagerung von Unternehmen, Betrieben oder wesentlichen Betriebsteilen;

2. die Stilllegung von Unternehmen, Betrieben oder wesentlichen Betriebsteilen;

3. Massenentlassungen.

(2) Der SE-Betriebsrat hat das Recht, auf Antrag mit der Leitung der SE oder den Vertretern einer anderen zuständigen, mit eigenen Entscheidungsbefugnissen ausgestatteten Leitungsebene innerhalb der SE zusammenzutreffen, um zu den außergewöhnlichen Umständen angehört zu werden.

(3) [1]Auf Beschluss des SE-Betriebsrats stehen die Rechte nach Absatz 2 dem geschäftsführenden Ausschuss (§ 23 Abs. 4) zu. [2]Findet eine Sitzung mit dem geschäftsführenden Ausschuss statt, so haben auch die Mitglieder des SE-Betriebsrats, die von diesen Maßnahmen unmittelbar betroffene Arbeitnehmer vertreten, das Recht, daran teilzunehmen.

(4) Wenn die Leitung der SE beschließt, nicht entsprechend der von dem SE-Betriebsrat oder dem geschäftsführenden Ausschuss abgegebenen Stellungnahme zu handeln, hat der SE-Betriebsrat das Recht, ein weiteres Mal mit der Leitung der SE zusammenzutreffen, um eine Einigung herbeizuführen.

Übersicht

I. Allgemeines

1 § 29 Abs. 1 SEBG befasst sich mit der Anhörung über außergewöhnliche Umstände, die erhebliche Auswirkungen auf die Interessen der Arbeitnehmer haben. Die Leitung der SE hat den SE-Betriebsrat nach Abs. 1 rechtzeitig unter Vorlage der erforderlichen Unterlagen zu unterrichten.

II. Außergewöhnliche Umstände (Abs. 1 Satz 2)

2 Als außergewöhnliche Umstände gelten nach § 29 Abs. 1 Satz 2 SEBG insbesondere, d.h. nicht abschließend, die Verlegung oder Verlagerung von Unternehmen, Betrieben oder wesentlichen Betriebsteilen (Nr. 1), die Stilllegung von Unternehmen, Betrieben oder wesentlichen Betriebsteilen (Nr. 2), Massenentlassungen (Nr. 3). Die Regelung entspricht im Wesentlichen der in § 30 EBRG.

3 Es handelt sich um eine zusätzliche, außerordentliche Unterrichtung und Anhörung. Die in Satz 2 genannten Anwendungsfälle sind zwar auch in dem Katalog der regelmäßigen Anhörung nach § 28 Abs. 2 Nr. 7 bis 10 SEBG enthalten. Die außergewöhnlichen Umstände zeichnen sich aber dadurch aus, dass sie regelmäßig besonders schwerwiegende Auswirkungen auf die Interessen der Arbeitnehmer, insbesondere auch auf ihre Beschäftigungslage, haben.

III. Anhörung und Initiativrecht des SE-Betriebsrats (Abs. 2)

4 Nach Abs. 2 muss auf Verlangen des SE-Betriebsrats eine Anhörung zu den außergewöhnlichen Umständen durchgeführt werden. Es geht um eine gemeinsame Erörterung.[1] Der SE-Betriebsrat hat ein Initiativrecht.[2] Findet eine Sitzung mit dem geschäftsführenden Ausschuss nach Abs. 3 statt, so haben auch die Mitglieder des SE-Betriebsrats, die von diesen Maßnahmen unmittelbar betroffene Arbeitnehmer vertreten, das Recht, daran teilzunehmen (§ 29 Abs. 3 Satz 2 SEBG). Die Regelung geht über das EBRG hinaus. Dort fehlt die ausdrückliche Erwähnung eines Initiativrechts.

IV. Geschäftsführender Ausschuss (Abs. 3)

5 Auf Beschluss des SE-Betriebsrats stehen die Rechte aus Abs. 2 dem geschäftsführenden Ausschuss zu (§ 29 Abs. 3 SEBG). Der SE-Betriebsrat entscheidet autonom. Findet eine Sitzung

1 Vgl. *Oetker* in: Lutter/Hommelhoff/Teichmann § 29 SEBG Rn 2.
2 Vgl. *Feuerborn* in: KK-AktG § 29 SEBG Rn 6.

mit dem geschäftsführenden Ausschuss statt, so haben nach § 29 Abs. 3 Satz 2 SEBG die Mitglieder des SE-Betriebsrats, welche die von diesen Maßnahmen unmittelbar betroffenen Arbeitnehmer vertreten, ebenfalls das Recht, daran teilzunehmen.

V. Erneute Anhörung (Abs. 4)

Wenn die Leitung der SE der Stellungnahme des SE-Betriebsrats nicht folgen will, hat dieser nach Absatz 4 das Recht auf eine erneute Anhörung. Dies setzt voraus, dass die Leitung vor Vollzug der beabsichtigten Maßnahme den SE-Betriebsrat über ihre Entscheidung informiert. Kommt auch in der zweiten Anhörung keine Einigung zustande, dann sind die Mitwirkungsmöglichkeiten des SE-Betriebsrats ausgeschöpft. Er hat demnach zwar ein suspensives Vetorecht, kann die Maßnahme aber nicht endgültig verhindern. Die Regelung geht über das EBRG hinaus. Dort ist nicht ausdrücklich ein Recht auf erneute Anhörung verankert. 6

VI. Sanktionen

Die Sanktionen dafür, dass die Unterrichtung und Anhörung über außergewöhnliche Umstände nicht, nicht richtig, nicht vollständig oder nicht rechtzeitig durchgeführt wird, regelt § 46 Abs. 1 Nr. 2 SEBG. Möglich ist auch ein Unterlassungsanspruch nach allgemeinen betriebsverfassungsrechtlichen Grundsätzen.[3] 7

VII. Streitigkeiten

Für Streitigkeiten ist nach § 2a Abs. 1 Nr. 3e ArbGG das Arbeitsgericht im Beschlussverfahren nach §§ 80ff ArbGG zuständig. Es geht vor allem um die Frage, ob außergewöhnliche Umstände vorliegen und ob dem SE-Betriebsrat deshalb ein Initiativrecht zusteht. 8

§ 30
Information durch den SE-Betriebsrat

[1]Der SE-Betriebsrat informiert die Arbeitnehmervertreter der SE, ihrer Tochtergesellschaften und Betriebe über den Inhalt und die Ergebnisse der Unterrichtungs- und Anhörungsverfahren. [2]Sind keine Arbeitnehmervertreter vorhanden, sind die Arbeitnehmer zu informieren.

Übersicht

I. Allgemeines

§ 30 Satz 1 SEBG regelt die Zuständigkeit des SE-Betriebsrats für die Verwertung der Information und Anhörung in grenzüberschreitenden Angelegenheiten. Er übermittelt seine gewonnenen Informationen an die nationalen Arbeitnehmervertreter bzw. bei deren Fehlen an die Arbeitnehmer selbst weiter (vgl. Richtlinie Anhang Teil 2 Buchstabe e). Dies bedeutet im Inland 1

3 AA *Hohenstatt/Müller-Bonanni* in: Habersack/Drinhausen § 29 Rn 7, die sich zu Unrecht auf die unberührten Vorrechte der zuständigen Organe (Teil 2 Buchstabe c des Anhangs zur SE-Richtlinie) berufen, womit nur das fehlende Vetorecht des SE-Betriebsrats gemeint ist; wie hier *Oetker* in: Lutter/Hommelhoff/Teichmann § 29 Rn 3, *Feuerborn* in: KK-AktG § 29 SEBG Rn 12 und *Jacobs* in: MÜKOAktG Vor § 23 Rn 13.

nicht nur eine Information der Betriebsräte auf allen Ebenen, sondern auch eine Information der Sprecherausschüsse, da auch sie Arbeitnehmer vertreten.[1] Die Modalitäten der Information sind nicht festgelegt. Es empfiehlt sich, über kompliziertere Sachverhalte sowohl mündlich als auch schriftlich zu informieren.

II. Weitergabe von Informationen, Verschwiegenheitspflicht

2 Bei der Weitergabe seiner Informationen muss der SE-Betriebsrat bestehende Verschwiegenheitspflichten berücksichtigen und den Empfänger auf die Vertraulichkeit hinweisen[2] (vgl. Richtlinie Anhang Teil 2 Buchstabe e). Die Einzelheiten hierzu sind in § 41 SEBG geregelt.

Unterabschnitt 3
Freistellung und Kosten

§ 31
Fortbildung

[1]Der SE-Betriebsrat kann Mitglieder zur Teilnahme an Schulungs- und Bildungsveranstaltungen bestimmen, soweit diese Kenntnisse vermitteln, die für die Arbeit des SE-Betriebsrats erforderlich sind. [2]Der SE-Betriebsrat hat die Teilnahme und die zeitliche Lage rechtzeitig der Leitung der SE mitzuteilen. [3]Bei der Festlegung der zeitlichen Lage sind die betrieblichen Notwendigkeiten zu berücksichtigen.

Übersicht

I. Allgemeines

1 § 31 SEBG im 3. Unterabschnitt „Freistellung und Kosten" übernimmt insofern fast wörtlich die Regelung in Anhang Teil 2 Buchstabe g der Richtlinie, als die Mitglieder des Vertretungsorgans Anspruch auf bezahlte Freistellung für Fortbildungsmaßnahmen haben, sofern dies zur sachgerechten Erfüllung ihrer Aufgaben erforderlich ist. Maßgeblich ist demnach in § 31 SEBG wie in der Richtlinie die Erforderlichkeit. § 31 ordnet ferner eine Bestimmung der Mitglieder für die Teilnahme an den Schulungs- und Bildungsmaßnahmen durch den SE-Betriebsrat an. Die Kostenübernahme durch die SE regelt § 33 i.V.m. § 19 Abs. 2 SEBG. Die Regelung war Vorbild für die Neufassung von § 38 EBRG.

2 Der Anhang nach Art. 7 der EBR-Richtlinie regelt in Nr. 7 den Fall der Fortbildung nicht speziell, sondern formuliert nur allgemein, dass die Verwaltungsausgaben des Europäischen Betriebsrats zu Lasten der zentralen Leitung gehen. Die Mitgliedstaaten können nach der Richtlinie

1 Wie hier *Feuerborn* in: KK-AktG § 30 Rn 4; *Oetker* in: Lutter/Hommelhoff/Teichmann Rn 1 Fn 2 m.w.N., *Hohenstatt/Müller Bonanni* in: Habersack/Drinhausen Rn 2; **aA** *Jacobs* in: MÜKOAktG Vor § 23 Rn 11.
2 Vgl. *Hohenstatt/Müller Bonanni* in: Habersack/Drinhausen Rn 4 m.w.N.

unter Wahrung dieses Grundsatzes Regeln für die Finanzierung der Arbeit des Europäischen Betriebsrats festlegen. Das SEBG ordnet hingegen die Teilnahme an den erforderlichen Schulungs- und Bildungsmaßnahmen nach Bestimmung durch den SE-Betriebsrat an. Nach § 30 EBRG stattet die betreffende zentrale Unternehmensleitung die Mitglieder des Europäischen Betriebsrats mit den erforderlichen finanziellen und materiellen Mitteln aus, damit diese ihre Aufgaben in angemessener Weise wahrnehmen können. Insbesondere trägt die zentrale Leitung die für die Veranstaltung der Sitzungen anfallenden Kosten einschließlich der Dolmetschkosten sowie die Aufenthalts- und Reisekosten für die Mitglieder es Europäischen Betriebsrats und des engeren Ausschusses, soweit nichts anderes vereinbart wurde.

II. Die Erforderlichkeit nach § 37 Abs. 2 und 6 des BetrVG

Zum Vorverständnis von § 31 SEBG ist ein Blick auf § 37 Abs. 2 bis 6 BetrVG geboten. Dort ist für Deutschland das Konzept entwickelt worden, wonach für Schulungs- und Bildungsveranstaltungen, welche für die Betriebsratsarbeit „erforderliche" Kenntnisse vermitteln, eine Freistellung ohne Minderung des Arbeitsentgelts zu gewähren ist. Für Bildungsmaßnahmen außerhalb seiner Arbeitszeit ist der Umfang des Ausgleichsanspruchs unter Einbeziehung der Arbeitsbefreiung pro Schulungstag auf die Arbeitszeit eines vollzeitbeschäftigten Arbeitnehmers begrenzt. Der Betriebsrat muss bei der zeitlichen Festlegung der Teilnahme an Schulungs- und Bildungsveranstaltungen die betrieblichen Notwendigkeiten berücksichtigen und dem Arbeitgeber die Teilnahme sowie die zeitliche Lage der Veranstaltungen rechtzeitig bekannt geben. Hält der Arbeitgeber die betrieblichen Notwendigkeiten für nicht ausreichend berücksichtigt, kann er die Einigungsstelle anrufen, deren Spruch die Einigung zwischen Arbeitgeber und Betriebsrat ersetzt. 3

In § 31 SEBG ist nach dem Vorbild von § 37 Abs. 6 BetrVG die Teilnahme an den erforderlichen Schulungs- und Bildungsmaßnahmen nach Bestimmung durch den SE-Betriebsrat geregelt (kollektiver Anspruch). Maßgebliches Kriterium ist wie in § 37 Abs. 6 BetrVG nur die Erforderlichkeit der Schulungs- und Bildungsmaßnahme. Es ist weder ein Mindestanspruch noch eine Höchstgrenze festgelegt. Insofern ist für die Auslegung von § 31 SEBG die Entscheidungspraxis zu § 37 Abs. 6 Satz 1 BetrVG zu berücksichtigen. 4

Erforderlich ist zum einen ein gewisser Standard an allgemeinen rechtlichen, wirtschaftlichen und technischen Kenntnissen.[1] Hinzu kommen Grundkenntnisse hinsichtlich der gesamten Tätigkeit des SE-Betriebsrats.[2] Das LAG Köln hält in seiner Entscheidung vom 12.4.1996,[3] eine Grundschulung der Betriebsratsmitglieder von vier Wochen für zu lang. Diese Auslegung erscheint – gemessen an der Komplexität der Aufgaben des SE-Betriebsrats – zu restriktiv. Es geht darum, die sach- und fachgerechte Erfüllung der Aufgaben gerade des SE-Betriebsrats sicherzustellen.[4] Je nach Lage des Einzelfalls kann hierzu auch eine längere Grundschulung als 4 Wochen erforderlich sein. 5

Neben dem Anspruch auf Vermittlung von Grundkenntnissen haben die Mitglieder des SE-Betriebsrats, die spezielle Aufgaben zu erfüllen haben, einen Anspruch auf vertiefte Kenntnisse in ihren Spezialgebieten.[5] Das BAG hält jedoch in ständiger Rechtsprechung daran fest, dass die Vermittlung von Spezialwissen nur dann erforderlich sei, wenn der Betriebsrat unter Berücksichtigung der konkreten Situation des Betriebs und des Wissenstands des Betriebsrats die Kenntnisse derzeit, in naher Zukunft oder aufgrund einer typischen Freigestaltung demnächst benötigt, 6

1 Vgl. BAG v. 27.11.1973, AP Arbeitsgerichtsgesetz 1973 § 89 Nr. 9.
2 Vgl. entsprechend BAG v. 5.11.1981, DB 1982, 704; enger BAG v. 18.9.1991, Arbeit und Recht 1992, 60, Leitsatz.
3 BB 1996, 1940.
4 Vgl. *Feuerborn* in: KK-AktG Rn 5, Katalog bei *Bachner* in: DKKW § 38 EBRG Rn 2; enger *Rupp* in: Annuß/Kühn/Rudolph/Rupp § 38 EBRG Rn 5 und *Sagan* in: Boecken/Düwell/Diller/Hanau § 31 SEBG Rn 2.
5 Vgl. *Wedde* in: Däubler/Kittner/Klebe/Wedde § 37 BetrVG Rn 116 m.w.N.

um seine derzeitigen oder demnächst anfallenden Aufgaben sach- und fachgerecht wahrnehmen zu können.[6] Die Abgrenzung des BAG[7] in der Frage des Spezialwissens erscheint insofern anpassungsbedürftig, als heute stärker prozedural abgegrenzt werden sollte. Bei der Erforderlichkeitsprüfung hat der Betriebsrat einen Beurteilungsspielraum. Die Erforderlichkeit für die Vermittlung von Spezialwissen ist demnach gegeben, wenn der Betriebsrat aufgrund der sich vollziehenden technischen Entwicklung in einer Branche oder aufgrund von tarifvertraglichen Forderungen der im Betrieb vertretenen Gewerkschaft oder aufgrund von sozialpolitischen Gesetzentwürfen damit rechnen kann und darf, dass ihm in absehbarer Zukunft Aufgaben zuwachsen.[8]

7 Werden Beteiligungsrechte des Betriebsrats durch Tarifvertrag oder Betriebsvereinbarung erweitert, kann sich zusätzlicher Schulungsbedarf ergeben.[9] Die auf die deutsche Betriebsverfassung bezogene Rechtsprechung des BAG in der Frage, ob und inwieweit die Vermittlung von Spezialwissen zur Erfüllung von Aufgaben des Betriebsrats erforderlich ist, spielt für den SE-Betriebsrat dann keine Rolle, wenn tarifvertraglich oder sonst vertraglich begründete Beteiligungsrechte spezielle Kenntnisse erforderlich machen. Je mehr in derartigen Vereinbarungen zu Fragen der Schulung und Bildung geregelt ist, desto leichter lässt sich die Frage der Erforderlichkeit entscheiden.

8 Für Schulungs- und Bildungsveranstaltungen nach § 37 Abs. 6 BetrVG verlangt das BAG in ständiger Rechtsprechung,[10] dass die vermittelten Kenntnisse in absehbarer Zeit benötigt werden. Diese im Grundsatz richtigen Aktualitätsanforderungen dürfen beim SE-Betriebsrat nicht überspannt werden. Die geringe Häufigkeit der Sitzungen (in der Regel ein- bis zweimal jährlich) bringt es mit sich, dass im Schwerpunkt über Grundsätze und über die strategische Planung der SE diskutiert wird. Um sich die hierfür erforderliche Qualifikation zu beschaffen und zu erhalten, müssen die Mitglieder des SE-Betriebsrats vorausschauend handeln und sich die erforderlichen Kenntnisse „auf Vorrat" beschaffen. Dies gilt jedenfalls insofern, als bestimmte Entwicklungen bereits im Ansatz erkennbar sind. In jedem Fall erforderlich ist die unmittelbare Vermittlung von Kenntnissen über das SEBG, da dies die Grundlagen der Arbeit des SE-Betriebsrats berührt.[11]

III. Entscheidung über die Teilnahme nach Satz 1

9 Die Entscheidung über die Teilnahme seiner Mitglieder an Schulungs- und Bildungsveranstaltungen nach S. 1 trifft der SE-Betriebsrat selbst. Es handelt sich um einen Anspruch, der gegeben ist, wenn die Maßnahme erforderlich ist. Der Anspruch steht dem SE-Betriebsrat als ganzem zu. Hat er ihn geltend gemacht, kann sich jedes einzelne Mitglied darauf berufen (abgeleiteter Individualanspruch).[12]

IV. Mitteilungspflichten des SE-Betriebsrats nach Satz 2

10 Nach § 31 Satz 2 SEBG hat der SE-Betriebsrat die Teilnahme und die zeitliche Lage rechtzeitig der Leitung der SE mitzuteilen. Dies entspricht der Regelung in § 37 Abs. 6 Satz 4 BetrVG. Rechtzeitig bedeutet, dass der Betriebsrat ohne schuldhaftes Zögern den Beschluss, ein Mitglied oder

---

6 Vgl. BAG v. 9.10.1973, v. 27.9.1974, v. 8.2.1977 und v. 15.5.986, AP BetrVG 1972 § 37 Nr. 4, 18, 26, 54 m.w.N., jetzt auch BAG v. 18.1.2012, 7 ABR 73/10, NZA 2012, 813, 815.
7 Vom 16.3.1988, AP BetrVG 1972 § 37 Nr. 63.
8 Vgl. *Wedde* in: Däubler/Kittner/Klebe/Wedde § 37 BetrVG Rn 116, 105 ff.
9 Vgl. *Fitting* § 37 Rn 136 ff, 148; **aA** noch *Loritz* NZA 1993, 8.
10 Vgl. BAG v. 9.10.1973, AP Nr. 4 zu § 37 BetrVG 1972, vgl. auch BAG v. 20.12.1995, NZA 1996, 945 gleich AIB 1997, 170 mit Anm. *Peter*; BAG v. 15.2.1995, NZA 1995, 1036 gleich AIB 1995, 742 mit Anmerkung *Mache*, BAG v. 18.1.2012, 7 ABR 73/10, NZA 2012, 813 ff m.w.N.
11 Vgl. *Fitting* § 37 Rn 146–156, 150 f für den EBR und das EBRG.
12 Vgl. *Oetker* in: Lutter/Hommelhoff/Teichmann § 31 SEBG Rn 1.

mehrere Mitglieder für Schulungs- und Bildungsveranstaltungen vorzusehen, an den Arbeitgeber weitergibt.[13]

V. Berücksichtigung der betrieblichen Notwendigkeiten nach Satz 3

Bei der Festlegung der zeitlichen Lage der Teilnahme an einer Schulungs- und Bildungsveranstaltung ist der SE-Betriebsrat gehalten, die betrieblichen Notwendigkeiten zu berücksichtigen (§ 31 Satz 3 SEBG). Die Vorschrift entspricht § 37 Abs. 6 Satz 3 BetrVG. Der Zeitpunkt der Teilnahme orientiert sich an betrieblichen Notwendigkeiten. Ein Fall dringender betrieblicher Notwendigkeiten kann z.B. angenommen werden, wenn eine für den ordnungsgemäßen Betriebsablauf unabkömmliche Vertretung nicht sichergestellt ist oder ein besonderer Arbeitsanfall (Saisonspitze) vorliegt, dessen Erledigung nicht hinausgeschoben werden kann.[14] 11

VI. Entgeltfortzahlung und Freizeitausgleich

Da für die Höhe der Entgeltfortzahlung nach § 42 SEBG die jeweiligen nationalen Vorschriften maßgeblich sind, gelten die Grundsätze über die Fortbildung, die § 37 BetrVG aufstellt, insoweit nur für die inländischen Mitglieder des SE-Betriebsrats. Dies ist nicht unproblematisch, da unterschiedliche Qualifizierungsmöglichkeiten der Mitglieder des SE-Betriebsrats bestehen und daraus unterschiedliche Potenziale der Interessenwahrnehmung resultieren können. Die Pflicht zur Kostentragung für die Fortbildungsmaßnahme ist in § 33 SEBG einheitlich geregelt. 12

Dies gilt auch für den Anspruch auf Freizeitausgleich für Schulungszeiten, die außerhalb der Arbeitszeit anfallen. Nach § 37 Abs. 6 Satz 2 BetrVG sind betriebsbedingte Gründe auch dann zu bejahen, wenn die Schulung und Bildung außerhalb der Arbeitszeit des Arbeitnehmers erfolgt. Der Anspruch auf Freizeitausgleich ist auf die Arbeitszeit eines vollbeschäftigten Arbeitnehmers begrenzt. Nach § 37 Abs. 3 BetrVG, der auf die Schulungs- und Bildungsveranstaltungen entsprechend anzuwenden ist, hat das Betriebsratsmitglied zum Ausgleich für Betriebsratstätigkeiten, die aus betriebsbedingten Gründen außerhalb der Arbeitszeit durchzuführen sind, Anspruch auf entsprechende Arbeitsbefreiung unter Fortzahlung des Arbeitsentgelts. Teilzeitbeschäftigte haben einen Freizeit- und Abgeltungsanspruch für Zeiten, welche über ihre persönliche Arbeitszeit hinausgehen.[15] Betriebsbedingte Gründe liegen auch vor, wenn die Betriebsratstätigkeit wegen der unterschiedlichen Arbeitszeiten der Betriebsratsmitglieder nicht innerhalb der persönlichen Arbeitszeit erfolgen kann. Die Arbeitsbefreiung ist vor Ablauf eines Monats zu gewähren; ist dies aus betriebsbedingten Gründen nicht möglich, so ist die aufgewendete Zeit wie Mehrarbeit zu vergüten. 13

Die zeitliche Lage der Arbeitsbefreiung richtet sich vorwiegend nach den Wünschen des Mitglieds des SE-Betriebsrats, sofern keine betriebsbedingten Gründe entgegen stehen. Dies gilt auch für die Frage, ob die Arbeitsbefreiung zusammenhängend genommen werden kann oder ob eine Teilung möglich oder notwendig ist.[16] Wenn der Arbeitgeber den Ausgleichsanspruch nicht oder nicht rechtzeitig erfüllt, dann hat der Arbeitnehmer die Möglichkeit, eine einstweilige Verfügung gegen den Arbeitgeber zu beantragen.[17] Das SE-Betriebsratsmitglied ist auf diese Möglichkeit zu verweisen. 14

13 Vgl. *Feuerborn* in: KK-AktG § 31 SEBG Rn 9.
14 Vgl. *Fitting* § 37 Rn 238 und *Wedde* in: Däubler/Kittner/Klebe/Wedde § 37 BetrVG Rn 128 m.w.N.
15 Vgl. BAG v. 10.11.2004, AP § 37 BetrVG 1972 Nr. 140.
16 Vgl. *Wedde* in: Däubler/Kittner/Klebe/Wedde, § 37 BetrVG Rn 163 m.w.N.
17 Vgl. BAG v. 25.8.1999, AP BetrVG 1972 § 37 Rn 130.

VII. Einigungsstelle bzw. Schiedsstelle?

15 Im Gegensatz zu § 37 Abs. 6 BetrVG sieht § 31 SEBG im Konfliktfall nicht die Entscheidung einer Einigungsstelle vor. Die Leitungen der SE-Gründungsgesellschaften und das BVG können aber eine Einigungsstelle oder Schiedsstelle einrichten, die derartige Konflikte entscheidet oder Schlichtungsvorschläge unterbreitet. Es erscheint in derartigen Fällen zweckmäßig, als Vorsitzenden der Einigungsstelle bzw. Schiedsstelle eine neutrale Person vorzusehen, die von Arbeitgeberseite und Arbeitnehmerseite gemeinsam zu wählen ist.

VIII. Streitigkeiten

16 Für Streitigkeiten ist nach § 2a Abs. 1 Nr. 3e ArbGG das Arbeitsgericht im Beschlussverfahren nach §§ 80ff ArbGG zuständig.

§ 32
Sachverständige

[1]Der SE-Betriebsrat oder der geschäftsführende Ausschuss können sich durch Sachverständige ihrer Wahl unterstützen lassen, soweit dies zur ordnungsgemäßen Erfüllung ihrer Aufgaben erforderlich ist. [2]Sachverständige können auch Vertreter von Gewerkschaften sein.

Übersicht

I. Allgemeines

1 Die Regelung in § 32 SEBG schließt sich an Anhang Teil 2 Buchstabe h der Richtlinie an, wonach die Ausgaben des Vertretungsorgans zu Lasten der SE gehen, welche dessen Mitglieder mit den erforderlichen finanziellen und materiellen Mitteln ausstattet, damit sie ihre Aufgaben in angemessener Weise wahrnehmen können. Insbesondere trägt die SE demnach die Kosten der Veranstaltung der Sitzungen einschl. der Dolmetschkosten sowie die Aufenthalts- und Reisekosten für die Mitglieder des Vertretungsorgans und des engeren Ausschusses, soweit nichts anderes vereinbart wurde. Die Mitgliedstaaten können nach der Richtlinie im Einklang mit diesen Grundsätzen Regeln für die Finanzierung der Arbeit des Vertretungsorgans festlegen. Sie können insbesondere die Übernahme der Kosten auf die Kosten für einen Sachverständigen begrenzen. Das SEBG hat diese Möglichkeit, die Kosten auf einen Sachverständigen zu begrenzen, nicht umgesetzt. Es können also mehrere Sachverständige zur Unterstützung des SE-Betriebsrats eingesetzt werden.

II. Erforderlichkeit der Hinzuziehung und Kosten

2 In § 32 SEBG stellt der Gesetzgeber auf die Erforderlichkeit der Hinzuziehung ab. Diese bestimmt, wer die Kosten trägt. Die Begrenzung der Pflicht zur Kostenübernahme ergibt sich nach § 33 Satz 1 SEBG daraus, dass die SE nur die durch die Bildung und Tätigkeit des SE-Betriebsrats und des geschäftsführenden Ausschusses entstehenden erforderlichen Kosten trägt. Was hinsichtlich der Hinzuziehung erforderlich ist, muss im Einzelfall bestimmt werden.

3 § 33 Satz 2 SEBG verweist darauf, dass im Übrigen § 19 Satz 2 SEBG entsprechend gilt. Demnach sind insbesondere für die Sitzungen in erforderlichem Umfang Räume, sachliche Mittel,

Dolmetscher und Büropersonal zur Verfügung zu stellen sowie die erforderlichen Reise- und Aufenthaltskosten der Mitglieder zu tragen; § 19 Satz 2 SEBG regelt dies für die Mitglieder des BVG; es gilt entsprechend für den SE-Betriebsrat.

III. Vergleich mit dem EBRG

Die Pflicht zur Tagung der Kosten (vgl. § 33 SEBG) für die in § 32 SEBG genannten Sachverständigen geht weiter als die Kostentragungspflicht nach dem EBRG. Nach § 39 Abs. 2 EBRG beschränkt sich dort die Kostentragungspflicht auf einen Sachverständigen, sofern nicht in der Beteiligungsvereinbarung nach § 18 oder § 19 EBRG etwas Abweichendes geregelt ist.[1] 4

IV. Streitigkeiten

Für Streitigkeiten – insbesondere auch um die Frage der Erforderlichkeit – ist nach § 2a Abs. 1 Nr. 3e ArbGG das Arbeitsgericht im Beschlussverfahren nach §§ 80ff ArbGG zuständig. 5

§ 33
Kosten und Sachaufwand

[1]Die durch die Bildung und Tätigkeit des SE-Betriebsrats und des geschäftsführenden Ausschusses entstehenden erforderlichen Kosten trägt die SE. [2]Im übrigen gilt § 19 Satz 2 entsprechend.

Übersicht

I. Allgemeines

Die Vorschrift entspricht fast wörtlich Anhang Teil 2 Buchstabe h der Richtlinie. Sie entspricht auch dem nach dem Betriebsverfassungsgesetz geltenden Grundsatz, wonach der Arbeitgeber die Sachkosten des Betriebsrats zu tragen hat (§ 40 BetrVG). 1

§ 33 Satz 2 SEBG weist ferner ausdrücklich darauf hin, dass § 19 Satz 2 SEBG entsprechend gilt. Demnach sind insbesondere für die Sitzungen in erforderlichem Umfang Räume, Kommunikations- und sonstige Sachmittel, Dolmetscher und Büropersonal zur Verfügung zu stellen sowie die erforderlichen Reise- und Aufenthaltskosten der Mitglieder des BVG zu tragen. Dies gilt entsprechend für die Kosten des SE-Betriebsrats. Die Sachkosten umfassen auch die Kosten für erforderliche Fortbildungen nach § 31 SEBG. 2

II. Gründungsgesellschaften und SE als Gesamtschuldner

Entsprechend anwendbar auf den SE-Betriebsrat ist auch der durch § 42 Satz 1 Nr. 2 und Satz 2 Nr. 3 i. V mit § 37 Abs. 2 SEBG bestätigte[1] Rechtsgedanke des § 19 Satz 1 SEBG, wonach die 3

1 Zur Kritik und zu einer praktikablen Abhilfe im EBRG (pro Sachthema ein Sachverständiger) vgl. DKKW-*Bachner* § 39 EBRG Rn 4; *Rupp* in: Annuß/Kühn/Rudolph/Rupp § 39 EBRG Rn 14 und *Blanke* § 16 EBRG Rn 9.

1 Vgl. *Feuerborn* in: KK-AktG § 33 SEBG Rn 8.

durch die Bildung und Tätigkeit des BVG entstehenden erforderlichen Kosten die beteiligten Gesellschaften und nach ihrer Gründung die SE als Gesamtschuldner zu tragen haben.[2] Die Anwendung dieses Rechtsgedankens auf den SE-Betriebsrat nach § 33 SEBG (Kosten und Sachaufwand der SE) ergibt, dass hinsichtlich der Sachkosten ausschließlich die SE selbst Schuldner ist, während die Entgeltfortzahlung nach § 42 SEBG von der Gesellschaft zu erbringen ist, bei der das Mitglied beschäftigt ist. Nach § 42 Satz 2 SEBG (vgl. dort Rn 2–9) genießen die Beschäftigten der SE, ihrer Tochtergesellschaften oder Betriebe oder einer der beteiligten Gesellschaften, betroffenen Tochtergesellschaften oder betroffenen Betriebe bei der Entgeltfortzahlung den gleichen Schutz und die gleichen Sicherheiten wie die Arbeitnehmervertreter nach den Gesetzen und Gepflogenheiten des Mitgliedstaats, in dem sie beschäftigt sind. Voraussetzung ist, dass sie als Mitglieder des SE-Betriebsrats bei der Wahrnehmung ihrer Aufgaben tätig geworden sind.

III. Berechtigter Personenkreis

4 Einen entsprechenden Anspruch auf Erstattung der Kosten und des Sachaufwandes haben auch Arbeitnehmervertreter, die in sonstiger Weise bei einem Verfahren zur Unterrichtung und Anhörung mitwirken (§ 42 Satz 1 Nr. 2 SEBG), oder Arbeitnehmervertreter im Aufsichts- oder Verwaltungsrat der SE.

IV. Umfang der Kostentragungspflicht

5 Bei der Erstattung der Kosten nach § 33 SEBG muss das Merkmal der Erforderlichkeit interpretiert werden. Aus § 33 SEBG in Verbindung mit § 19 Satz 2 SEBG ergibt sich im Wesentlichen eine Höhe der Kostenerstattungspflicht, wonach die zentrale Leitung insbesondere für die Sitzungen und die laufende Geschäftsführung in erforderlichem Umfang Räume, sachliche Mittel und Büropersonal, für die Sitzungen außerdem Dolmetscher zur Verfügung zu stellen hat. Wenn man davon absieht, dass in § 32 SEBG anders als in § 39 Abs. 2 EBRG die Zahl der Sachverständigen nicht auf einen begrenzt ist (vgl. § 19 SEBG Rn 9), galt dies schon nach dem EBRG. Hinzu kommt die erforderliche Fortbildung nach § 31 SEBG.

6 Die gesamtschuldnerische Haftung ist in § 33 SEBG nicht ausdrücklich angesprochen. Sie ergibt sich jedoch aus einer analogen Anwendung von § 19 Satz 1 SEBG, die sich auf die von der SE abhängigen Gesellschaften bezieht.[3] Dort wird der Gedanke der gesamtschuldnerischen Haftung übernommen (vgl. § 19 SEBG Rn 9).

V. Streitigkeiten

7 Für Streitigkeiten ist nach § 2a Abs. 1 Nr. 3e ArbGG das Arbeitsgericht im Beschlussverfahren nach §§ 80 ff ArbGG zuständig. Ist die Leitung der SE im Ausland und scheitert dort die Eintreibung der erforderlichen Kosten, ist die SE mit Sitz im Ausland wie ein ausländisches Unternehmen zu behandeln. Örtlich zuständig für die Klage ist das Arbeitsgericht an dem Ort im Inland, von dem aus die inländische Betätigung zentral geleitet wird.[4] Dies ist die Hauptverwaltung der inländischen Konzerntochter oder die Leitung des Inländischen Betriebes, wenn eine SE mit Sitz im Ausland einen inländischen Betrieb unterhält.

---

2 Gegen gesamtschuldnerische Haftung *Feuerborn* a.a.O. und *Sagan* in: Boecken/Düwell/Diller/Hanau § 33 SEBG Rn 3. Demnach trägt die jeweils betroffene Gesellschaft die Kosten der Entgeltfortzahlung und die SE die übrigen Kosten.

3 **AA** *Feuerborn* a.a.O. und *Sagan* in: Boecken/Düwell/Diller/Hanau § 33 SEBG Rn 3 (vgl. oben Rn 20).

4 BAG 31.10.1975, AP BetrVG 1972 § 106 Nr. 2.

Abschnitt 2
Mitbestimmung kraft Gesetzes

§ 34
Besondere Voraussetzungen

(1) Liegen die Voraussetzungen des § 22 vor, finden die Regelungen über die Mitbestimmung der Arbeitnehmer kraft Gesetzes nach den §§ 35 bis 38 Anwendung
1. **im Fall einer durch Umwandlung gegründeten SE, wenn in der Gesellschaft vor der Umwandlung Bestimmungen über die Mitbestimmung der Arbeitnehmer im Aufsichts- oder Verwaltungsorgan galten;**
2. **im Fall einer durch Verschmelzung gegründeten SE, wenn**
   a) **vor der Eintragung der SE in einer oder mehreren der beteiligten Gesellschaften, eine oder mehrere Formen der Mitbestimmung bestanden und sich auf mindestens 25 Prozent der Gesamtzahl der Arbeitnehmer aller beteiligten Gesellschaften und betroffenen Tochtergesellschaften erstreckten oder**
   b) **vor der Eintragung der SE in einer oder mehreren der beteiligten Gesellschaften eine oder mehrere Formen der Mitbestimmung bestanden und sich auf weniger als 25 Prozent der Gesamtzahl der Arbeitnehmer aller beteiligten Gesellschaften und betroffenen Tochtergesellschaften erstreckten und das besondere Verhandlungsgremium einen entsprechenden Beschluss fasst;**
3. **im Fall einer durch Errichtung einer Holding-Gesellschaft oder einer Tochtergesellschaft gegründeten SE, wenn**
   a) **vor der Eintragung der SE in einer oder mehreren der beteiligten Gesellschaften eine oder mehrere Formen der Mitbestimmung bestanden und sich auf mindestens 50 Prozent der Gesamtzahl der Arbeitnehmer aller beteiligten Gesellschaften und betroffenen Tochtergesellschaften erstreckten oder**
   b) **vor der Eintragung der SE in einer oder mehreren der beteiligten Gesellschaften eine oder mehrere Formen der Mitbestimmung bestanden und sich auf weniger als 50 Prozent der Gesamtzahl der Arbeitnehmer aller beteiligten Gesellschaften und betroffenen Tochtergesellschaften erstreckten und das besondere Verhandlungsgremium einen entsprechenden Beschluss fasst.**

(2) [1]Bestanden in den Fällen von Absatz 1 Nr. 2 und 3 mehr als eine Form der Mitbestimmung im Sinne des § 2 Abs. 12 in den verschiedenen beteiligten Gesellschaften, so entscheidet das besondere Verhandlungsgremium, welche von ihnen in der SE eingeführt wird. [2]Wenn das besondere Verhandlungsgremium keinen solchen Beschluss fasst und eine inländische Gesellschaft, deren Arbeitnehmern Mitbestimmungsrechte zustehen, an der Gründung der SE beteiligt ist, ist die Mitbestimmung nach § 2 Abs. 12 Nr. 1 maßgeblich. [3]Ist keine inländische Gesellschaft, deren Arbeitnehmern Mitbestimmungsrechte zustehen, beteiligt, findet die Form der Mitbestimmung nach § 2 Abs. 12 Anwendung, die sich auf die höchste Zahl der in den beteiligten Gesellschaften beschäftigten Arbeitnehmer erstreckt.

(3) Das besondere Verhandlungsgremium unterrichtet die Leitungen über die Beschlüsse, die es nach Absatz 1 Nr. 2 Buchstabe b und Nr. 3 Buchstabe b und Absatz 2 Satz 1 gefasst hat.

Übersicht

I. Systematische Vorbemerkung

1 Abschnitt 2 regelt die Mitbestimmung kraft Gesetzes. Nach der Terminologie in § 2 Abs. 12 SEBG (vgl. oben), die sich an Art. 2 Buchstabe k der SE-Richtlinie anschließt, bezeichnet Mitbestimmung die Unternehmensmitbestimmung, d.h. die Beteiligung der Arbeitnehmer in den Unternehmensorganen sowohl der monistischen als auch der dualistischen Unternehmensverfassung. Die Regelungen sind für die verschiedenen Gründungsformen der SE unterschiedlich ausgestaltet.

II. Voraussetzungen der Mitbestimmung kraft Gesetzes

2 Die besonderen Voraussetzungen, unter denen die Auffangregelung der Mitbestimmung kraft Gesetzes eingreift, sind in § 34 SEBG geregelt. Die Regelung nimmt Bezug auf Art. 7 der Richtlinie und Teil 3 der Auffangregelung, der sich auf die Mitbestimmung (Unternehmensmitbestimmung) bezieht.

3 Ebenso wie die Vorschriften über den SE-Betriebsrat kraft Gesetzes kann die Mitbestimmung kraft Gesetzes nur zur Anwendung kommen, wenn entweder die Verhandlungen über eine Vereinbarung gescheitert sind oder die Parteien eine Anwendung der gesetzlichen Regelungen vereinbaren (§ 22 SEBG). Entsprechendes gilt, wenn die Leitungen der an der Gründung der SE beteiligten Gesellschaften verhindert haben, dass die Verhandlungsfrist in § 20 SEBG zu laufen beginnt.[1]

Scheitern die Verhandlungen über eine Vereinbarung, greifen in jedem Fall die gesetzlichen Auffangregelungen über die Bildung eines SE-Betriebsrats ein. Hingegen ist dann die Einführung einer Mitbestimmung kraft Gesetzes von weiteren, zusätzlichen Voraussetzungen abhängig. Diese zusätzlichen Voraussetzungen sind identisch mit denen, welche nach § 15 Abs. 3 SEBG für die Verhinderung einer Minderung der Mitbestimmung durch Vereinbarung zwischen den Leitungen der Gründungsgesellschaften und dem BVG gelten. Nach § 15 Abs. 3 SEBG hat dieses sog. Vorher-Nachher-Prinzip zur Folge, dass die Mitbestimmungsvereinbarung nicht zu Lasten von zahlenmäßig bedeutsamen, von der Mitbestimmung erfassten Arbeitnehmergruppen in mindestens zwei Mitgliedstaaten erfolgen dürfen, die bestimmte Schwellenwerte in Bezug auf die Gesamtarbeitnehmerzahl der an der Gründung der SE beteiligten Gesellschaften überschritten haben. Im Falle des Scheiterns der Verhandlungen führt das Überschreiten dieser gleichen Schwellenwerte dazu, dass nach § 34 SEBG die Regeln über die Mitbestimmung kraft Gesetzes gelten. Im Falle der Umwandlung führt das Scheitern der Verhandlungen sogar dazu, dass die bestehende Mitbestimmung stets übernommen wird.

Die Verhandlungsparteien können ebenso wie die Bildung eines SE-Betriebsrats nach § 22 Abs. 1 Nr. 1 SEBG auch die Regelungen über die Mitbestimmung nach §§ 35 bis 38 SEBG vereinbaren. Dies legt schon der Wortlaut von § 34 Abs. 1 SEBG nahe („liegen die Voraussetzungen des § 22 vor, …“). Es ergibt sich aber auch aus dem Sinn und Zweck der Mitbestimmungssicherung, der mit diesen Auffangvorschriften verfolgt wird. Die Verhandlungsparteien können ihren Streit auch einvernehmlich mit der Vereinbarung der Auffangregelung beenden.[2] Es reicht nicht aus,

1 *Oetker* in: Lutter/Hommelhoff/Teichmann § 34 SEBG Rn 13 m.w.N.
2 *Oetker* in: Lutter/Hommelhoff/Teichmann § 34 SEBG Rn 7 und 9 m.w.N. weist darauf hin, dass eine entsprechende, schriftliche Vereinbarung erforderlich ist.

lediglich zu erklären, dass die Verhandlungen gescheitet seien; in diesem Fall greift die Auffangregelung.

III. Umwandlung (Abs. 1 Nr. 1)

Nach § 34 Abs. 1 Nr. 1 SEBG i.V.m. § 35 Abs. 1 SEBG ist im Sonderfall der (formwechselnden) Umwandlung einer Aktiengesellschaft (vgl. Art. 2 Abs. 4 SE-VO) eine bestehende Mitbestimmung in jedem Fall zu erhalten, wenn die Verhandlungen scheitern. Diese Sicherungsmaßnahme schließt sich an § 16 Abs. 3 SEBG an, wonach ein Beschluss zur Nichtaufnahme oder zum Abbruch der Verhandlungen und damit zu einem Verzicht auf die Mitbestimmung nicht gefasst werden kann, und an § 15 Abs. 5 SEBG, wonach ein Beschluss des BVG mit der Folge einer Minderung der Mitbestimmungsrechte nicht zulässig ist. Der Grundsatz des vollen Bestandsschutzes der Mitbestimmung gilt auch dann, wenn die (formwechselnde) Umwandlung zum Anlass genommen wird, um von der dualistischen in die monistische Unternehmensverfassung zu wechseln. Nicht nur der Anteil, sondern auch die Zahl Arbeitnehmervertreter im Aufsichtsrat bleibt im Verwaltungsrat erhalten (vgl. unten). Dies gilt nach dem Wortlaut von Nr. 1 („vor der Umwandlung ... galten") auch dann, wenn entgegen den gesetzlichen Vorschriften die Mitbestimmung nicht eingerichtet wurde.[3] Der Begriff „gelten" ist mitbestimmungsfreundlich auszulegen (vgl. § 1 Abs. 3 SEBG), da beim Schutz erworbener Rechte hier ein rechtswidriger Zustand nicht perpetuiert werden soll. Demnach „gilt" auch die tatsächlich praktizierte, aber gesetzlich nicht vorgesehene Mitbestimmung weiter, da hier ebenfalls Rechte erworben wurden. 4

IV. Verschmelzung (Abs. 1 Nr. 2)

Im Gründungsfall der Verschmelzung findet nach § 34 Abs. 1 Nr. 2 SEBG die Mitbestimmung kraft Gesetzes statt, wenn sich die Mitbestimmung vor der Eintragung der SE auf mindestens 25% der Arbeitnehmer der beteiligten Gesellschaften und betroffenen Tochtergesellschaften erstreckte; hierbei genügt es, dass nur eine der Gründungsgesellschaften der Mitbestimmung unterlag (Buchstabe a).[4] 5

Falls im Gründungsfall der Verschmelzung die Schwelle von 25% nicht erreicht wird, gilt die Mitbestimmung kraft Gesetzes, wenn vor der Eintragung der SE in einer oder mehreren der beteiligten Gesellschaften eine oder mehrere Formen der Mitbestimmung bestanden und das BVG vor dem Abschluss der Verhandlungen einen entsprechenden Beschluss fasst (Buchstabe b). 6

V. Holding bzw. Tochtergründung (Abs. 1 Nr. 3)

Im Falle einer durch Errichtung einer Holding-Gesellschaft oder einer Tochtergesellschaft gegründeten SE beträgt der entsprechende Schwellenwert nach § 34 Abs. 1 Nr. 3 SEBG mindestens 50%. Das heißt, dass vor der Eintragung der Holding oder der Tochter in einer oder mehreren Gründungsgesellschaften Mitbestimmung bestand und diese sich auf mindestens 50% der Gesamtzahl der Arbeitnehmer aller beteiligten Gesellschaften und Tochtergesellschaften erstreckte (Buchstabe a). Auch wenn diese Schwelle nicht erreicht wird, gelten die Regeln über die Mitbestimmung kraft Gesetzes, wenn vor der Eintragung der SE in einer oder mehreren der betei- 7

3 Vgl. *Rudolph* in: Annuß/Kühn/Rudolph/Rupp EBRG, § 34 SEBG Rn 6; *Habersack* in: Ulmer/Henssler/Habersack § 35 Rn 15 und *Sagan* in: Boecken/Düwell/Diller/Hanau § 34 SEBG Rn 4; **aA** (nur Schutz der praktizierten Mitbestimmung) jetzt *Oetker* in: Lutter/Hommelhoff/Teichmann § 34 Rn 15 und *Jacobs* in: MÜKOAktG § 34 Rn 5 m.w.N. Richtig ist es nach § 1 Abs. 3 SEBG, sowohl die gesetzlich vorgesehene, aber nicht praktizierte, als auch die gesetzlich nicht vorgesehene, aber praktizierte Mitbestimmung zu schützen.
4 Vgl. *Feuerborn* in: KK-AktG § 34 SEBG Rn 22.

ligten Gesellschaften eine oder mehrere Formen der Mitbestimmung bestanden und das BVG einen entsprechenden Beschluss fasst (Buchstabe b).

VI. Konzernzurechnung

8 Wie in § 15 Abs. 3 SEBG werden in den Fällen von Nr. 2 und Nr. 3 die Arbeitnehmer in den entsprechenden Tochtergesellschaften der SE mit berücksichtigt. Der Wortlaut von Art. 7 der Richtlinie bezieht die Schwelle zwar nur auf die an der SE-Gründung beteiligten Gesellschaften, nach Sinn und Zweck der Auffangregelung sollen aber auch die von der Gründung betroffenen Tochtergesellschaften erfasst sein, wie dies in Anhang Teil 3 Buchstabe b der Auffangregelung bestimmt ist („die Arbeitnehmer der SE, ihrer Tochtergesellschaften und Betriebe ..."), der als integraler Bestandteil von Art. 7 zu betrachten ist.[5] Diese Einbeziehung ist notwendig, um in der großen Mehrheit der Fälle den Zweck der Mitbestimmungssicherung zu erfüllen, der z.B. in einer deutschen Holding-AG mit 100 Arbeitnehmern erst dann erreicht wird, wenn die Konzernzurechnung nach § 5 MitbestG erhalten bleibt, ohne die auf der Ebene der Holding keine Mitbestimmung gegeben wäre, da der entsprechende Schwellenwert von 2000 Arbeitnehmern nicht erreicht würde. Sinn des Mitbestimmungsgesetzes ist es, die Arbeitnehmerzahlen auf die Konzernspitze „durchzurechnen". Diese „Durchrechnung" liegt auch der Auffangregelung in Teil 3 Buchstabe b der Richtlinie zugrunde, wonach das Wahl- und Bestellungsrecht der Arbeitnehmer sich auf die Tochtergesellschaften und Betriebe erstreckt. Die „Durchrechnung" ergibt nur dann Sinn, wenn von ihr auch bei der Errechnung der Schwellensätze nach § 34 SEBG ausgegangen wird. Andernfalls könnte der Schutz des § 34 SEBG durch eine schlichte Umstrukturierung der SE-Gründungskonzerne unterlaufen werden. Man würde an deren Spitze jeweils arbeitnehmerlose Holding-Gesellschaften einrichten, welche die Schwellenwerte nicht erreichen würden. Erst dann würde die SE, und zwar ohne Mitbestimmungssicherung, gegründet. Diese Umgehung verhindert § 34 SEBG dem Sinn und Zweck von Art. 7 der Richtlinie gemäß. Hinzu kommt nach § 34 Abs. 1 Nr. 2 und 3 SEBG, dass in Fällen, in denen die Prozentschwellen nicht erreicht sind, das BVG durch einen besonderen Beschluss die Mitbestimmungssicherung herbeiführen kann (Nr. 2 Buchstabe b und 3 Buchstabe b). Dieser Schutz wird von Art. 7 Abs. 2 Buchstaben b und c der Richtlinie vorgegeben. Es spielt für die Mitbestimmungssicherung keine Rolle, ob die Mitbestimmung in einer Tochtergesellschaft sich auf diese selbst oder im Wege der Zurechnung auf die Muttergesellschaft bezog.[6]

9 Es ist nicht zu berücksichtigen, dass die Konzernzurechnung nach § 2 des Drittelbeteiligungsgesetzes von 2004 weniger weit reicht als nach § 5 des Mitbestimmungsgesetzes von 1976. Maßgeblich ist der Begriff der Tochtergesellschaft, der sich aus § 2 Abs. 4 SEBG ergibt.[7] Wenn die Schwellenwerte zwar bei den an einer Verschmelzung beteiligten Gesellschaften, nicht jedoch bei allen von der Verschmelzung betroffenen Gesellschaften erreicht sind, greift die Sicht der beteiligten Gesellschaften, also die Mitbestimmungssicherung.[8]

---

5 Wie hier *Jacobs* in: MÜKO AktG § 34 SEBG Rn 11 mit der allgemeinen Begründung der Sicherung der deutschen Mitbestimmung, die allerdings in den Fällen nicht trägt, in denen die Schwellenwerte nur bei den beteiligten Gesellschaften überschritten sind; **aA** *Grobys* NZA 2004, 779, 781; *Hennings* in: Manz/Mayer/Schröder Art. 7 SE-Richtlinie Rn 24; *Kienast* in: Jannott/Frodermann 13 Rn 269; *Feuerborn* in: KK-AktG § 34 SEBG Rn 25; *Hohenstatt/Müller-Bonanni* in: Habersack/Drinhausen § 34 SEBG Rn 9; *Oetker* in: Lutter/Hommelhoff/Teichmann § 34 SEBG Rn 20 m.w.N.; *Rudolph* in: Annuß/Kühn/Rudolph/Rupp § 34 SEBG Rn 14 ff und *Sagan* in: Boecken/Düwell/Diller/Hanau § 34 SEBG Rn 7.

6 Vgl. *Habersack* in: Ulmer/Habersack/Henssler § 34 SEBG Rn 15; *Oetker* in: Lutter/Hommelhoff/Teichmann § 34 SEBG Rn 17 m.w.N.

7 Anders wäre nach der Auffassung zu entscheiden, dass nur die beteiligten Gesellschaften erfasst sein sollen, vgl. Fn 4.

8 Vgl. *Oetker* in: Lutter/Hommelhoff/Teichmann § 34 Rn 21 m.w.N. (richtlinienkonforme Auslegung von Nr. 2), **aA** *Rudolph* in: Annuß/Kühn/Rudolph/Rupp § 34 SEBG Rn 18 m.w.N. (Regelung insgesamt richtlinienwidrig).

VII. Zeitpunkt

Der maßgebliche Zeitpunkt, zu dem die jeweiligen gesetzlichen Voraussetzungen für die Mitbestimmungssicherung erfüllt sein müssen, ist nach allerdings bestrittener Auffassung die Information der Leitung nach § 4 Abs. 2 SEBG.[9] Eine von dieser Grundnorm abweichende Regelung fehlt in § 34 SEBG. 10

VIII. Mitbestimmungskonkurrenzen

1. Beschluss des besonderen Verhandlungsgremiums

In § 34 Abs. 2 SEBG ist das Problem der Mitbestimmungskonkurrenzen geregelt. Wenn bei mehreren Gründungsgesellschaften aus verschiedenen Mitgliedstaaten unterschiedliche Formen der Mitbestimmung bestehen, entscheidet das BVG durch Beschluss, welche Form der Mitbestimmung in der SE eingeführt wird. Unter Form der Mitbestimmung ist ausschließlich das Prinzip der Unternehmensmitbestimmung im Sinne von § 2 Abs. 12 SEBG gemeint. Unterschiedliche Formen sind z.B.: Wahl der Arbeitnehmervertreter in das Unternehmensorgan, Kooptation, Vorschlags- und Vetorechte der Arbeitnehmerseite in Bezug auf die Bestellung der Unternehmensorgane. Hierbei ist zu berücksichtigen, dass z.B. das Mitbestimmungsgesetz 1976 und das Drittelbeteiligungsgesetz von 2004 dieselbe Form der Mitbestimmung betreffen, nämlich die Wahl eines Anteils an Arbeitnehmervertretern in den Aufsichtsrat.[10] Wie groß der Anteil der Sitze ist, ist im Rahmen von § 34 SEBG irrelevant. Die Größe des Anteils entscheidet sich nach § 35 Abs. 2 SEBG. Das BVG muss sich für eine der bestehenden Formen der Mitbestimmung entscheiden. Es kann sich im Rahmen von § 34 SEBG also z.B. nicht anstelle des deutschen Mitbestimmungssystems (Wahl von Arbeitnehmervertretern in den Aufsichtsrat) für ein Kooptationsmodell entscheiden, wie es bis 2004 in den Niederlanden galt. Danach wählten die Mitglieder des Aufsichtsrats die neuen Mitglieder selbst auf Vorschlag des Betriebsrats, des Vorstands und der Hauptversammlung. Heute gilt in den Niederlanden für Gesellschaften mit mehr als 100 Arbeitnehmern und einem gezeichneten Kapital von mehr als 16 Mio. Euro ein Vorschlagsrecht des Betriebsrats für ein Drittel der Aufsichtsratssitze. Der Aufsichtsrat ist an den Vorschlag gebunden, wenn er nicht mangelnde Eignung des Kandidaten oder Überschreiten der Beteiligungsgrenze von einem Drittel feststellt. Die Hauptversammlung vollzieht die Wahl. Sie kann mit einer Mehrheit von zwei Dritteln der Stimmen und des gezeichneten Kapitals einen Kandidaten zurückweisen. Dann beginnt die Vorschlagsprozedur von Neuem (vgl. § 158 des niederländischen Bürgerlichen Gesetzbuchs). Im Sinne der SE-Richtlinie handelt es sich bei diesem System um ein nicht bindendes Vorschlagsrecht der Arbeitnehmerseite, das in der praktischen Wirkung einem Wahlrecht nahe kommen dürfte. Da es derzeit kein Kooptationsmodell in den Mitgliedstaaten gibt, in denen eine SE gegründet werden kann, läuft die Regelung insoweit leer. 11

2. Auffangregeln bei Fehlen eines Beschlusses

Die Regelungen zur Mitbestimmung kraft Gesetzes sind durch Art. 7 Abs. 2 der Richtlinie zwingend vorgegeben. Dies gilt sowohl für die Höhe der Schwellenwerte als auch für die Möglichkeit, dass das BVG einen Beschluss über die Erhaltung der Mitbestimmung fasst. Dies gilt 12

9 Wie hier *Oetker* in: Lutter/Hommelhoff/Teichmann § 34 Rn 22, *Hohenstatt/Müller-Bonanni* in: Habersack/Drinhausen § 34 Rn 5, *Jacobs* in: MÜKO-AktG Rn 12 und *Feuerborn* in KK-AktG Rn 26; für den Ablauf der Verhandlungen *Grobys* NZA 2005, 90 und *Rieble* in: Junker/Rieble § 3 Rn 118, für die Eintragung der SE *Kienast* in: Jannot/Frodermann SE-Handbuch Kap. 13 Rn 129 ff.

10 Vgl. *Feuerborn* in: KK-AktG § 34 SEBG Rn 33.

schließlich auch für die Entscheidung des BVG über die Mitbestimmungsform, wenn in den verschiedenen beteiligten Gesellschaften unterschiedliche Mitbestimmungsformen bestanden.

13 Von dieser zwingenden Vorgabe gibt es eine Ausnahme: Art. 7 Abs. 2 Buchstabe c Satz 2 der Richtlinie räumt den Mitgliedstaaten die Option ein, Regeln festzulegen, die anzuwenden sind, wenn kein einschlägiger Beschluss des BVG für eine in ihrem Hoheitsgebiet eingetragene SE gefasst wurde, der den Konflikt zwischen unterschiedlichen Mitbestimmungsformen in den an der SE beteiligten Gesellschaften regelt. Der Gesetzgeber hat in § 34 Abs. 2 SEBG von dieser Option Gebrauch gemacht. Wenn das BVG keinen Beschluss zur Lösung des Konflikts der unterschiedlichen Mitbestimmungsformen fasst und eine inländische Gesellschaft, deren Arbeitnehmern Mitbestimmungsrechte zustehen, an der Gründung der SE beteiligt ist, ist die Mitbestimmung nach § 2 Abs. 12 Nr. 1 SEBG maßgeblich. Dies bedeutet, dass die Arbeitnehmervertreter in den Aufsichtungsrat oder Verwaltungsrat zu wählen sind.

14 Ist keine inländische Gesellschaft, deren Arbeitnehmern Mitbestimmungsrechte zustehen, an der Gründung der SE beteiligt, so findet nach § 2 Abs. 12 die Form der Mitbestimmung Anwendung, die sich auf die höchste Zahl der in den beteiligten Gesellschaften beschäftigten Arbeitnehmer erstreckt. Falls es für die höchste Zahl der betroffenen Arbeitnehmer ein Kooptationsmodell gibt, was derzeit nicht der Fall ist, entscheidet sich der Gesetzgeber hier (keine inländische Gesellschaft beteiligt) ebenfalls für das Kooptationsmodell.

15 Bei der Berechnung werden die Arbeitnehmerzahlen zusammengefasst, die auf die jeweiligen Formen der Mitbestimmung entfallen. Arbeitnehmer in Deutschland, Österreich und Luxemburg werden hierbei z.B. zusammengerechnet, weil sie unter dieselbe Form „Wahl des Aufsichts- oder Verwaltungsorgans durch die Arbeitnehmer“ fallen.

IX. Unterrichtung der Leitungen

16 Das BVG unterrichtet nach § 34 Abs. 3 SEBG die Leitungen über die Beschlüsse, die es nach Abs. 1 Nr. 2 Buchstabe b und Nr. 3 Buchstabe c (Nichterreichen der Schwellenwerte) oder nach Abs. 2 Satz 1 (Konflikt verschiedener Mitbestimmungsformen in den SE-Gründungsgesellschaften) gefasst hat. Die Pflicht zur Unterrichtung entspricht den Vorgaben aus Art. 7 Abs. 2 Buchstabe c Satz 4 der Richtlinie. Ihr entspricht ein Anspruch der Leitungen auf Unterrichtung.

X. „Spanische Lösung“ bei Verschmelzung?

17 In Art. 7 Abs. 3 der Richtlinie wird die Möglichkeit geschaffen, im Falle einer Gründung der SE durch Verschmelzung vorzusehen, dass die Auffangregelung in Teil 3 keine Anwendung findet („spanische Lösung“). Von dieser gesetzgeberischen Option hat Deutschland entgegen der Forderung des Bundesrats keinen Gebrauch gemacht.

XI. Bindung der Leitungen an die Beschlüsse des besonderen Verhandlungsgremiums

18 Die Leitungen der SE-Gründungsgesellschaften sind an die Beschlüsse des BVG zu § 34 Abs. 1 Nr. 2 Buchstabe b und Nr. 3 Buchstabe b sowie Abs. 2 Satz 1 SEBG gebunden.[11]

XII. Streitigkeiten

19 Für arbeitsrechtliche Streitigkeiten ist nach § 2a Abs. 1 Nr. 3e ArbGG das Arbeitsgericht im Beschlussverfahren nach §§ 80 ff zuständig, soweit über die Wahl von Vertretern der Arbeitneh-

11 Vgl. *Habersack* in: Ulmer/Habersack/Henssler § 34 Rn 29.

mer in das Aufsichts- oder Verwaltungsorgan oder deren Abberufung mit Ausnahme der Abberufung nach § 103 Abs. 3 AktG zu entscheiden ist; diese aktienrechtlichen Streitigkeiten werden vor den ordentlichen Gerichten ausgetragen; Streitigkeiten darüber, ob und wie die Unternehmensorgane mitbestimmt sind, werden im Wege des Statusverfahrens vor dem nach dem Sitz der SE zuständigen Landgericht ausgetragen (§§ 97 ff AktG Aufsichtsrat, §§ 25 f. SEAG Verwaltungsrat).

§ 35
Umfang der Mitbestimmung

(1) Liegen die Voraussetzungen des § 34 Abs. 1 Nr. 1 (Gründung einer SE durch Umwandlung) vor, bleibt die Regelung zur Mitbestimmung erhalten, die in der Gesellschaft vor der Umwandlung bestanden hat.

(2) [1]Liegen die Voraussetzungen des § 34 Abs. 1 Nr. 2 (Gründung einer SE durch Verschmelzung) oder des § 34 Abs. 1 Nr. 3 (Gründung einer Holding-SE oder Tochter-SE) vor, haben die Arbeitnehmer der SE, ihrer Tochtergesellschaften und Betriebe oder ihr Vertretungsorgan das Recht, einen Teil der Mitglieder des Aufsichts- oder Verwaltungsorgans der SE zu wählen oder zu bestellen oder deren Bestellung zu empfehlen oder abzulehnen. [2]Die Zahl dieser Arbeitnehmervertreter im Aufsichts- oder Verwaltungsorgan der SE bemisst sich nach dem höchsten Anteil an Arbeitnehmervertretern, der in den Organen der beteiligten Gesellschaften vor der Eintragung der SE bestanden hat.

Übersicht

I. Allgemeines

1 Wenn die Voraussetzungen für die Anwendung der gesetzlichen Mitbestimmung (Unternehmensmitbestimmung) in der SE gegeben sind, muss der Umfang der Mitbestimmung bestimmt werden. Diesen Umfang regelt § 35 SEBG. Hierbei wird zwischen der Gründung durch (formwechselnde) Umwandlung, durch Verschmelzung und durch Gründung einer Holding- oder Tochter-SE unterschieden. Der durch § 34 festgelegte Umfang der Mitbestimmung ist davon unabhängig, ob sich die Gesellschaft für das monistische oder dualistische System der Unternehmensverfassung entschieden hat. Teil 3 des Anhangs der Richtlinie unterscheidet nicht zwischen beiden Systemen, wenn es um den Umfang der Mitbestimmungssicherung geht. Die einzige Barriere für die Mitbestimmung ergibt sich aus der SE-Verordnung (vgl. GesR SE C II 1a Rn 71 und 74). Bei Stimmengleichheit im Aufsichtsrat oder Verwaltungsrat gibt nach Art. 50 Abs. 2 SE-VO die Stimme des Vorsitzenden den Ausschlag, sofern die Satzung nichts anderes vorsieht. Eine anderslautende Satzungsbestimmung ist nicht möglich, wenn sich das Gremium zur Hälfte aus Arbeitnehmervertretern zusammensetzt. Dann muss der Aufsichtsrats- bzw. Verwaltungsratsvorsitzende nach Art. 45 S. 2 bzw. 42 S. 2 SE-VO ein Vertreter der Anteilseignerseite sein (vgl. zu IV).

II. Umwandlung nach § 34 Abs. 1 Nr. 1 SEBG

2 In Abs. 1 wird für den Fall der (formwechselnden) Umwandlung nach § 34 Abs. 1 Nr. 1 SEBG bestimmt, dass die Regelung zur Mitbestimmung erhalten bleibt, die in der Gesellschaft vor der

Umwandlung bestanden hat. Abs. 1 ist insoweit eine Ergänzung zu § 15 Abs. 5 und § 16 Abs. 3 SEBG, die sich mit der Mitbestimmungssicherung im Rahmen der vereinbarten Arbeitnehmerbeteiligung befassen. In der Literatur herrscht Streit darüber, ob nicht nur der Anteil, sondern auch die Zahl der Arbeitnehmervertreter im Aufsichtsrat und dessen innere Zusammensetzung (betriebliche und Gewerkschaftsvertreter, leitende Angestellte) erhalten werden muss, wenn eine deutsche AG in eine SE umgewandelt wird. Die Mehrheitsmeinung[1] verneint dies. Die Minderheit[2] argumentiert vom Wortlaut der Richtlinie (nach Teil 3a des Anhangs „das gleiche Ausmaß in Bezug auf alle Komponenten der Arbeitnehmerbeteiligung") her, der weiter geht als die Sicherung des „Anteils" der Arbeitnehmervertreter, welche bei den übrigen Formen der SE-Gründung gilt. Es ist in dieser Spezialregelung nicht nur der Anteil der Arbeitnehmerseite im Aufsichtsrat zu erhalten, sondern die exakte zahlenmäßige Zusammensetzung des Aufsichtsrats; auch seine innere Zusammensetzung ist auf die neue SE zu übertragen.[3] Würde man sich der Mehrheitsmeinung anschließen, so wäre der Unterschied des strengen Bestandsschutzes („alle Komponenten") in Bezug auf die Arbeitnehmerrepräsentanz im Aufsichtsrat im Falle der (formwechselnden) Umwandlung gegenüber dem Bestandsschutz bei den übrigen Gründungsvarianten auf Null reduziert. Dies widerspräche sowohl dem Wortlaut als auch dem Sinn und Zweck von Teil 3a des Anhangs der Richtlinie und § 34 Abs. 1 Nr. 1 SEBG, der nach § 1 Abs. 3 SEBG mitbestimmungsfreundlich auszulegen ist. Was für die Zahl der Arbeitnehmervertreter gilt, muss auch für ihre Zusammensetzung gelten („alle Komponenten der Mitbestimmung"). Demnach muss in einem Aufsichtsrat einer umgewandelten, bisher dem Mitbestimmungsgesetz unterfallenden deutschen AG, in dem die Mitbestimmung kraft Gesetzes gesichert wird, auch Platz für einen Vertreter der Leitenden Angestellten sein, sofern die übrigen Voraussetzungen gegeben sind; ebenso muss das Verhältnis zwischen betrieblichen und außerbetrieblichen Arbeitnehmervertretern erhalten bleiben.[4]

III. Verschmelzung und Holding nach § 34 Abs. 1 Nr. 2 und 3 SEBG

3 Nach § 35 Abs. 2 SEBG haben unter den Voraussetzungen des § 34 Abs. 1 Nr. 2 (Gründung einer SE durch Verschmelzung) oder des § 34 Abs. 1 Nr. 3 (Gründung einer Holding-SE oder Tochter-SE) die Arbeitnehmer der SE, ihrer Tochtergesellschaften und Betriebe oder ihr Vertretungsorgan das Recht, einen Teil der Mitglieder des Aufsichtsrats oder Verwaltungsrats der SE zu wählen oder zu bestellen, oder deren Bestellung zu empfehlen oder abzulehnen. Zwischen den beiden Formen der Mitbestimmung nach § 2 Abs. 12 SEBG – Wahl bzw. Bestellung einerseits oder Empfehlung bzw. Ablehnung andererseits – wird insofern nicht differenziert. In beiden Fällen ist der höchste Anteil an Arbeitnehmervertretern, der in den beteiligten Gründungsgesellschaften vorhanden war, auch für den Aufsichtsrat oder Verwaltungsrat der SE maßgeblich. „Anteil" bedeutet nicht, dass die Zahl der Arbeitnehmervertreter vorgegeben wird, sondern lediglich,

---

1 So *Habersack* Der Konzern 2006, 105, 106 f; *ders.* Die AG 2006, 345 (347); *ders.* in: Ulmer/Habersack/Henssler § 35 SEBG Rn 6; *Feuerborn* in: KK-AktG § 35 Rn 12; *Forst* S. 201 ff; *Jacobs* in: MÜKOAktG § 35 SEBG Rn 9; *Kleinmann/Kujath* in Manz/Mayer/Schröder § 35 Rn 2; *Köklü* in: Drinhausen/Van Hulle/Maul, Handbuch zur SE, 6. Abschn. Rn 223; *ders.* 2006 S. 219; *Müller-Bonnani/Melot de Beauregard* GmbHR 2005, 195, 197; *dies.* in Habersack/Drinhausen § 35 Rn 3 und 4; *Oetker* in: Lutter/Hommelhoff/Teichmann § 35 SEBG Rn 9 m.w.N.; *Oetker* in: FS Birk S. 557, 569 ff; *Scheibe* S. 175 f; *Schwarz* SE-VO, 2006, Einleitung Rn 311; *Rehwinkel* ZESAR 2008, 74–79; *Rudolph* in: Annuß/Kühn/Rudolph/Rupp § 35 SEBG Rn 4, 5; *Sagan* in: Boecken/Düwell/Diller/Hanau § 35 SEBG Rn 3 und *Deilmann/Häferer* NZA 2017, 607.

2 Vgl. *Nagel* AuR 2007, 329–336, 335; *Güntzel* S. 460; *Kleinsorge* in: Wißmann/Kleinsorge/Schubert MitbR, EU-Recht Rn 110; *Meißner* ArbuR 2012, 61, 62f.; *Middendorf* in: Grobys/Panzer, Stichwort-Kommentar Arbeitsrecht 2012, § 79 Rn 55; *Sick* in: Düwell, SE-Recht und grenzüberschreitende Verschmelzung Rn 12 ff; Teichmann ZIP 2014, 1049 ff und *Wißmann* in: Münchener Handbuch ArbR § 287 Rn 1, 13.

3 **AA** *Feuerborn* in: KK-AktG § 35 SEBG Rn 14.

4 Vgl. *Nagel* und *Teichmann* a.a.O.; abweichend *Oetker* a.a.O. m.w.N. und die in Fn 1 Genannten.

dass die Proportionalität der Arbeitnehmerrepräsentanz im Verhältnis zur Anteilseignerrepräsentanz gewahrt wird.[5]

IV. Vorgaben des Unionsrechts und des nationalen Gesetzgebers

1. Anteil der Arbeitnehmervertreter

Der Gesetzgeber stellt in § 35 Abs. 2 SEBG nach dem Wortlaut von Teil 3 Buchstabe b des Anhangs der Richtlinie auf den Anteil der Arbeitnehmervertreter ab, nicht auf ihre Zahl. Dies hat zur Folge, dass die bisherige Zahl von Sitzen für die Arbeitnehmervertreter im Aufsichtsrat oder Verwaltungsrat nicht garantiert ist. Es verbleibt vielmehr grundsätzlich dabei, dass die Zahl der Sitze für das jeweilige Organ in der Satzung festgelegt werden kann. Die Zahl der Arbeitnehmersitze im Aufsichtsrat oder Verwaltungsrat kann sich demnach verringern, während der Anteil erhalten bleibt. Die in der Satzung genannte Zahl muss mit der in der Beteiligungsvereinbarung genannten übereinstimmen. Im Konfliktfall ist die Satzung zu ändern, ehe die SE eingetragen werden kann (Art. 12 Abs. 4 SE-VO). 4

2. Schutz der Anteilseignerseite durch Art. 50 Abs. 2 SE-VO

Während das SEAG von einer ungeraden Zahl der Sitze im Aufsichtsrat oder Verwaltungsrat ausgeht, kann die Sicherung der Mitbestimmung dazu führen, dass eine gerade Anzahl von Sitzen im Aufsichtsrat oder Verwaltungsrat vorzusehen ist. Demnach ist auch im Falle der gesetzlichen Mitbestimmungssicherung eine Erhaltung der Abstimmungsmodalitäten, wie sie nach dem Montan-Mitbestimmungsgesetz bestehen, nicht möglich. Die Anteilseignerseite kann, wenn sie geschlossen abstimmt, nach Art. 50 Abs. 2 SE-VO stets ihren Willen durchsetzen. 5

Enthält die Satzung keine einschlägige Bestimmung, so gibt nach Art. 50 Abs. 2 Satz 1 SE-VO bei Stimmengleichheit die Stimme des Aufsichtsrats- bzw. Verwaltungsratsvorsitzenden den Ausschlag. Dies gilt entsprechend für eine Beschlussfassung des Verwaltungsrats. Wenn die Hälfte der Mitglieder eines Aufsichtsrats aus Arbeitnehmervertretern besteht, muss die Stimme des der Anteilseignerseite zugehörigen Vorsitzenden bei Stimmengleichheit den Ausschlag geben. Eine anders lautende Satzungsbestimmung ist nach Art. 50 Abs. 2 S. 2 SE-VO nicht möglich. Damit wird abgesichert, dass sich die Anteilseignerseite, wenn sie geschlossen abstimmt, durchsetzt (vgl. auch Art. 42 Satz 2 SE-VO).[6] 6

Nach dem im Laufe des Gesetzgebungsverfahrens eingefügten § 35 Abs. 3 SEAG wird dem Schutzgedanken des Art. 50 SE-VO dadurch Rechnung getragen, dass der Vorsitzende des Verwaltungsrats eine zusätzliche Stimme erhält, wenn ein geschäftsführender Direktor, der zugleich Mitglied des Verwaltungsrats ist, aus rechtlichen Gründen nicht an der Beschlussfassung des Verwaltungsrats teilnehmen kann. Kommt es dann zu einem Abstimmungspatt, gibt nach Art. 50 Abs. 2 S. 1 SE-VO die Stimme des Verwaltungsratsvorsitzenden den Ausschlag. Dieser muss, wenn die Hälfte des Verwaltungsrats von den Arbeitnehmern bestellt wird, nach Art. 45 S. 2 SE-VO ein Vertreter der Anteilseignerseite sein. Auch in dieser Abstimmungskonstellation kann sich die Anteilseignerseite, wenn sie geschlossen abstimmt, stets gegenüber der Arbeitnehmerseite durchsetzen. Einwände, wonach der Schutz der Arbeitnehmerseite im Falle eines Wechsels von der dualistischen in die monistische Unternehmensverfassung dann zu weit gehe, übersehen, dass Art. 45 S. 2 SE-VO von diesem Schutz ausgeht.[7] Der Schutz der Arbeitnehmer beim Wechsel in 7

---

5 Vgl. *Habersack* in: Ulmer/*Habersack*/Henssler § 35 SEBG Rn 11 und *Oetker* in: Lutter/Hommelhoff/Teichmann § 35 SEBG Rn 18 m.w.N.
6 Vgl. *Feuerborn* in: KK-AktG § 35 SEBG Rn 25.
7 Vgl. auch *Oetker* in: Lutter/Hommelhoff/Teichmann § 35 SEBG Rn 12, 13.

die monistische Unternehmensverfassung verstößt auch nicht gegen den Eigentumsschutz in Art. 14 GG. Es geht hier um die optionale Schaffung einer zusätzlichen Unternehmensform durch das europäische Unionsrecht, welches diesen Wechsel ermöglicht. Im Übrigen werden die Vorgaben der SE-Richtlinie nach der Rechtsprechung des Bundesverfassungsgerichts (E 73, 339) nicht auf Grundrechtsverstöße überprüft, solange die Union die Grundrechte schützt (vgl. § 1 SEBG Rn 8). Niemand muss sich für die SE entscheiden. Der Gesetzgeber ist nicht verpflichtet, eine Verwaltungsratsoption zur Verfügung zu stellen, welche den Schutz der Anteilseignerseite über das in Art. 50 SE-VO und im SEBG gesicherte Maß hinaus sicherstellt.[8] Zu den (unzutreffenden) verfassungsrechtlichen Bedenken vgl. auch Einführung Rn 53 ff m.w.N.

V. Streitigkeiten

8 Für Streitigkeiten ist nach § 2a Abs. 1 Nr. 3e ArbGG das Arbeitsgericht im Beschlussverfahren nach §§ 80 ff zuständig, soweit über die Wahl von Vertretern der Arbeitnehmer in das Aufsichts- oder Verwaltungsorgan oder deren Abberufung mit Ausnahme der Abberufung nach § 103 Abs. 3 AktG zu entscheiden ist; die Streitigkeiten über die Zusammensetzung des Aufsichts- oder Verwaltungsrats werden im Statusverfahren vor den ordentlichen Gerichten ausgetragen. Diese sind auch für Streitigkeiten um das zusätzliche Stimmrecht des Verwaltungsratsvorsitzenden nach § 35 Abs. 3 SEAG zuständig.

§ 36
Sitzverteilung und Bestellung

(1) [1]Der SE-Betriebsrat verteilt die Zahl der Sitze im Aufsichts- oder Verwaltungsorgan auf die Mitgliedstaaten, in denen Mitglieder zu wählen oder zu bestellen sind. [2]Die Verteilung richtet sich nach dem jeweiligen Anteil der in den einzelnen Mitgliedstaaten beschäftigten Arbeitnehmer der SE, ihrer Tochtergesellschaften und Betriebe. [3]Können bei dieser anteiligen Verteilung die Arbeitnehmer aus einem oder mehreren Mitgliedstaaten keinen Sitz erhalten, so hat der SE-Betriebsrat den letzten zu verteilenden Sitz einem bisher unberücksichtigten Mitgliedstaat zuzuweisen. [4]Dieser Sitz soll, soweit angemessen, dem Mitgliedstaat zugewiesen werden, in dem die SE ihren Sitz haben wird. [5]Dieses Verteilungsverfahren gilt auch in dem Fall, in dem die Arbeitnehmer der SE Mitglieder dieser Organe empfehlen oder ablehnen können.

(2) Soweit die Mitgliedstaaten über die Besetzung der ihnen zugewiesenen Sitze keine eigenen Regelungen treffen, bestimmt der SE-Betriebsrat die Arbeitnehmervertreter im Aufsichts- oder Verwaltungsorgan der SE.

(3) [1]Die Ermittlung der auf das Inland entfallenden Arbeitnehmervertreter des Aufsichts- oder Verwaltungsorgans der SE erfolgt durch ein Wahlgremium, das sich aus den Arbeitnehmervertretungen der SE, ihrer Tochtergesellschaften und Betriebe zusammensetzt. [2]Für das Wahlverfahren gelten § 6 Abs. 2 bis 4, § 8 Abs. 1 Satz 2 bis 5, Abs. 2 bis 7 und die §§ 9 und 10 entsprechend mit der Maßgabe, dass an die Stelle der beteiligten Gesellschaften, betroffenen Tochtergesellschaften und betroffenen Betriebe die SE, ihre Tochtergesellschaften und Betriebe treten. [3]Das Wahlergebnis ist der Leitung der SE, dem SE-Betriebsrat, den Gewählten, den Sprecherausschüssen und Gewerkschaften mitzuteilen.

(4) [1]Die nach den Absätzen 2 und 3 ermittelten Arbeitnehmervertreter werden der Hauptversammlung der SE zur Bestellung vorgeschlagen. [2]Die Hauptversammlung ist an diese Vorschläge gebunden.

---

8 Vgl. *Feuerborn* in: KK-AktG § 35 SEBG Rn 22 und *Sagan* in: Boecken/Düwell/Diller/Hanau § 35 SEBG Rn 9.

Übersicht

I. Allgemeines

Die innerstaatlichen Mitbestimmungs- und Mitwirkungsregelungen der EU-Mitgliedstaaten haben gegewärtig noch den Nachteil, dass jeweils nur nationale Gesellschaften erfasst sind. Dies gilt auch für Deutschland. Die Konzernzurechnungsklausel nach § 5 MitbestG erfasst beispielsweise nicht die Arbeitnehmer ausländischer Tochtergesellschaften von deutschen Unternehmen. Für sie gilt die Unternehmensmitbestimmung nach § 1 MitbestG nicht. Es wird zwar gelegentlich versucht, dies durch freiwillige Mitbestimmungs-vereinbarungen zugunsten ausländischer Arbeitnehmer und Gewerkschaften zu ändern. Ausländische Arbeitnehmervertreter haben aber nur in den wenigsten Aufsichtsräten deutscher Unternehmen Sitz und Stimme. Diese Nachteile vermeidet § 36 SEBG für die SE. Die Sitze im Aufsichtsrat oder Verwaltungsrat werden auf die Mitgliedstaaten verteilt. Was zu geschehen hat, wenn ein Mitgliedstaat nachträglich durch Austritt wie im Fall des Vereinigten Königreichs (UK, vgl. oben § 3 SEBG Rn 4) ausscheidet, regelt § 36 nicht. Für die Rechtsfolge ist ein Austrittsabkommen bzw. bei dessen Scheitern die Beteiligungsvereinbarung, das Gesellschaftsrecht des Sitzstaates oder die Satzung der SE maßgeblich. Derzeit laufen die Verhandlungen zwischen der Rest-EU und UK. 1

II. Verteilung der Sitze auf die Mitgliedstaaten

Im Rahmen der Mitbestimmung in der SE sind die den Arbeitnehmern zustehenden Sitze auf die verschiedenen Mitgliedstaaten zu verteilen. Der grenzüberschreitende Charakter der SE soll sich in der Besetzung der Arbeitnehmervertreter im Aufsichtsrat oder Verwaltungsrat widerspiegeln. Maßgeblich ist der auf die jeweiligen Mitgliedstaaten entfallende Anteil. Das zuständige Organ für die Sitzverteilung auf die Mitgliedstaaten ist der SE-Betriebsrat. Wenn ein Mitgliedstaat nachträglich wegfällt (z.B. Brexit), muss eine Regelung mit der Rest-EU für die Weitergeltung von Verteilung und Mandat getroffen werden. Scheitert diese, werden Verteilung und Mandat jedenfalls in Bezug auf die Auffangregelung des § 36 hinfällig. Was nach einer Beteiligungsvereinbarung gilt, ist dieser zu entnehmen. Ist sie lückenhaft, kann sie durch eine Erstreckung des Geltungsbereichs auf UK „nachgebessert" werden. Unterbleibt dies, werden Verteilung und Mandat hinfällig. Dann muss nachträglich neu verteilt und gewählt werden. 2

Nach § 36 Abs. 1 SEBG erfolgt die Verteilung der Aufsichtsrats- und Verwaltungsratssitze unter Berücksichtigung der Anteile der Arbeitnehmerzahlen in den einzelnen Mitgliedstaaten, in denen Mitglieder zu wählen oder zu bestellen sind, durch den SE-Betriebsrat. Zu berücksichtigen sind die Arbeitnehmer nicht nur der SE, sondern auch ihrer Tochtergesellschaften und Betriebe. Dies ergibt sich aus Sinn und Zweck der Richtlinie (vgl. auch Teil 3 Buchstabe b des Anhangs zur Richtlinie).[1] Die Verteilungsregel wird in § 36 Abs. 1 Satz 2 SEBG umgesetzt. In Analogie zu § 7 Abs. 4 SEBG gilt bei der Verteilung der auf das Inland entfallenden Sitze des BVG das d'Hondtsche Höchstzahlenverfahren (vgl. dort). 3

1 Vgl. auch § 15 SEBG Rn 14, wie hier *Hohenstatt/Müller-Bonanni* in: Habersack/Drinhausen § 36 Rn 2, *Feuerborn* in: KK-AktG § 36 Rn 4; *Kleinmann/Kujath* in: Manz/Mayer/Schröder § 36 Rn 2; *Jacobs* in: MÜKOAktG § 36 Rn 2; *Henssler* in: Umer/Henssler/Habersack § 36 Rn 7; **aA** *Oetker* in Lutter/Hommelhoff/Teichmann § 36 Rn 5.

III. Mehr Mitgliedstaaten als Plätze (Abs. 1 Satz 3 und 4)

4 Wenn Gesellschaften aus einer größeren Anzahl von Mitgliedstaaten an der Gründung der SE beteiligt sind, als Plätze im Aufsichtsrat oder Verwaltungsrat für die Arbeitnehmerseite zur Verfügung stehen, können nicht alle Mitgliedstaaten vertreten sein. Dies gilt z.B., wenn Gesellschaften aus sieben Mitgliedstaaten eine SE bilden und nur vier Sitze im Aufsichtsrat von Arbeitnehmervertretern zu besetzen sind. Hier bestimmt § 36 Abs. 1 Satz 3 SEBG, dass der SE-Betriebsrat den letzten zu verteilenden Sitz einem bisher unberücksichtigten Mitgliedstaat zuweisen muss, wenn bei der anteiligen Verteilung die Arbeitnehmer aus einem oder mehreren Mitgliedstaaten keinen Sitz erhalten würden. Nach § 36 Abs. 1 Satz 4 soll dieser letzte Sitz, soweit angemessen, dem Mitgliedstaat zugewiesen werden, in dem die SE ihren Sitz haben wird vorausgesetzt, dieser ist bisher noch nicht berücksichtigt. Dieses Verteilungsverfahren gilt nach § 36 Abs. 1 Satz 5 SEBG auch in dem Fall, in dem die Arbeitnehmer der SE Mitglieder dieser Organe (Aufsichtsrat oder Verwaltungsrat) empfehlen oder ablehnen können. Angemessen ist die Zuweisung des Sitzes jedenfalls dann, wenn keine erheblichen Unterschiede in den Arbeitnehmerzahlen des begünstigten Mitgliedstaates und des Mitgliedstaates mit der größten Zahl von nicht berücksichtigten Arbeitnehmern besteht.[2]

5 Der Gesetzgeber folgt hier den Vorgaben von Teil 3 der Auffangregelung der Richtlinie. Die Regelungen der Richtlinie über die Verteilung der Sitze im Verwaltungs- oder im Aufsichtsorgan sowie die Verteilung des letzten Sitzes sind fast wörtlich in § 36 Abs. 1 übernommen. Die Richtlinie hält dort auch fest, dass jeder Mitgliedstaat das Recht hat, die Verteilung der ihm im Verwaltungs- oder im Aufsichtsorgan zugewiesenen Sitze festzulegen. Dies ist in § 36 SEBG geschehen.

IV. Auffangregelung (Abs. 2)

6 § 36 Abs. 2 SEBG trifft eine Auffangregelung für den Fall, dass ein Mitgliedstaat die Modalitäten der Sitzbesetzung nicht regelt. In diesem Fall bestimmt der SE-Betriebsrat die Arbeitnehmervertreter dieses Mitgliedstaats im Aufsichts- oder Verwaltungsorgan der SE. Die Regelungslücke eines Mitgliedstaates soll keine Vertretungslücke zu Lasten der Arbeitnehmervertreter aus diesem Staat zur Folge haben.

V. Wahlgremium für die deutschen Vertreter (Abs. 3)

7 Nach § 36 Abs. 3 SEBG werden die auf das Inland entfallenden Vertreter im Aufsichtsrat oder Verwaltungsrat von einem Wahlgremium bestimmt, das ebenso zusammengesetzt ist wie das Gremium, das den SE-Betriebsrat wählt. Es setzt sich aus den Arbeitnehmervertretungen der SE, ihrer Tochtergesellschaften und Betriebe zusammen. Für das Wahlverfahren gelten die Regeln über die persönlichen Voraussetzungen in § 6 Abs. 2 bis 4 SEBG, über die Zusammensetzung des Wahlgremiums in 8 Abs. 1 Satz 2 bis 5 und Abs. 2 bis 7 SEBG sowie über die Einberufung des Wahlgremiums in § 9 SEBG und die Wahl in § 10 SEBG entsprechend; an die Stelle der an der Gründung der SE beteiligten Gesellschaften, betroffenen Tochtergesellschaften und betroffenen Betriebe treten die SE, ihre Tochtergesellschaften und Betriebe. Falls ein Konzernbetriebsrat gebildet wurde, ist dieser in der Praxis das Wahlgremium (vgl. § 8 SEBG). Falls keine Betriebsräte existieren, ist auch Urwahl möglich. Dass bei der Wahl bzw. Bestellung die Tochtergesellschaften und Betriebe zu berücksichtigen sind, gebietet Teil 3 Buchstabe b des Anhangs zur Richtlinie. Der Schutz der Vertretung von Gewerkschaften (jeder dritte auf Deutschland entfallende Arbeitnehmervertreter) ergibt sich aus § 6 Abs. 3 SEBG, der in der Praxis nicht häufig zu

---

2 Vgl. *Henssler* in: Ulmer/Habersack/Henssler § 36 SEBG Rn 12 und *Hohenstatt/Müller-Bonanni* in: Habersack/Drinhausen § 36 SEBG Rn 4.

realisierende Schutz der Leitenden Angestellten (jeder siebte auf Deutschland entfallende betriebliche Arbeitnehmervertreter) aus § 6 Abs. 4 SEBG.

VI. Mitteilungspflicht (Abs. 3 Satz 3)

Das Wahlergebnis ist nach § 36 Abs. 3 Satz 3 SEBG vom Wahlgremium bzw. von dem von ihm bestimmten Wahlleiter der Leitung der SE, dem SE-Betriebsrat, dem Gewählten, den Sprecherausschüssen und den Gewerkschaften mitzuteilen. Die sonstigen in der SE bestehenden Betriebsvertretungen informiert der SE-Betriebsrat. 8

VII. Bestellung durch die Hauptversammlung (Abs. 4)

In § 36 Abs. 4 SEBG wird klargestellt, dass die Wahl durch das Wahlgremium allein noch nicht den rechtlichen Status der Arbeitnehmervertreter als Mitglied im Aufsichtsrat oder Verwaltungsrat begründet.[3] Nach Art. 40 Abs. 2 und 43 Abs. 3 SE-VO, die insoweit einschlägig sind, sind alle Mitglieder des Aufsichts- oder Verwaltungsorgans von der Hauptversammlung zu bestellen. Erst diese Bestellung hat konstitutive Wirkung. Der Gesetzgeber löst das Problem der Bestellung dadurch, dass er das Wahlgremium mit einem Vorschlagsrecht ausstattet, durch welches die Hauptversammlung gebunden ist. Die Bestellung durch die Hauptversammlung ist dann nur noch ein formaler Akt. Verweigert die Hauptversammlung eine derartige Bestellung, etwa wegen angeblich fehlender Eignung des Gewählten, verletzt sie das bindende Vorschlagsrecht des Wahlgremiums nach § 36 Abs. 4 SEBG.[4] 9

Der Rechtsgedanke des bindenden Vorschlagsrechts des Wahlgremiums gegenüber der Anteilseignerversammlung ist aus § 6 Abs. 6 des Montan-Mitbestimmungsgesetzes von 1951 übernommen. Danach ist das Wahlorgan (Hauptversammlung oder Gesellschafterversammlung) an die Vorschläge der Betriebsräte zur Wahl der Vertreter der Arbeitnehmer in den Aufsichtsrat gebunden.[5] 10

Die Möglichkeit einer gerichtlichen Bestellung nach § 104 Abs. 4 S. 1 AktG bzw. nach § 30 Abs. 1 S. 3 SEAG bleibt unberührt. 11

VIII. Streitigkeiten

Weigert sich die Hauptversammlung, die Bestellung eines Arbeitnehmervertreters in den Aufsichtsrat oder den Verwaltungsrat entsprechend dem bindenden Vorschlag des Wahlgremiums vorzunehmen, so ist für die Klage der durch Art. 6 des SE-Einführungsgesetzes geänderte § 2a Abs. 1 Nr. 3e ArbGG maßgeblich.[6] Das Arbeitsgericht ist zuständig, weil es sich um einen Rechtsstreit im Zusammenhang mit der Wahl der Arbeitnehmervertreter handelt; diese Zuständigkeitsverteilung gilt auch für andere Streitigkeiten nach § 36 SEBG.[7] Entschieden wird im Beschlussverfahren nach §§ 80 ff ArbGG. 12

---

3 Vgl. *Henssler* in: Ulmer/Habersack/Henssler § 36 SEBG Rn 28.

4 Vgl. *Oetker* in: Lutter/Hommelhoff/Teichmann § 36 SEBG Rn 15 m.w.N.

5 Vgl. *Oetker* in: ErfK § 6 MontanmitbestG Rn 10 m.w.N., aber mit Hinweis auf *Seibt* in: Henssler/Willemsen/Kalb § 6 MontanmitbestG Rn 6, der eine Bindung verneint, wenn eine Abberufung aus wichtigem Grund nach § 103 Abs. 3 AktG gerechtfertigt ist.

6 Vgl. *Henssler* in: Ulmer/Habersack/Henssler ,§ 36 SEBG Rn 30.

7 Für die Zuständigkeit der ordentlichen Gerichte bei einem Streit um die Bestellung der Arbeitnehmervertreter *Hohenstatt/Müller-Bonanni* in: Habersack/Drinhausen § 36 Rn 14f. und *Jacobs* in: MÜKOAktG Rn 11, wie hier *Feuerborn* in: KK-AktG Rn 11; *Oetker* in: Lutter/Hommelhoff/Teichmann Rn 11 und *Rudolph* in: Annuß/Kühn/Rudolph/Rupp Rn 18.

§ 37
Abberufung und Anfechtung

(1) [1]Ein Mitglied oder ein Ersatzmitglied der Arbeitnehmer aus dem Inland im Aufsichts- oder Verwaltungsorgan kann vor Ablauf der Amtszeit abberufen werden. [2]Antragsberechtigt sind
1. die Arbeitnehmervertretungen, die das Wahlgremium gebildet haben;
2. in den Fällen der Urwahl mindestens drei wahlberechtigte Arbeitnehmer;
3. für ein Mitglied nach § 6 Abs. 3 nur die Gewerkschaft, die das Mitglied vorgeschlagen hat;
4. für ein Mitglied nach § 6 Abs. 4 nur der Sprecherausschuss, der das Mitglied vorgeschlagen hat.

[3]Für das Abberufungsverfahren gelten die §§ 8 bis 10 entsprechend mit der Maßgabe, dass an die Stelle der beteiligten Gesellschaften, betroffenen Tochtergesellschaften und betroffenen Betriebe die SE, ihre Tochtergesellschaften und Betriebe treten; abweichend von § 8 Abs. 5 und § 10 Abs. 1 Satz 3 bedarf der Beschluss einer Mehrheit von drei Vierteln der abgegebenen Stimmen. [4]Die Arbeitnehmervertreter sind von der Hauptversammlung der SE abzuberufen.

(2) [1]Die Wahl eines Mitglieds oder eines Ersatzmitglieds der Arbeitnehmer aus dem Inland im Aufsichts- oder Verwaltungsorgan kann angefochten werden, wenn gegen wesentliche Vorschriften über das Wahlrecht, die Wählbarkeit oder das Wahlverfahren verstoßen worden und eine Berichtigung nicht erfolgt ist, es sei denn, dass durch den Verstoß das Wahlergebnis nicht geändert oder beeinflusst werden konnte. [2]Zur Anfechtung berechtigt sind die in Absatz 1 Satz 2 Genannten, der SE-Betriebsrat und die Leitung der SE. [3]Die Klage muss innerhalb eines Monats nach dem Bestellungsbeschluss der Hauptversammlung erhoben werden.

Übersicht

I. Vorbemerkung

1 Nach dem Vorbild des Aktiengesetzes und der Mitbestimmungsgesetze regelt § 37 SEBG in Abs. 1 die Abberufung von Arbeitnehmervertretern in den Unternehmensorganen (Aufsichtsrat oder Verwaltungsrat) sowie in Abs. 2 die Anfechtung der Wahl von Arbeitnehmervertretern in diese Unternehmensorgane.

II. Abberufung

1. Grundsätze

2 In § 37 Abs. 1 SEBG ist die vorzeitige Abberufung von Mitgliedern bzw. Ersatzmitgliedern der Arbeitnehmer aus dem Inland im Aufsichtsrat oder Verwaltungsrat abschließend geregelt. Die

Vorschrift ist § 23 Abs. 2 und 3 MitbestG und § 12 DrittelbG nachgebildet. Antragsberechtigt sind die Arbeitnehmervertretungen, die das Wahlgremium gebildet haben, in den Fällen der Urwahl mindestens drei wahlberechtigte Arbeitnehmer, für ein Mitglied nach § 6 Abs. 3 SEBG (Gewerkschaftsvertreter) ausschließlich die Gewerkschaft, die das Mitglied vorgeschlagen hat, und für ein Mitglied nach § 6 Abs. 4 SEBG (Vertreter der leitenden Angestellten) nur der Sprecherausschuss, der das Mitglied vorgeschlagen hat. Dies folgt aus § 37 Abs. 1 Satz 2 SEBG. Wenn sich die tatsächlichen Umstände für die Bildung des Wahlgremiums oder die Wahl nachträglich geändert haben, ist (zur Schließung der gesetzgeberischen Lücke) auch das jetzt zuständige Gremium antragsberechtigt.[1]

2. Verfahren

Für das Verfahren der Abberufung sind die Regelungen in §§ 8 bis 10 SEBG entsprechend anzuwenden. An die Stelle der beteiligten Gesellschaften, betroffenen Tochtergesellschaften und betroffenen Betriebe in der Phase der Gründung der SE treten jetzt die SE selbst, ihre Tochtergesellschaften und Betriebe. Der Beschluss bedarf einer Mehrheit von drei Vierteln der abgegebenen Stimmen. Insoweit weicht § 37 Abs. 1 Satz 3 von § 8 Abs. 5 und § 10 Abs. 1 Satz 3 SEBG ab. Das Erfordernis der Dreiviertelmehrheit der abgegebenen Stimmen folgt der Regelung in § 23 Abs. 2 MitbestG. 3

Den formalen Akt der Abberufung vollzieht nach § 37 Abs. 1 Satz 4 SEBG die Hauptversammlung. Sie ist an die Entscheidung des Wahlgremiums gebunden. Für die Bindung bei der Abberufung gilt dasselbe wie bei der Bestellung (vgl. § 36 Rn 9). Die eigentliche Berechtigung zur Abberufung liegt bei denen, die das betreffende Mitglied des Aufsichtsrats oder Verwaltungsrats gewählt haben. 4

III. Wahlanfechtung

1. Grundsatz

Nach § 37 Abs. 2 SEBG kann die Wahl eines Mitglieds oder Ersatzmitglieds der Arbeitnehmer aus dem Inland im Aufsichtsrat oder Verwaltungsrat angefochten werden, wenn gegen wesentliche Vorschriften über das Wahlrecht, die Wählbarkeit oder das Wahlverfahren verstoßen worden und eine Berichtigung nicht erfolgt ist. Die Regelung folgt dem Vorbild von § 22 MitbestG und § 11 DrittelbG, die wiederum dem Vorbild von § 19 Abs. 1 BetrVG folgen. Für die Wahlanfechtung gelten nach dem Vorbild von § 6 Abs. 2 MitbestG auch die Grundsätze, die in § 243 AktG für die Anfechtung eines Beschlusses der Hauptversammlung festgelegt sind. Wesentlich sind alle zwingenden Vorschriften,[2] also Gesetze, Rechtsverordnungen und Satzungen.[3] Keine Gesetzesverletzungen sind Vertragsverletzungen. Da die Vereinbarung über die Beteiligung der Arbeitnehmer aber Wirksamkeitsvoraussetzung für die Eintragung der SE ist, ist sie wie zwingendes Recht zu behandeln. 5

2. Anfechtungsgründe

Der mit der Anfechtung gerügte Fehler muss sich auf die Wahl beziehen und nicht im Rahmen des Wahlverfahrens berichtigt worden sein. Dazu gehört nicht nur die eigentliche Wahlhandlung, sondern auch das Vorfeld der Wahl, also die Entscheidung über die Zusammenset- 6

1 Vgl. *Rudolph* in: Annuß/Kühn/Rudolph/Rupp § 37 SEBG Rn 2.
2 Vgl. BAG AP BetrVG § 13 Nr. 10; BAG BB 1989, 496.
3 Vgl. *Hüffer* § 243 Rn 4–8.

zung des Wahlgremiums, die Wahlvorschläge und die Verteilung der Sitze auf die Mitgliedstaaten.[4] Ein Verstoß gegen reine Sollvorschriften oder gegen Ordnungsvorschriften rechtfertigt die Anfechtung regelmäßig nicht. Eine solche reine Sollvorschrift ist auch die Geschlechterquote nach § 36 Abs. 3 Satz 2 i.V. mit § 6 Abs. 2 Satz 3.[5] Anders ist zu entscheiden, wenn besonders erschwerende Umstände vorliegen, wenn z.B. in demselben Verfahren gegen so zahlreiche Ordnungsvorschriften verstoßen wurde, dass die Wahl im Ganzen nicht mehr als ordnungsgemäß angesehen werden kann.[6]

3. Antragsberechtigung

7 Antragsberechtigt sind neben den in Abs. 1 Satz 2 Genannten auch der SE-Betriebsrat und die Leitung der SE. Dies folgt aus § 38 Abs. 2 Satz 2 SEBG. Leitung im Sinne der Vorschrift sind die geschäftsführenden Direktoren in der monistischen Verfassung und der Vorstand in der dualistischen Verfassung. Was die Beschränkung der Abberufungsmöglichkeit auf die Gewerkschaften nach § 37 Abs. 1 S. 2 Nr. 3 SEBG und auf den Sprecherausschuss nach § 37 Abs. 1 S. 2 Nr. 4 SEBG anbelangt, so ist zu erwägen, ob diese auf eine Beschränkung der Antragsberechtigung bei der Wahlanfechtung ausgedehnt werden sollte. Der Wortlaut legt dies nahe. Sinn und Zweck der Anfechtungsregeln ist aber, eine rechtmäßige Wahl aller aus Deutschland kommenden Aufsichtsrats- und Verwaltungsratsmitglieder sicherzustellen. Die Einschränkungen bei den Gewerkschaften und Leitenden Angestellten ergeben hier keinen Sinn, zumal eine gerichtliche Entscheidung herbeigeführt werden muss.[7]

8 Das Anfechtungsrecht besteht nicht, wenn durch den Verstoß gegen die Vorschriften über das Wahlrecht, die Wählbarkeit oder das Wahlverfahren das Wahlergebnis nicht geändert oder beeinflusst werden konnte. Es kommt hierbei nicht darauf an, ob das Ergebnis tatsächlich beeinflusst wurde, vielmehr reicht die mögliche, nicht unwahrscheinliche Beeinflussung aus, um das Anfechtungsrecht zu begründen.[8]

9 Das Anfechtungsrecht, das auf die Verletzung von Vorschriften über die Wahlberechtigung gestützt wird, hängt von der Frage ab, ob die Sitzverteilung sich ändern könnte, wenn die zu Unrecht Ausgeschlossenen mitgewählt oder die zu Unrecht zur Wahl Zugelassenen nicht mitgewählt hätten.[9]

10 Wenn ein Wahlbewerber zu Unrecht zurückgewiesen wurde, lässt sich nie ausschließen, dass die Wahl anders ausgefallen wäre, falls er aufgestellt worden wäre; deshalb ist die Wahl in jedem Fall für ungültig zu erklären.[10]

11 Eine Beweisaufnahme zu der Frage, wie jemand abgestimmt hat oder abgestimmt hätte, ist in jedem Fall unzulässig, da dies das Wahlgeheimnis verletzen würde.[11]

---

4 Vgl. *Oetker* in: Lutter/Hommelhoff/Teichmann § 37 SEBG Rn 11 f; *Hohenstatt/Müller-Bonanni* in: Habersack/Drinhausen § 37 SEBG Rn 12 m.w.N.

5 Vgl. *Hohenstatt/Müller-Bonanni* in: Habersack/Drinhausen § 37 Rn 12 und *Jacobs* in: MÜKO AktG § 37 Rn 8 m.w.N.

6 Vgl. BAG AP BetrVG § 13 Nr. 11 mit Anm. *Küchenhoff*; *Raiser/Veil/Jacobs* MitbestG § 22 Rn 6.

7 So *Wißmann* in: FS Richardi, a.a.O. S. 841 ff; *Oetker* in: Lutter/Hommelhoff/Teichmann § 37 SEBG Rn 13; *Rudolph* in: Annuß/Kühn/Rudolph/Rupp § 37 SEBG Rn 6; *Hohenstatt/Müller-Bonanni* in: Habersack/Drinhausen § 37 SEBG Rn 11; vgl. auch *Henssler* in: Ulmer/Habersack/Henssler § 37 SEBG Rn 12.

8 Vgl. BAG AP BetrVG 1952 § 18 Nr. 1; BAG AP BetrVG § 19 Nr. 1; BAG AP BetrVG § 13 Nr. 10 mit Anm. *Neumann-Duesberg*; BAG AP BetrVG § 19 Nr. 62; zum Mitbestimmungsgesetz von 1976 *Wißmann* in: Wißmann/Kleinsorge/Schubert § 22 Rn 33 m.w.N. und *Raiser/Veil/Jacobs* MitbestG § 22 Rn 13.

9 Vgl. BAG AP BetrVG § 4 Nr. 4 mit Anm. *Hueck*.

10 Vgl. BAG AP BetrVG § 4 Nr. 4 mit Anm. *Hueck*.

11 Vgl. BAG AP BetrVG § 27 Nr. 4 mit Anm. *Küchenhoff*.

4. Anfechtungsfrist

Die Anfechtungsfrist ist eine Ausschlussfrist. Sie beträgt nach § 37 Abs. 2 Satz 3 SEBG einen Monat. Sie entspricht der von § 246 AktG und beginnt mit dem Bestellungsbeschluss der Hauptversammlung zu laufen.[12] 12

5. Aktienrechtliche Anfechtungsmöglichkeiten

Nach § 17 Abs. 4 SEAG können daneben formale Fehler bei der Bestellung der Arbeitnehmervertreter im Aufsichtsrat oder Verwaltungsrat durch die Hauptversammlung nach den aktienrechtlichen Vorschriften angegriffen werden. Insoweit gilt § 17 Abs. 4 SEAG, wonach § 251 AktG mit der Maßgabe Anwendung findet, dass das gesetzwidrige Zustandekommen von Wahlvorschlägen für die Arbeitnehmervertreter im Aufsichtsorgan nur nach den Vorschriften der Mitgliedstaaten über die Besetzung der ihnen zugewiesenen Sitze geltend gemacht werden kann. Für die Arbeitnehmervertreter aus dem Inland gilt § 37 Abs. 2 SEBG. 13

IV. Streitigkeiten zur Abberufung und Anfechtung

Zuständig für Abberufung und Wahlanfechtung sind nach § 2a Abs. 1 Nr. 3e ArbGG die Arbeitsgerichte im Beschlussverfahren nach §§ 80 ff ArbGG. Die aktienrechtlichen Zuständigkeiten der ordentlichen Gerichte (z.B. Abberufung analog § 103 Abs. 3, 4 AktG bzw. § 29 Abs. 3 SEAG) bleibt unberührt. 14

V. Nichtigkeit

1. Grundsätze

Nach Ablauf der Anfechtungsfrist können Wahlfehler grundsätzlich nicht mehr gerügt werden. Nach allgemeinen gesellschaftsrechtlichen und arbeitsrechtlichen Grundsätzen ist aber die Wahl bei besonders schweren und offensichtlichen Verstößen gegen die Wahlvoraussetzungen und das Wahlverfahren nichtig.[13] Voraussetzung der Nichtigkeit ist, dass auch der Anschein einer dem Gesetz entsprechenden Wahl nicht mehr vorliegt.[14] Zur Nichtigkeit führt z.B. die Verletzung der strikten Geschlechterquote aus § 17 Abs. 2 bzw. § 24 Abs. 3 SEAG (vgl. oben GesRSE Rn 160). Art. 9 Abs. 1c SE-VO verweist hier auf § 96 Abs. 2 Satz 6 AktG. Auf eine mögliche Beeinflussung des Wahleergebnisses kommt es hier nicht an.[15] Auch die Nichtigkeit des Bestellungsbeschlusses der Hauptversammlung kann gerügt werden. 15

2. Nichtigkeitsgründe der Wahl

Nichtig ist die Wahl der Arbeitnehmervertreter in den Aufsichtsrat oder Verwaltungsrat immer dann, wenn auch die Wahl von Seiten der Hauptversammlung nichtig wäre. Insofern ist eine Parallele zu § 250 AktG gegeben. Der Grundsatz der Gleichbehandlung der Anteilseignervertreter und Arbeitnehmervertreter in den Unternehmensorganen gebietet es, auch die materiellen 16

---

12 Vgl. *Oetker* in: Lutter/Hommelhoff/Teichmann § 37 SEBG Rn 15.

13 Vgl. *Henssler* in: Ulmer/Habersack/Henssler § 37 SEBG Rn 20 f; *Jacobs* in: MÜKO AktG § 37 SEBG Rn 12; *Feuerborn* in: KK-AktG § 37 Rn 17; *Oetker* in: Lutter/Hommelhoff/Teichmann § 37 Rn 16.

14 Vgl. BAG AP BetrVG § 18 Nr. 1 mit Anm. *Dietz*; BAG AP BetrVG § 3 Nr. 6 mit Anm. *Küchenhoff*; BAG AP BetrVG § 4 Nr. 3 mit Anm. *Dietz*; BAG AP BetrVG 1972 § 19 Nr. 4; BAG BB 1978, 1011; BAG BB 1978, 1467; BAG DB 1983, 2142.

15 Vgl. *Henssler* in: Ulmer/Habersack/Henssler § 37 SEBG Rn 20.

Voraussetzungen der Nichtigkeit gleich zu gewichten. Nichtig ist die Wahl z.B. dann, wenn der Aufsichtsrat nicht richtig zusammengesetzt ist, wenn bei der Wahl die gesetzliche Höchstzahl der Aufsichtsratsmitglieder überschritten würde, wenn die gewählte Person die Wählbarkeitsvoraussetzungen nicht erfüllt, wenn die Wahl ohne Wahlvorstand oder durch formlose Akklamation[16] durchgeführt wird, oder wenn die Belegschaft während des Wahlvorgangs terrorisiert wird.[17] Auch eine Häufung von Verfahrensfehlern, die für sich allein nicht zur Nichtigkeit führen würden, sondern nur zur Anfechtung berechtigen würden, kann in einem besonderen Fall ein Nichtigkeitsgrund sein.[18]

3. Ex-tunc-Wirkung der Nichtigkeit

17 Die Nichtigkeit wirkt von Anfang an (ex tunc). Aufsichtsratsmitglieder oder Verwaltungsratsmitglieder, die aufgrund einer nichtigen Wahl bestellt wurden, können nicht wirksam an Beschlüssen des Aufsichtsrats teilnehmen. Hat die Stimme eines durch nichtige Wahl bestellten Aufsichtsratsmitglieds für einen Aufsichtsratsbeschluss den Ausschlag gegeben oder kann dies der Fall gewesen sein, so ist der gesamte Aufsichtsratsbeschluss unwirksam.[19] Nach §§ 17 Abs. 3 Satz 2 SEAG, 252 AktG erstreckt sich die Wirkung der Entscheidung nicht nur auf die Prozessparteien, sondern auch auf alle Aktionäre, Mitglieder des Vorstands, Aufsichtsrats und Verwaltungsrats.

4. Nachrücker

18 Ist ein Ersatzmitglied des Aufsichtsrats oder Verwaltungsrats vorhanden, dessen Wahl von der Nichtigkeit nicht erfasst wird, tritt dieses in den Aufsichtsrat oder Verwaltungsrat ein. Erfasst der Nichtigkeitsgrund auch die Wahl des Ersatzmitglieds, ist eine Nachwahl oder eine gerichtliche Ersatzbestellung nach § 104 AktG vorzunehmen.[20] Wird der Nichtigkeitsgrund nachträglich geheilt, sind Neuwahlen erforderlich.

5. Streitigkeiten zur Nichtigkeit

19 Die Nichtigkeit der Wahl kann von jedermann in jedem Verfahren geltend gemacht werden.[21] Eine zeitliche Begrenzung oder Frist gibt es nicht. Die Nichtigkeitsklage ist analog § 250 AktG zu erheben. Antragsberechtigt und parteifähig ist nach § 17 Abs. 3 Satz 2 SEAG auch der SE-Betriebsrat. Das gesetzwidrige Zustandekommen von Wahlvorschlägen für die deutschen Arbeitnehmervertreter kann aber nur nach § 37 SEBG, nicht zusätzlich im Wege einer Anfechtungsklage nach § 251 AktG angefochten werden.

Soweit die Wahl von Arbeitnehmervertretern in den Aufsichtsrat oder Verwaltungsrat als nichtig gerügt wird, sind nach § 2a Abs. 1 Nr. 3e ArbGG die Arbeitsgerichte zuständig.

---

16 Vgl. BAG DB 1962, 35.

17 Vgl. BAG AP BetrVG § 19 Nr. 1 mit Anm. *Küchenhoff*.

18 Vgl. BAG NJW 1976, 2229; einschränkend BAG NZA 2003, 395; dazu kritisch Thüsing in: Richardi BetrVG § 19 Rn 84; ausführlich jetzt auch *Wißmann* in: Wißmann/Kleinsorge/Schubert Mitbestimmungsrecht § 22 MitbestG Rn 9 m.w.N. auch zur Gegenmeinung (u.a. *Henssler* in: Ulmer/Habersack/Henssler § 37 SEBG Rn 20), die das BAG unterstützt.

19 Vgl. *Wißmann* in: Wißmann/Kleinsorge/Schubert Mitbestimmungsrecht § 25 MitbestG Rn 81 ff und *Raiser/Veil/Jacobs* MitbestG § 25 Rn 45 (einschränkend zur ex-tunc-Wirkung).

20 Vgl. *Wißmann* in: Wißmann/Kleinsorge/Schubert Migtbestimmungsrecht § 22 MitbestG Rn 18 und *Raiser/Veil/Jacobs* MitbestG § 22 Rn 23.

21 Vgl. *Henssler* in: Ulmer/Habersack/Henssler § 37 SEBG Rn 21.

VI. Vorläufiger Rechtsschutz

20 Einstweilige Verfügungen sind nach § 2a Abs. 1 Nr. 3e ArbGG zulässig und wegen der Eilbedürftigkeit der Entscheidungen während des Wahlverfahrens häufig geboten. Der Einstweiligen Verfügung steht nicht entgegen, dass sie für das Wahlverfahren endgültige Tatsachen schafft; die – nicht gangbare – Alternative wäre eine Verzögerung des Rechtsschutzes bis zur Rechtskraft des Anfechtungsprozesses.[22]

21 Die Dringlichkeit der Einstweiligen Verfügung ergibt sich in der Regel aus dem Zeitdruck des Wahlverfahrens.[23] Gegenstand des Verfahrens können Fehler des Wahlverfahrens und andere Entscheidungen sein, die das Wahlverfahren maßgeblich beeinflussen, insbesondere eine Behinderung oder Beeinflussung der Wahl durch die Unternehmensleitung.[24]

22 Der Antrag auf Einstweilige Verfügung setzt ein Rechtsschutzinteresse voraus; dieses ist gegeben, wenn die gerügte Maßnahme einen Einfluss auf den Ausgang der Wahl haben kann. Das Rechtsschutzinteresse fällt nach Abschluss der Wahl in der Regel weg. Danach besteht aber im Wege der Antragsänderung ein Anfechtungsrecht bzw. ein Recht auf Erhebung der Nichtigkeitsklage.[25]

23 Antragsberechtigt für die Einstweilige Verfügung sind die nach § 37 SEBG Anfechtungsberechtigten. Die Antragsbefugnis erlischt mit Abschluss der Wahl. An dem Verfahren sind alle Personen und Gremien zu beteiligen, deren beteiligungsrechtliche Position durch das Verfahren berührt wird.[26]

VII. Trennungsprinzip

24 Wenn ein Fehler bei der Wahl der Mitglieder des BVG vorliegt, kann dies das Ergebnis der Wahl der Arbeitnehmervertreter in den Unternehmensorganen Aufsichtsrat oder Verwaltungsrat beeinflussen. Insofern könnte man daran denken, in der Phase der Wahl der Arbeitnehmervertreter in den Aufsichtsrat oder in den Verwaltungsrat noch Fehler bei der Wahl der Mitglieder des BVG zu rügen. Es ist aber nicht zulässig, den lediglich mittelbaren Einfluss der Ergebnisse bei der Bestellung der Mitglieder des besonderen Verhandlungsgremiums auf die Wahl der Arbeitnehmervertreter in den Unternehmensorganen im Rahmen von § 37 SEBG zu berücksichtigen.[27]

§ 38
Rechtsstellung, innere Ordnung

(1) Die Arbeitnehmervertreter im Aufsichts- oder Verwaltungsorgan der SE haben die gleichen Rechte und Pflichten wie die Mitglieder, die die Anteilseigner vertreten.

(2) [1]Die Zahl der Mitglieder des Leitungsorgans (§ 16 des SE-Ausführungsgesetzes) oder der geschäftsführenden Direktoren (§ 40 des SE-Ausführungsgesetzes) beträgt mindestens zwei. [2]Einer von ihnen ist für den Bereich Arbeit und Soziales zuständig.

---

22 Vgl. LAG Düsseldorf DB 1978, 255; Arbeitsgericht Hamburg DB 1978, 1180; Arbeitsgericht Herne DB 1978, 549; *Wißmann* in: Wißmann/Kleinsorge/Schubert Mitbestimmungsrecht § 22 MitbestG Rn 88 m.w.N.; *Raiser/Veil/Jacobs* MitbestG § 22 Rn 25.
23 Vgl. LAG Hamm DB 1977, 1269.
24 Vgl. LAG Hamm DB 1977, 1269.
25 Vgl. BAG DB 1982, 546, *Wißmann* in: Wißmann/Kleinsorge/Schubert § 22 Mitbestimmungsrecht Rn 83, 98 und *Raiser/Veil/Jacobs* MitbestG § 22 Rn 27.
26 Vgl. LAG Hamburg DB 1979, 899.
27 Vgl. *Hohenstatt/Müller-Bonanni* in: Habersack/Drinhausen § 37 Rn 12 *Henssler* in: Ulmer/Habersack/Henssler § 37 SEBG Rn 14f.

(3) Besteht in einer der beteiligten Gesellschaften das Aufsichtsorgan aus derselben Zahl von Anteilseigner- und Arbeitnehmervertretern sowie einem weiteren Mitglied, so ist auch im Aufsichts- oder Verwaltungsorgan der SE ein weiteres Mitglied auf gemeinsamen Vorschlag der Anteilseigner- und der Arbeitnehmervertreter zu wählen.

Übersicht

I. Allgemeines

1 Nach § 38 Abs. 1 SEBG haben die Arbeitnehmervertreter im Aufsichtsrat oder Verwaltungsrat der SE die gleichen Rechte und Pflichten wie die Mitglieder, welche die Anteilseigner vertreten. Die Vorschrift setzt eine Vorgabe in Anhang Teil 3 Buchstabe b der Richtlinie um. Danach müssen alle vom Vertretungsorgan oder den Arbeitnehmern gewählten, bestellten oder empfohlenen Mitglieder des Verwaltungsorgans oder des Aufsichtsorgans der SE vollberechtigte Organmitglieder mit denselben Rechten (einschließlich des Stimmrechts) und denselben Pflichten wie die Anteilseignervertreter sein. Dies gilt insbesondere auch für die Verwaltungs- und Stimmrechte. Vgl. zu den gleichen Pflichten Art. 49 SE-VO (Weitergabe von Informationen) und Art. 51 SE-VO (Haftung).

2 Dass die Arbeitnehmervertreter in den Aufsichtsorganen gleiche Rechte und Pflichten haben, ist auch ein Grundsatz der deutschen Unternehmensmitbestimmung. Insbesondere darf nicht zwischen den Mitgliedern der Anteilseignerseite und den Arbeitnehmervertretern differenziert werden, soweit sich nicht aus verfassungsrechtlichen Grundsätzen oder aus dem Gesetz selbst anderes ergibt. Die deutsche Rechtsprechung hat anerkannt, dass alle Aufsichtsratsmitglieder eine individuell gleiche Berechtigung und Verantwortung haben, ohne dass es darauf ankommt, über welche Seite sie ihr Mandat erlangt haben.[1] Dasselbe muss für die Organmitglieder in der SE gelten.

3 Die Mitbestimmung in der SE baut auf dem Grundgedanken der Interessenrepräsentanz und der Interessenabgleichung auf. Dieser Grundgedanke unterscheidet sich z.B. von dem angelsächsischer Audit Committees, die unabhängig, d.h. nicht durch eigene Interessen an dem zu kontrollierenden Unternehmen geprägt sein sollen. Die Arbeitnehmervertreter haben andere Interessen als die Vertreter der Anteilseignerseite in den Unternehmensorganen. Dies muss beide Seiten nicht daran hindern, zu kooperieren. Die unterschiedlichen Interessen sind aber bei der Bildung des Unternehmensinteresses zu berücksichtigen.[2]

II. Zahl der Mitglieder des Leitungsorgans nach Abs. 2, Arbeitsdirektor

4 Nach § 38 Abs. 2 SEBG beträgt die Zahl der Mitglieder des Leitungsorgans oder der geschäftsführenden Direktoren mindestens zwei. Einer von ihnen ist für den Bereich Arbeit und Soziales zuständig. Der Gesetzgeber sichert einen Kernbereich dieses Ressorts.[3] Die Vorschrift

1 Vgl. BGHZ 83, 106, 112 ff; 83, 151 ff; 99, 211, 216; 106, 54, 65; 124, 111, 127; vgl. dazu *Habersack* in: Ulmer/Habersack/Henssler § 38 SEBG Rn 9; § 25 MitbestG Rn 11 ff; *Wißmann* in: Wißmann/Kleinsorge/Schubert Mitbestimmungsrecht § 25 Rn 230.

2 Vgl. *Nagel* DB 1982, 2677 m.w.N.; *Nagel* NZG 2007, 57, 166 mit einem Vergleich der deutschen und der angelsächsischen Konzeption; *Spindler* Unternehmensinteresse als Leitlinie des Vorstandshandelns – Berücksichtigung von Arbeitnehmerinteressen und Shareholder value, Düsseldorf 2008.

3 Vgl. für die deutsche Mitbestimmung BGHZ 89, 48, 59 und *Oetker* in: Lutter/Hommelhoff/Teichmann § 38 SEBG Rn 11.

bezieht sich sowohl auf die dualistische Unternehmensverfassung, d.h. den Vorstand nach § 16 SEAG, als auch auf die monistische Unternehmensverfassung, d.h. die geschäftsführenden Direktoren nach § 40 SEAG.

Indem der Gesetzgeber auf das Merkmal „Zuständigkeit für den Aufgabenbereich Arbeit und Soziales" abstellt, greift er die im deutschen Mitbestimmungsrecht bewährte Funktion des Arbeitsdirektors auf. Um die notwendige Eigenständigkeit dieses Aufgabenbereichs zu gewährleisten, setzt § 38 Abs. 2 SEBG die Zahl der Vorstandsmitglieder oder der geschäftsführenden Direktoren nach §§ 16 und 40 SEAG auf mindestens zwei an. Ziel ist der auch von der Richtlinie verfolgte mitbestimmungsrechtliche Bestandschutz. Die Richtlinie schweigt zu dieser Möglichkeit, schließt sie aber auch nicht aus (Regelungsoffenheit). Im Schrifttum sind die Auffassungen, ob hier ein Spielraum für den nationalen Gesetzgeber besteht, geteilt.[4] 5

Weitere Vorgaben, etwa über das Bestellungsverfahren, macht § 38 Abs. 2 SEBG nicht. Es gibt insbesondere kein Vetorecht der Arbeitnehmerbank bei der Bestellung des Arbeitsdirektors. Vorstellungen aus dem Bereich der deutschen Montanmitbestimmung sind in § 38 Abs. 2 SEBG insoweit nicht aufgenommen. 6

III. Weitere Mitglieder im Aufsichtsrat nach dem Montanmodell (Abs. 3)

Nach § 38 Abs. 3 SEBG wird allerdings sichergestellt, dass dann, wenn in einer beteiligten Gesellschaft das Aufsichtsorgan (der Aufsichtsrat) aus derselben Zahl von Anteilseigner- und Arbeitnehmervertretern sowie einem weiteren Mitglied besteht, auch im Aufsichtsrat oder Verwaltungsrat der SE ein weiteres Mitglied auf gemeinsamen Vorschlag der Anteilseigner- und Arbeitnehmervertreter zu wählen ist. Die Vorschrift bezieht sich auf die paritätische Mitbestimmung nach dem Montan-Mitbestimmungsgesetz oder dem Mitbestimmungsergänzungsgesetz in Deutschland. Nach § 8 Montan-Mitbestimmungsgesetz wird das weitere Mitglied des Aufsichtsrats durch das Wahlorgan (die Hauptversammlung der AG oder Gesellschafterversammlung der GmbH) auf Vorschlag der übrigen Aufsichtsratsmitglieder gewählt. Der Vorschlag wird durch diese Aufsichtsratsmitglieder mit Mehrheit aller Stimmen beschlossen. Er bedarf jedoch der mehrheitlichen Zustimmung sowohl der Arbeitnehmerseite als auch der Anteilseignerseite. Eine ähnliche Regelung für die Wahl des weiteren Mitglieds enthält § 5 Abs. 1c des Montan-Mitbestimmungsergänzungsgesetzes in der Fassung vom 23.7.2001.[5] 7

IV. Diskriminierungsverbot

Aus Absatz 1, wonach die Arbeitnehmervertreter gleichberechtigt im Aufsichtsrat oder Verwaltungsrat mitwirken, ergibt sich ein Diskriminierungsverbot oder Recht auf Gleichbehand- 8

4 Kritisch *Grobys* NZA 2004, 779, 780; *Güntzel* S. 473 ff; *Henssler* RdA 2005, 330, 336; *Jacobs* in: MÜKOAktG § 38 SEBG Rn 5; *Feuerborn* in: KK-AktG § 38 SEBG Rn 11f. (richtlinienwidrig); *Rudolph* in: Annuß/Kühn/Rudolph/Rupp § 38 SEBG Rn 5; *Habersack* in: Ulmer/Henssler/Habersack § 38 SEBG Rn 2 und *Sagan* in: Boecken/Düwell/Diller/Hanau § 38 SEBG Rn 3; für die Zulässigkeit wie hier *Krause*, BB 2005, 1221; *Scheibe* S. 236; *Oetker* in: Lutter/Hommelhoff/Teichmann § 38 SEBG Rn 10f.; differenzierend *Jacobs* in: MÜKO AktG § 38 SEBG Rn 4 je nachdem, ob bei einer der an der Gründung beteiligten Gesellschaften ein Arbeitsdirektor bestellt wurde.

5 BGBl. I 1852; einen Widerspruch zu §§ 42, 45 und 50 Abs. 2 SE-VO sieht *Grobys* NZA 2004, 779, 780 und NZA 2005, 84, 90; ihm sind im Ergebnis *Henssler* RdA 2005, 330, 336; *ders.* in: Ulmer/Habersack/Henssler § 38 SEBG Rn 2; *Krause* BB 2005, 1221, 1228; *Niklas* NZA 2004, 1200, 1204, *Schwarz* SE-VO Einl. Rn 312 und *Wisskirchen/Prinz* DB 2004, 2638, 2642 gefolgt; europarechtliche Bedenken auch bei *Jacobs* in: MÜKOAktG § 38 SEBG Rn 5; *Feuerborn* in: KK-AktG § 38 SEBG Rn 14; *Rudolph* in: Annuß/Kühn/Rudolph/Rupp § 38 SEBG Rn 7 und *Sagan* in: Boecken/Düwell/Diller/Hanau § 38 SEBG Rn 3; sie übersehen, dass Wahl und Kooptation nach Art. 2 Buchstabe k der SE-Richtlinie zulässig sind; wie hier *Scheibe* S. 242, 243 wohl auch *Oetker* in: Lutter/Hommelhoff/Teichmann § 38 SEBG Rn 14 ff m.w.N.

lung, soweit das Gesetz nicht selbst differenziert.[6] Dieses gilt auch für die Besetzung von Ausschüssen, welche die Entscheidungen des Plenums vorbereiten sollen oder vom Plenum mit Entscheidungskompetenzen ausgestattet wurden. Der völlige Ausschluss von Arbeitnehmervertretern aus einem Ausschuss trotz entsprechender Wahlvorschläge ist nur zulässig, wenn hierfür ein sachlicher Grund angegeben werden kann. An dieses Erfordernis sind hohe Anforderungen zu stellen.[7] Im Zweifel verstößt der Ausschluss gegen § 38 Abs. 1 SEBG.[8]

V. Streitigkeiten

9 Für Streitigkeiten ist nach § 2a Abs. 1 Nr. 3e ArbGG das Arbeitsgericht im Beschlussverfahren nach §§ 80ff zuständig, soweit über die Wahl von Vertretern der Arbeitnehmer in das Aufsichts- oder Verwaltungsorgan oder deren Abberufung mit Ausnahme der Abberufung nach § 103 Abs. 3 AktG zu entscheiden ist; diese aktienrechtlichen Streitigkeiten werden vor den ordentlichen Gerichten ausgetragen.

Abschnitt 3
Tendenzschutz

§ 39
Tendenzunternehmen

(1) Auf eine SE, die unmittelbar und überwiegend

1. politischen, koalitionspolitischen, konfessionellen, karitativen, erzieherischen, wissenschaftlichen oder künstlerischen Bestimmungen oder

2. Zwecken der Berichterstattung oder Meinungsäußerung, auf die Artikel 5 Abs. 1 Satz 2 des Grundgesetzes anzuwenden ist,

dient, findet Abschnitt 2 keine Anwendung.

(2) Eine Unterrichtung und Anhörung beschränkt sich auf die Gegenstände des § 28 Abs. 2 Nr. 5 bis 10 und des § 29 und erfolgt nur über den Ausgleich oder die Milderung der wirtschaftlichen Nachteile, die den Arbeitnehmern infolge der Unternehmens- oder Betriebsänderung entstehen.

Übersicht

I. Regelungszweck

1 Nach Art. 8 Abs. 3 der Richtlinie kann jeder Mitgliedstaat für eine SE mit Sitz in seinem Hoheitsgebiet, die in Bezug auf Berichterstattung und Meinungsäußerung unmittelbar und über-

---

6 Vgl. *Nagel* DB 1982, 2677 vgl. *Wißmann* in: Wißmann/Kleinsorge/Schubert Mitbestimmungsrecht § 25 Rn 8–13 (Recht auf Gleichbehandlung); ähnlich *Raiser/Veil/Jacobs* MitbestG § 25 Rn 11–17 (keine Zurückdrängung).

7 Vgl. zu den Ausschüssen nach dem Mitbestimmungsgesetz 1976 *Gach* in: MÜKOAktG, MitbestG § 25 Rn 8–14 m.w.N.

8 Ähnlich *Oetker* in: Lutter/Hommelhoff/Teichmann § 38 Rn 6 m.w.N.; *Henssler/Habersack* in: Ulmer/Habersack/Henssler § 38 SEBG Rn 38; *Drygala* in: K. Schmidt/Lutter AktG § 107 Rn 44 und schon BGHZ 122, 342, 355 für die deutsche Mitbestimmung.

wiegend eine bestimmte weltanschauliche Tendenz verfolgt, besondere Bestimmungen vorsehen, falls das innerstaatliche Recht solche Bestimmungen zum Zeitpunkt der Annahme dieser Richtlinie bereits enthält.

Von dieser Möglichkeit ist in § 39 SEBG Gebrauch gemacht. Die Vorschrift bezieht sich sowohl auf den SE-Betriebsrat kraft Gesetzes als auch auf die Mitbestimmung in den Unternehmensorganen kraft Gesetzes. Die Möglichkeit, einen SE-Betriebsrat und eine Mitbestimmungsregelung in Verhandlungen mit einem BVG einzuführen, bleibt unberührt, auch wenn der Einigungsdruck, der durch die Auffangregelungen entstehen würde, entfällt. 2

II. Der Begriff „Tendenzunternehmen" in Abs. 1

Die begriffliche Abgrenzung der Tendenzunternehmen im SEBG entspricht § 1 Abs. 4 Satz 1 MitbestG 1976, § 1 Abs. 2 Satz DrittelbG und § 118 Abs. 1 Satz 1 BetrVG. 3

Nach § 39 Abs. 1 SEBG findet Abschnitt 2 (Mitbestimmung in den Unternehmensorganen kraft Gesetzes) auf eine SE keine Anwendung, die unmittelbar und überwiegend politischen, koalitionspolitischen, konfessionellen, karitativen, erzieherischen, wissenschaftlichen oder künstlerischen Bestimmungen (Nr. 1) oder Zwecken der Berichterstattung oder Meinungsäußerung (Nr. 2), auf die Art. 5 Abs. 1 Satz 2 GG anzuwenden ist, dient. Nicht erfasst durch § 39 SEBG sind Religionsgemeinschaften als solche[1]; in der Praxis ist für sie die Rechtsform der SE allerdings kaum relevant. 4

Der Tendenzschutz ist unabhängig von der Frage, ob die Gesellschaft erwerbswirtschaftlich tätig ist und Gewinne erwirtschaftet.[2] Neben dieser erwerbswirtschaftlichen Zielsetzung ist eine Verfolgung von geistig-ideellen Tendenzen möglich.[3] 5

Bei der Feststellung der Tendenzeigenschaft ist nicht auf die Betriebe, sondern auf das Unternehmen abzustellen; der Unternehmenszweck ist maßgeblich. Zu fragen ist, ob das Unternehmen in seiner Gesamtheit sowohl unmittelbar als auch überwiegend die Tendenzeigenschaft besitzt. Der Tendenzschutz in Bezug auf das Unternehmen nach § 39 SEBG entfällt, wenn ein Unternehmen zwar einen Betrieb unterhält, der die Tendenzeigenschaft besitzt, aber in seiner Gesamtheit überwiegend tendenzfrei ist. 6

Ist die SE eine Tochtergesellschaft, so ist ausschließlich auf die Tendenzeigenschaft der SE selbst abzustellen, nicht auf die der Obergesellschaft. Ist die SE Obergesellschaft in einem Unterordnungskonzern, so ist der Tendenzcharakter für jedes einzelne Unternehmen gesondert zu prüfen. Für die Frage der Unterrichtung und Anhörung in der SE als Obergesellschaft ist ausschließlich maßgebend, ob sie selbst Tendenzcharakter hat. 7

Nach den Vorgaben von Art. 8 Abs. 3 der Richtlinie muss in Bezug auf Berichterstattung und Meinungsäußerung unmittelbar und überwiegend eine bestimmte weltanschauliche Tendenz verfolgt werden (Nr. 2). Nach § 39 Abs. 1 Nr. 1 SEBG ist ebenfalls zu fragen, ob die politischen, koalitionspolitischen, konfessionellen, karitativen, erzieherischen, wissenschaftlichen oder künstlerischen Bestimmungen bzw. die Zwecke der Berichterstattung oder Meinungsäußerung durch eine bestimmte weltanschauliche Tendenz gekennzeichnet sind.[4] Der Wortlaut der Richtlinie ist hier eindeutig, allerdings ist die wissenschaftliche oder künstlerische Tendenz mit der Verpflichtung auf Offenheit und nicht kommerzielle Zielsetzung gleichzusetzen, der Begriff „weltanschaulich" passt hier nicht. § 39 SEBG ist richtlinienkonform, d.h. restriktiv auszule- 8

1 Vgl. *Hohenstatt/Müller-Bonanni* in: Habersack/Drinhausen § 39 SEBG Rn 4.

2 Vgl. BAG 15.2.1989 und 27.7.1993, AP BetrVG 1972 § 118 Nr. 39 und 51; *Fitting* BetrVG § 118 Rn 10.

3 Weiter geht *Wedde* in: Däubler/Kittner/Klebe/Wedde § 118 BetrVG Rn 15 ff. m.w.N., der nur Unternehmen erfassen will, die „maßgeblich um des (der Tendenz) Dienens willen" betrieben werden.

4 Nur so ist bei Nr. 1 eine richtlinienkonforme Auslegung möglich. Wie hier *Kleinmann/Kujath* in: Manz/Mayer/Schröder § 39 SEBG Rn 4 und *Sagan* in: Boecken/Düwell/Diller/Hanau § 39 SEBG Rn 5.

gen.[5] Es ergibt sich eine ähnliche Situation wie bei § 31 EBRG, in dem in Bezug auf den Tendenzschutz gegenüber dem Europäischen Betriebsrat ebenfalls auf die Formulierungen in § 118 BetrVG Bezug genommen wird und der restriktiv ausgelegt werden muss.[6]

9 Der Tendenzcharakter muss unmittelbar gegeben sein, d.h. der Unternehmenszweck selbst muss auf die Tendenz ausgerichtet sein. Zu fragen ist, ob das Unternehmen selbst eigene geistig-ideelle Zielsetzungen mit weltanschaulicher Tendenz verfolgt. Die Verbindung zwischen Tendenzträgern und Tendenzunternehmen darf nicht über Dritte vermittelt sein. Demnach ist z.B. ein gewinnorientiert betriebenes Krankenhaus kein Tendenzunternehmen[7] und eine Lohndruckerei nicht deshalb ein Tendenzunternehmen, weil ihre Gesellschafter und Organmitglieder identisch mit denen eines verbundenen Tendenzunternehmens sind. Ist die Lohndruckerei selbst in der Rechtsform der SE organisiert, genießt sie keinen Tendenzschutz, weil in ihr selbst die Tendenz nicht verwirklicht wird.[8]

10 Verfassungsrechtliche Argumente sind insofern nicht einschlägig, als bereits die richtlinienkonforme Reduktion der Anwendung von § 39 SEBG zu dem Ziel führt, einerseits den Kernbereich des in Deutschland auch mit verfassungsrechtlichen Argumenten entwickelten Tendenzschutzes zu sichern und diesen andererseits auf die weltanschauliche (bzw. wissenschaftliche und künstlerische) Tendenz zu reduzieren. Eine grundgesetzkonforme Begründung ist insoweit nicht erforderlich.[9]

III. Reichweite des Ausschlusses der Mitbestimmung

11 Für die Tendenzunternehmen gibt es keine Mitbestimmungssicherung, falls die o.g. Schwellenwerte überschritten sind oder das besondere Verhandlungsgremium einen entsprechenden Beschluss fasst. Da in deutschen Tendenzunternehmen aber ohnehin keine Unternehmensmitbestimmung stattfindet, hat § 39 Abs. 1 SEBG nur deklaratorische Bedeutung, soweit sich die Mitbestimmungssicherung auf deutsche Gründungsgesellschaften bezieht.

12 Gründen hingegen z.B. eine niederländische und eine luxemburgische Gesellschaft eine SE mit Sitz in Deutschland, so ergibt sich für die Mitbestimmungssicherung insofern ein Problem, als für eine SE mit Sitz in Deutschland eine Mitbestimmung auf Unternehmensebene an sich nicht vorgesehen ist. In diesem Fall ist jedoch die Mitbestimmungssicherung gegenüber der originären Mitbestimmungsregelung vorrangig. Dies bedeutet, dass, wenn die entsprechenden Schwellen von § 34 Abs. 1 SEBG überschritten und die sonstigen Voraussetzungen der Mitbestimmungssicherung erfüllt sind, in der SE mit Sitz in Deutschland die Mitbestimmung eingeführt wird.[10]

13 Medienunternehmen im Bereich des Rundfunks, des Fernsehens und des Zeitungswesens unterfallen nicht dem Tendenzschutz nach § 39 SEBG, soweit sie keine bestimmte weltanschau-

---

5 Wie hier *Henssler* in: Ulmer/Habersack/Henssler Voraufl. Einl. SEBG Rn 198 f, anders jetzt *Habersack* in: Ulmer/Henssler/Habersack § 39 SEBG Rn 2 (richtlinienkonforme, vom nationalen Tendenzschutz abweichende Auslegung nicht möglich); für Richtlinienwidrigkeit des vergleichbaren § 31 EBRG *Bachner* in: Däubler/Kittner/Klebe/Wedde § 31 EBRG Rn 4; gegen eine richtlinienkonforme Reduktion auch (Arg.: § 39 durch die Richtlinie gedeckt) *Oetker* in: Lutter/Hommelhoff/Teichmann § 39 SEBG Rn 8; *Jacobi* in: MÜKO AktG § 39 SEBG Rn 2; *Feuerborn* in: KK-AktG § 39 SEBG Rn 12 ff (für Nr. 1) und *Hohenstatt/Müller Bonanni* in: Habersack/Drinhausen § 39 Rn 6.

6 Vgl. *Blanke* FS Däubler, 1999, S. 841, 847; *ders.* EBRG § 34 Rn 1; schärfer (Verstoß gegen die Richtlinie) *Bachner* in: Däubler/Kittner/Klebe/Wedde § 31 EBRG Rn 4; schwächer *Müller* EBRG § 34 Rn 1 ff m.w.N.; ausführlich *Oetker* in: GK-BetrVG Vor § 106 Rn 66 ff und in: Lutter/Hommelhoff/Teichmann § 31 EBRG Rn 6; *Blanke* EBRG § 34 passim m.w.N.

7 Vgl. BayObLG ZIP 1995, 1671 – Rhön-Klinikum AG.

8 *Wedde* in: Däubler/Kittner/Klebe/Wedde § 118 BetrVG Rn 8, 45 ff m.w.N.

9 Vgl. im Ergebnis gleich aber mit auf das Grundgesetz verweisender Begründung *Kühn* in: Annuß/Kühn/Rudolph/Rupp § 31 EBRG Rn 15 m.w.N. und § 39 SEBG Rn 7; weitergehend (§ 39 ohnehin richtlinienkonform) *Oetker, Jacobi, Feuerborn* und *Hohenstatt/Müller-Bonanni* a.a.O. (Fn 5).

10 AA *Köklü* in: Drinhausen/Van Hulle/Maul, Handbuch zur SE, 6. Abschn. Rn 247 und *Habersack* in: Ulmer/Henssler/Habersack § 39 Rn 4.

liche Tendenz verfolgen. Die abweichende Auffassung von *Oetker*[11] berücksichtigt nicht, dass die Richtlinie nur eine eingeschränkte Erstreckung von innerstaatlichen Bestimmungen zum Tendenzschutz auf solche Unternehmen eröffnet, welche in Bezug auf Berichterstattung und Meinungsäußerung unmittelbar und überwiegend diese bestimmte weltanschauliche Tendenz verfolgen.

Daraus folgt, dass Arbeitnehmer, die aus einem deutschen Tendenzunternehmen kommen, 14 in Bezug auf ihre Betätigung in einer SE mit Sitz in einem anderen EU-Mitgliedstaat keinen Beschränkungen aus dem Gesichtspunkt des Tendenzschutzes unterliegen.[12] Eine SE mit Sitz in Deutschland muss Arbeitnehmer in anderen Mitgliedstaaten voll unterrichten und anhören, auch wenn sie nach deutschem Recht in einem Tendenzunternehmen beschäftigt wären.[13] Anders ist nur für Beziehungen zu Österreich zu entscheiden; dort gibt es einen Tendenzschutz, der gegenüber dem deutschen eingeschränkt ist.[14]

IV. Die Beschränkung der betrieblichen Arbeitnehmerbeteiligung auf die Gegenstände in Abs. 2

Nach § 39 Abs. 2 SEBG beschränkt sich für Tendenzunternehmen eine Unterrichtung und 15 Anhörung auf die Gegenstände des § 28 Abs. 2 Nr. 5 bis 10 und des § 29 SEBG. Demnach muss die Unterrichtung und Anhörung gegenüber dem SE-Betriebsrat in den Fragen nicht erfolgen, die in § 28 Abs. 2 Nr. 1 bis 4 SEBG genannt sind (vgl. § 28 SEBG Rn 4). Über reguläre oder außergewöhnliche Umstände, die erhebliche Auswirkungen auf die Interessen der Arbeitnehmer haben (Nr. 5 bis 10), ist hingegen zu unterrichten und hierzu ist anzuhören.

Die Unterrichtung und Anhörung findet demnach statt über die Einführung neuer Arbeits- 16 und Fertigungsverfahren (Nr. 6), die Verlegung von Unternehmen, Betrieben oder wesentlichen Betriebsteilen sowie Verlagerungen der Produktion (Nr. 7), Zusammenschlüsse oder Spaltungen von Unternehmen oder Betrieben (Nr. 8), die Einschränkung oder Stilllegung von Unternehmen, Betrieben oder wesentlichen Betriebsteilen (Nr. 9) und Massenentlassungen (Nr. 10). Außerdem ist über außergewöhnliche Umstände im Sinne von § 29 zu unterrichten und hierzu anzuhören. Die Vorschrift zielt darauf ab, die Unterrichtung und Anhörung nur insoweit einzuschränken, als die Tendenz selbst betroffen ist oder sein kann (Nr. 1–4).

V. Die Milderung der wirtschaftlichen Nachteile nach Abs. 2

Soweit die Unterrichtung und Anhörung stattfindet, erfolgt sie nur über den Ausgleich oder 17 die Milderung der wirtschaftlichen Nachteile, die den Arbeitnehmern in Folge der Unternehmens- oder Betriebsänderung entstehen, nicht hingegen über die Maßnahme selbst. Inwieweit eine solche Beschränkung der Unterrichtung und Anhörung in der Praxis durchzuhalten ist, kann hier offen bleiben. Die Leitung der Tendenz-SE kann sich jedenfalls darauf berufen, dass hier die Vorschriften von § 118 Abs. 1 Satz 2 BetrVG entsprechend anzuwenden sind, wonach die §§ 106 bis 110 BetrVG nicht und die §§ 111 bis 113 BetrVG nur insoweit anzuwenden sind, als sie den Ausgleich oder die Milderung wirtschaftlicher Nachteile für die Arbeitnehmer infolge von Betriebsänderungen regeln.

Dies bedeutet, dass nach §§ 106 bis 110 BetrVG kein Wirtschaftsausschuss zu bilden ist; für 18 die Unterrichtung und Anhörung in der SE ist dies ohne Belang. Dies bedeutet ferner, dass bei Betriebsänderungen zwar nach §§ 111 bis 113 BetrVG mit dem Betriebsrat über die Aufstellung

11 In: Lutter/Hommelhoff/Teichmann § 39 SEBG Rn 7 und GroßkommAktG § 1 MitbestG Rn 22ff.
12 Vgl. *Oetker* in: Lutter/Hommelhoff/Teichmann § 39 SEBG Rn 10.
13 Vgl. *Blanke* EBRG § 34 Rn 10; *Bachner* in: Däubler/Kittner/Klebe/Wedde § 34 EBRG Rn 3.
14 Vgl. zu Österreich *Oetker* in: Lutter/Hommelhoff/Teichmann § 39 SEBG Rn 5.

eines Sozialplans und über die Herbeiführung eines Interessenausgleichs zu verhandeln ist. Die auf die Tendenz bezogene Einschränkung dieser Verhandlungen besteht jedoch darin, dass die Verhandlungen nur im Hinblick auf den Ausgleich oder die Milderung der wirtschaftlichen Nachteile geführt werden müssen.

19 Die Einschränkung der Unterrichtung und Anhörung widerspricht dem Grundgedanken der Richtlinie und damit des SEBG, die Kommunikation zwischen Leitung und Arbeitnehmervertretern in der SE auf hohem Niveau einzuführen. Die Einschränkung ist ausschließlich durch die weltanschauliche bzw. wissenschaftliche und künstlerische Tendenz des Unternehmens zu rechtfertigen. Insofern ist § 39 SEBG richtlinienkonform (vgl. Rn 8) so auszulegen, dass im Rahmen der Unterrichtung und Anhörung auch die Voraussetzungen mitgeteilt werden müssen, unter denen sich der SE-Betriebsrat mit der Milderung der wirtschaftlichen Nachteile für die Arbeitnehmer befassen kann. Eine Einschränkung der Unterrichtungs- und Anhörungsrechte ergibt sich unmittelbar nur insoweit, als diese Voraussetzungen die weltanschauliche Tendenz der SE berühren.

20 Aus dieser Sicht sind Redaktionsstatute in Zeitungen oder Zeitschriften nach § 39 SEBG unproblematisch, soweit diese Zeitungen bzw. Zeitschriften keine bestimmte weltanschauliche Tendenz verfolgen. Da die meisten Tageszeitungen sich selbst als unabhängig und überparteilich bezeichnen, scheidet für sie, wenn sie in der Rechtsform der SE organisiert sind, insoweit der Tendenzschutz des § 39 SEBG aus.

VI. Streitigkeiten

21 Für Rechtsstreitigkeiten im Zusammenhang mit der Wahl der Arbeitnehmervertreter und dem Tendenzschutz und dessen Reichweite in der SE nach § 39 SEBG sind nach § 2a Abs. 1 Nr. 3e ArbGG die Arbeitsgerichte zuständig, soweit nicht die in Nr. 3e gemachten Ausnahmen greifen.[15]

Teil 4
Grundsätze der Zusammenarbeit und Schutzbestimmungen

§ 40
Vertrauensvolle Zusammenarbeit

Die Leitung der SE und der SE-Betriebsrat oder die Arbeitnehmervertreter im Rahmen eines Verfahrens zur Unterrichtung und Anhörung arbeiten zum Wohl der Arbeitnehmer und des Unternehmens oder der Unternehmensgruppe vertrauensvoll zusammen.

Übersicht

I. Grundsätze

1 In § 40 SEBG wird eine Vorgabe von Art. 9 Abs. 1 der Richtlinie umgesetzt, wonach das zuständige Organ der SE und das Vertretungsorgan unter Beachtung ihrer jeweiligen Rechte und Pflichten mit dem Willen zur Verständigung zusammenarbeiten. § 40 SEBG betrifft den SE-Betriebsrat und die anderen, durch Vereinbarungen geschaffenen Vertretungen im Rahmen der Unterrichtung und Anhörung.

15 Vgl. *Jacobs* in: MÜKOAktG § 39 Rn 14 mit dem Hinweis auf Unklarheiten im Wortlaut von § 2a ArbGG.

Diese Formulierung entspricht fast wörtlich § 74 Abs. 1 Satz 2 BetrVG. Betriebsverfassungsrechtliche Grundnorm ist § 2 Abs. 1 BetrVG, wonach Arbeitgeber und Betriebsrat vertrauensvoll zusammenarbeiten. Der Grundsatz der vertrauensvollen Zusammenarbeit ist auch in § 34 EBRG übernommen. 2

Richtlinie und Gesetzgeber entscheiden sich für einen institutionalisierten Weg der Konfliktregulierung. Vertrauensvolle Zusammenarbeit mit dem Willen zur Verständigung bedeutet, dass gegenseitige Verhaltenspflichten bestehen. Es soll fair verhandelt und agiert werden. Daraus folgt ein Schikaneverbot.[1] Daraus folgt ferner, dass die Beteiligungsrechte der Arbeitnehmerseite nicht umgangen werden dürfen. Insbesondere darf auch kein missbräuchliches Ausweichen auf Regelungsspielräume angedroht werden, die von Beteiligungsrechten der Arbeitnehmer frei sind.[2] Nach der Rechtsprechung des BAG sollen die Beteiligten bei der Ausübung der ihnen eingeräumten Rechte nicht mutwillig oder gar rechtsmissbräuchlich handeln;[3] die Zusammenarbeit zum Ausgleich der Interessengegensätze soll vielmehr in gegenseitiger „Ehrlichkeit und Offenheit" erfolgen.[4] Die Austragung der betrieblichen Konflikte soll nicht in offenen Auseinandersetzungen wie auf der Ebene der Tarifvertragsparteien im Arbeitskampf, sondern im ständigen Dialog als institutionelle Konfliktregulierung erfolgen.[5] 3

Die vertrauensvolle Zusammenarbeit bedeutet nicht, dass die sozialen Gegensätze verwischt werden. Die Wahrnehmung der Rechte des SE-Betriebsrats oder sonstiger Arbeitnehmerrechte im Rahmen der gesetzlich zugewiesenen Aufgaben kann grundsätzlich nicht als Verstoß gegen das Gebot der vertrauensvollen Zusammenarbeit gewertet werden.[6] In extremen Notsituationen sind vorläufige und einseitige Maßnahmen des Arbeitgebers denkbar, wenn die Beteiligung des SE-Betriebsrats unverzüglich nachgeholt wird.[7] 4

II. Einlassungs- und Erörterungspflicht des Arbeitgebers

Nach den Vorgaben der Richtlinie erfolgt die Zusammenarbeit mit dem Willen zur Verständigung unter Beachtung der jeweiligen Rechte und Pflichten. Daraus folgt eine Einlassungs- und Erörterungspflicht des Arbeitgebers.[8] 5

III. Rechtzeitigkeit der Information

Die Information muss umfassend und frühzeitig erfolgen, damit ein konstruktiver Dialog mit der Arbeitnehmerseite möglich wird; allerdings schafft § 40 SEBG allein noch keine Anspruchsgrundlage, falls gerügt wird, die Information sei nicht rechtzeitig erfolgt.[9] 6

IV. Streitigkeiten

Für Streitigkeiten ist nach § 2a Abs. 1 Nr. 3e ArbGG das Arbeitsgericht im Beschlussverfahren nach §§ 80ff ArbGG zuständig. Zu berücksichtigen ist, dass die Einhaltung des Gebots aus § 40 nur in Ausnahmefällen justiziabel ist. 7

---

1 Vgl. *Kleinmann/Kujath* in: Manz/Mayer/Schröder § 40 SEBG Rn 2.
2 Vgl. BAG DB 1998, 2119, für die Mitbestimmung des Betriebsrats bei der Anrechnung einer Tariferhöhung auf übertarifliche Zulagen nach § 87 Abs. 1 Nr. 10 BetrVG; wohl auch *Feuerborn* in: KK-AktG § 40 SEBG Rn 7.
3 Vgl. BAG AP BetrVG § 40 Nr. 14.
4 BAG AP BetrVG § 23 Nr. 3.
5 Vgl. *Berg* in: Däubler/Kittner/Klebe/Wedde § 2 BetrVG Rn 5.
6 Vgl. LAG Hamm 3 TaBV 180/92 (nicht veröffentlicht).
7 Vgl. zur Betriebsverfassung BAG DB 1991, S. 2043.
8 Vgl. zu § 74 Abs. 1 Satz 2 BetrVG *Berg* in: Däubler/Kittner/Klebe/Wedde § 74 BetrVG Rn 10.
9 Vgl. *Rupp* in: Annuß/Kühn/Rudolph/Rupp § 34 EBRG Rn 3 m.w.N.

§ 41
Geheimhaltung; Vertraulichkeit

(1) Informationspflichten der Leitungen und der Leitung der SE nach diesem Gesetz bestehen nur, soweit bei Zugrundelegung objektiver Kriterien dadurch nicht Betriebs- oder Geschäftsgeheimnisse der an der Gründung beteiligten Gesellschaften, der SE oder deren jeweiliger Tochtergesellschaften und Betriebe gefährdet werden.

(2) [1]Die Mitglieder und Ersatzmitglieder eines SE-Betriebsrats sind unabhängig von ihrem Aufenthaltsort verpflichtet, Betriebs- oder Geschäftsgeheimnisse, die ihnen wegen ihrer Zugehörigkeit zum SE-Betriebsrat bekannt geworden und von der Leitung der SE ausdrücklich als geheimhaltungsbedürftig bezeichnet worden sind, nicht zu offenbaren und nicht zu verwerten. [2]Dies gilt auch nach dem Ausscheiden aus dem SE-Betriebsrat.

(3) Die Pflicht zur Vertraulichkeit des SE Betriebsrats nach Absatz 2 gilt nicht gegenüber den
1. **Mitgliedern des SE-Betriebsrats;**
2. **Arbeitnehmervertretern der SE, ihrer Tochtergesellschaften und Betriebe, wenn diese aufgrund einer Vereinbarung nach § 21 oder nach § 30 über den Inhalt der Unterrichtung und die Ergebnisse der Anhörung zu informieren sind;**
3. **Arbeitnehmervertretern im Aufsichts- oder Verwaltungsorgan der SE sowie**
4. **Dolmetschern und Sachverständigen, die zur Unterstützung herangezogen werden.**

(4) Die Pflicht zur Vertraulichkeit nach Absatz 2 gilt entsprechend für
1. **die Mitglieder und Ersatzmitglieder des besonderen Verhandlungsgremiums;**
2. **die Arbeitnehmervertreter der SE, ihrer Tochtergesellschaften und Betriebe;**
3. **die Arbeitnehmervertreter, die in sonstiger Weise an einem Verfahren zur Unterrichtung und Anhörung teilnehmen;**
4. **die Sachverständigen und Dolmetscher.**

(5) [1]Die Ausnahme von der Pflicht zur Vertraulichkeit nach Absatz 3 Nr. 1 gilt für den Personenkreis nach Absatz 4 Nr. 1 bis 3 entsprechend. [2]Die Pflicht zur Vertraulichkeit gilt ferner nicht für
1. **die Mitglieder des besonderen Verhandlungsgremiums gegenüber Dolmetschern und Sachverständigen;**
2. **die Arbeitnehmervertreter nach Absatz 4 Nr. 3 gegenüber Arbeitnehmervertretern im Aufsichts- oder Verwaltungsorgan der SE, gegenüber Dolmetschern und Sachverständigen, die vereinbarungsgemäß zur Unterstützung herangezogen werden und gegenüber Arbeitnehmervertretern der SE, ihrer Tochtergesellschaften und Betriebe, sofern diese nach der Vereinbarung (§ 21) über den Inhalt der Unterrichtungen und die Ergebnisse der Anhörung zu unterrichten sind.**

Übersicht

I. Informationspflicht (Abs. 1)

1 In § 41 Abs. 1 SEBG sind die Informationspflichten der Leitungen und der Leitung der SE insoweit eingeschränkt, als unter Zugrundelegung objektiver Kriterien dadurch nicht Betriebs- oder Geschäftsgeheimnisse der an der Gründung beteiligten Gesellschaften, der SE selbst oder

der jeweiligen Tochtergesellschaften oder Betriebe offenbart werden sollen. Insoweit ist die Informationsbeschaffung des besonderen Verhandlungsgremiums, des SE-Betriebsrats und der Arbeitnehmervertreter im Aufsichtsrat oder Verwaltungsrat eingeschränkt.

In § 41 SEBG wird eine Vorgabe von Art. 8 Abs. 2 der Richtlinie umgesetzt; diese entspricht 2 fast wörtlich den Vorgaben aus Art. 8 der EBR-Richtlinie, die in § 35 EBRG umgesetzt sind. Die Einschränkung der Informationsbeschaffung entspricht im Wesentlichen § 106 Abs. 2 BetrVG, der dies, in der Reichweite umstritten, zu Lasten des Wirtschaftsausschusses regelt.[1]

II. Verschwiegenheitspflicht (Abs. 2)

Nach § 41 Abs. 2 SEBG sind die Mitglieder und Ersatzmitglieder des SE-Betriebsrats ver- 3 pflichtet, Betriebs- oder Geschäftsgeheimnisse, die ihnen wegen ihrer Zugehörigkeit zum SE-Betriebsrat bekannt geworden und von der Leitung der SE *ausdrücklich* als geheimhaltungsbedürftig bezeichnet worden sind (formeller Geheimnisbegriff), nicht zu offenbaren und nicht zu verwerten. Erste Voraussetzung für die Verschwiegenheitspflicht ist demnach eine ausdrückliche Geheimhaltungserklärung der Leitung der SE (vgl. auch § 39 Abs. 2 EBRG). Zweite, kumulativ zu berücksichtigende Voraussetzung ist, dass es sich bei objektiver Betrachtung materiell um ein Betriebs- oder Geschäftsgeheimnis handelt (materieller Geheimnisbegriff). Die Verschwiegenheitspflicht gilt auch nach dem Ausscheiden aus dem SE-Betriebsrat (Abs. 2 Satz 2). Sie gilt für alle Mitglieder des SE-Betriebsrats, also auch für die aus anderen Mitgliedstaaten kommenden. Es handelt sich um zwingendes Recht.

In § 41 Abs. 4 SEBG werden weitere Personen in die Verschwiegenheitspflicht des Absatzes 2 4 aufgenommen, nämlich die Mitglieder und Ersatzmitglieder des BVG (Nr. 1), die Arbeitnehmervertreter der SE, ihrer Tochtergesellschaften und Betriebe (Nr. 2), die Arbeitnehmervertreter, die in sonstiger Weise an einem Verfahren zur Unterrichtung und Anhörung teilnehmen (Nr. 3) und die Sachverständigen bzw. Dolmetscher (Nr. 4). Soweit die Leitung ihnen Informationen erteilen muss, sind sie ebenfalls zur Verschwiegenheit verpflichtet.

Da die Mitglieder des SE-Betriebsrats selbst einer Verschwiegenheitspflicht unterliegen, ist 5 die Einschränkung der Informationspflicht der Leitungen der Gründungsgesellschaften und der Leitung der SE restriktiv zu interpretieren. Anderenfalls würde die Verschwiegenheitspflicht der Mitglieder des SE-Betriebsrats weitgehend leer laufen. Die Informationsbeschaffung des SE-Betriebsrats kann nur dann eingeschränkt werden, wenn zum einen objektiv ein sachliches Interesse an der völligen Geheimhaltung bestimmter Tatsachen besteht, etwa, weil ansonsten der Bestand des Unternehmens oder seine Entwicklung gefährdet wäre, und wenn zum anderen zu befürchten ist, dass Informationen von Mitgliedern des SE-Betriebsrats trotz der Verschwiegenheitspflicht an Außenstehende weitergegeben werden können.[2]

Der objektive Inhalt der Verschwiegenheitspflicht muss im Einzelfall bestimmt werden. 6 Maßstab ist das Unternehmensinteresse. Dieses ist nicht am maximalen shareholder value, sondern am Einsatz aller Kräfte zur Steigerung des Unternehmenswerts ausgerichtet. Ziel der Geschäftstätigkeit muss die Förderung der unterschiedlichen Interessen im Unternehmen sein, nicht ausschließlich das Interesse der Anteilseigner am Unternehmen. Kein Interesse darf völlig vernachlässigt werden (vgl. § 38 SEBG Rn 3 m.w.N.).

Die Verschwiegenheitspflicht der Aufsichts- und Verwaltungsratsmitglieder ist in §§ 93 und 7 116 AktG bzw. § 39 SEAG i.V. mit §§ 93 und 116 AktG geregelt.[3] Dieser Rechtsgedanke ist auch in

1 Vgl. *Blanke* EBRG § 39 (alt) Rn 7 m.w.N.
2 Vgl. BAG DB 2001, 600; *Kania* in: ErfK § 106 BetrVG Rn 6 und 6a m.w.N.; *Däubler* in: Däubler/Kittner/Klebe/Wedde § 106 BetrVG Rn 60 m.w.N.
3 Wie hier *Jacobs* in: MÜKOAktG § 41 SEBG Rn 1 und *Oetker* in: Lutter/Hommelhoff/Teichmann § 41 SEBG Rn 11 m.w.N.; für Art. 49 SE-VO als lex specialis *Feuerborn* in KK-AktG § 41 SEBG Rn 4.

Artikel 49 SE-VO aufgenommen, wonach die Mitglieder der Organe der SE Informationen über die SE, die im Falle ihrer Verbreitung den Interessen der Gesellschaft schaden könnten, auch nach Ausscheiden aus ihrem Amt nicht weitergeben dürfen. Anders ist es in den Fällen, in denen eine solche Informationsweitergabe nach dem für Aktiengesellschaften geltenden Recht der Mitgliedstaaten vorgeschrieben oder zulässig ist oder im öffentlichen Interesse liegt.

III. Rechtsfolgen

8 Nach § 41 Abs. 2 SEBG besteht für den genannten Personenkreis ein Offenbarungsverbot und Verwertungsverbot. Es gilt auch nach dem Ausscheiden aus dem SE-Betriebsrat (§ 41 Abs. 2 Satz 2 SEBG). Die Verletzungshandlung der Offenbarung mit dem Strafrahmen des § 45 Abs. 2 Nr. 1 ist weniger gravierend als die der Verwertung; die Verwertung bedeutet eine eigennützige Verwendung; dies zieht eine Erhöhung des Strafrahmens nach § 45 Abs. 1 Nr. 1 SEBG nach sich. Hinzu kommen zivilrechtliche Verantwortlichkeiten; die Leitung der SE kann einen Schadensersatz- oder Unterlassungsanspruch haben; § 41 Abs. 2 SEBG ist ein Schutzgesetz i.S. von § 823 Abs. 2 BGB.[4]

IV. Durchbrechung der Verschwiegenheitspflicht

9 In § 41 Abs. 3 SEBG wird das berechtigte Interesse der Leitungen an Vertraulichkeit durch das Interesse der Arbeitnehmervertreter an einem notwendigen Informationsaustausch durchbrochen. Die Verschwiegenheitspflicht gilt daher nicht innerhalb des SE-Betriebsrats (Nr. 1); sie gilt ferner nicht im Verhältnis zu anderen Arbeitnehmervertretern, die nach der gesetzlichen Regelung oder einer abgeschlossenen Vereinbarung zu unterrichten sind (Nr. 2). Hinzu kommen Arbeitnehmervertreter im Aufsichtsrat oder Verwaltungsrat der SE (Nr. 3) und Dolmetscher bzw. Sachverständige, die zur Unterstützung herangezogen werden (Nr. 4).

10 In diesen Fällen muss aber die Information ausdrücklich als geheimhaltungsbedürftig weitergegeben werden. Eine Weitergabe ohne diesen Zusatz würde einen Bruch der Vertraulichkeit darstellen.[5]

11 In § 41 Abs. 5 SEBG wird für den weiteren Personenkreis, dem nach Abs. 4 von der Leitung ebenfalls Informationen gegeben werden müssen, eine Durchbrechung des berechtigten Interesses der Leitungen an Vertraulichkeit ermöglicht, damit der Informationsaustausch zwischen verschiedenen Arbeitnehmervertretern stattfinden kann. Gegenüber anderen Arbeitnehmervertretern ist aber eine differenzierte Regelung erforderlich. Die Pflicht zur Vertraulichkeit besteht nicht für die Mitglieder des BVG gegenüber Dolmetschern und Sachverständigen (Nr. 1) sowie für die in Abs. 4 Nr. 3 genannten Arbeitnehmervertreter, die in sonstiger Weise in einem Verfahren zur Unterrichtung und Anhörung teilnehmen, gegenüber den in Abs. 5 Nr. 2 genanten Personen, d.h. Arbeitnehmervertretern im Aufsichtsrat oder Verwaltungsrat der SE, Dolmetschern und Sachverständigen, die vereinbarungsgemäß zur Unterstützung herangezogen werden und Arbeitnehmervertretern der SE, ihrer Tochtergesellschaften und Betriebe, sofern diese nach der Vereinbarung (§ 21) über den Inhalt der Unterrichtungen und die Ergebnisse der Anhörung zu informieren sind.

12 Die Verschwiegenheitspflicht kann auch in weiteren Fällen durchbrochen werden: es gibt Auskunftsrechte von Behörden, etwa der Gewerbeaufsichtsämter (§ 24b Gewerbeordnung), der

---

4 Vgl. *Jacobs* in: MÜKOAktG § 41 SEBG Rn 9; *Feuerborn* in: KK-AktG § 41 SEBG Rn 20 und *Oetker* in: Lutter/Hommelhoff § 41 SEBG Rn 15.

5 Vgl. auch *Kleinmann/Kujath* in: Manz/Mayer/Schröder § 41 SEBG Rn 4; *Feuerborn* in: KK-AktG § 41 SEBG Rn 16 und *Hohenstatt/Müller-Bonanni* in: Habersack/Drinhausen § 41 Rn 5.

Finanzbehörden (§§ 90, 93 und 97 Abgabenordnung) sowie des Bundesaufsichtsamtes für Finanzdienstleistungen (BaFin) im Rahmen des Kreditwesengesetzes (§ 44 KWG), des Versicherungsaufsichtsgesetzes (§ 83 VAG), des Wertpapierhandelsgesetzes (§§ 9 und 16 WpHG) und des Wertpapierübernahmegesetzes. Soweit derartige Auskunftsrechte bestehen, unterliegen die Auskunft suchenden Behörden ihrerseits einer Verschwiegenheitspflicht.

Eine Verschwiegenheitspflicht besteht ferner nicht in Bezug auf Straftaten oder deren Planung, deren Nichtanzeige selbst eine Strafbarkeit begründet (§ 138 StGB). Ähnlich regelt Art. 49 SE-VO, dass die Verschwiegenheitspflicht u.a. ausgeschlossen ist, wenn dies im öffentlichen Interesse liegt. Der Rechtsgedanke kann auch für die Auslegung von § 41 SEBG fruchtbar gemacht werden. 13

V. Sanktionen und Streitigkeiten

Strafrechtliche Sanktionen sind in § 45 Abs. 1 Nr. 1 (Verwertung) und Nr. 2 (Offenbarung) normiert. Zivilrechtliche Sanktionen bestehen nach § 823 Abs. 2 BGB (Schadensersatz) und § 1004 Abs. 1 Satz 1 BGB (Unterlassung). Für Streitigkeiten ist nach § 2a Abs. 1 Nr. 3e ArbGG das Arbeitsgericht im Beschlussverfahren nach §§ 80 ff ArbGG zuständig. 14

§ 42
Schutz der Arbeitnehmervertreter

[1]Bei der Wahrnehmung ihrer Aufgaben genießen die

1. Mitglieder des besonderen Verhandlungsgremiums;
2. Mitglieder des SE-Betriebsrats;
3. Arbeitnehmervertreter, die in sonstiger Weise bei einem Verfahren zur Unterrichtung und Anhörung mitwirken;
4. Arbeitnehmervertreter im Aufsichts- oder Verwaltungsorgan der SE;

die Beschäftigte der SE, ihrer Tochtergesellschaften oder Betriebe oder einer der beteiligten Gesellschaften, betroffenen Tochtergesellschaften oder betroffenen Betriebe sind, den gleichen Schutz und die gleichen Sicherheiten wie die Arbeitnehmervertreter nach den Gesetzen und Gepflogenheiten des Mitgliedstaats, in dem sie beschäftigt sind. [2]Dies gilt insbesondere für

1. den Kündigungsschutz,
2. die Teilnahme an den Sitzungen der jeweiligen in Satz 1 genannten Gremien und
3. die Entgeltfortzahlung.

Übersicht

I. Grundsatz

In § 42 SEBG wird die Vorgabe aus Art. 10 der Richtlinie fast wortgleich umgesetzt; diese ist wiederum fast wortgleich mit Art. 10 der EBR-Richtlinie. Im Unterschied zu § 40 EBRG, der sich auf den Schutz inländischer Arbeitnehmervertreter nach dem Betriebsverfassungsgesetz und dem Kündigungsschutzgesetz bezieht, vermeidet § 42 SEBG jede Festlegung auf bestimmte Schutznormen, sondern ordnet den Grundsatz des äquivalenten Schutzes nach den Gesetzen und Gepflogenheiten des jeweiligen Mitgliedsstaates an, in dem die Arbeitnehmervertreter be- 1 schäftigt sind.[1] Äquivalenz bedeutet Identität, nicht nur Gleichartigkeit. Dies gilt insbesondere für den Kündigungsschutz (Satz 2 Nr. 1), die Teilnahme an den Sitzungen der in Satz 1 genannten Gremien (Satz 2 Nr. 2) und die Entgeltfortzahlung (Satz 2 Nr. 3).

II. Geschützter Personenkreis

2 Zum geschützten Personenkreis zählen nach § 42 Satz 1 SEBG die Mitglieder des BVG (Nr. 1), die Mitglieder des SE-Betriebsrats (Nr. 2), die Arbeitnehmervertreter, welche in sonstiger Weise bei einem Verfahren zur Unterrichtung und Anhörung mitwirken (Nr. 3) und die Arbeitnehmervertreter im Aufsichtsrat oder Verwaltungsrat (§ 44 Nr. 3 SEBG) der SE. Nicht genannt werden in § 42 Satz 1 die Mitglieder des Wahlgremiums (§ 8 ff.). Falls sie in Urwahl gewählt werden, dürften sie, wenn man streng am Wortlaut haften bleibt, nicht nach § 42 geschützt werden.[2] Dies entspricht aber nicht Sinn und Zweck der Regelung. Es gibt keinen Grund, hier eine Ausnahme zu machen, die dem Schutzzweck des § 42 zuwider laufen würde. Deshalb ist von einer Regelungslücke auszugehen, die zugunsten auch dieses Personenkreises durch eine entsprechende Anwendung von § 42 zu schließen ist.[3]

III. § 42 als Mindestschutznorm

3 Den Vorgaben von Art. 10 der Richtlinie folgend gewährt § 42 SEBG nur den Schutz, den die Arbeitnehmervertreter nach den Gesetzen und Gepflogenheiten des Mitgliedstaats genießen würden, in dem sie beschäftigt sind. Demnach ergeben sich Unterschiede im Schutzniveau, je nachdem, aus welchem Mitgliedstaat die Arbeitnehmervertreter stammen. Dieses Schutzniveau ist nach § 42 SEBG aber nur ein Mindestniveau. Durch Vereinbarung der Leitungen der Gründungsgesellschaften mit dem BVG kann ein einheitlicher höherer Schutz, auch ein Schutz auf dem höchsten Niveau, das in den betroffenen Mitgliedstaaten erreicht wird, festgelegt werden.[4] Insbesondere ist es auch möglich, durch Vereinbarung ein Mitglied des SE-Betriebsrats ganz oder teilweise von der Arbeit freizustellen.[5]

4 Die Aufzählung der Schutznormen und gleichen Sicherheiten für die Arbeitnehmervertreter nach den Gesetzen und Gepflogenheiten des jeweiligen Mitgliedstaats in § 42 Abs. 1 Satz 2 SEBG ist nicht abschließend, sondern lediglich beispielhaft („insbesondere").[6] In diesem Beispielkatalog nicht genannte Schutzgesetze des jeweiligen Mitgliedstaats sind zu berücksichtigen. Zu den Gepflogenheiten des jeweiligen Mitgliedstaats zählen auch tarifvertragliche Vereinbarungen, welche zum Schutz der jeweiligen Arbeitnehmervertreter in ihrem Heimatstaat gelten würden.

5 Demnach gilt für Arbeitnehmervertreter aus dem Inland der Schutz nach dem Kündigungsschutzgesetz (z.B. § 15 Abs. 1 bis 3 KSchG) und den jeweiligen Schutznormen der Spezialgesetze, z.B. des Mutterschutzgesetzes, soweit sie diesen auch in ihrem Heimatstaat genießen. Für Deutschland bedeutet dies, dass die Mitglieder des BVG nach § 15 KSchG während ihrer Mit-

---

1 Vgl. *Jacobs* in: MÜKOAktG § 42 SEBG Rn 1 und *Oetker* in: Lutter/Hommelhoff § 42 SEBG Rn 1 und 2.

2 So *Lambach* RIW 2005, 161, 163 und *Grobys* NZA 2005, 84, 91; *Oetker* in Lutter/Hommelhoff/Teichmann § 42 SEBG Rn 1; *Feuerborn* in KK-AktG § 42 SEBG Rn 6 und *Henssler* in: Ulmer/Habersack/Henssler § 42 SEBG Rn 3.

3 Vgl. *Jacobi* in: MÜKOAktG § 42 SEBG Rn 3 und *Hohenstatt/Müller-Bonanni* in: Habersack/Drinhausen § 42 SEBG Rn 2; **aA** *Oetker* (Aufzählung abschließend) in: Lutter/Hommelhoff/Teichmann § 42 SEBG Rn 1; *Grobys* NZA 2005, 84, 91, *Feuerborn* in: KK-AktG § 42 SEBG Rn 6.

4 Vgl. *Kleinmann/Kujath* in: Manz/Mayer/Schröder § 42 SEBG Rn 5.

5 Vgl. *Oetker* in: Lutter/Hommelhoff/Teichmann § 42 SEBG Rn 8 m.w.N.

6 Vgl. *Hohenstatt/Müller/Bonanni* in: Habersack/Drinhausen § 42 SEBG Rn 3; *Jacobs* in: MÜKOAktG § 42 SEBG Rn 3; *Oetker* in: Lutter/Hommelhoff/Teichmann § 42 SBG Rn 8 m.w.N.

gliedschaft im BVG und nachwirkend sechs Monate lang nur außerordentlich kündbar sind.[7] Diese außerordentliche Kündigung bedarf der vorherigen Zustimmung des Betriebsrats nach § 103 BetrVG, dem insofern eine individualschützende Funktion zugunsten der einzelnen Arbeitnehmervertreter zukommt.[8] Nur einen relativen Kündigungsschutz genießen die dem BVG angehörenden Leitenden Angestellten nach § 2 Abs. 2 Satz 2, 31 Abs. 2 SprAuG[9] und die Arbeitnehmervertreter im Aufsichtsrat oder Verwaltungsrat im Rahmen des allgemeinen Benachteiligungsverbots nach § 44 Nr. 3 SEBG.[10] Dieses folgt[11] dem Maßregelungen ausschließenden Benachteiligungsverbot in § 26 MitbestG bzw. § 9 DrittelbG.[12]

Was die Teilnahme an den Sitzungen der jeweiligen in § 42 Satz 1 SEBG genannten Gremien anbelangt, gilt für die Arbeitnehmervertreter aus dem Inland nach § 42 Satz 2 Nr. 2 SEBG der Schutz des Betriebsverfassungsgesetzes (z.B. §§ 37 Abs. 1 bis 5, 103 BetrVG) einschließlich der Vorschriften über den Besuch von Schulungs- und Bildungsveranstaltungen in § 37 Abs. 6 und 7 BetrVG und der Schutz des Sprecherausschussgesetzes nach § 14 Abs. 1 SprAuG. Anders als beim Kündigungsschutz sind hier auch die Arbeitnehmervertreter im Aufsichtsrat oder Verwaltungsrat in gleicher Weise wie der übrige Personenkreis des § 42 Satz 1 SEBG geschützt, weil in Deutschland im Rahmen des allgemeinen Behinderungsverbots nach § 26 Satz 1 und 2 MitbestG bzw. § 9 Satz 1 und 2 DrittelbG anerkannt ist, dass auch bei ihnen die Sitzungsteilnahme den Vorrang gegenüber der Pflicht zur Arbeitsleistung genießt.[13] Der Rechtsgedanke des Benachteiligungsverbots ist im Übrigen auch in § 38 SEAG unter Bezugnahme auf § 113 AktG geregelt; Eine Differenzierung in der Vergütung von Aufsichtsrats- oder Verwaltungsratsmitgliedern wegen ihrer Zugehörigkeit zur Anteilseigner- oder Arbeitnehmerbank ist unzulässig.[14] 6

In § 42 SEBG wird auf § 37 Abs. 6 und 7 BetrVG nicht gesondert Bezug genommen; die Gleichbehandlung der Arbeitnehmervertreter in der SE bei Schulungs- und Bildungsveranstaltungen ist durch die Vorgabe des identischen Schutzes mit umfasst.[15] Dies gilt insbesondere auch für die Entgeltfortzahlung nach § 42 Satz 2 Nr. 3 SEBG. Beides muss wegen des allgemeinen Benachteiligungsverbots auch für die Leitenden Angestellten und die Arbeitnehmervertreter im Aufsichtsrat oder Verwaltungsrat gelten.[16] Um mögliche Divergenzen des Schutzes von vorneherein zu vermeiden, empfiehlt sich angesichts der verbleibenden Unterschiede zwischen in- und ausländischen Arbeitnehmervertretern sowie zwischen BVG- und SE-Betriebsratsmitgliedern einerseits und Arbeitnehmervertretern im Aufsichtsrat oder Verwaltungsrat andererseits eine einheitliche Regelung in der Beteiligungsvereinbarung, und zwar auf dem höchsten Schutzniveau (vgl. § 21 Rn 22). 7

---

7 Vgl. *Oetker* in: Lutter/Hommelhoff/Teichmann § 42 SEBG Rn 9 und *Kienast* in: Janott/Frodermann, Handbuch, Kap. 13 Rn 421.
8 Vgl. *Oetker* in: Lutter/Hommelhoff/Teichmann § 42 SEBG Rn 11 m.w.N.
9 Vgl. *Oetker* in: Lutter/Hommelhoff/Teichmann § 42 SEBG Rn 10, 13 m.w.N.
10 Vgl. Henssler in. Ulmer/Habersack/Henssler § 42 SEBG Rn 7.
11 Vgl. § 44 SEBG Rn 8.
12 Vgl. BAG v. 4.4.1974 – 2 AZR 452/73, AP Nr. 1 zu § 626 BGB Arbeitnehmervertreter im Aufsichtsrat; *Henssler* in: Ulmer/Habersack/Henssler § 26 MitbestG Rn 12 ff; *Wißmann* in: Wißmann/Kleinsorge/Schubert Mitbestimmungsrecht § 26 MitbestG Rn 18 ff; *Raiser/Veil/Jacobs* MitbestG, § 26 Rn 10 und *Oetker* in: Lutter/Hommelhoff § 42 SEBG Rn 14; **aA** *Sagan* in: Boecken/Düwell/Diller/Hanau § 42 SEBG Rn 4.
13 Vgl. *Wißmann* in: Wißmann/Kleinsorge/Schubert Mitbestimmungsrecht § 26 MitbestG Rn 7 m.w.N. und *Oetker* in: ErfK § 26 MitbestG Rn 4 m.w.N., **aA** *Henssler* in: Ulmer/Habersack/Henssler § 42 SEBG Rn 8.
14 Vgl. *Teichmann* in: Lutter/Hommelhoff/Teichmann Anh. Art. 43 SE-VO (§ 38 SEAG) Rn 6 m.w.N.; einschränkend *Henssler* in: Ulmer/Habersack/Henssler § 42 SEBG Rn 9 und *Feuerborn* in: KK-AktG § 42 SEBG Rn 6, 19.
15 Einschränkend *Henssler* in: Ulmer/Habersack/Henssler § 42 SEBG Rn 11.
16 **AA** aber *Oetker* in: Lutter/Hommelhoff/Teichmann § 42 SEBG Rn 19, *Feuerborn* in: KK-AktG § 42 SEBG Rn 18, 20; *Henssler* in: Ulmer/Habersack/Henssler § 42 SEBG Rn 11; *Jacobs* in: MÜKO § 42 SEBG Rn 9 und *Hohenstatt/Müller-Bonanni* in: Habersack/Drinhausen § 42 SEBG Rn 4.

8 Der Schutz der Arbeitnehmervertreter in § 42 SEBG muss im Zusammenhang mit dem Errichtungs- und Tätigkeitsschutz in § 44 SEBG gelesen werden (vgl. dort). Der Organ- und Individualschutz des § 44 SEBG bezieht über § 42 SEBG hinaus insbesondere auch die Wahlbewerber zum BVG mit ein.[17]

IV. Sanktionen

9 Werden die zugunsten der Arbeitnehmervertreter in den jeweiligen Mitgliedstaaten geltenden Schutznormen verletzt, so gelten die gleichen Sanktionen und Ansprüche, die zum Schutz der Arbeitnehmervertreter in den jeweiligen Mitgliedstaaten normiert sind.

V. Streitigkeiten

10 Für Streitigkeiten ist nach § 2a Abs. 1 Nr. 3e ArbGG das Arbeitsgericht im Beschlussverfahren nach §§ 80 ff ArbGG zuständig. Der Anspruch richtet sich gegen die jeweilige Gesellschaft, bei der der Arbeitnehmer beschäftigt ist.

§ 43
Missbrauchsverbot

[1]Eine SE darf nicht dazu missbraucht werden, den Arbeitnehmern Beteiligungsrechte zu entziehen oder vorzuenthalten. [2]Missbrauch wird vermutet, wenn ohne Durchführung eines Verfahrens nach § 18 Abs. 3 innerhalb eines Jahres nach Gründung der SE strukturelle Änderungen stattfinden, die bewirken, dass den Arbeitnehmern Beteiligungsrechte vorenthalten oder entzogen werden.

Übersicht

I. Grundsatz

1 In § 42 Satz 1 SEBG wird eine Vorgabe von Art. 11 der Richtlinie umgesetzt, wonach die Mitgliedstaaten im Einklang mit den gemeinschaftlichen Rechtsvorschriften geeignete Maßnahmen treffen, um zu verhindern, dass eine SE dazu missbraucht wird, Arbeitnehmern Beteiligungsrechte zu entziehen oder vorzuenthalten. Der Gesetzgeber vermeidet es ebenso wie die Richtlinie, den Begriff „Missbrauch" zu definieren.

2 Zur Verhinderung bzw. Sanktionierung des Missbrauchs regelt § 43 Satz 2 SEBG, dass Missbrauch vermutet wird, wenn ohne Durchführung eines Verfahrens nach § 18 Abs. 3 SEBG innerhalb eines Jahres nach Gründung der SE strukturelle Änderungen stattfinden, die bewirken, dass den Arbeitnehmern Beteiligungsrechte vorenthalten oder entzogen werden. Der Gesetzgeber hat sich für den Regelfall gegen stärkere Sanktionen wie Schadensersatzpflichten entschieden, mit denen er hätte vor dem Missbrauch abschrecken können. Andererseits wirkt die Unbestimmtheit des Rechtsbegriffs „Missbrauchs" per se abschreckend, weil die Leitung der SE keine gesicherte Prognose darüber abgeben kann, wie die Gerichte einen eventuellen Streitfall entscheiden werden.

---

17 Vgl. *Oetker* in: Lutter/Hommelhoff/Teichmann § 42 SEBG Rn 1.

II. Widerlegbare Vermutung

Die Vermutung in § 43 Satz 2 SEBG bezieht sich allein auf den Zeitraum eines Jahres; in dieser Zeit müssen strukturelle Änderungen in der SE ohne Durchführung eines Verfahrens nach § 18 Abs. 3 SEBG durchgeführt worden sein. Die Vermutung ist widerlegbar.[1] Die Leitung der SE muss gegebenenfalls im Prozess darlegen und beweisen, dass die strukturellen Änderungen, welche ohne Durchführung eines Verfahrens nach § 18 Abs. 3 SEBG innerhalb eines Jahres nach Gründung der SE durchgeführt wurden, nicht missbräuchlich waren. Die Widerlegung der Vermutung in § 43 Satz 2 SEBG kann dadurch gelingen, dass der Nachweis der Beibehaltung oder äquivalenten Übernahme der Beteiligungsrechte der Arbeitnehmer geführt wird. Der Nachweis kann auch dadurch gelingen, dass die strukturellen Änderungen ausschließlich mit Begründungen gerechtfertigt werden, welche nichts mit den Beteiligungsrechten der Arbeitnehmer zu tun haben. Ein solcher Nachweis der Irrelevanz dürfte in der Praxis schwer zu führen sein. 3

III. Der Begriff „Missbrauch"

Die bloße Sitzverlegung der SE ist kein Missbrauch, auch wenn die gesellschaftsrechtlichen Vorschriften des neuen Sitzlandes Nachteile für die Arbeitnehmerbeteiligung bedeuten können. Verlegt beispielsweise die SE ihren Sitz in einen Mitgliedstaat, welcher im dualistischen Modell die Wahl des Vorstandes durch die Hauptversammlung und nicht wie im bisherigen Sitzland der SE durch den Aufsichtsrat vorsieht, so ist in diesem bloßen Wechsel der gesellschaftsrechtlichen Bezugsnormen des neuen Sitzlandes kein Missbrauch zu erblicken. Ebenso wenig missbräuchlich ist es, wenn eine mitbestimmungsfreie SE nachträglich ihren Sitz in einen Mitgliedstaat verlegt, in dessen nationaler Rechtsordnung Mitbestimmung vorgesehen ist, oder wenn es – frühestens zwei Jahre nach Eintragung der SE – zu einer „Renationalisierung" i.S.v. Art. 66 SE-VO kommt (vgl. GesR-SE Rn 137 ff.).[2] Schliesslich ist der Wechsel in die Rechtsform der SE kurz vor Erreichen der für die nationale Mitbestimmung maßgeblichen Schwellenwerte jedenfalls ohne weitere Sachverhaltsmerkmale noch kein Missbrauch.[3] 4

Anders ist zu entscheiden, wenn die beteiligungsrechtlichen Rahmenregelungen bewusst verschlechtert werden. In diesem Fall muss ohnehin ein Verfahren nach § 18 Abs. 3 SEBG durchgeführt werden, wenn der Sitz innerhalb eines Jahres nach Gründung der SE verlegt wird, damit nicht die Missbrauchsvermutung nach § 43 S. 2 SEBG greift. Wird der Sitz nach Ablauf dieses Zeitpunkts verlegt, entfällt lediglich die Vermutung. Die Verschlechterung der Beteiligungsmöglichkeiten kann aber im Prozess nachgewiesen werden. 5

Es lässt sich nicht allgemein definieren, was Missbrauch ist. Die Entscheidung ist vielmehr im Einzelfall zu treffen. Maßstab für die Entscheidung ist die Grundwertung des Gesetzgebers und der Richtlinie, wonach die Nutzung der neuen Rechtsform der SE nicht dazu verwendet werden darf, den Arbeitnehmern Beteiligungsrechte zu entziehen oder vorzuenthalten.[4] Es reicht nicht, zur Abwehr der Missbrauchsvermutung eine sachliche Rechtfertigung für die strukturelle Änderung genügen zu lassen,[5] weil damit das Ziel von § 43 SEBG vereitelt würde, strukturelle Änderungen, die innerhalb eines Jahres erfolgen sollen, an ein Verfahren nach § 18 Abs. 3 6

---

1 Vgl. *Feuerborn* in: KK-AktG § 43 SEBG Rn 7.

2 **AA** wohl *Oetker* in: Lutter/Hommelhoff/Teichmann § 43 SEBG Rn 7 m.w.N.

3 Vgl. *Drinhausen/Keinath* BB 2011, 2699, 2701; *Hohenstatt/Müller-Bonanni* in: Habersack/Drinhausen § 43 SEBG Rn 3; weiter geht wohl *Oetker* in Lutter/Hommelhoff/Teichmann § 43 SEBG Rn 7; zur Thematik auch *Kleinsorge* in: Wißmann/Kleinsorge/Schubert Mitbestimmungsrecht EU-Recht Rn 139.

4 Vgl. die Fälle bei *Drinhausen/Keinath* BB 2011, 2699 ff.

5 So aber *Oetker* in: Lutter/Hommelhoff/Teichmann § 43 SEBG Rn 8 und *Henssler* in: Ulmer/Habersack/Henssler § 43 SEBG Rn 7.

SEBG zu binden. Missbrauch ist auch dann zu bejahen, wenn den Arbeitnehmern ein Teil der Beteiligungsrechte entzogen oder vorenthalten wird, der Entzug oder die Vorenthaltung müssen nicht vollständig sein.[6] Beides lässt sich oft in einem zeitlichen, quantitativen Vergleich herausarbeiten. Gelingt dies nicht, bleibt die Möglichkeit der qualitativen Bewertung. Zu fragen ist, ob die Grundwertung des Gesetzgebers und der Richtlinie verletzt wurde oder nicht. Nicht entscheidend ist die formale Vorgehensweise bei der Strukturänderung, sondern ihr materieller Gehalt. So ist z.B. die Technik, einen Zusammenschluss durch einen Treuhänder zu bewerkstelligen, der eine Gesellschaft neu gründet und die beiden zusammenzuschließenden Gesellschaften dann jeweils durch ein öffentliches Übernahmeangebot der neuen Gesellschaft erwirbt, missbräuchlich, wenn dadurch die Mitbestimmungssicherung unterlaufen wird, die im Falle einer Holding-Gründung gegriffen hätte.[7] Missbrauch kann auch darin bestehen, dass ein mögliches Statusverfahren in einer mitbestimmungspflichtigen, aber faktisch nicht mitbestimmten Gesellschaft durch Wechsel in die Rechtsform der SE unterlaufen wird. Ebenso stellt es einen Missbrauch dar, wenn eine britische plc, anstatt sich mit einer deutschen AG zu einer SE mit Sitz im Vereinigten Königreich zu verschmelzen, zuerst im Wege des asset deal das Vermögen der deutschen AG erwirbt, sich dann mit Hilfe einer ihrer Auslandstöchter formwechselnd in eine SE mit Sitz im Vereinigten Königreich umwandelt und schließlich die Arbeitnehmer der früheren deutschen AG unter Verlust ihrer ehemals geltenden Unternehmensmitbestimmung übernehmen will.[8]

IV. Verhältnis von §§ 43 und 18 Abs. 3 SEBG

7 Der Missbrauch nach § 43 SEBG kann auch in einer nachfolgenden Strukturänderung liegen. Die Anwendung der Vorschrift hat jedoch auf § 18 Abs. 3 SEBG, also auf die Verhandlungspflicht bei geplanten strukturellen Änderungen der SE, keinen Einfluss. Beide Vorschriften sind nebeneinander anwendbar. Von dem Missbrauchsverbot des § 43 unterscheidet sich die Verhandlungspflicht bei nachfolgender Strukturänderung dadurch, dass das Missbrauchsverbot gezieltes Handeln erfordert und eine geringere zeitliche Reichweite (ein Jahr nach SE-Gründung) hat, soweit man auf den Vermutungstatbestand abstellt.

V. Sanktionen

8 Zivilrechtlich führt die Bejahung des Missbrauchs zumindest dazu, dass die Maßnahmen der Leitung der SE gegen Treu und Glauben (§ 242 BGB) verstoßen; in der Regel scheiden Schadensersatzansprüche aus (vgl. oben Rn 2). Unterlassungsansprüche können hingegen bestehen.[9] Die Rechtsfolge bestimmt sich aus der Überlegung, was bei nicht missbräuchlichem Handeln geschehen wäre. In der Regel ist die Folge die Nichtigkeit der Maßnahme nach § 134 BGB. In Ausnahmefällen kann die Maßnahme für teils wirksam, teils unwirksam erklärt werden (vgl. § 139 BGB). Verstößt die Gründung einer SE gegen das Missbrauchverbot des § 43 SEBG, ist die

---

6 Vgl. Henssler in: Ulmer/Habersack/Henssler § 43 SEBG Rn 3; **aA** *Oetker* in: Lutter/Hommelhoff § 43 SEBG Rn 7; *Hohenstatt/Müller-Bonanni* in: Habersack/Drinhausen § 43 SEBG Rn 2 und *Jacobs* in: MÜKOAktG § 43 SEBG Rn 2.

7 **AA** *Wollburg/Banerjea* ZIP 2005, 277 ff, 280 f, zustimmend *Feuerborn* in: KK-AktG § 43 SEBG Rn 4 und *Hohenstatt-Müller-Bonanni* in: Habersack/Drinhausen § 43 SEBG Rn 3.

8 **AA** wohl *Weiss/Wöhlert* NZG 2006, 121, 123; umfassend zum Ganzen und mit Fallbeispielen *Ramcke*, insbesondere S. 549 ff.

9 Einen Unterlassungsanspruch bejahen *Jacobs* in: MÜKOAktG § 43 SEBG Rn 3, *Feuerborn* in: KK-AktG § 43 SEBG Rn 9, beide m.w.N.; *Hohenstatt/Müller-Bonanni* in: Habersack/Drinhausen § 43 SEBG Rn 6; unklar *Oetker* in: Lutter/Hommelhoff/Teichmann § 43 SEBG Rn 13; **aA** wohl *Rupp* in: Annuß/Kühn/Rudolph/Rupp § 43 SEBG Rn 5.

Eintragung der SE durch den Registerrichter abzulehnen.[10] Würde durch die Gründung einer SE das Statusverfahren zur Einführung der Mitbestimmung in einer der Gründergesellschaften abgeschnitten, kann dieses nachgeholt und das Ergebnis in die Verhandlungen um die Beteiligungsvereinbarung eingebracht werden (vgl. oben Rn 6).

Zu den strafrechtlichen Sanktionen im Missbrauchsfall vgl. § 45 Abs. 1 Nr. 2 SEBG. 9

VI. Streitigkeiten

Für Streitigkeiten ist nach § 2a Abs. 1 Nr. 3e ArbGG das Arbeitsgericht im Beschlussverfahren 10
nach §§ 80 ff ArbGG zuständig.

§ 44
Errichtungs- und Tätigkeitsschutz

Niemand darf

1. **die Bildung des besonderen Verhandlungsgremiums, die Errichtung eines SE-Betriebsrats oder die Einführung eines Verfahrens zur Unterrichtung und Anhörung nach § 21 Abs. 2 oder die Wahl, Bestellung, Empfehlung oder Ablehnung der Arbeitnehmervertreter im Aufsichts- oder Verwaltungsorgan behindern oder durch Zufügung oder Androhung von Nachteilen oder durch Gewährung oder Versprechen von Vorteilen beeinflussen;**
2. **die Tätigkeit des besonderen Verhandlungsgremiums, des SE-Betriebsrats oder der Arbeitnehmervertreter nach § 21 Abs. 2 oder die Tätigkeit der Arbeitnehmervertreter im Aufsichts- oder Verwaltungsorgan behindern oder stören oder**
3. **ein Mitglied oder Ersatzmitglied des besonderen Verhandlungsgremiums, des SE-Betriebsrats oder einen Arbeitnehmervertreter nach § 21 Abs. 2 oder einen Arbeitnehmervertreter im Aufsichts- oder Verwaltungsorgan wegen seiner Tätigkeit benachteiligen oder begünstigen.**

Übersicht

I. Allgemeines

Nach der Vorgabe von Art. 10 Abs. 1 und Art. 12 Abs. 1 der Richtlinie enthält § 44 SEBG einen 1
Errichtungs- und Tätigkeitsschutz, der die Errichtung der Arbeitnehmervertretung in der SE, die Amtsführung der Gremien und den Schutz der Tätigkeit der Arbeitnehmervertreter sichern soll. Der Schutzzweck von § 44 SEBG überschneidet sich mit dem von § 42 SEBG. Ausgangspunkt der Regelung ist in Nr. 1 und 2 nicht der individuelle Schutz der Arbeitnehmer wie in § 42 SEBG, sondern der Organisationsschutz des jeweiligen Gremiums. Geschützt ist über den Wortlaut der Vorschrift hinaus auch das Wahlgremium. Der Normzweck von § 42 erfordert es, auch dieses Gremium in den Regelungs- und Schutzbereich aufzunehmen.[1] Verbunden damit ist aber auch

10 Vgl. *Oetker* in: Lutter/Hommelhoff/Teichmann § 43 SEBG Rn 12; *Kleinmann/Kujath* in: Manz/Mayer/Schröder § 43 SEBG Rn 4 und *Rupp* in: Annuß/Kühn/Rudolph/Rupp § 43 SEBG Rn 5.

1 Vgl. *Feuerborn* in: KK-AktG § 44 SEBG Rn 1, 6; *Jacobs* in: MÜKOAktG § 44 SEBG Rn 2 und *Oetker* in: Lutter/Hommelhoff/Teichmann § 46 SEBG Rn 4.

ein auf die individuellen Mitglieder bezogenes Benachteiligungs- und Begünstigungsverbot in Nr. 3. Dieser Tätigkeitsschutz ist ein wichtiger Teil des Organisationsschutzes.[2]

2 Vergleichbare Vorgaben werden in Art. 10 Abs. 1 und Art. 11 der EBR-Richtlinie gemacht; sie sind in § 42 EBRG umgesetzt.

II. Reichweite der Vorschrift

3 Der Errichtungsschutz in § 44 Nr. 1 SEBG betrifft die Bildung des BVG, die Errichtung des SE-Betriebsrats bzw. die Einführung eines Verfahrens zur Unterrichtung und Anhörung nach § 21 Abs. 2 SEBG sowie die Wahl, Bestellung, Empfehlung oder Ablehnung der Arbeitnehmervertreter im Aufsichtsrat oder Verwaltungsrat. Er enthält ein Behinderungsverbot. Auch dürfen keine Nachteile zugefügt oder angedroht werden. Schließlich ist die Gewährung oder das Versprechen von Vorteilen zur Einflussnahme auf die Errichtung oder Einführung verboten.

4 Das Verbot ist weit auszulegen. Es umfasst sowohl schädigende als auch begünstigende Maßnahmen. Richtlinie und Gesetzgeber gehen davon aus, dass eine Begünstigung in der Regel zugleich eine Schädigung eines anderen bedeutet, der an der Bildung, Errichtung oder Einführung beteiligt ist. Die Leitungen der SE-Gründungs-gesellschaften bzw. der SE haben sich demnach strikt neutral zu verhalten und jede Beeinflussung der Wahl zu unterlassen.[3]

5 Die unzulässige Beeinflussung kann in einem Tun oder in einem Unterlassen liegen.[4] Ein Verstoß liegt demnach auch vor, wenn die Leitungen oder die SE-Leitung die erforderlichen Räumlichkeiten und Hilfsmittel bei der Gründung des SE-Betriebsrats nicht zur Verfügung stellen.[5] Dies kann auch eine Behinderung darstellen.[6]

6 § 44 Nr. 1 SEBG schützt, § 42 Nr. 1 EBRG, § 20 BetrVG, § 20 Abs. 2 MitbestG und § 10 DrittelbG vergleichbar, auch die Wahl der Arbeitnehmervertreter in den Aufsichtsrat oder Verwaltungsrat. Geschützt ist sowohl das aktive Wahlrecht der Arbeitnehmer als auch das passive Wahlrecht der Arbeitnehmervertreter. Unzulässig ist z.B. jede Benachteiligung oder Vorteilsgewährung, welche einen Einfluss auf die Bildung der Gremien hat. Vorteile sind z.B. die Zusagen einer Beförderung oder besonderer Zuwendungen. Nachteile sind Schlechterstellungen aller Art. Es genügt, dass die Nachteile (z.B. eine Kündigung oder eine Versetzung) angedroht werden.[7]

7 In § 44 Nr. 2 SEBG wird im Anschluss an § 42 Nr. 2 EBRG, § 78 Satz 1 BetrVG, § 26 Satz 1 MitbestG und § 9 Satz 1 DrittelbG die Tätigkeit des BVG, des SE-Betriebsrats oder der Arbeitnehmervertreter nach § 21 Abs. 2 SEBG sowie die Tätigkeit der Arbeitnehmervertreter im Aufsichtsrat oder Verwaltungsrat geschützt. Verboten ist auch hier jede Behinderung oder Störung. Nr. 2 soll die Tätigkeit der betroffenen Menschen schützen; zugleich verfolgt die Vorschrift aber den Schutz des Organs. Der Schutz umfasst beide Aspekte gleichermaßen.[8]

8 Nach § 44 Nr. 3 SEBG wird im Anschluss an § 42 Nr. 3 EBRG, § 78 Satz 2 BetrVG, § 26 Satz 2 MitbestG und § 9 Satz 2 DrittelbG ein Mitglied oder Ersatzmitglied des BVG, des SE-Betriebsrats oder ein Arbeitnehmervertreter nach § 21 Abs. 2 sowie ein Arbeitnehmervertreter im Aufsichtsrat oder Verwaltungsrat dagegen geschützt, dass er wegen seiner Tätigkeit benachteiligt wird. Gleichermaßen ist eine Begünstigung wegen der Tätigkeit verboten. Nr. 3 verfolgt den Individualschutz bei der Amtsführung. Die Benachteiligung oder die Begünstigung müssen wegen der Tä-

---

2 Abweichend (§ 44 teilweise lex specialis) *Sagan* in: Boecken/Düwell/Diller/Hanau § 44 SEBG Rn 1.

3 Vgl. *Blanke* EBRG § 42 Rn 2; *Rupp* in: Annuß/Kühn/Rudolph/Rupp § 42 EBRG Rn 4.

4 Vgl. *Henssler* in: Ulmer/Habersack/Henssler § 44 SEBG Rn 5 und *Kleinmann/Kujath* in: Manz/Mayer/Schröder § 44 SEBG Rn 3.

5 Vgl. für das EBRG *Klebe* in: Däubler/Kittner/Klebe/Wedde § 42 EBRG Rn 2.

6 Vgl. *Feuerborn* in: KK-AktG § 44 SEBG Rn 8.

7 Vgl. *Jacobs* in: MÜKOAktG § 44 SEBG Rn 4 und *Hohenstatt/Müller-Bonanni* in: Habersack/Drinhausen § 44 SEBG Rn 2.

8 Vgl. *Henssler* in: Ulmer/Habersack/Henssler § 44 SEBG Rn 6.

tigkeit erfolgen. Wird ein Arbeitnehmervertreter aus sachlichen Gründen oder aus Gründen, die in seiner Person liegen, versetzt, so verstößt dies nicht gegen den Tätigkeitsschutz in § 44 Nr. 3 SEBG. Im Prozess spricht allerdings eine Vermutung dafür, dass die Benachteiligung (Behinderung oder Störung) wegen der Tätigkeit erfolgt ist. Die Leitung der SE muss diese Vermutung widerlegen. Werden Nachteile angedroht oder Vorteile zugesagt, aber nicht gewährt, so kommt ein Verstoß gegen § 44 Nr. 1 in Frage. Nr. 2 erfasst die Behinderung oder Störung, auch die wirksame Drohung oder Ankündigung; Nr. 3 die Benachteiligung oder Begünstigung; beides kann auch nachträglich erfolgen.

Die Verbote des § 44 SEBG sind nicht auf die Leitungen der Gründungsgesellschaften oder 9
der SE begrenzt. Sie richten sich gegen Jedermann.

III. Sanktionen

Die strafrechtlichen Sanktionen sind in § 45 Abs. 1 Nr. 2 SEBG enthalten. Zivilrechtliche 10
Rechtsgeschäfte, die gegen § 44 SEBG verstoßen, sind nach § 134 BGB nichtig. Ein aus einem Verstoß folgender Schaden führt nach § 823 Abs. 2 BGB zum Schadensersatz, da § 44 SEBG ein Schutzgesetz ist.[9]

IV. Streitigkeiten

Für Streitigkeiten ist nach § 2a Abs. 1 Nr. 3e ArbGG das Arbeitsgericht im Beschlussverfahren 11
nach §§ 80 ff ArbGG zuständig.

Teil 5
Straf- und Bußgeldvorschriften; Schlussbestimmungen

§ 45
Strafvorschriften

(1) Mit Freiheitsstrafe bis zu zwei Jahren oder mit Geldstrafe wird bestraft, wer
1. **entgegen § 41 Abs. 2, auch in Verbindung mit Abs. 4, ein Betriebs- oder Geschäftsgeheimnis verwertet oder;**
2. **entgegen § 43 Satz 1 eine SE dazu missbraucht, Arbeitnehmern Beteiligungsrechte zu entziehen oder vorzuenthalten;**

(2) Mit Freiheitsstrafe bis zu einem Jahr oder mit Geldstrafe wird bestraft, wer
1. **entgegen § 41 Abs. 2, auch in Verbindung mit Abs. 4, ein Betriebs- oder Geschäftsgeheimnis offenbart,**
2. **entgegen § 44 Nr. 1 oder 2 eine dort genannte Tätigkeit behindert, beeinflusst oder stört oder**
3. **entgegen § 44 Nr. 3 eine dort genannte Person benachteiligt oder begünstigt.**

(3) Handelt der Täter in den Fällen des Absatzes 2 Nr. 1 gegen Entgelt oder in der Absicht, sich oder einen anderen zu bereichern oder einen anderen zu schädigen, so ist die Strafe Freiheitsstrafe bis zu zwei Jahren oder Geldstrafe.

(4) [1]Die Tat wird nur auf Antrag verfolgt. [2]In den Fällen des Absatzes 1 Nr. 2 und des Absatzes 2 Nr. 2 und 3 sind das besondere Verhandlungsgremium, der SE-Betriebsrat, die

9 Vgl. *Jacobs* in: MÜKOAktG § 44 SEBG Rn 7; differenzierend (in Nr. 2 kein Vermögensschutz) *Oetker* in: Lutter/Hommelhoff § 44 SEBG Rn 8 m.w.N. und *Henssler* in: Ulmer/Habersack/Henssler § 44 SEBG Rn 8.

Mehrheit der Arbeitnehmervertreter im Rahmen eines Verfahrens zur Unterrichtung und Anhörung, jedes Mitglied des Aufsichts- oder Verwaltungsorgans, eine im Unternehmen vertretene Gewerkschaft sowie die Leitungen antragsberechtigt.

Übersicht

I. Die Tatbestände in Abs. 1

1. Die Verwertung von Betriebs- oder Geschäftsgeheimnissen (Nr. 1)

1 Die Vorschrift setzt den allgemeinen Auftrag von Art. 12 Abs. 2 der Richtlinie um, für den Fall der Nichteinhaltung der in ihr niedergelegten Verpflichtungen geeignete Maßnahmen vorzusehen. Vorbilder der Vorschrift in Abs. 1 Nr. 1 sind § 43 Abs. 1 EBRG, der die Vorgaben von Art. 11 Abs. 3 und 4 S. 2 der EBR-Richtlinie umsetzt, und § 120 Abs. 3 S. 2 BetrVG.[1] Abs. 1 Nr. 1 stellt die Verwertung von Betriebs- oder Geschäftsgeheimnissen unter Strafdrohung. In § 120 Abs. 3 S. 2 BetrVG geht es im Grundtatbestand um die Offenbarung von Betriebs- oder Geschäftsgeheimnissen; qualifizierte Tatbestände sind die unbefugte Offenbarung fremder Geheimnisse von Arbeitnehmern und das Handeln gegen Entgelt bzw. in Bereicherungs- oder Schädigungsabsicht.

2 Die Betriebs- oder Geschäftsgeheimnisse (materielles Geheimnis) müssen den Mitgliedern oder Ersatzmitgliedern des SE-Betriebsrats in ihrer Eigenschaft und wegen ihrer Zugehörigkeit zu diesem Gremium bekannt geworden und zusätzlich von der Leitung der SE ausdrücklich als geheimhaltungsbedürftig (formelles Geheimnis) bezeichnet worden sein (§ 41 Abs. 2 SEBG).

3 Verwertung bedeutet, dass der Täter das Betriebs- oder Geschäftsgeheimnis wirtschaftlich zum Zwecke der Gewinnerzielung ausnutzt.[2] Dies ergibt sich aus dem Wortsinn, für sich „Werte“ zu schaffen. Es bedeutet objektiv „Erfolg“ (Schaffung des Wertes) und subjektiv „dolus directus“, d.h. unbedingtes Wissen und Wollen der Tatbestandsverwirklichung.[3]

2. Der Missbrauchstatbestand (Nr. 2)

4 Nr. 2 sanktioniert den Verstoß gegen das Missbrauchsverbot in § 43 S. 1 SEBG. Grundlage dieser Vorschrift ist wiederum Art. 11 der Richtlinie, wonach die Mitgliedstaaten geeignete Maßnahmen ergreifen müssen, um zu verhindern, dass eine SE dazu missbraucht wird, Arbeitnehmern Beteiligungsrechte zu entziehen oder vorzuenthalten. Bedenken wegen der angeblichen

---

1 Vgl. *Oetker* in: GK-BetrVG § 119 und 120.
2 Vgl. zu § 120 BetrVG *Oetker* in: GK-BetrVG § 120 Rn 44.
3 Vgl. *Kleinmann/Kujath* in: Manz/Mayer/Schröder § 45 SEBG Rn 7; **aA** (Gewinn muss nicht erzielt worden sein) *Altenhain* in: KK-AktG § 45 SEBG Rn 8.

Unbestimmtheit des Missbrauchsbegriffs[4] sind unbegründet, da sich die Bedeutung des Missbrauchbegriffs im Zusammenhang mit den Begriffen „Entziehung" und „Vorenthaltung" von Beteiligungsrechten der Arbeitnehmer umfassender erschließt als andere strafrechtliche Begriffe wie z.B. der der Nötigung.[5]

Nr. 2 verweist nicht auf § 43 S. 2 SEBG. Der dort enthaltene zivilrechtliche Vermutungstatbestand spielt für die Strafnorm des § 45 Abs. 1 Nr. 2 SEBG keine Rolle.[6] Vielmehr gilt wie in jeder Strafnorm die Unschuldsvermutung, d.h. die Straftat muss dem Täter nachgewiesen werden. 5

Die inhaltliche Bestimmung des Missbrauchs kann nur im Einzelfall erfolgen. Es gilt das zu § 43 SEBG Ausgeführte (Rn 6). 6

II. Die Tatbestände in Abs. 2

1. Offenbarung eines Betriebs- oder Geschäftsgeheimnisses (Nr. 1)

Der Begriff „Offenbarung" eines Betriebs- oder Geschäftsgeheimnisses schließt sich an den Grundtatbestand des § 120 BetrVG an und entspricht § 44 Abs. 1 Nr. 1 EBRG. Offenbarung bedeutet die Mitteilung des Geheimnisses an einen Dritten, der nicht dem Personenkreis der Leitung und der berechtigten Mitteilungsempfänger angehört. Es gilt das oben zu § 41 Abs. 2 SEBG Ausgeführte mit der Maßgabe, dass dem Täter nicht die erfolgreiche Ausnutzung zum Zwecke der Gewinnerzielung nachgewiesen werden muss. Insofern genügt bedingter Vorsatz (dolus eventualis); fahrlässige Offenbarung ist nicht strafbar (§ 15 StGB)[7], ebensowenig der Versuch (§ 23 Abs. 1 StGB). 7

2. Behinderung, Beeinflussung oder Störung (Nr. 2) der Wahl oder der Tätigkeit

Nr. 2 erfasst neben der Norm des § 44 SEBG zusätzlich die Behinderung, Beeinflussung oder Störung in Bezug auf die Wahl und die Tätigkeit des BVG, des SE-Betriebsrats und der anderen in § 44 Genannten. Erforderlich ist zumindest bedingter Vorsatz (vgl. Nr. 1). Die Vorschrift entspricht § 44 Abs. 1 Nr. 2 EBRG. Es geht um den Schutz der Kandidaten, des Wahlverfahrens, der Gewählten und der Organe. Das Delikt kann von jedermann verwirklicht werden. 8

3. Benachteiligung oder Begünstigung (Nr. 3)

Nr. 3 erfasst gleichermaßen die Benachteiligung und die Begünstigung einer der in § 44 Abs. 3 SEBG genannten Personen. Die Vorschrift entspricht ebenfalls § 44 Abs. 1 Nr. 2 EBRG. Die Begünstigung ist deshalb mit erfasst, weil sie zwangsläufig zu einer Benachteiligung des Nichtbegünstigten führt. Ziel der Vorschrift ist nicht nur die Schadensvermeidung, sondern die Neutralität der Arbeitgeberseite gegenüber der Tatsache, dass jemand für ein BVG oder einen SE-Betriebsrat kandidiert oder in einem derartigen Gremium arbeitet (Neutralitätsgebot). Gleiches gilt für Kandidaturen oder Tätigkeiten als Arbeitnehmervertreter im Aufsichtsrat oder Verwaltungsrat oder in einem Gremium, das zur Beteiligung der Arbeitnehmer geschaffen wurde. Das Delikt kann von jedermann verwirklicht werden. 9

---

4 So *Grobys* NZA 2004, 779 ff; *Hennings* in: Manz/Mayer/Schröder Voraufl. Art. 11 Richtlinie Rn 4 und *Kienast* in: Jannott/Frodermann, Kap. 13 Rn 27 und *Schlösser* NZG 2008, 126–131 wegen Verletzung des Rechtsstaatsprinzips.

5 Vgl. auch *Jacobs* in: MÜKOAktG § 45 SEBG Rn 5 und *Oetker* in: Lutter/Hommelhoff § 45 SEBG Rn 9.

6 Vgl. auch *Grobys* NZA 2004, 779 ff und NZA 2005, 84 ff; *Altenhain* in: KK-AktG § 45 SEBG Rn 15; *Jacobs* in: MÜKOAktG § 45 SEBG Rn 5; *Oetker* in: Lutter/Hommelhoff/Teichmann § 45 SEBG Rn 10 m.w.N. und *Henssler* in: Ulmer/Habersack/Henssler § 45 SEBG Rn 3.

7 Vgl. *Jacobs* in: MÜKOAktG § 45 SEBG Rn 3; *Altenhain* in KK-AktG § 45 SEBG Rn 9 und *Oetker* in: Lutter/Hommelhoff/Teichmann § 45 SEBG Rn 5.

4. Absenkung des Strafrahmens in Abs. 2

10 Der Strafrahmen in Abs. 2 (Freiheitsstrafe bis zu einem Jahr) ist gegenüber dem in Abs. 1 (Freiheitsstrafe bis zu zwei Jahren) abgesenkt. Die Straftaten nach Abs. 1 (Geheimnisverwertung bzw. Missbrauch) sieht der Gesetzgeber als gravierender an. Dies ist auch ein Hinweis für die Rechtsprechung, die Unterscheidung zwischen Geheimnisverwertung (Zweck: Gewinnerzielung) und bloßer Geheimnisoffenbarung zu akzentuieren.

III. Der Qualifizierungstatbestand in Abs. 3

11 In den Fällen, in denen die Offenbarung eines Betriebs- oder Geschäftsgeheimnisses keine Verwertung nach Abs. 1 Nr. 1 darstellt, aber doch mit Bereicherungs- oder Schädigungsabsicht gehandelt wurde, gilt das erhöhte Strafmaß (Freiheitsstrafe bis zwei Jahre), das in Abs. 1 vorgesehen ist. Geheimnisverwertung und Offenbarung mit Bereicherungs- oder Schädigungsabsicht werden vom Gesetzgeber gleich gewichtet. Im ersten Fall wurde das Geheimnis erfolgreich verwertet, im zweiten Fall muss nur die Absicht der Bereicherung oder Schädigung vorliegen, wenn das Geheimnis offenbart wurde.

IV. Vorwerfbarkeit

12 Der Personenkreis, an den sich die Strafdrohungen des § 45 SEBG richten, ist unterschiedlich. Die Verwertung oder Offenbarung von Betriebs- oder Geschäftsgeheimnissen (Abs. 1 Nr. 1 bzw. Abs. 2 Nr. 1) ist nur mit Strafe bedroht, wenn sie entgegen dem Verbot von § 41 Abs. 2 SEBG von einem Mitglied oder Ersatzmitglied eines SE-Betriebsrats begangen wird. Der Missbrauchstatbestand (Abs. 1 Nr. 2), der Behinderungstatbestand (Abs. 2 Nr. 2) und das Neutralitätsgebot (Abs. 2 Nr. 3) wenden sich an jedermann, in der Praxis insbesondere an die Leitung der SE.

13 Vorwerfbar ist die Straftat, wenn der Tatbestand erfüllt ist, keine Rechtfertigungsgründe wie z.B. Notwehr ersichtlich sind und das Verschulden in Form des Vorsatzes bzw. der jeweils speziell geforderten Absicht bejaht werden kann. Fehlt dem Täter bei Begehung der Tat die Einsicht, Unrecht zu tun, so handelt er nach § 17 StGB nur dann ohne Schuld, wenn er diesen Irrtum nicht vermeiden konnte. War der Verbotsirrtum vermeidbar, kann die Strafe nach § 49 StGB gemildert werden.[8]

V. Täterschaft und Teilnahme

14 Neben der Täterschaft ist nach §§ 26, 27 StGB auch die Teilnahme (Anstiftung und Beihilfe) strafbar. Nach § 8 Abs. 1 StGB sind etwaige persönliche Funktionen u.U. als persönliche Eigenschaften zu beachten. Für das Fehlen dieser Eigenschaften beim Teilnehmer gilt § 28 Abs. 1 StGB (Strafmilderung). Der Versuch ist, da es sich um ein Vergehen handelt, nicht strafbar (§ 12 StGB); denn das Gesetz hat die Strafbarkeit nicht ausdrücklich bestimmt (vgl. § 23 Abs. 1 StGB).

VI. Antrag

15 Es handelt sich nach Abs. 4 Satz 1 SEBG um ein Antragsdelikt. Strafantrag kann jeder Verletzte, d.h. jeder Träger des offenbarten oder verwerteten Geheimnisses stellen. Als Verletzte gelten auch die Leitung der SE und alle Mitglieder des Aufsichts- oder Verwaltungsrats. Im Falle

8 Vgl. speziell zu § 45 Abs. 2 Nr. 2 und 3 *Altenhain* in: KK-AktG § 45 SEBG Rn 18, wonach der Organschutz nicht disponibel ist.

der Absätze 1 Nr. 2 und 2 Nr. 2 und 3 wird beispielhaft aufgezählt[9], wer als potenzieller Verletzter betrachtet wird und einen entsprechenden Strafantrag stellen kann.

VII. Verjährung

Die Verjährungsfrist für Straftaten nach Abs. 1 und 3 beträgt nach § 78 Abs. 3 Nr. 4 StGB fünf Jahre, bei Straftaten nach Abs. 2 nach § 78 Abs. 3 Nr. 5 StGB drei Jahre. Die Frist beginnt mit der Tatbeendigung zu laufen (§ 78a StGB). 16

§ 46
Bußgeldvorschriften

(1) Ordnungswidrig handelt, wer

1. **entgegen § 4 Abs. 2 oder § 5 Abs. 4 Satz 2, jeweils auch in Verbindung mit § 18 Abs. 4 eine Information nicht, nicht richtig, nicht vollständig oder nicht rechtzeitig gibt oder**
2. **entgegen § 28 Abs. 1 Satz 1 oder § 29 Abs. 1 Satz 1 den SE-Betriebsrat nicht, nicht richtig, nicht vollständig, nicht in der vorgeschriebenen Weise oder nicht rechtzeitig unterrichtet.**

(2) Die Ordnungswidrigkeit kann mit einer Geldbuße bis zu zwanzigtausend Euro geahndet werden.

Übersicht

I. Tatbestände

1 Die Vorschrift sanktioniert in Abs. 1 Nr. 1 die Verletzung wesentlicher Informations- und Auskunftspflichten nach § 4 Abs. 2 oder 5 Abs. 4 Satz 2 SEBG (Informationen an die Arbeitnehmervertretungen bei Gründung einer SE bzw. an das BVG bei einer BVG-Veränderung der Arbeitnehmerzahlen während der Laufzeit der Verhandlungen) oder i.V.m. § 18 Abs. 4 SEBG bei Wiederaufnahme der Verhandlungen mit dem BVG, und zwar dann, wenn die Information nicht, nicht richtig, nicht vollständig oder nicht rechtzeitig gegeben wird.

2 In Abs. 1 Nr. 2 geht es um den Schutz des SE-Betriebsrats davor, dass er nach § 28 Abs. 1 Satz 1 SEBG (Jährliche Unterrichtung und Anhörung) oder § 29 Abs. 1 Satz 1 SEBG (Unterrichtung und Anhörung über außergewöhnliche Umstände) nicht, nicht rechtzeitig, fehlerhaft oder unvollständig informiert wird.[1]

3 Beide Tatbestände werden als Ordnungswidrigkeiten behandelt. In beiden Fällen sind die Leitungen bzw. ist die Leitung der SE der Adressat. Ein Antrag ist nicht erforderlich. Ziel der Vorschrift ist, ein staatliches Eingreifen sicherzustellen, auch wenn eine gerichtliche Durch-

9 **AA** *Jacobs* in: MÜKOAktG § 45 SEBG Rn 7 und *Oetker* in Lutter/Hommelhoff/Teichmann (Aufzählung abachließend), wie hier *Altenhain* in: KK-AktG § 45 SEBG Rn 22 und *Hohenstatt/Müller-Bonanni* in: Habersack/Drinhausen § 45 SEBG Rn 8.

1 Zur Unvollständigkeit vgl. *Altenhain* in: KK-AktG § 46 SEBG Rn 22.

setzung der Ansprüche vor den Arbeitsgerichten für die Betroffenen im Einzelfall nicht oder nicht rechtzeitig zu erreichen ist.[2] Vorbilder der Regelung finden sich in § 45 EBRG und § 121 BetrVG.[3]

II. Rechtsfolge

4 Die Höhe der Geldbuße, welche für die Ordnungswidrigkeit der Mitglieder der Leitungen verhängt wird, kann bis zu 20.000 Euro betragen. Der Rahmen ist höher als in § 45 EBRG (15.000 Euro) oder in § 121 BetrVG (10.000 Euro). Diese Höhe ist nicht durch die Richtlinie vorgegeben.

III. Vorwerfbarkeit

5 Soweit keine Rechtfertigungsgründe gegeben sind, wird die Ordnungswidrigkeit aber nur verfolgt, wenn sie vorsätzlich begangen wurde. Dies folgt aus § 10 OWiG, wonach die Ahndung von fahrlässigem Verhalten ausdrücklich normiert werden müsste, was hier nicht der Fall ist. Kein Bußgeld kann beim Versuch verhängt werden (§ 13 Abs. 2 OWiG). Die Verfolgbarkeit einer (auch fahrlässigen) Verletzung der Aufsichtspflicht nach § 130 OWiG, soweit diese den Betriebsinhaber persönlich trifft, bleibt unberührt.[4]

6 Unkenntnis der Informationspflichten schließt den Vorsatz nicht in jedem Fall aus. Nach § 11 Abs. 2 OWiG ist zu fragen, ob dem Täter die Einsicht in das Bestehen oder die Anwendbarkeit einer Vorschrift infolge eines vermeidbaren oder eines unvermeidbaren Rechtsirrtums gefehlt hat (vgl. § 45 SEBG Rn 13).

IV. Täterschaft und Teilnahme

7 Täter ist der, dem die Auskunftspflicht bzw. Informationspflicht obliegt. In Frage kommt nicht nur die Leitung der jeweiligen Gründungsgesellschaft bzw. der SE, sondern auch jeder, auf den die Pflicht wirksam delegiert wurde.

8 Nach § 30 OWiG kann eine Geldbuße gegen die Gründungsgesellschaft bzw. die SE selbst verhängt werden, wenn das vertretungsberechtigte Organ der Gesellschaft bzw. ein Mitglied dieses Organs gehandelt hat. Die Höhe der Geldbuße folgt nach § 30 Abs. 2 Satz 2 OWiG der Vorgabe von Abs. 2 (20.000 Euro).

V. Verjährung

9 Die Frist für die Verfolgungsverjährung der Ordnungswidrigkeit beträgt nach § 31 Abs. 2 Nr. 1 OWiG drei Jahre.

---

2 Zweifel an der Verfassungsmäßigkeit der Vorschrift (mangelnde Bestimmtheit) äußern *Hohenstatt/Müller-Bonanni* in: Habersack/Drinhausen § 46 Rn 3.

3 Kritisch zur gesetzgeberischen Absicht zu Recht (vgl. § 121 BetrVG) *Oetker* in: Lutter/Hommelhoff/Teichmann § 46 SEBG Rn 1 und 3 m.w.N.

4 Anders noch die Vorauflage; wie hier *Altenhain* in: KK-AktG § 46 SEBG Rn 40; strenger jetzt *Oetker* in: Lutter/Hommelhoff/Teichmann § 46 SEBG Rn 4 (nach § 46 SEBG keine persönliche Pflicht).

§ 47
Geltung nationalen Rechts

(1) Dieses Gesetz berührt nicht die den Arbeitnehmern nach inländischen Rechtsvorschriften und Regelungen zustehenden Beteiligungsrechte, mit Ausnahme

1. der Mitbestimmung in den Organen der SE;

2. der Regelung des Europäische Betriebsräte-Gesetzes, es sei denn das besondere Verhandlungsgremium hat einen Beschluss nach § 16 gefasst.

(2) [1]Regelungen und Strukturen über die Arbeitnehmervertretungen einer beteiligten Gesellschaft mit Sitz im Inland, die durch die Gründung der SE als eigenständige juristische Person erlischt, bestehen nach Eintragung der SE fort. [2]Die Leitung der SE stellt sicher, dass diese Arbeitnehmervertretungen ihre Aufgaben weiterhin wahrnehmen können.

Übersicht

I. Allgemeines

Bei der SE handelt es sich um eine europäische Rechtsform, an deren Gründung nationale Gesellschaften aus den Mitgliedstaaten beteiligt sind. Das bisher in den beteiligten Gesellschaften geltende nationale Recht über die Beteiligungsrechte und -formen der Arbeitnehmer gilt nicht mehr uneingeschränkt in der SE weiter. Deshalb bedarf es einer Abgrenzung zu dem nach Gründung der SE geltenden Recht. Art. 13 der Richtlinie enthält eine solche Bestimmung über die Abgrenzung der Richtlinie zu den anderen nationalen Beteiligungsregelungen der Mitgliedstaaten. Mit § 47 SEBG setzt der deutsche Gesetzgeber Art. 13 der Richtlinie um und schafft damit die von der Richtlinie geforderte Rechtsklarheit. 1

II. Verhältnis der Regelungen des SEBG zu nationalen Bestimmungen über die Beteiligung der Arbeitnehmer

1. Verhältnis zu nationalen Regelungen über die Mitbestimmung der Arbeitnehmer in Unternehmensorganen

Das SEBG enthält die abschließenden Regelungen über die Mitbestimmung der Arbeitnehmer in den Unternehmensorganen der SE. Die aufgrund einer Vereinbarung oder kraft Gesetzes für die SE geltenden Regelungen über die Mitbestimmung der Arbeitnehmer im Verwaltungs- oder Aufsichtsrat der SE gehen den jeweiligen nationalen Mitbestimmungsregelungen der Mitgliedstaaten und damit auch den deutschen Mitbestimmungsgesetzen vor; sie sind insoweit lex specialis[1] zum nationalen Recht. Das Montan-Mitbestimmungsgesetz, das Mitbestimmungser- 2

1 *Oetker* in: Lutter/Hommelhoff/Teichmann § 47 SEBG Rn 5.

gänzungsgesetz, das Drittelbeteiligungsgesetz und das Mitbestimmungsgesetz von 1976 finden auf die SE somit keine Anwendung.

3 Demgegenüber werden die einzelstaatlichen Mitbestimmungsrechte der Arbeitnehmer in den Unternehmensorganen, die in den Tochtergesellschaften einer SE gelten, von der Richtlinie und den nationalen Mitbestimmungsgesetzen nicht berührt. Insoweit gilt das nationale Mitbestimmungsrecht weiter.[2] Hat z.B. eine Holding-SE mit Sitz in einem anderen Mitgliedstaat eine deutsche Tochtergesellschaft mit regelmäßig mehr als 2.000 Arbeitnehmern, so ist auf diese inländische Gesellschaft das Mitbestimmungsgesetz von 1976 weiterhin anwendbar.

2. Verhältnis zu nationalen Regelungen über die Beteiligungsrechte der Arbeitnehmer im Betrieb

a) Grundsatz

4 § 47 SEBG bestimmt in Übereinstimmung mit Art. 13 Abs. 2 der Richtlinie, dass gesetzliche oder vertraglich vereinbarte Beteiligungsrechte der Arbeitnehmer auch nach Gründung der SE weiterhin anwendbar bleiben. Das betrifft insbesondere das Betriebsverfassungsgesetz[3] und das Sprecherausschussgesetz[4]. Die betrieblichen Beteiligungsrechte der Arbeitnehmer in inländischen Betrieben der SE und ihrer Tochtergesellschaften bleiben somit erhalten; dies gilt unabhängig davon, ob die SE ihren Sitz in Deutschland oder einem anderen Mitgliedstaat hat; entscheidend ist allein der inländische Betrieb.[5] Die Arbeitnehmervertretungen nach dem BetrVG stehen damit selbständig neben dem SE-Betriebsrat, dieser ist den nationalen Gremien nicht übergeordnet.[6] Ihre jeweiligen Zuständigkeitsbereiche bestehen fort. Dies kann in Einzelfällen dazu führen, dass die Leitung der SE verpflichtet ist, sowohl den SE-Betriebsrat als auch den Konzern- oder Gesamtbetriebsrat zu beteiligen oder den Betriebsrat oder Wirtschaftsausschuss zu konsultieren.[7]

b) Verhältnis zu den Regelungen des Europäischen Betriebsräte-Gesetzes

5 Demgegenüber ist das Europäische Betriebsräte-Gesetz grundsätzlich nicht auf die SE und auf Tochtergesellschaften einer SE anwendbar. Der Europäische Betriebsrat und der SE-Betriebsrat erfüllen ähnliche Funktionen hinsichtlich der grenzüberschreitenden Information und Konsultation der Arbeitnehmer und schließen einander daher aus.

6 Dies gilt jedoch nur dann, wenn in der SE ein SE-Betriebsrat auch tatsächlich gebildet worden ist – entweder aufgrund einer Vereinbarung zwischen BVG und den Leitungen der beteiligten Gesellschaften oder kraft Gesetzes nach den §§ 23ff SEBG. Das BVG kann aber beschließen, keine Verhandlungen mit den Leitungen aufzunehmen oder begonnene Verhandlungen abzubrechen.[8] Dieser Beschluss hat zur Folge, dass kein SE-Betriebsrat gebildet wird. In diesem Fall

2 Ebenso *Hohenstatt/Müller-Bonanni* in: Habersack/Drinhausen SEBG § 47 Rn 2; *Jacobs* in: MÜKOAktG § 10 SEBG Rn 7; das österreichische Recht sieht eine dem § 47 SEBG nahezu wortgleiche Regelung vor (§ 252 Abs. 4 ArbVG), allerdings ist das österreichische Recht hinsichtlich der Fortgeltung der nationalen Mitbestimmung in Tochterunternehmen der SE deutlicher.

3 Zum Nebeneinander unterschiedlicher Beteiligungsgremien der Arbeitnehmer mit unterschiedlichen Befugnissen s. *Blanke* AG 2006, 493ff.; s. auch *Jacobs* in: MÜKOAktG § 47 SEBG Rn 3ff.

4 Ebenso *Hohenstatt/Müller-Bonanni* in: Habersack/Drinhausen SEBG § 47 Rn 2.

5 *Feuerborn* in KK-AktG § 47 SEBG Rn 3.

6 *Oetker* in: Lutter/Hommelhoff/Teichmann § 47 SEBG Rn 8.

7 *Oetker* in: Lutter/Hommelhoff/Teichmann § 47 SEBG Rn 8.

8 Vgl. § 16 Abs. 2 SEBG.

kommen die Regelungen über das Europäische Betriebsräte-Gesetz zur Anwendung, soweit die Anwendungsvoraussetzungen im konkreten Fall gegeben sind[9].

III. Fortbestehen nationaler Arbeitnehmervertretungsstrukturen

Art. 13 Abs. 4 der Richtlinie ermächtigt die Mitgliedstaaten, durch geeignete Maßnahmen sicherzustellen, dass die Strukturen der Arbeitnehmervertretungen in den beteiligten Gesellschaften, die durch die Gründung der SE als eigenständige juristische Person erlischt, nach der Eintragung der SE fortbestehen. § 47 Abs. 2 SEBG setzt diese Bestimmung um, enthält in Satz 1 eine Regelung über die Bestandssicherung nationaler Arbeitnehmervertretungsstrukturen und gewährleistet in Satz 2 deren Arbeitsfähigkeit. § 47 Abs. 2 SEBG greift ein, wenn eine SE-Gründung durch Verschmelzung erfolgt, denn in diesem Fall verliert eine beteiligte nationale Gesellschaft ihre Rechtspersönlichkeit als nationale juristische Person. 7

Hauptanwendungsfälle[10] des § 47 Abs. 2 SEBG sind nationale Arbeitnehmervertretungen wie der Konzernbetriebsrat (§ 54 BetrVG), der Gesamtbetriebsrat (§ 47 BetrVG) oder der Wirtschaftsausschuss (§ 106 BetrVG), die bei den an der SE-Gründung beteiligten Gesellschaften bestehen. Ihre Existenz war vor der SE-Gründung mit der des nationalen Rechtsträgers untrennbar verbunden. Da die beteiligten inländischen Gesellschaften mit der SE-Gründung ihre Rechtspersönlichkeit als nationale Gesellschaft verlieren und zu einer europäischen Rechtsform werden, ordnet der Gesetzgeber den Fortbestand dieser Arbeitnehmervertretungen in § 47 Abs. 2 S. 1 SEBG an. Diese Bestandsgarantie gilt jedoch nicht in jedem Fall für jede bestehende Arbeitnehmervertretung.[11] Sind an der SE-Gründung im Wege der Verschmelzung mehrere inländische Unternehmen beteiligt, in denen jeweils ein Konzernbetriebsrat besteht, kommt ein Fortbestand aller Konzernbetriebsräte nicht in Betracht.[12] 8

Der durch das Gesetz – ohne zeitliche Begrenzung[13] – garantierte Fortbestand dieser Arbeitnehmervertretungen allein ist indessen nicht ausreichend, vielmehr muss auch ihre Arbeitsfähigkeit sichergestellt werden. Aufgrund des Territorialitätsprinzips besteht die Pflicht der Leitungen nach § 47 Abs. 2 S. 2 SEBG, dafür Sorge zu tragen, dass diese Arbeitnehmervertretungen ihre Aufgaben auch nach Gründung des SE weiterhin wahrnehmen können, zunächst gegenüber den Leitungen einer SE mit Sitz im Inland. 9

Die Wahrnehmung ihrer Aufgaben kann für die genannten Arbeitnehmervertretungen dann schwierig sein, wenn sich der Sitz der gegründeten SE in einem anderen Mitgliedstaat befindet. Eine Verpflichtung dieser Leitung nach § 47 Abs. 2 S. 2 SEBG scheidet aus, da das SEBG insoweit keine zwingenden Rechtswirkungen entfaltet. Allerdings kann auch die in einem anderen Mitgliedstaat befindliche Leitung der SE nach § 47 Abs. 2 Satz 2 SEBG durch geeignete – freiwillige – Maßnahmen gewährleisten, dass diese Arbeitnehmervertretungen ihre Aufgaben weiterhin wahrnehmen können. Hierzu ist es sachgerecht, dass den Arbeitnehmervertretungen ein entscheidungsbefugter Verhandlungspartner des Managements der SE möglichst im Inland zur Verfügung gestellt wird. Naheliegend ist, als Verhandlungspartner der Arbeitnehmervertretung die Leitung des Unternehmens oder des Betriebes zu benennen, welche die inländische Betätigung der SE zentral leitet.[14] 10

---

9 Ebenso *Oetker* in: Lutter/Hommelhoff/Teichmann § 8 SEBG Rn 9.
10 *Oetker* in: Lutter/Hommelhoff/Teichmann § 47 SEBG Rn 12.
11 Siehe auch *Engels* AuR 2009, 10, 25.
12 Siehe auch *Engels* AuR 2009, 10, 25.
13 *Oetker* in: Lutter/Hommelhoff/Teichmann § 8 SEBG Rn 15.
14 So im Grundsatz BAG v. 31.10.1975, AP BetrVG 1972 § 106 Nr. 2 zur Bildung und Arbeitsfähigkeit eines Wirtschaftsausschusses, wenn die Unternehmensleitung aus dem Ausland erfolgt; s. auch *Engels* AuR 2009, 10, 25; *Rupp* in: Annuß/Kühn/Rudolph/Rupp SEBG § 47 SEBG Rn 3.

11 Ob über diese freiwillige Sicherung der Existenz und Arbeitsfähigkeit eines Konzernbetriebsrats durch eine SE mit Sitz in einem anderen Mitgliedstaat hinaus der Bestand eines Konzernbetriebsrats bei der SE-Gründung im Wege der Verschmelzung gewahrt werden kann, ist differenziert zu betrachten. Unterschiedliche Meinungen[15] bestehen in der betriebsverfassungsrechtlichen Literatur, unter welchen Voraussetzungen ein Konzernbetriebsrat gebildet werden kann, wenn das herrschende Unternehmen seinen Sitz im Ausland hat. Bei diesem herrschenden ausländischen Unternehmen kann aufgrund des Territorialitätsprinzips zwar kein Konzernbetriebsrat errichtet werden. Doch auch bei einem solchen Auslandsbezug ist je nach Fallgestaltung und Konzernstruktur im Inland die Bildung und Arbeitsfähigkeit eines Konzernbetriebsrats nicht ausgeschlossen. Dies gilt nach einhelliger Auffassung jedenfalls bei einem mehrstufigen Konzernverhältnis z.B. dann, wenn einer im Inland ansässigen Tochterunternehmen einer im Ausland ansässige SE-Konzernobergesellschaft als inländische Teilkonzernspitze noch Leitungsaufgaben gegenüber nachgeordneten Unternehmen verbleiben. Ob und unter welchen weiteren Voraussetzungen ein Konzernbetriebsrat auch dann gebildet werden kann, wenn keine inländische Leitungsorganisation eine einheitliche Leitung im Inland ausübt, ist umstritten.[16] Jedenfalls ist festzuhalten, dass auch bei einer SE mit Sitz im Ausland ein Konzernbetriebsrat fortbestehen und seine Aufgaben erfüllen kann, entweder indem die SE die Strukturen im Inland dafür auf freiwilliger Basis schafft oder aufgrund der inländischen Strukturen des SE-Konzerns unter weiteren oder engeren Voraussetzungen, je nach dem welche Auffassung vorzugswürdig erscheint.

12 Der Errichtung eines Gesamtbetriebsrats (§ 47 BetrVG) steht es grundsätzlich nicht entgegen, wenn sich der Sitz der SE außerhalb der Bundesrepublik Deutschlands befindet. Gleiches gilt für die Bildung des Wirtschaftsausschusses (§ 106 BetrVG). Zu beachten ist jedoch, dass sich die Zuständigkeit dieser Arbeitnehmervertretungen jeweils nur auf die inländischen Betriebe erstrecken kann. Umstritten ist, ob die Errichtung dieser Arbeitnehmervertretungen von weiteren Voraussetzungen abhängt, insbesondere von der Frage, ob die SE mit Sitz in einem anderen Mitgliedstaat im Inland eine gewisse organisatorische Verselbständigung aufweisen muss.[17]

IV. Streitigkeiten

13 Für Streitigkeiten zwischen der Leitung der SE und den nationalen Arbeitnehmervertretungen ist nach § 2a Abs. 1 Nr. 3e ArbGG das Arbeitsgericht im Beschlussverfahren nach §§ 80 ff ArbGG zuständig. Örtlich zuständig ist nach § 82 Abs. 3 ArbGG das Arbeitsgericht am Sitz der SE. Dies ist unproblematisch, soweit sich der Sitz der SE im Inland befindet. Liegt der Sitz der SE jedoch in einem anderen Mitgliedstaat, ist nicht auf die Arbeitsgerichtsbarkeit am dortigen Sitz abzustellen. Vielmehr ist die SE mit Sitz im europäischen Ausland nach den allgemeinen Grundsätzen zu behandeln, die für ausländische Unternehmen mit Betriebsstätten im Inland bestehen. Örtlich zuständig für die Klage der Arbeitnehmervertretung ist das Arbeitsgericht an dem Ort im Inland, von dem aus die inländische Betätigung des ausländischen Unternehmens zentral geleitet wird.[18] Dies ist die Hauptverwaltung der inländischen Konzerntochter oder die Leitung des inländischen Betriebs, wenn eine SE mit Sitz im Ausland einen inländischen Betrieb unterhält.

---

15 Zum Meinungsstand bei der Errichtung eines Konzernbetriebsrats bei Konzernen mit Auslandsbezugs s. *Fitting* BetrVG § 54 Rn 34 ff; *Hennings* in: Manz/Mayer/Schröder Art. 13 SE-RL Rn 14 ff; BAG v. 14.2.2007, NZA 2007, 999.

16 Vgl. ausf. *Hennings* in: Manz/Mayer/Schröder Art. 13 SE-RL Rn 14 ff; *Fitting* BetrVG § 54 Rn 34 ff; BAG v. 14.2.2007 NZA 2007, 999.

17 Zum Meinungsstreit s. *Hennings* in: Manz/Mayer/Schröder Art. 13 SE-RL Rn 10 ff.

18 Vgl. BAG v. 31.10.1975, AP BetrVG 1972 § 106 Nr. 2.

Dritter Abschnitt
Die Europäische Genossenschaft

Erster Teil
Einführung

Übersicht

A. Entstehungsgeschichte der Europäischen Genossenschaft (SCE)

I. Erlass der SCE-VO und der SCE-Richtlinie

Nach Inkrafttreten der europäischen Regelungen zur SE am 8.10.2001 benötigte der europäische Gesetzgeber nicht einmal zwei Jahre, um sich über den europarechtlichen Rahmen eines weiteren Vorhabens – der Europäischen Genossenschaft – zu verständigen.[1] Am 22.7.2003 beschloss der Rat der Europäischen Union die Verordnung (EG) Nr. 1435/2003 über das Statut der Europäischen Genossenschaft[2] und die Richtlinie 2003/72/EG zur Ergänzung des Statuts der Europäischen Genossenschaft hinsichtlich der Beteiligung der Arbeitnehmer.[3] Kontroverse inhaltliche Diskussionen hat es während der Verhandlungen über die SCE nur in begrenztem Rahmen gegeben. Die wesentlichen Fragestellungen waren unter den Mitgliedstaaten bereits bei der SE diskutiert worden. SCE-VO und SCE-Richtlinie wurden im Amtsblatt der EU Nr. L 207 v. 18.8.2003 S. 1ff und 25ff verkündet. Die Umsetzungsfrist für die Mitgliedstaaten betrug nach Art. 16 SCE-Richtlinie drei Jahre bis zum 18.6.2006. 1

1 Zur Entstehungsgeschichte der SCE s. auch *Annuß* in: Annuß/Kühn/Rudolph/Rupp SCEBG Vorbem. Rn 3ff.
2 Nachfolgend abgekürzt SCE-VO.
3 Nachfolgend abgekürzt SCE-Richtlinie.

https://doi.org/10.1515/9783110487794-003

II. Prüfung der Rechtsgrundlage der SCE durch den EuGH

2 Ob die SCE-VO und die SCE-Richtlinie dauerhaft rechtlichen Bestand haben würden, war nach ihrer Verabschiedung indessen noch für längere Zeit ungewiss. Denn die schon bei der Verabschiedung der SE[4] aufgetretene Problematik der richtigen Rechtsgrundlage und damit verbunden der Umfang der Mitwirkungsbefugnisse des Europäischen Parlaments stellte sich bei der SCE erneut.[5] Da der Rat die Rechtsakte zur SCE – wie bei der SE – auf Art. 308 EG (jetzt Art. 352 AEUV) stützte und sich damit gegen die Rechtsauffassung des Europäischen Parlaments[6] stellte, reichte das Europäische Parlament am 15.10.2003 eine Klage gegen den Rat der Europäischen Union beim EuGH ein. Das Europäische Parlament beantragte, die Verordnung (EG) Nr. 1435/2003 des Rates vom 22.7.2003 über das Statut der Europäischen Genossenschaft für nichtig zu erklären; ihre Rechtswirkungen aber bis zum Inkrafttreten einer innerhalb angemessener Frist auf der zutreffenden Rechtsgrundlage erlassenen neuen Regelung für diesen Bereich aufrechtzuerhalten. Dies sollte dazu dienen, die zwischenzeitlich in den Mitgliedstaaten stattfinde Umsetzung der europarechtlichen Vorgaben nicht zu gefährden.

3 Zur Begründung führt das Parlament aus, die SCE-VO hätte auf Artikel 95 EG (jetzt Art. 114 AEUV) gestützt werden müssen, der das Verfahren der Mitentscheidung nach Artikel 251 EG (jetzt Art. 294 AEUV) verlange, wie es im Übrigen die Kommission in ihrem ursprünglichen Vorschlag vom 6.3.1992 und in ihrem geänderten Vorschlag vom 6.7.1993 vorgeschlagen habe. Artikel 95 EG (Art. 114 AEUV) sei die zutreffende Rechtsgrundlage für die Annahme des Statuts der Europäischen Genossenschaft, denn es gehe darum, die Rechtsvorschriften der Mitgliedstaaten durch Verordnung anzugleichen, um die Gründung Europäischer Genossenschaften zu ermöglichen. Hierdurch würde ein wichtiger Beitrag zur Errichtung und zum Funktionieren des Binnenmarkes geleistet.

4 Dieser Rechtsauffassung, die eine stärkere Einflussnahmemöglichkeit des Europäischen Parlaments bedeutet hätte, schloss sich der EuGH nicht an. Vielmehr stellte er mit Urteil[7] vom 2.5.2006 fest, dass es Ziel und Inhalt der VO und der SCE-Richtlinie sei, eine neue, eigene europäische Rechtsform zu schaffen, die die nationalen Genossenschaften unberührt lasse. Es gehe daher nicht um eine „Angleichung der Rechts- und Verwaltungsvorschriften der Mitgliedstaaten", wie dies Art. 95 EG (Art. 114 AEUV) voraussetze. Die Rechtsvorschriften zur SCE seien zutreffend auf der Grundlage des Art. 308 EG (Art. 352 AEUV) erlassen worden.

B. Struktur und wesentlicher Regelungsinhalt der SCE-VO und SCE-Richtlinie

I. Vorbildfunktion der SE

5 Die SE war Vorbild für das Projekt der SCE.[8] Dies zeigt ein Vergleich von Struktur und Regelungsinhalt beider Rechtstexte deutlich. Die jeweilige Verordnung umfasst die gesellschaftsrechtlichen Voraussetzungen der SE und SCE; die Beteiligung der Arbeitnehmer wird jeweils in einer die Verordnung ergänzenden Richtlinie geregelt. Verordnung und Richtlinie stehen dabei

---

4 Vgl. Zweiter Abschnitt Erster Teil Rn 15.

5 Siehe auch *Beuthien* GenG, Einl. SCE Rn 2; *Annuß* in: Annuß/Kühn/Rudolph/Rupp SCEBG Vorbem. Rn 5.

6 Für die SCE-Richtlinie ist nach Auffassung des Parlaments Art. 137 EG die richtige Rechtsgrundlage; vgl. Bericht A5-0127/2003 des Ausschusses für Beschäftigung und soziale Angelegenheiten über den Entwurf einer Richtlinie des Rates zur Ergänzung des Statuts der Europäischen Genossenschaft hinsichtlich der Beteiligung der Arbeitnehmer v. 25.4.2003.

7 Rechtssache C-436/03.

8 Siehe hierzu auch *Kisker* RdA 2006, 206 ff; *Oetker in:* Lutter/Hommelhoff/Teichmann vor § 1 SEBG Rn 33 ff; *Jacobs* in: MÜKOAktG Vorbem. SEBG Rn 53.

in einem untrennbaren Zusammenhang.[9] Ganz überwiegend[10] finden sich wortgleiche Regelungen für die SE und SCE. Nur soweit sich aus den unterschiedlichen Rechtsformen Besonderheiten ergeben, weicht der europäische Gesetzgeber von den Vorgaben der SE ab.

II. Grundzüge der SCE-VO

Der Hauptzweck der SCE, die als juristische Person eigene Rechtspersönlichkeit besitzt, liegt insbesondere darin, den Bedarf ihrer Mitglieder zu decken und/oder deren wirtschaftliche und/oder soziale Tätigkeit zu fördern.[11] Dieser Förderzweck unterscheidet die Genossenschaft von Kapitalgesellschaften, bei denen das Kapitalertragsinteresse im Vordergrund steht.[12] Mitglieder einer SCE können natürliche, nach dem Recht eines Mitgliedstaats gegründete juristische Personen des öffentlichen und privaten Rechts sowie Gesellschaften i.S.d. Art. 48 Abs. 2 EG sein. Die SCE verfügt über ein in Geschäftsanteile zerlegtes Grundkapital, das nach Art. 3 Abs. 2 SCE-VO mindestens 30.000 Euro betragen muss. Nach Art. 1 Abs. 2 SCE-VO haftet ein Mitglied der Europäischen Genossenschaft nur bis zur Höhe eines eingezahlten Geschäftsanteils,[13] sofern die Satzung nichts Anderes vorsieht. Den Gläubigern haftet die SCE nur mit ihrem Gesellschaftsvermögen. 6

1. Gründung einer SCE

Der wesentliche Unterschied zwischen SE und SCE besteht in den Gründungsmöglichkeiten.[14] Abweichend vom SE-Recht kann eine SCE auch unter Beteiligung oder ausschließlich von natürlichen Personen gegründet werden. Eine SCE kann nach Art. 2 SCE-VO gegründet werden: 7

- von mindestens fünf natürlichen Personen, deren Wohnsitze in mindestens zwei Mitgliedstaaten liegen,
- von insgesamt mindestens fünf natürlichen Personen und nach dem Recht eines Mitgliedstaats gegründeten Gesellschaften im Sinn des Artikels 54 Absatz 2 des Vertrags über die Arbeitsweise der Europäischen Union (ehemal. Artikel 48 Abs. 2 EGV) oder juristischen Personen des öffentlichen oder privaten Rechts, deren Wohnsitze in mindestens zwei verschiedenen Mitgliedstaaten liegen oder die dem Recht mindestens zweier Mitgliedstaaten unterliegen,
- von nach dem Recht eines Mitgliedstaats gegründeten Gesellschaften im Sinn des Artikels 54 Absatz 2 des Vertrags über die Arbeitsweise der Europäischen Union (ehemal. Artikel 48 Abs. 2 EGV) oder juristischen Personen des öffentlichen oder privaten Rechts, die dem Recht mindestens zweier verschiedener Mitgliedstaaten unterliegen,
- durch Verschmelzung von Genossenschaften, die nach dem Recht eines Mitgliedstaats gegründet worden sind und ihren Sitz sowie ihre Hauptverwaltung in der Gemeinschaft haben, sofern mindestens zwei von ihnen dem Recht verschiedener Mitgliedstaaten unterliegen,
- durch Umwandlung einer Genossenschaft, die nach dem Recht eines Mitgliedstaats gegründet worden ist und ihren Sitz sowie ihre Hauptverwaltung in der Gemeinschaft hat, wenn sie

---

9 Vgl. Erwägungsgrund 17 der SCE-VO und Erwägungsgrund 3 der SCE-Richtlinie sowie Art. 12 SCE-VO und Art. 1 SCE-Richtlinie; *Schulze* in: Schulze, SCE, 1. Kapitel Rn 21 ff.

10 Vgl. z.B. die Definitionen in Art. 2, die Einsetzung des BVG in Art. 3, den Inhalt der Vereinbarung in Art. 4 und die Auffangregelung in Art. 7 SE- SCE-Richtlinie.

11 Vgl. Erwägungsgrund 10; Art. 1 Abs. 3 SCE-VO.

12 Zum Fördergedanken s. auch *Schulze* NZG 2004, 792 f; s. auch *Blomeyer* BB 2000, 1741.

13 In diesem Fall trägt die SCE den Zusatz „mit beschränkter Haftung".

14 S. auch *Kienast* in: Gaul/Ludwig/Forst § 3 Rn 6 f; *Annuß* in: Annuß/Kühn/Rudolph/Rupp SCEBG Vorbem. Rn 8.

seit mindestens zwei Jahren eine dem Recht eines anderen Mitgliedstaats unterliegende Niederlassung oder Tochter hat.

8 Gemeinsam ist SE und SCE das jeweilige grenzüberschreitende Element. Die Gründung einer SCE muss mindestens zwei Mitgliedstaaten berühren; dieses Mehrstaatlichkeitsprinzip macht den Charakter der europäischen Rechtsform aus.

2. Struktur und Organe der SCE

9 Aufgrund der unterschiedlichen gesellschaftsrechtlichen Vorgaben in den Mitgliedstaaten stellt die SCE-VO die dualistische und die monistische Unternehmensverfassung zur Wahl (vgl. Art. 37ff und 42ff SCE-VO).[15] Neben der Generalversammlung verfügt die SCE damit entweder über ein Aufsichts- und ein Leitungsorgan oder nur über ein Verwaltungsorgan. Hierüber entscheidet die Satzung.

10 Im dualistischen System führt das Leitungsorgan die Geschäfte der SCE eigenverantwortlich (Art. 37 SCE-VO); die Mitglieder des Leitungsorgans werden grundsätzlich vom Aufsichtsorgan bestellt und abberufen. Das Aufsichtsorgan überwacht die Geschäftsführung des Leitungsorgans und ist zur Vertretung der Gesellschaft gegenüber dem Leitungsorgan und seinen Mitgliedern verpflichtet. Die Mitglieder des Aufsichtsorgans werden von der Generalversammlung bestellt und abberufen; für die Arbeitnehmervertreter im Aufsichtsorgan gelten nach den Vorschriften der SCE-Richtlinie und deren jeweiliger Umsetzung in den Mitgliedstaaten eigene Wahl- oder Bestellungsregelungen.

11 Im monistischen System kommt dem Verwaltungsorgan die Leitung und gleichzeitige Kontrolle der Gesellschaft zu. Das Verwaltungsorgan vertritt die SCE gerichtlich und außergerichtlich gegenüber Dritten. Mitgliederzahl und Zusammensetzung des Verwaltungsorgans bestimmt die Satzung; für die Arbeitnehmervertreter im Verwaltungsorgan gelten die Vorschriften der SCE-Richtlinie und deren jeweilige Umsetzungsregelungen in den Mitgliedstaaten.

12 Die Regelungen über Zuständigkeiten, Einberufung und Ablauf der Generalversammlung, ihre Beschlussfassung und die Informationsrechte der Mitglieder der Genossenschaft finden sich in den Art. 52 bis 63 der SCE-VO. Die Generalversammlung tritt nach § 54 Abs. 1 SCE-VO mindestens einmal im Kalenderjahr binnen sechs Monaten nach Abschluss des Geschäftsjahrs zusammen. Sie stellt den Jahresabschluss fest und beschließt über die Verteilung des Gewinns. Die Generalversammlung fasst ihre Beschlüsse nach § 61 SCE-VO mit der Mehrheit der abgegebenen gültigen Stimmen der anwesenden oder vertretenen Mitglieder. Jedes Mitglied hat unabhängig von der Anzahl seiner Anteile grundsätzlich eine Stimme (Art. 59 SCE-VO).

III. Grundzüge der SCE-Richtlinie

1. Wesentliche Grundsätze über die Beteiligung der Arbeitnehmer in der SCE

13 Die Regelungen über die Beteiligung der Arbeitnehmer in der SCE finden sich in der SCE-Richtlinie. Sie sind z.T. wortgleich von der SE-Richtlinie übernommen[16]. Auch die für die Beteiligung der Arbeitnehmer in der SE tragenden Grundsätze sind für die SCE maßgeblich. Dies gilt insbesondere für:

– Schutz erworbener Rechte (durch die Gründung einer SCE dürfen den Arbeitnehmern keine Beteiligungsrechte gegen ihren Willen entzogen werden)

15 Vgl. hierzu *El Mahi* DB 2004, 967ff; grunds. zur Struktur der SCE *Geschwandtner* S. 204ff sowie *Schulze* in: Schulze, SCE, 5. Kapitel Rn 1ff.

16 S. Übereinstimmungstabelle von *Sagan* in: Boecken/Düwell/Diller/Hanau § 1 SCEBG Rn 6.

- Vorher-Nachher-Prinzip (Grundlage für die Bestimmung der Beteiligungsrechte der Arbeitnehmer ist die Rechtslage vor und nach der Gründung der SCE)
- Vorrang für Verhandlungslösungen[17] vor zwingenden gesetzlichen Regelungen (zwischen der Unternehmensseite und dem besonderen Verhandlungsgremium der Arbeitnehmer – BVG – sollen die Beteiligungsrechte ausgehandelt werden; dabei wird der Verhandlungsautonomie großes Gewicht beigemessen)
- gesetzliche Auffangregelung (bei Scheitern der Verhandlungen wird die Sicherung der Beteiligungsrechte der Arbeitnehmer – also Information und Konsultation sowie gegebenenfalls Mitbestimmung der Arbeitnehmer im Aufsichts- oder Verwaltungsrat der SCE – durch eine gesetzliche Auffangregelung erreicht).[18]

Diese Grundsätze finden uneingeschränkt dann Anwendung, wenn die Gründung der SCE **14**
durch mindestens zwei juristische Personen oder durch Umwandlung erfolgt (vgl. Art. 8 Abs. 1 SCE-Richtlinie).

2. Vorgaben der Richtlinie zur Mitbestimmung der Arbeitnehmer, wenn an der Gründung einer SCE natürliche Personen beteiligt sind

Sind an einer SCE-Gründung ausschließlich natürliche Personen beteiligt oder wird die SCE **15**
von nur einer juristischen Person zusammen mit natürlichen Personen gegründet, so enthält Art. 8 Abs. 2 SCE-Richtlinie einige ergänzende Sonderregelungen, die das Recht der SE – mangels entsprechender Gründungsmöglichkeit – nicht kennt.[19] Art. 8 Abs. 2 SCE-Richtlinie unterscheidet in diesen Fällen grundsätzlich nach der Anzahl der von der SCE-Gründung betroffenen Arbeitnehmer. Sind mindestens 50 Arbeitnehmer aus mindestens zwei Mitgliedstaaten betroffen, finden die Art. 3 bis 7 der SCE-Richtlinie und damit die oben genannten Grundsätze Anwendung. Sind weniger als 50 Arbeitnehmer oder nur in einem Mitgliedstaat 50 oder mehr Arbeitnehmer betroffen, so gilt im Grundsatz das nationale Mitbestimmungsrecht der Arbeitnehmer in einer vergleichbaren Genossenschaft im Sitzstaat der SCE.

3. Vereinbarung über strukturelle Änderungen einer SCE

Das Grundprinzip der Sicherung erworbener Rechte findet auch über die Gründungsphase **16**
der SCE hinaus Anwendung. Ebenso wie bei einer SE soll nach Erwägungsgrund 21 im Fall struktureller Änderungen einer bereits gegründeten SCE das Vorher-Nachher-Prinzip sowohl für die SCE als auch für die von den strukturellen Änderungen betroffenen Tochtergesellschaften gelten. Ergänzend zu diesem Erwägungsgrund enthält die SCE-Richtlinie in Artikel 4 Abs. 2 Buchstabe h) eine ausdrückliche Regelung, wonach der Fall struktureller Änderungen in der Vereinbarung über die Beteiligung der Arbeitnehmer in der SCE geregelt werden soll. Insoweit ist eine Fortentwicklung des europäischen Rechts im Vergleich zur SE festzustellen.

---

17 *Kienast* in: Gaul/Ludwig/Forst § 3 Rn 24 ff; *Annuß* in: Annuß/Kühn/Rudolph/Rupp SCEBG Vorbem. Rn 11.
18 Vgl. die Art. 3 bis 7 SCE-Richtlinie; insoweit gelten die Ausführungen zur SE-Richtlinie entsprechend s. Zweiter Abschnitt, Erster Teil, Rn 21 bis 33.
19 Siehe auch *Beuthien* GenG Art. 2 SCE Rn 2; *Mock* GPR 2004, 213 f; *Kienast* in: Gaul/Ludwig/Forst § 3 Rn 82 ff.

C. Umsetzung der europäischen Regelungen zur SCE in nationales Recht

I. Inhalt des Gesetzes zur Einführung der Europäischen Genossenschaft und zur Änderung des Genossenschaftsrechts

17 Das Gesetz zur Einführung der Europäischen Genossenschaft und zur Änderung des Genossenschaftsrechts vom 14.8.2006 setzt die europarechtlichen Vorgaben zur SCE um. Es handelt sich dabei um ein Artikelgesetz mit folgendem Inhalt:
- Artikel 1 enthält mit dem SCE-Ausführungsgesetz – SCEAG – die Ausführungsbestimmungen zur SCE-VO;
- Artikel 2 regelt mit dem SCE-Beteiligungsgesetz – SCEBG – die Beteiligungsrechte der Arbeitnehmer in einer SCE;
- Artikel 3 hat wesentliche Neuregelungen des nationalen Genossenschaftsgesetzes zum Inhalt;[20]
- die Artikel 4 bis 20 enthalten im Wesentlichen redaktionelle Folgeänderungen, die aus den Änderungen des nationalen Genossenschaftsrechts und der Einführung der SCE in Deutschland resultieren;
- Art. 21 regelt das Inkrafttreten.

II. Gesetzgebungsverfahren

18 Das Gesetzgebungsverfahren über die europarechtliche Umsetzung der SCE in nationales Recht verlief ohne größere Diskussion. Das Bundeskabinett beschloss den Gesetzentwurf am 24.1.2006.

19 Die Stellungnahme des Bundesrats[21] vom 10.3.2006 hatte ganz überwiegend die Änderungen des nationalen Genossenschaftsrechts (Artikel 3) zum Inhalt. Gegen die Regelungen in Artikel 2 über die Umsetzung der SCE-Richtlinie erhob der Bundesrat keine Einwände.

20 Der Deutsche Bundestag befasste sich in seiner 32. Sitzung am 6.4.2006 in erster Lesung mit dem Gesetzentwurf; dieser wurde an den federführenden Rechtsausschuss zur weiteren Beratung überwiesen.[22] Die Ausschussberatungen führten zu Änderungen insbesondere des Artikels 3 über die nationale Modifizierung des Genossenschaftsrechts. Artikel 2 über die Beteiligung der Arbeitnehmer in der SCE blieb unverändert; die Änderungen in Artikel 1 waren lediglich klarstellender Art. Der Kritik der FDP-Fraktion an der Ausgestaltung der Mitbestimmung im monistischen System einer SCE, die bereits bei der Einführung der SE vorgetragen worden war, folgte der Ausschuss nicht. Der Deutsche Bundestag beschloss das Gesetz[23] in 2./3. Lesung am 19.5.2006. Der Entschließungsantrag der FDP-Fraktion,[24] der eine Änderung der Regelungen über die Unternehmensmitbestimmung in der SCE zum Inhalt hatte, wurde zurückgewiesen.

21 Nachdem auch der Bundesrat in seiner zweiten Befassung keine Einwände gegen das Gesetz erhoben hatte, ist das Gesetz zur Einführung der Europäischen Genossenschaft am 17.8.2006 im Bundesgesetzblatt[25] veröffentlicht worden und – entsprechend der Vorgaben von SCE-VO und SCE-Richtlinie – am 18.8.2006 in Kraft getreten.

22 Das am 1. Mai 2015 in Kraft getretene Gesetz für die gleichberechtigte Teilhabe von Frauen und Männern an Führungspositionen in der Privatwirtschaft und im öffentlichen Dienst (FüPoG)

20 Siehe hierzu *Saenger/Merkelbach* BB 2006, 566 ff; *Keßler* BB 2006, 561 ff sowie 1693 ff.
21 BR-Drucks. 71/06 v. 27.1.2006.
22 BT-Drucks. 16/1524 v. 17.5.2006 S. 7.
23 BT-Drucks. 16/1524 v. 17.5.2006; Plenarprotokoll 16/36 v. 19.5.2006, V, VIII, S. 3194 ff.
24 BT-Drucks. 16/1538 v. 18.5.2006.
25 BGBl. I S. 1911 ff.

hat auch Auswirkungen auf die mitbestimmte SCE. Zwar ist die im FüPoG geregelte fixe Geschlechterquote auf eine SCE nicht anwendbar, da diese nicht börsennotiert ist. Allerdings gelten die Regelungen über die Festlegung von Zielgrößen zur Förderung des Frauenanteils in Führungspositionen auch für die mitbestimmte SCE (Art. 8 Abs. 1 lit. c) ii) SCE-VO iVm § 9 Abs. 3 und 4 GenG). Diese Zielgrößen betreffen den AR, den Vorstand und die oberen beiden Managementebenen unterhalb des Vorstands. Zu den Voraussetzungen im Einzelnen s. die Ausführungen zur SE, die für die SCE sinngemäß gelten (vgl. Zweiter Abschnitt, Zweiter Teil Rn 164ff).

III. Wesentlicher Inhalt des SCEBG

1. Aufbau des SCEBG

Da die SCE-Richtlinie in weiten Teilen wortgleich die Regelungen zur SE-Richtlinie übernimmt, unterscheidet sich insoweit auch die jeweilige nationale Umsetzung in das deutsche Recht kaum. Zahlreiche Regelungen im SEBG und im SCEBG sind deshalb deckungsgleich.[26] Das SCEBG gliedert sich wie folgt: 23

- Teil 1 enthält die allgemeinen Vorschriften wie z.B. die Begriffsbestimmungen und den Geltungsbereich 24
- Teil 2 regelt die Beteiligung der Arbeitnehmer in einer SCE, die durch mindestens zwei juristische Personen oder durch Umwandlung gegründet wird. Insoweit entsprechen die Regelungen weitgehend den Bestimmungen der SE über die Bildung und Zusammensetzung des BVG, die persönlichen Voraussetzungen der auf das Inland entfallenden Mitglieder des BVG, die Verteilung der auf das Inland entfallenden Sitze des BVG, das Wahlgremium und das Verhandlungsverfahren, die Beteiligung der Arbeitnehmer kraft Vereinbarung und die Beteiligung der Arbeitnehmer kraft Gesetzes mit den Regelungen zum SCE-Betriebsrat und der Unternehmensmitbestimmung. Auch die Tendenzschutzregelung des SCEBG hat die SE-Regelung zum Vorbild.
- Teil 3 enthält die Bestimmungen über die Beteiligung der Arbeitnehmer in einer SCE, die ausschließlich von natürlichen Personen oder von nur einer juristischen Person zusammen mit natürlichen Personen gegründet wird. Diese Vorschriften der §§ 40 und 41 SCEBG kennt das SE-Recht nicht, da diese Gründungsmöglichkeit für eine SE ausscheidet.
- Teil 4 hat die von der SE her bekannten Grundsätze der Zusammenarbeit und Schutzbestimmungen zum Inhalt und
- Teil 5 regelt die Straf- und Bußgeldvorschriften und die Schlussbestimmung, die ebenfalls dem SE-Recht entsprechen.

2. Wesentliche Unterschiede zwischen SEBG und SCEBG

Der entscheidende Unterschied zwischen SE und SCE und den jeweiligen Umsetzungsgesetzen liegt in der erweiterten Gründungsmöglichkeit einer SCE unter Beteiligung natürlicher Personen. Doch auch über die für diesen Regelungsbereich gesonderten Bestimmungen hinaus gibt es einzelne Vorschriften, die sich trotz gleicher Regelungsmaterie vom SE-Recht unterscheiden und eine Fortentwicklung des EG-Rechts und der jeweiligen Umsetzungsgesetze erkennen lassen. Folgende Regelungen finden daher besondere Beachtung: 25

26 Siehe Entsprechungsübersicht von *Oetker* in: Lutter/Hommelhoff/Teichmann Vor § 1 SEBG Rn 31.

a) Berücksichtigung betroffener Tochtergesellschaften und betroffener Betriebe bei Gründung einer SCE

26 Im Unterschied zum SE-Recht beziehen die Regelungen über die Beteiligung der Arbeitnehmer in einer SCE in stärkerem Maße auch die Arbeitnehmer der von der SCE-Gründung betroffenen Tochtergesellschaften und betroffenen Betriebe mit ein[27]. § 6 Abs. 3 SCEBG regelt die Sitzgarantie der Gewerkschaften im BVG. Hiernach kommen für einen Sitz im BVG diejenigen Gewerkschaften in Betracht, die in den an der Gründung der SCE beteiligten Gesellschaften, betroffenen Tochtergesellschaften und betroffenen Betriebe vertreten sind. Gleiches gilt für das Wahlvorschlagsrecht in § 8 Abs. 1 SCEBG. Demgegenüber stellt das SEBG in § 6 Abs. 3 und § 8 Abs. 1 jeweils nur auf die in den beteiligten Gesellschaften vertretenen Gewerkschaften ab, nicht aber auf die in den betroffenen Tochtergesellschaften und betroffenen Betrieben. Gegen diese enge Regelung im SEBG spricht die Unternehmenspraxis. Sie führt insbesondere bei Konzernstrukturen zu unbefriedigenden Ergebnissen, wenn in einer an der Gründung einer SCE beteiligten Konzernobergesellschaft nur wenige Arbeitnehmer beschäftigt sind und dort nicht alle Gewerkschaften repräsentiert werden, die im Konzern vertreten sind. Im Unterschied zu § 7 Abs. 4 SEBG, der wiederum nur auf die beteiligten Gesellschaften abstellt, erfolgt in § 7 Abs. 4 SCEBG auch eine Einbeziehung der betroffenen Tochtergesellschaften und betroffenen Betriebe bei der Verteilung der Sitze der inländischen Arbeitnehmervertreter im BVG, wenn die Anzahl der auf das Inland entfallenden Mitglieder im BVG höher ist als die Zahl der inländischen Gründungsgesellschaften der SCE.

b) Strukturelle Änderung einer SCE

27 Die in Art. 4 Abs. 2 Buchstabe h) SCE-Richtlinie enthaltene Regelung über strukturelle Änderungen einer gegründeten SCE hat das SCEBG in § 21 Abs. 3 übernommen. Hiernach soll in eine Vereinbarung über die Mitbestimmung der Arbeitnehmer in der SCE auch aufgenommen werden, dass im Fall späterer struktureller Änderungen der SCE, ihrer Tochtergesellschaften und Betriebe erneut Verhandlungen geführt werden. Zudem soll das für diese Verhandlungen geltende Verfahren festgelegt werden.

c) Vorgaben des SCEBG zur Mitbestimmung der Arbeitnehmer, wenn an der Gründung einer SCE natürliche Personen beteiligt sind

28 Während die Gründung einer SE nicht durch natürliche Personen erfolgen kann, enthält das SCE-Recht diese Gründungsmöglichkeit. Die §§ 40 und 41 SCEBG regeln die Beteiligungsrechte der Arbeitnehmer in einer SCE, an deren Gründung (auch) natürliche Personen mitwirken. Zwei Fallgestaltungen sind zu unterscheiden:[28]

29 § 40 regelt den Fall, dass mindestens zwei juristische Personen zusammen mit natürlichen Personen eine SCE gründen. Da Teil 2 des SCEBG (§§ 4 bis 39 SCEBG) die Gründung einer SCE durch mindestens zwei juristische Personen ausführlich behandelt, werden die Vorschriften dieses Teils über die Beteiligung der Arbeitnehmer in einer SCE einschließlich der allgemeinen Vorschriften des Teils 1 (§§ 1 bis 3 SCEBG) für entsprechend anwendbar erklärt. Die Mitwirkung zusätzlicher natürlicher Personen an der Gründung einer SCE führt in diesem Fall nicht zu besonderem Regelungsbedarf.

---

27 S. auch *Sagan* in: Boecken/Düwell/Diller/Hanau § 1 SCEBG Rn 5.

28 Siehe auch *Ebers* in: Schulze, SCE, 3. Kapitel Rn 27 ff; *Sagan* in: Boecken/Düwell/Diller/Hanau § 41 SCEBG Rn 2 ff.

Eine davon abweichende Regelung enthält § 41 Abs. 1 und 2 SCEBG, der die Gründung einer SCE durch ausschließlich (mindestens fünf) natürliche Personen oder durch nur eine juristische Person zusammen mit natürlichen Personen regelt. Entsprechend Art. 8 SCE-Richtlinie wird hinsichtlich der Arbeitnehmerbeteiligung folgendermaßen differenziert: 30

Sind bei den an der Gründung der SCE beteiligten natürlichen Personen und in der gegebenenfalls beteiligten juristischen Person insgesamt weniger als 50 Arbeitnehmer oder in nur einem Mitgliedstaat 50 oder mehr Arbeitnehmer beschäftigt, gilt nach § 41 Abs. 2 SCEBG für die SCE mit Sitz im Inland und für ihre inländischen Tochtergesellschaften und Betriebe das für eine Genossenschaft geltende nationales Beteiligungsrecht der Arbeitnehmer. Für diese kleine SCE wird damit das Prinzip der Vorher-Nachher-Betrachtung durchbrochen.[29] 31

Erst bei einer Gesamtzahl von mindestens 50 Arbeitnehmern, die aus mehreren (mindestens zwei) Mitgliedstaaten kommen müssen, gilt nicht das nationale Recht, sondern es ist nach § 41 Abs. 1 das im SCEBG in Teil 2 in Verbindung mit Teil 1 normierte Verfahren über die Beteiligung der Arbeitnehmer in einer SCE durchzuführen. In diesem Fall wird somit über die Beteiligung der Arbeitnehmer verhandelt; scheitern die Verhandlungen, greift die gesetzliche Auffangregelung[30] 32

§ 41 Abs. 3 SCEBG regelt den Fall, dass eine bereits bestehende SCE, für die bisher nach Absatz 2 das nationale inländische Recht gilt, verpflichtet wird, das Beteiligungsverfahren nach Teil 2 des SCEBG durchzuführen. In dieser SCE muss über die Beteiligung der Arbeitnehmer verhandelt werden, wenn ein Drittel der Gesamtzahl der Arbeitnehmer der SCE, ihrer Tochtergesellschaften und Betriebe dies verlangt (Nr. 1) oder der Schwellenwert von 50 Arbeitnehmern in mehreren Mitgliedstaaten erreicht oder überschritten wird (Nr. 2). Bei Scheitern der Verhandlungen gilt wie im Gründungsverfahren die Auffangregelung (SCE-Betriebsrat kraft Gesetzes und Mitbestimmung kraft Gesetzes). 33

d) Sitzverlegung einer SCE

Nach einer Sitzverlegung der SCE aus Deutschland in einen anderen Mitgliedstaat ist den Arbeitnehmern der SCE mindestens dasselbe Niveau an Mitbestimmungsrechten zu gewährleisten wie zuvor. Mit dieser Regelung in § 41 Abs. 4 SCEBG wird dem erklärten Ziel der Richtlinie, erworbene Rechte der Arbeitnehmer bei der Beteiligung an Unternehmensentscheidungen zu sichern (Vorher-Nachher-Prinzip), auch bei einer Sitzverlegung Rechnung getragen. Eine solche ausdrückliche Regelung findet sich im SE-Recht nicht, obgleich bei der Sitzverlegung einer SE in einen anderen Mitgliedstaat die Beteiligungsrechte der Arbeitnehmer ebenfalls fortbestehen. Es handelt sich insoweit um eine Klarstellung und Präzisierung des europäischen Rechts.[31] 34

3. Bedeutung der SCE in der Praxis

Im Unterschied zur SE nimmt die Praxis die SCE nur sehr zurückhaltend an. Nach einer Erhebung von LIBERTAS (Stichtag 20.7.2016) bestehen europaweit 31 SCE, darunter sind 10 SCE mit Sitz in Deutschland verzeichnet.[32] Erstmalig wurde in Deutschland im April 2015 eine SCE durch Umwandlung gegründet. Die Westfleisch SCE hat einen 13-köpfigen Aufsichtsrat mit fünf Arbeitnehmervertretern.[33] 35

---

29 *Wißmann* in: Widmann/Mayer UmwR, Anhang 2, Rn 103.
30 Vgl. auch BR-Drucks. 71/06 v. 27.1.2006 S. 214 f.
31 Ebenso *Kisker* RdA 2006, 206, 209.
32 *Bayer/Schmidt* BB 2016, 1923 ff. m w N.
33 EBR-News 3/2015 S. 11; http://www.ebr-news.de.

4. Revision der SCE-Richtlinie

36 Ebenso wie die SE-Richtlinie enthält auch die SCE Richtlinie eine Revisionsklausel. Art. 17 sieht eine Überprüfung der Regelungen bis spätestens 18. August 2009 vor. Sinnvoll ist auch hier eine gemeinsame Überprüfung von VO und Richtlinie, allerdings sollte zunächst die Revision der SE abgewartet werden, um die dort erzielten Ergebnisse auch für die SCE zu nutzen. Vor diesem Hintergrund hat die Kommission Abstand von einer Revision der SCE genommen und lediglich eine Konsultationsverfahren durchgeführt; sie legt[34] – wie bei der SE – den Schwerpunkt ihrer Tätigkeit auf Informationskampagnen.[35]

34 *Bayer/Schmidt* BB 2013, 3 m.w.N.
35 EU-Aktionsplan zum Gesellschaftsrecht und zur Corporate Governance 2012, S. 16.

Zweiter Teil
Das Gesellschaftsrecht der Europäischen Genossenschaft (SCE)

Übersicht

A. Die SCE-Verordnung und ihre Ergänzung durch das SCE-Ausführungsgesetz

1 Fußend auf den Arbeiten zur Europäischen Gesellschaft (SE) verabschiedete der Rat der Europäischen Union auf der Grundlage von Art. 308 EG am 22.7.2003 die Verordnung über das Statut der Europäischen Genossenschaft (SCE-VO).[1] Diese Verordnung wird wie die Verordnung über das Statut der Europäischen Gesellschaft durch eine Richtlinie zur Beteiligung der Arbeitnehmer[2] ergänzt, die bis zum 18.8.2006 in das nationale Recht der EU-Mitgliedstaaten umgesetzt sein musste. Das Datum 18.8.2006 wurde deshalb gewählt, weil zu diesem Zeitpunkt die SCE-VO in Kraft trat. Beide Rechtsakte ergänzen sich gegenseitig. Sie mussten zum gleichen Zeitpunkt Anwendung finden. In Deutschland geschah dies mit der Verabschiedung des Gesetzes zur Einführung der Europäischen Genossenschaft und zur Änderung des Genossenschaftsrechts vom 18.8.2006,[3] das gleichzeitig zu einer Novellierung des deutschen Genossenschaftsgesetzes (GenG) von 1889 führte. Teil dieses Gesetzes ist das Gesetz zur Ausführung der Verordnung (EG) Nr. 1435/2003 des Rates vom 22.7.2003 über das Statut der Europäischen Genossenschaft (SCE) (SCE-Ausführungsgesetz – SCEAG. Es entspricht in der Systematik dem SE-Ausführungsgesetz (SEAG) von 2004 (vgl. Einf. Rn 6 und 13). Für die SCE ist in erster Linie die SCE-VO zuständig. Lücken der SCE-VO sind, soweit sie den Normen der Verordnung nicht widersprechen, für eine SCE mit Sitz in Deutschland nach dem deutschen Genossenschaftsgesetz von 1889 (GenG) in der novellierten Fassung von 2006 auszufüllen. Das systematische Verhältnis von SCE-VO und SCEAG entspricht dem von SE-VO und SEAG.

2 Die SCE ist als Körperschaft eine juristische Person in Form einer Genossenschaft mit eigener Rechtspersönlichkeit (vgl. Art. 1 Abs. 5 SCE-VO). Sie kann von natürlichen und juristischen Personen gegründet werden. Ihr Zweck liegt insbesondere darin, den Bedarf ihrer Mitglieder zu decken; hinzu kann – auch als Hauptzweck – die Förderung deren wirtschaftlicher oder sozialer Tätigkeit kommen. Die Mitglieder der SCE sind zugleich als Kunden, Lieferanten, Angestellte oder auf eine andere Art und Weise in ihre Geschäftsaktivitäten eingebunden. Dritte können ihre Tätigkeiten dagegen nur in Anspruch nehmen oder an ihr beteiligt werden, wenn die Satzung dies vorsieht (Art. 1 Abs. 4 SCE-VO). Die Möglichkeit, eine SCE auch für kulturelle Zwecke zu gründen (Art. 1 Abs. 3 Satz 1 SCE-VO), geht über das traditionelle Genossenschaftsverständnis hinaus, dessen deutsche Begründer im 19. Jahrhundert in den Städten *Schulze-Delitzsch* und auf dem Lande *Raiffeisen* waren. Durch Einkaufsgenossenschaften und entsprechend günstige Einkaufspreise sollte die Existenz von Handwerkern, Bauern, aber auch von Arbeitern gesichert werden. Produktionsgenossenschaften sollten die Erwerbs- und Wirtschaftsbedingungen ihrer

1 VO (EG) Nr. 1435/2003 des Rates v. 22.7.2003 über das Statut der Europäischen Genossenschaft (SCE), ABlEU Nr. 207 v. 18.8.2003, S. 1ff.

2 RL 2003/72/EG des Rates v. 22.7.2003 zur Ergänzung des Statuts der Europäischen Genossenschaft hinsichtlich der Beteiligung der Arbeitnehmer, ABlEU Nr. L 207 v. 18.8.2003, S. 25ff.

3 BGBl. I S. 1911.

Mitglieder fördern und Kreditgenossenschaften für preiswerte Darlehen sorgen. Der deutsche Gesetzgeber reagierte auch für das nationale Recht: Alternativ zu den wirtschaftlichen Zwecken können jetzt auch soziale und kulturelle verfolgt werden (§ 1 Abs. 1 GenG).

3 Das Grundkapital der SCE, das in Geschäftsanteile zerlegt ist, beträgt mindestens 30.000 Euro (Art. 1 Abs. 2, 3 Abs. 2 SCE-VO). Der Satzungs-) Sitz der SE muss nach Art. 6 SCE-VO in der EU liegen, und zwar in dem Mitgliedstaat, in dem sich die Hauptverwaltung befindet.[4] Innerhalb dieses Mitgliedstaats können der Sitzort und der Ort der Hauptverwaltung auseinanderfallen. Nach Art. 14 Abs. 1 SCE-VO kann in der Satzung vorgesehen werden, dass auch solche Personen Mitglieder werden, welche die SCE nicht nutzen, wenn das Recht des Sitzstaats dies zulässt, was Deutschland inzwischen in § 4 SCEAG (Zulassung investierender Mitglieder in der Satzung) getan hat. Die SCE rückt damit in die Nähe der SE. Sie muss nicht mehr nur „Förderwirtschaftsverein“[5] für die „aktiven“, produzierenden oder nutzenden Mitglieder sein, sondern kann in der Satzung zulassen, dass investierende Mitglieder, also Dritte, die Tätigkeiten der SCE in Anspruch nehmen und an ihnen beteiligt werden (Art. 1 Abs. 4 SCE-VO und § 4 SCEAG).[6]

4 Sofern die Satzung bei ihrer Gründung nichts anderes bestimmt, haften die Mitglieder den Gläubigern gegenüber nicht mit ihrem persönlichen Vermögen; es haftet nur das Genossenschaftsvermögen; die Mitglieder sind lediglich zur Leistung ihrer Einlagen verpflichtet (Art. 1 Abs. 2 SCE-VO). Wenn für die Mitglieder der SCE die beschränkte Haftung gilt, muss in der Firma der Zusatz „mit beschränkter Haftung“ geführt werden (Art. 1 Abs. 2 Satz 3 SCE-VO).

5 Die Rechtsquellenhierarchie der SCE ist ähnlich kompliziert wie die der SE. An der Spitze steht nach Art. 8 SCE-VO die Verordnung selbst. Danach kommt das Recht des jeweiligen Sitzstaates, danach das Satzungsrecht. Das Recht des jeweiligen Sitzstaates ist primär ein Anpassungsrecht in Gestalt des SCEAG, das ähnlich wie das SEAG mit Blick auf die SCE-VO erlassen werden musste. Danach rangiert das nationale Genossenschaftsrecht, das im novellierten Genossenschaftsgesetz geregelt ist (vgl. GesR SE Rn 6).

6 Eine SCE kann nach Art. 2 Abs. 1 SCE-VO durch fünf verschiedene Gründungsmodalitäten gegründet werden:

- Neugründung durch mindestens fünf natürliche Personen mit Wohnsitz in mindestens zwei verschiedenen Mitgliedstaaten (Unternehmer-SCE) oder
- Neugründung durch mindestens fünf natürliche Personen mit Wohnsitz in mindestens zwei verschiedenen Mitgliedstaaten und Gesellschaften im Sinne des Art. 48 Abs. 2 EG bzw. juristische Personen, die dem Recht mindestens zwei verschiedener Mitgliedstaaten unterliegen (Kooperations-SCE) oder
- Neugründung durch Gesellschaften im Sinne des Art. 48 Abs. 2 EG bzw. juristische Personen, sofern mindestens zwei von ihnen dem Recht verschiedener Mitgliedstaaten unterliegen (Unternehmens-SCE) oder
- Verschmelzung von einzelstaatlichen Genossenschaften, sofern mindestens zwei von ihnen dem Recht verschiedener Mitgliedstaaten unterliegen (Verschmelzungs-SCE) oder
- Formwechsel einer nationalen Genossenschaft, wenn sie seit mindestens zwei Jahren eine Tochtergesellschaft oder Zweitniederlassung in einem anderen Mitgliedstaat unterhält (Umwandlungs-SCE).

7 Anders als das Recht der SE stellt das Recht der SCE nicht mehr darauf ab, dass juristische Personen die Gründung vornehmen. Insofern eignet sich die SCE insbesondere auch als supranationale Rechtsform für kleine und mittlere Unternehmen; entsprechend niedriger ist auch das mindestens erforderliche Grundkapital von 30.000 Euro.

4 Zur Problematik des Brexit vgl. GesR der SE Rn 2 und § 3 SEBG Rn 4.
5 Vgl. *Beuthien* NZG 2008, 210.
6 Vgl. *Hirte* DStR 2007, 2215 ff.

Die SCE ist strukturell wie die SE aufgebaut. Nach Art. 36 SCE-VO besitzt sie ein dualistisches oder monistisches Organ der Leitung und Kontrolle. Die Gründer können also zwischen der Verwaltungsrats- und der Vorstands-/Aufsichtsratsverfassung wählen (vgl. Art. 36ff und 42ff SCE-VO). Enthält das Genossenschaftsrecht eines EU-Mitgliedstaates keine Vorschriften zu einem der beiden Systeme, ist dieser nach Art. 37 Abs. 5 bzw. 42 Abs. 4 SCE-VO ermächtigt, entsprechende Vorschriften für die SCE mit Sitz in seinem Hoheitsgebiet einzuführen. Deutschland hat dies im SCEAG getan, das auch hier ähnlich wie das SEAG aufgebaut ist. Die monistische Leitungsstruktur des SCE ist in §§ 17 bis 27 SCEAG geregelt.[7] Die Aufgabenteilung zwischen dem Verwaltungsrat und den geschäftsführenden Direktoren, welche nach § 22 Abs. 2 SCEAG die Geschäfte der SCE führen, folgt dem Vorbild von §§ 20 bis 49 SEAG. Die geschäftsführenden Direktoren werden nach § 22 Abs. 1 SCEAG vom Verwaltungsrat bestellt. Nach nationalem deutschem Recht (dualistische Leitungsstruktur) wird der Vorstand von der Generalversammlung gewählt und abberufen (§ 24 Abs. 2 Satz 1 GenG). Dies gilt auch für den Vorstand einer Genossenschaft, die nach dem Drittelbeteiligungsgesetz mitbestimmt ist. Eine abweichende Regelung trifft § 31 MitbestG für Genossenschaften mit mehr als 2.000 Arbeitnehmern. Hier bestellt ebenso wie bei der AG und der GmbH der Aufsichtsrat den Vorstand. In der SCE ist unabhängig von der Zahl der Arbeitnehmer für die Wahl und Abberufung der Vorstandsmitglieder in der Regel der Aufsichtsrat zuständig. Die Ausnahme, d.h. die Wahl und Abberufung durch die Generalversammlung, kann nach § 12 SCEAG durch die Satzung bestimmt werden. Dadurch verringern sich in deutschen Genossenschaften mit mehr als 2.000 Arbeitnehmern, die in die Rechtsform der SCE wechseln, die Mitbestimmungsrechte der Arbeitnehmervertreter im Aufsichtsrat. 8

Nach Art. 47 Abs. 2 Satz 1 SCE-VO ist die Vertretungsmacht des Leitungsorgans unbeschränkt und nach außen unbeschränkbar, wie dies auch in Deutschland in § 27 Abs. 2 GenG so vorgesehen ist. Vertreten wird die dualistische SE durch den Vorstand, die monistische durch die geschäftsführenden Direktoren.[8] Die Organmitglieder der SCE haften nach Art. 51 SCE-VO nach dem im Sitzstaat der SCE für Genossenschaften geltenden Recht für den Schaden, welcher der SCE durch eine Verletzung der ihnen bei der Ausübung ihres Amtes obliegenden gesetzlichen, satzungsmäßigen oder sonstigen Pflichten entsteht. Diese Haftung richtet sich in Deutschland nach §§ 34 und 41 Genossenschaftsgesetz, d.h. nach Vorschriften, die grundsätzlich zur reinen Innenhaftung der betreffenden Organmitglieder gegenüber der SCE führen. Nach richtiger Auffassung[9] handelt es sich hier unabhängig von dem gewählten Führungssystem (Aufsichtsrats- oder Verwaltungsratsverfassung) um eine abschließende Regelung der Organhaftung. Der nationale Gesetzgeber kann weder für die SCE noch für das monistische System allein zusätzliche oder andere Haftungsmaßstäbe vorsehen.[10] Anderenfalls würde durch eine Benachteiligung des monistischen Systems die Wahlfreiheit zwischen dem dualistischen und dem monistischen System beeinträchtigt werden. Die Außenhaftung der Organe der SCE erfolgt gemäß Art. 8 Abs. 1 SCE-VO nach nationalem Recht (vgl. GesR SE Rn 123ff). 9

Die Generalversammlung beschließt über alle Angelegenheiten der SCE, für die sie nach Art. 52 SCE-VO zuständig ist. Sie tritt mindestens einmal im Kalenderjahr innerhalb von sechs Monaten nach Abschluss des Geschäftsjahres zusammen; sie stellt insbesondere den Jahresabschluss der SCE fest und beschließt über die Verwendung des Gewinns. Die Generalversammlung kann jederzeit von jedem Organ der SCE einberufen werden. Auch Sektor- und Sektionsversammlungen sind möglich, wenn die SCE unterschiedliche Tätigkeiten bzw. Tätigkeiten in mehr 10

7 Zum monistischen System vgl. *Bachmann* ZGR 2008, 779, 809ff.

8 Eine Notkompetenz des Verwaltungsrats bei Willenserklärungen und der Entgegennahme von Schriftstücken, wenn es keine geschäftsführenden Direktoren gibt, wurde durch das MoMiG von 2008 eingeführt.

9 Vgl. *El Mahi* DB 2004, 967, 970.

10 Anders *Merkt* ZGR 2003, 650ff, 673ff.

als einer Gebietseinheit betreibt, mehrere Niederlassungen betreibt oder mehr als 500 Mitglieder hat (Art. 63 Abs. 1 SCE-VO).

11 Die Generalversammlung beschließt nach Art. 61 SCE-VO mit der Mehrheit der abgegebenen gültigen Stimmen der anwesenden bzw. vertretenen Mitglieder. Jedes Mitglied hat nach Art. 59 Abs. 1 SCE-VO grundsätzlich eine Stimme. Allerdings kann nach Art. 59 Abs. 2 i.V.m. § 29 SCEAG ein Mitglied bis zu drei Stimmen, aber nur, soweit es in der Satzung bestimmt ist, auf sich vereinigen; dies entspricht der Regelung in § 43 Abs. 3 des novellierten deutschen Genossenschaftsgesetzes. Beschlüsse über Satzungsänderungen bedürfen nach Art. 61 Abs. 4 Satz 2 SCE-VO mindestens einer Mehrheit von zwei Dritteln der gültigen Stimmen, sofern das innerstaatliche Genossenschaftsrecht keine größere Mehrheit vorschreibt. In Deutschland verlangt § 16 Abs. 2 GenG für bestimmte Satzungsänderungen eine Dreiviertelmehrheit. Die Satzung kann größere Mehrheiten und weitere Erfordernisse vorsehen. Dies gilt dann auch für die SCE.

12 Die Geschäftsanteile der SCE lauten auf den Inhaber und dürfen in Form von Geld- oder Sacheinlagen erbracht werden. Bei Bareinlagen muss am Tag der Beteiligung der einzuzahlende Betrag mindestens ein Viertel des Nennwerts der ausgegebenen Anteile umfassen (Art. 4 Abs. 4 SCE-VO). Das bei der Gründung einer SCE bar einzubringende Grundkapital beträgt somit 7.500 Euro. Der Restbetrag ist innerhalb von fünf Jahren zu erbringen, sofern die Satzung keine kürzere Frist vorsieht. Dem gegenüber sind die Sacheinlagen von Anfang an vollständig zu leisten (Art. 4 Abs. 5 SCE-VO). Die SCE kann nach Art. 4 Abs. 1 SCE-VO verschiedene Kategorien von Geschäftsanteilen mit unterschiedlichen Rechten ausgeben.

13 Die Mitgliedschaft in der SCE kann übertragen oder veräußert werden. Nach Art. 14 Abs. 1 Satz 1 SCE-VO bedarf der Eintritt oder Austritt in der Regel aber der Zustimmung der SCE (vinkulierte Anteile). Gegen Ablehnungen kann in der Generalversammlung Einspruch eingelegt werden (Art. 14 Abs. 1 Satz 2 SCE-VO). Dieselbe Einspruchsmöglichkeit gibt es bei einem Ausschluss (Art. 15 Abs. 3 SCE-VO). Die finanziellen Ansprüche bei Austritt oder Ausschluss regelt Art. 15 SCE-VO. Ein Erwerb eigener Anteile durch die SCE ist nach Art. 4 Abs. 12 SCE-VO ausgeschlossen, wenn es sich nicht um die Annahme von Geschäftsanteilen einer SCE als Sicherheit im laufenden Geschäft von genossenschaftlichen Kreditinstituten handelt. Fremdkapital kann sich die SCE nach Art. 64 SCE-VO durch Ausgabe von Wertpapieren oder Schuldverschreibungen beschaffen. Sie kann sich auch durch eine Gewinnthesaurierung selbst finanzieren (vgl. Art. 65 und 67 SCE-VO).

14 Die SCE kann ihren Sitz bei ihrer Gründung frei innerhalb der EU wählen. Danach kann sie nach Art. 7 SCE-VO grundsätzlich jederzeit den Sitz von einem Mitgliedstaat in einen anderen verlegen, ohne dass sie sich im Wegzugsstaat auflösen und im Zuzugsstaat neu gründen müsste. Ihr Satzungs- und Hauptverwaltungssitz müssen nach Art. 6 im gleichen Mitgliedstaat liegen.

15 Die Beteiligung der Arbeitnehmer ist ähnlich wie in der SE geregelt. Die Beteiligungsvereinbarung wird mit einem besonderen Verhandlungsgremium (BVG) ausgehandelt. Da auch natürliche Personen eine SE gründen können, ergeben sich für die Mitbestimmungssicherung, die im Recht der SE eine besonders große Rolle einnimmt, Modifikationen. Ein Recht auf Mitbestimmung innerhalb der SE besteht nur, wenn mindestens eine der beteiligten Gründungsgesellschaften mitbestimmt war oder wenn dies freiwillig vereinbart wird. Die Verhandlungslösung hat Vorrang. Erst wenn eine derartige Lösung scheitert, greifen die Auffangregelungen der SCE-Richtlinie ein. Die Umsetzung der Richtlinie ist in Deutschland im SCE-Beteiligungsgesetz geregelt, das im folgenden Abschnitt kommentiert wird.

16 Insgesamt ist die SCE als Organisationsform nicht nur für bisherige Genossenschaften von Interesse, sondern auch für Unternehmen und Unternehmer anderer Art und Form, die sich zu einem gemeinsamen Nutzen zusammenschließen wollen, z.B., um Märkte zu erschließen, Größenvorteile zu erlangen oder gemeinsame Großprojekte auf europäischer Ebene durchzuführen.

B. Das anwendbare nationale Genossenschaftsrecht

I. Organisation der Genossenschaft nach dem GenG

Soweit die SCE-VO oder das SCEAG für nationale Regelungen offen sind, gilt für die SCE das deutsche Genossenschaftsgesetz. Im Folgenden soll dessen Inhalt in seinen Bezügen zum Recht der SCE kurz dargestellt werden. Die eingetragene Genossenschaft ist juristische Person (§ 17 GenG) und nach § 17 Abs. 2 GenG Kaufmann i.S.d. Handelsrechts. Sie hat drei Organe: Vorstand, Aufsichtsrat und Generalversammlung. Ihre Satzung muss nach § 6 GenG mindestens Firma und Sitz der Genossenschaft, den Gegenstand des Unternehmens, Angaben über etwaige Nachschusspflichten der Mitglieder im Insolvenzfall, Bestimmungen über die Generalversammlung und Angaben über die Bekanntmachungen enthalten. Wie in der SCE (§ 16 Abs. 2 Satz 1 Nr. 11 GenG und § 4 SCEAG) ist auch in der deutschen Genossenschaft u.a. die Zulassung eines Mindestkapitals und von sog. investierenden Mitgliedern zulässig (§ 16 Abs. 2 Satz 1 Nr. 9 GenG). Es gilt der Grundsatz der Selbstorganschaft, d.h. mit Ausnahme des Arbeitsdirektors in mitbestimmten Großunternehmen können nur Mitglieder (früher in § 4 des Gesetzes Genossen genannt) Vorstandsmitglieder werden, die natürliche Personen sind (§ 9 Abs. 2 GenG). Um zu verhindern, dass der Sachverstand dieser Vorstände für die Bewältigung der zum Teil komplizierten Aufgaben der Wirtschaft nicht ausreicht, werden die Genossenschaften regelmäßig durch ihren jeweiligen Prüfungsverband geprüft. 17

Der Vorstand, der grundsätzlich aus mindestens zwei Mitgliedern besteht, wird von der Generalversammlung bestellt, wenn die Satzung (früher Statut genannt) nichts anderes vorsieht (§ 24 Abs. 2 GenG). Für kleine Genossenschaften mit bis zu 20 Mitgliedern kann die Satzung nach § 24 Abs. 2 Satz 3 GenG einen Ein-Personen-Vorstand vorsehen. Die Bestellung kann jederzeit widerrufen werden (§ 24 Abs. 3 Satz 2 GenG). Die Vorstandstätigkeit kann entgeltlich, aber auch unentgeltlich ausgeübt werden (§ 24 Abs. 3 Satz 1 GenG). Hierin manifestiert sich ein gewisser antikapitalistischer Grundzug des Genossenschaftsrechts. Es soll verhindert werden, dass die Genossenschaft ausschließlich der Gewinnerzielung dient. 18

Auch die Mitglieder des Aufsichtsrats müssen Mitglieder der Genossenschaft sein (§ 9 Abs. 2 GenG). Die Vorschrift muss allerdings nach nationalem Recht durch die Mitbestimmungsgesetze ergänzt werden. Nach dem Drittelbeteiligungsgesetz gilt für Genossenschaften mit mehr als 500 Arbeitnehmern die Drittelbeteiligung im Aufsichtsrat; insofern ist die Genossenschaft wie die GmbH zu behandeln. Nach dem Mitbestimmungsgesetz 1976 gilt die dort verankerte, leicht unterparitätische Mitbestimmung, wenn die Genossenschaft mehr als 2.000 Arbeitnehmer beschäftigt. Bei Genossenschaften mit bis zu 20 Mitgliedern kann nach § 9 Abs. 2 GenG durch die Satzung auf einen Aufsichtsrat verzichtet werden. 19

Die Organstellung von Vorstand und Aufsichtsrat entspricht weitgehend dem Aktienrecht. Der Vorstand führt die Geschäfte der Genossenschaft und vertritt sie nach außen. Vom Grundsatz der Gesamtvertretung (§ 25 Abs. 1 GenG) kann in der Satzung abgewichen werden, es kann Einzelvertretungsmacht oder unechte Gesamtvertretung festgelegt werden (§ 25 Abs. 2 GenG). Die Vertretungsmacht des Vorstandes ist nach außen unbeschränkt und unbeschränkbar (§ 27 Abs. 2 GenG). Im Innenverhältnis hat der Vorstand die Beschränkungen durch die Satzung zu beachten (§ 27 Abs. 1 Satz 2 GenG). Vorstandsmitglieder haften gegenüber der Genossenschaft für Pflichtverletzungen (§ 34 GenG). 20

Der Aufsichtsrat überwacht den Vorstand (§ 38 Abs. 1 GenG). Er vertritt die Genossenschaft beim Abschluss der Vorstandsverträge (§ 39 Abs. 1 GenG) und kann Vorstandsmitglieder vorläufig ihrer Geschäfte entheben (§ 40 GenG). Auch die Aufsichtsratsmitglieder haften der Genossenschaft für Pflichtverletzungen (§ 41 GenG). 21

Höchstes Organ der Genossenschaft ist die Generalversammlung. Ihre Kompetenzen reichen weiter als die der Hauptversammlung in der Aktiengesellschaft. Die Generalversammlung wählt und entlastet den Aufsichtsrat (§§ 36 Abs. 1 und 48 Abs. 1 GenG), soweit die Wahl nicht durch die 22

Arbeitnehmer nach den Mitbestimmungsgesetzen erfolgt. Die Generalversammlung ändert die Satzung mit einer Mehrheit, die mindestens drei Viertel der abgegebenen Stimmen umfasst (§ 16 GenG). Sie bestellt und entlastet den Vorstand (§§ 24 Abs. 2 und 48 Abs. 1 Satz 2 GenG). Sie stellt den Jahresabschluss fest und entscheidet über die Verwendung des Ergebnisses oder die Deckung eines Fehlbetrages (§ 48 Abs. 1 GenG). Es gibt einen ungeschriebenen Zustimmungsvorbehalt der Generalversammlung in Bezug auf alle Geschäftsführungsmaßnahmen, die den Bestand oder den Kernbereich der Genossenschaft berühren.[11] Bei großen Genossenschaften mit mehr als 1.500 Mitgliedern, bei denen die Generalversammlung aus allen Mitgliedern untunlich wäre, kann die Satzung nach § 43a Abs. 1 GenG eine Vertreterversammlung vorsehen, die aus den von den Mitgliedern gewählten Vertretern besteht.

23 Die Genossenschaft ist nach § 17 GenG eine juristische Person. Für die Verbindlichkeiten haftet den Gläubigern nur das Vermögen der Genossenschaft (§ 2 GenG). Damit ist die persönliche Haftung der Mitglieder gegenüber Dritten ausgeschlossen. Die Mindestzahl der Mitglieder muss seit der Novelle von 2006 drei betragen (§ 4 GenG). Die Satzung kann bestimmen, dass sich ein Mitglied mit mehr als einem Geschäftsanteil beteiligen darf; es kann eine Höchstzahl festsetzen und weitere Voraussetzungen aufstellen (§ 7a GenG).

24 Die Genossenschaften unterliegen einem Prüfungszwang. Es wird nicht nur überprüft, ob die Rechnungslegung in Ordnung ist, sondern es werden auch die wirtschaftlichen Verhältnisse und die Ordnungsmäßigkeit der Geschäftsführung festgestellt, ferner werden die Einrichtungen, die Vermögenslage sowie die Geschäftsführung der Genossenschaft überprüft, dies gilt zumindest in jedem zweiten Geschäftsjahr (§ 53 Abs. 1 Satz 1 GenG). Für größere Genossenschaften ist eine jährliche Prüfung vorgeschrieben (§ 53 Abs. 1 Satz 2 GenG). Die Prüfung erfolgt durch einen Prüfungsverband (§ 55 Abs. 1 GenG), dem die Prüfungsbefugnis durch die zuständige Landesbehörde verliehen wurde (§§ 63 und 63a GenG). Mitglieder des Prüfungsverbandes können nur eingetragene Genossenschaften und von ihnen beherrschte Handelsgesellschaften sein (§ 63b Abs. 2 GenG). Jede Genossenschaft gehört nach § 54 GenG einem zugelassenen Prüfungsverband an, der alle zu seinen Mitgliedern zählenden Genossenschaften und Unternehmen überprüft.

II. Rechte der Mitglieder

25 Die Mitglieder üben ihre Mitgliedschafts- und Vermögensrechte wie in jeder anderen Körperschaft aus. Am ehesten entspricht das Genossenschaftsrecht dem Vereinsrecht. Bei Abstimmungen in der Generalversammlung hat jedes Mitglied in der Regel nur eine Stimme. Die Satzung kann ein Mehrstimmrecht zubilligen (§ 43 Abs. 3 Satz 2 GenG); keinem Mitglied dürfen jedoch mehr als drei Stimmen eingeräumt werden (§ 43 Abs. 3 Satz 5 GenG). Geht es um die Aufhebung oder Einschränkung der Mehrstimmrechte oder verlangt das Gesetz für einen Beschluss die Mehrheit von drei Vierteln der abgegebenen Stimmen – dies gilt z.B. für Änderungen der Satzung (§ 16 Abs. 2 GenG), den Widerruf der Bestellung eines Aufsichtsratsmitglieds (§ 36 Abs. 3 GenG), die Auflösung der Genossenschaft (§ 78 Abs. 1 GenG) und die Festlegung weiterer Zahlungspflichten zur Abwendung der Insolvenz (§ 87a Abs. 1 GenG) –, dann hat jedes Mitglied ohne Rücksicht auf Mehrstimmrechte nur eine Stimme (§ 43 Abs. 3 Nr. 1 GenG).

26 Die Mitglieder haben einen Anspruch auf den Gewinn, der sich aus dem Jahresabschluss ergibt und nach § 19 Abs. 1 Satz 1 GenG auf die Mitglieder verteilt werden muss. Für das erste Geschäftsjahr wird der Gewinn nach dem Verhältnis der von den Mitgliedern auf den Geschäftsanteil geleisteten Einzahlungen verteilt. Für jedes folgende Geschäftsjahr wird die Verteilung nach dem Verhältnis der durch die Zuschreibung von Gewinn oder die Abschreibung von Verlust zum Schluss des vorausgegangenen Geschäftsjahres ermittelten Geschäftsguthaben der Mitglieder vorgenommen (§ 19 Abs. 1 Satz 2 GenG). Die Satzung kann andere Maßstäbe für die Verteilung

---

11 *Pöhlmann/Fandrich/Bloehs* § 43 GenG Rn 9.

aufstellen. Sie kann auch festlegen, dass der Gewinn nicht verteilt, sondern der gesetzlichen Rücklage und anderen Ergebnisrücklagen zugeführt wird (§ 20 GenG).

Nach § 22 Abs. 4 GenG darf einem Mitglied sein Geschäftsguthaben nicht vor seinem Ausscheiden ausbezahlt werden. Nach § 19 Abs. 2 Satz 2 müssen außerdem Gewinne dem Geschäftsanteil zugeschrieben werden, wenn das Guthaben durch Verluste vermindert wurde. Diese Grundsätze dienen der Kapitalerhaltung der Genossenschaft. Sie tragen zusammen mit einer überwiegend konservativen Wirtschaftsführung dazu bei, dass die Genossenschaft weit weniger insolvenzanfällig als die GmbH oder die GmbH & Co. KG ist. 27

In der Satzung muss festgelegt werden, ob die Mitglieder in der Insolvenz der Genossenschaft zur Befriedigung der Insolvenzgläubiger Nachschüsse an die Insolvenzmasse leisten müssen (§ 6 Nr. 3 GenG). Die summenmäßige Beschränkung dieser Nachschusspflicht wird landläufig als Haftsumme bezeichnet, die Verbindlichkeit insgesamt als Haftpflicht. In Wirklichkeit haftet den Gläubigern aber nur das Genossenschaftsvermögen (§ 2 GenG). Nachschusspflichten begründen lediglich Forderungen der Genossenschaften gegen ihre Mitglieder, welche vom Insolvenzverwalter geltend gemacht werden (§ 109 Abs. 1 GenG). Die Nachschusspflicht kann in der Satzung beschränkt werden, dann muss sich jedes Mitglied nur auf eine bestimmte Höchstsumme einrichten, die in der Insolvenz fällig werden kann. Schließlich kann die Nachschusspflicht ausgeschlossen werden (vgl. § 6 Nr. 3 GenG). 28

Da die Genossenschaft die Interessen ihrer Mitglieder fördern soll, erwerben diese auch einen entsprechenden Förderanspruch, je nachdem, zu welchem Zweck die Genossenschaft gebildet wurde (z.B. gemeinsamer Einkauf oder Verkauf). Je nach Geschäftsbetrieb können diesen Rechten bestimmte Pflichten korrespondieren, etwa die Pflicht, die gesamte Produktion bei der Genossenschaft abzuliefern (z.B. Winzergenossenschaft). 29

Man erwirbt die Mitgliedschaft entweder, indem man sich an der Gründung der Genossenschaft beteiligt (vgl. § 11 Abs. 2 Nr. 1 GenG), oder, indem man nachträglich durch schriftliche Erklärung seinen Beitritt erklärt (§ 15 Abs. 1 GenG). Dazu bedarf es einer schriftlichen Beitrittserklärung und deren Annahme durch den Vorstand. Die Beitrittserklärung ist, wenn das Mitglied aufgenommen wurde, vom Vorstand an das Registergericht zu geben, damit dort die Liste der Mitglieder ergänzt werden kann (§ 15 Abs. 2 GenG). 30

Die Mitgliedschaft geht mit dem Tode des Mitglieds auf den Erben über (§ 77 Abs. 1 GenG). Sie endet, wenn nicht ihre unbeschränkte Fortsetzung in der Satzung vereinbart ist (§ 77 Abs. 2 GenG), mit Ablauf des Geschäftsjahres. Das Mitglied kann auch austreten, indem es seine Mitgliedschaft aufkündigt (§ 65 GenG); es muss hierbei allerdings eine Mindestfrist von 3 Monaten zum Ende des Geschäftsjahres einhalten. Wird die Satzung wesentlich geändert, so hat das Mitglied nach § 67a GenG ein außerordentliches Kündigungsrecht zum Ende des Geschäftsjahres. Schließlich gibt es noch die Möglichkeit der Kündigung durch den Gläubiger (§ 66 GenG) und der Kündigung bei Wohnsitzwechsel (§ 67 GenG). 31

Überträgt ein Mitglied sein Geschäftsguthaben auf einen Erwerber, der Mitglied ist oder wird, so kann es unter den Voraussetzungen des § 76 GenG seine Mitgliedschaft beenden. Neben der freiwilligen Beendigung der Mitgliedschaft ist auch der Ausschluss nach § 68 GenG möglich, wenn das Mitglied sich an einer konkurrierenden Genossenschaft beteiligt oder einen sonstigen in der Satzung festgelegten Ausschlussgrund erfüllt. 32

III. Beendigung

Während das Ausscheiden eines Mitglieds nur zur Auseinandersetzung zwischen ihm und der Genossenschaft (§ 73 Abs. 1 GenG) führt, führt die Auflösung der Genossenschaft durch Beschluss der Generalversammlung zur Liquidation der Genossenschaft nach §§ 83f. GenG. 33

Der Auflösungsbeschluss bedarf einer Dreiviertelmehrheit (§ 78 Abs. 1 GenG). Die Auflösung kann auch durch Zeitablauf eintreten, wenn dies in der Satzung festgelegt ist (§ 79 Abs. 1 GenG). 34

Das Registergericht kann die Genossenschaft auflösen, wenn die Zahl der Mitglieder unter 7 sinkt (§ 80 Abs. 1 GenG). Die Auflösung kann wegen gesetzwidriger Handlungen durch die zuständige Behörde erfolgen (§ 81 GenG). Dasselbe gilt, wenn die Genossenschaft sich keinem Prüfungsverband anschließt. Schließlich kann die Genossenschaft im Register wegen Vermögenslosigkeit gelöscht werden, wenn der Prüfungsverband dies beantragt, oder das Ende der Genossenschaft kann durch Verschmelzung oder Insolvenz eintreten.

35 Wird die Genossenschaft aufgelöst, so wird sie nach §§ 83f GenG liquidiert. Wenn nichts anderes bestimmt wird, erfolgt die Liquidation durch den Vorstand (§ 83 Abs. 1 GenG).

36 Für die Insolvenz einer Genossenschaft gelten einige Besonderheiten, die sie von den Kapitalgesellschaften unterscheiden. Zum ersten ist nur die Zahlungsunfähigkeit, nicht auch die Überschuldung für die Eröffnung des Insolvenzverfahrens maßgeblich. Dies hängt damit zusammen, dass die Mitglieder durch einen Nachschuss den Gläubigern zusätzliche Sicherheiten leisten können. Bei Genossenschaften ohne Nachschusspflicht oder mit beschränkter Nachschusspflicht ist auch die Überschuldung Insolvenzgrund (§ 98 Abs. 1 Ziffer 1 und 2 GenG). Bei Genossenschaften mit beschränkter Nachschusspflicht gilt dies allerdings nur, wenn die Überschuldung ein Viertel des Betrages aller Haftsummen übersteigt.

37 Sind im Statut Nachschusspflichten festgelegt, so sind die Nachschüsse im Zweifel nach Köpfen (§ 105 Abs. 2 GenG) zu leisten. Jedes Mitglied unterliegt einer Ausfallhaftung, die ähnlich wie im Fall der Nachschusspflicht bei der GmbH festgelegt ist (§ 105 Abs. 3 GenG). Der Gläubiger kann sich aber nicht direkt an das Mitglied wenden, sondern muss darauf warten, dass der Insolvenzverwalter die Nachschüsse einfordert.

C. Literatur (Auswahl)

38 *Bauer* Genossenschafts-Handbuch, Loseblatt, Stand 2017; *Beuthien* Genossenschaftsgesetz, 16. Aufl. 2017; *ders.* Ist die Genossenschaftsrechtsreform geglückt? NZG 2008, 210 ff; *Beuthien/Dierkes/Wehrheim* Die Genossenschaft, 2008; *Berliner Kommentar* zum Genossenschaftsgesetz, bearbeitet von *Hillebrand* und *Kessler*, 2. Aufl. 2010; *El Mahi* Die Europäische Genossenschaft, DB 2004 S. 967–972; *Geschwandtner/Helios* Das neue Genossenschaftsgesetz und die Einführung der Europäischen Genossenschaft, 2007; *Helios* Handbuch der Genossenschaft, 2009; *Henssler/Strohn* Gesellschaftsrecht, 3. Aufl. 2016; *Hirte* Das neue Genossenschaftsrecht, Teil 2, DStR 2007, 2215 ff; *Kisker* Unternehmerische Mitbestimmung in der Europäischen Gesellschaft, Europäischen Genossenschaft und bei der grenzüberschreitenden Verschmelzung, RdA 2006, 206 ff; *Krimphove* Die Europäische Genossenschaft auf dem Prüfstand, ZfgG 61 (2011), 45; *Lang/Weidmüller* Genossenschaftsgesetz, 38. Aufl. 2016; *Merkt* ZGR 2003, 650 ff, 673 ff; *Pöhlmann/Fandrich/Bloehs* Genossenschaftsgesetz, 4. Aufl. 2012; *Schulze* Europäische Genossenschaft (SCE), 2004.

Dritter Teil
Gesetz über die Beteiligung der Arbeitnehmer und Arbeitnehmerinnen in einer Europäischen Genossenschaft (SCEBG)

vom 14. August 2006 (BGBl. I S. 1911, 1917)

Teil 1
Allgemeine Vorschriften

§ 1
Zielsetzung des Gesetzes

(1) [1]Dieses Gesetz regelt die Beteiligung der Arbeitnehmer in einer Europäischen Genossenschaft, die Gegenstand der Verordnung (EG) Nr. 1435/2003 des Rates vom 22. Juli 2003 über das Statut der Europäischen Genossenschaft (SCE) (ABl. EU Nr. L 207 S. 1) ist. [2]Ziel dieses Gesetzes ist, in einer Europäischen Genossenschaft die erworbenen Rechte der Arbeit-

nehmer (Arbeitnehmerinnen und Arbeitnehmer) auf Beteiligung an Unternehmensentscheidungen zu sichern. [3]Maßgeblich für die Ausgestaltung der Beteiligungsrechte der Arbeitnehmer in der Europäischen Genossenschaft sind die bestehenden Beteiligungsrechte in den beteiligten juristischen Personen, die die Europäische Genossenschaft gründen.

(2) [1]Zur Sicherung des Rechts auf grenzüberschreitende Unterrichtung, Anhörung, Mitbestimmung und sonstige Beteiligung der Arbeitnehmer wird eine Vereinbarung über die Beteiligung der Arbeitnehmer in der Europäischen Genossenschaft getroffen. [2]Kommt es nicht zu einer Vereinbarung, wird eine Beteiligung der Arbeitnehmer in der Europäischen Genossenschaft kraft Gesetzes sichergestellt.

(3) Die Vorschriften dieses Gesetzes sowie die Vereinbarung nach Absatz 2 sind so auszulegen, dass die Ziele der Europäischen Gemeinschaft, die Beteiligung der Arbeitnehmer in der Europäischen Genossenschaft sicherzustellen, gefördert werden.

(4) Die Grundsätze der Absätze 1 bis 3 gelten auch für strukturelle Änderungen einer gegründeten Europäischen Genossenschaft sowie für deren Auswirkungen auf die betroffenen Unternehmen und Betriebe und ihre Arbeitnehmer.

Das SCE-Beteiligungsgesetz gestaltet die Beteiligung der Arbeitnehmer in der SCE weitge- 1
hend identisch mit der Arbeitnehmerbeteiligung in der SE aus. Soweit es – abgesehen von den notwendigen Anpassungen an die Rechtsform der Genossenschaft – nicht zu Abweichungen kommt, wird auf die Kommentierung in den entsprechenden Paragraphen des SEBG verwiesen.

Nach § 2a Abs. 1 Nr. 3f ArbGG sind für Rechtsstreitigkeiten aus dem SCEBG die Arbeitsgerich- 2
te zuständig; eine Ausnahme ist für §§ 47, 48 SCEBG geregelt, hinzu kommt, dass für Streitigkeiten nach §§ 34–38 SCEBG in Bezug auf Wahl und Abberufung die Arbeitsgerichte zuständig sind; ansonsten gilt wie nach §§ 47, 48 SCEBG die Zuständigkeit der ordentlichen Gerichtsbarkeit.

§ 1 SCEBG folgt § 1 SEBG. Dies gilt insbesondere auch für Absatz 3, der das Gebot der beteili- 3
gungsfreundlichen Auslegung normiert.

§ 2
Begriffsbestimmungen

(1) [1]Der Begriff des Arbeitnehmers richtet sich nach den Rechtsvorschriften und Gepflogenheiten der jeweiligen Mitgliedstaaten. [2]Arbeitnehmer eines inländischen Unternehmens oder Betriebs sind Arbeiter und Angestellte einschließlich der zu ihrer Berufsausbildung Beschäftigten und der in § 5 Abs. 3 Satz 2 des Betriebsverfassungsgesetzes genannten leitenden Angestellten, unabhängig davon, ob sie im Betrieb, im Außendienst oder mit Telearbeit beschäftigt werden. [3]Als Arbeitnehmer gelten auch die in Heimarbeit Beschäftigten, die in der Hauptsache für die juristische Person oder den Betrieb arbeiten.

(2) Beteiligte juristische Personen sind Gesellschaften im Sinn des Artikels 48 Abs. 2 des EG-Vertrags sowie nach dem Recht eines Mitgliedstaats errichtete und diesem Recht unterliegende juristische Personen, die unmittelbar an der Gründung einer Europäischen Genossenschaft beteiligt sind.

(3) [1]Tochtergesellschaften einer beteiligten juristischen Person oder einer Europäischen Genossenschaft sind rechtlich selbstständige Unternehmen, auf die eine juristische Person einen beherrschenden Einfluss im Sinn des Artikels 3 Abs. 2 bis 7 der Richtlinie 94/45/EG des Rates vom 22. September 1994 über die Einsetzung eines Europäischen Betriebsrats oder die Schaffung eines Verfahrens zur Unterrichtung und Anhörung der Arbeitnehmer in gemeinschaftsweit operierenden Unternehmen und Unternehmensgruppen (ABl. EG Nr. L 254 S. 64) ausüben kann. [2]§ 6 Abs. 2 bis 4 des Europäische Betriebsräte-Gesetzes vom 28. Oktober 1996 (BGBl. I S. 1548) ist anzuwenden.

(4) Betroffene Tochtergesellschaften oder betroffene Betriebe sind Tochtergesellschaften oder Betriebe einer beteiligten juristischen Person, die zu Tochtergesellschaften oder Betrieben der Europäischen Genossenschaft werden sollen.

(5) [1]Leitung bezeichnet das Organ der unmittelbar an der Gründung der Europäischen Genossenschaft beteiligten juristischen Personen oder der Europäischen Genossenschaft selbst, das die Geschäfte der juristischen Person führt und zu ihrer Vertretung berechtigt ist. [2]Bei den beteiligten juristischen Personen ist dies das Leitungs- oder Verwaltungsorgan; bei der Europäischen Genossenschaft sind dies das Leitungsorgan oder die geschäftsführenden Direktoren.

(6) Arbeitnehmervertretung bezeichnet jede Vertretung der Arbeitnehmer nach dem Betriebsverfassungsgesetz (Betriebsrat, Gesamtbetriebsrat, Konzernbetriebsrat oder eine nach § 3 Abs. 1 Nr. 1 bis 3 des Betriebsverfassungsgesetzes gebildete Vertretung).

(7) SCE-Betriebsrat bezeichnet das Vertretungsorgan der Arbeitnehmer der Europäischen Genossenschaft, das durch eine Vereinbarung nach § 21 oder kraft Gesetzes nach den §§ 22 bis 33 eingesetzt wird, um die Rechte auf Unterrichtung und Anhörung der Arbeitnehmer der Europäischen Genossenschaft, ihrer Tochtergesellschaften und Betriebe und, wenn vereinbart, Mitbestimmungsrechte und sonstige Beteiligungsrechte in Bezug auf die Europäische Genossenschaft wahrzunehmen.

(8) Beteiligung der Arbeitnehmer bezeichnet jedes Verfahren – einschließlich der Unterrichtung, Anhörung und Mitbestimmung –, durch das die Vertreter der Arbeitnehmer auf die Beschlussfassung in einer juristischen Person Einfluss nehmen können.

(9) [1]Beteiligungsrechte sind Rechte, die den Arbeitnehmern und ihren Vertretern im Bereich der Unterrichtung, Anhörung, Mitbestimmung und der sonstigen Beteiligung zustehen. [2]Hierzu kann auch die Wahrnehmung dieser Rechte in den Konzernunternehmen der Europäischen Genossenschaft gehören.

(10) [1]Unterrichtung bezeichnet die Unterrichtung des SCE-Betriebsrats oder anderer Arbeitnehmervertreter durch die Leitung der Europäischen Genossenschaft über Angelegenheiten, welche die Europäische Genossenschaft selbst oder eine ihrer Tochtergesellschaften oder einen ihrer Betriebe in einem anderen Mitgliedstaat betreffen oder die über die Befugnisse der zuständigen Organe auf der Ebene des einzelnen Mitgliedstaats hinausgehen. [2]Zeitpunkt, Form und Inhalt der Unterrichtung sind so zu wählen, dass es den Arbeitnehmervertretern möglich ist, zu erwartende Auswirkungen eingehend zu prüfen und gegebenenfalls eine Anhörung mit der Leitung der Europäischen Genossenschaft vorzubereiten.

(11) [1]Anhörung bezeichnet die Einrichtung eines Dialogs und eines Meinungsaustauschs zwischen dem SCE-Betriebsrat oder anderen Arbeitnehmervertretern und der Leitung der Europäischen Genossenschaft oder einer anderen zuständigen mit eigenen Entscheidungsbefugnissen ausgestatteten Leitungsebene. [2]Zeitpunkt, Form und Inhalt der Anhörung müssen dem SCE-Betriebsrat auf der Grundlage der erfolgten Unterrichtung eine Stellungnahme zu den geplanten Maßnahmen der Leitung der Europäischen Genossenschaft ermöglichen, die im Rahmen des Entscheidungsprozesses innerhalb der Europäischen Genossenschaft berücksichtigt werden kann.

(12) Mitbestimmung bedeutet die Einflussnahme der Arbeitnehmer auf die Angelegenheiten einer juristischen Person durch

1. **die Wahrnehmung des Rechts, einen Teil der Mitglieder des Aufsichts- oder Verwaltungsorgans der juristischen Person zu wählen oder zu bestellen, oder**
2. **die Wahrnehmung des Rechts, die Bestellung eines Teils oder aller Mitglieder des Aufsichts- oder Verwaltungsorgans der juristischen Person zu empfehlen oder abzulehnen.**

Die Regelung folgt § 2 SEBG.

§ 3
Geltungsbereich

(1) [1]Dieses Gesetz gilt für eine Europäische Genossenschaft mit Sitz im Inland. [2]Es gilt unabhängig vom Sitz der Europäischen Genossenschaft auch für Arbeitnehmer der Europäischen Genossenschaft, die im Inland beschäftigt sind, sowie für beteiligte juristische Personen, betroffene Tochtergesellschaften und betroffene Betriebe mit Sitz im Inland.

(2) Mitgliedstaaten im Sinn dieses Gesetzes sind die Mitgliedstaaten der Europäischen Union und die anderen Vertragsstaaten des Abkommens über den Europäischen Wirtschaftsraum.

Die Regelung folgt § 3 SEBG.

Teil 2
Beteiligung der Arbeitnehmer in einer Europäischen Genossenschaft, die durch mindestens zwei juristische Personen oder durch Umwandlung gegründet wird

Kapitel 1
Bildung und Zusammensetzung des besonderen Verhandlungsgremiums

§ 4
Information der Leitungen

(1) [1]Ist die Gründung einer Europäischen Genossenschaft durch mindestens zwei juristische Personen oder durch Umwandlung geplant, informieren die Leitungen die Arbeitnehmervertretungen und Sprecherausschüsse in den beteiligten juristischen Personen, betroffenen Tochtergesellschaften und betroffenen Betrieben über das Gründungsvorhaben. [2]Besteht keine Arbeitnehmervertretung, erfolgt die Information gegenüber den Arbeitnehmern. [3]Die Information erfolgt unaufgefordert und unverzüglich nach Offenlegung des Verschmelzungsplans, nach der Erstellung der Satzung der Europäischen Genossenschaft oder nach Offenlegung des Umwandlungsplans.

(2) Die Information nach Absatz 1 erstreckt sich insbesondere auf die

1. **Identität und Struktur der beteiligten juristischen Personen, betroffenen Tochtergesellschaften und betroffenen Betriebe und deren Verteilung auf die Mitgliedstaaten,**
2. **in den beteiligten juristischen Personen, betroffenen Tochtergesellschaften und betroffenen Betrieben bestehenden Arbeitnehmervertretungen,**
3. **Zahl der in den beteiligten juristischen Personen, betroffenen Tochtergesellschaften und betroffenen Betrieben jeweils beschäftigten Arbeitnehmer sowie die daraus zu errechnende Gesamtzahl der in einem Mitgliedstaat beschäftigten Arbeitnehmer,**
4. **Zahl der Arbeitnehmer, denen Mitbestimmungsrechte in den Organen der juristischen Personen und betroffenen Tochtergesellschaften zustehen.**

(3) Maßgeblicher Zeitpunkt für die Ermittlung der Zahl der Arbeitnehmer ist der Zeitpunkt der Information nach Absatz 1.

Die Regelung folgt § 4 SEBG.

§ 5
Zusammensetzung des besonderen Verhandlungsgremiums

(1) [1]Das besondere Verhandlungsgremium ist auf Grund einer schriftlichen Aufforderung der Leitungen zu bilden. [2]Es hat die Aufgabe, mit den Leitungen eine schriftliche Vereinbarung über die Beteiligung der Arbeitnehmer in der Europäischen Genossenschaft abzuschließen.

(2) [1]Für die in jedem Mitgliedstaat beschäftigten Arbeitnehmer der beteiligten juristischen Personen, betroffenen Tochtergesellschaften und betroffenen Betriebe werden Mitglieder für das besondere Verhandlungsgremium gewählt oder bestellt. [2]Für jeden Anteil der in einem Mitgliedstaat beschäftigten Arbeitnehmer, der 10 Prozent der Gesamtzahl der in allen Mitgliedstaaten beschäftigten Arbeitnehmer oder einen Bruchteil davon beträgt, ist ein Mitglied aus diesem Mitgliedstaat in das besondere Verhandlungsgremium zu wählen oder zu bestellen.

(3) [1]Wird die Europäische Genossenschaft durch Verschmelzung gegründet, sind so viele zusätzliche Mitglieder in das besondere Verhandlungsgremium zu wählen oder zu bestellen, wie erforderlich sind, um zu gewährleisten, dass jede beteiligte Genossenschaft, die eingetragen ist und Arbeitnehmer in dem betreffenden Mitgliedstaat beschäftigt und die als Folge der geplanten Eintragung der Europäischen Genossenschaft als eigene Rechtspersönlichkeit erlöschen wird, in dem besonderen Verhandlungsgremium durch mindestens ein Mitglied vertreten ist. [2]Dies darf nicht zu einer Doppelvertretung der betroffenen Arbeitnehmer führen.

(4) [1]Die Zahl der zusätzlichen Mitglieder darf 20 Prozent der sich aus Absatz 2 ergebenden Mitgliederzahl nicht überschreiten. [2]Kann danach nicht jede nach Absatz 3 besonders zu berücksichtigende Genossenschaft durch ein zusätzliches Mitglied im besonderen Verhandlungsgremium vertreten werden, so werden diese Genossenschaften in absteigender Reihenfolge der Zahl der bei ihnen beschäftigten Arbeitnehmer berücksichtigt. [3]Dabei ist zu gewährleisten, dass ein Mitgliedstaat nicht mehrere zusätzliche Sitze erhält, solange nicht alle anderen Mitgliedstaaten, aus denen die nach Absatz 3 besonders zu berücksichtigenden Genossenschaften stammen, einen Sitz erhalten haben.

(5) [1]Treten während der Tätigkeitsdauer des besonderen Verhandlungsgremiums solche Änderungen in der Struktur oder Arbeitnehmerzahl der beteiligten juristischen Personen, der betroffenen Tochtergesellschaften oder der betroffenen Betriebe ein, dass sich die konkrete Zusammensetzung des besonderen Verhandlungsgremiums ändern würde, so ist das besondere Verhandlungsgremium entsprechend neu zusammenzusetzen. [2]Über solche Änderungen haben die zuständigen Leitungen unverzüglich das besondere Verhandlungsgremium zu informieren. [3]§ 4 gilt entsprechend.

Absatz 1 folgt § 4 Abs. 1 SEBG. Im Übrigen folgt die Regelung § 5 SEBG.

§ 6
Persönliche Voraussetzungen der auf das Inland entfallenden Mitglieder des besonderen Verhandlungsgremiums

(1) Die persönlichen Voraussetzungen der Mitglieder des besonderen Verhandlungsgremiums richten sich nach den jeweiligen Bestimmungen der Mitgliedstaaten, in denen sie gewählt oder bestellt werden.

(2) [1]Zu Mitgliedern des besonderen Verhandlungsgremiums wählbar sind im Inland Arbeitnehmer der beteiligten juristischen Personen, betroffenen Tochtergesellschaften

und betroffenen Betriebe sowie Gewerkschaftsvertreter. [2]Frauen und Männer sollen entsprechend ihrem zahlenmäßigen Verhältnis gewählt werden. [3]Für jedes Mitglied ist ein Ersatzmitglied zu wählen.

(3) Gehören dem besonderen Verhandlungsgremium mehr als zwei Mitglieder aus dem Inland an, ist jedes dritte Mitglied ein Vertreter einer Gewerkschaft, die in einer der an der Gründung der Europäischen Genossenschaft beteiligten juristischen Personen, betroffenen Tochtergesellschaften oder betroffenen Betriebe vertreten ist.

(4) Gehören dem besonderen Verhandlungsgremium mehr als sechs Mitglieder aus dem Inland an, ist mindestens jedes siebte Mitglied ein leitender Angestellter.

Die Regelung folgt § 6 SEBG. Abweichend von § 6 Abs. 3 SEBG regelt § 6 Abs. 3 SCEBG eine Sitzgarantie der Gewerkschaften im Besonderen Verhandlungsgremium (BVG). Die Arbeitnehmer der von der SCE-Gründung betroffenen Tochtergesellschaften und Betriebe werden stärker einbezogen als nach dem Wortlaut der Vorschrift in der SE.[1] Für einen Sitz im BVG kommen demnach ausdrücklich auch die in diesen Tochtergesellschaften und Betrieben vertretenen Gewerkschaften in Frage. Der Kreis der berechtigten Gewerkschaften wird nach § 6 Abs. 3 SCEBG vor allem deshalb zu Recht ausgeweitet, weil es in der Praxis sein kann, dass an der Gründung nur Gesellschaften mit relativ wenig Arbeitnehmern beteiligt sind und Gewerkschaften ausgegrenzt werden, die in den Tochtergesellschaften und Betrieben relativ viele Arbeitnehmer vertreten.[2]

§ 7
Verteilung der auf das Inland entfallenden Sitze des besonderen Verhandlungsgremiums

(1) Die Wahl oder Bestellung der Mitglieder des besonderen Verhandlungsgremiums nach § 5 erfolgt nach den jeweiligen Bestimmungen der Mitgliedstaaten.

(2) Bei der Wahl der auf das Inland entfallenden Mitglieder des besonderen Verhandlungsgremiums sollen alle an der Gründung der Europäischen Genossenschaft beteiligten juristischen Personen mit Sitz im Inland, die Arbeitnehmer im Inland beschäftigen, durch mindestens ein Mitglied im besonderen Verhandlungsgremium vertreten sein.

(3) Ist die Anzahl der auf das Inland entfallenden Mitglieder des besonderen Verhandlungsgremiums geringer als die Anzahl der an der Gründung der Europäischen Genossenschaft beteiligten juristischen Personen mit Sitz im Inland, die Arbeitnehmer im Inland beschäftigen, erhalten diese in absteigender Reihenfolge der Zahl der Arbeitnehmer jeweils einen Sitz.

(4) Ist die Anzahl der auf das Inland entfallenden Mitglieder des besonderen Verhandlungsgremiums höher als die Anzahl der an der Gründung der Europäischen Genossenschaft beteiligten juristischen Personen mit Sitz im Inland, die Arbeitnehmer im Inland beschäftigen, sind die nach erfolgter Verteilung nach Absatz 2 verbleibenden Sitze nach dem d'Hondtschen Höchstzahlverfahren auf die beteiligten juristischen Personen, betroffenen Tochtergesellschaften oder betroffenen Betriebe zu verteilen.

(5) Sind keine juristischen Personen mit Sitz im Inland an der Gründung der Europäischen Genossenschaft beteiligt, sondern von ihr nur Tochtergesellschaften oder Betriebe ausländischer juristischer Personen betroffen, gelten die Absätze 2 bis 4 entsprechend.

1 Vgl. Einf Rn 26.
2 Vgl. *Kleinsorge* in: Wißmann/Kleinsorge/Schubert Mitbestimmungsrecht, EU-Recht Rn 158; *Rudolph* in: Annuß/Kühn/Rudolph/Rupp § 20 SCEBG Rn 4.

Die Regelung folgt § 7 SEBG. Für den Fall, dass die Anzahl der auf das Inland entfallenden Mitglieder des BVG höher als die Anzahl der an der Gründung der SCE beteiligten juristischen Personen mit Sitz im Inland ist, berücksichtigt § 7 Abs. 4 SCEBG bei der Verteilung der Sitze der inländischen Arbeitnehmervertreter im BVG nach dem d'Hondtschen Höchstzahlverfahren auch die betroffenen Tochtergesellschaften und Betriebe, während der Wortlaut von § 7 Abs. 4 SEBG lediglich die Arbeitnehmer der an der Gründung der SE beteiligten Gesellschaften umfasst. Auch diese Regelung rechtfertigt sich aus praktischen Bedürfnissen. Es ist zweckmäßig, bei der Sitzverteilung keinen Unterschied zwischen beteiligten juristischen Personen und betroffenen Tochtergesellschaften und Betrieben zu machen.[1]

Kapitel 2
Wahlgremium

§ 8
Zusammensetzung des Wahlgremiums; Urwahl

(1) [1]Die nach diesem Gesetz oder dem Gesetz eines anderen Mitgliedstaats auf die im Inland beschäftigten Arbeitnehmer der an der Gründung der Europäischen Genossenschaft beteiligten juristischen Personen, betroffenen Tochtergesellschaften und betroffenen Betriebe entfallenden Mitglieder des besonderen Verhandlungsgremiums werden von einem Wahlgremium in geheimer und unmittelbarer Wahl gewählt. [2]Im Fall des § 6 Abs. 3 ist jedes dritte Mitglied auf Vorschlag einer Gewerkschaft zu wählen, die in einer der an der Gründung der Europäischen Genossenschaft beteiligten juristischen Personen, betroffenen Tochtergesellschaften oder betroffenen Betriebe vertreten ist. [3]Wird nur ein Wahlvorschlag gemacht, muss dieser mindestens doppelt so viele Bewerber enthalten wie Vertreter von Gewerkschaften zu wählen sind. [4]Jeder Wahlvorschlag einer Gewerkschaft muss von einem Vertreter der Gewerkschaft unterzeichnet sein. [5]Im Fall des § 6 Abs. 4 ist jedes siebte Mitglied auf Vorschlag der Sprecherausschüsse zu wählen; Satz 3 gilt entsprechend. [6]Besteht in einer der beteiligten juristischen Personen, betroffenen Tochtergesellschaften oder betroffenen Betriebe kein Sprecherausschuss, können die leitenden Angestellten Wahlvorschläge machen; ein Wahlvorschlag muss von einem Zwanzigstel oder 50 der wahlberechtigten leitenden Angestellten unterzeichnet sein.

(2) [1]Ist aus dem Inland nur ein Zusammenschluss juristischer Personen (Unternehmensgruppe) an der Gründung einer Europäischen Genossenschaft beteiligt, besteht das Wahlgremium aus den Mitgliedern des Konzernbetriebsrats oder, sofern ein solcher nicht besteht, aus den Mitgliedern der Gesamtbetriebsräte oder, sofern ein solcher in einer juristischen Person nicht besteht, aus den Mitgliedern des Betriebsrats. [2]Betriebsratslose Betriebe und betriebsratslose juristische Personen innerhalb einer Unternehmensgruppe werden vom Konzernbetriebsrat, Gesamtbetriebsrat oder Betriebsrat mit vertreten.

(3) [1]Ist aus dem Inland nur eine juristische Person an der Gründung einer Europäischen Genossenschaft beteiligt, besteht das Wahlgremium aus den Mitgliedern des Gesamtbetriebsrats oder, sofern ein solcher nicht besteht, aus den Mitgliedern des Betriebsrats. [2]Betriebsratslose Betriebe einer juristischen Person werden vom Gesamtbetriebsrat oder Betriebsrat mit vertreten.

1 Vgl. *Kleinsorge* in: Wißmann/Kleinsorge/Schubert Mitbestimmungsrecht, EU-Recht Rn 159; *Rudolph* in: Annuß/Kühn/Rudolph/Rupp § 7 SCEBG Rn 5.

(4) Ist aus dem Inland nur ein Betrieb von der Gründung einer Europäischen Genossenschaft betroffen, besteht das Wahlgremium aus den Mitgliedern des Betriebsrats.

(5) [1]Sind an der Gründung der Europäischen Genossenschaft eine oder mehrere Unternehmensgruppen oder nicht verbundene juristische Personen beteiligt oder sind von der Gründung unternehmensunabhängige Betriebe betroffen, setzt sich das Wahlgremium aus den jeweiligen Arbeitnehmervertretungen auf Konzernebene, Unternehmensebene oder Betriebsebene zusammen. [2]Die Absätze 2 bis 4 gelten entsprechend. [3]Ist in den Fällen des Satzes 1 eine entsprechende Arbeitnehmervertretung nicht vorhanden, werden diese Mitglieder des Wahlgremiums von den Arbeitnehmern in Urwahl gewählt. [4]Die Wahl wird von einem Wahlvorstand eingeleitet und durchgeführt, der in einer Versammlung der Arbeitnehmer gewählt wird, zu der die jeweilige inländische Leitung auf Konzern-, Unternehmens- oder Betriebsebene einlädt. [5]Es sind so viele Mitglieder des Wahlgremiums zu wählen, wie eine bestehende Arbeitnehmervertretung in den Fällen der Absätze 2 bis 4 an gesetzlichen Mitgliedern hätte; für das Wahlverfahren gilt Absatz 7 Satz 3 bis 5 entsprechend.

(6) [1]Das Wahlgremium besteht aus höchstens 40 Mitgliedern. [2]Wird diese Höchstzahl überschritten, ist die Anzahl der Mitglieder in dem Wahlgremium entsprechend ihrem zahlenmäßigen Verhältnis nach dem d'Hondtschen Höchstzahlverfahren zu verringern.

(7) [1]Besteht in den Fällen der Absätze 2 bis 5 keine Arbeitnehmervertretung, wählen die Arbeitnehmer die Mitglieder des besonderen Verhandlungsgremiums in geheimer und unmittelbarer Wahl. [2]Die Wahl wird von einem Wahlvorstand eingeleitet und durchgeführt, der in einer Versammlung der Arbeitnehmer gewählt wird, zu der die inländische Konzernleitung, Unternehmensleitung oder Betriebsleitung einlädt. [3]Die Wahl der Mitglieder des besonderen Verhandlungsgremiums erfolgt nach den Grundsätzen der Verhältniswahl. [4]Sie erfolgt nach den Grundsätzen der Mehrheitswahl, wenn nur ein Wahlvorschlag eingereicht wird. [5]Jeder Wahlvorschlag der Arbeitnehmer muss von mindestens einem Zwanzigstel der wahlberechtigten Arbeitnehmer, mindestens jedoch von drei Wahlberechtigten, höchstens aber von 50 Wahlberechtigten unterzeichnet sein; in Betrieben mit in der Regel bis zu 20 wahlberechtigten Arbeitnehmern genügt die Unterzeichnung durch zwei Wahlberechtigte. [6]Absatz 1 Satz 2 bis 6 gilt entsprechend.

Die Regelung folgt § 8 SEBG. Auch das Wahlvorschlagsrecht der Gewerkschaften nach § 8 Abs. 1 Satz 2 SCEBG wird auf Tochtergesellschaften und betroffene Betriebe ausgedehnt (vgl. § 6 Abs. 3), während nach § 8 Abs. 1 Satz 2 SEBG bei einer SE nur die in den an der Gründung den beteiligten Gesellschaften berücksichtigt werden. Der Kreis der berechtigten Gewerkschaften vor allem deshalb mit Recht ausgeweitet, weil es in der Praxis sein kann, dass an der Gründung nur Gesellschaften mit relativ wenig Arbeitnehmern beteiligt sind und Gewerkschaften ausgegrenzt werden, die in den Tochtergesellschaften und Betrieben relativ viele Arbeitnehmer vertreten.[1]

§ 9
Einberufung des Wahlgremiums

(1) Auf der Grundlage der von den Leitungen erhaltenen Informationen hat der Vorsitzende der Arbeitnehmervertretung auf Konzernebene oder, sofern eine solche nicht besteht, auf Unternehmensebene oder, sofern eine solche nicht besteht, auf Betriebsebene

1 Vgl. *Kleinsorge* in: Wißmann/Kleinsorge/Schubert Mitbestimmungrecht EU-Recht Rn 158 und *Rudolph* in: Annuß/Kühn/Rudolph/Rupp § 8 SCEBG Rn 6.

1. Ort, Tag und Zeit der Versammlung des Wahlgremiums festzulegen,
2. die Anzahl der Mitglieder aus den jeweiligen Arbeitnehmervertretungen nach § 8 Abs. 6 festzulegen und
3. zur Versammlung des Wahlgremiums einzuladen.

(2) Bestehen auf einer Ebene mehrere Arbeitnehmervertretungen, treffen die Verpflichtungen nach Absatz 1 den Vorsitzenden der Arbeitnehmervertretung, die die meisten Arbeitnehmer vertritt.

Die Regelung folgt § 9 SEBG.

§ 10
Wahl der Mitglieder des besonderen Verhandlungsgremiums

(1) [1]Bei der Wahl müssen mindestens zwei Drittel der Mitglieder des Wahlgremiums, die mindestens zwei Drittel der Arbeitnehmer vertreten, anwesend sein. [2]Die Mitglieder des Wahlgremiums haben jeweils so viele Stimmen, wie sie Arbeitnehmer vertreten. [3]Die Wahl erfolgt mit einfacher Mehrheit der abgegebenen Stimmen.

(2) [1]Im Wahlgremium vertreten die Arbeitnehmervertretungen und die in Urwahl gewählten Mitglieder jeweils alle Arbeitnehmer der organisatorischen Einheit, für die sie nach § 8 Abs. 2 bis 5 zuständig sind. [2]Nicht nach Satz 1 vertretene Arbeitnehmer werden den Arbeitnehmervertretungen innerhalb der jeweiligen Unternehmensgruppe zu gleichen Teilen zugerechnet.

(3) [1]Sind für eine Arbeitnehmervertretung mehrere Mitglieder im Wahlgremium vertreten, werden die entsprechend der von ihnen vertretenen Arbeitnehmer bestehenden Stimmenanteile gleichmäßig aufgeteilt. [2]Dies gilt auch für die nach § 8 Abs. 5 Satz 3 gewählten Mitglieder des Wahlgremiums.

Die Regelung folgt § 10 SEBG.

Kapitel 3
Verhandlungsverfahren

§ 11
Information über die Mitglieder des besonderen Verhandlungsgremiums

(1) [1]Die Wahl oder Bestellung der Mitglieder des besonderen Verhandlungsgremiums soll innerhalb von zehn Wochen nach der in § 4 Abs. 1 und 2 vorgeschriebenen Information erfolgen. [2]Den Leitungen sind unverzüglich die Namen der Mitglieder des besonderen Verhandlungsgremiums, ihre Anschriften sowie die jeweilige Betriebszugehörigkeit mitzuteilen. [3]Die Leitungen haben die örtlichen Betriebs- und Unternehmensleitungen, die dort bestehenden Arbeitnehmervertretungen und Sprecherausschüsse sowie die in inländischen Betrieben vertretenen Gewerkschaften über diese Angaben zu informieren.

(2) [1]Das Verhandlungsverfahren nach den §§ 12 bis 17 findet auch dann statt, wenn die in Absatz 1 Satz 1 genannte Frist aus Gründen, die die Arbeitnehmer zu vertreten haben, überschritten wird. [2]Nach Ablauf der Frist gewählte oder bestellte Mitglieder können sich jederzeit an dem Verhandlungsverfahren beteiligen.

Die Regelung folgt § 11 SEBG.

§ 12
Sitzungen, Geschäftsordnung

(1) [1]Die Leitungen laden unverzüglich nach Benennung der Mitglieder oder im Fall des § 11 nach Ablauf der in § 11 Abs. 1 Satz 1 genannten Frist zur konstituierenden Sitzung des besonderen Verhandlungsgremiums ein und informieren die örtlichen Betriebs- und Unternehmensleitungen. [2]Das besondere Verhandlungsgremium wählt aus seiner Mitte einen Vorsitzenden und mindestens zwei Stellvertreter. [3]Es kann sich eine schriftliche Geschäftsordnung geben.

(2) Der Vorsitzende kann weitere Sitzungen einberufen.

Die Regelung folgt § 12 SEBG.

§ 13
Zusammenarbeit zwischen besonderem Verhandlungsgremium und Leitungen

(1) [1]Das besondere Verhandlungsgremium schließt mit den Leitungen eine schriftliche Vereinbarung über die Beteiligung der Arbeitnehmer in der Europäischen Genossenschaft ab. [2]Zur Erfüllung dieser Aufgabe arbeiten sie vertrauensvoll zusammen.

(2) [1]Die Leitungen haben dem besonderen Verhandlungsgremium rechtzeitig alle erforderlichen Auskünfte zu erteilen und die erforderlichen Unterlagen zur Verfügung zu stellen. [2]Das besondere Verhandlungsgremium ist insbesondere über das Gründungsvorhaben und den Verlauf des Verfahrens bis zur Eintragung der Europäischen Genossenschaft zu unterrichten. [3]Zeitpunkt, Häufigkeit und Ort der Verhandlungen werden zwischen den Leitungen und dem besonderen Verhandlungsgremium einvernehmlich festgelegt.

Die Regelung folgt § 13 SEBG.

§ 14
Sachverständige und Vertreter von geeigneten außenstehenden Organisationen

(1) [1]Das besondere Verhandlungsgremium kann bei den Verhandlungen Sachverständige seiner Wahl, zu denen auch Vertreter von einschlägigen Gewerkschaftsorganisationen auf Gemeinschaftsebene zählen können, hinzuziehen, um sich von ihnen bei seiner Arbeit unterstützen zu lassen. [2]Diese Sachverständigen können, wenn das besondere Verhandlungsgremium es wünscht, an den Verhandlungen in beratender Funktion teilnehmen.

(2) Das besondere Verhandlungsgremium kann beschließen, die Vertreter von geeigneten außenstehenden Organisationen vom Beginn der Verhandlungen zu unterrichten.

Die Regelung folgt § 14 SEBG.

§ 15
Beschlussfassung im besonderen Verhandlungsgremium

(1) [1]Die Mitglieder des besonderen Verhandlungsgremiums, die in einem Mitgliedstaat gewählt oder bestellt werden, vertreten alle in dem jeweiligen Mitgliedstaat beschäftigten Arbeitnehmer. [2]Solange aus einem Mitgliedstaat keine Mitglieder in das besondere Verhandlungsgremium gewählt oder bestellt sind (§ 11 Abs. 2), gelten die betroffenen Arbeitnehmer als nicht vertreten.

(2) [1]Das besondere Verhandlungsgremium beschließt vorbehaltlich des Absatzes 3 und § 16 Abs. 1 mit der Mehrheit seiner Mitglieder, in der zugleich die Mehrheit der vertretenen Arbeitnehmer enthalten sein muss. [2]Jedes auf das Inland entfallende Mitglied vertritt gleich viele Arbeitnehmer.

(3) [1]Hätten die Verhandlungen eine Minderung der Mitbestimmungsrechte zur Folge, so ist für einen Beschluss zur Billigung einer solchen Vereinbarung eine Mehrheit von zwei Dritteln der Mitglieder des besonderen Verhandlungsgremiums erforderlich, die mindestens zwei Drittel der Arbeitnehmer in mindestens zwei Mitgliedstaaten vertreten. [2]Dies gilt

1. **im Fall einer Europäischen Genossenschaft, die durch Verschmelzung gegründet werden soll, sofern sich die Mitbestimmung auf mindestens 25 Prozent der Gesamtzahl der Arbeitnehmer der beteiligten juristischen Personen und betroffenen Tochtergesellschaften erstreckt, oder**
2. **im Fall einer Europäischen Genossenschaft, die auf andere Weise gegründet werden soll, sofern sich die Mitbestimmung auf mindestens 50 Prozent der Gesamtzahl der Arbeitnehmer der beteiligten juristischen Personen und betroffenen Tochtergesellschaften erstreckt.**

(4) Minderung der Mitbestimmungsrechte bedeutet, dass

1. **der Anteil der Arbeitnehmervertreter im Aufsichts- oder Verwaltungsorgan der Europäischen Genossenschaft geringer ist als der höchste in den beteiligten juristischen Personen bestehende Anteil oder**
2. **das Recht, Mitglieder des Aufsichts- oder Verwaltungsorgans der juristischen Person zu wählen, zu bestellen, zu empfehlen oder abzulehnen, beseitigt oder eingeschränkt wird.**

(5) Wird eine Europäische Genossenschaft durch Umwandlung gegründet, kann ein Beschluss nach Absatz 3 nicht gefasst werden.

Die Regelung folgt § 15 SEBG.

§ 16
Nichtaufnahme oder Abbruch der Verhandlungen

(1) [1]Das besondere Verhandlungsgremium kann beschließen, keine Verhandlungen aufzunehmen oder bereits aufgenommene Verhandlungen abzubrechen. [2]Für diesen Beschluss ist eine Mehrheit von zwei Dritteln der Mitglieder erforderlich, die mindestens zwei Drittel der Arbeitnehmer in mindestens zwei Mitgliedstaaten vertreten. [3]Die Vorschriften für die Unterrichtung und Anhörung der Arbeitnehmer, die in den Mitgliedstaaten gelten, in denen die Europäische Genossenschaft Arbeitnehmer beschäftigt, finden Anwendung.

(2) [1]Ein Beschluss nach Absatz 1 beendet das Verfahren zum Abschluss der Vereinbarung nach § 21. [2]Ist ein solcher Beschluss gefasst worden, finden die §§ 22 bis 33 über den

SCE-Betriebsrat kraft Gesetzes und die §§ 34 bis 38 über die Mitbestimmung kraft Gesetzes keine Anwendung.

(3) Wird eine Europäische Genossenschaft durch Umwandlung gegründet, kann ein Beschluss nach Absatz 1 nicht gefasst werden, wenn den Arbeitnehmern der umzuwandelnden Genossenschaft Mitbestimmungsrechte zustehen.

Die Regelung folgt § 16 SEBG.

§ 17
Niederschrift

[1]In eine Niederschrift, die vom Vorsitzenden und einem weiteren Mitglied des besonderen Verhandlungsgremiums zu unterzeichnen ist, sind aufzunehmen

1. **ein Beschluss über den Abschluss einer Vereinbarung nach § 13 Abs. 1,**
2. **ein Beschluss über die Nichtaufnahme oder den Abbruch der Verhandlungen nach § 16 Abs. 1 und**
3. **die jeweiligen Mehrheiten, mit denen die Beschlüsse gefasst worden sind.**

[2]Eine Abschrift der Niederschrift ist den Leitungen zu übermitteln.

Die Regelung folgt § 17 SEBG.

§ 18
Wiederaufnahme der Verhandlungen

(1) [1]Frühestens zwei Jahre nach dem Beschluss nach § 16 Abs. 1 wird auf schriftlichen Antrag von mindestens 10 Prozent der Arbeitnehmer der Europäischen Genossenschaft, ihrer Tochtergesellschaften und Betriebe oder von deren Vertretern ein besonderes Verhandlungsgremium erneut gebildet, mit der Maßgabe, dass an die Stelle der beteiligten juristischen Personen, betroffenen Tochtergesellschaften und betroffenen Betriebe die Europäische Genossenschaft, ihre Tochtergesellschaften und ihre Betriebe treten. [2]Die Parteien können eine frühere Wiederaufnahme der Verhandlungen vereinbaren.

(2) Wenn das besondere Verhandlungsgremium die Wiederaufnahme der Verhandlungen mit der Leitung der Europäischen Genossenschaft nach Absatz 1 beschließt, in diesen Verhandlungen jedoch keine Einigung erzielt wird, finden die §§ 22 bis 33 über den SCE-Betriebsrat kraft Gesetzes und die §§ 34 bis 38 über die Mitbestimmung kraft Gesetzes keine Anwendung.

(3) [1]Sind strukturelle Änderungen der Europäischen Genossenschaft geplant, die geeignet sind, Beteiligungsrechte der Arbeitnehmer zu mindern, finden auf Veranlassung der Leitung der Europäischen Genossenschaft oder des SCE-Betriebsrats Verhandlungen über die Beteiligungsrechte der Arbeitnehmer der Europäischen Genossenschaft statt. [2]Anstelle des neu zu bildenden besonderen Verhandlungsgremiums können die Verhandlungen mit der Leitung der Europäischen Genossenschaft einvernehmlich von dem SCE-Betriebsrat gemeinsam mit Vertretern der von der geplanten strukturellen Änderung betroffenen Arbeitnehmer, die bisher nicht von dem SCE-Betriebsrat vertreten werden, geführt werden. [3]Wird in diesen Verhandlungen keine Einigung erzielt, sind die §§ 22 bis 33 über den SCE-Betriebsrat kraft Gesetzes und die §§ 34 bis 38 über die Mitbestimmung kraft Gesetzes anzuwenden.

(4) In den Fällen der Absätze 1 und 3 gelten die Vorschriften dieses Teils entsprechend mit der Maßgabe, dass an die Stelle der Leitungen die Leitung der Europäischen Genossenschaft tritt.

Die Regelung folgt §18 SEBG; in Abs. 3 mit der Maßgabe, dass nach dem Erwägungsgrund 21, der SCE-Richtlinie bei einer grenzüberschreitenden Sitzverlegung mindestens das gleiche Maß an Beteiligungsrechten der Arbeitnehmer gelten soll wie bisher. Zweitens sollten im Bereich der Mitbestimmung, wenn der Schwellenwert hinsichtlich der Beteiligung der Arbeitnehmer nach der Eintragung der SCE erreicht oder überschritten wird, diese Rechte in der gleichen Weise gelten, wie sie gegolten hätten, wenn dieser Schwellenwert vor der Eintragung erreicht oder überschritten worden wäre.

§ 19
Kosten des besonderen Verhandlungsgremiums

[1]Die durch die Bildung und Tätigkeit des besonderen Verhandlungsgremiums entstehenden erforderlichen Kosten tragen die beteiligten juristischen Personen und nach ihrer Gründung die Europäische Genossenschaft als Gesamtschuldner. [2]Insbesondere sind für die Sitzungen in erforderlichem Umfang Räume, sachliche Mittel, Dolmetscher und Büropersonal zur Verfügung zu stellen sowie die erforderlichen Reise- und Aufenthaltskosten der Mitglieder des besonderen Verhandlungsgremiums zu tragen.

Die Regelung folgt § 19 SEBG.

§ 20
Dauer der Verhandlungen

(1) [1]Die Verhandlungen beginnen mit der Einsetzung des besonderen Verhandlungsgremiums und können bis zu sechs Monate dauern. [2]Einsetzung bezeichnet den Tag, zu dem die Leitungen zur konstituierenden Sitzung des besonderen Verhandlungsgremiums eingeladen haben.

(2) Die Parteien können einvernehmlich beschließen, die Verhandlungen über den in Absatz 1 genannten Zeitraum hinaus bis zu insgesamt einem Jahr ab der Einsetzung des besonderen Verhandlungsgremiums fortzusetzen.

Die Regelung folgt § 20 SEBG.

Kapitel 4
Beteiligung der Arbeitnehmer kraft Vereinbarung

§ 21
Inhalt der Vereinbarung

(1) In der schriftlichen Vereinbarung zwischen den Leitungen und dem besonderen Verhandlungsgremium wird, unbeschadet der Autonomie der Parteien im Übrigen und vorbehaltlich des Absatzes 5, festgelegt:

1. der Geltungsbereich der Vereinbarung, einschließlich der außerhalb des Hoheitsgebiets der Mitgliedstaaten liegenden juristischen Personen und Betriebe, sofern diese in den Geltungsbereich einbezogen werden,
2. die Zusammensetzung des SCE-Betriebsrats, die Anzahl seiner Mitglieder und die Sitzverteilung, einschließlich der Auswirkungen wesentlicher Änderungen der Zahl der in der Europäischen Genossenschaft beschäftigten Arbeitnehmer,
3. die Befugnisse und das Verfahren zur Unterrichtung und Anhörung des SCE-Betriebsrats,
4. die Häufigkeit der Sitzungen des SCE-Betriebsrats,
5. die für den SCE-Betriebsrat bereitzustellenden finanziellen und materiellen Mittel,
6. der Zeitpunkt des Inkrafttretens der Vereinbarung und ihre Laufzeit sowie die Fälle, in denen die Vereinbarung neu ausgehandelt werden soll und das dabei anzuwendende Verfahren.

(2) [1]Wenn kein SCE-Betriebsrat gebildet wird, haben die Parteien die Durchführungsmodalitäten des Verfahrens oder der Verfahren zur Unterrichtung und Anhörung festzulegen. [2]Absatz 1 gilt entsprechend.

(3) [1]Für den Fall, dass die Parteien eine Vereinbarung über die Mitbestimmung treffen, ist deren Inhalt festzulegen. [2]Insbesondere soll Folgendes vereinbart werden:
1. die Zahl der Mitglieder des Aufsichts- oder Verwaltungsorgans der Europäischen Genossenschaft, welche die Arbeitnehmer wählen oder bestellen können oder deren Bestellung sie empfehlen oder ablehnen können,
2. das Verfahren, nach dem die Arbeitnehmer diese Mitglieder wählen oder bestellen können oder deren Bestellung empfehlen oder ablehnen können,
3. die Rechte dieser Mitglieder,
4. dass auch vor strukturellen Änderungen der Europäischen Genossenschaft, ihrer Tochtergesellschaften oder ihrer Betriebe, die nach Gründung der Europäischen Genossenschaft eintreten, Verhandlungen über die Beteiligung der Arbeitnehmer in der Europäischen Genossenschaft aufgenommen werden und welches Verfahren dabei anzuwenden ist.

(4) Die Vereinbarung kann bestimmen, dass die §§ 22 bis 33 über den SCE-Betriebsrat kraft Gesetzes und die §§ 34 bis 38 über die Mitbestimmung kraft Gesetzes ganz oder in Teilen gelten.

(5) [1]Unbeschadet des Verhältnisses dieses Gesetzes zu anderen Regelungen der Mitbestimmung der Arbeitnehmer auf Unternehmensebene muss in der Vereinbarung im Fall einer durch Umwandlung gegründeten Europäischen Genossenschaft in Bezug auf alle Komponenten der Arbeitnehmerbeteiligung zumindest das gleiche Ausmaß gewährleistet werden, das in der Genossenschaft besteht, die in eine Europäische Genossenschaft umgewandelt werden soll. [2]Dies gilt auch bei einem Wechsel der Genossenschaft von einer dualistischen zu einer monistischen Organisationsstruktur und umgekehrt.

Die Regelung folgt § 21 SEBG. Sie setzt die Vorgabe in Art. 4 Abs. 2 der SCE-Richtlinie um. Ziel ist ein stärkerer Schutz der Arbeitnehmerseite schon bei Abschluss der Mitbestimmungsvereinbarung. § 21 Abs. 3 Satz 2 Nr. 4 SCEBG bezieht die strukturellen Änderungen in den Katalog der Regelungsgegenstände einer Vereinbarung über die Mitbestimmung ein und berücksichtigt auch strukturelle Änderungen, die bei Tochtergesellschaften oder Betrieben der SCE beabsichtigt sind. Demgegenüber fehlt diese Einbeziehung in § 21 Abs. 4 SEBG. Die Vorschrift enthält lediglich eine Sollbestimmung für die Beteiligungsvereinbarung im Falle struktureller Änderungen in Bezug auf die Wiederaufnahme der Verhandlungen (vgl. § 21 SEBG Rn 17). Zum Begriff „strukturelle Änderungen“ vgl. die Anm. zu § 18 SCEBG oben.

Kapitel 5
Beteiligung der Arbeitnehmer kraft Gesetzes

Abschnitt 1
SCE-Betriebsrat kraft Gesetzes

Unterabschnitt 1
Bildung und Geschäftsführung

§ 22
Voraussetzung

(1) Die §§ 23 bis 33 über den SCE-Betriebsrat kraft Gesetzes finden ab dem Zeitpunkt der Eintragung der Europäischen Genossenschaft Anwendung, wenn

1. **die Parteien dies vereinbaren oder**
2. **bis zum Ende des in § 20 angegebenen Zeitraums keine Vereinbarung zustande gekommen ist und das besondere Verhandlungsgremium keinen Beschluss nach § 16 gefasst hat.**

(2) Absatz 1 gilt entsprechend im Fall des § 18 Abs. 3.

Die Regelung folgt § 22 SEBG.

§ 23
Errichtung des SCE-Betriebsrats

(1) [1]Zur Sicherung des Rechts auf Unterrichtung und Anhörung in der Europäischen Genossenschaft ist ein SCE-Betriebsrat zu errichten. [2]Dieser setzt sich aus Arbeitnehmern der Europäischen Genossenschaft, ihrer Tochtergesellschaften und Betriebe zusammen. [3]Für die Errichtung des SCE-Betriebsrats gelten § 5 Abs. 2, § 6 Abs. 1 und 2 Satz 2 und 3, die §§ 7 bis 10 und 11 Abs. 1 Satz 2 und 3 entsprechend mit der Maßgabe, dass an die Stelle der beteiligten juristischen Personen, betroffenen Tochtergesellschaften und betroffenen Betriebe die Europäische Genossenschaft, ihre Tochtergesellschaften und ihre Betriebe treten. [4]Im Fall des § 22 Abs. 1 Nr. 2 ist für die Feststellung der Zahl der beschäftigten Arbeitnehmer das Ende des in § 20 angegebenen Zeitraums maßgeblich. [5]Die Mitgliedschaft im SCE-Betriebsrat beginnt mit der Wahl oder Bestellung. [6]Die Dauer der Mitgliedschaft der aus dem Inland kommenden Mitglieder beträgt vier Jahre, wenn sie nicht durch Abberufung oder aus anderen Gründen vorzeitig endet. [7]Für die Abberufung gelten die §§ 8 bis 10 entsprechend mit der Maßgabe, dass an die Stelle der beteiligten juristischen Personen, betroffenen Tochtergesellschaften und betroffenen Betriebe die Europäische Genossenschaft, ihre Tochtergesellschaften und ihre Betriebe treten.

(2) [1]Die Leitung der Europäischen Genossenschaft lädt unverzüglich nach Benennung der Mitglieder zur konstituierenden Sitzung des SCE-Betriebsrats ein. [2]Der SCE-Betriebsrat wählt aus seiner Mitte einen Vorsitzenden und dessen Stellvertreter.

(3) [1]Der Vorsitzende oder im Fall seiner Verhinderung der Stellvertreter vertritt den SCE-Betriebsrat im Rahmen der von ihm gefassten Beschlüsse. [2]Zur Entgegennahme von Erklärungen, die dem SCE-Betriebsrat gegenüber abzugeben sind, ist der Vorsitzende oder im Fall seiner Verhinderung der Stellvertreter berechtigt.

(4) [1]Der SCE-Betriebsrat bildet aus seiner Mitte einen Ausschuss von drei Mitgliedern, dem neben dem Vorsitzenden zwei weitere zu wählende Mitglieder angehören. [2]Der Aus-

schuss führt die laufenden Geschäfte des SCE-Betriebsrats (geschäftsführender Ausschuss).

Die Regelung folgt § 23 SEBG.

§ 24
Sitzungen und Beschlüsse

(1) Der SCE-Betriebsrat soll sich eine schriftliche Geschäftsordnung geben, die er mit der Mehrheit seiner Mitglieder beschließt.

(2) [1]Vor Sitzungen mit der Leitung der Europäischen Genossenschaft ist der SCE-Betriebsrat oder der geschäftsführende Ausschuss – gegebenenfalls in der nach § 29 Abs. 3 erweiterten Zusammensetzung – berechtigt, in Abwesenheit der Vertreter der Leitung der Europäischen Genossenschaft zu tagen. [2]Mit Einverständnis der Leitung der Europäischen Genossenschaft kann der SCE-Betriebsrat weitere Sitzungen durchführen. [3]Die Sitzungen des SCE-Betriebsrats sind nicht öffentlich.

(3) [1]Der SCE-Betriebsrat ist beschlussfähig, wenn mindestens die Hälfte seiner Mitglieder anwesend ist. [2]Die Beschlüsse des SCE-Betriebsrats werden, soweit in diesem Gesetz nichts anderes bestimmt ist, mit der Mehrheit der anwesenden Mitglieder gefasst.

Die Regelung folgt § 24 SEBG.

§ 25
Prüfung der Zusammensetzung des SCE-Betriebsrats

[1]Alle zwei Jahre, vom Tag der konstituierenden Sitzung des SCE-Betriebsrats an gerechnet, hat die Leitung der Europäischen Genossenschaft zu prüfen, ob Änderungen der Europäischen Genossenschaft und ihrer Tochtergesellschaften und Betriebe, insbesondere bei den Arbeitnehmerzahlen in den einzelnen Mitgliedstaaten eingetreten sind. [2]Sie hat das Ergebnis dem SCE-Betriebsrat mitzuteilen. [3]Ist danach eine andere Zusammensetzung des SCE-Betriebsrats erforderlich, veranlasst dieser bei den in den jeweiligen Mitgliedstaaten zuständigen Stellen, dass die Mitglieder des SCE-Betriebsrats in diesen Mitgliedstaaten neu gewählt oder bestellt werden. [4]Mit der neuen Wahl oder Bestellung endet die Mitgliedschaft der bisherigen Arbeitnehmervertreter aus diesen Mitgliedstaaten.

Die Regelung folgt § 25 SEBG.

§ 26
Beschluss zur Aufnahme von Neuverhandlungen

(1) Spätestens vier Jahre nach seiner Einsetzung hat der SCE-Betriebsrat mit der Mehrheit seiner Mitglieder einen Beschluss darüber zu fassen, ob über eine Vereinbarung nach § 21 verhandelt werden oder die bisherige Regelung weiter gelten soll.

(2) [1]Wird der Beschluss gefasst, über eine Vereinbarung nach § 21 zu verhandeln, gelten die §§ 13 bis 15, 17, 20 und 21 entsprechend mit der Maßgabe, dass an die Stelle des

besonderen Verhandlungsgremiums der SCE-Betriebsrat tritt. ²Kommt keine Vereinbarung zustande, findet die bisherige Regelung weiter Anwendung.

Die Regelung folgt § 26 SEBG.

Unterabschnitt 2
Aufgaben

§ 27
Zuständigkeiten des SCE-Betriebsrats

Der SCE-Betriebsrat ist zuständig für die Angelegenheiten, die die Europäische Genossenschaft selbst, eine ihrer Tochtergesellschaften oder einen ihrer Betriebe in einem anderen Mitgliedstaat betreffen oder die über die Befugnisse der zuständigen Organe auf der Ebene des einzelnen Mitgliedstaats hinausgehen.

Die Regelung folgt § 27 SEBG.

§ 28
Jährliche Unterrichtung und Anhörung

(1) ¹Die Leitung der Europäischen Genossenschaft hat den SCE-Betriebsrat mindestens einmal im Kalenderjahr in einer gemeinsamen Sitzung über die Entwicklung der Geschäftslage und die Perspektiven der Europäischen Genossenschaft unter rechtzeitiger Vorlage der erforderlichen Unterlagen zu unterrichten und ihn anzuhören. ²Zu den erforderlichen Unterlagen gehören insbesondere

1. die Geschäftsberichte,
2. die Tagesordnung aller Sitzungen des Leitungsorgans und des Aufsichts- oder Verwaltungsorgans und
3. die Kopien aller Unterlagen, die der Generalversammlung vorgelegt werden.

(2) Zu der Entwicklung der Geschäftslage und den Perspektiven im Sinn des Absatzes 1 gehören insbesondere

1. die Struktur der Europäischen Genossenschaft sowie die wirtschaftliche und finanzielle Lage,
2. die voraussichtliche Entwicklung der Geschäfts-, Produktions- und Absatzlage,
3. die Beschäftigungslage und ihre voraussichtliche Entwicklung,
4. Investitionen (Investitionsprogramme),
5. grundlegende Änderungen der Organisation,
6. die Einführung neuer Arbeits- und Fertigungsverfahren,
7. die Verlegung von Unternehmen, Betrieben oder wesentlichen Betriebsteilen sowie Verlagerungen der Produktion,
8. Zusammenschlüsse oder Spaltungen von Unternehmen oder Betrieben,
9. die Einschränkung oder Stilllegung von Unternehmen, Betrieben oder wesentlichen Betriebsteilen und
10. Massenentlassungen.

(3) Die Leitung der Europäischen Genossenschaft informiert die Leitungen über Ort und Tag der Sitzung.

Die Regelung folgt § 28 SEBG.

§ 29
Unterrichtung und Anhörung über außergewöhnliche Umstände

(1) [1]Über außergewöhnliche Umstände, die erhebliche Auswirkungen auf die Interessen der Arbeitnehmer haben, hat die Leitung der Europäischen Genossenschaft den SCE-Betriebsrat rechtzeitig unter Vorlage der erforderlichen Unterlagen zu unterrichten. [2]Als außergewöhnliche Umstände gelten insbesondere
1. **die Verlegung oder Verlagerung von Unternehmen, Betrieben oder wesentlichen Betriebsteilen,**
2. **die Stilllegung von Unternehmen, Betrieben oder wesentlichen Betriebsteilen und**
3. **Massenentlassungen.**

(2) Der SCE-Betriebsrat hat das Recht, auf Antrag mit der Leitung der Europäischen Genossenschaft oder den Vertretern einer anderen zuständigen, mit eigenen Entscheidungsbefugnissen ausgestatteten Leitungsebene innerhalb der Europäischen Genossenschaft zusammenzutreffen, um zu den außergewöhnlichen Umständen angehört zu werden.

(3) [1]Auf Beschluss des SCE-Betriebsrats stehen die Rechte nach Absatz 2 dem geschäftsführenden Ausschuss (§ 23 Abs. 4) zu. [2]Findet eine Sitzung mit dem geschäftsführenden Ausschuss statt, haben auch die Mitglieder des SCE-Betriebsrats, die von diesen Maßnahmen unmittelbar betroffene Arbeitnehmer vertreten, das Recht, daran teilzunehmen.

(4) Wenn die Leitung der Europäischen Genossenschaft beschließt, nicht entsprechend der von dem SCE-Betriebsrat oder dem geschäftsführenden Ausschuss abgegebenen Stellungnahme zu handeln, hat der SCE-Betriebsrat das Recht, ein weiteres Mal mit der Leitung der Europäischen Genossenschaft zusammenzutreffen, um eine Einigung herbeizuführen.

Die Regelung folgt § 29 SEBG.

§ 30
Information durch den SCE-Betriebsrat

[1]Der SCE-Betriebsrat informiert die Arbeitnehmervertreter der Europäischen Genossenschaft, ihrer Tochtergesellschaften und ihrer Betriebe über den Inhalt und die Ergebnisse der Unterrichtungs- und Anhörungsverfahren. [2]Sind keine Arbeitnehmervertreter vorhanden, sind die Arbeitnehmer zu informieren.

Die Regelung folgt § 30 SEBG.

Unterabschnitt 3
Freistellung und Kosten

§ 31
Fortbildung

[1]Der SCE-Betriebsrat kann Mitglieder zur Teilnahme an Schulungs- und Bildungsveranstaltungen bestimmen, soweit diese Kenntnisse vermitteln, die für die Arbeit des SCE-Betriebsrats erforderlich sind. [2]Der SCE-Betriebsrat hat die Teilnahme und die zeitliche

Lage rechtzeitig der Leitung der Europäischen Genossenschaft mitzuteilen. [3]Bei der Festlegung der zeitlichen Lage sind die betrieblichen Notwendigkeiten zu berücksichtigen.

Die Regelung folgt § 31 SEBG.

§ 32
Sachverständige

[1]Der SCE-Betriebsrat oder der geschäftsführende Ausschuss können sich durch Sachverständige ihrer Wahl unterstützen lassen, soweit dies zur ordnungsgemäßen Erfüllung ihrer Aufgaben erforderlich ist. [2]Sachverständige können auch Vertreter von Gewerkschaften sein.

Die Regelung folgt § 32 SEBG.

§ 33
Kosten und Sachaufwand

[1]Die durch die Bildung und Tätigkeit des SCE-Betriebsrats und des geschäftsführenden Ausschusses entstehenden erforderlichen Kosten trägt die Europäische Genossenschaft. [2]Im Übrigen gilt § 19 Satz 2 entsprechend.

Die Regelung folgt § 33 SEBG.

Abschnitt 2
Mitbestimmung kraft Gesetzes

§ 34
Besondere Voraussetzungen

(1) Liegen die Voraussetzungen des § 22 vor, finden die Regelungen über die Mitbestimmung der Arbeitnehmer kraft Gesetzes nach den §§ 35 bis 38 Anwendung
1. **im Fall einer durch Umwandlung gegründeten Europäischen Genossenschaft, wenn in der Genossenschaft vor der Umwandlung Bestimmungen über die Mitbestimmung der Arbeitnehmer im Aufsichts- oder Verwaltungsorgan galten,**
2. **im Fall einer durch Verschmelzung gegründeten Europäischen Genossenschaft, wenn**
   a) **vor der Eintragung der Europäischen Genossenschaft in einer oder mehreren der beteiligten Genossenschaften eine oder mehrere Formen der Mitbestimmung bestanden und sich auf mindestens 25 Prozent der Gesamtzahl der bei ihnen und den betroffenen Tochtergesellschaften beschäftigten Arbeitnehmer erstreckten oder**
   b) **vor der Eintragung der Europäischen Genossenschaft in einer oder mehreren der beteiligten Genossenschaften eine oder mehrere Formen der Mitbestimmung bestanden und sich auf weniger als 25 Prozent der Gesamtzahl der bei ihnen und den betroffenen Tochtergesellschaften beschäftigten Arbeitnehmer erstreckten und das besondere Verhandlungsgremium einen entsprechenden Beschluss fasst,**

3. im Fall einer auf andere Weise gegründeten Europäischen Genossenschaft, wenn
a) vor der Eintragung der Europäischen Genossenschaft in einer oder mehreren der beteiligten juristischen Personen eine oder mehrere Formen der Mitbestimmung bestanden und sich auf mindestens 50 Prozent der Gesamtzahl der bei ihnen und den betroffenen Tochtergesellschaften beschäftigten Arbeitnehmer erstreckten oder
b) vor der Eintragung der Europäischen Genossenschaft in einer oder mehreren der beteiligten juristischen Personen eine oder mehrere Formen der Mitbestimmung bestanden und sich auf weniger als 50 Prozent der Gesamtzahl der bei ihnen und den betroffenen Tochtergesellschaften beschäftigten Arbeitnehmer erstreckten und das besondere Verhandlungsgremium einen entsprechenden Beschluss fasst.

(2) [1]Bestand in den Fällen des Absatzes 1 Nr. 2 und 3 mehr als eine Form der Mitbestimmung im Sinn des § 2 Abs. 12 in den verschiedenen beteiligten juristischen Personen, entscheidet das besondere Verhandlungsgremium, welche von ihnen in der Europäischen Genossenschaft eingeführt wird. [2]Wenn das besondere Verhandlungsgremium keinen solchen Beschluss fasst und eine inländische juristische Person, deren Arbeitnehmern Mitbestimmungsrechte zustehen, an der Gründung der Europäischen Genossenschaft beteiligt ist, ist die Mitbestimmung nach § 2 Abs. 12 Nr. 1 maßgeblich. [3]Ist keine inländische juristische Person, deren Arbeitnehmern Mitbestimmungsrechte zustehen, beteiligt, findet die Form der Mitbestimmung nach § 2 Abs. 12 Anwendung, die sich auf die höchste Zahl der in den beteiligten juristischen Personen beschäftigten Arbeitnehmer erstreckt.

(3) Das besondere Verhandlungsgremium unterrichtet die Leitungen über die Beschlüsse, die es nach Absatz 1 Nr. 2 Buchstabe b und Nr. 3 Buchstabe b und Absatz 2 Satz 1 gefasst hat.

Die Regelung folgt § 34 SEBG.

§ 35
Umfang der Mitbestimmung

(1) Liegen die Voraussetzungen des § 34 Abs. 1 Nr. 1 (Gründung einer Europäischen Genossenschaft durch Umwandlung) vor, bleibt die Regelung zur Mitbestimmung erhalten, die in der Genossenschaft vor der Umwandlung bestanden hat.

(2) [1]Liegen die Voraussetzungen des § 34 Abs. 1 Nr. 2 (Gründung einer Europäischen Genossenschaft durch Verschmelzung) oder des § 34 Abs. 1 Nr. 3 (Gründung auf andere Weise) vor, haben die Arbeitnehmer der Europäischen Genossenschaft, ihrer Tochtergesellschaften und ihrer Betriebe oder ihr Vertretungsorgan das Recht, einen Teil der Mitglieder des Aufsichts- oder Verwaltungsorgans der Europäischen Genossenschaft zu wählen oder zu bestellen oder deren Bestellung zu empfehlen oder abzulehnen. [2]Die Zahl dieser Arbeitnehmervertreter im Aufsichts- oder Verwaltungsorgan der Europäischen Genossenschaft bemisst sich nach dem höchsten Anteil an Arbeitnehmervertretern, der in den Organen der beteiligten juristischen Personen vor der Eintragung der Europäischen Genossenschaft bestanden hat.

Die Regelung folgt § 35 SEBG.

§ 36
Sitzverteilung und Bestellung

(1) [1]Der SCE-Betriebsrat verteilt die Zahl der Sitze im Aufsichts- oder Verwaltungsorgan der Europäischen Genossenschaft auf die Mitgliedstaaten, in denen Mitglieder zu wählen oder zu bestellen sind. [2]Die Verteilung richtet sich nach dem jeweiligen Anteil der in den einzelnen Mitgliedstaaten beschäftigten Arbeitnehmer der Europäischen Genossenschaft, ihrer Tochtergesellschaften und ihrer Betriebe. [3]Können bei dieser anteiligen Verteilung die Arbeitnehmer aus einem oder mehreren Mitgliedstaaten keinen Sitz erhalten, hat der SCE-Betriebsrat den letzten zu verteilenden Sitz einem bisher unberücksichtigten Mitgliedstaat zuzuweisen. [4]Dieser Sitz soll, soweit angemessen, dem Mitgliedstaat zugewiesen werden, in dem die Europäische Genossenschaft ihren Sitz haben wird. [5]Dieses Verteilungsverfahren gilt auch in dem Fall, in dem die Arbeitnehmer der Europäischen Genossenschaft Mitglieder dieser Organe empfehlen oder ablehnen können.

(2) Soweit die Mitgliedstaaten über die Besetzung der ihnen zugewiesenen Sitze keine eigenen Regelungen treffen, bestimmt der SCE-Betriebsrat die Arbeitnehmervertreter im Aufsichts- oder Verwaltungsorgan der Europäischen Genossenschaft.

(3) [1]Die Ermittlung der auf das Inland entfallenden Arbeitnehmervertreter des Aufsichts- oder Verwaltungsorgans der Europäischen Genossenschaft erfolgt durch ein Wahlgremium, das sich aus den Arbeitnehmervertretungen der Europäischen Genossenschaft, ihrer Tochtergesellschaften und ihrer Betriebe zusammensetzt. [2]Für das Wahlverfahren gelten § 6 Abs. 2 bis 4, § 8 Abs. 1 Satz 2 bis 5, Abs. 2 bis 7 und die §§ 9 und 10 entsprechend mit der Maßgabe, dass an die Stelle der beteiligten juristischen Personen, betroffenen Tochtergesellschaften und betroffenen Betriebe die Europäische Genossenschaft, ihre Tochtergesellschaften und ihre Betriebe treten. [3]Das Wahlergebnis ist der Leitung der Europäischen Genossenschaft, dem SCE-Betriebsrat, den Gewählten, den Sprecherausschüssen und Gewerkschaften mitzuteilen.

(4) [1]Die nach den Absätzen 2 und 3 ermittelten Arbeitnehmervertreter werden der Generalversammlung der Europäischen Genossenschaft zur Bestellung vorgeschlagen. [2]Die Generalversammlung ist an diese Vorschläge gebunden.

Die Regelung folgt § 36 SEBG.

§ 37
Abberufung und Anfechtung

(1) [1]Ein Mitglied oder ein Ersatzmitglied der Arbeitnehmer aus dem Inland im Aufsichts- oder Verwaltungsorgan der Europäischen Genossenschaft kann vor Ablauf der Amtszeit abberufen werden. [2]Antragsberechtigt sind

1. die Arbeitnehmervertretungen, die das Wahlgremium gebildet haben,
2. in den Fällen der Urwahl mindestens drei wahlberechtigte Arbeitnehmer,
3. für ein Mitglied nach § 6 Abs. 3 nur die Gewerkschaft, die das Mitglied vorgeschlagen hat,
4. für ein Mitglied nach § 6 Abs. 4 der Sprecherausschuss, der das Mitglied vorgeschlagen hat.

[3]Für das Abberufungsverfahren gelten die §§ 8 bis 10 entsprechend mit der Maßgabe, dass an die Stelle der beteiligten juristischen Personen, betroffenen Tochtergesellschaften und betroffenen Betriebe die Europäische Genossenschaft, ihre Tochtergesellschaften und ihre Betriebe treten; abweichend von § 8 Abs. 5 und § 10 Abs. 1 Satz 3 bedarf der Be-

schluss einer Mehrheit von drei Vierteln der abgegebenen Stimmen. [4]Die Arbeitnehmervertreter sind von der Generalversammlung der Europäischen Genossenschaft abzuberufen.

(2) [1]Die Wahl eines Mitglieds oder eines Ersatzmitglieds der Arbeitnehmer aus dem Inland im Aufsichts- oder Verwaltungsorgan der Europäischen Genossenschaft kann angefochten werden, wenn gegen wesentliche Vorschriften über das Wahlrecht, die Wählbarkeit oder das Wahlverfahren verstoßen worden und eine Berichtigung nicht erfolgt ist, es sei denn, dass durch den Verstoß das Wahlergebnis nicht geändert oder beeinflusst werden konnte. [2]Zur Anfechtung berechtigt sind die in Absatz 1 Satz 2 Genannten, der SCE-Betriebsrat und die Leitung der Europäischen Genossenschaft. [3]Die Klage muss innerhalb eines Monats nach dem Bestellungsbeschluss der Generalversammlung erhoben werden.

Die Regelung folgt § 37 SEBG.

§ 38
Rechtsstellung; Innere Ordnung

(1) Die Arbeitnehmervertreter im Aufsichts- oder Verwaltungsorgan der Europäischen Genossenschaft haben die gleichen Rechte und Pflichten wie die Mitglieder des Aufsichts- oder Verwaltungsorgans, die die Mitglieder der Europäischen Genossenschaft vertreten.

(2) [1]Die Zahl der geschäftsführenden Direktoren (§ 22 des SCE-Ausführungsgesetzes) beträgt mindestens zwei. [2]Ein Mitglied des Leitungsorgans (§ 14 des SCE-Ausführungsgesetzes) oder ein geschäftsführender Direktor ist für den Bereich Arbeit und Soziales zuständig.

(3) Besteht in einer der beteiligten juristischen Personen das Aufsichtsorgan aus derselben Zahl von Mitglieder- und Arbeitnehmervertretern sowie einem weiteren Mitglied, ist auch im Aufsichts- und Verwaltungsorgan der Europäischen Genossenschaft ein weiteres Mitglied auf gemeinsamen Vorschlag der Mitglieder- und der Arbeitnehmervertreter zu wählen.

Die Regelung folgt § 38 SEBG.

Abschnitt 3
Tendenzschutz

§ 39
Tendenzunternehmen

(1) Auf eine Europäische Genossenschaft, die unmittelbar und überwiegend

1. **politischen, koalitionspolitischen, konfessionellen, karitativen, erzieherischen, wissenschaftlichen oder künstlerischen Bestimmungen oder**
2. **Zwecken der Berichterstattung oder Meinungsäußerung, auf die Artikel 5 Abs. 1 Satz 2 des Grundgesetzes anzuwenden ist,**

dient, findet Abschnitt 2 keine Anwendung.

(2) Eine Unterrichtung und Anhörung beschränkt sich auf die Gegenstände des § 28 Abs. 2 Nr. 5 bis 10 und des § 29 und erfolgt nur über den Ausgleich oder die Milderung der

wirtschaftlichen Nachteile, die den Arbeitnehmern infolge der Unternehmens- oder Betriebsänderung entstehen.

Die Regelung folgt § 39 SEBG.

Teil 3 Beteiligung der Arbeitnehmer in einer Europäischen Genossenschaft, an deren Gründung natürliche Personen beteiligt sind

§ 40 Gründung einer Europäischen Genossenschaft durch mindestens zwei juristische Personen zusammen mit natürlichen Personen

Erfolgt die Gründung einer Europäischen Genossenschaft durch mindestens zwei juristische Personen zusammen mit natürlichen Personen, finden die §§ 1 bis 39 entsprechende Anwendung.

Während eine SE nicht durch natürliche Personen gegründet werden kann, ist dies nach § 40 für die SCE möglich. Wenn mindestens zwei juristische Personen zusammen mit natürlichen Personen die SCE gründen, muss Teil 2 des SCEBG, das in §§ 4 bis 39 die Gründung durch mindestens zwei juristische Personen regelt, für entsprechend anwendbar erklärt werden. Die allgemeinen Vorschriften in §§ 1 bis 3 SCEBG gelten ohnehin direkt. Insofern schließt § 40 SCEBG lediglich die Lücke, die ansonsten in Bezug auf diese Gründungsmodalität bestehen würde.

§ 41 Gründung einer Europäischen Genossenschaft durch ausschließlich natürliche Personen oder durch nur eine juristische Person zusammen mit natürlichen Personen

(1) Wird eine Europäische Genossenschaft ausschließlich von natürlichen Personen oder von nur einer juristischen Person zusammen mit natürlichen Personen gegründet und sind bei den beteiligten natürlichen Personen und in der beteiligten juristischen Person sowie den betroffenen Tochtergesellschaften und betroffenen Betrieben vor der Gründung insgesamt mindestens 50 Arbeitnehmer beschäftigt, die aus mehreren Mitgliedstaaten kommen, finden die §§ 1 bis 39 entsprechende Anwendung.

(2) Sind in den Gründungsfällen des Absatzes 1 bei den beteiligten natürlichen Personen und in der beteiligten juristischen Person sowie den betroffenen Tochtergesellschaften und betroffenen Betrieben insgesamt weniger als 50 Arbeitnehmer oder in nur einem Mitgliedstaat mindestens 50 Arbeitnehmer beschäftigt, finden

1. auf eine Europäische Genossenschaft mit Sitz im Inland die Regelungen, die für eine entsprechende inländische Genossenschaft gelten, und

2. auf inländische Tochtergesellschaften und Betriebe einer Europäischen Genossenschaft die entsprechenden inländischen Regelungen

Anwendung.

(3) [1]Auf eine nach Absatz 2 gegründete Europäische Genossenschaft finden die §§ 1 bis 39 entsprechende Anwendung, wenn

1. mindestens ein Drittel der Gesamtzahl der Arbeitnehmer der Europäischen Genossenschaft, ihrer Tochtergesellschaften und ihrer Betriebe, die aus mehreren Mitgliedstaaten kommen, einen entsprechenden Antrag stellt oder
2. in der Europäischen Genossenschaft, ihren Tochtergesellschaften und ihren Betrieben die Gesamtzahl von 50 Arbeitnehmern, die aus mehreren Mitgliedstaaten kommen, erreicht oder überschritten wird.

[2]In diesen Fällen erfolgt die entsprechende Anwendung mit der Maßgabe, dass an die Stelle der beteiligten juristischen Personen, betroffenen Tochtergesellschaften und betroffenen Betriebe die Europäische Genossenschaft, ihre Tochtergesellschaften und ihre Betriebe treten.

(4) Wird der Sitz einer Europäischen Genossenschaft, in der Bestimmungen über die Mitbestimmung der Arbeitnehmer im Aufsichts- oder Verwaltungsorgan gelten, von einem Mitgliedstaat in einen anderen verlegt, ist den Arbeitnehmern nach der Sitzverlegung mindestens dasselbe Niveau an Mitbestimmungsrechten zu gewährleisten.

§ 41 Abs. 1 und 2 befasst sich mit der Besonderheit, dass, wie es Art. 2 Abs. 1 SE-VO zulässt, 1
mindestens fünf natürliche Personen eine SCE gründen. Die Vorschrift setzt insoweit Art. 8 der SCE-Richtlinie um. Sie bezieht sich nicht auf die SE-Richtlinie, denn eine Gründung durch natürliche Personen ist bei der SE nicht möglich. Wie in § 40 werden in § 41 Abs. 1 die §§ 4 bis 39 SCEBG für entsprechend anwendbar erklärt, wenn von dieser Gründung mindestens 50 Arbeitnehmer aus mindestens zwei Mitgliedstaaten betroffen sind. Es wird also ein BVG gebildet und im Regelfall eine Beteiligungsvereinbarung abgeschlossen. Notfalls greifen die gesetzlichen Auffangregelungen. Abweichend von Art. 8 Abs. 1 der SCE-Richtlinie bezieht § 41 SCEBG auch die Arbeitnehmer von Tochtergesellschaften mit ein.

Sind weniger als 50 Arbeitnehmer aus mindestens zwei Mitgliedstaaten betroffen oder nur in 2
einem Mitgliedstaat mindestens 50 Arbeitnehmer beschäftigt, dann gilt nach § 41 Abs. 2 für die SCE mit Sitz im Inland und für ihre inländischen Tochtergesellschaften und Betriebe das für die Genossenschaft geltende nationale Beteiligungsrecht zugunsten der Arbeitnehmer. Für eine solche SCE gelten damit die (höheren) Schwellenwerte des Mitbestimmungsgesetzes bzw. des Drittelbeteiligungsgesetzes und – unabhängig vom MgVG – das Betriebsverfassungsgesetz für die betriebliche Mitbestimmung. Nach § 41 Abs. 3 Satz 1 Nr. 1 SCEBG findet auf eine nach § 41 Abs. 2 gegründete SCE nach der Gründung das Beteiligungsverfahren entsprechende Anwendung, wenn mindestens ein Drittel der Arbeitnehmer der SCE, ihrer Tochtergesellschaften und ihrer Betriebe, die aus mehreren Mitgliedstaaten kommen, einen entsprechenden Antrag stellen. Nach § 41 Abs. 3 Satz 1 Nr. 2 SCEBG gilt dasselbe, wenn in der SCE, ihren Tochtergesellschaften und ihren Betrieben die Gesamtzahl von 50 Arbeitnehmern, die aus mehreren Mitgliedstaaten kommen, erreicht oder überschritten wird.[1]

Nach einer Sitzverlegung der SCE aus Deutschland in einen anderen Mitgliedstaat ist den 3
Arbeitnehmern der SCE mindestens dasselbe Niveau an Mitbestimmungsrechten zu gewährleisten wie zuvor. Mit dieser Regelung in § 41 Abs. 4 SCEBG wird dem erklärten Ziel der Richtlinie, erworbene Rechte der Arbeitnehmer bei der Beteiligung an Unternehmensentscheidungen zu sichern (Vorher-Nachher-Prinzip), auch bei einer Sitzverlegung Rechnung getragen. Eine solche ausdrückliche Regelung findet sich im SE-Recht nicht, obgleich bei der Sitzverlegung einer SE in einen anderen Mitgliedstaat die Beteiligungsrechte der Arbeitnehmer ebenfalls fortbestehen. Es handelt sich insoweit um eine deklaratorische Klarstellung und Präzisierung des europäischen Rechts[2] (vgl. Einf Rn 34).

1 Vgl. *Rudolph* in: Annuß/Kühn/Rudolph/Rupp § 41 SCEBG Rn 4.
2 Vgl. *Kisker* RdA 2006, 209; *Rudolph* in: Annuß/Kühn/Rudolph/Rupp § 41 SCEBG Rn 5; *Kleinsorge* in: Wißmann/Kleinsorge/Schubert, Mitbestimmungsrecht, EU-Recht Rn 166; **aA** *Sagan* in: Boecken/Düwell/Diller/Hanau § 41 SCEBG Rn 4.

Teil 4
Grundsätze der Zusammenarbeit und Schutzbestimmungen

§ 42
Vertrauensvolle Zusammenarbeit

Die Leitung der Europäischen Genossenschaft und der SCE-Betriebsrat oder die Arbeitnehmervertreter im Rahmen eines Verfahrens zur Unterrichtung und Anhörung arbeiten zum Wohl der Arbeitnehmer und des Unternehmens oder der Unternehmensgruppe vertrauensvoll zusammen.

Die Regelung folgt § 40 SEBG.

§ 43
Geheimhaltung; Vertraulichkeit

(1) Informationspflichten der Leitungen und der Leitung der Europäischen Genossenschaft nach diesem Gesetz bestehen nur, soweit bei Zugrundelegung objektiver Kriterien dadurch nicht Betriebs- oder Geschäftsgeheimnisse der an der Gründung beteiligten juristischen Personen, der Europäischen Genossenschaft oder deren jeweiliger Tochtergesellschaften und Betriebe gefährdet werden.

(2) [1]Die Mitglieder und Ersatzmitglieder eines SCE-Betriebsrats sind unabhängig von ihrem Aufenthaltsort verpflichtet, Betriebs- oder Geschäftsgeheimnisse, die ihnen wegen ihrer Zugehörigkeit zum SCE-Betriebsrat bekannt geworden und von der Leitung der Europäischen Genossenschaft ausdrücklich als geheimhaltungsbedürftig bezeichnet worden sind, nicht zu offenbaren und nicht zu verwerten. [2]Dies gilt auch nach dem Ausscheiden aus dem SCE-Betriebsrat.

(3) Die Pflicht zur Vertraulichkeit des SCE-Betriebsrats nach Absatz 2 gilt nicht gegenüber den

1. **Mitgliedern des SCE-Betriebsrats,**
2. **Arbeitnehmervertretern der Europäischen Genossenschaft, ihrer Tochtergesellschaften und ihrer Betriebe, wenn diese auf Grund einer Vereinbarung nach § 21 oder nach § 30 über den Inhalt der Unterrichtung und die Ergebnisse der Anhörung zu informieren sind,**
3. **Arbeitnehmervertretern im Aufsichts- oder Verwaltungsorgan der Europäischen Genossenschaft,**
4. **Dolmetschern und Sachverständigen, die zur Unterstützung herangezogen werden.**

(4) Die Pflicht zur Vertraulichkeit nach Absatz 2 gilt entsprechend für

1. **die Mitglieder und Ersatzmitglieder des besonderen Verhandlungsgremiums,**
2. **die Arbeitnehmervertreter der Europäischen Genossenschaft, ihrer Tochtergesellschaften und ihrer Betriebe,**
3. **die Arbeitnehmervertreter, die in sonstiger Weise an einem Verfahren zur Unterrichtung und Anhörung teilnehmen,**
4. **die Sachverständigen und Dolmetscher.**

(5) [1]Die Ausnahme von der Pflicht zur Vertraulichkeit nach Absatz 3 Nr. 1 gilt für den Personenkreis nach Absatz 4 Nr. 1 bis 3 entsprechend. [2]Die Pflicht zur Vertraulichkeit gilt ferner nicht für

1. **die Mitglieder des besonderen Verhandlungsgremiums gegenüber Dolmetschern und Sachverständigen,**

2. **die Arbeitnehmervertreter nach Absatz 4 Nr. 3 gegenüber Arbeitnehmervertretern im Aufsichts- oder Verwaltungsorgan der Europäischen Genossenschaft, gegenüber Dolmetschern und Sachverständigen, die vereinbarungsgemäß zur Unterstützung herangezogen werden und gegenüber Arbeitnehmervertretern der Europäischen Genossenschaft, ihrer Tochtergesellschaften und ihrer Betriebe, sofern diese nach der Vereinbarung (§ 21) über den Inhalt der Unterrichtungen und die Ergebnisse der Anhörung zu unterrichten sind.**

Die Regelung folgt § 41 SEBG.

§ 44
Schutz der Arbeitnehmervertreter

[1]Bei der Wahrnehmung ihrer Aufgaben genießen die

1. **Mitglieder des besonderen Verhandlungsgremiums,**
2. **Mitglieder des SCE-Betriebsrats,**
3. **Arbeitnehmervertreter, die in sonstiger Weise bei einem Verfahren zur Unterrichtung und Anhörung mitwirken, und**
4. **Arbeitnehmervertreter im Aufsichts- oder Verwaltungsorgan der Europäischen Genossenschaft,**

die Beschäftigte der Europäischen Genossenschaft, ihrer Tochtergesellschaften oder ihrer Betriebe oder einer der beteiligten juristischen Personen, betroffenen Tochtergesellschaften oder betroffenen Betriebe sind, den gleichen Schutz und die gleichen Sicherheiten wie die Arbeitnehmervertreter nach den Gesetzen und Gepflogenheiten des Mitgliedstaats, in dem sie beschäftigt sind. [2]Dies gilt insbesondere für den Kündigungsschutz, die Teilnahme an den Sitzungen der jeweiligen in Satz 1 genannten Gremien und die Entgeltfortzahlung.

Die Regelung folgt § 42 SEBG.

§ 45
Missbrauchsverbot

[1]Eine Europäische Genossenschaft darf nicht dazu missbraucht werden, den Arbeitnehmern Beteiligungsrechte zu entziehen oder vorzuenthalten. [2]Missbrauch wird vermutet, wenn ohne Durchführung eines Verfahrens nach § 18 Abs. 3 innerhalb eines Jahres nach Gründung der Europäischen Genossenschaft strukturelle Änderungen stattfinden, die bewirken, dass den Arbeitnehmern Beteiligungsrechte vorenthalten oder entzogen werden.

Die Regelung folgt § 43 SEBG.

§ 46
Errichtungs- und Tätigkeitsschutz

Niemand darf

1. **die Bildung des besonderen Verhandlungsgremiums, die Errichtung eines SCE-Betriebsrats oder die Einführung eines Verfahrens zur Unterrichtung und Anhörung**

nach § 21 Abs. 2 oder die Wahl, Bestellung, Empfehlung oder Ablehnung der Arbeitnehmervertreter im Aufsichts- oder Verwaltungsorgan behindern oder durch Zufügung oder Androhung von Nachteilen oder durch Gewährung oder Versprechen von Vorteilen beeinflussen,

2. die Tätigkeit des besonderen Verhandlungsgremiums, des SCE-Betriebsrats oder der Arbeitnehmervertreter nach § 21 Abs. 2 oder die Tätigkeit der Arbeitnehmervertreter im Aufsichts- oder Verwaltungsorgan behindern oder stören oder

3. ein Mitglied oder Ersatzmitglied des besonderen Verhandlungsgremiums, des SCE-Betriebsrats oder einen Arbeitnehmervertreter nach § 21 Abs. 2 oder einen Arbeitnehmervertreter im Aufsichts- oder Verwaltungsorgan wegen seiner Tätigkeit benachteiligen oder begünstigen.

Die Regelung folgt § 44 SEBG.

Teil 5
Straf- und Bußgeldvorschriften; Schlussbestimmung

§ 47
Strafvorschriften

(1) Mit Freiheitsstrafe bis zu zwei Jahren oder mit Geldstrafe wird bestraft, wer

1. entgegen § 43 Abs. 2, auch in Verbindung mit Abs. 4, ein Betriebs- oder Geschäftsgeheimnis verwertet oder

2. entgegen § 45 Satz 1 eine Europäische Genossenschaft dazu missbraucht, Arbeitnehmern Beteiligungsrechte zu entziehen oder vorzuenthalten.

(2) Mit Freiheitsstrafe bis zu einem Jahr oder mit Geldstrafe wird bestraft, wer

1. entgegen § 43 Abs. 2, auch in Verbindung mit Abs. 4, ein Betriebs- oder Geschäftsgeheimnis offenbart,

2. entgegen § 46 Nr. 1 oder 2 eine dort genannte Tätigkeit behindert, beeinflusst oder stört oder

3. entgegen § 46 Nr. 3 eine dort genannte Person benachteiligt oder begünstigt.

(3) Handelt der Täter in den Fällen des Absatzes 2 Nr. 1 gegen Entgelt oder in der Absicht, sich oder einen anderen zu bereichern oder einen anderen zu schädigen, so ist die Strafe Freiheitsstrafe bis zu zwei Jahren oder Geldstrafe.

(4) [1]Die Tat wird nur auf Antrag verfolgt. [2]In den Fällen des Absatzes 1 Nr. 2 und des Absatzes 2 Nr. 2 und 3 sind das besondere Verhandlungsgremium, der SCE-Betriebsrat, die Mehrheit der Arbeitnehmervertreter im Rahmen eines Verfahrens zur Unterrichtung und Anhörung, jedes Mitglied des Aufsichts- oder Verwaltungsorgans, eine im Unternehmen vertretene Gewerkschaft sowie die Leitungen antragsberechtigt.

Die Regelung folgt § 45 SEBG.

§ 48
Bußgeldvorschriften

(1) Ordnungswidrig handelt, wer

1. entgegen § 4 Abs. 1 oder § 5 Abs. 5 Satz 2 eine Information nicht, nicht richtig, nicht vollständig oder nicht rechtzeitig gibt oder

2. **entgegen § 28 Abs. 1 Satz 1 oder § 29 Abs. 1 Satz 1 den SCE-Betriebsrat nicht, nicht richtig, nicht vollständig oder nicht in der vorgeschriebenen Weise unterrichtet.**

(2) Die Ordnungswidrigkeit kann mit einer Geldbuße bis zu zwanzigtausend Euro geahndet werden.

Die Regelung folgt § 46 SEBG.

§ 49
Geltung nationalen Rechts

(1) Dieses Gesetz berührt nicht die den Arbeitnehmern nach inländischen Rechtsvorschriften und Regelungen zustehenden Beteiligungsrechte, mit Ausnahme

1. **der Mitbestimmung in den Organen der Europäischen Genossenschaft,**
2. **der Regelung des Europäische Betriebsräte-Gesetzes, es sei denn, das besondere Verhandlungsgremium hat einen Beschluss nach § 16 gefasst.**

(2) [1]Regelungen und Strukturen über die Arbeitnehmervertretungen einer beteiligten juristischen Person mit Sitz im Inland, die durch die Gründung der Europäischen Genossenschaft als eigenständige juristische Person erlischt, bestehen nach Eintragung der Europäischen Genossenschaft fort. [2]Die Leitung der Europäischen Genossenschaft stellt sicher, dass diese Arbeitnehmervertretungen ihre Aufgaben weiterhin wahrnehmen können.

Die Regelung folgt § 47 SEBG.

Vierter Abschnitt
Grenzüberschreitende Verschmelzung von Kapitalgesellschaften

Erster Teil
Einführung

Übersicht

A. Entstehungsgeschichte der Richtlinie über die Verschmelzung von Kapitalgesellschaften aus verschiedenen Mitgliedstaaten

I. Gesellschaftspolitische Zielvorgaben der EU

1 Grenzüberschreitende Verschmelzungen von Kapitalgesellschaften waren im Recht der Mitgliedstaaten der Europäischen Union bisher entweder gar nicht vorgesehen oder mit zahlreichen

https://doi.org/10.1515/9783110487794-004

rechtlichen und administrativen Schwierigkeiten behaftet.[1] Dem Bedürfnis nationaler Kapitalgesellschaften nach Kooperation und Reorganisation – auch über nationale Grenzen hinaus – konnte daher gar nicht oder nur auf kompliziertem Wege entsprochen werden. Ziel der Richtlinie über die Verschmelzung von Kapitalgesellschaften aus verschiedenen Mitgliedstaaten (Verschmelzungsrichtlinie) ist es, die grenzüberschreitende Verschmelzung durch gemeinsame Rahmenbedingungen auf Gemeinschaftsebene zu erleichtern, um auf diese Weise zur Vollendung und zum reibungslosen Funktionieren des gemeinsamen Binnenmarktes beizutragen.[2] Am 30. Juni 2017 ist die Richtlinie (EU) 2017/1132 über bestimmte Aspekte des Gesellschaftsrechts vom 14. Juni 2017 im Amtsblatt der EU (L 169/46) veröffentlicht worden. Diese Richtlinie kodifiziert mehrere gesellschaftsrechtliche Richtlinien – darunter auch die Verschmelzungsrichtlinie 2005/56/EG –, um mehr Klarheit und Übersichtlichkeit bei den europäischen gesellschaftsrechtlichen Rechtsakten herbeizuführen. Die Regelungen der Verschmelzungsrichtlinie sind nahezu wortgleich in die Kodifizierungsrichtlinie (EU) 2017/1132 eingestellt worden (vgl. Art 118 bis 134 RL (EU) 2017/1132). Gleichzeitig hebt Art. 166 dieser Richtlinie die Verschmelzungsrichtlinie 2005/56/EG – ebenso wie die übrigen von der Kodifizierung betroffenen gesellschaftsrechtlichen Richtlinien – auf.

Die Möglichkeit zur grenzüberschreitenden Verschmelzung wird von der Praxis genutzt. 2
Dies belegt eine für die Hans-Böckler-Stiftung erstellte Studie von *Bayer*.[3] Vom 1.1.2007 bis zum 31.12.2012 konnten 381 wirksame grenzüberschreitende Verschmelzungen von bzw. nach Deutschland registriert werden. Die Zahl der Hineinverschmelzungen war mit 247 etwa doppelt so hoch wie die Fälle der Herausverschmelzungen (134) aus Deutschland.[4]

II. Erlass der Verschmelzungsrichtlinie (10. Richtlinie)

Nachdem das Projekt der SCE im Juli 2003 abgeschlossen worden war, vergingen wiederum 3
kaum mehr als zwei Jahre bis zur Verabschiedung eines weiteren wichtigen europäischen Vorhabens. Am 19.9.2005 hat der Rat der Europäischen Union die Richtlinie 2005/56/EG über die Verschmelzung von Kapitalgesellschaften aus verschiedenen Mitgliedstaaten beschlossen.[5] Die Richtlinie regelt die gesellschaftsrechtlichen und die mitbestimmungsrechtlichen Anforderungen an eine grenzüberschreitende Verschmelzung von Kapitalgesellschaften unterschiedlichen Rechts und unterschiedlicher Rechtsform. Die Diskussion unter den Mitgliedstaaten über die Ausgestaltung der Mitbestimmungsregelung bei grenzüberschreitenden Verschmelzungen verlief nicht so reibungslos wie bei der SCE. Unterschiedliche Standpunkte wurden insbesondere deutlich bei der Frage, ob das jeweilige Sitzstaatsrecht oder die für SE und SCE gefundene Lösung die Grundlage für die Mitbestimmung bilden sollten. Umstritten waren weiterhin die Mitbestimmungsregelungen, die für eine aus der grenzüberschreitenden Verschmelzung hervorgehende Gesellschaft mit monistischer Unternehmensverfassung gelten sollten. Den Kompro-

---

1 Vgl. BR-Drucks. 548/06 v. 11.8.2006 S. 19; zu Motiven für grenzüberschreitende Verschmelzungen s. *Forst* in: Gaul/Ludwig/Forst § 5 Rn 4.

2 Erwägungsgrund 1 der RL 2005/56/EG des Europäischen Parlaments und des Rates v. 26.10.2005 über die Verschmelzung von Kapitalgesellschaften aus verschiedenen Mitgliedstaaten; zur Entstehungsgeschichte s. *Annuß* in: Annuß/Kühn/Rudolph/Rupp MgVG Vorbem. Rn 3 ff.

3 S. *Forst* Zesar 2014, 383, 388.

4 S. auch *Bayer/J. Schmidt/Hoffmann* Konzern 2012, 225, 231 f; zu grenzüberschreitenden Verschmelzungen von Gesellschaften mit beschränkter Haftung zwischen Deutschland und Österreich s. *Herrler/Schneider* GmbHR 2011, 795 ff.

5 Amtsblatt der EG Nr. L 310 v. 25.11.2005, S. 1 ff; die Richtlinie wurde inzwischen aufgehoben; ihre Regelungen sind in die die Kodifizierungsrichtlinie (EU) 2017/1132 eingestellt worden; zur Entstehungsgeschichte seit dem ersten Entwurf eines Übereinkommens der Kommission im Jahr 1972 s. *Heuschmid* AuR 2006, 184 f; *Neye* ZIP 2005, 1893.

misscharakter der jeweils gefundenen Lösungen macht der Richtlinientext deutlich. Die Verschmelzungsrichtlinie war bis Dezember 2007 in innerstaatliches Recht umzusetzen.[6]

B. Struktur und wesentlicher Regelungsinhalt der Verschmelzungsrichtlinie

I. Überblick

4 Die rechtliche Grundlage der SE und der SCE bilden die jeweiligen VO zum Gesellschaftsrecht und die ergänzenden Richtlinien über die Beteiligung der Arbeitnehmer in der SE und SCE. Von diesen „europäischen Rechtsformen" unterscheidet sich das Recht über die grenzüberschreitende Verschmelzung von Kapitalgesellschaften deutlich[7] – der Umfang der gesellschaftsrechtlichen und mitbestimmungsrechtlichen Regelungen, die in einer Richtlinie zusammengefasst sind, ist wesentlich geringer; auf den Erlass einer VO hat der europäische Gesetzgeber verzichtet.

5 Die Kodifizierungsrichtlinie (EU) 2017/1132 enthält in den Art. 118 und 119 (vormals Art. 1 und 2 Verschmelzungsrichtlinie 2005/56/EG) den Anwendungsbereich und die Begriffsbestimmungen. Die nachfolgenden Art. 120 bis 132 (vormals Artikel 3 bis 15 Verschmelzungsrichtlinie 2005/56/EG) behandeln die spezifischen gesellschaftsrechtlichen Vorgaben über Verfahren, Wirksamwerden und Rechtsfolgen einer grenzüberschreitenden Verschmelzung.[8] Art. 133 Richtlinie (EU) 2017/1132 (vormals Art. 16 Verschmelzungsrichtlinie2005/56/EG) regelt die Auswirkungen einer solchen grenzüberschreitenden Verschmelzung auf die Mitbestimmung der Arbeitnehmer an Unternehmensentscheidungen. Art. 134 Richtlinie (EU) 2017/1132 (vormals Art. 17 Verschmelzungsrichtlinie2005/56/EG) bestimmt, dass eine nach Art. 129 Richtlinie (EU) 2017/1132 (vormals Art. 12 Verschmelzungsrichtlinie2005/56/EG) wirksam gewordene grenzüberschreitende Verschmelzung nicht mehr für nichtig erklärt werden kann.

6 Ein entscheidender Unterschied zwischen den Regelungen über die grenzüberschreitende Verschmelzung von Kapitalgesellschaften aus verschiedenen Mitgliedstaaten und dem Recht der SE und SCE liegt darin, dass anders als bei der SE und der SCE aus der grenzüberschreitenden Verschmelzung keine europäische, sondern eine nationale Rechtsform hervorgeht. Es wird also keine neue europäische Rechtsform gebildet – daraus resultiert die geringere Regelungsdichte bei der Verschmelzungsrichtlinie – vielmehr reiht sich die aus einer grenzüberschreitenden Verschmelzung hervorgehende Gesellschaft in die im neuen Sitzstaat bestehenden Rechtsformen ein – wenn auch unter Beachtung einiger Sonderregelungen.[9]

II. Regelung über die Mitbestimmung der Arbeitnehmer

1. Informations- und Konsultationsrechte der Arbeitnehmer

7 Die „betriebliche" Mitbestimmung ist nicht Gegenstand der Richtlinie (EU) 2017/1132 – auch nicht die Information und Konsultation der Arbeitnehmer in grenzüberschreitenden Angelegenheiten.[10] Insoweit ist das jeweilige nationale Recht[11] des Mitgliedstaats anzuwenden, in dem die

---

6 Zum Stand der Umsetzung in anderen Mitgliedstaaten s. *Winter* GmbHR 2008, 532ff.
7 Zu den wesentlichen Strukturunterschieden s. *Hohenstatt/Dzida* in: Henssler/Willemsen/Kalb MgVG Rn 2; *Oetker* in: Lutter/Hommelhoff/Teichmann vor § 1 MgVG Rn 36ff.
8 Vgl. hierzu *Drinhausen/Keinath* RIW 2006, 81, 82ff; *Oechsler* NZG 2006, 161.
9 Vgl. insbesondere Rn 9ff.
10 *Heither/von Morgen* in: Boecken/Düwell/Diller/Hanau § 3 MgVG Rn 2.
11 Vgl. Erwägungsgrund 65 der Richtlinie (EU) 2017/1132 (vormals Erwägungsgrund 12 der Verschmelzungsrichtlinie 2005/56/EG).

aus der grenzüberschreitenden Verschmelzung hervorgehende Gesellschaft ihren Sitz hat. Die Richtlinien 2002/14/EG v. 11.3.2002 zur Festlegung eines allgemeinen Rahmens für die Unterrichtung und Anhörung der Arbeitnehmer und die Richtlinie 94/45/EG über die Einsetzung eines Europäischen Betriebsrats oder die Schaffung eines Verfahrens zur Unterrichtung und Anhörung der Arbeitnehmer in gemeinschaftsweit operierenden Unternehmen und Unternehmensgruppen bilden zusammen mit den entsprechenden nationalen Umsetzungsgesetzen nach Auffassung des europäischen Gesetzgebers einen ausreichenden rechtlichen Rahmen zur Sicherung dieser Arbeitnehmerrechte.[12]

2. Mitbestimmung in den Unternehmensorganen

a) Allgemeines

Im Unterschied zu den Informations- und Konsultationsrechten der Arbeitnehmer auf „betrieblicher Ebene" besteht in den Mitgliedstaaten für die Mitbestimmung der Arbeitnehmer in den Unternehmensorganen kein einheitlicher europäischer Mindeststandard. Deshalb sieht Art. 133 Richtlinie (EU) 2017/1132 (vormals Art. 16 Verschmelzungsrichtlinie 2005/56/EG) insoweit einen besonderen Regelungsmechanismus zum Schutz der Mitbestimmung der Arbeitnehmer bei grenzüberschreitenden Verschmelzungen vor. **8**

Die aus einer grenzüberschreitenden Verschmelzung hervorgehende Gesellschaft ist auf grenzüberschreitende wirtschaftliche Aktivitäten ausgerichtet. Voraussetzung der Verschmelzung ist daher ein grenzüberschreitendes Element. Allerdings handelt es sich bei dieser Gesellschaft um eine solche nationalen Rechts des jeweiligen Mitgliedstaats. Die Mitbestimmungsregelung in Art. 133 Richtlinie (EU) 2017/1132 (vormals Art. 16 Verschmelzungsrichtlinie 2005/56/EG) berücksichtigt beide Elemente, wenn auch mit unterschiedlichem Gewicht. Neben dem nationalen Aspekt kommt dem grenzüberschreitenden Element bei der Ausgestaltung der Mitbestimmung der Arbeitnehmer im Aufsichts- oder Verwaltungsrat für die aus einer grenzüberschreitenden Verschmelzung hervorgehende Gesellschaft nach Art. 133 Richtlinie (EU) 2017/1132 eine besondere Bedeutung zu. **9**

b) Sitzstaatsrecht oder Verhandlungsverfahren/Auffangregelung als Grundlage für die Mitbestimmung der Arbeitnehmer

Art. 133 Richtlinie (EU) 2017/1132 (vormals Art. 16 Verschmelzungsrichtlinie2005/56/EG) betont mit der Anwendbarkeit des nationalen Mitbestimmungsrechts des Sitzstaats – gemeint ist der Satzungssitz und nicht der Sitz der Hauptverwaltung der Gesellschaft[13] – zwar die nationale Komponente.[14] Die Bestimmung steht allerdings unter dem Vorbehalt, dass die – weit gefassten – Voraussetzungen nach Absatz 2 nicht vorliegen. Liegt eine dieser Voraussetzungen vor, führt dies zu einer Verdrängung des Sitzstaatsprinzips und der jeweiligen nationalen Mitbestimmungsgesetze.[15] **10**

Würde die Anwendung des Sitzstaatsrecht über die Unternehmensmitbestimmung zu nicht befriedigenden Ergebnissen führen, soll die Mitbestimmung der Arbeitnehmer nicht unter das bestehende nationale Recht dieses Mitgliedstaats fallen, sondern vorrangig im Verhandlungsweg gesichert werden. Scheitern die Verhandlungen, findet eine gesetzliche Auffangregelung **11**

---

12 *Jacobs* in: MÜKOAktG Vorbem. Europäische Grundlagen der Arbeitnehmerbeteiligung in der SE Rn 60.
13 Vgl. *Schubert* RdA 2007, 9.
14 S. *Thüsing/Forst* in: Habersack/Drinhausen/Einl. MgVG Rn 13; *Annuß* in: Annuß/Kühn/Rudolph/Rupp MgVG Vorbem. Rn 6.
15 *Habersack* ZHR 2007, 613, 617.

Anwendung. Somit greift der europäische Gesetzgeber auf die von SE und SCE her bekannten Regelungsansätze zurück, obwohl es sich vorliegend nicht um eine europäische Rechtsform handelt. Damit hält die Verhandlungs- und Auffanglösung- auf der Grundlage des Vorher-Nacher-Prinzips[16] – erneut Einzug in das jeweilige nationale Recht der Mitgliedstaaten. Die Richtlinie nimmt Bezug nicht nur auf den grundsätzlichen Regelungsmechanismen über die Mitbestimmung der Arbeitnehmer in den Unternehmensorganen nach der SE-Richtlinie, sondern erklärt bestimmte, für den Fall der Verschmelzung zu einer SE maßgelbliche Bestimmungen des SE-Rechts[17] auch hier für anwendbar.

12 Diese Regelungen sind bei der Gründung einer aus einer grenzüberschreitenden Verschmelzung hervorgehenden Gesellschaft dann maßgeblich, wenn eine der folgenden Voraussetzungen[18] vorliegt:

- eine der an der grenzüberschreitenden Verschmelzung beteiligten Gesellschaften ist mitbestimmt[19] und beschäftigte in den sechs Monaten vor der Veröffentlichung des Verschmelzungsplans in der Regel mehr als 500 Arbeitnehmer[20] (Art. 133 Abs. 2 Richtlinie (EU) 2017/1132; vormals Art. 16 Abs. 2 Verschmelzungsrichtlinie 2005/56/EG) oder[21]
- das innerstaatliche Recht, das für die aus der grenzüberschreitenden Verschmelzung hervorgehende Gesellschaft maßgeblich ist, gewährleistet nicht mindestens den gleichen Umfang an Mitbestimmung, wie er in den jeweiligen an der Verschmelzung beteiligten Gesellschaften bestand (Art. 133 Abs. 2 Buchstabe a) Richtlinie (EU) 2017/1132; vormals Art. 16 Abs. 2 Buchstabe a) Verschmelzungsrichtlinie 2005/56/EG), oder
- das für die aus der grenzüberschreitenden Verschmelzung hervorgehende Gesellschaft maßgebende innerstaatliche Recht gewährt Arbeitnehmern in Betrieben anderer Mitgliedstaaten nicht den gleichen Anspruch auf Ausübung von Mitbestimmungsrechten wie denjenigen Arbeitnehmern, die im Sitzstaat der Gesellschaft beschäftigt sind Art. 133 Abs. 2 Buchstabe b) Richtlinie (EU) 2017/1132; vormals Art. 16 Abs. 2 Buchstabe b) Verschmelzungsrichtlinie 2005/56/EG).

13 Weder das nationale deutsche Mitbestimmungsrecht noch das Recht anderer Mitgliedstaaten gewährt bisher den in einem anderen Mitgliedstaat beschäftigten Arbeitnehmern einer inländischen Gesellschaft ein gesetzlich geregeltes zwingendes Recht, an der Wahl oder Bestellung der Arbeitnehmervertreter in den Aufsichts- oder Verwaltungsrat teilzunehmen.[22] Damit wird diesen Arbeitnehmern nicht die gleiche Rechtsstellung zur Ausübung von Mitbestimmungsrechten eingeräumt wie den im Inland beschäftigten Arbeitnehmern, so dass die Voraus-

16 *Thüsing/Forst* in: Habersack/Drinhausen/Einl. MgVG Rn 15; *Forst* in: Gaul/Ludwig/Forst § 5 Rn 34.

17 Siehe Zweiter Abschnitt, Erster Teil Rn 24 ff.

18 Siehe Fallbeispiele zu den einzelnen Ausnahmetatbeständen bei *Heuschmid* AuR 2006, 184, 186; *Habersack* ZHR 2007, 620 stellt die Regelung des Art. 16 Abs. 2 der Richtlinie für den Fall des „Hinausverschmelzens" (d.h. unter Beteiligung eines inländischen Unternehmens findet eine grenzüberschreitende Verschmelzung statt, die zum Unternehmenssitz in einem anderen Mitgliedstaat führt) funktional auf eine Stufe mit § 1 MitbestBeiG und § 325 UmwG.

19 Dabei ist es unbeachtlich, ob die Mitbestimmung kraft Gesetzes oder auf freiwilliger Basis im Unternehmen besteht s. *Heither/von Morgen* in: Boecken/Düwell/Diller/Hanau § 3 MgVG Rn 14.

20 In die Berechung des Schwellenwertes von 500 Arbeitnehmern sind grundsätzlich auch Leiharbeitnehmer mit einzubeziehen (§ 14 Abs. 2 s. 5, 6 AÜG); umfassend *Oetker* NZA 2017, 29 ff.

21 Zu der Verknüpfung der Ausnahmetatbestände mit dem Wort „oder" s. *Kisker* RdA 2006, 206, 211; *Hohenstatt/Dzida* in: Henssler/Willemsen/Kalb MgVG Rn 8.

22 S. aber Vorabentscheidungsersuchen des Kammergerichts Berlin in der Rechtssache Erzberger – EuGH C-566/15 –, in dem dieses Thema problematisiert wird; der Gerichtshof stellt in seinem Urteil vom 18.7.2017 fest, dass es nicht gegen EU-Recht verstößt, wenn ein Mitgliedstaat das Wahlrecht für die Arbeitnehmervertreter im Aufsichtsrat auf inländische Beschäftigte beschränkt; s. auch *Heuschmid/Hlava* NZA 2017, 429; zum Reformbedarf der deutschen Unternehmensmitbestimmung aufgrund europäischen Rechts s. *Habersack/Behme/Eidenmüller/Klöhn S. 6* ff.

setzungen des Art. 133 Abs. 2 Buchstabe b) Richtlinie (EU) 2017/1132 (vormals Art. 16 Abs. 2 Buchstabe b) Verschmelzungsrichtlinie 2005/56/EG) stets vorliegen.[23]

Der EuGH hatte in einem ersten Verfahren zur Verschmelzungsrichtlinie – ein Vertragsverletzungsverfahren gegen die Niederlande[24] über die Frage zu entscheiden, ob die drei Fallgestaltungen in Art. 16 der Richtlinie alternativ oder die erste Fallgestaltung (mehr als 500 Arbeitnehmer) kumulativ zu Nummer 1 oder Nummer 2 anzuwenden sind. Der Gerichtshof entschied sich mit der h.M. für die alternative Anwendung und damit für eine weite Anwendung der Verhandlungslösung bei grenzüberschreitenden Verschmelzungen.[25] 14

Bei einer grenzüberschreitenden Verschmelzung zu einer mitbestimmten Kapitalgesellschaft mit Sitz in Deutschland ist in der Regel auch die Bestimmung des Art. 133 Abs. 2 Satz 1 Richtlinie (EU) 2017/1132 (vormals Art. 16 Abs. 2 Satz 1 Verschmelzungsrichtlinie 2005/56/EG) zu bejahen, da der dort genannte Schwellenwert von 500 Arbeitnehmer mit den Vorgaben des § 1 Abs. 1 Satz 1 Nr. 1 DrittelbG übereinstimmt, ab dem die gesetzlich geregelte Mitbestimmung der Arbeitnehmer im Aufsichtsrat Anwendung findet. 15

Folglich beantwortet sich bei einer grenzüberschreitenden Verschmelzung die Frage der Mitbestimmung der Arbeitnehmer im Unternehmen regelmäßig nicht nach dem Sitzstaatsrecht (Art. 133 Abs. 1 Richtlinie (EU) 2017/1132; vormals Art. 16 Abs. 1 Verschmelzungsrichtlinie 2005/56/EG), sondern es greift der von der SE und SCE her bekannten Regelungsansatz (Verhandlungslösung/Auffangregelung) ein (Art. 133 Abs. 2 Richtlinie (EU) 2017/1132; vormals Art. 16 Abs. 2 Verschmelzungsrichtlinie 2005/56/EG). Hiervon macht lediglich Art. 133 Abs. 4 Buchstabe b) Richtlinie (EU) 2017/1132 (vormals Art. 16 Abs. 4 Buchstabe b) Verschmelzungsrichtlinie 2005/56/EG) eine – in der Praxis wohl nur selten vorkommende – Ausnahme. Nach dieser Bestimmung kann das BVG beschließen, keine Verhandlungen aufzunehmen oder bereits eröffnete Verhandlungen abzubrechen mit der Folge, dass das jeweilige nationale Recht des Sitzstaates anzuwenden ist.[26] 16

Welche konkreten Bestimmungen der SE-Richtlinie im Rahmen dieser Richtlinie über die grenzüberschreitende Verschmelzung zur Anwendung kommen, um die Mitbestimmung der Arbeitnehmer in der aus einer grenzüberschreitenden Verschmelzung hervorgehenden Gesellschaft zu regeln, bestimmt Art. 133 Abs. 3 Richtlinie (EU) 2017/1132 (vormals Art. 16 Abs. 3 Verschmelzungsrichtlinie 2005/56/EG) durch konkrete Verweisungen auf die SE-Richtlinie. Danach ist der Grundsatz des Schutzes erworbener Rechte[27] der Arbeitnehmer auch hier zu beachten; durch eine Vorher-Nachher-Betrachtung[28] werden die Mitbestimmungsrechte der Arbeitnehmer gesichert; vorrangig im Verhandlungsweg oder durch eine gesetzliche Auffangregelung. Auf folgende Normen des SE-Rechts verweist Art. 133 Abs. 3 Richtlinie (EU) 2017/1132 (vormals Art. 16 Abs. 3 Verschmelzungsrichtlinie 2005/56/EG) ausdrücklich: 17

---

23 Diese abstrakte Betrachtungsweise befürworten *Brandes* ZIP 2008, 2196; *Heuschmid* AuR 2006, 187, *Wißmann* in: Widmann/Mayer UmwR Anhang 2 Rn 104 mit weiteren Beispielen; **aA** *Drinhausen/Keinath* AG 2010, 400; zur Streitfrage, ob bei § 5 Nr. 3 MgVG eine konkrete oder abstrakte Betrachtungsweise zu Grunde zu legen ist s. *Drinhausen/Keinath* AG 2010, 399 ff.

24 EuGH 20.6.2013 Rs. C-635/11, AB 2013, 592 ff.

25 S. *Stiegler* DB 2014, 525 ff; *Annuß* in: Annuß/Kühn/Rudolph/Rupp MgVG § 5 Rn 3; *Sick* in: Düwell(BetrVG) SE und grenzüberschreitende Verschmelzung Rn 49; *Hohenstatt/Dzida* in: Henssler/Willemsen/Kalb MgVG Rn 8; kritisch *Forst* Zesar 2014, 383, 389; AG 2013, 588 ff; für einen kumulativen Lösungsansatz, allerdings vor der Entscheidung des EuGH, *Thüsing/Forst* in: Habersack/Drinhausen MgVG Einleitung Rn 15, im Lichte der neuen Rechtsprechung haben sie ihre Auffasssung geändert, a.a.O. Rn 14.

26 Zur Anwendung der Auffangregelung ohne vorherige Verhandlung s. Rn 22.

27 Vgl. Zweiter Abschnitt Erster Teil Rn 26.

28 Vgl. Zweiter Abschnitt Erster Teil Rn 26; s. *auch Heither/von Morgen* in: Boecken/Düwell/Diller/Hanau § 3 MgVG Rn 5.

- Regelungen über das BVG und seine Befugnisse entsprechend den Bestimmungen in Art. 3 Abs. 1, 2, 3, 4 Unterabs. 1 erster Gedankenstrich und Unterabs. 2 sowie Abs. 5 und 7 der SE Richtlinie;[29]
- Grundzüge für den Inhalt der Vereinbarung nach Art. 4 Abs. 1, Abs. 2 Buchst. a, g, und h und Abs. 3 der SE-Richtlinie;
- Festlegung der Dauer der Verhandlungen nach Art. 5 der SE-Richtlinie;
- Bestimmung des für das Verhandlungsverfahren maßgebliche Recht nach Art. 6 der SE-Richtlinie;
- Regelung der gesetzlichen Auffangregelung zur Sicherung der Mitbestimmung nach Art. 7 Abs. 1 Abs. 2 Unterabs. 1 Buchst. b) und Unterabs. 2 und Abs. 3 der SE-Richtlinie allerdings mit der Maßgabe, dass der Prozentsatz für die unmittelbare Anwendung der Auffangregelung von 25% auf 33,3% erhöht wird sowie Anhang Teil 3 Buchstabe b);
- Bestimmungen über die Verschwiegenheit und Geheimhaltung nach Art. 8 der SE-Richtlinie;
- Regelungen zum Schutz der Arbeitnehmervertreter nach Art. 10 der SE-Richtlinie;
- Bestimmungen über die Verpflichtung der Mitgliedstaaten zur Einhaltung der Richtlinie nach Art. 12 der SE-Richtlinie;
- Regelung zur Wahrung der Arbeitnehmervertretungsstrukturen nach Art. 13 Abs. 4 der SE-Richtlinie.

c) Wesentliche Abweichungen der Verschmelzungsrichtlinie gegenüber dem Recht der SE

18 Obwohl die grenzüberschreitende Verschmelzung auch eine Gründungsform der SE ist, übernimmt der europäische Gesetzgeber nicht alle Regelungen des SE-Rechts über die Mitbestimmung in Fällen der Verschmelzung. Vielmehr haben die Mitgliedstaaten bei der Verschmelzungsrichtlinie einige Abweichungen[30] gegenüber der SE-Richtlinie beschlossen, die im Wesentlichen damit begründet werden, dass aus der grenzüberschreitenden Verschmelzung nach dieser Richtlinie keine europäische Rechtsform, sondern eine nationale Gesellschaft hervorgeht[31]. Diese Argumentation überzeugt nur teilweise. So ist z.B. die Erhöhung des Schwellenwertes im Rahmen der Auffangregelung[32] nicht durch nationales Recht eines Mitgliedstaats bedingt. Sie ist vielmehr ein Zugeständnis an die Mitgliedstaaten, die der Mitbestimmung der Arbeitnehmer eher skeptisch gegenüber stehen und sie nicht unter denselben Voraussetzungen wie bei der SE in ihren nationalen Rechtsformen einführen wollten.

Auf folgende im Verhältnis zur SE-Regelung abweichende Bestimmungen[33] ist hinzuweisen:

aa) Umfang der Mitbestimmung

19 Für die Beachtung des „Vorher-Nachher-Prinzips" muss der in den an der Verschmelzung beteiligten Gesellschaften bestehende Umfang an Mitbestimmung ermittelt werden.[34] Gegenüber

29 Vgl. Zweiter Abschnitt Erster Teil Rn 78; Zweiter Abschnitt Dritter Teil §§ 5 bis 10.
30 Vgl. *Teichmann* Der Konzern 2007, 89, 90 ff.; *Forst* in: Gaul/Ludwig/Forst § 5 Rn 47.
31 S. *Borsutzky* S. 178 ff.
32 Vgl. Rn 20 ff.
33 S. auch *Annuß* in: Annuß/Kühn/Rudolph/Rupp MgVG Vorbem. Rn 9 ff.
34 Zur Bestimmung des Umfangs der Mitbestimmung ist nicht auf den tatsächlichen Zustand im Unternehmen abzustellen, wenn dieser von dem rechtlich zutreffenden Zustand abweicht. Vielmehr ist dann die abstrakte Rechtslage heranzuziehen, andernfalls würde möglicherweise ein rechswidriger Zustand perpetuiert; ebenso *Thüsing/Forst in:* Habersack/Drinhausen Einl. MgVG Rn 17 weitergehend Nagel, der darüber hinaus den Schutz auch auf freiwillige Mitbestimmungsvereinbarungen ausdehnt, s. § 34 SEBG Rn 4 und § 23 MgVG Fn 2. Auf eine

dem Konzept der SE-Richtlinie ist der Begriff des Umfangs an Mitbestimmung durch die Richtlinie über die grenzüberschreitende Verschmelzung geringfügig erweitert worden. Der Umfang an Mitbestimmung bemisst sich nicht allein nach dem Anteil der Arbeitnehmervertreter im Verwaltungs- oder Aufsichtsorgan in den beteiligten Gesellschaften. Zu berücksichtigen ist gegebenenfalls auch der Anteil an Arbeitnehmervertretern in Ausschüssen, in denen die Mitbestimmung der Arbeitnehmer erfolgt, oder im Leitungsgremium, das für die Ergebniseinheiten der Gesellschaften zuständig[35] ist. Damit wird der Rechtslage in anderen Mitgliedstaaten Rechnung getragen. Finnland und Slowenien haben auf diesen Regelungen bestanden, die ihrem nationalen Recht entsprechen.

bb) Schwellenwert

Die Richtlinie über die grenzüberschreitende Verschmelzung sieht im Rahmen der Auffangregelung im Vergleich zum SE- und SCE-Recht einen höheren Schwellenwert vor. Ob den Arbeitnehmern einer SE oder SCE Mitbestimmungsrechte im Aufsichts- oder Verwaltungsrat aufgrund der Auffangregelung zustehen, hängt von der Mitbestimmungsstruktur in den Gründungsunternehmen ab. Die Auffangregelung findet bei einer SE oder SCE unmittelbar Anwendung, wenn im Gründungsfall einer Verschmelzung der vorgesehene Schwellenwert von 25 Prozent (25 Prozent der Arbeitnehmer der SE stehen vor der SE-Gründung Mitbestimmungsrechte zu) erreicht wird; bei einem Unterschreiten dieses Prozentsatzes ist für die Anwendung der Auffangregelung ein Beschluss des BVG notwendig, der mit der absoluten Mehrheit seiner Mitglieder gefasst werden kann.[36] **20**

Demgegenüber beträgt im Rahmen des Verschmelzungsrechts der Schwellenwert 33,3%. **21**
Diese Erhöhung ist das Ergebnis kontroverser politischer Auseinandersetzungen unter den Mitgliedstaaten. Nach Art. 133 Abs. 3 Buchstabe e) Richtlinie (EU) 2017/1132 (vormals Art. 16 Abs. 3 Buchstabe e) Verschmelzungsrichtlinie 2005/56/EG) i.V.m. Artikel 7 Abs. 2 Unterabsatz 1 Buchstabe b der SE-Richtlinie greift die Mitbestimmung kraft Gesetzes ein, wenn mindestens einem Drittel aller Arbeitnehmer vor der Eintragung der aus einer grenzüberschreitenden Verschmelzung hervorgehenden Gesellschaft Mitbestimmungsrechte zustanden.[37] Bei Unterschreiten dieser Prozentschwelle kann das BVG durch einen besonderen Beschluss die Mitbestimmung kraft Gesetzes herbeiführen.

cc) Anwendung der Auffangregelung ohne vorherige Verhandlung

Die gesetzliche Auffangregelung kommt nach dem Recht der SE zur Anwendung, wenn die **22**
Parteien dies vereinbaren oder – und das wird der Hauptanwendungsfall sein – wenn die Verhandlungen über die Beteiligungsrechte der Arbeitnehmer gescheitert sind. Neben diesen Möglichkeiten, die Art. 133 Richtlinie (EU) 2017/1132 (vormals Art. 16 Verschmelzungsrichtlinie 2005/56/EG) ebenfalls eröffnet, gibt es nach Art. 133 Abs. 4 Buchstabe a) Richtlinie (EU) 2017/1132 (vormals Art. 16 Abs. 4 Buchstabe a) Verschmelzungsrichtlinie 2005/56/EG) einen weiteren Anwendungsfall der Auffangregelung. Hiernach können die Leitungen der an der grenzüberschreitenden Verschmelzung beteiligten Gesellschaften entscheiden, die Regelungen über die Mitbe-

---

konkrete Betrachtungsweise stellen ab *Drinhausen/Keitnath* AG 2010, 400 ff; *Annuß* in: Annuß/Kühn/Rudolph/Rupp MgVG § 5 Rn 8; eine „modifizierte konkrete Betrachtungsweise" vertreten *Heither/von Morgen* in: Boecken/Düwell/Diller/Hanau § 3 MgVG Rn 3.

35 Siehe *Schubert* RdA 2007, 9.

36 Vgl. Zweiter Abschnitt Erster Teil Rn 38 f; Zweiter Abschnitt Dritter Teil § 34 Rn 6 ff.

37 In dieser Erhöhung des Schwellenwerts sieht *Habersack* ZHR 2007, 613, 625 eine nicht unwesentliche Relativierung der deutschen Mitbestimmung.

stimmung kraft Gesetzes ohne vorhergehende Verhandlung unmittelbar ab dem Zeitpunkt der Eintragung anzuwenden. Dieses einseitige Bestimmungsrecht der Leitungen kennt das Recht der SE und der SCE nicht.[38] Der Verzicht auf das Verhandlungsverfahren dient dazu, in Einzelfällen grenzüberschreitende Verschmelzungen zu beschleunigen.[39]

dd) Sonderregelung für das monistische System

23 Die Regelungen über die grenzüberschreitende Verschmelzung enthalten eine Mitgliedstaatenoption für die Ausgestaltung der Auffangregelung im monistischen System. Art. 133 Abs. 4 Buchstabe c) Richtlinie (EU) 2017/1132 (vormals Art. 16 Abs. 4 Buchstabe c) Verschmelzungsrichtlinie 2005/56/EG) räumt den Mitgliedstaaten die Möglichkeit ein, im Rahmen der Auffangregelung den Anteil der Arbeitnehmervertreter im Verwaltungsrat – also bei Gesellschaften mit monistischem Gesellschaftssystem – auf ein Drittel zu begrenzen. Auch diese Regelung ist Ergebnis eines politischen Kompromisses.[40] Die Mitgliedstaaten, in denen das monistische System üblich ist, wollten über die Auffangregelung keinem höheren Anteil an Arbeitnehmervertretern im Verwaltungsrat als einem Drittel zustimmen, da ein höherer Anteil in ihren nationalen Rechtsformen unüblich ist. Würde die Anwendung der Auffangregelung dazu führen, dass in der aus der grenzüberschreitenden Verschmelzung hervorgehenden Gesellschaft der Anteil an Arbeitnehmervertretern im Verwaltungsrat ein Drittel oder mehr beträgt, so bleibt es folglich in den Mitgliedstaaten, die von der Optionslösung Gebrauch gemacht haben, bei einem Arbeitnehmeranteil von einem Drittel. Beträgt aufgrund der Auffangregelung der Anteil der Arbeitnehmervertreter im Verwaltungsrat ohnehin weniger als ein Drittel, ist dieser Anteil an Arbeitnehmervertretern maßgeblich. Ein höherer Arbeitnehmeranteil im Verwaltungsrat als ein Drittel ist bei der SE und SCE allerdings auch von diesen Mitgliedstaaten, die im Rahmen der Diskussion über die Verschmelzungsrichtlinie im Jahr 2005 eine Reduzierungsmöglichkeit gefordert haben, akzeptiert worden. Als Begründung für diese Reduzierungsmöglichkeit wurde angeführt, dass es sich dabei um europäische Rechtsformen handelt.

ee) Sicherung der Mitbestimmung bei einer der grenzüberschreitenden Verschmelzung nachfolgenden innerstaatliche Verschmelzung

24 Mit Art. 133 Abs. 7 Richtlinie (EU) 2017/1132 (vormals Art. 16 Abs. 7 Verschmelzungsrichtlinie 2005/56/EG) regelt der europäische Gesetzgeber die Sicherung der Mitbestimmung bei einer der grenzüberschreitenden Verschmelzung nachfolgenden innerstaatlichen Verschmelzung. Um Missbrauch vorzubeugen soll innerhalb eines Zeitraums von drei Jahren nach Wirksamwerden der grenzüberschreitenden Verschmelzung das Mitbestimmungsniveau, das in der aus der grenzüberschreitenden Verschmelzung hervorgegangenen Gesellschaft bestand, beibehalten werden.[41] Adressat dieser Vorschrift ist die aus der grenzüberschreitenden Verschmelzung hervorgegangene Gesellschaft; der Schutz der Mitbestimmungsrechte der Arbeitnehmer soll über eine entsprechende Anwendung der Vorschriften der Richtlinie, also im Wesentlichen über Vereinbarungen, erreicht werden.[42]

---

38 Vgl. *Teichmann* Der Konzern 2007, 89, 91 f; *Jacobs* in: MÜKOAktG Vorbem. Europäische Grundlagen der Arbeitnehmerbeteiligung in der SE Rn 57.
39 *Hohenstatt/Dzida* in: Henssler/Willemsen/Kalb MgVG Rn 20; *Schubert* RdA 2007, 9, 14.
40 Ebenso *Teichmann* Der Konzern 2007, 89, 92.
41 *Hohenstatt/Dzida* in: Henssler/Willemsen/Kalb MgVG Rn 27 weisen zutreffend darauf hin, dass der Bestandsschutz (nur) dann gilt, wenn das Mitbestimmungsniveau vor der innerstaatlichen Verschmelzung höher war als bei Anwendung des nationalen Rechts nach der innerstaatlichen Verschmelzung.
42 Siehe hierzu § 30 MgVG Rn 3 ff.

III. Überarbeitung der Richtlinie

Im Aktionsplan 2012 (Aktionsplan: Europäisches Gesellschaftsrecht und Corporate Governance – ein moderner Rechtsrahmen für engagierte Aktionäre und besser überlebensfähige Unternehmen – COM 2012 740) hatte die Kommission eine Überarbeitung der Richtlinie 2005/56/EG über die Verschmelzung von Kapitalgesellschaften aus verschiedenen Mitgliedstaaten angekündigt. Zur Vorbereitung hat die Kommission ein Konsultationsverfahren zu grenzüberschreitenden Verschmelzungen und Spaltungen durchgeführt, das Anfang 2015 abgeschlossen worden ist. Konkrete Schlussfolgerungen stehen zwar noch aus, allerdings zeigen die Einlassungen der Kommission in dem Grünbuch zur Kapitalmarktunion vom 18.2.2015 (COM 2015 63), dass sie weiteren materiellrechtlichen Regelungsbedarf in diesem Bereich sieht, weil nach wie vor erhebliche Hürden im Hinblick auf die grenzüberschreitende Mobilität von Gesellschaften festzustellen seien.[43] In der Kodifizierungsrichtlinie (EU) 2017/1132 sind indessen keine inhaltlichen Änderungen des grenzüberschreitenden Verschmelzungsrechts vorgenommen worden. 25

C. Umsetzung der Verschmelzungsrichtlinie in nationales Recht

I. Allgemeines

Die Umsetzung der europäischen Regelungen über die SE und SCE in nationales Recht erfolgte jeweils durch ein Artikelgesetz, das die gesellschaftsrechtlichen Bestimmungen des SEAG und des SCEAG und die mitbestimmungsrechtlichen Regelungen des SEBG und des SCEBG zum Inhalt hatte. Während die parlamentarische Behandlung und Verabschiedung aufgrund der Zusammenfassung der Einzelgesetze in einem Artikelgesetz jeweils gleichzeitig erfolgte, verlief die nationale Umsetzung der gesellschaftsrechtlichen und der mitbestimmungsrechtlichen Regelungen der Verschmelzungsrichtlinie jeweils eigenständig und getrennt voneinander. Durch einige Änderungen und Ergänzungen des Umwandlungsgesetzes sind die gesellschaftsrechtlichen Vorgaben einer grenzüberschreitenden Verschmelzung geregelt worden; demgegenüber war kein Änderungsgesetz, sondern ein eigenständiges und umfangreicheres Gesetz erforderlich, um die Mitbestimmung bei grenzüberschreitenden Verschmelzungen sicherzustellen. Die Bundesregierung hat beide Gesetzentwürfe am 9.8.2006 im Kabinett beschlossen.[44] 26

II. Umsetzung im Umwandlungsgesetz und Einführung der Geschlechterquote

1. Allgemeines

Die Bestimmungen der Richtlinie über die gesellschaftsrechtlichen Voraussetzungen einer grenzüberschreitenden Verschmelzung (vgl. Art. 120 bis 132 Richtlinie (EU) 2017/1132; vormals Art. 3 bis 15 der Verschmelzungsrichtlinie 2005/56/EG,sind mit dem „Zweiten Gesetz zur Änderung des Umwandlungsgesetzes“ in deutsches Recht umgesetzt worden.[45] Dieses Änderungsgesetz ist am 25.4.2007 in Kraft getreten.[46] Der Schwerpunkt der Änderung liegt in den ergänzenden Regelungen der §§ 122a bis 122l UmwG über die grenzüberschreitende Verschmelzung.[47] 27

---

43 S. *Bayer/Schmidt* BB 2015, 1731, 1735; *Schmidt* GPR 2015, 129, 134 m.w.N.
44 Vgl. BR-Drucks. 540/06 v. 11.8.2006 sowie BR-Drucks. 548/06 v. 11.8.2006.
45 Einen Überblick über den Referentenentwurf geben *Neye/Timm* DB 2006, 488.
46 BGBl. I 2007, 542.
47 Vgl. *Neye* DB 2006, 488 ff; *Neye/Timm* GmbHR 2007, 561.

Geregelt werden z.B. die Anforderungen an den Verschmelzungsplan[48] (§ 122c UmwG), den Verschmelzungsbericht, der auch Erläuterungen über die Auswirkungen der grenzüberschreitenden Verschmelzung auf die Gläubiger und Arbeitnehmer enthalten muss (§ 122e UmwG) und die Modalitäten der Anmeldung bei der Registrierung. Wichtigste Rechtsfolge einer grenzüberschreitenden Verschmelzung ist die aus § 20 UmwG bekannte Universalsukzession.[49] Weiterhin sind Änderungen des bestehenden Umwandlungsrechts vorgenommen worden, die auf konkrete Anregungen der Praxis[50] und auf Vorschläge aus dem Bericht[51] der Regierungskommission „Corporate Governance" basieren. Hierzu zählt die Möglichkeit des Ausscheidens gegen Abfindung von Aktionären einer börsennotierten Aktiengesellschaft im Fall einer Verschmelzung auf eine nicht börsennotierte Gesellschaft, die erweiterte Verschmelzungsmöglichkeit für genossenschaftliche Prüfverbände oder der Verzicht auf die Beifügung einer Vermögensaufstellung zum Umwandlungsbericht bei einem Formwechsel.

2. Einführung der Geschlechterquote

28 Am 1. Mai 2015 ist das Gesetz für die gleichberechtigte Teilhabe von Frauen und Männern an Führungspositionen in der Privatwirtschaft und im öffentlichen Dienst (FüpoG) in Kraft getreten. Dieses Gesetz enthält in Artikel 3 mit der Änderung des Aktiengesetzes auch wichtige Änderung für Unternehmen, die aus einer grenzüberschreitenden Verschmelzung hervorgegangen sind. Soweit die entsprechenden Voraussetzungen vorliegen, gelten die Geschlechterquote von mindestens 30 Prozent für den Aufsichtsrat und die Verpflichtung, Zielvorgaben für den Frauenanteil in Aufsichtsrat, Vorstand und in den beiden Führungsebenen unterhalb des Vorstands zu erlassen, auch für solche Unternehmen, die aus einer grenzüberschreitenden Verschmelzung hervorgegangen sind.

29 Ergebnis einer grenzüberschreitenden Verschmelzung ist keine europäische, sondern eine nationale Gesellschaft. Dies ist – trotz sonstiger wichtiger Gemeinsamkeiten bei der Ausgestaltung der Mitbestimmung – ein wesentlicher Unterschied zur SE. Handelt es sich bei diesen nationalen Gesellschaften um – börsennotierte – AG oder KGaA und sind diese aufgrund der Anwendung entsprechender nationaler Mitbestimmungsgesetze paritätisch mitbestimmt, so müssen in dem jeweiligen Aufsichtsrat nach § 96 Abs. 3 AktG Frauen und Männer jeweils mit mindestens einem Anteil von 30 Prozent vertreten sein. Diese fixe Geschlechterquote ist auch dann zu beachten, wenn – wie regelmäßig – in der aus der grenzüberschreitenden Verschmelzung hervorgegangenen – börsennotierten – Gesellschaft die paritätische Mitbestimmung aufgrund von Verhandlungen oder über die Auffangregelung nach den §§ 15, 21 oder den §§ 23, 24 MgVG anzuwenden ist.[52] In diesem Fall gilt zur Erfüllung der fixen Geschlechterquote die Gesamterfüllung, ein Widerspruch gegen die Gesamterfüllung ist nicht möglich.[53]

30 Die Bestellung der Aufsichtsratsmitglieder durch die Hauptversammlung nach § 101 AktG kann nur rechtswirksam erfolgen, wenn die Geschlechterquote eingehalten wird. An die Nichtbeachtung der fixen Quote bei dieser Bestellung ist deshalb die Nichtigkeitsfolge nach § 96

---

48 Vgl. *Teichmann* Der Konzern 2007, 89; zu arbeitsrechtlichen Angaben im Verschmelzungsplan s. *Engels* AuR 2009, 10, 26.
49 *Heuschmid* AuR 2006, 184, 185; zu Arten und Wirkung der Verschmelzung *Maul/Teichmann/Wenz* BB 2003, 2634.
50 Vgl. BR-Drucks. 548/06, S. 19.
51 Vgl. BT-Drucks. 14/7515.
52 Zutreffend *Hohenstatt/Wendler in:* Hohenstatt/Seibt Rn 370 ff.; *Heither/von Morgen* in: Boecken/Düwell/Diller/Hanau § 3 MgVG Rn 23; abzulehnen *Drygala*, der die Regelungen zur Geschlechterquote nur für anwendbar hält, wenn die paritätische Mitbestimmung auf nationalen Mitbestimmungsgesetzen beruht, nicht aber auf einer Vereinbarung über die Mitbestimmung, *Drygala* in: K. Schmidt/Lutter AktG § 96 Rn 59.
53 Zutreffend *Heither/von Morgen* in: Boecken/Düwell/Diller/Hanau § 3 MgVG Rn 23.

Abs. 2 S. 6 AktG geknüpft[54] mit der Möglichkeit, über § 104 AktG die geschlechtergerechte Zusammensetzung des Aufsichtsrats herzustellen. Soweit in einem Unternehmen, das aus einer grenzüberschreitenden Verschmelzung hervorgegangen ist, das Mitbestimmungsgesetz, das Montan-Mitbestimmungsgesetz oder das Mitbestimmungsergänzungsgesetz Anwendung findet, gelten für die fixe Geschlechterquote von mindestens 30 Prozent die entsprechenden Regelungen in § 6, 7, 15, 18a und MitbestG; §§ 5a, 10f Montan-Mitbestimmungsergänzungsgesetz oder die §§ 5a, 8 Montanmitbestimmungsgesetz. Soweit in einem solchen Unternehmen die Mitbestimmung wie bei der SE im Wege von Verhandlungen oder über die Auffangregelung ausgestaltet wird, gelten die dortigen Ausführungen zur fixen Geschlechterquote für die Besetzung des Aufsichtsrats entsprechend.[55]

Ist ein Unternehmen, das aus einer grenzüberschreitenden Verschmelzung hervorgegangen ist, börsennotiert oder mitbestimmt oder treffen beide Voraussetzungen zu, besteht die gesetzliche Verpflichtung für Aufsichtsräte und Vorstände, Zielgrößen zur Erhöhung des Frauenanteils festzulegen.[56] Diese Zielgrößen betreffen den Aufsichtsrat, den Vorstand und die beiden Führungsebenen unterhalb des Vorstands. 31

Ist die Gesellschaft monistisch strukturiert, trifft die Verpflichtung zur Einhaltung der fixen Geschlechterquote und der Zielvorgaben den Verwaltungsrat. Da es sich hierbei um nationale Unternehmen handelt, bei denen die Mitbestimmung im Wege der Vereinbarung oder der Auffangregelung bestimmt wird[57], kann auf die Ausführungen zur SE (vgl. Zweiter Abschnitt, Zweiter Teil Rn 164 ff) verwiesen werden. 32

III. Gesetz zur Umsetzung der Regelung über die Mitbestimmung der Arbeitnehmer bei einer grenzüberschreitenden Verschmelzung von Kapitalgesellschaften aus verschiedenen Mitgliedstaaten (MgVG)

1. Gesetzgebungsverfahren

a) Allgemeines

Art. 133 Richtlinie (EU) 2017/1132 (vormals Art. 16 Verschmelzungsrichtlinie 2005/56/EG) regelt die Auswirkungen einer grenzüberschreitenden Verschmelzung auf die Mitbestimmung der Arbeitnehmer an Unternehmensentscheidungen. Die Umsetzung dieses mitbestimmungsrechtlichen Teils bei der grenzüberschreitenden Verschmelzung erfolgt durch das Gesetz zur Umsetzung der Regelung über die Mitbestimmung der Arbeitnehmer bei einer grenzüberschreitenden Verschmelzung von Kapitalgesellschaften aus verschiedenen Mitgliedstaaten (MgVG). 33

b) Erster Durchgang Bundesrat

Die Stellungnahme des Bundesrats zu dem Entwurf des MgVG erfolgte am 22.9.2006.[58] Darin hatte der Bundesrat die Bundesregierung gebeten, den Gesetzentwurf unter dem Gesichtspunkt einer „eins zu eins" Umsetzung zu überprüfen. Er lehnte die den Gewerkschaften eingeräumte Sitzgarantie im BVG, im Wahlgremium sowie im Aufsichts- oder Verwaltungsrat ab.[59] Weiterhin 34

54 Ebenso *Hohenstatt/Wendler* in: Hohenstatt/Seibt Rn 374.
55 S. *Teichmann/Rüb* BB 2015, 259, 267; *Oetker* Jahrbuch des Arbeitsrechts (2016) Band 53 S. 69 f; *Thüsing/Forst* in: Habersack/Drinhausen Einl. MgVG Rn 34.
56 *Thüsing/Forst* in: Habersack/Drinhausen/Einl. MgVG Rn 35.
57 Anders *Thüsing/Forst* in: Habersack/Drinhausen Einl. MgVG Rn 36, die auf diesen Fall die Regelungen über die Zielgrößen nicht anwenden wollen. Diese Meinung ist abzulehnen; wie hier *Wasmann/Rothenburg* DB 2015, 294.
58 Vgl. BR-Drucks. 540/06 (Beschluss) v. 22.9.2006.
59 Vgl. § 8 Abs. 3; § 10 Abs. 1; § 25 Abs. 3 MgVG-E.

kritisierte er die Definition des Mitbestimmungsverlustes in § 17 Abs. 4 Nr. 2 MgVG-E und regte an, im Hinblick auf den noch ausstehenden Biedenkopf-Bericht[60] keine Regelungen zu treffen, die für die Weiterentwicklung des nationalen Mitbestimmungsrechts präjudizierende Festlegungen hätten.

c) Gegenäußerung der Bundesregierung

35 In ihrer Gegenäußerung vom 11.10.2006 wies die Bundesregierung die Kritik des Bundesrats zurück. Die politische Vorgabe einer „Eins-zu-Eins-Umsetzung" werde bei den Regelungen, die von allen Mitgliedstaaten inhaltsgleich umzusetzen sind, eingehalten. Soweit die Richtlinie dem nationalen Gesetzgeber Gestaltungsspielraum eröffne, greife das Umsetzungsgesetz auf bereits geltendes Recht zurück, indem es sich an den Regelungen zur SE und der SCE orientiere. Dies gelte für die Sitzgarantie der Gewerkschaften ebenso wie für die Definition des Mitbestimmungsverlustes. Da es Aufgabe der Biedenkopf-Kommission sei, auf der Grundlage des geltenden Rechts Vorschläge für eine moderne und europataugliche Weiterentwicklung der deutschen Unternehmensmitbestimmung zu machen, solle folglich das nationale Mitbestimmungsrecht überprüft werden. Hiervon zu unterscheiden sei der vorliegende Gesetzentwurf, bei dem es allein um die Umsetzung europäischen Rechts gehe. Präjudizielle Festlegungen für das nationale Mitbestimmungsrecht würden durch die Umsetzung der Verschmelzungsrichtlinie nicht getroffen.

d) Deutscher Bundestag

36 Die erste Lesung[61] des Gesetzentwurfs fand am 19.10.2006 im Deutschen Bundestag statt. Der federführende Ausschuss für Arbeit und Soziales beschloss in seiner ersten Beratung am 25.10.2006, eine Anhörung zu dem Gesetzentwurf durchzuführen. In der Anhörung vom 6.11.2006 ist der Gesetzentwurf ganz überwiegend auf positive Resonanz gestoßen. Lediglich der Sachverständige der Bundesvereinigung der Deutschen Arbeitgeberverbände äußerte sich skeptisch zu einigen Detailregelungen des Entwurfs, im Übrigen wurde der Gesetzentwurf als praktikabel und praxistauglich beurteilt.[62]

37 Der Ausschuss für Arbeit und Soziales und der mit beratende Rechtsausschuss haben am 8.11.2006 mit den Stimmen der Fraktionen der CDU/CSU, SPD, Die Linke und Bündnis 90/Die Grünen gegen die Stimmen der FDP empfohlen, den Gesetzentwurf anzunehmen. Der ebenfalls mit beratende Finanzausschuss hat dieselbe Empfehlung bei Stimmenthaltung der Fraktionen Die Linke und Bündnis 90/Die Grünen abgegeben.[63] Die abschließende zweite und dritte Lesung des Gesetzentwurfs fand am 9.11.2006 statt. Mit großer Mehrheit hat der Deutsche Bundestag den Gesetzentwurf, der keine Änderung gegenüber der vom Bundeskabinett beschlossenen Fassung enthält, angenommen; lediglich die FDP versagte dem Gesetzentwurf ihre Zustimmung.[64]

e) Zweiter Durchgang Bundesrat/Verabschiedung des Gesetzes

38 Die abschließende Sitzung des Bundesrats fand am 15.12.2006 statt. Erwartungsgemäß stellte der Bundesrat keinen Antrag auf Einleitung eines Vermittlungsverfahrens, so dass das MgVG

60 Bericht der Kommission zur Modernisierung der deutschen Unternehmensmitbestimmung, Dezember 2006, www. bundesregierung. de.
61 BT-Drucks. 16/2922 v. 19.10.2006, S. 5641 ff.
62 Vgl. Ausschussdrucks. 16 (11) 429 v. 2.11.2006 und 16 (11) 439 v. 6.11.2006.
63 Vgl. BT-Drucks. 16/3320 v. 8.11.2006.
64 Vgl. BT-Plenarprotokoll 16/63 v. 9.11.2006 Tagesordnungspunkt 6.

bereits am 29.12.2006 in Kraft treten konnte.[65] Mit dem MgVG und dem Zweiten Gesetz zur Änderung des Umwandlungsgesetzes hat der deutsche Gesetzgeber vor Ablauf der Umsetzungsfrist[66] (Ende 2007) die Verschmelzungsrichtline in nationales Recht umgesetzt und damit die Voraussetzungen für die Beteiligung deutscher Unternehmen an grenzüberschreitenden Verschmelzungen geschaffen.

2. Wesentlicher Regelungsinhalt des MgVG

a) Aufbau und Struktur

Die Umsetzung des Art. 133 Richtlinie (EU) 2017/1132 (vormals Art. 16 Verschmelzungsrichtlinie 2005/56/EG) in nationales Recht erfolgte durch das aus vier Artikeln bestehende „Gesetz zur Umsetzung der Regelungen über die Mitbestimmung der Arbeitnehmer bei einer grenzüberschreitenden Verschmelzung von Kapitalgesellschaften aus verschiedenen Mitgliedsaaten". Neben notwendigen Folgeänderungen im Arbeitsgerichtsgesetz und im Aktiengesetz (Artikel 2 und 3) und der Inkrafttretensregelung in Artikel 4 bildet das in Artikel 1 geregelte MgVG den Schwerpunkt der Umsetzung. **39**

Artikel 1 orientiert sich an der Systematik und dem Aufbau des Art. 133 Richtlinie (EU) 2017/1132 (vormals Art. 16 Verschmelzungsrichtlinie 2005/56/EG) und – soweit Art. 133 Abs. 2 und 3 Richtlinie (EU) 2017/1132 (vormals Art. 16 Abs. 2 und 3 Verschmelzungsrichtlinie 2005/56/EG) auf die SE-Richtlinie verweist – an dem Gesetz über die Beteiligung der Arbeitnehmer in der Europäischen Gesellschaft (SEBG). Das MgVG hat folgenden Inhalt: **40**

- Teil 1 enthält allgemeine Vorschriften zu Zielsetzung, Begriffsbestimmungen, Geltungsbereich und zur Anwendung der maßgeblichen Vorschriften.
- Teil 2 behandelt das besondere Verhandlungsgremium der Arbeitnehmer, insbesondere seine Bildung und Zusammensetzung einschließlich der Regelungen zum Wahlgremium sowie zum Verhandlungsverfahren.
- Teil 3 regelt die Mitbestimmung der Arbeitnehmer in der aus einer grenzüberschreitenden Verschmelzung hervorgehenden Gesellschaft einschließlich des notwendigen Inhalts einer Vereinbarung und der gesetzlichen Vorgaben für den Fall, dass keine Vereinbarung zustande kommt. Ergänzend werden das Fortbestehen nationaler Arbeitnehmervertretungsstrukturen und zudem Fälle nachfolgender innerstaatlicher Verschmelzungen geregelt.
- In Teil 4 werden die notwendigen Schutzbestimmungen aufgeführt.
- Teil 5 enthält Straf- und Bußgeldvorschriften.

Nicht nur die Struktur des MgVG ist mit der des SEBG und des SCEBG vergleichbar, sondern der nationale Gesetzgeber hat auch zahlreiche vom SEBG und SCEBG bekannte Regelungen wörtlich oder jedenfalls inhaltsgleich in das MgVG übernommen.[67] Dies gilt insbesondere für die Bildung und Zusammensetzung des BVG,[68] das Verhandlungsverfahren[69] und die Straf- und Bußgeldvorschriften.[70] Insoweit kann auf die Ausführungen zur SE und SCE verwiesen werden. **41**

---

65 BGBl. I 28.12.2006, 3332.
66 Vgl. *Teichmann* Der Konzern 2007, 89.
67 Vgl. *Lunk/Hinrichs* NZA 2007, 773 f; *Schubert* RdA 2007, 9 ff.
68 Vgl. Zweiter Abschnitt Erster Teil Rn 78.
69 Vgl. Zweiter Abschnitt Erster Teil Rn 30.
70 Vgl. Zweiter Abschnitt Dritter Teil §§ 45 f.

b) Verhandlungsverfahren/Verhandlungsinhalt

42 Die §§ 4 und 5 MgVG setzen Art. 133 Abs. 1 und 2 Richtlinie (EU) 2017/1132 (vormals Art. 16 Abs. 1 und 2 Verschmelzungsrichtlinie 2005/56/EG um, wonach sich bei einer grenzüberschreitenden Verschmelzung die Frage der Mitbestimmung der Arbeitnehmer im Unternehmen regelmäßig nicht nach dem Sitzstaatsrecht[71] beantwortet, sondern der von der SE und SCE her bekannten Regelungsmechanismus eingreift.[72] Danach wird die Mitbestimmung der Arbeitnehmer im Wege freier Verhandlungen zwischen den Unternehmen und der Arbeitnehmerseite, vertreten durch das BVG, vereinbart.[73] Für die Festlegung der aus dem Inland kommenden Mitglieder des BVG wird das von der SE und SCE her bekannte Verfahren auch hier angewandt.[74] Es wird ein Wahlgremium gebildet, in dem alle an der grenzüberschreitenden Verschmelzung beteiligten inländischen Gesellschaften, betroffenen Tochtergesellschaften und betroffenen Betriebe, die Arbeitnehmer im Inland beschäftigen, vertreten sind.[75] Die Vertretung erfolgt durch die jeweils auf der obersten Ebene bestehende Arbeitnehmervertretung,[76] also Konzernbetriebsrat, Gesamtbetriebsrat oder Betriebsrat. Die Größe des Wahlgremiums wird auf 40 Mitglieder begrenzt.

43 Bei der Festlegung des Inhalts der Vereinbarung haben die Vertragsparteien einen weiten Spielraum. Dieser reicht weiter als die gesellschaftsrechtliche Satzungsautonomie,[77] die für Aktiengesellschaften geltende Satzungsstrenge nach § 23 Abs. 5 AktG ist nicht Maßstab und Grenze einer Mitbestimmungsvereinbarung.[78] Deshalb können z.B. die Größe des Aufsichtsrats oder die innere Ordnung einschließlich der Abstimmungsverfahren Inhalt einer Vereinbarung zwischen Unternehmensleitung und BVG sein.[79] Soll im Verhandlungswege das bestehende Mitbestimmungsniveau vermindert werden, ist dafür eine besondere qualifizierte Mehrheit im BVG erforderlich, wenn sich die Mitbestimmung auf mindestens 25% der Arbeitnehmer der beteiligten Gesellschaften und der betroffenen Tochtergesellschaften[80] erstreckt.

c) Auffangregelung

44 Scheitern die Verhandlungen des BVG mit der Unternehmensleitung über die Mitbestimmung, kommt die Auffangregelung zur Anwendung. In diesem Fall setzt sich der Aufsichts- oder Verwaltungsrat nach den gesetzlichen Bestimmungen der §§ 23 bis 25 MgVG zusammen.

45 Im Rahmen der Auffangregelung sind bei der SE und der SCE dem im Wesentlichen für die grenzüberschreitende Information und Konsultation zuständigen Vertretungsorgan der Arbeitnehmer – in den Umsetzungsgesetzen ist dies der SE/SCE-Betriebsrat – bestimmte Aufgaben

---

71 Art. 133 Abs. 1 RL 2017/1132, vormals Art. 16 Abs. 1 der Verschmelzungsrichtlinie.

72 Art. 133 Abs. 2 RL 2017/1132, vormals Art. 16 Abs. 2 der Verschmelzungsrichtlinie.

73 Vgl. § 6 Abs. 1; §§ 7 bis 9 und 13 bis 21 MgVG.

74 Vgl. *Lunk/Hinrichs* NZA 2007, 773, 777 ff; *Schubert* RdA 2007, 9, 11 ff., ausf. *Schubert* ZIP 2009, 791 ff.

75 Vgl. § 10 MgVG.

76 Vgl. zur Zusammensetzung des Wahlgremiums im Einzelnen § 10 MgVG sowie die Ausführungen zur SE, Zweiter Abschnitt, Erster Teil Rn 78 ff.

77 So aber *Habersack* AG 2006, 345, 351; nach anderer – zutreffender – Meinung genießt die vereinbarte Lösung Vorrang vor dem Gesellschaftsrecht, vgl. *Heinze/Seifert/Teichmann* BB 2005, 2524, 2525 mit Hinweis auf Art. 12 Abs. 4 i.V.m. Art. 23 Abs. 2 SE-VO.

78 Zutreffend mit ausführlicher Begründung *Teichmann* Der Konzern 2007, 89, 94 f; s. auch *Oetker* ZIP 2006, 1113 ff; *Krause* BB 2005 1221, 1226; s. auch Zweiter Abschnitt Dritter Teil § 21; **aA** *Lunk/Hinrichs* NZA 2007, 773, 777 ff; *Habersack* AG 2006, 345, 352.

79 Vgl. zum Inhalt der Vereinbarung ausf. Zweiter Abschnitt, Dritter Teil § 21.

80 Die über den Wortlaut der Richtlinie hinausgehende – aber richtlinienkonforme – Berücksichtigung der Tochtergesellschaften wird begrüßt von *Lunk/Hinrichs* NZA 2007, 773, 775; ablehnend *Henssler* in: Ulmer/Habersack/Henssler Einl. SEBG Rn 190; *Kallmeyer* ZIP 2004, 1442.

auch bei der Bildung und Zusammensetzung des Aufsichts- oder Verwaltungsrat vorbehalten. So entscheidet dieses Organ z.B. über die Verteilung der Sitze auf die Mitglieder der unterschiedlichen (beteiligten) Mitgliedstaaten und legt fest, welcher Mitgliedstaat den letzten Aufsichts- oder Verwaltungsratsitz erhalten soll, wenn nicht aus allen Mitgliedstaaten wenigstens ein Mitglied bei der Sitzverteilung berücksichtigt werden kann. Dies ist dann der Fall, wenn weniger Aufsichts- oder Verwaltungsratsmitglieder zu vergeben sind als die – gemessen an der Arbeitnehmerzahl durchzuführende – proportionale Verteilung auf die unterschiedlichen Mitgliedstaaten ergibt.[81]

Da Art. 133 Richtlinie (EU) 2017/1132 (vormals Art. 16 Verschmelzungsrichtlinie 2005/56/EG) 46
über die grenzüberschreitende Verschmelzung nur die Unternehmensmitbestimmung, nicht aber die betriebliche grenzüberschreitende Information und Konsultation der Arbeitnehmer regelt, enthält er auch keine Bestimmung über die Bildung dieses Vertretungsorgans. Folglich kann auf dieses Gremium zur Erledigung bestimmter Aufgaben nicht zurückgegriffen werden. Das Umsetzungsgesetz weist die beschriebenen Aufgaben in § 25 MgVG dem BVG[82] zu, da sich dieses Gremium – ebenso wie das Vertretungsorgan – aus Mitgliedern aus allen beteiligten Mitgliedstaaten zusammensetzt. Zudem ist das BVG in der Regel bereits für die Verhandlungen zwischen Arbeitnehmer- und Arbeitgeberseite gebildet worden, so dass zusätzlicher Aufwand vermieden wird. Nur wenn die Auffangregelung ohne vorhergehende Verhandlungen auf Beschluss der Leitungen unmittelbar zur Anwendung gelangt, müsste erstmalig ein BVG gebildet werden.[83] Das BVG wäre dann nicht nur für die Verteilung der Sitze im Aufsichts- oder Verwaltungsrat auf die Mitgliedstaaten zuständig, sondern auch für die Entscheidung nach § 23 Abs. 2 MgVG über die Form der Mitbestimmung. Je nach Fallgestaltung hätte es auch einen Beschluss über die Anwendung der Auffangregelung zu fassen, wenn der Anteil der Arbeitnehmer in den beteiligten Gesellschaften und betroffenen Tochtergesellschaften, denen vor der grenzüberschreitenden Verschmelzung Mitbestimmungsrechte zustanden, weniger als ein Drittel beträgt.[84]

Die im Wege der Auffangregelung zu bestimmenden auf das Inland entfallenden Mitglieder 47
des Aufsichts- oder Verwaltungsrats der aus der grenzüberschreitenden Verschmelzung hervorgehenden Gesellschaft werden nach § 25 Abs. 3 MgVG ebenso wie bei der SE und SCE von einem Wahlgremium gewählt. Insoweit kann auf die Ausführungen zur SE[85] verwiesen werden.

d) Wesentliche Abweichungen des MgVG gegenüber dem Recht der SE

Die oben unter Rn 18ff näher beschriebenen Regelungen, die vom SE-Recht bzw. SCE-Recht 48
abweichen, hat das MgVG wie folgt umgesetzt:

Den erweiterten Begriff des „Umfangs der Mitbestimmung" nach Art. 133 Abs. 2 Buchstabe a) Richtlinie (EU) 2017/1132 (vormals Art. 16 Abs. 2 Buchstabe a) Verschmelzungsrichtlinie 2005/56/EG) übernehmen § 5 Nr. 2 und § 17 Abs. 4 MgVG. Die Erhöhung des Schwellenwerts im Rahmen der Auffangregelung von 25% auf 33,3% ist in § 23 Abs. 1 Satz 2 Nr. 1 und Nr. 2 MgVG berücksichtigt. § 23 Abs. 1 Satz 1 Nr. 3 MgVG regelt den Fall, dass die Auffangregelung ohne vorherige Verhandlung unmittelbar zur Anwendung kommt, wenn die Leitungen der an der grenzüberschreitenden Verschmelzung beteiligten Gesellschaften einen solchen Beschluss gefasst haben. Damit wird Art. 133 Abs. 4 Buchstabe a) Richtlinie (EU) 2017/1132 (vormals Art. 16 Abs. 4

81 Vgl. Auffangregelung Teil 3 Buchstabe b der SE-Richtlinie und die Ausführungen zu Zweiter Abschnitt, Dritter Teil § 36 Rn 4.
82 Zustimmend *Schubert* RdA 2007, 9, 14.
83 Zustimmend *Schubert* RdA 2007, 9, 14.
84 Vgl. § 23 Abs. 1 Satz 2 Nr. 2 MgVG.
85 Siehe Zweiter Abschnitt, Dritter Teil § 8 ff.

Buchstabe a) Verschmelzungsrichtlinie 2005/56/EG) umgesetzt. Art. 133 Abs. 4 Buchstabe c) Richtlinie (EU) 2017/1132 (vormals Art. 16 Abs. 4 Buchstabe c) Verschmelzungsrichtlinie 2005/56/EG) räumt den Mitgliedstaaten die Möglichkeit ein, im monistischen System bei Anwendung der Auffangregelung den Anteil der Arbeitnehmervertreter auf ein Drittel zu begrenzen. Von dieser Mitgliedstaatenoption hat der Gesetzgeber keinen Gebrauch gemacht, da in Deutschland das dualistische Gesellschaftssystem mit Vorstand und Aufsichtsrat gilt und deshalb grundsätzlich kein Bedarf für eine solche Begrenzung besteht. Lediglich die SE als verschmelzungsfähige Gesellschaftsform im Rahmen dieser Richtlinie kann monistisch ausgestaltet sein. Gegen eine Umsetzung diese Bestimmung allein für die SE spricht, dass bei den Verhandlungen zur SE eine entsprechende Reduzierungsmöglichkeit für die Mitgliedstaaten diskutiert und abgelehnt wurde. Würde nunmehr für die SE von der im Rahmen dieser Richtlinie eröffneten Reduzierungsmöglichkeit Gebrauch gemacht, würde das Verhandlungsergebnis zur SE insoweit konterkariert.

49 Die Sicherung der Mitbestimmung bei einer der grenzüberschreitenden Verschmelzung nachfolgenden innerstaatlichen Verschmelzung regelt § 30 MgVG, der Art. 133 Abs. 7 Richtlinie (EU) 2017/1132 (vormals Art. 16 Abs. 7 Verschmelzungsrichtlinie 2005/56/EG) umsetzt.[86] § 30 MgVG greift die Systematik der Richtlinie durch die Verknüpfung mit den §§ 4 und 5 MgVG auf. Nach Satz 1 ist bei nachfolgenden innerstaatlichen Verschmelzungen nationales Recht anzuwenden, wenn dieses Recht den in der aus der grenzüberschreitenden Verschmelzung hervorgegangenen Gesellschaft bestehenden Umfang an Mitbestimmung ausreichend sichert. Hierzu ist – je nach Fallgestaltung – ein Vergleich insbesondere mit den gesetzlichen Regelungen nach dem MitbestG, dem DrittelbG, dem Montan-MitbestG, dem Montan-MitbestErgG, SCEBG und dem SEBG anzustellen.[87]

50 Gewährleisten die nationalen Regelungen nicht den gleichen Umfang an Mitbestimmung im Sinne des § 5 Nr. 2 MgVG, gelten nach Satz 2 die in der aus einer grenzüberschreitenden Verschmelzung hervorgegangenen Gesellschaft bestehenden Regelungen über die Mitbestimmung fort.[88] Auf Grund der von Art. 133 Abs. 7 Richtlinie (EU) 2017/1132 (vormals Art. 16 Abs. 7 Verschmelzungsrichtlinie 2005/56/EG) geforderten entsprechenden Anwendung der Vorschriften dieses Artikels wird in § 30 Satz 2 MgVG der Fall des § 5 Nr. 2 MgVG aufgegriffen. Hiermit wird über das Vorher-Nachher-Prinzip der bestehende Umfang an Mitbestimmung auch bei nachfolgenden innerstaatlichen Verschmelzungen gesichert.[89] Die Sicherung der Mitbestimmung bezieht sich entweder auf die getroffene Vereinbarung oder die Auffangregelung, die in der aus der grenzüberschreitenden Verschmelzung hervorgegangenen Gesellschaft gilt. Sie ist zeitlich auf die Dauer von drei Jahren nach der Eintragung der grenzüberschreitenden Verschmelzung begrenzt. Während dieses Zeitraums wird neben der ersten auch jede weitere nachfolgende innerstaatliche Verschmelzung erfasst.[90] Nach Ablauf dieses Zeitraums gilt das auf die jeweilige Rechtsform anzuwendende nationale Recht.

51 Die gesetzliche Anordnung der Fortgeltung der bestehenden Regelungen über die Mitbestimmung dient der Rechtssicherheit. Hierdurch wird eine gesetzliche Verpflichtung der Gesellschaft vermieden, für die Sicherung der Mitbestimmungsrechte – gegebenenfalls über ein aufwändiges und kostenträchtiges Verhandlungsverfahren – eigenständig zu sorgen.[91]

---

86 Siehe *Schubert* RdA 2007, 9, 15 f.

87 Vgl. BR-Drucks. 540/06 v. 11.8.2006 S. 64.

88 Zustimmend *Nagel* NZG 2007, 57, 59; nach *Schubert* RdA 2007, 9, 15 f ist diese Regelung europarechtlich bedenklich; ebenso *Jacobs* in: MÜKOAktG Vorbem. Europäische Grundlagen der Arbeitnehmerbeteiligung in der SE Rn 59.

89 Vgl. *Lunk/Hinrichs* NZA 2007, 773 f; die Regelung ist unter europarechtlichen Aspekten umstritten vgl. die Ausführungen zu Vierter Abschnitt § 30 Rn 11.

90 Im Ergebnis ebenso *Teichmann*, Der Konzern 2007, 89, 97, der von einem zeitlichen Bestandsschutz der Mitbestimmung von drei Jahren ausgeht.

91 Vgl. BR-Drucks. 540/06 v. 11.8.2006 S. 64; ablehnend *Schubert* RdA 2007, 9, 16.

Zweiter Teil
Das Gesellschaftsrecht zur grenzüberschreitenden Verschmelzung

Übersicht

A. Entstehungsgeschichte

1 Schon der EWG-Vertrag von 1957 sah in den damaligen Artikeln 52 und 58 die Verwirklichung der Niederlassungsfreiheit für Gesellschaften vor. Ein Teil der Niederlassungsfreiheit ist die grenzüberschreitende Verschmelzung. Es kam aber nie zu einem Abkommen der Mitgliedstaaten über die Verschmelzung von Gesellschaften, obwohl die nach Art. 220 des damaligen EWG-Vertrages möglich gewesen wäre. Eine gesellschaftsrechtliche Richtlinie zur grenzüberschreitenden Verschmelzung kam lange Zeit ebenfalls nicht zustande, weil die großen Unterschiede der Mitgliedstaaten in den Fragen der Mitbestimmung nicht überbrückt werden konnten.[1] Nach der Einigung der EG-Regierungschefs auf die Verwirklichung der Europäischen Gesellschaft (SE) im Dezember 2000, erhielten auch die Arbeiten an der Richtlinie zur grenzüberschreitenden Verschmelzung von Kapitalgesellschaften neuen Schwung. Eine hochrangige Expertengruppe unter Leitung des Niederländers Winter legte im November 2002 einen Abschlussbericht vor, in dem nachdrücklich auf die Wichtigkeit einer Verabschiedung von Vorschriften zur grenzüberschreitenden Verschmelzung hingewiesen wurde. Ende November 2003 legte die Kommission einen neuen Vorschlag für eine Richtlinie des Europäischen Parlamentes und des Rates über die Verschmelzung von Kapitalgesellschaften aus verschiedenen Mitgliedstaaten vor.[2] Im November 2004 konnte im Rat eine politische Einigung über den Inhalt der Richtlinie erzielt werden.[3] Bereits Anfang Mai 2005 wurde der nur in wenigen Punkten geänderte Ratstext vom Parlament verabschiedet. Die endgültige Verabschiedung der Richtlinie erfolgte am 20.9.2005. Die Richtlinie vom 26.10.2005 wurde dann am 25.11.2005 im Amtsblatt der Europäischen Union veröffentlicht.[4] Sie musste nach ihrem Art. 19I bis zum 31.12.2007 in nationales Recht der Mitgliedstaaten umgesetzt werden. Die Richtlinie von 2005 wurde 2017 aufgehoben; der Inhalt wurde fast wortgleich in Richtlinie 2017/1132/EU vom 14.6.2017 (ABlEU L 169/46 v. 30.7.2017 – Kodifizierungsrichtlinie) übernommen. Im Folgenden werden die Artikel der neuen Kodifizierungsrichtlinie von 2017 zitiert und die Artikel der Richtlinie von 2005 in Klammern mit dem Zusatz „alt" gesetzt.

B. Der gesellschaftsrechtliche Teil der neuen Richtlinie 2017/1132/EU (Richtlinie 2005/56/EG alt) im Überblick

2 In dem Teil der Richtlinie, der sich mit klassischen Problemen des Gesellschaftsrechts befasst, sind neben der Festlegung des Anwendungsbereichs in Art. 118 (Art. 1 alt) und den Begriffsbestimmungen in Art. 119 (Art. 2 alt), Sonderregeln zum Anwendungsbereich in Art. 120

---

1 Vgl. zur historischen Entwicklung *Wiesner* DB 2004, 91 ff und *Neye* ZIP 2005, 1893 ff; zur Europäischen Gesellschaft vgl. *Nagel* in: FS Nutzinger, S. 373–399.
2 Vgl. Dok. 2003/0277 = Ratsdokument 15305/03. Auch veröffentlicht als BR-Drucks. 915/03. Zum Inhalt vgl. *Maul/Teichmann/Wenz* BB 2003, 2633; *Pluskat* EWS 2004, 1.
3 Vgl. Ratsdokument 15315/04.
4 RL 2005/56/EG v. 26.10.2005, ABlEU L 310/1 v. 25.11.2005.

(Art. 3 alt), Voraussetzungen für grenzüberschreitende Verschmelzungen in Art. 121 (Art. 4 alt) und über den gemeinsamen Verschmelzungsplan in Art. 122 (Art. 5 alt) geregelt. Hinzu kommen Regelungen zur Bekanntmachung, zum Bericht des Leitungs- oder Verwaltungsorgans, zum Bericht der unabhängigen Sachverständigen, zur Zustimmung der Gesellschafterversammlung in Art. 123 bis 126 (Art. 6 bis 9 alt); von den übrigen Vorschriften sind die über die Wirkungen der grenzüberschreitenden Verschmelzung in Art. 131 (Art. 14 alt) bedeutsam.

3 Die Definition der Verschmelzung in Art. 119 Nr. 2 der Richtlinie (Art. 2 Nr. 2 alt) hält sich an die, welche in Art. 2 Buchstabe a der steuerlichen Fusionsrichtlinie[5] getroffen worden war. Es gibt eine Verschmelzung durch Aufnahme und durch Neugründung. Nach Art. 119 Nr. 2 Buchstabe a (Art. 2 Nr. 2 Buchstabe a alt) der Richtlinie darf zwar im Grundsatz die bare Zuzahlung bei einer Verschmelzung auf eine übernehmende Gesellschaft 10% des Nennwerts nicht überschreiten. Nach Art. 120 Abs. 1 (Art. 3 Abs. 1 alt) kommt die Richtlinie aber auch dann zur Anwendung, wenn für eine der beteiligten Gesellschaften die 10%-Grenze für die bare Zuzahlung nicht gilt. Dadurch geht der eine Verschmelzung prägende Charakter als Umtausch von Gesellschaftsanteilen tendenziell verloren; der Vorgang wird vielmehr einer Übernahme mit einer Gegenleistung in Form einer Geldzahlung angenähert.[6]

4 Die Richtlinie ist nach Art. 118 (Art. 1 alt) auf alle nach nationalem Recht gegründeten Kapitalgesellschaften anwendbar, also in Deutschland auf die AG, die GmbH, die KGaA und die SE. Die Definition der Kapitalgesellschaft folgt aus Art. 119 Buchstabe a und b (Art. 2 Nr. 1 Buchstabe a und b alt) der Richtlinie. Die Gesellschaft muss gesonderte Rechtspersönlichkeit besitzen und über gesondertes Gesellschaftskapital verfügen, das allein für die Verbindlichkeiten der Gesellschaft haftet. Ausgenommen vom Anwendungsbereich sind nach Art. 120 Abs. 3 (Art. 3 Abs. 3 alt) der Richtlinie die Organismen für gemeinsame Anlagen in Wertpapieren.[7] Diese Gesellschaften unterliegen speziellen Vorschriften, die auch ihre Verschmelzung betreffen.

5 Die Richtlinie bestimmt in Art. 121 (Art. 4 alt) den Grundsatz der vorrangigen Geltung des nationalen Rechts. Grenzüberschreitende Verschmelzungen sind nach Art. 121 Abs. 1 Buchstabe a (Art. 4 Abs. 1 Buchstabe a alt) der Richtlinie nur zwischen Gesellschaften möglich, die sich auch nach innerstaatlichem Recht verschmelzen dürfen. Die Vorschriften und Formalitäten des innerstaatlichen Rechts sind nach Art. 121 Abs. 1 Buchstabe b (Art. 4 Abs. 1 Buchstabe b alt) der Richtlinie einzuhalten. Dies gilt nach Art 121 Abs. 2 (Art. 4 Abs. 2 alt) der Richtlinie insbesondere für die Beschlussfassung über die Verschmelzung und den Schutz der Gläubiger, Gesellschafter und Arbeitnehmer der beteiligten Gesellschaften. Die Mitgliedstaaten sind berechtigt, besondere Vorschriften zum Schutz von Minderheitsgesellschaftern zu erlassen, die der Verschmelzung widersprochen haben, wie dies auch nach Art. 24 der SE-VO für die Europäische Gesellschaft der Fall ist.[8] In Art. 121 Abs. 1 Buchstabe b (Art. 4 Abs. 1 Buchstabe b alt) der Richtlinie wird sichergestellt, dass die Vorschriften des europäischen Wettbewerbsrechts gegenüber der Verschmelzungsrichtlinie vorrangig anwendbar sind.

6 Voraussetzung für die Zulässigkeit einer grenzüberschreitenden Verschmelzung ist nach Art. 122 (Art. 5 alt) der Richtlinie die Aufstellung eines gemeinsamen Verschmelzungsplans, dessen Inhalt dem des für die Gründung einer SE erforderlichen Verschmelzungsplans nach Art. 20 SE-VO ähnelt. Über die Erfordernisse der SE-VO hinaus sind allerdings auch die voraussichtlichen Auswirkungen der Verschmelzung auf die Beschäftigung anzugeben (vgl. Art. 122 Buchstabe d gleich Art. 5 Buchstabe d alt der Richtlinie); damit werden Informationsinteressen der Ar-

5 RL 90/434/EWG, geändert durch die RL 2005/19/EG v. 17.2.2005, ABl EG Nr. L 58, S. 19.

6 Vgl. *Neye* ZIP 2005 S. 1893, 1894. Allerdings geht mit zunehmender Anhebung dieser Grenze der eine Verschmelzung gerade prägende Charakter als Umtausch von Gesellschaftsanteilen immer mehr verloren. Der Vorgang wird vielmehr einer Übernahme (mit einer Gegenleistung in Form einer Geldzahlung) angenähert.

7 Vgl. Art. 1 der RL 85/611/EWG, ABlEG Nr. 375 v. 31.12.1985, S. 3.

8 VO (EG) Nr. 2157/2001, veröffentlicht im ABl EG Nr. L 294 v. 10.11.2001, S. 1.

beitnehmerseite berücksichtigt. Hinzu kommt nach Art. 22 Buchstabe k (Art. 5 Buchstabe k alt) der Richtlinie, dass auch Angaben zur Bewertung des Aktiv- und Passivvermögens gemacht werden müssen, das auf die aus der grenzüberschreitenden Verschmelzung hervorgehende Gesellschaft übertragen wird. Schließlich sollen nach Art. 122 Buchstabe l (Art. 5 Buchstabe l alt) der Richtlinie die Bilanzstichtage angegeben werden, damit der Verschmelzungsplan transparenter wird.

Diese Anforderungen werden durch die Publizitätsvorschrift des Art. 123 (Art. 6 alt) der Richtlinie abgesichert. Hinzu kommt ein Bericht des Leitungs- oder Verwaltungsorgans nach Art. 124 (Art. 7 alt) der Richtlinie, zu dem ein Bericht unabhängiger Sachverständiger nach Art. 125 (Art. 8 alt) der Richtlinie hinzutritt. Nach Art. 125 Abs. 4 (Art. 8 Abs. 4 alt) ist weder die Prüfung des gemeinsamen Verschmelzungsplans durch unabhängige Sachverständige noch die Erstellung eines Sachverständigenberichts erforderlich, wenn alle Gesellschafter aller sich verschmelzenden Gesellschaften darauf verzichten. Dies soll der Verfahrenserleichterung dienen. 7

Nach Art. 126 (Art. 9 alt) der Richtlinie ist die Zustimmung der Gesellschafterversammlung jeder der sich verschmelzenden Gesellschaften zu dem gemeinsamen Verschmelzungsplan erforderlich; vorauszugehen hat die Kenntnisnahme der in Art. 124 (Art. 7 alt) und 125 (Art. 8 alt) der Richtlinie genannten Berichte des Leitungs- oder Verwaltungsorgans bzw. der unabhängigen Sachverständigen. 8

Art. 127 (Art. 10 alt) und 128 (Art. 11 alt) der Richtlinie enthalten eine Rechtmäßigkeitskontrolle. Die Kontrolle erstreckt sich nach Art. 128 (Art. 11 alt) auch darauf, ob eine Vereinbarung über die Mitbestimmung der Arbeitnehmer nach Art. 133 (Art. 16 alt) der Richtlinie abgeschlossen wurde. Erst nach dieser Kontrolle kann die grenzüberschreitende Verschmelzung wirksam werden (Art. 129 der Richtlinie; Art. 12 alt). Es folgt die Eintragung und Bekanntmachung nach Art. 130 (Art. 13 alt) der Richtlinie. In Art. 131 (Art. 14 alt) der Richtlinie sind die Wirkungen der grenzüberschreitenden Verschmelzung geregelt, zu denen insbesondere der Übergang des gesamten Aktiv- und Passivvermögens der sich verschmelzenden Gesellschaften – je nach Art und Weise der Verschmelzung auf die neue Gesellschaft oder auf die übernehmende Gesellschaft – gehört (vgl. Art. 131 Abs. 1 und 2; Art. 14 Abs. 1 und 2 alt). Nach Art. 131 Abs. 4 (Art. 14 Abs. 4 alt) der Richtlinie gehen die zum Zeitpunkt des Wirksamwerdens der grenzüberschreitenden Verschmelzung bestehenden Rechte und Pflichten der sich verschmelzenden Gesellschaften aus Arbeitsverträgen oder Beschäftigungsverhältnissen in Folge dieses Wirksamwerdens auf die aus der grenzüberschreitenden Verschmelzung hervorgehende Gesellschaft zu dem Zeitpunkt über, zu dem die Verschmelzung wirksam wird. 9

C. Die gesellschaftsrechtliche Umsetzung der Richtlinie im Umwandlungsgesetz

Am 25.4.2007 trat das Zweite Gesetz zur Änderung des Umwandlungsgesetzes in Kraft. Es enthält in einem neuen zehnten Abschnitt des zweiten Teils des zweiten Buchs (Verschmelzung) in §§ 122a bis 122l Bestimmungen zur grenzüberschreitenden Verschmelzung von Kapitalgesellschaften. Erfasst sind nach § 122b Abs. 1 UmwG i.V.m. Art. 119 Nr. 1 der Kodifizierungsrichtlinie (Art. 2 Nr. 1 alt) Gesellschaften in der Rechtsform der AG, der KGaA, der GmbH und der SE. Nicht erfasst sind Spaltungsvorgänge und formwechselnde Umwandlungen.[9] Mindestens eine der an der Verschmelzung beteiligten Gesellschaften muss nach § 122a Abs. 1 UmwG dem Recht eines anderen EU-Mitgliedstaats oder eines weiteren Mitglieds des Europäischen Wirtschaftsraums (gegenwärtig Norwegen, Island und Liechtenstein) unterliegen. Sie muss nach diesem Recht zu einer innerstaatlichen Verschmelzung berechtigt sein, nur dann kann sie nach Art. 121 Abs. 1 Buchstabe a auch an 10

9 Zur Frage ob diese Lücke einen Verstoß gegen die in Art. 43 und 48 geschützte Niederlassungsfreiheit darstellt, vgl. *Herrler* EuZW 2007, 297 f; *Klein* RnotZ 2007, 565, 570 und *Bayer/Schmidt* NZG 2006, 841 m.w.N.

einer grenzüberschreitenden Verschmelzung teilnehmen (Art. 4 Abs. 1 Buchstabe a alt). Eine Verschmelzung, bei der sich zwei inländische Gesellschaften zu einer Auslandsgesellschaft vereinigen, ist von § 122a nicht erfasst.[10] Je nachdem, ob der Sitz der Gesellschaft nach der Verschmelzung im Inland liegt oder nicht, spricht man von einer Hineinverschmelzung oder einer Hinausverschmelzung.

11 Es handelt sich hier um Spezialvorschriften zur innerstaatlichen Verschmelzung. Deshalb sind nach § 122a Abs. 2 UmwG die entsprechenden Vorschriften anzuwenden, soweit sich aus diesem zehnten Abschnitt nichts anderes ergibt. Die Vorschriften gelten nur für die deutsche Seite, für die anderen an der Verschmelzung beteiligten Gesellschaften gelten deren nationale Vorschriften, mit denen das europäische Recht zur grenzüberschreitenden Verschmelzung umgesetzt wird. Hinzu kommen die Vorschriften zur Mitbestimmung, die im MgVG enthalten sind, und die steuerrechtlichen Vorschriften, die das Gesetz über die steuerrechtlichen Begleitmaßnahmen zur Einführung der Europäischen Gesellschaft und zur Änderung weiterer steuerrechtlicher Vorschriften[11] (SEStEG) regelt.

12 Nach § 122c UmwG ist ähnlich wie nach Art. 20 SE-VO ein Verschmelzungsplan aufzustellen und notariell zu beurkunden (Abs. 4). Er entspricht in der Rechtswirkung dem Entwurf eines für innerstaatliche Verschmelzungen maßgeblichen Verschmelzungsvertrages (§§ 4 ff UmwG) und wird von den Vertretungsorganen der beteiligten Gesellschaften aufgestellt.[12] Über § 5 UmwG hinaus ist darin auch die Satzung der übernehmenden oder neuen Gesellschaft anzugeben (Nr. 9); hinzu kommen gegebenenfalls Angaben zu dem Verfahren, nach dem die Einzelheiten über die Beteiligung der Arbeitnehmer an der Festlegung der Mitbestimmungsrechte in der aus der grenzüberschreitenden Verschmelzung hervorgehenden Gesellschaft geregelt werden (Nr. 10); sowie Angaben zur Bewertung des Aktiv- und Passivvermögens, das auf die übernehmende oder neue Gesellschaft übertragen wird, d.h. zu ihrer Fortführung zu Buch-, Teil- oder Zwischenwerten (Nr. 11); hinzu kommen ferner der Stichtag der Bilanzen der beteiligten Gesellschaften, die zur Festlegung der Verschmelzungsbedingungen verwendet werden (Nr. 12), und bei einer Hinausverschmelzung ein Barabfindungsangebot der übertragenden Gesellschaft (§ 122i Abs. 1 Satz 1 UmwG).

13 Der Verschmelzungsplan ist spätestens einen Monat vor der Versammlung der Anteilsinhaber, welche über die Zustimmung beschließen sollen, beim Registergericht einzureichen (§ 122d UmwG). Die Bekanntmachung durch das Gericht enthält u.a. Rechtsform, Firma und Sitz der beteiligten Gesellschaften (Nr. 2), die Register, bei denen die beteiligten Gesellschaften eingetragen sind, mit der Nummer der Eintragung (Nr. 3) und einen Hinweis auf die Modalitäten für die Ausübung der Rechte der Gläubiger und der Minderheitsgesellschafter der beteiligten Gesellschaften mit der Anschrift, unter der vollständige Auskünfte über diese Modalitäten kostenlos eingeholt werden können (Nr. 4). Er ist dem Betriebsrat nach allerdings bestrittener Auffassung zuzuleiten.[13]

---

10 **AA** *Kiem* in: Habersack/Drinhausen UmwG § 122a Rn 5 ff mit umfangreicher, auch die hier vertretene Auffassung zitierender Begründung, Kiem lässt allerdings den Grundsatz der begrenzten Einzelermächtigung im EU-Recht außer Acht; dieser lässt auch eine analoge Anwendung der Richtlinie auf Sachverhalte, die sie ausdrücklich nicht regelt, nicht zu. Vgl. allgemein zur Anerkennung grenzüberschreitender Umwandlungsvorgänge *Kindler* in: MÜKO-BGB IntGesR Rn 799 ff m.w.N.

11 BGBl. I 2006 S. 2782.

12 **AA** (reiner Organisationsakt) *Bayer* in: Lutter/Hommelhoff/Teichmann Art. 20 SE-VO Rn 2–5 m.w.N.; *Schwarz* SE-VO Art. 20 Rn 12; *Kiem* WM 2006, 1091 ff; *ders.* in Habersack/Drinhausen UmwG § 122c Rn 6; *Bayer* in: Lutter Rn 6; wie hier *Mayer* in: Widmann/Mayer Rn 17; *Becker* in: Heidelberger Kommentar zum Umwandlungsgesetz Rn 5 und *Simon*/*Rubner* in: KK-UmwG Rn 6.

13 Vgl. *Dzida*/*Schramm* NZG 2008, 521, 526; *Krause*/*Kulpa* ZHR 171 (2007), 38, 60f.; *Pohle* Grenzenlos verschmelzen S. 134; **aA** *Bayer* in: Lutter Rn 33 m.w.N. und *Kiem* in: Habersack/Drinhausen UmwG § 122c Rn 8 m.w.N. Vgl. wie hier *Kiem* in: Habersack/Drinhausen § 122e UmwG Rn 2 ff, 10 ff.

Im Verschmelzungsbericht (§§ 122e und 8 UmwG) müssen die Auswirkungen der Verschmelzung auf die Gläubiger und Arbeitnehmer der beteiligten Gesellschaften erläutert werden.[14] Er ist nicht nur den Anteilsinhabern, sondern – anders als bei der innerstaatlichen Verschmelzung – auch dem Betriebsrat, oder falls es diesen nicht gibt, den Arbeitnehmern der beteiligten Gesellschaft spätestens einen Monat vor der Versammlung der Anteilsinhaber über die Zustimmung zum Verschmelzungsplan zugänglich zu machen.[15] § 8 Abs. 3 UmwG gilt nicht. 14

Nach § 122f UmwG ist eine Verschmelzungsprüfung erforderlich, auf die allerdings durch die Gesellschafter aller beteiligten Gesellschaften verzichtet werden kann. Die Prüfung bei der GmbH erfolgt ebenso wie bei den anderen von den Vorschriften zur grenzüberschreitenden Verschmelzung erfassten Gesellschaften, d.h. sie erfolgt nicht wie bei innerstaatlichen Verschmelzungen nach § 48 UmwG lediglich auf Antrag, sondern stets, wenn nicht einhellig auf sie verzichtet wird. 15

Die Anteilsinhaber können ihre Zustimmung im Beschluss zum Verschmelzungsvertrag nach § 13 UmwG davon abhängig machen, dass die Art und Weise der Mitbestimmung der Arbeitnehmer der übernehmenden oder neuen Gesellschaft ausdrücklich von ihnen bestätigt wird (§ 122g Abs. 1 UmwG). 16

Wenn sich alle Anteile einer übertragenden Gesellschaft in der Hand der übernehmenden Gesellschaft befinden, ist ein Verschmelzungsbeschluss der Anteilsinhaber der übertragenden Gesellschaft nicht erforderlich (§ 122g Abs. 2). Wenn auch die übernehmende Gesellschaft in der Rechtsform der AG, KGaA oder SE betrieben wird, ist auch bei ihr ein solcher Beschluss nicht erforderlich (§§ 62, 122g Abs. 2 UmwG). 17

Nach § 122k UmwG ist eine Verschmelzungsbescheinigung des Registergerichts erforderlich, in der die Voraussetzungen über die grenzüberschreitende Verschmelzung bei der übertragenden Gesellschaft bestätigt werden. Die Nachricht über die Eintragung der Verschmelzung im Handelsregister gilt als Verschmelzungsbescheinigung (§ 122a Abs. 1 Satz 2 UmwG). Nach § 122l Abs. 1 Satz 2 UmwG sind u.a. auch die Verschmelzungsbescheinigungen aller übertragenden Gesellschaften beizufügen, wenn die Verschmelzung zur Eintragung ins Handelsregister angemeldet wird. Dass dem Betriebsrat bzw. den Arbeitnehmern (vgl. Rn 14) der Verschmelzungsbericht rechtzeitig zugänglich gemacht wurde, ist eine notwendige Voraussetzung für die Erteilung der Verschmelzungsbescheinigung.[16] Das Registergericht hat vor der Eintragung nach § 122l Abs. 2 UmwG zu prüfen, ob eine Vereinbarung über die Mitbestimmung der Arbeitnehmer abgeschlossen wurde bzw. die Auffangregelung des MgVG gilt.[17] 18

Nach § 122j UmwG können die Gläubiger einer übertragenden deutschen Gesellschaft schon dann, wenn der Verschmelzungsplan bekannt gemacht ist, innerhalb von zwei Monaten Sicherheitsleistung für ihre Forderungen verlangen, soweit sie nicht Befriedigung verlangen können. Sie müssen dann glaubhaft machen, dass durch die Verschmelzung die Erfüllung ihrer Forderung gefährdet wird. 19

Nach § 122h kann ein Spruchverfahren (§ 15 UmwG) zur Überprüfung bzw. Verbesserung des Umtauschverhältnisses, wenn das entsprechende Recht des anderen EU-Mitgliedstaats kein Verfahren zur Kontrolle und Änderung des Umtauschverhältnisses vorsieht, nur dann durchgeführt werden, wenn die Anteilsinhaber des Rechtsträgers des anderen EU-Mitgliedstaats ausdrücklich den Bestimmungen über die Durchführung des Spruchverfahrens zustimmen (vgl. § 6 SEAG i.V.m. Art. 24 SE-VO und § 6 Abs. 4 SEAG i.V.m. Art. 25 Abs. 3 Satz 1 SE-VO bei Verschmelzungen ins Ausland). 20

---

14 Vl. *Kiem* in: Habersack/Drinhausen § 122e UmwG Rn 10 ff.

15 Vgl. auch *Kiem* in: Habersack/Drinhausen § 122e UmwG Rn 2 ff, 10 ff, der aber das Erfordernis der Angaben zu den Auswirkungen auf die Strukturen der Arbeitnehmervertretungen zu Unrecht ablehnt (Rn 17); wie hier *Bayer* in: Lutter § 122e Rn 9; Vetter AG 2006, 613, 620.

16 Vgl. *Simon/Hinrichs* NZA 2008, 397.

17 Vgl. *Annuß* in: Annuß/Kühn/Rudolph/Rupp MgVG Vorbem. Rn 17.

D. Analoge Anwendung auf weitere grenzüberschreitende Umwandlungsvorgänge?

21 Entgegen einer vielfach vertretenen Auffassung ist eine analoge Anwendung der Richtlinie auf ähnliche grenzüberschreitende Vorgänge wie Spaltungen nicht möglich. Eine Regelung der grenzüberschreitenden Unternehmensspaltung fehlt in der Richtlinie.[18] Sie kann auch nicht im Wege der Interpretation in die Richtlinie hineingelesen werden. Es besteht vielmehr eine Lücke der Rechtssetzung, die nicht im Wege einer Analogie oder einer Berufung auf allgemeine Grundsätze überbrückt werden kann. In mehreren Entscheidungen zur Niederlassungsfreiheit hat der EuGH stets festgehalten, dass der Sitzstaat die Voraussetzungen für einen statutenwahrenden Wegzug einer nach seinem Recht gegründeten Gesellschaft festlegen kann.[19] Auch die sog. Zuzugsfreiheit besteht nicht unbeschränkt. Der Zuzugsstaat ist nicht verpflichtet, grenzüberschreitende Umwandlungen günstiger als inländische zu behandeln.[20] Einen Hinweis auf die strikte Beachtung des mangels Harmonisierung noch geltenden Territorialitätsprinzip erlaubt auch das EuGH-Urteil in der Sache Erzberger[21], wonach der Ausschluss der außerhalb Deutschlands beschäftigten Arbeitnehmer eines Konzerns vom aktiven und passiven Wahlrecht bei den Wahlen der Arbeitnehmervertreter im Aufsichtsrat der deutschen Muttergesellschaft nicht gegen die Arbeitnehmerfreizügigkeit verstößt. Der EuGH ist hier nicht bereit, unter Berufung auf die Marktfreiheiten das Recht der Mitgliedstaaten zu korrigieren. Ebenso wie auf die Regelung der grenzüberschreitenden Sitzverlegung muss auch auf die der grenzüberschreitenden Spaltung und der anderen Umwandlungsvorgänge durch den Richtliniengeber noch gewartet werden.

E. Literatur (Auswahl)

22 *Beutel* Der neue rechtliche Rahmen grenzüberschreitender Verschmelzungen in der EU, 2008; *Drinhausen/Keinath* Die grenzüberschreitende Verschmelzung inländischer Gesellschaften nach Erlass der Richtlinie zur grenzüberschreitenden Verschmelzung von Kapitalgesellschaften, RIW 2006, 81–85; *Drinhausen/Keinath* Mitbestimmung bei grenzüberschreitender Verschmelzung mitbestimmungsfreier Gesellschaften, AG 2010, 398; *Frenzel* Grenzüberschreitende Verschmelzung von Kapitalgesellschaften, 2010; *Grambow/Stadler* Grenzüberschreitende Verschmelzungen unter Beteiligung einer Europäischen Gesellschaft, BB 2010, 977; *Heckschen* Die Reform des Umwandlungsrechts, DNotZ 2007, 444–464; Heidelberger Kommentar zum Umwandlungsgesetz, Herausg. *Maulbetsch/Klumpp/Rose* 2008; *Hellwig/Behme* Gemeinschaftsrechtliche Konsequenzen der deutschen Unternehmensmitbestimmung, AG 2009, 261; *Herrler* Ermöglichung grenzüberschreitender Verschmelzungen von Kapitalgesellschaften durch Änderung des Umwandlungsgesetzes, EuZW 2007, 295–300; *Kallmeyer* Umwandlungsgesetz, 5. Aufl. Köln 2013; *Kiem* Die Regelung der grenzüberschreitenden Verschmelzung im deutschen Umwandlungsgesetz, WM 2006, 1091–1094; *Klein* Grenzüberschreitende Verschmelzung von Kapitalgesellschaften, RNotZ 2007, 565–607; Kölner Kommentar zum Umwandlungsgesetz, Herausg. Dauner-Lieb/Simon, 2009; Krause/Janko Grenzüberschreitende Verschmelzungen und Arbeitnehmermitbestimmung, BB 2007, 2194; *Lunk/Hinrichs* Die Mitbestimmung der Arbeitnehmer bei grenzüberschreitenden Verschmelzung nach dem MgVG, NZA 2007, 773; *Lutter* Umwandlungsgesetz (Kommentar), 5. Aufl. 2014; *Müller-Bonanni/Müntefering* Arbeitnehmermitbestimmung bei SE-Gründung und grenzüberschreitenden Verschmelzung im Vergleich, BB 2009, 1699; *dies.* Grenzüberschreitende Verschmelzung ohne Arbeitnehmerbeteiligung? NJW 2009, 2347; *Nagel* Die Richtlinie zur grenzüberschreitenden Verschmelzung, NZG 2006, 97–101; *Pohle* Grenzenlos verschmelzen 2011; *Roßmann* Unternehmensmitbestimmung und Grenzüberschreitende Verschmelzung in der Europäischen Union, 2012; *Schubert* Die Bestellung der Arbeitnehmervertreter im Aufsichts- und Vertretungsorgan bei grenzüberschreitenden Verschmelzungen, ZIP 2009, 791; *Semler/Stengel* Umwandlungsgesetz mit Spruchverfahrensgesetz, 3. Aufl. München 2006; *Simon/Hinrichs* Unterrichtung der Arbeitnehmer und ihrer Vertretungen bei grenzüberschreitenden Verschmelzungen, NZA 2008, 391–397; *Spahlinger/Wegen* Deutsche Gesellschaften in grenzüberschreitenden Umwandlungen nach „Sevic“ und der Verschmelzungsrichtlinie in der Praxis, NZG 2006, 721–728; *Teichmann* Mitbestim-

---

18 Vgl. auch *Habersack* in: Ulmer/Habersack/Henssler MgVG Einl Rn 12.
19 Vgl. EuGH Slg. 2008, I-9641 – Cartesio.
20 Vgl. EuGH Rs. C-378/10, NJW 2012, 2715 – VALE.
21 EuGH v. 18.7.2017, Rs. C-566/15 – Erzberger –, NZA 2017, 1000.

mung und grenzüberschreitende Verschmelzung, Der Konzern 2007, 89; *Widmann/Mayer* Umwandlungsrecht, Kommentar (Loseblatt) Stand 2016.

Dritter Teil
Gesetz über die Mitbestimmung der Arbeitnehmer bei einer grenzüberschreitenden Verschmelzung (MgVG)

Teil 1
Allgemeine Vorschriften

§ 1
Zielsetzung des Gesetzes

(1) [1]Das Gesetz regelt die Mitbestimmung der Arbeitnehmer (Arbeitnehmerinnen und Arbeitnehmer) in den Unternehmensorganen der aus einer grenzüberschreitenden Verschmelzung hervorgehenden Gesellschaft. [2]Ziel des Gesetzes ist, die in den an der Verschmelzung beteiligten Gesellschaften erworbenen Mitbestimmungsrechte der Arbeitnehmer zu sichern. [3]Diese Rechte sind maßgeblich für die Ausgestaltung der Mitbestimmung in der aus einer grenzüberschreitenden Verschmelzung hervorgehenden Gesellschaft.

(2) [1]Wenn das nationale Recht des Mitgliedstaates, in dem die aus einer grenzüberschreitenden Verschmelzung hervorgehende Gesellschaft ihren Sitz hat, keinen ausreichenden Schutz zur Sicherung der Mitbestimmung der Arbeitnehmer gewährt, wird eine Vereinbarung über die Mitbestimmung der Arbeitnehmer in der aus einer grenzüberschreitenden Verschmelzung hervorgehenden Gesellschaft getroffen. [2]Kommt es nicht zu einer Vereinbarung, wird die Mitbestimmung der Arbeitnehmer kraft Gesetzes sichergestellt.

(3) Die Vorschriften dieses Gesetzes sowie die nach Absatz 2 zu treffende Vereinbarung sind so auszulegen, dass das Ziel der Europäischen Gemeinschaft, die Mitbestimmung der Arbeitnehmer in der aus einer grenzüberschreitenden Verschmelzung hervorgehenden Gesellschaft sicherzustellen, gefördert wird.

Übersicht

I. Allgemeines

Die Vorschrift folgt § 1 SEBG für die grenzüberschreitende Verschmelzung von Gesellschaften mit der Maßgabe, dass ausschließlich die Mitbestimmung i.S.v. § 2 Abs. 12 SEBG, also nach nationaler Terminologie die Unternehmensmitbestimmung, betroffen ist. Die betriebliche Mitbestimmung ist Gegenstand weder der Kodifizierungsrichtlinie (vormals Verschmelzungsrichtlinie)noch des MgVG. Die Kodifizierungsrichtlinie von 2017 verweist in Art. 133 (vormals Art. 16 Verschmelzungsrichtlinie) auf wesentliche Teile der SE-Richtlinie. Deshalb orientiert sich auch das SEBG im Wesentlichen an den (Unternehmens-) Mitbestimmungsteilen des SEBG. Für die Entscheidung von Streitigkeiten sind nach § 2a Abs. 1 Nr. 3g die Arbeitsgerichte zuständig. Ausnahmen gelten für §§ 34, 35 sowie §§ 23–28 MgVG (siehe dort). 1

II. Mitbestimmungssicherung

2 Übernommen wird in Abs. 1 MgVG das Ziel der Mitbestimmungssicherung, das auch in § 1 Abs. 3 SEBG verankert ist. Im Regelfall ist nach Abs. 2 eine Beteiligungsvereinbarung abzuschließen, wie dies auch in § 1 Abs. 2 SEBG vorgeschrieben wird. Als Ausnahme greifen gesetzliche Auffangregelungen, wobei § 23 Abs. 1 Nr. 3 MgVG abweichend vom SEBG die Möglichkeit vorsieht, Art. 133 Abs. 4 der Kodifizierungsrichtlinie (Art. 16 Abs. 4 Buchstabe a alt) folgend ohne Verhandlungen die Auffangregelung anzuwenden, wenn die Leitungen der an der grenzüberschreitenden Verschmelzung beteiligten Gesellschaften dies so entscheiden. Der unmittelbare Übergang zur Auffangregelung führt zu praktischen Problemen, auf die in der Kommentierung zu § 23 eingegangen werden soll.

III. Auslegungsgrundsatz

3 Übernommen wird ferner in Abs. 3 der Auslegungsgrundsatz der Mitbestimmungsförderung aus § 1 Abs. 3 SEBG. Nach dieser Vorschrift ist sowohl die tatsächlich praktizierte, aber gesetzlich nicht vorgesehene, als auch die gesetzlich vorgesehene, aber nicht praktizierte Mitbestimmung zu schützen (vgl. unter § 23 Fn 2 und oben § 34 SEBG Rn 4 zur Gründung einer SE durch formwechselnde Umwandlung).

IV. Art. 133 der Kodifizierungsrichtlinie von 2017

4 Der mitbestimmungsrechtliche Teil der Kodifizierungsrichtlinie von 2017 ist in Art. 133 (Art. 16 alt) geregelt, der wiederum grundsätzlich auf die SE-Richtlinie verweist, allerdings eine Reihe von Ausnahmen regelt. Diese werden insbesondere in den §§ 5, 23 bis 30 MgVG behandelt.

§ 2
Begriffsbestimmungen

(1) [1]Der Begriff des Arbeitnehmers richtet sich nach den Rechtsvorschriften und Gepflogenheiten der jeweiligen Mitgliedstaaten. [2]Arbeitnehmer eines inländischen Unternehmens oder Betriebes sind Arbeiter und Angestellte einschließlich der zu ihrer Berufsausbildung Beschäftigten und der in § 5 Abs. 3 Satz 2 des Betriebsverfassungsgesetzes genannten leitenden Angestellten, unabhängig davon, ob sie im Betrieb, im Außendienst oder mit Telearbeit beschäftigt werden. [3]Als Arbeitnehmer gelten auch die in Heimarbeit Beschäftigten, die in der Hauptsache für das Unternehmen oder den Betrieb arbeiten.

(2) Beteiligte Gesellschaften sind die Kapitalgesellschaften, die unmittelbar an der Verschmelzung beteiligt sind.

(3) [1]Tochtergesellschaften sind rechtlich selbstständige Unternehmen, auf die eine andere Gesellschaft einen beherrschenden Einfluss im Sinne von Artikel 3 Abs. 2 bis 7 der Richtlinie 94/45/EG des Rates vom 22. September 1994 über die Einsetzung eines Europäischen Betriebsrates oder die Schaffung eines Verfahrens zur Unterrichtung und Anhörung der Arbeitnehmer in gemeinschaftsweit operierenden Unternehmen und Unternehmensgruppen (ABl. EG Nr. L 254 S. 64) ausüben kann. [2]§ 6 Abs. 2 bis 4 des Europäische Betriebsräte-Gesetzes vom 28. Oktober 1996 (BGBl. I S. 1548, 2022) ist anzuwenden.

(4) Betroffene Tochtergesellschaften oder betroffene Betriebe sind Tochtergesellschaften oder Betriebe einer beteiligten Gesellschaft, die zu Tochtergesellschaften oder Betrieben der aus einer grenzüberschreitenden Verschmelzung hervorgehenden Gesellschaft werden sollen.

(5) Leitung bezeichnet das Organ der unmittelbar an der Verschmelzung beteiligten Gesellschaften oder der aus einer grenzüberschreitenden Verschmelzung hervorgehenden Gesellschaft selbst, das die Geschäfte der Gesellschaft führt und zu ihrer Vertretung berechtigt ist.

(6) Arbeitnehmervertretung bezeichnet jede Vertretung der Arbeitnehmer nach dem Betriebsverfassungsgesetz (Betriebsrat, Gesamtbetriebsrat, Konzernbetriebsrat oder eine nach § 3 Abs. 1 Nr. 1 bis 3 des Betriebsverfassungsgesetzes gebildete Vertretung).

(7) Mitbestimmung bedeutet die Einflussnahme der Arbeitnehmer auf die Angelegenheiten einer Gesellschaft durch

1. **die Wahrnehmung des Rechts, einen Teil der Mitglieder des Aufsichts- oder Verwaltungsorgans der Gesellschaft zu wählen oder zu bestellen, oder**
2. **die Wahrnehmung des Rechts, die Bestellung eines Teils oder aller Mitglieder des Aufsichts- oder Verwaltungsorgans der Gesellschaft zu empfehlen oder abzulehnen.**

Die Regelung folgt § 2 SEBG mit der Maßgabe, dass nur die Begriffe bestimmt werden, welche für die (Unternehmens-) Mitbestimmung maßgeblich sind. Insofern entfallen die Absätze 7 bis 11 des § 2 SEBG. Die Absätze 1 bis 6 von § 2 MgVG folgen § 2 Abs. 1 bis 6 SEBG. § 2 Abs. 7 MgVG folgt § 2 Abs. 12 SEBG. Die Anweisung zu diesen Verweisungen folgt aus Art. 133 Abs. 3 der Kodifizierungsrichtlinie (Art. 16 alt).[1]

§ 3
Geltungsbereich

(1) [1]Dieses Gesetz gilt für eine aus einer grenzüberschreitenden Verschmelzung hervorgehende Gesellschaft mit Sitz im Inland. [2]Es gilt unabhängig vom Sitz dieser Gesellschaft auch für Arbeitnehmer der aus einer grenzüberschreitenden Verschmelzung hervorgehenden Gesellschaft, die im Inland beschäftigt sind, sowie für inländische beteiligte Gesellschaften, betroffene Tochtergesellschaften und betroffene Betriebe.

(2) Mitgliedstaaten im Sinne dieses Gesetzes sind die Mitgliedstaaten der Europäischen Union und die anderen Vertragsstaaten des Abkommens über den Europäischen Wirtschaftsraum.

Die Vorschrift folgt § 3 SEBG. An der Verschmelzung müssen mindestens zwei Gesellschaften aus den in Abs. 2 genannten Staaten beteiligt sein. Abzustellen ist bei den beteiligten und betroffenen Gesellschaften[1] ebenso wie bei der entstehenden Gesellschaft auf den Satzungssitz (RegE BT-Drs. 16/2922, 20). Das MgVG gilt für alle im Inland beschäftigten Arbeitnehmer der aus der grenzüberschreitenden Verschmelzung hervorgegangenen Gesellschaft unabhängig davon, in welchem Mitgliedstaat sie ihren Sitz hat.[2]

1 Nicht erforderlich ist eine analoge Anwendung von Art. 2 der SE-Richtlinie; so aber *Thüsing/Forst* in: Habersack/Drinhausen Einl MgVG Rn 12, wie hier *Annuß* in: Annuß/Kühn/Rudolph/Rupp zu § 2 MgVG.

1 Zur Reichweite vgl. *Thüsing/Forst* in: Habersack/Drinhausen § 3 MgVG Rn 2 ff und *Annuß* in: Annuß/Kühn/Rudolph/Rupp Zu § 3 MgVG.
2 Vgl. *Annuß* in: Annuß/Kühn/Rudolph/Rupp § 4 MgVG Rn 1.

§ 4
Anwendung des Rechts des Sitzstaats

Vorbehaltlich des § 5 finden auf die aus einer grenzüberschreitenden Verschmelzung hervorgehende Gesellschaft die Regelungen über die Mitbestimmung der Arbeitnehmer in den Unternehmensorganen des Mitgliedstaats Anwendung, in dem diese Gesellschaft ihren Sitz hat.

Die Vorschrift setzt Art. 133 Abs. 1 der Kodifizierungsrichtlinie (Art. 16 Abs. 1 alt) um. Die Notwendigkeit der Vorschriften ergibt sich daraus, dass in Ermangelung von gesellschaftsrechtlichen und mitbestimmungsrechtlichen Regelungen der SE-VO bzw. des SEAG, die für eine nach nationalem Recht vorgenommene grenzüberschreitende Verschmelzung nicht gelten können, die Anwendung der Regelungen gesichert werden muss, welche der Sitzstaat für die aus der Verschmelzung hervorgehende Gesellschaft vorsieht (Sitzlandprinzip). Unter Sitz versteht das Gesetz den Satzungssitz (vgl. oben zu § 3). Für grenzüberschreitende Verschmelzung auf eine bestehende SE hin (Verschmelzung durch Aufnahme) oder mit dem Ziel einer SE (Verschmelzung durch Neugründung) gilt als lex specialis das SEBG, wobei der erste Fall eine strukturelle Änderung nach § 18 Abs. 3 SEBG darstellt.[1]

§ 5
Anwendung der Regelungen über die Mitbestimmung der Arbeitnehmer kraft Vereinbarung oder kraft Gesetzes

Die nachfolgenden Regelungen über die Mitbestimmung der Arbeitnehmer kraft Vereinbarung oder in den Fällen des § 23 die Regelungen über die Mitbestimmung kraft Gesetzes finden Anwendung, wenn

1. **in den sechs Monaten vor der Veröffentlichung des Verschmelzungsplans mindestens eine der beteiligten Gesellschaften durchschnittlich mehr als 500 Arbeitnehmer beschäftigt und in dieser Gesellschaft ein System der Mitbestimmung im Sinne des § 2 Abs. 7 besteht;**
2. **das für die aus einer grenzüberschreitenden Verschmelzung hervorgehende Gesellschaft maßgebende innerstaatliche Recht nicht mindestens den gleichen Umfang an Mitbestimmung der Arbeitnehmer vorsieht, wie er in den jeweiligen an der Verschmelzung beteiligten Gesellschaften bestand; der Umfang an Mitbestimmung der Arbeitnehmer bemisst sich nach dem Anteil der Arbeitnehmervertreter**
   a) **im Verwaltungs- oder Aufsichtsorgan,**
   b) **in Ausschüssen, in denen die Mitbestimmung der Arbeitnehmer erfolgt oder**
   c) **im Leitungsgremium, das für die Ergebniseinheiten der Gesellschaften zuständig ist; oder**
3. **das für die aus einer grenzüberschreitenden Verschmelzung hervorgehende Gesellschaft maßgebende innerstaatliche Recht für Arbeitnehmer in Betrieben dieser Gesellschaft, die sich in anderen Mitgliedstaaten befinden, nicht den gleichen Anspruch auf Ausübung von Mitbestimmung vorsieht, wie sie den Arbeitnehmern in demjenigen Mitgliedstaat gewährt werden, in dem die aus der grenzüberschreitenden Verschmelzung hervorgehende Gesellschaft ihren Sitz hat.**

---

1 Vgl. *Schwarz* SE-VO Art. 3 Rn 16 und *Annuß* in: Annuß/Kühn/Rudolph/Rupp § 4 MgVG Rn 2 m.w.N., **aA** im ersten Fall *Grambow/Stadler* BB 2010, 977 ff und *Thüsing/Forst* in: Habersack/Drinhausen § 4 MgVG Rn 6 m.w.N.

Übersicht

I. Allgemeines

Die Regelung setzt Art. 133 Abs. 2 und 3 der Kodifizierungsrichtlinie (Art. 16 Abs. 2 und 3 alt) 1
um. Sie enthält, um die Mitbestimmung der Arbeitnehmer zu sichern, gravierende Ausnahmen vom Sitzlandprinzip. Eine dieser drei Ausnahmen muss nach der Rechtsprechung des EuGH[1] erfüllt sein. Erfasst ist nicht nur der Schutz der bestehenden Mitbestimmung, sondern auch einer gesetzlich vorgeschriebenen, aber nicht praktizierten Mitbestimmung.[2]

II. Nr. 1

Das Sitzlandprinzip gilt nach § 5 Nr. 1 MgVG nicht, wenn in den sechs Monaten vor der Ver- 2
öffentlichung des Verschmelzungsplans mindestens eine der an der Verschmelzung beteiligten Gesellschaften durchschnittlich mehr als 500 Arbeitnehmer beschäftigt hat und in dieser Gesellschaft ein System der (Unternehmens-) Mitbestimmung im Sinne von Art. 2k der SE-Richtlinie besteht.

III. Nr. 2

Das Sitzlandprinzip gilt nach § 5 Nr. 2 ferner nicht, wenn das für die aus der grenzüber- 3
schreitenden Verschmelzung hervorgehende Gesellschaft maßgebliche innerstaatliche Recht nicht mindestens den gleichen Umfang an Mitbestimmung der Arbeitnehmer vorsieht, wie er in den jeweiligen an der Verschmelzung beteiligten Gesellschaften bestand (Vorher-Nachher-Vergleich). Dieser Umfang wird als der Anteil der die Arbeitnehmer vertretenden Mitglieder des Verwaltungs- oder des Aufsichtsorgans oder ihrer Ausschüsse oder des Leitungsgremiums ausgedrückt, das für die Ergebniseinheiten der Gesellschaft zuständig ist, wenn eine (Unternehmens-) Mitbestimmung besteht. Diese Ausnahme vom Sitzlandprinzip gilt beispielsweise, wenn eine österreichische, mitbestimmte AG mit weniger als 500 Arbeitnehmern auf eine deutsche, nicht mitbestimmte GmbH verschmolzen wird.[3]

Über das SEBG und die ihm zugrundeliegende Richtlinie hinaus geht § 5 Nr. 2b und c, wo- 4
nach bei der Sicherung des Umfangs der Mitbestimmung auch der Anteil der Arbeitnehmervertreter in den Ausschüssen, in denen die Mitbestimmung der Arbeitnehmer erfolgt, oder im Leitungsgremium, das für die Ergebniseinheiten der Gesellschaften zuständig ist, berücksichtigt werden muss. Damit wird der Rechtslage in anderen Mitgliedstaaten, genannt sind Finnland und Slowenien, Rechnung getragen.[4]

IV. Nr. 3

Das Sitzlandprinzip gilt nach § 5 Nr. 3 MgVG ferner nicht, wenn das für die neue Gesellschaft 5
geltende Recht für Arbeitnehmer in Betrieben der aus der grenzüberschreitenden Verschmel-

1 Vgl. oben Einf MgVG Rn 14 und EuGH v. 20.6.2013, Rs. C-635/11, AG 2013, 592. Die im Schrifttum zuvor teilweise vertretene „kumulative“ Auslegung wurde vom EuGH nicht bestätigt.
2 Vgl. die Formulierung „Rechtsordnungen“ in Begr. RegE BT-Drs. 16/2922 S. 19 und *Annuß* in: Annuß/Kühn/Rudolph/Rupp § 5 MgVG Rn 6, der aber diese Schlussfolgerung ablehnt.
3 Vgl. *Müller-Bonanni/Müntefering* NJW 2009, 2347 f.
4 Vgl. *Kleinsorge* in: Wißmann/Kleinsorge/Schubert, Mitbestimmungsrecht, EG-Recht Rn 183.

zung hervorgehenden Gesellschaft, die sich in anderen Mitgliedstaaten befinden, nicht den gleichen Anspruch auf Ausübung von Mitbestimmungsrechten vorsieht, wie sie den Arbeitnehmern im Sitzstaat gewährt werden (Diskriminierungstatbestand). Dies ist z.B. bei der Hineinverschmelzung auf eine mitbestimmte AG nach Deutschland der Fall, da die deutschen Mitbestimmungsgesetze kein Wahlrecht der Arbeitnehmer vorsehen, welche in Betrieben der mitbestimmten Gesellschaft außerhalb Deutschlands beschäftigt sind. Hinzu kommt der Fall, dass die in ausländischen Betrieben beschäftigten Arbeitnehmer Mitbestimmungsrechte in Bezug auf die übertragende Gesellschaft hatten.[5] Umstritten ist, ob Nr. 3 auch die Fälle umfasst, in denen bisher mitbestimmungsfreie Gesellschaften verschmolzen werden.[6] Da es in Nr. 3 schon nach dem Wortlaut um grenzüberschreitende Gleichbehandlung der Arbeitnehmer bei der Mitbestimmung geht, muss es um die Verhältnisse in der aus der Verschmelzung hervorgehenden Gesellschaft, nicht in den Ausgangsgesellschaften gehen; Nr. 3 ist anwendbar.

6 In allen diesen Fällen gilt nach § 5 MgVG, der die Anweisung von Art. 133 Abs. 3 der Richtlinie (Art. 16 Abs. 3 alt) umsetzt, der Vorrang der Verhandlungslösung. Dies bedeutet grundsätzlich die Einrichtung eines Besonderen Verhandlungsgremiums (BVG) der Arbeitnehmerseite, welche die Richtlinie direkt der SE-Beteiligungsrichtlinie 2001/86/EG[7] entnimmt. Demnach wird die Mitbestimmung der Arbeitnehmer im Wege von Verhandlungen zwischen den Unternehmen und dem Besonderen Verhandlungsgremium (BVG), das die Arbeitnehmerseite vertritt, vereinbart.[8] Die Freiheit der Mitbestimmungsvereinbarung wird durch den Sicherungsgedanken ergänzt, wonach bei einem Scheitern der Verhandlungen eine Auffangregelung greift, die unter bestimmten Voraussetzungen die bestehende Mitbestimmung sichert. Abweichend von den für die SE geltenden Grundsätzen können sich die Leitungen, ohne zu verhandeln, für die Auffangregelung entscheiden (vgl. unten § 23 Rn 3–5). Für die Festlegung der aus dem Inland kommenden Mitglieder des BVG wird das von der SE und der SCE her bekannte Verfahren auch hier angewandt.[9] Es wird ein Wahlgremium gebildet, in dem alle an der grenzüberschreitenden Verschmelzung beteiligten inländischen Gesellschaften, betroffenen Tochtergesellschaften und betroffenen Betriebe, die Arbeitnehmer im Inland beschäftigen, vertreten sind.[10] Die Vertretung erfolgt durch die jeweils auf der obersten Ebene bestehende Arbeitnehmervertretung,[11] also Konzernbetriebsrat, Gesamtbetriebsrat oder Betriebsrat. Die Größe des Wahlgremiums wird auf 40 Mitglieder begrenzt (vgl. Einf MgVG Rn 33). Das Besondere Verhandlungsgremium kann auch bei Eingreifen des § 5 MgVG die Fortführung der in Deutschland allgemein geltenden Gesetze über die Unternehmensmitbestimmung herbeiführen, wenn es einen Beschluss nach § 18 MgVG fasst (vgl. dort).

---

5 Vgl. *Annuß* in: Annuß/Kühn/Rudolph/Rupp § 5 MgVG Rn 12.

6 Dagegen *Lunk/Hinrichs* NZA 2007, 774; *Müller-Bonanni/Müntefering* NJW 2009, 2347, 2349; *Drinhausen/Keinath* AG 2010, 398, 403; *Habersack* in: Ulmer/Habersack/Henssler § 5 MgVG Rn 6; *Jacobs* in MÜKOAktG Vor § 1 SEBG Rn 44; *Hohenstatt/Dzida* in: Henssler/Willemsen/Kalb MgVG Rn 8 und *Thüsing/Forst* in: Habersack/Drinhausen § 5 MgVG Rn 19; dafür *Annuß* in: Annuß/Kühn/Rudolph/Rupp § 5 MgVG Rn 12 und im Ergebnis *Brandes* ZIP 2008, 2193, 2198.

7 RL 2001/86/EG v. 8.10.2001, ABlEU L 294/22 v. 10.11.2001.

8 Vgl. § 6 Abs. 1; §§ 7 bis 9 und 13 bis 21 MgVG.

9 Vgl. *Lunk/Hinrichs* NZA 2007, 777 ff; *Schubert* RdA 2007, 9, 11 ff; *Nagel* NZG 2006, 97; *Heuschmid* AuR 2006, 184 f; NZA 2008, 391; *Heckschen* DNotZ 2007, 444, *Dzida/Schramm* NZG 2008, 521; *Rubner* NJW Spezial 2007, 219; *Simon/Leuering* NJW Spezial 2006, 75; *Simon/Rubner* Der Konzern 2006, 835; *Brandes* ZIP 2008, 2193 ff. und *Thüsing/Forst* in: Habersack/Drinhausen § 23 MgVG Rn 10.

10 Vgl. § 10 MgVG.

11 Vgl. zur Zusammensetzung des Wahlgremiums im Einzelnen § 10 MgVG sowie die Ausführungen zur SE, Zweiter Abschnitt, Erster Teil Rn 70 ff.

Teil 2
Besonderes Verhandlungsgremium

Kapitel 1
Bildung und Zusammensetzung

§ 6
Information der Leitungen

(1) [1]Das besondere Verhandlungsgremium ist auf Grund einer schriftlichen Aufforderung der Leitungen zu bilden. [2]Es hat die Aufgabe, mit den Leitungen eine schriftliche Vereinbarung über die Mitbestimmung der Arbeitnehmer in der aus einer grenzüberschreitenden Verschmelzung hervorgehenden Gesellschaft abzuschließen.

(2) [1]Wenn die Leitungen eine grenzüberschreitende Verschmelzung planen, informieren sie die Arbeitnehmervertretungen und Sprecherausschüsse in den beteiligten Gesellschaften, betroffenen Tochtergesellschaften und betroffenen Betrieben über das Verschmelzungsvorhaben. [2]Besteht keine Arbeitnehmervertretung, erfolgt die Information gegenüber den Arbeitnehmern. [3]Die Information erfolgt unaufgefordert und unverzüglich nach Offenlegung des Verschmelzungsplans.

(3) Die Information erstreckt sich insbesondere auf
1. **die Identität und Struktur der beteiligten Gesellschaften, betroffenen Tochtergesellschaften und betroffenen Betriebe und deren Verteilung auf die Mitgliedstaaten,**
2. **die in diesen Gesellschaften und Betrieben bestehenden Arbeitnehmervertretungen,**
3. **die Zahl der in diesen Gesellschaften und Betrieben jeweils beschäftigten Arbeitnehmer sowie die daraus zu errechnende Gesamtzahl der in einem Mitgliedstaat beschäftigten Arbeitnehmer und**
4. **die Zahl der Arbeitnehmer, denen Mitbestimmungsrechte in den Organen dieser Gesellschaften zustehen.**

(4) Maßgeblicher Zeitpunkt für die Ermittlung der Zahl der Arbeitnehmer ist der Zeitpunkt der Information nach Absatz 2.

Die Regelung folgt § 4 SEBG. Die Unterrichtungspflicht ist umfassend, sowohl in Bezug auf den Kreis der betroffenen Arbeitnehmer (Abs. 2) als auch in Bezug auf die Inhalte der Information (Abs. 3). Sie greift auch dann ein, wenn die Leitungen sich nach § 23 Abs. 1 Satz 1 Nr. 3 MgVG ohne Verhandlungen mit dem BVG für die Auffanglösung entscheiden.[1]

§ 7
Zusammensetzung des besonderen Verhandlungsgremiums

(1) [1]Für die in jedem Mitgliedstaat beschäftigten Arbeitnehmer der beteiligten Gesellschaften, betroffenen Tochtergesellschaften und betroffenen Betriebe werden Mitglieder für das besondere Verhandlungsgremium gewählt oder bestellt. [2]Für jeden Anteil der in einem Mitgliedstaat beschäftigten Arbeitnehmer, der 10 Prozent der Gesamtzahl der in allen Mitgliedstaaten beschäftigten Arbeitnehmer der beteiligten Gesellschaften und der betroffenen Tochtergesellschaften oder betroffenen Betriebe oder einen Bruchteil davon

1 Wie hier *Brandes* ZIP 2008, 2193, 2198 und *Thüsing/Forst* in: Habersack/Drinhausen § 3 MgVG Rn 6; **aA** *Krause/Janko* BB 2007, 2194, 2197.

beträgt, ist ein Mitglied aus diesem Mitgliedstaat in das besondere Verhandlungsgremium zu wählen oder zu bestellen.

(2) [1]Es sind so viele zusätzliche Mitglieder in das besondere Verhandlungsgremium zu wählen oder zu bestellen, wie erforderlich sind, um zu gewährleisten, dass jede eingetragene beteiligte Gesellschaft durch mindestens ein Mitglied in dem besonderen Verhandlungsgremium vertreten ist. [2]Diese Gesellschaft muss Arbeitnehmer in dem betreffenden Mitgliedstaat beschäftigen und als Folge der geplanten grenzüberschreitenden Verschmelzung als eigene Rechtspersönlichkeit erlöschen. [3]Die Wahl oder Bestellung darf nicht zu einer Doppelvertretung der betroffenen Arbeitnehmer führen.

(3) [1]Die Zahl der zusätzlichen Mitglieder darf 20 Prozent der sich aus Absatz 1 ergebenden Mitgliederzahl nicht überschreiten. [2]Kann danach nicht jede nach Absatz 2 besonders zu berücksichtigende Gesellschaft durch ein zusätzliches Mitglied im besonderen Verhandlungsgremium vertreten werden, so werden diese Gesellschaften in absteigender Reihenfolge der Zahl der bei ihnen beschäftigten Arbeitnehmer berücksichtigt. [3]Dabei ist zu gewährleisten, dass ein Mitgliedstaat nicht mehrere zusätzliche Sitze erhält, solange nicht alle anderen Mitgliedstaaten, aus denen die nach Absatz 2 besonders zu berücksichtigenden Gesellschaften stammen, einen Sitz erhalten haben.

(4) [1]Treten während der Tätigkeitsdauer des besonderen Verhandlungsgremiums solche Änderungen in der Struktur oder Arbeitnehmerzahl der beteiligten Gesellschaften, der betroffenen Tochtergesellschaften oder der betroffenen Betriebe ein, dass sich die konkrete Zusammensetzung des besonderen Verhandlungsgremiums ändern würde, so ist das besondere Verhandlungsgremium entsprechend neu zusammenzusetzen. [2]Über solche Änderungen haben die zuständigen Leitungen unverzüglich das besondere Verhandlungsgremium zu informieren. [3]§ 6 Abs. 2 bis 4 gilt entsprechend.

Die Regelung folgt § 5 SEBG für die Modalität der SE-Gründung durch Verschmelzung.[1]

§ 8
Persönliche Voraussetzungen der auf das Inland entfallenden Mitglieder des besonderen Verhandlungsgremiums

(1) Die persönlichen Voraussetzungen der Mitglieder des besonderen Verhandlungsgremiums richten sich nach den jeweiligen Bestimmungen der Mitgliedstaaten, in denen sie gewählt oder bestellt werden.

(2) [1]Zu Mitgliedern des besonderen Verhandlungsgremiums wählbar sind im Inland Arbeitnehmer der Gesellschaften und Betriebe sowie Gewerkschaftsvertreter. [2]Frauen und Männer sollen entsprechend ihrem zahlenmäßigen Verhältnis gewählt werden. [3]Für jedes Mitglied ist ein Ersatzmitglied zu wählen.

(3) Gehören dem besonderen Verhandlungsgremium mehr als zwei Mitglieder aus dem Inland an, ist jedes dritte Mitglied ein Vertreter einer Gewerkschaft, die in einer an der Verschmelzung beteiligten Gesellschaft, betroffenen Tochtergesellschaft oder einem betroffenen Betrieb vertreten ist.

(4) Gehören dem besonderen Verhandlungsgremium mehr als sechs Mitglieder aus dem Inland an, ist mindestens jedes siebte Mitglied ein leitender Angestellter.

1 Zur Kritik an der Neuzusammensetzung des BVG bei strukturellen Änderungen nach Abs. 4 vgl. *Lunk/Hinrichs* NZA 2007, 773, 775ff.

Die Regelung folgt im Wesentlichen § 6 SEBG (Grundsatz der proportionalen Repräsentation). Für den Schutz der Vertretung von Gewerkschaften geht Abs. 3 über den Schutz hinaus, den § 6 Abs. 3 SEBG gewährt. Nach § 8 Abs. 3 MgVG ist jedes dritte Mitglied des BVG Vertreter einer Gewerkschaft, die entweder wie nach § 6 Abs. 3 SEBG in einer an der Verschmelzung beteiligten Gesellschaft vertreten ist, oder auch einer Gewerkschaft, die in einer von der Verschmelzung betroffenen Gesellschaft oder in einem betroffenen Betrieb vertreten ist.[1] Die aus der Sicht der betroffenen Gewerkschaften und aus allgemeinen Praktikabilitätserwägungen sinnvolle Erweiterung entspricht der, welche § 6 Abs. 3 SCEBG vorsieht.

§ 9
Verteilung der auf das Inland entfallenden Sitze des besonderen Verhandlungsgremiums

(1) Die Wahl oder Bestellung der Mitglieder des besonderen Verhandlungsgremiums nach § 7 erfolgt nach den jeweiligen Bestimmungen der Mitgliedstaaten.

(2) Bei der Wahl der auf das Inland entfallenden Mitglieder des besonderen Verhandlungsgremiums sollen alle an der Verschmelzung beteiligten Gesellschaften mit Sitz im Inland, die Arbeitnehmer im Inland beschäftigen, durch mindestens ein Mitglied im besonderen Verhandlungsgremium vertreten sein.

(3) Ist die Anzahl der auf das Inland entfallenden Mitglieder des besonderen Verhandlungsgremiums geringer als die Anzahl der an der Verschmelzung beteiligten Gesellschaften mit Sitz im Inland, die Arbeitnehmer im Inland beschäftigen, so erhalten die Gesellschaften in absteigender Reihenfolge der Zahl der Arbeitnehmer jeweils einen Sitz.

(4) Ist die Anzahl der auf das Inland entfallenden Mitglieder des besonderen Verhandlungsgremiums höher als die Anzahl der an der Verschmelzung beteiligten Gesellschaften mit Sitz im Inland, die Arbeitnehmer im Inland beschäftigen, so sind die nach erfolgter Verteilung nach Absatz 2 verbleibenden Sitze nach dem d'Hondtschen Höchstzahlenverfahren auf die beteiligten Gesellschaften, die betroffenen Tochtergesellschaften oder die betroffenen Betriebe zu verteilen.

(5) Sind keine Gesellschaften mit Sitz im Inland an der Verschmelzung beteiligt, sondern von ihr nur Tochtergesellschaften oder Betriebe ausländischer Gesellschaften betroffen, gelten die Absätze 2 bis 4 entsprechend.

Die Regelung folgt im Wesentlichen § 7 SEBG. Für den Schutz der Vertretung von Gewerkschaften geht Abs. 3 über den Schutz hinaus, den § 6 Abs. 3 SEBG gewährt. Ist nach Abs. 4 die Anzahl der auf das Inland entfallenden Mitglieder des besonderen Verhandlungsgremiums höher als die Anzahl der an der Verschmelzung beteiligten Gesellschaften mit Sitz im Inland, die Arbeitnehmer im Inland beschäftigen, so sind die nach erfolgter Verteilung nach Absatz 2 verbleibenden Sitze nach dem d'Hondtschen Höchstzahlenverfahren nicht nur wie in § 7 Abs. 4 SEBG auf die beteiligten Gesellschaften, sondern auch auf die betroffenen Tochtergesellschaften oder die betroffenen Betriebe zu verteilen. Die aus der Sicht der Betroffenen und aufgrund von praktischen Überlegungen sinnvolle Erweiterung der Beteiligung entspricht der Regelung in § 7 Abs. 4 SCEGB (vgl. dort).

1 Zur Kritik an der Berücksichtigung der Gewerkschaften vgl. *Lunk/Hinrichs* NZA 2007, 773, 776.

Kapitel 2
Wahlgremium

§ 10
Zusammensetzung des Wahlgremiums; Urwahl

(1) [1]Die nach diesem Gesetz oder dem Gesetz eines anderen Mitgliedstaats auf die im Inland beschäftigten Arbeitnehmer der an der Verschmelzung beteiligten Gesellschaften, betroffenen Tochtergesellschaften und betroffenen Betriebe entfallenden Mitglieder des besonderen Verhandlungsgremiums werden von einem Wahlgremium in geheimer und unmittelbarer Wahl gewählt. [2]Im Fall des § 8 Abs. 3 ist jedes dritte Mitglied auf Vorschlag einer Gewerkschaft zu wählen, die in einer an der Verschmelzung beteiligten Gesellschaft, einer betroffenen Tochtergesellschaft oder einem betroffenen Betrieb vertreten ist. [3]Wird nur ein Wahlvorschlag gemacht, muss dieser mindestens doppelt so viele Bewerber enthalten wie Vertreter von Gewerkschaften zu wählen sind. [4]Jeder Wahlvorschlag einer Gewerkschaft muss von einem Vertreter der Gewerkschaft unterzeichnet sein. [5]Im Fall des § 8 Abs. 4 ist jedes siebte Mitglied auf Vorschlag der Sprecherausschüsse zu wählen; Satz 3 gilt entsprechend. [6]Besteht in einer beteiligten Gesellschaft oder in einer der beteiligten Tochtergesellschaften oder den betroffenen Betrieben kein Sprecherausschuss, können die leitenden Angestellten Wahlvorschläge machen; ein Wahlvorschlag muss von einem Zwanzigstel oder 50 der wahlberechtigten leitenden Angestellten unterzeichnet sein.

(2) [1]Ist aus dem Inland nur eine Unternehmensgruppe an der Verschmelzung beteiligt, besteht das Wahlgremium aus den Mitgliedern des Konzernbetriebsrates oder, sofern ein solcher nicht besteht, aus den Mitgliedern der Gesamtbetriebsräte oder, sofern ein solcher in einem Unternehmen nicht besteht, aus den Mitgliedern des Betriebsrates. [2]Betriebsratslose Betriebe und Unternehmen einer Unternehmensgruppe werden vom Konzernbetriebsrat, Gesamtbetriebsrat oder Betriebsrat mit vertreten.

(3) [1]Ist aus dem Inland nur ein Unternehmen an der Verschmelzung beteiligt, besteht das Wahlgremium aus den Mitgliedern des Gesamtbetriebsrates oder, sofern ein solcher nicht besteht, aus den Mitgliedern des Betriebsrates. [2]Betriebsratslose Betriebe eines Unternehmens werden vom Gesamtbetriebsrat oder Betriebsrat mit vertreten.

(4) Ist aus dem Inland nur ein Betrieb von der Verschmelzung betroffen, besteht das Wahlgremium aus den Mitgliedern des Betriebsrates.

(5) [1]Sind an der Verschmelzung eine oder mehrere Unternehmensgruppen oder nicht verbundene Unternehmen beteiligt oder sind von der Gründung unternehmensunabhängige Betriebe betroffen, setzt sich das Wahlgremium aus den jeweiligen Arbeitnehmervertretungen auf Konzernebene, Unternehmensebene oder Betriebsebene zusammen. [2]Die Absätze 2 bis 4 gelten entsprechend. [3]Ist in den Fällen des Satzes 1 eine entsprechende Arbeitnehmervertretung nicht vorhanden, werden diese Mitglieder des Wahlgremiums von den Arbeitnehmern in Urwahl gewählt. [4]Die Wahl wird von einem Wahlvorstand eingeleitet und durchgeführt, der in einer Versammlung der Arbeitnehmer gewählt wird, zu der die inländische Konzernleitung, Unternehmensleitung oder Betriebsleitung einlädt. [5]Es sind so viele Mitglieder des Wahlgremiums zu wählen, wie eine bestehende Arbeitnehmervertretung in den Fällen der Absätze 2 bis 4 an gesetzlichen Mitgliedern hätte; für das Wahlverfahren gilt Absatz 7 Satz 3 bis 5 entsprechend.

(6) [1]Das Wahlgremium besteht aus höchstens 40 Mitgliedern. [2]Würde diese Höchstzahl überschritten, ist die Anzahl der Mitglieder in dem Wahlgremium entsprechend ihrem zahlenmäßigen Verhältnis nach dem d'Hondtschen Höchstzahlverfahren zu verringern.

(7) [1]Besteht in den Fällen der Absätze 2 bis 5 keine Arbeitnehmervertretung, wählen die Arbeitnehmer die Mitglieder des besonderen Verhandlungsgremiums in geheimer und

unmittelbarer Wahl. [2]Die Wahl wird von einem Wahlvorstand eingeleitet und durchgeführt, der in einer Versammlung der Arbeitnehmer gewählt wird, zu der die inländische Konzernleitung, Unternehmensleitung oder Betriebsleitung einlädt. [3]Die Wahl der Mitglieder des besonderen Verhandlungsgremiums erfolgt nach den Grundsätzen der Verhältniswahl. [4]Sie erfolgt nach den Grundsätzen der Mehrheitswahl, wenn nur ein Wahlvorschlag eingereicht wird. [5]Jeder Wahlvorschlag der Arbeitnehmer muss von mindestens einem Zwanzigstel der wahlberechtigten Arbeitnehmer, mindestens jedoch von drei Wahlberechtigten, höchstens aber von 50 Wahlberechtigten unterzeichnet sein; in Betrieben mit in der Regel bis zu 20 wahlberechtigten Arbeitnehmern genügt die Unterzeichnung durch zwei Wahlberechtigte. [6]Absatz 1 Satz 2 bis 6 gilt entsprechend.

§ 10 MgVG folgt im Wesentlichen § 8 SEBG. Nach Abs. 1 Satz 2 ist, wenn im Fall des § 8 Abs. 3 dem BVG mehr als zwei Mitglieder aus dem Inland angehören, jedes dritte Mitglied auf Vorschlag einer Gewerkschaft zu wählen, die in einer an der Verschmelzung beteiligten Gesellschaft, einer betroffenen Tochtergesellschaft oder einem betroffenen Betrieb vertreten ist. Anders als in § 8 Abs. 1 Satz 2 SEBG sind hier aus Praktikabilitätsgründen auch die Gewerkschaften, die in einer von der Verschmelzung betroffenen Tochtergesellschaft oder einem betroffenen Betrieb vertreten sind, geschützt. Die Regelung entspricht § 8 Abs. 1 Satz 2 SCEBG (vgl. dort).

§ 11
Einberufung des Wahlgremiums

(1) Auf der Grundlage der von den Leitungen erhaltenen Informationen hat der Vorsitzende der Arbeitnehmervertretung auf Konzernebene oder, sofern eine solche nicht besteht, auf Unternehmensebene oder, sofern eine solche nicht besteht, auf Betriebsebene

1. **Ort, Tag und Zeit der Versammlung des Wahlgremiums festzulegen;**
2. **die Anzahl der Mitglieder aus den jeweiligen Arbeitnehmervertretungen nach § 10 Abs. 6 festzulegen;**
3. **zur Versammlung des Wahlgremiums einzuladen.**

(2) Bestehen auf einer Ebene mehrere Arbeitnehmervertretungen, treffen die Verpflichtungen nach Absatz 1 den Vorsitzenden der Arbeitnehmervertretung, die die meisten Arbeitnehmer vertritt.

Die Vorschrift folgt § 9 SEBG.

§ 12
Wahl der Mitglieder des besonderen Verhandlungsgremiums

(1) [1]Bei der Wahl müssen mindestens zwei Drittel der Mitglieder des Wahlgremiums, die mindestens zwei Drittel der Arbeitnehmer vertreten, anwesend sein. [2]Die Mitglieder des Wahlgremiums haben jeweils so viele Stimmen, wie sie Arbeitnehmer vertreten. [3]Die Wahl erfolgt mit einfacher Mehrheit der abgegebenen Stimmen.

(2) [1]Im Wahlgremium vertreten die Arbeitnehmervertretungen und die in Urwahl gewählten Mitglieder jeweils alle Arbeitnehmer der organisatorischen Einheit, für die sie nach § 10 Abs. 2 bis 5 zuständig sind. [2]Nicht nach Satz 1 vertretene Arbeitnehmer werden den Arbeitnehmervertretungen innerhalb der jeweiligen Unternehmensgruppe zu gleichen Teilen zugerechnet.

(3) [1]Sind für eine Arbeitnehmervertretung mehrere Mitglieder im Wahlgremium vertreten, werden die entsprechend der von ihnen vertretenen Arbeitnehmer bestehenden Stimmenanteile gleichmäßig aufgeteilt. [2]Dies gilt auch für die nach § 10 Abs. 5 Satz 3 gewählten Mitglieder des Wahlgremiums.

Die Vorschrift folgt § 10 SEBG.

Kapitel 3
Verhandlungsverfahren

§ 13
Information über die Mitglieder des besonderen Verhandlungsgremiums

(1) [1]Die Wahl oder Bestellung der Mitglieder des besonderen Verhandlungsgremiums soll innerhalb von zehn Wochen nach der in § 6 Abs. 2 und 3 vorgeschriebenen Information erfolgen. [2]Den Leitungen sind unverzüglich die Namen der Mitglieder des besonderen Verhandlungsgremiums, ihre Anschriften sowie die jeweilige Betriebszugehörigkeit mitzuteilen. [3]Die Leitungen haben die örtlichen Betriebs- und Unternehmensleitungen, die dort bestehenden Arbeitnehmervertretungen und Sprecherausschüsse sowie die in inländischen Betrieben vertretenen Gewerkschaften über diese Angaben zu informieren.

(2) [1]Das Verhandlungsverfahren nach den §§ 14 bis 19 findet auch dann statt, wenn die in Absatz 1 Satz 1 genannte Frist aus Gründen, die die Arbeitnehmer zu vertreten haben, überschritten wird. [2]Nach Ablauf der Frist gewählte oder bestellte Mitglieder können sich jederzeit an dem Verhandlungsverfahren beteiligen.

Die Vorschrift folgt § 11 SEBG.

§ 14
Sitzungen, Geschäftsordnung

(1) [1]Die Leitungen laden unverzüglich nach Benennung der Mitglieder oder im Fall des § 13 nach Ablauf der in § 13 Abs. 1 Satz 1 genannten Frist zur konstituierenden Sitzung des besonderen Verhandlungsgremiums ein und informieren die örtlichen Betriebs- und Unternehmensleitungen. [2]Das besondere Verhandlungsgremium wählt aus seiner Mitte einen Vorsitzenden und mindestens zwei Stellvertreter. [3]Es kann sich eine schriftliche Geschäftsordnung geben.

(2) Der Vorsitzende kann weitere Sitzungen einberufen.

Die Vorschrift folgt § 12 SEBG.

§ 15
Zusammenarbeit zwischen besonderem Verhandlungsgremium und Leitungen

(1) [1]Das besondere Verhandlungsgremium schließt mit den Leitungen eine schriftliche Vereinbarung über die Mitbestimmung der Arbeitnehmer in der aus der grenzüber-

schreitenden Verschmelzung hervorgehenden Gesellschaft ab. [2]Zur Erfüllung dieser Aufgabe arbeiten sie vertrauensvoll zusammen.

(2) [1]Die Leitungen haben dem besonderen Verhandlungsgremium rechtzeitig alle erforderlichen Auskünfte zu erteilen und die erforderlichen Unterlagen zur Verfügung zu stellen. [2]Das besondere Verhandlungsgremium ist insbesondere über das Verschmelzungsvorhaben und den Verlauf des Verfahrens bis zur Eintragung der aus der grenzüberschreitenden Verschmelzung hervorgehenden Gesellschaft zu unterrichten. [3]Zeitpunkt, Häufigkeit und Ort der Verhandlungen werden zwischen den Leitungen und dem besonderen Verhandlungsgremium einvernehmlich festgelegt.

Die Vorschrift folgt § 13 SEBG.

§ 16
Sachverständige und Vertreter von geeigneten außenstehenden Organisationen

(1) [1]Das besondere Verhandlungsgremium kann bei den Verhandlungen Sachverständige seiner Wahl, zu denen auch Vertreter von einschlägigen Gewerkschaftsorganisationen auf Gemeinschaftsebene zählen können, hinzuziehen, um sich von ihnen bei seiner Arbeit unterstützen zu lassen. [2]Diese Sachverständigen können, wenn das besondere Verhandlungsgremium es wünscht, an den Verhandlungen in beratender Funktion teilnehmen.

(2) Das besondere Verhandlungsgremium kann beschließen, die Vertreter von geeigneten außenstehenden Organisationen vom Beginn der Verhandlungen zu unterrichten.

Die Vorschrift folgt § 14 SEBG.

§ 17
Beschlussfassung im besonderen Verhandlungsgremium

(1) [1]Die Mitglieder des besonderen Verhandlungsgremiums, die in einem Mitgliedstaat gewählt oder bestellt werden, vertreten alle in dem jeweiligen Mitgliedstaat beschäftigten Arbeitnehmer. [2]Solange aus einem Mitgliedstaat keine Mitglieder in das besondere Verhandlungsgremium gewählt oder bestellt sind (§ 13 Abs. 2), gelten die betroffenen Arbeitnehmer als nicht vertreten.

(2) [1]Das besondere Verhandlungsgremium beschließt vorbehaltlich des Absatzes 3 und § 18 Abs. 1 mit der Mehrheit seiner Mitglieder, in der zugleich die Mehrheit der vertretenen Arbeitnehmer enthalten sein muss. [2]Jedes auf das Inland entfallende Mitglied vertritt gleich viele Arbeitnehmer.

(3) [1]Hätten die Verhandlungen eine Minderung der Mitbestimmungsrechte zur Folge, so ist für einen Beschluss zur Billigung einer solchen Vereinbarung eine Mehrheit von zwei Dritteln der Mitglieder des besonderen Verhandlungsgremiums erforderlich, die mindestens zwei Drittel der Arbeitnehmer in mindestens zwei Mitgliedstaaten vertreten. [2]Dies gilt, sofern sich die Mitbestimmung auf mindestens 25 Prozent der Gesamtzahl der Arbeitnehmer der beteiligten Gesellschaften und der betroffenen Tochtergesellschaften erstreckt.

(4) Minderung der Mitbestimmungsrechte bedeutet, dass

1. der Anteil der Arbeitnehmervertreter

   a) im Verwaltungs- oder Aufsichtsorgan,

b) in Ausschüssen, in denen die Mitbestimmung der Arbeitnehmer erfolgt, oder
c) im Leitungsgremium, das für die Ergebniseinheiten der Gesellschaften zuständig ist,
geringer ist als der höchste in den beteiligten Gesellschaften bestehende Anteil oder
2. das Recht, Mitglieder des Aufsichts- oder Verwaltungsorgans der Gesellschaft zu wählen, zu bestellen, zu empfehlen oder abzulehnen, beseitigt oder eingeschränkt wird.

Die Vorschrift folgt im Wesentlichen § 15 SEBG. Ebenso wie im SEBG bezieht sich die Minderung der Mitbestimmungsrechte nicht nur auf die an der Verschmelzung beteiligten Gesellschaften, sondern nach Sinn und Zweck der Mitbestimmungssicherung richtlinienkonform[1] auch auf die von ihr betroffenen Tochtergesellschaften. Es geht um die Sicherung erworbener Mitbestimmungsrechte i.S.v. Nr. 66 der Erwägungsgründe der Kodifizierungsrichtlinie.[2] Über das SEBG und die ihm zugrundeliegende Richtlinie hinaus geht § 17 Abs. 4 Nr. 2b und c, wonach bei der Sicherung des Umfangs der Mitbestimmung auch der Anteil der Arbeitnehmervertreter in den Ausschüssen, in denen die Mitbestimmung der Arbeitnehmer erfolgt, oder im Leitungsgremium, das für die Ergebniseinheiten der Gesellschaften zuständig ist, berücksichtigt werden muss. Damit wird der Rechtslage in anderen Mitgliedstaaten, genannt sind Finnland und Slowenien, Rechnung getragen.[3]

§ 18
Nichtaufnahme oder Abbruch der Verhandlungen

[1]Das besondere Verhandlungsgremium kann beschließen, keine Verhandlungen aufzunehmen oder bereits aufgenommene Verhandlungen abzubrechen. [2]Für diesen Beschluss ist eine Mehrheit von zwei Dritteln der Mitglieder erforderlich, die mindestens zwei Drittel der Arbeitnehmer in mindestens zwei Mitgliedstaaten vertreten. [3]Die Vorschriften über die Mitbestimmung der Arbeitnehmer, die in dem Mitgliedstaat gelten, in dem die aus der grenzüberschreitenden Verschmelzung hervorgehende Gesellschaft ihren Sitz haben wird, finden Anwendung.

1 Die Vorschrift folgt im Ansatz § 16 SEGB. Allerdings entfällt bei Nichtaufnahme oder Abbruch der Verhandlungen nicht die Mitbestimmung, wie dies nach § 16 SEBG der Fall wäre. Vielmehr finden die Vorschriften über die Mitbestimmung der Arbeitnehmer Anwendung, die in dem Mitgliedstaat gelten, in dem die aus der grenzüberschreitenden Verschmelzung hervorgehende Gesellschaft ihren Sitz haben wird.[1] Dies kann für die Arbeitnehmerseite günstig sein, wenn der Sitz der Gesellschaft in einem Mitgliedstaat mit starker nationaler Mitbestimmung liegt.

2 Eine Vorschrift, die § 18 SEBG (Wiederaufnahme der Verhandlungen) entsprechen würde, fehlt im MgVG. Die Kodifizierungsrichtlinie verweist nicht auf Art. 3 Abs. 6 Unterabsatz 4 der SE-

---

1 Vgl. *Lunk/Hinrichs* NZA 2007, 773, 775 m.w.N.; für richtlinienwidrig halten die Einbeziehung der Tochtergesellschaften *Thüsing/Forst* in: Habersack/Drinhausen § 21 MgVG Rn 6 m.w.N. u.a. mit dem Argument, dass die Einbeziehung der Tochtergesellschaften auch zu einem Nichterreichen der Schwellen der Mitbestimmungssicherung führen könne; hierbei wird verkannt, dass es bei der Sicherung auf eine Gesamtbetrachtung ankommt; vgl. auch (gegen Einbeziehung) *Hellwig/Behme* AG 2009, 261, 277.

2 Ebenso schützt Nr. 18 der Erwägungsgründe der SE-Richtlinie die Arbeitnehmer.

3 Vgl. *Kleinsorge* in: Wißmann/Kleinsorge/Schubert Mitbestimmungsrecht, EG-Recht Rn 183 und hier § 5 MgVG Rn 4.

1 Vgl. *Annuß* in: Annuß/Kühn/Rudolph/Rupp § 5 MgVG Rn 3.

Richtlinie, die den Regelungsauftrag für § 18 SEBG gibt. Da § 18 eine Auffangregelung enthält (nationale Mitbestimmungsregelungen des Sitzstaates bleiben erhalten), fehlt hierfür bei einer Verschmelzung nach Deutschland hinein auch ein praktisches Bedürfnis. Für eine Regelung der Hinausverschmelzung fehlt dem deutschen Gesetzgeber die Gesetzgebungskompetenz.

§ 19
Niederschrift

[1]In eine Niederschrift, die vom Vorsitzenden und einem weiteren Mitglied des besonderen Verhandlungsgremiums zu unterzeichnen ist, sind aufzunehmen
1. **ein Beschluss über den Abschluss einer Vereinbarung nach § 15 Abs. 1,**
2. **ein Beschluss über die Nichtaufnahme oder den Abbruch der Verhandlungen nach § 18 und**
3. **die jeweiligen Mehrheiten, mit denen die Beschlüsse gefasst worden sind.**

[2]Eine Abschrift der Niederschrift ist den Leitungen zu übermitteln.

Die Vorschrift folgt § 17 SEBG.

§ 20
Kosten des besonderen Verhandlungsgremiums

[1]Die durch die Bildung und Tätigkeit des besonderen Verhandlungsgremiums entstehenden erforderlichen Kosten tragen die beteiligten Gesellschaften und nach ihrer Verschmelzung die aus der grenzüberschreitenden Verschmelzung hervorgehende Gesellschaft als Gesamtschuldner. [2]Insbesondere sind für die Sitzungen in erforderlichem Umfang Räume, sachliche Mittel, Dolmetscher und Büropersonal zur Verfügung zu stellen sowie die erforderlichen Reise- und Aufenthaltskosten der Mitglieder des besonderen Verhandlungsgremiums zu tragen.

Die Vorschrift folgt § 19 SEBG.

§ 21
Dauer der Verhandlungen

(1) [1]Die Verhandlungen beginnen mit der Einsetzung des besonderen Verhandlungsgremiums und können bis zu sechs Monate dauern. [2]Einsetzung bezeichnet den Tag, zu dem die Leitungen zur konstituierenden Sitzung des besonderen Verhandlungsgremiums eingeladen haben.

(2) Die Parteien können einvernehmlich beschließen, die Verhandlungen über den in Absatz 1 genannten Zeitraum hinaus bis zu insgesamt einem Jahr ab der Einsetzung des besonderen Verhandlungsgremiums fortzusetzen.

Die Vorschrift folgt § 20 SEBG.

Teil 3
Mitbestimmung der Arbeitnehmer

Kapitel 1
Mitbestimmung kraft Vereinbarung

§ 22
Inhalt der Vereinbarung

(1) In der schriftlichen Vereinbarung zwischen den Leitungen und dem besonderen Verhandlungsgremium wird, unbeschadet der Autonomie der Parteien im Übrigen, festgelegt:

1. **der Geltungsbereich der Vereinbarung, einschließlich der außerhalb des Hoheitsgebietes der Mitgliedstaaten liegenden Unternehmen und Betriebe, sofern diese in den Geltungsbereich einbezogen werden;**
2. **der Zeitpunkt des Inkrafttretens der Vereinbarung und ihre Laufzeit; ferner die Fälle, in denen die Vereinbarung neu ausgehandelt werden soll, und das dabei anzuwendende Verfahren;**
3. **die Zahl der Mitglieder des Aufsichts- oder Verwaltungsorgans der aus der grenzüberschreitenden Verschmelzung hervorgehenden Gesellschaft, welche die Arbeitnehmer wählen oder bestellen können oder deren Bestellung sie empfehlen oder ablehnen können;**
4. **das Verfahren, nach dem die Arbeitnehmer diese Mitglieder wählen oder bestellen oder deren Bestellung empfehlen oder ablehnen können, und**
5. **die Rechte dieser Mitglieder.**

(2) [1]In der Vereinbarung soll festgelegt werden, dass auch vor strukturellen Änderungen der aus der grenzüberschreitenden Verschmelzung hervorgehenden Gesellschaft Verhandlungen über die Mitbestimmung der Arbeitnehmer aufgenommen werden. [2]Die Parteien können das dabei anzuwendende Verfahren regeln.

(3) Die Vereinbarung kann bestimmen, dass die Regelungen der §§ 23 bis 27 über die Mitbestimmung kraft Gesetzes ganz oder in Teilen gelten.

(4) Steht die Satzung der aus einer grenzüberschreitenden Verschmelzung hervorgehenden Gesellschaft im Widerspruch zu den Regelungen über die Mitbestimmung kraft Vereinbarung, ist die Satzung anzupassen.

1 Vorbild der Regelung ist § 21 SEBG. Bei der Festlegung des Inhalts der Vereinbarung haben die Vertragsparteien einen weiten Spielraum. Dieser reicht weiter als die gesellschaftsrechtliche Satzungsautonomie,[1] die für Aktiengesellschaften geltende Satzungsstrenge nach § 23 Abs. 5 AktG ist nicht Maßstab und Grenze einer Mitbestimmungsvereinbarung, diese unterliegt vielmehr ihren eigenen, immanenten Schranken aus dem MgVG.[2] Es gibt auch keine Organisationsautonomie des Aufsichtsrats, welche eine Schranke der Beteiligungsvereinbarung darstellen könnte. Deshalb können z.B. die Größe des Aufsichtsrats oder die innere Ordnung Inhalt einer Vereinbarung zwi-

---

1 Anders *Habersack* AG 2006, 345, 351; nach zutreffender Auffassung genießt die vereinbarte Lösung Vorrang vor dem Gesellschaftsrecht; vgl. oben zur SE GesR SE und schon *Heinze/Seifert/Teichmann* BB 2005, 2524, 2525 mit Hinweis auf Art. 12 Abs. 4 i.V.m. Art. 23 Abs. 2 SE-VO.

2 Zutreffend mit ausführlicher Begründung *Teichmann* Der Konzern 2007, 89, 94 f; s. auch *Oetker* ZIP 2006, 1113 ff; *Krause* BB 2005, 1221, 1226; s. auch Zweiter Abschnitt, Dritter Teil §§ 21 ff SEBG; **aA** *Lunk/Hinrichs* NZA 2007, 773, 777 ff; *Habersack* AG 2006, 345, 352 und ZHR 2007, 613, 629 ff.; zu den internen Schranken der Parteiautonomie und zum Verhältnis von Satzung und Mitbestimmungsvereinbarung vgl. *Thüsing/Forst* in: Habersack/Drinhausen § 22 MgVG Rn 6 m.w.N. und Rn 45.

schen Unternehmensleitung und BVG sein.[3] Die Sollvorschrift von § 22 Abs. 2 MgVG präzisiert die Vorgabe von Abs. 1 Nr. 2 (Festlegung der Fälle, in denen die Vereinbarung neu ausgehandelt werden soll) für den Fall der strukturellen Änderungen in der Zielgesellschaft. Die Fassung dieser Sollvorschrift für Verhandlungen bei strukturellen Änderungen weicht insofern von § 21 SEBG ab.

Wenn im Verhandlungswege das bestehende Mitbestimmungsniveau vermindert werden soll, ist hierfür eine besondere qualifizierte Mehrheit im BVG erforderlich, wenn sich die Mitbestimmung auf mindestens 25% der Arbeitnehmer der beteiligten Gesellschaften und der betroffenen Tochtergesellschaften[4] erstreckt (vgl. oben Einf MgVG Rn 34 und § 15 SEBG Rn 12ff). 2

Kapitel 2
Mitbestimmung kraft Gesetzes

§ 23
Voraussetzung

(1) ¹Die Regelungen dieses Kapitels finden ab dem Zeitpunkt der Eintragung der aus der grenzüberschreitenden Verschmelzung hervorgehenden Gesellschaft Anwendung, wenn

1. die Parteien dies vereinbaren oder
2. bis zum Ende des in § 21 angegebenen Zeitraums keine Vereinbarung zustande gekommen ist und das besondere Verhandlungsgremium keinen Beschluss nach § 18 gefasst hat oder
3. die Leitungen der an der Verschmelzung beteiligten Gesellschaften entscheiden, diese Regelungen ohne vorhergehende Verhandlung unmittelbar ab dem Zeitpunkt der Eintragung anzuwenden.

²In den Fällen des Satzes 1 Nr. 2 und 3 muss vor der Eintragung der aus der grenzüberschreitenden Verschmelzung hervorgehenden Gesellschaft in einer oder mehreren der beteiligten Gesellschaften eine oder mehrere Formen der Mitbestimmung bestanden haben, die

1. sich auf mindestens ein Drittel der Gesamtzahl der Arbeitnehmer aller beteiligten Gesellschaften und betroffenen Tochtergesellschaften erstreckte oder
2. sich auf weniger als ein Drittel der Gesamtzahl der Arbeitnehmer aller beteiligten Gesellschaften und betroffenen Tochtergesellschaften erstreckte und das besondere Verhandlungsgremium einen entsprechenden Beschluss fasst.

(2) ¹Bestand in den Fällen von Absatz 1 mehr als eine Form der Mitbestimmung im Sinne des § 2 Abs. 7 in den verschiedenen beteiligten Gesellschaften, so entscheidet das besondere Verhandlungsgremium, welche von ihnen in der aus der grenzüberschreitenden Verschmelzung hervorgehenden Gesellschaft eingeführt wird. ²Wenn das besondere Verhandlungsgremium keinen solchen Beschluss fasst und eine inländische Gesellschaft, deren Arbeitnehmern Mitbestimmungsrechte zustehen, an der Verschmelzung beteiligt ist, ist die Mitbestimmung nach § 2 Abs. 7 Nr. 1 maßgeblich. ³Ist keine inländische Gesellschaft, deren Arbeitnehmern Mitbestimmungsrechte zustehen, beteiligt, findet die Form der Mitbestimmung nach § 2 Abs. 7 Anwendung, die sich auf die höchste Zahl der in den beteiligten Gesellschaften beschäftigten Arbeitnehmer erstreckt.

3 Vgl. zum Inhalt der Vereinbarung und zu inhaltlichen Mängeln ausf. § 21 SEBG.
4 Die über den Wortlaut der Richtlinie hinausgehende – aber richtlinienkonforme – Berücksichtigung der Tochtergesellschaften wird begrüßt von *Lunk/Hinrichs* NZA 2007, 773, 775; ablehnend *Henssler* in: Ulmer/Habersack/Henssler Einl. SEBG Rn 190; *Kienast* in: Janott/Frodermann, § 13 Rn 269 Rn 247; *Kallmeyer* ZIP 2004, 1442; *Grobys* NZA 2005, 84, 89.

(3) Das besondere Verhandlungsgremium unterrichtet die Leitungen über die Beschlüsse, die es nach Absatz 1 Satz 2 Nr. 2 und Absatz 2 Satz 1 gefasst hat.

Übersicht

I. Allgemeines

1 Scheitern die Verhandlungen des BVG mit der Unternehmensleitung über die Mitbestimmung, kommt die Auffangregelung zur Anwendung. In diesem Fall setzt sich der Aufsichts- oder Verwaltungsrat nach den gesetzlichen Bestimmungen der §§ 23 bis 25 MgVG zusammen.[1] Die Regelung des § 23 MgVG geht von §§ 22ff SEBG aus, allerdings mit gravierenden Abweichungen. Es kann verhandelt worden sein oder auch nicht (vgl. unten II).

2 Scheitern die Verhandlungen des BVG mit der Unternehmensleitung, kommt nach dem Vorbild von § 34 SEBG die Auffangregelung über den Bestandsschutz[2] der Mitbestimmung zur Anwendung. In diesem Fall setzt sich der Aufsichts- oder Verwaltungsrat nach den gesetzlichen Bestimmungen der §§ 23 bis 25 MgVG zusammen.[3] Die Erhöhung des Schwellenwerts im Rahmen der Auffangregelung von 25 Prozent (so § 34 Abs. 1 Nr. 2 SEBG) auf 33,3 Prozent nach den Vorgaben von Art. 133 Abs. 3 Buchstabe e der Kodifizierungsrichtlinie (Art. 16 Abs. 3 Buchstabe e alt) ist in § 23 Abs. 1 Satz 2 Nr. 1 und Nr. 2 MgVG berücksichtigt. Dies bedeutet eine Abschwächung der in § 1 postulierten Mitbestimmungssicherung im Vergleich zur SE. Sie folgt der politischen Einigung mit den mitbestimmungsskeptischen EU-Mitgliedstaaten, die Voraussetzung für die Verabschiedung der Verschmelzungsrichtlinie war (vgl. Einf MgVG Rn 2). Dem Vorbild in § 34 Abs. 1 SEBG folgend sind bei der Berechnung der Schwellen auch die Arbeitnehmer der betroffenen Tochtergesellschaften berücksichtigt.[4] Es ist dem BVG aber möglich, einen wirksamen Beschluss über die Mitbestimmungssicherung zu fassen. Insoweit verweist Art. 16 Abs. 3 Buchstabe e unabhängig von der Höhe der Schwellenwerte auf die Beschlusskompetenz des BVG mit der Folge der Mitbestimmungssicherung. Wenn die Arbeitnehmerseite es will, greift die Mitbestimmungssicherung also in jedem Fall.

II. Auffanglösung ohne vorausgegangene Verhandlungen

3 Wenn sich die Leitungen der an der Verschmelzung beteiligten Gesellschaften nach § 23 Abs. 1 Satz 1 Nr. 3 dafür entscheiden, die Auffangregelung ohne vorhergehende Verhandlung unmittelbar ab dem Zeitpunkt der Eintragung anzuwenden, eine Möglichkeit, die es nach dem SEBG und dem SCEBG nicht gibt, kann dies zu praktischen Problemen führen. Zum einen entfallen viele Regelungsmöglichkeiten, die sich auf die Spezifika der beteiligten und betroffenen Gesellschaften beziehen würden. Zum anderen muss vielfach nachträglich doch ein BVG gebildet werden, denn im Rahmen der Auffangregelung bei der SE und der SCE sind dem im Wesentlichen für die grenz-

1 Vgl. *Thüsing/Forst* in: Habersack/Drinhausen § 23 MgVG Rn 2 und *Rudolph* in: Annuß/Kühn/Rudolph/Rupp § 23 MgVG Rn 3.

2 Neben dem Schutz einer praktizierten Mitbestimmung ist auch die nicht erfüllte gesetzliche Verpflichtung zur Einrichtung einer Mitbestimmung erfasst. Dies folgt schon aus dem Gebot der mitbestimmungsfreundlichen Auslegung in § 1 Abs. 3 MgVG. Nicht zu folgen ist der Ansicht, dass nur die an sich geltende Mitbestimmung (abstrakte Betrachtungsweise), nicht aber auch die freiwillig vereinbarte (konkrete Betrachtungsweise) zu schützen sei.

3 Zur Auffangregelung vgl. *Schubert* RdA 2007, 9, 14.

4 Anders *Drinhausen/Keinath* RIW 2006, 81, 85.

überschreitende Information und Konsultation zuständigen Vertretungsorgan der Arbeitnehmer – in den deutschen Umsetzungsgesetzen ist dies der SE-Betriebsrat bzw. des SCE-Betriebsrat – bestimmte Aufgaben auch bei der Bildung und Zusammensetzung des Aufsichts- oder Verwaltungsrats vorbehalten. So entscheidet dieses Gremium z.B. über die Verteilung der Sitze auf die Mitglieder der unterschiedlichen, beteiligten Mitgliedstaaten und legt fest, welcher Mitgliedstaat den letzten Aufsichts- oder Verwaltungsratssitz erhalten soll, wenn nicht aus allen Mitgliedstaaten wenigstens ein Mitglied bei der Sitzverteilung berücksichtigt werden kann. Dies ist dann der Fall, wenn weniger Aufsichts- oder Verwaltungsratsmitglieder zu vergeben sind als die – gemessen an der Arbeitnehmerzahl – auf die unterschiedlichen Mitgliedstaaten durchzuführende proportionale Verteilung ergibt[5]. Ist die Entscheidung nach Nr. 3 getroffen, kann nicht mehr nachträglich ein BVG die Nichtaufnahme der Verhandlungen nach § 18 beschließen.

Da die Richtlinie über die grenzüberschreitende Verschmelzung nur die (Unternehmens-) **4** Mitbestimmung, nicht aber die betriebliche grenzüberschreitende Information und Konsultation der Arbeitnehmer regelt, enthält sie keine Bestimmung über die Bildung dieses betrieblichen Vertretungsorgans. Folglich kann auf dieses Gremium zur Erledigung bestimmter Aufgaben nicht zurückgegriffen werden. Das Umsetzungsgesetz weist die Aufgaben in § 25 MgVG dem BVG[6] zu, da sich dieses Gremium ebenso wie das Vertretungsorgan aus Mitgliedern zusammensetzt, die aus allen beteiligten Mitgliedstaaten kommen. Zudem ist das BVG in der Regel bereits für die Verhandlungen zwischen Arbeitnehmer- und Arbeitgeberseite gebildet worden, so dass zusätzlicher bürokratischer Aufwand vermieden wird.

Wenn die Auffangregelung auf Beschluss der Leitungen ohne vorhergehende Verhandlun- **5** gen unmittelbar zur Anwendung gelangt, muss zuvor oder später in der Regel ein BVG gebildet werden.[7] Das BVG ist dann nicht nur für die Verteilung der Sitze im Aufsichts- oder Verwaltungsrat auf die Mitgliedstaaten zuständig, sondern auch für die Entscheidung nach § 23 Abs. 2 MgVG über die Form der Mitbestimmung. Je nach Fallgestaltung hat es auch einen Beschluss über die Anwendung der Auffangregelung zu fassen, wenn der Anteil der Arbeitnehmer in den beteiligten Gesellschaften und betroffenen Tochtergesellschaften, denen vor der grenzüberschreitenden Verschmelzung Mitbestimmungsrechte zustanden, weniger als ein Drittel beträgt. Dann greift die Mitbestimmungssicherung nach § 23 Abs. 1 Satz 2 Nr. 2 MgVG.

III. Verhandelte Auffangregelung

Es gibt nach Abs. 1 Satz 1 Nr. 1 die Möglichkeit, sich im Wege von Verhandlungen mit dem BVG **6** für die Auffangregelung zu entscheiden.[8] Dann kann für alle Probleme, die die Leitungen nicht einseitig lösen können, ein Gremium geschaffen werden; die verhandelte Auffangregelung kann auch nachträglich geändert werden, eine Möglichkeit, die bei der einseitigen Entscheidung entfällt.

IV. Art. 133 Abs. 4 Buchstabe c) der Kodifizierungsrichtlinie

Art. 133 Abs. 4 Buchstabe c der Kodifizierungsrichtlinie (Art. 16 Abs. 4 Buchstabe c alt) **7** räumt den Mitgliedstaaten die Möglichkeit ein, im monistischen System bei Anwendung der Auf-

5 Vgl. Auffangregelung Teil 3 Buchstabe b der SE-Richtlinie und die Ausführungen zu Zweiter Abschnitt, Dritter Teil § 36 Rn 2 ff SEBG.

6 Zustimmend *Schubert* RdA 2007, 9, 14 und *Engels* AuR 2009, 10, 28.

7 Zustimmend *Schubert* RdA 2007, 9, 14; auch der Europäische Betriebsrat kann das BVG nicht ersetzen, vgl. *Schubert* ZIP 2009, 791, 799.

8 **AA** *Brandes* ZIP 2008, 2193, 2197 ff, der sich bei Veränderungen der Zusammensetzung des Aufsichtsrats für den Weg einer Bekanntmachung nach § 97 Abs. 1 AktG durch die Leitung ausspricht. Dies widerspricht dem Gedanken der Mitbestimmungssicherung des § 25 Abs. 2 MgVG; vgl. zu Ganzen auch *Henssler* in: Ulmer/Habersack/Henssler § 36 SEBG Rn 8 ff.

fangregelung den Anteil der Arbeitnehmervertreter auf ein Drittel zu begrenzen. Sie dürfen dann jedoch den Anteil nicht auf weniger als ein Drittel festlegen, wenn der Arbeitnehmeranteil in einer der an der Verschmelzung beteiligten Gesellschaften mindestens ein Drittel war. Von dieser Mitgliedstaatenoption hat der deutsche Gesetzgeber keinen Gebrauch gemacht, da in Deutschland das dualistische Leitungs- und Kontrollsystem mit Vorstand und Aufsichtsrat gilt und deshalb grundsätzlich kein Bedarf an einer solche Begrenzung besteht.[9] Lediglich die SE als verschmelzungsfähige Gesellschaftsform im Rahmen dieser Richtlinie kann monistisch ausgestaltet sein. Gegen eine Umsetzung dieser Bestimmung allein für die SE spricht, dass bei den Verhandlungen zur SE eine entsprechende Reduzierungsmöglichkeit für die Mitgliedstaaten diskutiert und abgelehnt wurde. Würde nunmehr für die SE von der im Rahmen dieser Richtlinie eröffneten Reduzierungsmöglichkeit Gebrauch gemacht, würde das Verhandlungsergebnis zur SE insoweit konterkariert (vgl. Einf MgVG Rn 39).

V. Streitigkeiten

8 Für Streitigkeiten über die Wahl von Arbeitnehmervertretern in den Aufsichtsrat oder Verwaltungsrat und deren Abberufung sind nach § 2a Abs. 1 Nr. 3g die Arbeitsgerichte zuständig. Für die Abberufung nach § 103 Abs. 3 AktG gilt die Zuständigkeit der ordentlichen Gerichtsbarkeit.[10]

§ 24
Umfang der Mitbestimmung

(1) [1]Die Arbeitnehmer der aus der grenzüberschreitenden Verschmelzung hervorgehenden Gesellschaft, ihrer Tochtergesellschaften und Betriebe oder ihr Vertretungsorgan haben das Recht, einen Teil der Mitglieder des Aufsichts- oder Verwaltungsorgans der aus der grenzüberschreitenden Verschmelzung hervorgehenden Gesellschaft zu wählen oder zu bestellen oder deren Bestellung zu empfehlen oder abzulehnen. [2]Die Zahl dieser Arbeitnehmervertreter im Aufsichts- oder Verwaltungsorgan der aus der grenzüberschreitenden Verschmelzung hervorgehenden Gesellschaft bemisst sich nach dem höchsten Anteil an Arbeitnehmervertretern, der in den Organen der beteiligten Gesellschaften vor der Eintragung der aus der grenzüberschreitenden Verschmelzung hervorgehenden Gesellschaft bestanden hat.

(2) [1]Handelt es sich bei der aus einer grenzüberschreitenden Verschmelzung hervorgehenden Gesellschaft nach Absatz 1 um eine Gesellschaft mit beschränkter Haftung, so ist in dieser Gesellschaft ein Aufsichtsrat zu bilden. [2]§ 90 Abs. 3, 4, 5 Satz 1 und 2, §§ 95 bis 116, 118 Abs. 2, § 125 Abs. 3 und 4 und §§ 170, 171, 268 Abs. 2 des Aktiengesetzes sind entsprechend anzuwenden, soweit nicht in den Vorschriften dieses Gesetzes ein anderes bestimmt ist.

(3) Steht die Satzung der aus einer grenzüberschreitenden Verschmelzung hervorgehenden Gesellschaft im Widerspruch zu den Regelungen über die Mitbestimmung kraft Vereinbarung, ist die Satzung anzupassen.

---

9 Bedarf für eine solche Regelung würde erst dann entstehen, wenn das deutsche Aktiengesetz ausschließlich die Verwaltungsratsverfassung vorschreiben würde.

10 Das Mitbestimmungsstatut der aus der grenzüberschreitenden Verschmelzung hervorgegangenen Gesellschaft ist ipso iure mit der Eintragung wirksam. Für ein Statusverfahren ist insofern kein Raum. Dies gilt auch für Änderungen der Beteiligungsvereinbarung. Vgl. *Deck* NZG 2017, 968 m.w.N.; teilweise abweichend *Wißmann* in: Widmann/Mayer UmwG, Anh. 2 Mitbestimmungsrecht Rn 113 ff.

§ 24 Abs. 1 MgVG folgt im Wesentlichen dem Vorbild von § 35 Abs. 2 SEBG. 1

§ 24 Abs. 2 MgVG regelt die zwingende Einrichtung eines Aufsichtsrats in einer aus der Verschmelzung hervorgehenden Gesellschaft, die in der Rechtsform einer GmbH betrieben werden soll. Da in der GmbH die Einrichtung eines Aufsichtsrats in der Regel fakultativ ist (vgl. § 52 Abs. 1 GmbHG), ist diese Vorschrift notwendig, damit die (Unternehmens-)Mitbestimmung am dafür vorgesehenen Unternehmensorgan ansetzen kann. 2

§ 24 Abs. 3 MgVG regelt den Vorrang der gesetzlichen Auffangregelungen gegenüber der Satzung der aus der Verschmelzung hervorgehenden Gesellschaft. 3

§ 25
Sitzverteilung

(1) [1]Das besondere Verhandlungsgremium verteilt die Zahl der Sitze im Aufsichts- oder Verwaltungsorgan auf die Mitgliedstaaten, in denen Mitglieder zu wählen oder zu bestellen sind. [2]Die Verteilung richtet sich nach dem jeweiligen Anteil der in den einzelnen Mitgliedstaaten beschäftigten Arbeitnehmer der aus der grenzüberschreitenden Verschmelzung hervorgehenden Gesellschaft, ihrer Tochtergesellschaften und Betriebe. [3]Können bei dieser anteiligen Verteilung die Arbeitnehmer aus einem oder mehreren Mitgliedstaaten keinen Sitz erhalten, so hat das besondere Verhandlungsgremium den letzten zu verteilenden Sitz einem bisher unberücksichtigten Mitgliedstaat zuzuweisen. [4]Dieser Sitz soll, soweit angemessen, dem Mitgliedstaat zugewiesen werden, in dem die aus der grenzüberschreitenden Verschmelzung hervorgehende Gesellschaft ihren Sitz haben wird. [5]Dieses Verteilungsverfahren gilt auch in dem Fall, in dem die Arbeitnehmer der aus der grenzüberschreitenden Verschmelzung hervorgehenden Gesellschaft Mitglieder dieser Organe empfehlen oder ablehnen können.

(2) Soweit die Mitgliedstaaten über die Besetzung der ihnen zugewiesenen Sitze keine eigenen Regelungen treffen, bestimmt das besondere Verhandlungsgremium die Arbeitnehmervertreter im Aufsichts- oder Verwaltungsorgan der aus der grenzüberschreitenden Verschmelzung hervorgehenden Gesellschaft.

(3) [1]Die Ermittlung der auf das Inland entfallenden Arbeitnehmervertreter des Aufsichts- oder Verwaltungsorgans der aus einer grenzüberschreitenden Verschmelzung hervorgehenden Gesellschaft erfolgt durch ein Wahlgremium, das sich aus den Arbeitnehmervertretungen der aus einer grenzüberschreitenden Verschmelzung hervorgehenden Gesellschaft, ihrer Tochtergesellschaften und Betriebe zusammensetzt. [2]Für das Wahlverfahren gelten § 8 Abs. 2 bis 4, § 10 Abs. 1 Satz 2 bis 5, Abs. 2 bis 7 und die §§ 11 und 12 entsprechend mit der Maßgabe, dass an die Stelle der beteiligten Gesellschaften, betroffenen Tochtergesellschaften und betroffenen Betriebe die aus der grenzüberschreitenden Verschmelzung hervorgehende Gesellschaft, ihre Tochtergesellschaften und Betriebe treten. [3]Das Wahlergebnis ist der Leitung der aus der grenzüberschreitenden Verschmelzung hervorgehenden Gesellschaft, den Arbeitnehmervertretungen, den Gewählten, den Sprecherausschüssen und Gewerkschaften mitzuteilen. [4]Die Leitung hat die Namen der Gewählten in den Betrieben des Unternehmens bekannt zu machen.

Die Vorschrift folgt § 36 Abs. 1 bis 3 SEBG, die Verteilung erfolgt aber durch das BVG.[1] § 36 Abs. 4 SEBG entfällt, weil die Bestellung der Arbeitnehmervertreter durch die Hauptversamm-

1 Zur Zulässigkeit und Problematik von durch besondere Verhandlungsgremien festgelegten abstrakten Verteilungsschlüsseln vgl. *Müller-Bonanni/Müntefering* NJW 2009, 2347, 2353 und *Thüsing/Forst* in: Habersack/Drinhausen § 25 MgVG Rn 10.

lung entfällt. Nach dem Vorbild des Mitbestimmungsgesetzes und des Drittelbeteiligungsgesetzes fällt die Bestellung mit der Wahl zusammen.

§ 26
Abberufung und Anfechtung

(1) [1]Ein Mitglied oder ein Ersatzmitglied der Arbeitnehmer aus dem Inland im Aufsichts- oder Verwaltungsorgan kann vor Ablauf der Amtszeit abberufen werden. [2]Antragsberechtigt sind

1. **die Arbeitnehmervertretungen, die das Wahlgremium gebildet haben;**
2. **in den Fällen der Urwahl mindestens drei wahlberechtigte Arbeitnehmer;**
3. **für ein Mitglied nach § 8 Abs. 3 nur die Gewerkschaft, die das Mitglied vorgeschlagen hat;**
4. **für ein Mitglied nach § 8 Abs. 4 nur der Sprecherausschuss, der das Mitglied vorgeschlagen hat.**

[3]Für das Abberufungsverfahren gelten die §§ 10 bis 12 entsprechend mit der Maßgabe, dass an die Stelle der beteiligten Gesellschaften, betroffenen Tochtergesellschaften und betroffenen Betriebe die aus der grenzüberschreitenden Verschmelzung hervorgehende Gesellschaft, ihre Tochtergesellschaften und Betriebe treten; abweichend von § 10 Abs. 5 und § 12 Abs. 1 Satz 3 bedarf der Beschluss einer Mehrheit von drei Vierteln der abgegebenen Stimmen.

(2) [1]Die Wahl eines Mitglieds oder eines Ersatzmitglieds der Arbeitnehmer aus dem Inland im Aufsichts- oder Verwaltungsorgan kann angefochten werden, wenn gegen wesentliche Vorschriften über das Wahlrecht, die Wählbarkeit oder das Wahlverfahren verstoßen worden und eine Berichtigung nicht erfolgt ist, es sei denn, dass durch den Verstoß das Wahlergebnis nicht geändert oder beeinflusst werden konnte. [2]Zur Anfechtung berechtigt sind die in Absatz 1 Satz 2 Genannten und die Leitung der aus der grenzüberschreitenden Verschmelzung hervorgegangenen Gesellschaft. [3]Die Klage muss innerhalb eines Monats nach der Bekanntgabe gemäß § 25 Abs. 3 Satz 2 oder 3 erhoben werden.

Die Vorschrift folgt § 37 SEBG mit der Maßgabe, dass die Abberufung durch das Wahlgremium selbst nach dem hier geregelten Verfahren und nicht durch die Hauptversammlung zu erfolgen hat, die nach § 37 Abs. 1 Satz 4 SEBG an den zuvor gefassten Abberufungsbeschluss gebunden ist. Da ein SE-Betriebsrat nach dem MgVG nicht existiert, entfällt dessen Anfechtungsberechtigung.[1] Die Klage muss innerhalb eines Monats nach Bekanntgabe gemäß § 25 Abs. 3 Satz 3 oder 4 erhoben werden; die Nummerierung „Satz 2 oder 3" beruht auf einem Redaktionsversehen.[2]

§ 27
Rechtsstellung; Innere Ordnung

(1) Die Arbeitnehmervertreter im Aufsichts- oder Verwaltungsorgan der aus der grenzüberschreitenden Verschmelzung hervorgehenden Gesellschaft haben die gleichen Rechte und Pflichten wie die Mitglieder, die die Anteilseigner vertreten.

1 Zur extensiven Interpretation der Anfechtungsberechtigung vgl. § 37 SEBG Rn 7.

2 Vgl. *Thüsing/Forst* in: Habersack/Drinhausen § 26 MgVG Rn 4 und *Rudolph* in: Annuß/Kühn/Rudolph/Rupp § 26 MgVG Rn 3.

(2) [1]Die Zahl der Mitglieder der Leitung beträgt mindestens zwei. [2]Einer von ihnen ist für den Bereich Arbeit und Soziales zuständig. [3]Dies gilt nicht für die Kommanditgesellschaft auf Aktien.

(3) Besteht in einer der beteiligten Gesellschaften das Aufsichtsorgan aus derselben Zahl von Anteilseigner- und Arbeitnehmervertretern sowie einem weiteren Mitglied, so ist auch im Aufsichts- oder Verwaltungsorgan der aus der grenzüberschreitenden Verschmelzung hervorgehenden Gesellschaft ein weiteres Mitglied auf gemeinsamen Vorschlag der Anteilseigner- und der Arbeitnehmervertreter zu wählen.

Die Regelung folgt § 38 SEBG mit der Maßgabe, dass Abs. 2 Satz 3 nach deutschem Aktienrecht für die Kommanditgesellschaft auf Aktien eine Ausnahme von den Regelungen über die Leitung (Vorstand oder Geschäftsführer) macht. Leitungsorgan ist hier der Komplementär als persönlich haftender Gesellschafter (vgl. § 278 Abs. 2 AktG und §§ 161 Abs. 2, 125 Abs. 1 HGB).[1] 1

§ 27 Abs. 2 MgVG regelt die Struktur der Leitung, nicht die Mitbestimmungssicherung. Es wird nicht der deutsche Arbeitsdirektor „exportiert", der nach § 13 Abs. 1 Satz 2 MontanMitbestG nicht gegen die Mehrheit der Arbeitnehmervertreter im Aufsichtsrat bestellt werden kann, sondern nur eine Position in der Leitung und ein Ressortzuschnitt abgesichert, was die Regelungsoffenheit der maßgeblichen SE-Richtlinie zulässt.[2] 2

Im Falle der Hinausverschmelzung einer deutschen Kapitalgesellschaft in einen anderen Mitgliedstaat gilt die Strukturvorschrift von § 27 Abs. 2 MgVG über die Leitung nicht[3], wenn nicht auch dort eine derartige Vorschrift besteht. 3

§ 28
Tendenzunternehmen

Auf eine aus einer grenzüberschreitenden Verschmelzung hervorgehende Gesellschaft, die unmittelbar und überwiegend
1. **politischen, koalitionspolitischen, konfessionellen, karitativen, erzieherischen, wissenschaftlichen oder künstlerischen Bestimmungen oder**
2. **Zwecken der Berichterstattung oder Meinungsäußerung, auf die Artikel 5 Abs. 1 Satz 2 des Grundgesetzes anzuwenden ist,**

dient, finden Kapitel 2 und § 30 keine Anwendung.

Die Vorschrift zum Tendenzschutz folgt § 39 Abs. 1 SEBG. Art. 133 Abs. 3 Buchstabe f der Kodifizierungsrichtlinie (vormals Art. 16 Abs. 3 Buchstabe f der Verschmelzungsrichtlinie) nimmt insoweit auf Art. 8 Abs. 2 der SE-Richtlinie Bezug, die für § 39 SEBG maßgeblich ist. Es ist unklar, inwieweit sich dieser „Export" des deutschen Tendenzschutzes auf Zielgesellschaften mit „Mischcharakter" auswirkt.[1] 1

Auf die Möglichkeit einer Vereinbarung der Mitbestimmung hat diese Auffangregelung (vgl. § 23 Abs. 1 Satz 4) keine Auswirkung. 2

1 Vgl. *Thüsing/Forst* in: Habersack/Drinhausen § 27 MgVG Rn 2.
2 Zur Zulässigkeit von § 38 SEBG mit einer entsprechenden Regelung vgl. oben § 38 SEBG Rn 5; zur Kritik vgl. *Lunk/Hinrichs* NZA 2007, 779 m.w.N.
3 Vgl. *Schubert* RdA 2007, 9, 11.

1 Vgl. *Lunk/Hinrichs* NZA 2007, 779.

Kapitel 3
Verhältnis zum nationalen Recht

§ 29
Fortbestehen nationaler Arbeitnehmervertretungsstrukturen

[1]Regelungen über die Arbeitnehmervertretungen und deren Strukturen in einer beteiligten Gesellschaft mit Sitz im Inland, die durch die Verschmelzung als eigenständige juristische Person erlischt, bestehen nach Eintragung der aus der grenzüberschreitenden Verschmelzung hervorgehenden Gesellschaft fort. [2]Die Leitung der aus der grenzüberschreitenden Verschmelzung hervorgegangenen Gesellschaft stellt sicher, dass diese Arbeitnehmervertretungen ihre Aufgaben weiterhin wahrnehmen können.

Übersicht

I. Allgemeines

1 Die Regelung setzt Art. 133 Abs. 3 Buchstabe g) Richtlinie (EU) 2017/1132 (vormals Art. 16 Abs. 3 Buchstabe g) Verschmelzungsrichtlinie 2005/56/EG) um, der seinerseits auf Art. 13 Abs. 4 SE-Richtlinie verweist.[1] Art. 13 Abs. 4 SE-Richtlinie ermächtigt die Mitgliedstaaten, durch geeignete Maßnahmen sicherzustellen, dass die Strukturen der Arbeitnehmervertretungen in den beteiligten Gesellschaften, die durch die Gründung der SE ihren Rechtsstatus als eigenständige inländische juristische Person verlieren, nach der Eintragung der SE fortbestehen. Dieselbe Regelung findet sich auch in Art. 15 Abs. 4 SCE-Richtlinie. Diese Bestimmungen sind durch § 47 Abs. 2 SEBG und § 49 Abs. 2 SCEBG in nationales Recht umgesetzt worden.

2 Ist an einer grenzüberschreitenden Verschmelzung eine inländische Gesellschaft beteiligt, so verliert sie durch die Verschmelzung ihre Rechtspersönlichkeit als nationale juristische Person, wenn die aus der grenzüberschreitenden Verschmelzung hervorgehende Gesellschaft ihren Sitz in einem anderen Mitgliedstaat hat. Erfolgt die grenzüberschreitende Verschmelzung im Wege der Neugründung und nimmt die neu gegründete Gesellschaft ihren Sitz im Inland, kann der übertragende Rechtsträger seine bisherige Rechtspersönlichkeit ebenfalls verlieren und in der neuen – in diesem Fall – nationalen inländischen Rechtsform aufgehen.

3 § 29 MgVG orientiert sich an der Bestimmung des § 47 Abs. 2 SEBG, indem er diese Regelung nahezu wortgleich übernimmt. Satz 1 regelt die Bestandssicherung nationaler Arbeitnehmervertretungsstrukturen – z.B. Konzernbetriebsrat (§ 54 BetrVG), Gesamtbetriebsrat (§ 47 BetrVG) oder Wirtschaftsausschuss (§ 106 BetrVG) – und Satz 2 gewährleistet deren Arbeitsfähigkeit[2]. Problematisch ist Bestand und Arbeitsfähigkeit der inländischen Arbeitnehmervertretungen dann, wenn sich der Sitz der aus der grenzüberschreitenden Verschmelzung hervorgehenden Gesellschaft nicht im Inland – sondern in einem anderen Mitgliedstaat befindet. Zu dieser Problematik siehe die Ausführungen zu § 47 SEBG Rn 10 ff.

1 Nach *Thüsing/Forst* in: Habersack/Drinhausen § 29 MgVG Rn 1 ist die Regelung zwar richtlinienkonform, politisch aber verfehlt und ersatzlos zu streichen; anders *Hohenstatt/Müller-Bonanni* in: Habersack/Drinhausen zur vergleichbaren Regelung in § 47 SEGB (Rn 9 ff.), die diese Kritik nicht teilen.

2 S. auch *Sick* in: Düwell (BetrVG) SE und grenzüberschreitende Verschmelzung Rn 54.

II. Streitigkeiten

Für Streitigkeiten zwischen der Leitung und den nationalen Arbeitnehmervertretungen ist nach § 2a Abs. 1 Nr. 3g ArbGG das Arbeitsgericht im Beschlussverfahren nach §§ 80 ff ArbGG zuständig. Örtlich zuständig ist nach § 82 Abs. 3 ArbGG das Arbeitsgericht am Sitz der Gesellschaft. Dies ist unproblematisch, soweit sich der Satzungssitz der Gesellschaft im Inland befindet. Liegt der Sitz der durch grenzüberschreitende Verschmelzung entstandenen Gesellschaft jedoch in einem anderen Mitgliedstaat, ist nicht auf die Arbeitsgerichtsbarkeit am dortigen Sitz abzustellen. Vielmehr ist diese Gesellschaft mit Sitz im europäischen Ausland nach den allgemeinen Grundsätzen zu behandeln, die für ausländische Unternehmen mit Betriebsstätten im Inland bestehen. Örtlich zuständig für die Klage der Arbeitnehmervertretung ist das Arbeitsgericht an dem Ort im Inland, von dem aus die inländische Betätigung des ausländischen Unternehmens zentral geleitet wird. Dies ist die Hauptverwaltung der inländischen Konzerntochter oder die Leitung des inländischen Betriebs, wenn eine Gesellschaft mit Sitz im Ausland einen inländischen Betrieb unterhält. 4

§ 30
Nachfolgende innerstaatliche Verschmelzungen

[1]Bei innerstaatlichen Verschmelzungen, die einer grenzüberschreitenden Verschmelzung nachfolgen, richtet sich die Mitbestimmung der Arbeitnehmer entsprechend § 4 nach den nationalen Regelungen. [2]Sehen diese Regelungen nicht mindestens den in der aus der grenzüberschreitenden Verschmelzung hervorgegangenen Gesellschaft bestehenden Umfang an Mitbestimmung im Sinne des § 5 Nr. 2 vor, gelten die für diese Gesellschaft maßgeblichen Regelungen über die Mitbestimmung für die Dauer von drei Jahren ab deren Eintragung in der aus der innerstaatlichen Verschmelzung hervorgehenden Gesellschaft fort.

Übersicht

I. Allgemeines

Die SE-Richtlinie und die SCE-Richtlinie enthalten in den Art. 11 und Art. 13 Regelungen, wonach weder SE noch SCE dazu missbraucht werden dürfen, den Arbeitnehmern Beteiligungsrechte zu entziehen oder vorzuenthalten. Dieses Missbrauchsverbot wird in den §§ 43 SEBG und 45 SCEBG durch eine Vermutungsregelung präzisiert. Hiernach wird Missbrauch vermutet, wenn – ohne ein Verhandlungsverfahren durchgeführt zu haben – innerhalb eines Jahres nach Gründung der europäischen Gesellschaft oder europäischen Genossenschaft strukturelle Änderungen der Gesellschaft stattfinden, die bewirken, dass den Arbeitnehmern Beteiligungsrechte vorenthalten oder entzogen werden. Die Kodifizierungsrichtlinie (EU) 2017/1132 (vormals Verschmelzungsrichtlinie 2005/56/EG) und folglich auch das MgVG als nationales Umsetzungsgesetz kennen ein solches generelles Missbrauchsverbot nicht. 1

II. Regelungszweck

Im Unterschied zu dem im SE- und SCE-Recht vorgesehen generellen Missbrauchsverbot enthält Art. 133 Abs. 7 Richtlinie (EU) 2017/1132 (vormals Art. 16 Abs. 7 Verschmelzungsrichtlinie 2

2005/56/EG) lediglich für den speziellen Fall nachfolgender innerstaatlicher Verschmelzungen[1] einer durch grenzüberschreitende Verschmelzung entstandenen Gesellschaft eine ausdrückliche Bestimmung zur Mitbestimmungssicherung. Diese Regelung gewährleistet, dass die Mitbestimmungsregelungen in den Gründungsunternehmen der durch grenzüberschreitende Verschmelzung entstandenen Gesellschaft, die in dieser Gesellschaft – in welcher Form (Verhandlungslösung, Auffangregelung) auch immer – ihre Fortführung gefunden haben, nicht durch eine Verschmelzung dieser Gesellschaft mit einer nationalen Gesellschaft verloren gehen, für die nach nationalem Recht entweder keine Mitbestimmung der Arbeitnehmer oder nur eine solche auf einem niedrigeren Niveau gilt. Diese Regelung kann im Ergebnis als pauschalierte Missbrauchsbekämpfung für diesen speziellen Fall nachfolgender innerstaatlicher Verschmelzungen angesehen werden.[2] Sie verdeutlicht, dass die grenzüberschreitende Verschmelzung nicht als Mittel genutzt werden darf, um den Arbeitnehmern ihre Mitbestimmungsrechte vollständig zu entziehen oder diese zu verschlechtern, wenn ein mitbestimmtes Gründungsunternehmen über eine grenzüberschreitend entstandene mitbestimmte Gesellschaft letztendlich durch innerstaatliche Verschmelzung in eine Rechtsform überführt wird, die mitbestimmungsfrei ist oder ein geringeres Mitbestimmungsniveau aufweist.

3 Bleibt bei einer nachfolgenden innerstaatlichen Verschmelzung die aus der grenzüberschreitenden Verschmelzung hervorgegangene Gesellschaft und die dortige Mitbestimmung bestehen, entfällt der Schutzzweck des § 30 MgVG. Zwar erfasst der Wortlaut des § 30 MgVG auch diesen Fall, allerdings ist die Anwendung dieser Regelung überflüssig, da sie zum ohnehin bereits in der Gesellschaft bestehenden Mitbestimmungsstatut führen würde.[3]

4 Allerdings gilt die Mitbestimmungssicherung nach § 30 MgVG bei nachfolgenden innerstaatlichen Verschmelzungen nicht zeitlich unbegrenzt. Vielmehr bestimmen Art. 133 Abs. 7 Richtlinie (EU) 2017/1132 (vormals Art. 16 Abs. 7 Verschmelzungsrichtlinie 2005/56/EG) und dieser Vorgabe entsprechend auch § 30 MgVG, dass dieser Schutz nur innerhalb von drei Jahren ab Wirksamwerden der grenzüberschreitenden Verschmelzung besteht. Für den Fristbeginn ist der Tag der Eintragung der grenzüberschreitenden Verschmelzung ins Handelsregister maßgeblich.[4] Nach Ablauf dieses Zeitraums richtet sich die Frage, ob den Arbeitnehmern Mitbestimmungsrechte zustehen oder nicht, allein nach dem nationalen Recht des Staates, in dem die Gesellschaft ihren Satzungssitz hat. Sieht dieses Recht keine Mitbestimmung der Arbeitnehmer vor, entfällt sie folglich für die Zukunft. Eine nach diesem Dreijahreszeitraum erfolgte innerstaatliche Verschmelzung führt unmittelbar zur Anwendung des jeweiligen nationalen Rechts mit der Folge, dass die Arbeitnehmer, denen in der durch grenzüberschreitende Verschmelzung entstandenen Gesellschaft Mitbestimmungsrechte zustanden, diese Rechte verlieren, wenn das anzuwendende nationale Recht keine (ausreichende) Mitbestimmung der Arbeitnehmer im konkreten Fall vorsieht. Dies verdeutlicht, dass das MgVG eine dem SE- und SCE-Recht vergleichbare Mitbestimmungssicherung nicht erreicht.

III. Regelungssystematik

5 § 30 MgVG setzt die Regelung des Art. 133 Abs. 7 Richtlinie (EU) 2017/1132 (vormals Art. 16 Abs. 7 Verschmelzungsrichtlinie 2005/56/EG) in nationales Recht um und bestimmt, dass die Mitbestimmungsrechte der Arbeitnehmer in einer aus einer grenzüberschreitenden Verschmel-

1 Eine solche spezielle Regelung kennen weder das SE- noch das SCE-Recht.
2 Zur Notwendigkeit einer solchen Regelung s. *Schubert* RdA 2007, 9, 15; S. auch *Sick* in: Düwell (BetrVG) SE und grenzüberschreitende Verschmelzung Rn 55; *Heither/von Morgen* in: Boecken/Düwell/Diller/Hanau § 30 MgVG Rn 4.
3 S. *Rudolph* in: Annuß/Kühn/Rudolph/Rupp MgVG § 30 Rn 4.
4 *Schubert* RdA 2007, 9, 15 *Rudolph* in: Annuß/Kühn/Rudolph/Rupp MgVG § 30 Rn 7.

zung hervorgehenden Gesellschaft bei nachfolgenden innerstaatlichen Verschmelzungen für die Dauer von drei Jahren ab der Eintragung der grenzüberschreitenden Verschmelzung erhalten bleiben.

Die Umsetzungsregelung greift damit die der Richtlinie zugrundeliegende Systematik, die zunächst auf das Sitzstaatsrecht abstellt, auf und stellt eine Verknüpfung mit den §§ 4 und 5 MgVG her.[5] Nach § 30 Satz 1 MgVG ist bei nachfolgenden innerstaatlichen Verschmelzungen nationales Recht anzuwenden, wenn das nationale Recht dasselbe oder ein höheres Mitbestimmungsniveau im Vergleich zur Mitbestimmung in der aus einer grenzüberschreitenden Verschmelzung hervorgegangenen Gesellschaft gewährleistet. Diese Bedingung ergibt sich aus dem Umkehrschluss aus § 30 Satz 2 MgVG. Zum nationalen Recht[6] gehören insbesondere die gesetzlichen Regelungen nach dem Mitbestimmungsgesetz, dem Drittelbeteiligungsgesetz, dem Montan-Mitbestimmungsgesetz, dem Mitbestimmungs-Ergänzungsgesetz, dem SCE-Beteiligungsgesetz und dem SE-Beteiligungsgesetz. Ist an dem innerstaatlichen Verschmelzungsprozess eine SE oder SCE beteiligt, kann nach § 18 Abs. 3 SEBG/SCEBG die Neuaufnahme von Verhandlungen in Betracht kommen, wenn eine aus einer grenzüberschreitenden Verschmelzung hervorgegangene Gesellschaft mit einer starken Mitbestimmung der Arbeitnehmer von einer SE oder SCE mit einem niedrigen Mitbestimmungsniveau durch Verschmelzung aufgenommen wird.[7] 6

Gewährleisten die nationalen Regelungen demgegenüber nicht wenigstens den gleichen Umfang an Mitbestimmung im Sinne des § 5 Nr. 2 MgVG, gelten nach § 30 Satz 2 MgVG die in der aus einer grenzüberschreitenden Verschmelzung hervorgegangenen Gesellschaft bestehenden Regelungen über die Mitbestimmung fort. Auf Grund der von Artikel Art. 133 Abs. 7 Richtlinie (EU) 2017/1132 (vormals Art. 16 Abs. 7 Verschmelzungsrichtlinie 2005/56/EG) geforderten entsprechenden Anwendung der Richtlinie wird in § 30 Satz 2 MgVG der Fall des § 5 Nr. 2 MgVG aufgegriffen. Hiermit wird über das Vorher-Nachher-Prinzip der bestehende Umfang an Mitbestimmung auch bei nachfolgenden innerstaatlichen Verschmelzungen gesichert. 7

Die Fortgeltung der Mitbestimmung erstreckt sich entweder auf die getroffene Vereinbarung oder die Mitbestimmung aufgrund der Auffangregelung, die in der aus der grenzüberschreitenden Verschmelzung hervorgegangenen Gesellschaft gilt[8]. Während des Sicherungszeitraums von drei Jahren nach der Eintragung der grenzüberschreitenden Verschmelzung wird neben der ersten auch jede weitere nachfolgende innerstaatliche Verschmelzung erfasst. § 30 MgVG regelt nur nachfolgende innerdeutsche Verschmelzungen. Findet ein Verschmelzungsprozess statt, bei dem eine inländische Gesellschaft mit einer ausländischen Gesellschaft verschmilzt und der Satzungssitz der künftigen Gesellschaft im Ausland liegt, kommen die Umsetzungsregelungen des Art. 133 Abs. 7 Richtlinie (EU) 2017/1132 (vormals Art. 16 Abs. 7 Verschmelzungsrichtlinie 2005/56/EG) zur Anwendung, die der Mitgliedstaat zur Mitbestimmungssicherung geschaffen hat, in dem die künftige ausländische Gesellschaft ihren Sitz hat.[9] 8

IV. Vereinbarkeit der Regelung mit europäischem Recht

Art. 133 Abs. 7 Richtlinie (EU) 2017/1132 (vormals Art. 16 Abs. 7 Verschmelzungsrichtlinie 2005/56/EG)stellt einen Regelungsmechanismus zur Verfügung, wie die Mitbestimmung der Arbeitnehmer bei nachfolgender innerstaatlicher Verschmelzung gesichert und dadurch Missbrauch verhindert werden kann. Die Regelung sieht eine Verpflichtung der aus der grenzüberschreitenden Verschmelzung hervorgegangenen Gesellschaft vor, für einen entsprechenden 9

5 Vgl. BR-Drucks. 540/06 v. 11.8.2006, S. 63 f.
6 Siehe *Schubert* RdA 2007, 9, 15.
7 S. auch *Rudolph* in: Annuß/Kühn/Rudolph/Rupp MgVG § 30 Rn 4.
8 S. *Wißmann* in: Widmann/Mayer UmwR Anhang 2 Rn 106.
9 Zutreffend *Habersack* ZHR 2007, 613, 638; *Rudolph* in: Annuß/Kühn/Rudolph/Rupp MgVG § 30 Rn 2.

Bestandsschutz der Mitbestimmungsrechte zu sorgen „durch eine entsprechende Anwendung der Vorschriften dieses Artikels". Gemeint ist damit die vor Eintragung einer nachfolgenden innerstaatlichen Verschmelzung durchzuführende Wiederaufnahme von Verhandlungen über die Mitbestimmung und bei Scheitern die Anwendung der Auffangregelung, die auch durch Entscheidung der Unternehmensleitungen ohne vorherige Verhandlung zur Anwendung kommen kann[10].

10 Der deutsche Gesetzgeber hat nicht den Weg über die Verpflichtung der Gesellschaft zum Verhandeln eingeschlagen, sondern kraft Gesetzes die Weitergeltung der in der aus der grenzüberschreitenden Verschmelzung entstandenen Gesellschaft bestehenden Mitbestimmung angeordnet.[11] Diese gesetzliche Anordnung der Fortgeltung der bestehenden Regelungen über die Mitbestimmung dient der Rechtssicherheit. Hierdurch wird eine gesetzliche Verpflichtung der Gesellschaft vermieden, für die Sicherung der Mitbestimmungsrechte – gegebenenfalls über ein aufwändiges Verhandlungsverfahren – eigenständig zu sorgen.[12]

11 Nicht zutreffend ist die Behauptung, wonach „der deutsche Gesetzgeber" – noch gefangen in der autonomiefeindlichen Haltung des tradierten deutschen Mitbestimmungsrechts und ersichtlich inspiriert durch die Vorschrift des § 325 UmwG – den Beteiligten das Verhandlungsverfahren vorenthalten habe.[13] Ziel des Gesetzgebers ist es, für eine praxistaugliche und schnelle Lösung der Mitbestimmungssicherung zu sorgen und Missbrauchsmöglichkeiten auszuschließen. So sind – folgt man der Forderung nach Verhandlungen – Fälle denkbar, wonach das Unternehmen innerhalb von drei Jahren drei oder noch weiteren unterschiedlichen Mitbestimmungsregelungen unterliegen könnte (z.B. Mitbestimmung aufgrund von Verhandlungen bei Gründung der durch grenzüberschreitende Verschmelzung entstandene Gesellschaft, erneute Verhandlung bei einer innerstaatlichen anschließenden Verschmelzung – und jeder weiteren innerstaatlichen Verschmelzung während des Dreijahreszeitraums mit der Folge eines jeweils anderem Mitbestimmungsstatuts, Geltung der nationale Mitbestimmung nach Ablauf des Sicherungszeitraums). Die Anwendung derartiger unterschiedlicher Mitbestimmungsregelungen innerhalb eines so kurzen Zeitraums liegt weder im Interesse der Unternehmen noch der Arbeitnehmer. Im Übrigen ist es nicht überzeugend, einerseits entschieden für Verhandlungen über die Mitbestimmung zu plädieren und gleichzeitig andererseits die Möglichkeit hervorzuheben, dass sowohl das BVG als auch die Unternehmensleitungen für das sofortige Eingreifen der gesetzlichen Mitbestimmung und damit der Auffangregelung optieren können.[14] Denn das Abstellen auf die Auffangregelung ohne Verhandlungen bedeutet im Ergebnis nichts anderes als die Fortgeltung des Mitbestimmungsniveaus, wie es in der durch grenzüberschreitende Verschmelzung entstandenen Gesellschaft besteht. Dieses ordnet der deutsche Gesetzgeber aber gerade kraft Gesetzes an.

12 Nach einer anderen Literaturmeinung[15] liegt ein weiterer Mangel bei der Umsetzung des europäischen Rechts darin, dass der Gesetzgeber in § 30 Satz 2 MgVG für den Vergleich des Mitbestimmungsumfangs nur auf § 5 Nr. 2 MgVG und nicht auch auf § 5 Nr. 3 verweist. Da das deutsche[16] Mitbestimmungsrecht die Arbeitnehmer der im Ausland gelegenen Tochtergesellschaften

10 *Wißmann* in: Widmann/Mayer UmwR Anhang 2 Rn 106; *Heither/von Morgen* in: Boecken/Düwell/Diller/Hanau § 28 MgVG Rn 2.

11 Ablehnend *Habersack* ZHR 2007, 613, 638; *Schubert* RdA 2007; *Heither/von Morgen* in: Boecken/Düwell/Diller/Hanau § 30 MgVG Rn 5, die das Verhandlungsverfahren auch während des Dreijahreszeitraums weiterhin anwenden wollen.

12 Vgl. BR-Drucks. 540/06 v. 11.8.2006, S. 64.

13 So *Habersack* ZHR 2007, 613, 637 f.

14 So aber *Habersack* ZHR 2007, 613, 637.

15 *Schubert* RdA 2007, 9, 16.

16 Auch das Recht anderer Mitgliedstaaten lässt die Arbeitnehmer der im Ausland gelegenen Tochtergesellschaften und Betrieben ganz überwiegend nicht an der Wahl zur inländischen Konzernmutter teilnehmen. Insoweit unterscheidet sich die Rechtslage in anderen Mitgliedstaaten nicht von der in Deutschland.

und Betrieben nicht an der Wahl zum Aufsichtsrat bei der inländischen Mutter teilnehmen lässt, würde eine in Bezugnahme des § 5 Nr. 3 MgVG stets dazu führen, dass das inländische Mitbestimmungsrecht – sollte es gleiche oder günstigere Mitbestimmungsregelungen vorsehen als das in der durch grenzüberschreitende Verschmelzung entstandene Gesellschaft, niemals zur Anwendung kommt. Dies würde dem Sinn und Zweck und der Systematik der Richtlinie, vorrangig auf das nationale Recht abzustellen, das nach Ablauf der Sicherungsfrist von drei Jahren ohnehin zur Anwendung kommt, nicht entsprechen. Vor diesem Hintergrund ist der grundsätzlich berechtigte Einwand dieser Auffassung im Ergebnis nicht durchschlagend.

Insgesamt überzeugt die europarechtliche[17] Kritik an der Umsetzungsregelung nicht. Viel- 13
mehr ist es sachgerecht, einer klaren und praxistauglichen Regelung, die dem Ziel der Richtlinie entspricht, den Vorrang vor einer Umsetzungsregelung zu geben, die je nach Interpretation zwar den Wortlaut für sich in Anspruch nehmen kann, aber die Praktikabilität gegen sich hat.

V. Streitigkeiten

Für Streitigkeiten zwischen der Leitung und den nationalen Arbeitnehmervertretungen, ob 14
das nationale Recht Anwendung findet oder die bisherige Mitbestimmungsregelung in der durch grenzüberschreitende Verschmelzung entstandenen Gesellschaft fortbesteht, ist nach § 2a Abs. 1 Nr. 3g ArbGG das Arbeitsgericht im Beschlussverfahren nach § 80ff ArbGG zuständig. Örtlich zuständig ist nach § 82 Abs. 3 ArbGG das Arbeitsgericht am Sitz der Gesellschaft.

17 Der verfassungsrechtlichen Kritik *Habersacks* ZHR 2007, 613, 639 ist ebenfalls nicht zu folgen. Er führt als Beispiel für die Verfassungswidrigkeit der den Mitbestimmungsbestand sichernden Regelung den Fall an, dass die aus einer grenzüberschreitenden Verschmelzung hervorgegangene Gesellschaft bei einer nachfolgenden innerstaatlichen Verschmelzung auf eine (grundsätzlich mitbestimmungsfreie) Personengesellschaft verschmilzt. Dieser Fall zeigt nach *Schubert* RdA 2007, 9, 15 aber gerade die Notwendigkeit einer Bestimmung, die die Mitbestimmung sichert.

Teil 4
Schutzbestimmungen

§ 31
Geheimhaltung; Vertraulichkeit

(1) Informationspflichten der Leitungen und der Leitung der aus einer grenzüberschreitenden Verschmelzung hervorgehenden Gesellschaft nach diesem Gesetz bestehen nur, soweit bei Zugrundelegung objektiver Kriterien dadurch nicht Betriebs- oder Geschäftsgeheimnisse der an der Verschmelzung beteiligten Gesellschaften, der aus der grenzüberschreitenden Verschmelzung hervorgehenden Gesellschaft oder deren jeweiliger Tochtergesellschaften und Betriebe gefährdet werden.

(2) [1]Die Mitglieder und Ersatzmitglieder eines besonderen Verhandlungsgremiums sind unabhängig von ihrem Aufenthaltsort verpflichtet, Betriebs- oder Geschäftsgeheimnisse, die ihnen wegen ihrer Zugehörigkeit zum besonderen Verhandlungsgremium bekannt geworden und von der Leitung ausdrücklich als geheimhaltungsbedürftig bezeichnet worden sind, nicht zu offenbaren und nicht zu verwerten. [2]Dies gilt auch nach dem Ausscheiden aus dem besonderen Verhandlungsgremium.

(3) Die Pflicht zur Vertraulichkeit der Mitglieder und Ersatzmitglieder eines besonderen Verhandlungsgremiums nach Absatz 2 gilt nicht gegenüber

1. **den Mitgliedern und Ersatzmitgliedern des besonderen Verhandlungsgremiums,**
2. **den Arbeitnehmervertretern im Aufsichts- oder Verwaltungsorgan der aus der grenzüberschreitenden Verschmelzung hervorgehenden Gesellschaft sowie**
3. **den Dolmetschern und Sachverständigen, die zur Unterstützung herangezogen werden.**

(4) Die Pflicht zur Vertraulichkeit nach Absatz 2 gilt entsprechend für die Sachverständigen und Dolmetscher.

Die Vorschrift folgt – bezogen auf die im MgVG geregelte Mitbestimmung – § 41 SEBG.

§ 32
Schutz der Arbeitnehmervertreter

[1]Bei der Wahrnehmung ihrer Aufgaben genießen

1. **die Mitglieder des besonderen Verhandlungsgremiums und**
2. **die Arbeitnehmervertreter im Aufsichts- oder Verwaltungsorgan der aus der grenzüberschreitenden Verschmelzung hervorgehenden Gesellschaft,**

die Beschäftigte der aus einer grenzüberschreitenden Verschmelzung hervorgehenden Gesellschaft, ihrer Tochtergesellschaften oder Betriebe oder einer der beteiligten Gesellschaften, betroffenen Tochtergesellschaften oder betroffenen Betriebe sind, den gleichen Schutz und die gleichen Sicherheiten wie die Arbeitnehmervertreter nach den Gesetzen und Gepflogenheiten des Mitgliedstaats, in dem sie beschäftigt sind. [2]Dies gilt insbesondere für

1. **den Kündigungsschutz,**
2. **die Teilnahme an den Sitzungen der jeweiligen in Satz 1 genannten Gremien und**
3. **die Entgeltfortzahlung.**

Die Vorschrift folgt – bezogen auf die im MgVG geregelte Mitbestimmung – § 42 SEBG.

§ 33
Errichtungs- und Tätigkeitsschutz

Niemand darf

1. **die Bildung des besonderen Verhandlungsgremiums oder die Wahl, Bestellung, Empfehlung oder Ablehnung der Arbeitnehmervertreter im Aufsichts- oder Verwaltungsorgan behindern oder durch Zufügung oder Androhung von Nachteilen oder durch Gewährung oder Versprechen von Vorteilen beeinflussen;**
2. **die Tätigkeit des besonderen Verhandlungsgremiums oder die Tätigkeit der Arbeitnehmervertreter im Aufsichts- oder Verwaltungsorgan behindern oder stören oder**
3. **ein Mitglied oder Ersatzmitglied des besonderen Verhandlungsgremiums oder einen Arbeitnehmervertreter im Aufsichts- oder Verwaltungsorgan wegen seiner Tätigkeit benachteiligen oder begünstigen.**

Die Vorschrift folgt § 44 SEBG. Eine Regelung, die dem Missbrauchsverbot des § 43 SEBG entsprechen würde, fehlt. Als „Ersatz“ dient eine auf drei Jahre begrenzte Weitergeltung der Mitbestimmung bei nachfolgenden innerstaatlichen Verschmelzungen (vgl. oben § 30 Rn 2 f).

Teil 5
Straf- und Bußgeldvorschriften

§ 34
Strafvorschriften

(1) Mit Freiheitsstrafe bis zu zwei Jahren oder mit Geldstrafe wird bestraft, wer entgegen § 31 Abs. 2, auch in Verbindung mit Abs. 4, ein Betriebs- oder Geschäftsgeheimnis verwertet.

(2) Mit Freiheitsstrafe bis zu einem Jahr oder mit Geldstrafe wird bestraft, wer

1. **entgegen § 31 Abs. 2, auch in Verbindung mit Abs. 4, ein Betriebs- oder Geschäftsgeheimnis offenbart,**
2. **entgegen § 33 Nr. 1 oder 2 eine dort genannte Tätigkeit behindert, beeinflusst oder stört oder**
3. **entgegen § 33 Nr. 3 eine dort genannte Person benachteiligt oder begünstigt.**

(3) Handelt der Täter in den Fällen des Absatzes 2 Nr. 1 gegen Entgelt oder in der Absicht, sich oder einen anderen zu bereichern oder einen anderen zu schädigen, so ist die Strafe Freiheitsstrafe bis zu zwei Jahren oder Geldstrafe.

(4) [1]Die Tat wird nur auf Antrag verfolgt. [2]In den Fällen des Absatzes 2 Nr. 2 und 3 sind das besondere Verhandlungsgremium, jedes Mitglied des Aufsichts- oder Verwaltungsorgans, eine im Unternehmen vertretene Gewerkschaft sowie die Leitungen antragsberechtigt.

Die Vorschrift folgt – bezogen auf die im MgVG geregelte Mitbestimmung – § 45 SEBG. Für die Entscheidung von Streitigkeiten sind die ordentlichen Gerichte zuständig.

§ 35
Bußgeldvorschriften

(1) Ordnungswidrig handelt, wer entgegen § 6 Abs. 2 oder § 7 Abs. 4 Satz 2 eine Information nicht, nicht richtig, nicht vollständig oder nicht rechtzeitig gibt.

(2) Die Ordnungswidrigkeit kann mit einer Geldbuße bis zu zwanzigtausend Euro geahndet werden.

Die Vorschrift folgt – bezogen auf die im MgVG geregelte Mitbestimmung – § 46 SEBG. Für die Zuständigkeit der ordentlichen Gerichte in Streitsachen gelten die allgemeinen Normen der §§ 24, 25 und 71 GVG.

Fünfter Abschnitt
Anhang

A. Verordnung (EG) Nr. 2157/2001 des Rates vom 8. Oktober 2001 über das Statut der Europäischen Gesellschaft (SE)

(ABl. L 294 vom 10.11.2001, S. 1)

DER RAT DER EUROPÄISCHEN UNION –
gestützt auf den Vertrag zur Gründung der Europäischen Gemeinschaft, insbesondere auf Artikel 308,
auf Vorschlag der Kommission[1],
nach Stellungnahme des Europäischen Parlaments[2],
nach Stellungnahme des Wirtschafts- und Sozialausschusses[3],
in Erwägung nachstehender Gründe:

(1) Voraussetzung für die Verwirklichung des Binnenmarkts und für die damit angestrebte Verbesserung der wirtschaftlichen und sozialen Lage in der gesamten Gemeinschaft ist außer der Beseitigung der Handelshemmnisse eine gemeinschaftsweite Reorganisation der Produktionsfaktoren. Dazu ist es unerlässlich, dass die Unternehmen, deren Tätigkeit sich nicht auf die Befriedigung rein örtlicher Bedürfnisse beschränkt, die Neuordnung ihrer Tätigkeiten auf Gemeinschaftsebene planen und betreiben können.

(2) Eine solche Umgestaltung setzt die Möglichkeit voraus, das Wirtschaftspotential bereits bestehender Unternehmen mehrerer Mitgliedstaaten durch Konzentrations- und Fusionsmaßnahmen zusammenzufassen. Dies darf jedoch nur unter Beachtung der Wettbewerbsregeln des Vertrags geschehen.

(3) Die Verwirklichung der Umstrukturierungs- und Kooperationsmaßnahmen, an denen Unternehmen verschiedener Mitgliedstaaten beteiligt sind, stößt auf rechtliche, steuerliche und psychologische Schwierigkeiten. Einige davon konnten mit der Angleichung des Gesellschaftsrechts der Mitgliedstaaten durch aufgrund von Artikel 44 des Vertrags erlassene Richtlinien ausgeräumt werden. Dies erspart Unternehmen, die verschiedenen Rechtsordnungen unterliegen, jedoch nicht die Wahl einer Gesellschaftsform, für die ein bestimmtes nationales Recht gilt.

(4) Somit entspricht der rechtliche Rahmen, in dem sich die Unternehmen in der Gemeinschaft noch immer bewegen müssen und der hauptsächlich von innerstaatlichem Recht bestimmt wird, nicht mehr dem wirtschaftlichen Rahmen, in dem sie sich entfalten sollen, um die Erreichung der in Artikel 18 des Vertrags genannten Ziele zu ermöglichen. Dieser Zustand ist geeignet, Zusammenschlüsse zwischen Gesellschaften verschiedener Mitgliedstaaten erheblich zu behindern.

(5) Die Mitgliedstaaten sind verpflichtet, dafür zu sorgen, dass die Bestimmungen, die auf Europäische Gesellschaften aufgrund dieser Verordnung anwendbar sind, weder zu einer Diskriminierung dadurch führen, dass die Europäischen Gesellschaften ungerechtfertigterweise anders behandelt werden als die Aktiengesellschaften, noch unverhältnismäßig strenge Auflagen für die Errichtung einer Europäischen Gesellschaft oder die Verlegung ihres Sitzes mit sich bringen.

(6) Die juristische Einheitlichkeit der europäischen Unternehmen muss ihrer wirtschaftlichen weitestgehend entsprechen. Neben den bisherigen Gesellschaftsformen nationalen Rechts ist daher die Schaffung von Gesellschaften vorzusehen, deren Struktur und Funktionsweise durch eine in allen Mitgliedstaaten unmittelbar geltende gemeinschaftsrechtliche Verordnung geregelt werden.

(7) Dadurch werden sowohl die Gründung als auch die Leitung von Gesellschaften europäischen Zuschnitts ermöglicht, ohne dass die bestehenden Unterschiede zwischen den für die Handelsgesellschaften geltenden einzelstaatlichen Rechtsvorschriften und ihr räumlich begrenzter Geltungsbereich dafür ein Hindernis darstellten.

(8) Das Statut der Europäischen Aktiengesellschaft (nachfolgend „SE“ genannt) zählt zu jenen Rechtsakten, die der Rat gemäß dem Weißbuch der Kommission über die Vollendung des Binnenmarkts, das der Europäische Rat

1 ABl. C 263 vom 16.10.1989, S. 41, und ABl. C 176 vom 8.7.1991, S. 1.
2 Stellungnahme vom 4. September 2001 (noch nicht im Amtsblatt veröffentlicht).
3 ABl. C 124 vom 21.5.1990, S. 34.

https://doi.org/10.1515/9783110487794-005

von Mailand im Juni 1985 angenommen hat, vor dem Jahre 1992 erlassen musste. 1987 äußerte der Europäische Rat auf seiner Tagung in Brüssel den Wunsch, dass ein solches Statut rasch geschaffen wird.

(9) Seit der Vorlage des Kommissionsvorschlags für eine Verordnung über das Statut der Europäischen Aktiengesellschaften im Jahre 1970 und der Vorlage des 1975 geänderten Vorschlags sind bei der Angleichung des nationalen Gesellschaftsrechts beachtliche Fortschritte erzielt worden, so dass in Bereichen, in denen es für das Funktionieren der SE keiner einheitlichen Gemeinschaftsregelung bedarf, auf das Aktienrecht des Sitzmitgliedstaats verwiesen werden kann.

(10) Das wichtigste mit der Rechtsform einer SE verfolgte Ziel erfordert jedenfalls – unbeschadet wirtschaftlicher Erfordernisse, die sich in der Zukunft ergeben können –, dass eine SE gegründet werden kann, um es Gesellschaften verschiedener Mitgliedstaaten zu ermöglichen, zu fusionieren oder eine Holdinggesellschaft zu errichten, und damit Gesellschaften und andere juristische Personen aus verschiedenen Mitgliedstaaten, die eine Wirtschaftstätigkeit betreiben, gemeinsame Tochtergesellschaften gründen können.

(11) Im gleichen Sinne sollte es Aktiengesellschaften, die ihren satzungsmäßigen Sitz und ihre Hauptverwaltung in der Gemeinschaft haben, ermöglicht werden, eine SE durch Umwandlung ohne vorherige Auflösung zu gründen, wenn sie eine Tochtergesellschaft in einem anderen Mitgliedstaat als dem ihres Sitzes haben.

(12) Die für öffentlich zur Zeichnung auffordernde Aktiengesellschaften und für Wertpapiergeschäfte geltenden einzelstaatlichen Bestimmungen müssen auch dann, wenn die Gründung der SE durch eine öffentliche Aufforderung zur Zeichnung erfolgt, gelten sowie für SE, die diese Finanzierungsinstrumente in Anspruch nehmen möchten.

(13) Die SE selbst muss eine Kapitalgesellschaft in Form einer Aktiengesellschaft sein, die sowohl von der Finanzierung als auch von der Geschäftsführung her am besten den Bedürfnissen der gemeinschaftsweit tätigen Unternehmen entspricht. Um eine sinnvolle Unternehmensgröße dieser Gesellschaften zu gewährleisten, empfiehlt es sich, ein Mindestkapital festzusetzen, das die Gewähr dafür bietet, dass diese Gesellschaften über eine ausreichende Vermögensgrundlage verfügen, ohne dass dadurch kleinen und mittleren Unternehmen die Gründung von SE erschwert wird.

(14) Es ist erforderlich, der SE alle Möglichkeiten einer leistungsfähigen Geschäftsführung an die Hand zu geben und gleichzeitig deren wirksame Überwachung sicherzustellen. Dabei ist dem Umstand Rechnung zu tragen, dass in der Gemeinschaft hinsichtlich der Verwaltung der Aktiengesellschaften derzeit zwei verschiedene Systeme bestehen. Die Wahl des Systems bleibt der SE überlassen, jedoch ist eine klare Abgrenzung der Verantwortungsbereiche jener Personen, denen die Geschäftsführung obliegt, und der Personen, die mit der Aufsicht betraut sind, wünschenswert.

(15) Die Rechte und Pflichten hinsichtlich des Schutzes von Minderheitsaktionären und von Dritten, die sich für ein Unternehmen aus der Kontrolle durch ein anderes Unternehmen, das einer anderen Rechtsordnung unterliegt, ergeben, bestimmen sich gemäß den Vorschriften und allgemeinen Grundsätzen des internationalen Privatrechts nach dem für das kontrollierte Unternehmen geltenden Recht, unbeschadet der sich für das herrschende Unternehmen aus den geltenden Rechtsvorschriften ergebenden Pflichten, beispielsweise bei der Aufstellung der konsolidierten Abschlüsse.

(16) Unbeschadet des sich möglicherweise aus einer späteren Koordinierung des Rechts der Mitgliedstaaten ergebenden Handlungsbedarfs ist eine Sonderregelung für die SE hier gegenwärtig nicht erforderlich. Es empfiehlt sich daher, sowohl für den Fall, dass die SE die Kontrolle ausübt, als auch für den Fall, dass die SE das kontrollierte Unternehmen ist, auf die allgemeinen Vorschriften und Grundsätze zurückzugreifen.

(17) Wird die SE von einem anderen Unternehmen beherrscht, so ist anzugeben, welches Recht anwendbar ist; hierzu ist auf die Rechtsvorschriften zu verweisen, die für Aktiengesellschaften gelten, die dem Recht des Sitzstaates der SE unterliegen.

(18) Es muss sichergestellt werden, dass jeder Mitgliedstaat bei Verstößen gegen Bestimmungen dieser Verordnung die für die seiner Rechtsordnung unterliegenden Aktiengesellschaften geltenden Sanktionen anwendet.

(19) Die Stellung der Arbeitnehmer in der SE wird durch die Richtlinie 2001/86/EG des Rates vom 8. Oktober 2001 zur Ergänzung des Statuts der Europäischen Gesellschaft hinsichtlich der Beteiligung der Arbeitnehmer[4] auf der Grundlage von Artikel 308 des Vertrags geregelt. Diese Bestimmungen stellen somit eine untrennbare Ergänzung der vorliegenden Verordnung dar und müssen zum gleichen Zeitpunkt anwendbar sein.

(20) Andere Rechtsbereiche wie das Steuerrecht, das Wettbewerbsrecht, der gewerbliche Rechtsschutz und das Konkursrecht werden nicht von dieser Verordnung erfasst. Die Rechtsvorschriften der Mitgliedstaaten und das

4 Siehe S. 22 dieses Amtsblatts.

Gemeinschaftsrecht gelten in den oben genannten sowie in anderen nicht von dieser Verordnung erfassten Bereichen.

(21) Mit der Richtlinie 2001/86/EG soll ein Recht der Arbeitnehmer auf Beteiligung bei den den Geschäftsverlauf der SE betreffenden Fragen und Entscheidungen gewährleistet werden. Die übrigen arbeits- und sozialrechtlichen Fragen, insbesondere das in den Mitgliedstaaten geltende Recht auf Information und Anhörung der Arbeitnehmer, unterliegen hingegen den einzelstaatlichen Vorschriften, die unter denselben Bedingungen für die Aktiengesellschaften gelten.

(22) Das Inkrafttreten dieser Verordnung muss zeitlich aufgeschoben erfolgen, um alle Mitgliedstaaten in die Lage zu versetzen, die Richtlinie 2001/86/EG in innerstaatliches Recht umzusetzen und die für die Gründung und den Geschäftsbetrieb von SE mit Sitz in ihrem Hoheitsgebiet notwendigen Verfahren rechtzeitig einzuführen, dergestalt, dass die Verordnung und die Richtlinie gleichzeitig zur Anwendung gebracht werden können.

(23) Eine Gesellschaft, deren Hauptverwaltung sich außerhalb der Gemeinschaft befindet, kann sich an der Gründung einer SE beteiligen, sofern die betreffende Gesellschaft nach dem Recht eines Mitgliedstaats gegründet wurde, ihren Sitz in diesem Mitgliedstaat hat und in tatsächlicher und dauerhafter Verbindung mit der Wirtschaft eines Mitgliedstaats im Sinne der Grundsätze des allgemeinen Programms zur Aufhebung der Beschränkungen der Niederlassungsfreiheit von 1962 steht. Eine solche Verbindung besteht, wenn die Gesellschaft in dem Mitgliedstaat eine Niederlassung hat, von dem aus sie ihre Geschäfte betreibt.

(24) Die SE sollte ihren Sitz in einen anderen Mitgliedstaat verlegen können. Ein angemessener Schutz der Interessen der Minderheitsaktionäre, die sich gegen die Verlegung ausgesprochen haben, sowie der Interessen der Gläubiger und der sonstigen Forderungsberechtigten sollte in einem ausgewogenen Verhältnis stehen. Vor der Verlegung entstandene Ansprüche dürfen durch eine solche Verlegung nicht berührt werden.

(25) Bestimmungen, die die zuständige Gerichtsbarkeit im Falle der Sitzverlegung einer Aktiengesellschaft von einem Mitgliedstaat in einen anderen betreffen und die in das Brüsseler Übereinkommen von 1968 oder in einen Rechtsakt der Mitgliedstaaten oder des Rates zur Ersetzung dieses Übereinkommens aufgenommen werden, werden von dieser Verordnung nicht berührt.

(26) Für die Tätigkeiten von Finanzinstituten gelten Einzelrichtlinien, und das einzelstaatliche Recht zur Umsetzung dieser Richtlinien sowie ergänzende einzelstaatliche Vorschriften zur Regelung der betreffenden Tätigkeiten finden auf eine SE uneingeschränkt Anwendung.

(27) In Anbetracht des spezifischen und gemeinschaftlichen Charakters der SE lässt die in dieser Verordnung für die SE gewählte Regelung des tatsächlichen Sitzes die Rechtsvorschriften der Mitgliedstaaten unberührt und greift der Entscheidung bei anderen Gemeinschaftstexten im Bereich des Gesellschaftsrechts nicht vor.

(28) Der Vertrag enthält Befugnisse für die Annahme dieser Verordnung nur in Artikel 308.

(29) Da die Ziele der beabsichtigten Maßnahme – wie oben ausgeführt – nicht hinreichend von den Mitgliedstaaten erreicht werden können, weil es darum geht, die SE auf europäischer Ebene zu errichten, und da die Ziele daher wegen des Umfangs und der Wirkungen der Maßnahme besser auf Gemeinschaftsebene erreicht werden können, kann die Gemeinschaft im Einklang mit dem Subsidiaritätsprinzip nach Artikel 5 des Vertrags Maßnahmen ergreifen. Im Einklang mit dem Verhältnismäßigkeitsprinzip nach jenem Artikel geht diese Verordnung nicht über das für die Erreichung dieser Ziele erforderliche Maß hinaus

HAT FOLGENDE VERORDNUNG ERLASSEN:

Titel I
Allgemeine Vorschriften

Artikel 1

(1) Handelsgesellschaften können im Gebiet der Gemeinschaft in der Form europäischer Aktiengesellschaften (Societas Europaea, nachfolgend „SE" genannt) unter den Voraussetzungen und in der Weise gegründet werden, die in dieser Verordnung vorgesehen sind.

(2) Die SE ist eine Gesellschaft, deren Kapital in Aktien zerlegt ist. Jeder Aktionär haftet nur bis zur Höhe des von ihm gezeichneten Kapitals.

(3) Die SE besitzt Rechtspersönlichkeit.

(4) Die Beteiligung der Arbeitnehmer in der SE wird durch die Richtlinie 2001/86/EG geregelt.

Artikel 2

(1) Aktiengesellschaften im Sinne des Anhangs I, die nach dem Recht eines Mitgliedstaats gegründet worden sind und ihren Sitz sowie ihre Hauptverwaltung in der Gemeinschaft haben, können eine SE durch Verschmelzung gründen, sofern mindestens zwei von ihnen dem Recht verschiedener Mitgliedstaaten unterliegen.

(2) Aktiengesellschaften und Gesellschaften mit beschränkter Haftung im Sinne des Anhangs II, die nach dem Recht eines Mitgliedstaats gegründet worden sind und ihren Sitz sowie ihre Hauptverwaltung in der Gemeinschaft haben, können die Gründung einer Holding-SE anstreben, sofern mindestens zwei von ihnen

a) dem Recht verschiedener Mitgliedstaaten unterliegen oder
b) seit mindestens zwei Jahren eine dem Recht eines anderen Mitgliedstaats unterliegende Tochtergesellschaft oder eine Zweigniederlassung in einem anderen Mitgliedstaat haben.

(3) Gesellschaften im Sinne des Artikels 48 Absatz 2 des Vertrags sowie juristische Personen des öffentlichen oder privaten Rechts, die nach dem Recht eines Mitgliedstaats gegründet worden sind und ihren Sitz sowie ihre Hauptverwaltung in der Gemeinschaft haben, können eine Tochter-SE durch Zeichnung ihrer Aktien gründen, sofern mindestens zwei von ihnen

a) dem Recht verschiedener Mitgliedstaaten unterliegen oder
b) seit mindestens zwei Jahren eine dem Recht eines anderen Mitgliedstaats unterliegende Tochtergesellschaft oder eine Zweigniederlassung in einem anderen Mitgliedstaat haben.

(4) Eine Aktiengesellschaft, die nach dem Recht eines Mitgliedstaats gegründet worden ist und ihren Sitz sowie ihre Hauptverwaltung in der Gemeinschaft hat, kann in eine SE umgewandelt werden, wenn sie seit mindestens zwei Jahren eine dem Recht eines anderen Mitgliedstaats unterliegende Tochtergesellschaft hat.

(5) Ein Mitgliedstaat kann vorsehen, dass sich eine Gesellschaft, die ihre Hauptverwaltung nicht in der Gemeinschaft hat, an der Gründung einer SE beteiligen kann, sofern sie nach dem Recht eines Mitgliedstaats gegründet wurde, ihren Sitz in diesem Mitgliedstaat hat und mit der Wirtschaft eines Mitgliedstaats in tatsächlicher und dauerhafter Verbindung steht.

Artikel 3

(1) Die SE gilt als Aktiengesellschaft, die zum Zwecke der Anwendung des Artikels 2 Absätze 1, 2 und 3 dem Recht des Sitzmitgliedstaats unterliegt.

(2) Eine SE kann selbst eine oder mehrere Tochtergesellschaften in Form einer SE gründen. Bestimmungen des Sitzmitgliedstaats der Tochter-SE, gemäß denen eine Aktiengesellschaft mehr als einen Aktionär haben muss, gelten nicht für die Tochter-SE. Die einzelstaatlichen Bestimmungen, die aufgrund der Zwölften Richtlinie 89/667/EWG des Rates vom 21. Dezember 1989 auf dem Gebiet des Gesellschaftsrechts betreffend Gesellschaften mit beschränkter Haftung mit einem einzigen Gesellschafter[5] angenommen wurden, gelten sinngemäß für die SE.

Artikel 4

(1) Das Kapital der SE lautet auf Euro.

(2) Das gezeichnete Kapital muss mindestens 120.000 Euro betragen.

(3) Die Rechtsvorschriften eines Mitgliedstaats, die ein höheres gezeichnetes Kapital für Gesellschaften vorsehen, die bestimmte Arten von Tätigkeiten ausüben, gelten auch für SE mit Sitz in dem betreffenden Mitgliedstaat.

Artikel 5

Vorbehaltlich des Artikels 4 Absätze 1 und 2 gelten für das Kapital der SE, dessen Erhaltung und dessen Änderungen sowie die Aktien, die Schuldverschreibungen und sonstige vergleichbare Wertpapiere der SE die Vorschriften, die für eine Aktiengesellschaft mit Sitz in dem Mitgliedstaat, in dem die SE eingetragen ist, gelten würden.

---

5 ABl. L 395 vom 30.12.1989, S. 40. Zuletzt geändert durch die Beitrittsakte von 1994.

Artikel 6

Für die Zwecke dieser Verordnung bezeichnet der Ausdruck „Satzung der SE" zugleich die Gründungsurkunde und, falls sie Gegenstand einer getrennten Urkunde ist, die Satzung der SE im eigentlichen Sinne.

Artikel 7

Der Sitz der SE muss in der Gemeinschaft liegen, und zwar in dem Mitgliedstaat, in dem sich die Hauptverwaltung der SE befindet. Jeder Mitgliedstaat kann darüber hinaus den in seinem Hoheitsgebiet eingetragenen SE vorschreiben, dass sie ihren Sitz und ihre Hauptverwaltung am selben Ort haben müssen.

Artikel 8

(1) Der Sitz der SE kann gemäß den Absätzen 2 bis 13 in einen anderen Mitgliedstaat verlegt werden. Diese Verlegung führt weder zur Auflösung der SE noch zur Gründung einer neuen juristischen Person.

(2) Ein Verlegungsplan ist von dem Leitungs- oder dem Verwaltungsorgan zu erstellen und unbeschadet etwaiger vom Sitzmitgliedstaat vorgesehener zusätzlicher Offenlegungsformen gemäß Artikel 13 offen zu legen. Dieser Plan enthält die bisherige Firma, den bisherigen Sitz und die bisherige Registriernummer der SE sowie folgende Angaben:

a) den vorgesehenen neuen Sitz der SE,
b) die für die SE vorgesehene Satzung sowie gegebenenfalls die neue Firma,
c) die etwaigen Folgen der Verlegung für die Beteiligung der Arbeitnehmer,
d) den vorgesehenen Zeitplan für die Verlegung,
e) etwaige zum Schutz der Aktionäre und/oder Gläubiger vorgesehene Rechte.

(3) Das Leitungs- oder das Verwaltungsorgan erstellt einen Bericht, in dem die rechtlichen und wirtschaftlichen Aspekte der Verlegung erläutert und begründet und die Auswirkungen der Verlegung für die Aktionäre, die Gläubiger sowie die Arbeitnehmer im Einzelnen
dargelegt werden.

(4) Die Aktionäre und die Gläubiger der SE haben vor der Hauptversammlung, die über die Verlegung befinden soll, mindestens einen Monat lang das Recht, am Sitz der SE den Verlegungsplan und den Bericht nach Absatz 3 einzusehen und die unentgeltliche Aushändigung von Abschriften dieser Unterlagen zu verlangen.

(5) Die Mitgliedstaaten können in Bezug auf die in ihrem Hoheitsgebiet eingetragenen SE Vorschriften erlassen, um einen angemessenen Schutz der Minderheitsaktionäre, die sich gegen die Verlegung ausgesprochen haben, zu gewährleisten.

(6) Der Verlegungsbeschluss kann erst zwei Monate nach der Offenlegung des Verlegungsplans gefasst werden. Er muss unter den in Artikel 59 vorgesehenen Bedingungen gefasst werden.

(7) Bevor die zuständige Behörde die Bescheinigung gemäß Absatz 8 ausstellt, hat die SE gegenüber der Behörde den Nachweis zu erbringen, dass die Interessen ihrer Gläubiger und sonstigen Forderungsberechtigten (einschließlich der öffentlich-rechtlichen Körperschaften) in Bezug auf alle vor der Offenlegung des Verlegungsplans entstandenen Verbindlichkeiten im Einklang mit den Anforderungen des Mitgliedstaats, in dem die SE vor der Verlegung ihren Sitz hat, angemessen geschützt sind.

Die einzelnen Mitgliedstaaten können die Anwendung von Unterabsatz 1 auf Verbindlichkeiten ausdehnen, die bis zum Zeitpunkt der Verlegung entstehen (oder entstehen können).

Die Anwendung der einzelstaatlichen Rechtsvorschriften über das Leisten oder Absichern von Zahlungen an öffentlich-rechtliche Körperschaften auf die SE wird von den Unterabsätzen 1 und 2 nicht berührt.

(8) Im Sitzstaat der SE stellt das zuständige Gericht, der Notar oder eine andere zuständige Behörde eine Bescheinigung aus, aus der zweifelsfrei hervorgeht, dass die der Verlegung vorangehenden Rechtshandlungen und Formalitäten durchgeführt wurden.

(9) Die neue Eintragung kann erst vorgenommen werden, wenn die Bescheinigung nach Absatz 8 vorgelegt und die Erfüllung der für die Eintragung in dem neuen Sitzstaat erforderlichen Formalitäten nachgewiesen wurde.

(10) Die Sitzverlegung der SE sowie die sich daraus ergebenden Satzungsänderungen werden zu dem Zeitpunkt wirksam, zu dem die SE gemäß Artikel 12 im Register des neuen Sitzes eingetragen wird.

(11) Das Register des neuen Sitzes meldet dem Register des früheren Sitzes die neue Eintragung der SE, sobald diese vorgenommen worden ist. Die Löschung der früheren Eintragung der SE erfolgt erst nach Eingang dieser Meldung.

(12) Die neue Eintragung und die Löschung der früheren Eintragung werden gemäß Artikel 13 in den betreffenden Mitgliedstaaten offen gelegt.

(13) Mit der Offenlegung der neuen Eintragung der SE ist der neue Sitz Dritten gegenüber wirksam. Jedoch können sich Dritte, solange die Löschung der Eintragung im Register des früheren Sitzes nicht offen gelegt worden ist, weiterhin auf den alten Sitz berufen, es sei denn, die SE beweist, dass den Dritten der neue Sitz bekannt war.

(14) Die Rechtsvorschriften eines Mitgliedstaats können bestimmen, dass eine Sitzverlegung, die einen Wechsel des maßgeblichen Rechts zur Folge hätte, im Falle der in dem betreffenden Mitgliedstaat eingetragenen SE nicht wirksam wird, wenn eine zuständige Behörde dieses Staates innerhalb der in Absatz 6 genannten Frist von zwei Monaten dagegen Einspruch erhebt. Dieser Einspruch ist nur aus Gründen des öffentlichen Interesses zulässig.

Untersteht eine SE nach Maßgabe von Gemeinschaftsrichtlinien der Aufsicht einer einzelstaatlichen Finanzaufsichtsbehörde, so gilt das Recht auf Erhebung von Einspruch gegen die Sitzverlegung auch für die genannte Behörde.

Gegen den Einspruch muss ein Rechtsmittel vor einem Gericht eingelegt werden können.

(15) Eine SE kann ihren Sitz nicht verlegen, wenn gegen sie ein Verfahren wegen Auflösung, Liquidation, Zahlungsunfähigkeit oder vorläufiger Zahlungseinstellung oder ein ähnliches Verfahren eröffnet worden ist.

(16) Eine SE, die ihren Sitz in einen anderen Mitgliedstaat verlegt hat, gilt in Bezug auf alle Forderungen, die vor dem Zeitpunkt der Verlegung gemäß Absatz 10 entstanden sind, als SE mit Sitz in dem Mitgliedstaat, in dem sie vor der Verlegung eingetragen war, auch wenn sie erst nach der Verlegung verklagt wird.

Artikel 9

(1) Die SE unterliegt

a) den Bestimmungen dieser Verordnung,
b) sofern die vorliegende Verordnung dies ausdrücklich zulässt, den Bestimmungen der Satzung der SE,
c) in Bezug auf die nicht durch diese Verordnung geregelten Bereiche oder, sofern ein Bereich nur teilweise geregelt ist, in Bezug auf die nicht von dieser Verordnung erfassten Aspekte
   i) den Rechtsvorschriften, die die Mitgliedstaaten in Anwendung der speziell die SE betreffenden Gemeinschaftsmaßnahmen erlassen,
   ii) den Rechtsvorschriften der Mitgliedstaaten, die auf eine nach dem Recht des Sitzstaats der SE gegründete Aktiengesellschaft Anwendung finden würden,
   iii) den Bestimmungen ihrer Satzung unter den gleichen Voraussetzungen wie im Falle einer nach dem Recht des Sitzstaats der SE gegründeten Aktiengesellschaft.

(2) Von den Mitgliedstaaten eigens für die SE erlassene Rechtsvorschriften müssen mit den für Aktiengesellschaften im Sinne des Anhangs I maßgeblichen Richtlinien im Einklang stehen.

(3) Gelten für die von der SE ausgeübte Geschäftstätigkeit besondere Vorschriften des einzelstaatlichen Rechts, so finden diese Vorschriften auf die SE uneingeschränkt Anwendung.

Artikel 10

Vorbehaltlich der Bestimmungen dieser Verordnung wird eine SE in jedem Mitgliedstaat wie eine Aktiengesellschaft behandelt, die nach dem Recht des Sitzstaats der SE gegründet wurde.

Artikel 11

(1) Die SE muss ihrer Firma den Zusatz „SE“ voran- oder nachstellen.

(2) Nur eine SE darf ihrer Firma den Zusatz „SE“ hinzufügen.

(3) Die in einem Mitgliedstaat vor dem Zeitpunkt des Inkrafttretens dieser Verordnung eingetragenen Gesellschaften oder sonstigen juristischen Personen, deren Firma den Zusatz „SE“ enthält, brauchen ihre Namen jedoch nicht zu ändern.

Artikel 12

(1) Jede SE wird gemäß Artikel 3 der Ersten Richtlinie 68/151/EWG des Rates vom 9. März 1968 zur Koordinierung der Schutzbestimmungen, die in den Mitgliedstaaten den Gesellschaften im Sinne des Artikels 58 Absatz 2 des

Vertrages im Interesse der Gesellschafter sowie Dritter vorgeschrieben sind, um diese Bestimmungen gleichwertig zu gestalten[6], im Sitzstaat in ein nach dem Recht dieses Staates bestimmtes Register eingetragen.

(2) Eine SE kann erst eingetragen werden, wenn eine Vereinbarung über die Beteiligung der Arbeitnehmer gemäß Artikel 4 der Richtlinie 2001/86/EG geschlossen worden ist, ein Beschluss nach Artikel 3 Absatz 6 der genannten Richtlinie gefasst worden ist oder die Verhandlungsfrist nach Artikel 5 der genannten Richtlinie abgelaufen ist, ohne dass eine Vereinbarung zustande gekommen ist.

(3) Voraussetzung dafür, dass eine SE in einem Mitgliedstaat, der von der in Artikel 7 Absatz 3 der Richtlinie 2001/86/EG vorgesehenen Möglichkeit Gebrauch gemacht hat, registriert werden kann, ist, dass eine Vereinbarung im Sinne von Artikel 4 der genannten Richtlinie über die Modalitäten der Beteiligung der Arbeitnehmer – einschließlich der Mitbestimmung – geschlossen wurde oder dass für keine der teilnehmenden Gesellschaften vor der Registrierung der SE Mitbestimmungsvorschriften galten.

(4) Die Satzung der SE darf zu keinem Zeitpunkt im Widerspruch zu der ausgehandelten Vereinbarung stehen. Steht eine neue gemäß der Richtlinie 2001/86/EG geschlossene Vereinbarung im Widerspruch zur geltenden Satzung, ist diese – soweit erforderlich – zu ändern.

In diesem Fall kann ein Mitgliedstaat vorsehen, dass das Leitungs- oder das Verwaltungsorgan der SE befugt ist, die Satzungsänderung ohne weiteren Beschluss der Hauptversammlung vorzunehmen.

Artikel 13

Die die SE betreffenden Urkunden und Angaben, die nach dieser Verordnung der Offenlegungspflicht unterliegen, werden gemäß der Richtlinie 68/151/EWG nach Maßgabe der Rechtsvorschriften des Sitzstaats der SE offen gelegt.

Artikel 14

(1) Die Eintragung und die Löschung der Eintragung einer SE werden mittels einer Bekanntmachung zu Informationszwecken im Amtsblatt der Europäischen Gemeinschaften veröffentlicht, nachdem die Offenlegung gemäß Artikel 13 erfolgt ist. Diese Bekanntmachung enthält die Firma der SE, Nummer, Datum und Ort der Eintragung der SE, Datum, Ort und Titel der Veröffentlichung sowie den Sitz und den Geschäftszweig der SE.

(2) Bei der Verlegung des Sitzes der SE gemäß Artikel 8 erfolgt eine Bekanntmachung mit den Angaben gemäß Absatz 1 sowie mit denjenigen im Falle einer Neueintragung.

(3) Die Angaben gemäß Absatz 1 werden dem Amt für amtliche Veröffentlichungen der Europäischen Gemeinschaften innerhalb eines Monats nach der Offenlegung gemäß Artikel 13 übermittelt.

Titel II
Gründung

Abschnitt 1
Allgemeines

Artikel 15

(1) Vorbehaltlich der Bestimmungen dieser Verordnung findet auf die Gründung einer SE das für Aktiengesellschaften geltende Recht des Staates Anwendung, in dem die SE ihren Sitz begründet.

(2) Die Eintragung einer SE wird gemäß Artikel 13 offen gelegt.

Artikel 16

(1) Die SE erwirbt die Rechtspersönlichkeit am Tag ihrer Eintragung in das in Artikel 12 genannte Register.

(2) Wurden im Namen der SE vor ihrer Eintragung gemäß Artikel 12 Rechtshandlungen vorgenommen und übernimmt die SE nach der Eintragung die sich aus diesen Rechtshandlungen ergebenden Verpflichtungen nicht, so haften die natürlichen Personen, die Gesellschaften oder anderen juristischen Personen, die diese Rechtshand-

6 ABl. L 65 vom 14.3.1968, S. 8. Zuletzt geändert durch die Beitrittsakte von 1994.

lungen vorgenommen haben, vorbehaltlich anders lautender Vereinbarungen unbegrenzt und gesamtschuldnerisch.

Abschnitt 2
Gründung einer SE durch Verschmelzung

Artikel 17

(1) Eine SE kann gemäß Artikel 2 Absatz 1 durch Verschmelzung gegründet werden.

(2) Die Verschmelzung erfolgt

a) entweder nach dem Verfahren der Verschmelzung durch Aufnahme gemäß Artikel 3 Absatz 1 der Richtlinie 78/855/EWG[7]

b) oder nach dem Verfahren der Verschmelzung durch Gründung einer neuen Gesellschaft gemäß Artikel 4 Absatz 1 der genannten Richtlinie.

Im Falle einer Verschmelzung durch Aufnahme nimmt die aufnehmende Gesellschaft bei der Verschmelzung die Form einer SE an. Im Falle einer Verschmelzung durch Gründung einer neuen Gesellschaft ist die neue Gesellschaft eine SE.

Artikel 18

In den von diesem Abschnitt nicht erfassten Bereichen sowie in den nicht erfassten Teilbereichen eines von diesem Abschnitt nur teilweise abgedeckten Bereichs sind bei der Gründung einer SE durch Verschmelzung auf jede Gründungsgesellschaft die mit der Richtlinie 78/855/EWG in Einklang stehenden, für die Verschmelzung von Aktiengesellschaften geltenden Rechtsvorschriften des Mitgliedstaats anzuwenden, dessen Recht sie unterliegt.

Artikel 19

Die Rechtsvorschriften eines Mitgliedstaates können vorsehen, dass die Beteiligung einer Gesellschaft, die dem Recht dieses Mitgliedstaates unterliegt, an der Gründung einer SE durch Verschmelzung nur möglich ist, wenn keine zuständige Behörde dieses Mitgliedstaats vor der Erteilung der Bescheinigung gemäß Artikel 25 Absatz 2 dagegen Einspruch erhebt. Dieser Einspruch ist nur aus Gründen des öffentlichen Interesses zulässig. Gegen ihn muss ein Rechtsmittel eingelegt werden können.

Artikel 20

(1) Die Leitungs- oder die Verwaltungsorgane der sich verschmelzenden Gesellschaften stellen einen Verschmelzungsplan auf. Dieser Verschmelzungsplan enthält

a) die Firma und den Sitz der sich verschmelzenden Gesellschaften sowie die für die SE vorgesehene Firma und ihren geplanten Sitz,

b) das Umtauschverhältnis der Aktien und gegebenenfalls die Höhe der Ausgleichsleistung,

c) die Einzelheiten hinsichtlich der Übertragung der Aktien der SE,

d) den Zeitpunkt, von dem an diese Aktien das Recht auf Beteiligung am Gewinn gewähren, sowie alle Besonderheiten in Bezug auf dieses Recht,

e) den Zeitpunkt, von dem an die Handlungen der sich verschmelzenden Gesellschaften unter dem Gesichtspunkt der Rechnungslegung als für Rechnung der SE vorgenommen gelten,

f) die Rechte, welche die SE den mit Sonderrechten ausgestatteten Aktionären der Gründungsgesellschaften und den Inhabern anderer Wertpapiere als Aktien gewährt, oder die für diese Personen vorgeschlagenen Maßnahmen,

7 Dritte Richtlinie 78/855/EWG des Rates vom 9. Oktober 1978 gemäß Artikel 54 Absatz 3 Buchstabe g des Vertrages betreffend die Verschmelzung von Aktiengesellschaften (ABl. L 295 vom 20.10.1978, S. 36). Zuletzt geändert durch die Beitrittsakte von 1994.

g) jeder besondere Vorteil, der den Sachverständigen, die den Verschmelzungsplan prüfen, oder den Mitgliedern der Verwaltungs-, Leitungs-, Aufsichts- oder Kontrollorgane der sich verschmelzenden Gesellschaften gewährt wird,
h) die Satzung der SE,
i) Angaben zu dem Verfahren, nach dem die Vereinbarung über die Beteiligung der Arbeitnehmer gemäß der Richtlinie 2001/86/EG geschlossen wird.

(2) Die sich verschmelzenden Gesellschaften können dem Verschmelzungsplan weitere Punkte hinzufügen.

Artikel 21

Für jede der sich verschmelzenden Gesellschaften und vorbehaltlich weiterer Auflagen seitens des Mitgliedstaates, dessen Recht die betreffende Gesellschaft unterliegt, sind im Amtsblatt dieses Mitgliedstaats nachstehende Angaben bekannt zu machen:
a) Rechtsform, Firma und Sitz der sich verschmelzenden Gesellschaften,
b) das Register, bei dem die in Artikel 3 Absatz 2 der Richtlinie 68/151/EWG genannten Urkunden für jede der sich verschmelzenden Gesellschaften hinterlegt worden sind, sowie die Nummer der Eintragung in das Register,
c) einen Hinweis auf die Modalitäten für die Ausübung der Rechte der Gläubiger der betreffenden Gesellschaft gemäß Artikel 24 sowie die Anschrift, unter der erschöpfende Auskünfte über diese Modalitäten kostenlos eingeholt werden können,
d) einen Hinweis auf die Modalitäten für die Ausübung der Rechte der Minderheitsaktionäre der betreffenden Gesellschaft gemäß Artikel 24 sowie die Anschrift, unter der erschöpfende Auskünfte über diese Modalitäten kostenlos eingeholt werden können,
e) die für die SE vorgesehene Firma und ihr künftiger Sitz.

Artikel 22

Als Alternative zur Heranziehung von Sachverständigen, die für Rechnung jeder der sich verschmelzenden Gesellschaften tätig sind, können ein oder mehrere unabhängige Sachverständige im Sinne des Artikels 10 der Richtlinie 78/855/EWG, die auf gemeinsamen Antrag dieser Gesellschaften von einem Gericht oder einer Verwaltungsbehörde des Mitgliedstaats, dessen Recht eine der sich verschmelzenden Gesellschaften oder die künftige SE unterliegt, dazu bestellt wurden, den Verschmelzungsplan prüfen und einen für alle Aktionäre bestimmten einheitlichen Bericht erstellen.

Die Sachverständigen haben das Recht, von jeder der sich verschmelzenden Gesellschaften alle Auskünfte zu verlangen, die sie zur Erfüllung ihrer Aufgabe für erforderlich halten.

Artikel 23

(1) Die Hauptversammlung jeder der sich verschmelzenden Gesellschaften stimmt dem Verschmelzungsplan zu.

(2) Die Beteiligung der Arbeitnehmer in der SE wird gemäß der Richtlinie 2001/86/EG festgelegt. Die Hauptversammlung jeder der sich verschmelzenden Gesellschaften kann sich das Recht vorbehalten, die Eintragung der SE davon abhängig zu machen, dass die geschlossene Vereinbarung von ihr ausdrücklich genehmigt wird.

Artikel 24

(1) Das Recht des Mitgliedstaats, das jeweils für die sich verschmelzenden Gesellschaften gilt, findet wie bei einer Verschmelzung von Aktiengesellschaften unter Berücksichtigung des grenzüberschreitenden Charakters der Verschmelzung Anwendung zum Schutz der Interessen
a) der Gläubiger der sich verschmelzenden Gesellschaften,
b) der Anleihegläubiger der sich verschmelzenden Gesellschaften,
c) der Inhaber von mit Sonderrechten gegenüber den sich verschmelzenden Gesellschaften ausgestatteten Wertpapieren mit Ausnahme von Aktien.

(2) Jeder Mitgliedstaat kann in Bezug auf die sich verschmelzenden Gesellschaften, die seinem Recht unterliegen, Vorschriften erlassen, um einen angemessenen Schutz der Minderheitsaktionäre, die sich gegen die Verschmelzung ausgesprochen haben, zu gewährleisten.

Artikel 25

(1) Die Rechtmäßigkeit der Verschmelzung wird, was die die einzelnen sich verschmelzenden Gesellschaften betreffenden Verfahrensabschnitte anbelangt, nach den für die Verschmelzung von Aktiengesellschaften geltenden Rechtsvorschriften des Mitgliedstaats kontrolliert, dessen Recht die jeweilige verschmelzende Gesellschaft unterliegt.

(2) In jedem der betreffenden Mitgliedstaaten stellt das zuständige Gericht, der Notar oder eine andere zuständige Behörde eine Bescheinigung aus, aus der zweifelsfrei hervorgeht, dass die der Verschmelzung vorangehenden Rechtshandlungen und Formalitäten durchgeführt wurden.

(3) Ist nach dem Recht eines Mitgliedstaats, dem eine sich verschmelzende Gesellschaft unterliegt, ein Verfahren zur Kontrolle und Änderung des Umtauschverhältnisses der Aktien oder zur Abfindung von Minderheitsaktionären vorgesehen, das jedoch der Eintragung der Verschmelzung nicht entgegensteht, so findet ein solches Verfahren nur dann Anwendung, wenn die anderen sich verschmelzenden Gesellschaften in Mitgliedstaaten, in denen ein derartiges Verfahren nicht besteht, bei der Zustimmung zu dem Verschmelzungsplan gemäß Artikel 23 Absatz 1 ausdrücklich akzeptieren, dass die Aktionäre der betreffenden sich verschmelzenden Gesellschaft auf ein solches Verfahren zurückgreifen können. In diesem Fall kann das zuständige Gericht, der Notar oder eine andere zuständige Behörde die Bescheinigung gemäß Absatz 2 ausstellen, auch wenn ein derartiges Verfahren eingeleitet wurde. Die Bescheinigung muss allerdings einen Hinweis auf das anhängige Verfahren enthalten. Die Entscheidung in dem Verfahren ist für die übernehmende Gesellschaft und ihre Aktionäre bindend.

Artikel 26

(1) Die Rechtmäßigkeit der Verschmelzung wird, was den Verfahrensabschnitt der Durchführung der Verschmelzung und der Gründung der SE anbelangt, von dem/der im künftigen Sitzstaat der SE für die Kontrolle dieses Aspekts der Rechtmäßigkeit der Verschmelzung von Aktiengesellschaften zuständigen Gericht, Notar oder sonstigen Behörde kontrolliert.

(2) Hierzu legt jede der sich verschmelzenden Gesellschaften dieser zuständigen Behörde die in Artikel 25 Absatz 2 genannte Bescheinigung binnen sechs Monaten nach ihrer Ausstellung sowie eine Ausfertigung des Verschmelzungsplans, dem sie zugestimmt hat, vor.

(3) Die gemäß Absatz 1 zuständige Behörde kontrolliert insbesondere, ob die sich verschmelzenden Gesellschaften einem gleich lautenden Verschmelzungsplan zugestimmt haben und ob eine Vereinbarung über die Beteiligung der Arbeitnehmer gemäß der Richtlinie 2001/86/EG geschlossen wurde.

(4) Diese Behörde kontrolliert ferner, ob gemäß Artikel 15 die Gründung der SE den gesetzlichen Anforderungen des Sitzstaates genügt.

Artikel 27

(1) Die Verschmelzung und die gleichzeitige Gründung der SE werden mit der Eintragung der SE gemäß Artikel 12 wirksam.

(2) Die SE kann erst nach Erfüllung sämtlicher in den Artikeln 25 und 26 vorgesehener Formalitäten eingetragen werden.

Artikel 28

Für jede sich verschmelzende Gesellschaft wird die Durchführung der Verschmelzung nach den in den Rechtsvorschriften des jeweiligen Mitgliedstaats vorgesehenen Verfahren in Übereinstimmung mit Artikel 3 der Richtlinie 68/151/EWG offen gelegt.

Artikel 29

(1) Die nach Artikel 17 Absatz 2 Buchstabe a vollzogene Verschmelzung bewirkt ipso jure gleichzeitig Folgendes:

a) Das gesamte Aktiv- und Passivvermögen jeder übertragenden Gesellschaft geht auf die übernehmende Gesellschaft über;
b) die Aktionäre der übertragenden Gesellschaft werden Aktionäre der übernehmenden Gesellschaft;
c) die übertragende Gesellschaft erlischt;
d) die übernehmende Gesellschaft nimmt die Rechtsform einer SE an.

(2) Die nach Artikel 17 Absatz 2 Buchstabe b vollzogene Verschmelzung bewirkt ipso jure gleichzeitig Folgendes:

a) Das gesamte Aktiv- und Passivvermögen der sich verschmelzenden Gesellschaften gehtauf die SE über;
b) die Aktionäre der sich verschmelzenden Gesellschaften werden Aktionäre der SE;
c) die sich verschmelzenden Gesellschaften erlöschen.

(3) Schreibt ein Mitgliedstaat im Falle einer Verschmelzung von Aktiengesellschaften besondere Formalitäten für die Rechtswirksamkeit der Übertragung bestimmter von den sich verschmelzenden Gesellschaften eingebrachter Vermögensgegenstände, Rechte und Verbindlichkeiten gegenüber Dritten vor, so gelten diese fort und sind entweder von den sich verschmelzenden Gesellschaften oder von der SE nach deren Eintragung zu erfüllen.

(4) Die zum Zeitpunkt der Eintragung aufgrund der einzelstaatlichen Rechtsvorschriften und Gepflogenheiten sowie aufgrund individueller Arbeitsverträge oder Arbeitsverhältnisse bestehenden Rechte und Pflichten der beteiligten Gesellschaften hinsichtlich der Beschäftigungsbedingungen gehen mit der Eintragung der SE auf diese über.

Artikel 30

Eine Verschmelzung im Sinne des Artikels 2 Absatz 1 kann nach der Eintragung der SE nicht mehr für nichtig erklärt werden. Das Fehlen einer Kontrolle der Rechtmäßigkeit der Verschmelzung gemäß Artikel 25 und 26 kann einen Grund für die Auflösung der SE darstellen.

Artikel 31

(1) Wird eine Verschmelzung nach Artikel 17 Absatz 2 Buchstabe a durch eine Gesellschaft vollzogen, die Inhaberin sämtlicher Aktien und sonstiger Wertpapiere ist, die Stimmrechte in der Hauptversammlung einer anderen Gesellschaft gewähren, so finden Artikel 20 Absatz 1 Buchstaben b, c und d, Artikel 22 und Artikel 29 Absatz 1 Buchstabe b keine Anwendung. Die jeweiligen einzelstaatlichen Vorschriften, denen die einzelnen sich verschmelzenden Gesellschaften unterliegen und die für die Verschmelzungen von Aktiengesellschaften nach Artikel 24 der Richtlinie 78/855/EWG maßgeblich sind, sind jedoch anzuwenden.

(2) Vollzieht eine Gesellschaft, die Inhaberin von mindestens 90%, nicht aber aller der in der Hauptversammlung einer anderen Gesellschaft Stimmrecht verleihenden Aktien und sonstigen Wertpapiere ist, eine Verschmelzung durch Aufnahme, so sind die Berichte des Leitungs- oder des Verwaltungsorgans, die Berichte eines oder mehrerer unabhängiger Sachverständiger sowie die zur Kontrolle notwendigen Unterlagen nur insoweit erforderlich, als dies entweder in den einzelstaatlichen Rechtsvorschriften, denen die übernehmende Gesellschaft unterliegt, oder in den für die übertragende Gesellschaft maßgeblichen einzelstaatlichen Rechtsvorschriften vorgesehen ist.

Die Mitgliedstaaten können jedoch vorsehen, dass dieser Absatz Anwendung auf eine Gesellschaft findet, die Inhaberin von Aktien ist, welche mindestens 90% der Stimmrechte, nicht aber alle verleihen.

Abschnitt 3
Gründung einer Holding-SE

Artikel 32

(1) Eine SE kann gemäß Artikel 2 Absatz 2 gegründet werden. Die die Gründung einer SE im Sinne des Artikels 2 Absatz 2 anstrebenden Gesellschaften bestehen fort.

(2) Die Leitungs- oder die Verwaltungsorgane der die Gründung anstrebenden Gesellschaften erstellen einen gleich lautenden Gründungsplan für die SE. Dieser Plan enthält einen Bericht, der die Gründung aus rechtlicher und wirtschaftlicher Sicht erläutert und begründet sowie darlegt, welche Auswirkungen der Übergang zur Rechtsform einer SE für die Aktionäre und für die Arbeitnehmer hat. Er enthält ferner die in Artikel 20 Absatz 1 Buchstaben a, b, c, f, g, h und i vorgesehenen Angaben und setzt von jeder die Gründung anstrebenden Gesellschaft den Mindestprozentsatz der Aktien oder sonstigen Anteile fest, der von den Aktionären eingebracht werden muss, damit die SE gegründet werden kann. Dieser Prozentsatz muss mehr als 50% der durch Aktien verliehenen ständigen Stimmrechte betragen.

(3) Der Gründungsplan ist mindestens einen Monat vor der Hauptversammlung, die über die Gründung zu beschließen hat, für jede der die Gründung anstrebenden Gesellschaften nach den in den Rechtsvorschriften der einzelnen Mitgliedstaaten gemäß Artikel 3 der Richtlinie 68/151/EWG vorgesehenen Verfahren offen zu legen.

(4) Ein oder mehrere von den die Gründung anstrebenden Gesellschaften unabhängige Sachverständige, die von einem Gericht oder einer Verwaltungsbehörde des Mitgliedstaats, dessen Recht die einzelnen Gesellschaften gemäß den nach Maßgabe der Richtlinie 78/855/EWG erlassenen einzelstaatlichen Vorschriften unterliegen, bestellt oder zugelassen sind, prüfen den gemäß Absatz 2 erstellten Gründungsplan und erstellen einen schriftlichen Bericht für die Aktionäre der einzelnen Gesellschaften. Im Einvernehmen zwischen den die Gründung anstrebenden Gesellschaften kann durch einen oder mehrere unabhängige Sachverständige, der/die von einem Gericht oder einer Verwaltungsbehörde des Mitgliedstaats, dessen Recht eine der die Gründung anstrebenden Gesellschaften oder die künftige SE gemäß den nach Maßgabe der Richtlinie 78/855/EWG erlassenen einzelstaatlichen Rechtsvorschriften unterliegt, bestellt oder zugelassen ist/sind, ein schriftlicher Bericht für die Aktionäre aller Gesellschaften erstellt werden.

(5) Der Bericht muss auf besondere Bewertungsschwierigkeiten hinweisen und erklären, ob das Umtauschverhältnis der Aktien oder Anteile angemessen ist, sowie angeben, nach welchen Methoden es bestimmt worden ist und ob diese Methoden im vorliegenden Fall angemessen sind.

(6) Die Hauptversammlung jeder der die Gründung anstrebenden Gesellschaften stimmt dem Gründungsplan für die SE zu. Die Beteiligung der Arbeitnehmer in der SE wird gemäß der Richtlinie 2001/86/EG festgelegt. Die Hauptversammlung jeder der die Gründung anstrebenden Gesellschaften kann sich das Recht vorbehalten, die Eintragung der SE davon abhängig zu machen, dass die geschlossene Vereinbarung von ihr ausdrücklich genehmigt wird.

(7) Dieser Artikel gilt sinngemäß auch für Gesellschaften mit beschränkter Haftung.

Artikel 33

(1) Die Gesellschafter der die Gründung anstrebenden Gesellschaften verfügen über eine Frist von drei Monaten, um diesen Gesellschaften mitzuteilen, ob sie beabsichtigen, ihre Gesellschaftsanteile bei der Gründung der SE einzubringen. Diese Frist beginnt mit dem Zeitpunkt, zu dem der Gründungsplan für die SE gemäß Artikel 32 endgültig festgelegt worden ist.

(2) Die SE ist nur dann gegründet, wenn die Gesellschafter der die Gründung anstrebenden Gesellschaften innerhalb der in Absatz 1 genannten Frist den nach dem Gründungsplan für jede Gesellschaft festgelegten Mindestprozentsatz der Gesellschaftsanteile eingebracht haben und alle übrigen Bedingungen erfüllt sind.

(3) Sind alle Bedingungen für die Gründung der SE gemäß Absatz 2 erfüllt, so hat jede der die Gründung anstrebenden Gesellschaften diese Tatsache gemäß den nach Artikel 3 der Richtlinie 68/151/EWG erlassenen Vorschriften des einzelstaatlichen Rechts, dem sie unterliegt, offen zu legen.

Die Gesellschafter der die Gründung anstrebenden Gesellschaften, die nicht innerhalb der Frist nach Absatz 1 mitgeteilt haben, ob sie die Absicht haben, ihre Gesellschaftsanteile diesen Gesellschaften im Hinblick auf die Gründung der künftigen SE zur Verfügung zu stellen, verfügen über eine weitere Frist von einem Monat, um dies zu tun.

(4) Die Gesellschafter, die ihre Wertpapiere im Hinblick auf die Gründung der SE einbringen,
erhalten Aktien der SE.

(5) Die SE kann erst dann eingetragen werden, wenn die Formalitäten gemäß Artikel 32 und die in Absatz 2 genannten Voraussetzungen nachweislich erfüllt sind.

Artikel 34

Ein Mitgliedstaat kann für die eine Gründung anstrebenden Gesellschaften Vorschriften zum Schutz der die Gründung ablehnenden Minderheitsgesellschafter, der Gläubiger und der Arbeitnehmer erlassen.

Abschnitt 4
Gründung einer Tochter-SE

Artikel 35

Eine SE kann gemäß Artikel 2 Absatz 3 gegründet werden.

Artikel 36

Auf die an der Gründung beteiligten Gesellschaften oder sonstigen juristischen Personen finden die Vorschriften über deren Beteiligung an der Gründung einer Tochtergesellschaft in Form einer Aktiengesellschaft nationalen Rechts Anwendung.

Abschnitt 5
Umwandlung einer bestehenden Aktiengesellschaft in eine SE

Artikel 37

(1) Eine SE kann gemäß Artikel 2 Absatz 4 gegründet werden.

(2) Unbeschadet des Artikels 12 hat die Umwandlung einer Aktiengesellschaft in eine SE weder die Auflösung der Gesellschaft noch die Gründung einer neuen juristischen Person zur Folge.

(3) Der Sitz der Gesellschaft darf anlässlich der Umwandlung nicht gemäß Artikel 8 in einen anderen Mitgliedstaat verlegt werden.

(4) Das Leitungs- oder das Verwaltungsorgan der betreffenden Gesellschaft erstellt einen Umwandlungsplan und einen Bericht, in dem die rechtlichen und wirtschaftlichen Aspekte der Umwandlung erläutert und begründet sowie die Auswirkungen, die der Übergang zur Rechtsform einer SE für die Aktionäre und für die Arbeitnehmer hat, dargelegt werden.

(5) Der Umwandlungsplan ist mindestens einen Monat vor dem Tag der Hauptversammlung, die über die Umwandlung zu beschließen hat, nach den in den Rechtsvorschriften der einzelnen Mitgliedstaaten gemäß Artikel 3 der Richtlinie 68/151/EWG vorgesehenen Verfahren offen zu legen.

(6) Vor der Hauptversammlung nach Absatz 7 ist von einem oder mehreren unabhängigen Sachverständigen, die nach den einzelstaatlichen Durchführungsbestimmungen zu Artikel 10 der Richtlinie 78/855/EWG durch ein Gericht oder eine Verwaltungsbehörde des Mitgliedstaates, dessen Recht die sich in eine SE umwandelnde Aktiengesellschaft unterliegt, bestellt oder zugelassen sind, gemäß der Richtlinie 77/91/EWG[8] sinngemäß zu bescheinigen, dass die Gesellschaft über Nettovermögenswerte mindestens in Höhe ihres Kapitals zuzüglich der kraft Gesetzes oder Statut nicht ausschüttungsfähigen Rücklagen verfügt.

(7) Die Hauptversammlung der betreffenden Gesellschaft stimmt dem Umwandlungsplan zu und genehmigt die Satzung der SE. Die Beschlussfassung der Hauptversammlung erfolgt nach Maßgabe der einzelstaatlichen Durchführungsbestimmungen zu Artikel 7 der Richtlinie 78/855/EWG.

(8) Ein Mitgliedstaat kann die Umwandlung davon abhängig machen, dass das Organ der umzuwandelnden Gesellschaft, in dem die Mitbestimmung der Arbeitnehmer vorgesehen ist, der Umwandlung mit qualifizierter Mehrheit oder einstimmig zustimmt.

(9) Die zum Zeitpunkt der Eintragung aufgrund der einzelstaatlichen Rechtsvorschriften und Gepflogenheiten sowie aufgrund individueller Arbeitsverträge oder Arbeitsverhältnisse bestehenden Rechte und Pflichten der umzuwandelnden Gesellschaft hinsichtlich der Beschäftigungsbedingungen gehen mit der Eintragung der SE auf diese über.

---

8 Zweite Richtlinie 77/91/EWG des Rates vom 13. Dezember 1976 zur Koordinierung der Schutzbestimmungen, die in den Mitgliedstaaten den Gesellschaften im Sinne des Artikels 58 Absatz 2 des Vertrages im Interesse der Gesellschafter sowie Dritter für die Gründung der Aktiengesellschaft sowie für die Erhaltung und Änderung ihres Kapitals vorgeschrieben sind, um diese Bestimmungen gleichwertig zu gestalten (ABl. L 26 vom 31.1.1977, S. 1). Zuletzt geändert durch die Beitrittsakte von 1994.

Titel III
Aufbau der SE

Artikel 38

Die SE verfügt nach Maßgabe dieser Verordnung über

a) eine Hauptversammlung der Aktionäre und
b) entweder ein Aufsichtsorgan und ein Leitungsorgan (dualistisches System) oder ein

Verwaltungsorgan (monistisches System), entsprechend der in der Satzung gewählten Form.

Abschnitt 1
Dualistisches System

Artikel 39

(1) Das Leitungsorgan führt die Geschäfte der SE in eigener Verantwortung. Ein Mitgliedstaat kann vorsehen, dass ein oder mehrere Geschäftsführer die laufenden Geschäfte in eigener Verantwortung unter denselben Voraussetzungen, wie sie für Aktiengesellschaften mit Sitz im Hoheitsgebiet des betreffenden Mitgliedstaates gelten, führt bzw. führen.

(2) Das Mitglied/die Mitglieder des Leitungsorgans wird/werden vom Aufsichtsorgan bestellt und abberufen.

Die Mitgliedstaaten können jedoch vorschreiben oder vorsehen, dass in der Satzung festgelegt werden kann, dass das Mitglied/die Mitglieder des Leitungsorgans von der Hauptversammlung unter den Bedingungen, die für Aktiengesellschaften mit Sitz in ihrem Hoheitsgebiet gelten, bestellt und abberufen wird/werden.

(3) Niemand darf zugleich Mitglied des Leitungsorgans und Mitglied des Aufsichtsorgans der SE sein. Das Aufsichtsorgan kann jedoch eines seiner Mitglieder zur Wahrnehmung der Aufgaben eines Mitglieds des Leitungsorgans abstellen, wenn der betreffende Posten nicht besetzt ist. Während dieser Zeit ruht das Amt der betreffenden Person als Mitglied des Aufsichtsorgans. Die Mitgliedstaaten können eine zeitliche Begrenzung hierfür vorsehen.

(4) Die Zahl der Mitglieder des Leitungsorgans oder die Regeln für ihre Festlegung werden durch die Satzung der SE bestimmt. Die Mitgliedstaaten können jedoch eine Mindest- und/oder Höchstzahl festsetzen.

(5) Enthält das Recht eines Mitgliedstaats in Bezug auf Aktiengesellschaften mit Sitz in seinem Hoheitsgebiet keine Vorschriften über ein dualistisches System, kann dieser Mitgliedstaat entsprechende Vorschriften in Bezug auf SE erlassen.

Artikel 40

(1) Das Aufsichtsorgan überwacht die Führung der Geschäfte durch das Leitungsorgan. Es ist nicht berechtigt, die Geschäfte der SE selbst zu führen.

(2) Die Mitglieder des Aufsichtsorgans werden von der Hauptversammlung bestellt. Die Mitglieder des ersten Aufsichtsorgans können jedoch durch die Satzung bestellt werden. Artikel 47 Absatz 4 oder eine etwaige nach Maßgabe der Richtlinie 2001/86/EG geschlossene Vereinbarung über die Mitbestimmung der Arbeitnehmer bleibt hiervon unberührt.

(3) Die Zahl der Mitglieder des Aufsichtsorgans oder die Regeln für ihre Festlegung werden durch die Satzung bestimmt. Die Mitgliedstaaten können jedoch für die in ihrem Hoheitsgebiet eingetragenen SE die Zahl der Mitglieder des Aufsichtsorgans oder deren Hoechst- und/oder Mindestzahl festlegen.

Artikel 41

(1) Das Leitungsorgan unterrichtet das Aufsichtsorgan mindestens alle drei Monate über den Gang der Geschäfte der SE und deren voraussichtliche Entwicklung.

(2) Neben der regelmäßigen Unterrichtung gemäß Absatz 1 teilt das Leitungsorgan dem Aufsichtsorgan rechtzeitig alle Informationen über Ereignisse mit, die sich auf die Lage der SE spürbar auswirken können.

(3) Das Aufsichtsorgan kann vom Leitungsorgan jegliche Information verlangen, die für die Ausübung der Kontrolle gemäß Artikel 40 Absatz 1 erforderlich ist. Die Mitgliedstaaten können vorsehen, dass jedes Mitglied des Aufsichtsorgans von dieser Möglichkeit Gebrauch machen kann.

(4) Das Aufsichtsorgan kann alle zur Erfüllung seiner Aufgaben erforderlichen Überprüfungen vornehmen oder vornehmen lassen.

(5) Jedes Mitglied des Aufsichtsorgans kann von allen Informationen, die diesem Organ übermittelt werden, Kenntnis nehmen.

Artikel 42

Das Aufsichtsorgan wählt aus seiner Mitte einen Vorsitzenden. Wird die Hälfte der Mitglieder des Aufsichtsorgans von den Arbeitnehmern bestellt, so darf nur ein von der Hauptversammlung der Aktionäre bestelltes Mitglied zum Vorsitzenden gewählt werden.

Abschnitt 2
Monistisches System

Artikel 43

(1) Das Verwaltungsorgan führt die Geschäfte der SE. Ein Mitgliedstaat kann vorsehen, dass ein oder mehrere Geschäftsführer die laufenden Geschäfte in eigener Verantwortung unter denselben Voraussetzungen, wie sie für Aktiengesellschaften mit Sitz im Hoheitsgebiet des betreffenden Mitgliedstaates gelten, führt bzw. führen.

(2) Die Zahl der Mitglieder des Verwaltungsorgans oder die Regeln für ihre Festlegung sind in der Satzung der SE festgelegt. Die Mitgliedstaaten können jedoch eine Mindestzahl und erforderlichenfalls eine Höchstzahl festsetzen. Ist jedoch die Mitbestimmung der Arbeitnehmer in der SE gemäß der Richtlinie geregelt, so muss das Verwaltungsorgan aus mindestens drei Mitgliedern bestehen.

(3) Das Mitglied/die Mitglieder des Verwaltungsorgans wird/werden von der Hauptversammlung bestellt. Die Mitglieder des ersten Verwaltungsorgans können jedoch durch die Satzung bestellt werden. Artikel 47 Absatz 4 oder eine etwaige nach Maßgabe der Richtlinie 2001/86/EG geschlossene Vereinbarung über die Mitbestimmung der Arbeitnehmer bleibt hiervon unberührt.

(4) Enthält das Recht eines Mitgliedstaats in Bezug auf Aktiengesellschaften mit Sitz in seinem Hoheitsgebiet keine Vorschriften über ein monistisches System, kann dieser Mitgliedstaat entsprechende Vorschriften in Bezug auf SE erlassen.

Artikel 44

(1) Das Verwaltungsorgan tritt in den durch die Satzung bestimmten Abständen, mindestens jedoch alle drei Monate, zusammen, um über den Gang der Geschäfte der SE und deren voraussichtliche Entwicklung zu beraten.

(2) Jedes Mitglied des Verwaltungsorgans kann von allen Informationen, die diesem Organ übermittelt werden, Kenntnis nehmen.

Artikel 45

Das Verwaltungsorgan wählt aus seiner Mitte einen Vorsitzenden. Wird die Hälfte der Mitglieder des Verwaltungsorgans von den Arbeitnehmern bestellt, so darf nur ein von der Hauptversammlung der Aktionäre bestelltes Mitglied zum Vorsitzenden gewählt werden.

Abschnitt 3
Gemeinsame Vorschriften für das monistische und das dualistische System

Artikel 46

(1) Die Mitglieder der Organe der Gesellschaft werden für einen in der Satzung festgelegten Zeitraum, der sechs Jahre nicht überschreiten darf, bestellt.

(2) Vorbehaltlich in der Satzung festgelegter Einschränkungen können die Mitglieder einmal oder mehrmals für den gemäß Absatz 1 festgelegten Zeitraum wiederbestellt werden.

Artikel 47

(1) Die Satzung der SE kann vorsehen, dass eine Gesellschaft oder eine andere juristische Person Mitglied eines Organs sein kann, sofern das für Aktiengesellschaften maßgebliche Recht des Sitzstaats der SE nichts anderes bestimmt.

Die betreffende Gesellschaft oder sonstige juristische Person hat zur Wahrnehmung ihrer Befugnisse in dem betreffenden Organ eine natürliche Person als Vertreter zu bestellen.

(2) Personen, die

a) nach dem Recht des Sitzstaats der SE dem Leitungs-, Aufsichts- oder Verwaltungsorgan einer dem Recht dieses Mitgliedstaats unterliegenden Aktiengesellschaft nicht angehören dürfen oder
b) infolge einer Gerichts- oder Verwaltungsentscheidung, die in einem Mitgliedstaat ergangen ist, dem Leitungs-, Aufsichts- oder Verwaltungsorgan einer dem Recht eines Mitgliedstaats unterliegenden Aktiengesellschaft nicht angehören dürfen,

können weder Mitglied eines Organs der SE noch Vertreter eines Mitglieds im Sinne von Absatz 1 sein.

(3) Die Satzung der SE kann für Mitglieder, die die Aktionäre vertreten, in Anlehnung an die für Aktiengesellschaften geltenden Rechtsvorschriften des Sitzstaats der SE besondere Voraussetzungen für die Mitgliedschaft festlegen.

(4) Einzelstaatliche Rechtsvorschriften, die auch einer Minderheit von Aktionären oder anderen Personen oder Stellen die Bestellung eines Teils der Organmitglieder erlauben, bleiben von dieser Verordnung unberührt.

Artikel 48

(1) In der Satzung der SE werden die Arten von Geschäften aufgeführt, für die im dualistischen System das Aufsichtsorgan dem Leitungsorgan seine Zustimmung erteilen muss und im monistischen System ein ausdrücklicher Beschluss des Verwaltungsorgans erforderlich ist.

Die Mitgliedstaaten können jedoch vorsehen, dass im dualistischen System das Aufsichtsorgan selbst bestimmte Arten von Geschäften von seiner Zustimmung abhängig machen kann.

(2) Die Mitgliedstaaten können für die in ihrem Hoheitsgebiet eingetragenen SE festlegen, welche Arten von Geschäften auf jeden Fall in die Satzung aufzunehmen sind.

Artikel 49

Die Mitglieder der Organe der SE dürfen Informationen über die SE, die im Falle ihrer Verbreitung den Interessen der Gesellschaft schaden könnten, auch nach Ausscheiden aus ihrem Amt nicht weitergeben; dies gilt nicht in Fällen, in denen eine solche Informationsweitergabe nach den Bestimmungen des für Aktiengesellschaften geltenden einzelstaatlichen Rechts vorgeschrieben oder zulässig ist oder im öffentlichen Interesse liegt.

Artikel 50

(1) Sofern in dieser Verordnung oder der Satzung nichts anderes bestimmt ist, gelten für die Beschlussfähigkeit und die Beschlussfassung der Organe der SE die folgenden internen Regeln:

a) Beschlussfähigkeit: mindestens die Hälfte der Mitglieder muss anwesend oder vertreten sein;
b) Beschlussfassung: mit der Mehrheit der anwesenden oder vertretenen Mitglieder.

(2) Sofern die Satzung keine einschlägige Bestimmung enthält, gibt die Stimme des Vorsitzenden des jeweiligen Organs bei Stimmengleichheit den Ausschlag. Eine anders lautende Satzungsbestimmung ist jedoch nicht möglich, wenn sich das Aufsichtsorgan zur Hälfte aus Arbeitnehmervertretern zusammensetzt.

(3) Ist die Mitbestimmung der Arbeitnehmer gemäß der Richtlinie 2001/86/EG vorgesehen, so kann ein Mitgliedstaat vorsehen, dass sich abweichend von den Absätzen 1 und 2 Beschlussfähigkeit und Beschlussfassung des Aufsichtsorgans nach den Vorschriften richten, die unter denselben Bedingungen für die Aktiengesellschaften gelten, die dem Recht des betreffenden Mitgliedstaats unterliegen.

Artikel 51

Die Mitglieder des Leitungs-, Aufsichts- oder Verwaltungsorgans haften gemäß den im Sitzstaat der SE für Aktiengesellschaften maßgeblichen Rechtsvorschriften für den Schaden, welcher der SE durch eine Verletzung der ihnen bei der Ausübung ihres Amtes obliegenden gesetzlichen, satzungsmäßigen oder sonstigen Pflichten entsteht.

Abschnitt 4
Hauptversammlung

Artikel 52

Die Hauptversammlung beschließt über die Angelegenheiten, für die ihr
a) durch diese Verordnung oder
b) durch in Anwendung der Richtlinie 2001/86/EG erlassene Rechtsvorschriften des Sitzstaats der SE die alleinige Zuständigkeit übertragen wird.

Außerdem beschließt die Hauptversammlung in Angelegenheiten, für die der Hauptversammlung einer dem Recht des Sitzstaats der SE unterliegenden Aktiengesellschaft die Zuständigkeit entweder aufgrund der Rechtsvorschriften dieses Mitgliedstaats oder aufgrund der mit diesen Rechtsvorschriften in Einklang stehenden Satzung übertragen worden ist.

Artikel 53

Für die Organisation und den Ablauf der Hauptversammlung sowie für die Abstimmungsverfahren gelten unbeschadet der Bestimmungen dieses Abschnitts die im Sitzstaat der SE für Aktiengesellschaften maßgeblichen Rechtsvorschriften.

Artikel 54

(1) Die Hauptversammlung tritt mindestens einmal im Kalenderjahr binnen sechs Monaten nach Abschluss des Geschäftsjahres zusammen, sofern die im Sitzstaat der SE für Aktiengesellschaften, die dieselbe Art von Aktivitäten wie die SE betreiben, maßgeblichen Rechtsvorschriften nicht häufigere Versammlungen vorsehen. Die Mitgliedstaaten können jedoch vorsehen, dass die erste Hauptversammlung bis zu 18 Monate nach Gründung der SE abgehalten werden kann.

(2) Die Hauptversammlung kann jederzeit vom Leitungs-, Aufsichts- oder Verwaltungsorgan oder von jedem anderen Organ oder jeder zuständigen Behörde nach den für Aktiengesellschaften im Sitzstaat der SE maßgeblichen einzelstaatlichen Rechtsvorschriften einberufen werden.

Artikel 55

(1) Die Einberufung der Hauptversammlung und die Aufstellung ihrer Tagesordnung können von einem oder mehreren Aktionären beantragt werden, sofern sein/ihr Anteil am gezeichneten Kapital mindestens 10% beträgt; die Satzung oder einzelstaatliche Rechtsvorschriften können unter denselben Voraussetzungen, wie sie für Aktiengesellschaften gelten, einen niedrigeren Prozentsatz vorsehen.

(2) Der Antrag auf Einberufung muss die Punkte für die Tagesordnung enthalten.

(3) Wird die Hauptversammlung nicht rechtzeitig bzw. nicht spätestens zwei Monate nach dem Zeitpunkt, zu dem der in Absatz 1 genannte Antrag gestellt worden ist, abgehalten, so kann das am Sitz der SE zuständige Gericht oder die am Sitz der SE zuständige Verwaltungsbehörde anordnen, dass sie innerhalb einer bestimmten Frist einzuberufen ist, oder die Aktionäre, die den Antrag gestellt haben, oder deren Vertreter dazu ermächtigen. Hiervon unberührt bleiben einzelstaatliche Bestimmungen, aufgrund deren die Aktionäre gegebenenfalls die Möglichkeit haben, selbst die Hauptversammlung einzuberufen.

Artikel 56

Die Ergänzung der Tagesordnung für eine Hauptversammlung durch einen oder mehrere Punkte kann von einem oder mehreren Aktionären beantragt werden, sofern sein/ihr Anteil am gezeichneten Kapital mindestens 10% beträgt. Die Verfahren und Fristen für diesen Antrag werden nach dem einzelstaatlichen Recht des Sitzstaats der SE oder, sofern solche Vorschriften nicht vorhanden sind, nach der Satzung der SE festgelegt. Die Satzung oder das Recht des Sitzstaats können unter denselben Voraussetzungen, wie sie für Aktiengesellschaften gelten, einen niedrigeren Prozentsatz vorsehen.

Artikel 57

Die Beschlüsse der Hauptversammlung werden mit der Mehrheit der abgegebenen gültigen Stimmen gefasst, sofern diese Verordnung oder gegebenenfalls das im Sitzstaat der SE für Aktiengesellschaften maßgebliche Recht nicht eine größere Mehrheit vorschreibt.

Artikel 58

Zu den abgegebenen Stimmen zählen nicht die Stimmen, die mit Aktien verbunden sind, deren Inhaber nicht an der Abstimmung teilgenommen oder sich der Stimme enthalten oder einen leeren oder ungültigen Stimmzettel abgegeben haben.

Artikel 59

(1) Die Änderung der Satzung bedarf eines Beschlusses der Hauptversammlung, der mit der Mehrheit von nicht weniger als zwei Dritteln der abgegebenen Stimmen gefasst worden ist, sofern die Rechtsvorschriften für Aktiengesellschaften im Sitzstaat der SE keine größere Mehrheit vorsehen oder zulassen.

(2) Jeder Mitgliedstaat kann jedoch bestimmen, dass die einfache Mehrheit der Stimmen im Sinne von Absatz 1 ausreicht, sofern mindestens die Hälfte des gezeichneten Kapitals vertreten ist.

(3) Jede Änderung der Satzung wird gemäß Artikel 13 offen gelegt.

Artikel 60

(1) Sind mehrere Gattungen von Aktien vorhanden, so erfordert jeder Beschluss der Hauptversammlung noch eine gesonderte Abstimmung durch jede Gruppe von Aktionären, deren spezifische Rechte durch den Beschluss berührt werden.

(2) Bedarf der Beschluss der Hauptversammlung der Mehrheit der Stimmen gemäß Artikel 59 Absätze 1 oder 2, so ist diese Mehrheit auch für die gesonderte Abstimmung jeder Gruppe von Aktionären erforderlich, deren spezifische Rechte durch den Beschluss berührt werden.

Titel IV
Jahresabschluss und konsolidierter Abschluss

Artikel 61

Vorbehaltlich des Artikels 62 unterliegt die SE hinsichtlich der Aufstellung ihres Jahresabschlusses und gegebenenfalls ihres konsolidierten Abschlusses einschließlich des dazugehörigen Lageberichts sowie der Prüfung und der Offenlegung dieser Abschlüsse den Vorschriften, die für dem Recht des Sitzstaates der SE unterliegende Aktiengesellschaften gelten.

Artikel 62

(1) Handelt es sich bei der SE um ein Kreditinstitut oder ein Finanzinstitut, so unterliegt sie hinsichtlich der Aufstellung ihres Jahresabschlusses und gegebenenfalls ihres konsolidierten Abschlusses einschließlich des dazugehörigen Lageberichts sowie der Prüfung und der Offenlegung dieser Abschlüsse den gemäß der Richtlinie

2000/12/EG des Europäischen Parlaments und des Rates vom 20. März 2000 über die Aufnahme und Ausübung der Tätigkeit der Kreditinstitute[9] erlassenen einzelstaatlichen Rechtsvorschriften des Sitzstaats.

(2) Handelt es sich bei der SE um ein Versicherungsunternehmen, so unterliegt sie hinsichtlich der Aufstellung ihres Jahresabschlusses und gegebenenfalls ihres konsolidierten Abschlusses einschließlich des dazugehörigen Lageberichts sowie der Prüfung und der Offenlegung dieser Abschlüsse den gemäß der Richtlinie 91/674/EWG des Rates vom 19. Dezember 1991 über den Jahresabschluss und den konsolidierten Abschluss von Versicherungsunternehmen[10] erlassenen einzelstaatlichen Rechtsvorschriften des Sitzstaats.

Titel V
Auflösung, Liquidation, Zahlungsunfähigkeit und Zahlungseinstellung

Artikel 63

Hinsichtlich der Auflösung, Liquidation, Zahlungsunfähigkeit, Zahlungseinstellung und ähnlicher Verfahren unterliegt die SE den Rechtsvorschriften, die für eine Aktiengesellschaft maßgeblich wären, die nach dem Recht des Sitzstaats der SE gegründet worden ist; dies gilt auch für die Vorschriften hinsichtlich der Beschlussfassung durch die Hauptversammlung.

Artikel 64

(1) Erfüllt eine SE nicht mehr die Verpflichtung nach Artikel 7, so trifft der Mitgliedstaat, in dem die SE ihren Sitz hat, geeignete Maßnahmen, um die SE zu verpflichten, innerhalb einer bestimmten Frist den vorschriftswidrigen Zustand zu beenden, indem sie

a) entweder ihre Hauptverwaltung wieder im Sitzstaat errichtet
b) oder ihren Sitz nach dem Verfahren des Artikels 8 verlegt.

(2) Der Sitzstaat trifft die erforderlichen Maßnahmen, um zu gewährleisten, dass eine SE, die den vorschriftswidrigen Zustand nicht gemäß Absatz 1 beendet, liquidiert wird.

(3) Der Sitzstaat sieht vor, dass ein Rechtsmittel gegen die Feststellung des Verstoßes gegen Artikel 7 eingelegt werden kann. Durch dieses Rechtsmittel werden die in den Absätzen 1 und 2 vorgesehenen Verfahren ausgesetzt.

(4) Wird auf Veranlassung der Behörden oder einer betroffenen Partei festgestellt, dass sich die Hauptverwaltung einer SE unter Verstoß gegen Artikel 7 im Hoheitsgebiet eines Mitgliedstaats befindet, so teilen die Behörden dieses Mitgliedstaats dies unverzüglich dem Mitgliedstaat mit, in dem die SE ihren Sitz hat.

Artikel 65

Die Eröffnung eines Auflösungs-, Liquidations-, Zahlungsunfähigkeits- und Zahlungseinstellungsverfahrens und sein Abschluss sowie die Entscheidung über die Weiterführung der Geschäftstätigkeit werden unbeschadet einzelstaatlicher Bestimmungen, die zusätzliche Anforderungen in Bezug auf die Offenlegung enthalten, gemäß Artikel 13 offen gelegt.

Artikel 66

(1) Eine SE kann in eine dem Recht ihres Sitzstaats unterliegende Aktiengesellschaft umgewandelt werden. Ein Umwandlungsbeschluss darf erst zwei Jahre nach Eintragung der SE oder nach Genehmigung der ersten beiden Jahresabschlüsse gefasst werden.

(2) Die Umwandlung einer SE in eine Aktiengesellschaft führt weder zur Auflösung der Gesellschaft noch zur Gründung einer neuen juristischen Person.

(3) Das Leitungs- oder das Verwaltungsorgan der SE erstellt einen Umwandlungsplan sowie einen Bericht, in dem die rechtlichen und wirtschaftlichen Aspekte der Umwandlung erläutert und begründet sowie die Auswirkungen, die der Übergang zur Rechtsform der Aktiengesellschaft für die Aktionäre und die Arbeitnehmer hat, dargelegt werden.

---

9 ABl. L 126 vom 26.5.2000, S. 1.
10 ABl. L 374 vom 31.12.1991, S. 7.

(4) Der Umwandlungsplan ist mindestens einen Monat vor dem Tag der Hauptversammlung, die über die Umwandlung zu beschließen hat, nach den in den Rechtsvorschriften der einzelnen Mitgliedstaaten gemäß Artikel 3 der Richtlinie 68/151/EWG vorgesehenen Verfahren offen zu legen.

(5) Vor der Hauptversammlung nach Absatz 6 ist von einem oder mehreren unabhängigen Sachverständigen, der/die nach den einzelstaatlichen Durchführungsbestimmungen zu Artikel 10 der Richtlinie 78/855/EWG durch ein Gericht oder eine Verwaltungsbehörde des Mitgliedstaates, dem die sich in eine Aktiengesellschaft umwandelnde SE unterliegt, bestellt oder zugelassen ist/sind, zu bescheinigen, dass die Gesellschaft über Vermögenswerte mindestens in Höhe ihres Kapitals verfügt.

(6) Die Hauptversammlung der SE stimmt dem Umwandlungsplan zu und genehmigt die Satzung der Aktiengesellschaft. Die Beschlussfassung der Hauptversammlung erfolgt nach Maßgabe der einzelstaatlichen Bestimmungen im Einklang mit Artikel 7 der Richtlinie 78/855/EWG.

Titel VI
Ergänzungs- und Übergangsbestimmungen

Artikel 67

(1) Jeder Mitgliedstaat kann, sofern und solange für ihn die dritte Stufe der Wirtschaftsund Währungsunion (WWU) nicht gilt, auf die SE mit Sitz in seinem Hoheitsgebiet in der Frage, auf welche Währung ihr Kapital zu lauten hat, dieselben Bestimmungen anwenden wie auf die Aktiengesellschaften, für die seine Rechtsvorschriften gelten. Die SE kann ihr Kapital auf jeden Fall auch in Euro ausdrücken. In diesem Fall wird für die Umrechnung zwischen Landeswährung und Euro der Satz zugrunde gelegt, der am letzten Tag des Monats vor der Gründung der SE galt.

(2) Sofern und solange für den Sitzstaat der SE die dritte Stufe der WWU nicht gilt, kann die SE jedoch die Jahresabschlüsse und gegebenenfalls die konsolidierten Abschlüsse in Euro erstellen und offen legen. Der Mitgliedstaat kann verlangen, dass die Jahresabschlüsse und gegebenenfalls die konsolidierten Abschlüsse nach denselben Bedingungen, wie sie für die dem Recht dieses Mitgliedstaats unterliegenden Aktiengesellschaften vorgesehen sind, in der Landeswährung erstellt und offen gelegt werden. Dies gilt unbeschadet der der SE zusätzlich eingeräumten Möglichkeit, ihre Jahresabschlüsse und gegebenenfalls ihre konsolidierten Abschlüsse entsprechend der Richtlinie 90/604/EWG[11] in Euro offen zu legen.

Titel VII
Schlussbestimmungen

Artikel 68

(1) Die Mitgliedstaaten treffen alle geeigneten Vorkehrungen, um das Wirksamwerden dieser Verordnung zu gewährleisten.

(2) Jeder Mitgliedstaat benennt die zuständigen Behörden im Sinne der Artikel 8, 25, 26, 54, 55 und 64. Er setzt die Kommission und die anderen Mitgliedstaaten davon in Kenntnis.

Artikel 69

Spätestens fünf Jahre nach Inkrafttreten dieser Verordnung legt die Kommission dem Rat und dem Europäischen Parlament einen Bericht über die Anwendung der Verordnung sowie gegebenenfalls Vorschläge für Änderungen vor. In dem Bericht wird insbesondere geprüft, ob es zweckmäßig ist,

a) zuzulassen, dass sich die Hauptverwaltung und der Sitz der SE in verschiedenen Mitgliedstaaten befinden,
b) den Begriff der Verschmelzung in Artikel 17 Absatz 2 auszuweiten, um auch andere als die in Artikel 3 Absatz 1 und Artikel 4 Absatz 1 der Richtlinie 78/855/EWG definierten Formen der Verschmelzung zuzulassen,

---

11 Richtlinie 90/604/EWG des Rates vom 8. November 1990 zur Änderung der Richtlinie 78/660/EWG über den Jahresabschluss und der Richtlinie 83/349/EWG über den konsolidierten Abschluss hinsichtlich der Ausnahme für kleine und mittlere Gesellschaften sowie der Offenlegung von Abschlüssen in Ecu (ABl. L 317 vom 16.11.1990, S. 57).

c) die Gerichtsstandsklausel des Artikels 8 Absatz 16 im Lichte von Bestimmungen, die in das Brüsseler Übereinkommen von 1968 oder in einen Rechtsakt der Mitgliedstaaten oder des Rates zur Ersetzung dieses Übereinkommens aufgenommen wurden, zu überprüfen,
d) vorzusehen, dass ein Mitgliedstaat in den Rechtsvorschriften, die er in Ausübung der durch diese Verordnung übertragenen Befugnisse oder zur Sicherstellung der tatsächlichen Anwendung dieser Verordnung auf eine SE erlässt, Bestimmungen in der Satzung der SE zulassen kann, die von diesen Rechtsvorschriften abweichen oder diese ergänzen, auch wenn derartige Bestimmungen in der Satzung einer Aktiengesellschaft mit Sitz in dem betreffenden Mitgliedstaat nicht zulässig wären.

Diese Verordnung tritt am 8. Oktober 2004 in Kraft.
Diese Verordnung ist in allen ihren Teilen verbindlich und gilt unmittelbar in jedem Mitgliedstaat.

Anhang I
Aktiengesellschaften gemäß Artikel 2 Absatz 1

BELGIEN:
la société anonyme/de naamloze vennootschap

BULGARIEN:
акционерно дружество

TSCHECHISCHE REPUBLIK:
akciová společnost'

DÄNEMARK:
aktieselskaber

DEUTSCHLAND:
die Aktiengesellschaft

ESTLAND:
aktsiaselts

GRIECHENLAND:
ανώνυμη εταιρία

SPANIEN:
la sociedad anónima

FRANKREICH:
la société anonyme

KROATIEN:
dioničko društvo

IRLAND:
public companies limited by shares
public companies limited by guarantee having a share capital

ITALIEN:
società per azioni

ZYPERN:
Δημόσια Εταιρεία περιορισμένης ευθύνης με μετοχές, Δημόσια Εταιρεία περιορισμένης ευθύνης με εγγύηση

LETTLAND:
akciju sabiedrība

LITAUEN:
akcinės bendrovės

LUXEMBURG:
la société anonyme

UNGARN:
részvénytársaság

MALTA:
kumpaniji pubbliċi/public limited liability companies

NIEDERLANDE:
de naamloze vennootschap

ÖSTERREICH:
die Aktiengesellschaft

POLEN:
spółka akcyjna

PORTUGAL:
a sociedade anónima de responsabilidade limitada

RUMÄNIEN:
societate pe acțiuni

SLOWENIEN:
delniška družba

SLOWAKEI:
akciová spoločnos

FINNLAND:
julkinen osakeyhtiö/publikt aktiebolag

SCHWEDEN:
publikt aktiebolag

VEREINIGTES KÖNIGREICH:
public companies limited by shares
public companies limited by guarantee having a share capital

Anhang II
Aktiengesellschaften und Gesellschaften mit beschränkter Haftung gemäß Artikel 2 Absatz 2

BELGIEN:
la société anonyme/de naamloze vennootschap,
la société privée à responsabilité limitée/besloten vennootschap met beperkte aansprakelijkheid

BULGARIEN:
акционерно дружество,
дружество с ограничена отговорност

TSCHECHISCHE REPUBLIK:
akciová společnost,
společnost s ručením omezeným

DÄNEMARK:
aktieselskaber,
anpartselskaber

DEUTSCHLAND:
die Aktiengesellschaft,
die Gesellschaft mit beschränkter Haftung

ESTLAND:
aktsiaselts ja osaühing

GRIECHENLAND:
ανώνυμη εταιρία
εταιρία περιορισμένης ευθύνης

SPANIEN:
la sociedad anónima,
la sociedad de responsabilidad limitada

FRANKREICH:
la société anonyme
la société à responsabilité limitée

KROATIEN:
dioničko društvo
društvo s ograničenom odgovornošću

IRLAND:
public companies limited by shares
public companies limited by guarantee having a share capital
private companies limited by shares
private companies limited by guarantee having a share capital

ITALIEN:
società per azioni,
società a responsabilità limitata

ZYPERN:
Δημόσια εταιρεία περιορισμένης ευθύνης με μετοχές,
δημόσια Εταιρεία περιορισμένης ευθύνης με εγγύηση,
ιδιωτική εταιρεία

LETTLAND:
akciju sabiedrība,
un sabiedrība ar ierobežotu atbildību

LITAUEN:
akcinės bendrovės,
uždarosios akcinės bendrovės

LUXEMBURG:
la société anonyme,
la société à responsabilité limitée

UNGARN:
részvénytársaság,
korlátolt felelősségű társaság

MALTA:
kumpaniji pubbliċi/public limited liability companies
kumpaniji privati/private limited liability companies

NIEDERLANDE:
de naamloze vennootschap,
de besloten vennootschap met beperkte aansprakelijkheid

ÖSTERREICH:
die Aktiengesellschaft,
die Gesellschaft mit beschränkter Haftung

POLEN:
spółka akcyjna,
spółka z ograniczoną odpowiedzialnością

PORTUGAL:
a sociedade anónima de responsabilidade limitada,
a sociedade por quotas de responsabilidade limitada

RUMÄNIEN:
societate pe acţiuni, societate cu răspundere limitată

SLOWENIEN:
delniška družba,
družba z omejeno odgovornostjo

SLOWAKEI:
akciová spoločnos',
spoločnosť s ručením obmedzeným

FINNLAND:
Osakeyhtiö/aktiebolag

SCHWEDEN:
aktiebolag

VEREINIGTES KÖNIGREICH:
public companies limited by shares
public companies limited by guarantee having a share capital
private companies limited by shares
private companies limited by guarantee having a share capital

B. Richtlinie 2001/86/EG des Rates vom 8. Oktober 2001 zur Ergänzung des Statuts der Europäischen Gesellschaft hinsichtlich der Beteiligung der Arbeitnehmer

(ABl. L 294 vom 10.11.2001, S. 22)

DER RAT DER EUROPÄISCHEN UNION –
gestützt auf den Vertrag zur Gründung der Europäischen Gemeinschaft, insbesondere auf Artikel 308,
auf der Grundlage des geänderten Vorschlags der Kommission[1],
nach Stellungnahme des Europäischen Parlaments[2],
nach Stellungnahme des Wirtschafts- und Sozialausschusses[3],
in Erwägung nachstehender Gründe:

(1) Zur Erreichung der Ziele des Vertrags wird mit der Verordnung (EG) Nr. 2157/2001 des Rates[4] das Statut der Europäischen Gesellschaft (SE) festgelegt.

(2) Mit jener Verordnung soll ein einheitlicher rechtlicher Rahmen geschaffen werden, innerhalb dessen Gesellschaften aus verschiedenen Mitgliedstaaten in der Lage sein sollten, die Neuorganisation ihres Geschäftsbetriebs gemeinschaftsweit zu planen und durchzuführen.

(3) Um die Ziele der Gemeinschaft im sozialen Bereich zu fördern, müssen besondere Bestimmungen – insbesondere auf dem Gebiet der Beteiligung der Arbeitnehmer – festgelegt werden, mit denen gewährleistet werden soll,

---

1 ABl. C 138 vom 29.5.1991, S. 8.
2 ABl. C 342 vom 20.12.1993, S. 15.
3 ABl. C 124 vom 21.5.1990, S. 34.
4 Siehe Seite 1 dieses Amtsblatts.

dass die Gründung einer SE nicht zur Beseitigung oder zur Einschränkung der Gepflogenheiten der Arbeitnehmerbeteiligung führt, die in den an der Gründung einer SE beteiligten Gesellschaften herrschen. Dieses Ziel sollte durch die Einführung von Regeln in diesen Bereich verfolgt werden, mit denen die Bestimmungen der Verordnung ergänzt werden.

(4) Da die Ziele der vorgeschlagenen Maßnahme – wie oben ausgeführt – nicht hinreichend von den Mitgliedstaaten erreicht werden können, weil es darum geht, eine Reihe von für die SE geltenden Regeln für die Beteiligung der Arbeitnehmer zu erlassen, und da die Ziele daher wegen des Umfangs und der Wirkungen der vorgeschlagenen Maßnahme besser auf Gemeinschaftsebene erreicht werden können, kann die Gemeinschaft im Einklang mit dem Subsidiaritätsprinzip nach Artikel 5 des Vertrags Maßnahmen ergreifen. Im Einklang mit dem Verhältnismäßigkeitsprinzip nach jenem Artikel geht diese Richtlinie nicht über das für die Erreichung dieser Ziele erforderliche Maß hinaus.

(5) Angesichts der in den Mitgliedstaaten bestehenden Vielfalt an Regelungen und Gepflogenheiten für die Beteiligung der Arbeitnehmervertreter an der Beschlussfassung in Gesellschaften ist es nicht ratsam, ein auf die SE anwendbares einheitliches europäisches Modell der Arbeitnehmerbeteiligung vorzusehen.

(6) In allen Fällen der Gründung einer SE sollten jedoch Unterrichtungs- und Anhörungsverfahren auf grenzüberschreitender Ebene gewährleistet sein.

(7) Sofern und soweit es in einer oder in mehreren der an der Gründung einer SE beteiligten Gesellschaften Mitbestimmungsrechte gibt, sollten sie durch Übertragung an die SE nach deren Gründung erhalten bleiben, es sei denn, dass die Parteien etwas anderes beschließen.

(8) Die konkreten Verfahren der grenzüberschreitenden Unterrichtung und Anhörung der Arbeitnehmer sowie gegebenenfalls der Mitbestimmung, die für die einzelnen SE gelten, sollten vorrangig durch eine Vereinbarung zwischen den betroffenen Parteien oder – in Ermangelung einer derartigen Vereinbarung – durch die Anwendung einer Reihe von subsidiären Regeln festgelegt werden.

(9) Angesicht der unterschiedlichen Gegebenheiten bei den nationalen Systemen der Mitbestimmung sollte den Mitgliedstaaten die Anwendung der Auffangregelungen für die Mitbestimmung im Falle einer Fusion freigestellt werden. In diesem Fall ist die Beibehaltung der bestehenden Mitbestimmungssysteme und -praktiken, die gegebenenfalls auf der Ebene der teilnehmenden Gesellschaften bestehen, durch eine Anpassung der Vorschriften für die Registrierung zu gewährleisten.

(10) Die Abstimmungsregeln in dem besonderen Gremium, das die Arbeitnehmer zu Verhandlungszwecken vertritt, sollten – insbesondere wenn Vereinbarungen getroffen werden, die ein geringeres Maß an Mitbestimmung vorsehen, als es in einer oder mehreren der sich beteiligenden Gesellschaften gegeben ist – in einem angemessenen Verhältnis zur Gefahr der Beseitigung oder der Einschränkung der bestehenden Mitbestimmungssysteme und -praktiken stehen. Wenn eine SE im Wege der Umwandlung oder Verschmelzung gegründet wird, ist diese Gefahr größer, als wenn die Gründung im Wege der Errichtung einer Holdinggesellschaft oder einer gemeinsamen Tochtergesellschaft erfolgt.

(11) Führen die Verhandlungen zwischen den Vertretern der Arbeitnehmer und dem jeweils zuständigen Organ der beteiligten Gesellschaften nicht zu einer Vereinbarung, so sollten für die SE von ihrer Gründung an bestimmte Standardanforderungen gelten. Diese Standardanforderungen sollten eine effiziente Praxis der grenzüberschreitenden Unterrichtung und Anhörung der Arbeitnehmer sowie deren Mitbestimmung in dem einschlägigen Organ der SE gewährleisten, sofern und soweit es eine derartige Mitbestimmung vor der Errichtung der SE in einer der beteiligten Gesellschaften gegeben hat.

(12) Es sollte vorgesehen werden, dass die Vertreter der Arbeitnehmer, die im Rahmen der Richtlinie handeln, bei der Wahrnehmung ihrer Aufgaben einen ähnlichen Schutz und ähnliche Garantien genießen, wie sie die Vertreter der Arbeitnehmer nach den Rechtsvorschriften und/oder den Gepflogenheiten des Landes ihrer Beschäftigung haben. Sie sollten keiner Diskriminierung infolge der rechtmäßigen Ausübung ihrer Tätigkeit unterliegen und einen angemessenen Schutz vor Kündigung und anderen Sanktionen genießen.

(13) Die Vertraulichkeit sensibler Informationen sollte auch nach Ablauf der Amtszeit der Arbeitnehmervertreter gewährleistet sein; dem zuständigen Organ der SE sollte es gestattet werden, Informationen zurückzuhalten, die im Falle einer Bekanntgabe an die Öffentlichkeit den Betrieb der SE ernsthaft stören würden.

(14) Unterliegen eine SE sowie ihre Tochtergesellschaften und Niederlassungen der Richtlinie 94/45/EG des Rates vom 22. September 1994 über die Einsetzung eines Europäischen Betriebsrats oder die Schaffung eines Verfahrens zur Unterrichtung und Anhörung der Arbeitnehmer in gemeinschaftsweit operierenden Unternehmen und Unternehmensgruppen(5), so sollten die Bestimmungen jener Richtlinie und die Bestimmungen zu ihrer Umsetzung in einzelstaatliches Recht weder auf die SE noch auf ihre Tochtergesellschaften und Niederlassungen anwendbar

sein, es sei denn, das besondere Verhandlungsgremium beschließt, keine Verhandlungen aufzunehmen oder bereits eröffnete Verhandlungen zu beenden.

(15) Die Regeln dieser Richtlinie sollten andere bestehende Beteiligungsrechte nicht berühren und haben nicht notwendigerweise Auswirkungen auf andere bestehende Vertretungsstrukturen aufgrund gemeinschaftlicher oder einzelstaatlicher Rechtsvorschriften oder Gepflogenheiten.

(16) Die Mitgliedstaaten sollten geeignete Maßnahmen für den Fall vorsehen, dass die in dieser Richtlinie festgelegten Pflichten nicht eingehalten werden.

(17) Der Vertrag enthält Befugnisse für die Annahme dieser Richtlinie nur in Artikel 308.

(18) Die Sicherung erworbener Rechte der Arbeitnehmer über ihre Beteiligung an Unternehmensentscheidungen ist fundamentaler Grundsatz und erklärtes Ziel dieser Richtlinie. Die vor der Gründung von SE bestehenden Rechte der Arbeitnehmer sollten deshalb Ausgangspunkt auch für die Gestaltung ihrer Beteiligungsrechte in der SE (Vorher-Nachher-Prinzip) sein. Dieser Ansatz sollte folgerichtig nicht nur für die Neugründung einer SE, sondern auch für strukturelle Veränderungen einer bereits gegründeten SE und für die von den strukturellen Änderungsprozessen betroffenen Gesellschaften gelten.

(19) Die Mitgliedstaaten sollten vorsehen können, dass Vertreter von Gewerkschaften Mitglied eines besonderen Verhandlungsgremiums sein können, unabhängig davon, ob sie Arbeitnehmer einer an der Gründung einer SE beteiligten Gesellschaft sind oder nicht. In diesem Zusammenhang sollten die Mitgliedstaaten dieses Recht insbesondere in den Fällen vorsehen können, in denen Gewerkschaftsvertreter nach ihrem einzelstaatlichen Recht stimmberechtigte Mitglieder des Aufsichts- oder des Leitungsorgans sein dürfen.

(20) In mehreren Mitgliedstaaten werden die Beteiligung der Arbeitnehmer sowie andere Bereiche der Arbeitgeber/Arbeitnehmer-Beziehungen sowohl durch einzelstaatliche Rechtsvorschriften als auch durch Gepflogenheiten geregelt, wobei die Gepflogenheiten im vorliegenden Zusammenhang in der Weise zu verstehen sind, dass sie auch Tarifverträge auf verschiedenen Ebenen – national, sektoral oder unternehmensbezogen – umfassen –

HAT FOLGENDE RICHTLINIE ERLASSEN:

TEIL I
Allgemeine Bestimmungen

Artikel 1
Gegenstand

(1) Diese Richtlinie regelt die Beteiligung der Arbeitnehmer in der Europäischen Aktiengesellschaft (Societas Europaea, nachfolgend „SE" genannt), die Gegenstand der Verordnung (EG) Nr. 2157/2001 ist.

(2) Zu diesem Zweck wird in jeder SE gemäß dem Verhandlungsverfahren nach den Artikeln 3 bis 6 oder unter den in Artikel 7 genannten Umständen gemäß dem Anhang eine Vereinbarung über die Beteiligung der Arbeitnehmer getroffen.

Artikel 2
Begriffsbestimmungen

Für die Zwecke dieser Richtlinie bezeichnet der Ausdruck

a) „SE" eine nach der Verordnung (EG) Nr. 2157/2001 gegründete Gesellschaft,

b) „beteiligte Gesellschaften" die Gesellschaften, die unmittelbar an der Gründung einer SE beteiligt sind,

c) „Tochtergesellschaft" einer Gesellschaft ein Unternehmen, auf das die betreffende Gesellschaft einen beherrschenden Einfluss im Sinne des Artikels 3 Absätze 2 bis 7 der Richtlinie 94/45/EG ausübt,

d) „betroffene Tochtergesellschaft oder betroffener Betrieb" eine Tochtergesellschaft oder einen Betrieb einer beteiligten Gesellschaft, die/der bei der Gründung der SE zu einer Tochtergesellschaft oder einem Betrieb der SE werden soll,

e) „Arbeitnehmervertreter" die nach den Rechtsvorschriften und/oder den Gepflogenheiten der einzelnen Mitgliedstaaten vorgesehenen Vertreter der Arbeitnehmer,

f) „Vertretungsorgan" das Organ zur Vertretung der Arbeitnehmer, das durch die Vereinbarung nach Artikel 4 oder entsprechend dem Anhang eingesetzt wird, um die Unterrichtung und Anhörung der Arbeitnehmer der SE und ihrer Tochtergesellschaften und Betriebe in der Gemeinschaft vorzunehmen und gegebenenfalls Mitbestimmungsrechte in Bezug auf die SE wahrzunehmen,

g) „besonderes Verhandlungsgremium“ das gemäß Artikel 3 eingesetzte Gremium, das die Aufgabe hat, mit dem jeweils zuständigen Organ der beteiligten Gesellschaften die Vereinbarung über die Beteiligung der Arbeitnehmer in der SE auszuhandeln,
h) „Beteiligung der Arbeitnehmer“ jedes Verfahren – einschließlich der Unterrichtung, der Anhörung und der Mitbestimmung -, durch das die Vertreter der Arbeitnehmer auf die Beschlussfassung innerhalb der Gesellschaft Einfluss nehmen können,
i) „Unterrichtung“ die Unterrichtung des Organs zur Vertretung der Arbeitnehmer und/oder der Arbeitnehmervertreter durch das zuständige Organ der SE über Angelegenheiten, die die SE selbst oder eine ihrer Tochtergesellschaften oder einen ihrer Betriebe in einem anderen Mitgliedstaat betreffen oder die über die Befugnisse der Entscheidungsorgane auf der Ebene des einzelnen Mitgliedstaats hinausgehen, wobei Zeitpunkt, Form und Inhalt der Unterrichtung den Arbeitnehmervertretern eine eingehende Prüfung der möglichen Auswirkungen und gegebenenfalls die Vorbereitung von Anhörungen mit dem zuständigen Organ der SE ermöglichen müssen,
j) „Anhörung“ die Einrichtung eines Dialogs und eines Meinungsaustauschs zwischen dem Organ zur Vertretung der Arbeitnehmer und/oder den Arbeitnehmervertretern und dem zuständigen Organ der SE, wobei Zeitpunkt, Form und Inhalt der Anhörung den Arbeitnehmervertretern auf der Grundlage der erfolgten Unterrichtung eine Stellungnahme zu den geplanten Maßnahmen des zuständigen Organs ermöglichen müssen, die im Rahmen des Entscheidungsprozesses innerhalb der SE berücksichtigt werden kann,
k) „Mitbestimmung“ die Einflussnahme des Organs zur Vertretung der Arbeitnehmer und/oder der Arbeitnehmervertreter auf die Angelegenheiten einer Gesellschaft durch
   - die Wahrnehmung des Rechts, einen Teil der Mitglieder des Aufsichts- oder des Verwaltungsorgans der Gesellschaft zu wählen oder zu bestellen, oder
   - die Wahrnehmung des Rechts, die Bestellung eines Teils der oder aller Mitglieder des Aufsichts- oder des Verwaltungsorgans der Gesellschaft zu empfehlen und/oder abzulehnen.

TEIL II
Verhandlungsverfahren

Artikel 3
Einsetzung eines besonderen Verhandlungsgremiums

(1) Wenn die Leitungs- oder die Verwaltungsorgane der beteiligten Gesellschaften die Gründung einer SE planen, leiten sie nach der Offenlegung des Verschmelzungsplans oder des Gründungsplans für eine Holdinggesellschaft oder nach der Vereinbarung eines Plans zur Gründung einer Tochtergesellschaft oder zur Umwandlung in eine SE so rasch wie möglich die erforderlichen Schritte – zu denen auch die Unterrichtung über die Identität der beteiligten Gesellschaften und der betroffenen Tochtergesellschaften oder betroffenen Betriebe sowie die Zahl ihrer Beschäftigten gehört – für die Aufnahme von Verhandlungen mit den Arbeitnehmervertretern der Gesellschaften über die Vereinbarung über die Beteiligung der Arbeitnehmer in der SE ein.

(2) Zu diesem Zweck wird ein besonderes Verhandlungsgremium als Vertretung der Arbeitnehmer der beteiligten Gesellschaften sowie der betroffenen Tochtergesellschaften oder betroffenen Betriebe gemäß folgenden Vorschriften eingesetzt:

a) Bei der Wahl oder der Bestellung der Mitglieder des besonderen Verhandlungsgremiums ist Folgendes sicherzustellen:
   i) die Vertretung durch gewählte oder bestellte Mitglieder entsprechend der Zahl der in jedem Mitgliedstaat beschäftigten Arbeitnehmer der beteiligten Gesellschaften und der betroffenen Tochtergesellschaften oder betroffenen Betriebe in der Form, dass pro Mitgliedstaat für jeden Anteil der in diesem Mitgliedstaat beschäftigten Arbeitnehmer, der 10% der Gesamtzahl der in allen Mitgliedstaaten beschäftigten Arbeitnehmer der beteiligten Gesellschaften und der betroffenen Tochtergesellschaften oder betroffenen Betriebe entspricht, oder für einen Bruchteil dieser Tranche Anspruch auf einen Sitz besteht;
   ii) im Falle einer durch Verschmelzung gegründeten SE die Vertretung jedes Mitgliedstaats durch so viele weitere Mitglieder, wie erforderlich sind, um zu gewährleisten, dass jede beteiligte Gesellschaft, die eingetragen ist und Arbeitnehmer in dem betreffenden Mitgliedstaat beschäftigt und die als Folge der geplanten Eintragung der SE als eigene Rechtspersönlichkeit erlöschen wird, in dem besonderen Verhandlungsgremium durch mindestens ein Mitglied vertreten ist, sofern

- die Zahl dieser zusätzlichen Mitglieder 20% der sich aus der Anwendung von Ziffer i ergebenden Mitgliederzahl nicht überschreitet und
- die Zusammensetzung des besonderen Verhandlungsgremiums nicht zu einer Doppelvertretung der betroffenen Arbeitnehmer führt.

Übersteigt die Zahl dieser Gesellschaften die Zahl der gemäß Unterabsatz 1 verfügbaren zusätzlichen Mitglieder, so werden diese zusätzlichen Mitglieder Gesellschaften in verschiedenen Mitgliedstaaten in absteigender Reihenfolge der Zahl der bei ihnen beschäftigten Arbeitnehmer zugeteilt.

b) Die Mitgliedstaaten legen das Verfahren für die Wahl oder die Bestellung der Mitglieder des besonderen Verhandlungsgremiums fest, die in ihrem Hoheitsgebiet zu wählen oder zu bestellen sind. Sie ergreifen die erforderlichen Maßnahmen, um sicherzustellen, dass nach Möglichkeit jede beteiligte Gesellschaft, die in dem jeweiligen Mitgliedstaat Arbeitnehmer beschäftigt, durch mindestens ein Mitglied in dem Gremium vertreten ist. Die Gesamtzahl der Mitglieder darf durch diese Maßnahmen nicht erhöht werden.

Die Mitgliedstaaten können vorsehen, dass diesem Gremium Gewerkschaftsvertreter auch dann angehören können, wenn sie nicht Arbeitnehmer einer beteiligten Gesellschaft oder einer betroffenen Tochtergesellschaft oder eines betroffenen Betriebs sind.

Unbeschadet der einzelstaatlichen Rechtsvorschriften und/oder Gepflogenheiten betreffend Schwellen für die Einrichtung eines Vertretungsorgans sehen die Mitgliedstaaten vor, dass die Arbeitnehmer der Unternehmen oder Betriebe, in denen unabhängig vom Willen der Arbeitnehmer keine Arbeitnehmervertreter vorhanden sind, selbst Mitglieder für das besondere Verhandlungsgremium wählen oder bestellen dürfen.

(3) Das besondere Verhandlungsgremium und das jeweils zuständige Organ der beteiligten Gesellschaften legen in einer schriftlichen Vereinbarung die Beteiligung der Arbeitnehmer in der SE fest.

Zu diesem Zweck unterrichtet das jeweils zuständige Organ der beteiligten Gesellschaften das besondere Verhandlungsgremium über das Vorhaben der Gründung einer SE und den Verlauf des Verfahrens bis zu deren Eintragung.

(4) Das besondere Verhandlungsgremium beschließt vorbehaltlich des Absatzes 6 mit der absoluten Mehrheit seiner Mitglieder, sofern diese Mehrheit auch die absolute Mehrheit der Arbeitnehmer vertritt. Jedes Mitglied hat eine Stimme. Hätten jedoch die Verhandlungen eine Minderung der Mitbestimmungsrechte zur Folge, so ist für einen Beschluss zur Billigung einer solchen Vereinbarung eine Mehrheit von zwei Dritteln der Stimmen der Mitglieder des besonderen Verhandlungsgremiums, die mindestens zwei Drittel der Arbeitnehmer vertreten, erforderlich, mit der Maßgabe, dass diese Mitglieder Arbeitnehmer in mindestens zwei Mitgliedstaaten vertreten müssen, und zwar

- im Falle einer SE, die durch Verschmelzung gegründet werden soll, sofern sich die Mitbestimmung auf mindestens 25% der Gesamtzahl der Arbeitnehmer der beteiligten Gesellschaften erstreckt, oder
- im Falle einer SE, die als Holdinggesellschaft oder als Tochtergesellschaft gegründet werden soll, sofern sich die Mitbestimmung auf mindestens 50% der Gesamtzahl der Arbeitnehmer der beteiligten Gesellschaften erstreckt.

Minderung der Mitbestimmungsrechte bedeutet, dass der Anteil der Mitglieder der Organe der SE im Sinne des Artikels 2 Buchstabe k geringer ist als der höchste in den beteiligten Gesellschaften geltende Anteil.

(5) Das besondere Verhandlungsgremium kann bei den Verhandlungen Sachverständige seiner Wahl, zu denen auch Vertreter der einschlägigen Gewerkschaftsorganisationen auf Gemeinschaftsebene zählen können, hinzuziehen, um sich von ihnen bei seiner Arbeit unterstützen zu lassen. Diese Sachverständigen können, wenn das besondere Verhandlungsgremium dies wünscht, den Verhandlungen in beratender Funktion beiwohnen, um gegebenenfalls die Kohärenz und Stimmigkeit auf Gemeinschaftsebene zu fördern. Das besondere Verhandlungsgremium kann beschließen, die Vertreter geeigneter außenstehender Organisationen, zu denen auch Gewerkschaftsvertreter zählen können, vom Beginn der Verhandlungen zu unterrichten.

(6) Das besondere Verhandlungsgremium kann mit der nachstehend festgelegten Mehrheit beschließen, keine Verhandlungen aufzunehmen oder bereits aufgenommene Verhandlungen abzubrechen und die Vorschriften für die Unterrichtung und Anhörung der Arbeitnehmer zur Anwendung gelangen zu lassen, die in den Mitgliedstaaten gelten, in denen die SE Arbeitnehmer beschäftigt. Ein solcher Beschluss beendet das Verfahren zum Abschluss der Vereinbarung gemäß Artikel 4. Ist ein solcher Beschluss gefasst worden, findet keine der Bestimmungen des Anhangs Anwendung.

Für den Beschluss, die Verhandlungen nicht aufzunehmen oder sie abzubrechen, ist eine Mehrheit von zwei Dritteln der Stimmen der Mitglieder, die mindestens zwei Drittel der Arbeitnehmer vertreten, erforderlich, mit der Maßgabe, dass diese Mitglieder Arbeitnehmer in mindestens zwei Mitgliedstaaten vertreten müssen.

Im Fall einer durch Umwandlung gegründeten SE findet dieser Absatz keine Anwendung, wenn in der umzuwandelnden Gesellschaft Mitbestimmung besteht.

Das besondere Verhandlungsgremium wird auf schriftlichen Antrag von mindestens 10% der Arbeitnehmer der SE, ihrer Tochtergesellschaften und ihrer Betriebe oder von deren Vertretern frühestens zwei Jahre nach dem vorgenannten Beschluss wieder einberufen, sofern die Parteien nicht eine frühere Wiederaufnahme der Verhandlungen vereinbaren. Wenn das besondere Verhandlungsgremium die Wiederaufnahme der Verhandlungen mit der Geschäftsleitung beschließt, in diesen Verhandlungen jedoch keine Einigung erzielt wird, findet keine der Bestimmungen des Anhangs Anwendung.

(7) Die Kosten, die im Zusammenhang mit der Tätigkeit des besonderen Verhandlungsgremiums und generell mit den Verhandlungen entstehen, werden von den beteiligten Gesellschaften getragen, damit das besondere Verhandlungsgremium seine Aufgaben in angemessener Weise erfuellen kann.

Im Einklang mit diesem Grundsatz können die Mitgliedstaaten Regeln für die Finanzierung der Arbeit des besonderen Verhandlungsgremiums festlegen. Sie können insbesondere die Übernahme der Kosten auf die Kosten für einen Sachverständigen begrenzen.

Artikel 4
Inhalt der Vereinbarung

(1) Das jeweils zuständige Organ der beteiligten Gesellschaften und das besondere Verhandlungsgremium verhandeln mit dem Willen zur Verständigung, um zu einer Vereinbarung über die Beteiligung der Arbeitnehmer innerhalb der SE zu gelangen.

(2) Unbeschadet der Autonomie der Parteien und vorbehaltlich des Absatzes 4 wird in der schriftlichen Vereinbarung nach Absatz 1 zwischen dem jeweils zuständigen Organ der beteiligten Gesellschaften und dem besonderen Verhandlungsgremium Folgendes festgelegt:

a) der Geltungsbereich der Vereinbarung,
b) die Zusammensetzung des Vertretungsorgans als Verhandlungspartner des zuständigen Organs der SE im Rahmen der Vereinbarung über die Unterrichtung und Anhörung der Arbeitnehmer der SE und ihrer Tochtergesellschaften und Betriebe sowie die Anzahl seiner Mitglieder und die Sitzverteilung,
c) die Befugnisse und das Verfahren zur Unterrichtung und Anhörung des Vertretungsorgans,
d) die Häufigkeit der Sitzungen des Vertretungsorgans,
e) die für das Vertretungsorgan bereitzustellenden finanziellen und materiellen Mittel,
f) die Durchführungsmodalitäten des Verfahrens oder der Verfahren zur Unterrichtung und Anhörung für den Fall, dass die Parteien im Laufe der Verhandlungen beschließen, eines oder mehrere solcher Verfahren zu schaffen, anstatt ein Vertretungsorgan einzusetzen,
g) der Inhalt einer Vereinbarung über die Mitbestimmung für den Fall, dass die Parteien im Laufe der Verhandlungen beschließen, eine solche Vereinbarung einzuführen, einschließlich (gegebenenfalls) der Zahl der Mitglieder des Verwaltungs- oder des Aufsichtsorgans der SE, welche die Arbeitnehmer wählen oder bestellen können oder deren Bestellung sie empfehlen oder ablehnen können, der Verfahren, nach denen die Arbeitnehmer diese Mitglieder wählen oder bestellen oder deren Bestellung empfehlen oder ablehnen können, und der Rechte dieser Mitglieder,
h) der Zeitpunkt des Inkrafttretens der Vereinbarung und ihre Laufzeit, die Fälle, in denen die Vereinbarung neu ausgehandelt werden sollte, und das bei ihrer Neuaushandlung anzuwendende Verfahren.

(3) Sofern in der Vereinbarung nichts anderes bestimmt ist, gilt die Auffangregelung des Anhangs nicht für diese Vereinbarung.

(4) Unbeschadet des Artikels 13 Absatz 3 Buchstabe a muss in der Vereinbarung im Falle einer durch Umwandlung gegründeten SE in Bezug auf alle Komponenten der Arbeitnehmerbeteiligung zumindest das gleiche Ausmaß gewährleistet werden, das in der Gesellschaft besteht, die in eine SE umgewandelt werden soll.

Artikel 5
Dauer der Verhandlungen

(1) Die Verhandlungen beginnen mit der Einsetzung des besonderen Verhandlungsgremiums und können bis zu sechs Monate andauern.

(2) Die Parteien können einvernehmlich beschließen, die Verhandlungen über den in Absatz 1 genannten Zeitraum hinaus bis zu insgesamt einem Jahr ab der Einsetzung des besonderen Verhandlungsgremiums fortzusetzen.

Artikel 6
Für das Verhandlungsverfahren maßgebliches Recht

Sofern in dieser Richtlinie nichts anderes vorgesehen ist, ist für das Verhandlungsverfahren gemäß den Artikeln 3 bis 5 das Recht des Mitgliedstaates maßgeblich, in dem die SE ihren Sitz haben wird.

Artikel 7
Auffangregelung

(1) Zur Verwirklichung des in Artikel 1 festgelegten Ziels führen die Mitgliedstaaten unbeschadet des nachstehenden Absatzes 3 eine Auffangregelung zur Beteiligung der Arbeitnehmer ein, die den im Anhang niedergelegten Bestimmungen genügen muss.

Die Auffangregelung, die in den Rechtsvorschriften des Mitgliedstaats festgelegt ist, in dem die SE ihren Sitz haben soll, findet ab dem Zeitpunkt der Eintragung der SE Anwendung, wenn

a) die Parteien dies vereinbaren oder
b) bis zum Ende des in Artikel 5 genannten Zeitraums keine Vereinbarung zustande gekommen ist und
   - das zuständige Organ jeder der beteiligten Gesellschaften der Anwendung der Auffangregelung auf die SE und damit der Fortsetzung des Verfahrens zur Eintragung der SE zugestimmt hat und
   - das besondere Verhandlungsgremium keinen Beschluss gemäß Artikel 3 Absatz 6 gefasst hat.

(2) Ferner findet die Auffangregelung, die in den Rechtsvorschriften des Mitgliedstaats festgelegt ist, in dem die SE eingetragen wird, gemäß Teil 3 des Anhangs nur Anwendung, wenn

a) im Falle einer durch Umwandlung gegründeten SE die Bestimmungen eines Mitgliedstaats über die Mitbestimmung der Arbeitnehmer im Verwaltungs- oder Aufsichtsorgan für eine in eine SE umgewandelte Aktiengesellschaft galten;
b) im Falle einer durch Verschmelzung gegründeten SE
   - vor der Eintragung der SE in einer oder mehreren der beteiligten Gesellschaften eine oder mehrere Formen der Mitbestimmung bestanden und sich auf mindestens 25% der Gesamtzahl der Arbeitnehmer aller beteiligten Gesellschaften erstreckten oder
   - vor der Eintragung der SE in einer oder mehreren der beteiligten Gesellschaften eine oder mehrere Formen der Mitbestimmung bestanden und sich auf weniger als 25% der Gesamtzahl der Arbeitnehmer aller beteiligten Gesellschaften erstreckten und das besondere Verhandlungsgremium einen entsprechenden Beschluss fasst;
c) im Falle einer durch Errichtung einer Holdinggesellschaft oder einer Tochtergesellschaft gegründeten SE
   - vor der Eintragung der SE in einer oder mehreren der beteiligten Gesellschaften eine oder mehrere Formen der Mitbestimmung bestanden und sich auf mindestens 50% der Gesamtzahl der Arbeitnehmer aller beteiligten Gesellschaften erstreckten oder
   - vor der Eintragung der SE in einer oder mehreren der beteiligten Gesellschaften eine oder mehrere Formen der Mitbestimmung bestanden und sich auf weniger als 50% der Gesamtzahl der Arbeitnehmer aller beteiligten Gesellschaften erstreckten und das besondere Verhandlungsgremium einen entsprechenden Beschluss fasst.

Bestanden mehr als eine Mitbestimmungsform in den verschiedenen beteiligten Gesellschaften, so entscheidet das besondere Verhandlungsgremium, welche von ihnen in der SE eingeführt wird. Die Mitgliedstaaten können Regeln festlegen, die anzuwenden sind, wenn kein einschlägiger Beschluss für eine in ihrem Hoheitsgebiet eingetragene SE gefasst worden ist. Das besondere Verhandlungsgremium unterrichtet das jeweils zuständige Organ der beteiligten Gesellschaften über die Beschlüsse, die es gemäß diesem Absatz gefasst hat.

(3) Die Mitgliedstaaten können vorsehen, dass die Auffangregelung in Teil 3 des Anhangs in dem in Absatz 2 Buchstabe b vorgesehenen Fall nicht Anwendung findet.

TEIL III
Sonstige Bestimmungen

Artikel 8
Verschwiegenheit und Geheimhaltung

(1) Die Mitgliedstaaten sehen vor, dass den Mitgliedern des besonderen Verhandlungsgremiums und des Vertretungsorgans sowie den sie unterstützenden Sachverständigen nicht gestattet wird, ihnen als vertraulich mitgeteilte Informationen an Dritte weiterzugeben.

Das Gleiche gilt für die Arbeitnehmervertreter im Rahmen eines Verfahrens zur Unterrichtung und Anhörung.

Diese Verpflichtung besteht unabhängig von dem Aufenthaltsort der betreffenden Personen und auch nach Ablauf ihres Mandats weiter.

(2) Jeder Mitgliedstaat sieht vor, dass das Aufsichts- oder das Verwaltungsorgan einer SE oder einer beteiligten Gesellschaft mit Sitz in seinem Hoheitsgebiet in besonderen Fällen und unter den Bedingungen und Beschränkungen des einzelstaatlichen Rechts Informationen nicht weiterleiten muss, wenn deren Bekanntwerden bei Zugrundelegung objektiver Kriterien den Geschäftsbetrieb der SE (oder gegebenenfalls der beteiligten Gesellschaft) oder ihrer Tochtergesellschaften und Betriebe erheblich beeinträchtigen oder ihnen schaden würde.

Jeder Mitgliedstaat kann eine solche Freistellung von einer vorherigen behördlichen oder gerichtlichen Genehmigung abhängig machen.

(3) Jeder Mitgliedstaat kann für eine SE mit Sitz in seinem Hoheitsgebiet, die in Bezug auf Berichterstattung und Meinungsäußerung unmittelbar und überwiegend eine bestimmte weltanschauliche Tendenz verfolgt, besondere Bestimmungen vorsehen, falls das innerstaatliche Recht solche Bestimmungen zum Zeitpunkt der Annahme dieser Richtlinie bereits enthält.

(4) Bei der Anwendung der Absätze 1, 2 und 3 sehen die Mitgliedstaaten Verfahren vor, nach denen die Arbeitnehmervertreter auf dem Verwaltungsweg oder vor Gericht Rechtsbehelfe einlegen können, wenn das Aufsichts- oder das Verwaltungsorgan der SE oder der beteiligten Gesellschaft Vertraulichkeit verlangt oder die Informationen verweigert.

Diese Verfahren können Regelungen zur Wahrung der Vertraulichkeit der betreffenden Informationen einschließen.

Artikel 9
Arbeitsweise des Vertretungsorgans und Funktionsweise des Verfahrens zur Unterrichtung und Anhörung der Arbeitnehmer

Das zuständige Organ der SE und das Vertretungsorgan arbeiten mit dem Willen zur Verständigung unter Beachtung ihrer jeweiligen Rechte und Pflichten zusammen.

Das Gleiche gilt für die Zusammenarbeit zwischen dem Aufsichts- oder dem Verwaltungsorgan der SE und den Arbeitnehmervertretern im Rahmen eines Verfahrens zur Unterrichtung und Anhörung der Arbeitnehmer.

Artikel 10
Schutz der Arbeitnehmervertreter

Die Mitglieder des besonderen Verhandlungsgremiums, die Mitglieder des Vertretungsorgans, Arbeitnehmervertreter, die bei einem Verfahren zur Unterrichtung und Anhörung mitwirken, und Arbeitnehmervertreter im Aufsichts- oder im Verwaltungsorgan der SE, die Beschäftigte der SE, ihrer Tochtergesellschaften oder Betriebe oder einer der beteiligten Gesellschaften sind, genießen bei der Wahrnehmung ihrer Aufgaben den gleichen Schutz und gleichartige Sicherheiten wie die Arbeitnehmervertreter nach den innerstaatlichen Rechtsvorschriften und/oder Gepflogenheiten des Landes, in dem sie beschäftigt sind.

Dies gilt insbesondere für die Teilnahme an den Sitzungen des besonderen Verhandlungsgremiums oder des Vertretungsorgans an allen sonstigen Sitzungen, die im Rahmen der Vereinbarung nach Artikel 4 Absatz 2 Buchstabe f stattfinden, und an den Sitzungen des Verwaltungs- oder des Aufsichtsorgans sowie für die Lohn- und Gehaltsfortzahlung an die Mitglieder, die Beschäftigte einer der beteiligten Gesellschaften oder der SE oder ihrer Tochtergesellschaften oder Betriebe sind, für die Dauer ihrer zur Wahrnehmung ihrer Aufgaben erforderlichen Abwesenheit.

Artikel 11
Verfahrensmissbrauch

Die Mitgliedstaaten treffen im Einklang mit den gemeinschaftlichen Rechtsvorschriften geeignete Maßnahmen, um zu verhindern, dass eine SE dazu missbraucht wird, Arbeitnehmern Beteiligungsrechte zu entziehen oder vorzuenthalten.

Artikel 12
Einhaltung der Richtlinie

(1) Jeder Mitgliedstaat trägt dafür Sorge, dass die Leitung der Betriebe einer SE und die Aufsichts- oder die Verwaltungsorgane der Tochtergesellschaften und der beteiligten Gesellschaften, die sich in seinem Hoheitsgebiet befinden, und ihre Arbeitnehmervertreter oder gegebenenfalls ihre Arbeitnehmer den Verpflichtungen dieser Richtlinie nachkommen, unabhängig davon, ob die SE ihren Sitz in seinem Hoheitsgebiet hat oder nicht.

(2) Die Mitgliedstaaten sehen geeignete Maßnahmen für den Fall der Nichteinhaltung dieser Richtlinie vor; sie sorgen insbesondere dafür, dass Verwaltungs- oder Gerichtsverfahren bestehen, mit denen die Erfuellung der sich aus dieser Richtlinie ergebenden Verpflichtungen durchgesetzt werden kann.

Artikel 13
Verhältnis dieser Richtlinie zu anderen Bestimmungen

(1) SE und Tochtergesellschaften einer SE, die gemeinschaftsweit operierende Unternehmen oder herrschende Unternehmen in einer gemeinschaftsweit operierenden Unternehmensgruppe im Sinne der Richtlinie 94/45/EG oder im Sinne der Richtlinie 97/74/EG(6) zur Ausdehnung der genannten Richtlinie auf das Vereinigte Königreich sind, unterliegen nicht den genannten Richtlinien und den Bestimmungen zu deren Umsetzung in einzelstaatliches Recht.

Beschließt das besondere Verhandlungsgremium jedoch gemäß Artikel 3 Absatz 6, keine Verhandlungen aufzunehmen oder bereits aufgenommene Verhandlungen abzubrechen, so gelangen die Richtlinie 94/45/EG oder die Richtlinie 97/74/EG und die Bestimmungen zu ihrer Umsetzung in einzelstaatliches Recht zur Anwendung.

(2) Einzelstaatliche Rechtsvorschriften und/oder Gepflogenheiten in Bezug auf die Mitbestimmung der Arbeitnehmer in den Gesellschaftsorganen, die nicht zur Umsetzung dieser Richtlinie dienen, finden keine Anwendung auf gemäß der Verordnung (EG) Nr. 2157/2001 gegründete und von dieser Richtlinie erfasste Gesellschaften.

(3) Diese Richtlinie berührt nicht

a) die den Arbeitnehmern nach einzelstaatlichen Rechtsvorschriften und/oder Gepflogenheiten zustehenden Beteiligungsrechte, die für die Arbeitnehmer der SE und ihrer Tochtergesellschaften und Betriebe gelten, mit Ausnahme der Mitbestimmung in den Organen der SE,
b) die nach einzelstaatlichen Rechtsvorschriften und/oder Gepflogenheiten geltenden Bestimmungen über die Mitbestimmung in den Gesellschaftsorganen, die auf die Tochtergesellschaften der SE Anwendung finden.

(4) Zur Wahrung der in Absatz 3 genannten Rechte können die Mitgliedstaaten durch geeignete Maßnahmen sicherstellen, dass die Strukturen der Arbeitnehmervertretung in den beteiligten Gesellschaften, die als eigenständige juristische Personen erlöschen, nach der Eintragung der SE fortbestehen.

Artikel 14
Schlussbestimmungen

(1) Die Mitgliedstaaten erlassen die erforderlichen Rechts- und Verwaltungsvorschriften, um dieser Richtlinie spätestens am 8. Oktober 2004 nachzukommen, oder stellen spätestens zu diesem Zeitpunkt sicher, dass die Sozialpartner die erforderlichen Bestimmungen durch Vereinbarungen einführen; die Mitgliedstaaten treffen alle erforderlichen Vorkehrungen, um jederzeit gewährleisten zu können, dass die durch diese Richtlinie vorgeschriebenen Ergebnisse erzielt werden. Sie setzen die Kommission unverzüglich davon in Kenntnis.

(2) Wenn die Mitgliedstaaten diese Vorschriften erlassen, nehmen sie in den Vorschriften selbst oder durch einen Hinweis bei der amtlichen Veröffentlichung auf diese Richtlinie Bezug. Die Mitgliedstaaten regeln die Einzelheiten der Bezugnahme.

Artikel 15
Überprüfung durch die Kommission

Die Kommission überprüft spätestens zum 8. Oktober 2007 im Benehmen mit den Mitgliedstaaten und den Sozialpartnern auf Gemeinschaftsebene die Anwendung dieser Richtlinie, um dem Rat gegebenenfalls erforderliche Änderungen vorzuschlagen.

Artikel 16
Inkrafttreten

Diese Richtlinie tritt am Tag ihrer Veröffentlichung im Amtsblatt der Europäischen Gemeinschaften in Kraft.

Artikel 17
Adressaten

Diese Richtlinie ist an die Mitgliedstaaten gerichtet.

Geschehen zu Luxemburg am 8. Oktober 2001.

Im Namen des Rates

Der Präsident

L. Onkelinx

ANHANG
AUFFANGREGELUNG

(nach Artikel 7)

Teil 1
Zusammensetzung des Organs zur Vertretung der Arbeitnehmer

Zur Verwirklichung des Ziels nach Artikel 1 wird in den in Artikel 7 genannten Fällen ein Vertretungsorgan gemäß folgenden Regeln eingesetzt:

a) Das Vertretungsorgan setzt sich aus Arbeitnehmern der SE und ihrer Tochtergesellschaften und Betriebe zusammen, die von den Arbeitnehmervertretern aus ihrer Mitte oder, in Ermangelung solcher Vertreter, von der Gesamtheit der Arbeitnehmer gewählt oder bestellt werden.

b) Die Mitglieder des Vertretungsorgans werden gemäß den einzelstaatlichen Rechtsvorschriften und/oder Gepflogenheiten gewählt oder bestellt.
Die Mitgliedstaaten sorgen durch entsprechende Vorschriften dafür, dass Änderungen innerhalb der SE und ihrer Tochtergesellschaften und Betriebe durch Anpassung der Zahl der Mitglieder des Vertretungsorgans und der Zuteilung der Sitze in diesem Organ Rechnung getragen wird.

c) Sofern die Zahl der Mitglieder des Vertretungsorgans es rechtfertigt, wählt das Vertretungsorgan aus seiner Mitte einen engeren Ausschuss mit höchstens drei Mitgliedern.

d) Das Vertretungsorgan gibt sich eine Geschäftsordnung.

e) Die Mitglieder des Vertretungsorgans werden entsprechend der Zahl der in jedem Mitgliedstaat beschäftigten Arbeitnehmer der beteiligten Gesellschaften und der betroffenen Tochtergesellschaften oder betroffenen Betriebe gewählt oder bestellt, so dass pro Mitgliedstaat für jeden Anteil der in diesem Mitgliedstaat beschäftigten Arbeitnehmer, der 10% der Gesamtzahl der in allen Mitgliedstaaten beschäftigten Arbeitnehmer der beteiligten Gesellschaften und der betroffenen Tochtergesellschaften oder betroffenen Betriebe entspricht, oder für einen Bruchteil dieser Tranche Anspruch auf einen Sitz besteht.

f) Die Zusammensetzung des Vertretungsorgans wird dem zuständigen Organ der SE mitgeteilt.

g) Vier Jahre nach seiner Einsetzung prüft das Vertretungsorgan, ob die Vereinbarung nach den Artikeln 4 und 7 ausgehandelt werden oder die in Übereinstimmung mit diesem Anhang angenommene Auffangregelung weiterhin gelten soll.

Wird der Beschluss gefasst, eine Vereinbarung gemäß Artikel 4 auszuhandeln, so gelten Artikel 3 Absätze 4 bis 7 und Artikel 4 bis 6 sinngemäß, wobei der Ausdruck „besonderes Verhandlungsgremium" durch das Wort „Vertretungsorgan" ersetzt wird. Wenn am Ende des für die Verhandlungen vorgesehenen Zeitraums keine Vereinbarung zustande gekommen ist, findet die Regelung, die ursprünglich gemäß der Auffangregelung angenommen worden war, weiterhin Anwendung.

Teil 2
Auffangregelung für die Unterrichtung und Anhörung

Für die Zuständigkeiten und Befugnisse des Vertretungsorgans in einer SE gelten folgende Regeln:

a) Die Zuständigkeiten des Vertretungsorgans beschränken sich auf die Angelegenheiten, die die SE selbst oder eine ihrer Tochtergesellschaften oder einen ihrer Betriebe in einem anderen Mitgliedstaat betreffen oder über die Befugnisse der Entscheidungsorgane auf der Ebene des einzelnen Mitgliedstaats hinausgehen.

b) Unbeschadet etwaiger Zusammenkünfte gemäß Buchstabe c hat das Vertretungsorgan das Recht, auf der Grundlage regelmäßig von dem zuständigen Organ erstellter Berichte über die Entwicklung der Geschäftslage und die Perspektiven der SE unterrichtet und dazu gehört zu werden und zu diesem Zweck mindestens einmal jährlich mit dem zuständigen Organ der SE zusammenzutreten. Die örtlichen Geschäftsleitungen werden hiervon in Kenntnis gesetzt.
Das zuständige Organ der SE übermittelt dem Vertretungsorgan die Tagesordnung aller Sitzungen des Verwaltungsorgans oder gegebenenfalls des Leitungs- und des Aufsichtsorgans sowie Kopien aller Unterlagen, die der Hauptversammlung der Aktionäre unterbreitet werden.
Diese Unterrichtung und Anhörung bezieht sich insbesondere auf die Struktur der SE, ihre wirtschaftliche und finanzielle Situation, die voraussichtliche Entwicklung der Geschäfts-, Produktions- und Absatzlage, auf die Beschäftigungslage und deren voraussichtliche Entwicklung, auf die Investitionen, auf grundlegende Änderungen der Organisation, auf die Einführung neuer Arbeits- oder Fertigungsverfahren, auf Verlagerungen der Produktion, auf Fusionen, Verkleinerungen oder Schließungen von Unternehmen, Betrieben oder wichtigen Teilen derselben und auf Massenentlassungen.

c) Treten außergewöhnliche Umstände ein, die erhebliche Auswirkungen auf die Interessen der Arbeitnehmer haben, insbesondere bei Verlegungen, Verlagerungen, Betriebs- oder Unternehmensschließungen oder Massenentlassungen, so hat das Vertretungsorgan das Recht, darüber unterrichtet zu werden. Das Vertretungsorgan oder – wenn das Vertretungsorgan dies, insbesondere bei Dringlichkeit, beschließt – der engere Ausschuss hat das Recht, auf Antrag mit dem zuständigen Organ der SE oder den Vertretern einer geeigneteren mit eigenen Entscheidungsbefugnissen ausgestatteten Leitungsebene innerhalb der SE zusammenzutreffen, um über Maßnahmen, die erhebliche Auswirkungen auf die Interessen der Arbeitnehmer haben, unterrichtet und dazu gehört werden.
Wenn das zuständige Organ beschließt, nicht im Einklang mit der von dem Vertretungsorgan abgegebenen Stellungnahme zu handeln, hat das Vertretungsorgan das Recht, ein weiteres Mal mit dem zuständigen Organ der SE zusammenzutreffen, um eine Einigung herbeizuführen.
Findet eine Sitzung mit dem engeren Ausschuss statt, so haben auch die Mitglieder des Vertretungsorgans, die von diesen Maßnahmen unmittelbar betroffene Arbeitnehmer vertreten, das Recht, daran teilzunehmen.
Die Sitzungen nach Absatz 1 lassen die Vorrechte des zuständigen Organs unberührt.

d) Die Mitgliedstaaten können Regeln für den Vorsitz in den Sitzungen zur Unterrichtung und Anhörung festlegen.
Vor Sitzungen mit dem zuständigen Organ der SE ist das Vertretungsorgan oder der engere Ausschuss – gegebenenfalls in der gemäß Buchstabe c Absatz 3 erweiterten Zusammensetzung – berechtigt, in Abwesenheit der Vertreter des zuständigen Organs zu tagen.

e) Unbeschadet des Artikels 8 unterrichten die Mitglieder des Vertretungsorgans die Arbeitnehmervertreter der SE und ihrer Tochtergesellschaften und Betriebe über den Inhalt und die Ergebnisse der Unterrichtungs- und Anhörungsverfahren.

f) Das Vertretungsorgan oder der engere Ausschuss können sich durch Sachverständige ihrer Wahl unterstützen lassen.

g) Sofern dies zur Erfüllung ihrer Aufgaben erforderlich ist, haben die Mitglieder des Vertretungsorgans Anspruch auf bezahlte Freistellung für Fortbildungsmaßnahmen.

h) Die Ausgaben des Vertretungsorgans gehen zulasten der SE, die die Mitglieder dieses Organs mit den erforderlichen finanziellen und materiellen Mitteln ausstattet, damit diese ihre Aufgaben in angemessener Weise wahrnehmen können.

Insbesondere trägt die SE die Kosten der Veranstaltung der Sitzungen einschließlich der Dolmetschkosten sowie die Aufenthalts- und Reisekosten für die Mitglieder des Vertretungsorgans und des engeren Ausschusses, soweit nichts anderes vereinbart wurde.

Die Mitgliedstaaten können im Einklang mit diesen Grundsätzen Regeln für die Finanzierung der Arbeit des Vertretungsorgans festlegen. Sie können insbesondere die Übernahme der Kosten auf die Kosten für einen Sachverständigen begrenzen.

Teil 3
Auffangregelung für die Mitbestimmung

Für die Mitbestimmung der Arbeitnehmer in der SE gelten folgende Bestimmungen:

a) Fanden im Falle einer durch Umwandlung gegründeten SE Vorschriften eines Mitgliedstaats über die Mitbestimmung der Arbeitnehmer im Verwaltungs- oder im Aufsichtsorgan vor der Eintragung Anwendung, so finden alle Komponenten der Mitbestimmung der Arbeitnehmer weiterhin Anwendung. Buchstabe b gilt diesbezüglich sinngemäß.

b) In den Fällen der Gründung einer SE haben die Arbeitnehmer der SE, ihrer Tochtergesellschaften und Betriebe und/oder ihr Vertretungsorgan das Recht, einen Teil der Mitglieder des Verwaltungs- oder des Aufsichtsorgans der SE zu wählen oder zu bestellen oder deren Bestellung zu empfehlen oder abzulehnen, wobei die Zahl dieser Mitglieder sich nach dem höchsten maßgeblichen Anteil in den beteiligten Gesellschaften vor der Eintragung der SE bemisst.

Bestanden in keiner der beteiligten Gesellschaften vor der Eintragung der SE Vorschriften über die Mitbestimmung, so ist die SE nicht verpflichtet, eine Vereinbarung über die Mitbestimmung der Arbeitnehmer einzuführen.

Das Vertretungsorgan entscheidet über die Verteilung der Sitze im Verwaltungs- oder im Aufsichtsorgan auf die Mitglieder, die Arbeitnehmer aus verschiedenen Mitgliedstaaten vertreten, oder über die Art und Weise, in der die Arbeitnehmer der SE Mitglieder dieser Organe empfehlen oder ablehnen können, entsprechend den jeweiligen Anteilen der in den einzelnen Mitgliedstaaten beschäftigten Arbeitnehmer der SE. Bleiben Arbeitnehmer aus einem oder mehreren Mitgliedstaaten bei der anteilmäßigen Verteilung unberücksichtigt, so bestellt das Vertretungsorgan eines der Mitglieder aus einem dieser Mitgliedstaaten, und zwar vorzugsweise – sofern angemessen – aus dem Mitgliedstaat, in dem die SE ihren Sitz haben wird. Jeder Mitgliedstaat hat das Recht, die Verteilung der ihm im Verwaltungs- oder im Aufsichtsorgan zugewiesenen Sitze festzulegen.

Alle von dem Vertretungsorgan oder gegebenenfalls den Arbeitnehmern gewählten, bestellten oder empfohlenen Mitglieder des Verwaltungsorgans oder gegebenenfalls des Aufsichtsorgans der SE sind vollberechtigte Mitglieder des jeweiligen Organs mit denselben Rechten (einschließlich des Stimmrechts) und denselben Pflichten wie die Mitglieder, die die Anteilseigner vertreten.

C. Gesetz zur Einführung der Europäischen Gesellschaft (SEEG)

vom 22. Dezember 2004 (BGBl. I S. 3675)

Artikel 1
Gesetz zur Ausführung der Verordnung (EG) Nr. 2157/2001 des Rates vom 8. Oktober 2001 über das Statut der Europäischen Gesellschaft (SE) (SE-Ausführungsgesetz – SEAG)[1]

Inhaltsübersicht

Abschnitt 1
Allgemeine Vorschriften

1 Zuletzt geändert durch Art. 7 des Gesetzes vom 10. Mai 2016, BGBl. I S. 1142.

§ 3 Eintragung
§ 4 Zuständigkeiten

Abschnitt 2
Gründung einer SE

Unterabschnitt 1
Verschmelzung
§ 5 Bekanntmachung
§ 6 Verbesserung des Umtauschverhältnisses
§ 7 Abfindungsangebot im Verschmelzungsplan
§ 8 Gläubigerschutz

Unterabschnitt 2
Gründung einer Holding-SE
§ 9 Abfindungsangebot im Gründungsplan
§ 10 Zustimmungsbeschluss; Negativerklärung
§ 11 Verbesserung des Umtauschverhältnisses

Abschnitt 3
Sitzverlegung
§ 12 Abfindungsangebot im Verlegungsplan
§ 13 Gläubigerschutz
§ 14 Negativerklärung

Abschnitt 4
Aufbau der SE

Unterabschnitt 1
Dualistisches System
§ 15 Wahrnehmung der Geschäftsleitung durch Mitglieder des Aufsichtsorgans
§ 16 Zahl der Mitglieder des Leitungsorgans
§ 17 Zahl der Mitglieder und Zusammensetzung des Aufsichtsorgans
§ 18 Informationsverlangen einzelner Mitglieder des Aufsichtsorgans
§ 19 Festlegung zustimmungsbedürftiger Geschäfte durch das Aufsichtsorgan

Unterabschnitt 2
Monistisches System
§ 20 Anzuwendende Vorschriften
§ 21 Anmeldung und Eintragung
§ 22 Aufgaben und Rechte des Verwaltungsrats
§ 23 Zahl der Mitglieder des Verwaltungsrats
§ 24 Zusammensetzung des Verwaltungsrats
§ 25 Bekanntmachung über die Zusammensetzung des Verwaltungsrats
§ 26 Gerichtliche Entscheidung über die Zusammensetzung des Verwaltungsrats
§ 27 Persönliche Voraussetzungen der Mitglieder des Verwaltungsrats
§ 28 Bestellung der Mitglieder des Verwaltungsrats
§ 29 Abberufung der Mitglieder des Verwaltungsrats
§ 30 Bestellung durch das Gericht
§ 31 Nichtigkeit der Wahl von Verwaltungsratsmitgliedern
§ 32 Anfechtung der Wahl von Verwaltungsratsmitgliedern
§ 33 Wirkung des Urteils
§ 34 Innere Ordnung des Verwaltungsrats
§ 35 Beschlussfassung
§ 36 Teilnahme an Sitzungen des Verwaltungsrats und seiner Ausschüsse

Abschnitt 1
Allgemeine Vorschriften

§ 1
Anzuwendende Vorschriften

Soweit nicht die Verordnung (EG) Nr. 2157/2001 des Rates vom 8. Oktober 2001 über das Statut der Europäischen Gesellschaft (SE) (ABl. EG Nr. L 294 S. 1) (Verordnung) gilt, sind auf eine Europäische Gesellschaft (SE) mit Sitz im Inland und auf die an der Gründung einer Europäischen Gesellschaft beteiligten Gesellschaften mit Sitz im Inland die folgenden Vorschriften anzuwenden.

§ 2
(weggefallen)

§ 3
Eintragung

Die SE wird gemäß den für Aktiengesellschaften geltenden Vorschriften im Handelsregister eingetragen.

§ 4
Zuständigkeiten

Für die Eintragung der SE und für die in Artikel 8 Abs. 8, Artikel 25 Abs. 2 sowie den Artikeln 26 und 64 Abs. 4 der Verordnung bezeichneten Aufgaben ist das nach den §§ 376 und 377 des Gesetzes über das Verfahren in Familiensachen und in die Angelegenheiten der freiwilligen Gerichtsbarkeit bestimmte Gericht zuständig. Das zuständige Gericht im Sinne des Artikels 55 Abs. 3 Satz 1 der Verordnung bestimmt sich nach § 375 Nr. 4, §§ 376 und 377 des Gesetzes über das Verfahren in Familiensachen und in den Angelegenheiten der freiwilligen Gerichtsbarkeit.

Abschnitt 2
Gründung einer SE

Unterabschnitt 1
Verschmelzung

§ 5
Bekanntmachung

Die nach Artikel 21 der Verordnung bekannt zu machenden Angaben sind dem Register bei Einreichung des Verschmelzungsplans mitzuteilen. Das Gericht hat diese Angaben zusammen mit dem nach § 61 Satz 2 des Umwandlungsgesetzes vorgeschriebenen Hinweis bekannt zu machen.

§ 6
Verbesserung des Umtauschverhältnisses

(1) Unter den Voraussetzungen des Artikels 25 Abs. 3 Satz 1 der Verordnung kann eine Klage gegen den Verschmelzungsbeschluss einer übertragenden Gesellschaft nicht darauf gestützt werden, dass das Umtauschverhältnis der Anteile nicht angemessen ist.

(2) Ist bei der Gründung einer SE durch Verschmelzung nach dem Verfahren der Verordnung das Umtauschverhältnis der Anteile nicht angemessen, so kann jeder Aktionär einer übertragenden Gesellschaft, dessen Recht, gegen die Wirksamkeit des Verschmelzungsbeschlusses Klage zu erheben, nach Absatz 1 ausgeschlossen ist, von der SE einen Ausgleich durch bare Zuzahlung verlangen.

(3) Die bare Zuzahlung ist nach Ablauf des Tages, an dem die Verschmelzung im Sitzstaat der SE nach den dort geltenden Vorschriften eingetragen und bekannt gemacht worden ist, mit jährlich 5 Prozentpunkten über dem jeweiligen Basiszinssatz nach § 247 des Bürgerlichen Gesetzbuchs zu verzinsen. Die Geltendmachung eines weiteren Schadens ist nicht ausgeschlossen.

(4) Macht ein Aktionär einer übertragenden Gesellschaft unter den Voraussetzungen des Artikels 25 Abs. 3 Satz 1 der Verordnung geltend, dass das Umtauschverhältnis der Anteile nicht angemessen sei, so hat auf seinen Antrag das Gericht nach dem Spruchverfahrensgesetz vom 12. Juni 2003 (BGBl. I S. 838) eine angemessene bare Zuzahlung zu bestimmen. Satz 1 findet auch auf Aktionäre einer übertragenden Gesellschaft mit Sitz in einem anderen Mitgliedstaat der Europäischen Union oder in einem anderen Vertragsstaat des Abkommens über den Europäischen Wirtschaftsraum Anwendung, sofern nach dem Recht dieses Staates ein Verfahren zur Kontrolle und Änderung des Umtauschverhältnisses der Aktien vorgesehen ist und deutsche Gerichte für die Durchführung eines solchen Verfahrens international zuständig sind.

§ 7
Abfindungsangebot im Verschmelzungsplan

(1) Bei der Gründung einer SE, die ihren Sitz im Ausland haben soll, durch Verschmelzung nach dem Verfahren der Verordnung hat eine übertragende Gesellschaft im Verschmelzungsplan oder in seinem Entwurf jedem Aktionär, der gegen den Verschmelzungsbeschluss der Gesellschaft Widerspruch zur Niederschrift erklärt, den Erwerb seiner Aktien gegen eine angemessene Barabfindung anzubieten. Die Vorschriften des Aktiengesetzes über den Erwerb eigener Aktien gelten entsprechend, jedoch ist § 71 Abs. 4 Satz 2 des Aktiengesetzes insoweit nicht anzuwenden. Die Bekanntmachung des Verschmelzungsplans als Gegenstand der Beschlussfassung muss den Wortlaut

dieses Angebots enthalten. Die Gesellschaft hat die Kosten für eine Übertragung zu tragen. § 29 Abs. 2 des Umwandlungsgesetzes findet entsprechende Anwendung.

(2) Die Barabfindung muss die Verhältnisse der Gesellschaft im Zeitpunkt der Beschlussfassung über die Verschmelzung berücksichtigen. Die Barabfindung ist nach Ablauf des Tages, an dem die Verschmelzung im Sitzstaat der SE nach den dort geltenden Vorschriften eingetragen und bekannt gemacht worden ist, mit jährlich 5 Prozentpunkten über dem jeweiligen Basiszinssatz nach § 247 des Bürgerlichen Gesetzbuchs zu verzinsen. Die Geltendmachung eines weiteren Schadens ist nicht ausgeschlossen.

(3) Die Angemessenheit einer anzubietenden Barabfindung ist stets durch Verschmelzungsprüfer zu prüfen. Die §§ 10 bis 12 des Umwandlungsgesetzes sind entsprechend anzuwenden.

Die Berechtigten können auf die Prüfung oder den Prüfungsbericht verzichten; die Verzichtserklärungen sind notariell zu beurkunden.

(4) Das Angebot nach Absatz 1 kann nur binnen zwei Monaten nach dem Tage angenommen werden, an dem die Verschmelzung im Sitzstaat der SE nach den dort geltenden Vorschriften eingetragen und bekannt gemacht worden ist. Ist nach Absatz 7 dieser Vorschrift ein Antrag auf Bestimmung der Barabfindung durch das Gericht gestellt worden, so kann das Angebot binnen zwei Monaten nach dem Tage angenommen werden, an dem die Entscheidung im Bundesanzeiger bekannt gemacht worden ist.

(5) Unter den Voraussetzungen des Artikels 25 Abs. 3 Satz 1 der Verordnung kann eine Klage gegen die Wirksamkeit des Verschmelzungsbeschlusses einer übertragenden Gesellschaft nicht darauf gestützt werden, dass das Angebot nach Absatz 1 zu niedrig bemessen oder dass die Barabfindung im Verschmelzungsplan nicht oder nicht ordnungsgemäß angeboten worden ist.

(6) Einer anderweitigen Veräußerung des Anteils durch den Aktionär stehen nach Fassung des Verschmelzungsbeschlusses bis zum Ablauf der in Absatz 4 bestimmten Frist Verfügungsbeschränkungen bei den beteiligten Rechtsträgern nicht entgegen.

(7) Macht ein Aktionär einer übertragenden Gesellschaft unter den Voraussetzungen des Artikels 25 Abs. 3 Satz 1 der Verordnung geltend, dass eine im Verschmelzungsplan bestimmte Barabfindung, die ihm nach Absatz 1 anzubieten war, zu niedrig bemessen sei, so hat auf seinen Antrag das Gericht nach dem Spruchverfahrensgesetz vom 12. Juni 2003 (BGBl. I S. 838) die angemessene Barabfindung zu bestimmen. Das Gleiche gilt, wenn die Barabfindung nicht oder nicht ordnungsgemäß angeboten worden ist. Die Sätze 1 und 2 finden auch auf Aktionäre einer übertragenden Gesellschaft mit Sitz in einem anderen Mitgliedstaat der Europäischen Union oder in einem anderen Vertragsstaat des Abkommens über den Europäischen Wirtschaftsraum Anwendung, sofern nach dem Recht dieses Staates ein Verfahren zur Abfindung von Minderheitsaktionären vorgesehen ist und deutsche Gerichte für die Durchführung eines solchen Verfahrens international zuständig sind.

§ 8
Gläubigerschutz

Liegt der künftige Sitz der SE im Ausland, ist § 13 Abs. 1 und 2 entsprechend anzuwenden. Das zuständige Gericht stellt die Bescheinigung nach Artikel 25 Abs. 2 der Verordnung nur aus, wenn die Vorstandsmitglieder einer übertragenden Gesellschaft die Versicherung abgeben, dass allen Gläubigern, die nach Satz 1 einen Anspruch auf Sicherheitsleistung haben, eine angemessene Sicherheit geleistet wurde.

Unterabschnitt 2
Gründung einer Holding-SE

§ 9
Abfindungsangebot im Gründungsplan

(1) Bei der Gründung einer Holding-SE nach dem Verfahren der Verordnung, die ihren Sitz im Ausland haben soll oder die ihrerseits abhängig im Sinne des § 17 des Aktiengesetzes ist, hat eine die Gründung anstrebende Aktiengesellschaft im Gründungsplan jedem Anteilsinhaber, der gegen den Zustimmungsbeschluss dieser Gesellschaft zum Gründungsplan Widerspruch zur Niederschrift erklärt, den Erwerb seiner Anteile gegen eine angemessene Barabfindung anzubieten. Die Vorschriften des Aktiengesetzes über den Erwerb eigener Aktien gelten entsprechend, jedoch ist § 71 Abs. 4 Satz 2 des Aktiengesetzes insoweit nicht anzuwenden. Die Bekanntmachung des Gründungsplans als Gegenstand der Beschlussfassung muss den Wortlaut dieses Angebots enthalten. Die Gesellschaft

hat die Kosten für eine Übertragung zu tragen. § 29 Abs. 2 des Umwandlungsgesetzes findet entsprechende Anwendung.

(2) § 7 Abs. 2 bis 7 findet entsprechende Anwendung, wobei an die Stelle der Eintragung und Bekanntmachung der Verschmelzung die Eintragung und Bekanntmachung der neu gegründeten Holding-SE tritt.

§ 10
Zustimmungsbeschluss; Negativerklärung

(1) Der Zustimmungsbeschluss gemäß Artikel 32 Abs. 6 der Verordnung bedarf einer Mehrheit, die bei einer Aktiengesellschaft mindestens drei Viertel des bei der Beschlussfassung vertretenen Grundkapitals und bei einer Gesellschaft mit beschränkter Haftung mindestens drei Viertel der abgegebenen Stimmen umfasst.

(2) Bei der Anmeldung der Holding-SE haben ihre Vertretungsorgane zu erklären, dass eine Klage gegen die Wirksamkeit der Zustimmungsbeschlüsse gemäß Artikel 32 Abs. 6 der Verordnung nicht oder nicht fristgemäß erhoben oder eine solche Klage rechtskräftig abgewiesen oder zurückgenommen worden ist.

§ 11
Verbesserung des Umtauschverhältnisses

(1) Ist bei der Gründung einer Holding-SE nach dem Verfahren der Verordnung das Umtauschverhältnis der Anteile nicht angemessen, so kann jeder Anteilsinhaber der die Gründung anstrebenden Gesellschaft von der Holding-SE einen Ausgleich durch bare Zuzahlung verlangen.

(2) § 6 Abs. 1, 3 und 4 findet entsprechende Anwendung, wobei an die Stelle der Eintragung und Bekanntmachung der Verschmelzung die Eintragung und Bekanntmachung der Gründung der Holding-SE tritt.

Abschnitt 3
Sitzverlegung

§ 12
Abfindungsangebot im Verlegungsplan

(1) Verlegt eine SE nach Maßgabe von Artikel 8 der Verordnung ihren Sitz, hat sie jedem Aktionär, der gegen den Verlegungsbeschluss Widerspruch zur Niederschrift erklärt, den Erwerb seiner Aktien gegen eine angemessene Barabfindung anzubieten. Die Vorschriften des Aktiengesetzes über den Erwerb eigener Aktien gelten entsprechend, jedoch ist § 71 Abs. 4 Satz 2 des Aktiengesetzes insoweit nicht anzuwenden. Die Bekanntmachung des Verlegungsplans als Gegenstand der Beschlussfassung muss den Wortlaut dieses Angebots enthalten. Die Gesellschaft hat die Kosten für eine Übertragung zu tragen. § 29 Abs. 2 des Umwandlungsgesetzes findet entsprechende Anwendung.

(2) § 7 Abs. 2 bis 7 findet entsprechende Anwendung, wobei an die Stelle der Eintragung und Bekanntmachung der Verschmelzung die Eintragung und Bekanntmachung der SE im neuen Sitzstaat tritt.

§ 13
Gläubigerschutz

(1) Verlegt eine SE nach Maßgabe von Artikel 8 der Verordnung ihren Sitz, ist den Gläubigern der Gesellschaft, wenn sie binnen zwei Monaten nach dem Tag, an dem der Verlegungsplan offen gelegt worden ist, ihren Anspruch nach Grund und Höhe schriftlich anmelden, Sicherheit zu leisten, soweit sie nicht Befriedigung verlangen können. Dieses Recht steht den Gläubigern jedoch nur zu, wenn sie glaubhaft machen, dass durch die Sitzverlegung die Erfüllung ihrer Forderungen gefährdet wird. Die Gläubiger sind im Verlegungsplan auf dieses Recht hinzuweisen.

(2) Das Recht auf Sicherheitsleistung nach Absatz 1 steht Gläubigern nur im Hinblick auf solche Forderungen zu, die vor oder bis zu 15 Tage nach Offenlegung des Verlegungsplans entstanden sind.

(3) Das zuständige Gericht stellt die Bescheinigung nach Artikel 8 Abs. 8 der Verordnung nur aus, wenn bei einer SE mit dualistischem System die Mitglieder des Leitungsorgans und bei einer SE mit monistischem System die geschäftsführenden Direktoren die Versicherung abgeben, dass allen Gläubigern, die nach den Absätzen 1 und 2 einen Anspruch auf Sicherheitsleistung haben, eine angemessene Sicherheit geleistet wurde.

§ 14
Negativerklärung

Das zuständige Gericht stellt die Bescheinigung nach Artikel 8 Abs. 8 der Verordnung nur aus, wenn die Vertretungsorgane einer SE, die nach Maßgabe des Artikels 8 der Verordnung ihren Sitz verlegt, erklären, dass eine Klage gegen die Wirksamkeit des Verlegungsbeschlusses nicht oder nicht fristgemäß erhoben oder eine solche Klage rechtskräftig abgewiesen oder zurückgenommen worden ist.

Abschnitt 4
Aufbau der SE

Unterabschnitt 1
Dualistisches System

§ 15
Wahrnehmung der Geschäftsleitung durch Mitglieder des Aufsichtsorgans

Die Abstellung eines Mitglieds des Aufsichtsorgans zur Wahrnehmung der Aufgaben eines Mitglieds des Leitungsorgans nach Artikel 39 Abs. 3 Satz 2 der Verordnung ist nur für einen im Voraus begrenzten Zeitraum, höchstens für ein Jahr, zulässig. Eine wiederholte Bestellung oder Verlängerung der Amtszeit ist zulässig, wenn dadurch die Amtszeit insgesamt ein Jahr nicht übersteigt.

§ 16
Zahl der Mitglieder des Leitungsorgans

Bei Gesellschaften mit einem Grundkapital von mehr als 3 Millionen Euro hat das Leitungsorgan aus mindestens zwei Personen zu bestehen, es sei denn, die Satzung bestimmt, dass es aus einer Person bestehen soll. § 38 Abs. 2 des SE-Beteiligungsgesetzes bleibt unberührt.

§ 17
Zahl der Mitglieder und Zusammensetzung des Aufsichtsorgans

(1) Das Aufsichtsorgan besteht aus drei Mitgliedern. Die Satzung kann eine bestimmte höhere Zahl festsetzen. Die Zahl muss durch drei teilbar sein, wenn dies für die Beteiligung der Arbeitnehmer auf Grund des SE-Beteiligungsgesetzes erforderlich ist. Die Höchstzahl beträgt bei Gesellschaften mit einem Grundkapital bis zu 1.500.000 Euro neun, von mehr als 1.500.000 Euro fünfzehn, von mehr als 10.000.000 Euro einundzwanzig.

(2) Besteht bei einer börsennotierten SE das Aufsichtsorgan aus derselben Zahl von Anteilseigner- und Arbeitnehmervertretern, müssen in dem Aufsichtsorgan Frauen und Männer jeweils mit einem Anteil von mindestens 30 Prozent vertreten sein. Der Mindestanteil von jeweils 30 Prozent an Frauen und Männern im Aufsichtsorgan ist bei erforderlich werdenden Neubesetzungen einzelner oder mehrerer Sitze im Aufsichtsorgan zu beachten. Reicht die Zahl der neu zu besetzenden Sitze nicht aus, um den Mindestanteil zu erreichen, sind die Sitze mit Personen des unterrepräsentierten Geschlechts zu besetzen, um dessen Anteil sukzessive zu steigern. Bestehende Mandate können bis zu ihrem regulären Ende wahrgenommen werden.

(3) Die Beteiligung der Arbeitnehmer nach dem SE-Beteiligungsgesetz bleibt unberührt.

(4) Für Verfahren entsprechend den §§ 98, 99 oder 104 des Aktiengesetzes ist auch der SE-Betriebsrat antragsberechtigt. Für Klagen entsprechend § 250 des Aktiengesetzes ist auch der SE-Betriebsrat parteifähig; § 252 des Aktiengesetzes gilt entsprechend.

(5) § 251 des Aktiengesetzes findet mit der Maßgabe Anwendung, dass das gesetzeswidrige Zustandekommen von Wahlvorschlägen für die Arbeitnehmervertreter im Aufsichtsorgan nur nach den Vorschriften der Mitgliedstaaten über die Besetzung der ihnen zugewiesenen Sitze geltend gemacht werden kann. Für die Arbeitnehmervertreter aus dem Inland gilt § 37 Abs. 2 des SE-Beteiligungsgesetzes.

§ 18
Informationsverlangen einzelner Mitglieder des Aufsichtsorgans

Jedes einzelne Mitglied des Aufsichtsorgans kann vom Leitungsorgan jegliche Information nach Artikel 41 Abs. 3 Satz 1 der Verordnung, jedoch nur an das Aufsichtsorgan, verlangen.

§ 19
Festlegung zustimmungsbedürftiger Geschäfte durch das Aufsichtsorgan

Das Aufsichtsorgan kann selbst bestimmte Arten von Geschäften von seiner Zustimmung abhängig machen.

Unterabschnitt 2
Monistisches System

§ 20
Anzuwendende Vorschriften

Wählt eine SE gemäß Artikel 38 Buchstabe b der Verordnung in ihrer Satzung das monistische System mit einem Verwaltungsorgan (Verwaltungsrat), so gelten anstelle der §§ 76 bis 116 des Aktiengesetzes die nachfolgenden Vorschriften.

§ 21
Anmeldung und Eintragung

(1) Die SE ist bei Gericht von allen Gründern, Mitgliedern des Verwaltungsrats und geschäftsführenden Direktoren zur Eintragung in das Handelsregister anzumelden.

(2) In der Anmeldung haben die geschäftsführenden Direktoren zu versichern, dass keine Umstände vorliegen, die ihrer Bestellung nach § 40 Abs. 1 Satz 4 entgegenstehen und dass sie über ihre unbeschränkte Auskunftspflicht gegenüber dem Gericht belehrt worden sind. In der Anmeldung sind Art und Umfang der Vertretungsbefugnis der geschäftsführenden Direktoren anzugeben. Der Anmeldung sind die Urkunden über die Bestellung des Verwaltungsrats und der geschäftsführenden Direktoren sowie die Prüfungsberichte der Mitglieder des Verwaltungsrats beizufügen.

(3) Das Gericht kann die Anmeldung ablehnen, wenn für den Prüfungsbericht der Mitglieder des Verwaltungsrats die Voraussetzungen des § 38 Abs. 2 des Aktiengesetzes gegeben sind.

(4) Bei der Eintragung sind die geschäftsführenden Direktoren sowie deren Vertretungsbefugnis anzugeben.

(5) (weggefallen)

§ 22
Aufgaben und Rechte des Verwaltungsrats

(1) Der Verwaltungsrat leitet die Gesellschaft, bestimmt die Grundlinien ihrer Tätigkeit und überwacht deren Umsetzung.

(2) Der Verwaltungsrat hat eine Hauptversammlung einzuberufen, wenn das Wohl der Gesellschaft es fordert. Für den Beschluss genügt die einfache Mehrheit. Für die Vorbereitung und Ausführung von Hauptversammlungsbeschlüssen gilt § 83 des Aktiengesetzes entsprechend; der Verwaltungsrat kann einzelne damit verbundene Aufgaben auf die geschäftsführenden Direktoren übertragen.

(3) Der Verwaltungsrat hat dafür zu sorgen, dass die erforderlichen Handelsbücher geführt werden. Der Verwaltungsrat hat geeignete Maßnahmen zu treffen, insbesondere ein Überwachungssystem einzurichten, damit den Fortbestand der Gesellschaft gefährdende Entwicklungen früh erkannt werden.

(4) Der Verwaltungsrat kann die Bücher und Schriften der Gesellschaft sowie die Vermögensgegenstände, namentlich die Gesellschaftskasse und die Bestände an Wertpapieren und Waren, einsehen und prüfen. Er kann damit auch einzelne Mitglieder oder für bestimmte Aufgaben besondere Sachverständige beauftragen. Er erteilt dem Abschlussprüfer den Prüfungsauftrag für den Jahres- und Konzernabschluss gemäß § 290 des Handelsgesetzbuchs.

(5) Ergibt sich bei Aufstellung der Jahresbilanz oder einer Zwischenbilanz oder ist bei pflichtmäßigem Ermessen anzunehmen, dass ein Verlust in der Hälfte des Grundkapitals besteht, so hat der Verwaltungsrat unverzüglich

die Hauptversammlung einzuberufen und ihr dies anzuzeigen. Bei Zahlungsunfähigkeit oder Überschuldung der Gesellschaft hat der Verwaltungsrat den Insolvenzantrag nach § 15a Abs. 1 der Insolvenzordnung zu stellen; § 92 Abs. 2 des Aktiengesetzes gilt entsprechend.

(6) Rechtsvorschriften, die außerhalb dieses Gesetzes dem Vorstand oder dem Aufsichtsrat einer Aktiengesellschaft Rechte oder Pflichten zuweisen, gelten sinngemäß für den Verwaltungsrat, soweit nicht in diesem Gesetz für den Verwaltungsrat und für geschäftsführende Direktoren besondere Regelungen enthalten sind.

§ 23
Zahl der Mitglieder des Verwaltungsrats

(1) Der Verwaltungsrat besteht aus drei Mitgliedern. Die Satzung kann etwas anderes bestimmen; bei Gesellschaften mit einem Grundkapital von mehr als 3 Millionen Euro hat der Verwaltungsrat jedoch aus mindestens drei Personen zu bestehen. Die Höchstzahl der Mitglieder des Verwaltungsrats beträgt bei Gesellschaften mit einem Grundkapital bis zu 1.500.000 Euro neun, von mehr als 1.500.000 Euro fünfzehn, von mehr als 10.000.000 Euro einundzwanzig.

(2) Die Beteiligung der Arbeitnehmer nach dem SE-Beteiligungsgesetz bleibt unberührt.

§ 24
Zusammensetzung des Verwaltungsrats

(1) Der Verwaltungsrat setzt sich zusammen aus Verwaltungsratsmitgliedern der Aktionäre und, soweit eine Vereinbarung nach § 21 oder die §§ 34 bis 38 des SE-Beteiligungsgesetzes dies vorsehen, auch aus Verwaltungsratsmitgliedern der Arbeitnehmer.

(2) Nach anderen als den zuletzt angewandten vertraglichen oder gesetzlichen Vorschriften kann der Verwaltungsrat nur zusammengesetzt werden, wenn nach § 25 oder nach § 26 die in der Bekanntmachung des Vorsitzenden des Verwaltungsrats oder in der gerichtlichen Entscheidung angegebenen vertraglichen oder gesetzlichen Vorschriften anzuwenden sind.

(3) Besteht bei einer börsennotierten SE der Verwaltungsrat aus derselben Zahl von Anteilseigner- und Arbeitnehmervertretern, müssen in dem Verwaltungsrat Frauen und Männer jeweils mit einem Anteil von mindestens 30 Prozent vertreten sein. Der Mindestanteil von jeweils 30 Prozent an Frauen und Männern im Verwaltungsrat ist bei erforderlich werdenden Neubesetzungen einzelner oder mehrerer Sitze im Verwaltungsrat zu beachten. Reicht die Zahl der neu zu besetzenden Sitze nicht aus, um den Mindestanteil zu erreichen, sind die Sitze mit Personen des unterrepräsentierten Geschlechts zu besetzen, um dessen Anteil sukzessive zu steigern. Bestehende Mandate können bis zu ihrem regulären Ende wahrgenommen werden.

§ 25
Bekanntmachung über die Zusammensetzung des Verwaltungsrats

(1) Ist der Vorsitzende des Verwaltungsrats der Ansicht, dass der Verwaltungsrat nicht nach den maßgeblichen vertraglichen oder gesetzlichen Vorschriften zusammengesetzt ist, so hat er dies unverzüglich in den Gesellschaftsblättern und gleichzeitig durch Aushang in sämtlichen Betrieben der Gesellschaft und ihrer Konzernunternehmen bekannt zu machen. Der Aushang kann auch in elektronischer Form erfolgen. In der Bekanntmachung sind die nach Ansicht des Vorsitzenden des Verwaltungsrats maßgeblichen vertraglichen oder gesetzlichen Vorschriften anzugeben. Es ist darauf hinzuweisen, dass der Verwaltungsrat nach diesen Vorschriften zusammengesetzt wird, wenn nicht Antragsberechtigte nach § 26 Abs. 2 innerhalb eines Monats nach der Bekanntmachung im Bundesanzeiger das nach § 26 Abs. 1 zuständige Gericht anrufen.

(2) Wird das nach § 26 Abs. 1 zuständige Gericht nicht innerhalb eines Monats nach der Bekanntmachung im Bundesanzeiger angerufen, so ist der neue Verwaltungsrat nach den in der Bekanntmachung angegebenen Vorschriften zusammenzusetzen. Die Bestimmungen der Satzung über die Zusammensetzung des Verwaltungsrats, über die Zahl der Mitglieder des Verwaltungsrats sowie über die Wahl, Abberufung und Entsendung von Mitgliedern des Verwaltungsrats treten mit der Beendigung der ersten Hauptversammlung, die nach Ablauf der Anrufungsfrist einberufen wird, spätestens sechs Monate nach Ablauf dieser Frist insoweit außer Kraft, als sie den nunmehr anzuwendenden Vorschriften widersprechen.

Mit demselben Zeitpunkt erlischt das Amt der bisherigen Mitglieder des Verwaltungsrats. Eine Hauptversammlung, die innerhalb der Frist von sechs Monaten stattfindet, kann an Stelle der außer Kraft tretenden Satzungsbestimmungen mit einfacher Stimmenmehrheit neue Satzungsbestimmungen beschließen.

(3) Solange ein gerichtliches Verfahren nach § 26 anhängig ist, kann eine Bekanntmachung über die Zusammensetzung des Verwaltungsrats nicht erfolgen.

§ 26
Gerichtliche Entscheidung über die Zusammensetzung des Verwaltungsrats

(1) Ist streitig oder ungewiss, nach welchen Vorschriften der Verwaltungsrat zusammenzusetzen ist, so entscheidet darüber auf Antrag ausschließlich das Landgericht, in dessen Bezirk die Gesellschaft ihren Sitz hat.

(2) Antragsberechtigt sind
1. jedes Mitglied des Verwaltungsrats,
2. jeder Aktionär,
3. die nach § 98 Abs. 2 Satz 1 Nr. 4 bis 10 des Aktiengesetzes Antragsberechtigten,
4. der SE-Betriebsrat.

(3) Entspricht die Zusammensetzung des Verwaltungsrats nicht der gerichtlichen Entscheidung, so ist der neue Verwaltungsrat nach den in der Entscheidung angegebenen Vorschriften zusammenzusetzen. § 25 Abs. 2 gilt entsprechend mit der Maßgabe, dass die Frist von sechs Monaten mit dem Eintritt der Rechtskraft beginnt.

(4) Für das Verfahren gilt § 99 des Aktiengesetzes entsprechend mit der Maßgabe, dass die nach Absatz 5 der Vorschrift vorgesehene Einreichung der rechtskräftigen Entscheidung durch den Vorsitzenden des Verwaltungsrats erfolgt.

§ 27
Persönliche Voraussetzungen der Mitglieder des Verwaltungsrats

(1) Mitglied des Verwaltungsrats kann nicht sein, wer
1. bereits in zehn Handelsgesellschaften, die gesetzlich einen Aufsichtsrat oder einen Verwaltungsrat zu bilden haben, Mitglied des Aufsichtsrats oder des Verwaltungsrats ist,
2. gesetzlicher Vertreter eines von der Gesellschaft abhängigen Unternehmens ist oder
3. gesetzlicher Vertreter einer anderen Kapitalgesellschaft ist, deren Aufsichtsrat oder Verwaltungsrat ein Vorstandsmitglied oder ein geschäftsführender Direktor der Gesellschaft angehört.

Auf die Höchstzahl nach Satz 1 Nr. 1 sind bis zu fünf Sitze in Aufsichts- oder Verwaltungsräten nicht anzurechnen, die ein gesetzlicher Vertreter (beim Einzelkaufmann der Inhaber) des herrschenden Unternehmens eines Konzerns in zum Konzern gehörenden Handelsgesellschaften, die gesetzlich einen Aufsichtsrat oder einen Verwaltungsrat zu bilden haben, inne hat. Auf die Höchstzahl nach Satz 1 Nr. 1 sind Aufsichtsrats- oder Verwaltungsratsämter im Sinne der Nummer 1 doppelt anzurechnen, für die das Mitglied zum Vorsitzenden gewählt worden ist. Bei einer SE, die kapitalmarktorientiert im Sinne des § 264d des Handelsgesetzbuchs, die CRR-Kreditinstitut im Sinne des § 1 Absatz 3d Satz 1 des Kreditwesengesetzes, mit Ausnahme der in § 2 Absatz 1 Nummer 1 und 2 des Kreditwesengesetzes genannten Institute, oder die Versicherungsunternehmen ist im Sinne des Artikels 2 Absatz 1 der Richtlinie 91/674/EWG des Rates vom 19. Dezember 1991 über den Jahresabschluss und den konsolidierten Abschluss von Versicherungsunternehmen (ABl. L 374 vom 31.12.1991, S. 7), die zuletzt durch die Richtlinie 2006/46/EG (ABl. L 224 vom 16.8.2006, S. 1) geändert worden ist, müssen die Voraussetzungen des § 100 Absatz 5 des Aktiengesetzes erfüllt sein.

(2) § 36 Abs. 3 Satz 2 in Verbindung mit § 6 Abs. 2 bis 4 des SE-Beteiligungsgesetzes oder eine Vereinbarung nach § 21 des SE-Beteiligungsgesetzes über weitere persönliche Voraussetzungen der Mitglieder der Arbeitnehmer bleibt unberührt.

(3) Eine juristische Person kann nicht Mitglied des Verwaltungsrats sein.

§ 28
Bestellung der Mitglieder des Verwaltungsrats

(1) Die Bestellung der Mitglieder des Verwaltungsrats richtet sich nach der Verordnung.

(2) § 101 Abs. 2 des Aktiengesetzes gilt entsprechend.

(3) Stellvertreter von Mitgliedern des Verwaltungsrats können nicht bestellt werden. Jedoch kann für jedes Mitglied ein Ersatzmitglied bestellt werden, das Mitglied des Verwaltungsrats wird, wenn das Mitglied vor Ablauf seiner Amtszeit wegfällt. Das Ersatzmitglied kann nur gleichzeitig mit dem Mitglied bestellt werden. Auf seine Bestellung sowie die Nichtigkeit und Anfechtung seiner Bestellung sind die für das Mitglied geltenden Vorschriften anzuwenden. Das Amt des Ersatzmitglieds erlischt spätestens mit Ablauf der Amtszeit des weggefallenen Mitglieds.

§ 29
Abberufung der Mitglieder des Verwaltungsrats

(1) Mitglieder des Verwaltungsrats, die von der Hauptversammlung ohne Bindung an einen Wahlvorschlag gewählt worden sind, können von ihr vor Ablauf der Amtszeit abberufen werden. Der Beschluss bedarf einer Mehrheit, die mindestens drei Viertel der abgegebenen Stimmen umfasst. Die Satzung kann eine andere Mehrheit und weitere Erfordernisse bestimmen.

(2) Ein Mitglied des Verwaltungsrats, das auf Grund der Satzung in den Verwaltungsrat entsandt ist, kann von dem Entsendungsberechtigten jederzeit abberufen und durch ein anderes ersetzt werden. Sind die in der Satzung bestimmten Voraussetzungen des Entsendungsrechts weggefallen, so kann die Hauptversammlung das entsandte Mitglied mit einfacher Stimmenmehrheit abberufen.

(3) Das Gericht hat auf Antrag des Verwaltungsrats ein Mitglied abzuberufen, wenn in dessen Person ein wichtiger Grund vorliegt. Der Verwaltungsrat beschließt über die Antragstellung mit einfacher Mehrheit. Ist das Mitglied auf Grund der Satzung in den Verwaltungsrat entsandt worden, so können auch Aktionäre, deren Anteile zusammen den zehnten Teil des Grundkapitals oder den anteiligen Betrag von 1 Million Euro erreichen, den Antrag stellen. Gegen die Entscheidung ist die Beschwerde zulässig.

(4) Für die Abberufung eines Ersatzmitglieds gelten die Vorschriften über die Abberufung des Mitglieds, für das es bestellt ist.

§ 30
Bestellung durch das Gericht

(1) Gehört dem Verwaltungsrat die zur Beschlussfähigkeit nötige Zahl von Mitgliedern nicht an, so hat ihn das Gericht auf Antrag eines Mitglieds des Verwaltungsrats oder eines Aktionärs auf diese Zahl zu ergänzen. Mitglieder des Verwaltungsrats sind verpflichtet, den Antrag unverzüglich zu stellen, es sei denn, dass die rechtzeitige Ergänzung vor der nächsten Sitzung des Verwaltungsrats zu erwarten ist. Hat der Verwaltungsrat auch aus Mitgliedern der Arbeitnehmer zu bestehen, so können auch den Antrag stellen

1. die nach § 104 Abs. 1 Satz 3 des Aktiengesetzes Antragsberechtigten,
2. der SE-Betriebsrat.

Gegen die Entscheidung ist die Beschwerde zulässig.

(2) Gehören dem Verwaltungsrat länger als drei Monate weniger Mitglieder als die durch Vereinbarung, Gesetz oder Satzung festgelegte Zahl an, so hat ihn das Gericht auf Antrag auf diese Zahl zu ergänzen. In dringenden Fällen hat das Gericht auf Antrag den Verwaltungsrat auch vor Ablauf der Frist zu ergänzen. Das Antragsrecht bestimmt sich nach Absatz 1. Gegen die Entscheidung ist die Beschwerde zulässig.

(3) Das Amt des gerichtlich bestellten Mitglieds erlischt in jedem Fall, sobald der Mangel behoben ist.

(4) Das gerichtlich bestellte Mitglied hat Anspruch auf Ersatz angemessener barer Auslagen und, wenn den Mitgliedern der Gesellschaft eine Vergütung gewährt wird, auf Vergütung für seine Tätigkeit. Auf Antrag des Mitglieds setzt das Gericht die Vergütung und die Auslagen fest. Gegen die Entscheidung ist die Beschwerde zulässig; die Rechtsbeschwerde ist ausgeschlossen. Aus der rechtskräftigen Entscheidung findet die Zwangsvollstreckung nach der Zivilprozessordnung statt.

§ 31
Nichtigkeit der Wahl von Verwaltungsratsmitgliedern

(1) Die Wahl eines Verwaltungsratsmitglieds durch die Hauptversammlung ist außer im Fall des § 241 Nr. 1, 2 und 5 des Aktiengesetzes nur dann nichtig, wenn
1. der Verwaltungsrat unter Verstoß gegen § 24 Abs. 2, § 25 Abs. 2 Satz 1 oder § 26 Abs. 3 zusammengesetzt wird;
2. durch die Wahl die gesetzliche Höchstzahl der Verwaltungsratsmitglieder überschritten wird (§ 23);
3. die gewählte Person nach Artikel 47 Abs. 2 der Verordnung bei Beginn ihrer Amtszeit nicht Verwaltungsratsmitglied sein kann.

(2) Für die Parteifähigkeit für die Klage auf Feststellung, dass die Wahl eines Verwaltungsratsmitglieds nichtig ist, gilt § 250 Abs. 2 des Aktiengesetzes entsprechend. Parteifähig ist auch der SE-Betriebsrat.

(3) Erhebt ein Aktionär, ein Mitglied des Verwaltungsrats oder ein nach Absatz 2 Parteifähiger gegen die Gesellschaft Klage auf Feststellung, dass die Wahl eines Verwaltungsratsmitglieds nichtig ist, so gelten § 246 Abs. 2, 3 Satz 1 bis 4, Abs. 4, die §§ 247, 248 Abs. 1 Satz 2, die §§ 248a und 249 Abs. 2 des Aktiengesetzes entsprechend. Es ist nicht ausgeschlossen, die Nichtigkeit auf andere Weise als durch Erhebung der Klage geltend zu machen.

§ 32
Anfechtung der Wahl von Verwaltungsratsmitgliedern

Für die Anfechtung der Wahl von Verwaltungsratsmitgliedern findet § 251 des Aktiengesetzes mit der Maßgabe Anwendung, dass das gesetzwidrige Zustandekommen von Wahlvorschlägen für die Arbeitnehmervertreter im Verwaltungsrat nur nach den Vorschriften der Mitgliedstaaten über die Besetzung der ihnen zugewiesenen Sitze geltend gemacht werden kann. Für die Arbeitnehmervertreter aus dem Inland gilt § 37 Abs. 2 des SE Beteiligungsgesetzes.

§ 33
Wirkung des Urteils

Für die Urteilswirkung gilt § 252 des Aktiengesetzes entsprechend.

§ 34
Innere Ordnung des Verwaltungsrats

(1) Der Verwaltungsrat hat neben dem Vorsitzenden nach näherer Bestimmung der Satzung aus seiner Mitte mindestens einen Stellvertreter zu wählen. Der Stellvertreter hat nur dann die Rechte und Pflichten des Vorsitzenden, wenn dieser verhindert ist. Besteht der Verwaltungsrat nur aus einer Person, nimmt diese die dem Vorsitzenden des Verwaltungsrats gesetzlich zugewiesenen Aufgaben wahr.

(2) Der Verwaltungsrat kann sich eine Geschäftsordnung geben. Die Satzung kann Einzelfragen der Geschäftsordnung bindend regeln.

(3) Über die Sitzungen des Verwaltungsrats ist eine Niederschrift anzufertigen, die der Vorsitzende zu unterzeichnen hat. In der Niederschrift sind der Ort und der Tag der Sitzung, die Teilnehmer, die Gegenstände der Tagesordnung, der wesentliche Inhalt der Verhandlungen und die Beschlüsse des Verwaltungsrats anzugeben. Ein Verstoß gegen Satz 1 oder Satz 2 macht einen Beschluss nicht unwirksam. Jedem Mitglied des Verwaltungsrats ist auf Verlangen eine Abschrift der Sitzungsniederschrift auszuhändigen. Die Sätze 1 bis 4 finden auf einen Verwaltungsrat, der nur aus einer Person besteht, keine Anwendung.

(4) Der Verwaltungsrat kann aus seiner Mitte einen oder mehrere Ausschüsse bestellen, namentlich, um seine Verhandlungen und Beschlüsse vorzubereiten oder die Ausführung seiner Beschlüsse zu überwachen. Die Aufgaben nach Absatz 1 Satz 1 und nach § 22 Abs. 1 und 3, § 40 Abs. 1 Satz 1 und § 47 Abs. 3 dieses Gesetzes sowie nach § 68 Abs. 2 Satz 2, § 203 Abs. 2, § 204 Abs. 1 Satz 1, § 205 Abs. 2 Satz 1 und § 314 Abs. 2 und 3 des Aktiengesetzes können einem Ausschuss nicht an Stelle des Verwaltungsrats zur Beschlussfassung überwiesen werden. Dem Verwaltungsrat ist regelmäßig über die Arbeit der Ausschüsse zu berichten. Der Verwaltungsrat kann einen Prüfungsausschuss einrichten, dem insbesondere die Aufgaben nach § 107 Abs. 3 Satz 2 des Aktiengesetzes übertragen werden können. Richtet der Verwaltungsrat einer SE, die kapitalmarktorientiert im Sinne des § 264d des Handelsgesetzbuchs, die CRR-Kreditinstitut im Sinne des § 1 Absatz 3d Satz 1 des Kreditwesengesetzes, mit Ausnahme der in § 2

Absatz 1 Nummer 1 und 2 des Kreditwesengesetzes genannten Institute, oder die Versicherungsunternehmen im Sinne des Artikels 2 Absatz 1 der Richtlinie 91/674/EWG ist, einen Prüfungsausschuss ein, so muss dieser die Voraussetzungen des § 100 Absatz 5 des Aktiengesetzes erfüllen.

§ 35
Beschlussfassung

(1) Abwesende Mitglieder können dadurch an der Beschlussfassung des Verwaltungsrats und seiner Ausschüsse teilnehmen, dass sie schriftliche Stimmabgaben überreichen lassen. Die schriftlichen Stimmabgaben können durch andere Mitglieder überreicht werden. Sie können auch durch Personen, die nicht dem Verwaltungsrat angehören, übergeben werden, wenn diese nach § 109 Abs. 3 des Aktiengesetzes zur Teilnahme an der Sitzung berechtigt sind.

(2) Schriftliche, fernmündliche oder andere vergleichbare Formen der Beschlussfassung des Verwaltungsrats und seiner Ausschüsse sind vorbehaltlich einer näheren Regelung durch die Satzung oder eine Geschäftsordnung des Verwaltungsrats nur zulässig, wenn kein Mitglied diesem Verfahren widerspricht.

(3) Ist ein geschäftsführender Direktor, der zugleich Mitglied des Verwaltungsrats ist, aus rechtlichen Gründen gehindert, an der Beschlussfassung im Verwaltungsrat teilzunehmen, hat insoweit der Vorsitzende des Verwaltungsrats eine zusätzliche Stimme.

§ 36
Teilnahme an Sitzungen des Verwaltungsrats und seiner Ausschüsse

(1) An den Sitzungen des Verwaltungsrats und seiner Ausschüsse sollen Personen, die dem Verwaltungsrat nicht angehören, nicht teilnehmen. Sachverständige und Auskunftspersonen können zur Beratung über einzelne Gegenstände zugezogen werden.

(2) Mitglieder des Verwaltungsrats, die dem Ausschuss nicht angehören, können an den Ausschusssitzungen teilnehmen, wenn der Vorsitzende des Verwaltungsrats nichts anderes bestimmt.

(3) Die Satzung kann zulassen, dass an den Sitzungen des Verwaltungsrats und seiner Ausschüsse Personen, die dem Verwaltungsrat nicht angehören, an Stelle von verhinderten Mitgliedern teilnehmen können, wenn diese sie in Textform ermächtigt haben.

(4) Abweichende gesetzliche Bestimmungen bleiben unberührt.

§ 37
Einberufung des Verwaltungsrats

(1) Jedes Verwaltungsratsmitglied kann unter Angabe des Zwecks und der Gründe verlangen, dass der Vorsitzende des Verwaltungsrats unverzüglich den Verwaltungsrat einberuft. Die Sitzung muss binnen zwei Wochen nach der Einberufung stattfinden.

(2) Wird dem Verlangen nicht entsprochen, so kann das Verwaltungsratsmitglied unter Mitteilung des Sachverhalts und der Angabe einer Tagesordnung selbst den Verwaltungsrat einberufen.

§ 38
Rechtsverhältnisse der Mitglieder des Verwaltungsrats

(1) Für die Vergütung der Mitglieder des Verwaltungsrats gilt § 113 des Aktiengesetzes entsprechend.

(2) Für die Gewährung von Krediten an Mitglieder des Verwaltungsrats und für sonstige Verträge mit Mitgliedern des Verwaltungsrats gelten die §§ 114 und 115 des Aktiengesetzes entsprechend.

§ 39
Sorgfaltspflicht und Verantwortlichkeit der Verwaltungsratsmitglieder

Für die Sorgfaltspflicht und Verantwortlichkeit der Verwaltungsratsmitglieder gilt § 93 des Aktiengesetzes entsprechend.

§ 40
Geschäftsführende Direktoren

(1) Der Verwaltungsrat bestellt einen oder mehrere geschäftsführende Direktoren. Mitglieder des Verwaltungsrats können zu geschäftsführenden Direktoren bestellt werden, sofern die Mehrheit des Verwaltungsrats weiterhin aus nicht geschäftsführenden Mitgliedern besteht. Die Bestellung ist zur Eintragung in das Handelsregister anzumelden. Werden Dritte zu geschäftsführenden Direktoren bestellt, gilt für sie § 76 Abs. 3 des Aktiengesetzes entsprechend. Die Satzung kann Regelungen über die Bestellung eines oder mehrerer geschäftsführender Direktoren treffen. § 38 Abs. 2 des SE-Beteiligungsgesetzes bleibt unberührt.

(2) Die geschäftsführenden Direktoren führen die Geschäfte der Gesellschaft. Sind mehrere geschäftsführende Direktoren bestellt, so sind sie nur gemeinschaftlich zur Geschäftsführung befugt; die Satzung oder eine vom Verwaltungsrat erlassene Geschäftsordnung kann Abweichendes bestimmen. Gesetzlich dem Verwaltungsrat zugewiesene Aufgaben können nicht auf die geschäftsführenden Direktoren übertragen werden. Soweit nach den für Aktiengesellschaften geltenden Rechtsvorschriften der Vorstand Anmeldungen und die Einreichung von Unterlagen zum Handelsregister vorzunehmen hat, treten an die Stelle des Vorstands die geschäftsführenden Direktoren.

(3) Ergibt sich bei der Aufstellung der Jahresbilanz oder einer Zwischenbilanz oder ist bei pflichtgemäßem Ermessen anzunehmen, dass ein Verlust in der Hälfte des Grundkapitals besteht, so haben die geschäftsführenden Direktoren dem Vorsitzenden des Verwaltungsrats unverzüglich darüber zu berichten. Dasselbe gilt, wenn die Gesellschaft zahlungsunfähig wird oder sich eine Überschuldung der Gesellschaft ergibt.

(4) Sind mehrere geschäftsführende Direktoren bestellt, können sie sich eine Geschäftsordnung geben, wenn nicht die Satzung den Erlass einer Geschäftsordnung dem Verwaltungsrat übertragen hat oder der Verwaltungsrat eine Geschäftsordnung erlässt. Die Satzung kann Einzelfragen der Geschäftsordnung bindend regeln. Beschlüsse der geschäftsführenden Direktoren über die Geschäftsordnung müssen einstimmig gefasst werden.

(5) Geschäftsführende Direktoren können jederzeit durch Beschluss des Verwaltungsrats abberufen werden, sofern die Satzung nichts anderes regelt. Für die Ansprüche aus dem Anstellungsvertrag gelten die allgemeinen Vorschriften.

(6) Geschäftsführende Direktoren berichten dem Verwaltungsrat entsprechend § 90 des Aktiengesetzes, sofern die Satzung oder die Geschäftsordnung nichts anderes vorsieht.

(7) Die §§ 87 bis 89 des Aktiengesetzes gelten entsprechend.

(8) Für Sorgfaltspflicht und Verantwortlichkeit der geschäftsführenden Direktoren gilt § 93 des Aktiengesetzes entsprechend.

(9) Die Vorschriften über die geschäftsführenden Direktoren gelten auch für ihre Stellvertreter.

§ 41
Vertretung

(1) Die geschäftsführenden Direktoren vertreten die Gesellschaft gerichtlich und außergerichtlich. Hat eine Gesellschaft keine geschäftsführenden Direktoren (Führungslosigkeit), wird die Gesellschaft für den Fall, dass ihr gegenüber Willenserklärungen abgegeben oder Schriftstücke zugestellt werden, durch den Verwaltungsrat vertreten.

(2) Mehrere geschäftsführende Direktoren sind, wenn die Satzung nichts anderes bestimmt, nur gemeinschaftlich zur Vertretung der Gesellschaft befugt. Ist eine Willenserklärung gegenüber der Gesellschaft abzugeben, so genügt die Abgabe gegenüber einem geschäftsführenden Direktor oder im Fall des Absatzes 1 Satz 2 gegenüber einem Mitglied des Verwaltungsrats. § 78 Abs. 2 Satz 3 und 4 des Aktiengesetzes gilt entsprechend.

(3) Die Satzung kann auch bestimmen, dass einzelne geschäftsführende Direktoren allein oder in Gemeinschaft mit einem Prokuristen zur Vertretung der Gesellschaft befugt sind. Absatz 2 Satz 2 gilt in diesen Fällen entsprechend.

(4) Zur Gesamtvertretung befugte geschäftsführende Direktoren können einzelne von ihnen zur Vornahme bestimmter Geschäfte oder bestimmter Arten von Geschäften ermächtigen. Dies gilt entsprechend, wenn ein einzelner geschäftsführender Direktor in Gemeinschaft mit einem Prokuristen zur Vertretung der Gesellschaft befugt ist.

(5) Den geschäftsführenden Direktoren gegenüber vertritt der Verwaltungsrat die Gesellschaft gerichtlich und außergerichtlich.

§ 42
(weggefallen)

§ 43
Angaben auf Geschäftsbriefen

(1) Auf allen Geschäftsbriefen gleichviel welcher Form, die an einen bestimmten Empfänger gerichtet werden, müssen die Rechtsform und der Sitz der Gesellschaft, das Registergericht des Sitzes der Gesellschaft und die Nummer, unter der die Gesellschaft in das Handelsregister eingetragen ist, sowie alle geschäftsführenden Direktoren und der Vorsitzende des Verwaltungsrats mit dem Familiennamen und mindestens einem ausgeschriebenen Vornamen angegeben werden. § 80 Abs. 1 Satz 3 des Aktiengesetzes gilt entsprechend.

(2) § 80 Abs. 2 bis 4 des Aktiengesetzes gilt entsprechend.

§ 44
Beschränkungen der Vertretungs- und Geschäftsführungsbefugnis

(1) Die Vertretungsbefugnis der geschäftsführenden Direktoren kann nicht beschränkt werden.

(2) Im Verhältnis zur Gesellschaft sind die geschäftsführenden Direktoren verpflichtet, die Anweisungen und Beschränkungen zu beachten, die im Rahmen der für die SE geltenden Vorschriften die Satzung, der Verwaltungsrat, die Hauptversammlung und die Geschäftsordnungen des Verwaltungsrats und der geschäftsführenden Direktoren für die Geschäftsführungsbefugnis getroffen haben.

§ 45
Bestellung durch das Gericht

Fehlt ein erforderlicher geschäftsführender Direktor, so hat in dringenden Fällen das Gericht auf Antrag eines Beteiligten das Mitglied zu bestellen. § 85 Abs. 1 Satz 2, Abs. 2 und 3 des Aktiengesetzes gilt entsprechend.

§ 46
Anmeldung von Änderungen

(1) Die geschäftsführenden Direktoren haben jeden Wechsel der Verwaltungsratsmitglieder unverzüglich in den Gesellschaftsblättern bekannt zu machen und die Bekanntmachung zum Handelsregister einzureichen. Sie haben jede Änderung der geschäftsführenden Direktoren oder der Vertretungsbefugnis eines geschäftsführenden Direktors zur Eintragung in das Handelsregister anzumelden. Sie haben weiterhin die Wahl des Verwaltungsratsvorsitzenden und seines Stellvertreters sowie jede Änderung in der Person des Verwaltungsratsvorsitzenden oder seines Stellvertreters zum Handelsregister anzumelden.

(2) Die neuen geschäftsführenden Direktoren haben in der Anmeldung zu versichern, dass keine Umstände vorliegen, die ihrer Bestellung nach § 40 Abs. 1 Satz 4 entgegenstehen und dass sie über ihre unbeschränkte Auskunftspflicht gegenüber dem Gericht belehrt worden sind. § 37 Abs. 2 Satz 2 des Aktiengesetzes ist anzuwenden.

(3) § 81 Abs. 2 des Aktiengesetzes gilt für die geschäftsführenden Direktoren entsprechend.

§ 47
Prüfung und Feststellung des Jahresabschlusses

(1) Die geschäftsführenden Direktoren haben den Jahresabschluss und den Lagebericht unverzüglich nach ihrer Aufstellung dem Verwaltungsrat vorzulegen. Zugleich haben die geschäftsführenden Direktoren einen Vorschlag vorzulegen, den der Verwaltungsrat der Hauptversammlung für die Verwendung des Bilanzgewinns machen soll; § 170 Abs. 2 Satz 2 des Aktiengesetzes gilt entsprechend.

(2) Jedes Verwaltungsratsmitglied hat das Recht, von den Vorlagen und Prüfungsberichten Kenntnis zu nehmen. Die Vorlagen und Prüfungsberichte sind auch jedem Verwaltungs-ratsmitglied oder, soweit der Verwaltungsrat dies beschlossen hat und ein Bilanzausschuss besteht, den Mitgliedern des Ausschusses auszuhändigen.

(3) Für die Prüfung durch den Verwaltungsrat gilt § 171 Abs. 1 und 2 des Aktiengesetzes entsprechend.

(4) Absatz 1 Satz 1 und Absatz 3 gelten entsprechend für einen Einzelabschluss nach § 325 Abs. 2 a Satz 1 des Handelsgesetzbuchs sowie bei Mutterunternehmen (§ 290 Abs. 1, 2 des Handelsgesetzbuchs) für den Konzernabschluss und den Konzernlagebericht. Der Einzelabschluss nach § 325 Abs. 2 a Satz 1 des Handelsgesetzbuchs darf erst nach Billigung durch den Verwaltungsrat offen gelegt werden.

(5) Billigt der Verwaltungsrat den Jahresabschluss, so ist dieser festgestellt, sofern nicht der Verwaltungsrat beschließt, die Feststellung des Jahresabschlusses der Hauptversammlung zu überlassen. Die Beschlüsse des Verwaltungsrats sind in den Bericht des Verwaltungsrats an die Hauptversammlung aufzunehmen.

(6) Hat der Verwaltungsrat beschlossen, die Feststellung des Jahresabschlusses der Hauptversammlung zu überlassen, oder hat der Verwaltungsrat den Jahresabschluss nicht gebilligt, so stellt die Hauptversammlung den Jahresabschluss fest. Hat der Verwaltungsrat eines Mutterunternehmens (§ 290 Abs. 1, 2 des Handelsgesetzbuchs) den Konzernabschluss nicht gebilligt, so entscheidet die Hauptversammlung über die Billigung. Für die Feststellung des Jahresabschlusses oder die Billigung des Konzernabschlusses durch die Hauptversammlung gilt § 173 Abs. 2 und 3 des Aktiengesetzes entsprechend.

§ 48
Ordentliche Hauptversammlung

(1) Unverzüglich nach der Zuleitung des Berichts an die geschäftsführenden Direktoren hat der Verwaltungsrat die Hauptversammlung zur Entgegennahme des festgestellten Jahresabschlusses und des Lageberichts, eines vom Verwaltungsrat gebilligten Einzelabschlusses nach § 325 Abs. 2 a Satz 1 des Handelsgesetzbuchs sowie zur Beschlussfassung über die Verwendung des Bilanzgewinns, bei einem Mutterunternehmen (§ 290 Abs. 1, 2 des Handelsgesetzbuchs) auch zur Entgegennahme des vom Verwaltungsrat gebilligten Konzernabschlusses und des Konzernlageberichts, einzuberufen.

(2) Die Vorschriften des § 175 Abs. 2 bis 4 und des § 176 Abs. 2 des Aktiengesetzes gelten entsprechend. Der Verwaltungsrat hat der Hauptversammlung die in § 176 Abs. 1 Satz 1 des Aktiengesetzes angegebenen Vorlagen zugänglich zu machen. Zu Beginn der Verhandlung soll der Verwaltungsrat seine Vorlagen erläutern. Er soll dabei auch zu einem Jahresfehlbetrag oder einem Verlust Stellung nehmen, der das Jahresergebnis wesentlich beeinträchtigt hat. Satz 4 ist auf Kreditinstitute nicht anzuwenden.

§ 49
Leitungsmacht und Verantwortlichkeit bei Abhängigkeit von Unternehmen

(1) Für die Anwendung der Vorschriften der §§ 308 bis 318 des Aktiengesetzes treten an die Stelle des Vorstands der Gesellschaft die geschäftsführenden Direktoren.

(2) Für die Anwendung der Vorschriften der §§ 319 bis 327 des Aktiengesetzes treten an die Stelle des Vorstands der eingegliederten Gesellschaft die geschäftsführenden Direktoren.

Unterabschnitt 3
Hauptversammlung

§ 50
Einberufung und Ergänzung der Tagesordnung auf Verlangen einer Minderheit

(1) Die Einberufung der Hauptversammlung und die Aufstellung ihrer Tagesordnung nach Artikel 55 der Verordnung kann von einem oder mehreren Aktionären beantragt werden, sofern sein oder ihr Anteil am Grundkapital mindestens 5 Prozent beträgt.

(2) Die Ergänzung der Tagesordnung für eine Hauptversammlung durch einen oder mehrere Punkte kann von einem oder mehreren Aktionären beantragt werden, sofern sein oder ihr Anteil 5 Prozent des Grundkapitals oder den anteiligen Betrag von 500.000 Euro erreicht.

§ 51
Satzungsänderungen

Die Satzung kann bestimmen, dass für einen Beschluss der Hauptversammlung über die Änderung der Satzung die einfache Mehrheit der abgegebenen Stimmen ausreicht, sofern mindestens die Hälfte des Grundkapitals vertreten ist. Dies gilt nicht für die Änderung des Gegenstands des Unternehmens, für einen Beschluss gemäß Artikel 8 Abs. 6 der Verordnung sowie für Fälle, für die eine höhere Kapitalmehrheit gesetzlich zwingend vorgeschrieben ist.

Abschnitt 5
Auflösung

§ 52
Auflösung der SE bei Auseinanderfallen von Sitz und Hauptverwaltung

(1) Erfüllt eine SE nicht mehr die Verpflichtung nach Artikel 7 der Verordnung, so gilt dies als Mangel der Satzung im Sinne des § 262 Abs. 1 Nr. 5 des Aktiengesetzes. Das Registergericht fordert die SE auf, innerhalb einer bestimmten Frist den vorschriftswidrigen Zustand zu beenden, indem sie
1. entweder ihre Hauptverwaltung wieder im Sitzstaat errichtet oder
2. ihren Sitz nach dem Verfahren des Artikels 8 der Verordnung verlegt.

(2) Wird innerhalb der nach Absatz 1 bestimmten Frist der Aufforderung nicht genügt, so hat das Gericht den Mangel der Satzung festzustellen.

(3) Gegen Verfügungen, durch welche eine Feststellung nach Absatz 2 getroffen wird, findet die Beschwerde statt.

Abschnitt 6
Straf- und Bußgeldvorschriften

§ 53
Straf- und Bußgeldvorschriften

(1) Die Strafvorschriften des § 399 Abs. 1 Nr. 1 bis 5 und Abs. 2, des § 400 und der §§ 402 bis 404a des Aktiengesetzes, der §§ 331 bis 333 des Handelsgesetzbuchs und der §§ 313 bis 315 des Umwandlungsgesetzes sowie die Bußgeldvorschriften des § 405 des Aktiengesetzes und des § 334 des Handelsgesetzbuchs gelten auch für die SE im Sinne des Artikels 9 Abs. 1 Buchstabe c Doppelbuchstabe ii der Verordnung. Soweit sie
1. Mitglieder des Vorstands,
2. Mitglieder des Aufsichtsrats oder
3. Mitglieder des vertretungsberechtigten Organs einer Kapitalgesellschaft betreffen, gelten sie bei der SE mit dualistischem System in den Fällen der Nummern 1 und 3 für die Mitglieder des Leitungsorgans und in den Fällen der Nummer 2 für die Mitglieder des Aufsichtsorgans. Bei der SE mit monistischem System gelten sie in den Fällen der Nummern 1 und 3 für die geschäftsführenden Direktoren und in den Fällen der Nummer 2 für die Mitglieder des Verwaltungsrats. § 407a des Aktiengesetzes gilt bei Anwendung der Strafvorschriften des § 404a des Aktiengesetzes sowie der Bußgeldvorschriften des § 405 Absatz 3b bis 3d des Aktiengesetzes entsprechend.

(2) Die Strafvorschriften des § 399 Abs. 1 Nr. 6 und des § 401 des Aktiengesetzes gelten im Sinne des Artikels 9 Abs. 1 Buchstabe c Doppelbuchstabe ii der Verordnung auch für die SE mit dualistischem System. Soweit sie Mitglieder des Vorstands betreffen, gelten sie für die Mitglieder des Leitungsorgans.

(3) Mit Freiheitsstrafe bis zu drei Jahren oder mit Geldstrafe wird bestraft, wer
1. als Vorstandsmitglied entgegen § 8 Satz 2,
2. als Mitglied des Leitungsorgans einer SE mit dualistischem System oder als geschäftsführender Direktor einer SE mit monistischem System entgegen § 13 Abs. 3,
3. als geschäftsführender Direktor einer SE mit monistischem System entgegen § 21 Abs. 2 Satz 1 oder § 46 Abs. 2 Satz 1 oder
4. als Abwickler einer SE mit monistischem System entgegen Artikel 9 Abs. 1 Buchstabe c Doppelbuchstabe ii der Verordnung in Verbindung mit § 266 Abs. 3 Satz 1 des Aktiengesetzes eine Versicherung nicht richtig abgibt.

(4) Ebenso wird bestraft, wer bei einer SE mit monistischem System
1. als Mitglied des Verwaltungsrats entgegen § 22 Abs. 5 Satz 1 die Hauptversammlung nicht oder nicht rechtzeitig einberuft oder ihr den Verlust nicht, nicht richtig, nicht vollständig oder nicht rechtzeitig anzeigt oder
2. als Mitglied des Verwaltungsrats entgegen § 22 Abs. 5 Satz 2 in Verbindung mit § 15a Abs. 1 Satz 1der Insolvenzordnung, die Eröffnung des Insolvenzverfahrens nicht oder nicht rechtzeitig beantragt.

(5) Handelt der Täter in den Fällen des Absatzes 4 fahrlässig, so ist die Strafe Freiheitsstrafe bis zu einem Jahr oder Geldstrafe.

Abschnitt 7
Schlussbestimmungen

§ 54
Übergangsvorschrift zum Bilanzrechtsmodernisierungsgesetz

§ 27 Abs. 1 Satz 4 und § 34 Abs. 4 Satz 2 und 3 in der Fassung des Bilanzrechtsmodernisierungsgesetzes vom 25. Mai 2009 (BGBl. I S. 1102) finden keine Anwendung, solange alle Mitglieder des Verwaltungsrats und des Prüfungsausschusses vor dem 29. Mai 2009 bestellt worden sind.

§ 55
Übergangsvorschrift zum Gesetz zur Umsetzung der Aktionärsrechterichtlinie

In den Fällen des § 6 Abs. 3 Satz 1 und des § 7 Abs. 2 Satz 2 bleibt es für die Zeit vor dem 1. September 2009 bei dem bis dahin geltenden Zinssatz.

§ 56
Übergangsvorschrift zum Abschlussprüfungsreformgesetz

§ 27 Absatz 1 Satz 4 und § 34 Absatz 4 Satz 5 jeweils in der Fassung des Abschlussprüfungsreformgesetzes vom 10. Mai 2016 (BGBl. I S. 1142) müssen so lange nicht angewandt werden, wie alle Mitglieder des Verwaltungsrates und des Prüfungsausschusses vor dem 17. Juni 2016 bestellt worden sind.

Artikel 2
Gesetz über die Beteiligung der Arbeitnehmer in einer Europäischen Gesellschaft (SE-Beteiligungsgesetz – SEBG)

Inhaltsübersicht

Kapitel 2
Wahlgremium

Kapitel 3
Verhandlungsverfahren

Teil 3
Beteiligung der Arbeitnehmer in der SE

Kapitel 1
Beteiligung der Arbeitnehmer kraft Vereinbarung

Kapitel 2
Beteiligung der Arbeitnehmer kraft Gesetzes

Abschnitt 1
SE -Betriebsratkraft Gesetzes

Unterabschnitt 1
Bildung und Geschäftsführung

Unterabschnitt 2
Aufgaben

Unterabschnitt 3
Freistellung und Kosten

Teil 1
Allgemeine Vorschriften

§ 1
Zielsetzung des Gesetzes

(1) Das Gesetz regelt die Beteiligung der Arbeitnehmer in einer Europäischen Gesellschaft (SE), die Gegenstand der Verordnung (EG) Nr. 2157/2001 des Rates vom 8. Oktober 2001 über das Statut der Europäischen Gesellschaft (ABl. EG Nr. L 294 S. 1) ist. Ziel des Gesetzes ist, in einer SE die erworbenen Rechte der Arbeitnehmer (Arbeitnehmerinnen und Arbeitnehmer) auf Beteiligung an Unternehmensentscheidungen zu sichern. Maßgeblich für die Ausgestaltung der Beteiligungsrechte der Arbeitnehmer in der SE sind die bestehenden Beteiligungsrechte in den Gesellschaften, die die SE gründen.

(2) Zur Sicherung des Rechts auf grenzüberschreitende Unterrichtung, Anhörung, Mitbestimmung und sonstige Beteiligung der Arbeitnehmer wird eine Vereinbarung über die Beteiligung der Arbeitnehmer in der SE getroffen. Kommt es nicht zu einer Vereinbarung, wird eine Beteiligung der Arbeitnehmer in der SE kraft Gesetzes sichergestellt.

(3) Die Vorschriften dieses Gesetzes sowie die nach Absatz 2 zu treffende Vereinbarung sind so auszulegen, dass die Ziele der Europäischen Gemeinschaft, die Beteiligung der Arbeitnehmer in der SE sicherzustellen, gefördert werden.

(4) Die Grundsätze der Absätze 1 bis 3 gelten auch für strukturelle Änderungen einer gegründeten SE sowie für deren Auswirkungen auf die betroffenen Gesellschaften und ihre Arbeitnehmer.

§ 2
Begriffsbestimmungen

(1) Der Begriff des Arbeitnehmers richtet sich nach den Rechtsvorschriften und Gepflogenheiten der jeweiligen Mitgliedstaaten. Arbeitnehmer eines inländischen Unternehmens oder Betriebs sind Arbeiter und Angestellte einschließlich der zu ihrer Berufsausbildung Beschäftigten und der in § 5 Abs. 3 Satz 2 des Betriebsverfassungsgesetzes

genannten leitenden Angestellten, unabhängig davon, ob sie im Betrieb, im Außendienst oder mit Telearbeit beschäftigt werden. Als Arbeitnehmer gelten auch die in Heimarbeit Beschäftigten, die in der Hauptsache für das Unternehmen oder den Betrieb arbeiten.

(2) Beteiligte Gesellschaften sind die Gesellschaften, die unmittelbar an der Gründung einer SE beteiligt sind.

(3) Tochtergesellschaften sind rechtlich selbstständige Unternehmen, auf die eine andere Gesellschaft einen beherrschenden Einfluss im Sinne von Artikel 3 Abs. 2 bis 7 der Richtlinie 94/45/EG des Rates vom 22. September 1994 über die Einsetzung eines Europäischen Betriebsrats oder die Schaffung eines Verfahrens zur Unterrichtung und Anhörung der Arbeitnehmer in gemeinschaftsweit operierenden Unternehmen und Unternehmensgruppen (ABl. EG Nr. L 254 S. 64) ausüben kann. § 6 Abs. 2 bis 4 des Europäische Betriebsräte-Gesetzes vom 28. Oktober 1996 (BGBl. I S. 1548, 2022) ist anzuwenden.

(4) Betroffene Tochtergesellschaften oder betroffene Betriebe sind Tochtergesellschaften oder Betriebe einer beteiligten Gesellschaft, die zu Tochtergesellschaften oder Betrieben der SE werden sollen.

(5) Leitung bezeichnet das Organ der unmittelbar an der Gründung der SE beteiligten Gesellschaften oder der SE selbst, das die Geschäfte der Gesellschaft führt und zu ihrer Vertretung berechtigt ist. Bei den beteiligten Gesellschaften ist dies das Leitungs- oder Verwaltungsorgan, bei der SE das Leitungsorgan oder die geschäftsführenden Direktoren.

(6) Arbeitnehmervertretung bezeichnet jede Vertretung der Arbeitnehmer nach dem Betriebsverfassungsgesetz (Betriebsrat, Gesamtbetriebsrat, Konzernbetriebsrat oder eine nach § 3 Abs. 1 Nr. 1 bis 3 des Betriebsverfassungsgesetzes gebildete Vertretung).

(7) SE-Betriebsrat bezeichnet das Vertretungsorgan der Arbeitnehmer der SE, das durch eine Vereinbarung nach § 21 oder kraft Gesetzes nach den §§ 22 bis 33 eingesetzt wird, um die Rechte auf Unterrichtung und Anhörung der Arbeitnehmer der SE, ihrer Tochtergesellschaften und Betriebe und, wenn vereinbart, Mitbestimmungsrechte und sonstige Beteiligungsrechte in Bezug auf die SE wahrzunehmen.

(8) Beteiligung der Arbeitnehmer bezeichnet jedes Verfahren – einschließlich der Unterrichtung, Anhörung und Mitbestimmung –, durch das die Vertreter der Arbeitnehmer auf die Beschlussfassung in der Gesellschaft Einfluss nehmen können.

(9) Beteiligungsrechte sind Rechte, die den Arbeitnehmern und ihren Vertretern im Bereich der Unterrichtung, Anhörung, Mitbestimmung und der sonstigen Beteiligung zustehen. Hierzu kann auch die Wahrnehmung dieser Rechte in den Konzernunternehmen der SE gehören.

(10) Unterrichtung bezeichnet die Unterrichtung des SE-Betriebsrats oder anderer Arbeitnehmervertreter durch die Leitung der SE über Angelegenheiten, welche die SE selbst oder eine ihrer Tochtergesellschaften oder einen ihrer Betriebe in einem anderen Mitgliedstaat betreffen oder die über die Befugnisse der zuständigen Organe auf der Ebene des einzelnen Mitgliedstaats hinausgehen. Zeitpunkt, Form und Inhalt der Unterrichtung sind so zu wählen, dass es den Arbeitnehmervertretern möglich ist, zu erwartende Auswirkungen eingehend zu prüfen und gegebenenfalls eine Anhörung mit der Leitung der SE vorzubereiten.

(11) Anhörung bezeichnet die Einrichtung eines Dialogs und eines Meinungsaustauschs zwischen dem SE-Betriebsrat oder anderer Arbeitnehmervertreter und der Leitung der SE oder einer anderen zuständigen mit eigenen Entscheidungsbefugnissen ausgestatteten Leitungsebene. Zeitpunkt, Form und Inhalt der Anhörung müssen dem SE-Betriebsrat auf der Grundlage der erfolgten Unterrichtung eine Stellungnahme zu den geplanten Maßnahmen der Leitung der SE ermöglichen, die im Rahmen des Entscheidungsprozesses innerhalb der SE berücksichtigt werden kann.

(12) Mitbestimmung bedeutet die Einflussnahme der Arbeitnehmer auf die Angelegenheiten einer Gesellschaft durch

1. die Wahrnehmung des Rechts, einen Teil der Mitglieder des Aufsichts- oder Verwaltungsorgans der Gesellschaft zu wählen oder zu bestellen, oder
2. die Wahrnehmung des Rechts, die Bestellung eines Teils oder aller Mitglieder des Aufsichts-oder Verwaltungsorgans der Gesellschaft zu empfehlen oder abzulehnen.

§ 3
Geltungsbereich

(1) Dieses Gesetz gilt für eine SE mit Sitz im Inland. Es gilt unabhängig vom Sitz der SE auch für Arbeitnehmer der SE, die im Inland beschäftigt sind sowie für beteiligte Gesellschaften, betroffene Tochtergesellschaften und betroffene Betriebe mit Sitz im Inland.

(2) Mitgliedstaaten im Sinne dieses Gesetzes sind die Mitgliedstaaten der Europäischen Union und die anderen Vertragsstaaten des Abkommens über den Europäischen Wirtschaftsraum.

Teil 2
Besonderes Verhandlungsgremium

Kapitel 1
Bildung und Zusammensetzung

§ 4
Information der Leitungen

(1) Das besondere Verhandlungsgremium ist auf Grund einer schriftlichen Aufforderung der Leitungen zu bilden. Es hat die Aufgabe, mit den Leitungen eine schriftliche Vereinbarung über die Beteiligung der Arbeitnehmer in der SE abzuschließen.

(2) Wenn die Leitungen die Gründung einer SE planen, informieren sie die Arbeitnehmervertretungen und Sprecherausschüsse in den beteiligten Gesellschaften, betroffenen Tochtergesellschaften und betroffenen Betrieben über das Gründungsvorhaben. Besteht keine Arbeitnehmervertretung, erfolgt die Information gegenüber den Arbeitnehmern. Die Information erfolgt unaufgefordert und unverzüglich nach Offenlegung des Verschmelzungsplans, des Gründungsplans für eine Holdinggesellschaft, des Umwandlungsplans oder nach Abschluss der Vereinbarung eines Plans zur Gründung einer Tochtergesellschaft.

(3) Die Information erstreckt sich insbesondere auf

1. die Identität und Struktur der beteiligten Gesellschaften, betroffenen Tochtergesellschaften und betroffenen Betriebe und deren Verteilung auf die Mitgliedstaaten;
2. die in diesen Gesellschaften und Betrieben bestehenden Arbeitnehmervertretungen;
3. die Zahl der in diesen Gesellschaften und Betrieben jeweils beschäftigten Arbeitnehmer sowie die daraus zu errechnende Gesamtzahl der in einem Mitgliedstaat beschäftigten Arbeitnehmer;
4. die Zahl der Arbeitnehmer, denen Mitbestimmungsrechte in den Organen dieser Gesellschaften zustehen.

(4) Maßgeblicher Zeitpunkt für die Ermittlung der Zahl der Arbeitnehmer ist der Zeitpunkt der Information nach Absatz 2.

§ 5
Zusammensetzung des besonderen Verhandlungsgremiums

(1) Für die in jedem Mitgliedstaat beschäftigten Arbeitnehmer der beteiligten Gesellschaften, betroffenen Tochtergesellschaften und betroffenen Betriebe werden Mitglieder für das besondere Verhandlungsgremium gewählt oder bestellt. Für jeden Anteil der in einem Mitgliedstaat beschäftigten Arbeitnehmer, der 10 Prozent der Gesamtzahl der in allen Mitgliedstaaten beschäftigten Arbeitnehmer der beteiligten Gesellschaften und der betroffenen Tochtergesellschaften oder betroffenen Betriebe oder einen Bruchteil davon beträgt, ist ein Mitglied aus diesem Mitgliedstaat in das besondere Verhandlungsgremium zu wählen oder zu bestellen.

(2) Wird die SE durch Verschmelzung gegründet, sind so viele zusätzliche Mitglieder in das besondere Verhandlungsgremium zu wählen oder zu bestellen, wie erforderlich sind, um zu gewährleisten, dass jede beteiligte Gesellschaft, die eingetragen ist und Arbeitnehmer in dem betreffenden Mitgliedstaat beschäftigt und die als Folge der geplanten Eintragung der SE als eigene Rechtspersönlichkeit erlöschen wird, in dem besonderen Verhandlungsgremium durch mindestens ein Mitglied vertreten ist. Dies darf nicht zu einer Doppelvertretung der betroffenen Arbeitnehmer führen.

(3) Die Zahl der zusätzlichen Mitglieder darf 20 Prozent der sich aus Absatz 1 ergebenden Mitgliederzahl nicht überschreiten. Kann danach nicht jede nach Absatz 2 besonders zu berücksichtigende Gesellschaft durch ein zusätzliches Mitglied im besonderen Verhandlungsgremium vertreten werden, so werden diese Gesellschaften in absteigender Reihenfolge der Zahl der bei ihnen beschäftigten Arbeitnehmer berücksichtigt. Dabei ist zu gewährleisten, dass ein Mitgliedstaat nicht mehrere zusätzliche Sitze erhält, solange nicht alle anderen Mitgliedstaaten, aus denen die nach Absatz 2 besonders zu berücksichtigenden Gesellschaften stammen, einen Sitz erhalten haben.

(4) Treten während der Tätigkeitsdauer des besonderen Verhandlungsgremiums solche Änderungen in der Struktur oder Arbeitnehmerzahl der beteiligten Gesellschaften, der betroffenen Tochtergesellschaften oder der betroffenen Betriebe ein, dass sich die konkrete Zusammensetzung des besonderen Verhandlungsgremiums ändern würde, so ist das besondere Verhandlungsgremium entsprechend neu zusammenzusetzen. Über solche Änderungen haben die zuständigen Leitungen unverzüglich das besondere Verhandlungsgremium zu informieren. § 4 Abs. 2 bis 4 gilt entsprechend.

§ 6
Persönliche Voraussetzungen der auf das Inland entfallenden Mitglieder des besonderen Verhandlungsgremiums

(1) Die persönlichen Voraussetzungen der Mitglieder des besonderen Verhandlungsgremiums richten sich nach den jeweiligen Bestimmungen der Mitgliedstaaten, in denen sie gewählt oder bestellt werden.

(2) Zu Mitgliedern des besonderen Verhandlungsgremiums wählbar sind im Inland Arbeitnehmer der Gesellschaften und Betriebe sowie Gewerkschaftsvertreter. Frauen und Männer sollen entsprechend ihrem zahlenmäßigen Verhältnis gewählt werden. Für jedes Mitglied ist ein Ersatzmitglied zu wählen.

(3) Gehören dem besonderen Verhandlungsgremium mehr als zwei Mitglieder aus dem Inland an, ist jedes dritte Mitglied ein Vertreter einer Gewerkschaft, die in einem an der Gründung der SE beteiligten Unternehmen vertreten ist.

(4) Gehören dem besonderen Verhandlungsgremium mehr als sechs Mitglieder aus dem Inland an, ist mindestens jedes siebte Mitglied ein leitender Angestellter.

§ 7
Verteilung der auf das Inland entfallenden Sitze des besonderen Verhandlungsgremiums

(1) Die Wahl oder Bestellung der Mitglieder des besonderen Verhandlungsgremiums nach § 5 erfolgt nach den jeweiligen Bestimmungen der Mitgliedstaaten.

(2) Bei der Wahl der auf das Inland entfallenden Mitglieder des besonderen Verhandlungsgremiums sollen alle an der Gründung der SE beteiligten Gesellschaften mit Sitz im Inland, die Arbeitnehmer im Inland beschäftigen, durch mindestens ein Mitglied im besonderen Verhandlungsgremium vertreten sein.

(3) Ist die Anzahl der auf das Inland entfallenden Mitglieder des besonderen Verhandlungsgremiums geringer als die Anzahl der an der Gründung der SE beteiligten Gesellschaften mit Sitz im Inland, die Arbeitnehmer im Inland beschäftigen, so erhalten die Gesellschaften in absteigender Reihenfolge der Zahl der Arbeitnehmer jeweils einen Sitz.

(4) Ist die Anzahl der auf das Inland entfallenden Mitglieder des besonderen Verhandlungsgremiums höher als die Anzahl der an der Gründung der SE beteiligten Gesellschaften mit Sitz im Inland, die Arbeitnehmer im Inland beschäftigen, so sind die nach erfolgter Verteilung nach Absatz 2 verbleibenden Sitze nach dem d'Hondtschen Höchstzahlenverfahren auf die beteiligten Gesellschaften zu verteilen.

(5) Sind keine Gesellschaften mit Sitz im Inland an der Gründung der SE beteiligt, sondern von ihr nur Betriebe ausländischer Gesellschaften betroffen, gelten die Absätze 2 bis 4 entsprechend.

Kapitel 2
Wahlgremium

§ 8
Zusammensetzung des Wahlgremiums; Urwahl

(1) Die nach diesem Gesetz oder dem Gesetz eines anderen Mitgliedstaats auf die im Inland beschäftigten Arbeitnehmer der an der Gründung der SE beteiligten Gesellschaften, betroffenen Tochtergesellschaften und betroffenen Betriebe entfallenden Mitglieder des besonderen Verhandlungsgremiums werden von einem Wahlgremium in geheimer und unmittelbarer Wahl gewählt. Im Fall des § 6 Abs. 3 ist jedes dritte Mitglied auf Vorschlag einer Gewerkschaft zu wählen, die in einem an der Gründung der SE beteiligten Unternehmen vertreten ist. Wird nur ein Wahlvorschlag gemacht, muss dieser mindestens doppelt so viele Bewerber enthalten wie Vertreter von Gewerkschaften zu wählen sind. Jeder Wahlvorschlag einer Gewerkschaft muss von einem Vertreter der Gewerkschaft un-

terzeichnet sein. Im Fall des § 6 Abs. 4 ist jedes siebte Mitglied auf Vorschlag der Sprecherausschüsse zu wählen; Satz 3 gilt entsprechend. Besteht in einem beteiligten Unternehmen oder in einer beteiligten Unternehmensgruppe kein Sprecherausschuss, können die leitenden Angestellten Wahlvorschläge machen; ein Wahlvorschlag muss von einem Zwanzigstel oder 50 der wahlberechtigten leitenden Angestellten unterzeichnet sein.

(2) Ist aus dem Inland nur eine Unternehmensgruppe an der SE-Gründung beteiligt, besteht das Wahlgremium aus den Mitgliedern des Konzernbetriebsrats oder, sofern ein solcher nicht besteht, aus den Mitgliedern der Gesamtbetriebsräte, oder, sofern ein solcher in einem Unternehmen nicht besteht, aus den Mitgliedern des Betriebsrats. Betriebsratslose Betriebe und Unternehmen einer Unternehmensgruppe werden vom Konzernbetriebsrat, Gesamtbetriebsrat oder Betriebsrat mit vertreten.

(3) Ist aus dem Inland nur ein Unternehmen an der Gründung einer SE beteiligt, besteht das Wahlgremium aus den Mitgliedern des Gesamtbetriebsrats, oder, sofern ein solcher nicht besteht, aus den Mitgliedern des Betriebsrats. Betriebsratslose Betriebe eines Unternehmens werden vom Gesamtbetriebsrat oder Betriebsrat mit vertreten.

(4) Ist aus dem Inland nur ein Betrieb von der Gründung einer SE betroffen, besteht das Wahlgremium aus den Mitgliedern des Betriebsrats.

(5) Sind an der Gründung der SE eine oder mehrere Unternehmensgruppen oder nicht verbundene Unternehmen beteiligt oder sind von der Gründung unternehmensunabhängige Betriebe betroffen, setzt sich das Wahlgremium aus den jeweiligen Arbeitnehmervertretungen auf Konzernebene, Unternehmensebene oder Betriebsebene zusammen. Die Absätze 2 bis 4 gelten entsprechend. Ist in den Fällen des Satzes 1 eine entsprechende Arbeitnehmervertretung nicht vorhanden, werden diese Mitglieder des Wahlgremiums von den Arbeitnehmern in Urwahl gewählt. Die Wahl wird von einem Wahlvorstand eingeleitet und durchgeführt, der in einer Versammlung der Arbeitnehmer gewählt wird, zu der die inländische Konzernleitung, Unternehmensleitung oder Betriebsleitung einlädt. Es sind so viele Mitglieder des Wahlgremiums zu wählen, wie eine bestehende Arbeitnehmervertretung in den Fällen der Absätze 2 bis 4 an gesetzlichen Mitgliedern hätte; für das Wahlverfahren gilt Absatz 7 Satz 3 bis 5 entsprechend.

(6) Das Wahlgremium besteht aus höchstens 40 Mitgliedern. Würde diese Höchstzahl überschritten, ist die Anzahl der Mitglieder in dem Wahlgremium entsprechend ihrem zahlenmäßigen Verhältnis nach dem d'Hondtschen Höchstzahlverfahren zu verringern.

(7) Besteht in den Fällen der Absätze 2 bis 5 keine Arbeitnehmervertretung, wählen die Arbeitnehmer die Mitglieder des besonderen Verhandlungsgremiums in geheimer und unmittelbarer Wahl. Die Wahl wird von einem Wahlvorstand eingeleitet und durchgeführt, der in einer Versammlung der Arbeitnehmer gewählt wird, zu der die inländische Konzernleitung, Unternehmensleitung oder Betriebsleitung einlädt. Die Wahl der Mitglieder des besonderen Verhandlungsgremiums erfolgt nach den Grundsätzen der Verhältniswahl. Sie erfolgt nach den Grundsätzen der Mehrheitswahl, wenn nur ein Wahlvorschlag eingereicht wird. Jeder Wahlvorschlag der Arbeitnehmer muss von mindestens einem Zwanzigstel der wahlberechtigten Arbeitnehmer, mindestens jedoch von drei Wahlberechtigten, höchstens aber von 50 Wahlberechtigten unterzeichnet sein; in Betrieben mit in der Regel bis zu 20 wahlberechtigten Arbeitnehmern genügt die Unterzeichnung durch zwei Wahlberechtigte. § 8 Abs. 1 Satz 2 bis 6 gilt entsprechend.

§ 9
Einberufung des Wahlgremiums

(1) Auf der Grundlage der von den Leitungen erhaltenen Informationen hat der Vorsitzende der Arbeitnehmervertretung auf Konzernebene oder, sofern eine solche nicht besteht, auf Unternehmensebene oder, sofern eine solche nicht besteht, auf Betriebsebene 1. Ort, Tag und Zeit der Versammlung des Wahlgremiums festzulegen; 2. die Anzahl der Mitglieder aus den jeweiligen Arbeitnehmervertretungen nach § 8 Abs. 6 festzulegen; 3. zur Versammlung des Wahlgremiums einzuladen.

(2) Bestehen auf einer Ebene mehrere Arbeitnehmervertretungen, treffen die Verpflichtungen nach Absatz 1 den Vorsitzenden der Arbeitnehmervertretung, die die meisten Arbeitnehmer vertritt.

§ 10
Wahl der Mitglieder des besonderen Verhandlungsgremiums

(1) Bei der Wahl müssen mindestens zwei Drittel der Mitglieder des Wahlgremiums, die mindestens zwei Drittel der Arbeitnehmer vertreten, anwesend sein. Die Mitglieder des Wahlgremiums haben jeweils so viele Stimmen, wie sie Arbeitnehmer vertreten. Die Wahl erfolgt mit einfacher Mehrheit der abgegebenen Stimmen.

(2) Im Wahlgremium vertreten die Arbeitnehmervertretungen und die in Urwahl gewählten Mitglieder jeweils alle Arbeitnehmer der organisatorischen Einheit, für die sie nach § 8 Abs. 2 bis 5 zuständig sind. Nicht nach Satz 1 vertretene Arbeitnehmer werden den Arbeitnehmervertretungen innerhalb der jeweiligen Unternehmensgruppe zu gleichen Teilen zugerechnet.

(3) Sind für eine Arbeitnehmervertretung mehrere Mitglieder im Wahlgremium vertreten, werden die entsprechend der von ihnen vertretenen Arbeitnehmer bestehenden Stimmenanteile gleichmäßig aufgeteilt. Dies gilt auch für die nach § 8 Abs. 5 Satz 3 gewählten Mitglieder des Wahlgremiums.

Kapitel 3
Verhandlungsverfahren

§ 11
Information über die Mitglieder des besonderen Verhandlungsgremiums

(1) Die Wahl oder Bestellung der Mitglieder des besonderen Verhandlungsgremiums soll innerhalb von zehn Wochen nach der in § 4 Abs. 2 und 3 vorgeschriebenen Information erfolgen. Den Leitungen sind unverzüglich die Namen der Mitglieder des besonderen Verhandlungsgremiums, ihre Anschriften sowie die jeweilige Betriebszugehörigkeit mitzuteilen. Die Leitungen haben die örtlichen Betriebs- und Unternehmensleitungen, die dort bestehenden Arbeitnehmervertretungen und Sprecherausschüsse sowie die in inländischen Betrieben vertretenen Gewerkschaften über diese Angaben zu informieren.

(2) Das Verhandlungsverfahren nach den §§ 12 bis 17 findet auch dann statt, wenn die in Absatz 1 Satz 1 genannte Frist aus Gründen, die die Arbeitnehmer zu vertreten haben, überschritten wird. Nach Ablauf der Frist gewählte oder bestellte Mitglieder können sich jederzeit an dem Verhandlungsverfahren beteiligen.

§ 12
Sitzungen; Geschäftsordnung

(1) Die Leitungen laden unverzüglich nach Benennung der Mitglieder oder im Fall des § 11 nach Ablauf der in § 11 Abs. 1 Satz 1 genannten Frist zur konstituierenden Sitzung des besonderen Verhandlungsgremiums ein und informieren die örtlichen Betriebs- und Unternehmensleitungen. Das besondere Verhandlungsgremium wählt aus seiner Mitte einen Vorsitzenden und mindestens zwei Stellvertreter. Es kann sich eine schriftliche Geschäftsordnung geben.

(2) Der Vorsitzende kann weitere Sitzungen einberufen.

§ 13
Zusammenarbeit zwischen besonderem Verhandlungsgremium und Leitungen

(1) Das besondere Verhandlungsgremium schließt mit den Leitungen eine schriftliche Vereinbarung über die Beteiligung der Arbeitnehmer in der SE ab. Zur Erfüllung dieser Aufgabe arbeiten sie vertrauensvoll zusammen.

(2) Die Leitungen haben dem besonderen Verhandlungsgremium rechtzeitig alle erforderlichen Auskünfte zu erteilen und die erforderlichen Unterlagen zur Verfügung zu stellen. Das besondere Verhandlungsgremium ist insbesondere über das Gründungsvorhaben und den Verlauf des Verfahrens bis zur Eintragung der SE zu unterrichten. Zeitpunkt, Häufigkeit und Ort der Verhandlungen werden zwischen den Leitungen und dem besonderen Verhandlungsgremium einvernehmlich festgelegt.

§ 14
Sachverständige und Vertreter von geeigneten außenstehenden Organisationen

(1) Das besondere Verhandlungsgremium kann bei den Verhandlungen Sachverständige seiner Wahl, zu denen auch Vertreter von einschlägigen Gewerkschaftsorganisationen auf Gemeinschaftsebene zählen können, hinzuziehen, um sich von ihnen bei seiner Arbeit unterstützen zu lassen. Diese Sachverständigen können, wenn das besondere Verhandlungsgremium es wünscht, an den Verhandlungen in beratender Funktion teilnehmen.

(2) Das besondere Verhandlungsgremium kann beschließen, die Vertreter von geeigneten außenstehenden Organisationen vom Beginn der Verhandlungen zu unterrichten.

§ 15
Beschlussfassung im besonderen Verhandlungsgremium

(1) Die Mitglieder des besonderen Verhandlungsgremiums, die in einem Mitgliedstaat gewählt oder bestellt werden, vertreten alle in dem jeweiligen Mitgliedstaat beschäftigten Arbeitnehmer. Solange aus einem Mitgliedstaat keine Mitglieder in das besondere Verhandlungsgremium gewählt oder bestellt sind (§ 11 Abs. 2), gelten die betroffenen Arbeitnehmer als nicht vertreten.

(2) Das besondere Verhandlungsgremium beschließt vorbehaltlich des Absatzes 3 und § 16 Abs. 1 mit der Mehrheit seiner Mitglieder, in der zugleich die Mehrheit der vertretenen Arbeitnehmer enthalten sein muss. Jedes auf das Inland entfallende Mitglied vertritt gleich viele Arbeitnehmer.

(3) Hätten die Verhandlungen eine Minderung der Mitbestimmungsrechte zur Folge, so ist für einen Beschluss zur Billigung einer solchen Vereinbarung eine Mehrheit von zwei Dritteln der Mitglieder des besonderen Verhandlungsgremiums erforderlich, die mindestens zwei Drittel der Arbeitnehmer in mindestens zwei Mitgliedstaaten vertreten. Dies gilt

1. im Fall einer SE, die durch Verschmelzung gegründet werden soll, sofern sich die Mitbestimmung auf mindestens 25 Prozent der Gesamtzahl der Arbeitnehmer der beteiligten Gesellschaften und der betroffenen Tochtergesellschaften erstreckt oder
2. im Fall einer SE, die als Holding-Gesellschaft oder als Tochtergesellschaft gegründet werden soll, sofern sich die Mitbestimmung auf mindestens 50 Prozent der Gesamtzahl der Arbeitnehmer der beteiligten Gesellschaften und der betroffenen Tochtergesellschaften erstreckt.

(4) Minderung der Mitbestimmungsrechte bedeutet, dass

1. der Anteil der Arbeitnehmervertreter im Aufsichts- oder Verwaltungsorgan der SE geringer ist als der höchste in den beteiligten Gesellschaften bestehende Anteil oder
2. das Recht, Mitglieder des Aufsichts- oder Verwaltungsorgans der Gesellschaft zu wählen, zu bestellen, zu empfehlen oder abzulehnen, beseitigt oder eingeschränkt wird.

(5) Wird eine SE durch Umwandlung gegründet, kann ein Beschluss nach Absatz 3 nicht gefasst werden.

§ 16
Nichtaufnahme oder Abbruch der Verhandlungen

(1) Das besondere Verhandlungsgremium kann beschließen, keine Verhandlungen aufzunehmen oder bereits aufgenommene Verhandlungen abzubrechen. Für diesen Beschluss ist eine Mehrheit von zwei Dritteln der Mitglieder erforderlich, die mindestens zwei Drittel der Arbeitnehmer in mindestens zwei Mitgliedstaaten vertreten. Die Vorschriften für die Unterrichtung und Anhörung der Arbeitnehmer, die in den Mitgliedstaaten gelten, in denen die SE Arbeitnehmer beschäftigt, finden Anwendung.

(2) Ein Beschluss nach Absatz 1 beendet das Verfahren zum Abschluss der Vereinbarung nach § 21. Ist ein solcher Beschluss gefasst worden, finden die Regelungen der §§ 22 bis 33 über den SE-Betriebsrat kraft Gesetzes und der §§ 34 bis 38 über die Mitbestimmung kraft Gesetzes keine Anwendung.

(3) Wird eine SE durch Umwandlung gegründet, kann ein Beschluss nach Absatz 1 nicht gefasst werden, wenn den Arbeitnehmern der umzuwandelnden Gesellschaft Mitbestimmungsrechte zustehen.

§ 17
Niederschrift

In eine Niederschrift, die vom Vorsitzenden und einem weiteren Mitglied des besonderen Verhandlungsgremiums zu unterzeichnen ist, ist aufzunehmen

1. ein Beschluss über den Abschluss einer Vereinbarung nach § 13 Abs. 1,
2. ein Beschluss über die Nichtaufnahme oder den Abbruch der Verhandlungen nach § 16 Abs. 1 und
3. die jeweiligen Mehrheiten, mit denen die Beschlüsse gefasst worden sind.

Eine Abschrift der Niederschrift ist den Leitungen zu übermitteln.

§ 18
Wiederaufnahme der Verhandlungen

(1) Frühestens zwei Jahre nach dem Beschluss nach § 16 Abs. 1 wird auf schriftlichen Antrag von mindestens 10 Prozent der Arbeitnehmer der SE, ihrer Tochtergesellschaften und Betriebe oder von deren Vertretern ein besonderes Verhandlungsgremium erneut gebildet, mit der Maßgabe, dass an die Stelle der beteiligten Gesellschaften, betroffenen Tochtergesellschaften und betroffenen Betriebe die SE, ihre Tochtergesellschaften und Betriebe treten. Die Parteien können eine frühere Wiederaufnahme der Verhandlungen vereinbaren.

(2) Wenn das besondere Verhandlungsgremium die Wiederaufnahme der Verhandlungen mit der Leitung der SE nach Absatz 1 beschließt, in diesen Verhandlungen jedoch keine Einigung erzielt wird, finden die §§ 22 bis 33 über den SE-Betriebsrat kraft Gesetzes und die §§ 34 bis 38 über die Mitbestimmung kraft Gesetzes keine Anwendung.

(3) Sind strukturelle Änderungen der SE geplant, die geeignet sind, Beteiligungsrechte der Arbeitnehmer zu mindern, finden auf Veranlassung der Leitung der SE oder des SE Betriebsrats Verhandlungen über die Beteiligungsrechte der Arbeitnehmer der SE statt. Anstelle des neu zu bildenden besonderen Verhandlungsgremiums können die Verhandlungen mit der Leitung der SE einvernehmlich von dem SE-Betriebsrat gemeinsam mit Vertretern der von der geplanten strukturellen Änderung betroffenen Arbeitnehmer, die bisher nicht von dem SE-Betriebsrat vertreten werden, geführt werden. Wird in diesen Verhandlungen keine Einigung erzielt, sind die §§ 22 bis 33 über den SE-Betriebsrat kraft Gesetzes und die §§ 34 bis 38 über die Mitbestimmung kraft Gesetzes anzuwenden.

(4) In den Fällen der Absätze 1 und 3 gelten die Vorschriften des Teils 2 mit der Maßgabe, dass an die Stelle der Leitungen die Leitung der SE tritt.

§ 19
Kosten des besonderen Verhandlungsgremiums

Die durch die Bildung und Tätigkeit des besonderen Verhandlungsgremiums entstehenden erforderlichen Kosten tragen die beteiligten Gesellschaften und nach ihrer Gründung die SE als Gesamtschuldner. Insbesondere sind für die Sitzungen in erforderlichem Umfang Räume, sachliche Mittel, Dolmetscher und Büropersonal zur Verfügung zu stellen sowie die erforderlichen Reise- und Aufenthaltskosten der Mitglieder des besonderen Verhandlungsgremiums zu tragen.

§ 20
Dauer der Verhandlungen

(1) Die Verhandlungen beginnen mit der Einsetzung des besonderen Verhandlungsgremiums und können bis zu sechs Monate dauern. Einsetzung bezeichnet den Tag, zu dem die Leitungen zur konstituierenden Sitzung des besonderen Verhandlungsgremiums eingeladen haben.

(2) Die Parteien können einvernehmlich beschließen, die Verhandlungen über den in Absatz 1 genannten Zeitraum hinaus bis zu insgesamt einem Jahr ab der Einsetzung des besonderen Verhandlungsgremiums fortzusetzen.

Teil 3
Beteiligung der Arbeitnehmer in der SE

Kapitel 1
Beteiligung der Arbeitnehmer kraft Vereinbarung

§ 21
Inhalt der Vereinbarung

(1) In der schriftlichen Vereinbarung zwischen den Leitungen und dem besonderen Verhandlungsgremium wird, unbeschadet der Autonomie der Parteien im Übrigen und vorbehaltlich des Absatzes 6, festgelegt:

1. der Geltungsbereich der Vereinbarung, einschließlich der außerhalb des Hoheitsgebietes der Mitgliedstaaten liegenden Unternehmen und Betriebe, sofern diese in den Geltungsbereich einbezogen werden;

2. die Zusammensetzung des SE-Betriebsrats, die Anzahl seiner Mitglieder und die Sitzverteilung, einschließlich der Auswirkungen wesentlicher Änderungen der Zahl der in der SE beschäftigten Arbeitnehmer;
3. die Befugnisse und das Verfahren zur Unterrichtung und Anhörung des SE-Betriebsrats;
4. die Häufigkeit der Sitzungen des SE-Betriebsrats;
5. die für den SE-Betriebsrat bereitzustellenden finanziellen und materiellen Mittel;
6. der Zeitpunkt des Inkrafttretens der Vereinbarung und ihre Laufzeit; ferner die Fälle, in denen die Vereinbarung neu ausgehandelt werden soll und das dabei anzuwendende Verfahren.

(2) Wenn kein SE-Betriebsrat gebildet wird, haben die Parteien die Durchführungsmodalitäten des Verfahrens oder der Verfahren zur Unterrichtung und Anhörung festzulegen. Absatz 1 gilt entsprechend.

(3) Für den Fall, dass die Parteien eine Vereinbarung über die Mitbestimmung treffen, ist deren Inhalt festzulegen. Insbesondere soll Folgendes vereinbart werden:
1. die Zahl der Mitglieder des Aufsichts- oder Verwaltungsorgans der SE, welche die Arbeitnehmer wählen oder bestellen können oder deren Bestellung sie empfehlen oder ablehnen können;
2. das Verfahren, nach dem die Arbeitnehmer diese Mitglieder wählen oder bestellen oder deren Bestellung empfehlen oder ablehnen können und
3. die Rechte dieser Mitglieder.

(4) In der Vereinbarung soll festgelegt werden, dass auch vor strukturellen Änderungen der SE Verhandlungen über die Beteiligung der Arbeitnehmer in der SE aufgenommen werden. Die Parteien können das dabei anzuwendende Verfahren regeln.

(5) Die Vereinbarung kann bestimmen, dass die Regelungen der §§ 22 bis 33 über den SE-Betriebsrat kraft Gesetzes und der §§ 34 bis 38 über die Mitbestimmung kraft Gesetzes ganz oder in Teilen gelten.

(6) Unbeschadet des Verhältnisses dieses Gesetzes zu anderen Regelungen der Mitbestimmung der Arbeitnehmer im Unternehmen muss in der Vereinbarung im Fall einer durch Umwandlung gegründeten SE in Bezug auf alle Komponenten der Arbeitnehmerbeteiligung zumindest das gleiche Ausmaß gewährleistet werden, das in der Gesellschaft besteht, die in eine SE umgewandelt werden soll. Dies gilt auch bei einem Wechsel der Gesellschaft von einer dualistischen zu einer monistischen Organisationsstruktur und umgekehrt.

Kapitel 2
Beteiligung der Arbeitnehmer kraft Gesetzes

Abschnitt 1
SE-Betriebsrat kraft Gesetzes

Unterabschnitt 1
Bildung und Geschäftsführung

§ 22
Voraussetzung

(1) Die Regelungen der §§ 23 bis 33 über den SE-Betriebsrat kraft Gesetzes finden ab dem Zeitpunkt der Eintragung der SE Anwendung, wenn
1. die Parteien dies vereinbaren oder
2. bis zum Ende des in § 20 angegebenen Zeitraums keine Vereinbarung zustande gekommen ist und das besondere Verhandlungsgremium keinen Beschluss nach § 16 gefasst hat.

(2) Absatz 1 gilt entsprechend im Fall des § 18 Abs. 3.

§ 23
Errichtung des SE-Betriebsrats

(1) Zur Sicherung des Rechts auf Unterrichtung und Anhörung in der SE ist ein SE-Betriebsrat zu errichten. Dieser setzt sich aus Arbeitnehmern der SE, ihrer Tochtergesellschaften und Betriebe zusammen. Für die Errichtung

des SE-Betriebsrats gelten § 5 Abs. 1, § 6 Abs. 1 und 2 Satz 2 und 3, die §§ 7 bis 10 und 11 Abs. 1 Satz 2 und 3 entsprechend mit der Maßgabe, dass an die Stelle der beteiligten Gesellschaften, betroffenen Tochtergesellschaften und betroffenen Betriebe die SE, ihre Tochtergesellschaften und Betriebe treten. Im Fall des § 22 Abs. 1 Nr. 2 ist für die Feststellung der Zahl der beschäftigten Arbeitnehmer das Ende des in § 20 angegebenen Zeitraums maßgeblich. Die Mitgliedschaft im SE-Betriebsrat beginnt mit der Wahl oder Bestellung. Die Dauer der Mitgliedschaft der aus dem Inland kommenden Mitglieder beträgt vier Jahre, wenn sie nicht durch Abberufung oder aus anderen Gründen vorzeitig endet. Für die Abberufung gelten die §§ 8 bis 10 entsprechend mit der Maßgabe, dass an die Stelle der beteiligten Gesellschaften, betroffenen Tochtergesellschaften und betroffenen Betriebe die SE, ihre Tochtergesellschaften und Betriebe treten.

(2) Die Leitung der SE lädt unverzüglich nach Benennung der Mitglieder zur konstituierenden Sitzung des SE-Betriebsrats ein. Der SE-Betriebsrat wählt aus seiner Mitte einen Vorsitzenden und dessen Stellvertreter.

(3) Der Vorsitzende oder im Fall seiner Verhinderung der Stellvertreter vertritt den SE-Betriebsrat im Rahmen der von ihm gefassten Beschlüsse. Zur Entgegennahme von Erklärungen, die dem SE-Betriebsrat gegenüber abzugeben sind, ist der Vorsitzende oder im Fall seiner Verhinderung der Stellvertreter berechtigt.

(4) Der SE-Betriebsrat bildet aus seiner Mitte einen Ausschuss von drei Mitgliedern, dem neben dem Vorsitzenden zwei weitere zu wählende Mitglieder angehören. Der Ausschuss führt die laufenden Geschäfte des SE-Betriebsrats (geschäftsführender Ausschuss).

§ 24
Sitzungen und Beschlüsse

(1) Der SE-Betriebsrat soll sich eine schriftliche Geschäftsordnung geben, die er mit der Mehrheit seiner Mitglieder beschließt.

(2) Vor Sitzungen mit der Leitung der SE ist der SE-Betriebsrat oder der geschäftsführende Ausschuss – gegebenenfalls in der nach § 29 Abs. 3 erweiterten Zusammensetzung – berechtigt, in Abwesenheit der Vertreter der Leitung der SE zu tagen. Mit Einverständnis der Leitung der SE kann der SE-Betriebsrat weitere Sitzungen durchführen. Die Sitzungen des SE-Betriebsrats sind nicht öffentlich.

(3) Der SE-Betriebsrat ist beschlussfähig, wenn mindestens die Hälfte seiner Mitglieder anwesend ist. Die Beschlüsse des SE-Betriebsrats werden, soweit in diesem Gesetz nichts anderes bestimmt ist, mit der Mehrheit der anwesenden Mitglieder gefasst.

§ 25
Prüfung der Zusammensetzung des SE-Betriebsrats

Alle zwei Jahre, vom Tage der konstituierenden Sitzung des SE-Betriebsrats an gerechnet, hat die Leitung der SE zu prüfen, ob Änderungen der SE und ihrer Tochtergesellschaften und Betriebe, insbesondere bei den Arbeitnehmerzahlen in den einzelnen Mitgliedstaaten eingetreten sind. Sie hat das Ergebnis dem SE-Betriebsrat mitzuteilen. Ist danach eine andere Zusammensetzung des SE-Betriebsrats erforderlich, veranlasst dieser bei den in den jeweiligen Mitgliedstaaten zuständigen Stellen, dass die Mitglieder des SE-Betriebsrats in diesen Mitgliedstaaten neu gewählt oder bestellt werden. Mit der neuen Wahl oder Bestellung endet die Mitgliedschaft der bisherigen Arbeitnehmervertreter aus diesen Mitgliedstaaten.

§ 26
Beschluss zur Aufnahme von Neuverhandlungen

(1) Vier Jahre nach seiner Einsetzung hat der SE-Betriebsrat mit der Mehrheit seiner Mitglieder einen Beschluss darüber zu fassen, ob über eine Vereinbarung nach § 21 verhandelt werden oder die bisherige Regelung weiter gelten soll.

(2) Wird der Beschluss gefasst, über eine Vereinbarung nach § 21 zu verhandeln, so gelten die §§ 13 bis 15, 17, 20 und 21 entsprechend mit der Maßgabe, dass an die Stelle des besonderen Verhandlungsgremiums der SE-Betriebsrat tritt. Kommt keine Vereinbarung zustande, findet die bisherige Regelung weiter Anwendung.

Unterabschnitt 2
Aufgaben

§ 27
Zuständigkeiten des SE-Betriebsrats

Der SE-Betriebsrat ist zuständig für die Angelegenheiten, die die SE selbst, eine ihrer Tochtergesellschaften oder einen ihrer Betriebe in einem anderen Mitgliedstaat betreffen oder die über die Befugnisse der zuständigen Organe auf der Ebene des einzelnen Mitgliedstaats hinausgehen.

§ 28
Jährliche Unterrichtung und Anhörung

(1) Die Leitung der SE hat den SE-Betriebsrat mindestens einmal im Kalenderjahr in einer gemeinsamen Sitzung über die Entwicklung der Geschäftslage und die Perspektiven der SE unter rechtzeitiger Vorlage der erforderlichen Unterlagen zu unterrichten und ihn anzuhören. Zu den erforderlichen Unterlagen gehören insbesondere
1. die Geschäftsberichte,
2. die Tagesordnung aller Sitzungen des Leitungsorgans und des Aufsichts- oder Verwaltungsorgans,
3. die Kopien aller Unterlagen, die der Hauptversammlung der Aktionäre vorgelegt werden.

(2) Zu der Entwicklung der Geschäftslage und den Perspektiven im Sinne von Absatz 1 gehören insbesondere
1. die Struktur der SE sowie die wirtschaftliche und finanzielle Lage;
2. die voraussichtliche Entwicklung der Geschäfts-, Produktions- und Absatzlage;
3. die Beschäftigungslage und ihre voraussichtliche Entwicklung;
4. Investitionen (Investitionsprogramme);
5. grundlegende Änderungen der Organisation;
6. die Einführung neuer Arbeits- und Fertigungsverfahren;
7. die Verlegung von Unternehmen, Betrieben oder wesentlichen Betriebsteilen sowie Verlagerungen der Produktion;
8. Zusammenschlüsse oder Spaltungen von Unternehmen oder Betrieben;
9. die Einschränkung oder Stilllegung von Unternehmen, Betrieben oder wesentlichen Betriebsteilen;
10. Massenentlassungen.

(3) Die Leitung der SE informiert die Leitungen über Ort und Tag der Sitzung.

§ 29
Unterrichtung und Anhörung über außergewöhnliche Umstände

(1) Über außergewöhnliche Umstände, die erhebliche Auswirkungen auf die Interessen der Arbeitnehmer haben, hat die Leitung der SE den SE-Betriebsrat rechtzeitig unter Vorlage der erforderlichen Unterlagen zu unterrichten. Als außergewöhnliche Umstände gelten insbesondere
1. die Verlegung oder Verlagerung von Unternehmen, Betrieben oder wesentlichen Betriebsteilen;
2. die Stilllegung von Unternehmen, Betrieben oder wesentlichen Betriebsteilen;
3. Massenentlassungen.

(2) Der SE-Betriebsrat hat das Recht, auf Antrag mit der Leitung der SE oder den Vertretern einer anderen zuständigen, mit eigenen Entscheidungsbefugnissen ausgestatteten Leitungsebene innerhalb der SE zusammenzutreffen, um zu den außergewöhnlichen Umständen angehört zu werden.

(3) Auf Beschluss des SE-Betriebsrats stehen die Rechte nach Absatz 2 dem geschäftsführenden Ausschuss (§ 23 Abs. 4) zu. Findet eine Sitzung mit dem geschäftsführenden Ausschuss statt, so haben auch die Mitglieder des SE-Betriebsrats, die von diesen Maßnahmen unmittelbar betroffene Arbeitnehmer vertreten, das Recht, daran teilzunehmen.

(4) Wenn die Leitung der SE beschließt, nicht entsprechend der von dem SE-Betriebsrat oder dem geschäftsführenden Ausschuss abgegebenen Stellungnahme zu handeln, hat der SE-Betriebsrat das Recht, ein weiteres Mal mit der Leitung der SE zusammenzutreffen, um eine Einigung herbeizuführen.

§ 30
Information durch den SE-Betriebsrat

Der SE-Betriebsrat informiert die Arbeitnehmervertreter der SE, ihrer Tochtergesellschaften und Betriebe über den Inhalt und die Ergebnisse der Unterrichtungs- und Anhörungsverfahren. Sind keine Arbeitnehmervertreter vorhanden, sind die Arbeitnehmer zu informieren.

Unterabschnitt 3
Freistellung und Kosten

§ 31
Fortbildung

Der SE-Betriebsrat kann Mitglieder zur Teilnahme an Schulungs- und Bildungsveranstaltungen bestimmen, soweit diese Kenntnisse vermitteln, die für die Arbeit des SE-Betriebsrats erforderlich sind. Der SE-Betriebsrat hat die Teilnahme und die zeitliche Lage rechtzeitig der Leitung der SE mitzuteilen. Bei der Festlegung der zeitlichen Lage sind die betrieblichen Notwendigkeiten zu berücksichtigen.

§ 32
Sachverständige

Der SE-Betriebsrat oder der geschäftsführende Ausschuss können sich durch Sachverständige ihrer Wahl unterstützen lassen, soweit dies zur ordnungsgemäßen Erfüllung ihrer Aufgaben erforderlich ist. Sachverständige können auch Vertreter von Gewerkschaften sein.

§ 33
Kosten und Sachaufwand

Die durch die Bildung und Tätigkeit des SE-Betriebsrats und des geschäftsführenden Ausschusses entstehenden erforderlichen Kosten trägt die SE. Im Übrigen gilt § 19 Satz 2 entsprechend.

Abschnitt 2
Mitbestimmung kraft Gesetzes

§ 34
Besondere Voraussetzungen

(1) Liegen die Voraussetzungen des § 22 vor, finden die Regelungen über die Mitbestimmung der Arbeitnehmer kraft Gesetzes nach den §§ 35 bis 38 Anwendung

1. im Fall einer durch Umwandlung gegründeten SE, wenn in der Gesellschaft vor der Umwandlung Bestimmungen über die Mitbestimmung der Arbeitnehmer im Aufsichts- oder Verwaltungsorgan galten;
2. im Fall einer durch Verschmelzung gegründeten SE, wenn
   a) vor der Eintragung der SE in einer oder mehreren der beteiligten Gesellschaften eine oder mehrere Formen der Mitbestimmung bestanden und sich auf mindestens 25 Prozent der Gesamtzahl der Arbeitnehmer aller beteiligten Gesellschaften und betroffenen Tochtergesellschaften erstreckten oder
   b) vor der Eintragung der SE in einer oder mehreren der beteiligten Gesellschaften eine oder mehrere Formen der Mitbestimmung bestanden und sich auf weniger als 25 Prozent der Gesamtzahl der Arbeitnehmer aller beteiligten Gesellschaften und betroffenen Tochtergesellschaften erstreckten und das besondere Verhandlungsgremium einen entsprechenden Beschluss fasst;
3. im Fall einer durch Errichtung einer Holding-Gesellschaft oder einer Tochtergesellschaft gegründeten SE, wenn
   a) vor der Eintragung der SE in einer oder mehreren der beteiligten Gesellschaften eine oder mehrere Formen der Mitbestimmung bestanden und sich auf mindestens 50 Prozent der Gesamtzahl der Arbeitnehmer aller beteiligten Gesellschaften und betroffenen Tochtergesellschaften erstreckten oder

b) vor der Eintragung der SE in einer oder mehreren der beteiligten Gesellschaften eine oder mehrere Formen der Mitbestimmung bestanden und sich auf weniger als 50 Prozent der Gesamtzahl der Arbeitnehmer aller beteiligten Gesellschaften und betroffenen Tochtergesellschaften erstreckten und das besondere Verhandlungsgremium einen entsprechenden Beschluss fasst.

(2) Bestanden in den Fällen von Absatz 1 Nr. 2 und 3 mehr als eine Form der Mitbestimmung im Sinne des § 2 Abs. 12 in den verschiedenen beteiligten Gesellschaften, so entscheidet das besondere Verhandlungsgremium, welche von ihnen in der SE eingeführt wird. Wenn das besondere Verhandlungsgremium keinen solchen Beschluss fasst und eine inländische Gesellschaft, deren Arbeitnehmern Mitbestimmungsrechte zustehen, an der Gründung der SE beteiligt ist, ist die Mitbestimmung nach § 2 Abs. 12 Nr. 1 maßgeblich. Ist keine inländische Gesellschaft, deren Arbeitnehmern Mitbestimmungsrechte zustehen, beteiligt, findet die Form der Mitbestimmung nach § 2 Abs. 12 Anwendung, die sich auf die höchste Zahl der in den beteiligten Gesellschaften beschäftigten Arbeitnehmer erstreckt.

(3) Das besondere Verhandlungsgremium unterrichtet die Leitungen über die Beschlüsse, die es nach Absatz 1 Nr. 2 Buchstabe b und Nr. 3 Buchstabe b und Absatz 2 Satz 1 gefasst hat.

§ 35
Umfang der Mitbestimmung

(1) Liegen die Voraussetzungen des § 34 Abs. 1 Nr. 1 (Gründung einer SE durch Umwandlung) vor, bleibt die Regelung zur Mitbestimmung erhalten, die in der Gesellschaft vor der Umwandlung bestanden hat.

(2) Liegen die Voraussetzungen des § 34 Abs. 1 Nr. 2 (Gründung einer SE durch Verschmelzung) oder des § 34 Abs. 1 Nr. 3 (Gründung einer Holding-SE oder Tochter-SE) vor, haben die Arbeitnehmer der SE, ihrer Tochtergesellschaften und Betriebe oder ihr Vertretungsorgan das Recht, einen Teil der Mitglieder des Aufsichts- oder Verwaltungsorgans der SE zu wählen oder zu bestellen oder deren Bestellung zu empfehlen oder abzulehnen. Die Zahl dieser Arbeitnehmervertreter im Aufsichts- oder Verwaltungsorgan der SE bemisst sich nach dem höchsten Anteil an Arbeitnehmervertretern, der in den Organen der beteiligten Gesellschaften vor der Eintragung der SE bestanden hat.

§ 36
Sitzverteilung und Bestellung

(1) Der SE-Betriebsrat verteilt die Zahl der Sitze im Aufsichts- oder Verwaltungsorgan auf die Mitgliedstaaten, in denen Mitglieder zu wählen oder zu bestellen sind. Die Verteilung richtet sich nach dem jeweiligen Anteil der in den einzelnen Mitgliedstaaten beschäftigten Arbeitnehmer der SE, ihrer Tochtergesellschaften und Betriebe. Können bei dieser anteiligen Verteilung die Arbeitnehmer aus einem oder mehreren Mitgliedstaaten keinen Sitz erhalten, so hat der SE-Betriebsrat den letzten zu verteilenden Sitz einem bisher unberücksichtigten Mitgliedstaat zuzuweisen. Dieser Sitz soll, soweit angemessen, dem Mitgliedstaat zugewiesen werden, in dem die SE ihren Sitz haben wird. Dieses Verteilungsverfahren gilt auch in dem Fall, in dem die Arbeitnehmer der SE Mitglieder dieser Organe empfehlen oder ablehnen können.

(2) Soweit die Mitgliedstaaten über die Besetzung der ihnen zugewiesenen Sitze keine eigenen Regelungen treffen, bestimmt der SE-Betriebsrat die Arbeitnehmervertreter im Aufsichts- oder Verwaltungsorgan der SE.

(3) Die Ermittlung der auf das Inland entfallenden Arbeitnehmervertreter des Aufsichts- oder Verwaltungsorgans der SE erfolgt durch ein Wahlgremium, das sich aus den Arbeitnehmervertretungen der SE, ihrer Tochtergesellschaften und Betriebe zusammensetzt. Für das Wahlverfahren gelten § 6 Abs. 2 bis 4, § 8 Abs. 1 Satz 2 bis 5, Abs. 2 bis 7 und die §§ 9 und 10 entsprechend mit der Maßgabe, dass an die Stelle der beteiligten Gesellschaften, betroffenen Tochtergesellschaften und betroffenen Betriebe die SE, ihre Tochtergesellschaften und Betriebe treten. Das Wahlergebnis ist der Leitung der SE, dem SEBetriebsrat, den Gewählten, den Sprecherausschüssen und Gewerkschaften mitzuteilen.

(4) Die nach den Absätzen 2 und 3 ermittelten Arbeitnehmervertreter werden der Hauptversammlung der SE zur Bestellung vorgeschlagen. Die Hauptversammlung ist an diese Vorschläge gebunden.

§ 37
Abberufung und Anfechtung

(1) Ein Mitglied oder ein Ersatzmitglied der Arbeitnehmer aus dem Inland im Aufsichtsoder Verwaltungsorgan kann vor Ablauf der Amtszeit abberufen werden. Antragsberechtigt sind
1. die Arbeitnehmervertretungen, die das Wahlgremium gebildet haben;
2. in den Fällen der Urwahl mindestens drei wahlberechtigte Arbeitnehmer;
3. für ein Mitglied nach § 6 Abs. 3 nur die Gewerkschaft, die das Mitglied vorgeschlagen hat;
4. für ein Mitglied nach § 6 Abs. 4 nur der Sprecherausschuss, der das Mitglied vorgeschlagen hat.

Für das Abberufungsverfahren gelten die §§ 8 bis 10 entsprechend mit der Maßgabe, dass an die Stelle der beteiligten Gesellschaften, betroffenen Tochtergesellschaften und betroffenen Betriebe die SE, ihre Tochtergesellschaften und Betriebe treten; abweichend von § 8 Abs. 5 und § 10 Abs. 1 Satz 3 bedarf der Beschluss einer Mehrheit von drei Vierteln der abgegebenen Stimmen. Die Arbeitnehmervertreter sind von der Hauptversammlung der SE abzuberufen.

(2) Die Wahl eines Mitglieds oder eines Ersatzmitglieds der Arbeitnehmer aus dem Inland im Aufsichts- oder Verwaltungsorgan kann angefochten werden, wenn gegen wesentliche Vorschriften über das Wahlrecht, die Wählbarkeit oder das Wahlverfahren verstoßen worden und eine Berichtigung nicht erfolgt ist, es sei denn, dass durch den Verstoß das Wahlergebnis nicht geändert oder beeinflusst werden konnte. Zur Anfechtung berechtigt sind die in Absatz 1 Satz 2 Genannten, der SE-Betriebsrat und die Leitung der SE. Die Klage muss innerhalb eines Monats nach dem Bestellungsbeschluss der Hauptversammlung erhoben werden.

§ 38
Rechtsstellung; Innere Ordnung

(1) Die Arbeitnehmervertreter im Aufsichts- oder Verwaltungsorgan der SE haben die gleichen Rechte und Pflichten wie die Mitglieder, die die Anteilseigner vertreten.

(2) Die Zahl der Mitglieder des Leitungsorgans (§ 16 des SE-Ausführungsgesetzes) oder der geschäftsführenden Direktoren (§ 40 des SE-Ausführungsgesetzes) beträgt mindestens zwei. Einer von ihnen ist für den Bereich Arbeit und Soziales zuständig.

(3) Besteht in einer der beteiligten Gesellschaften das Aufsichtsorgan aus derselben Zahl von Anteilseigner und Arbeitnehmervertretern sowie einem weiteren Mitglied, so ist auch im Aufsichts- oder Verwaltungsorgan der SE ein weiteres Mitglied auf gemeinsamen Vorschlag der Anteilseigner- und der Arbeitnehmervertreter zu wählen.

Abschnitt 3
Tendenzschutz

§ 39
Tendenzunternehmen

(1) Auf eine SE, die unmittelbar und überwiegend
1. politischen, koalitionspolitischen, konfessionellen, karitativen, erzieherischen, wissenschaftlichen oder künstlerischen Bestimmungen oder
2. Zwecken der Berichterstattung oder Meinungsäußerung, auf die Artikel 5 Abs. 1 Satz 2 des Grundgesetzes anzuwenden ist,

dient, findet Abschnitt 2 keine Anwendung.

(2) Eine Unterrichtung und Anhörung beschränkt sich auf die Gegenstände des § 28 Abs. 2 Nr. 5 bis 10 und des § 29 und erfolgt nur über den Ausgleich oder die Milderung der wirtschaftlichen Nachteile, die den Arbeitnehmern infolge der Unternehmens- oder Betriebsänderung entstehen.

Teil 4
Grundsätze der Zusammenarbeit und Schutzbestimmungen

§ 40
Vertrauensvolle Zusammenarbeit

Die Leitung der SE und der SE-Betriebsrat oder die Arbeitnehmervertreter im Rahmen eines Verfahrens zur Unterrichtung und Anhörung arbeiten zum Wohl der Arbeitnehmer und des Unternehmens oder der Unternehmensgruppe vertrauensvoll zusammen.

§ 41
Geheimhaltung; Vertraulichkeit

(1) Informationspflichten der Leitungen und der Leitung der SE nach diesem Gesetz bestehen nur, soweit bei Zugrundelegung objektiver Kriterien dadurch nicht Betriebs- oder Geschäftsgeheimnisse der an der Gründung beteiligten Gesellschaften, der SE oder deren jeweiliger Tochtergesellschaften und Betriebe gefährdet werden.

(2) Die Mitglieder und Ersatzmitglieder eines SE-Betriebsrats sind unabhängig von ihrem Aufenthaltsort verpflichtet, Betriebs- oder Geschäftsgeheimnisse, die ihnen wegen ihrer Zugehörigkeit zum SE-Betriebsrat bekannt geworden und von der Leitung der SE ausdrücklich als geheimhaltungsbedürftig bezeichnet worden sind, nicht zu offenbaren und nicht zu verwerten. Dies gilt auch nach dem Ausscheiden aus dem SE-Betriebsrat.

(3) Die Pflicht zur Vertraulichkeit des SE-Betriebsrats nach Absatz 2 gilt nicht gegenüber den

1. Mitgliedern des SE-Betriebsrats;
2. Arbeitnehmervertretern der SE, ihrer Tochtergesellschaften und Betriebe, wenn diese auf Grund einer Vereinbarung nach § 21 oder nach § 30 über den Inhalt der Unterrichtung und die Ergebnisse der Anhörung zu informieren sind;
3. Arbeitnehmervertretern im Aufsichts- oder Verwaltungsorgan der SE sowie 4. Dolmetschern und Sachverständigen, die zur Unterstützung herangezogen werden.

(4) Die Pflicht zur Vertraulichkeit nach Absatz 2 gilt entsprechend für

1. die Mitglieder und Ersatzmitglieder des besonderen Verhandlungsgremiums;
2. die Arbeitnehmervertreter der SE, ihrer Tochtergesellschaften und Betriebe;
3. die Arbeitnehmervertreter, die in sonstiger Weise an einem Verfahren zur Unterrichtung und Anhörung teilnehmen;
4. die Sachverständigen und Dolmetscher.

(5) Die Ausnahme von der Pflicht zur Vertraulichkeit nach Absatz 3 Nr. 1 gilt für den Personenkreis nach Absatz 4 Nr. 1 bis 3 entsprechend. Die Pflicht zur Vertraulichkeit gilt ferner nicht für

1. die Mitglieder des besonderen Verhandlungsgremiums gegenüber Dolmetschern und Sachverständigen;
2. die Arbeitnehmervertreter nach Absatz 4 Nr. 3 gegenüber Arbeitnehmervertretern im Aufsichts- oder Verwaltungsorgan der SE, gegenüber Dolmetschern und Sachverständigen, die vereinbarungsgemäß zur Unterstützung herangezogen werden und gegenüber Arbeitnehmervertretern der SE, ihrer Tochtergesellschaften und Betriebe, sofern diese nach der Vereinbarung (§ 21) über den Inhalt der Unterrichtungen und die Ergebnisse der Anhörung zu unterrichten sind.

§ 42
Schutz der Arbeitnehmervertreter

Bei der Wahrnehmung ihrer Aufgaben genießen die

1. Mitglieder des besonderen Verhandlungsgremiums;
2. Mitglieder des SE-Betriebsrats;
3. Arbeitnehmervertreter, die in sonstiger Weise bei einem Verfahren zur Unterrichtung und Anhörung mitwirken;
4. Arbeitnehmervertreter im Aufsichts- oder Verwaltungsorgan der SE; die Beschäftigte der SE, ihrer Tochtergesellschaften oder Betriebe oder einer der beteiligten Gesellschaften, betroffenen Tochtergesellschaften oder be-

troffenen Betriebe sind, den gleichen Schutz und die gleichen Sicherheiten wie die Arbeitnehmervertreter nach den Gesetzen und Gepflogenheiten des Mitgliedstaats, in dem sie beschäftigt sind.

Dies gilt insbesondere für
1. den Kündigungsschutz,
2. die Teilnahme an den Sitzungen der jeweiligen in Satz 1 genannten Gremien und 3. die Entgeltfortzahlung.

§ 43
Missbrauchsverbot

Eine SE darf nicht dazu missbraucht werden, den Arbeitnehmern Beteiligungsrechte zu entziehen oder vorzuenthalten. Missbrauch wird vermutet, wenn ohne Durchführung eines Verfahrens nach § 18 Abs. 3 innerhalb eines Jahres nach Gründung der SE strukturelle Änderungen stattfinden, die bewirken, dass den Arbeitnehmern Beteiligungsrechte vorenthalten oder entzogen werden.

§ 44
Errichtungs- und Tätigkeitsschutz

Niemand darf
1. die Bildung des besonderen Verhandlungsgremiums, die Errichtung eines SE-Betriebsrats oder die Einführung eines Verfahrens zur Unterrichtung und Anhörung nach § 21 Abs. 2 oder die Wahl, Bestellung, Empfehlung oder Ablehnung der Arbeitnehmervertreter im Aufsichts- oder Verwaltungsorgan behindern oder durch Zufügung oder Androhung von Nachteilen oder durch Gewährung oder Versprechen von Vorteilen beeinflussen;
2. die Tätigkeit des besonderen Verhandlungsgremiums, des SE-Betriebsrats oder der Arbeitnehmervertreter nach § 21 Abs. 2 oder die Tätigkeit der Arbeitnehmervertreter im Aufsichts- oder Verwaltungsorgan behindern oder stören oder
3. ein Mitglied oder Ersatzmitglied des besonderen Verhandlungsgremiums, des SE-Betriebsrats oder einen Arbeitnehmervertreter nach § 21 Abs. 2 oder einen Arbeitnehmervertreter im Aufsichts- oder Verwaltungsorgan wegen seiner Tätigkeit benachteiligen oder begünstigen.

Teil 5
Straf- und Bußgeldvorschriften; Schlussbestimmung

§ 45
Strafvorschriften

(1) Mit Freiheitsstrafe bis zu zwei Jahren oder mit Geldstrafe wird bestraft, wer
1. entgegen § 41 Abs. 2, auch in Verbindung mit Abs. 4, ein Betriebs- oder Geschäftsgeheimnis verwertet oder
2. entgegen § 43 Satz 1 eine SE dazu missbraucht, Arbeitnehmern Beteiligungsrechte zu entziehen oder vorzuenthalten.

(2) Mit Freiheitsstrafe bis zu einem Jahr oder mit Geldstrafe wird bestraft, wer
1. entgegen § 41 Abs. 2, auch in Verbindung mit Abs. 4, ein Betriebs- oder Geschäftsgeheimnis offenbart,
2. entgegen § 44 Nr. 1 oder 2 eine dort genannte Tätigkeit behindert, beeinflusst oder stört oder
3. entgegen § 44 Nr. 3 eine dort genannte Person benachteiligt oder begünstigt.

(3) Handelt der Täter in den Fällen des Absatzes 2 Nr. 1 gegen Entgelt oder in der Absicht, sich oder einen anderen zu bereichern oder einen anderen zu schädigen, so ist die Strafe Freiheitsstrafe bis zu zwei Jahren oder Geldstrafe.

(4) Die Tat wird nur auf Antrag verfolgt. In den Fällen des Absatzes 1 Nr. 2 und des Absatzes 2 Nr. 2 und 3 sind das besondere Verhandlungsgremium, der SE-Betriebsrat, die Mehrheit der Arbeitnehmervertreter im Rahmen eines Verfahrens zur Unterrichtung und Anhörung, jedes Mitglied des Aufsichts- oder Verwaltungsorgans, eine im Unternehmen vertretene Gewerkschaft sowie die Leitungen antragsberechtigt.

§ 46
Bußgeldvorschriften

(1) Ordnungswidrig handelt, wer
1. entgegen § 4 Abs. 2 oder § 5 Abs. 4 Satz 2, jeweils auch in Verbindung mit § 18 Abs. 4, eine Information nicht, nicht richtig, nicht vollständig oder nicht rechtzeitig gibt oder
2. entgegen § 28 Abs. 1 Satz 1 oder § 29 Abs. 1 Satz 1 den SE-Betriebsrat nicht, nicht richtig, nicht vollständig, nicht in der vorgeschriebenen Weise oder nicht rechtzeitig unterrichtet.

(2) Die Ordnungswidrigkeit kann mit einer Geldbuße bis zu zwanzigtausend Euro geahndet werden.

§ 47
Geltung nationalen Rechts

(1) Dieses Gesetz berührt nicht die den Arbeitnehmern nach inländischen Rechtsvorschriften und Regelungen zustehenden Beteiligungsrechte, mit Ausnahme
1. der Mitbestimmung in den Organen der SE;
2. der Regelung des Europäische Betriebsräte-Gesetzes, es sei denn, das besondere Verhandlungsgremium hat einen Beschluss nach § 16 gefasst.

(2) Regelungen und Strukturen über die Arbeitnehmervertretungen einer beteiligten Gesellschaft mit Sitz im Inland, die durch die Gründung der SE als eigenständige juristische Person erlischt, bestehen nach Eintragung der SE fort. Die Leitung der SE stellt sicher, dass diese Arbeitnehmervertretungen ihre Aufgaben weiterhin wahrnehmen können.

Artikel 3
Änderung des Gerichtsverfassungsgesetzes

In § 74 c Abs. 1 Nr. 1 des Gerichtsverfassungsgesetzes in der Fassung der Bekanntmachung vom 9. Mai 1975 (BGBl. I S. 1077), das zuletzt durch Artikel 1 des Gesetzes vom 21. Dezember 2004 (BGBl. I S. 3599) geändert worden ist, werden nach den Wörtern „dem Handelsgesetzbuch" ein Komma und die Wörter „dem SE-Ausführungsgesetz" eingefügt.

Artikel 4
Änderung des Gesetzes über die Angelegenheiten der freiwilligen Gerichtsbarkeit

In § 145 Abs. 1 des Gesetzes über die Angelegenheiten der freiwilligen Gerichtsbarkeit in der im Bundesgesetzblatt Teil III, Gliederungsnummer 315-1, veröffentlichten bereinigten Fassung, das zuletzt durch Artikel 4 des Gesetzes vom 9. Dezember 2004 (BGBl. I S. 3220) geändert worden ist, wird nach der Angabe „§ 315 des Aktiengesetzes" die Angabe „nach Artikel 55 Abs. 3 der Verordnung (EG) Nr. 2157/2001 des Rates vom 8. Oktober 2001 über das Statut der Europäischen Gesellschaft (SE) (ABl. EG Nr. L 294 S. 1)" eingefügt.

Artikel 5
Änderung des Spruchverfahrensgesetzes

Das Spruchverfahrensgesetz vom 12. Juni 2003 (BGBl. I S. 838) wird wie folgt geändert:
1. In § 1 wird der Punkt am Ende der Nummer 4 durch ein Semikolon ersetzt und folgender neue Satz angefügt: „5. der Zuzahlung an Anteilsinhaber oder der Barabfindung von Anteilsinhabern bei der Gründung oder Sitzverlegung einer SE (§§ 6, 7, 9, 11 und 12 des SE-Ausführungsgesetzes)."
2. § 3 wird wie folgt geändert:
   a) In Satz 1 wird der Punkt am Ende der Nummer 3 durch ein Semikolon ersetzt und folgender neue Satz angefügt: „4. der Nummer 5 jeder in den dort angeführten Vorschriften des SE-Ausführungsgesetzes bezeichnete Anteilsinhaber."
   b) Satz 2 wird wie folgt gefasst: „In den Fällen der Nummern 1, 3 und 4 ist die Antragsberechtigung nur gegeben, wenn der Antragsteller zum Zeitpunkt der Antragstellung Anteilsinhaber ist."

3. § 4 wird wie folgt geändert:
   a) In Absatz 1 Satz 1 wird am Ende der Nummer 4 ein Semikolon eingefügt und folgender neue Satz angefügt: „5. der Nummer 5 die Eintragung der SE nach den Vorschriften des Sitzstaates bekannt gemacht worden ist oder".
   b) In Absatz 2 wird Nummer 4 Satz 1 wie folgt gefasst: „Konkrete Einwendungen gegen die Angemessenheit der Kompensation nach § 1 oder gegebenenfalls gegen den als Grundlage für die Kompensation ermittelten Unternehmenswert, soweit hierzu Angaben in den in § 7 Abs. 3 genannten Unterlagen enthalten sind."
4. In § 5 wird am Ende der Nummer 4 ein Semikolon eingefügt und folgender neue Satz angefügt: „5. der Nummer 5 gegen die SE, aber im Fall des § 9 des SE-Ausführungsgesetzes gegen die die Gründung anstrebende Gesellschaft".
5. § 6 wird wie folgt geändert:
   a) In Absatz 1 Satz 5 werden die Wörter „den Antrag" durch die Wörter „die Bestellung" ersetzt.
   b) In Absatz 2 Satz 1 werden die Wörter „der Bundesgebührenordnung für Rechtsanwälte" durch die Wörter „des Rechtsanwaltsvergütungsgesetzes" ersetzt.
6. Nach § 6 wird folgender § 6 a eingefügt:

   „§ 6 a

   Gemeinsamer Vertreter bei Gründung einer SE

   Wird bei der Gründung einer SE durch Verschmelzung oder bei der Gründung einer Holding-SE nach dem Verfahren der Verordnung (EG) Nr. 2157/2001 des Rates vom 8. Oktober 2001 über das Statut der Europäischen Gesellschaft (SE) (ABl. EG Nr. L 294 S. 1) gemäß den Vorschriften des SE-Ausführungsgesetzes ein Antrag auf Bestimmung einer baren Zuzahlung gestellt, bestellt das Gericht auf Antrag eines oder mehrerer Anteilsinhaber einer sich verschmelzenden oder die Gründung einer SE anstrebenden Gesellschaft, die selbst nicht antragsberechtigt sind, zur Wahrung ihrer Interessen einen gemeinsamen Vertreter, der am Spruchverfahren beteiligt ist. § 6 Abs. 1 Satz 4 und Abs. 2 gilt entsprechend."
7. In § 14 wird am Ende der Nummer 3 das Wort „und" durch ein Semikolon ersetzt, am Ende der Nummer 4 das Wort „und" eingefügt und folgender neue Satz angefügt:

   „5. der Nummer 5 durch die gesetzlichen Vertreter der SE, aber im Fall des § 9 des SE-Ausführungsgesetzes durch die gesetzlichen Vertreter der die Gründung anstrebenden Gesellschaft".

Artikel 6
Änderung des Arbeitsgerichtsgesetzes

Das Arbeitsgerichtsgesetz in der Fassung der Bekanntmachung vom 2. Juli 1979 (BGBl. I S. 853, 1036), zuletzt geändert durch Artikel 4 des Gesetzes vom 15. Dezember 2004 (BGBl. I S. 3392), wird wie folgt geändert:

1. In § 2 a Abs. 1 wird folgende Nummer 3 d eingefügt: „3 d. Angelegenheiten aus dem SE-Beteiligungsgesetz vom 22. Dezember 2004 (BGBl. I S. 3675, 3686) mit Ausnahme der §§ 45 und 46 und nach den §§ 34 bis 39 nur insoweit, als über die Wahl von Vertretern der Arbeitnehmer in das Aufsichts- oder Leitungsorgan sowie deren Abberufung mit Ausnahme der Abberufung nach § 103 Abs. 3 des Aktiengesetzes zu entscheiden ist."
2. § 10 wird wie folgt gefasst:

   „§ 10 Parteifähigkeit

   Parteifähig im arbeitsgerichtlichen Verfahren sind auch Gewerkschaften und Vereinigungen von Arbeitgebern sowie Zusammenschlüsse solcher Verbände; in den Fällen des § 2 a Abs. 1 Nr. 1 bis 3 d sind auch die nach dem Betriebsverfassungsgesetz, dem Sprecherausschussgesetz, dem Mitbestimmungsgesetz, dem Mitbestimmungs-ergänzungsgesetz, dem Drittelbeteiligungsgesetz, dem § 139 des Neunten Buches Sozialgesetzbuch, dem § 18 a des Berufsbildungsgesetzes und den zu diesen Gesetzen ergangenen Rechtsverordnungen sowie die nach dem Gesetz über Europäische Betriebsräte und dem SE-Beteiligungsgesetz beteiligten Personen und Stellen Beteiligte. Parteifähig im arbeitsgerichtlichen Verfahren sind in den Fällen des § 2 a Abs. 1 Nr. 4 auch die beteiligten Vereinigungen von Arbeitnehmern und Arbeitgebern sowie die oberste Arbeitsbehörde des Bundes oder derjenigen Länder, auf deren Bereich sich die Tätigkeit der Vereinigung erstreckt."
3. § 82 wird wie folgt gefasst:

   „§ 82 Örtliche Zuständigkeit

   (1) Zuständig ist das Arbeitsgericht, in dessen Bezirk der Betrieb liegt. In Angelegenheiten des Gesamtbetriebsrats, des Konzernbetriebsrats, der Gesamtjugendvertretung oder der Gesamt-Jugend- und Auszubildendenvertretung, des Wirtschaftsausschusses und der Vertretung der Arbeitnehmer im Aufsichtsrat ist das Ar-

beitsgericht zuständig, in dessen Bezirk das Unternehmen seinen Sitz hat. Satz 2 gilt entsprechend in Angelegenheiten des Gesamtsprecherausschusses, des Unternehmenssprecherausschusses und des Konzernsprecherausschusses.

(2) In Angelegenheiten eines Europäischen Betriebsrats, im Rahmen eines Verfahrens zur Unterrichtung und Anhörung oder des besonderen Verhandlungsgremiums ist das Arbeitsgericht zuständig, in dessen Bezirk das Unternehmen oder das herrschende Unternehmen nach § 2 des Gesetzes über Europäische Betriebsräte seinen Sitz hat. Bei einer Vereinbarung nach § 41 des Gesetzes über Europäische Betriebsräte ist der Sitz des vertragsschließenden Unternehmens maßgebend.

(3) In Angelegenheiten aus dem SE-Beteiligungsgesetz ist das Arbeitsgericht zuständig, in dessen Bezirk die Europäische Gesellschaft ihren Sitz hat; vor ihrer Eintragung ist das Arbeitsgericht zuständig, in dessen Bezirk die Europäische Gesellschaft ihren Sitz haben soll."

4. In § 83 Abs. 3 werden nach dem Wort „sowie" das Wort „nach" und nach den Wörtern „Gesetz über Europäische Betriebsräte" die Wörter „und dem SE-Beteiligungsgesetz" eingefügt.

Artikel 7
Änderung der Handelsregisterverordnung

Die Handelsregisterverordnung in der im Bundesgesetzblatt Teil III, Gliederungsnummer 315-20, veröffentlichten bereinigten Fassung, zuletzt geändert durch Artikel 3 des Gesetzes vom 3. Juli 2004 (BGBl. I S. 1410), wird wie folgt geändert:

1. In § 3 Abs. 3 werden nach dem Wort „Aktiengesellschaften" ein Komma und die Wörter „die SE" eingefügt.
2. In § 24 Abs. 1 werden nach dem Wort „Vorstandsmitglieder" ein Komma und die Wörter „Mitglieder des Leitungsorgans, geschäftsführende Direktoren" eingefügt.
3. § 37 Abs. 1 wird wie folgt geändert:
   a) In Nummer 1 werden nach dem Wort „Vorstandes" ein Komma und die Wörter „bei einer SE unter Bezeichnung der Mitglieder des Leitungsorgans oder der geschäftsführenden Direktoren" eingefügt.
   b) In Nummer 2 werden nach dem Wort „Vorstandes" ein Komma und die Wörter „bei einer SE die Änderung der Mitglieder des Leitungsorgans oder der geschäftsführenden Direktoren" eingefügt.
   c) In Nummer 4 werden nach dem Wort „Aktiengesellschaft" ein Komma und das Wort „SE" eingefügt.
4. § 43 wird wie folgt geändert:
   a) In Nummer 3 werden nach dem Wort „Aktiengesellschaften" ein Komma und die Wörter „bei einer SE" eingefügt.
   b) In Nummer 4 werden nach den Wörtern „(bei Aktiengesellschaften unter besonderer Bezeichnung des Vorsitzenden)" ein Komma und die Wörter „bei einer SE die Mitglieder des Leitungsorgans und ihre Stellvertreter (unter besonderer Bezeichnung des Vorsitzenden) oder die geschäftsführenden Direktoren" eingefügt.
   c) Nummer 6 wird wie folgt geändert:
      aa) In den Buchstaben d und e werden nach dem Wort „Vorstandes" ein Komma und die Wörter „des Leitungsorgans, der geschäftsführenden Direktoren" eingefügt.
      bb) In den Buchstaben k und o werden nach dem Wort „Aktiengesellschaft" ein Komma und das Wort „SE" eingefügt.
5. In § 44 werden nach dem Wort „Aktiengesellschaft" ein Komma und das Wort „SE" eingefügt.
6. In § 45 werden nach dem Wort „Aktiengesellschaft" ein Komma und die Wörter „eine SE" eingefügt.
7. § 62 wird wie folgt geändert:
   a) In Nummer 3 werden nach dem Wort „Aktiengesellschaften" ein Komma und die Wörter „bei einer SE" eingefügt.
   b) Nummer 4 wird wie folgt geändert:
      aa) Satz 1 wird wie folgt geändert:
         aaa) In Buchstabe a werden nach dem Wort „Vorstandes" ein Komma und die Wörter „des Leitungsorgans, die geschäftsführenden Direktoren" eingefügt.
         bbb) In Buchstabe b werden nach den Wörtern „(bei Aktiengesellschaften unter besonderer Bezeichnung des Vorsitzenden)" ein Komma und die Wörter „bei einer SE die Mitglieder des Leitungsorgans und ihre Stellvertreter (unter besonderer Bezeichnung des Vorsitzenden) oder die geschäftsführenden Direktoren" eingefügt.
      bb) In Satz 3 werden nach dem Wort „Aktiengesellschaft" ein Komma und das Wort „SE" eingefügt.

c) In Nummer 6 Buchstabe b Doppelbuchstabe ff werden nach dem Wort „Aktiengesellschaft“ ein Komma und das Wort „SE“ eingefügt.

8. In Anlage 5 (zu § 50 Abs. 1) werden in der Überschrift der vierten Spalte in Buchstabe b nach dem Wort „Vorstand“ ein Komma und die Wörter „Leitungsorgan, geschäftsführende Direktoren“ eingefügt.
9. In Anlage 7 (zu § 50 Abs. 1) werden in Nummer 4 Buchstabe b nach dem Wort „Vorstand“ ein Komma und die Wörter „Leitungsorgan, geschäftsführende Direktoren“ eingefügt.

Artikel 8
Rückkehr zum einheitlichen Verordnungsrang

Die auf Artikel 7 beruhenden Teile der Handelsregisterverordnung können auf Grund der Ermächtigung des § 125 Abs. 3 Satz 1 des Gesetzes über die Angelegenheiten der freiwilligen Gerichtsbarkeit durch Rechtsverordnung geändert werden.

Artikel 9
Inkrafttreten

Dieses Gesetz tritt am Tag nach der Verkündung in Kraft.
Die verfassungsmäßigen Rechte des Bundesrates sind gewahrt.
Das vorstehende Gesetz wird hiermit ausgefertigt. Es ist im Bundesgesetzblatt zu verkünden.

D. Verordnung (EG) Nr. 1435/2003 des Rates vom 22. Juli 2003 über das Statut der Europäischen Genossenschaft (SCE)

(ABl. L 207 vom 18.8.2003, S. 1)

DER RAT DER EUROPÄISCHEN UNION –
gestützt auf den Vertrag zur Gründung der Europäischen Gemeinschaft, insbesondere auf Artikel 308,
auf Vorschlag der Kommission[1],
nach Stellungnahme des Europäischen Parlaments[2],
nach Stellungnahme des Europäischen Wirtschafts- und Sozialausschusses[3],
in Erwägung nachstehender Gründe:

(1) Das Europäische Parlament hat am 13. April 1983 eine Entschließung zu den Genossenschaften in der Europäischen Gemeinschaft[4], am 9. Juli 1987 eine Entschließung zum Beitrag der Genossenschaften zur Regionalentwicklung[5], am 26. Mai 1989 ein Entschließung zur Rolle der Frau in Genossenschaften und lokalen Beschäftigungsinitiativen[6], am 11. Februar 1994 eine Entschließung zum Beitrag der Genossenschaften zur Regionalentwicklung[7] und am 18. September 1998 eine Entschließung zur Rolle der Genossenschaften bei der Förderung der Erwerbstätigkeit von Frauen[8] angenommen.

(2) Die Vollendung des Binnenmarktes und die damit verbundene Verbesserung der wirtschaftlichen und sozialen Lage in der gesamten Gemeinschaft macht nicht nur die Beseitigung von Handelsschranken erforderlich, sondern bedeutet auch, dass die Produktionsstrukturen an die Gemeinschaftsdimension angepasst werden müssen. Dazu ist es wesentlich, dass Gesellschaften jedweder Form, deren Geschäftstätigkeit über die Befriedigung des rein

1 ABl. C 99 vom 21.4.1992, S. 17 und ABl. C 236 vom 31.8.1993, S. 17.
2 ABl. C 42 vom 15.2.1993, S. 75 und Stellungnahme vom 14. Mai 2003 (noch nicht im Amtsblatt veröffentlicht).
3 ABl. C 223 vom 31.8.1992, S. 42.
4 ABl. C 128 vom 16.5.1983, S. 51.
5 ABl. C 246 vom 14.9.1987, S. 94.
6 ABl. C 158 vom 26.6.1989, S. 380.
7 ABl. C 61 vom 28.2.1994, S. 231.
8 ABl. C 313 vom 12.10.1998, S. 234.

lokalen Bedarfs hinausgeht, in der Lage sein sollte, die Umstrukturierung ihres Geschäftsbetriebs zwecks Ausdehnung auf die Gemeinschaftsebene zu planen und durchzuführen.

(3) Der Rechtsrahmen für eine Geschäftstätigkeit innerhalb der Gemeinschaft beruht immer noch weitgehend auf einzelstaatlichem Recht und entspricht damit nicht dem wirtschaftlichen Rahmen, innerhalb dessen sich diese entwickeln muss, wenn die Ziele des Artikels 18 des Vertrags erreicht werden sollen. Diese Situation stellt ein erhebliches Hindernis für die Schaffung von Unternehmensgruppen mit Unternehmen aus verschiedenen Mitgliedstaaten dar.

(4) Der Rat hat die Verordnung (EG) Nr. 2157/2001[9] erlassen, mit der die Rechtsform der Europäischen Gesellschaft (SE) gemäß den für Aktiengesellschaften geltenden allgemeinen Grundsätzen eingeführt wird. Dies ist kein Instrument, das den Besonderheiten der Genossenschaften gerecht wird.

(5) Die Europäische Wirtschaftliche Interessenvereinigung (EWIV) im Sinne der Verordnung (EWG) Nr. 2137/85[10] erlaubt es Unternehmen zwar, gewisse Tätigkeiten gemeinsam zu betreiben und gleichzeitig ihre Eigenständigkeit zu behalten, genügt jedoch den Besonderheiten der genossenschaftlichen Tätigkeit nicht.

(6) Die Gemeinschaft muss zur Wahrung gleicher Wettbewerbsbedingungen und im Interesse ihrer wirtschaftlichen Entwicklung für die in allen Mitgliedstaaten gemeinhin anerkannten Genossenschaften angemessene rechtliche Instrumente zur Verfügung stellen, die eine Entwicklung ihrer länderübergreifenden Tätigkeiten fördern können. Die Vereinten Nationen haben alle Regierungen aufgefordert, ein für Genossenschaften günstiges Umfeld zu schaffen, in dem diese auf gleicher Basis mit anderen Unternehmensformen teilnehmen können[11].

(7) Bei Genossenschaften handelt es sich vor allem um Vereinigungen von natürlichen oder juristischen Personen, für die besondere und andere Funktionsprinzipien als für andere Wirtschaftssubjekte gelten. Dazu gehören beispielsweise das Prinzip der demokratischen Struktur und Kontrolle oder das der Verteilung des Netto-Jahresüberschusses nach dem Billigkeitsgrundsatz.

(8) Diese besonderen Prinzipien betreffen vor allem den Grundsatz des Vorrangs der Person gegenüber dem Kapital, der seinen Ausdruck in spezifischen Regeln für den Eintritt, den Austritt und den Ausschluss der Mitglieder sowie in der Regel „ein Mitglied, eine Stimme" findet, wobei das Stimmrecht an die Person gebunden ist und beinhaltet, dass es den Mitgliedern verwehrt ist, auf das Vermögen der Genossenschaft zurückzugreifen.

(9) Genossenschaften sind mit einem Grundkapital in Form von Geschäftsanteilen ausgestattet und ihre Mitglieder können sowohl Einzelpersonen als auch Unternehmen sein. Diese Mitglieder können ganz oder teilweise Kunden, Angestellte oder Lieferanten sein. Sind die Mitglieder einer Genossenschaft ihrerseits genossenschaftlich organisierte Unternehmen, so wird sie als „sekundäre" Genossenschaft oder als Genossenschaft zweiten Grades bezeichnet. Unter gewissen Umständen können einer Genossenschaft auch eine bestimmte Zahl investierender, aber nicht nutzender Mitglieder und Dritte angehören, die Nutzen aus der Tätigkeit der Genossenschaft ziehen oder für deren Rechnung Arbeiten ausführen.

(10) Eine Europäische Genossenschaft (nachstehend „SCE" genannt) sollte zum Hauptzweck haben, im Einklang mit den nachstehenden Grundsätzen den Bedarf ihrer Mitglieder zu decken und/oder deren wirtschaftliche und/oder soziale Tätigkeiten zu fördern:

- Zweck der Geschäftstätigkeit sollte der gegenseitige Nutzen ihrer Mitglieder in der Form sein, dass jedes Mitglied einen seiner Beteiligung entsprechenden Nutzen aus der Tätigkeit der SCE zieht.
- Ihre Mitglieder sollten gleichzeitig Kunden, Angestellte oder Lieferanten oder auf eine sonstige Art und Weise in die Geschäftstätigkeit der SCE eingebunden sein.
- Die Kontrolle sollte von allen Mitgliedern gleichermaßen ausgeübt werden, wobei jedoch eine gewichtete Stimmabgabe zulässig sein kann, um den Beitrag des einzelnen Mitglieds zu der SCE korrekt wiederzugeben.
- Die Verzinsung des Fremdkapitals und der Geschäftsguthaben sollte begrenzt sein.
- Gewinne sollten im Verhältnis zu den mit der SCE getätigten Geschäften ausgeschüttet oder zur Deckung des Bedarfs der Mitglieder einbehalten werden.
- Es sollte keine künstlichen Beitrittsschranken geben.
- Im Fall der Auflösung sollten ein Vermögen und Rücklagen nach dem Grundsatz der nicht gewinnorientierten Übertragung auf eine andere genossenschaftlich konstituierte Stelle, die vergleichbare Ziele verfolgt oder dem Allgemeininteresse dient, übertragen werden.

9 ABl. L 294 vom 10.11.2001, S. 1.

10 ABl. L 199 vom 31.7.1985, S. 1.

11 Entschließung der Generalversammlung, angenommen auf der 88. Plenarsitzung der Vereinten Nationen am 19. Dezember 2001 (A/RES/56/114).

(11) Die grenzüberschreitende Zusammenarbeit von Genossenschaften stößt in der Gemeinschaft gegenwärtig auf rechtliche und administrative Schwierigkeiten; diese sollten in einem Markt ohne Grenzen beseitigt werden.

(12) Mit der Einführung einer europäischen Rechtsform für Genossenschaften, die sich auf gemeinsame Grundsätze stützt, aber ihren Besonderheiten Rechnung trägt, sollen die Voraussetzungen für ein grenzüberschreitendes Tätigwerden im gesamten Gebiet der Gemeinschaft oder in einem Teil derselben geschaffen werden.

(13) Hauptziel dieser Verordnung ist es, natürlichen Personen mit Wohnsitz in verschiedenen Mitgliedstaaten oder nach dem Recht verschiedener Mitgliedstaaten gegründeten juristischen Personen die Gründung einer SCE zu ermöglichen. Sie ermöglicht ferner die Gründung einer SCE durch Verschmelzung zweier bereits bestehender Genossenschaften oder durch Umwandlung einer bestehenden nationalen Genossenschaft in die neue Rechtsform ohne vorherige Auflösung; Voraussetzung hierfür ist, dass diese Genossenschaft ihren Sitz und ihre Hauptverwaltung in einem Mitgliedstaat und eine Tochtergesellschaft oder Niederlassung in einem anderen Mitgliedstaat hat.

(14) Angesichts des besonderen Gemeinschaftscharakters einer SCE gilt die in dieser Verordnung vorgesehene Regelung über den „tatsächlichen Sitz von SCE“ unbeschadet der Rechtsvorschriften der Mitgliedstaaten und greift Entscheidungen, die für andere Gemeinschaftstexte im Bereich des Gesellschaftsrechts zu treffen sind, nicht vor.

(15) Bezugnahmen auf das Kapital/Grundkapital in dieser Verordnung sollten ausschließlich die gezeichneten Geschäftsanteile betreffen. Nicht ausgeschüttetes Vermögen bzw. Eigenkapital der SCE sollten hiervon nicht berührt werden.

(16) Von dieser Verordnung nicht erfasst sind Bereiche wie Steuerrecht, Wettbewerbsrecht, geistiges Eigentum oder Insolvenzrecht. In diesen sowie in anderen, von der Verordnung nicht erfassten Bereichen gelten daher die Rechtsvorschriften der Mitgliedstaaten und das Gemeinschaftsrecht.

(17) Die Richtlinie 2003/72/EG[12] enthält die Vorschriften über die Beteiligung der Arbeitnehmer in der Europäischen Genossenschaft; diese Bestimmungen bilden eine untrennbare Ergänzung dieser Verordnung und sind gleichzeitig anzuwenden.

(18) Bei den Arbeiten zur Annäherung der einzelstaatlichen Vorschriften des Gesellschaftsrechts sind beträchtliche Fortschritte erzielt worden, so dass in den Bereichen, in denen für das Funktionieren der SCE keine einheitlichen Gemeinschaftsvorschriften notwendig sind, sinngemäß auf bestimmte Vorschriften verwiesen werden kann, die der Sitzmitgliedstaat der SCE in Durchführung der nachstehend aufgeführten Richtlinien über Handelsgesellschaften erlassen hat, da diese als Regelung für die SCE geeignet sind. Dies sind insbesondere

- Erste Richtlinie 68/151/EWG des Rates vom 9. März 1968 zur Koordinierung der Schutzbestimmungen, die in den Mitgliedstaaten den Gesellschaften im Sinne des Artikels 48 Absatz 2 des Vertrags im Interesse der Gesellschafter sowie Dritter vorgeschrieben sind, um diese Bestimmungen gleichwertig zu gestalten13,
- Vierte Richtlinie 78/660/EWG des Rates vom 25. Juli 1978 über den Jahresabschluss von Gesellschaften bestimmter Rechtsformen14,
- Siebente Richtlinie 83/349/EWG des Rates vom 13. Juni 1983 über den konsolidierten Abschluss15,
- Achte Richtlinie 84/253/EWG des Rates vom 10. April 1984 über die Zulassung der mit der Pflichtprüfung der Rechnungslegungsunterlagen beauftragten Personen16,
- Elfte Richtlinie 89/666/EWG des Rates vom 21. Dezember 1989 über die Offenlegung von Zweigniederlassungen, die in einem Mitgliedstaat von Gesellschaften bestimmter Rechtsformen gegründet werden, die dem Recht eines anderen Staates unterliegen17.

(19) Aktivitäten im Bereich der Finanzdienstleistungen, speziell solche von Kreditinstituten und Versicherungsgesellschaften, wurden durch folgende Richtlinien geregelt:

- Richtlinie 86/635/EWG des Rates vom 8. Dezember 1986 über den Jahresabschluss und den konsolidierten Abschluss von Banken und anderen Finanzinstituten18,

12 Siehe Seite 25 dieses Amtsblatts.
13 ABl. L 65 vom 14.3.1968, S. 8. Zuletzt geändert durch die Beitrittsakte von 1994.
14 ABl. L 222 vom 14.8.1978, S. 11. Zuletzt geändert durch die Richtlinie 2001/65/EG (ABl. L 283 vom 27.10.2001, S. 28).
15 ABl. L 193 vom 18.7.1983, S. 1. Zuletzt geändert durch die Richtlinie 2001/65/EG.
16 ABl. L 126 vom 12.5.1984, S. 20.
17 ABl. L 395 vom 30.12.1989, S. 36.
18 ABl. L 372 vom 31.12.1986, S. 1. Zuletzt geändert durch die Richtlinie 2001/65/EG.

- Richtlinie 92/49/EWG des Rates vom 18. Juni 1992 zur Koordinierung der Rechts- und Verwaltungsvorschriften für die Direktversicherung (mit Ausnahme der Lebensversicherung)19,

(20) Die Inanspruchnahme dieses Statuts ist wahlfrei –

HAT FOLGENDE VERORDNUNG ERLASSEN:

KAPITEL I
ALLGEMEINE VORSCHRIFTEN

Artikel 1
Wesen der SCE

(1) Eine Genossenschaft kann im Gebiet der Gemeinschaft in der Form der Europäischen Genossenschaft (SCE) unter den Voraussetzungen und in der Weise gegründet werden, die in dieser Verordnung vorgesehen sind.

(2) Die SCE ist eine Gesellschaft, deren Grundkapital in Geschäftsanteile zerlegt ist.

Die Mitgliederzahl und das Grundkapital der SCE sind veränderlich.

Sofern in der Satzung der SCE bei der Gründung dieser SCE nichts anderes vorgesehen ist, haftet ein Mitglied der Genossenschaft nur bis zur Höhe seines eingezahlten Geschäftsanteils. Gilt für die Mitglieder der SCE eine beschränkte Haftung, so wird der Firma der SCE der Zusatz „mit beschränkter Haftung" angefügt.

(3) Hauptzweck einer SCE ist es, den Bedarf ihrer Mitglieder zu decken und/oder deren wirtschaftliche und/oder soziale Tätigkeiten zu fördern; sie tut dies insbesondere durch den Abschluss von Vereinbarungen mit ihren Mitgliedern über die Lieferung von Waren oder die Erbringung von Dienstleistungen oder die Durchführung von Arbeiten im Rahmen der Tätigkeiten, die die SCE ausübt oder ausüben lässt. Zweck einer SCE kann auch sein, den Bedarf ihrer Mitglieder durch ihre Beteiligung an wirtschaftlichen Tätigkeiten in der vorstehend beschriebenen Weise an einer oder mehreren SCE und/oder nationalen Genossenschaften zu decken. Eine SCE kann ihre Tätigkeiten über eine Tochtergesellschaft ausüben.

(4) Sofern die Satzung nichts anderes bestimmt, können Dritte, die nicht Mitglied sind, die Tätigkeiten der SCE nicht in Anspruch nehmen und an Tätigkeiten der SCE nicht beteiligt werden.

(5) Die SCE besitzt Rechtspersönlichkeit.

(6) Die Beteiligung der Arbeitnehmer in der SCE wird durch die Richtlinie 2003/72/EG geregelt.

Artikel 2
Gründung

(1) Eine SCE kann gegründet werden:

- von mindestens fünf natürlichen Personen, deren Wohnsitze in mindestens zwei Mitgliedstaaten liegen,
- von insgesamt mindestens fünf natürlichen Personen und nach dem Recht eines Mitgliedstaats gegründeten Gesellschaften im Sinne des Artikels 48 Absatz 2 des Vertrags bzw. juristischen Personen des öffentlichen oder privaten Rechts, deren Wohnsitze in mindestens zwei verschiedenen Mitgliedstaaten liegen bzw. die dem Recht mindestens zweier verschiedener Mitgliedstaaten unterliegen,
- von nach dem Recht eines Mitgliedstaats gegründeten Gesellschaften im Sinne des Artikels 48 Absatz 2 des Vertrags bzw. juristischen Personen des öffentlichen oder privaten Rechts, die dem Recht mindestens zweier verschiedener Mitgliedstaaten unterliegen,
- durch Verschmelzung von Genossenschaften, die nach dem Recht eines Mitgliedstaats gegründet worden sind und ihren Sitz sowie ihre Hauptverwaltung in der Gemeinschaft haben, sofern mindestens zwei von ihnen dem Recht verschiedener Mitgliedstaaten unterliegen,
- durch Umwandlung einer Genossenschaft die nach dem Recht eines Mitgliedstaats gegründet worden ist und ihren Sitz sowie ihre Hauptverwaltung in der Gemeinschaft hat, wenn sie seit mindestens zwei Jahren eine dem Recht eines anderen Mitgliedstaats unterliegende Niederlassung oder Tochter hat.

(2) Ein Mitgliedstaat kann vorsehen, dass sich eine juristische Person, die ihre Hauptverwaltung nicht in der Gemeinschaft hat, an der Gründung einer SCE beteiligen kann, sofern sie nach dem Recht eines Mitgliedstaats ge-

19 ABl. L 228 vom 11.8.1992, S. 1. Zuletzt geändert durch die Richtlinie 2002/13/EG (ABl. L 77 vom 20.3.2002, S. 17).

gründet wurde, ihren Sitz in diesem Mitgliedstaat hat und mit der Wirtschaft eines Mitgliedstaats in tatsächlicher und dauerhafter Verbindung steht.

Artikel 3
Mindestkapital

(1) Das Kapital der SCE lautet auf die Landeswährung. Auch das Kapital einer SCE mit Sitz außerhalb des Euro-Währungsgebiets kann auf Euro lauten.

(2) Die Einzahlungen auf die Geschäftsanteile einer SCE müssen mindestens 30000 Euro betragen.

(3) Die Rechtsvorschriften eines Mitgliedstaats, die höhere Einzahlungen auf die Geschäftsanteile für juristische Personen vorsehen, die bestimmte Arten von Tätigkeiten ausüben, gelten auch für SCE mit Sitz in dem betreffenden Mitgliedstaat.

(4) In der Satzung wird ein Betrag festgelegt, den das Grundkapital bei Rückzahlung der Geschäftsguthaben aus der SCE ausscheidender Mitglieder nicht unterschreiten darf. Dieser Betrag darf den in Absatz 2 festgesetzten Betrag nicht unterschreiten. Der Anspruch aus der SCE ausscheidender Mitglieder auf Rückzahlung ihrer Geschäftsguthaben innerhalb der Fristen nach Artikel 16 wird ausgesetzt, solange diese Rückzahlung ein Absinken des Grundkapitals unter den vorgeschriebenen Mindestbetrag zur Folge hätte.

(5) Das Grundkapital kann durch sukzessive Einzahlungen der Mitglieder oder durch den Beitritt neuer Mitglieder erhöht und durch die vollständige oder teilweise Rückzahlung des Geschäftsguthabens vorbehaltlich der Anwendung von Absatz 4 herabgesetzt werden.

Änderungen des Grundkapitals erfordern weder eine Satzungsänderung noch eine Bekanntmachung.

Artikel 4
Grundkapital der SCE

(1) Das Grundkapital der SCE besteht aus den auf die Landeswährung lautenden Geschäftsanteilen der Mitglieder. Auch die Geschäftsanteile einer SCE mit Sitz außerhalb des Euro-Währungsgebiets können auf Euro lauten. Es können mehrere Kategorien von Geschäftsanteilen ausgegeben werden.

Die Satzung kann festlegen, dass unterschiedliche Kategorien von Geschäftsanteilen mit unterschiedlichen Rechten bei der Verteilung des Ergebnisses verbunden sind. Anteile, die die gleichen Rechte gewähren, bilden eine Kategorie.

(2) Das Kapital darf nur aus Vermögensgegenständen bestehen, deren wirtschaftlicher Wert feststellbar ist. Die Geschäftsanteile der Mitglieder dürfen nicht gegen Verpflichtungen zu Arbeits- oder Dienstleistungen ausgegeben werden.

(3) Die Geschäftsanteile lauten auf den Namen des Inhabers. Ihr Nennwert ist innerhalb jeder Anteilskategorie gleich. Er wird in der Satzung festgelegt. Die Anteile können nicht unter ihrem Nennwert ausgegeben werden.

(4) Geschäftsanteile, die gegen Bareinlagen ausgegeben werden, müssen am Tag der Beteiligung zu mindestens 25% ihres Nennwerts eingezahlt werden. Der Restbetrag ist innerhalb von höchstens fünf Jahren einzuzahlen, es sei denn, dass die Satzung eine kürzere Frist vorsieht.

(5) Gegen Sacheinlagen ausgegebene Geschäftsanteile erfordern die vollständige Einbringung zum Zeitpunkt der Beteiligung.

(6) Auf die Bestellung von Sachverständigen und die Bewertung von Einlagen, die keine Bareinlagen sind, findet das für Aktiengesellschaften maßgebende Recht des Sitzmitgliedstaats der SCE entsprechend Anwendung.

(7) Die Satzung legt die Mindestanzahl von Geschäftsanteilen fest, die zum Erwerb der Mitgliedschaft erforderlich sind. Sieht die Satzung vor, dass die Mehrheit in der Generalversammlung den natürlichen Personen vorbehalten ist, und enthält sie eine mit der Beteiligung der Mitglieder an der Tätigkeit der SCE verbundene Beteiligungspflicht, so darf sie für den Erwerb der Mitgliedschaft nur eine Pflichtbeteiligung mit höchstens einem Geschäftsanteil vorschreiben.

(8) In einer Entschließung der jährlichen Generalversammlung, die über den Jahresabschluss des betreffenden Geschäftsjahres befindet, wird das Grundkapital am Ende des Geschäftsjahres nebst der Veränderung gegenüber dem vorhergehenden Geschäftsjahr vermerkt.

Auf Vorschlag des Leitungs- oder des Verwaltungsorgans kann die Generalversammlung, wenn die für Satzungsänderungen erforderliche Mehrheit und Beschlussfähigkeit gegeben ist, die Erhöhung des Grundkapitals durch vollständige oder teilweise Umwandlung der teilbaren Rücklagen beschließen. Die neuen Geschäftsanteile stehen den Mitgliedern nach Maßgabe ihrer bisherigen Beteiligung mit Geschäftsanteilen zu.

(9) Der Nennwert der Geschäftsanteile kann durch Zusammenlegung bestehender Geschäftsanteile erhöht werden. Sind hierfür nach Maßgabe der Satzung zusätzliche Einzahlungen der Mitglieder notwendig, so hat die Generalversammlung darüber zu beschließen, wobei die für Satzungsänderungen geltenden Beschlussfähigkeits- und Mehrheitsvorschriften zu beachten sind.

(10) Der Nennwert der Geschäftsanteile kann durch Zerlegung der bestehenden Geschäftsanteile herabgesetzt werden.

(11) Die Geschäftsanteile können mit Zustimmung der Generalversammlung oder des Leitungs- oder Verwaltungsorgans unter den in der Satzung festgelegten Bedingungen an ein Mitglied oder jede andere Person, die die Mitgliedschaft erwirbt, abgetreten oder veräußert werden.

(12) Die Einzahlung auf eigene Geschäftsanteile, deren Erwerb oder Annahme als Sicherheit durch die SCE ist unzulässig, unabhängig davon, ob dies direkt oder über eine Person, die in eigenem Namen, aber für Rechnung der SCE auftritt, geschieht.

Die Annahme von Geschäftsanteilen einer SCE als Sicherheit im laufenden Geschäft genossenschaftlicher Kreditinstitute ist jedoch zulässig.

Artikel 5
Satzung

(1) Für die Zwecke dieser Verordnung bezeichnet der Ausdruck „Satzung der SCE“ zugleich die Gründungsurkunde und, wenn sie Gegenstand einer getrennten Urkunde ist, die Satzung der SCE im eigentlichen Sinne.

(2) Die Gründungsmitglieder erstellen die Satzung gemäß den Rechtsvorschriften für die Gründung von Genossenschaften, die unter das Recht des Sitzstaats der SCE fallen. Die Satzung muss schriftlich erstellt und von den Gründungsmitgliedern unterzeichnet werden.

(3) Das für die vorbeugende Prüfung von Aktiengesellschaften maßgebende Recht des Sitzmitgliedstaats der SCE findet entsprechend Anwendung auf die Kontrolle der Gründung einer SCE.

(4) Die Satzung der SCE muss mindestens folgende Angaben enthalten:

- die Firma der Genossenschaft mit dem voran- oder nachgestellten Zusatz „SCE“ sowie gegebenenfalls dem Zusatz „mit beschränkter Haftung“,
- den Gegenstand der Genossenschaft,
- die Namen der natürlichen Personen und die Firma der Gesellschaften, die Gründungsmitglieder der SCE sind, sowie bei letzteren Gesellschaftszweck und Sitz,
- den Sitz der SCE,
- die Bedingungen und Modalitäten für die Aufnahme, den Ausschluss und den Austritt der Mitglieder,
- die Rechte und Pflichten der Mitglieder und gegebenenfalls die verschiedenen Gattungen von Mitgliedern sowie die Rechte und Pflichten jeder Gattung von Mitgliedern,
- den Nennwert der Geschäftsanteile sowie das Grundkapital und die Angabe, dass dieses veränderlich ist,
- die besonderen Vorschriften für den gegebenenfalls in die gesetzliche Rücklage einzustellenden Betrag der Entnahme aus den Überschüssen,
- die Befugnisse und Zuständigkeiten der Mitglieder jedes Organs,
- die Einzelheiten der Bestellung und der Abberufung der Mitglieder dieser Organe,
- die Mehrheit- und Beschlussfähigkeitsregeln,
- die Dauer des Bestehens der SCE, wenn diese begrenzt ist.

Artikel 6
Sitz

Der Sitz der SCE muss in der Gemeinschaft liegen, und zwar in dem Mitgliedstaat, in dem sich die Hauptverwaltung der SCE befindet. Jeder Mitgliedstaat kann darüber hinaus den in seinem Hoheitsgebiet eingetragenen SCE vorschreiben, dass sie ihren Sitz und ihre Hauptverwaltung am selben Ort haben müssen.

Artikel 7
Verlegung des Sitzes

(1) Der Sitz der SCE kann gemäß den Absätzen 2 bis 16 in einen anderen Mitgliedstaat verlegt werden. Diese Verlegung führt weder zur Auflösung der SCE noch zur Gründung einer neuen juristischen Person.

(2) Ein Verlegungsplan ist von dem Leitungs- oder dem Verwaltungsorgan zu erstellen und unbeschadet etwaiger vom Sitzmitgliedstaat vorgesehener zusätzlicher Publizitätsformen gemäß Artikel 12 bekannt zu machen. Dieser Plan enthält die bisherige Firma, den bisherigen Sitz und die bisherige Registriernummer der SCE sowie folgende Angaben:

a) den vorgesehenen neuen Sitz der SCE,
b) die für die SCE vorgesehene Satzung sowie gegebenenfalls die neue Firma,
c) den vorgesehenen Zeitplan für die Verlegung,
d) die etwaigen Folgen der Verlegung für die Beteiligung der Arbeitnehmer,
e) etwaige Rechte zum Schutz der Mitglieder, der Gläubiger und der Inhaber anderer Rechte.

(3) Das Leitungs- oder das Verwaltungsorgan erstellt einen Bericht, in dem die rechtlichen und wirtschaftlichen Aspekte der Verlegung sowie ihre Auswirkungen auf die Beschäftigung erläutert und begründet und die Auswirkungen der Verlegung für die Mitglieder, die Gläubiger, die Arbeitnehmer sowie die Inhaber anderer Rechte im Einzelnen dargelegt werden.

(4) Die Mitglieder und die Gläubiger der SCE, die Inhaber anderer Rechte sowie die Stellen, denen nach einzelstaatlichem Recht dieses Recht zusteht, haben vor der Generalversammlung, die über die Verlegung befinden soll, mindestens einen Monat lang das Recht, am Sitz der SCE den Verlegungsplan und den Bericht nach Absatz 3 einzusehen und die unentgeltliche Aushändigung von Abschriften dieser Unterlagen zu verlangen.

(5) Mitglieder, die in der Generalversammlung oder in einer Sektor- oder Sektionsversammlung gegen den Verlegungsbeschluss gestimmt haben, können innerhalb von zwei Monaten ab dem Beschluss der Generalversammlung ihren Austritt erklären. Die Mitgliedschaft endet mit dem Ende des Geschäftsjahres, in dem der Austritt erklärt wurde; die Verlegung wird gegenüber den betreffenden Mitgliedern nicht wirksam. Der Austritt begründet den Anspruch auf die Rückzahlung des Geschäftsguthabens nach Maßgabe des Artikels 4 Absatz 4 und des Artikels 16.

(6) Der Verlegungsbeschluss kann erst zwei Monate nach der Bekanntmachung des Verlegungsplans gefasst werden. Er muss unter den in Artikel 62 Absatz 4 vorgesehenen Bedingungen gefasst werden.

(7) Bevor die zuständige Behörde die Bescheinigung gemäß Absatz 8 ausstellt, hat die SCE gegenüber der Behörde den Nachweis zu erbringen, dass die Interessen ihrer Gläubiger und sonstigen Forderungsberechtigten (einschließlich der öffentlich-rechtlichen Körperschaften) in Bezug auf alle vor der Offenlegung des Verlegungsplans entstandenen Verbindlichkeiten im Einklang mit den Anforderungen des Mitgliedstaats, in dem die SCE vor der Verlegung ihren Sitz hat, angemessen geschützt sind.

Die einzelnen Mitgliedstaaten können die Anwendung von Unterabsatz 1 auf Verbindlichkeiten ausdehnen, die bis zum Zeitpunkt der Verlegung entstehen (oder entstehen können).

Die Anwendung der einzelstaatlichen Rechtsvorschriften über das Leisten oder Absichern von Zahlungen an öffentlich-rechtliche Körperschaften auf die SCE wird von den Unterabsätzen 1 und 2 nicht berührt.

(8) Im Sitzstaat der SCE stellt das zuständige Gericht, der Notar oder eine andere zuständige Behörde eine Bescheinigung aus, aus der zweifelsfrei hervorgeht, dass die der Verlegung vorangehenden Rechtshandlungen und Formalitäten durchgeführt wurden.

(9) Die neue Eintragung kann erst vorgenommen werden, wenn die Bescheinigung nach Absatz 8 vorgelegt und die Erfüllung der für die Eintragung in dem neuen Sitzstaat erforderlichen Formalitäten nachgewiesen wurde.

(10) Die Sitzverlegung der SCE sowie die sich daraus ergebenden Satzungsänderungen werden zu dem Zeitpunkt wirksam, zu dem die SCE gemäß Artikel 11 Absatz 1 im Register des neuen Sitzes eingetragen wird.

(11) Das Register des neuen Sitzes meldet dem Register des früheren Sitzes die neue Eintragung der SCE, sobald diese vorgenommen worden ist. Die Löschung der früheren Eintragung der SCE erfolgt erst nach Eingang dieser Meldung.

(12) Die neue Eintragung und die Löschung der früheren Eintragung werden gemäß Artikel 12 in den betreffenden Mitgliedstaaten bekannt gemacht.

(13) Mit der Bekanntmachung der neuen Eintragung der SCE ist der neue Sitz Dritten gegenüber wirksam. Jedoch können sich Dritte, solange die Löschung der Eintragung im Register des früheren Sitzes nicht bekannt gemacht worden ist, weiterhin auf den alten Sitz berufen, es sei denn, die SCE beweist, dass den Dritten der neue Sitz bekannt war.

(14) Die Rechtsvorschriften eines Mitgliedstaats können vorsehen, dass eine Sitzverlegung, die einen Wechsel des maßgeblichen Rechts zur Folge hätte, im Fall der in dem betreffenden Mitgliedstaat eingetragenen SCE nicht wirksam wird, wenn eine zuständige Behörde dieses Staates innerhalb der in Absatz 6 genannten Frist von zwei Monaten dagegen Einspruch erhebt. Dieser Einspruch ist nur aus Gründen des öffentlichen Interesses zulässig.

Untersteht eine SCE nach Maßgabe von Gemeinschaftsrichtlinien der Aufsicht einer einzelstaatlichen Finanzaufsichtsbehörde, so gilt das Recht auf Erhebung von Einspruch gegen die Sitzverlegung auch für die genannte Behörde.

Gegen den Einspruch muss ein Rechtsmittel vor einem Gericht eingelegt werden können.

(15) Eine SCE kann ihren Sitz nicht verlegen, wenn gegen sie ein Verfahren wegen Auflösung – auch freiwillige Auflösung –, Liquidation, Zahlungsunfähigkeit oder vorläufiger Zahlungseinstellung oder ein ähnliches Verfahren eröffnet worden ist.

(16) Eine SCE, die ihren Sitz in einen anderen Mitgliedstaat verlegt hat, gilt in Bezug auf alle Forderungen, die vor dem Zeitpunkt der Verlegung gemäß Absatz 10 entstanden sind, als SCE mit Sitz in dem Mitgliedstaat, in dem sie vor der Verlegung eingetragen war, auch wenn sie erst nach der Verlegung verklagt wird.

Artikel 8
Maßgebendes Recht

(1) Die SCE unterliegt
a) dieser Verordnung,
b) sofern die vorliegende Verordnung dies ausdrücklich zulässt, den Bestimmungen der Satzung der SCE,
c) in Bezug auf die nicht durch diese Verordnung geregelten Bereiche oder, sofern ein Bereich nur teilweise geregelt ist, in Bezug auf die nicht von dieser Verordnung erfassten Aspekte
   i) den Rechtsvorschriften, die die Mitgliedstaaten in Anwendung der speziell die SCE betreffenden Gemeinschaftsmaßnahmen erlassen,
   ii) den Rechtsvorschriften der Mitgliedstaaten, die auf eine nach dem Recht des Sitzstaats der SCE gegründete Genossenschaft Anwendung finden würden,
   iii) den Bestimmungen ihrer Satzung unter den gleichen Voraussetzungen wie im Fall einer nach dem Recht des Sitzstaats der SCE gegründeten Genossenschaft.

(2) Sind nach einzelstaatlichem Recht besondere Vorschriften und/oder Beschränkungen für die von der SCE ausgeübte Geschäftstätigkeit oder bestimmte Kontrollen durch eine Aufsichtsbehörde vorgesehen, so finden diese Vorschriften auf die SCE uneingeschränkt Anwendung.

Artikel 9
Grundsatz der Nichtdiskriminierung

Vorbehaltlich der Bestimmungen dieser Verordnung wird eine SCE in jedem Mitgliedstaat wie eine Genossenschaft behandelt, die nach dem Recht des Sitzstaats der SCE gegründet wurde.

Artikel 10
Vorgeschriebene Angaben in Geschäftsdokumenten der SCE

(1) Das für Aktiengesellschaften maßgebende Recht des Sitzmitgliedstaats der SCE hinsichtlich der vorgeschriebenen Angaben auf Briefen und für Dritte bestimmten Schriftstücken findet auf die SCE entsprechend Anwendung. Der Firma der Europäischen Genossenschaft ist der Zusatz „SCE" voran- oder nachzustellen und gegebenenfalls der Zusatz „mit beschränkter Haftung" anzufügen.

(2) Nur eine SCE darf ihrer Firma den Zusatz „SCE" voran- oder nachstellen, um ihre Rechtsform zu bestimmen.

(3) Die in einem Mitgliedstaat vor dem Zeitpunkt des Inkrafttretens dieser Verordnung eingetragenen Gesellschaften oder sonstigen juristischen Personen, deren Firma den Bestandteil „SCE" enthält, brauchen ihre Firma jedoch nicht zu ändern.

Artikel 11
Eintragung und Inhalt der Bekanntmachung

(1) Jede SCE wird im Sitzstaat gemäß dem für Aktiengesellschaften maßgebenden Recht in ein nach dem Recht dieses Staates bestimmtes Register eingetragen.

(2) Eine SCE kann erst eingetragen werden, wenn eine Vereinbarung über die Beteiligung der Arbeitnehmer gemäß Artikel 4 der Richtlinie 2003/72/EG geschlossen worden ist, ein Beschluss nach Artikel 3 Absatz 6 der genannten Richtlinie gefasst worden ist oder die Verhandlungsfrist nach Artikel 5 der genannten Richtlinie abgelaufen ist, ohne dass eine Vereinbarung zustande gekommen ist.

(3) Voraussetzung dafür, dass eine durch Verschmelzung gegründete SCE in einem Mitgliedstaat, der von der in Artikel 7 Absatz 3 der Richtlinie 2003/72/EG vorgesehenen Möglichkeit Gebrauch gemacht hat, registriert werden kann, ist, dass eine Vereinbarung im Sinne von Artikel 4 der genannten Richtlinie über die Modalitäten der Beteiligung der Arbeitnehmer – einschließlich der Mitbestimmung – geschlossen wurde oder dass für keine der teilnehmenden Genossenschaften vor der Registrierung der SCE Mitbestimmungsvorschriften galten.

(4) Die Satzung der SCE darf zu keinem Zeitpunkt im Widerspruch zu der ausgehandelten Vereinbarung stehen. Steht eine neue gemäß der Richtlinie 2003/72/EG geschlossene Vereinbarung im Widerspruch zur geltenden Satzung, ist diese – soweit erforderlich – zu ändern.

In diesem Fall kann ein Mitgliedstaat vorsehen, dass das Leitungs- oder das Verwaltungsorgan der SCE befugt ist, die Satzungsänderung ohne weiteren Beschluss der Generalversammlung vorzunehmen.

(5) Das für die Bekanntmachung von Urkunden und Angaben von Aktiengesellschaften maßgebende Recht des Sitzmitgliedstaats der SCE findet auf die SCE entsprechend Anwendung.

Artikel 12
Publizität der Urkunden in den Mitgliedstaaten

(1) Die die SCE betreffenden Urkunden und Angaben, die nach dieser Verordnung der Publizitätspflicht unterliegen, werden nach Maßgabe der Rechtsvorschriften bekannt gemacht, die im Sitzstaat der SCE für Aktiengesellschaften gelten.

(2) Die einzelstaatlichen Durchführungsbestimmungen zur Richtlinie 89/666/EWG finden Anwendung auf die in einem anderen Mitgliedstaat als dem Sitzstaat errichteten Zweigniederlassungen einer SCE. Die Mitgliedstaaten können jedoch Ausnahmen von den innerstaatlichen Bestimmungen zur Durchführung jener Richtlinie vorsehen, um den Besonderheiten der Genossenschaften Rechnung zu tragen.

Artikel 13
Veröffentlichung im Amtsblatt der Europäischen Union

(1) Die Eintragung und die Löschung der Eintragung einer SCE werden zu Informationszwecken im Amtsblatt der Europäischen Union veröffentlicht, nachdem die Bekanntmachung gemäß Artikel 12 erfolgt ist. Diese Veröffentlichung enthält die Firma der SCE, Nummer, Datum und Ort der Eintragung der SCE, Datum, Ort und Titel der Bekanntmachung sowie den Sitz und den Geschäftszweck der SCE.

(2) Bei der Verlegung des Sitzes der SCE gemäß Artikel 7 erfolgt eine Veröffentlichung mit den Angaben gemäß Absatz 1 wie im Fall einer Neueintragung.

(3) Die Angaben gemäß Absatz 1 werden dem Amt für amtliche Veröffentlichungen der Europäischen Gemeinschaften innerhalb eines Monats nach der Bekanntmachung gemäß Artikel 12 Absatz 1 übermittelt.

Artikel 14
Erwerb der Mitgliedschaft

(1) Unbeschadet des Artikels 33 Absatz 1 Buchstabe b) bedarf der Erwerb der Mitgliedschaft in der SCE der Zustimmung des Leitungs- oder des Verwaltungsorgans. Gegen Ablehnungen kann in der Generalversammlung Einspruch eingelegt werden, die auf die Stellung des Antrags auf Mitgliedschaft folgt.

Sofern das Recht des Sitzstaats der SCE dies zulässt, kann die Satzung vorsehen, dass Personen, die für die Nutzung oder Produktion der Güter und die Nutzung oder Erbringung der Dienste der SCE nicht in Frage kommen, als investierende (nicht nutzende) Mitglieder zugelassen werden können. In diesem Fall bedarf der Erwerb der Mitgliedschaft der Zustimmung der Generalversammlung oder der Zustimmung des Organs, dem von der Generalversammlung oder durch die Satzung die entsprechende Entscheidungsbefugnis übertragen wurde.

Mitglieder, die juristische Personen sind, gelten durch die Vertretung ihrer eigenen Mitglieder als nutzende Mitglieder, sofern ihre Mitglieder, die natürliche Personen sind, nutzende Mitglieder sind.

Sofern in der Satzung nicht etwas anderes vorgesehen ist, kann die Mitgliedschaft von natürlichen Personen oder juristischen Personen erworben werden.

(2) Die Satzung kann den Beitritt von weiteren Bedingungen abhängig machen, und zwar insbesondere von:
- der Einzahlung eines Mindestbetrags auf den Geschäftsanteil,
- Bedingungen im Zusammenhang mit dem Gegenstand der SCE.

(3) Sofern die Satzung dies vorsieht, können Anträge auf zusätzliche Beteiligung am Kapital an die Mitglieder gerichtet werden.

(4) Ein alphabetisches Verzeichnis aller Mitglieder wird am Sitz der Genossenschaft geführt; in dem Verzeichnis sind deren Anschrift sowie die Anzahl und gegebenenfalls die Kategorie ihrer Geschäftsanteile aufzuführen. Auf Antrag kann jede Person in Wahrnehmung eines unmittelbaren berechtigten Interesses Einsicht in dieses Verzeichnis nehmen und von diesem oder von Teilen desselben eine Kopie erhalten, deren Preis die damit verbundenen Verwaltungskosten nicht überschreiten darf.

(5) Alle Vorgänge, die die Mitgliedschaft verändern und zu einer veränderten Kapitalverteilung oder zu einer Erhöhung oder Verringerung des Kapitals führen, sind in dem in Absatz 4 genannten Mitgliederverzeichnis einzutragen; die Eintragung hat spätestens im Monat nach der Änderung zu erfolgen.

(6) Vorgänge nach Absatz 5 werden gegenüber der SCE wie auch gegenüber Dritten mit einem unmittelbaren und berechtigten Interesse erst ab ihren Eintragungen in das in Absatz 4 vorgesehene Verzeichnis wirksam.

(7) Den Mitgliedern wird auf Antrag eine Eintragungsbescheinigung ausgehändigt.

Artikel 15
Verlust der Mitgliedschaft

(1) Die Mitgliedschaft endet
- durch Austritt,
- durch Ausschluss eines Mitglieds, das sich eines schwerwiegenden Verstoßes gegen seine Pflichten schuldig gemacht hat oder gegen die Interessen der SCE handelt,
- sofern dies nach der Satzung gestattet ist, durch Übertragung aller Geschäftsanteile auf ein Mitglied oder eine natürliche oder juristische Person, die die Mitgliedschaft erwirbt,
- durch Auflösung im Fall eines Mitglieds, das keine natürliche Person ist,
- durch Konkurs,
- durch Tod,
- und in den übrigen Fällen, die in der Satzung oder in den Rechtsvorschriften über die Genossenschaften des Sitzmitgliedstaats der SCE vorgesehen sind.

(2) Mitglieder, die in der Generalversammlung als Minderheit gegen eine Satzungsänderung gestimmt haben, mit der

i) neue Verpflichtungen in Bezug auf Einzahlungen oder andere Leistungen eingeführt oder
ii) die bestehenden Verpflichtungen der Mitglieder erheblich ausgeweitet worden sind oder
iii) die Kündigungsfrist für den Austritt aus der SCE auf über fünf Jahre verlängert wurde,

können innerhalb von zwei Monaten ab dem Beschluss der Generalversammlung ihren Austritt erklären.

Die Mitgliedschaft endet in den Fällen des Unterabsatzes 1 Ziffern i) und ii) mit dem Ende des laufenden Geschäftsjahres und im Fall der Ziffer iii) nach Ablauf der vor der Satzungsänderung geltenden Kündigungsfrist. Die Satzungsänderung wird gegenüber den betreffenden Mitgliedern nicht wirksam. Der Austritt begründet den Anspruch auf die Rückzahlung des Geschäftsguthabens nach Maßgabe des Artikels 3 Absatz 4 und des Artikels 16.

(3) Der Ausschluss wird von dem Verwaltungs- oder Leitungsorgan nach Anhörung des Mitglieds beschlossen. Das Mitglied kann diesen Beschluss vor der Generalversammlung anfechten.

Artikel 16
Finanzielle Ansprüche der Mitglieder im Fall des Austritts oder des Ausschlusses

(1) Vom Fall der Anteilsübertragung abgesehen und vorbehaltlich von Artikel 3 begründet die Beendigung der Mitgliedschaft einen Anspruch auf Rückzahlung des Geschäftsguthabens des betreffenden Mitglieds, die gegebenenfalls im Verhältnis zu den auf das Grundkapital der SCE anzurechnenden Verlusten herabgesetzt werden.

(2) Die nach Absatz 1 vorzunehmenden Abzüge werden anhand der Bilanz für das Geschäftsjahr errechnet, in dem der Anspruch auf Rückzahlung entstanden ist.

(3) Die Satzung sieht die Modalitäten und die Voraussetzungen für den Austritt vor und legt eine Frist von höchstens drei Jahren fest, innerhalb deren die Rückzahlung zu erfolgen hat. Die SCE ist in keinem Fall gehalten, die Rückzahlung vor Ablauf von sechs Monaten nach Genehmigung der Bilanz vorzunehmen, die im Anschluss an den Verlust der Mitgliedseigenschaft aufgestellt wird.

(4) Die Absätze 1, 2 und 3 finden auch Anwendung, wenn lediglich ein Teil der Geschäftsanteile, die im Besitz eines Mitglieds sind, zurückzuzahlen sind.

KAPITEL II
GRÜNDUNG

Abschnitt 1
Allgemeines

Artikel 17
Bei der Gründung geltendes Recht

(1) Vorbehaltlich der Bestimmungen dieser Verordnung findet auf die Gründung einer SCE das für Genossenschaften geltende Recht des Mitgliedstaats Anwendung, in dem die SCE ihren Sitz nimmt.

(2) Die Eintragung einer SCE wird gemäß Artikel 12 bekannt gemacht.

Artikel 18
Erwerb der Rechtspersönlichkeit

(1) Die SCE erwirbt die Rechtspersönlichkeit an dem Tag, an dem sie im Sitzstaat in das von diesem Staat nach Artikel 11 Absatz 1 bezeichnete Register eingetragen wird.

(2) Wurden im Namen der SCE vor ihrer Eintragung gemäß Artikel 11 Rechtshandlungen vorgenommen und übernimmt die SCE nach der Eintragung die sich aus diesen Rechtshandlungen ergebenden Verpflichtungen nicht, so haften die natürlichen Personen, die Gesellschaften oder anderen juristischen Personen, die diese Rechtshandlungen vorgenommen haben, vorbehaltlich anders lautender Vereinbarungen unbegrenzt und gesamtschuldnerisch.

Abschnitt 2
Gründung durch Verschmelzung

Artikel 19
Verfahren der Gründung durch Verschmelzung

Eine SCE kann durch Verschmelzung gegründet werden:

- entweder nach dem Verfahren der Verschmelzung durch Aufnahme
- oder nach dem Verfahren der Verschmelzung durch Gründung einer neuen juristischen Person.

Im Fall einer Verschmelzung durch Aufnahme nimmt die aufnehmende Genossenschaft bei der Verschmelzung die Form einer SCE an. Im Fall einer Verschmelzung durch Gründung einer neuen juristischen Person ist die neue juristische Person eine SCE.

Artikel 20
Für Verschmelzungen maßgebendes Recht

In den von diesem Abschnitt nicht erfassten Bereichen sowie in den nicht erfassten Teilbereichen eines von diesem Kapitel nur teilweise abgedeckten Bereichs sind bei der Gründung einer SCE durch Verschmelzung auf jede Gründungsgenossenschaft die für die Verschmelzung von Genossenschaften geltenden Rechtsvorschriften des Mitgliedstaats, dessen Recht sie unterliegt, und in Ermangelung solcher Vorschriften die Bestimmungen des betreffenden Staates über die innerstaatlichen Verschmelzungen von Aktiengesellschaften anzuwenden.

Artikel 21
Gründe für einen Einspruch gegen die Verschmelzung

Die Rechtsvorschriften eines Mitgliedstaats können vorsehen, dass die Beteiligung einer Genossenschaft, die dem Recht dieses Mitgliedstaats unterliegt, an der Gründung einer SCE durch Verschmelzung nur möglich ist, wenn keine zuständige Behörde dieses Mitgliedstaats vor der Erteilung der Bescheinigung gemäß Artikel 29 Absatz 2 dagegen Einspruch erhebt.

Dieser Einspruch ist nur aus Gründen des öffentlichen Interesses zulässig. Gegen ihn müssen Rechtsmittel eingelegt werden können.

Artikel 22
Verschmelzungsbedingungen

(1) Die Leitungs- oder die Verwaltungsorgane der sich verschmelzenden Genossenschaften stellen einen Verschmelzungsplan auf. Dieser Verschmelzungsplan enthält

a) die Firma und den Sitz der sich verschmelzenden Genossenschaften sowie die für die SCE vorgesehene Firma und ihren geplanten Sitz,
b) das Umtauschverhältnis der Geschäftsanteile und gegebenenfalls die Höhe der baren Zuzahlungen. In Ermangelung von Geschäftsanteilen enthält er eine genaue Aufteilung des Vermögens und seines Gegenwerts in Geschäftsanteilen,
c) die Einzelheiten hinsichtlich der Übertragung der Anteile der SCE,
d) den Zeitpunkt, ab dem diese Anteile das Recht auf Beteiligung an Überschüssen gewähren, sowie alle Besonderheiten in Bezug auf dieses Recht,
e) den Zeitpunkt, ab dem die Handlungen der sich verschmelzenden Genossenschaften unter dem Gesichtspunkt der Rechnungslegung als für Rechnung der SCE vorgenommen gelten,
f) die Besonderheiten oder Vorteile von Schuldverschreibungen und von Wertpapieren, die keine Geschäftsanteile sind, und die gemäß Artikel 66 nicht die Mitgliedschaft verleihen,
g) die Rechte, welche die SCE den Eignern von mit Sonderrechten ausgestatteten Geschäftsanteilen und den Inhabern anderer Wertpapiere als Geschäftsanteile gewährt, oder die für diese Personen vorgeschlagenen Maßnahmen,
h) die Vorkehrungen für den Schutz der Rechte der Gläubiger der sich verschmelzenden Genossenschaften,
i) jede Vergünstigung, die den Sachverständigen, die den Verschmelzungsplan prüfen, oder den Mitgliedern der Verwaltungs-, Leitungs-, Aufsichts- oder Kontrollorgane der sich verschmelzenden Genossenschaften gewährt wird,
j) die Satzung der SCE,
k) Angaben zu dem Verfahren, nach dem die Vereinbarung über die Beteiligung der Arbeitnehmer gemäß der Richtlinie 2003/72/EG geschlossen wird.

(2) Die sich verschmelzenden Genossenschaften können dem Verschmelzungsplan weitere Punkte hinzufügen.

(3) Das für einen Verschmelzungsplan von Aktiengesellschaften maßgebende Recht findet auf die grenzüberschreitende Verschmelzung von Genossenschaften zur Gründung einer SCE entsprechend Anwendung.

Artikel 23
Erläuterung und Begründung des Verschmelzungsplans

Das Verwaltungs- oder Leitungsorgan einer jeden der zu verschmelzenden Genossenschaften erstellt einen ausführlichen schriftlichen Bericht, in dem der Verschmelzungsplan sowie insbesondere das Verhältnis für den Austausch der Anteile rechtlich und wirtschaftlich zu erläutern und zu begründen sind. In dem Bericht sind ferner etwaige besondere Bewertungsschwierigkeiten anzugeben.

Artikel 24
Bekanntmachung

(1) Das für die Bekanntmachung eines Verschmelzungsplans von Aktiengesellschaften maßgebende Recht findet vorbehaltlich weiterer Auflagen seitens des Mitgliedstaats, dessen Recht die betreffende Genossenschaft unterliegt, auf die sich verschmelzenden Genossenschaften entsprechend Anwendung.

(2) Bei der Bekanntmachung des Verschmelzungsplans im Amtsblatt des Mitgliedstaats müssen jedoch zu jeder der sich verschmelzenden Genossenschaften folgende Angaben gemacht werden:
a) Rechtsform, Firma und Sitz der an der Verschmelzung teilnehmenden Genossenschaften,
b) die Anschrift des Ortes, an dem die Satzung und alle Urkunden und Angaben in Bezug auf die sich verschmelzenden Genossenschaften hinterlegt sind oder die Anschrift des Registers, bei dem diese eingetragen sind, sowie die Nummer des Eintrags in diesem Register,
c) einen Hinweis auf die Modalitäten für die Ausübung der Rechte der Gläubiger der betreffenden Genossenschaft gemäß Artikel 28 sowie die Anschrift, unter der erschöpfende Auskünfte über diese Modalitäten kostenlos eingeholt werden können,
d) einen Hinweis auf die Modalitäten für die Ausübung der Rechte der Mitglieder der betreffenden Genossenschaft gemäß Artikel 28 sowie die Anschrift, unter der erschöpfende Auskünfte über diese Modalitäten kostenlos eingeholt werden können,
e) die für die SCE vorgesehene Firma und ihr künftiger Sitz,
f) die Bedingungen, unter denen gemäß Artikel 31 der Zeitpunkt zu bestimmen ist, zu dem die Verschmelzung wirksam wird.

Artikel 25
Informationsrechte

(1) Jeder Gesellschafter hat das Recht, mindestens einen Monat vor der Abhaltung der Generalversammlung, die über die Verschmelzung zu befinden hat, am Geschäftssitz Einsicht zu nehmen in folgende Dokumente:
a) den Verschmelzungsplan gemäß Artikel 22,
b) die Jahresabschlüsse und Geschäftsberichte der zu verschmelzenden Genossenschaften für die letzten drei Geschäftsjahre,
c) eine Zwischenbilanz, die gemäß den Bestimmungen erstellt wurde, die für innerstaatliche Verschmelzungen von Aktiengesellschaften gelten, sofern diese Bestimmungen die Erstellung einer solchen Bilanz vorsehen,
d) den Bericht der Sachverständigen über den Wert der im Tausch gegen das Vermögen der sich verschmelzenden Genossenschaften auszugebenden Geschäftsanteile oder das Verhältnis für den Austausch der Geschäftsanteile gemäß Artikel 26,
e) den Bericht des Verwaltungs- bzw. Leitungsorgans der Genossenschaft gemäß Artikel 23.

(2) Jedes Mitglied kann auf Antrag kostenlos eine vollständige oder, sofern gewünscht, eine teilweise Ausfertigung der Dokumente gemäß Absatz 1 erhalten.

Artikel 26
Bericht der unabhängigen Sachverständigen

(1) Für jede der sich verschmelzenden Genossenschaften hat ein von der betreffenden Genossenschaft gemäß Artikel 4 Absatz 6 bestellter Sachverständiger den Verschmelzungsplan zu prüfen und einen schriftlichen Bericht an die Mitglieder zu erstellen.

(2) Für alle sich verschmelzenden Genossenschaften kann ein einheitlicher Bericht erstellt werden, sofern die einzelstaatlichen Rechtsvorschriften, denen die Genossenschaften unterliegen, dies zulassen.

(3) Das für die Verschmelzung von Aktiengesellschaften maßgebende Recht findet hinsichtlich der Rechte und Pflichten der Sachverständigen auf die Verschmelzung von Genossenschaften entsprechend Anwendung.

Artikel 27
Billigung des Verschmelzungsplans

(1) Die Generalversammlung jeder der sich verschmelzenden Genossenschaften stimmt dem Verschmelzungsplan zu.

(2) Die Beteiligung der Arbeitnehmer in der SCE wird gemäß der Richtlinie 2003/72/EG festgelegt. Die Generalversammlung jeder der sich verschmelzenden Genossenschaften kann sich das Recht vorbehalten, die Eintragung der SCE davon abhängig zu machen, dass die geschlossene Vereinbarung von ihr ausdrücklich genehmigt wird.

Artikel 28
Für die Gründung durch Verschmelzung maßgebendes Recht

(1) Das Recht des Mitgliedstaats, das jeweils für die sich verschmelzenden Genossenschaften gilt, findet wie bei einer Verschmelzung von Aktiengesellschaften unter Berücksichtigung des grenzüberschreitenden Charakters der Verschmelzung Anwendung zum Schutz der Interessen
- der Gläubiger der zu verschmelzenden Genossenschaften,
- der Anleihegläubiger der zu verschmelzenden Genossenschaften.

(2) Ein Mitgliedstaat kann in Bezug auf die sich verschmelzenden Genossenschaften, die seinem Recht unterliegen, Vorschriften erlassen, um einen angemessenen Schutz der Mitglieder, die sich gegen die Verschmelzung ausgesprochen haben, zu gewährleisten.

Artikel 29
Kontrolle der Verschmelzung

(1) Die Rechtmäßigkeit der Verschmelzung wird in Bezug auf die Verfahrensabschnitte, die einzelne sich verschmelzende Genossenschaften betreffen, nach den für die Verschmelzung von Genossenschaften geltenden Rechtsvorschriften des Mitgliedstaats, dessen Recht die jeweilige sich verschmelzende Genossenschaft unterliegt – und in Ermangelung solcher Vorschriften nach den Bestimmungen des betreffenden Staates über die innerstaatlichen Verschmelzungen von Aktiengesellschaften – kontrolliert.

(2) In jedem der betreffenden Mitgliedstaaten stellt das zuständige Gericht, der Notar oder eine andere zuständige Behörde eine Bescheinigung aus, aus der hervorgeht, dass die der Verschmelzung vorangehenden Rechtshandlungen und Formalitäten durchgeführt wurden.

(3) Ist nach dem Recht eines Mitgliedstaats, dem eine sich verschmelzende Genossenschaft unterliegt, ein Verfahren zur Kontrolle und Änderung des Umtauschverhältnisses der Geschäftsanteile oder zur Abfindung von Minderheitsmitgliedern vorgesehen, das jedoch der Eintragung der Verschmelzung nicht entgegensteht, so findet ein solches Verfahren nur dann Anwendung, wenn die anderen sich verschmelzenden Genossenschaften in Mitgliedstaaten, in denen ein derartiges Verfahren nicht besteht, bei der Zustimmung zu dem Verschmelzungsplan gemäß Artikel 27 Absatz 1 ausdrücklich akzeptieren, dass die Mitglieder der betreffenden sich verschmelzenden Genossenschaft auf ein solches Verfahren zurückgreifen können. In diesem Fall kann das zuständige Gericht, der Notar oder eine andere zuständige Behörde die Bescheinigung gemäß Absatz 2 ausstellen, auch wenn ein derartiges Verfahren eingeleitet wurde. Die Bescheinigung muss allerdings einen Hinweis auf das anhängige Verfahren enthalten. Die Entscheidung in dem Verfahren ist für die übernehmende Genossenschaft und ihre Mitglieder bindend.

Artikel 30
Kontrolle der Rechtmäßigkeit der Verschmelzung

(1) Die Rechtmäßigkeit der Verschmelzung wird, was den Verfahrensabschnitt der Durchführung der Verschmelzung und der Gründung der SCE anbelangt, von dem Gericht, dem Notar oder der sonstigen zuständigen Behörde kontrolliert, die im künftigen Sitzstaat der SCE die Kontrolle dieses Aspekts der Rechtmäßigkeit der Verschmelzung von Genossenschaften oder in Ermangelung solcher Vorschriften für die Kontrolle dieses Aspekts der Rechtmäßigkeit der Verschmelzung von Aktiengesellschaften vornehmen kann.

(2) Hierzu legt jede der sich verschmelzenden Genossenschaften dieser zuständigen Behörde die in Artikel 29 Absatz 2 genannte Bescheinigung binnen sechs Monaten nach ihrer Ausstellung sowie eine Ausfertigung des Verschmelzungsplans, dem sie zugestimmt hat, vor.

(3) Die gemäß Absatz 1 zuständige Behörde kontrolliert insbesondere, ob die sich verschmelzenden Genossenschaften einem gleich lautenden Verschmelzungsplan zugestimmt haben und ob eine Vereinbarung über die Beteiligung der Arbeitnehmer gemäß der Richtlinie 2003/72/EG geschlossen wurde.

(4) Die genannte Behörde kontrolliert ferner, ob die Gründung der SCE den gesetzlichen Anforderungen des Sitzstaats genügt.

Artikel 31
Eintragung der Verschmelzung

(1) Die Verschmelzung und die gleichzeitige Gründung der SCE werden mit der Eintragung der SCE gemäß Artikel 11 Absatz 1 wirksam.

(2) Die SCE kann erst nach Erfuellung sämtlicher Formalitäten gemäß den Artikeln 29 und 30 eingetragen werden.

Artikel 32
Bekanntmachung

Für jede sich verschmelzende Genossenschaft wird die Durchführung der Verschmelzung nach den in den Rechtsvorschriften des jeweiligen Mitgliedstaats vorgesehenen Verfahren gemäß den für Aktiengesellschaften geltenden Rechtsvorschriften bekannt gemacht.

Artikel 33
Auswirkungen der Verschmelzung

(1) Die nach Artikel 19 Unterabsatz 1 erster Gedankenstrich vollzogene Verschmelzung bewirkt ipso jure gleichzeitig Folgendes:

a) Das gesamte Aktiv- und Passivvermögen jeder übertragenden Genossenschaft geht auf die übernehmende juristische Person über;
b) die Mitglieder jeder übertragenden Genossenschaft werden Mitglieder der übernehmenden juristischen Person;
c) die übertragenden Genossenschaften erlöschen;
d) die übernehmende Genossenschaft nimmt die Rechtsform einer SCE an.

(2) Die nach Artikel 19 Unterabsatz 1 zweiter Gedankenstrich vollzogene Verschmelzung bewirkt ipso jure gleichzeitig Folgendes:

a) Das gesamte Aktiv- und Passivvermögen der zu verschmelzenden Genossenschaften geht auf die SCE über;
b) die Mitglieder der zu verschmelzenden Genossenschaften werden Mitglieder der SCE;
c) die zu verschmelzenden Genossenschaften erlöschen.

(3) Schreibt ein Mitgliedstaat im Fall einer Verschmelzung von Genossenschaften besondere Formalitäten für die Rechtswirksamkeit der Übertragung bestimmter von den sich verschmelzenden Genossenschaften eingebrachter Vermögensgegenstände, Rechte und Verbindlichkeiten gegenüber Dritten vor, so gelten diese fort und sind entweder von den sich verschmelzenden Genossenschaften oder von der SCE nach deren Eintragung zu erfuellen.

(4) Die zum Zeitpunkt der Eintragung aufgrund der einzelstaatlichen Rechtsvorschriften und Gepflogenheiten sowie aufgrund individueller Arbeitsverträge oder Arbeitsverhältnisse bestehenden Rechte und Pflichten der beteiligten Genossenschaften hinsichtlich der individuellen und kollektiven Beschäftigungsbedingungen gehen mit der Eintragung der SCE auf diese über.

Unterabsatz 1 gilt nicht für das Recht der Arbeitnehmervertreter, gemäß Artikel 59 Absatz 4 an der Generalversammlung bzw. an den Sektor- oder Sektionsversammlungen teilzunehmen.

(5) Nach der Eintragung der Verschmelzung im Register setzt die SCE die Mitglieder der übertragenden Genossenschaften unverzüglich von ihrer Eintragung in das Mitgliederverzeichnis sowie von der Anzahl ihrer Geschäftsanteile in Kenntnis.

Artikel 34
Rechtmäßigkeit der Verschmelzung

(1) Eine Verschmelzung im Sinne des Artikels 2 Absatz 1 vierter Gedankenstrich kann nach der Eintragung der SCE nicht mehr für nichtig erklärt werden.

(2) Das Fehlen einer Kontrolle der Rechtmäßigkeit der Verschmelzung gemäß den Artikeln 29 und 30 ist ein Grund für die Auflösung der SCE gemäß Artikel 74.

Abschnitt 3
Umwandlung einer bestehenden Genossenschaft in eine SCE

Artikel 35
Verfahren der Gründung durch Umwandlung

(1) Unbeschadet des Artikels 11 hat die Umwandlung einer Genossenschaft in eine SCE weder die Auflösung der Genossenschaft noch die Gründung einer neuen juristischen Person zur Folge.

(2) Der Sitz der Genossenschaft darf anlässlich der Umwandlung nicht gemäß Artikel 7 in einen anderen Mitgliedstaat verlegt werden.

(3) Das Leitungs- oder das Verwaltungsorgan der betreffenden Genossenschaft erstellt einen Umwandlungsplan und einen Bericht, in dem die rechtlichen und wirtschaftlichen Aspekte der Umwandlung sowie die Auswirkungen auf die Beschäftigung erläutert und begründet sowie die Auswirkungen, die der Übergang zur Rechtsform einer SCE für die Mitglieder und die Arbeitnehmer hat, dargelegt werden.

(4) Der Umwandlungsplan ist mindestens einen Monat vor dem Tag der Generalversammlung, die über die Umwandlung zu beschließen hat, nach den in den Rechtsvorschriften der einzelnen Mitgliedstaaten vorgesehenen Verfahren bekannt zu machen.

(5) Vor der Generalversammlung nach Absatz 6 ist von einem oder mehreren unabhängigen Sachverständigen, die nach den einzelstaatlichen Vorschriften durch ein Gericht oder eine Verwaltungsbehörde des Mitgliedstaats, dessen Recht die sich in eine SCE umwandelnde Genossenschaft unterliegt, bestellt oder zugelassen sind, sinngemäß zu bescheinigen, dass die Bestimmungen des Artikels 22 Absatz 1 Buchstabe b) eingehalten wurden.

(6) Die Generalversammlung der betreffenden Genossenschaft stimmt dem Umwandlungsplan zu und genehmigt die Satzung der SCE.

(7) Ein Mitgliedstaat kann die Umwandlung davon abhängig machen, dass das Kontrollorgan der umzuwandelnden Genossenschaft, in dem die Mitbestimmung der Arbeitnehmer vorgesehen ist, der Umwandlung mit qualifizierter Mehrheit oder einstimmig zustimmt.

(8) Die zum Zeitpunkt der Eintragung aufgrund der einzelstaatlichen Rechtsvorschriften und Gepflogenheiten sowie aufgrund individueller Arbeitsverträge oder Arbeitsverhältnisse bestehenden Rechte und Pflichten der umzuwandelnden Genossenschaft hinsichtlich der individuellen und kollektiven Beschäftigungsbedingungen gehen mit der Eintragung der SCE auf diese über.

KAPITEL III
AUFBAU DER SCE

Artikel 36
Struktur der Organe

Die SCE verfügt nach Maßgabe dieser Verordnung über

a) eine Generalversammlung und

b) entweder ein Aufsichtsorgan und ein Leitungsorgan (dualistisches System) oder ein Verwaltungsorgan (monistisches System), entsprechend der in der Satzung gewählten Form.

Abschnitt 1
Dualistisches System

Artikel 37
Aufgaben des Leitungsorgans und Bestellung seiner Mitglieder

(1) Das Leitungsorgan führt die Geschäfte der SCE in eigener Verantwortung und vertritt sie gegenüber Dritten und vor Gericht. Ein Mitgliedstaat kann vorsehen, dass ein Geschäftsführer die laufenden Geschäfte in eigener Verantwortung unter denselben Voraussetzungen, wie sie für Genossenschaften mit Sitz in seinem Hoheitsgebiet gelten, führt.

(2) Das Mitglied/die Mitglieder des Leitungsorgans wird/werden vom Aufsichtsorgan bestellt und abberufen.

Ein Mitgliedstaat kann jedoch vorschreiben oder vorsehen, dass in der Satzung festgelegt werden kann, dass das Mitglied/die Mitglieder des Leitungsorgans von der Generalversammlung unter den Bedingungen, die für Genossenschaften mit Sitz in ihrem Hoheitsgebiet gelten, bestellt und abberufen wird/werden.

(3) Niemand darf zugleich Mitglied des Leitungsorgans und Mitglied des Aufsichtsorgans der SCE sein. Das Aufsichtsorgan kann jedoch eines seiner Mitglieder zur Wahrnehmung der Aufgaben eines Mitglieds des Leitungsorgans abstellen, wenn der betreffende Posten nicht besetzt ist. Während dieser Zeit ruht das Amt der betreffenden Person als Mitglied des Aufsichtsorgans. Die Mitgliedstaaten können eine zeitliche Begrenzung hierfür vorsehen.

(4) Die Satzung der SCE bestimmt die Zahl der Mitglieder des Leitungsorgans oder die Regeln für ihre Festlegung. Die Mitgliedstaaten können jedoch für diese eine Mindest- und/oder Hoechstzahl vorsehen.

(5) Enthält das Recht eines Mitgliedstaats in Bezug auf Genossenschaften mit Sitz in seinem Hoheitsgebiet keine Vorschriften über ein dualistisches System, kann dieser Mitgliedstaat entsprechende Vorschriften in Bezug auf SCE erlassen.

Artikel 38
Vorsitz und Einberufung des Leitungsorgans

(1) Das Leitungsorgan wählt gemäß den Satzungsbestimmungen aus seiner Mitte einen Vorsitzenden.

(2) Der Vorsitzende beruft das Leitungsorgan nach Maßgabe der Satzung von sich aus oder auf Antrag eines Mitglieds ein. Ein solcher Antrag muss die Gründe für die Einberufung enthalten. Wird dem Antrag nicht binnen 15 Tagen entsprochen, so kann das Leitungsorgan von dem/den antragstellenden Mitglied/Mitgliedern einberufen werden.

Artikel 39
Aufgaben und Bestellung des Aufsichtsorgans

(1) Das Aufsichtsorgan überwacht die Geschäftsführung des Leitungsorgans. Es ist nicht berechtigt, die Geschäfte der SCE selbst zu führen. Das Aufsichtsorgan kann die SCE Dritten gegenüber nicht vertreten. Es vertritt sie jedoch gegenüber dem Mitglied des Leitungsorgans oder seinen Mitgliedern bei Rechtsstreitigkeiten oder beim Abschluss von Verträgen.

(2) Die Mitglieder des Aufsichtsorgans werden von der Generalversammlung bestellt und abberufen. Die Mitglieder des ersten Aufsichtsorgans können jedoch durch die Satzung bestellt werden. Eine etwaige nach Maßgabe der Richtlinie 2003/72/EG geschlossene Vereinbarung über die Mitbestimmung der Arbeitnehmer bleibt hiervon unberührt.

(3) Die nicht nutzenden Mitglieder dürfen höchstens ein Viertel der Mitglieder des Aufsichtsorgans stellen.

(4) Die Satzung bestimmt die Zahl der Mitglieder des Aufsichtsorgans oder die Regeln für ihre Festlegung. Die Mitgliedstaaten können jedoch für SCE mit Sitz in ihrem Hoheitsgebiet die Zahl der Mitglieder des Aufsichtsorgans oder dessen Zusammensetzung oder die Hoechst- und/oder Mindestzahl seiner Mitglieder festlegen.

Artikel 40
Informationsrechte

(1) Das Leitungsorgan unterrichtet das Aufsichtsorgan mindestens alle drei Monate über den Gang der Geschäfte der SCE und deren voraussichtliche Entwicklung; dabei berücksichtigt es die Informationen über die von der SCE kontrollierten Unternehmen, die sich auf den Geschäftsverlauf der SCE spürbar auswirken können.

(2) Neben der regelmäßigen Unterrichtung gemäß Absatz 1 teilt das Leitungsorgan dem Aufsichtsorgan unverzüglich alle Informationen über Ereignisse mit, die sich auf die Lage der SCE spürbar auswirken können.

(3) Das Aufsichtsorgan kann vom Leitungsorgan jegliche Information verlangen, die für die Kontrolle gemäß Artikel 39 Absatz 1 erforderlich ist. Die Mitgliedstaaten können vorsehen, dass jedes Mitglied des Aufsichtsorgans von dieser Möglichkeit Gebrauch machen kann.

(4) Das Aufsichtsorgan kann alle zur Erfüllung seiner Aufgaben erforderlichen Überprüfungen vornehmen oder vornehmen lassen.

(5) Jedes Mitglied des Aufsichtsorgans kann von allen Informationen, die ihm übermittelt werden, Kenntnis nehmen.

Artikel 41
Vorsitz und Einberufung des Aufsichtsorgans

(1) Das Aufsichtsorgan wählt aus seiner Mitte einen Vorsitzenden. Wird die Hälfte der Mitglieder des Aufsichtsorgans von den Arbeitnehmern bestellt, so darf nur ein von der Generalversammlung bestelltes Mitglied zum Vorsitzenden gewählt werden.

(2) Der Vorsitzende beruft das Aufsichtsorgan nach Maßgabe der Satzung von sich aus oder auf Antrag mindestens eines Drittels seiner Mitglieder oder auf Antrag des Leitungsorgans ein. Der Antrag muss die Gründe für die Einberufung enthalten. Wird dem Antrag nicht binnen 15 Tagen entsprochen, so kann das Aufsichtsorgan von den Antragstellern einberufen werden.

Abschnitt 2
Monistisches System

Artikel 42
Aufgaben und Bestellung des Verwaltungsorgans

(1) Das Verwaltungsorgan führt die Geschäfte der SCE und vertritt sie gegenüber Dritten und vor Gericht. Ein Mitgliedstaat kann vorsehen, dass ein Geschäftsführer die laufenden Geschäfte in eigener Verantwortung unter denselben Voraussetzungen, wie sie für Genossenschaften mit Sitz in seinem Hoheitsgebiet gelten, führt.

(2) Die Satzung der SCE bestimmt die Zahl der Mitglieder des Verwaltungsorgans und dessen Zusammensetzung sowie die Regeln für deren Festlegung. Die Mitgliedstaaten können jedoch die Zusammensetzung und die Mindestzahl der Mitglieder sowie gegebenenfalls deren Hoechstzahl festlegen. Die nicht nutzenden Mitglieder dürfen höchstens ein Viertel der Mitglieder des Verwaltungsorgans stellen.

Ist jedoch die Mitbestimmung der Arbeitnehmer in der SCE gemäß der Richtlinie 2003/72/EG geregelt, so muss das Verwaltungsorgan aus mindestens drei Mitgliedern bestehen.

(3) Die Mitglieder des Verwaltungsorgans und, sofern in der Satzung vorgesehen, ihre Stellvertreter werden von der Generalversammlung bestellt. Die Mitglieder des ersten Verwaltungsorgans können jedoch durch die Satzung bestellt werden. Eine etwaige nach Maßgabe der Richtlinie 2003/72/EG geschlossene Vereinbarung über die Mitbestimmung der Arbeitnehmer bleibt hiervon unberührt.

(4) Enthält das Recht eines Mitgliedstaats in Bezug auf Genossenschaften mit Sitz in seinem Hoheitsgebiet keine Vorschriften über ein monistisches System, kann dieser Mitgliedstaat entsprechende Vorschriften in Bezug auf SCE erlassen.

Artikel 43
Sitzungen; Informationsrechte

(1) Das Verwaltungsorgan tritt in den durch die Satzung bestimmten Abständen, mindestens jedoch alle drei Monate zusammen, um über den Gang der Geschäfte der SCE und deren voraussichtliche Entwicklung zu beraten; dabei berücksichtigt es gegebenenfalls die Informationen über die von der SCE kontrollierten Unternehmen, die sich auf den Geschäftsverlauf der SCE spürbar auswirken können.

(2) Jedes Mitglied des Verwaltungsorgans kann von allen Berichten, Unterlagen und Auskünften, die diesem Organ übermittelt werden, Kenntnis nehmen.

Artikel 44
Vorsitz und Einberufung des Verwaltungsorgans

(1) Das Verwaltungsorgan wählt aus seiner Mitte einen Vorsitzenden. Wird die Hälfte der Mitglieder des Verwaltungsorgans von den Arbeitnehmern bestellt, so darf nur ein von der Generalversammlung bestelltes Mitglied zum Vorsitzenden gewählt werden.

(2) Der Vorsitzende beruft das Verwaltungsorgan nach Maßgabe der Satzung von sich aus oder auf Antrag mindestens eines Drittels seiner Mitglieder ein. Der Antrag muss die Gründe für die Einberufung enthalten. Wird dem Antrag nicht binnen 15 Tagen entsprochen, so kann das Verwaltungsorgan von den Antragstellern einberufen werden.

Abschnitt 3
Gemeinsame Vorschriften für das monistische und das dualistische System

Artikel 45
Amtsdauer

(1) Die Mitglieder der Organe werden für einen in der Satzung festgelegten Zeitraum bestellt, der sechs Jahre nicht überschreiten darf.

(2) Vorbehaltlich etwaiger satzungsmäßiger Einschränkungen können die Mitglieder einmal oder mehrmals für den gemäß Absatz 1 festgelegten Zeitraum wiederbestellt werden.

Artikel 46
Voraussetzungen für die Mitgliedschaft

(1) Die Satzung der SCE kann vorsehen, dass eine Gesellschaft im Sinne des Artikels 48 des Vertrags Mitglied eines Organs sein kann, sofern das für Genossenschaften maßgebende Recht des Sitzstaats der SCE nichts anderes bestimmt.

Die betreffende Gesellschaft hat zur Wahrnehmung der Befugnisse in dem betreffenden Organ eine natürliche Person als Vertreter zu bestellen. Für diesen Vertreter gelten dieselben Bedingungen und Pflichten, wie wenn er persönlich Mitglied dieses Organs wäre.

(2) Folgende Personen können weder Mitglied des entsprechenden Organs einer SCE noch Vertreter eines Mitglieds im Sinne von Absatz 1 sein:

- Personen, die nach dem Recht des Sitzstaats der SCE dem Leitungs-, Aufsichts- oder Verwaltungsorgan einer dem Recht dieses Staates unterliegenden Genossenschaft nicht angehören dürfen oder
- Personen, die infolge einer Gerichts- oder Verwaltungsentscheidung, die in einem Mitgliedstaat ergangen ist, dem Leitungs-, Aufsichts- oder Verwaltungsorgan einer dem Recht eines Mitgliedstaats der Gemeinschaft unterliegenden Genossenschaft nicht angehören dürfen.

(3) Die Satzung der SCE kann für Mitglieder, die das Verwaltungsorgan vertreten, im Einklang mit dem für Genossenschaften maßgebenden Recht des Mitgliedstaats besondere Voraussetzungen für die Mitgliedschaft festlegen.

Artikel 47
Vertretungsbefugnis und Haftung der SCE

(1) Wird die Ausübung der Befugnis zur Vertretung der SCE gegenüber Dritten nach Artikel 37 Absatz 1 und Artikel 42 Absatz 1 mehr als einem Mitglied übertragen, so üben diese Mitglieder diese Befugnis gemeinschaftlich aus, es sei denn, dass die Satzung nach dem Recht des Sitzstaats der SCE anders lautende Bestimmungen vorsehen kann. In diesem Fall ist diese Bestimmung Dritten gegenüber wirksam, wenn sie gemäß Artikel 11 Absatz 5 und Artikel 12 bekannt gemacht wurde.

(2) Die SCE verpflichtet sich gegenüber Dritten selbst dann durch Rechtshandlungen ihrer Organe, wenn diese Rechtshandlungen nicht dem Gegenstand der SCE entsprechen, es sei denn, sie überschreiten die Befugnisse, die diesen Organen nach dem Recht des Sitzstaats der SCE zustehen oder zugestanden werden können.

Die Mitgliedstaaten können jedoch vorsehen, dass die SCE in den Fällen, in denen diese Rechtshandlungen die Grenzen des Gegenstands der SCE überschreiten, nicht verpflichtet wird, wenn sie nachweist, dass dem Dritten die Tatsache, dass die Rechtshandlung diesen Gegenstand überschritt, bekannt war oder unter den gegebenen Umständen nicht unbekannt sein konnte, wobei die bloße Bekanntmachung der Satzung als Nachweis nicht ausreicht.

(3) Satzungsmäßige oder auf einem Beschluss der zuständigen Organe beruhende Beschränkungen oder Befugnisse der Organe der SCE können Dritten nie entgegengesetzt werden, auch dann nicht, wenn sie bekannt gemacht worden sind.

(4) Ein Mitgliedstaat kann vorsehen, dass die Befugnis zur Vertretung der SCE durch die Satzung einer einzelnen Person oder mehreren gemeinsam handelnden Personen übertragen werden kann. Das einzelstaatliche Recht kann die Wirksamkeit einer solchen Satzungsbestimmung Dritten gegenüber für den Fall der allgemeinen Vertretungsbefugnis vorsehen. Die Wirksamkeit einer solchen Bestimmung Dritten gegenüber regelt Artikel 12.

Artikel 48
Ermächtigungsbedürftige Geschäfte

(1) In der Satzung der SCE werden die Arten von Geschäften aufgeführt, für die Folgendes erforderlich ist:
- im dualistischen System eine Ermächtigung des Leitungsorgans durch das Aufsichtsorgan oder die Generalversammlung,
- im monistischen System ein ausdrücklicher Beschluss des Verwaltungsorgans oder eine Ermächtigung durch die Generalversammlung.

(2) Artikel 47 wird von Absatz 1 nicht berührt.

(3) Die Mitgliedstaaten können jedoch die Arten von Geschäften sowie das zur Ermächtigung befugte Organ festlegen, die in der Satzung der in ihrem Hoheitsgebiet eingetragenen SCE mindestens aufgeführt werden müssen, und/oder vorsehen, dass im dualistischen System das Aufsichtsorgan selbst die Arten von Geschäften festlegen kann, für die eine Ermächtigung erforderlich ist.

Artikel 49
Vertraulichkeit

Die Mitglieder der Organe der SCE dürfen Informationen über die SCE, die im Fall ihrer Verbreitung den Interessen der Genossenschaft oder denen ihrer Mitglieder schaden könnten, auch nach Ausscheiden aus ihrem Amt nicht weitergeben; dies gilt nicht in Fällen, in denen eine solche Informationsweitergabe nach den Bestimmungen des für Genossenschaften geltenden einzelstaatlichen Rechts vorgeschrieben oder zulässig ist oder im öffentlichen Interesse liegt.

Artikel 50
Beschlussfassung der Organe

(1) Sofern diese Verordnung oder die Satzung nichts anderes bestimmt, gelten für die Beschlussfähigkeit und die Beschlussfassung der Organe der SCE die folgenden internen Regeln:
a) Beschlussfähigkeit: mindestens die Hälfte der stimmberechtigten Mitglieder muss anwesend oder vertreten sein;
b) Beschlussfassung: mit der Mehrheit der anwesenden oder vertretenen stimmberechtigten Mitglieder.

Abwesende Mitglieder können an der Beschlussfassung dadurch teilnehmen, dass sie einem anderen Mitglied des Organs oder den gleichzeitig mit dem Mitglied ernannten Stellvertretern eine Vertretungsvollmacht erteilen.

(2) Sofern die Satzung keine einschlägige Bestimmung enthält, gibt die Stimme des Vorsitzenden des jeweiligen Organs bei Stimmengleichheit den Ausschlag. Eine anders lautende Satzungsbestimmung ist jedoch nicht möglich, wenn sich das Aufsichtsorgan zur Hälfte aus Arbeitnehmervertretern zusammensetzt.

(3) Ist die Mitbestimmung der Arbeitnehmer gemäß der Richtlinie 2003/72/EG vorgesehen, so kann ein Mitgliedstaat vorsehen, dass sich abweichend von den Absätzen 1 und 2 Beschlussfähigkeit und Beschlussfassung des Aufsichtsorgans nach den Vorschriften richten, die unter denselben Bedingungen für die Genossenschaften gelten, die dem Recht des betreffenden Mitgliedstaats unterliegen.

Artikel 51
Haftung

Die Mitglieder des Leitungs-, Aufsichts- oder Verwaltungsorgans haften gemäß den im Sitzstaat der SCE für Genossenschaften maßgebenden Rechtsvorschriften für den Schaden, welcher der SCE durch eine Verletzung der ihnen bei der Ausübung ihres Amtes obliegenden gesetzlichen, satzungsmäßigen oder sonstigen Pflichten entsteht.

Abschnitt 4
Generalversammlung

Artikel 52
Zuständigkeit

Die Generalversammlung beschließt über die Angelegenheiten, für die ihr

a) durch diese Verordnung oder
b) durch gemäß der Richtlinie 2003/72/EG erlassene Rechtsvorschriften des Sitzstaats der SCE die alleinige Zuständigkeit übertragen wird.

Außerdem beschließt die Generalversammlung in Angelegenheiten, für die der Generalversammlung einer dem Recht des Sitzstaats der SCE unterliegenden Genossenschaft die Zuständigkeit entweder aufgrund der Rechtsvorschriften dieses Mitgliedstaats oder aufgrund der mit diesen Rechtsvorschriften in Einklang stehenden Satzung übertragen worden ist.

Artikel 53
Ablauf der Generalversammlung

Auf die Organisation und den Ablauf der Generalversammlung sowie die Abstimmungsverfahren findet unbeschadet der Bestimmungen dieses Abschnitts das im Sitzmitgliedstaat der SCE für Genossenschaften maßgebende Recht Anwendung.

Artikel 54
Einberufung der Generalversammlung

(1) Die Generalversammlung tritt mindestens einmal im Kalenderjahr binnen sechs Monaten nach Abschluss des Geschäftsjahres zusammen, sofern das im Sitzstaat der SCE für Genossenschaften, die dieselbe Art von Aktivitäten wie die SCE betreiben, maßgebende Recht nicht häufigere Versammlungen vorsieht. Die Mitgliedstaaten können jedoch vorsehen, dass die erste Hauptversammlung bis zu achtzehn Monate nach Gründung der SCE abgehalten werden kann.

(2) Die Generalversammlung kann jederzeit vom Leitungs-, Aufsichts- oder Verwaltungsorgan oder von jedem anderen Organ oder jeder zuständigen Behörde nach dem für Genossenschaften im Sitzstaat der SCE maßgebenden einzelstaatlichen Recht einberufen werden. Auf Antrag des Aufsichtsorgans ist das Leitungsorgan verpflichtet, die Generalversammlung einzuberufen.

(3) Auf der Tagesordnung der Generalversammlung, die nach Abschluss des Geschäftsjahrs zusammentritt, sind zumindest die Genehmigung des Jahresabschlusses und der Beschluss über die Verwendung des Ergebnisses als Punkte aufzuführen.

(4) Die Generalversammlung kann auf einer Tagung die Einberufung einer neuen Tagung zu einem Zeitpunkt und mit einer Tagesordnung, die sie selbst festlegt, beschließen.

Artikel 55
Einberufung durch eine Minderheit der Mitglieder

Die Einberufung der Generalversammlung und die Aufstellung ihrer Tagesordnung können von mindestens 5000 Mitgliedern der SCE oder von Mitgliedern, die mindestens zehn Prozent der Stimmrechte halten, verlangt werden. Die Satzung kann niedrigere Prozentsätze vorsehen.

Artikel 56
Form und Frist der Einberufung

(1) Die Einberufung der Generalversammlung der SCE erfolgt durch schriftliche Mitteilung in jeglicher Form an alle teilnahmeberechtigten Personen im Einklang mit Artikel 58 Absätze 1 und 2 und den Bestimmungen der Satzung. Der Abdruck der Einberufung im offiziellen Mitteilungsorgan der SCE gilt als Mitteilung in diesem Sinne.

(2) Die Einberufung enthält mindestens folgende Angaben:

- Firma und Sitz der SCE,
- Ort, Tag und Zeitpunkt der Versammlung,
- gegebenenfalls Art der Generalversammlung,
- die Tagesordnung mit Angabe der zu behandelnden Punkte sowie der Beschlussanträge.

(3) Zwischen dem Tag der Absendung der Einberufung gemäß Absatz 1 und dem Tag der ersten Tagung der Generalversammlung müssen mindestens 30 Tage liegen. Diese Frist kann jedoch in dringenden Fällen auf fünfzehn Tage verkürzt werden. In den Fällen, in denen Artikel 61 Absatz 4 über die Beschlussfähigkeit zur Anwendung kommt, kann die Frist zwischen der ersten und der zweiten Tagung der Generalversammlung mit derselben Tagesordnung im Einklang mit den Rechtsvorschriften des Sitzstaats der SCE verkürzt werden.

Artikel 57
Aufnahme neuer Punkte in die Tagesordnung

Die Aufnahme eines oder mehrerer neuer Punkte in die Tagesordnung der Generalversammlung kann von mindestens 5000 Mitgliedern der SCE oder Mitgliedern, die mindestens zehn Prozent der Stimmrechte halten, verlangt werden. Die Satzung kann niedrigere Prozentsätze vorsehen.

Artikel 58
Teilnahme und Vertretung

(1) Jedes Mitglied der SCE hat das Recht, in der Generalversammlung zu den Punkten der Tagesordnung zu sprechen und darüber abzustimmen.

(2) Die Mitglieder der Organe der SCE und die Inhaber im Sinne des Artikels 64 von Wertpapieren, die keine Geschäftsanteile sind, und von Schuldverschreibungen sowie – sofern in der Satzung vorgesehen – jede andere nach dem Recht des Sitzstaats der SCE dazu berechtigte Person können an der Generalversammlung ohne Stimmrecht teilnehmen.

(3) Stimmberechtigte Mitglieder können sich in der Generalversammlung nach Maßgabe der Satzung von einem Bevollmächtigten vertreten lassen.

Die Satzung legt fest, wie viele Stimmrechtsvollmachten ein Bevollmächtigter höchstens ausüben darf.

(4) In der Satzung kann die Möglichkeit einer Abstimmung auf schriftlichem Wege oder in elektronischer Form vorgesehen werden; die Einzelheiten werden in der Satzung festgelegt.

Artikel 59
Stimmrecht

(1) Jedes Mitglied der SCE hat unabhängig von der Anzahl seiner Anteile eine Stimme.

(2) Sofern das Recht des Sitzstaates der SCE dies zulässt, kann die Satzung einem Mitglied eine bestimmte Anzahl von Stimmen zuteilen, die sich nach seiner Beteiligung an der genossenschaftlichen Tätigkeit in anderer Form als einer Kapitalbeteiligung richtet. Es dürfen höchstens fünf Stimmen je Mitglied oder 30% der gesamten Stimmrechte – je nachdem, welche Zahl niedriger ist – auf diese Weise zugeteilt werden.

Sofern das Recht des Sitzstaates der SCE dies zulässt, kann die Satzung von in der Finanz- oder der Versicherungsbranche tätigen SCE vorsehen, dass die Zahl der jedem Mitglied zugeteilten Stimmen sich nach seiner Beteiligung an der genossenschaftlichen Tätigkeit, auch in Form einer Beteiligung am Kapital der SCE, richtet. Es dürfen höchstens fünf Stimmen je Mitglied oder 20% der gesamten Stimmrechte – je nachdem, welche Zahl niedriger ist – auf diese Weise zugeteilt werden.

Sofern das Recht des Sitzstaates der SCE dies zulässt, kann die Satzung einer SCE, deren Mitglieder mehrheitlich Genossenschaften sind, vorsehen, dass die Zahl der jedem Mitglied zugeteilten Stimmen sich nach seiner Beteiligung an der genossenschaftlichen Tätigkeit, auch in Form einer Beteiligung am Kapital der SCE, und/oder der Mitgliederzahl jeder der beteiligten Genossenschaften richtet.

(3) Bezüglich der Stimmen, die einem nicht nutzenden (investierenden) Mitglied nach der Satzung zugeteilt werden können, unterliegt die SCE dem Recht ihres Sitzstaats. Allerdings dürfen nicht nutzenden (investierenden) Mitgliedern nicht mehr als 25% der gesamten Stimmrechte zustehen.

(4) Sofern das Recht des Sitzstaats der SCE dies bei Inkrafttreten dieser Verordnung zulässt, kann die Satzung der SCE die stimmberechtigte Teilnahme der Arbeitnehmervertreter an der Generalversammlung bzw. an den Sek-

tor- oder Sektionsversammlungen vorsehen, vorausgesetzt, dass diese in jeder Versammlung zusammen nicht mehr als 15% der gesamten Stimmrechte auf sich vereinigen. Dieses Recht erlischt bei Verlegung des Sitzes der SCE in einen Mitgliedstaat, dessen Recht eine derartige Teilnahme nicht vorsieht.

Artikel 60
Informationsrecht

(1) Das Leitungsorgan oder das Verwaltungsorgan hat jedem Mitglied in der Generalversammlung auf Verlangen Auskunft über Angelegenheiten der SCE zu erteilen, die einen Punkt betreffen, zu dem die Generalversammlung gemäß Artikel 61 Absatz 1 einen Beschluss fassen kann. Im Rahmen des Möglichen wird auf der betreffenden Generalversammlung Auskunft erteilt.

(2) Das Leitungsorgan oder das Verwaltungsorgan darf die Auskunft nur verweigern, wenn sie
- geeignet ist, der SCE einen ernsten Schaden zuzufügen;
- eine gesetzliche Verpflichtung zur Geheimhaltung verletzen würde.

(3) Wird einem Mitglied eine Auskunft verweigert, so kann es verlangen, dass seine Frage und der Grund, aus dem die Auskunft verweigert worden ist, in die Niederschrift der Generalversammlung aufgenommen werden.

(4) Die Mitglieder können während zehn Tagen unmittelbar vor der Generalversammlung, die über den Abschluss des Geschäftsjahres befinden soll, die Bilanz, die Gewinn- und Verlustrechnung mit Anlagen, den Lagebericht, die Ergebnisse der Rechnungsprüfung durch die damit beauftragte Person sowie – falls es sich um ein Mutterunternehmen im Sinne der Richtlinie 83/349/EWG handelt – den konsolidierten Abschluss einsehen.

Artikel 61
Beschlussfassung

(1) Die Generalversammlung kann Beschlüsse zu Punkten der Tagesordnung fassen. Die Generalversammlung kann auch über Punkte beraten, die von einer Minderheit der Mitglieder gemäß Artikel 57 auf die Tagesordnung gesetzt wurden, und Beschlüsse zu diesen fassen.

(2) Die Generalversammlung beschließt mit der Mehrheit der abgegebenen gültigen Stimmen der anwesenden bzw. vertretenen Mitglieder.

(3) Die Beschlussfähigkeits- und Mehrheitsvorschriften für ordentliche Generalversammlungen sind in der Satzung festzulegen.

Sieht die Satzung einer SCE vor, dass auch investierende (nicht nutzende) Mitglieder aufgenommen werden können oder dass die Stimmen nach der Kapitalbeteiligung an in der Finanz- oder Versicherungsbranche tätigen SCE zugeteilt werden, so muss sie auch besondere Beschlussfähigkeitsvorschriften in Bezug auf Mitglieder, die keine investierenden (nicht nutzenden) Mitglieder sind, oder Mitglieder, denen Stimmrechte nicht nach ihrer Kapitalbeteiligung an in der Finanz- oder Versicherungsbranche tätigen SCE zugeteilt sind, enthalten. Den Mitgliedstaaten steht es frei, für SCE mit Sitz in ihrem Hoheitsgebiet das Mindestmaß dieser besonderen Vorschriften vorzugeben.

(4) Eine Generalversammlung, die über eine Satzungsänderung beschließen soll, ist nur dann beschlussfähig, wenn die anwesenden bzw. vertretenen Mitglieder bei der ersten Einberufung mindestens die Hälfte der Gesamtzahl der zum Zeitpunkt der Einberufung eingetragenen Mitglieder ausmachen; bei der zweiten Einberufung mit derselben Tagesordnung ist keine Beschlussfähigkeitsvorschrift zu beachten.

In den Fällen nach Unterabsatz 1 beschließt die Generalversammlung mit der Mehrheit von zwei Dritteln der gültigen Stimmen, es sei denn, das für Genossenschaften geltende Recht des Sitzstaats der SCE schreibt eine größere Mehrheit vor.

Artikel 62
Niederschrift

(1) Über jede Tagung der Generalversammlung ist eine Niederschrift anzufertigen. Die Niederschrift muss mindestens folgende Angaben enthalten:
- Ort und Zeitpunkt der Versammlung,
- Gegenstand der Beschlüsse,
- Ergebnis der Abstimmungen.

(2) Der Niederschrift sind das Teilnehmerverzeichnis, die Unterlagen über die Einberufung der Generalversammlung sowie die den Mitgliedern unterbreiteten Berichte zu den Punkten der Tagesordnung beizufügen.

(3) Die Niederschrift sowie die beigefügten Unterlagen sind mindestens fünf Jahre lang aufzubewahren. Jedes Mitglied kann eine Kopie der Niederschrift sowie der beigefügten Unterlagen auf einfache Anfrage gegen Bezahlung der Verwaltungskosten beziehen.

(4) Die Niederschrift ist vom Vorsitzenden der Versammlung zu unterzeichnen.

Artikel 63
Sektor- und Sektionsversammlungen

(1) Betreibt die SCE unterschiedliche Tätigkeiten oder ihre Tätigkeiten in mehr als einer Gebietseinheit oder hat sie mehrere Niederlassungen oder mehr als 500 Mitglieder, so kann die Satzung Sektor- oder Sektionsversammlungen vorsehen, sofern das einschlägige einzelstaatliche Recht dies zulässt. Die Aufteilung nach Sektoren oder Sektionen und die Zahl der Vertreter für jeden Sektor bzw. jede Sektion werden in der Satzung festgelegt.

(2) Die Sektor- oder Sektionsversammlungen wählen ihre Vertreter für eine Dauer von höchstens vier Jahren, sofern keine vorzeitige Abberufung stattfindet. Die so benannten Vertreter bilden die Generalversammlung der SCE; sie vertreten in dieser ihren Sektor bzw. ihre Sektion und erstatten ihm bzw. ihr Bericht über die Ergebnisse der Generalversammlung. Kapitel III Abschnitt 4 findet auf Sektor- und Sektionsversammlungen entsprechend Anwendung.

KAPITEL IV
AUSGABE VON WERTPAPIEREN MIT BESONDEREN VORTEILEN

Artikel 64
Wertpapiere, die keine Geschäftsanteile sind, und Schuldverschreibungen mit besonderen Vorteilen

(1) Die Satzung einer SCE kann die Ausgabe von Wertpapieren, die keine Geschäftsanteile sind, und von Schuldverschreibungen vorsehen, deren Inhaber kein Stimmrecht haben. Diese können von Mitgliedern oder von außenstehenden Personen gezeichnet werden. Ihr Erwerb verleiht jedoch nicht die Mitgliedschaft. Die Satzung regelt ferner die Rückzahlung.

(2) Den Inhabern der in Absatz 1 genannten Wertpapiere und Schuldverschreibungen können nach Maßgabe der Satzung oder den bei der Begebung festgelegten Bedingungen besondere Vorteile gewährt werden.

(3) Der Gesamtnennbetrag der in Absatz 1 genannten Wertpapiere und Schuldverschreibungen darf den in der Satzung festgelegten Betrag nicht überschreiten.

(4) Unbeschadet des Rechts auf Teilnahme an der Generalversammlung gemäß Artikel 58 Absatz 2 kann die Satzung vorsehen, dass die Inhaber der in Absatz 1 genannten Wertpapiere und Schuldverschreibungen im Rahmen einer Sonderversammlung zusammentreten. Diese Sonderversammlung kann vor jedem Beschluss der Generalversammlung, der die Rechte oder Interessen dieser Inhaber berührt, eine Stellungnahme abgeben, die Letzterer von den Bevollmächtigten der Sonderversammlung zugeleitet wird.

Die in Unterabsatz 1 genannte Stellungnahme wird in der Niederschrift der Generalversammlung vermerkt.

KAPITEL V
VERWENDUNG DES BETRIEBSERGEBNISSES

Artikel 65
Gesetzliche Rücklage

(1) Unbeschadet zwingender Vorschriften des einzelstaatlichen Rechts enthält die Satzung Regeln für die Verwendung des Jahresüberschusses.

(2) Im Fall eines solchen Überschusses muss die Satzung noch vor jeder anderen Verwendung die Bildung einer gesetzlichen Rücklage durch Entnahme aus dem Überschuss vorsehen.

Solange diese Rücklage den Betrag des eingezahlten Kapitals gemäß Artikel 3 Absatz 2 nicht erreicht, müssen mindestens 15% des Überschusses für das Geschäftsjahr abzüglich etwaiger Verlustvorträge entnommen werden.

(3) Aus der SCE ausscheidende Mitglieder können auf diese in die gesetzliche Rücklage eingestellten Gelder keinerlei Anspruch geltend machen.

Artikel 66
Rückvergütung

Die Satzung kann vorsehen, dass die Mitglieder eine Rückvergütung entsprechend dem Umfang der von der SCE mit ihnen getätigten Geschäfte oder der von ihnen geleisteten Arbeit erhalten.

Artikel 67
Verwendung des verfügbaren Ergebnisses

(1) Der Restbetrag des Überschusses nach Einstellung in die gesetzliche Rücklage und nach etwaiger Anrechnung rückvergüteter Beträge, der gegebenenfalls um Gewinnvorträge und Entnahmen aus Rücklagen erhöht oder um Verlustvorträge vermindert wird, stellt das verfügbare Ergebnis dar.

(2) Die zur Beratung über den Abschluss des Geschäftsjahres zusammengetretene Generalversammlung kann das Ergebnis in der Reihenfolge und in dem Umfang verwenden, wie dies in der Satzung bestimmt ist, und zwar insbesondere

- für einen weiteren Gewinnvortrag,
- für die Einstellung in alle gesetzlichen oder satzungsmäßigen Rücklagen,
- für die Verzinsung des Geschäftsguthabens und gleichgestellter Mittel, wobei die Zahlung bar oder durch Zuteilung von Geschäftsanteilen erfolgen kann.

(3) Die Satzung kann die Verteilung auch ganz ausschließen.

KAPITEL VI
JAHRESABSCHLUSS UND KONSOLIDIERTER ABSCHLUSS

Artikel 68
Erstellung des Jahresabschlusses und des konsolidierten Abschlusses

(1) Hinsichtlich der Erstellung ihres Jahresabschlusses und gegebenenfalls ihres konsolidierten Abschlusses einschließlich des Lageberichts und hinsichtlich der Kontrolle und Offenlegung dieser Abschlüsse unterliegt die SCE den innerstaatlichen Rechtsvorschriften, die der Sitzstaat zur Durchführung der Richtlinien 78/660/EWG und 83/349/EWG erlassen hat. Die Mitgliedstaaten können jedoch Änderungen der innerstaatlichen Bestimmungen zur Durchführung jener Richtlinien vorsehen, um den Besonderheiten der Genossenschaften Rechnung zu tragen.

(2) Ist eine SCE nach dem Recht ihres Sitzstaats nicht zu einer dem Artikel 3 der Richtlinie 68/151/EWG entsprechenden Offenlegung verpflichtet, muss sie zumindest die Abschlussunterlagen an ihrem Sitz zur öffentlichen Einsichtnahme bereithalten. Eine Kopie dieser Unterlagen ist auf Antrag auszuhändigen. Der dafür verlangte Preis darf die Verwaltungskosten nicht übersteigen.

(3) Die SCE muss ihren Jahresabschluss und gegebenenfalls ihren konsolidierten Abschluss in der Landeswährung erstellen. Eine SCE mit Sitz außerhalb des Euro-Währungsgebiets kann ihren Jahresabschluss und gegebenenfalls ihren konsolidierten Abschluss auch in Euro erstellen. In diesem Fall ist im Anhang anzugeben, auf welcher Grundlage die im Abschluss aufgeführten Posten, die auf eine andere Währung lauten oder ursprünglich lauteten, in Euro umgerechnet worden sind.

Artikel 69
Abschluss von SCE der Kredit- oder Finanzbranche

(1) Handelt es sich bei der SCE um ein Kreditinstitut oder ein Finanzinstitut, so unterliegt es hinsichtlich der Aufstellung ihres Jahresabschlusses und gegebenenfalls ihres konsolidierten Abschlusses einschließlich des dazugehörigen Lageberichts sowie der Prüfung und der Offenlegung dieser Abschlüsse den gemäß den Richtlinien über die Aufnahme und Ausübung der Tätigkeit der Kreditinstitute erlassenen einzelstaatlichen Rechtsvorschriften des Sitzstaats.

(2) Handelt es sich bei der SCE um ein Versicherungsunternehmen, so unterliegt es hinsichtlich der Aufstellung ihres Jahresabschlusses und gegebenenfalls ihres konsolidierten Abschlusses einschließlich des dazugehörigen Lageberichts sowie der Prüfung und der Offenlegung dieser Abschlüsse den gemäß den Richtlinien erlassenen einzelstaatlichen Rechtsvorschriften des Sitzstaats.

Artikel 70
Pflichtprüfung

Die Pflichtprüfung des Jahresabschlusses und gegebenenfalls des konsolidierten Abschlusses der SCE wird durch eine oder mehrere Personen vorgenommen, die im Sitzstaat der SCE gemäß den von diesem Staat in Anwendung der Richtlinien 84/253/EWG und 89/48/EWG erlassenen Bestimmungen zugelassen sind.

Artikel 71
Prüfungs- und Kontrollsystem

Schreibt das Recht eines Mitgliedstaats allen oder einem bestimmten Typ von dem Recht dieses Staates unterliegenden Genossenschaften den Beitritt zu einer externen, gesetzlich dazu befugten Einrichtung vor, die eine besondere Prüfung und Kontrolle durchführt, so gelten die Bestimmungen automatisch für die SCE, deren Sitz sich in diesem Mitgliedstaat befindet, vorausgesetzt, die betreffende Einrichtung erfuellt die Bedingungen der Richtlinie 84/253/EWG.

KAPITEL VII
AUFLÖSUNG, LIQUIDATION, ZAHLUNGSUNFÄHIGKEIT UND ZAHLUNGSEINSTELLUNG

Artikel 72
Auflösung, Zahlungsunfähigkeit und ähnliche Verfahren

Hinsichtlich der Auflösung, Liquidation, Zahlungsunfähigkeit, Zahlungseinstellung und ähnlicher Verfahren unterliegt die SCE den Rechtsvorschriften, die für eine nach dem Recht des Sitzstaats der SCE gegründete Genossenschaft maßgebend wären; dies gilt auch für die Vorschriften hinsichtlich der Beschlussfassung durch die Generalversammlung.

Artikel 73
Auflösung durch ein Gericht oder eine zuständige Verwaltungsbehörde des Sitzstaates der SCE

(1) Auf Antrag jeder Person mit berechtigtem Interesse oder einer zuständigen Behörde muss ein Gericht oder eine zuständige Verwaltungsbehörde des Sitzstaates der SCE deren Auflösung aussprechen, wenn festgestellt wird, dass gegen die Bestimmungen des Artikels 2 Absatz 1 und/oder des Artikels 3 Absatz 2 verstoßen worden ist, sowie in den Fällen nach Artikel 34.

Das Gericht oder die Verwaltungsbehörde kann der SCE eine Frist einräumen, damit sie den Vorschriften Genüge leisten kann. Geschieht dies nicht innerhalb dieser Frist, so wird die Auflösung ausgesprochen.

(2) Erfüllt eine SCE nicht mehr die Verpflichtung nach Artikel 6, so trifft ihr Sitzstaat geeignete Maßnahmen, um sie zu verpflichten, innerhalb einer bestimmten Frist den vorschriftswidrigen Zustand zu beenden, indem sie

– entweder ihre Hauptverwaltung wieder im Sitzmitgliedstaat errichtet oder
– ihren Sitz nach dem Verfahren des Artikels 7 verlegt.

(3) Der Sitzmitgliedstaat der SCE trifft die erforderlichen Maßnahmen, um zu gewährleisten, dass eine SCE, die den vorschriftswidrigen Zustand nicht gemäß Absatz 2 beendet, liquidiert wird.

(4) Der Sitzmitgliedstaat sieht vor, dass gegen die Feststellung des Verstoßes gegen Artikel 6 ein Rechtsmittel oder sonstiger geeigneter Rechtsbehelf eingelegt werden kann. Durch diesen Rechtsbehelf werden die in den Absätzen 2 und 3 vorgesehenen Verfahren ausgesetzt.

(5) Wird auf Veranlassung der Behörden oder einer betroffenen Partei festgestellt, dass sich die Hauptverwaltung einer SCE unter Verstoß gegen Artikel 6 im Hoheitsgebiet eines Mitgliedstaats befindet, so teilen die Behörden dieses Mitgliedstaats dies unverzüglich dem Sitzstaat der SCE mit.

Artikel 74
Bekanntmachung der Auflösung

Die Eröffnung eines Verfahrens wegen Auflösung – auch der freiwilligen Auflösung -, Liquidation, Zahlungsunfähigkeit oder Zahlungseinstellung und sein Abschluss sowie die Entscheidung über die Weiterführung der Geschäftstätigkeit werden unbeschadet einzelstaatlicher Bestimmungen, die zusätzliche Publizitätsanforderungen enthalten, gemäß Artikel 12 bekannt gemacht.

Artikel 75
Übertragung des Reinvermögens

Das Reinvermögen wird nach dem Grundsatz einer nicht gewinnorientierten Übertragung oder – sofern nach dem Recht des Sitzstaates der SCE zulässig – nach einer anderen, in der Satzung vorgesehenen Regelung übertragen. Für die Zwecke dieses Artikels umfasst das Reinvermögen das nach Befriedigung aller Gläubiger und Rückzahlung der Kapitalbeteiligungen der Mitglieder verbleibende Vermögen.

Artikel 76
Umwandlung in eine Genossenschaft

(1) Eine SCE kann in eine dem Recht ihres Sitzmitgliedstaats unterliegende Genossenschaft umgewandelt werden. Ein Umwandlungsbeschluss darf erst zwei Jahre nach Eintragung der SCE und nach Genehmigung der ersten beiden Jahresabschlüsse gefasst werden.

(2) Die Umwandlung einer SCE in eine Genossenschaft führt weder zur Auflösung noch zur Gründung einer neuen juristischen Person.

(3) Das Leitungs- oder das Verwaltungsorgan der SCE erstellt einen Umwandlungsplan sowie einen Bericht, in dem die rechtlichen und wirtschaftlichen Aspekte der Umwandlung sowie ihre Auswirkungen auf die Beschäftigung erläutert und begründet und die Auswirkungen der Wahl der Rechtsform der Genossenschaft für die Mitglieder und die Inhaber von Geschäftsanteilen nach Artikel 14 sowie für die Arbeitnehmer aufgezeigt werden.

(4) Der Umwandlungsplan ist in der von dem Recht der einzelnen Mitgliedstaaten vorgeschriebenen Form mindestens einen Monat vor der Tagung der Generalversammlung, die über die Umwandlung beschließen soll, bekannt zu machen.

(5) Vor der Tagung der Generalversammlung nach Absatz 6 ist von einem oder mehreren unabhängigen Sachverständigen, die nach den einzelstaatlichen Bestimmungen durch ein Gericht oder eine Verwaltungsbehörde des Mitgliedstaats, dessen Recht die sich in eine Genossenschaft umwandelnde SCE unterliegt, bestellt oder zugelassen sind, zu bescheinigen, dass letztere über Vermögenswerte mindestens in Höhe des Grundkapitals verfügt.

(6) Die Generalversammlung der SCE genehmigt den Umwandlungsplan sowie die Satzung der Genossenschaft. Die Beschlussfassung der Generalversammlung erfolgt nach Maßgabe der einzelstaatlichen Bestimmungen.

KAPITEL VIII
ERGÄNZUNGS- UND ÜBERGANGSBESTIMMUNGEN

Artikel 77
Wirtschafts- und Währungsunion

(1) Jeder Mitgliedstaat kann, sofern und solange für ihn die dritte Stufe der Wirtschafts- und Währungsunion (WWU) nicht gilt, auf SCE mit Sitz in seinem Hoheitsgebiet in der Frage, auf welche Währung ihr Kapital zu lauten hat, dieselben Bestimmungen anwenden wie auf die Genossenschaften, für die seine Rechtsvorschriften gelten. Die SCE kann ihr Kapital auf jeden Fall auch in Euro ausdrücken. In diesem Fall wird für die Umrechnung zwischen Landeswährung und Euro der Satz zugrunde gelegt, der am letzten Tag des Monats vor der Gründung der SCE galt.

(2) Sofern und solange für den Sitzstaat der SCE die dritte Stufe der WWU nicht gilt, kann die SCE jedoch die Jahresabschlüsse und gegebenenfalls die konsolidierten Abschlüsse in Euro erstellen und offen legen. Der Mitgliedstaat kann verlangen, dass die Jahresabschlüsse und gegebenenfalls die konsolidierten Abschlüsse nach denselben Bedingungen, wie sie für die dem Recht dieses Mitgliedstaats unterliegenden Genossenschaften vorgesehen sind, in der Landeswährung erstellt und offen gelegt werden. Dies gilt unbeschadet der der SCE zusätzlich eingeräumten Möglichkeit, ihre Jahresabschlüsse und gegebenenfalls ihre konsolidierten Abschlüsse entsprechend der Richtlinie 90/604/EWG des Rates vom 8. November 1990 zur Änderung der Richtlinie 78/660/EWG über den Jahresabschluss und der Richtlinie 83/349/EWG über den konsolidierten Abschluss hinsichtlich der Ausnahme für kleine und mittlere Gesellschaften sowie der Offenlegung von Abschlüssen in Ecu(20) in Euro offen zu legen.

KAPITEL IX
SCHLUSSBESTIMMUNGEN

Artikel 78
Nationale Umsetzungsmaßnahmen

(1) Die Mitgliedstaaten treffen alle geeigneten Vorkehrungen, um das Wirksamwerden dieser Verordnung zu gewährleisten.

(2) Jeder Mitgliedstaat benennt die zuständigen Behörden im Sinne der Artikel 7, 21, 29, 30, 54 und 73. Er setzt die Kommission und die anderen Mitgliedstaaten davon in Kenntnis.

Artikel 79
Überprüfung der Verordnung

Spätestens fünf Jahre nach Inkrafttreten dieser Verordnung legt die Kommission dem Europäischen Parlament und dem Rat einen Bericht über die Anwendung dieser Verordnung sowie gegebenenfalls Vorschläge für Änderungen vor. In dem Bericht wird insbesondere geprüft, ob es zweckmäßig ist,

a) zuzulassen, dass sich die Hauptverwaltung und der Sitz der SCE in verschiedenen Mitgliedstaaten befinden,
b) vorzusehen, dass ein Mitgliedstaat in den Rechtsvorschriften, die er in Ausübung der durch diese Verordnung übertragenen Befugnisse oder zur Sicherstellung der tatsächlichen Anwendung dieser Verordnung auf eine SCE erlässt, Bestimmungen in der Satzung der SCE zulassen kann, die von diesen Rechtsvorschriften abweichen oder diese ergänzen, auch wenn derartige Bestimmungen in der Satzung einer Genossenschaft mit Sitz in dem betreffenden Mitgliedstaat nicht zulässig wären,
c) Bestimmungen zuzulassen, die einer SCE die Möglichkeit geben, sich in zwei oder mehr nationale Genossenschaften aufzuspalten,
d) besondere Rechtsbehelfe für den Fall des Betrugs oder Irrtums bei der Eintragung einer durch Verschmelzung gegründeten SCE zuzulassen.

Artikel 80
Inkrafttreten

Diese Verordnung tritt am dritten Tag nach ihrer Veröffentlichung im Amtsblatt der Europäischen Union in Kraft.

Sie gilt ab dem 18. August 2006.

Diese Verordnung ist in allen ihren Teilen verbindlich und gilt unmittelbar in jedem Mitgliedstaat.

Geschehen zu Brüssel am 22. Juli 2003.

Im Namen des Rates

Der Präsident

G. Alemanno

E. Richtlinie 2003/72/EG des Rates vom 22. Juli 2003 zur Ergänzung des Statuts der Europäischen Genossenschaft hinsichtlich der Beteiligung der Arbeitnehmer

(ABl. L 207 vom 18.8.2003, S. 25)

DER RAT DER EUROPÄISCHEN UNION –
gestützt auf den Vertrag zur Gründung der Europäischen Gemeinschaft, insbesondere auf Artikel 308,
auf Vorschlag der Kommission[1],
nach Stellungnahme des Europäischen Parlaments[2],
nach Stellungnahme des Europäischen Wirtschafts- und Sozialausschusses[3],
in Erwägung nachstehender Gründe:

(1) Zur Erreichung der Ziele des Vertrags wird mit der Verordnung (EG) Nr. 1435/2003 des Rates[4] das Statut der Europäischen Genossenschaft (SCE) festgelegt.

(2) Mit jener Verordnung soll ein einheitlicher rechtlicher Rahmen geschaffen werden, innerhalb dessen Genossenschaften und andere Rechtspersönlichkeiten und natürliche Personen aus verschiedenen Mitgliedstaaten in der Lage sein sollten, die Neuorganisation ihres Geschäftsbetriebs als Genossenschaft gemeinschaftsweit zu planen und durchzuführen.

(3) Um die Ziele der Gemeinschaft im sozialen Bereich zu fördern, müssen besondere Bestimmungen – insbesondere auf dem Gebiet der Beteiligung der Arbeitnehmer – festgelegt werden, mit denen gewährleistet werden soll, dass die Gründung einer SCE nicht zur Beseitigung oder zur Einschränkung der Gepflogenheiten der Arbeitnehmerbeteiligung führt, die in den an der Gründung einer SCE beteiligten Rechtspersönlichkeiten herrschen. Dieses Ziel sollte durch die Einführung von Regeln in diesen Bereich verfolgt werden, mit denen die Bestimmungen der Verordnung Nr. 1435/2003 ergänzt werden.

(4) Da die vorstehend genannten Ziele der vorgeschlagenen Maßnahme von den Mitgliedstaaten nicht ausreichend erreicht werden können, da es sich darum handelt, eine Reihe von für die SCE geltenden Regeln für die Beteiligung der Arbeitnehmer zu erlassen, und diese Ziele wegen des Umfangs und der Wirkungen der vorgeschlagenen Maßnahme besser auf Gemeinschaftsebene zu erreichen sind, kann die Gemeinschaft im Einklang mit dem Subsidiaritätsprinzip nach Artikel 5 des Vertrags tätig werden. Entsprechend dem in demselben Artikel genannten Verhältnismäßigkeitsprinzip geht diese Richtlinie nicht über das für die Erreichung dieser Ziele erforderliche Maß hinaus.

(5) Angesichts der in den Mitgliedstaaten bestehenden Vielfalt an Regelungen und Gepflogenheiten für die Beteiligung der Arbeitnehmervertreter an der Beschlussfassung in Genossenschaften ist es nicht ratsam, ein auf die SCE anwendbares einheitliches europäisches Modell der Arbeitnehmerbeteiligung vorzusehen.

(6) In allen Fällen der Gründung einer SCE sollten Unterrichtungs- und Anhörungsverfahren auf grenzüberschreitender Ebene gewährleistet sein; bei völlig neugegründeten SCE, bei denen dies wegen ihrer Größe – gemessen an der Zahl der Beschäftigten – gerechtfertigt ist, wären die erforderlichen Anpassungen vorzunehmen.

(7) Sofern es in einer oder in mehreren der an der Gründung einer SCE beteiligten Rechtspersönlichkeiten Mitbestimmungsrechte gibt, sollten sie grundsätzlich durch Übertragung an die SCE nach deren Gründung erhalten bleiben, es sei denn, dass die Parteien etwas anderes beschließen.

(8) Die konkreten Verfahren der grenzüberschreitenden Unterrichtung und Anhörung der Arbeitnehmer sowie gegebenenfalls der Mitbestimmung, die für eine SCE gelten, sollten vorrangig durch eine Vereinbarung zwischen den betroffenen Parteien oder – in Ermangelung einer derartigen Vereinbarung – durch die Anwendung einer Reihe von subsidiären Regeln festgelegt werden.

(9) Angesichts der Unterschiede in den nationalen Systemen der Mitbestimmung sollte den Mitgliedstaaten die Anwendung der Auffangregelungen für die Mitbestimmung im Fall einer Fusion freigestellt werden. In diesem Fall ist die Beibehaltung der bestehenden Mitbestimmungssysteme und -praktiken, die gegebenenfalls auf der Ebene

1 ABl. C 236 vom 31.8.1993, S. 36.
2 ABl. C 42 vom 15.2.1993, S. 75.
3 ABl. C 223 vom 31.8.1992, S. 42.
4 Siehe Seite 1 dieses Amtsblatts.

der beteiligten Rechtspersönlichkeiten bestehen, durch eine Anpassung der Vorschriften für die Registrierung zu gewährleisten.

(10) Die Abstimmungsregeln in dem besonderen Gremium, das die Arbeitnehmer zu Verhandlungszwecken vertritt, sollten – insbesondere wenn Vereinbarungen getroffen werden, die ein geringeres Maß an Mitbestimmung vorsehen, als es in einer oder mehreren der sich beteiligenden Rechtspersönlichkeiten gegeben ist – in einem angemessenen Verhältnis zur Gefahr der Beseitigung oder der Einschränkung der bestehenden Mitbestimmungssysteme und Praktiken stehen. Wenn eine SCE im Wege der Umwandlung oder Verschmelzung gegründet wird, ist diese Gefahr größer, als wenn es sich um eine völlige Neugründung handelt.

(11) Führen die Verhandlungen zwischen den Vertretern der Arbeitnehmer und dem jeweils zuständigen Organ der beteiligten Rechtspersönlichkeiten nicht zu einer Vereinbarung, so sollten für die SCE von ihrer Gründung an eine bestimmte Auffangregelung gelten. Diese Auffangregelung sollte eine effiziente Praxis der grenzüberschreitenden Unterrichtung und Anhörung der Arbeitnehmer sowie deren Mitbestimmung in dem einschlägigen Organ der SCE gewährleisten, sofern es eine derartige Mitbestimmung vor der Errichtung der SCE in einer der beteiligten Rechtspersönlichkeiten gegeben hat.

(12) Ist es wegen der – gemessen an der Zahl der Beschäftigten – geringen Größe der an der Neugründung einer SCE beteiligten Rechtspersönlichkeiten nicht gerechtfertigt, die vorgenannten Verfahren anzuwenden, sollte die SCE den nationalen Vorschriften für die Arbeitnehmerbeteiligung des Mitgliedstaats, in dem sie ihren Sitz nimmt, oder der Mitgliedstaaten, in denen sie Tochtergesellschaften oder Niederlassungen besitzt, unterliegen. Des ungeachtet sollten bereits bestehende SCE verpflichtet sein, diese Verfahren durchzuführen, wenn eine erhebliche Anzahl von Arbeitnehmern dies verlangt.

(13) Für die stimmberechtigte Teilnahme der Arbeitnehmer an der Generalversammlung sollten besondere Bestimmungen gelten, soweit dies nach einzelstaatlichem Recht zulässig ist. Die Anwendung dieser Bestimmungen schließt die Anwendung anderer, in dieser Richtlinie vorgesehener Beteiligungsformen nicht aus.

(14) Die Mitgliedstaaten sollten durch entsprechende Bestimmungen sicherstellen, dass die Vereinbarungen über die Beteiligung der Arbeitnehmer im Fall struktureller Veränderungen nach der Gründung einer SCE gegebenenfalls neu ausgehandelt werden können.

(15) Es sollte vorgesehen werden, dass die Vertreter der Arbeitnehmer, die im Rahmen dieser Richtlinie handeln, bei der Wahrnehmung ihrer Aufgaben denselben Schutz und ähnliche Garantien genießen, wie sie die Vertreter der Arbeitnehmer nach den Rechtsvorschriften und/oder den Gepflogenheiten des Landes ihrer Beschäftigung haben. Sie sollten weder Diskriminierung noch Belästigung infolge der rechtmäßigen Ausübung ihrer Tätigkeit erfahren und einen angemessenen Schutz vor Kündigung und anderen Sanktionen genießen.

(16) Die Vertraulichkeit sensibler Informationen sollte auch nach Ablauf der Amtszeit der Arbeitnehmervertreter gewährleistet sein; dem zuständigen Organ der SCE sollte es gestattet werden, Informationen zurückzuhalten, die im Fall einer Bekanntgabe an die Öffentlichkeit den Betrieb der SCE ernsthaft stören würden.

(17) Unterliegen eine SCE sowie ihre Tochtergesellschaften und Niederlassungen der Richtlinie 94/45/EG des Rates vom 22. September 1994 über die Einsetzung eines Europäischen Betriebsrats oder die Schaffung eines Verfahrens zur Unterrichtung und Anhörung der Arbeitnehmer in gemeinschaftsweit operierenden Unternehmen und Unternehmensgruppen(5), so sollten die Bestimmungen jener Richtlinie und die Bestimmungen zu ihrer Umsetzung in einzelstaatliches Recht weder auf die SCE noch auf seine Tochtergesellschaften und Niederlassungen anwendbar sein, es sei denn, das besondere Verhandlungsgremium beschließt, keine Verhandlungen aufzunehmen oder bereits eröffnete Verhandlungen zu beenden.

(18) Die Regeln dieser Richtlinie sollten andere bestehende Beteiligungsrechte nicht berühren und haben nicht notwendigerweise Auswirkungen auf andere bestehende Vertretungsstrukturen aufgrund gemeinschaftlicher oder einzelstaatlicher Rechtsvorschriften oder Gepflogenheiten.

(19) Die Mitgliedstaaten sollten geeignete Maßnahmen für den Fall vorsehen, dass die in dieser Richtlinie festgelegten Pflichten nicht eingehalten werden.

(20) Der Vertrag enthält Befugnisse für die Annahme dieser Richtlinie nur in Artikel 308.

(21) Die Sicherung erworbener Rechte der Arbeitnehmer bei der Beteiligung an Unternehmensentscheidungen ist fundamentaler Grundsatz und erklärtes Ziel dieser Richtlinie. Die vor der Gründung einer SCE bestehenden Rechte der Arbeitnehmer sollten deshalb Ausgangspunkt auch für die Gestaltung ihrer Beteiligungsrechte in der SCE (Vorher-Nachher-Prinzip) sein. Dieser Ansatz sollte folgerichtig nicht nur für die Neugründung einer SCE, sondern auch für strukturelle Veränderungen in einer bereits gegründeten SCE und für die von den strukturellen Änderungsprozessen betroffenen Rechtspersönlichkeiten gelten. Bei der Verlegung des Sitzes einer SCE von einem Mitgliedstaat in einen anderen sollte daher weiterhin mindestens das gleiche Maß an Rechten der Arbeitnehmer auf Beteiligung gelten. Wird der Schwellenwert hinsichtlich der Beteiligung der Arbeitnehmer nach der Eintragung

einer SCE erreicht oder überschritten, so sollten diese Rechte in der gleichen Weise gelten, wie sie gegolten hätten, wenn dieser Schwellenwert schon vor der Eintragung erreicht oder überschritten worden wäre.

(22) Die Mitgliedstaaten sollten vorsehen können, dass Vertreter von Gewerkschaften Mitglied eines besonderen Verhandlungsgremiums sein können, unabhängig davon, ob sie Arbeitnehmer einer an der Gründung einer SCE beteiligten Körperschaft sind oder nicht. In diesem Zusammenhang sollten die Mitgliedstaaten dieses Recht insbesondere in den Fällen vorsehen können, in denen Gewerkschaftsvertreter nach ihrem einzelstaatlichen Recht stimmberechtigte Mitglieder des Aufsichts- oder des Leitungsorgans sein dürfen.

(23) In mehreren Mitgliedstaaten werden die Beteiligung der Arbeitnehmer sowie andere Bereiche der Arbeitgeber/Arbeitnehmer-Beziehungen sowohl durch einzelstaatliche Rechtsvorschriften als auch durch Gepflogenheiten geregelt, wobei die Gepflogenheiten im vorliegenden Zusammenhang in der Weise zu verstehen sind, dass sie auch Tarifverträge auf verschiedenen Ebenen – national, sektoral oder unternehmensbezogen – umfassen –

HAT FOLGENDE RICHTLINIE ERLASSEN:

TEIL I
ALLGEMEINE BESTIMMUNGEN

Artikel 1
Gegenstand

(1) Diese Richtlinie regelt die Beteiligung der Arbeitnehmer in der Europäischen Genossenschaft (nachstehend „SCE" genannt), die Gegenstand der Verordnung (EG) Nr. 1435/2003 ist.

(2) Zu diesem Zweck wird in jeder SCE gemäß dem Verhandlungsverfahren nach den Artikeln 3 bis 6 oder unter den in den Artikeln 7 und 8 genannten Umständen gemäß dem Anhang eine Vereinbarung über die Beteiligung der Arbeitnehmer getroffen.

Artikel 2
Begriffsbestimmungen

Für die Zwecke dieser Richtlinie bezeichnet der Ausdruck

a) „SCE" eine nach der Verordnung (EG) Nr. 1435/2003 gegründete Genossenschaft,

b) „beteiligte juristische Personen" Gesellschaften im Sinne von Artikel 48 Absatz 2 des Vertrags einschließlich Genossenschaften sowie nach dem Recht eines Mitgliedstaats errichtete und diesem Recht unterliegende juristische Personen, die unmittelbar an der Gründung einer SCE beteiligt sind,

c) „Tochtergesellschaft" einer beteiligten juristischen Person oder einer SCE ein Unternehmen, auf das die betreffende juristische Person oder die betreffende SCE einen beherrschenden Einfluss im Sinne des Artikels 3 Absätze 2 bis 7 der Richtlinie 94/45/EG ausübt,

d) „betroffene Tochtergesellschaft oder betroffener Betrieb" eine Tochtergesellschaft oder einen Betrieb einer beteiligten juristischen Person, die/der bei der Gründung der SCE zu einer Tochtergesellschaft oder einem Betrieb der SCE werden soll,

e) „Arbeitnehmervertreter" die nach den Rechtsvorschriften und/oder den Gepflogenheiten der einzelnen Mitgliedstaaten vorgesehenen Vertreter der Arbeitnehmer,

f) „Vertretungsorgan" das Organ zur Vertretung der Arbeitnehmer, das durch die Vereinbarung nach Artikel 4 oder entsprechend dem Anhang eingesetzt wird, um die Unterrichtung und Anhörung der Arbeitnehmer der SCE und ihrer Tochtergesellschaften und Betriebe in der Gemeinschaft vorzunehmen und gegebenenfalls Mitbestimmungsrechte in Bezug auf die SCE wahrzunehmen,

g) „besonderes Verhandlungsgremium" das gemäß Artikel 3 eingesetzte Gremium, das die Aufgabe hat, mit dem jeweils zuständigen Organ der beteiligten juristischen Personen die Vereinbarung über die Beteiligung der Arbeitnehmer in der SCE auszuhandeln,

h) „Beteiligung der Arbeitnehmer" jedes Verfahren – einschließlich der Unterrichtung, der Anhörung und der Mitbestimmung -, durch das die Vertreter der Arbeitnehmer auf die Beschlussfassung innerhalb eines Unternehmens Einfluss nehmen können,

i) „Unterrichtung" die Unterrichtung des Organs zur Vertretung der Arbeitnehmer und/oder der Arbeitnehmervertreter durch das zuständige Organ der SCE über Angelegenheiten, die die SCE selbst oder eine ihrer Tochtergesellschaften oder Betriebe in einem anderen Mitgliedstaat betreffen oder die über die Befugnisse der Entscheidungsorgane auf der Ebene des einzelnen Mitgliedstaats hinausgehen, wobei Zeitpunkt, Form und Inhalt der Unterrichtung den Arbeitnehmervertretern eine eingehende Prüfung der möglichen Auswirkungen und gegebenenfalls die Vorbereitung von Anhörungen mit dem zuständigen Organ der SCE ermöglichen müssen,

j) „Anhörung" die Einrichtung eines Dialogs und eines Meinungsaustauschs zwischen dem Organ zur Vertretung der Arbeitnehmer und/oder den Arbeitnehmervertretern und dem zuständigen Organ der SCE, wobei Zeitpunkt, Form und Inhalt der Anhörung den Arbeitnehmervertretern auf der Grundlage der Unterrichtung eine Stellungnahme zu den geplanten Maßnahmen des zuständigen Organs ermöglichen müssen, die im Rahmen des Entscheidungsprozesses innerhalb der SCE berücksichtigt werden kann,

k) „Mitbestimmung" die Einflussnahme des Organs zur Vertretung der Arbeitnehmer und/oder der Arbeitnehmervertreter auf die Angelegenheiten einer juristischen Person durch
   - die Wahrnehmung des Rechts, einen Teil der Mitglieder des Aufsichts- oder des Verwaltungsorgans der juristischen Person zu wählen oder zu bestellen oder
   - die Wahrnehmung des Rechts, die Bestellung eines Teils der Mitglieder oder aller Mitglieder des Aufsichts- oder des Verwaltungsorgans der juristischen Person zu empfehlen und/oder abzulehnen.

TEIL II
VERHANDLUNGSVERFAHREN IM FALL EINER SCE, DIE VON MINDESTENS ZWEI JURISTISCHEN PERSONEN SOWIE IM WEGE DER UMWANDLUNG GEGRÜNDET WIRD

Artikel 3
Einsetzung eines besonderen Verhandlungsgremiums

(1) Wenn die Leitungs- oder die Verwaltungsorgane der beteiligten juristischen Personen die Gründung einer SCE planen, so leiten sie so rasch wie möglich die erforderlichen Schritte – zu denen auch die Unterrichtung über die Identität der beteiligten juristischen Personen und der Tochtergesellschaften oder Betriebe sowie die Zahl ihrer Beschäftigten gehört – für die Aufnahme von Verhandlungen mit den Arbeitnehmervertretern der juristischen Personen über die Vereinbarung über die Beteiligung der Arbeitnehmer in der SCE ein.

(2) Zu diesem Zweck wird ein besonderes Verhandlungsgremium als Vertretung der Arbeitnehmer der beteiligten juristischen Personen sowie der betroffenen Tochtergesellschaften oder betroffenen Betriebe gemäß folgenden Vorschriften eingesetzt:

a) Bei der Wahl oder der Bestellung der Mitglieder des besonderen Verhandlungsgremiums ist Folgendes sicherzustellen:
   i) die Vertretung durch gewählte oder bestellte Mitglieder entsprechend der Zahl der in jedem Mitgliedstaat beschäftigten Arbeitnehmer der beteiligten juristischen Personen und der betroffenen Tochtergesellschaften oder betroffenen Betriebe in der Form, dass pro Mitgliedstaat für jeden Anteil der in diesem Mitgliedstaat beschäftigten Arbeitnehmer, der 10% der Gesamtzahl der in allen Mitgliedstaaten beschäftigten Arbeitnehmer entspricht, oder für einen Bruchteil dieser Tranche Anspruch auf einen Sitz besteht;
   ii) im Fall einer durch Verschmelzung gegründeten SCE die Vertretung jedes Mitgliedstaats durch so viele weitere Mitglieder, wie erforderlich sind, um zu gewährleisten, dass jede beteiligte Genossenschaft, die eingetragen ist und Arbeitnehmer in dem betreffenden Mitgliedstaat beschäftigt und der als Folge der geplanten Eintragung der SCE als eigene Rechtspersönlichkeit erlöschen wird, in dem besonderen Verhandlungsgremium durch mindestens ein Mitglied vertreten ist, sofern
      - die Zahl dieser zusätzlichen Mitglieder 20% der sich aus der Anwendung von Ziffer i) ergebenden Mitgliederzahl nicht überschreitet und
      - die Zusammensetzung des besonderen Verhandlungsgremiums nicht zu einer Doppelvertretung der betroffenen Arbeitnehmer führt.

   Übersteigt die Zahl dieser Genossenschaften die Zahl der gemäß Unterabsatz 1 verfügbaren zusätzlichen Sitze, so werden diese zusätzlichen Sitze Genossenschaften in verschiedenen Mitgliedstaaten in absteigender Reihenfolge der Zahl der bei ihnen beschäftigten Arbeitnehmer zugeteilt.

b) Die Mitgliedstaaten legen das Verfahren für die Wahl oder die Bestellung der Mitglieder des besonderen Verhandlungsgremiums fest, die in ihrem Hoheitsgebiet zu wählen oder zu bestellen sind. Sie ergreifen die erforderlichen Maßnahmen, um sicherzustellen, dass nach Möglichkeit jede beteiligte juristische Person, die in dem jeweiligen Mitgliedstaat Arbeitnehmer beschäftigt, durch mindestens ein Mitglied in dem Gremium vertreten ist. Die Gesamtzahl der Mitglieder darf durch diese Maßnahmen nicht erhöht werden. Die Verfahren zur Benennung, Bestellung oder Wahl der Arbeitnehmervertreter sollten möglichst eine ausgewogene Vertretung von Frauen und Männern fördern.

Die Mitgliedstaaten können vorsehen, dass diesem Gremium Gewerkschaftsvertreter auch dann angehören können, wenn sie nicht Arbeitnehmer einer beteiligten juristischen Person oder einer betroffenen Tochtergesellschaft oder eines betroffenen Betriebs sind.

Unbeschadet der einzelstaatlichen Rechtsvorschriften und/oder Gepflogenheiten betreffend Schwellen für die Einrichtung eines Vertretungsorgans sehen die Mitgliedstaaten vor, dass die Arbeitnehmer der Unternehmen oder Betriebe, in denen unabhängig vom Willen der Arbeitnehmer keine Arbeitnehmervertreter vorhanden sind, selbst Mitglieder für das besondere Verhandlungsgremium wählen oder bestellen dürfen.

(3) Das besondere Verhandlungsgremium und das jeweils zuständige Organ der beteiligten juristischen Personen legen in einer schriftlichen Vereinbarung die Beteiligung der Arbeitnehmer in der SCE fest.

Zu diesem Zweck unterrichtet das jeweils zuständige Organ der beteiligten juristischen Personen das besondere Verhandlungsgremium über das Vorhaben der Gründung einer SCE und den Verlauf des Verfahrens bis zu dessen Eintragung.

(4) Das besondere Verhandlungsgremium beschließt vorbehaltlich des Absatzes 6 mit der absoluten Mehrheit seiner Mitglieder, sofern diese Mehrheit auch die absolute Mehrheit der Arbeitnehmer vertritt. Jedes Mitglied hat eine Stimme. Hätten jedoch die Verhandlungen eine Minderung der Mitbestimmungsrechte zur Folge, so ist für einen Beschluss zur Billigung einer solchen Vereinbarung eine Mehrheit von zwei Dritteln der Stimmen der Mitglieder des besonderen Verhandlungsgremiums, die mindestens zwei Drittel der Arbeitnehmer vertreten, erforderlich, mit der Maßgabe, dass diese Mitglieder Arbeitnehmer in mindestens zwei Mitgliedstaaten vertreten müssen, und zwar

- im Fall einer SCE, die durch Verschmelzung gegründet werden soll, sofern sich die Mitbestimmung auf mindestens 25% der Gesamtzahl der Arbeitnehmer der beteiligten Verbände erstreckt, oder
- im Fall einer SCE, die auf andere Weise gegründet werden soll, sofern sich die Mitbestimmung auf mindestens 50% der Gesamtzahl der Arbeitnehmer der beteiligten juristischen Personen erstreckt.

Minderung der Mitbestimmungsrechte bedeutet, dass der Anteil der Mitglieder der Organe der SCE im Sinne des Artikels 2 Buchstabe k) geringer ist als der höchste in den beteiligten juristischen Personen geltende Anteil.

(5) Das besondere Verhandlungsgremium kann bei den Verhandlungen Sachverständige seiner Wahl, zu denen auch Vertreter der einschlägigen Gewerkschaftsorganisationen auf Gemeinschaftsebene zählen können, hinzuziehen, um sich von ihnen bei seiner Arbeit unterstützen zu lassen. Diese Sachverständigen können, wenn das besondere Verhandlungsgremium dies wünscht, den Verhandlungen in beratender Funktion beiwohnen, um gegebenenfalls die Kohärenz und Stimmigkeit auf Gemeinschaftsebene zu fördern. Das besondere Verhandlungsgremium kann beschließen, die Vertreter geeigneter außenstehender Organisationen, zu denen auch Gewerkschaftsvertreter zählen können, vom Beginn der Verhandlungen zu unterrichten.

(6) Das besondere Verhandlungsgremium kann mit der in Unterabsatz 2 festgelegten Mehrheit beschließen, keine Verhandlungen aufzunehmen oder bereits aufgenommene Verhandlungen abzubrechen und die Vorschriften für die Unterrichtung und Anhörung der Arbeitnehmer zur Anwendung gelangen zu lassen, die in den Mitgliedstaaten gelten, in denen die SCE Arbeitnehmer beschäftigt. Ein solcher Beschluss beendet das Verfahren zum Abschluss der Vereinbarung gemäß Artikel 4. Ist ein solcher Beschluss gefasst worden, findet keine der Bestimmungen des Anhangs Anwendung.

Für den Beschluss, die Verhandlungen nicht aufzunehmen oder sie abzubrechen, ist eine Mehrheit von zwei Dritteln der Stimmen der Mitglieder, die mindestens zwei Drittel der Arbeitnehmer vertreten, erforderlich, mit der Maßgabe, dass diese Mitglieder Arbeitnehmer in mindestens zwei Mitgliedstaaten vertreten müssen.

Im Fall einer durch Umwandlung gegründeten SCE findet dieser Absatz keine Anwendung, wenn in der umzuwandelnden Genossenschaft Mitbestimmung besteht.

Das besondere Verhandlungsgremium wird auf schriftlichen Antrag von mindestens 10% der Arbeitnehmer der SCE, ihrer Tochtergesellschaften und Betriebe oder von deren Vertretern frühestens zwei Jahre nach dem vorgenannten Beschluss wieder einberufen, sofern die Parteien nicht eine frühere Wiederaufnahme der Verhandlungen vereinbaren. Wenn das besondere Verhandlungsgremium die Wiederaufnahme der Verhandlungen mit der Geschäftsleitung beschließt, in diesen Verhandlungen jedoch keine Einigung erzielt wird, findet keine der Bestimmungen des Anhangs Anwendung.

(7) Die Kosten, die im Zusammenhang mit der Tätigkeit des besonderen Verhandlungsgremiums und generell mit den Verhandlungen entstehen, werden von den beteiligten juristischen Personen getragen, damit das besondere Verhandlungsgremium seine Aufgaben in angemessener Weise erfüllen kann.

Im Einklang mit diesem Grundsatz können die Mitgliedstaaten Regeln für die Finanzierung der Arbeit des besonderen Verhandlungsgremiums festlegen. Sie können insbesondere die Übernahme der Kosten auf die Kosten für einen Sachverständigen begrenzen.

Artikel 4
Inhalt der Vereinbarung

(1) Das jeweils zuständige Organ der beteiligten juristischen Personen und das besondere Verhandlungsgremium verhandeln mit dem Willen zur Verständigung, um zu einer Vereinbarung über die Beteiligung der Arbeitnehmer in der SCE zu gelangen.

(2) Unbeschadet der Autonomie der Parteien und vorbehaltlich des Absatzes 4 wird in der Vereinbarung nach Absatz 1 zwischen dem jeweils zuständigen Organ der beteiligten juristischen Personen und dem besonderen Verhandlungsgremium Folgendes festgelegt:

a) der Geltungsbereich der Vereinbarung,
b) die Zusammensetzung des Vertretungsorgans als Verhandlungspartner des zuständigen Organs der SCE im Rahmen der Vereinbarung über die Unterrichtung und Anhörung der Arbeitnehmer der SCE und ihrer Tochtergesellschaften und Betriebe sowie die Anzahl seiner Mitglieder und die Sitzverteilung,
c) die Befugnisse und das Verfahren zur Unterrichtung und Anhörung des Vertretungsorgans,
d) die Häufigkeit der Sitzungen des Vertretungsorgans,
e) die für das Vertretungsorgan bereitzustellenden finanziellen und materiellen Mittel,
f) die Durchführungsmodalitäten des Verfahrens oder der Verfahren zur Unterrichtung und Anhörung für den Fall, dass die Parteien im Laufe der Verhandlungen beschließen, eines oder mehrere solcher Verfahren zu schaffen, anstatt ein Vertretungsorgan einzusetzen,
g) der Inhalt einer Vereinbarung über die Mitbestimmung für den Fall, dass die Parteien im Laufe der Verhandlungen beschließen, eine solche Vereinbarung einzuführen, einschließlich (gegebenenfalls) der Zahl der Mitglieder des Verwaltungs- oder des Aufsichtsorgans der SCE, welche die Arbeitnehmer wählen oder bestellen können oder deren Bestellung sie empfehlen oder ablehnen können, der Verfahren, nach denen die Arbeitnehmer diese Mitglieder wählen oder bestellen oder deren Bestellung empfehlen oder ablehnen können, und der Rechte dieser Mitglieder,
h) der Zeitpunkt des Inkrafttretens der Vereinbarung und ihre Laufzeit, die Fälle, in denen die Vereinbarung neu ausgehandelt werden sollte, und das bei ihrer Neuaushandlung anzuwendende Verfahren, gegebenenfalls auch für den Fall struktureller Veränderungen in der SCE, ihren Tochtergesellschaften oder Betrieben, die nach Gründung der SCE eintreten.

(3) Sofern in der Vereinbarung nichts anderes bestimmt ist, gilt die Auffangregelung des Anhangs nicht für diese Vereinbarung.

(4) Unbeschadet des Artikels 15 Absatz 3 Buchstabe a) muss in der Vereinbarung im Fall einer durch Umwandlung gegründeten SCE in Bezug auf alle Komponenten der Arbeitnehmerbeteiligung zumindest das gleiche Ausmaß gewährleistet werden, das in der Genossenschaft besteht, die in eine SCE umgewandelt werden soll.

(5) In der Vereinbarung kann geregelt werden, wie die Arbeitnehmer ihr Recht auf stimmberechtigte Teilnahme an der Generalversammlung oder den Sektor- oder Sektionsversammlungen im Einklang mit Artikel 9 dieser Richtlinie und Artikel 59 Absatz 4 der Verordnung (EG) Nr. 1435/2003 wahrnehmen können.

Artikel 5
Dauer der Verhandlungen

(1) Die Verhandlungen beginnen mit der Einsetzung des besonderen Verhandlungsgremiums und können bis zu sechs Monate andauern.

(2) Die Parteien können einvernehmlich beschließen, die Verhandlungen über den in Absatz 1 genannten Zeitraum hinaus bis zu insgesamt einem Jahr ab der Einsetzung des besonderen Verhandlungsgremiums fortzusetzen.

Artikel 6
Für das Verhandlungsverfahren maßgebliches Recht

Sofern in dieser Richtlinie nichts anderes vorgesehen ist, ist für das Verhandlungsverfahren gemäß den Artikeln 3, 4 und 5 das Recht des Mitgliedstaats maßgeblich, in dem die SCE ihren Sitz haben wird.

Artikel 7
Auffangregelung

(1) Zur Verwirklichung des in Artikel 1 festgelegten Ziels führen die Mitgliedstaaten eine Auffangregelung zur Beteiligung der Arbeitnehmer ein, die den im Anhang niedergelegten Bestimmungen genügen muss.

Die Auffangregelung, die in den Rechtsvorschriften des Mitgliedstaats festgelegt ist, in dem die SCE ihren Sitz haben soll, findet ab dem Zeitpunkt der Eintragung der SCE Anwendung, wenn

a) die Parteien dies vereinbaren oder
b) bis zum Ende des in Artikel 5 genannten Zeitraums keine Vereinbarung zustande gekommen ist und
   - das zuständige Organ jeder der beteiligten juristischen Personen der Anwendung der Auffangregelung auf die SCE und damit der Fortsetzung des Verfahrens zur Eintragung der SCE zugestimmt hat und
   - das besondere Verhandlungsgremium keinen Beschluss gemäß Artikel 3 Absatz 6 gefasst hat.

(2) Ferner findet die Auffangregelung, die in den Rechtsvorschriften des Mitgliedstaats festgelegt ist, in dem die SCE eingetragen wird, gemäß Teil 3 des Anhangs nur Anwendung, wenn

a) im Fall einer durch Umwandlung gegründeten SCE die Bestimmungen eines Mitgliedstaats über die Mitbestimmung der Arbeitnehmer im Verwaltungs- oder Aufsichtsorgan für eine in eine SCE umgewandelte Genossenschaft galten;
b) im Fall einer durch Verschmelzung gegründeten SCE:
   - vor der Eintragung der SCE in einer oder mehreren der beteiligten Genossenschaften eine oder mehrere Formen der Mitbestimmung bestanden und sich auf mindestens 25% der Gesamtzahl der bei ihnen beschäftigten Arbeitnehmer erstreckten oder
   - vor der Eintragung der SCE in einer oder mehreren der beteiligten Genossenschaften eine oder mehrere Formen der Mitbestimmung bestanden und sich auf weniger als 25% der Gesamtzahl der bei ihnen beschäftigten Arbeitnehmer erstreckten und das besondere Verhandlungsgremium einen entsprechenden Beschluss fasst;
c) im Fall einer auf andere Weise gegründeten SCE:
   - vor der Eintragung der SCE in einer oder mehreren der beteiligten juristischen Personen eine oder mehrere Formen der Mitbestimmung bestanden und sich auf mindestens 50% der Gesamtzahl der bei ihnen beschäftigten Arbeitnehmer erstreckten oder
   - vor der Eintragung der SCE in einer oder mehreren der beteiligten juristischen Personen eine oder mehrere Formen der Mitbestimmung bestanden und sich auf weniger als 50% der Gesamtzahl der bei ihnen beschäftigten Arbeitnehmer erstreckten und das besondere Verhandlungsgremium einen entsprechenden Beschluss fasst.

Bestand mehr als eine Mitbestimmungsform in den verschiedenen beteiligten juristischen Personen, so entscheidet das besondere Verhandlungsgremium, welche von ihnen in der SCE eingeführt wird. Die Mitgliedstaaten können Regeln festlegen, die anzuwenden sind, wenn kein einschlägiger Beschluss für eine in ihrem Hoheitsgebiet eingetragene SCE gefasst worden ist. Das besondere Verhandlungsgremium unterrichtet das jeweils zuständige Organ der beteiligten juristischen Personen über die Beschlüsse, die es gemäß diesem Absatz gefasst hat.

(3) Die Mitgliedstaaten können vorsehen, dass die Auffangregelung in Teil 3 des Anhangs in dem in Absatz 2 Buchstabe b) vorgesehenen Fall keine Anwendung findet.

TEIL III
REGELUNG IM FALL EINES SCE, DIE AUSSCHLIESSLICH VON NATÜRLICHEN PERSONEN ODER VON NUR EINER EINZIGEN JURISTISCHEN PERSON ZUSAMMEN MIT NATÜRLICHEN PERSONEN GEGRÜNDET WIRD

Artikel 8

(1) Im Fall einer SCE, die ausschließlich von natürlichen Personen oder von nur einer einzigen juristischen Person sowie natürlichen Personen gegründet wird, die in mindestens zwei Mitgliedstaaten insgesamt mindestens 50 Arbeitnehmer beschäftigen, finden die Artikel 3 bis 7 Anwendung.

(2) Im Fall einer SCE, die ausschließlich von natürlichen Personen oder von nur einer einzigen juristischen Person sowie natürlichen Personen gegründet wird, die insgesamt weniger als 50 Arbeitnehmer oder in nur einem Mitgliedstaat 50 oder mehr Arbeitnehmer beschäftigen, ist die Beteiligung der Arbeitnehmer wie folgt geregelt:

- In der SCE selbst finden die für andere Rechtspersönlichkeiten desselben Typs geltenden Bestimmungen des Mitgliedstaats, in dem sich der Sitz der SCE befindet, Anwendung;
- in ihren Tochtergesellschaften und Betrieben finden die für andere Rechtspersönlichkeiten desselben Typs geltenden Bestimmungen des Mitgliedstaats, in dem sich diese befinden, Anwendung.

Wird der Sitz einer SCE, in der Vorschriften über die Mitbestimmung bestehen, von einem Mitgliedstaat in einen anderen verlegt, so ist den Arbeitnehmern weiterhin zumindest dasselbe Niveau an Mitbestimmungsrechten zu gewährleisten.

(3) Stellen nach der Eintragung einer SCE nach Absatz 2 mindestens ein Drittel der Gesamtzahl der Arbeitnehmer der SCE und ihrer Tochtergesellschaften und Betriebe in mindestens zwei verschiedenen Mitgliedstaaten einen entsprechenden Antrag oder wird die Gesamtzahl von 50 Arbeitnehmern in mindestens zwei Mitgliedstaaten erreicht oder überschritten, so finden die Bestimmungen der Artikel 3 bis 7 entsprechend Anwendung. In diesem Fall werden die Worte „beteiligte juristische Personen“ und „betroffene Tochtergesellschaft oder betroffener Betrieb“ durch die Worte „SCE“ bzw. „Tochtergesellschaften und Betriebe der SCE“ ersetzt.

TEIL IV
STIMMBERECHTIGTE TEILNAHME AN DER GENERALVERSAMMLUNG ODER AN DER SEKTOR- ODER SEKTIONSVERSAMMLUNG

Artikel 9

Vorbehaltlich der Beschränkungen nach Artikel 59 Absatz 4 der Verordnung (EG) Nr. 1435/2003 haben die Arbeitnehmer der SCE und/oder ihre Vertreter das Recht, an der Generalversammlung bzw., sofern diese existieren, an der Sektor- oder Sektionsversammlung, unter folgenden Voraussetzungen stimmberechtigt teilzunehmen:

1. wenn die Parteien dies in der Vereinbarung gemäß Artikel 4 festlegen oder
2. wenn eine Genossenschaft, in der diese Regelung galt, sich in eine SCE umwandelt oder
3. wenn im Fall einer auf andere Weise als durch Umwandlung gegründeten SCE in einer der beteiligten Genossenschaften diese Regelung galt und:
   i) die Parteien innerhalb der durch Artikel 5 gesetzten Frist keine Vereinbarung gemäß Artikel 4 schließen,
   ii) Artikel 7 Absatz 1 Buchstabe b) und Teil 3 des Anhangs Anwendung finden und
   iii) die beteiligte Genossenschaft, in der diese Regelung gilt, in Bezug auf die Mitbestimmung im Sinne von Artikel 2 Buchstabe k), die in den betroffenen beteiligten Genossenschaften vor der Eintragung der SCE in Kraft war, den höchsten Grad an Mitbestimmung aufweist.

TEIL V
SONSTIGE BESTIMMUNGEN

Artikel 10
Verschwiegenheit und Geheimhaltung

(1) Die Mitgliedstaaten sehen vor, dass den Mitgliedern des besonderen Verhandlungsgremiums und des Vertretungsorgans sowie den sie unterstützenden Sachverständigen nicht gestattet wird, ihnen als vertraulich mitgeteilte Informationen an Dritte weiterzugeben.

Das Gleiche gilt für die Arbeitnehmervertreter im Rahmen eines Verfahrens zur Unterrichtung und Anhörung.

Diese Verpflichtung besteht unabhängig von dem Aufenthaltsort der betreffenden Personen und gilt auch nach Ablauf ihres Mandats weiter.

(2) Jeder Mitgliedstaat sieht vor, dass das Aufsichts- oder das Verwaltungsorgan einer SCE oder einer beteiligten juristischen Person mit Sitz in seinem Hoheitsgebiet in besonderen Fällen und unter den Bedingungen und Beschränkungen des einzelstaatlichen Rechts Informationen nicht weiterleiten muss, wenn deren Bekanntwerden bei Zugrundelegung objektiver Kriterien den Geschäftsbetrieb der SCE (oder gegebenenfalls einer beteiligten juristischen Person) oder ihrer Tochtergesellschaften und Betriebe erheblich beeinträchtigen oder ihnen schaden würde.

Jeder Mitgliedstaat kann eine solche Freistellung von einer vorherigen behördlichen oder gerichtlichen Genehmigung abhängig machen.

(3) Jeder Mitgliedstaat kann für eine SCE mit Sitz in seinem Hoheitsgebiet, die in Bezug auf Berichterstattung und Meinungsäußerung unmittelbar und überwiegend eine bestimmte weltanschauliche Tendenz verfolgt, besondere Bestimmungen vorsehen, falls das innerstaatliche Recht solche Bestimmungen zum Zeitpunkt der Annahme dieser Richtlinie bereits enthält.

(4) Bei der Anwendung der Absätze 1, 2 und 3 sehen die Mitgliedstaaten Verfahren vor, nach denen die Arbeitnehmervertreter auf dem Verwaltungsweg oder vor Gericht Rechtsbehelfe einlegen können, wenn das Aufsichts- oder das Verwaltungsorgan der SCE oder der beteiligten juristischen Person Vertraulichkeit verlangt oder die Informationen verweigert.

Diese Verfahren können Regelungen zur Wahrung der Vertraulichkeit der betreffenden Informationen einschließen.

Artikel 11
Arbeitsweise des Vertretungsorgans und Funktionsweise des Verfahrens zur Unterrichtung und Anhörung der Arbeitnehmer

Das zuständige Organ der SCE und das Vertretungsorgan arbeiten mit dem Willen zur Verständigung unter Beachtung ihrer jeweiligen Rechte und Pflichten zusammen.

Das Gleiche gilt für die Zusammenarbeit zwischen dem Aufsichts- oder dem Verwaltungsorgan der SCE und den Arbeitnehmervertretern im Rahmen eines Verfahrens zur Unterrichtung und Anhörung der Arbeitnehmer.

Artikel 12
Schutz der Arbeitnehmervertreter

Die Mitglieder des besonderen Verhandlungsgremiums, die Mitglieder des Vertretungsorgans, Arbeitnehmervertreter, die bei einem Verfahren zur Unterrichtung und Anhörung mitwirken, und Arbeitnehmervertreter im Aufsichts- oder im Verwaltungsorgan der SCE, die Beschäftigte der SCE, ihrer Tochtergesellschaften oder Betriebe oder einer der beteiligten juristischen Personen sind, genießen bei der Wahrnehmung ihrer Aufgaben den gleichen Schutz und gleichartige Sicherheiten wie die Arbeitnehmervertreter nach den innerstaatlichen Rechtsvorschriften und/oder Gepflogenheiten des Landes, in dem sie beschäftigt sind.

Dies gilt insbesondere für die Teilnahme an den Sitzungen des besonderen Verhandlungsgremiums oder des Vertretungsorgans, an allen sonstigen Sitzungen, die im Rahmen der Vereinbarung nach Artikel 4 Absatz 2 Buchstabe f) stattfinden, und an den Sitzungen des Verwaltungs- oder des Aufsichtsorgans sowie für die Lohn- und Gehaltsfortzahlung an die Mitglieder, die Beschäftigte einer der beteiligten juristischen Personen oder der SCE oder ihrer Tochtergesellschaften oder Betriebe sind, für die Dauer ihrer zur Wahrnehmung ihrer Aufgaben erforderlichen Abwesenheit.

Artikel 13
Verfahrensmissbrauch

Die Mitgliedstaaten treffen im Einklang mit den gemeinschaftlichen Rechtsvorschriften geeignete Maßnahmen, um zu verhindern, dass eine SCE dazu missbraucht wird, Arbeitnehmern Beteiligungsrechte zu entziehen oder vorzuenthalten.

Artikel 14
Einhaltung dieser Richtlinie

(1) Jeder Mitgliedstaat trägt dafür Sorge, dass die Leitung der Betriebe einer SCE und die Aufsichts- oder die Verwaltungsorgane der Tochtergesellschaften und der beteiligten juristischen Personen, die sich in seinem Hoheitsgebiet befinden, und ihre Arbeitnehmervertreter oder gegebenenfalls ihre Arbeitnehmer den Verpflichtungen dieser Richtlinie nachkommen, unabhängig davon, ob die SCE ihren Sitz in seinem Hoheitsgebiet hat.

(2) Die Mitgliedstaaten sehen geeignete Maßnahmen für den Fall der Nichteinhaltung dieser Richtlinie vor; sie sorgen insbesondere dafür, dass Verwaltungs- oder Gerichtsverfahren bestehen, mit denen die Erfüllung der sich aus dieser Richtlinie ergebenden Verpflichtungen durchgesetzt werden kann.

Artikel 15
Verhältnis dieser Richtlinie zu anderen Bestimmungen

(1) SCE und Tochtergesellschaften einer SCE, die gemeinschaftsweit operierende Unternehmen oder herrschende Unternehmen in einer gemeinschaftsweit operierenden Unternehmensgruppe im Sinne der Richtlinie 94/45/EG oder im Sinne der Richtlinie 97/74/EG des Rates vom 15. Dezember 1997 zur Ausdehnung der genannten Richtlinie auf das Vereinigte Königreich(6) sind, unterliegen nicht den genannten Richtlinien und den Bestimmungen zu deren Umsetzung in einzelstaatliches Recht.

Beschließt das besondere Verhandlungsgremium jedoch gemäß Artikel 3 Absatz 6, keine Verhandlungen aufzunehmen oder bereits aufgenommene Verhandlungen abzubrechen, so gelangen die Richtlinie 94/45/EG oder die Richtlinie 97/74/EG und die Bestimmungen zu ihrer Umsetzung in einzelstaatliches Recht zur Anwendung.

(2) Einzelstaatliche Rechtsvorschriften und/oder Gepflogenheiten in Bezug auf die Mitbestimmung der Arbeitnehmer in den Gesellschaftsorganen, die nicht zur Umsetzung dieser Richtlinie dienen, finden keine Anwendung auf SCE, die unter die Artikel 3 bis 7 fallen.

(3) Diese Richtlinie berührt nicht

a) die den Arbeitnehmern nach einzelstaatlichen Rechtsvorschriften und/oder Gepflogenheiten zustehenden Beteiligungsrechte, die für die Arbeitnehmer der SCE und ihrer Tochtergesellschaften und Betriebe gelten, mit Ausnahme der Mitbestimmung in den Gremien der SCE,
b) die nach einzelstaatlichen Rechtsvorschriften und/oder Gepflogenheiten geltenden Bestimmungen über die Mitbestimmung in den Gesellschaftsorganen, die auf die Tochtergesellschaften der SCE oder auf SCE Anwendung finden, die nicht unter die Artikel 3 bis 7 fallen.

(4) Zur Wahrung der in Absatz 3 genannten Rechte können die Mitgliedstaaten durch geeignete Maßnahmen sicherstellen, dass die Strukturen der Arbeitnehmervertretung in den beteiligten juristischen Personen, die als eigenständige juristische Personen erlöschen, nach der Eintragung der SCE fortbestehen.

Artikel 16
Schlussbestimmungen

(1) Die Mitgliedstaaten erlassen die erforderlichen Rechts- und Verwaltungsvorschriften, um dieser Richtlinie spätestens am 18. August 2006 nachzukommen, oder stellen spätestens zu diesem Zeitpunkt sicher, dass die Sozialpartner die erforderlichen Bestimmungen durch Vereinbarungen einführen; die Mitgliedstaaten treffen alle erforderlichen Vorkehrungen, um jederzeit gewährleisten zu können, dass die durch diese Richtlinie vorgeschriebenen Ergebnisse erzielt werden. Sie setzen die Kommission unverzüglich davon in Kenntnis.

(2) Wenn die Mitgliedstaaten diese Vorschriften erlassen, nehmen sie in den Vorschriften selbst oder durch einen Hinweis bei der amtlichen Veröffentlichung auf diese Richtlinie Bezug. Die Mitgliedstaaten regeln die Einzelheiten der Bezugnahme.

Artikel 17
Überprüfung durch die Kommission

Die Kommission überprüft spätestens zum 18. August 2009 im Benehmen mit den Mitgliedstaaten und den Sozialpartnern auf Gemeinschaftsebene die Anwendung dieser Richtlinie, um dem Rat gegebenenfalls erforderliche Änderungen vorzuschlagen.

Artikel 18
Inkrafttreten

Diese Richtlinie tritt am Tag ihrer Veröffentlichung im Amtsblatt der Europäischen Union in Kraft.

Artikel 19
Adressaten

Diese Richtlinie ist an die Mitgliedstaaten gerichtet.

Geschehen zu Brüssel am 22. Juli 2003.

Im Namen des Rates

Der Präsident

G. Alemanno

ANHANG
AUFFANGREGELUNG

(nach den Artikeln 7 und 8)

Teil 1
Zusammensetzung des Organs zur Vertretung der Arbeitnehmer

Zur Verwirklichung des Ziels nach Artikel 1 wird in den in Artikel 7 genannten Fällen ein Vertretungsorgan gemäß folgenden Regeln eingesetzt:

a) Das Vertretungsorgan setzt sich aus Arbeitnehmern der SCE und ihrer Tochtergesellschaften und Betriebe zusammen, die von den Arbeitnehmervertretern aus ihrer Mitte oder, in Ermangelung solcher Vertreter, von der Gesamtheit der Arbeitnehmer gewählt oder bestellt werden.
b) Die Mitglieder des Vertretungsorgans werden gemäß den einzelstaatlichen Rechtsvorschriften und/oder Gepflogenheiten gewählt oder bestellt.
Die Mitgliedstaaten sorgen durch entsprechende Vorschriften dafür, dass Änderungen innerhalb der SCE und ihrer Tochtergesellschaften und Betriebe durch Anpassung der Zahl der Mitglieder des Vertretungsorgans und der Zuteilung der Sitze in diesem Organ Rechnung getragen wird. Die Verfahren zur Benennung, Bestellung oder Wahl der Arbeitnehmervertreter sollten möglichst eine ausgewogene Vertretung von Frauen und Männern fördern.
c) Sofern die Zahl der Mitglieder des Vertretungsorgans es rechtfertigt, wählt das Vertretungsorgan aus seiner Mitte einen engeren Ausschuss mit höchstens drei Mitgliedern.
d) Das Vertretungsorgan gibt sich eine Geschäftsordnung.
e) Die Mitglieder des Vertretungsorgans werden entsprechend der Zahl der in jedem Mitgliedstaat beschäftigten Arbeitnehmer der SCE und ihrer Tochtergesellschaften oder Betriebe gewählt oder bestellt, so dass pro Mitgliedstaat für jeden Anteil der in diesem Mitgliedstaat beschäftigten Arbeitnehmer, der 10% der Gesamtzahl der in allen Mitgliedstaaten bei ihnen beschäftigten Arbeitnehmer entspricht, oder für einen Bruchteil dieser Tranche Anspruch auf einen Sitz besteht.
f) Die Zusammensetzung des Vertretungsorgans wird dem zuständigen Organ der SCE mitgeteilt.
g) Spätestens vier Jahre nach seiner Einsetzung prüft das Vertretungsorgan, ob die Vereinbarung nach den Artikeln 4 und 7 ausgehandelt werden oder die in Übereinstimmung mit diesem Anhang angenommene Auffangregelung weiterhin gelten soll.

Wird der Beschluss gefasst, eine Vereinbarung gemäß Artikel 4 auszuhandeln, so gelten Artikel 3 Absätze 4 bis 7 und die Artikel 4, 5 und 6 sinngemäß, wobei der Ausdruck „besonderes Verhandlungsgremium" durch das Wort „Vertretungsorgan" ersetzt wird. Wenn am Ende des für die Verhandlungen vorgesehenen Zeitraums keine Vereinbarung zustande gekommen ist, findet die Regelung, die ursprünglich gemäß der Auffangregelung angenommen worden war, weiterhin Anwendung.

Teil 2
Auffangregelung für die Unterrichtung und Anhörung

Für die Zuständigkeiten und Befugnisse des Vertretungsorgans in einer SCE gelten folgende Regeln:

a) Die Zuständigkeiten des Vertretungsorgans beschränken sich auf die Angelegenheiten, die die SCE selbst oder eine ihrer Tochtergesellschaften oder einen ihrer Betriebe in einem anderen Mitgliedstaat betreffen oder über die Befugnisse der Entscheidungsorgane auf der Ebene des einzelnen Mitgliedstaats hinausgehen.

b) Unbeschadet etwaiger Zusammenkünfte gemäß Buchstabe c) hat das Vertretungsorgan das Recht, auf der Grundlage regelmäßig von dem zuständigen Organ erstellter Berichte über die Entwicklung der Geschäftslage und die Perspektiven der SCE unterrichtet und dazu gehört zu werden und zu diesem Zweck mindestens einmal jährlich mit dem zuständigen Organ der SCE zusammenzutreten. Die örtlichen Geschäftsleitungen werden hiervon in Kenntnis gesetzt.

   Das zuständige Organ der SCE übermittelt dem Vertretungsorgan die Tagesordnung aller Sitzungen des Verwaltungsorgans oder gegebenenfalls des Leitungs- und des Aufsichtsorgans sowie Kopien aller Unterlagen, die der Versammlung der Mitglieder unterbreitet werden.

   Die Sitzung bezieht sich insbesondere auf die Struktur der SCE, seine wirtschaftliche und finanzielle Situation, die voraussichtliche Entwicklung der Geschäfts-, Produktions- und Absatzlage, auf die Beschäftigungslage und deren voraussichtliche Entwicklung, auf die Investitionen, auf grundlegende Änderungen der Organisation, auf die Einführung neuer Arbeits- oder Fertigungsverfahren, auf Verlagerungen der Produktion, auf Fusionen, Verkleinerungen oder Schließungen von Unternehmen, Betrieben oder wichtigen Teilen derselben und auf Massenentlassungen.

c) Treten außergewöhnliche Umstände ein, die erhebliche Auswirkungen auf die Interessen der Arbeitnehmer haben, insbesondere bei Verlegungen, Verlagerungen, Betriebs- oder Unternehmensschließungen oder Massenentlassungen, so hat das Vertretungsorgan das Recht, darüber unterrichtet zu werden. Das Vertretungsorgan oder – wenn das Vertretungsorgan dies, insbesondere bei Dringlichkeit, beschließt – der engere Ausschuss hat das Recht, auf Antrag mit dem zuständigen Organ der SCE oder den Vertretern einer geeigneteren mit eigenen Entscheidungsbefugnissen ausgestatteten Leitungsebene innerhalb der SCE zusammenzutreffen, um über Maßnahmen, die erhebliche Auswirkungen auf die Interessen der Arbeitnehmer haben, unterrichtet und dazu gehört zu werden.

   Wenn das zuständige Organ beschließt, nicht im Einklang mit der von dem Vertretungsorgan abgegebenen Stellungnahme zu handeln, hat das Vertretungsorgan das Recht, ein weiteres Mal mit dem zuständigen Organ der SCE zusammenzutreffen, um eine Einigung herbeizuführen.

   Findet eine Sitzung mit dem engeren Ausschuss statt, so haben auch die Mitglieder des Vertretungsorgans, die von diesen Maßnahmen unmittelbar betroffene Arbeitnehmer vertreten, das Recht, daran teilzunehmen.

   Die vorstehend genannten Sitzungen lassen die Vorrechte des zuständigen Organs unberührt.

d) Die Mitgliedstaaten können Regeln für den Vorsitz in den Sitzungen zur Unterrichtung und Anhörung festlegen.

   Vor Sitzungen mit dem zuständigen Organ der SCE ist das Vertretungsorgan oder der engere Ausschuss – gegebenenfalls in der gemäß Buchstabe c) Absatz 3 erweiterten Zusammensetzung – berechtigt, in Abwesenheit der Vertreter des zuständigen Organs zu tagen.

e) Unbeschadet des Artikels 10 unterrichten die Mitglieder des Vertretungsorgans die Arbeitnehmervertreter der SCE und ihrer Tochtergesellschaften und Betriebe über den Inhalt und die Ergebnisse der Unterrichtungs- und Anhörungsverfahren.

f) Das Vertretungsorgan oder der engere Ausschuss können sich durch Sachverständige ihrer Wahl unterstützen lassen.

g) Sofern dies zur Erfüllung ihrer Aufgaben erforderlich ist, haben die Mitglieder des Vertretungsorgans Anspruch auf bezahlte Freistellung für Fortbildungsmaßnahmen.

h) Die Ausgaben des Vertretungsorgans gehen zulasten der SCE, die die Mitglieder dieses Organs mit den erforderlichen finanziellen und materiellen Mitteln ausstattet, damit diese ihre Aufgaben in angemessener Weise wahrnehmen können.

Insbesondere trägt die SCE die Kosten der Veranstaltung der Sitzungen einschließlich der Dolmetschkosten sowie die Aufenthalts- und Reisekosten für die Mitglieder des Vertretungsorgans und des engeren Ausschusses, soweit nichts anderes vereinbart wurde.

Die Mitgliedstaaten können im Einklang mit diesen Grundsätzen Regeln für die Finanzierung der Arbeit des Vertretungsorgans festlegen. Sie können insbesondere die Übernahme der Kosten auf die Kosten für einen Sachverständigen begrenzen.

Teil 3
Auffangregelung für die Mitbestimmung

Für die Mitbestimmung der Arbeitnehmer in der SCE gelten folgende Bestimmungen:

a) Fanden im Fall einer durch Umwandlung gegründeten SCE Vorschriften eines Mitgliedstaats über die Mitbestimmung der Arbeitnehmer im Verwaltungs- oder im Aufsichtsorgan vor der Eintragung Anwendung, so finden alle Komponenten der Mitbestimmung der Arbeitnehmer weiterhin auf die SCE Anwendung. Buchstabe b) gilt diesbezüglich sinngemäß.

b) In den Fällen der Gründung einer SCE haben die Arbeitnehmer der SCE, ihrer Tochtergesellschaften und Betriebe und/oder ihr Vertretungsorgan das Recht, einen Teil der Mitglieder des Verwaltungs- oder des Aufsichtsorgans der SCE zu wählen oder zu bestellen oder deren Bestellung zu empfehlen oder abzulehnen, wobei die Zahl dieser Mitglieder sich nach dem höchsten maßgeblichen Anteil in den beteiligten Gesellschaften vor der Eintragung der SCE bemisst.

c) Bestanden in keiner der beteiligten juristischen Personen vor der Eintragung der SCE Vorschriften über die Mitbestimmung, so ist die SCE nicht verpflichtet, eine Vereinbarung über die Mitbestimmung der Arbeitnehmer einzuführen.

d) Das Vertretungsorgan entscheidet über die Verteilung der Sitze im Verwaltungs- oder im Aufsichtsorgan auf die Mitglieder, die Arbeitnehmer aus verschiedenen Mitgliedstaaten vertreten oder über die Art und Weise, in der die Arbeitnehmer der SCE Mitglieder dieser Organe empfehlen oder ablehnen können, entsprechend den jeweiligen Anteilen der in den einzelnen Mitgliedstaaten beschäftigten Arbeitnehmer der SCE. Bleiben Arbeitnehmer aus einem oder mehreren Mitgliedstaaten bei der anteilmäßigen Verteilung unberücksichtigt, so bestellt das Vertretungsorgan eines der Mitglieder aus einem dieser Mitgliedstaaten, und zwar vorzugsweise – sofern angemessen – aus dem Mitgliedstaat, in dem die SCE ihren Sitz haben wird. Jeder Mitgliedstaat hat das Recht, die Verteilung der ihm im Verwaltungs- oder im Aufsichtsorgan zugewiesenen Sitze festzulegen.

e) Alle von dem Vertretungsorgan oder gegebenenfalls den Arbeitnehmern gewählten, bestellten oder empfohlenen Mitglieder des Verwaltungsorgans oder gegebenenfalls des Aufsichtsorgans der SCE sind vollberechtigte Mitglieder des jeweiligen Organs mit denselben Rechten (einschließlich des Stimmrechts) und denselben Pflichten wie die Mitglieder, die die Mitglieder der Genossenschaft vertreten.

F. Gesetz zur Ausführung der Verordnung (EG) Nr. 1435/2003 des Rates vom 22. Juli 2003 über das Statut der Europäischen Genossenschaft (SCE) (SCE-Ausführungsgesetz – SCEAG)[1]

vom 14. August 2006 (BGBl. I S. 1911)

Inhaltsübersicht

Abschnitt 1
Allgemeine Vorschriften

1 Artikel 1 des Gesetzes zur Einführung der Europäischen Genossenschaft und zur Änderung des Genossenschaftsrechts vom 14. August 2006 (BGBl. I S. 1911). Es ist gem. Art. 21 dieses Gesetzes am 18. August 2006 in Kraft getreten. Das SCE-Ausführungsgesetz wurde zuletzt geändert durch Artikel 7 des Gesetzes vom 5. Juni 2017 (BGBl. I S. 1476).

Abschnitt 1
Allgemeine Vorschriften

§ 1
Anwendungsbereich

Dieses Gesetz ist auf Europäische Genossenschaften mit Sitz im Inland anzuwenden; im Übrigen gilt die Verordnung (EG) Nr. 1435/2003 des Rates vom 22. Juli 2003 über das Statut der Europäischen Genossenschaft (SCE) (ABl. EU Nr. L 207 S. 1).

§ 2
Kontrolle der Gründung

Für die Kontrolle der Gründung der Europäischen Genossenschaft gelten die §§ 32 bis 35 des Aktiengesetzes entsprechend. Ist nach § 33 Abs. 2 des Aktiengesetzes eine Prüfung durch Gründungsprüfer erforderlich, ist diese abweichend von § 33 Abs. 3 und 4 des Aktiengesetzes durch den Prüfungsverband nach § 54 des Genossenschaftsgesetzes, dem die Europäische Genossenschaft nach Artikel 71 der Verordnung (EG) Nr. 1435/2003 angehören muss (Prüfungsverband), durchzuführen.

§ 3
Eintragung

Die Europäische Genossenschaft wird entsprechend den für Aktiengesellschaften geltenden Vorschriften in das Genossenschaftsregister eingetragen. Der Anmeldung zur Eintragung ist zusätzlich die Bescheinigung des Prüfungsverbandes beizufügen, dass die Europäische Genossenschaft zum Beitritt zugelassen ist.

§ 4
Zulassung investierender Mitglieder

Die Satzung der Europäischen Genossenschaft kann bestimmen, dass Personen, die für die Nutzung oder Produktion der Güter und die Nutzung oder Erbringung der Dienste der Europäischen Genossenschaft nicht in Frage kommen, als investierende Mitglieder zugelassen werden können.

Abschnitt 2
Gründung einer Europäischen Genossenschaft durch Verschmelzung

§ 5
Bekanntmachung

Die nach Artikel 24 der Verordnung (EG) Nr. 1435/2003 bekannt zu machenden Angaben sind dem Genossenschaftsregister bei Einreichung des Verschmelzungsplans mitzuteilen. Das Gericht hat diese Angaben zusammen mit dem nach § 61 Satz 2 des Umwandlungsgesetzes vorgeschriebenen Hinweis bekannt zu machen, wobei sich dieser Hinweis auf die Einreichung zum Genossenschaftsregister zu beziehen hat.

§ 6
Verschmelzungsprüfer

Die Prüfung des Verschmelzungsplans und die Erstellung des schriftlichen Berichts nach Artikel 26 der Verordnung (EG) Nr. 1435/2003 erfolgt bei einer Genossenschaft mit Sitz im Inland durch den Prüfungsverband, dem die Genossenschaft angehört.

§ 7
Verbesserung des Umtauschverhältnisses

(1) Unter den Voraussetzungen des Artikels 29 Abs. 3 Satz 1 der Verordnung (EG) Nr. 1435/2003 kann eine Klage gegen den Verschmelzungsbeschluss einer übertragenden Genossenschaft nicht darauf gestützt werden, dass das Umtauschverhältnis der Anteile nicht angemessen ist.

(2) Ist bei der Gründung einer Europäischen Genossenschaft durch Verschmelzung nach dem Verfahren der Verordnung (EG) Nr. 1435/2003 das Geschäftsguthaben eines Mitglieds in der Europäischen Genossenschaft niedriger als in der übertragenden Genossenschaft, kann jedes Mitglied einer übertragenden Genossenschaft, dessen Recht, gegen die Wirksamkeit des Verschmelzungsbeschlusses Klage zu erheben, nach Absatz 1 ausgeschlossen ist, von der Europäischen Genossenschaft einen Ausgleich durch bare Zuzahlung verlangen.

(3) Die bare Zuzahlung ist nach Ablauf des Tages, an dem die Verschmelzung im Sitzstaat der Europäischen Genossenschaft nach den dort geltenden Vorschriften eingetragen und bekannt gemacht worden ist, mit jährlich fünf Prozentpunkten über dem jeweiligen Basiszinssatz nach § 247 des Bürgerlichen Gesetzbuchs zu verzinsen. Die Geltendmachung eines weiteren Schadens ist nicht ausgeschlossen.

(4) Macht ein Mitglied einer übertragenden Genossenschaft unter den Voraussetzungen des Artikels 29 Abs. 3 Satz 1 der Verordnung (EG) Nr. 1435/2003 geltend, dass sein Geschäftsguthaben in der Europäischen Genossenschaft niedriger als sein Geschäftsguthaben in der übertragenden Genossenschaft sei, hat auf seinen Antrag das Gericht nach dem Spruchverfahrensgesetz eine angemessene bare Zuzahlung zu bestimmen. Satz 1 ist auch auf Mitglieder einer übertragenden Genossenschaft mit Sitz in einem anderen Mitgliedstaat der Europäischen Union oder in einem anderen Vertragsstaat des Abkommens über den Europäischen Wirtschaftsraum anzuwenden, wenn nach dem Recht dieses Staates ein Verfahren zur Kontrolle und Änderung des Umtauschverhältnisses der Anteile vorgesehen ist und deutsche Gerichte für die Durchführung eines solchen Verfahrens international zuständig sind.

§ 8
Ausschlagung durch einzelne Mitglieder

(1) Wird eine Europäische Genossenschaft, die ihren Sitz im Ausland haben soll, durch Verschmelzung nach dem Verfahren der Verordnung (EG) Nr. 1435/2003 gegründet, gelten die auf der Verschmelzungswirkung beruhenden Anteile und Mitgliedschaften bei der Europäischen Genossenschaft als nicht erworben, wenn sie ausgeschlagen werden.

(2) Das Recht zur Ausschlagung hat jedes Mitglied einer übertragenden Genossenschaft mit Sitz im Inland, wenn es in der Generalversammlung, die nach § 13 Abs. 1 des Umwandlungsgesetzes über die Zustimmung zum Verschmelzungsvertrag beschließen soll,

1. erscheint und gegen den Verschmelzungsbeschluss Widerspruch zu Protokoll erklärt oder
2. nicht erscheint, sofern es zu der Versammlung zu Unrecht nicht zugelassen worden ist oder die Versammlung nicht ordnungsgemäß einberufen oder der Gegenstand der Beschlussfassung nicht ordnungsgemäß bekannt gemacht worden ist. Hat eine Vertreterversammlung die Verschmelzung beschlossen, ist jedes Mitglied zur Ausschlagung berechtigt; für die Vertreter gilt Satz 1.

(3) Die Ausschlagung ist gegenüber der Europäischen Genossenschaft schriftlich binnen zwei Monaten nach dem Tag zu erklären, an dem die Verschmelzung im Sitzstaat der Europäischen Genossenschaft nach den dort geltenden Vorschriften eingetragen und bekannt gemacht worden ist. Die Ausschlagung kann nicht unter einer Bedingung oder einer Zeitbestimmung erklärt werden. Sie wird in dem Zeitpunkt wirksam, in dem die Ausschlagungserklärung der Europäischen Genossenschaft zugeht.

(4) Die Europäische Genossenschaft hat sich mit einem früheren Mitglied, dessen Beteiligung an der Europäischen Genossenschaft nach Absatz 1 als nicht erworben gilt, auf Grund der Schlussbilanz der übertragenden Genos-

senschaft auseinanderzusetzen. Auf die Auseinandersetzung ist § 93 Abs. 2 und 3 des Umwandlungsgesetzes entsprechend anzuwenden.

(5) Ansprüche auf Auszahlung des Geschäftsguthabens nach Absatz 4 Satz 2 in Verbindung mit § 93 Abs. 2 des Umwandlungsgesetzes sind binnen sechs Monaten seit der Ausschlagung zu befriedigen. Die Auszahlung darf jedoch nicht erfolgen, bevor den Gläubigern nach § 9 Satz 1 in Verbindung mit § 11 Abs. 1 und 2 Sicherheit geleistet wurde und bevor zwei Monate seit dem Tag abgelaufen sind, an dem die Verschmelzung im Sitzstaat der Europäischen Genossenschaft nach den dort geltenden Vorschriften eingetragen und bekannt gemacht worden ist.

§ 9
Gläubigerschutz bei Verschmelzung

Liegt der künftige Sitz der Europäischen Genossenschaft im Ausland, gilt § 11 Abs. 1 und 2 entsprechend. Das zuständige Gericht stellt die Bescheinigung nach Artikel 29 Abs. 2 der Verordnung (EG) Nr. 1435/2003 nur aus, wenn die Vorstandsmitglieder der übertragenden Genossenschaft versichern, dass allen Gläubigern, die nach Satz 1 einen Anspruch auf Sicherheitsleistung haben, eine angemessene Sicherheit geleistet wurde.

Abschnitt 3
Sitz und Sitzverlegung

§ 10
Auseinanderfallen von Sitzstaat und Hauptverwaltung

(1) Erfüllt eine Europäische Genossenschaft nicht mehr die Verpflichtung nach Artikel 6 Satz 1 der Verordnung (EG) Nr. 1435/2003, gilt dies als wesentlicher Mangel der Satzung im Sinn des § 94 des Genossenschaftsgesetzes in Verbindung mit § 397 Satz 2 des Gesetzes über das Verfahren in Familiensachen und in den Angelegenheiten der freiwilligen Gerichtsbarkeit. Das Registergericht fordert die Europäische Genossenschaft auf, innerhalb einer bestimmten Frist den vorschriftswidrigen Zustand zu beenden, indem sie entweder ihre Hauptverwaltung wieder im Sitzstaat errichtet oder ihren Sitz nach dem Verfahren des Artikels 7 der Verordnung (EG) Nr. 1435/2003 verlegt.

(2) Wird innerhalb der nach Absatz 1 Satz 2 bestimmten Frist der Aufforderung nicht genügt, hat das Gericht die Europäische Genossenschaft nach den § 395 in Verbindung mit § 393 Abs. 3 und 4 des Gesetzes über das Verfahren in Familiensachen und in den Angelegenheiten der freiwilligen Gerichtsbarkeit als nichtig zu löschen.

§ 11
Gläubigerschutz bei Sitzverlegung; Negativerklärung

(1) Verlegt eine Europäische Genossenschaft nach Artikel 7 der Verordnung (EG) Nr. 1435/2003 ihren Sitz, ist den Gläubigern der Europäischen Genossenschaft soweit Sicherheit zu leisten, wie sie nicht Befriedigung verlangen können, wenn sie binnen zwei Monaten nach dem Tag, an dem der Verlegungsplan offen gelegt worden ist, ihren Anspruch nach Grund und Höhe schriftlich anmelden und glaubhaft machen, dass durch die Sitzverlegung die Erfüllung ihrer Forderungen gefährdet wird. Die Gläubiger sind im Verlegungsplan auf dieses Recht hinzuweisen.

(2) Das Recht auf Sicherheitsleistung nach Absatz 1 steht den Gläubigern nur im Hinblick auf solche Forderungen zu, die vor oder bis zu 15 Tage nach Offenlegung des Verlegungsplans entstanden sind.

(3) Das zuständige Gericht stellt die Bescheinigung nach Artikel 7 Abs. 8 der Verordnung (EG) Nr. 1435/2003 nur aus, wenn

1. bei einer Europäischen Genossenschaft mit dualistischem System die Mitglieder des Leitungsorgans und bei einer Europäischen Genossenschaft mit monistischem System die geschäftsführenden Direktoren versichern, dass allen Gläubigern, die nach den Absätzen 1 und 2 einen Anspruch auf Sicherheitsleistung haben, eine angemessene Sicherheit geleistet wurde und
2. die Vertretungsorgane der Europäischen Genossenschaft erklären, dass eine Klage gegen die Wirksamkeit des Verlegungsbeschlusses nicht oder nicht fristgemäß erhoben oder eine solche Klage rechtskräftig abgewiesen oder zurückgenommen worden ist.

Abschnitt 4
Aufbau der Europäischen Genossenschaft

Unterabschnitt 1
Dualistisches System

§ 12
Bestellung der Mitglieder des Leitungsorgans

Die Satzung der Europäischen Genossenschaft kann festlegen, dass die Mitglieder des Leitungsorgans von der Generalversammlung gewählt und abberufen werden.

§ 13
Wahrnehmung der Geschäftsleitung durch Mitglieder des Aufsichtsorgans

Die Abstellung eines Mitglieds des Aufsichtsorgans zur Wahrnehmung der Aufgaben eines Mitglieds des Leitungsorgans nach Artikel 37 Abs. 3 Satz 2 der Verordnung (EG) Nr. 1435/2003 ist nur für einen im Voraus begrenzten Zeitraum zulässig.

§ 14
Zahl der Mitglieder des Leitungsorgans

Das Leitungsorgan muss aus mindestens zwei Personen bestehen. Die Satzung kann eine höhere Zahl vorsehen.

§ 15
Zahl der Mitglieder und Zusammensetzung des Aufsichtsorgans

(1) Das Aufsichtsorgan besteht aus mindestens drei Personen. Die Satzung kann eine höhere Zahl vorsehen. Die Beteiligung der Arbeitnehmer nach dem SCE-Beteiligungsgesetz bleibt unberührt.

(2) Auf die Zusammensetzung des Aufsichtsorgans sind § 96 Abs. 2 sowie die §§ 97 bis 99 und 104 des Aktiengesetzes entsprechend anzuwenden, wobei auch der SCE-Betriebsrat antragsberechtigt ist.

(3) § 51 des Genossenschaftsgesetzes ist mit der Maßgabe anzuwenden, dass das gesetzwidrige Zustandekommen von Wahlvorschlägen für die Arbeitnehmervertreter im Aufsichtsorgan nur nach den Vorschriften der Mitgliedstaaten der Europäischen Union über die Besetzung der ihnen zugewiesenen Sitze geltend gemacht werden kann. Für die Arbeitnehmervertreter aus dem Inland gilt § 37 Abs. 2 des SCE-Beteiligungsgesetzes.

§ 16
Informationsverlangen einzelner Mitglieder des Aufsichtsorgans

Jedes Mitglied des Aufsichtsorgans kann vom Leitungsorgan jegliche Information nach Artikel 40 Abs. 3 Satz 1 der Verordnung (EG) Nr. 1435/2003, jedoch nur an das Aufsichtsorgan, verlangen.

Unterabschnitt 2
Monistisches System

§ 17
Anmeldung und Eintragung

(1) Eine Europäische Genossenschaft, die nach Artikel 36 Buchstabe b der Verordnung (EG) Nr. 1435/2003 in ihrer Satzung das monistische System mit einem Verwaltungsorgan (Verwaltungsrat) gewählt hat, ist bei Gericht von allen Gründern, Mitgliedern des Verwaltungsrats und geschäftsführenden Direktoren zur Eintragung in das Genossenschaftsregister anzumelden.

(2) In der Anmeldung haben die geschäftsführenden Direktoren zu versichern, dass keine Umstände vorliegen, die ihrer Bestellung nach der Verordnung (EG) Nr. 1435/2003 entgegenstehen, und dass sie über ihre unbeschränkte

Auskunftspflicht gegenüber dem Gericht belehrt worden sind. In der Anmeldung sind Art und Umfang der Vertretungsbefugnis der geschäftsführenden Direktoren anzugeben. Der Anmeldung ist eine Abschrift der Urkunden über die Bestellung des Verwaltungsrats und der geschäftsführenden Direktoren beizufügen.

(3) Bei der Eintragung sind die geschäftsführenden Direktoren sowie deren Vertretungsbefugnis anzugeben.

(4) (weggefallen)

§ 18
Aufgaben und Rechte des Verwaltungsrats

(1) Der Verwaltungsrat leitet die Europäische Genossenschaft, bestimmt die Grundlinien ihrer Tätigkeit und überwacht deren Umsetzung.

(2) Der Verwaltungsrat hat eine Generalversammlung einzuberufen, wenn dies im Interesse der Europäischen Genossenschaft erforderlich ist.

(3) Der Verwaltungsrat stellt sicher, dass die erforderlichen Handelsbücher geführt werden. Er kann jederzeit selbst oder durch einzelne von ihm zu bestimmende Verwaltungsratsmitglieder die Bücher und Schriften der Europäischen Genossenschaft sowie den Bestand der Genossenschaftskasse und die Bestände an Wertpapieren und Waren einsehen und prüfen.

(4) Ergibt sich bei Aufstellung der Jahresbilanz oder einer Zwischenbilanz oder ist bei pflichtgemäßem Ermessen anzunehmen, dass ein Verlust besteht, der durch die Hälfte des Gesamtbetrags der Geschäftsguthaben und die Rücklagen nicht gedeckt ist, hat der Verwaltungsrat unverzüglich die Generalversammlung einzuberufen und ihr dies anzuzeigen. Bei Zahlungsunfähigkeit oder Überschuldung der Europäischen Genossenschaft hat der Verwaltungsrat den Insolvenzantrag nach § 15 a Abs. 1 der Insolvenzordnung zu stellen; zudem gilt § 99 des Genossenschaftsgesetzes entsprechend.

(5) Rechtsvorschriften außerhalb dieses Gesetzes, die dem Vorstand oder dem Aufsichtsrat einer Genossenschaft Rechte oder Pflichten zuweisen, gelten für den Verwaltungsrat entsprechend, soweit nicht in diesem Gesetz für den Verwaltungsrat und für geschäftsführende Direktoren besondere Regelungen enthalten sind.

§ 19
Zahl der Mitglieder und Zusammensetzung des Verwaltungsrats

(1) Der Verwaltungsrat besteht aus mindestens fünf Personen, bei einer Europäischen Genossenschaft, die nicht mehr als 20 Mitglieder hat, aus mindestens drei Personen. Die Beteiligung der Arbeitnehmer nach dem SCE-Beteiligungsgesetz bleibt unberührt. Bei einer Europäischen Genossenschaft, die kapitalmarktorientiert im Sinne des § 264d des Handelsgesetzbuchs oder die CRR-Kreditinstitut im Sinne des § 1 Absatz 3d Satz 1 des Kreditwesengesetzes, mit Ausnahme der in § 2 Absatz 1 Nummer 1 und 2 des Kreditwesengesetzes genannten Institute, ist, müssen die Voraussetzungen des § 100 Absatz 5 des Aktiengesetzes erfüllt sein.

(2) Auf die Zusammensetzung des Verwaltungsrats sind § 96 Abs. 2 sowie die §§ 97 bis 99 und 104 des Aktiengesetzes entsprechend anzuwenden, wobei

1. die dem Vorstand zugewiesenen Rechte und Pflichten vom Vorsitzenden des Verwaltungsrats wahrzunehmen sind;
2. auch der SCE-Betriebsrat entsprechend § 98 Abs. 2 und § 104 Abs. 1 des Aktiengesetzes antragsberechtigt ist.

(3) Für die Anfechtung der Wahl von Verwaltungsratsmitgliedern gilt § 51 des Genossenschaftsgesetzes entsprechend, wobei das gesetzwidrige Zustandekommen von Wahlvorschlägen für die Arbeitnehmervertreter im Verwaltungsrat nur nach den Vorschriften der Mitgliedstaaten der Europäischen Union über die Besetzung der ihnen zugewiesenen Sitze geltend gemacht werden kann. Für die Arbeitnehmervertreter aus dem Inland gilt § 37 Abs. 2 des SCE-Beteiligungsgesetzes.

(4) Der Verwaltungsrat kann aus seiner Mitte einen Prüfungsausschuss bestellen, der sich mit der Überwachung des Rechnungslegungsprozesses sowie der Wirksamkeit des internen Kontrollsystems, des Risikomanagementsystems und des internen Revisionssystems sowie der Abschlussprüfung befasst. Der Prüfungsausschuss kann Empfehlungen oder Vorschläge zur Gewährleistung der Integrität des Rechnungslegungsprozesses unterbreiten. Richtet der Aufsichtsrat einer Europäischen Genossenschaft, die kapitalmarktorientiert im Sinn des § 264 d des Handelsgesetzbuchs oder die CRR-Kreditinstitut im Sinne des § 1 Absatz 3d Satz 1 des Kreditwesengesetzes, mit Ausnahme der in § 2 Absatz 1 Nummer 1 und 2 des Kreditwesengesetzes genannten Institute, ist, einen Prüfungsausschuss ein, so muss dieser die Voraussetzungen des § 100 Absatz 5 des Aktiengesetzes erfüllen.

§ 20
Abberufung der Mitglieder des Verwaltungsrats

Mitglieder des Verwaltungsrats, die von der Generalversammlung ohne Bindung an einen Wahlvorschlag gewählt worden sind, können von ihr vor Ablauf der Amtszeit abberufen werden. Der Beschluss bedarf einer Mehrheit von mindestens drei Vierteln der abgegebenen Stimmen.

§ 21
Sorgfaltspflicht und Verantwortlichkeit der Verwaltungsratsmitglieder

Für die Sorgfaltspflicht und Verantwortlichkeit der Verwaltungsratsmitglieder gilt § 34 des Genossenschaftsgesetzes entsprechend.

§ 22
Geschäftsführende Direktoren

(1) Der Verwaltungsrat bestellt einen oder mehrere geschäftsführende Direktoren. Mitglieder des Verwaltungsrats können zu geschäftsführenden Direktoren bestellt werden, sofern die Mehrheit des Verwaltungsrats weiterhin aus nicht geschäftsführenden Mitgliedern besteht. Die Bestellung ist zur Eintragung in das Genossenschaftsregister anzumelden. Die Satzung kann Regelungen über die Bestellung eines oder mehrerer geschäftsführender Direktoren treffen. § 38 Abs. 2 des SCE-Beteiligungsgesetzes bleibt unberührt.

(2) Die geschäftsführenden Direktoren führen die Geschäfte der Europäischen Genossenschaft. Sind mehrere geschäftsführende Direktoren bestellt, sind sie nur gemeinschaftlich zur Geschäftsführung befugt; die Satzung oder eine vom Verwaltungsrat erlassene Geschäftsordnung kann Abweichendes bestimmen. Gesetzlich dem Verwaltungsrat zugewiesene Aufgaben können nicht auf die geschäftsführenden Direktoren übertragen werden. Soweit nach den für Genossenschaften geltenden Rechtsvorschriften der Vorstand Anmeldungen und die Einreichung von Unterlagen zum Genossenschaftsregister vorzunehmen hat, treten an die Stelle des Vorstands die geschäftsführenden Direktoren.

(3) Ergibt sich bei Aufstellung der Jahresbilanz oder einer Zwischenbilanz oder ist bei pflichtgemäßem Ermessen anzunehmen, dass ein Verlust besteht, der durch die Hälfte des Gesamtbetrags der Geschäftsguthaben und die Rücklagen nicht gedeckt ist, haben die geschäftsführenden Direktoren dem Vorsitzenden des Verwaltungsrats unverzüglich darüber zu berichten. Dasselbe gilt, wenn die Europäische Genossenschaft zahlungsunfähig wird oder sich eine Überschuldung der Europäischen Genossenschaft im Sinn des § 98 des Genossenschaftsgesetzes ergibt.

(4) Geschäftsführende Direktoren können jederzeit durch Beschluss des Verwaltungsrats mit einfacher Mehrheit abberufen werden, sofern die Satzung nichts anderes regelt. Für die Ansprüche aus dem Anstellungsvertrag gelten die allgemeinen Vorschriften.

(5) Geschäftsführende Direktoren haben dem Verwaltungsrat jederzeit auf dessen Verlangen über die Angelegenheiten der Europäischen Genossenschaft zu berichten.

(6) Für die Sorgfaltspflicht und Verantwortlichkeit der geschäftsführenden Direktoren gilt § 34 des Genossenschaftsgesetzes entsprechend.

(7) Die Vorschriften über die geschäftsführenden Direktoren gelten auch für ihre Stellvertreter.

§ 23
Vertretung

(1) Die geschäftsführenden Direktoren vertreten die Europäische Genossenschaft gerichtlich und außergerichtlich. Hat eine Europäische Genossenschaft keine geschäftsführenden Direktoren (Führungslosigkeit), wird die Europäische Genossenschaft für den Fall, dass ihr gegenüber Willenserklärungen abgegeben oder Schriftstücke zugestellt werden, durch den Verwaltungsrat vertreten.

(2) Mehrere geschäftsführende Direktoren sind, wenn die Satzung nichts anderes bestimmt, nur gemeinschaftlich zur Vertretung der Europäischen Genossenschaft befugt. Ist eine Willenserklärung gegenüber der Europäischen Genossenschaft abzugeben, genügt die Abgabe gegenüber einem geschäftsführenden Direktor oder im Fall des Absatzes 1 Satz 2 gegenüber einem Mitglied des Verwaltungsrats.

(3) Die Satzung kann auch bestimmen, dass einzelne geschäftsführende Direktoren allein oder in Gemeinschaft mit einem Prokuristen zur Vertretung der Europäischen Genossenschaft befugt sind. Absatz 2 Satz 2 gilt in diesen Fällen entsprechend.

(4) Zur Gesamtvertretung befugte geschäftsführende Direktoren können einzelne von ihnen zur Vornahme bestimmter Geschäfte oder bestimmter Arten von Geschäften ermächtigen. Dies gilt entsprechend, wenn ein einzelner geschäftsführender Direktor in Gemeinschaft mit einem Prokuristen zur Vertretung der Europäischen Genossenschaft befugt ist.

(5) Gegenüber den geschäftsführenden Direktoren vertritt der Verwaltungsrat die Europäische Genossenschaft gerichtlich und außergerichtlich.

§ 24
(weggefallen)

§ 25
Angaben auf Geschäftsbriefen

(1) Auf allen Geschäftsbriefen gleichviel welcher Form, die an einen bestimmten Empfänger gerichtet werden, müssen die Rechtsform und der Sitz der Europäischen Genossenschaft, das Registergericht des Sitzes der Europäischen Genossenschaft und die Nummer, unter der die Europäische Genossenschaft in das Genossenschaftsregister eingetragen ist, sowie alle geschäftsführenden Direktoren und der Vorsitzende des Verwaltungsrats mit dem Familiennamen und mindestens einem ausgeschriebenen Vornamen angegeben werden.

(2) § 25 a Abs. 2 und 3 des Genossenschaftsgesetzes gilt entsprechend.

§ 26
Anmeldung von Änderungen

Die geschäftsführenden Direktoren haben jede sie betreffende Änderung des Verwaltungsrats sowie die Bestellung, Abberufung und Änderung der Vertretungsbefugnis von geschäftsführenden Direktoren zur Eintragung in das Genossenschaftsregister anzumelden. § 17 Abs. 2 gilt entsprechend.

§ 27
Aufstellung, Prüfung und Feststellung des Jahresabschlusses

(1) Die geschäftsführenden Direktoren haben den Jahresabschluss und den Lagebericht aufzustellen und danach unverzüglich dem Verwaltungsrat zur Prüfung vorzulegen. Der Vorsitzende des Verwaltungsrats legt den Jahresabschluss und den Lagebericht unverzüglich der Generalversammlung zum Zweck der Feststellung vor.

(2) Jedes Verwaltungsratsmitglied hat das Recht, von den Vorlagen und Prüfungsberichten Kenntnis zu nehmen. Die Vorlagen und Prüfungsberichte sind jedem Verwaltungsratsmitglied auszuhändigen.

Unterabschnitt 3
Generalversammlung

§ 28
Einberufung durch Prüfungsverband

Unter den Voraussetzungen des § 60 des Genossenschaftsgesetzes ist auch der Prüfungsverband berechtigt, eine außerordentliche Generalversammlung der Europäischen Genossenschaft einzuberufen.

§ 29
Mehrstimmrechte

Die Satzung der Europäischen Genossenschaft kann Mitgliedern im Rahmen des Artikels 59 Abs. 2 der Verordnung (EG) Nr. 1435/2003 nach Maßgabe des § 43 Abs. 3 Satz 3 des Genossenschaftsgesetzes Mehrstimmrechte einräumen.

§ 30
Stimmrechte investierender Mitglieder

(1) Jedes investierende Mitglied hat eine Stimme vorbehaltlich des Artikels 59 Abs. 3 Satz 2 der Verordnung (EG) Nr. 1435/2003.

(2) Die Satzung der Europäischen Genossenschaft muss durch geeignete Regelungen sicherstellen, dass investierende Mitglieder die anderen Mitglieder in keinem Fall überstimmen können und dass Beschlüsse der Generalversammlung, für die nach Gesetz oder Satzung eine Mehrheit von mindestens drei Vierteln der abgegebenen Stimmen vorgeschrieben ist, durch investierende Mitglieder nicht verhindert werden können.

§ 31
Sektor- und Sektionsversammlungen

Die Satzung der Europäischen Genossenschaft kann im Rahmen des Artikels 63 der Verordnung (EG) Nr. 1435/2003 eine Sektor- oder Sektionsversammlung vorsehen. § 43 a Abs. 7 des Genossenschaftsgesetzes ist entsprechend anzuwenden, soweit sich aus Artikel 55 der Verordnung (EG) Nr. 1435/2003 nichts anderes ergibt.

Abschnitt 5
Jahresabschluss und Lagebericht

§ 32
Aufstellung des Jahresabschlusses und Lageberichts

(1) Für die Aufstellung des Jahresabschlusses und des Lageberichts gelten die §§ 336 bis 338 des Handelsgesetzbuchs entsprechend.

(2) Handelt es sich bei der Europäischen Genossenschaft um ein Kreditinstitut, gelten die §§ 340 bis 340 j des Handelsgesetzbuchs entsprechend.

§ 33
Offenlegung

(1) Für die Offenlegung gilt § 339 des Handelsgesetzbuchs entsprechend.

(2) Handelt es sich bei der Europäischen Genossenschaft um ein Kreditinstitut, gelten die §§ 340 l und 340 o des Handelsgesetzbuchs entsprechend.

§ 34
Prüfung

(1) Für die Prüfung der Europäischen Genossenschaft gelten die §§ 53 bis 64 c des Genossenschaftsgesetzes entsprechend.

(2) Handelt es sich bei der Europäischen Genossenschaft um ein Kreditinstitut, gilt § 340 k Abs. 1 und 2 des Handelsgesetzbuchs entsprechend.

Abschnitt 6
Zuständigkeits-, Straf- und Bußgeldvorschriften

§ 35
Zuständigkeiten

Für die Eintragung der Europäischen Genossenschaft und für die in Artikel 7 Abs. 8 und Artikel 29 Abs. 2 sowie den Artikeln 30 und 73 Abs. 1 und 5 der Verordnung (EG) Nr. 1435/2003 bezeichneten Aufgaben ist das nach § 10 des Genossenschaftsgesetzes und § 23a Abs. 1 und 2 Nr. 3 des Gerichtsverfassungsgesetzes in Verbindung mit § 376 des Gesetzes über das Verfahren in Familiensachen und in den Angelegenheiten der freiwilligen Gerichtsbarkeit bestimmte Gericht als Registergericht zuständig. Das zuständige Gericht im Sinn des Artikels 54 Abs. 2 der Verordnung (EG) Nr. 1435/2003 bestimmt sich nach § 23a Abs. 1 und 2 Nr. 4 des Gerichtsverfassungsgesetzes in Verbindung mit

§ 376 des Gesetzes über das Verfahren in Familiensachen und in den Angelegenheiten der freiwilligen Gerichtsbarkeit. Zuständige Antragsbehörde im Sinn des Artikels 73 Abs. 1 der Verordnung (EG) Nr. 1435/2003 ist die zuständige oberste Landesbehörde nach § 63 des Genossenschaftsgesetzes, in deren Bezirk die Europäische Genossenschaft ihren Sitz hat.

§ 36
Straf- und Bußgeldvorschriften

(1) Die Strafvorschriften der §§ 147 bis 151a des Genossenschaftsgesetzes, des § 15 a Abs. 4 bis 6 der Insolvenzordnung, des § 340 m in Verbindung mit den §§ 331 bis 333 des Handelsgesetzbuchs und der §§ 313 bis 315 des Umwandlungsgesetzes sowie die Bußgeldvorschriften des § 152 des Genossenschaftsgesetzes und des § 340 n des Handelsgesetzbuchs gelten auch für die Europäische Genossenschaft im Sinn des Artikels 8 Abs. 1 Buchstabe c Nr. ii der Verordnung (EG) Nr. 1435/2003. Soweit sie

1. Mitglieder des Vorstands,
2. Mitglieder des Aufsichtsrats oder
3. Mitglieder des vertretungsberechtigten Organs einer Genossenschaft betreffen,

gelten sie bei der Europäischen Genossenschaft mit dualistischem System in den Fällen der Nummern 1 und 3 für die Mitglieder des Leitungsorgans und in den Fällen der Nummer 2 für die Mitglieder des Aufsichtsorgans. Bei der Europäischen Genossenschaft mit monistischem System gelten sie in den Fällen des Satzes 2 Nr. 1 und 3 für die geschäftsführenden Direktoren und in den Fällen des Satzes 2 Nr. 2 für die Mitglieder des Verwaltungsrats. § 153 des Genossenschaftsgesetzes gilt bei Anwendung der Strafvorschriften des § 151a des Genossenschaftsgesetzes sowie der Bußgeldvorschriften des § 152 Absatz 1a des Genossenschaftsgesetzes entsprechend.

(2) Mit Freiheitsstrafe bis zu drei Jahren oder mit Geldstrafe wird bestraft, wer

1. als Vorstandsmitglied entgegen § 9 Satz 2,
2. als Mitglied des Leitungsorgans einer Europäischen Genossenschaft mit dualistischem System oder als geschäftsführender Direktor einer Europäischen Genossenschaft mit monistischem System entgegen § 11 Abs. 3 Nr. 1 oder
3. als geschäftsführender Direktor einer Europäischen Genossenschaft mit monistischem System entgegen § 17 Abs. 2 Satz 1, auch in Verbindung mit § 26 Satz 2,

eine Versicherung nicht richtig abgibt.

Abschnitt 7
Schlussbestimmungen

§ 37
Übergangsvorschrift zum Bilanzrechtsmodernisierungsgesetz

§ 19 Abs. 1 Satz 3 und Abs. 4 Satz 2 und 3 in der Fassung des Bilanzrechtsmodernisierungsgesetzes vom 25. Mai 2009 (BGBl. I S. 1102) finden keine Anwendung, solange alle Mitglieder des Verwaltungsrats und des Prüfungsausschusses vor dem 29. Mai 2009 bestellt worden sind.

§ 38
Übergangsvorschrift zum Gesetz zur Umsetzung der Aktionärsrechterichtlinie

Im Fall des § 7 Abs. 3 Satz 1 bleibt es für die Zeit vor dem 1. September 2009 bei dem bis dahin geltenden Zinssatz.

§ 39
Übergangsvorschrift zum Abschlussprüfungsreformgesetz

§ 19 Absatz 1 Satz 3 und Absatz 4 Satz 3 in der Fassung des Abschlussprüfungsreformgesetzes vom 10. Mai 2016 (BGBl. I S. 1142) muss so lange nicht angewandt werden, wie alle Mitglieder des Aufsichtsrats und des Prüfungsausschusses vor dem 17. Juni 2016 bestellt worden sind.

Artikel 2–21
(hier nicht abgedruckt)

G. Richtlinie (EU) 2017/1132 des Europäischen Parlaments und des Rates vom 14. Juni 2017 über bestimmte Aspekte des Gesellschaftsrechts

(ABl. L 169 vom 30.6.2017, S. 46)

– Auszug –

DAS EUROPÄISCHE PARLAMENT UND DER RAT DER EUROPÄISCHEN UNION –

gestützt auf den Vertrag über die Arbeitsweise der Europäischen Union, insbesondere auf Artikel 50 Absatz 1 und Absatz 2 Buchstabe g,

auf Vorschlag der Europäischen Kommission,

nach Zuleitung des Entwurfs des Gesetzgebungsakts an die nationalen Parlamente,

nach Stellungnahme des Europäischen Wirtschafts- und Sozialausschusses[1],

gemäß dem ordentlichen Gesetzgebungsverfahren[2],

in Erwägung nachstehender Gründe:

(1) Die Richtlinien 82/891/EWG[3] und 89/666/EWG[4] des Rates und die Richtlinien 2005/56/EG[5], 2009/101/EG[6], 2011/35/EU[7] und 2012/30/EU[8] des Europäischen Parlaments und des Rates wurden mehrfach und erheblich geändert[9]. Aus Gründen der Klarheit und der Übersichtlichkeit empfiehlt es sich, sie zu kodifizieren.

(2) Die Fortführung der Koordinierung, die Artikel 50 Absatz 2 Buchstabe g des Vertrags sowie das Allgemeine Programm zur Aufhebung der Beschränkungen der Niederlassungsfreiheit vorsehen und die mit der Ersten Richtlinie 68/151/EWG des Rates[10], begonnen wurde, ist bei den Aktiengesellschaften besonders wichtig, weil in der Wirtschaft der Mitgliedstaaten die Tätigkeit dieser Gesellschaften vorherrscht und häufig die Grenzen des nationalen Hoheitsgebiets überschreitet.

(3) Die Koordinierung der nationalen Vorschriften über die Gründung von Aktiengesellschaften sowie die Aufrechterhaltung, die Erhöhung und die Herabsetzung ihres Kapitals ist vor allem bedeutsam, um beim Schutz der

---

1 ABl. C 264 vom 20.7.2016, S. 82.

2 Standpunkt des Europäischen Parlaments vom 5. April 2017 (noch nicht im Amtsblatt veröffentlicht) und Beschluss des Rates vom 29. Mai 2017.

3 Sechste Richtlinie 82/891/EWG des Rates vom 17. Dezember 1982 gemäß Artikel 54 Absatz 3 Buchstabe g) des Vertrags betreffend die Spaltung von Aktiengesellschaften (ABl. L 378 vom 31.12.1982, S. 47).

4 Elfte Richtlinie 89/666/EWG des Rates vom 21. Dezember 1989 über die Offenlegung von Zweigniederlassungen, die in einem Mitgliedstaat von Gesellschaften bestimmter Rechtsformen errichtet wurden, die dem Recht eines anderen Staates unterliegen (ABl. L 395 vom 30.12.1989, S. 36).

5 Richtlinie 2005/56/EG des Europäischen Parlaments und des Rates vom 26. Oktober 2005 über die Verschmelzung von Kapitalgesellschaften aus verschiedenen Mitgliedstaaten (ABl. L 310 vom 25.11.2005, S. 1).

6 Richtlinie 2009/101/EG des Europäischen Parlaments und des Rates vom 16. September 2009 zur Koordinierung der Schutzbestimmungen, die in den Mitgliedstaaten den Gesellschaften im Sinne des Artikels 48 Absatz 2 des Vertrags im Interesse der Gesellschafter sowie Dritter vorgeschrieben sind, um diese Bestimmungen gleichwertig zu gestalten (ABl. L 258 vom 1.10.2009, S. 11).

7 Richtlinie 2011/35/EU des Europäischen Parlaments und des Rates vom 5. April 2011 über die Verschmelzung von Aktiengesellschaften (ABl. L 110 vom 29.4.2011, S. 1).

8 Richtlinie 2012/30/EU des Europäischen Parlaments und des Rates vom 25. Oktober 2012 zur Koordinierung der Schutzbestimmungen, die in den Mitgliedstaaten den Gesellschaften im Sinne des Artikels 54 Absatz 2 des Vertrags über die Arbeitsweise der Europäischen Union im Interesse der Gesellschafter sowie Dritter für die Gründung der Aktiengesellschaft sowie für die Erhaltung und Änderung ihres Kapitals vorgeschrieben sind, um diese Bestimmungen gleichwertig zu gestalten (ABl. L 315 vom 14.11.2012, S. 74).

9 Siehe Anhang III, Teil A.

10 Erste Richtlinie 68/151/EWG des Rates vom 9. März 1968 zur Koordinierung der Schutzbestimmungen, die in den Mitgliedstaaten den Gesellschaften im Sinne des Artikels 58 Absatz 2 des Vertrags im Interesse der Gesellschafter sowie Dritter vorgeschrieben sind, um diese Bestimmungen gleichwertig zu gestalten (ABl. L 65 vom 14.3.1968, S. 8).

Aktionäre einerseits und der Gläubiger der Gesellschaft andererseits ein Mindestmaß an Gleichwertigkeit sicherzustellen.

(4) Die Satzung oder der Errichtungsakt einer Aktiengesellschaft muss in der Union jedem Interessierten die Möglichkeit bieten, die wesentlichen Merkmale der Gesellschaft und insbesondere die genaue Zusammensetzung des Gesellschaftskapitals zu kennen.

(5) Der Schutz Dritter sollte durch Bestimmungen gewährleistet werden, welche die Gründe, aus denen im Namen von Aktiengesellschaften, Kommanditgesellschaften auf Aktien oder Gesellschaften mit beschränkter Haftung eingegangene Verpflichtungen unwirksam sein können, so weit wie möglich beschränken.

(6) Um die Rechtssicherheit in den Beziehungen zwischen den Gesellschaften und Dritten sowie im Verhältnis der Gesellschafter untereinander zu gewährleisten, ist es erforderlich, die Fälle der Nichtigkeit sowie die Rückwirkung der Nichtigerklärung zu beschränken und für den Einspruch Dritter gegen diese Erklärung eine kurze Frist vorzuschreiben.

(7) Der Koordinierung der nationalen Vorschriften über die Offenlegung, die Wirksamkeit eingegangener Verpflichtungen von Aktiengesellschaften, Kommanditgesellschaften auf Aktien oder Gesellschaften mit beschränkter Haftung sowie die Nichtigkeit dieser Gesellschaften kommt insbesondere zum Schutz der Interessen Dritter eine besondere Bedeutung zu.

(8) Die Offenlegung sollte es Dritten erlauben, sich über die wesentlichen Urkunden einer Gesellschaft sowie einige sie betreffende Angaben, insbesondere die Personalien derjenigen, welche die Gesellschaft verpflichten können, zu unterrichten.

(9) Gesellschaften sollten unbeschadet der grundlegenden Anforderungen und vorgeschriebenen Formalitäten des nationalen Rechts der Mitgliedstaaten die Möglichkeit haben, die erforderlichen Urkunden und Angaben auf Papier oder in elektronischer Form einzureichen.

(10) Die betroffenen Parteien sollten in der Lage sein, von dem Register Kopien dieser Urkunden und Angaben sowohl in Papierform als auch in elektronischer Form zu erhalten.

(11) Die Mitgliedstaaten sollten das Amtsblatt, in dem die offenzulegenden Urkunden und Angaben bekannt zu machen sind, in Papierform oder in elektronischer Form führen oder Bekanntmachungen durch andere ebenso wirksame Formen vorschreiben können.

(12) Der grenzüberschreitende Zugang zu Informationen über eine Gesellschaft sollte erleichtert werden, indem zusätzlich zur verpflichtenden Offenlegung in einer der im Mitgliedstaat der Gesellschaft zugelassenen Sprachen die freiwillige Eintragung der erforderlichen Urkunden und Angaben in weiteren Sprachen gestattet wird. Gutgläubig handelnde Dritte sollten sich auf diese Übersetzungen berufen können.

(13) Es sollte klargestellt werden, dass die in der vorliegenden Richtlinie vorgeschriebenen Angaben in allen Geschäftsbriefen und Bestellscheinen der Gesellschaft unabhängig davon zu machen sind, ob sie Papierform oder eine andere Form aufweisen. Im Zuge der technischen Entwicklungen sollte auch vorgesehen werden, dass diese vorgeschriebenen Angaben auf den Webseiten der Gesellschaft zu machen sind.

(14) Die Errichtung einer Zweigniederlassung ist neben der Gründung einer Tochtergesellschaft eine der Möglichkeiten, die derzeit einer Gesellschaft zur Ausübung des Niederlassungsrechts in einem anderen Mitgliedstaat zur Verfügung stehen.

(15) Das Fehlen einer Koordinierung für die Zweigniederlassungen, insbesondere im Bereich der Offenlegung, hat im Hinblick auf den Schutz von Gesellschaftern und Dritten zu Unterschieden geführt zwischen den Gesellschaften, welche sich in anderen Mitgliedstaaten durch die Errichtung von Zweigniederlassungen betätigen, und den Gesellschaften, die dies durch die Gründung von Tochtergesellschaften tun.

(16) Zum Schutz der Personen, die über eine Zweigniederlassung mit einer Gesellschaft in Beziehung treten, müssen in dem Mitgliedstaat, in dem sich die Zweigniederlassung befindet, Maßnahmen der Offenlegung getroffen werden. Der wirtschaftliche und soziale Einfluss einer Zweigniederlassung kann in gewisser Hinsicht dem Einfluss einer Tochtergesellschaft vergleichbar sein, sodass ein öffentliches Interesse an einer Offenlegung der Gesellschaft bei der Zweigniederlassung besteht. Zur Regelung dieser Offenlegung bietet es sich an, von dem Verfahren Gebrauch zu machen, das bereits für Kapitalgesellschaften in der Union eingeführt worden ist.

(17) Die Offenlegung erstreckt sich auf eine Reihe von Urkunden und wichtigen Angaben sowie diesbezügliche Änderungen.

(18) Die Offenlegung kann – von der Vertretungsmacht, der Firma und der Rechtsform sowie der Auflösung der Gesellschaft und dem Verfahren bei Insolvenz abgesehen – auf Angaben beschränkt werden, welche die Zweigniederlassung selbst betreffen, sowie auf Hinweise auf das Register der Gesellschaft, zu der die Zweigniederlassung gehört, da aufgrund der bestehenden Unionsvorschriften bei diesem Register die Angaben über die Gesellschaft insgesamt zur Verfügung stehen.

(19) Nationale Vorschriften, welche die Offenlegung von Unterlagen der Rechnungslegung verlangen, die sich auf die Zweigniederlassung beziehen, haben ihre Berechtigung verloren, nachdem die nationalen Vorschriften über die Erstellung, Prüfung und Offenlegung von Unterlagen der Rechnungslegung der Gesellschaft angeglichen worden sind. Deshalb genügt es, die von der Gesellschaft geprüften und offengelegten Unterlagen der Rechnungslegung beim Register der Zweigniederlassung offenzulegen.

(20) Geschäftsbriefe und Bestellscheine, die von der Zweigniederlassung benutzt werden, sollten mindestens die gleichen Angaben wie die Geschäftsbriefe und Bestellscheine der Gesellschaft sowie die Angabe des Registers, in das die Zweigniederlassung eingetragen ist, enthalten.

(21) Damit die Ziele dieser Richtlinie erreicht werden können und damit jede diskriminierende Behandlung nach dem Herkunftsland der Gesellschaft vermieden wird, sollte diese Richtlinie auch die Zweigniederlassungen von Gesellschaften erfassen, die dem Recht eines Drittlands unterliegen und eine Rechtsform haben, die derjenigen der unter diese Richtlinie fallenden Gesellschaften vergleichbar ist. Da Gesellschaften aus Drittländern nicht in den Anwendungsbereich dieser Richtlinie fallen, sind für solche Zweigniederlassungen besondere Vorschriften erforderlich, die sich von den Vorschriften unterscheiden, die für Gesellschaften gelten, die dem Recht eines anderen Mitgliedstaats unterliegen.

(22) Die vorliegende Richtlinie berührt nicht die Informationspflichten, denen die Zweigniederlassungen aufgrund anderer Vorschriften unterliegen, wie z.B. im Sozialrecht in Bezug auf das Informationsrecht der Arbeitnehmer, im Steuerrecht oder im Hinblick auf statistische Angaben.

(23) Die Verknüpfung von Zentral-, Handels- und Gesellschaftsregistern ist eine Maßnahme, die erforderlich ist, um die rechtlichen und steuerlichen Rahmenbedingungen unternehmensfreundlicher zu gestalten. Sie dürfte durch Bürokratieabbau und Erhöhung der Rechtssicherheit die Wettbewerbsfähigkeit der europäischen Unternehmen fördern und auf diese Weise zur Überwindung der weltweiten Wirtschafts- und Finanzkrise beitragen, was zu den Prioritäten der Agenda Europa 2020 gehört. Durch Nutzung innovativer Informations- und Kommunikationstechnologie dürfte eine solche Verknüpfung auch die grenzübergreifende Kommunikation zwischen den Registern verbessern.

(24) Im mehrjährigen Aktionsplan 2009–2013 für die Europäische E-Justiz[11] wurde die Entwicklung eines europäischen E-Justiz-Portals (im Folgenden „Portal") vorgesehen, das einziger europäischer Zugangspunkt für den elektronischen Zugang zu rechtlichen Informationen, Justiz- und Verwaltungsorganen, Registern, Datenbanken und anderen Diensten sein soll, und wird die Verknüpfung von Zentral-, Handels- und Gesellschaftsregistern als wichtig angesehen.

(25) Der grenzübergreifende Zugang zu Informationen über Gesellschaften und ihre Zweigniederlassungen in anderen Mitgliedstaaten lässt sich nur verbessern, wenn alle Mitgliedstaaten tatkräftig daran mitwirken, dass eine elektronische Kommunikation zwischen den Registern möglich wird und die Informationen an einzelne Nutzer in der gesamten Union in standardisierter Form (identischer Inhalt und interoperable Technologien) übermittelt werden. Diese Interoperabilität der Register sollte sichergestellt werden, indem die Register der Mitgliedstaaten (im Folgenden „inländische Register") Dienste zur Verfügung stellen, die als Schnittstellen zur zentralen Europäischen Plattform (im Folgenden „Plattform") dienen sollten. Die Plattform sollte aus einem zentralisierten Paket von IT-Instrumenten mit Diensten bestehen und eine gemeinsame Schnittstelle bilden. Diese Schnittstelle sollte von allen inländischen Registern genutzt werden. Die Plattform sollte zudem Dienste anbieten, die eine Schnittstelle mit dem als europäischer elektronischer Zugangspunkt dienenden Portal und mit den von den Mitgliedstaaten eingerichteten optionalen Zugangspunkten bilden. Die Plattform sollte ausschließlich als Instrument für die Verknüpfung von Registern und nicht als eigenständige Stelle mit Rechtspersönlichkeit verstanden werden. Auf der Grundlage einer einheitlichen Kennung sollte die Plattform imstande sein, Informationen aus jedem einzelnen mitgliedstaatlichen Register den zuständigen Registern anderer Mitgliedstaaten in einem standardisierten Nachrichten-Format (ein elektronisches Nachrichten-Format für den Austausch zwischen IT-Systemen, wie beispielsweise XML) und in der betreffenden Sprachfassung zukommen zu lassen.

(26) Diese Richtlinie zielt nicht auf die Schaffung einer zentralen Registerdatenbank ab, in der aussagekräftige Informationen über Gesellschaften gespeichert werden. Im Stadium der Einführung des Systems der Vernetzung von Zentral-, Handels- und Gesellschaftsregistern (im Folgenden „System der Registervernetzung") sollte lediglich der Datenbestand, der für den ordnungsgemäßen Betrieb der Plattform erforderlich ist, festgelegt werden. Dieser Bestand sollte insbesondere Betriebsdaten, Wörterbücher und Glossare umfassen. Dabei sollte auch berücksichtigt werden, dass das System der Registervernetzung effizient arbeiten muss. Die Daten sollten genutzt werden, um der

---

11 ABl. C 75 vom 31.3.2009, S. 1.

Plattform die Ausübung ihrer Aufgaben zu ermöglichen, und sollten niemals unmittelbar öffentlich zugänglich gemacht werden. Die Plattform sollte überdies weder den Inhalt der in den inländischen Registern gespeicherten Daten zu Gesellschaften noch die durch das System der Registervernetzung übertragenen Daten zu Gesellschaften verändern.

(27) Da mit der Richtlinie 2012/17/EU des Europäischen Parlaments und des Rates[12] nicht darauf abgezielt wird, die nationalen Systeme der Zentral-, Handels- und Gesellschaftsregister zu harmonisieren, sind Mitgliedstaaten in keiner Weise verpflichtet, ihr internes System für Register, insbesondere hinsichtlich der Verwaltung und der Speicherung von Daten, der Gebühren und der Verwendung und Offenlegung von Informationen zu einzelstaatlichen Zwecken, zu ändern.

(28) Das Portal sollte sich durch die Nutzung der Plattform mit Abfragen einzelner Benutzer von in den inländischen Registern gespeicherten Informationen zu Gesellschaften und ihren Zweigniederlassungen in anderen Mitgliedstaaten befassen. Dies sollte es ermöglichen, die Suchergebnisse im Portal anzuzeigen, einschließlich der erläuternden Hinweise in sämtlichen Amtssprachen der Union mit einer Auflistung der bereitgestellten Informationen. Um den Schutz von Dritten in anderen Mitgliedstaaten zu erhöhen, sollten auf dem Portal zusätzlich grundlegende Informationen über den rechtlichen Stellenwert von Urkunden und Angaben verfügbar sein, die gemäß den im Einklang mit dieser Richtlinie erlassenen Gesetzen der Mitgliedstaaten offengelegt werden.

(29) Den Mitgliedstaaten sollte es möglich sein, einen oder mehrere optionale Zugangspunkte einzurichten, die Auswirkungen auf die Nutzung und den Betrieb der Plattform haben können. Daher sollte die Kommission über die Einrichtung solcher Zugangspunkte und über alle wesentlichen Änderungen ihrer Funktionsweise, insbesondere ihrer Schließung, unterrichtet werden. Eine solche Unterrichtung sollte in keiner Weise die Befugnisse der Mitgliedstaaten zur Einrichtung und zum Betrieb der optionalen Zugangspunkte einschränken.

(30) Gesellschaften und ihre Zweigniederlassungen in anderen Mitgliedstaaten sollten eine einheitliche Kennung haben, durch die sie eindeutig in der Union ermittelt werden können. Die Kennung soll für die Kommunikation zwischen den Registern über das System der Registervernetzung dienen. Deshalb sollten Gesellschaften und Zweigniederlassungen nicht verpflichtet sein, die einheitliche Kennung auf den in dieser Richtlinie erwähnten Geschäftsbriefen und Bestellscheinen der Gesellschaft anzugeben. Sie sollten weiterhin ihre inländische Registrierungsnummer für ihre eigenen Kommunikationszwecke benutzen.

(31) Es sollte ermöglicht werden, eine klare Verbindung zwischen dem Register einer Gesellschaft und den Registern ihrer Zweigniederlassungen in anderen Mitgliedstaaten herzustellen, und zwar durch den Austausch von Informationen über die Eröffnung und Beendigung von Verfahren zur Abwicklung oder Insolvenz der Gesellschaft sowie über die Löschung der Gesellschaft aus dem Register, sofern dies in dem Mitgliedstaat des Registers der Gesellschaft Rechtswirkungen auslöst. Auch wenn es den Mitgliedstaaten freigestellt bleiben sollte, welche Verfahren sie in Bezug auf die in ihrem Gebiet eingetragenen Zweigniederlassungen anwenden, sollten sie doch zumindest sicherstellen, dass die Zweigniederlassungen einer aufgelösten Gesellschaft ohne unangemessene Verzögerung und gegebenenfalls nach dem Liquidationsverfahren der betreffenden Zweigniederlassung aus dem Register gelöscht werden. Dies sollte nicht für Zweigniederlassungen von Gesellschaften gelten, die aus dem Register gelöscht worden sind, aber einen Rechtsnachfolger haben, etwa im Falle einer Änderung der Rechtsform der Gesellschaft, einer Verschmelzung oder Spaltung oder einer grenzüberschreitenden Verlegung des Sitzes.

(32) Die Vorschriften dieser Richtlinie über die Registervernetzung sollten keine Anwendung auf eine Zweigniederlassung finden, die in einem Mitgliedstaat von einer Gesellschaft errichtet worden ist, welche nicht dem Recht eines Mitgliedstaats unterliegt.

(33) Die Mitgliedstaaten sollten sicherstellen, dass alle in den Registern eingetragenen Informationen über Gesellschaften nach einer Änderung ohne unangemessene Verzögerung aktualisiert werden. Die Aktualisierung sollte in der Regel innerhalb von 21 Tagen offengelegt werden, nachdem die vollständigen Unterlagen über diese Änderungen, einschließlich der Prüfung der Rechtmäßigkeit nach nationalem Recht, eingegangen sind. Diese Frist sollte so ausgelegt werden, dass die Mitgliedstaaten verpflichtet sind, angemessene Anstrengungen zu unternehmen, um die in dieser Richtlinie festgelegte Frist einzuhalten. Sie sollte nicht für die Unterlagen der Rechnungslegung gelten, die Gesellschaften für jedes Geschäftsjahr vorzulegen haben. Diese Ausnahme ist aufgrund der Arbeitsüberlastung der inländischen Register während der Berichtszeiträume gerechtfertigt. Im Einklang mit den allen Mitgliedstaaten

---

12 Richtlinie 2012/17/EU des Europäischen Parlaments und des Rates vom 13. Juni 2012 zur Änderung der Richtlinie 89/666/EWG des Rates sowie der Richtlinien 2005/56/EG und 2009/101/EG des Europäischen Parlaments und des Rates in Bezug auf die Verknüpfung von Zentral-, Handels- und Gesellschaftsregistern (ABl. L 156 vom 16.6.2012, S. 1).

gemeinsamen allgemeinen Rechtsgrundsätzen sollte die Frist von 21 Tagen in Fällen höherer Gewalt ausgesetzt werden.

(34) Entscheidet die Kommission, die Plattform durch einen Dritten entwickeln und/oder betreiben zu lassen, so sollte dies gemäß der Verordnung (EG, Euratom) Nr. 966/2012 des Europäischen Parlaments und Rates[13] erfolgen. Eine angemessene Beteiligung der Mitgliedstaaten an diesem Prozess sollte dadurch gewährleistet werden, dass die technischen Anforderungen für die Zwecke des Verfahrens zur Vergabe öffentlicher Aufträge in Durchführungsrechtsakten festgelegt werden, die gemäß dem in Artikel 5 der Verordnung (EU) Nr. 182/2011 des Europäischen Parlaments und des Rates[14], genannten Prüfverfahren erlassen werden.

(35) Entscheidet die Kommission, die Plattform durch einen Dritten betreiben zu lassen, so sollten die Kontinuität der Dienste, die durch das System der Registervernetzung bereitgestellt werden, und eine angemessene öffentliche Überwachung des Betriebs der Plattform gewährleistet werden. Nähere Bestimmungen zum Betriebsmanagement der Plattform sollten im Wege von Durchführungsrechtsakten festgelegt werden, die gemäß dem in Artikel 5 der Verordnung (EU) Nr. 182/2011 genannten Prüfverfahren erlassen werden. In jedem Fall sollte die Beteiligung der Mitgliedstaaten am Betrieb des gesamten Systems dadurch gewährleistet werden, dass ein regelmäßiger Dialog zwischen der Kommission und Vertretern der Mitgliedstaaten über Fragen des Betriebs des Systems der Registervernetzung und seiner künftigen Entwicklung geführt wird.

(36) Die Vernetzung von Zentral-, Handels- und Gesellschaftsregistern bedarf der Abstimmung nationaler Systeme mit unterschiedlichen technischen Merkmalen. Dies erfordert die Annahme technischer Maßnahmen und Anforderungen, bei denen Unterschiede zwischen den Registern zu berücksichtigen sind. Um einheitliche Bedingungen für die Durchführung dieser Richtlinie zu gewährleisten, sollten der Kommission Durchführungsbefugnisse für diese technischen und operativen Fragen übertragen werden. Diese Befugnisse sollten im Einklang mit dem Prüfverfahren gemäß Artikel 5 der Verordnung (EU) Nr. 182/2011 ausgeübt werden.

(37) Diese Richtlinie sollte das Recht der Mitgliedstaaten, Gebühren für die Bereitstellung von Informationen über Gesellschaften durch das System der Registervernetzung zu erheben, wenn solche Gebühren nach nationalem Recht vorgeschrieben sind, nicht beschränken. Daher sollten die technischen Maßnahmen für und Anforderungen an das System der Registervernetzung die Festlegung von Zahlungsmodalitäten vorsehen. In dieser Hinsicht sollte diese Richtlinie keiner spezifischen technischen Lösung vorgreifen, da die Zahlungsmodalitäten zum Zeitpunkt der Annahme der Durchführungsrechtsakte festgelegt werden sollten, unter Berücksichtigung leicht zugänglicher Online-Zahlungsmöglichkeiten.

(38) Für Drittländer könnte es wünschenswert sein, in Zukunft an dem System der Registervernetzung teilnehmen zu können.

(39) Eine gerechte Lösung hinsichtlich der Finanzierung des Systems der Registervernetzung erfordert die Beteiligung sowohl der Union als auch ihrer Mitgliedstaaten. Die Mitgliedstaaten sollten die Ausgaben für die Anpassung ihrer inländischen Register an das System tragen, wogegen die zentralen Elemente, d.h. die Plattform und das Portal, das als europäischer elektronischer Zugangspunkt dient, über eine geeignete Haushaltslinie des Gesamthaushaltsplans der Europäischen Union finanziert werden sollten. Um nicht wesentliche Teile dieser Richtlinie zu ergänzen, sollte der Kommission die Befugnis übertragen werden, gemäß Artikel 290 des Vertrags Rechtsakte über die Erhebung von Gebühren für das Erhalten von Auskünften über Gesellschaften zu erlassen. Hierdurch wird die Möglichkeit des inländischen Registers, Gebühren zu erheben, nicht berührt, aber es könnte damit eine zusätzliche Gebühr einhergehen, um Wartung und Betrieb der Plattform zu kofinanzieren. Es ist von besonderer Bedeutung, dass die Kommission im Zuge ihrer Vorbereitungsarbeit angemessene Konsultationen, auch auf der Ebene von Sachverständigen, durchführt. Bei der Vorbereitung und Ausarbeitung delegierter Rechtsakte sollte die Kommission gewährleisten, dass die einschlägigen Dokumente dem Europäischen Parlament und dem Rat gleichzeitig, rechtzeitig und auf angemessene Weise übermittelt werden.

(40) Es ist notwendig, Unionsvorschriften zu erlassen, um das Kapital als Sicherheit für die Gläubiger zu erhalten, indem insbesondere untersagt wird, dass das Kapital durch nicht geschuldete Ausschüttungen an die Aktionäre verringert wird, und indem die Möglichkeit von Aktiengesellschaften, eigene Aktien zu erwerben, begrenzt wird.

---

13 Verordnung (EU, Euratom) Nr. 966/2012 des Europäischen Parlaments und des Rates vom 25. Oktober 2012 über die Haushaltsordnung für den Gesamthaushaltsplan der Union und zur Aufhebung der Verordnung (EG, Euratom) Nr. 1605/2002 des Rates (ABl. L 298 vom 26.10.2012, S. 1).

14 Verordnung (EU) Nr. 182/2011 des Europäischen Parlaments und des Rates vom 16. Februar 2011 zur Festlegung der allgemeinen Regeln und Grundsätze, nach denen die Mitgliedstaaten die Wahrnehmung der Durchführungsbefugnisse durch die Kommission kontrollieren (ABl. L 55 vom 28.2.2011, S. 13).

(41) Die Beschränkungen für den Erwerb eigener Aktien sollten nicht nur für den Erwerb durch die Aktiengesellschaft selbst gelten, sondern auch für den Erwerb, der von einer Person getätigt wird, die im eigenen Namen, aber für Rechnung dieser Gesellschaft handelt.

(42) Um zu verhindern, dass sich eine Aktiengesellschaft einer anderen Gesellschaft, in der sie über die Mehrheit der Stimmrechte verfügt oder auf die sie einen beherrschenden Einfluss ausüben kann, bedient, um eigene Aktien zu erwerben, ohne die hierfür vorgesehenen Beschränkungen zu beachten, sollten die Vorschriften für den Erwerb eigener Aktien durch eine Gesellschaft die wichtigsten und am häufigsten vorkommenden Fälle des Erwerbs von Aktien durch diese andere Gesellschaft abdecken. Diese Regelung sollte sich auch auf die Zeichnung von Aktien der Aktiengesellschaft erstrecken.

(43) Um Umgehungen der vorliegenden Richtlinie zu vermeiden, sollten Aktiengesellschaften, Kommanditgesellschaften auf Aktien oder Gesellschaften mit beschränkter Haftung im Sinne dieser Richtlinie sowie Gesellschaften, die dem Recht eines Drittlands unterliegen und eine vergleichbare Rechtsform haben, in die in Erwägungsgrund 42 genannten Regelungen einbezogen werden.

(44) Besteht zwischen der Aktiengesellschaft und der anderen Gesellschaft im Sinne des Erwägungsgrundes 42 nur ein mittelbares Verhältnis, so erscheint es gerechtfertigt, die anwendbaren Bestimmungen flexibler als bei einem unmittelbaren Verhältnis zu gestalten, indem vorgesehen wird, dass die Aussetzung der Stimmrechte als Mindestmaßnahme zur Verwirklichung der Ziele der vorliegenden Richtlinie vorgesehen wird.

(45) Im Übrigen ist es gerechtfertigt, die Fälle auszunehmen, in denen es aufgrund der Besonderheiten einer beruflichen Tätigkeit ausgeschlossen ist, dass die Erreichung der Ziele der vorliegenden Richtlinie infrage gestellt wird.

(46) Im Hinblick auf die in Artikel 50 Absatz 2 Buchstabe g des Vertrags verfolgten Ziele ist es erforderlich, dass die Rechtsvorschriften der Mitgliedstaaten bei Kapitalerhöhungen und Kapitalherabsetzungen die Beachtung der Grundsätze über die Gleichbehandlung der Aktionäre, die sich in denselben Verhältnissen befinden, und den Schutz der Gläubiger von Forderungen, die bereits vor der Entscheidung über die Herabsetzung bestanden, sicherstellen und für die harmonisierte Durchführung dieser Grundsätze Sorge tragen.

(47) Um in allen Mitgliedstaaten die Vereinheitlichung des Gläubigerschutzes zu verbessern, sollten Gläubiger, deren Forderungen aufgrund einer Herabsetzung des Kapitals einer Aktiengesellschaft gefährdet sind, unter bestimmten Voraussetzungen auf Gerichts- oder Verwaltungsverfahren zurückgreifen können.

(48) Um Marktmissbrauch zuverlässig zu verhindern, sollten die Mitgliedstaaten bei der Umsetzung dieser Richtlinie den Bestimmungen der Verordnung (EU) Nr. 596/2014 des Europäischen Parlaments und des Rates[15] Rechnung tragen.

(49) Der Schutz der Interessen von Gesellschaftern und Dritten erfordert es, die Rechtsvorschriften der Mitgliedstaaten über die Verschmelzung von Aktiengesellschaften zu koordinieren; gleichzeitig erscheint es zweckmäßig, in die nationalen Rechte der Mitgliedstaaten die Institution der Verschmelzung einzuführen.

(50) Im Rahmen dieser Koordinierung ist es besonders wichtig, die Aktionäre der sich verschmelzenden Gesellschaften angemessen und so objektiv wie möglich zu unterrichten und ihre Rechte in geeigneter Weise zu schützen. Jedoch ist keine Prüfung des Verschmelzungsplans durch unabhängige Sachverständige für die Aktionäre der an der Verschmelzung beteiligten Gesellschaften erforderlich, wenn alle Aktionäre darauf verzichtet haben.

(51) Die Gläubiger einschließlich der Inhaber von Schuldverschreibungen sowie die Inhaber anderer Rechte der sich verschmelzenden Gesellschaften sollten dagegen geschützt werden, dass sie durch die Verschmelzung Schaden erleiden.

(52) Die Offenlegung zum Schutze der Interessen von Gesellschaftern und Dritten sollte sich auch auf Maßnahmen zur Durchführung von Verschmelzungen beziehen, damit hierüber auch Dritte ausreichend unterrichtet werden.

(53) Ferner sollten sich die Garantien, die Gesellschaftern und Dritten bei der Durchführung der Verschmelzung von Aktiengesellschaften gewährt werden, auch auf bestimmte andere rechtliche Vorgänge erstrecken, die in wesentlichen Punkten ähnliche Merkmale wie die Verschmelzung aufweisen, um Umgehungen des Schutzes zu vermeiden.

15 Verordnung (EU) Nr. 596/2014 des Europäischen Parlaments und des Rates vom 16. April 2014 über Marktmissbrauch (Marktmissbrauchsverordnung) und zur Aufhebung der Richtlinie 2003/6/EG des Europäischen Parlaments und des Rates und der Richtlinien 2003/124/EG, 2003/125/EG und 2004/72/EG der Kommission (ABl. L 173 vom 12.6.2014, S. 1).

(54) Schließlich ist es notwendig, die Fälle der Nichtigkeit einer Verschmelzung zu beschränken, um die Rechtssicherheit in den Beziehungen zwischen den beteiligten Gesellschaften, zwischen diesen und Dritten sowie unter den Aktionären zu gewährleisten; außerdem müssen einerseits der Grundsatz, dass dem Mangel der Verschmelzung so weit wie möglich abgeholfen werden soll, und andererseits eine kurze Frist zur Geltendmachung der Nichtigkeit festgelegt werden.

(55) Mit dieser Richtlinie wird auch die grenzüberschreitende Verschmelzung von Kapitalgesellschaften erleichtert. Die Rechtsvorschriften der Mitgliedstaaten sollten die grenzüberschreitende Verschmelzung einer inländischen Kapitalgesellschaft mit einer Kapitalgesellschaft aus einem anderen Mitgliedstaat gestatten, wenn das nationale Recht der betreffenden Mitgliedstaaten Verschmelzungen zwischen Unternehmen solcher Rechtsformen erlaubt.

(56) Um grenzüberschreitende Verschmelzungen zu erleichtern, sollte festgelegt werden, dass für jede an einer grenzüberschreitenden Verschmelzung beteiligte Gesellschaft und jeden beteiligten Dritten weiterhin die Vorschriften und Formalitäten des nationalen Rechts gelten, das im Falle einer innerstaatlichen Verschmelzung anwendbar wäre, sofern diese Richtlinie nichts anderes bestimmt. Die Vorschriften und Formalitäten des nationalen Rechts, auf die in dieser Richtlinie Bezug genommen wird, sollten keine Beschränkungen der Niederlassungsfreiheit oder des freien Kapitalverkehrs einführen, es sei denn, derartige Beschränkungen lassen sich im Einklang mit der Rechtsprechung des Gerichtshofs der Europäischen Union und insbesondere durch die Erfordernisse des Gemeinwohls rechtfertigen und sind zur Erfüllung solcher vorrangigen Erfordernisse erforderlich und angemessen.

(57) Der gemeinsame Plan für eine grenzüberschreitende Verschmelzung sollte für alle an der grenzüberschreitenden Verschmelzung beteiligten Gesellschaften, die verschiedenen Mitgliedstaaten angehören, gleich lauten. Es sollte daher festgelegt werden, welche Angaben der gemeinsame Verschmelzungsplan mindestens enthalten muss, wobei den Gesellschaften gleichzeitig die Möglichkeit gegeben werden sollte, weitere Angaben zu vereinbaren.

(58) Zum Schutz der Interessen der Gesellschafter und Dritter sollte für jede der sich verschmelzenden Gesellschaften sowohl der gemeinsame Plan für die grenzüberschreitende Verschmelzung als auch der Abschluss der grenzüberschreitenden Verschmelzung im entsprechenden öffentlichen Register offengelegt werden.

(59) Die Rechtsvorschriften aller Mitgliedstaaten sollten vorsehen, dass auf nationaler Ebene für jede der sich verschmelzenden Gesellschaften von einem oder mehreren Sachverständigen ein Bericht über den gemeinsamen Plan für die grenzüberschreitende Verschmelzung erstellt wird. Um die im Zusammenhang mit einer grenzüberschreitenden Verschmelzung anfallenden Sachverständigenkosten zu begrenzen, sollte die Möglichkeit vorgesehen werden, einen gemeinsamen Bericht für alle Gesellschafter der an einer grenzüberschreitenden Verschmelzung beteiligten Gesellschaften zu erstellen. Die Gesellschafterversammlung jeder Gesellschaft sollte dem gemeinsamen Verschmelzungsplan zustimmen.

(60) Um grenzüberschreitende Verschmelzungen zu erleichtern, sollte die Kontrolle des Abschlusses und der Rechtmäßigkeit des Beschlussfassungsverfahrens jeder der sich verschmelzenden Gesellschaften von der für die einzelne Gesellschaft jeweils zuständigen nationalen Behörde vorgenommen werden, während die Kontrolle des Abschlusses und der Rechtmäßigkeit der grenzüberschreitenden Verschmelzung von der nationalen Behörde vorgenommen werden sollte, die für die aus der grenzüberschreitenden Verschmelzung hervorgehende Gesellschaft zuständig ist. Bei dieser nationalen Behörde kann es sich um ein Gericht, einen Notar oder jede andere von dem betreffenden Mitgliedstaat benannte Behörde handeln. Es sollte auch festgelegt werden, nach welchem nationalen Recht sich der Zeitpunkt bestimmt, zu dem die grenzüberschreitende Verschmelzung wirksam wird, nämlich nach dem Recht, das für die aus der Verschmelzung hervorgehende Gesellschaft maßgebend ist.

(61) Zum Schutz der Interessen der Gesellschafter und Dritter sollten die Rechtsfolgen einer grenzüberschreitenden Verschmelzung angegeben werden, wobei danach zu unterscheiden ist, ob es sich bei der aus der Verschmelzung hervorgehenden Gesellschaft um eine übernehmende oder um eine neue Gesellschaft handelt. Im Interesse der Rechtssicherheit sollte vorgeschrieben werden, dass eine grenzüberschreitende Verschmelzung nach ihrem Wirksamwerden nicht mehr für nichtig erklärt werden kann.

(62) Diese Richtlinie lässt die Anwendung des Fusionskontrollrechts sowohl auf Ebene der Union durch die Verordnung (EG) Nr. 139/2004 des Rates[16] als auch auf Ebene der Mitgliedstaaten unberührt.

(63) Die für Kreditvermittlungsgesellschaften und andere Finanzgesellschaften geltenden Rechtsvorschriften der Union und die gemäß diesen Rechtsvorschriften erlassenen nationalen Vorschriften bleiben von dieser Richtlinie unberührt.

16 Verordnung (EG) Nr. 139/2004 des Rates vom 20. Januar 2004 über die Kontrolle von Unternehmenszusammenschlüssen („EG-Fusionskontrollverordnung") (ABl. L 24 vom 29.1.2004, S. 1).

(64) Diese Richtlinie lässt die Rechtsvorschriften der Mitgliedstaaten unberührt, nach denen anzugeben ist, welches der Ort der Hauptverwaltung oder der Hauptniederlassung der aus der grenzüberschreitenden Verschmelzung hervorgehenden Gesellschaft sein soll.

(65) Die Rechte der Arbeitnehmer mit Ausnahme der Mitbestimmungsrechte sollten weiterhin den Vorschriften der Mitgliedstaaten unterliegen, die in den Richtlinien 98/59/EG[17] und 2001/23/EG[18] des Rates und den Richtlinien 2002/14/EG[19] und 2009/38/EG[20] des Europäischen Parlaments und des Rates genannt sind.

(66) Haben die Arbeitnehmer Mitbestimmungsrechte in einer an der Verschmelzung beteiligten Gesellschaft nach Maßgabe dieser Richtlinie und sieht das nationale Recht des Mitgliedstaats, in dem die aus der grenzüberschreitenden Verschmelzung hervorgehende Gesellschaft ihren Sitz hat, nicht den gleichen Umfang an Mitbestimmung vor wie in den jeweiligen an der Verschmelzung beteiligten Gesellschaften – einschließlich in mit Beschlussfassungsbefugnissen ausgestatteten Ausschüssen des Aufsichtsorgans – oder sieht dieses Recht nicht den gleichen Anspruch auf Ausübung von Mitbestimmungsrechten durch die Arbeitnehmer der aus der grenzüberschreitenden Verschmelzung hervorgehenden Betriebe vor, so sollte die Mitbestimmung der Arbeitnehmer in der aus der grenzüberschreitenden Verschmelzung hervorgehenden Gesellschaft sowie ihre Mitwirkung an der Festlegung dieser Rechte neu geregelt werden. Hierbei sollten die Grundsätze und Verfahren der Verordnung (EG) Nr. 2157/2001 des Rates[21] und der Richtlinie 2001/86/EG des Rates[22] angewendet werden, jedoch mit den Änderungen, die für notwendig erachtet werden, weil die aus der Verschmelzung hervorgehende Gesellschaft dem nationalen Recht des Sitzmitgliedstaats unterliegen wird. Die Mitgliedstaaten können gemäß Artikel 3 Absatz 2 Buchstabe b der Richtlinie 2001/86/EG für eine rasche Aufnahme der in Artikel 133 der vorliegenden Richtlinie vorgesehenen Verhandlungen sorgen, damit Verschmelzungen nicht unnötig verzögert werden.

(67) Bei der Ermittlung des Umfangs der Mitbestimmung der Arbeitnehmer in den an der Verschmelzung beteiligten Gesellschaften sollte auch der Anteil der die Arbeitnehmer vertretenden Mitglieder des Leitungsgremiums berücksichtigt werden, das für die Ergebniseinheiten der Gesellschaften zuständig ist, wenn eine Mitbestimmung der Arbeitnehmer besteht.

(68) Der Schutz der Interessen von Gesellschaftern und Dritten erfordert es, die Rechtsvorschriften der Mitgliedstaaten über die Spaltung von Aktiengesellschaften zu koordinieren, sofern die Mitgliedstaaten die Spaltung zulassen.

(69) Im Rahmen der Koordinierung ist es besonders wichtig, die Aktionäre der an der Spaltung beteiligten Gesellschaften angemessen und so objektiv wie möglich zu unterrichten und ihre Rechte in geeigneter Weise zu schützen.

(70) Die Gläubiger einschließlich der Inhaber von Schuldverschreibungen sowie die Inhaber anderer Rechte der an der Spaltung beteiligten Aktiengesellschaften sollten dagegen geschützt werden, dass sie durch die Spaltung Schaden erleiden.

(71) Die Offenlegung gemäß Titel I Kapitel III Abschnitt 1 der vorliegenden Richtlinie sollte sich auch auf Maßnahmen zur Durchführung der Spaltung beziehen, damit Dritte hierüber ausreichend unterrichtet werden.

(72) Ferner sollten sich die Garantien, die Gesellschaftern und Dritten bei der Durchführung der Spaltung gewährt werden, auch auf bestimmte andere rechtliche Vorgänge erstrecken, die in wesentlichen Punkten ähnliche Merkmale wie die Spaltung aufweisen, um Umgehungen des Schutzes zu vermeiden.

(73) Schließlich sollten, um die Rechtssicherheit in den Beziehungen zwischen den an der Spaltung beteiligten Aktiengesellschaften, zwischen diesen und Dritten sowie unter den Aktionären zu gewährleisten, die Fälle der Nich-

---

17 Richtlinie 98/59/EG des Rates vom 20. Juli 1998 über Massenentlassungen (ABl. L 225 vom 12.8.1998, S. 16).

18 Richtlinie 2001/23/EG des Rates vom 12. März 2001 über die Wahrung von Ansprüchen der Arbeitnehmer beim Übergang von Unternehmen, Betrieben oder Unternehmens- oder Betriebsteilen (ABl. L 82 vom 22.3.2001, S. 16).

19 Richtlinie 2002/14/EG des Europäischen Parlaments und des Rates vom 11. März 2002 zur Festlegung eines allgemeinen Rahmens für die Unterrichtung und Anhörung der Arbeitnehmer in der Europäischen Gemeinschaft (ABl. L 80 vom 23.3.2002, S. 29).

20 Richtlinie 2009/38/EG des Europäischen Parlaments und des Rates vom 6. Mai 2009 über die Einsetzung eines Europäischen Betriebsrats oder die Schaffung eines Verfahrens zur Unterrichtung und Anhörung der Arbeitnehmer in gemeinschaftsweit operierenden Unternehmen und Unternehmensgruppen (ABl. L 122 vom 16.5.2009, S. 28).

21 Verordnung (EG) Nr. 2157/2001 des Rates vom 8. Oktober 2001 über das Statut der Europäischen Gesellschaft (SE) (ABl. L 294 vom 10.11.2001, S. 1).

22 Richtlinie 2001/86/EG des Rates vom 8. Oktober 2001 zur Ergänzung des Statuts der Europäischen Gesellschaft hinsichtlich der Beteiligung der Arbeitnehmer (ABl. L 294 vom 10.11.2001, S. 22).

tigkeit der Spaltung beschränkt werden; außerdem sollten der Grundsatz, dass Mängeln der Spaltung soweit wie möglich abgeholfen werden soll, und eine kurze Frist zur Geltendmachung der Nichtigkeit festgelegt werden.

(74) Die Internetseiten der Gesellschaften oder andere Internetseiten bieten in bestimmten Fällen eine Alternative zur Veröffentlichung von Informationen über das Gesellschaftsregister. Die Mitgliedstaaten sollten die Möglichkeit haben, diejenigen anderen Internetseiten zu benennen, die Gesellschaften kostenlos für diese Veröffentlichung nutzen können, wie etwa Internetseiten von Wirtschaftsverbänden oder Handelskammern oder die zentrale elektronische Plattform gemäß dieser Richtlinie. Besteht die Möglichkeit, die Internetseiten der Gesellschaften oder andere Internetseiten für die Veröffentlichung der Verschmelzungs- und Spaltungspläne oder anderer Dokumente, die den Aktionären und Gläubigern in diesem Zusammenhang zur Verfügung zu stellen sind, zu nutzen, sollten Anforderungen, die die Sicherheit der Internetseiten und die Echtheit der Dokumente betreffen, eingehalten werden.

(75) Die Mitgliedstaaten sollten vorsehen können, dass die umfangreichen Berichts- und Informationspflichten betreffend die Verschmelzung oder Spaltung von Gesellschaften nach Titel II Kapitel I und Kapitel III nicht eingehalten werden brauchen, wenn alle Aktionäre der an der Verschmelzung oder Spaltung beteiligten Gesellschaften auf deren Einhaltung verzichtet haben.

(76) Änderungen des Titels II Kapitel I und Kapitel III, die eine derartige Vereinbarung der Aktionäre ermöglichen, sollten den Systemen zum Schutz der Interessen der Gläubiger der beteiligten Gesellschaften sowie den Vorschriften, die die erforderliche Unterrichtung der Arbeitnehmer dieser Gesellschaften und der Behörden wie der Steuerbehörden, die die Verschmelzung oder Spaltung im Einklang mit dem geltenden Unionsrecht überwachen, gewährleisten sollen, nicht entgegenstehen.

(77) Es ist nicht erforderlich, die Erstellung einer Zwischenbilanz zu verlangen, wenn ein Emittent, dessen Wertpapiere zum Handel an einem geregelten Markt zugelassen sind, Halbjahresfinanzberichte gemäß der Richtlinie 2004/109/EG des Europäischen Parlaments und des Rates[23], veröffentlicht.

(78) Ein Bericht eines unabhängigen Sachverständigen über die Prüfung der Einlagen, die nicht Bareinlagen sind, ist häufig nicht erforderlich, wenn gleichzeitig im Rahmen einer Verschmelzung oder Spaltung auch ein Bericht eines unabhängigen Sachverständigen zum Schutz der Interessen der Aktionäre oder Gläubiger erstellt werden muss. Die Mitgliedstaaten sollten in diesen Fällen deshalb die Möglichkeit haben, Gesellschaften von der Berichtspflicht hinsichtlich der Prüfung der Einlagen, die nicht Bareinlagen sind, zu befreien oder vorzusehen, dass beide Berichte von demselben Sachverständigen erstellt werden können.

(79) Die Richtlinie 95/46/EG des Europäischen Parlaments und des Rates[24] und die Verordnung (EG) Nr. 45/2001 des Europäischen Parlaments und des Rates[25] regeln die Verarbeitung personenbezogener Daten, einschließlich der elektronischen Übermittlung personenbezogener Daten innerhalb der Mitgliedstaaten. Jede Verarbeitung personenbezogener Daten durch die Register der Mitgliedstaaten, durch die Kommission und gegebenenfalls durch am Betrieb der Plattform beteiligte Dritte sollte im Einklang mit diesen Rechtsakten vorgenommen werden. Die in Bezug auf das System der Registervernetzung zu erlassenden Durchführungsrechtsakte sollten, wenn angebracht, die Einhaltung der genannten Rechtsakte gewährleisten, insbesondere indem darin die jeweiligen Aufgaben und Verantwortlichkeiten aller betreffenden Beteiligten sowie die für sie geltenden organisatorischen und technischen Vorschriften festgelegt werden.

(80) Diese Richtlinie wahrt die Grundrechte und beachtet die Grundsätze, die in der Charta der Grundrechte der Europäischen Union verankert sind, insbesondere in Artikel 8, wonach jede Person das Recht auf Schutz der sie betreffenden personenbezogenen Daten hat.

(81) Diese Richtlinie sollte die Verpflichtungen der Mitgliedstaaten hinsichtlich der in Anhang III Teil B genannten Fristen für die Umsetzung und Anwendung der dort genannten Richtlinien in nationales Recht unberührt lassen –

---

23 Richtlinie 2004/109/EG des Europäischen Parlaments und des Rates vom 15. Dezember 2004 zur Harmonisierung der Transparenzanforderungen in Bezug auf Informationen über Emittenten, deren Wertpapiere zum Handel auf einem geregelten Markt zugelassen sind, und zur Änderung der Richtlinie 2001/34/EG (ABl. L 390 vom 31.12.2004, S. 38).

24 Richtlinie 95/46/EG des Europäischen Parlaments und des Rates vom 24. Oktober 1995 zum Schutz natürlicher Personen bei der Verarbeitung personenbezogener Daten und zum freien Datenverkehr (ABl. L 281 vom 23.11.1995, S. 31).

25 Verordnung (EG) Nr. 45/2001 des Europäischen Parlaments und des Rates vom 18. Dezember 2000 zum Schutz natürlicher Personen bei der Verarbeitung personenbezogener Daten durch die Organe und Einrichtungen der Gemeinschaft und zum freien Datenverkehr (ABl. L 8 vom 12.1.2001, S. 1).

HABEN FOLGENDE RICHTLINIE ERLASSEN:

[...]

TITEL II
VERSCHMELZUNG UND SPALTUNG VON KAPITALGESELLSCHAFTEN

[...]

KAPITEL II
Grenzüberschreitende Verschmelzungen von Kapitalgesellschaften

Artikel 118
Allgemeine Bestimmungen

Dieses Kapitel gilt für Verschmelzungen von Kapitalgesellschaften, die nach dem Recht eines Mitgliedstaats gegründet worden sind und ihren satzungsmäßigen Sitz, ihre Hauptverwaltung oder ihre Hauptniederlassung in der Union haben, sofern mindestens zwei der Gesellschaften dem Recht verschiedener Mitgliedstaaten unterliegen (nachstehend „grenzüberschreitende Verschmelzungen" genannt).

Artikel 119
Begriffsbestimmungen

Im Sinne dieses Kapitels bezeichnet der Ausdruck

1. „Kapitalgesellschaft" (nachstehend „Gesellschaft" genannt)
   a) eine Gesellschaft im Sinne des Anhangs II; oder
   b) eine Gesellschaft, die Rechtspersönlichkeit besitzt und über gesondertes Gesellschaftskapital verfügt, das allein für die Verbindlichkeiten der Gesellschaft haftet, und die nach dem für sie maßgebenden nationalen Recht Schutzbestimmungen im Sinne des Titels I Kapitel II Abschnitt 2 und des Titels I Kapitel III Abschnitt 1 im Interesse der Gesellschafter sowie Dritter einhalten muss;
2. „Verschmelzung" den Vorgang, durch den
   a) eine oder mehrere Gesellschaften zum Zeitpunkt ihrer Auflösung ohne Abwicklung ihr gesamtes Aktiv- und Passivvermögen auf eine bereits bestehende Gesellschaft — „übernehmende Gesellschaft" — gegen Gewährung von Aktien oder sonstigen Anteilen am Gesellschaftskapital der anderen Gesellschaft an ihre eigenen Gesellschafter und gegebenenfalls einer baren Zuzahlung übertragen; die Zuzahlung darf 10% des Nennwerts oder — bei Fehlen eines solchen — des rechnerischen Werts dieser Aktien oder sonstigen Anteile nicht überschreiten; oder
   b) zwei oder mehrere Gesellschaften zum Zeitpunkt ihrer Auflösung ohne Abwicklung ihr gesamtes Aktiv- und Passivvermögen auf eine von ihnen gegründete Gesellschaft — „neue Gesellschaft" — gegen Gewährung von Aktien oder sonstigen Anteilen am Gesellschaftskapital der neuen Gesellschaft an ihre eigenen Gesellschafter und gegebenenfalls einer baren Zuzahlung übertragen; die Zuzahlung darf 10% des Nennwerts oder — bei Fehlen eines solchen — des rechnerischen Werts dieser Aktien oder sonstigen Anteile nicht überschreiten; oder
   c) eine Gesellschaft zum Zeitpunkt ihrer Auflösung ohne Abwicklung ihr gesamtes Aktiv- und Passivvermögen auf die Gesellschaft überträgt, die sämtliche Aktien oder sonstigen Anteile an ihrem Gesellschaftskapital besitzt.

Artikel 120
Sonderregeln zum Anwendungsbereich

(1) Ungeachtet des Artikels 119 Nummer 2 findet dieses Kapitel auch dann Anwendung auf grenzüberschreitende Verschmelzungen, wenn die bare Zuzahlung gemäß Artikel 119 Nummer 2 Buchstaben a und b nach dem Recht mindestens eines der betroffenen Mitgliedstaaten 10% des Nennwerts oder — bei Fehlen eines solchen — des rechnerischen Werts der Aktien oder sonstigen Anteile am Kapital der Gesellschaft, die aus der grenzüberschreitenden Verschmelzung hervorgeht, überschreiten darf.

(2) Die Mitgliedstaaten können beschließen, dieses Kapitel nicht auf grenzüberschreitende Verschmelzungen anzuwenden, an denen eine Genossenschaft beteiligt ist; dies gilt auch dann, wenn diese Genossenschaft unter die Definition des Begriffs „Kapitalgesellschaft" gemäß Artikel 119 Nummer 1 fällt.

(3) Dieses Kapitel gilt nicht für grenzüberschreitende Verschmelzungen, an denen eine Gesellschaft beteiligt ist, deren Zweck es ist, die vom Publikum bei ihr eingelegten Gelder nach dem Grundsatz der Risikostreuung gemeinsam anzulegen und deren Anteile auf Verlangen der Anteilsinhaber unmittelbar oder mittelbar zulasten des Vermögens dieser Gesellschaft zurückgenommen oder ausgezahlt werden. Diesen Rücknahmen oder Auszahlungen gleichgestellt sind Handlungen, mit denen eine solche Gesellschaft sicherstellen will, dass der Börsenwert ihrer Anteile nicht erheblich von deren Nettoinventarwert abweicht.

(4) Die Mitgliedstaaten sorgen dafür, dass dieses Kapitel nicht auf Gesellschaften angewandt wird, die Gegenstand eines Rückgriffs auf die in Titel IV der Richtlinie 2014/59/EU vorgesehenen Abwicklungsinstrumente, -befugnisse und -mechanismen sind.

Artikel 121
Voraussetzungen für grenzüberschreitende Verschmelzungen

(1) Sofern dieses Kapitel nicht etwas anderes bestimmt,

a) sind grenzüberschreitende Verschmelzungen nur zwischen Gesellschaften solcher Rechtsformen möglich, die sich nach dem nationalen Recht der betroffenen Mitgliedstaaten verschmelzen dürfen;
b) muss eine Gesellschaft, die sich an einer grenzüberschreitenden Verschmelzung beteiligt, die Vorschriften und Formalitäten des für sie geltenden nationalen Rechts einhalten bzw. erledigen. Wenn das Recht eines Mitgliedstaats es den Behörden dieses Mitgliedstaats gestattet, eine innerstaatliche Verschmelzung aus Gründen des öffentlichen Interesses zu verbieten, so gilt dies auch für eine grenzüberschreitende Verschmelzung, bei der mindestens eine der an der Verschmelzung beteiligten Gesellschaften dem Recht dieses Mitgliedstaats unterliegt. Diese Bestimmung gilt nicht, soweit Artikel 21 der Verordnung (EG) Nr. 139/2004 anwendbar ist.

(2) Zu den in Absatz 1 Buchstabe b genannten Vorschriften und Formalitäten zählen insbesondere Bestimmungen über das die Verschmelzung betreffende Beschlussfassungsverfahren und — angesichts des grenzüberschreitenden Charakters der Verschmelzung — über den Schutz der Gläubiger der sich verschmelzenden Gesellschaften, der Anleihegläubiger und der Inhaber von Aktien oder sonstigen Anteilen sowie über den Schutz der Arbeitnehmer, soweit andere als die in Artikel 133 geregelten Rechte betroffen sind. Ein Mitgliedstaat, dessen Recht die an einer grenzüberschreitenden Verschmelzung beteiligten Gesellschaften unterliegen, kann Vorschriften erlassen, um einen angemessenen Schutz der Minderheitsgesellschafter, die die grenzüberschreitende Verschmelzung abgelehnt haben, zu gewährleisten.

Artikel 122
Gemeinsamer Plan für grenzüberschreitende Verschmelzungen

Die Leitungs- oder Verwaltungsorgane der sich verschmelzenden Gesellschaften stellen einen gemeinsamen Plan für eine grenzüberschreitende Verschmelzung (nachstehend „gemeinsamer Verschmelzungsplan" genannt) auf. Dieser Plan enthält mindestens folgende Angaben:

a) Rechtsform, Firma und Sitz der sich verschmelzenden Gesellschaften sowie Rechtsform, Firma und Sitz, die für die aus der grenzüberschreitenden Verschmelzung hervorgehende Gesellschaft vorgesehen sind;
b) das Umtauschverhältnis der Aktien oder sonstigen Gesellschaftsanteile und gegebenenfalls die Höhe der baren Zuzahlungen;
c) die Einzelheiten der Übertragung der Aktien oder sonstigen Gesellschaftsanteile der aus der grenzüberschreitenden Verschmelzung hervorgehenden Gesellschaft;
d) die voraussichtlichen Auswirkungen der grenzüberschreitenden Verschmelzung auf die Beschäftigung;
e) den Zeitpunkt, von dem an diese Aktien oder sonstigen Gesellschaftsanteile deren Inhabern das Recht auf Beteiligung am Gewinn gewähren, sowie alle Besonderheiten, die eine Auswirkung auf dieses Recht haben;
f) den Zeitpunkt, von dem an die Handlungen der sich verschmelzenden Gesellschaften unter dem Gesichtspunkt der Rechnungslegung als für Rechnung der aus der grenzüberschreitenden Verschmelzung hervorgehenden Gesellschaft vorgenommen gelten;

g) die Rechte, welche die aus der grenzüberschreitenden Verschmelzung hervorgehende Gesellschaft den mit Sonderrechten ausgestatteten Gesellschaftern und den Inhabern von anderen Wertpapieren als Gesellschaftsanteilen gewährt, oder die für diese Personen vorgeschlagenen Maßnahmen;
h) etwaige besondere Vorteile, die den Sachverständigen, die den Verschmelzungsplan prüfen, oder den Mitgliedern der Verwaltungs-, Leitungs-, Aufsichts- oder Kontrollorgane der sich verschmelzenden Gesellschaften gewährt werden;
i) die Satzung der aus der grenzüberschreitenden Verschmelzung hervorgehenden Gesellschaft;
j) gegebenenfalls Angaben zu dem Verfahren, nach dem gemäß Artikel 133 die Einzelheiten über die Beteiligung von Arbeitnehmern an der Festlegung ihrer Mitbestimmungsrechte in der aus der grenzüberschreitenden Verschmelzung hervorgehenden Gesellschaft geregelt werden;
k) Angaben zur Bewertung des Aktiv- und Passivvermögens, das auf die aus der grenzüberschreitenden Verschmelzung hervorgehende Gesellschaft übertragen wird;
l) den Stichtag der Jahresabschlüsse der an der Verschmelzung beteiligten Gesellschaften, die zur Festlegung der Bedingungen der grenzüberschreitenden Verschmelzung verwendet werden.

Artikel 123
Bekanntmachung

(1) Der gemeinsame Verschmelzungsplan wird auf die im nationalen Recht jedes Mitglied-staats vorgesehene Weise im Einklang mit Artikel 16 für jede der sich verschmelzenden Gesellschaften spätestens einen Monat vor der Gesellschafterversammlung, auf der darüber zu beschließen ist, bekannt gemacht.

Jede der verschmelzenden Gesellschaften ist von der Offenlegungspflicht nach Artikel 16 befreit, wenn sie die gemeinsamen Verschmelzungspläne während eines fortlaufenden Zeitraums, der mindestens einen Monat vor dem Datum der Hauptversammlung, die über die gemeinsamen Verschmelzungspläne für die grenzüberschreitende Verschmelzung zu beschließen hat, beginnt, und nicht vor dem Abschluss dieser Versammlung endet, für die Öffentlichkeit kostenlos auf ihren Internetseiten der Öffentlichkeit zugänglich macht. Die Mitgliedstaaten knüpfen diese Befreiung an keine anderen Erfordernisse und Auflagen als die, die für die Sicherheit der Internetseiten und die Echtheit der Dokumente erforderlich sind, und dürfen solche Erfordernisse und Auflagen nur einführen, soweit sie zur Erreichung dieser Zwecke angemessen sind.

Abweichend von Unterabsatz 2 können die Mitgliedstaaten verlangen, dass die Veröffentlichung über die zentrale elektronische Plattform gemäß Artikel 16 Absatz 5 erfolgt. Die Mitgliedstaaten können alternativ verlangen, dass die Veröffentlichung auf anderen, von ihnen zu diesem Zweck benannten Internetseiten erfolgt. Machen die Mitgliedstaaten von einer dieser Möglichkeiten Gebrauch, so gewährleisten sie, dass den Gesellschaften für diese Veröffentlichung keine spezifischen Kosten entstehen.

Werden andere Internetseiten als die zentrale elektronische Plattform genutzt, wird mindestens einen Monat vor dem Datum der Hauptversammlung auf der zentralen elektronischen Plattform ein Verweis, der zu diesen Internetseiten führt, veröffentlicht. Dieser Verweis enthält auch das Datum der Veröffentlichung der Verschmelzungspläne im Internet und ist der Öffentlichkeit kostenlos zugänglich. Den Gesellschaften entstehen für diese Veröffentlichung keine spezifischen Kosten.

Das in den Unterabsätzen 3 und 4 genannte Verbot, von Gesellschaften eine spezifische Gebühr für die Veröffentlichung zu verlangen, lässt die Möglichkeit der Mitgliedstaaten unberührt, die Kosten für die zentrale elektronische Plattform an Gesellschaften weiterzugeben.

Die Mitgliedstaaten können von Gesellschaften verlangen, Informationen für einen bestimmten Zeitraum nach der Hauptversammlung auf ihren Internetseiten oder gegebenenfalls auf der zentralen elektronischen Plattform oder den anderen von dem betreffenden Mitgliedstaat benannten Internetseiten verfügbar zu halten. Die Mitgliedstaaten können die Folgen einer vorübergehenden Unterbrechung des Zugriffs auf die Internetseiten und die zentrale elektronische Plattform aufgrund technischer oder sonstiger Ursachen bestimmen.

(2) Vorbehaltlich der zusätzlichen Anforderungen des Mitgliedstaats, dessen Recht die betreffende Gesellschaft unterliegt, müssen für jede der sich verschmelzenden Gesellschaften die folgenden Angaben im Amtsblatt dieses Mitgliedstaats bekannt gemacht werden:
a) Rechtsform, Firma und Sitz jeder der sich verschmelzenden Gesellschaften,
b) das Register, bei dem die in Artikel 16 Absatz 3 genannten Urkunden für jede der sich verschmelzenden Gesellschaften hinterlegt worden sind, sowie die Nummer der Eintragung in das Register,
c) für jede der sich verschmelzenden Gesellschaften ein Hinweis auf die Modalitäten für die Ausübung der Rechte der Gläubiger und gegebenenfalls der Minderheitsgesellschafter der sich verschmelzenden Gesellschaften so-

wie die Anschrift, unter der vollständige Auskünfte über diese Modalitäten kostenlos eingeholt werden können.

Artikel 124
Bericht des Leitungs- oder Verwaltungsorgans

Das Leitungs- oder Verwaltungsorgan jeder der sich verschmelzenden Gesellschaften erstellt einen für die Gesellschafter bestimmten Bericht, in dem die rechtlichen und wirtschaftlichen Aspekte der grenzüberschreitenden Verschmelzung erläutert und begründet und die Auswirkungen der grenzüberschreitenden Verschmelzung auf die Gesellschafter, die Gläubiger und die Arbeitnehmer erläutert werden.

Der Bericht ist den Gesellschaftern und den Vertretern der Arbeitnehmer oder – wenn es solche Vertreter nicht gibt – den Arbeitnehmern direkt spätestens einen Monat vor der in Artikel 126 genannten Gesellschafterversammlung zugänglich zu machen.

Erhält das Leitungs- oder Verwaltungsorgan einer der sich verschmelzenden Gesellschaften nach Maßgabe der nationalen Rechtsvorschriften rechtzeitig eine Stellungnahme der Vertreter ihrer Arbeitnehmer, so ist diese Stellungnahme dem Bericht anzufügen.

Artikel 125
Bericht unabhängiger Sachverständiger

(1) Für jede der sich verschmelzenden Gesellschaften wird ein für die Gesellschafter bestimmter Bericht unabhängiger Sachverständiger erstellt, der spätestens einen Monat vor der in Artikel 126 genannten Gesellschafterversammlung vorliegen muss. Als Sachverständige können je nach dem Recht der Mitgliedstaaten natürliche Personen oder juristische Personen bestellt werden.

(2) Als Alternative zur Heranziehung von Sachverständigen, die für Rechnung jeder der sich verschmelzenden Gesellschaften tätig sind, können ein oder mehrere unabhängige Sachverständige, die auf gemeinsamen Antrag dieser Gesellschaften von einem Gericht oder einer Verwaltungsbehörde des Mitgliedstaats, dessen Recht eine der sich verschmelzenden Gesellschaften oder die aus der grenzüberschreitenden Verschmelzung hervorgehende Gesellschaft unterliegt, dazu bestellt bzw. von einer solchen Behörde zugelassen wurden, den gemeinsamen Verschmelzungsplan prüfen und einen einzigen für alle Gesellschafter bestimmten schriftlichen Bericht erstellen.

(3) Der Bericht der Sachverständigen enthält zumindest die Angaben nach Artikel 96 Absatz 2. Die Sachverständigen haben das Recht, von jeder der sich verschmelzenden Gesellschaften alle Auskünfte zu erlangen, die sie zur Erfüllung ihrer Aufgabe für erforderlich halten.

(4) Weder die Prüfung des gemeinsamen Verschmelzungsplans durch unabhängige Sachverständige noch die Erstellung eines Sachverständigenberichts sind erforderlich, wenn alle Gesellschafter aller sich verschmelzenden Gesellschaften darauf verzichten.

Artikel 126
Zustimmung der Gesellschafterversammlung

(1) Nach Kenntnisnahme der in Artikel 124 und Artikel 125 genannten Berichte beschließt die Gesellschafterversammlung jeder der sich verschmelzenden Gesellschaften über die Zustimmung zu dem gemeinsamen Verschmelzungsplan.

(2) Die Gesellschafterversammlung jeder der sich verschmelzenden Gesellschaften kann die Verschmelzung davon abhängig machen, dass die Modalitäten für die Mitbestimmung der Arbeitnehmer in der aus der grenzüberschreitenden Verschmelzung hervorgehenden Gesellschaft ausdrücklich von ihr bestätigt werden.

(3) In den Rechtsvorschriften eines Mitgliedstaats muss nicht die Zustimmung der Gesellschafterversammlung der übernehmenden Gesellschaft vorgeschrieben werden, wenn die Bedingungen des Artikels 94 erfüllt sind.

Artikel 127
Vorabbescheinigung

(1) Jeder Mitgliedstaat benennt das Gericht, den Notar oder die sonstige zuständige Behörde, die die Rechtmäßigkeit der grenzüberschreitenden Verschmelzung für die Verfahrensabschnitte kontrolliert, welche die sich verschmelzenden Gesellschaften betreffen, die seinem nationalen Recht unterliegen.

(2) In jedem dieser Mitgliedstaaten stellt die nach Absatz 1 benannte Stelle jeder der sich verschmelzenden Gesellschaften, die dem Recht dieses Staates unterliegt, unverzüglich eine Bescheinigung aus, aus der zweifelsfrei hervorgeht, dass die der Verschmelzung vorangehenden Rechtshandlungen und Formalitäten ordnungsgemäß vollzogen wurden.

(3) Ist nach dem Recht eines Mitgliedstaats, dem eine sich verschmelzende Gesellschaft unterliegt, ein Verfahren zur Kontrolle und Änderung des Umtauschverhältnisses der Aktien oder sonstigen Anteile oder zur Abfindung von Minderheitsgesellschaftern vorgesehen, das jedoch der Eintragung der grenzüberschreitenden Verschmelzung nicht entgegensteht, so kommt dieses Verfahren nur zur Anwendung, wenn die anderen sich verschmelzenden Gesellschaften in Mitgliedstaaten, die ein solches Verfahren nicht vorsehen, bei der Zustimmung zum Verschmelzungsplan gemäß Artikel 126 Absatz 1 ausdrücklich akzeptieren, dass die Gesellschafter der erstgenannten sich verschmelzenden Gesellschaft ein solches Verfahren bei dem Gericht, das für diese Gesellschaft zuständig ist, beantragen können. In diesem Fall kann die in Absatz 1 genannte Stelle die Bescheinigung nach Absatz 2 auch dann ausstellen, wenn ein solches Verfahren eingeleitet wurde. In der Bescheinigung wird jedoch angegeben, dass ein solches Verfahren anhängig ist. Die in dem Verfahren ergehende Entscheidung ist für die aus der grenzüberschreitenden Verschmelzung hervorgehende Gesellschaft und alle ihre Gesellschafter bindend.

Artikel 128
Überprüfung der Rechtmäßigkeit der grenzüberschreitenden Verschmelzung

(1) Jeder Mitgliedstaat benennt das Gericht, den Notar oder die sonstige zuständige Behörde, die die Rechtmäßigkeit der grenzüberschreitenden Verschmelzung für die Verfahrensabschnitte kontrolliert, welche die Durchführung der grenzüberschreitenden Verschmelzung und gegebenenfalls die Gründung einer neuen, aus der grenzüberschreitenden Verschmelzung hervorgehenden Gesellschaft betreffen, wenn diese durch die grenzüberschreitende Verschmelzung geschaffene Gesellschaft seinem nationalen Recht unterliegt. Die betreffende Stelle stellt insbesondere sicher, dass die sich verschmelzenden Gesellschaften einem gemeinsamen gleich lautenden Verschmelzungsplan zugestimmt haben, und gegebenenfalls, dass eine Vereinbarung über die Mitbestimmung der Arbeitnehmer gemäß Artikel 133 geschlossen wurde.

(2) Für die Zwecke des Absatzes 1 legt jede der sich verschmelzenden Gesellschaften der in Absatz 1 genannten Stelle die Bescheinigung nach Artikel 127 Absatz 2 innerhalb von sechs Monaten nach ihrer Erteilung sowie den von der Gesellschafterversammlung gemäß Artikel 126 genehmigten gemeinsamen Verschmelzungsplan vor.

Artikel 129
Wirksamwerden der grenzüberschreitenden Verschmelzung

Der Zeitpunkt, an dem die grenzüberschreitende Verschmelzung wirksam wird, bestimmt sich nach dem Recht des Mitgliedstaats, dem die aus der grenzüberschreitenden Verschmelzung hervorgehende Gesellschaft unterliegt. Die Verschmelzung kann jedoch erst dann wirksam werden, wenn die Kontrolle nach Artikel 128 abgeschlossen ist.

Artikel 130
Eintragung

Das Recht jedes Mitgliedstaats, dem die sich verschmelzenden Gesellschaften unterlagen, bestimmt für das Hoheitsgebiet des betreffenden Staates, in welcher Form der Abschluss der grenzüberschreitenden Verschmelzung gemäß Artikel 16 bei dem öffentlichen Register, bei dem jede der an der Verschmelzung beteiligten Gesellschaften ihre Urkunden zu hinterlegen hat, offenzulegen ist.

Das Register, in dem die aus der grenzüberschreitenden Verschmelzung hervorgehende Gesellschaft eingetragen wird, meldet unverzüglich dem Register, bei dem jede der Gesellschaften ihre Unterlagen zu hinterlegen hatte, über das gemäß Artikel 22 Absatz 2 eingerichtete System der Registervernetzung, dass die grenzüberschreitende Verschmelzung wirksam geworden ist. Die Löschung der früheren Eintragung erfolgt gegebenenfalls bei Eingang dieser Meldung, und nicht vorher.

Artikel 131
Wirkungen der grenzüberschreitenden Verschmelzung

(1) Die gemäß Artikel 119 Nummer 2 Buchstaben a und c vollzogene grenzüberschreitende Verschmelzung bewirkt ab dem in Artikel 129 genannten Zeitpunkt Folgendes:
a) Das gesamte Aktiv- und Passivvermögen der übertragenden Gesellschaft geht auf die übernehmende Gesellschaft über.
b) Die Gesellschafter der übertragenden Gesellschaft werden Gesellschafter der übernehmenden Gesellschaft.
c) Die übertragende Gesellschaft erlischt.

(2) Die nach Artikel 119 Nummer 2 Buchstabe b vollzogene grenzüberschreitende Verschmelzung bewirkt ab dem in Artikel 129 genannten Zeitpunkt Folgendes:
a) Das gesamte Aktiv- und Passivvermögen der sich verschmelzenden Gesellschaften geht auf die neue Gesellschaft über.
b) Die Gesellschafter der sich verschmelzenden Gesellschaften werden Gesellschafter der neuen Gesellschaft.
c) Die sich verschmelzenden Gesellschaften erlöschen.

(3) Schreibt das Recht der Mitgliedstaaten im Falle einer grenzüberschreitenden Verschmelzung von Gesellschaften im Sinne dieses Kapitels die Erfüllung besonderer Formalitäten vor, bevor die Übertragung bestimmter von den sich verschmelzenden Gesellschaften eingebrachter Vermögensgegenstände, Rechte und Verbindlichkeiten gegenüber Dritten wirksam wird, so werden diese Formalitäten von der aus der grenzüberschreitenden Verschmelzung hervorgehenden Gesellschaft erfüllt.

(4) Die zum Zeitpunkt des Wirksamwerdens der grenzüberschreitenden Verschmelzung bestehenden Rechte und Pflichten der sich verschmelzenden Gesellschaften aus Arbeitsverträgen oder Beschäftigungsverhältnissen gehen infolge des Wirksamwerdens dieser grenzüberschreitenden Verschmelzung auf die aus der grenzüberschreitenden Verschmelzung hervorgehende Gesellschaft zu dem Zeitpunkt über, zu dem die grenzüberschreitende Verschmelzung wirksam wird.

(5) Anteile an der übernehmenden Gesellschaft werden nicht gegen Anteile an der übertragenden Gesellschaft getauscht, wenn diese Anteile
a) entweder von der übernehmenden Gesellschaft selbst oder von einer zwar im eigenen Namen, jedoch für Rechnung der übernehmenden Gesellschaft handelnden Person;
b) oder von der übertragenden Gesellschaft selbst oder von einer zwar im eigenen Namen, jedoch für Rechnung der übertragenden Gesellschaft handelnden Person gehalten werden.

Artikel 132
Vereinfachte Formalitäten

(1) Vollzieht eine Gesellschaft, die sämtliche in der Gesellschafterversammlung Stimmrecht gewährenden Aktien und sonstigen Anteile der übertragenden Gesellschaft(en) hält, eine grenzüberschreitende Verschmelzung im Wege der Aufnahme, so
- finden Artikel 122 Buchstaben b, c und e, Artikel 125 und Artikel 131 Absatz 1 Buchstabe b keine Anwendung;
- findet Artikel 126 Absatz 1 keine Anwendung auf die übertragende(n) Gesellschaft(en).

(2) Vollzieht eine Gesellschaft, die mindestens 90%, aber nicht alle Aktien und sonstigen in der Gesellschafterversammlung Stimmrecht gewährenden Anteile der übertragenden Gesellschaft(en) hält, eine grenzüberschreitende Verschmelzung im Wege der Aufnahme, so sind die Berichte des oder der unabhängigen Sachverständigen sowie die zur Kontrolle notwendigen Unterlagen gemäß Titel II Kapitel I nur insoweit erforderlich, als dies nach den entweder für die übernehmende oder die übertragende Gesellschaft geltenden nationalen Rechtsvorschriften vorgesehen ist.

Artikel 133
Mitbestimmung der Arbeitnehmer

(1) Unbeschadet des Absatzes 2 findet auf die aus der grenzüberschreitenden Verschmelzung hervorgehende Gesellschaft die Regelung für die Arbeitnehmermitbestimmung Anwendung, die gegebenenfalls in dem Mitgliedstaat gilt, in dem diese Gesellschaft ihren Sitz hat.

(2) Die Regelung für die Arbeitnehmermitbestimmung, die gegebenenfalls in dem Mitgliedstaat gilt, in dem die aus der grenzüberschreitenden Verschmelzung hervorgehende Gesellschaft ihren Sitz hat, findet jedoch keine Anwendung, wenn in den sechs Monaten vor der Veröffentlichung des in Artikel 123 genannten Verschmelzungsplans mindestens eine der an der Verschmelzung beteiligten Gesellschaften durchschnittlich mehr als 500 Arbeitnehmer beschäftigt und in dieser Gesellschaft ein System der Arbeitnehmermitbestimmung im Sinne des Artikels 2 Buchstabe k der Richtlinie 2001/86/EG besteht, oder wenn das für die aus der grenzüberschreitenden Verschmelzung hervorgehende Gesellschaft maßgebende nationale Recht

a) nicht mindestens den gleichen Umfang an Mitbestimmung der Arbeitnehmer vorsieht, wie er in den jeweiligen an der Verschmelzung beteiligten Gesellschaften bestand, wobei dieser Umfang als der Anteil der die Arbeitnehmer vertretenden Mitglieder des Verwaltungs- oder des Aufsichtsorgans oder ihrer Ausschüsse oder des Leitungsgremiums ausgedrückt wird, das für die Ergebniseinheiten der Gesellschaft zuständig ist, wenn eine Arbeitnehmermitbestimmung besteht; oder
b) für Arbeitnehmer in Betrieben der aus der grenzüberschreitenden Verschmelzung hervorgehenden Gesellschaft, die sich in anderen Mitgliedstaaten befinden, nicht den gleichen Anspruch auf Ausübung von Mitbestimmungsrechten vorsieht, wie sie den Arbeitnehmern in demjenigen Mitgliedstaat gewährt werden, in dem die aus der grenzüberschreitenden Verschmelzung hervorgehende Gesellschaft ihren Sitz hat.

(3) In den in Absatz 2 genannten Fällen regeln die Mitgliedstaaten die Mitbestimmung der Arbeitnehmer in der aus der grenzüberschreitenden Verschmelzung hervorgehenden Gesellschaft sowie ihre Mitwirkung an der Festlegung dieser Rechte vorbehaltlich der Absätze 4 bis 7 entsprechend den Grundsätzen und Modalitäten des Artikels 12 Absätze 2, 3 und 4 der Verordnung (EG) Nr. 2157/2001 und den nachstehenden Bestimmungen der Richtlinie 2001/86/EG:

a) Artikel 3 Absätze 1, 2 und 3, Artikel 3 Absatz 4 Unterabsatz 1 erster Gedankenstrich und Artikel 3 Absatz 4 Unterabsatz 2 sowie Artikel 3 Absätze 5 und 7;
b) Artikel 4 Absatz 1, Artikel 4 Absatz 2 Buchstaben a, g und h sowie Artikel 4 Absatz 3;
c) Artikel 5;
d) Artikel 6;
e) Artikel 7 Absatz 1, Artikel 7 Absatz 2 Unterabsatz 1 Buchstabe b und Artikel 7 Absatz 2 Unterabsatz 2 sowie Artikel 7 Absatz 3. Für die Zwecke dieses Kapitels wird jedoch der prozentuale Anteil, der nach Artikel 7 Absatz 2 Unterabsatz 1 Buchstabe b der Richtlinie 2001/86/EG für die Anwendung der Auffangregelung des Anhangs Teil 3 jener Richtlinie erforderlich ist, von 25% auf 33 1/3% angehoben;
f) die Artikel 8, 10 und 12;
g) Artikel 13 Absatz 4;
h) Anhang, Teil 3 Buchstabe b.

(4) Bei der Festlegung der in Absatz 3 genannten Grundsätze und Modalitäten verfahren die Mitgliedstaaten wie folgt:

a) Sie gestatten den betreffenden Organen der an der Verschmelzung beteiligten Gesellschaften sich dafür zu entscheiden, die Auffangregelung nach Absatz 3 Buchstabe h, die durch das Recht des Mitgliedstaats, in dem die aus der grenzüberschreitenden Verschmelzung hervorgehende Gesellschaft ihren Sitz haben soll, festgelegt ist, ohne jede vorhergehende Verhandlung unmittelbar anzuwenden und diese Regelung ab dem Zeitpunkt der Eintragung einzuhalten.
b) Sie gestatten dem besonderen Verhandlungsgremium, mit der Mehrheit von zwei Dritteln seiner mindestens zwei Drittel der Arbeitnehmer vertretenden Mitglieder, mit der Maßgabe, dass diese Mitglieder Arbeitnehmer in mindestens zwei verschiedenen Mitgliedstaaten vertreten müssen, zu beschließen, dass keine Verhandlungen eröffnet oder bereits eröffnete Verhandlungen beendet werden und die Mitbestimmungsregelung angewandt wird, die in dem Mitgliedstaat gilt, in dem die aus der grenzüberschreitenden Verschmelzung hervorgehende Gesellschaft ihren Sitz haben wird.
c) Sie können in dem Fall, dass nach vorherigen Verhandlungen die Auffangregelung gilt, und ungeachtet dieser Regelung beschließen, den Anteil der Arbeitnehmervertreter im Verwaltungsorgan der aus der grenzüberschreitenden Verschmelzung hervorgehenden Gesellschaft zu begrenzen. Bestand jedoch das Verwaltungs- oder Aufsichtsorgan einer der an der Verschmelzung beteiligten Gesellschaften zu mindestens einem Drittel aus Arbeitnehmervertretern, so darf die Begrenzung in keinem Fall dazu führen, dass die Arbeitnehmervertretung im Verwaltungsorgan weniger als ein Drittel beträgt.

(5) Die Ausweitung von Mitbestimmungsrechten auf in anderen Mitgliedstaaten beschäftigte Arbeitnehmer der aus der grenzüberschreitenden Verschmelzung hervorgehenden Gesellschaft gemäß Absatz 2 Buchstabe b verpflichtet die Mitgliedstaaten, die eine solche Ausweitung beschließen, nicht dazu, diese Arbeitnehmer bei der Berechnung der Schwellenwerte für die Beschäftigtenzahl zu berücksichtigen, bei deren Überschreitung Mitbestimmungsrechte nach nationalem Recht entstehen.

(6) Besteht in mindestens einer der an der grenzüberschreitenden Verschmelzung beteiligten Gesellschaften ein System der Arbeitnehmermitbestimmung und soll diese Regelung des Absatzes 2 auf die aus der Verschmelzung hervorgehende Gesellschaft angewandt werden, so ist diese Gesellschaft verpflichtet, eine Rechtsform anzunehmen, die die Ausübung von Mitbestimmungsrechten ermöglicht.

(7) Gilt für die aus der grenzüberschreitenden Verschmelzung hervorgehende Gesellschaft ein System der Arbeitnehmermitbestimmung, so ist diese Gesellschaft verpflichtet, Maßnahmen zu ergreifen, um sicherzustellen, dass die Mitbestimmungsrechte der Arbeitnehmer im Falle nachfolgender innerstaatlicher Verschmelzungen während drei Jahren nach Wirksamwerden der grenzüberschreitenden Verschmelzung durch entsprechende Anwendung der Vorschriften dieses Artikels geschützt werden.

Artikel 134
Gültigkeit

Eine grenzüberschreitende Verschmelzung, die nach Artikel 129 wirksam geworden ist, kann nicht mehr für nichtig erklärt werden.

[...]

TITEL III
SCHLUSSBESTIMMUNGEN

Artikel 161
Datenschutz

Für die Verarbeitung personenbezogener Daten im Zusammenhang mit der vorliegenden Richtlinie gilt die Richtlinie 95/46/EG[26].

Artikel 162
Berichterstattung, regelmäßiger Dialog über das System der Registervernetzung und Überprüfung

(1) Die Kommission veröffentlicht spätestens am 8. Juni 2022 einen Bericht, in dem sie darlegt, wie das System der Registervernetzung funktioniert, und insbesondere auf den technischen Betrieb und die finanziellen Aspekte eingeht.

(2) Diesem Bericht werden gegebenenfalls Vorschläge zur Änderung von Bestimmungen dieser Richtlinie beigefügt, die sich auf das System zur Registervernetzung beziehen.

(3) Die Kommission und die Vertreter der Mitgliedstaaten treten regelmäßig zusammen, um in einem geeigneten Gremium Angelegenheiten, die unter diese Richtlinie fallen und sich auf das System der Registervernetzung beziehen, zu erörtern.

(4) Bis zum 30. Juni 2016 überprüft die Kommission die Anwendung derjenigen Bestimmungen, die sich auf Berichts- und Dokumentationspflichten bei Verschmelzungen und Spaltungen beziehen und die durch die Richtlinie 2009/109/EG des Europäischen Parlaments und des Rates[27] geänderten oder hinzugefügt wurden, insbesondere ihre Auswirkungen auf die Verringerung des Verwaltungsaufwands von Gesellschaften im Lichte der Erfahrungen

26 Richtlinie 95/46/EG, ersetzt durch Verordnung (EU) 2016/679 des Europäischen Parlaments und des Rates vom 27. April 2016 zum Schutz natürlicher Personen bei der Verarbeitung personenbezogener Daten, zum freien Datenverkehr und zur Aufhebung der Richtlinie 95/46/EG (Datenschutz-Grundverordnung), die ab 25. Mai 2018 gilt (ABl. L 119 vom 4.5.2016, S. 1).

27 Richtlinie 2009/109/EG des Europäischen Parlaments und des Rates vom 16. September 2009 zur Änderung der Richtlinien 77/91/EWG, 78/855/EWG und 82/891/EWG des Rates sowie der Richtlinie 2005/56/EG hinsichtlich der Berichts- und Dokumentationspflicht bei Verschmelzungen und Spaltungen (ABl. L 259 vom 2.10.2009, S. 14).

bei ihrer Anwendung, und legt dem Europäischen Parlament und dem Rat einen Bericht vor, der gegebenenfalls Vorschläge für die weitere Änderung dieser Richtlinien enthält.

[...]

Artikel 166
Aufhebung

Die Richtlinien 82/891/EWG, 89/666/EWG, 2005/56/EG, 2009/101/EG, 2011/35/EU und 2012/30/EU, in der Fassung der in Anhang III Teil A aufgeführten Richtlinien, werden unbeschadet der Verpflichtungen der Mitgliedstaaten hinsichtlich der in Anhang III Teil B genannten Fristen für die Umsetzung der dort genannten Richtlinien in nationales Recht und die Anwendungsfristen aufgehoben.

Bezugnahmen auf die aufgehobenen Richtlinien gelten als Bezugnahmen auf die vorliegende Richtlinie und sind nach Maßgabe der Entsprechungstabelle in Anhang IV zu lesen.

Artikel 167
Inkrafttreten

Diese Richtlinie tritt am zwanzigsten Tag nach ihrer Veröffentlichung im Amtsblatt der Europäischen Union in Kraft.

Artikel 168
Adressaten

Diese Richtlinie ist an die Mitgliedstaaten gerichtet.

ANHANG I
(*nicht abgedruckt*)

ANHANG II
KATEGORIEN VON GESELLSCHAFTEN GEMÄSS ARTIKEL 7 ABSATZ 1 UND ARTIKEL 13, ARTIKEL 29 ABSATZ 1, ARTIKEL 36 ABSATZ 1, ARTIKEL 67 ABSATZ 1 UND ARTIKEL 119 NUMMER 1 BUCHSTABE a

- in Belgien:
  naamloze vennootschap/société anonyme,
  commanditaire vennootschap op aandelen/société en commandite par actions,
  personenvennootschap met beperkte aansprakelijkheid/société de personnes à responsabilité limitée;
- in Bulgarien:
  акционерно дружество, дружество с ограничена отговорност, командитно дружество с акции;
- in der Tschechischen Republik:
  společnost s ručením omezeným, akciová společnost;
- in Dänemark:
  aktieselskab, kommanditaktieselskab, anpartsselskab;
- in Deutschland:
  die Aktiengesellschaft, die Kommanditgesellschaft auf Aktien, die Gesellschaft mit beschränkter Haftung;
- in Estland:
  aktsiaselts, osaühing;
- in Irland:
  cuideachtaí atá corpraithe faoi dhliteanas teoranta/companies incorporated with limited liability;
- in Griechenland:
  ανώνυμη εταιρεία, εταιρεία περιωρισμένης ευθύνης, ετερόρρυθμη κατά μετοχές εταιρεία;

- in Spanien:
  la sociedad anónima, la sociedad comanditaria por acciones, la sociedad de responsabilidad limitada;
- in Frankreich:
  société anonyme, société en commandite par actions, société à responsabilité limitée, société par actions simplifiée;
- in Kroatien:
  dioničko društvo, društvo s ograničenom odgovornošću;
- in Italien:
  società per azioni, società in accomandita per azioni, società a responsabilità limitata;
- in Zypern:
  δημόσιες εταιρείες περιορισμένης ευθύνης με μετοχές ή με εγγύηση, ιδιωτικές εταιρείες περιορισμένης ευθύνης με μετοχές ή με εγγύηση;
- in Lettland:
  akciju sabiedrība, sabiedrība ar ierobežotu atbildību, komanditsabiedrība;
- in Litauen:
  akcinė bendrovė, uždaroji akcinė bendrovė;
- in Luxemburg:
  société anonyme, société en commandite par actions, société à responsabilité limitée;
- in Ungarn:
  részvénytársaság, korlátolt felelősségű társaság;
- in Malta:
  kumpannija pubblika/public limited liability company,
  kumpannija privata/private limited liability company;
- in den Niederlanden:
  naamloze vennootschap, besloten vennootschap met beperkte aansprakelijkheid;
- in Österreich:
  die Aktiengesellschaft, die Gesellschaft mit beschränkter Haftung;
- in Polen:
  spółka z ograniczoną odpowiedzialnością, spółka komandytowo-akcyjna, spółka akcyjna;
- in Portugal:
  sociedade anónima de responsabilidade limitada, sociedade em comandita por ações, sociedade por quotas de responsabilidade limitada;
- in Rumänien:
  societate pe acțiuni, societate cu răspundere limitată, societate în comandită pe acțiuni;
- in Slowenien:
  delniška družba, družba z omejeno odgovornostjo, komaditna delniška družba;
- in der Slowakei:
  akciová spoločnosť, spoločnosť s ručením obmedzeným;
- in Finnland:
  yksityinen osakeyhtiö/privat aktiebolag,
  julkinen osakeyhtiö/publikt aktiebolag;
- in Schweden:
  aktiebolag;
- im Vereinigten Königreich:
  companies incorporated with limited liability.

(Anhänge III und IV nicht abgedruckt)

H. Gesetz über die Mitbestimmung der Arbeitnehmer bei einer grenzüberschreitenden Verschmelzung (MgVG)

vom 21. Dezember 2006 (BGBl. I S. 3332)

geändert durch Artikel 11 des Gesetzes vom 30. Juli 2009 (BGBl. I S. 2479)

Allgemeine Vorschriften

§ 1
Zielsetzung des Gesetzes

(1) Das Gesetz regelt die Mitbestimmung der Arbeitnehmer (Arbeitnehmerinnen und Arbeitnehmer) in den Unternehmensorganen der aus einer grenzüberschreitenden Verschmelzung hervorgehenden Gesellschaft. Ziel des Gesetzes ist, die in den an der Verschmelzung beteiligten Gesellschaften erworbenen Mitbestimmungsrechte der Arbeitnehmer zu sichern. Diese Rechte sind maßgeblich für die Ausgestaltung der Mitbestimmung in der aus einer grenzüberschreitenden Verschmelzung hervorgehenden Gesellschaft.

(2) Wenn das nationale Recht des Mitgliedstaats, in dem die aus einer grenzüberschreitenden Verschmelzung hervorgehende Gesellschaft ihren Sitz hat, keinen ausreichenden Schutz zur Sicherung der Mitbestimmung der Arbeitnehmer gewährt, wird eine Vereinbarung über die Mitbestimmung der Arbeitnehmer in der aus einer grenzüberschreitenden Verschmelzung hervorgehenden Gesellschaft getroffen. Kommt es nicht zu einer Vereinbarung, wird die Mitbestimmung der Arbeitnehmer kraft Gesetzes sichergestellt.

(3) Die Vorschriften dieses Gesetzes sowie die nach Absatz 2 zu treffende Vereinbarung sind so auszulegen, dass das Ziel der Europäischen Gemeinschaft, die Mitbestimmung der Arbeitnehmer in der aus einer grenzüberschreitenden Verschmelzung hervorgehenden Gesellschaft sicherzustellen, gefördert wird.

§ 2
Begriffsbestimmungen

(1) Der Begriff des Arbeitnehmers richtet sich nach den Rechtsvorschriften und Gepflogenheiten der jeweiligen Mitgliedstaaten. Arbeitnehmer eines inländischen Unternehmens oder Betriebes sind Arbeiter und Angestellte einschließlich der zu ihrer Berufsausbildung Beschäftigten und der in § 5 Abs. 3 Satz 2 des Betriebsverfassungsgesetzes genannten leitenden Angestellten, unabhängig davon, ob sie im Betrieb, im Außendienst oder mit Telearbeit beschäftigt werden. Als Arbeitnehmer gelten auch die in Heimarbeit Beschäftigten, die in der Hauptsache für das Unternehmen oder den Betrieb arbeiten.

(2) Beteiligte Gesellschaften sind die Kapitalgesellschaften, die unmittelbar an der Verschmelzung beteiligt sind.

(3) Tochtergesellschaften sind rechtlich selbstständige Unternehmen, auf die eine andere Gesellschaft einen beherrschenden Einfluss im Sinne von Artikel 3 Abs. 2 bis 7 der Richtlinie 94/45/EG des Rates vom 22. September 1994 über die Einsetzung eines Europäischen Betriebsrates oder die Schaffung eines Verfahrens zur Unterrichtung und Anhörung der Arbeitnehmer in gemeinschaftsweit operierenden Unternehmen und Unternehmensgruppen (ABl. EG Nr. L 254 S. 64) ausüben kann. § 6 Abs. 2 bis 4 des Europäische Betriebsräte-Gesetzes vom 28. Oktober 1996 (BGBl. I S. 1548, 2022) ist anzuwenden.

(4) Betroffene Tochtergesellschaften oder betroffene Betriebe sind Tochtergesellschaften oder Betriebe einer beteiligten Gesellschaft, die zu Tochtergesellschaften oder Betrieben der aus einer grenzüberschreitenden Verschmelzung hervorgehenden Gesellschaft werden sollen.

(5) Leitung bezeichnet das Organ der unmittelbar an der Verschmelzung beteiligten Gesellschaften oder der aus einer grenzüberschreitenden Verschmelzung hervorgehenden Gesellschaft selbst, das die Geschäfte der Gesellschaft führt und zu ihrer Vertretung berechtigt ist.

(6) Arbeitnehmervertretung bezeichnet jede Vertretung der Arbeitnehmer nach dem Betriebsverfassungsgesetz (Betriebsrat, Gesamtbetriebsrat, Konzernbetriebsrat oder eine nach § 3 Abs. 1 Nr. 1 bis 3 des Betriebsverfassungsgesetzes gebildete Vertretung).

(7) Mitbestimmung bedeutet die Einflussnahme der Arbeitnehmer auf die Angelegenheiten einer Gesellschaft durch

1. die Wahrnehmung des Rechts, einen Teil der Mitglieder des Aufsichts- oder Verwaltungsorgans der Gesellschaft zu wählen oder zu bestellen, oder

2. die Wahrnehmung des Rechts, die Bestellung eines Teils oder aller Mitglieder des Aufsichts- oder Verwaltungsorgans der Gesellschaft zu empfehlen oder abzulehnen.

§ 3
Geltungsbereich

(1) Dieses Gesetz gilt für eine aus einer grenzüberschreitenden Verschmelzung hervorgehende Gesellschaft mit Sitz im Inland. Es gilt unabhängig vom Sitz dieser Gesellschaft auch für Arbeitnehmer der aus einer grenzüberschreitenden Verschmelzung hervorgehenden Gesellschaft, die im Inland beschäftigt sind, sowie für inländische beteiligte Gesellschaften, betroffene Tochtergesellschaften und betroffene Betriebe.

(2) Mitgliedstaaten im Sinne dieses Gesetzes sind die Mitgliedstaaten der Europäischen Union und die anderen Vertragsstaaten des Abkommens über den Europäischen Wirtschaftsraum.

§ 4
Anwendung des Rechts des Sitzstaats

Vorbehaltlich des § 5 finden auf die aus einer grenzüberschreitenden Verschmelzung hervorgehende Gesellschaft die Regelungen über die Mitbestimmung der Arbeitnehmer in den Unternehmensorganen des Mitgliedstaats Anwendung, in dem diese Gesellschaft ihren Sitz hat.

§ 5
Anwendung der Regelungen über die Mitbestimmung der Arbeitnehmer kraft Vereinbarung oder kraft Gesetzes

Die nachfolgenden Regelungen über die Mitbestimmung der Arbeitnehmer kraft Vereinbarung oder in den Fällen des § 23 die Regelungen über die Mitbestimmung kraft Gesetzes finden Anwendung, wenn

1. in den sechs Monaten vor der Veröffentlichung des Verschmelzungsplans mindestens eine der beteiligten Gesellschaften durchschnittlich mehr als 500 Arbeitnehmer beschäftigt und in dieser Gesellschaft ein System der Mitbestimmung im Sinne des § 2 Abs. 7 besteht;
2. das für die aus einer grenzüberschreitenden Verschmelzung hervorgehende Gesellschaft maßgebende innerstaatliche Recht nicht mindestens den gleichen Umfang an Mitbestimmung der Arbeitnehmer vorsieht, wie er in den jeweiligen an der Verschmelzung beteiligten Gesellschaften bestand; der Umfang an Mitbestimmung der Arbeitnehmer bemisst sich nach dem Anteil der Arbeitnehmervertreter
   a) im Verwaltungs- oder Aufsichtsorgan,
   b) in Ausschüssen, in denen die Mitbestimmung der Arbeitnehmer erfolgt oder
   c) im Leitungsgremium, das für die Ergebniseinheiten der Gesellschaften zuständig ist;

   oder
3. das für die aus einer grenzüberschreitenden Verschmelzung hervorgehende Gesellschaft maßgebende innerstaatliche Recht für Arbeitnehmer in Betrieben dieser Gesellschaft, die sich in anderen Mitgliedstaaten befinden, nicht den gleichen Anspruch auf Ausübung von Mitbestimmung vorsieht, wie sie den Arbeitnehmern in demjenigen Mitgliedstaat gewährt werden, in dem die aus der grenzüberschreitenden Verschmelzung hervorgehende Gesellschaft ihren Sitz hat.

Teil 2
Besonderes Verhandlungsgremium

Kapitel 1
Bildung und Zusammensetzung

§ 6
Information der Leitungen

(1) Das besondere Verhandlungsgremium ist auf Grund einer schriftlichen Aufforderung der Leitungen zu bilden. Es hat die Aufgabe, mit den Leitungen eine schriftliche Vereinbarung über die Mitbestimmung der Arbeitnehmer in der aus einer grenzüberschreitenden Verschmelzung hervorgehenden Gesellschaft abzuschließen.

(2) Wenn die Leitungen eine grenzüberschreitende Verschmelzung planen, informieren sie die Arbeitnehmervertretungen und Sprecherausschüsse in den beteiligten Gesellschaften, betroffenen Tochtergesellschaften und betroffenen Betrieben über das Verschmelzungsvorhaben. Besteht keine Arbeitnehmervertretung, erfolgt die Information gegenüber den Arbeitnehmern. Die Information erfolgt unaufgefordert und unverzüglich nach Offenlegung des Verschmelzungsplans.

(3) Die Information erstreckt sich insbesondere auf

1. die Identität und Struktur der beteiligten Gesellschaften, betroffenen Tochtergesellschaften und betroffenen Betriebe und deren Verteilung auf die Mitgliedstaaten,
2. die in diesen Gesellschaften und Betrieben bestehenden Arbeitnehmervertretungen,
3. die Zahl der in diesen Gesellschaften und Betrieben jeweils beschäftigten Arbeitnehmer sowie die daraus zu errechnende Gesamtzahl der in einem Mitgliedstaat beschäftigten Arbeitnehmer und
4. die Zahl der Arbeitnehmer, denen Mitbestimmungsrechte in den Organen dieser Gesellschaften zustehen.

(4) Maßgeblicher Zeitpunkt für die Ermittlung der Zahl der Arbeitnehmer ist der Zeitpunkt der Information nach Absatz 2.

§ 7
Zusammensetzung des besonderen Verhandlungsgremiums

(1) Für die in jedem Mitgliedstaat beschäftigten Arbeitnehmer der beteiligten Gesellschaften, betroffenen Tochtergesellschaften und betroffenen Betriebe werden Mitglieder für das besondere Verhandlungsgremium gewählt oder bestellt. Für jeden Anteil der in einem Mitgliedstaat beschäftigten Arbeitnehmer, der 10 Prozent der Gesamtzahl der in allen Mitgliedstaaten beschäftigten Arbeitnehmer der beteiligten Gesellschaften und der betroffenen Tochtergesellschaften oder betroffenen Betriebe oder einen Bruchteil davon beträgt, ist ein Mitglied aus diesem Mitgliedstaat in das besondere Verhandlungsgremium zu wählen oder zu bestellen.

(2) Es sind so viele zusätzliche Mitglieder in das besondere Verhandlungsgremium zu wählen oder zu bestellen, wie erforderlich sind, um zu gewährleisten, dass jede eingetragene beteiligte Gesellschaft durch mindestens ein Mitglied in dem besonderen Verhandlungsgremium vertreten ist. Diese Gesellschaft muss Arbeitnehmer in dem betreffenden Mitgliedstaat beschäftigen und als Folge der geplanten grenzüberschreitenden Verschmelzung als eigene Rechtspersönlichkeit erlöschen. Die Wahl oder Bestellung darf nicht zu einer Doppelvertretung der betroffenen Arbeitnehmer führen.

(3) Die Zahl der zusätzlichen Mitglieder darf 20 Prozent der sich aus Absatz 1 ergebenden Mitgliederzahl nicht überschreiten. Kann danach nicht jede nach Absatz 2 besonders zu berücksichtigende Gesellschaft durch ein zusätzliches Mitglied im besonderen Verhandlungsgremium vertreten werden, so werden diese Gesellschaften in absteigender Reihenfolge der Zahl der bei ihnen beschäftigten Arbeitnehmer berücksichtigt. Dabei ist zu gewährleisten, dass ein Mitgliedstaat nicht mehrere zusätzliche Sitze erhält, solange nicht alle anderen Mitgliedstaaten, aus denen die nach Absatz 2 besonders zu berücksichtigenden Gesellschaften stammen, einen Sitz erhalten haben.

(4) Treten während der Tätigkeitsdauer des besonderen Verhandlungsgremiums solche Änderungen in der Struktur oder Arbeitnehmerzahl der beteiligten Gesellschaften, der betroffenen Tochtergesellschaften oder der betroffenen Betriebe ein, dass sich die konkrete Zusammensetzung des besonderen Verhandlungsgremiums ändern würde, so ist das besondere Verhandlungsgremium entsprechend neu zusammenzusetzen. Über solche Änderungen haben die zuständigen Leitungen unverzüglich das besondere Verhandlungsgremium zu informieren. § 6 Abs. 2 bis 4 gilt entsprechend.

§ 8
Persönliche Voraussetzungen der auf das Inland entfallenden Mitglieder des besonderen Verhandlungsgremiums

(1) Die persönlichen Voraussetzungen der Mitglieder des besonderen Verhandlungsgremiums richten sich nach den jeweiligen Bestimmungen der Mitgliedstaaten, in denen sie gewählt oder bestellt werden.

(2) Zu Mitgliedern des besonderen Verhandlungsgremiums wählbar sind im Inland Arbeitnehmer der Gesellschaften und Betriebe sowie Gewerkschaftsvertreter. Frauen und Männer sollen entsprechend ihrem zahlenmäßigen Verhältnis gewählt werden. Für jedes Mitglied ist ein Ersatzmitglied zu wählen.

(3) Gehören dem besonderen Verhandlungsgremium mehr als zwei Mitglieder aus dem Inland an, ist jedes dritte Mitglied ein Vertreter einer Gewerkschaft, die in einer an der Verschmelzung beteiligten Gesellschaft, betroffenen Tochtergesellschaft oder einem betroffenen Betrieb vertreten ist.

(4) Gehören dem besonderen Verhandlungsgremium mehr als sechs Mitglieder aus dem Inland an, ist mindestens jedes siebte Mitglied ein leitender Angestellter.

§ 9
Verteilung der auf das Inland entfallenden Sitze des besonderen Verhandlungsgremiums

(1) Die Wahl oder Bestellung der Mitglieder des besonderen Verhandlungsgremiums nach § 7 erfolgt nach den jeweiligen Bestimmungen der Mitgliedstaaten.

(2) Bei der Wahl der auf das Inland entfallenden Mitglieder des besonderen Verhandlungsgremiums sollen alle an der Verschmelzung beteiligten Gesellschaften mit Sitz im Inland, die Arbeitnehmer im Inland beschäftigen, durch mindestens ein Mitglied im besonderen Verhandlungsgremium vertreten sein.

(3) Ist die Anzahl der auf das Inland entfallenden Mitglieder des besonderen Verhandlungsgremiums geringer als die Anzahl der an der Verschmelzung beteiligten Gesellschaften mit Sitz im Inland, die Arbeitnehmer im Inland beschäftigen, so erhalten die Gesellschaften in absteigender Reihenfolge der Zahl der Arbeitnehmer jeweils einen Sitz.

(4) Ist die Anzahl der auf das Inland entfallenden Mitglieder des besonderen Verhandlungsgremiums höher als die Anzahl der an der Verschmelzung beteiligten Gesellschaften mit Sitz im Inland, die Arbeitnehmer im Inland beschäftigen, so sind die nach erfolgter Verteilung nach Absatz 2 verbleibenden Sitze nach dem d'Hondtschen Höchstzahlverfahren auf die beteiligten Gesellschaften, die betroffenen Tochtergesellschaften oder die betroffenen Betriebe zu verteilen.

(5) Sind keine Gesellschaften mit Sitz im Inland an der Verschmelzung beteiligt, sondern von ihr nur Tochtergesellschaften oder Betriebe ausländischer Gesellschaften betroffen, gelten die Absätze 2 bis 4 entsprechend.

Kapitel 2
Wahlgremium

§ 10
Zusammensetzung des Wahlgremiums; Urwahl

(1) Die nach diesem Gesetz oder dem Gesetz eines anderen Mitgliedstaats auf die im Inland beschäftigten Arbeitnehmer der an der Verschmelzung beteiligten Gesellschaften, betroffenen Tochtergesellschaften und betroffenen Betriebe entfallenden Mitglieder des besonderen Verhandlungsgremiums werden von einem Wahlgremium in geheimer und unmittelbarer Wahl gewählt. Im Fall des § 8 Abs. 3 ist jedes dritte Mitglied auf Vorschlag einer Gewerkschaft zu wählen, die in einer an der Verschmelzung beteiligten Gesellschaft, einer betroffenen Tochtergesellschaft oder einem betroffenen Betrieb vertreten ist. Wird nur ein Wahlvorschlag gemacht, muss dieser mindestens doppelt so viele Bewerber enthalten wie Vertreter von Gewerkschaften zu wählen sind. Jeder Wahlvorschlag einer Gewerkschaft muss von einem Vertreter der Gewerkschaft unterzeichnet sein. Im Fall des § 8 Abs. 4 ist jedes siebte Mitglied auf Vorschlag der Sprecherausschüsse zu wählen; Satz 3 gilt entsprechend. Besteht in einer beteiligten Gesellschaft oder in einer der beteiligten Tochtergesellschaften oder den betroffenen Betrieben kein Sprecherausschuss, können die leitenden Angestellten Wahlvorschläge machen; ein Wahlvorschlag muss von einem Zwanzigstel oder 50 der wahlberechtigten leitenden Angestellten unterzeichnet sein.

(2) Ist aus dem Inland nur eine Unternehmensgruppe an der Verschmelzung beteiligt, besteht das Wahlgremium aus den Mitgliedern des Konzernbetriebsrates oder, sofern ein solcher nicht besteht, aus den Mitgliedern der Gesamtbetriebsräte oder, sofern ein solcher in einem Unternehmen nicht besteht, aus den Mitgliedern des Betriebsrates. Betriebsratslose Betriebe und Unternehmen einer Unternehmensgruppe werden vom Konzernbetriebsrat, Gesamtbetriebsrat oder Betriebsrat mit vertreten.

(3) Ist aus dem Inland nur ein Unternehmen an der Verschmelzung beteiligt, besteht das Wahlgremium aus den Mitgliedern des Gesamtbetriebsrates oder, sofern ein solcher nicht besteht, aus den Mitgliedern des Betriebsrates. Betriebsratslose Betriebe eines Unternehmens werden vom Gesamtbetriebsrat oder Betriebsrat mit vertreten.

(4) Ist aus dem Inland nur ein Betrieb von der Verschmelzung betroffen, besteht das Wahlgremium aus den Mitgliedern des Betriebsrates.

(5) Sind an der Verschmelzung eine oder mehrere Unternehmensgruppen oder nicht verbundene Unternehmen beteiligt oder sind von der Gründung unternehmensunabhängige Betriebe betroffen, setzt sich das Wahlgremium aus den jeweiligen Arbeitnehmervertretungen auf Konzernebene, Unternehmensebene oder Betriebsebene zusammen. Die Absätze 2 bis 4 gelten entsprechend. Ist in den Fällen des Satzes 1 eine entsprechende Arbeitnehmervertretung nicht vorhanden, werden diese Mitglieder des Wahlgremiums von den Arbeitnehmern in Urwahl gewählt. Die Wahl wird von einem Wahlvorstand eingeleitet und durchgeführt, der in einer Versammlung der Arbeitnehmer gewählt wird, zu der die inländische Konzernleitung, Unternehmensleitung oder Betriebsleitung einlädt. Es sind so viele Mitglieder des Wahlgremiums zu wählen, wie eine bestehende Arbeitnehmervertretung in den Fällen der Absätze 2 bis 4 an gesetzlichen Mitgliedern hätte; für das Wahlverfahren gilt Absatz 7 Satz 3 bis 5 entsprechend.

(6) Das Wahlgremium besteht aus höchstens 40 Mitgliedern. Würde diese Höchstzahl überschritten, ist die Anzahl der Mitglieder in dem Wahlgremium entsprechend ihrem zahlenmäßigen Verhältnis nach dem d'Hondtschen Höchstzahlverfahren zu verringern.

(7) Besteht in den Fällen der Absätze 2 bis 5 keine Arbeitnehmervertretung, wählen die Arbeitnehmer die Mitglieder des besonderen Verhandlungsgremiums in geheimer und unmittelbarer Wahl. Die Wahl wird von einem Wahlvorstand eingeleitet und durchgeführt, der in einer Versammlung der Arbeitnehmer gewählt wird, zu der die inländische Konzernleitung, Unternehmensleitung oder Betriebsleitung einlädt. Die Wahl der Mitglieder des besonderen Verhandlungsgremiums erfolgt nach den Grundsätzen der Verhältniswahl. Sie erfolgt nach den Grundsätzen der Mehrheitswahl, wenn nur ein Wahlvorschlag eingereicht wird. Jeder Wahlvorschlag der Arbeitnehmer muss von mindestens einem Zwanzigstel der wahlberechtigten Arbeitnehmer, mindestens jedoch von drei Wahlberechtigten, höchstens aber von 50 Wahlberechtigten unterzeichnet sein; in Betrieben mit in der Regel bis zu 20 wahlberechtigten Arbeitnehmern genügt die Unterzeichnung durch zwei Wahlberechtigte. Absatz 1 Satz 2 bis 6 gilt entsprechend.

§ 11
Einberufung des Wahlgremiums

(1) Auf der Grundlage der von den Leitungen erhaltenen Informationen hat der Vorsitzende der Arbeitnehmervertretung auf Konzernebene oder, sofern eine solche nicht besteht, auf Unternehmensebene oder, sofern eine solche nicht besteht, auf Betriebsebene

1. Ort, Tag und Zeit der Versammlung des Wahlgremiums festzulegen;
2. die Anzahl der Mitglieder aus den jeweiligen Arbeitnehmervertretungen nach § 10 Abs. 6 festzulegen;
3. zur Versammlung des Wahlgremiums einzuladen.

(2) Bestehen auf einer Ebene mehrere Arbeitnehmervertretungen, treffen die Verpflichtungen nach Absatz 1 den Vorsitzenden der Arbeitnehmervertretung, die die meisten Arbeitnehmer vertritt.

§ 12
Wahl der Mitglieder des besonderen Verhandlungsgremiums

(1) Bei der Wahl müssen mindestens zwei Drittel der Mitglieder des Wahlgremiums, die mindestens zwei Drittel der Arbeitnehmer vertreten, anwesend sein. Die Mitglieder des Wahlgremiums haben jeweils so viele Stimmen, wie sie Arbeitnehmer vertreten. Die Wahl erfolgt mit einfacher Mehrheit der abgegebenen Stimmen.

(2) Im Wahlgremium vertreten die Arbeitnehmervertretungen und die in Urwahl gewählten Mitglieder jeweils alle Arbeitnehmer der organisatorischen Einheit, für die sie nach § 10 Abs. 2 bis 5 zuständig sind. Nicht nach Satz 1 vertretene Arbeitnehmer werden den Arbeitnehmervertretungen innerhalb der jeweiligen Unternehmensgruppe zu gleichen Teilen zugerechnet.

(3) Sind für eine Arbeitnehmervertretung mehrere Mitglieder im Wahlgremium vertreten, werden die entsprechend der von ihnen vertretenen Arbeitnehmer bestehenden Stimmenanteile gleichmäßig aufgeteilt. Dies gilt auch für die nach § 10 Abs. 5 Satz 3 gewählten Mitglieder des Wahlgremiums.

Kapitel 3
Verhandlungsverfahren

§ 13
Information über die Mitglieder des besonderen Verhandlungsgremiums

(1) Die Wahl oder Bestellung der Mitglieder des besonderen Verhandlungsgremiums soll innerhalb von zehn Wochen nach der in § 6 Abs. 2 und 3 vorgeschriebenen Information erfolgen. Den Leitungen sind unverzüglich die Namen der Mitglieder des besonderen Verhandlungsgremiums, ihre Anschriften sowie die jeweilige Betriebszugehörigkeit mitzuteilen. Die Leitungen haben die örtlichen Betriebs- und Unternehmensleitungen, die dort bestehenden Arbeitnehmervertretungen und Sprecherausschüsse sowie die in inländischen Betrieben vertretenen Gewerkschaften über diese Angaben zu informieren.

(2) Das Verhandlungsverfahren nach den §§ 14 bis 19 findet auch dann statt, wenn die in Absatz 1 Satz 1 genannte Frist aus Gründen, die die Arbeitnehmer zu vertreten haben, überschritten wird. Nach Ablauf der Frist gewählte oder bestellte Mitglieder können sich jederzeit an dem Verhandlungsverfahren beteiligen.

§ 14
Sitzungen; Geschäftsordnung

(1) Die Leitungen laden unverzüglich nach Benennung der Mitglieder oder im Fall des § 13 nach Ablauf der in § 13 Abs. 1 Satz 1 genannten Frist zur konstituierenden Sitzung des besonderen Verhandlungsgremiums ein und informieren die örtlichen Betriebs- und Unternehmensleitungen. Das besondere Verhandlungsgremium wählt aus seiner Mitte einen Vorsitzenden und mindestens zwei Stellvertreter. Es kann sich eine schriftliche Geschäftsordnung geben.

(2) Der Vorsitzende kann weitere Sitzungen einberufen.

§ 15
Zusammenarbeit zwischen besonderem Verhandlungsgremium und Leitungen

(1) Das besondere Verhandlungsgremium schließt mit den Leitungen eine schriftliche Vereinbarung über die Mitbestimmung der Arbeitnehmer in der aus der grenzüberschreitenden Verschmelzung hervorgehenden Gesellschaft ab. Zur Erfüllung dieser Aufgabe arbeiten sie vertrauensvoll zusammen.

(2) Die Leitungen haben dem besonderen Verhandlungsgremium rechtzeitig alle erforderlichen Auskünfte zu erteilen und die erforderlichen Unterlagen zur Verfügung zu stellen. Das besondere Verhandlungsgremium ist insbesondere über das Verschmelzungsvorhaben und den Verlauf des Verfahrens bis zur Eintragung der aus der grenzüberschreitenden Verschmelzung hervorgehenden Gesellschaft zu unterrichten. Zeitpunkt, Häufigkeit und Ort der Verhandlungen werden zwischen den Leitungen und dem besonderen Verhandlungsgremium einvernehmlich festgelegt.

§ 16
Sachverständige und Vertreter von geeigneten außenstehenden Organisationen

(1) Das besondere Verhandlungsgremium kann bei den Verhandlungen Sachverständige seiner Wahl, zu denen auch Vertreter von einschlägigen Gewerkschaftsorganisationen auf Gemeinschaftsebene zählen können, hinzuziehen, um sich von ihnen bei seiner Arbeit unterstützen zu lassen. Diese Sachverständigen können, wenn das besondere Verhandlungsgremium es wünscht, an den Verhandlungen in beratender Funktion teilnehmen.

(2) Das besondere Verhandlungsgremium kann beschließen, die Vertreter von geeigneten außenstehenden Organisationen vom Beginn der Verhandlungen zu unterrichten.

§ 17
Beschlussfassung im besonderen Verhandlungsgremium

(1) Die Mitglieder des besonderen Verhandlungsgremiums, die in einem Mitgliedstaat gewählt oder bestellt werden, vertreten alle in dem jeweiligen Mitgliedstaat beschäftigten Arbeitnehmer. Solange aus einem Mitgliedstaat

keine Mitglieder in das besondere Verhandlungsgremium gewählt oder bestellt sind (§ 13 Abs. 2), gelten die betroffenen Arbeitnehmer als nicht vertreten.

(2) Das besondere Verhandlungsgremium beschließt vorbehaltlich des Absatzes 3 und § 18 Abs. 1 mit der Mehrheit seiner Mitglieder, in der zugleich die Mehrheit der vertretenen Arbeitnehmer enthalten sein muss. Jedes auf das Inland entfallende Mitglied vertritt gleich viele Arbeitnehmer.

(3) Hätten die Verhandlungen eine Minderung der Mitbestimmungsrechte zur Folge, so ist für einen Beschluss zur Billigung einer solchen Vereinbarung eine Mehrheit von zwei Dritteln der Mitglieder des besonderen Verhandlungsgremiums erforderlich, die mindestens zwei Drittel der Arbeitnehmer in mindestens zwei Mitgliedstaaten vertreten. Dies gilt, sofern sich die Mitbestimmung auf mindestens 25 Prozent der Gesamtzahl der Arbeitnehmer der beteiligten Gesellschaften und der betroffenen Tochtergesellschaften erstreckt.

(4) Minderung der Mitbestimmungsrechte bedeutet, dass

1. der Anteil der Arbeitnehmervertreter
   a) im Verwaltungs- oder Aufsichtsorgan,
   b) in Ausschüssen, in denen die Mitbestimmung der Arbeitnehmer erfolgt, oder
   c) im Leitungsgremium, das für die Ergebniseinheiten der Gesellschaften zuständig ist,

   geringer ist als der höchste in den beteiligten Gesellschaften bestehende Anteil oder
2. das Recht, Mitglieder des Aufsichts- oder Verwaltungsorgans der Gesellschaft zu wählen, zu bestellen, zu empfehlen oder abzulehnen, beseitigt oder eingeschränkt wird.

§ 18
Nichtaufnahme oder Abbruch der Verhandlungen

Das besondere Verhandlungsgremium kann beschließen, keine Verhandlungen aufzunehmen oder bereits aufgenommene Verhandlungen abzubrechen. Für diesen Beschluss ist eine Mehrheit von zwei Dritteln der Mitglieder erforderlich, die mindestens zwei Drittel der Arbeitnehmer in mindestens zwei Mitgliedstaaten vertreten. Die Vorschriften über die Mitbestimmung der Arbeitnehmer, die in dem Mitgliedstaat gelten, in dem die aus der grenzüberschreitenden Verschmelzung hervorgehende Gesellschaft ihren Sitz haben wird, finden Anwendung.

§ 19
Niederschrift

In eine Niederschrift, die vom Vorsitzenden und einem weiteren Mitglied des besonderen Verhandlungsgremiums zu unterzeichnen ist, sind aufzunehmen

1. ein Beschluss über den Abschluss einer Vereinbarung nach § 15 Abs. 1,
2. ein Beschluss über die Nichtaufnahme oder den Abbruch der Verhandlungen nach § 18 und
3. die jeweiligen Mehrheiten, mit denen die Beschlüsse gefasst worden sind.

Eine Abschrift der Niederschrift ist den Leitungen zu übermitteln.

§ 20
Kosten des besonderen Verhandlungsgremiums

Die durch die Bildung und Tätigkeit des besonderen Verhandlungsgremiums entstehenden erforderlichen Kosten tragen die beteiligten Gesellschaften und nach ihrer Verschmelzung die aus der grenzüberschreitenden Verschmelzung hervorgehende Gesellschaft als Gesamtschuldner. Insbesondere sind für die Sitzungen in erforderlichem Umfang Räume, sachliche Mittel, Dolmetscher und Büropersonal zur Verfügung zu stellen sowie die erforderlichen Reise- und Aufenthaltskosten der Mitglieder des besonderen Verhandlungsgremiums zu tragen.

§ 21
Dauer der Verhandlungen

(1) Die Verhandlungen beginnen mit der Einsetzung des besonderen Verhandlungsgremiums und können bis zu sechs Monate dauern. Einsetzung bezeichnet den Tag, zu dem die Leitungen zur konstituierenden Sitzung des besonderen Verhandlungsgremiums eingeladen haben.

(2) Die Parteien können einvernehmlich beschließen, die Verhandlungen über den in Absatz 1 genannten Zeitraum hinaus bis zu insgesamt einem Jahr ab der Einsetzung des besonderen Verhandlungsgremiums fortzusetzen.

Teil 3
Mitbestimmung der Arbeitnehmer

Kapitel 1
Mitbestimmung kraft Vereinbarung

§ 22
Inhalt der Vereinbarung

(1) In der schriftlichen Vereinbarung zwischen den Leitungen und dem besonderen Verhandlungsgremium wird, unbeschadet der Autonomie der Parteien im Übrigen, festgelegt:

1. der Geltungsbereich der Vereinbarung, einschließlich der außerhalb des Hoheitsgebietes der Mitgliedstaaten liegenden Unternehmen und Betriebe, sofern diese in den Geltungsbereich einbezogen werden;
2. der Zeitpunkt des Inkrafttretens der Vereinbarung und ihre Laufzeit; ferner die Fälle, in denen die Vereinbarung neu ausgehandelt werden soll, und das dabei anzuwendende Verfahren;
3. die Zahl der Mitglieder des Aufsichts- oder Verwaltungsorgans der aus der grenzüberschreitenden Verschmelzung hervorgehenden Gesellschaft, welche die Arbeitnehmer wählen oder bestellen können oder deren Bestellung sie empfehlen oder ablehnen können;
4. das Verfahren, nach dem die Arbeitnehmer diese Mitglieder wählen oder bestellen oder deren Bestellung empfehlen oder ablehnen können, und
5. die Rechte dieser Mitglieder.

(2) In der Vereinbarung soll festgelegt werden, dass auch vor strukturellen Änderungen der aus der grenzüberschreitenden Verschmelzung hervorgehenden Gesellschaft Verhandlungen über die Mitbestimmung der Arbeitnehmer aufgenommen werden. Die Parteien können das dabei anzuwendende Verfahren regeln.

(3) Die Vereinbarung kann bestimmen, dass die Regelungen der §§ 23 bis 27 über die Mitbestimmung kraft Gesetzes ganz oder in Teilen gelten.

(4) Steht die Satzung der aus einer grenzüberschreitenden Verschmelzung hervorgehenden Gesellschaft im Widerspruch zu den Regelungen über die Mitbestimmung kraft Vereinbarung, ist die Satzung anzupassen.

Kapitel 2
Mitbestimmung kraft Gesetzes

§ 23
Voraussetzung

(1) Die Regelungen dieses Kapitels finden ab dem Zeitpunkt der Eintragung der aus der grenzüberschreitenden Verschmelzung hervorgehenden Gesellschaft Anwendung, wenn

1. die Parteien dies vereinbaren oder
2. bis zum Ende des in § 21 angegebenen Zeitraums keine Vereinbarung zustande gekommen ist und das besondere Verhandlungsgremium keinen Beschluss nach § 18 gefasst hat oder
3. die Leitungen der an der Verschmelzung beteiligten Gesellschaften entscheiden, diese Regelungen ohne vorhergehende Verhandlung unmittelbar ab dem Zeitpunkt der Eintragung anzuwenden.

In den Fällen des Satzes 1 Nr. 2 und 3 muss vor der Eintragung der aus der grenzüberschreitenden Verschmelzung hervorgehenden Gesellschaft in einer oder mehreren der beteiligten Gesellschaften eine oder mehrere Formen der Mitbestimmung bestanden haben, die

1. sich auf mindestens ein Drittel der Gesamtzahl der Arbeitnehmer aller beteiligten Gesellschaften und betroffenen Tochtergesellschaften erstreckte oder
2. sich auf weniger als ein Drittel der Gesamtzahl der Arbeitnehmer aller beteiligten Gesellschaften und betroffenen Tochtergesellschaften erstreckte und das besondere Verhandlungsgremium einen entsprechenden Beschluss fasst.

(2) Bestand in den Fällen von Absatz 1 mehr als eine Form der Mitbestimmung im Sinne des § 2 Abs. 7 in den verschiedenen beteiligten Gesellschaften, so entscheidet das besondere Verhandlungsgremium, welche von ihnen in der aus der grenzüberschreitenden Verschmelzung hervorgehenden Gesellschaft eingeführt wird. Wenn das besondere Verhandlungsgremium keinen solchen Beschluss fasst und eine inländische Gesellschaft, deren Arbeitnehmern Mitbestimmungsrechte zustehen, an der Verschmelzung beteiligt ist, ist die Mitbestimmung nach § 2 Abs. 7 Nr. 1 maßgeblich. Ist keine inländische Gesellschaft, deren Arbeitnehmern Mitbestimmungsrechte zustehen, beteiligt, findet die Form der Mitbestimmung nach § 2 Abs. 7 Anwendung, die sich auf die höchste Zahl der in den beteiligten Gesellschaften beschäftigten Arbeitnehmer erstreckt.

(3) Das besondere Verhandlungsgremium unterrichtet die Leitungen über die Beschlüsse, die es nach Absatz 1 Satz 2 Nr. 2 und Absatz 2 Satz 1 gefasst hat.

§ 24
Umfang der Mitbestimmung

(1) Die Arbeitnehmer der aus der grenzüberschreitenden Verschmelzung hervorgehenden Gesellschaft, ihrer Tochtergesellschaften und Betriebe oder ihr Vertretungsorgan haben das Recht, einen Teil der Mitglieder des Aufsichts- oder Verwaltungsorgans der aus der grenzüberschreitenden Verschmelzung hervorgehenden Gesellschaft zu wählen oder zu bestellen oder deren Bestellung zu empfehlen oder abzulehnen. Die Zahl dieser Arbeitnehmervertreter im Aufsichts- oder Verwaltungsorgan der aus der grenzüberschreitenden Verschmelzung hervorgehenden Gesellschaft bemisst sich nach dem höchsten Anteil an Arbeitnehmervertretern, der in den Organen der beteiligten Gesellschaften vor der Eintragung der aus der grenzüberschreitenden Verschmelzung hervorgehenden Gesellschaft bestanden hat.

(2) Handelt es sich bei der aus einer grenzüberschreitenden Verschmelzung hervorgehenden Gesellschaft nach Absatz 1 um eine Gesellschaft mit beschränkter Haftung, so ist in dieser Gesellschaft ein Aufsichtsrat zu bilden. § 90 Abs. 3, 4, 5 Satz 1 und 2, §§ 95 bis 116, 118 Abs. 3, § 125 Abs. 3 und 4 und §§ 170, 171, 268 Abs. 2 des Aktiengesetzes sind entsprechend anzuwenden, soweit nicht in den Vorschriften dieses Gesetzes ein anderes bestimmt ist.

(3) Steht die Satzung der aus einer grenzüberschreitenden Verschmelzung hervorgehenden Gesellschaft im Widerspruch zu den Regelungen über die Mitbestimmung kraft Gesetzes, ist die Satzung anzupassen.

§ 25
Sitzverteilung

(1) Das besondere Verhandlungsgremium verteilt die Zahl der Sitze im Aufsichts- oder Verwaltungsorgan auf die Mitgliedstaaten, in denen Mitglieder zu wählen oder zu bestellen sind. Die Verteilung richtet sich nach dem jeweiligen Anteil der in den einzelnen Mitgliedstaaten beschäftigten Arbeitnehmer der aus der grenzüberschreitenden Verschmelzung hervorgehenden Gesellschaft, ihrer Tochtergesellschaften und Betriebe. Können bei dieser anteiligen Verteilung die Arbeitnehmer aus einem oder mehreren Mitgliedstaaten keinen Sitz erhalten, so hat das besondere Verhandlungsgremium den letzten zu verteilenden Sitz einem bisher unberücksichtigten Mitgliedstaat zuzuweisen. Dieser Sitz soll, soweit angemessen, dem Mitgliedstaat zugewiesen werden, in dem die aus der grenzüberschreitenden Verschmelzung hervorgehende Gesellschaft ihren Sitz haben wird. Dieses Verteilungsverfahren gilt auch in dem Fall, in dem die Arbeitnehmer der aus der grenzüberschreitenden Verschmelzung hervorgehenden Gesellschaft Mitglieder dieser Organe empfehlen oder ablehnen können.

(2) Soweit die Mitgliedstaaten über die Besetzung der ihnen zugewiesenen Sitze keine eigenen Regelungen treffen, bestimmt das besondere Verhandlungsgremium die Arbeitnehmervertreter im Aufsichts- oder Verwaltungsorgan der aus der grenzüberschreitenden Verschmelzung hervorgehenden Gesellschaft.

(3) Die Ermittlung der auf das Inland entfallenden Arbeitnehmervertreter des Aufsichts- oder Verwaltungsorgans der aus einer grenzüberschreitenden Verschmelzung hervorgehenden Gesellschaft erfolgt durch ein Wahlgremium, das sich aus den Arbeitnehmervertretungen der aus einer grenzüberschreitenden Verschmelzung hervorgehenden Gesellschaft, ihrer Tochtergesellschaften und Betriebe zusammensetzt. Für das Wahlverfahren gelten § 8 Abs. 2 bis 4, § 10 Abs. 1 Satz 2 bis 5, Abs. 2 bis 7 und die §§ 11 und 12 entsprechend mit der Maßgabe, dass an die Stelle der beteiligten Gesellschaften, betroffenen Tochtergesellschaften und betroffenen Betriebe die aus der grenzüberschreitenden Verschmelzung hervorgehende Gesellschaft, ihre Tochtergesellschaften und Betriebe treten. Das Wahlergebnis ist der Leitung der aus der grenzüberschreitenden Verschmelzung hervorgehenden Gesellschaft, den

Arbeitnehmervertretungen, den Gewählten, den Sprecherausschüssen und Gewerkschaften mitzuteilen. Die Leitung hat die Namen der Gewählten in den Betrieben des Unternehmens bekannt zu machen.

§ 26
Abberufung und Anfechtung

(1) Ein Mitglied oder ein Ersatzmitglied der Arbeitnehmer aus dem Inland im Aufsichts- oder Verwaltungsorgan kann vor Ablauf der Amtszeit abberufen werden. Antragsberechtigt sind

1. die Arbeitnehmervertretungen, die das Wahlgremium gebildet haben;
2. in den Fällen der Urwahl mindestens drei wahlberechtigte Arbeitnehmer;
3. für ein Mitglied nach § 8 Abs. 3 nur die Gewerkschaft, die das Mitglied vorgeschlagen hat;
4. für ein Mitglied nach § 8 Abs. 4 nur der Sprecherausschuss, der das Mitglied vorgeschlagen hat.

Für das Abberufungsverfahren gelten die §§ 10 bis 12 entsprechend mit der Maßgabe, dass an die Stelle der beteiligten Gesellschaften, betroffenen Tochtergesellschaften und betroffenen Betriebe die aus der grenzüberschreitenden Verschmelzung hervorgehende Gesellschaft, ihre Tochtergesellschaften und Betriebe treten; abweichend von § 10 Abs. 5 und § 12 Abs. 1 Satz 3 bedarf der Beschluss einer Mehrheit von drei Vierteln der abgegebenen Stimmen.

(2) Die Wahl eines Mitglieds oder eines Ersatzmitglieds der Arbeitnehmer aus dem Inland im Aufsichts- oder Verwaltungsorgan kann angefochten werden, wenn gegen wesentliche Vorschriften über das Wahlrecht, die Wählbarkeit oder das Wahlverfahren verstoßen worden und eine Berichtigung nicht erfolgt ist, es sei denn, dass durch den Verstoß das Wahlergebnis nicht geändert oder beeinflusst werden konnte. Zur Anfechtung berechtigt sind die in Absatz 1 Satz 2 Genannten und die Leitung der aus der grenzüberschreitenden Verschmelzung hervorgegangenen Gesellschaft. Die Klage muss innerhalb eines Monats nach der Bekanntgabe gemäß § 25 Abs. 3 Satz 2 oder 3 erhoben werden.

§ 27
Rechtsstellung; Innere Ordnung

(1) Die Arbeitnehmervertreter im Aufsichts- oder Verwaltungsorgan der aus der grenzüberschreitenden Verschmelzung hervorgehenden Gesellschaft haben die gleichen Rechte und Pflichten wie die Mitglieder, die die Anteilseigner vertreten.

(2) Die Zahl der Mitglieder der Leitung beträgt mindestens zwei. Einer von ihnen ist für den Bereich Arbeit und Soziales zuständig. Dies gilt nicht für die Kommanditgesellschaft auf Aktien.

(3) Besteht in einer der beteiligten Gesellschaften das Aufsichtsorgan aus derselben Zahl von Anteilseigner- und Arbeitnehmervertretern sowie einem weiteren Mitglied, so ist auch im Aufsichts- oder Verwaltungsorgan der aus der grenzüberschreitenden Verschmelzung hervorgehenden Gesellschaft ein weiteres Mitglied auf gemeinsamen Vorschlag der Anteilseigner- und der Arbeitnehmervertreter zu wählen.

§ 28
Tendenzunternehmen

Auf eine aus einer grenzüberschreitenden Verschmelzung hervorgehende Gesellschaft, die unmittelbar und überwiegend

1. politischen, koalitionspolitischen, konfessionellen, karitativen, erzieherischen, wissenschaftlichen oder künstlerischen Bestimmungen oder
2. Zwecken der Berichterstattung oder Meinungsäußerung, auf die Artikel 5 Abs. 1 Satz 2 des Grundgesetzes anzuwenden ist,

dient, finden Kapitel 2 und § 30 keine Anwendung.

Kapitel 3
Verhältnis zum nationalen Recht

§ 29
Fortbestehen nationaler Arbeitnehmervertretungsstrukturen

Regelungen über die Arbeitnehmervertretungen und deren Strukturen in einer beteiligten Gesellschaft mit Sitz im Inland, die durch die Verschmelzung als eigenständige juristische Person erlischt, bestehen nach Eintragung der aus der grenzüberschreitenden Verschmelzung hervorgehenden Gesellschaft fort. Die Leitung der aus der grenzüberschreitenden Verschmelzung hervorgegangenen Gesellschaft stellt sicher, dass diese Arbeitnehmervertretungen ihre Aufgaben weiterhin wahrnehmen können.

§ 30
Nachfolgende innerstaatliche Verschmelzungen

Bei innerstaatlichen Verschmelzungen, die einer grenzüberschreitenden Verschmelzung nachfolgen, richtet sich die Mitbestimmung der Arbeitnehmer entsprechend § 4 nach den nationalen Regelungen. Sehen diese Regelungen nicht mindestens den in der aus der grenzüberschreitenden Verschmelzung hervorgegangenen Gesellschaft bestehenden Umfang an Mitbestimmung im Sinne des § 5 Nr. 2 vor, gelten die für diese Gesellschaft maßgeblichen Regelungen über die Mitbestimmung für die Dauer von drei Jahren ab deren Eintragung in der aus der innerstaatlichen Verschmelzung hervorgehenden Gesellschaft fort.

Teil 4
Schutzbestimmungen

§ 31
Geheimhaltung; Vertraulichkeit

(1) Informationspflichten der Leitungen und der Leitung der aus einer grenzüberschreitenden Verschmelzung hervorgehenden Gesellschaft nach diesem Gesetz bestehen nur, soweit bei Zugrundelegung objektiver Kriterien dadurch nicht Betriebs- oder Geschäftsgeheimnisse der an der Verschmelzung beteiligten Gesellschaften, der aus der grenzüberschreitenden Verschmelzung hervorgehenden Gesellschaft oder deren jeweiliger Tochtergesellschaften und Betriebe gefährdet werden.

(2) Die Mitglieder und Ersatzmitglieder eines besonderen Verhandlungsgremiums sind unabhängig von ihrem Aufenthaltsort verpflichtet, Betriebs- oder Geschäftsgeheimnisse, die ihnen wegen ihrer Zugehörigkeit zum besonderen Verhandlungsgremium bekannt geworden und von der Leitung ausdrücklich als geheimhaltungsbedürftig bezeichnet worden sind, nicht zu offenbaren und nicht zu verwerten. Dies gilt auch nach dem Ausscheiden aus dem besonderen Verhandlungsgremium.

(3) Die Pflicht zur Vertraulichkeit der Mitglieder und Ersatzmitglieder eines besonderen Verhandlungsgremiums nach Absatz 2 gilt nicht gegenüber

1. den Mitgliedern und Ersatzmitgliedern des besonderen Verhandlungsgremiums,
2. den Arbeitnehmervertretern im Aufsichts- oder Verwaltungsorgan der aus der grenzüberschreitenden Verschmelzung hervorgehenden Gesellschaft sowie
3. den Dolmetschern und Sachverständigen, die zur Unterstützung herangezogen werden.

(4) Die Pflicht zur Vertraulichkeit nach Absatz 2 gilt entsprechend für die Sachverständigen und Dolmetscher.

§ 32
Schutz der Arbeitnehmervertreter

Bei der Wahrnehmung ihrer Aufgaben genießen

1. die Mitglieder des besonderen Verhandlungsgremiums und
2. die Arbeitnehmervertreter im Aufsichts- oder Verwaltungsorgan der aus der grenzüberschreitenden Verschmelzung hervorgehenden Gesellschaft,

die Beschäftigte der aus einer grenzüberschreitenden Verschmelzung hervorgehenden Gesellschaft, ihrer Tochtergesellschaften oder Betriebe oder einer der beteiligten Gesellschaften, betroffenen Tochtergesellschaften oder betroffenen Betriebe sind, den gleichen Schutz und die gleichen Sicherheiten wie die Arbeitnehmervertreter nach den Gesetzen und Gepflogenheiten des Mitgliedstaats, in dem sie beschäftigt sind. Dies gilt insbesondere für
1. den Kündigungsschutz,
2. die Teilnahme an den Sitzungen der jeweiligen in Satz 1 genannten Gremien und
3. die Entgeltfortzahlung.

§ 33
Errichtungs- und Tätigkeitsschutz

Niemand darf
1. die Bildung des besonderen Verhandlungsgremiums oder die Wahl, Bestellung, Empfehlung oder Ablehnung der Arbeitnehmervertreter im Aufsichts- oder Verwaltungsorgan behindern oder durch Zufügung oder Androhung von Nachteilen oder durch Gewährung oder Versprechen von Vorteilen beeinflussen;
2. die Tätigkeit des besonderen Verhandlungsgremiums oder die Tätigkeit der Arbeitnehmervertreter im Aufsichts- oder Verwaltungsorgan behindern oder stören oder
3. ein Mitglied oder Ersatzmitglied des besonderen Verhandlungsgremiums oder einen Arbeitnehmervertreter im Aufsichts- oder Verwaltungsorgan wegen seiner Tätigkeit benachteiligen oder begünstigen.

Teil 5
Straf- und Bußgeldvorschriften

§ 34
Strafvorschriften

(1) Mit Freiheitsstrafe bis zu zwei Jahren oder mit Geldstrafe wird bestraft, wer entgegen § 31 Abs. 2, auch in Verbindung mit Abs. 4, ein Betriebs- oder Geschäftsgeheimnis verwertet.

(2) Mit Freiheitsstrafe bis zu einem Jahr oder mit Geldstrafe wird bestraft, wer
1. entgegen § 31 Abs. 2, auch in Verbindung mit Abs. 4, ein Betriebs- oder Geschäftsgeheimnis offenbart,
2. entgegen § 33 Nr. 1 oder 2 eine dort genannte Tätigkeit behindert, beeinflusst oder stört oder
3. entgegen § 33 Nr. 3 eine dort genannte Person benachteiligt oder begünstigt.

(3) Handelt der Täter in den Fällen des Absatzes 2 Nr. 1 gegen Entgelt oder in der Absicht, sich oder einen anderen zu bereichern oder einen anderen zu schädigen, so ist die Strafe Freiheitsstrafe bis zu zwei Jahren oder Geldstrafe.

(4) Die Tat wird nur auf Antrag verfolgt. In den Fällen des Absatzes 2 Nr. 2 und 3 sind das besondere Verhandlungsgremium, jedes Mitglied des Aufsichts- oder Verwaltungsorgans, eine im Unternehmen vertretene Gewerkschaft sowie die Leitungen antragsberechtigt.

§ 35
Bußgeldvorschriften

(1) Ordnungswidrig handelt, wer entgegen § 6 Abs. 2 oder § 7 Abs. 4 Satz 2 eine Information nicht, nicht richtig, nicht vollständig oder nicht rechtzeitig gibt.

(2) Die Ordnungswidrigkeit kann mit einer Geldbuße bis zu zwanzigtausend Euro geahndet werden.

I. Deutscher Corporate Governance Kodex

in der Fassung vom 7. Februar 2017

mit Beschlüssen aus der Plenarsitzung vom 7. Februar 2017

1 Präambel

Der Deutsche Corporate Governance Kodex (der „Kodex") stellt wesentliche gesetzliche Vorschriften zur Leitung und Überwachung deutscher börsennotierter Gesellschaften (Unternehmensführung) dar und enthält international und national anerkannte Standards guter und verantwortungsvoller Unternehmensführung. Der Kodex hat zum Ziel, das deutsche Corporate Governance System transparent und nachvollziehbar zu machen. Er will das Vertrauen der internationalen und nationalen Anleger, der Kunden, der Mitarbeiter und der Öffentlichkeit in die Leitung und Überwachung deutscher börsennotierter Gesellschaften fördern. Der Kodex verdeutlicht die Verpflichtung von Vorstand und Aufsichtsrat, im Einklang mit den Prinzipien der Sozialen Marktwirtschaft für den Bestand des Unternehmens und seine nachhaltige Wertschöpfung zu sorgen (Unternehmensinteresse). Diese Prinzipien verlangennicht nur Legalität, sondern auch ethisch fundiertes, eigenverantwortliches Verhalten (Leitbild des Ehrbaren Kaufmanns).

Institutionelle Anleger sind für die Unternehmen von besonderer Bedeutung. Von ihnen wird erwartet, dass sie ihre Eigentumsrechte aktiv und verantwortungsvoll auf der Grundlage von transparenten und die Nachhaltigkeit berücksichtigenden Grundsätzen ausüben. Deutschen Aktiengesellschaften ist ein duales Führungssystem gesetzlich vorgegeben. Der Vorstand leitet das Unternehmen in eigener Verantwortung. Die Mitglieder des Vorstands tragen gemeinsam die Verantwortung für die Unternehmensleitung. Der Vorstandsvorsitzende koordiniert die Arbeit der Vorstandsmitglieder.

Der Aufsichtsrat bestellt, überwacht und berät den Vorstand und ist in Entscheidungen, die von grundlegender Bedeutung für das Unternehmen sind, unmittelbar eingebunden. Der Aufsichtsratsvorsitzende koordiniert die Arbeit im Aufsichtsrat. Die Mitglieder des Aufsichtsrats werden von den Aktionären in der Hauptversammlung gewählt. Bei Unternehmen mit mehr als 500 bzw. 2.000 Arbeitnehmern im Inland sind auch die Arbeitnehmer im Aufsichtsrat vertreten, der sich dann zu einem Drittel bzw. zur Hälfte aus von den Arbeitnehmern gewählten Vertretern zusammensetzt. Bei Unternehmen mit mehr als 2.000 Arbeitnehmern hat der Aufsichtsratsvorsitzende, der praktisch immer ein Vertreter der Anteilseigner ist, ein die Beschlussfassung entscheidendes Zweitstimmrecht. Die von den Aktionären gewählten Anteilseignervertreter und die Arbeitnehmervertreter sind gleichermaßen dem Unternehmensinteresse verpflichtet. Alternativ eröffnet die Europäische Gesellschaft (SE) die Möglichkeit, sich auch in Deutschland für das international verbreitete System der Führung durch ein einheitliches Leitungsorgan (Verwaltungsrat) zu entscheiden.

Die Ausgestaltung der unternehmerischen Mitbestimmung in der SE wird grundsätzlich durch eine Vereinbarung zwischen der Unternehmensleitung und der Arbeitnehmerseite festgelegt. Die Arbeitnehmer in den EU-Mitgliedstaaten sind einbezogen.

Die Rechnungslegung deutscher Unternehmen ist am True-and-fair-view-Prinzip orientiert und hat ein den tatsächlichen Verhältnissen entsprechendes Bild der Vermögens-, Finanz- und Ertragslage des Unternehmens zu vermitteln. Empfehlungen des Kodex sind im Text durch die Verwendung des Wortes „soll" gekennzeichnet. Die Gesellschaften können hiervon abweichen, sind dann aber verpflichtet, dies jährlich offenzulegen und die Abweichungen zu begründen („comply or explain"). Dies ermöglicht den Gesellschaften die Berücksichtigung branchen- oder unternehmensspezifischer Bedürfnisse. Eine gut begründete Abweichung von einer Kodexempfehlung kann im Interesse einer guten Unternehmensführung liegen. So trägt der Kodex zur Flexibilisierung und Selbstregulierung der deutschen Unternehmensverfassung bei. Ferner enthält der Kodex Anregungen, von denen ohne Offenlegung abgewichen werden kann; hierfür verwendet der Kodex den Begriff „sollte". Die übrigen sprachlich nicht so gekennzeichneten Teile des Kodex betreffen Beschreibungen gesetzlicher Vorschriften und Erläuterungen. In Regelungen des Kodex, die nicht nur die Gesellschaft selbst, sondern auch ihre Konzernunternehmen betreffen, wird der Begriff „Unternehmen" statt „Gesellschaft" verwendet. Der Kodex richtet sich in erster Linie an börsennotierte Gesellschaften und Gesellschaften mit Kapitalmarktzugang im Sinne des § 161 Absatz 1 Satz 2 des Aktiengesetzes. Auch nicht kapitalmarktorientierten Gesellschaften wird die Beachtung des Kodex empfohlen. Für die Corporate Governance börsennotierter Kreditinstitute und Versicherungsunternehmen ergeben sich aus dem jeweiligen Aufsichtsrecht Besonderheiten, die im Kodex nicht berücksichtigt sind. Der Kodex wird in der Regel einmal jährlich vor dem Hintergrund nationaler und internationaler Entwicklungen überprüft und bei Bedarf angepasst.

2 Aktionäre und Hauptversammlung

2.1 Aktionäre

2.1.1 Die Aktionäre nehmen im Rahmen der gesetzlichen und satzungsmäßig vorgesehenen Möglichkeiten ihre Rechte vor oder während der Hauptversammlung wahr und üben dabei ihr Stimmrecht aus.

2.1.2 Jede Aktie gewährt grundsätzlich eine Stimme.
Aktien mit Mehrstimmrechten oder Vorzugsstimmrechten („golden shares") sowie Höchststimmrechte bestehen nicht.

2.2 Hauptversammlung

2.2.1 Der Vorstand legt der Hauptversammlung den Jahresabschluss, den Lagebericht, den Konzernabschluss und den Konzernlagebericht vor. Sie entscheidet über die Gewinnverwendung sowie die Entlastung von Vorstand und Aufsichtsrat und wählt in der Regel die Anteilseignervertreter im Aufsichtsrat und den Abschlussprüfer.
Darüber hinaus entscheidet die Hauptversammlung über den Inhalt der Satzung, insbesondere den Gegenstand der Gesellschaft und wesentliche Strukturmaßnahmen wie Unternehmensverträge und Umwandlungen, über die Ausgabe von neuen Aktien und von Wandel- und Optionsschuldverschreibungen sowie über die Ermächtigung zum Erwerb eigener Aktien. Sie kann über die Billigung des Systems der Vergütung der Vorstandsmitglieder beschließen.

2.2.2 Bei der Ausgabe neuer Aktien haben die Aktionäre grundsätzlich ein ihrem Anteil amGrundkapital entsprechendes Bezugsrecht.

2.2.3 Jeder Aktionär ist berechtigt, an der Hauptversammlung teilzunehmen, das Wort zu Gegenständen der Tagesordnung zu ergreifen und sachbezogene Fragen und Anträge zu stellen.

2.2.4 Der Versammlungsleiter sorgt für eine zügige Abwicklung der Hauptversammlung. Dabei sollte er sich davon leiten lassen, dass eine ordentliche Hauptversammlung spätestens nach vier bis sechs Stunden beendet ist.

2.3 Einladung zur Hauptversammlung, Stimmrechtsvertreter

2.3.1 Die Hauptversammlung ist vom Vorstand mindestens einmal jährlich unter Angabe der Tagesordnung einzuberufen. Aktionärsminderheiten sind berechtigt, die Einberufung einer Hauptversammlung und die Erweiterung der Tagesordnung zu verlangen. Die Einberufung sowie die vom Gesetz für die Hauptversammlung verlangten Berichte und Unterlagen einschließlich des Geschäftsberichts sind für die Aktionäre leicht erreichbar auf der Internetseite der Gesellschaft zusammen mit der Tagesordnung zugänglich zu machen.

2.3.2 Die Gesellschaft soll den Aktionären die persönliche Wahrnehmung ihrer Rechte und die Stimmrechtsvertretung erleichtern. Der Vorstand soll für die Bestellung eines Vertreters für die weisungsgebundene Ausübung des Stimmrechts der Aktionäre sorgen; dieser sollte auch während der Hauptversammlung erreichbar sein.

2.3.3 Die Gesellschaft sollte den Aktionären die Verfolgung der Hauptversammlung über moderne Kommunikationsmedien (z.B. Internet) ermöglichen.

3 Zusammenwirken von Vorstand und Aufsichtsrat

3.1 Vorstand und Aufsichtsrat arbeiten zum Wohle des Unternehmens eng zusammen.

3.2 Der Vorstand stimmt die strategische Ausrichtung des Unternehmens mit dem Aufsichtsrat ab und erörtert mit ihm in regelmäßigen Abständen den Stand der Strategieumsetzung.

3.3 Für Geschäfte von grundlegender Bedeutung legen die Satzung oder der Aufsichtsrat –dieser gegebenenfalls auch im Einzelfall – Zustimmungsvorbehalte des Aufsichtsrats fest. Hierzu gehören Entscheidungen oder Maßnahmen, die die Vermögens-, Finanz- oder Ertragslage des Unternehmens grundlegend verändern.

3.4 Die Information des Aufsichtsrats ist Aufgabe des Vorstands. Der Aufsichtsrat hat jedoch seinerseits sicherzustellen, dass er angemessen informiert wird. Zu diesem Zweck soll der Aufsichtsrat die Informations- und Berichtspflichten des Vorstands näher festlegen. Der Vorstand informiert den Aufsichtsrat regelmäßig, zeitnah und umfassend über alle für das Unternehmen relevanten Fragen der Strategie, der Planung, der Geschäftsentwicklung, der Risikolage, des Risikomanagements und der Compliance. Er geht auf Abweichungen des Geschäftsverlaufs von den aufgestellten Plänen und Zielen unter Angabe von Gründen ein. Berichte des Vorstands an den Aufsichtsrat sind in der Regel in Textform zu erstatten. Entscheidungsnotwendige Unterlagen werden den Mitgliedern des Aufsichtsrats möglichst rechtzeitig vor der Sitzung zugeleitet.

3.5 Gute Unternehmensführung setzt eine offene Diskussion zwischen Vorstand und Aufsichtsrat sowie in Vorstand und Aufsichtsrat voraus. Die umfassende Wahrung der Vertraulichkeit ist dafür von entscheidender Bedeutung. Alle Organmitglieder stellen sicher, dass die von ihnen zur Unterstützung einbezogenen Mitarbeiter die Verschwiegenheitspflicht in gleicher Weise einhalten.

3.6 In mitbestimmten Aufsichtsräten können die Vertreter der Aktionäre und der Arbeitnehmer die Sitzungen des Aufsichtsrats jeweils gesondert, gegebenenfalls mit Mitgliedern des Vorstands, vorbereiten. Der Aufsichtsrat soll bei Bedarf ohne den Vorstand tagen.

3.7 Bei einem Übernahmeangebot müssen Vorstand und Aufsichtsrat der Zielgesellschaft eine begründete Stellungnahme zu dem Angebot abgeben, damit die Aktionäre in Kenntnis der Sachlage über das Angebot entscheiden können. Der Vorstand darf nach Bekanntgabe eines Übernahmeangebots bis zur Veröffentlichung des Ergebnisses keine Handlungen vornehmen, durch die der Erfolg des Angebots verhindert werden könnte, soweit solche Handlungen nicht nach den gesetzlichen Regelungen erlaubt sind. Bei ihren Entscheidungen sind Vorstand und Aufsichtsrat an das beste Interesse der Aktionäre und des Unternehmens gebunden. Der Vorstand sollte im Falle eines Übernahmeangebots eine außerordentliche Hauptversammlung einberufen, in der die Aktionäre über das Übernahmeangebot beraten und gegebenenfalls über gesellschaftsrechtliche Maßnahmen beschließen.

3.8 Die Mitglieder von Vorstand und Aufsichtsrat beachten die Regeln ordnungsgemäßer Unternehmensführung. Verletzen sie die Sorgfalt eines ordentlichen und gewissenhaften Geschäftsleiters bzw. Aufsichtsratsmitglieds schuldhaft, so haften sie der Gesellschaft gegenüber auf Schadensersatz. Bei unternehmerischen Entscheidungen liegt keine Pflichtverletzung vor, wenn das Mitglied von Vorstand oder Aufsichtsrat vernünftigerweise annehmen durfte, auf der Grundlage angemessener Information zum Wohle der Gesellschaft zu handeln (Business Judgement Rule).

Schließt die Gesellschaft für den Vorstand eine D&O-Versicherung ab, ist ein Selbstbehalt von mindestens 10% des Schadens bis mindestens zur Höhe des Eineinhalbfachen der festen jährlichen Vergütung des Vorstandsmitglieds zu vereinbaren. In einer D&O-Versicherung für den Aufsichtsrat soll ein entsprechender Selbstbehalt vereinbart werden.

3.9 Die Gewährung von Krediten des Unternehmens an Mitglieder des Vorstands und des Aufsichtsrats sowie ihre Angehörigen bedarf der Zustimmung des Aufsichtsrats.

3.10 Über die Corporate Governance sollen Vorstand und Aufsichtsrat jährlich berichten (Corporate Governance Bericht) und diesen Bericht im Zusammenhang mit der Erklärung zur Unternehmensführung veröffentlichen. Dabei sollte auch zu den Kodexanregungen Stellung genommen werden. Die Gesellschaft soll nicht mehr aktuelle Entsprechenserklärungen zum Kodex fünf Jahre lang auf ihrer Internetseite zugänglich halten.

4 Vorstand

4.1 Aufgaben und Zuständigkeiten

4.1.1 Der Vorstand leitet das Unternehmen in eigener Verantwortung im Unternehmensinteresse, also unter Berücksichtigung der Belange der Aktionäre, seiner Arbeitnehmer und der sonstigen dem Unternehmen verbundenen Gruppen (Stakeholder) mit dem Zielnachhaltiger Wertschöpfung.

4.1.2 Der Vorstand entwickelt die strategische Ausrichtung des Unternehmens, stimmt sie mit dem Aufsichtsrat ab und sorgt für ihre Umsetzung.

4.1.3 Der Vorstand hat für die Einhaltung der gesetzlichen Bestimmungen und der unternehmensinternen Richtlinien zu sorgen und wirkt auf deren Beachtung durch die Konzernunternehmen hin (Compliance). Er soll für angemessene, an der Risikolage des Unternehmens ausgerichtete Maßnahmen (Compliance Management System) sorgen und deren Grundzüge offenlegen. Beschäftigten soll auf geeignete Weise die Möglichkeit eingeräumt werden, geschützt Hinweise auf Rechtsverstöße im Unternehmen zu geben; auch Dritten sollte diese Möglichkeit eingeräumt werden.

4.1.4 Der Vorstand sorgt für ein angemessenes Risikomanagement und Risikocontrolling im Unternehmen.

4.1.5 Der Vorstand soll bei der Besetzung von Führungsfunktionen im Unternehmen auf Vielfalt (Diversity) achten und dabei insbesondere eine angemessene Berücksichtigung von Frauen anstreben. Für den Frauenanteil in den beiden Führungsebenen unterhalb des Vorstands legt der Vorstand Zielgrößen fest.

4.2 Zusammensetzung und Vergütung

4.2.1 Der Vorstand soll aus mehreren Personen bestehen und einen Vorsitzenden oder Sprecher haben. Eine Geschäftsordnung soll die Arbeit des Vorstands, insbesondere die Ressortzuständigkeiten einzelner Vorstandsmitglieder, die dem Gesamtvorstand vorbehaltenen Angelegenheiten sowie die erforderliche Beschlussmehrheit bei Vorstandsbeschlüssen (Einstimmigkeit oder Mehrheitsbeschluss) regeln.

4.2.2 Das Aufsichtsratsplenum setzt die jeweilige Gesamtvergütung der einzelnen Vorstandsmitglieder fest. Besteht ein Ausschuss, der die Vorstandsverträge behandelt, unterbreitet er dem Aufsichtsratsplenum seine Vorschläge. Das Aufsichtsratsplenum beschließt das Vergütungssystem für den Vorstand und überprüft es regelmäßig. Die Gesamtvergütung der einzelnen Vorstandsmitglieder wird vom Aufsichtsratsplenum unter Einbeziehung von etwaigen Konzernbezügen auf der Grundlage einer Leistungsbeurteilung festgelegt. Kriterien für die Angemessenheit der Vergütung bilden sowohl die Aufgaben des einzelnen Vorstandsmitglieds, seine persönliche Leistung, die wirtschaftliche Lage, der Erfolg und die Zukunftsaussichten des Unternehmens als auch die Üblichkeit der Vergütung unter Berücksichtigung des Vergleichsumfelds und der Vergütungsstruktur, die ansonsten in der Gesellschaft gilt. Hierbei soll der Aufsichtsrat das Verhältnis der Vorstandsvergütung zur Vergütung des oberen Führungskreises und der Belegschaft insgesamt auch in der zeitlichen Entwicklung berücksichtigen, wobei der Aufsichtsrat für den Vergleich festlegt, wie der obere Führungskreis und die relevante Belegschaft abzugrenzen sind. Zieht der Aufsichtsrat zur Beurteilung der Angemessenheit der Vergütung einen externen Vergütungsexperten hinzu, soll er auf dessen Unabhängigkeit vom Vorstand bzw. vom Unternehmen achten.

4.2.3 Die Gesamtvergütung der Vorstandsmitglieder umfasst die monetären Vergütungsteile, die Versorgungszusagen, die sonstigen Zusagen, insbesondere für den Fall der Beendigung der Tätigkeit, Nebenleistungen jeder Art und Leistungen von Dritten, die im Hinblick auf die Vorstandstätigkeit zugesagt oder im Geschäftsjahr gewährt wurden. Die Vergütungsstruktur ist auf eine nachhaltige Unternehmensentwicklung auszurichten. Die monetären Vergütungsteile sollen fixe und variable Bestandteile umfassen. Variable Vergütungsbestandteile haben grundsätzlich eine mehrjährige Bemessungsgrundlage, die im Wesentlichen zukunftsbezogen sein soll. Sowohl positiven als auch negativen Entwicklungen soll bei der Ausgestaltung der variablen Vergütungsteile Rechnung getragen werden. Sämtliche Vergütungsteile müssen für sich und insgesamt angemessen sein und dürfen insbesondere nicht zum Eingehen unangemessener Risiken verleiten. Die Vergütung soll insgesamt und hinsichtlich ihrer variablen Vergütungsteile betragsmäßige Höchstgrenzen aufweisen. Die variablen Vergütungsteile sollen auf anspruchsvolle, relevante Vergleichsparameter bezogen sein. Eine nachträgliche Änderung der Erfolgsziele oder der Vergleichsparameter soll ausgeschlossen sein. Mehrjährige, variable Vergütungsbestandteile sollten nicht vorzeitig ausbezahlt werden. Bei Versorgungszusagen soll der Aufsichtsrat das jeweils angestrebte Versorgungsniveau – auch nach der Dauer der Vorstandszugehörigkeit – festlegen und den daraus abgeleiteten jährlichen sowie den langfristigen Aufwand für das Unternehmen berücksichtigen. Bei Abschluss von Vorstandsverträgen soll darauf geachtet werden, dass Zahlungen an ein Vorstandsmitglied bei vorzeitiger Beendigung der Vorstandstätigkeit einschließlich Nebenleistungen den Wert von zwei Jahresvergütungen nicht überschreiten (Abfindungs-Cap) und nicht mehr als die Restlaufzeit des Anstellungsvertrages vergüten. Wird der Anstellungsvertrag aus einem von dem Vorstandsmitglied zu vertretenden wichtigen Grund beendet, erfolgen keine Zahlungen an das Vorstandsmitglied. Für die Berechnung des Abfindungs-Caps soll auf die Gesamtvergütung des abgelaufenen Geschäftsjahres und gegebenenfalls auch auf die voraussichtliche Gesamtvergütung für das laufende Geschäftsjahr abgestellt werden. Eine Zusage für Leistungen aus Anlass der vorzeitigen Beendigung der Vorstandstätigkeit infolge eines Kontrollwechsels (Change of Control) soll 150% des Abfindungs-Caps nicht übersteigen. Der Vorsitzende des Aufsichtsrats soll die Hauptversammlung einmalig über die Grundzüge des Vergütungssystems und sodann über deren Veränderung informieren.

4.2.4 Die Gesamtvergütung eines jeden Vorstandsmitglieds wird, aufgeteilt nach fixen und variablen Vergütungsteilen, unter Namensnennung offengelegt. Gleiches gilt für Zusagen auf Leistungen, die einem Vorstandsmitglied für den Fall der vorzeitigen oder regulären Beendigung der Tätigkeit als Vorstandsmitglied gewährt oder die während des Geschäftsjahres geändert worden sind. Die Offenlegung unterbleibt, wenn die Hauptversammlung dies mit Dreiviertelmehrheit anderweitig beschlossen hat.

4.2.5 Die Offenlegung erfolgt im Anhang oder im Lagebericht. In einem Vergütungsbericht als Teil des Lageberichtes werden die Grundzüge des Vergütungssystems für die Vorstandsmitglieder dargestellt. Die Darstellung soll in allgemein verständlicher Form erfolgen. Der Vergütungsbericht soll auch Angaben zur Art der von der Gesellschaft erbrachten Nebenleistungen enthalten. Ferner sollen im Vergütungsbericht für jedes Vorstandsmitglied dargestellt werden:

- die für das Berichtsjahr gewährten Zuwendungen einschließlich der Nebenleistungen, bei variablen Vergütungsteilen ergänzt um die erreichbare Maximal- und Minimalvergütung,
- der Zufluss für das Berichtsjahr aus Fixvergütung, kurzfristiger variabler Vergütung und langfristiger variabler Vergütung mit Differenzierung nach den jeweiligen Bezugsjahren,
- bei der Altersversorgung und sonstigen Versorgungsleistungen der Versorgungsaufwand im bzw. für das Berichtsjahr. Für diese Informationen sollen die als Anlage beigefügten Mustertabellen verwandt werden.

4.3 Interessenkonflikte

4.3.1 Vorstandsmitglieder sind dem Unternehmensinteresse verpflichtet. Sie dürfen bei ihren Entscheidungen keine persönlichen Interessen verfolgen, unterliegen während ihrer Tätigkeit für das Unternehmen einem umfassenden Wettbewerbsverbot und dürfen Geschäftschancen, die dem Unternehmen zustehen, nicht für sich nutzen.

4.3.2 Vorstandsmitglieder und Mitarbeiter dürfen im Zusammenhang mit ihrer Tätigkeit weder für sich noch für andere Personen von Dritten ungerechtfertigte Vorteile fordern oder annehmen oder Dritten ungerechtfertigte Vorteile gewähren.

4.3.3 Jedes Vorstandsmitglied soll Interessenkonflikte dem Aufsichtsrat gegenüber unverzüglich offenlegen und die anderen Vorstandsmitglieder hierüber informieren. Alle Geschäfte zwischen dem Unternehmen einerseits und den Vorstandsmitgliedern sowie ihnen nahe stehenden Personen oder ihnen persönlich nahe stehenden Unternehmungen andererseits haben branchenüblichen Standards zu entsprechen. Bei Geschäften mit Vorstandsmitgliedern vertritt der Aufsichtsrat die Gesellschaft. Wesentliche Geschäfte mit einem Vorstandsmitglied nahe stehenden Personen oder Unternehmungen sollen nur mit Zustimmung des Aufsichtsrats vorgenommen werden.

4.3.4 Vorstandsmitglieder sollen Nebentätigkeiten, insbesondere Aufsichtsratsmandate außerhalb des Unternehmens, nur mit Zustimmung des Aufsichtsrats übernehmen.

5 Aufsichtsrat

5.1 Aufgaben und Zuständigkeiten

5.1.1 Aufgabe des Aufsichtsrats ist es, den Vorstand bei der Leitung des Unternehmens regelmäßig zu beraten und zu überwachen. Er ist in Entscheidungen von grundlegender Bedeutung für das Unternehmen einzubinden.

5.1.2 Der Aufsichtsrat bestellt und entlässt die Mitglieder des Vorstands. Bei der Zusammensetzung des Vorstands soll der Aufsichtsrat auch auf Vielfalt (Diversity) achten. Der Aufsichtsrat legt für den Anteil von Frauen im Vorstand Zielgrößen fest. Er soll gemeinsam mit dem Vorstand für eine langfristige Nachfolgeplanung sorgen. Der Aufsichtsrat kann die Vorbereitung der Bestellung von Vorstandsmitgliedern sowie der Behandlung der Bedingungen des Anstellungsvertrages einschließlich der Vergütung Ausschüssen übertragen. Bei Erstbestellungen sollte die maximal mögliche Bestelldauer von fünf Jahren nicht die Regel sein. Eine Wiederbestellung vor Ablauf eines Jahres vor dem Ende der Bestelldauer bei gleichzeitiger Aufhebung der laufenden Bestellung soll nur bei Vorliegen besonderer Umstände erfolgen. Eine Altersgrenze für Vorstandsmitglieder soll festgelegt werden.

5.1.3 Der Aufsichtsrat soll sich eine Geschäftsordnung geben.

5.2 Aufgaben und Befugnisse des Aufsichtsratsvorsitzenden

Der Aufsichtsratsvorsitzende wird vom Aufsichtsrat aus seiner Mitte gewählt. Er koordiniert die Arbeit im Aufsichtsrat, leitet dessen Sitzungen und nimmt die Belange des Aufsichtsrats nach außen wahr. Der Aufsichtsratsvorsitzende sollte in angemessenem Rahmen bereit sein, mit Investoren über aufsichtsratsspezifische Themen Gespräche zu führen. Der Aufsichtsratsvorsitzende soll zwischen den Sitzungen mit dem Vorstand, insbesondere mit dem Vorsitzenden bzw. Sprecher des Vorstands, regelmäßig Kontakt halten und mit ihm Fragen der Strategie, der Planung, der Geschäftsentwicklung, der Risikolage, des Risikomanagements und der Compliance des Unternehmens beraten. Der Aufsichtsratsvorsitzende wird über wichtige Ereignisse, die für die Beurteilung der Lage und Entwicklung sowie für die Leitung des Unternehmens von wesentlicher Bedeutung sind, unverzüglich durch den Vorsitzenden bzw. Sprecher des Vorstands informiert. Der Aufsichtsratsvorsitzende hat sodann den Aufsichtsrat zu unterrichten und soll erforderlichenfalls eine außerordentliche Aufsichtsratssitzung einberufen.

Stichwortverzeichnis